D1726799

Kohlhammer

Meister-Eckhart-Jahrbuch Beihefte

Herausgegeben von Regina D. Schiewer

In Verbindung mit dem wissenschaftlichen Beirat:
Christine Büchner
Markus Enders
Gotthard Fuchs
Freimut Löser
Dietmar Mieth
Loris Sturlese
Markus Vinzent
Rudolf K. Weigand

Heft 4

Wolfgang Erb
Norbert Fischer (Hrsg.)

Meister Eckhart als Denker

Verlag W. Kohlhammer

Das Meister-Eckhart-Jahrbuch und die Beihefte
werden herausgegeben im Auftrag
der Meister-Eckhart-Gesellschaft.

Meister-Eckhart-Gesellschaft
Interdisziplinäre wissenschaftliche Gesellschaft
zur Erforschung und Darstellung von Leben und Werk Meister Eckharts

Die Entstehung und Drucklegung dieses Bandes wurde gefördert durch
die Fritz Thyssen Stiftung für Wissenschaftsförderung,
das Bistum Mainz
und die Abtei Weltenburg.

1. Auflage 2018

Print:
ISBN 978-3-17-032515-9

E-Book-Format:
pdf: ISBN 978-3-17-032516-6

Inhalt

II. Ausgewählte Stationen der Wirkungsgeschichte Meister Eckharts

Zusammenfassungen, Übersetzungen, Anhang

Im Hintergrund des hier vorgelegten Buches stehen die von Norbert Fischer auf Anregung von Georg Steer konzipierten philosophischen Seminare der Jahre 2014 und 2015 in Kloster Weltenburg und eine Tagung der Akademie des Bistums Mainz 2016, die ›Meister Eckhart als Denker‹ zum Gegenstand hatten. Ziel war die nüchterne Betrachtung von Eckharts Denken, die ihn vom Verdacht des ›Mystizismus‹ befreit, der das Eckhart-Bild zuweilen noch immer trifft, obwohl das Wortfeld ›Mystik‹ in Eckharts Schriften keinen Platz hat, den es im Anschluß an den Kommentar seines Lehrers Albert zur ›mystischen Theologie des Dionysius‹ leicht hätte haben können. Diesem Ansinnen der Herausgeber entspricht, dass recht unterschiedliche Perspektiven und teilweise umstrittene Beurteilungen ins Spiel gebracht werden, die Leser Eckharts zu neuer, auch kritischer Achtsamkeit auf das denkerisch anspruchsvolle Werk dieses Autors anregen mögen.

Erbeten wurden also Beiträge in der Absicht, ›Eckhart als Denker‹ vor Augen zu stellen, der zwar auch an die Botschaft biblischer Texte (vor allem des Neuen Testaments) anknüpfte, sie jedoch intensiv bedachte, predigend lehrte und seine Hörer (Leser) zum Mitdenken und zum lebendigen Vollzug der erkannten Wahrheit anregen wollte. Zunächst werden Autoren aus dem geschichtlichen Vorfeld zum Thema gemacht, die Meister Eckhart beachtet hat (von Aristoteles, Plotin, Origenes, Augustinus und Dionysius bis hin zu Thomas von Aquin); sodann folgen Untersuchungen zum Werk und zum Leben Meister Eckharts (mit einem Blick auf die schwierig einzuschätzenden Prozesse in Köln und Avignon). Auf die durch die Prozesse für lange Zeit (bis hin zu den neuen Werkausgaben) gestörte, aber doch nicht ganz verhinderte Wirkung Eckharts richtet sich der umfangreiche zweite Teil, der mit Arbeiten zu Heinrich Seuse, Nikolaus von Kues und Martin Luther beginnt und mit Beiträgen zur Beziehung Eckharts zu ausgewählten Stationen der Neuzeit schließt (die betrachteten Autoren waren teils ohne Kenntnis der Werke Eckharts): untersucht werden die Beziehungen von Eckharts Denken zu Werken von Immanuel Kant, Edmund Husserl, Thomas Mann, Rainer Maria Rilke, Martin Heidegger, Karl Rahner, Bernhard Welte und Joachim Kopper.

Die leitende Absicht beim Versuch, ›Meister Eckhart als Denker‹ vor Augen zu stellen, wird zunächst systematisch durch Überlegungen zu einer konkreten Frage Meister Eckharts erläutert, die als die leitende ›Grundfrage‹ seines Denkens eingeführt und erläutert wird (Norbert Fischer), dann durch Hinweise zur Geschichte des Denkens über Meister Eckhart im Zusammenhang mit weiter ausholenden Überlegungen zur ›Mystik‹ (Wolfgang Erb), schließlich durch Kurztexte (am Ende des Bandes), welche die Herausgeber von den Autoren der Beiträge erbeten haben und von Kollegen ins Amerikanische (Frederick Van Fleteren und Christian Göbel), Französische (Markus Werz), Spanische (Pe-

dro Jesús Teruel) und ins Russische (Alexei Krouglov und Ludmila Kryshtop)
übersetzt worden sind. Diesen Kollegen danken die Herausgeber sehr herzlich
für die geleistete Hilfe, die dem Buch leichtere Zugänglichkeit für Leser eröffnet, die mit der deutschen Sprache nicht so vertraut sind.

Wer einen Autor ›als Denker‹ darstellen will, muss nach dem Urteil der Herausgeber, das sich auch auf Martin Heidegger stützen ließe, in der heutigen geschichtlichen Situation die großen philosophischen Denker von Platon, Aristoteles und Augustinus bis hin zu Kant im Auge haben. Wer meint, Kant in dieser
Hinsicht ausschließen zu können, mag einer Kantdeutung folgen, die dessen
tiefreichende Verwurzelung in der metaphysischen Tradition des Abendlandes
übersieht. Die späten Verurteilungen Kants im ›Katholizismus‹ waren ebenso
verfehlt wie die Eckharts. Im vorliegenden Buch wird nun ein anderer Zugang
zu Eckhart gesucht als im gewiss wichtigen Band 5 des Meister-Eckhart-Jahr-
buchs: ›Wie denkt der Meister? Philosophische Zugänge zu Meister Eckhart‹
(hg. von ROLF SCHÖNBERGER und STEPHAN GROTZ, Stuttgart 2012). Wer der
folgenden These zustimmt, kann Eckhart nicht ›als Denker‹ ins Spiel bringen,
der für heutiges Denken etwas zu sagen hätte. THEO KOBUSCH erklärt in ›Transzendenz und Transzendentalien‹:

> »In diesem Zusammenhang, besonders im Hinblick auf Dietrich oder Meister Eckhart,
> ist jeder Gedanke an den Idealismus späterer Tage eher abwegig, jede sog. Parallele mit
> Kant führt hier mehr in die Irre, als daß sie zur Aufklärung beitragen könnte«. (S. 46)

Offenbar hat die Frage: ›Wie denkt der Meister?‹ ein wesentlich anderes Ziel
als die Aufgabe, ›Meister Eckhart als Denker‹ darzustellen. Also liegt auf der
Hand, dass beide Unternehmungen einen Streit um die Sache auslösen können, den die Herausgeber jedoch als förderlich einzuschätzen geneigt sind, da
er Eckhart trotz der schwierigen Rezeptionsgeschichte endlich auf den Weg
ernsthafter Diskussionen als einen von allen zu beachtenden Denker der philosophischen Tradition in den Blick bringen könnte. Eckharts Frage: *Wer sint,
die got êrent?*, lässt sich als die weithin wirksame, aber kritisch zu bedenkende,
ja sogar als die geheime Grundfrage der abendländischen Philosophie verstehen, die von vornherein auch immer auf den konkreten, existenziellen Lebensvollzug bezogen war.

Die Herausgeber, die einander schon seit der Zusammenarbeit während
der gemeinsamen Jahre in Paderborn verbunden sind, danken den Autoren
herzlich für die Ausarbeitung der Beiträge. Überdies danken sie Herrn Prof.
Dr. Georg Steer, dem Präsidenten der Meister Eckhart Stiftung, für wichtige
Anregungen und für die tatkräftige Förderung. Sie danken zudem der Fritz
Thyssen Stiftung für die großzügige Unterstützung des Projekts, zunächst in
der maßgeblichen Förderung des ›Philosophischen Seminars‹ in Kloster Weltenburg (2015), ohne die der Plan zu dieser jetzt vorliegenden Publikation nicht
hätte gedeihen können, sodann für die Gewährung einer Druckbeihilfe. Herzlich gedankt sei auch der Diözese Mainz, die den Druck ebenfalls gefördert

hat. Für die langjährige, in vielen Seminaren gewachsene freundschaftliche und der Aufgabe der *fides quaerens intellectum* förderliche Zusammenarbeit und Verbundenheit danken sie dem Hochwürdigsten Herrn Abt Thomas M. Freihart OSB von Weltenburg herzlich. Ebenso danken sie Herrn Professor Dr. Peter Reifenberg, dem Direktor der Akademie des Bistums Mainz, und Frau Diplomtheologin Silke Lechtenböhmer, die das Projekt (im Zuge der Mainzer Tagung) unterstützt haben. Für kompetente Zusammenarbeit gedankt sei den Herren Florian Specker und Dr. Sebastian Weigert vom Verlag Kohlhammer, mit denen die Verlagsgespräche geführt wurden, sowie dem Editorial Board der Reihe ›Meister-Eckhart-Jahrbuch. Beihefte‹, namentlich Frau Dr. Regina Schiewer, für die Aufnahme in die Reihe und den Gutachtenden für ihr Engagement im Peer-Review-Prozess. Weiterhin danken die Herausgeber Herrn Moritz Ahrens für professionelle und freundliche Zusammenarbeit bei der Herstellung des Satzes. Besonders herzlich danken die Herausgeber Frau Mag. theol. Kristiina Hartmann (wissenschaftliche Mitarbeiterin am ›Lehrstuhl für Philosophische Grundfragen der Theologie der Katholischen Universität Eichstätt-Ingolstadt‹) für die Besorgung des ›Anhangs‹ und für die Hilfe bei der Druckvorbereitung; auch Frau Mag. phil. Jasmin Penninger (Universität Wien) danken sie herzlich für die geleisteten Vorarbeiten.

Meister Eckhart denkt nüchtern, wie gründliche, unvoreingenommene Leser bemerken werden, versucht aber, die von Gott her zu denkende ›Würde‹ des Menschen zu verstehen. Von ›Würde des Menschen‹ faseln jedoch auch Zeitgenossen, ohne die für die Ehrung der ›Würde‹ konstitutive ›Freiheit‹, ›Verantwortung‹ und ›Gottesbeziehung‹ zu ›bedenken‹. Die Herausgeber halten es für ein wichtiges Desiderat der Forschung, Meister Eckhart explizit ›als Denker‹ aufzufassen und seine Texte demgemäß auszulegen, die (wie die kritischen Ausgaben der ›deutschen‹ und ›lateinischen Werke‹ es eindrucksvoll dokumentieren) eine überraschend genaue, gründliche und detailreiche Kenntnis der abendländischen philosophisch-theologischen Tradition bezeugen. Dafür spricht nicht nur, dass Eckhart wohl als erster aus allen dreizehn Büchern von Augustins ›Confessiones‹ zitiert. MARIE-ANNE VANNIER erklärt insofern mit Recht im ›Oxford Guide of the Historical Reception of Augustine‹:

> »Meister Eckhart does not share the title of ›the second Augustine‹, but the fact remains that he is perhaps the best reader of Aug.«. (S. 843)

Überdies ist Eckhart wahrscheinlich auch der erste Autor, der längere Passagen aus Augustins Schriften ins Deutsche übersetzt hat (was der vorliegende Band an einem eindrucksvollen Beispiel, einer Passage aus ›De vera religione‹ 49 vor Augen führt; vgl. S. 60 f.). Eckharts Beziehung zu Augustinus hatte schon Otto Karrer betont, nämlich in einem inzwischen vergriffenen Beitrag, den der vorliegende Band mit kleinem Kommentar in Erinnerung ruft. In diesem Zusammenhang sei Herrn Prof. Dr. Wolfgang Müller (Universität Luzern) für die Erlaubnis zum Wiederabdruck dieses Textes herzlich gedankt.

Zwar ist die Wirkung Eckharts durch die genannten Prozesse nicht völlig unterbunden worden (was die Beiträge zu Heinrich Seuse, Nikolaus von Kues und Martin Luther hier vor Augen führen), aber doch schwer beschädigt und ins Abseits gedrängt gewesen. Die für lange Zeit nur subkutan mögliche Überlieferung hat auch bewirkt, dass die Texte Eckharts zum Schaden für ihre sachgemäße Rezeption keiner offenen (auch kritischen) Diskussion ausgesetzt werden konnten. Jedenfalls ist es nach dem Urteil der Herausgeber ein bisher weithin unerledigtes Desiderat der Forschung, das Denken Eckharts ohne Vermischung mit ›mysti(zisti)schen Schwärmereien‹ auszulegen. Zwei Beiträge zu ›Philosophen‹, die Eckharts Werk wegen der Überlieferungslage nicht kennen konnten oder nicht kannten, nämlich Immanuel Kant und Edmund Husserl, zielen implizit auf die Frage, ob ›Eckhart als Denker‹ wirklich ernstgenommen werden kann. Diesem Anliegen dient zunächst der Versuch, das Denken Meister Eckharts auf die ›kritische Metaphysik‹ Kants zu beziehen, bei dem alles ›Mystische‹ lange Zeit nur negativ konnotiert war. Im Blick auf Kant, der nach Denunziationen posthum kirchlichen Prozessen in Rom unterzogen worden ist, die (im Unterschied zum Schicksal Meister Eckharts) sogar zu nachhaltig wirksamen ›Indizierungen‹ geführt haben, ist immerhin zu beachten, dass er im Vorfeld der Kritik der Gottesbeweise in der ›Kritik der reinen Vernunft‹ vom »Verhalten dieses göttlichen Menschen in uns« (B 597) spricht. Aber auch die phänomenologische Philosophie Husserls, die Heideggers Neuansatz der Frage nach Sein und Sinn der menschlichen Subjektivität ermöglicht hat, legt Martina Roesner in Konkordanz mit Eckhart aus. Roesner erklärt in ihrem Beitrag:

> »Was Meister Eckharts und Edmund Husserls Denkansätze auszeichnet, ist das gemeinsame Bestreben, auf die problematisch gewordene Identität des Menschen zu reagieren und eine Methode zu entwickeln, die sein eigentliches Ich freilegen und von allen irrigen, entfremdenden Selbstdeutungen befreien soll«. (S. 411)

Diese Perspektive ist implizit und unbegrifflich auch in den dichterischen Repräsentationen von Gedanken Eckharts lebendig, die bei Thomas Mann (im Sinne der Anregung zur Bearbeitung eines Desiderats der Forschung) und bei Rainer Maria Rilke verfolgt werden.

Im Anschluß an die Zugangsweise Husserls und an die solider werdenden Textausgaben ist das Interesse an Meister Eckhart weiter gewachsen, was sich in den unterschiedlichen Begegnungen Martin Heideggers, Karl Rahners, Bernhard Weltes und Joachim Koppers verfolgen lässt, die als die Eröffnung eines denkerischen Dialogs zu sehen sind, aber noch lange nicht als dessen wünschenswerte vollendete Gestalt, an der also weiterhin noch gründlich zu arbeiten sein wird. ›Der Aufbruch Meister Eckharts ins 21. Jahrhundert‹, den Georg Steer 2010 als Desiderat der künftigen Forschung vor Augen gestellt hat (vgl. dazu ThRv 106, S. 89–100; eine erweiterte Neubearbeitung hat Georg Steer inzwischen vorgelegt), wird wohl noch nicht wirklich in seinen Möglichkeiten gesehen und verstanden. Der Aufgabe, ›Meister Eckhart als Denker‹ zu erfassen, stehen noch Wege offen, die in der (auf Grund der gestörten Präsenz der großen Philosophen und auf Grund äußerer Herausforderungen) schwieriger gewordenen geschichtlichen Situation neue Möglichkeiten zur Klärung der alten philosophisch-theologischen Grundfragen bieten.

Möge das Buch der Anregung kritischer Diskussionen und der Vergegenwärtigung grundlegender Fragen dienen, die Meister Eckhart bewegt, beunruhigt und auf seinem Weg gehalten haben. Eckhart weist — getragen von der Platonisch-Aristotelisch-Augustinischen Tradition — zugleich voraus auf Immanuel Kant, Edmund Husserl und Martin Heidegger. Dessen erstes Hauptwerk ›Sein und Zeit‹ ist mit dem Fehlen des ›dritten Abschnitts‹ bekanntlich ein Fragment geblieben, sofern Heidegger diesen Abschnitt unter dem Titel ›Zeit und Sein‹ zwar angekündigt und auch geschrieben, aber nicht publiziert, sondern vernichtet hat. Dieser Abschnitt hatte, was der Autor in einem Brief an Max Müller vom 4. November 1947 erklärt hat, die ›Gottesfrage‹ zum Thema: die »transzendente theologische Differenz«. Indem Eckhart im Geist der abendländischen Tradition solche Fragen bedenkt, wendet er sich drängenden, wenn auch kraft der endlichen, theoretisch-spekulativen Vernunft nicht lösbaren Aufgaben zu, die auch das nüchternste Denken herausfordern:

> *Wan denne diu sêle hât eine mügelicheit alliu dinc ze bekennenne, dâ von geruowet si niemer, si enkome in daz êrste bilde, dâ alliu dinc ein sint, und dâ geruowet si, daz ist in gote.* (EW I, S. 42,5–8)

> »Da nun die Seele ein Vermögen hat, alle Dinge zu erkennen, deshalb ruht sie nimmer, bis sie in das erste Bild kommt, wo alle Dinge eins sind, und dort kommt sie zur Ruhe, das heißt: in Gott«. (EW I, S. 43,5–8)

Im Rahmen der großen abendländischen philosophischen Tradition, die auch in die christliche Theologie eingegangen ist, begreift Meister Eckhart das Ziel menschlichen Lebens und Denkens wie Platon in der »Anähnlichung an Gott« (ὁμοίωσις θεῷ κατὰ τὸ δυνατόν) und sieht, dass der Weg mühsam ist und nur in unendlichem Streben nach Gerechtigkeit befördert werden kann (›Theaitetos‹ 176b/c: dort wird Gott — fernab von jeder ›Schaumystik‹ — als δικαιότατος genannt; vgl. dazu auch Immanuel Kant: KpV A 220 f.). Sofern Eckharts Denken mit seiner ›Grundfrage‹ (*Wer sint, die got êrent?*) in den Kontext der Denker von Platon bis Kant gehört, präsentiert er sich ›als ursprünglicher Denker‹, als der er indessen — auch verursacht durch die Prozesse und die Ungunst der Überlieferungsgeschichte — bisher noch kaum wahrgenommen wird.

Norbert Fischer & Wolfgang Erb

Norbert Fischer

Wer sint, die got êrent? (Predigt 6). Zur leitenden Grundfrage Meister Eckharts. Hinführung zum Zentrum seines Denkens

Dem Anliegen, überlieferte Texte ursprünglicher Denker zu verstehen, dient es, wenn diese die Aufgaben nennen, die sich als leitende Grundfragen ihres suchenden Denkens verstehen lassen. Hilfe bietet Augustinus mit seinen Fragen nach ›Gott und Seele‹ (*deum et animam scire cupio*),[1] Immanuel Kant mit den von ihm als ›unvermeidlich‹ erklärten, aber für die ›spekulative Vernunft‹ unlösbar bleibenden Aufgaben, die es ihm aber schließlich dennoch ermöglichen, ›Gott, Freiheit und Unsterblichkeit‹ in vernünftigem Glauben fest annehmen zu können.[2] Eckharts Frage, die hier als seine ›Grundfrage‹ ausgelegt wird, steht in Einklang mit Augustinus, aber auch mit Kant, der durchweg »die Ehre der menschlichen Vernunft vertheidigen« wollte (GwS A 194=AA 1,149). Diese 1747 in der Erstlingsschrift nebenbei genannte Maxime hat Kant in der theoretischen und der praktischen Philosophie bis hin zur Religionsphilosophie verfolgt, auf immer grundlegendere Kontexte bezogen, sie in diesen verdeutlicht und weiter entfaltet. Wie noch zu zeigen sein wird, riskiert Meister Eckhart bei der Beantwortung seiner Grundfrage: *Wer sint, die got êrent?*, sogar die Nähe zu einer Haltung, die von der Antike bis hin zum 20. Jahrhundert bekannt war und als ›postulatorischer Atheismus‹ bezeichnet werden kann.

Das hier vorgelegte Buch möge den ›Aufbruch Meister Eckharts ins 21. Jahrhundert‹ befördern,[3] der ein Desiderat der abendländischen Kultur ist, die ihre Grundfragen erneut zu bedenken hat.[4] Eckhart soll dabei im Einklang mit den Intentionen der christlichen Theologie vergegenwärtigt werden, die im Gedanken der *anima naturaliter christiana* seit Beginn offen für die Motive der

---

1 Vgl. sol. 1,7. Augustinus fährt dort fort: *nihilne plus? nihil omnino*; dazu NORBERT FISCHER, ›Deum et animam scire cupio‹. Zum bipolaren Grundzug von Augustins metaphysischem Fragen.

2 Z. B. KrV B 7 und KrV B XXX: »Ich mußte also das *Wissen* aufheben, um zum *Glauben* Platz zu bekommen, und der Dogmatism der Metaphysik, d. i. das Vorurtheil, in ihr ohne Kritik der reinen Vernunft fortzukommen, ist die wahre Quelle alles der Moralität widerstreitenden Unglaubens«. Im vorliegenden Band untersucht wird Eckharts Verhältnis zu Kant im Beitrag von NORBERT FISCHER, Kants Idee *est Deus in nobis* und ihr Verhältnis zu Meister Eckhart.

3 Vgl. GEORG STEER, Der Aufbruch Meister Eckharts ins 21. Jahrhundert.

4 Aus innerer Schwäche und äußeren Gründen (z. B. dem Machtstreben eines Islam, der sich um die hochrangige Geistigkeit des ›Abendlandes‹ nicht schert). Zur geschichtlichen Situation vgl. NORBERT FISCHER, Zum Sinn von Kants Grundfrage: »Was ist der Mensch?« Das Verhältnis von Kants Denken zur antiken Metaphysik, Ethik und Religionslehre im Blick auf Platon, Aristoteles und Augustinus. Mit einem Nachtrag zur Metaphysikkritik Heideggers.

natürlichen, philosophisch fragenden Vernunft war. Schon der ›Völkerapostel Paulus‹ löste ja den christlichen Glauben vom rigiden historischen Bezug auf das ›Volk‹, in dem Jesus von Nazareth geboren war, in dem er gelebt und gelehrt hat. Die biblischen Berichte, nach denen sich der ›historische Jesus‹ auf konkrete Lebenssituationen eingelassen hat, stellen die Heilsbedeutung geschichtlicher Erzählungen klar vor Augen, deren Sinn zu erfassen jedoch die Klärung der jeweiligen literarischen Gattung der Darstellungen in den ›Evangelien‹ voraussetzt.

Das Johannes-Evangelium, das treffend als ›Das philosophische Evangelium‹ ausgelegt wurde[5] und dessen Botschaft im vorliegenden Band in verschiedenen Kontexten aufgegriffen wird, knüpft nämlich (wie schon Paulus) zwar an die geschichtliche Dimension der Lehre Jesu an, stellt diese aber durch an sie anknüpfende Reflexionen in einen Zusammenhang, der auch solche ›Hörer des Wortes‹ ansprechen kann, die in andere geschichtliche Kontexte hineingeboren sind.[6] Das ›Neue Testament‹ vergegenwärtigt die ›Wahrheit des Evangeliums‹ in lebensvoller, situativer Konkretheit, ist indessen offen für andere Konkretisierungen, so dass die Kernbotschaft Jesu, die den sich an alle Menschen richtenden allgemeinen Heilswillen Gottes verkündet, auch allen anderen endlichen, freien Vernunftwesen zugänglich sein und diese in ihrem je eigenen Kontext betreffen können muss. Augustinus, dessen ›Confessiones‹ Meister Eckhart wohl so eindringlich wie kein anderer vor ihm gelesen hat,[7] bezeichnet die Nichtverschiedenheit von ›Philosophie‹ (als ›Bemühen um Weisheit‹, nicht aber als ›Behauptung dogmatischen Wissens‹) und ›Religion‹ (als ›Offenbarung‹) in einer frühen Schrift als den ›Hauptpunkt des menschlichen Heils‹ und vertritt somit eine These, der auch Eckhart, indem er bedingungslos auf die für uns mit Vernunft einsehbare ›Gerechtigkeit Gottes‹ setzt (EW I, S. 79), zugestimmt hätte:

> *humanae salutis caput, non aliam esse philosophiam, id est sapientiae studium, et aliam religionem.*(vera rel. 8)

> »Zum Hauptpunkt des menschlichen Heils gehört, dass Philosophie, das Streben nach Weisheit, und Religion einander nicht fremd sind«. (Eigene Übersetzung)

---

5 Z. B. Joachim Ringleben, Das philosophische Evangelium. Theologische Auslegung des Johannesevangeliums im Horizont des Sprachdenkens. Im vorliegenden Band vgl. Ruedi Imbach, Hinweise auf Eckharts Auslegung des Johannesevangeliums (Prolog und 1,38) im Vergleich mit Augustin und Thomas von Aquin.

6 In diesem Kontext vgl. den Gedanken der ›Jemeinigkeit der Existenz‹ (Martin Heidegger, Sein und Zeit, u. a. S. 42); dazu Friedrich-Wilhelm von Herrmann, Ansatz und Wandlungen der Gottesfrage im Denken Martin Heideggers, bes. S. 160 f. Vgl. weiterhin den Grundgedanken im Ansatz von Karl Rahner, Hörer des Wortes.

7 Vgl. Norbert Fischer, Meister Eckhart und Augustins ›Confessiones‹, S. 196 f., zu Eckhart als erstem sachgemäßem Leser aller 13 Bücher der ›Confessiones‹. Vgl. auch Marie-Anne Vannier, Creation, S. 843: »Meister Eckhart does not share the title of ›the second Augustine‹, but the fact remains that he is perhaps the best reader of Aug.«.

Wer als neuzeitlicher Leser in den biblischen Schriften nur ›historisch beleh-
rende Berichte‹ sucht, versperrt sich durch diese Erwartungshaltung den Zugang zu einem sachgemäßen Verständnis der Botschaft der Evangelien, die
zwar vom ›Wunder‹ des existenziell konkreten Verhältnisses zu Gott sprechen,
aber keine kausalanalytisch verifizierbaren ›objektiven Tatsachen‹ behaupten. Unterscheidungen wie die von ›Herrschaftswissen‹, ›Wesenswissen‹ und
›Erlösungswissen‹, die Max Scheler explizit entfaltet hat,[8] hatte schon Platon
bedacht, nämlich bei den Formen des Wissens in den zentralen Gleichnissen
der ›Politeia‹ (505 a – 517 a). Sie hätten auch der Bibelhermeneutik festen Boden
bereiten können – fern vom Überlegenheitsgestus der auf ›objektive Erkenntnisse‹ so stolzen Neuzeit, die technisch anwendbar sind, aber nicht die genuin
philosophischen Fragen beantworten, die sich mit den Fragen nach dem ›Sein‹
von ›Zeit‹, ›Leben‹ und ›Vernunft‹ stellen.

Der gleichwohl verständliche Stolz der neuzeitlichen Forscher und Entdecker, die frappierende Leistungen hervorgebracht haben, verliert angesichts der
philosophischen Grundfragen an Glanz (in Fragen zum ›Sein‹, zum ›Sinn‹ und
zum ›Ursprung‹ von ›Sein‹ und ›Zeit‹, ›Freude‹ und ›Leid‹, ›Leben‹ und ›Tod‹,
›Ding‹ und ›Person‹, ›Gerechtigkeit‹ und ›Liebe‹, Sehnsucht‹ und ›Glück‹).[9]
Solche Fragen beantworten die biblischen Texte: aber nicht in der Form ›objektiver‹ Aussagen. Zum Beispiel sind die ›Kindheitsgeschichten‹ des ›Neuen
Testaments‹ ›haggadische Midraschim‹, deren literarische Gattung den frühen
christlichen Theologen zweifellos noch bekannt war.[10]

Der Glaube an den ›allgemeinen Heilswillen Gottes‹, der im ›Schöpfungsbericht‹ (Gn 1, 26 f.) hervortritt und sich im Glauben an die Möglichkeit der
anima naturaliter christiana zuspitzt,[11] hat auch in Meister Eckhart einen her-
ausragenden Lehrer, der indessen immer noch kaum als Denker und Philo-
sophierender betrachtet wird, unabhängig von überschwenglicher Esoterik.[12]

---

8 Vgl. Max Scheler, Philosophische Weltanschauung, S. 75–84.

9 Als ›wüssten‹ wir, was ›Leben‹ bedeutet; zu kurz greift dessen objektive Beschreibung
   als ›materieller Prozess‹, der doch ›Zeit‹ voraussetzt (also wäre mit Aristoteles, Augustinus, Kant und Heidegger zu fragen: Was ist ›Zeit‹?).

10 Zur literarischen Gattung der Bekenntniserzählungen (Midraschim), die im Hintergrund der mit Hilfe alttestamentlicher Schemata komponierten Kindheitsgeschichten
   stehen, vgl. jetzt GERHARD LANGER, Midrasch, z. B. S. 17.

11 Vgl. Tertullian, Apologeticum 17; dazu LORENZ FUETSCHER, Die natürliche Gotte-
   serkenntnis bei Tertullian, bes. S. 24, 228, 233, 243; vgl. die Hinweise im vorliegenden
   Band bei NORBERT FISCHER, Kants Idee *est Deus in nobis* und ihr Verhältnis zu Meister
   Eckhart. Zur Beziehung von Gott und Mensch in Kants kritischer Philosophie und bei
   Eckhart. Noch Kant greift den Gedanken der *anima naturaliter christiana* zustimmend
   auf; vgl. AA 23,440 (Vorarbeiten zu SF).

12 Papst Benedikt XVI. hat in seinem Kant betreffenden Brief vom 6.11.2006 auf das
   Schreiben von NORBERT FISCHER vom 16. Oktober 2006 zu seiner ›Regensburger Vorlesung‹ geantwortet und dort zur erhofften Bedeutung Kants für die katholische Theologie erklärt: »Jedenfalls bin ich dankbar für die Präzisierungen, die Sie in Ihrem Brief

Obwohl die Verbindung von ›Religion‹ und ›Gewalt‹ im ›christlichen‹ Glauben ursprünglich keine Heimat hat, sofern seine Zentralfigur Jesus von Nazareth ›Liebe‹ gepredigt, gerade nicht die ›Tötung Ungläubiger‹ propagiert hat, sondern vielmehr selbst das Opfer eines ›Prozesses‹ wurde, muss sie auch in der christlichen Theologie, deren Unterbau in den neutestamentlichen Schriften vorliegt und die in ›Glaubensbekenntnissen‹ entfaltet wurde, kritisch reflektiert werden.[13]

Eckharts Frage: *Wer sint, die got êrent?* (EW I, S. 76), die das ›Sein‹ und das in ›Freiheit‹ zu vollziehende zeitliche ›Leben‹ jedes einzelnen Menschen in der Welt als Person und zugleich das Sein Gottes betrifft, wird als seine ›Grundfrage‹ verstanden − mit Platon, Augustinus und Kant, die das Bedenken der wesentlichen Fragen durch ursprüngliche Zugangswege befördert haben.[14] In dieser Grundfrage zeigt Eckhart sich als eigenständiger Denker und als christlicher Theologe, den die Anfeindungen und ›Schwierigkeiten mit dem magisterium cathedrae pastoralis in Köln und Avignon‹, die seine ›Rechtgläubigkeit‹ in Frage stellten, gewiss schwer getroffen haben. Eckhart folgt streng der gewaltfernen neutestamentlichen Botschaft,[15] die er als Prediger und als Universitätslehrer auslegte. Denn nach Jesus ›ehren nicht die Menschen Gott‹, die unterwürfig »Herr! Herr!« sagen, sondern die ›aus freier Entscheidung‹ in Glaube und Hoffnung den ›Willen des Vaters‹ in Nachahmung der Liebe des Schöpfers tun, nicht aus klugem Kalkül die ›Gebote‹ eines ›Allmächtigen‹ befolgen, der sich in der Welt faktisch ja gar nicht als ›allmächtig‹ zeigt.[16]

---

gemacht haben, wie für Ihre ganze Arbeit, mit der Sie uns Kant auf neue Weise als Gesprächspartner einer Philosophie zugänglich machen, die sich in Einheit mit den Intentionen der katholischen Theologie weiß.« Mit dieser hoffnungsvollen Perspektive sollte die Verteufelung Kants, die immer noch störend nachwirkt, der Sache nach beendet sein. Vgl. auch NORBERT FISCHER, Kant und der Katholizismus. Stationen einer wechselhaften Geschichte. Ebenso schädlich waren die ›Prozesse‹ und Verurteilungen Eckharts; vgl. im vorliegenden Band den Beitrag von WOLFGANG ERB, Meister Eckharts Schwierigkeiten mit dem magisterium cathedrae pastoralis in Köln und Avignon. Zu Eckhart vgl. auch die ermutigende, wenngleich nüchterne Stellungnahme von JOSEPH KARDINAL RATZINGER, Salz der Erde. Christentum und katholische Kirche an der Jahrtausendwende. Ein Gespräch mit Peter Seewald, S. 216.

13 ›Liebe‹ verliert ohne die Annahme der ›Freiheit der Entscheidung‹ im Vollzug menschlichen Handelns ihren göttlichen Sinn und wird zu einem bloß naturkausal bedingten Ereignis ohne die ihr meistens dennoch unbedacht zugesprochene tiefere Bedeutung.

14 Zum Problem der philosophisch-theologischen Grundfrage vgl. NORBERT FISCHER, Hinführung (VuO; bes. S. 17−26: Reflexion Rilkescher Motive zum Thema ›Offenbarung‹). Zu Rilke vgl. GEORG STEER, Rainer Maria Rilke als Leser Meister Eckharts; im vorliegenden Band vgl. ROBERT LUFF, Gedanken Meister Eckharts in der Lyrik von Rainer Maria Rilke.

15 Vgl. Io 15,15; diese Stelle wird von Augustinus häufig zitiert und kommentiert; vgl. z. B. Io.ev.tr. 85,1f.

16 Vgl. Mt 7,21: »Nicht jeder, der zu mir sagt: Herr! Herr! wird in das Himmelreich kommen, sondern nur, wer der Willen meines Vaters im Himmel erfüllt.« Vgl. Mt 7,22 f.;

Die Grundfrage: *Wer sint, die got êrent?*, hängt mit dem biblischen ›Liebes-
gebot‹ zusammen, das seinen ›Grund‹ im Glauben an die Schöpfung aus Liebe
durch den unbedürftigen Gott hat, in der aus diesem Glauben folgenden Beziehung der Menschen zu ihrem Schöpfer und zu vielen anderen Vernunftwesen als Mitgeschöpfen, die in Freiheit als die ›Nächsten‹ zu achten sind. Zwar
hat der ›Wille des Vaters‹, den Jesus verkündet, schon ein Vorspiel im ›Alten
Testament‹ (Lv 19,18.43), tritt im ›Neuen Testament‹ aber deutlicher hervor
(Mc 12,29–31; Mt 19,19; 22,37–40, Lc 10,27; Io 15,12; vgl. Pr. 27, EW I, S. 304–
315: *Hoc est praeceptum meum ut diligatis invicem, sicut dilexi vos*). Systematisch
zugespitzt sagt Paulus:

ὁ γὰρ πᾶς νόμος ἐν ἑνὶ λόγῳ πεπλήρωται, ἐν τῷ·ἀγαπήσεις τὸν πλησίον σου ὡς σεαυτόν.
(Gal 5,14)

»Denn das ganze Gesetz ist in dem einen Wort zusammengefaßt: Du sollst deinen
Nächsten lieben wie dich selbst!« (Einheitsübersetzung)

Nur wer d i e s e m Gesetz aus eigener innerer Überzeugung und zugleich aus
freier Entscheidung entspricht, gehört nach der neutestamentlichen Verkündigung, an der sich der Prediger Eckhart in freiem denkerischen Zugang orien-
tiert, zu denen, ›die Gott ehren‹.

Die Predigt, in der Eckhart die Frage stellt, wer die seien, die Gott ehren
(nämlich Predigt 6 mit dem Thema: *Iusti vivent in aeternum* [Sap. 5,16]), endet
mit der Bitte:

Daz wir die gerehticheit minnen durch sich selben und got âne warumbe, des helfe uns got. Âmen.
(EW I, S. 86)

»Daß wir die Gerechtigkeit um ihrer selbst willen und Gott ohne Warum lieben, dazu
helfe uns Gott. Amen«. (EW I, S. 87)

Wer also ›Gott ehrt‹, tut es nach Eckhart n i c h t dadurch, dass er sich der Macht
des als allmächtig ›geglaubten‹ Schöpfers und Weltherrschers aus Klugheit um
des erhofften Lohnes willen beugt, sondern durch das Streben nach Gerechtigkeit, weswegen man schon Eckhart die These vom ›Primat der praktischen
Vernunft‹ zusprechen kann,[17] die sich keineswegs selbst genügt und uns keine
›Ruhe‹ verschafft, sondern – wie bei Kant (RGV B 6=AA 6,VI) – »unumgänglich zur Religion« führt.[18] Bei aller ›Orientierung im Denken‹, die uns die

---

weiterhin Lc 6,46; 1 Io 2,17; Iac 1,22. Einem strikt ›Allmächtigen‹ wäre es ein Leichtes,
den Willen der Geschöpfe deterministisch zu dominieren.

17 Vgl. NORBERT FISCHER, Kants These vom Primat der praktischen Vernunft. Zu ihrer Interpretation im Anschluß an Gedanken von Emmanuel Levinas, bes. S. 258–262:
»Zum Primat der praktischen Vernunft als dem Quellgrund von Kants kritischer Metaphysik«.

18 Was Eckhart mit ›Gerechtigkeit‹ meint, wird nicht von den Geboten eines ›allmächtigen
Gottes‹ oder menschlicher Machthaber abgeleitet, sondern hängt mit vernünftiger Einsicht zusammen, an die er deswegen appelliert.

Vernunft ermöglicht und die uns in ihrem Vollzug zur Liebe der Gerechtigkeit
und zur Liebe Gottes lockt, bleibt unser Herz – wie schon Augustinus sagt –
doch unruhig (vgl. conf. 1,1; EW I, S. 42 f.; AA 27,1402).

Der Impuls, der den Denkweg in Gang setzt, ist das faktische Dasein ›vieler‹
Wesen, die sich als ›Zwecke an sich selbst‹ verstehen, was mit der Anerkennung
meiner selbst und vieler Anderer als unverfügbar existierender ›Zwecke an sich
selbst‹ einhergeht und ›Gerechtigkeit‹ fordert. Denn durch das Dasein vieler
endlicher Geistwesen, die sich allesamt beim Erwachen ihrer Geistigkeit zwar
ungefragt, aber doch unvermeidlich als ›Zwecke an sich selbst‹ vorfinden und
verstehen, werden alle, die trotz ihrer Endlichkeit doch zugleich auch ›glücklich‹ sein wollen,[19] auf den ›Glauben‹ an den göttlichen Ursprung der Schöpfung verwiesen: nämlich an die reine Liebe des allmächtigen Schöpfers, der
das ›Sein‹ und die höchste, ›göttliche‹ Vollkommenheit der Geschöpfe will, an
eine Liebe, die nicht höchste Vollendung für sich selbst suchen muss, sondern
sich auf die Vollkommenheit des Seins der vielen Mitgeschöpfe zu richten vermag.[20] Derart versteht Eckhart den ›einen Gott‹ (implizit gegen Plotin) als den
›Vater aller‹.[21]

Die Nähe und die Ferne Gottes und des Göttlichen war seit jeher das ›Problem‹ der Menschen, ihre durch ihr faktisches Sein gestellte ›unlösbare Aufgabe‹, die sie zum Denken und vernünftigen Glauben treibt. Derart sagt Eckhart am Ende der erwähnten Predigt 21:[22]

> *Daz wir alsô vereinet werden mit gote, des helfe uns ›ein got, vater aller‹. Âmen.* (EW I, S. 252)

> »Daß wir so eins werden mit Gott, dazu helfe uns ›ein Gott, Vater aller‹. Amen«. (EW I,
> S. 253)

In seinen Texten tritt die Notwendigkeit der Denkaufgaben hervor, um deren
Lösung Eckhart ringt – und wegen deren Unlösbarkeit im Rahmen der theoretischen Philosophie: auch das Erfordernis des ›Glaubens‹:

> *›Vater, ich bite dich, daz dû sie ein machest, als ich und dû ein sîn‹. Swâ zwei ein suln werden, dâ
> muoz daz eine sîn wesen verliesen. Alsô ist: und sol got und diu sêle éin werden, sô muoz diu sêle
> ir wesen und ir leben verliesen. Als vil, als dâ blibe, als vil würden sie wol geeiniget. Aber, süln sie
> éin werden, sô muoz daz eine sîn wesen zemâle verliesen, daz ander muoz sîn wesen behalten:*

---

19 Zur Bedeutung der ›Glückseligkeit‹ (εὐδαιμονία) vgl. Aristoteles (NE, 1094 a 1–3;
    1095 a 17–22) und Kant (KpV A 45); dazu Norbert Fischer, Tugend und Glückselig-
    keit. Zu ihrem Verhältnis nach Aristoteles und Kant.
20 Vgl. Augustins Gedanken des *gratis diligere* (z. B. conf. 6,26) zu einer gleichsam göttli-
    chen Liebe; dazu auch Norbert Fischer, Amore amoris tui facio illuc. Zur Bedeutung
    der Liebe im Leben und Denken Augustins.
21 Vgl. Pr. 21, EW I, S. 244–253: *Unus deus et pater omnium*; der Denkaufgabe, die aus der
    Spannung zwischen der Einheit Gottes und der Vielheit der ›vernünftigen‹ Geschöpfe
    erwächst, hat sich die christliche Theologie (im Unterschied zu anderen ›monotheisti-
    schen‹ Glaubensformen wie Judentum und Islam) von Anfang an gestellt.
22 Vgl. auch Pr. 1, EW I, S. 22 f.; Pr. 16B, EW I, S. 197; Pr 41, EW I, S. 446 f.

sô sint sie ein. Nû sprichet der heilige geist: sie suln ein werden, als wir ein sîn. ›Ich bite dich, daz dû sie ein machest in uns‹. (Pr. 65, EW I, S. 680)

»»Vater, ich bitte dich, daß du sie eins <mit uns> machest, wie ich und du eins sind‹ <vgl. Joh 17,21>. Wo immer zwei eins werden sollen, da muß eines sein Sein verlieren. Ebenso ist's, wenn Gott und die Seele *eins* werden sollen, so muß die Seele ihr Sein und ihr Leben verlieren. So weit da <von *ihrem* Sein und Leben> noch etwas übrigbliebe, so weit würden sie wohl *vereint*. Sollen sie aber <völlig> *eins* werden, dann muß das eine sein Sein völlig verlieren, das andere <aber> muß sein Sein behalten: *dann* sind sie *eins*. Nun sagt der Heilige Geist: Sie sollen eins werden, wie wir eins sind. ›Ich bitte dich, daß du sie eins machest in uns‹ <vgl. Joh 17,20/21>«. (Pr. 65, EW I, S. 681)

Indem Eckhart gesteht, dass sich damit eine denkerisch nicht lösbare Aufgabe stellt, bekennt er wie Augustinus (und später Kant) die ›Ruhelosigkeit‹ des menschlichen Herzens:

Wan si des éinen niht enhât, dar umbe geruowet diu sêle niemer, ez enwerde allez ein in gote. (EW I, S. 252)

»Weil sie das *Eine* nicht besitzt, darum kommt die Seele nimmer zur Ruhe, bis alles Eins in Gott wird«. (EW I, S. 253)

Ob und wie der Welturheber mit der (von ihm aus Liebe ›gewollten‹ und ›geschaffenen‹) Vielheit vernünftiger Wesen zurechtkommt, wäre als Problem des allmächtigen (und mit Hoffen und Zagen als ›Liebe‹ geglaubten) Gottes zu denken, nicht als eine Aufgabe, die sich endlichen Wesen stellte und für diese lösbar wäre. Obwohl ›Philosophie‹ also nur die ›Liebe der Weisheit‹ sein kann – nicht deren ›Besitz‹ –,[23] obwohl Philosophie also endliche Vernunftwesen nur zur ›Suche nach der Wahrheit‹ antreiben kann, erlaubt das nüchterne Eingeständnis, dass endlichen Wesen der ›Besitz der Wahrheit‹ unerreichbar bleibt,[24] den Suchenden dennoch den ›Glauben‹ und die ›Hoffnung‹, in einer ›Beziehung‹ zur unendlichen Wahrheit Gottes zu stehen.

Der Lösungsweg, den Eckhart erneut bedenkt, ist der vernünftig ausgelegte christliche Glaube, der Ursprung und Ziel der Schöpfung in der ›Liebe‹ und ›Gerechtigkeit‹ Gottes sieht – so auch noch Kant, der »die (uns schon durch die Vernunft versicherte) Liebe desselben [scil. Gottes] zur Menschheit« betont hat (RGV B 176 = AA 6,120). Nach diesem Glauben, der im Ausgang vom rigiden

---

23 Vgl. dagegen die Bestrebungen im ›Deutschen Idealismus‹; z. B. durch Georg Wilhelm Friedrich Hegel, der das Ziel verfolgte, »daß die Philosophie der Form der Wissenschaft näherkomme, – mit dem Ziele, ihren Namen der *Liebe* zum *Wissen* ablegen zu können und *wirkliches Wissen* zu sein« (Phänomenologie des Geistes, S. 14).

24 Dazu vgl. schon Platon, Politeia 509 b; nach dieser Passage ist das höchste Gesuchte ›jenseits der Seiendheit‹ (ἐπέκεινα τῆς οὐσίας); vgl. auch das Höhlengleichnis ›Politeia‹ 514 a – 517 a; gegen die fatale Fehldeutung (Martin Heidegger, Platons Lehre von der Wahrheit, S. 221 f.); das an sich zuhöchst Offenbare (ἀληθέστατον) bleibt uns als ›jenseits des Seienden‹ unerreichbar (509 b); vgl. auch die Verspottung der Ideenfreunde im ›Sophistes‹ 248 a.

Eingottglauben des Judentums zum ›trinitarisch erweiterten Monotheismus‹
führte, hat Gott aus Liebe freie Geschöpfe geschaffen, die reine Liebe erstreben
sollen und können.²⁵ Dieser erweiterte ›Monotheismus‹, der zugleich den ›Plu-
ralismus‹ legitimiert, paralysiert den ›Gewaltverdacht‹,²⁶ der gegen starre Formen des Monotheismus fundiert erhoben werden mag.²⁷ Monotheisten, die
auf der ›absoluten Allmacht des Weltherrschers‹ beharren, nicht an einen ›liebenden Schöpfer‹ glauben, die also das eigentliche Selbstseinkönnen der vielen
endlichen, autonomen Vernunftwesen durch Prädestinationslehren bestreiten
und deren zur Verantwortung führende ›Freiheit‹ ausschließen, sind mit dem
christlichen Glauben unvereinbar, dessen Kern die ›Menschwerdung Gottes‹
ineins mit der ›Dialektik von Freiheit und Gnade‹ ist. Dieser Glaube betont den
Rang der ›Freiheit‹ in der Zeit und die überzeitliche Bedeutung jeder ›Person‹.

Diese Einsichten, die bei Eckhart im Bezug auf Worte der Bibel und in der
literarischen Form seiner Werke (z. B. in Schriftkommentaren, in Traktaten
und Predigten) hervortreten, stehen in gutem Einklang mit einer Einsicht, die
Kant in einem anderen Kontext so ausgesprochen hat (KrV B XXX): »Ich
mußte also das *Wissen* aufheben, um zum *Glauben* Platz zu bekommen«. Kants
Diagnose der *conditio humana* erlaubt die von Eckhart faktisch ergriffene Möglichkeit, die Wahrheit (der zwei oder drei ›Cardinalsätze‹ Kants) im Ausgang
von der ›Schrift‹ zu suchen. Auch für Eckhart ging es um die »Cardinalsätze der
menschlichen Vernunft«, in denen Kant die unvermeidlichen Fragen endlicher
Vernunftwesen beantwortet sah, nämlich die Fragen nach dem ›Dasein Gottes‹,
der ›Freiheit des Willens‹ und der ›Unsterblichkeit der Seele‹.²⁸

Trotz des anderen Lebenskontextes und unterschiedlicher literarischer Gat-
tungen haben heute Philosophierende auch Eckharts Werk im Rahmen ihrer
Aufgabe zu bedenken, die Probleme des menschlichen Lebens zu reflektieren,
die mit dessen faktischen (theoretischen und praktischen) Herausforderungen gegeben sind. Denn Eckhart vollzieht im Anschluß und in Auslegung von
Schriftworten ein selbstbestimmtes und freies, aus Maßgaben der Vernunft

---

25 Zu Augustins Begriff göttlich vollkommener Liebe und zu dem an Augustinus orientier-
    ten Ansatz von Heideggers Wort »amo: volo ut sis« vgl. Norbert Fischer, Freiheit der
    Entscheidung, Gnade und göttliche Liebe bei Augustinus.
26 Jan-Heiner Tück, Monotheismus unter Gewaltverdacht. Zum Gespräch mit Jan Ass-
    mann. Dazu die Rezension von Norbert Fischer in: ThRv 2016 (Jg. 112), S. 410–412.
27 Gegner sind alle deterministischen Konzepte zur Bestreitung der möglichen ›Freiheit
    der Entscheidung‹ endlicher Vernunftwesen, seien sie naturalistisch oder theologisch
    begründet, letztere unter den Leitworten ›Prädestination‹, *sola gratia* oder auch ›Kismet‹;
    der Gewaltverdacht zielt mit Recht gegen alle Formen des Kausalmonismus.
28 Vgl. KrV B XXX; weiterhin KrV B 7, 395 Fn.,769, 773, 826, 883; zu diesem Kontext vgl.
    auch Immanuel Kant, Von der Offenbarung (»Vierter Abschnitt« der ›Vorlesungen über
    die philosophische Religionslehre‹); dazu VuO, S. 35–51; außerdem Norbert Fischer,
    Glaube und Vernunft. Zu ihrem Verhältnis bei Augustinus, Meister Eckhart und Imma-
    nuel Kant, in: VuO, S. 52–83.

sich rechtfertigendes Denken – bis hin zur Erwägung der Haltung, die Max Scheler ›postulatorischen Atheismus‹ genannt hat (vgl. schon Augustinus, der im Blick auf Cicero spricht).[29] Sofern Eckhart sich in seinen Predigten an die Vernunft hält und die Schrift vernünftig auslegt, versucht er wie Kant, »die Ehre der menschlichen Vernunft [zu] vertheidigen«. Nicht die ehren nach Eckhart Gott, die nicht an der vernünftig einsehbaren Gerechtigkeit arbeiten, sondern vernunftfern behauptete ›Offenbarungen‹ mit Macht und mit brutaler Gewalt zum Maßstab ihres Handelns machen. Denn nach Eckhart ist es »gerechten Menschen so ernst mit der Gerechtigkeit, daß, wenn Gott nicht gerecht wäre, sie nicht die Bohne auf Gott achten würden; und sie stehen so fest in der Gerechtigkeit und haben sich so gänzlich ihrer selbst entäußert, daß sie weder die Pein der Hölle noch die Freude des Himmelreiches noch irgend etwas beachten« (Pr. 6, EW I, S. 79):

> Den gerehten menschen den ist alsô ernst ze der gerehticheit, wære, daz got niht gereht wære, sie enahteten eine bône niht ûf got und stânt alsô vaste in der gerehticheit und sint ir selbes alsô gar ûzgegangen, daz sie niht enahtent pîne der helle noch vröude des himelrîches noch keines dinges. (Pr. 6, EW I, S. 78)[30]

Die in ›Freiheit‹ zu verfolgende Zentralaufgabe endlicher Vernunftwesen fordert nicht eine gefühlsdominierte ›Barmherzigkeit‹, zu der das ›Mitleid‹ anregen mag, das aus dem naturhaften Streben aller Lebewesen nach fehlenden Glücksgütern erwächst, sondern ihr freies Streben nach ›Gerechtigkeit‹, in dem sie ›der Vernunft‹ als dem göttlichen Prinzip in uns ›die Ehre geben‹. Mit seiner These weist Eckhart (ohne theologiefeindliche Tendenz) auf das emanzipato-

---

29 Max Scheler, Der Formalismus in der Ethik und die materiale Wertethik. Neuer Versuch der Grundlegung eines ethischen Personalismus, S. 22 f.; Augustinus, civ. 5,9; dazu Norbert Fischer, Einleitung (in: Augustinus. Spuren und Spiegelungen seines Denkens. II. Von Descartes bis in die Gegenwart), bes. S. 21 f.; Norbert Fischer, Epigenesis des Sinnes. Nicolai Hartmanns Destruktion einer allgemeinen Weltteleologie und das Problem einer philosophischen Theologie, bes. S. 64 f. und 71.

30 Vgl. auch Pr. 41, EW I, S. 436 f.: *Qui sequitur iustitiam, diligetur a domino. Beati, qui esuriunt, et sitiunt iustitiam: quoniam ipsi saturabuntur.* Eckhart übersetzt (ebd.): *Künic Salomôn sprichet hiute in der epistel: ›die der gerehticheit nâchvolgent, die minnet got‹.* »König Salomon spricht in der heutigen Epistel: ›Die der Gerechtigkeit nachfolgen, die liebt Gott.‹ [Spr. 15,9]«. Vgl. EW I, S. 438 f.: *Dem gerehten menschen ist sô nôt ze der gerehticheit, daz er niht anders enkan geminnen dan gerehticheit. Enwære got niht gereht – als ich mê gesprochen hân –, er enahtete niht ûf got.* »Dem gerechten Menschen tut die Gerechtigkeit so not, daß er nichts anderes lieben *kann* als die Gerechtigkeit. Wäre Gott nicht gerecht, er würde nicht auf Gott achten, – wie ich schon öfters gesagt habe.« Am genuin christlichen Sinn dieses Wortes, das auch Denkern wie Kant einleuchtet, könnten sich ›Theologen‹, die unbedacht von ›Barmherzigkeit‹ reden und sie einfordern, ein wenig üben und die Zähne ausbeißen. Die ›Verähnlichung mit Gott‹ (ὁμοίωσις θεῷ κατὰ τὸ δυνατόν) ist gewiss ein Ziel Eckharts, gerade in dem von Platon hervorgehobenen Sinn des Ziels vollkommener Gerechtigkeit; vgl. ›Theaitetos‹ 176 b/c.

rische ›Autonomiestreben‹ der Neuzeit voraus, das sich aus seiner Auslegung
der Gottebenbildlichkeit ergibt und als Wesenszug des biblischen, vor allem
des christlichen Glaubens zu verstehen ist. Eckharts Werk eröffnet derart Gesprächsmöglichkeiten selbst mit offenkundigen (oder vermeintlichen) Gegnern
des christlichen Glaubens, sofern diese immerhin an der Beförderung von Gerechtigkeit und Liebe zwischen den Menschen als endlichen Vernunftwesen
arbeiten wollen. In diesem Sinne steht dem ›Aufbruch Meister Eckharts in 21.
Jahrhundert‹ sachlich gesehen so wenig im Wege, dass Philosophen und Theologen nur hoffen und daran arbeiten können, dass sich ein solcher Aufbruch
(ohne Verunglimpfungen, aber auch ohne mystische Schwärmereien) wirklich
ereignet und ›Meister Eckhart als Denker‹ betrachtet und ernstgenommen
wird.[31]

Eckhart sucht als Denker nicht Selbstvergewisserung durch spekulative dogmatische Erkenntnis einer ›Welturssache‹, sondern stützt den Glauben freier
Vernunftwesen an einen ›lebendigen Gott‹, von dem noch Kant spricht (KrV
B 661), nämlich den Glauben an Gott, der aus Liebe endliche Vernunftwesen
geschaffen, der sich ihnen frei zugewandt, der sie zu vernünftigem, eigentli-
chem Selbstsein befreit und so den abstrakten Glauben an die ›Allmacht Gottes‹
eingeschränkt hat.[32] Wer diese Wahrheit annimmt, die mit Vernunft ›geglaubt‹,
nicht ›objektiv gewusst‹ werden kann, gehört in freier Wahl zu denen, die ›Gott
ehren‹. Prädestinationstheorien gereichen Gott zur ›Unehre‹ und sind für den
Denker Eckhart als Inhalt des christlichen Glauben unannehmbar.[33]

Diese Einsicht, die bei Eckhart im häufigen Bezug auf Worte der Bibel und
in der literarischen Form seiner Werke hervortritt, steht in gutem Einklang mit
den philosophisch begründeten Annahmen, die Kant im rationalen Rahmen der
›Transzendentalphilosophie‹ ausgearbeitet hat. Kants kritische Diagnose der
conditio humana erlaubt die von Eckhart ergriffene Möglichkeit, die Wahrheit
der zwei oder drei ›Cardinalsätze‹ im Ausgang von der ›Schrift‹ zu untersuchen:
auch für Eckhart ging es um die »Cardinalsätze der menschlichen Vernunft«, in
denen Kant die unvermeidlichen Fragen endlicher Vernunftwesen beantwortet
sah, nämlich die Fragen nach der Freiheit des Willens, der Unsterblichkeit der
Seele und dem Dasein Gottes (z. B. KrV B 826). Kant spricht in der ›Kritik der
reinen Vernunft‹, deren tiefer metaphysischer und religiöser Sinn von vielen
Lesern noch kaum beachtet wird, in einer Weise vom »Ideal der reinen Vernunft«, die Nähe zum Denken Meister Eckharts hat. Im ›Hauptstück‹ »Das

---

31 Vgl. dazu nochmals den Beitrag von WOLFGANG ERB zu den Prozessen in Köln und
    Avignon (Fn 12).
32 Vgl. NORBERT FISCHER, Die Gnadenlehre als ›salto mortale‹ der Vernunft? Natur, Frei-
    heit und Gnade im Spannungsfeld von Augustinus und Kant.
33 Gegen die Gott verunehrenden Allmachtstheorien vgl. Platon, Politeia 617e: αἰτία
    ἑλομένου· θεὸς ἀναίτιος; ebenso Augustins Rede von der *prima causa peccandi* vgl. ›De
    libero arbitrio‹ 3,49; aber auch noch retr. 1,9,4.

Ideal der reinen Vernunft« (KrV B 595–722), das die Kritik der ›Gottesbeweise‹ enthält (vgl. KrV B 611–658: ›Von den Beweisgründen der speculativen Vernunft, auf das Dasein eines höchsten Wesens zu schließen‹), handelt Kant zunächst ›Von dem Ideal überhaupt‹ (KrV B 595–599). Nach den einleitenden Bemerkungen spricht er zum Gedanken der »Menschheit in ihrer ganzen Vollkommenheit« und sagt (KrV B 596): »Was uns ein Ideal ist, war dem *Plato* eine *Idee des göttlichen Verstandes*«. Ohne eine dogmatische spekulative Metaphysik zu vertreten, die er Platon irrtümlich zuschreibt, geht er doch auf die »*praktische* Kraft« der »*Ideen*« ein und spricht schließlich vom »Verhalten dieses göttlichen Menschen in uns« (KrV B 597), oder vom *deus in nobis* (vgl. AA 22,129 f.).

Damit schlägt Kant (trotz Abneigung gegen die Schwärmereien in ›Mystik‹ und ›Mystizismus‹) eine tragfähige Brücke zur abendländisch-christlichen Denktradition und zu Meister Eckhart. Wie es mit kritischer Vernunft möglich ist, vom »Verhalten dieses göttlichen Menschen in uns« zu sprechen, ist eine Frage, die Theologen wie Meister Eckhart in anderer Weise beschäftigt hat, als es einem ›kritischen Philosophen‹ wie Kant in seiner Zeit möglich war und sinnvoll schien. Gleichwohl benennt Kants Rede vom »Verhalten dieses göttlichen Menschen in uns« das Grundproblem der ›Christologie‹, verstanden als Bindeglied zwischen ›Gott‹ und ›Mensch‹.[34] Trotz des an sich unüberbrückbaren Hiatus bleibt die Annahme der Nähe von Gott und Mensch, auch im Ziel der ›Heiligkeit des Willens‹, die zentrale Herausforderung für Kants Denken.

Obwohl das ›Ideal der Heiligkeit‹ für Menschen nach Kant unerreichbar bleibt (GMS BA 29=AA 4,408 f.; mit Bezug auf Mc 10,18 und Lc 18,14), sieht er in der Aufgabe, »sich ihm ins Unendliche zu nähern das einzige […], was allen endlichen vernünftigen Wesen zusteht« (KpV A 58).[35] Seine Denkaufgabe hat Kant in einer späteren Reflexion so zusammengefaßt:

> »Gott über uns, Gott neben uns, Gott in uns, 1. Macht und Furcht 2. Gegenwart und Anbetung (inigste Bewunderung) 3. Befolgung seiner Pflicht als Schatten dem Licht«. (OP; AA 22,310)

---

34 Prädestinationstheorien finden sich z.B. bei Martin Luther, De servo arbitrio; vgl. Tilman Nagel: »*Natur*« *im vom Allah gelenkten Diesseits*, bes. S. 244: »Laut dem prädestinatianischen Mehrheitsislam führt der Weg des Menschen aus dem ›Haus des Vergehens‹, in das er geboren wird, in das Haus des Bleibens‹; ob dieses die Hölle oder das Paradies sein werde, ist für jedes Individuum schon vor dem Beginn des Schöpfungshandelns festgelegt worden.« Vgl. dort S. 247–252 mit Hinweisen zu beachtenswerten Ansätzen einer innerislamischen Diskussion und Differenzierung bei al-Ghazālī (gest. 1111), Muhammad Ibn Tūmart (gest. 1130) und Ibn ʿArabī (gest. 1240).

35 Die Intentionen Kants stellt Reinhold Bernhard Jachmann in der ›Prüfung der Kantischen Religionsphilosophie in Hinsicht auf die ihr beygelegte Aehnlichkeit mit dem reinen Mystizismus‹ (1800) abgeschwächt dar, zu der Kant immerhin den ›Prospectus zum inliegenden Werk‹ beigesteuert hat.

Diese späte Formulierung seiner Denkaufgabe rückt Kants Ziel trotz seiner
Abneigung gegen ›Mystik‹ und ›Mystizismus‹ in den Kontext, in den auch die
Überlegungen zur ›virginitas mentis‹ gehören, die Augustinus in einer Predigt
vorgetragen hat und die gegen den ersten Anschein auch im Blick auf Eckharts
Denken zu beachten sind. Diese Gedanken mögen am Ende dieser ersten Hinführung zum Sammelband ›Meister Eckhart als Denker‹ auch durch ihre Nähe
zu Kant anregend wirken und den erhofften ›Aufbruch Meister Eckharts ins
21. Jahrhundert‹ befördern. Wie die kritische ›Metaphysik und Religionsphilosophie Kants‹ immer noch nicht voll in der Gegenwart angekommen ist (von
denkenden Theologen aber aufgegriffen werden sollte), entwickelte Meister
Eckhart in seiner Zeit eine eigenständig gedachte Vergegenwärtigung wesentlicher Gedanken der überlieferten Tradition.

Folgende Passage aus einer Predigt Augustins, die für Meister Eckharts Bedenken der Beziehung zwischen Gott und Mensch erhellend ist, wird hier als
Abschluss dieser Hinführung zitiert, auch wenn ihre Aussage für heutige Leser auf den ersten Blick recht befremdlich wirken mag; sie ist aber gewiss ein
Versuch, die Wirklichkeit des »göttlichen Menschen in uns« zu bedenken, die
noch Kant gesehen und ausgesprochen hat. Der Kirchenvater Augustinus redet
in dieser Predigt zur *virginitas mentis*, zur »Jungfräulichkeit des Geistes«, und
trägt so überraschende und ungewohnte Gedanken vor, denen Eckhart nahe ist
(s. Denis 25,7 f.):[36]

25,7: ecce illud magis attendite, fratres mei, illud magis attendite, obsecro vos, quod ait dominus Christus, extendens manum su-per discipulos suos: haec est mater mea et fratres mei; et qui fecerit voluntatem pat-ris mei, qui me misit, ipse mihi et frater et soror et mater est [Mt 12,49sq.]. numquid non fecit voluntatem patris virgo Maria, quae fide credidit, fide concepit, electa est de qua nobis salus inter homines nascere-tur, creata est a Christo, antequam in illa	25,7: Achtet, meine Brüder, achtet mehr darauf, ich beschwöre Euch, was der Herr Christus sagte, seine Hand über seine Schü-ler ausbreitend: das ist meine Mutter und diese meine Brüder; wer den Willen meines Vaters getan haben wird, der mich gesandt hat, ist mir selbst Bruder und Schwester und Mutter [Mt 12,49 f.]. Hat die Jung-frau Maria, die mit Zutrauen geglaubt und empfangen hat, etwa nicht den Willen des Vaters getan; sie wurde erwählt, damit aus

36 CHRISTOF MÜLLER (Leiter des Zentrums für Augustinus-Forschung, Würzburg) teilt
zu diesem ›Sermo‹ brieflich mit: »Laut Pierre-Patrick Verbraken, Études critiques sur
les sermons authentiques de Saint Augustin, Steenbrugis 1976, stammt Augustins Sermo
Denis 25 vermutlich aus dem Zeitraum 417/418 (so auch schon die Sermones-Chrono-
logie von A. Kunzelmann, Die Chronologie der Sermones des Hl. Augustinus, Rom
1931). Ganz sicher ist dieses Datum aber nicht; Dolbeau wird sich in seinem AL-Artikel
Sermones, dessen Rohform bereits vorliegt, nicht auf eine Datierung von S. Denis 25
festlegen, weil diese etwas zu spekulativ sei.« Ihm und GUNTRAM FÖRSTER (Zentrum
für Augustinus-Forschung Würzburg), der die hier vorgelegte Übersetzung von NOR-
BERT FISCHER gründlich durchgesehen hat, und ebenso CORNELIUS MAYER, der den
Autor auf die Spur dieser Predigt Augustins gewiesen hatte, sei herzlich gedankt.

Christus crearetur? fecit, fecit plane voluntatem patris sancta Maria: et ideo plus est Mariae, discipulam fuisse Christi, quam matrem fuisse Christi: plus est felicius discipulam fuisse Christi, quam matrem fuisse Christi. ideo Maria beata erat, quia, et antequam pareret, magistrum in utero portavit. vide si non est quod dico. transeunte domino cum turbis sequentibus, et miracula faciente divina, ait quaedam mulier: felix venter qui te portavit [Lc 11,27]. beatus venter qui te portavit. et dominus, ut non felicitas in carne quaereretur, quid respondit? immo beati qui audiunt verbum dei, et custodiunt [Lc 11,28]. inde ergo et Maria beata, quia audivit verbum dei, et custodivit: plus mente custodivit veritatem, quam utero carnem. veritas Christus, caro Christus: veritas Christus in mente Mariae, caro Christus in ventre Mariae; plus est quod est in mente, quam quod portatur in ventre. sancta Maria, beata Maria, sed melior est ecclesia quam virgo Maria. quare? quia Maria portio est ecclesiae, sanctum membrum, excellens membrum, supereminens membrum, sed tamen totius corporis membrum. si totius corporis, plus est profecto corpus quam membrum. caput dominus, et totus Christus caput et corpus. quid dicam? divinum caput habemus, deum caput habemus.

25,8 ergo, carissimi, vos attendite: et vos membra Christi estis, et vos corpus Christi estis. attendite quomodo sitis quod ait, ecce mater mea et fratres mei [Mt 12,49]. quomodo eritis mater Christi? et quicumque audit, et quicumque facit voluntatem patris mei qui in caelis est, ipse mihi frater, soror et mater est [Mt 12,50]. puta, fratres

ihr für uns das Heil unter den Menschen geboren werde, sie wurde von Christus geschaffen, bevor Christus in ihr geschaffen würde. Erfüllt, wirklich erfüllt hat die heilige Maria den Willen des Vaters: und so ist es mehr für Maria, Schülerin als Mutter Christi gewesen zu sein: viel seliger ist es, Schülerin Christi als Mutter Christi gewesen zu sein. Deshalb war Maria selig, da sie, bevor sie ihn gebar, den Lehrer im Schoß getragen hat. Siehe, ob es sich so verhält, wie ich sage. Als der Herr mit der ihm folgenden Menge vorüberging und göttliche Wunder wirkte, sprach eine Frau: selig der Leib, der dich getragen hat [Lc 11,27]. Glückselig der Leib, der dich getragen hat. Was antwortete der Herr, der Glückseligkeit nicht im Leib suchte? Selig sind vielmehr, die das Wort Gottes hören und bewahren [Lc 11,28]. Daher also ist auch Maria glückselig, weil sie Gottes Wort gehört und es bewahrt hat: mehr mit dem Geist hat sie die Wahrheit beachtet, als sie mit dem Leib das Fleisch bewahrt hat. Christus ist Wahrheit, Christus ist Fleisch: die Wahrheit, die Christus ist, ist im Geist Marias; das Fleisch, das Christus ist, ist im Leib Marias; was im Geist ist, ist mehr als das, was im Leib getragen wird. Heilig ist Maria, glückselig ist Maria, aber besser ist die Kirche als die Jungfrau Maria. Warum? Weil Maria Glied der Kirche ist, ein heiliges Glied, ein hervorragendes, überragendes, aber dennoch ein Glied des ganzen Körpers (der Kirche). Wenn sie Glied des ganzen Leibes ist, dann ist der Leib in der Tat mehr als das Glied. Das ist der Herr, der ganze Christus ist Haupt und Leib. Was soll ich sagen? Ein göttliches Haupt haben wir, Gott haben wir als Haupt.

25,8: Also, liebe Hörer, achtet darauf: auch ihr seid Glieder Christi, und ihr seid der Leib Christi. Überlegt, in welcher Weise ihr seid, wenn er sagt: siehe meine Mutter und meine Brüder [Mt 12,49]. In welcher Weise seid ihr Christi Mutter? Und wer immer den Willen meines Vaters hört, der im Himmel ist, und ihn praktiziert, der ist

intellego, sorores intellego: una est enim hereditas; et ideo Christi misericordia, qui, cum esset unicus, noluit esse solus, voluit nos esse patri heredes, sibi coheredes. talis est enim illa hereditas, quae coheredum multitudine angusta esse non possit. intellego ergo fratres nos esse Christi, sorores Christi esse sanctas et fideles feminas. matres Christi quomodo possumus intellegere? quid igitur? audemus nos dicere matres Christi? immo audemus nos dicere matres Christi. dixi enim vos fratres eius omnes, et matrem suam non auderem? sed multo minus audeo quod Christus dixit negare. eia, carissimi, intendite quomodo sit ecclesia, quod manifestum est, coniux Christi; quod difficilius intellegitur, sed tamen verum est, mater Christi. in ipsius typo Maria virgo praecessit. unde, rogo uos, Maria mater est Christi, nisi quia peperit membra Christi? vos, quibus loquor, membra estis Christi: quis uos peperit? audio vocem cordis vestri: mater ecclesia. mater ista sancta, honorata, Mariae similis, et parit et virgo est. quia parit, per vos probo: ex illa nati estis; et Christum parit, nam membra Christi estis. probavi parientem, probabo virginem: non me deserit divinum testimonium, non me deserit. procede ad populum, beate Paule, esto testis assertionis meae; exclama, et dic quod volo dicere: sponsavi vos uni viro virginem castam exhibere Christo [2 Cor 11,2].

mir Bruder, Schwester und Mutter [Mt 12,50]. Folglich erkenne ich Brüder und Schwestern: ein einziges ist das Erbe, nämlich das Herzenserbarmen Christi, der – wenn er ein einziger wäre – nicht hat allein sein wollen: er wollte uns als Erben für den Vater, als Miterben für ihn. Denn so beschaffen ist jenes Erbe, dass es für die Menge der Erben nicht zu gering sein kann. So erkenne ich, dass wir Brüder Christi sind, dass die Schwestern Christi heilige und gläubige Frauen sind. Wie können wir Mütter Christi erkennen? Was also? Wagen wir uns zu sagen: ›Mütter Christi?‹ In der Tat wagen wir uns zu sagen: Mütter Christi. Ich habe euch alle seine Brüder genannt und sollte nicht wagen, seine Mutter zu nennen? Aber viel weniger wage ich zu bestreiten, was Christus gesagt hat. Heia, ihr Lieben, versucht zu verstehen, auf welche Weise die Kirche, was fest angenommen wird, die Gemahlin Christi sei. Was schwerer erkannt wird, aber doch wahr ist: dass sie die Mutter Christi ist. Im Bild Christi ging die Jungfrau Maria voran. Woher, frage ich euch, ist Maria die Mutter Christi, wenn nicht, weil sie die Glieder Christi gebar? Ihr, zu denen ich spreche, seid Glieder Christi: wer gebar euch? Ich höre die Stimme eures Herzens: die Mutter Kirche. Mutter ist die heilige, ehrwürdige Kirche, Maria ähnlich: sie gebiert und ist Jungfrau. Da sie gebiert, erweise ich durch euch die These: aus jener seid ihr geboren; und sie gebiert Christus, denn ihr seid Glieder Christi. Prüfend habe ich die Gebärende anerkannt, ich werde sie als Jungfrau anerkennen: nicht verlässt mich das göttliche Zeugnis, es verlässt mich nicht. Tritt vor zum Volk, seliger Paulus, sei Zeuge meiner Annahme; bestätige und sage, was ich sagen will: ich habe euch einem einzigen Mann verlobt, um euch als reine Jungfrau zu Christus zu führen [2 Cor 11,2].

ubi est ista virginitas? ubi timetur corruptio? ipse dicat, qui virginem dixit. sponsavi vos uni viro virginem castam exhibere Christo; timeo autem, inquit, ne sicut serpens Evam seduxit versutia sua, sic et vestrae mentes, inquit, corrumpantur a castitate quae est in

Wo ist diese Jungfräulichkeit? Wo wird ihr Verlust gefürchtet? Er selbst sage es, der die Jungfrau genannt hat. Ich habe euch versprochen, euch als keusche Jungfrau zu einem Mann, zu Christus, zu führen; ich fürchte aber, sagt er (Paulus), dass nicht,

Christo [2 Cor 11,2 sq.]. tenete in mentibus virginitatem: mentis virginitas, fidei catholicae integritas; ubi corrupta est Eva sermone serpentis, ibi debet esse virgo ecclesia dono omnipotentis. ergo in mente pariant membra Christi, sicut Maria in ventre virgo peperit Christum; et sic eritis matres Christi. non est longe a vobis, non est praeter uos, non abhorret a vobis: fuistis filii, estote et matres. filii matris, quando baptizati estis, tunc membra Christi nata estis: adducite ad lavacrum baptismatis quos potestis; ut, sicut filii fuistis quando nati estis, sic etiam ducendo ad nascendum matres Christi esse possitis.

wie die Schlange Eva durch ihre Falschheit täuschte, so auch euer Geist von der keuschen Hingabe abkommt, die in Christus ist [2 Cor 11,2 f.]. Haltet die Jungfräulichkeit im Geist: die Jungfräulichkeit des Geistes, die Reinheit katholischen Glaubens; wo Eva durch der Schlange Rede verdorben ward, dort muss die Kirche als Gabe des Allmächtigen Jungfrau sein. Also sollen sie im Geist Glieder Christi gebären, wie Maria als Jungfrau im Bauch Christus geboren hat; so werdet ihr Mütter Christi sein. Nicht weit ist er von euch, nicht fern von euch, er schreckt nicht vor euch zurück: gewesen seid ihr Söhne, seid nun auch Mütter. Söhne der Mutter, wenn ihr getauft seid, dann seid ihr als Glieder Christi geboren: führt hin zum Bad der Taufe, die ihr heranführen könnt; damit ihr, wie ihr einst als Söhne geboren wurdet, im Hinführen zum Geborenwerden Mütter Christi sein könntet.

Die Nähe Meister Eckharts zu Augustinus tritt im vorliegenden Band mehrfach explizit zu Tage: in dem mit kommentierenden Hinweisen von MAXIMILIAN BRANDT versehenen (vergriffenen) Text von Otto Karrer, aber z. B. auch in den Beiträgen von RUEDI IMBACH und NORBERT FISCHER. Beschlossen sei diese erste ›Hinführung‹ zur Vergegenwärtigung von ›Meister Eckhart als Denker‹ mit der These, dass Eckhart im Anschluß an die große philosophisch-theologische Tradition und in Auslegung der ›Heiligen Schrift‹ ein selbstbestimmtes ›freies‹ Denken vollzieht, das auch Leser anregen kann, deren Gedankenwelt nicht von der der kirchlichen Dogmatik bestimmt ist. Dadurch kommt ›Meister Eckhart als Denker‹ in den Blick, der von den ›Phänomenen‹ ausgeht, die jedem Menschen unmittelbar zugänglich sind, und transzendental nach deren ›Bedingungen der Möglichkeit‹ fragt. Sein Ausgangspunkt wären also nicht dogmatisch entfaltete ›Theorien‹ zur Wahrheit des Ganzen oder Wunderberichte, deren Wahrheit nur geglaubt werden kann.

Das Ziel des Buches ist es, nüchtern Philosophierende im Rahmen ihrer Aufgabe anzuregen, Texte Eckharts zu lesen und auszulegen, um die Phänomene und Probleme (verstanden als notwendige, aber unlösbare Aufgaben) des ›faktischen Lebens‹ zu reflektieren, das für jeden denkenden Menschen das Wunder aller Wunder ist, gegenüber dem alle ›objektive Wissenschaft‹, wie großes Erstaunen sie als ›Leistung‹ der Vernunft (die sich aber gerade nicht selbst hervorgebracht, sondern vorgefunden hat) auch hervorrufen mag, schließlich doch verblasst. Sofern Eckhart sich in seinen Predigten an die Vernunft hält und die Schrift ›vernünftig‹ auslegt, strebt er ähnlich wie Kant danach, »die Ehre der

menschlichen Vernunft [zu] vertheidigen«.[37] Nicht diejenigen ehren nach Eckhart Gott, die der Gerechtigkeit nicht entsprechen, sondern (gar im Namen
Gottes) Gewalt predigen und ausüben, die vernunftferne ›Offenbarungen‹ zum
Maßstab machen. Denn nach Eckhart ist es den »gerechten Menschen so ernst
mit der Gerechtigkeit, daß, wenn Gott nicht gerecht wäre, sie nicht die Bohne
auf Gott achten würden«. (EW I, S. 78)[38]

Sofern in Eckharts Frage: *Wer sint, die got êrent?* die Fragen Augustins nach
›Gott und Seele‹ und Kants Frage nach ›der Ehre der Vernunft‹ lebendig sind,
muss diese Frage als Grundfrage und Denkziel jeder Erforschung von Sein und
Sinn des menschlichen Lebens zugrunde liegen. Wozu endliche Vernunftwesen ›verpflichtet‹ sind, ist das in ›freier Entscheidung‹ übernommene und zu
bewirkende Streben nach ›Gerechtigkeit‹, in dem endliche Wesen der Vernunft
als dem ›göttlichen Prinzip‹ ›die Ehre geben‹ und zugleich die anderen endlichen Vernunftwesen in ihrer Würde ›achten‹. Die Missachtung dieser ›Würde‹,
die ohne ›Gott‹ nicht denkbar ist, haben viele leidvoll erfahren – auch Meister
Eckhart, der zur Schande von Mächtigen diskreditierenden Prozessen unterzogen wurde, die seine Wirkung bin in die Gegenwart beschädigt haben.[39]

Der ›christliche Glaube‹ ist das ›gewaltfreie‹ Ideal der Beziehung Vieler zueinander und zu Gott, das sich durch den ›Glauben an die sich in der Schöpfung
erweisende Liebe Gottes‹ offenbart. Diese ursprüngliche ›Liebe‹, die im trinitarischen Gottesverständnis entfaltet ist, gipfelt in der ›Gottebenbildlichkeit‹
der Menschen, die allen Menschen ›Würde‹ verleiht und zur Annahme ihrer
›Entscheidungsfreiheit‹ führt, die zum Kern des christlichen Glaubens gehört
und von abstrakten Theorien ›göttlicher Allmacht‹ und willkürlicher ›Gnade‹,
die uns Menschen durch ›Prädestinationslehren‹ zu ›Sklaven‹ macht, nicht
überdeckt werden darf. Den Gerechten ›muss‹ es also in der Tat so ernst mit
der durch die Vernunft geforderten Gerechtigkeit sein, »daß, wenn Gott nicht
gerecht wäre, sie nicht die Bohne auf Gott achten würden«. (EW I, S. 78)[40]

---

37 Diesem Motto, dessen Sinn er auf seinem Weg immer weiter und tiefer bedacht hat,
    unterstellte sich Kant in seinem Erstlingswerk ›Gedanken von der wahren Schätzung
    der lebendigen Kräfte‹ (A 194 = AA 1,149).
38 Zum ›gerechten Menschen‹ vgl. noch einmal die oben zitierte Pr. 41, EW I, S. 438 f.);
    weiterhin Pr. 6, EW I, S. 78 f.) samt dem dort erwähnten Kontext, den Eckhart in Rich-
    tung eines ›postulatorischen Atheismus‹ zuspitzt.
39 Zu den Problemen der katholischen Kantrezeption vgl. nun auch HUBERT WOLF, Die
    Nonnen von Sant'Ambrogio. Ein wahre Geschichte.
40 Zur Aufgabenstellung insgesamt (auch mit Bezügen zu Meister Eckhart) vgl. noch ein-
    mal NORBERT FISCHER / JAKUB SIROVÁTKA, Vernunftreligion und Offenbarungsglaube.
    Zur Erörterung einer seit Kant verschärften Problematik.

Wolfgang Erb

Meister Eckhart und die Mystik. Zum Denken über Meister Eckhart

> *Swenne ich predige, sô pflige ich ze sprechenne von abegescheidenheit und daz der mensche ledic werde sîn selbes und aller dinge. Ze dem andern mâle, daz man wider îngebildet werde in daz einvaltige guot, daz got ist. Ze dem dritten mâle, daz man gedenke der grôzen edelkeit, die got an die sêle hât geleget, daz der mensche dâ mite kome in ein wunder ze gote. Ze dem vierden mâle von götlîcher natûre lûterkeit.* (EW I, S. 564,6–13)

> »Wenn ich predige, so pflege ich zu sprechen von Abgeschiedenheit und daß der Mensch ledig werden soll seiner selbst und aller Dinge. Zum zweiten, daß man wieder eingebildet werden soll in das einfaltige Gut, das Gott ist. Zum dritten, daß man des großen Adels gedenken soll, den Gott in die Seele gelegt hat, auf daß der Mensch damit auf wunderbare Weise zu Gott komme. Zum vierten von der Lauterkeit göttlicher Natur«. (EW I, S. 565,6–13)

Mit dieser sehr häufig zitierten Stelle aus Predigt 53 wird zwar oft das Werk Meister Eckharts umrissen. Doch abgesehen davon, dass er nicht nur Prediger (vor allem in Deutsch), sondern auch wissenschaftlich arbeitender Theologe (in Latein) war, ist mit diesen vier Themen noch nichts über die im Hintergrund stehenden Fragen Meister Eckharts ausgesagt, die sich in seinem Predigtwerk immer wieder in diese vier Themen entfalten, wie er selbst sagt.

Während nun im vorigen Teil der Einführung zu ›Meister Eckhart als Denker‹ eine derartige Grundfrage, nämlich *Wer sint, die got êrent?* (EW I, S. 76,10), thematisiert und in einen größeren sachlichen und geistesgeschichtlichen Rahmen gestellt wurde, so soll hier weniger Meister Eckharts Denken als vielmehr das Denken über Meister Eckhart in einem etwas weiteren Kontext aufgegriffen werden.

Im Zusammenhang eines kurzen Umrisses der Eckhart-Rezeption bis hin zu dessen Inanspruchnahme von seiten einer verqueren nationalsozialistischen Ideologie in Rosenbergs pseudo-wissenschaftlichem, stark von Chamberlains Ideen beeinflusstem ›Der Mythus des 20. Jahrhunderts‹ (1930, S. 217–273) schreibt Haas vor über 30 Jahren mit den entsprechenden Literaturhinweisen:

> »Seither datiert eine ernsthafte Eckhartforschung, die sich früh schon gegen die völkische Vereinnahmung des Meisters stemmte und in ernsthaften Bemühungen eine Einordnung der deutschen Schriften versuchte. Dieser möglichst objektiven, den Ideologien des Zeitgeschmacks nach Möglichkeit ausweichenden Forschung steht bis heute eine ideologisch gebundene oder naiv je neu von der Wortgewalt der Eckhartschen Predigt angerührte Beschäftigung mit diesen Texten gegenüber. Auch zum jetzigen Zeitpunkt ist Eckhart in allerlei Varianten zu haben: als Marxist vor der Revolution (wie früher als Vorläufer des Protestantismus), als hinduistischer Yogi, als anonymer Zen-Buddhist, also Krypto-Anthroposoph, als Apostel der Drogenszene, als Vertreter einer radikal

nichttheistischen Religion, als Vertreter eines marxistischen Prinzips Hoffnung im Sinne Ernst Blochs oder als Anwalt der ›äußersten Schärfe und Tiefe des Denkens‹ im Sinne Martin Heideggers«.[1]

Was nun speziell den letztgenannten Heidegger betrifft, so wird nicht nur in VON HERRMANNS Beitrag Meister Eckhart als ein stiller Begleiter Heideggers thematisiert, sondern auch SIROVÁTKA betont in seiner Arbeit Bernhard Weltes selbstständiges Mit-Denken mit Meister Eckhart, ebenso wie BAUMANN in seinem Aufsatz zu Joachim Kopper auf dessen über 60-jährige Beschäftigung mit dem metaphysischen Denken Meister Eckharts in zahlreichen Publikationen, Vorträgen und universitären Lehrveranstaltungen verweist. Ganz allgemein nun gewinnt HAAS diesen von ihm genannten ›ideologisch gebundenen‹ Eckhart-Deutungen durchaus etwas Positives ab:

> »Die Aktualität Eckharts und seiner volkssprachlichen Werke hat vorerst kein absehbares Ende. Es ist wohl auch sinnlos, ein solches fordern zu wollen. Es wäre sogar ungerecht und falsch, diese ideologisch imprägnierten Eckhart-Deutungen zu ignorieren; nur, meine ich, müßte man sie in der Gabe der Unterscheidung zur Kenntnis zu nehmen versuchen. Letztlich sind all diese ideologischen Vereinnahmungen Meister Eckharts [...] Zeugnisse für eine fruchtbare Irritation, die von den deutschsprachigen Werken des Meisters bis heute ausgeht. Ich sage bewußt, der *deutschsprachigen* Werke. Denn sie sind es, die weit stärker als die lateinischen Werke seit alters eine eigenartige Faszination und einen seltsamen Zauber ausüben, eine Wirkung, die in der eckhartschen Vorliebe für die *locutio emphatica* [...] ihren gleichzeitig rhetorischen und mystologischen Grund hat«.[2]

Wie von HAAS hier ausgesprochen, wird es sich also bei einer Hinführung zu den Interpretationen über Meister Eckhart kaum vermeiden lassen, auch zu diesem »mystologischen Grund«, bzw. zur Mystik irgendwie Stellung zu nehmen, nicht nur wegen des zu interpretierenden Diktums Karl Rahners, dass der Christ der Zukunft eventuell ein Mystiker sein wird (vgl. dazu den Beitrag von RAFFELT), sondern weil bis in die Gegenwart hinein Mystik thematisiert wird, wie an MIETHS Einleitung zum jüngsten ›Meister-Eckhart Jahrbuch‹ (Bd. 10, Meister Eckhart – interreligiös, 2016) ersichtlich ist, wo von einer »nichtreligiösen, ›gottlosen‹ Mystik [...] in der deutschen Literatur [gesprochen wird.] Genannt werden hier gern Rilke, Musil, Celan« (S. XII), wo TUGENDHATS Frage, Idee, These »Mystik statt Religion« (S. XII, XV, XXI) angeführt und wo der ›Begründer‹ des sogenannten Daoismus, Lǎozǐ (老子), sowie der Neokonfuzianer Zhū Xī (朱熹) unter einer »Chinesischen Mystik« (S. XX) subsumiert werden. Hinsichtlich der soeben genannten deutschen Literatur sei hier explizit auf Rilke[3] (Beitrag LUFF) hingewiesen, und man könnte dem von MIETH Auf-

---

1   HAAS, Meister Eckhart und die Sprache, S. 196.
2   HAAS, Meister Eckhart und die deutsche Sprache, S. 216 f.
3   Vgl. dazu auch den von FISCHER hg. Sammelband ›*Gott* in der Dichtung Rainer Maria Rilkes‹ mit dem Beitrag von STEER ›Rainer Maria Rilke als Leser Meister Eckharts‹, S. 361–380.

geführten noch zahllose Beispiele hinzufügen, von denen hier nur eine, gleichsam koreanische Ergänzung zum Jahrbuch erwähnt werden soll:

Für ein tieferes Verständnis zwischen Christentum und Buddhismus und um den Unterschied zwischen den beiden Religionen zu überbrücken (»to bridge the gap«), wählt KEEL gerade Meister Eckhart aus. Denn dessen Christentum sei der asiatischen Spiritualität so nahe, dass KEEL nicht zögert, Eckharts Position ein »Asiatisches Christentum« zu nennen – und dies nicht, weil es etwa historische Zusammenhänge zwischen Meister Eckhart und religiösen asiatischen Traditionen gäbe, sondern da Eckharts »mittelalterliche mystico-metaphysische Form von Spiritualität« eine markante Affinität zu asiatischen Traditionen wie dem Hinduismus und Buddhismus sowie zur daoistischen und neokonfuzianischen Spiritualität habe. Gehe man einmal davon aus, dass es begrifflich nur eine schmale Lücke zwischen Christentum und Buddhismus gebe (»the conceptual gap between the two religions is somehow narrowed«), dann sei es für Buddhisten alles andere als unmöglich, den Kern des christlichen Glaubens wertzuschätzen und anzuerkennen (»to appreciate«).[4]

Eine historisch bis in die jüngste Zeit hinein gehende und die verschiedenen Kulturen umfassende Ordnung der verschiedenen Mystik-Begriffe hier vorzulegen und diese Thematik philosophisch oder zumindest systematisch zu bearbeiten, ist nicht möglich.[5] Statt dessen werden hier ein paar wichtige Bestimmungen dessen vorgelegt, was unter Mystik verstanden wird, und diese mit philosophischen Positionen konfrontiert, wobei zum Einstieg ganz kurz auf Schopenhauer verwiesen wird, der sich als einer der ersten nach der PFEIFFER-Ausgabe von 1857 mit Meister Eckhart beschäftigt hat.[6]

Für das Jahr 1858 befindet sich in Schopenhauers 1852 begonnenem und bis zu seinem Tod 1860 geführten ›Gedankenbuch‹, sinnigerweise auch ›Senilia‹ genannt, ein längerer Eintrag zu Meister Eckhart, von dem hier nur ein Gedanke herausgegriffen wird:

---

4   KEEL, Meister Eckhart's Asian Christianity, S. 76; vgl. dazu auch KEEL, Meister Eckhart. An Asian Perspective.
5   Vgl. dazu HEIDRICH/LESSING, Mystik, mystisch; McGINN, Die Mystik im Abendland, S. 9–20.383–481; aber auch Ansätze bis in jüngste Zeit hinein z. B. bei FÖLDÉNYI, Starke Augenblicke. Eine Physiognomie der Mystik.
6   In einem Brief an Adam von Doß (1820–1873) vom 14. März 1858 schreibt Schopenhauer: »Ich lese jetzt den Meister Eckhard, herausg: v. Pfeiffer 1857. Höchst interessant und ein rechter Beleg zu meiner Phil. Aber die ›Theologia Deutsch‹ ziehe ich doch vor.« (Schopenhauer, Gesammelte Briefe, S. 425); von einem Gespräch Schopenhauers mit Carl Georg Bähr (1833–1893) im Mai 1858 wird berichtet: »Als Bähr bei ihm war und das Gespräch auf die Askese kam – Schopenhauer las eben damals den von Franz Pfeiffer 1857 herausgegebenen Meister Eckart – wies er auf das Herrenhaus gegenüber hin, wo der Verfasser der ›Theologia deutsch‹ 1350 gewohnt habe [...] ›Ja‹, rief er aus, ›das sind meine Geistesgenossen, dieser und Eckart und der Tauler!‹« (GRISEBACH, Schopenhauer. Geschichte seines Lebens, S. 247).

»Meister Eckhard hat wundervoll tiefe und richtige Erkenntniß [...] Allein die Mitthei-
lung derselben ist bei ihm dadurch verdorben, daß, in Folge seiner Erziehung, die Christliche Mythologie völlig zur fixen Idee bei ihm geworden ist und er nun, um sie mit seiner
eigenen Erkenntniß zu vereinigen, oder doch wenigstens ihre Sprache zu reden, sich
immerfort herumschlägt mit Gott [...], in welchem Kampf ihm alle Augenblick sein Gott
unter den Händen zu seinem eignen Selbst wird«.[7]

Daraus wird dann in der 3. Auflage von Schopenhauers Hauptwerk ›Die Welt
als Wille und Vorstellung‹ von 1859 folgendes:

»Der Theismus [...] setzt den Urquell des Daseyns außer uns, als ein Objekt: alle Mystik
[...] zieht ihn [...] allmälig wieder ein, in uns, als das Subjekt, und der Adept erkennt zuletzt, mit Verwunderung und Freude, daß er es selbst ist. Diesen, aller Mystik gemeinsamen Hergang, finden wir von Meister Eckhard, dem Vater der Deutschen Mystik, nicht
nur in Form einer Vorschrift für den vollendeten Asketen ausgesprochen, ›daß er Gott
außer sich selbst nicht suche‹«.[8]

Nun muss man selbstverständlich hinterfragen, inwieweit Schopenhauer auf
Grund der PFEIFFER-Ausgabe Meister Eckhart überhaupt tiefgründig wahrnehmen konnte. Während von einer Formung des Schopenhauerschen Denkens durch Meister Eckhart also keine Rede sein kann, so sind dessen Nachwirkungen auf Seuse (Beitrag MÜLLER) bis hin zu Nikolaus von Kues (Beitrag
SCHNARR) und Luther (zweiter Beitrag von STEER) nachweisbar. Doch abgesehen von einer historisch gegenseitigen Anregung und Inspiration zwischen
Denkern und bestimmten Texten (vgl. dazu den ersten Beitrag von STEER) ist
es ein ebenso interessanter Forschungszweig, ›innere Verwandtschaften‹ zwischen Denkern herauszuarbeiten, wie es für Meister Eckhart und Schopenhauer beispielsweise JONAS[9] bereits in den 1870-er Jahren und in jüngerer Zeit
KING[10] unternommen haben, und wie es für Meister Eckhart und Husserl von
ROESNER in ihrer Abhandlung durchgeführt wird;[11] oder sogar moderne Analogien herzustellen, wie es WIMMER mit seinem Aufsatz zu Thomas Mann
versucht, insofern sich die vorreformatorische, engere dogmatische Grenzen
überschreitende Glaubensperspektive Eckharts in unsere Zeit hinein fortsetzt.
    Desweiteren bietet der Verweis auf Schopenhauer zumindest einen wenn
auch nicht sehr differenzierten Vor-Begriff über den »gemeinsamen Hergang
aller Mystik«, was nun etwas weiter an Hand von HAAS' öffentlichem Vortrag

---

7 Schopenhauer, Senilia. Gedanken im Alter, S. 208.
8 Schopenhauer, Werke II, S. 711 f.
9 JONAS, Der transcendentale Idealismus Arthur Schopenhauers und der Mysticismus des
   Meister Eckart.
10 KING, Philosophy and Salvation.
11 In dieser Hinsicht seien auch genannt: VINCO, Zum parmenideischen Charakter des
   Denkens Meister Eckharts; CEMING, Mystik und Ethik bei Meister Eckhart und Johann Gottlieb Fichte; QUERO-SÁNCHEZ, Sein als Freiheit. Die idealistische Metaphysik
   Meister Eckharts und Johann Gottlieb Fichtes; SCHOELLER, Gottesgeburt und Selbstbewußtsein. Denken der Einheit bei Meister Eckhart und G. W. F. Hegel.

›Was ist Mystik?‹ auf dem Symposion über abendländische Mystik im Mittelalter (Kloster Engelberg 1984) entfaltet werden soll:[12]

Nachdem HAAS die Mystik »in einem allgemeinsten Sinn [...] als jene religiöse Erfahrungsebene [kennzeichnet], in der sich eine stringente Einheit
zwischen Subjekt und Objekt dieser Erfahrung in irgend einem noch näher
zu bezeichnenden Sinn abzeichnet« (S. 24), skizziert er kurz die verschiedenen
wissenschaftlichen Disziplinen, die sich mit Mystik beschäftigen, wobei »neben dem spezifisch religiösen Erkenntnisinteresse der Theologie an der Mystik
[...] es aber vor allem die Philosophie, Dichtung und Philologie [sind], die der
Mystik aus innerer Anteilnahme Aufmerksamkeit schenken«. (S. 25) Aus seinem sich anschließenden Umriss der Begriffsgeschichte ›Mystik‹ seien hier die
beiden folgenden Bedeutungen genannt:

Erstens, Mystik als eine bestimmte Art »unmittelbarer, erfahrungsmässiger
Gotteserkenntnis« – eine Bestimmung, die unter anderem auch auf Origenes
zurückgehe und sich aus der existentiellen Ausweitung der Lehre vom mehrfachen Schriftsinn ergebe. Denn niemand könne die Schrift erfassen, der nicht
zutiefst mit den Wirklichkeiten eines werde, von denen sie uns spreche. (S. 31)

Zweitens, eine Bestimmung, die sich von Dionysius Areopagita herleite,
nämlich Mystik als eine »›unerkenntnismäßige Einigung‹ mit Gott, die die
Seele gnadenhaft erlangen darf, wenn sie sich zu ihm ›unerkennend erhebt‹;
[diese] ist als ›Erkenntnis des über aller Erkenntnis Liegenden‹ letztlich moti-
viert in der Liebe zu Gott, beruht also keinesfalls auf einer konstitutiven Göttlichkeit der Seele selbst, sondern auf einer grundlegenden Enteignung der Seele
aus ihrer eigenen Wesenheit heraus«. (S. 35)

Zu dieser Thematik gibt es nun von dem etwas vergessenen Otto Karrer den
interessanten, aber derzeit vergriffenen Text ›Das Gotteserlebnis bei Augustinus und Meister Eckhart‹ (1934), der hier wiederabgedruckt und von BRANDT
kommentiert wird, sowie die beiden Beiträge von FISCHER ›*Got und ich wir sîn
ein*‹ zu Meister Eckharts Predigt 6 und zu Kants Idee *est deus in nobis* und ihr
Verhältnis zu Meister Eckhart.

Hinsichtlich der bei HAAS zuletzt genannten Bestimmung der Mystik als
»unerkenntnismäßige Einigung mit Gott« sei allerdings auch auf eine Überle-
gung hingewiesen, die der evangelische Theologe und Religionswissenschaftler
OTTO[13] problematisiert. Sein 1926 erschienenes Werk ›West-östliche Mystik.
Vergleich und Unterscheidung zur Wesensdeutung‹[14] gibt die im Herbst 1924

---

12 Zitate mit Seitenangaben nach HAAS, Was ist Mystik?
13 Vgl. zu den zahlreichen Facetten von OTTOS Denkens die Kongressbeiträge zu dessen
    75. Todesjahr (LAUSTER, Rudolf Otto. Theologie – Religionsphilosophie – Religionsge-
    schichte).
14 Zitate mit Seitenangaben nach OTTO, West-östliche Mystik; vgl. OTTO, West-östliche
    Mystik, S. V f. über die verschiedenen, teilweise gravierenden Änderungen der Original-
    ausgabe von 1926 (bzw. der 2. Auflage von 1929), die von SIEGFRIED und MENSCHING
    vorgenommen wurden.

am College in Oberlin (Ohio, USA) gehaltenen Haskell-Vorträge über westliche Mystik (exemplarisch Meister Eckhart) im Vergleich mit der östlichen
Mystik (exemplarisch Ādi Śaṁkara, आदि शंकर) in erweiterter Form wieder und
kann als der den Grund legende interreligiöse Vergleich zwischen Meister Eckhart und Śaṁkara betrachtet werden,[15] der wiederum als bedeutendster Vertreter des Advaita-Vedānta (अद्वैतवेदान्त) gilt, das den Standpunkt einer Nicht-
Dualität (A-dvaita) von Brahman (ब्रह्मन्, das Absolute‹) und Ātman (आत्मन्, das
Selbst) vertritt.[16] In seiner ›West-östlichen Mystik‹ schreibt nun OTTO:

> »Als Wesensbestimmung von Mystik pflegt man anzugeben, daß mystische Erfahrung
> Erfahrung der Immanenz des Göttlichen, Wesenseinigung oder Wesenseinheit mit dem
> Göttlichen sei, im Unterschiede von der Erfahrung des Göttlichen als des Transzenden-
> ten«. (S. 162)

Aber, so wendet OTTO ein, »das Göttliche« in dieser Wesensbestimmung von
Mystik sei nur eine Äquivokation, das heißt nur eine Gleichheit dem Worte,
aber nicht der Sache nach. Denn das Göttliche, das in einer Wesenseinigung
erfahren werde, sei etwas anderes als der personale, transzendente Gott eines
Theismus:

> »Nicht, daß der Mystiker ein anderes und neues Verhältnis dem Gotte gegenüber habe,
> ist der Ausgangspunkt und das Wesentliche, sondern daß er einen andersartigen ›Gott‹
> hat, daß das religiöse Objekt, das er meint, *selber* andersartig ist. Die Andersheit des
> Objektes hat eine Andersheit der Beziehung zur *Folge*«. (S. 163)

Mystik ist also nach OTTO dadurch gekennzeichnet, eben den *Deus sine modis*,
den Gott ohne jegliche Bestimmung zu finden – und im »Gemüte zu hegen« sei
es mit oder ohne Einigung:

> »Dieser Gottesbegriff selbst mit seinem gänzlich irrationalen Charakter [...] macht zum
> ›Mystiker‹. Und nicht erst die Einigung, sondern schon und ganz überwiegend das
> Leben in dem Wunder dieses ›Ganz Anderen‹ Gottes ist Mystik. Der Gott selber ist
> ›mystisch‹, nämlich mysteriös, und das Erleben desselben ist geheimnisvoll und darum
> mystisch. Und nur mit einem solchen mystischen Gotte ist ein mystisches Verhältnis,
> nämlich die Einung, möglich«. (S. 163)

Eine solche Wendung in der Bestimmung von Mystik hängt unabhängig von
einer Einigung an einem bestimmten Gottesbegriff. Während nun WITTE in

---

15 Eine neuere Sekundärliteratur zu OTTOS Ansatz ist NICHOLSON, Comparative Theolo-
    gy and the Problem of Religious Rivalry, S. 107–195; weitere Untersuchungen zwischen
    Meister Eckhart und Śaṁkara sind BARZEL, Mystique de l'ineffabile dans l'hindouisme
    et le christianisme; WILKE, Ein Sein – ein Erkennen. Meister Eckharts Christologie
    und Śaṁkaras Lehre vom Ātman; BÜCHNER, Meister Eckhart und Shankara.
16 POTTER, Encyclopedia of Indian Philosophies bietet einen ersten Umriss über die ver-
    schiedenen Themenbereiche des Advaita-Vedānta (S. 3–100) sowie kurze Inhaltsanga-
    ben und bibliogr. Hinweise zu den Werken Gauḍapādas (S. 103–114), Śaṁkaras (S. 115–
    345) und seiner Schüler (346–602).

seinem Beitrag zum Ausgangspunkt seiner Untersuchung die Frage nimmt, ob Gott nach Meister Eckhart vorrangig Erkennen oder Sein sei, so möge philosophischerseits angesichts der Problematik der τί ἐστίν-Frage hinsichtlich Gottes daran erinnert werden, dass man statt der Frage, was denn Gott sei, auch die Frage voranstellen könnte, wie denn der Mensch überhaupt zum Begriff ›Gott‹ komme, also welche Erfahrungen es denn seien, die zu einem Begriff ›Gott‹ führen – gemeint sind hier zunächst weder »Erfahrungen der Immanenz des Göttlichen« noch »Erfahrungen des Göttlichen als des Transzendenten«, wie es bei OTTO heißt, sondern ganz allgemein was einem bei der Durchwanderung der Welt um einem selbst herum und der ›Welt‹ in einem selbst begegnet. So wird beispielsweise in den dem Doxographen Aëtios (1. Jh n. Chr.)[17] zugeschriebenen, traditionellerweise so genannten ›Placita Philosophorum‹ zuerst die Frage gestellt (Buch I,6), woher denn die Menschen den Gedanken, die Idee von Göttern hätten (Πόθεν ἔννοιαν ἔσχον θεῶν ἄνθρωποι, 879 C 3), bevor dann im folgenden Kapitel (Buch I,7) gefragt wird, was bzw. wer (!) Gott sei (Τίς ὁ θεός, 880 D 7).[18]

Doch nach diesen wenigen Überlegungen, die von einer Annäherung an den Begriff ›Mystik‹ zur Frage nach dem Begriff ›Gott‹ geführt haben, soll noch einmal der Vortrag von HAAS aufgegriffen werden, der nach seinem Umriss der Begriffsgeschichte ›Mystik‹ das Verhältnis von Philosophie und Mystik bedenkt (S. 36–39). Nun ist seiner Aussage sicher zuzustimmen, dass alle vom Neuplatonismus her kommende Philosophie »sich mit der Frage nach der Bedingung der Möglichkeit und nach der Wirklichkeit einer Einheit des Menschen mit Gott« (S. 37) beschäftigt habe. Doch inwieweit Plotin nun prägend für christliche Denker geworden ist, das wird im Beitrag FISCHERS ›Vom Berühren Gottes im Geiste: *attingere mente deum*‹ für Augustinus behandelt und für Meister Eckhart von OTTO mit seiner prägnanten Aussage »Eckhart sei gotischer, nicht griechischer Mystiker« in Frage gestellt:

In dem bereits genannten Werk ›West-östliche Mystik‹ legt OTTO in einem ersten Teil die Übereinstimmungen und in einem zweiten Teil die Unterschiede zwischen den typischen Formen der Mystik dar, die einerseits Meister Eckhart und die andererseits Śaṁkara verkörpern; und zwischen diesen beiden Teilen hat OTTO eine Überleitung eingefügt, die abgesehen von dem besonderen Vergleich zwischen Meister Eckhart und Śaṁkara ganz allgemein die Möglichkeiten mystischer Erfahrung an Beispielen aus der indischen Tradition erläutern solle. Doch trotz des Hauptaugenmerks auf die indischen Gestalten bzw. Formen der Mystik geht OTTOs Blick auch nach Ostasien. Denn gerade im Kontrast zu dem in China entstandenen Daoismus (道教 bzw. 道家) und

---

17 Das grundlegende Werk zu Aëtios ist MANSFELD/RUNIA, Aëtiana. The method and Intellectual Context of a Doxographer.
18 Zitiert nach Plutarque, Œuvres morales.

der Zen (禅)-Schule[19] des Buddhismus könne die Besonderheit der mystischen Erfahrung Śaṁkaras noch mehr verdeutlicht werden. Und in einer längeren Anmerkung zu diesen außerindischen Ausgestaltungen der Mystik schreibt OTTO:[20]

> »Im Vedānta kommt man zuletzt an bei dem Brahman, dem Ewig-Einen. Und so unfaß-
> bar es in Begriffen ist, so schließt es doch breit, statisch und massig mit sich selbst nach
> oben zu. (So ist es auch mit dem Hen des Plotin.) Diese Mystik [des Zen] aber ist intim
> anders [...] Ihr Erlebnis ist immer wieder, so hoch man auch steige, ›nach oben offen‹ [...]
> In dieser Hinsicht hat gerade sie viel mehr Ähnlichkeit mit unserer eigenen deutschen
> Mystik, wie sie uns Eckhart gegeben hat, als mit der des Vedānta. Eckhart wird bei
> uns noch nach Plotin gedeutet, und seine höchsten *Formeln* sind auch plotinisch. Aber
> kommt die Seele bei Plotin in ihrer Flucht des ›Einsamen zum Einsamen‹ an beim Ewig-
> Einen, so *ruht* sie und *ist da*. Bei Eckhart aber sinkt und sinkt sie in ewige Gründe und ist
> niemals ›da‹. Und auch sein ›das Eine‹ ist nicht der gerundete Kreis des Hen bei Plotin.
> Sondern es ist eine Unendlichkeit nach innen. Eckhart ist gotischer, nicht griechischer
> Mystiker, und damit ist er dem Mahāyāna ähnlicher«. (S. 271 f.)

Die Kennzeichnung Meister Eckharts als gotischer Mystiker (OTTO) müsste natürlich inhaltlich weiter entfaltet werden, genauso wie die Charakterisierung Meister Eckharts als einen der konsequentesten Gegner üppiger Visionsmystik (HAAS, S. 38). Für HAAS ist Meister Eckhart ein Paradebeispiel dafür, dass zwar einerseits »gerade die Eckhartforschung das Epitheton ›Mystik‹ in zum Teil groteskem Sinn für die Eckhartdeutung falsch eingesetzt« habe (S. 38), aber so HAAS:

> »Ich bin überzeugt, daß [das Beiwort ›Mystik‹] für die Deutung des Meisters unent-
> behrlich ist. Nur wird man nicht den Fehler machen dürfen, Philosophie und Mystik
> bei Meister Eckhart gewissermaßen hübsch assortiert nebeneinander vorfinden zu wol-
> len. Das Gegenteil ist der Fall: ›Mitten im Herzen des intelektuellen Problems ist bei
> ihm eine mystische Forderung eingelassen.‹ Selbst für den Vertreter der streng philoso-
> phischen Richtung [Flasch] gilt: ›der zerredete Titel‹ von der Mystik deutet ›auf etwas
> Richtiges hin: Bei der philosophischen Auslegung des Christentums, beim korrigieren-
> den Nachvollzug der neuplatonischen Einheits- und Nusmetaphysik scheut Eckhart
> nicht vor der Konsequenz zurück, daß, wer die unendliche Einheit denkt, nicht außer-
> halb ihrer gedacht werden kann‹«. (S. 38)

Unter dieser »mitten im Herzen des intellektuellen Problems eingelassenen mystischen Forderung« ist wohl die »Selbstkonstitution des menschlichen Be-

---

19 Im Westen wird oft ohne Unterscheidung das japanische Wort ›Zen‹ verwendet, unab-
    hängig davon, ob man sich dabei auf die ersten Anfänge der indischen Dhyāna-Schulen,
    auf die Grundlegungen der chinesischen Chán-Schulen (die klassischen 5 Häuser), auf
    die koreanischen Sŏn-Schulen (die traditionellen 9 Berge) oder eben speziell auf die ja-
    panischen Zen-Schulen bezieht.
20 Die gesamte Anmerkung OTTOS, West-östliche Mystik, S. 269–272 ist übernommen
    aus einem von ihm bereits veröffentlichten Beitrag: Der östliche Buddhist; hier S. 979 f.

wußtseins im Lichte der Gottesgeburt« (FLASCH)[21] bzw. die »Rückführung des menschlichen Bewußtseins in seinen göttlichen Grund« (HAAS, S. 39) zu verstehen – eine Thematik, die in den Kontext dessen gehört, was LANGER in seinem Beitrag ›Seelengrund. Meister Eckharts mystische Interpretation der aristotelisch-thomasischen Lehre von der Seele‹ behandelt.

Doch trotz der Überzeugung von HAAS, dass Mystik für die Deutung Meister Eckharts unentbehrlich sei, so soll doch auch auf andere unmystische oder nicht-mystische Zugänge zu Meister Eckhart verwiesen werden: So versucht FISCHER mit seinem Beitrag den Traktat ›die rede der unterscheidunge‹ als die Suche nach Orientierung in Grundfragen des Denkens und Glaubens zu interpretieren; ERB thematisiert Meister Eckhart in der Auseinandersetzung mit dem Lehramt mehr als Theologen, während IMBACH die im vorherigen Zitat angesprochene philosophische Auslegung des Christentums herausarbeitet mit seinem Beitrag von der philosophischen Interpretation des Johannesevangeliums bei Augustinus, Thomas von Aquin und Meister Eckhart.

Die längere Ausführung HAAS' nun über das Verhältnis von Philosophie und Mystik endet schließlich mit folgendem Verweis auf Nietzsche:

> »Zitieren will ich einen Philosophen, der sonst sich keineswegs etwa zustimmend zur Mystik geäußert hat, obwohl er ihr doch vieles verdankt: Friedrich Nietzsche. Nach ihm liegt der Philosophie eine Erfahrung zugrunde, die im Satz gipfelt: ›Alles ist eins‹ – welcher Satz ›seinen Ursprung in einer mystischen Intuition hat und dem wir bei allen Philosophen, samt den immer erneuten Versuchen, ihn immer besser auszudrücken, begegnen‹«. (S. 39)

Vergegenwärtigt man sich nun etwas näher diese Passage aus Nietzsches unveröffentlichtem Entwurf ›Die Philosophie im tragischen Zeitalter der Griechen‹ (1872–74)[22] aus seiner frühen Baseler Zeit, dann eignet sich dies geradezu beispielhaft, um ein gewisses philosophisches Unbehagen an der Mystik zu illustrieren. Nietzsche lässt, wie es gemäß Aristoteles (Metaphysik 983 b 20–27) auch heute noch im universitären Unterricht üblich ist, nicht sonderlich originell die vorsokratische Philosophie mit dem Milesier Thales[23] beginnen:

> »Die griechische Philosophie scheint mit einem ungereimten Einfalle zu beginnen, mit dem Satze, daß das Wasser der Ursprung und der Mutterschooß aller Dinge sei: ist es wirklich nöthig, hierbei stille zu stehen und ernst zu werden? Ja, und aus drei Gründen: erstens weil der Satz etwas vom Ursprung der Dinge aussagt und zweitens, weil er dies

---

21 Vgl. dazu FLASCH, Die Intention Meister Eckharts, S. 317.

22 Zitate mit Seiten- und Zeilenangaben nach Nietzsche, Die Philosophie im tragischen Zeitalter der Griechen.

23 Selten wird der fast eine Generation ältere Athener Solon bedacht, der nach Ausweis der verschiedenen Auflistungen neben Thales nicht nur einer der ›Sieben Weisen‹ war, sondern der durchaus auch als Philosoph angesehen werden darf, da er zwar nicht die Frage nach dem Anfang (ἡ ἀρχή) von Allem, aber nach der Vollendung von Allem (ἡ παντὸς χρήματος τελευτή) aufwarf, gemäß der bekannten Erzählung des Geschichtschreibers Herodot, Historien I, 30–33 über Krösus' Frage nach dem menschlichen Glück.

ohne Bild und Fabelei thut; und endlich drittens, weil in ihm wenngleich nur im Zustande der Verpuppung der Gedanke enthalten ist: alles ist eins. Der erstgenannte Grund
läßt Thales noch in der Gemeinschaft mit Religiösen und Abergläubischen, der zweite
aber nimmt ihn aus dieser Gesellschaft und zeigt uns ihn als Naturforscher, aber vermöge des dritten Grundes gilt Thales als der erste griechische Philosoph«. (S. 813,2–14)

Das Philosophische an Thales ist nun nach Nietzsches weiteren Ausführungen,
dass jener durch den Gedanken der Einheit von allem nicht die primitiven phy-
sikalischen Einsichten seiner Zeit überwunden, sondern übersprungen
habe. Denn die düftigen Beobachtungen empirischer Art hätten keine solche
Verallgemeinerung erlaubt. Was Thales zu diesem Einheits-Gedanken getrieben habe:

> »war ein metaphysischer Glaubenssatz, der seinen Ursprung in einer mystischen Intuiti-
> on hat, und dem wir bei allen Philosophien, sammt den immer erneuten Versuchen, ihn
> besser auszudrücken, begegnen: der Satz ›Alles ist Eins‹«. (S. 813,25–28)

Sieht man sich nun diese »mystische Intuition« angeblich aller Philosophie
nach Nietzsche etwas genauer an, dann hat es gar nichts mit dem zu tun, was
bisher als Mystik gekennzeichnet wurde, nämlich mit »einer unmittelbaren,
erfahrungsmässigen Gotteserkenntnis« oder mit einer »unerkenntnismäßigen
Einigung mit Gott«. Für Nietzsche handelt es sich, zumindest an dieser Stelle,
letztlich um »Phantasie« — im Gegensatz zum »rechnenden und abmessenden
Denken«, d. h. zur »Reflexion«:

> »Es ist merkwürdig, wie gewaltherrisch ein solcher Glaube mit aller Empirie verfährt:
> gerade an Thales kann man lernen, wie es die Philosophie, zu allen Zeiten, gemacht hat,
> wenn sie zu ihrem magisch anziehenden Ziele, über die Hecken der Erfahrung hinweg,
> hinüberwollte. Sie springt auf leichten Stützen voraus: die Hoffnung und die Ahnung
> beflügeln ihren Fuß. Schwerfällig keucht der rechnende Verstand hinterdrein und sucht
> bessere Stützen, um auch selbst jenes lockende Ziel zu erreichen, an dem der göttlichere
> Gefährte schon angelangt ist. Man glaubt, zwei Wanderer an einem wilden, Steine mit
> sich fortwälzenden Waldbach zu sehen: der Eine springt leichtfüßig hinüber, die Steine
> benutzend und sich auf ihnen immer weiter schwingend, ob sie auch jäh hinter ihm in
> die Tiefe sinken. Der Andere steht alle Augenblicke hülflos da, er muß sich erst Funda-
> mente bauen, die seinen schweren, bedächtigen Schritt ertragen, mitunter geht dies nicht,
> und dann hilft ihm kein Gott über den Bach. Was bringt also das philosophische Denken
> so schnell an sein Ziel? Unterscheidet es sich von dem rechnenden und abmessenden
> Denken etwa nur durch das raschere Durchfliegen großer Räume? Nein, denn es hebt
> seinen Fuß eine fremde, unlogische Macht, die Phantasie. Durch sie gehoben springt
> es weiter von Möglichkeit zu Möglichkeit, die einstweilen als Sicherheiten genommen
> werden: hier und da ergreift es selbst Sicherheiten im Fluge. Ein genialisches Vorgefühl
> zeigt sie ihm, es erräth von ferne, daß an diesem Punkte beweisbare Sicherheiten sind.
> Besonders aber ist die Kraft der Phantasie mächtig im blitzartigen Erfassen und Beleuch-
> ten von Ähnlichkeiten: die Reflexion bringt nachher ihre Maßstäbe und Schablonen
> heran und sucht die Ähnlichkeiten durch Gleichheiten, das Nebeneinander-Geschaute
> durch Kausalitäten zu ersetzen«. (S. 813,29–814,23)

Nun soll damit nicht umgekehrt nahegelegt werden, ›Mystik‹ sei nur ein ande-res Wort für ›Phantasie‹, obwohl man (ironisierend) im Stile Nietzsches wei-terfahren könnte: Ach thalischer Kosmos, du bist mir zu klein. Alles, wirklich alles ist eins, auch Gott noch und ich. So erhebe Dich flugs, Phantasie, und ge-denke, o göttlicher Gefährte, Deiner romantischen Kraft. Lehrte nicht Schleier-macher, »der Verstand [...] weiß nur vom Universum; die Fantasie herrsche, so habt ihr einen Gott. Ganz recht, die Fantasie ist das Organ des Menschen für die Gottheit«.[24]

Es bleibe hier einmal dahingestellt, was nun letztlich HAAS mit dem Hin-weis auf Nietzsche einerseits intendierte und wie weit man doch Nietzsches Ausführungen andererseits ziehen kann. Aber so wichtig die von Nietzsche hier ins Spiel gebrachte Phantasie in der täglichen philosophischen Arbeit auch ist, so ›Nietzscheanisch‹ ist jedoch andererseits die von ihm der Reflexion zu-geschriebenen gleichsam äußerlichen Gestaltungskraft, nämlich nur noch Kau-salitäten als Absicherung des Phantastischen beizubringen; hat die Reflexion doch sehr wohl die Macht, manch blitzartiges Erfassen von Ähnlichkeiten auch in den Orkus zu verbannen. Und um die Perspektive des Bildes etwas zu än-dern: Gibt es nicht auch diesseits des Baches sehr viel philosophische Arbeit, die zwar nicht nur, aber eben auch ein Leben lang nach Furten durch oder Ste-gen über den Bach sucht, selbst wenn sie in ihrer sich selbst treuen, der Empirie gegenüber weniger »gewaltherrischen« Art einfach keinen Übergang findet?

Zwar wird seit der größeren Arbeit von JOËL (1905)[25] mit dem Schlagwort ›Nietzsche, der Mystiker‹ Meister Eckhart im Zusammenhang mit Nietzsche thematisiert, wenn auch unterschiedlich bei BERNHART (1928)[26] und bei GAW-RONSKY (1935);[27] aber es gibt auch andere Ansätze wie beispielsweise den Ver-such von SCHOELLER-REISCH, Nietzsche mit Meister Eckhart zu lesen.[28]

Doch wie auch immer man das Verhältnis von Mystik und Philosophie im allgemeinen und bei Meister Eckhart im besonderen sehen mag: Das Bemühen von HAAS, die Schwierigkeiten zu verringern, Philosophie und Mystik in ihrer Analogie zu sehen (S. 37), erinnert – auch wenn es vielleicht keine direkte Ab-hängigkeit geben mag – etwas an Bergson, der in einem Brief an den Jesuiten Blaise Romeyer vom 24. März 1933 davon spricht, mit Einführung der Mystik in die Philosophie (Mystik als philosophische Methode!) die Lücke zwischen Philosophie und Theologie überbrücken, genau genommen, den Raum zwi-

---

24 Schlegel, Ideen [8], S. 257.
25 Vgl. dazu JOËL, Nietzsche und die Romantik, S. 178–192.
26 BERNHART hielt den Vortrag vor der Goethe-Gesellschaft in München am 24. Januar 1928 (vgl. BERNHART, Leben und Werk in Selbstzeugnissen, S. 347 f.), gedruckt als BERNHART, Meister Eckhart und Nietzsche.
27 GAWRONSKY, Friedrich Nietzsche und das Dritte Reich.
28 SCHOELLER-REISCH, Die Demut Zarathustras.

schen (inter) den beiden Stützpfeilern (vallus) Theologie und Philosophie verringern zu können.[29]

Zum Abschluss dieser Hinweise auf das Denken über Meister Eckhart im Kontext einiger Reflexionen zur Mystik in Gegenüberstellung zu philosophischen Positionen soll aber noch auf eine ganz andere Weise der Eckhart-Rezeption aufmerksam gemacht werden, wie sie sich im Titel einer kurzen Arbeit von WALTER in Heft 6 der ›Neuen Zeitschrift für Musik‹ (Jg. 2011) ausdrückt, das dem Komponisten Hans Zender gewidmet ist, nämlich ›Musikalische Mystik? Hans Zenders Kantate nach Meister Eckhart‹. Damit sei das weite Gebiet angesprochen, inwieweit Meister Eckhart auch Künstler verschiedenster Fachrichtungen in deren Arbeit angeregt und fasziniert hat.

Im Bereich der Musik sei hier abgesehen von einem der Altmeister der ›Neuen Musik‹, John M. Cage (1912–1992),[30] auch Karlheinz Stockhausen (1928–2007) mit seinem ›Atmen gibt das Leben‹ (1974, erweitert 1976/77) genannt, das unter anderem den Text »Zwischen Gott und der Seele ist aber weder Fremdheit noch Ferne« aus der Predigt 24 enthält:

> *Wie enpfœhet diu sêle von gote? Diu sêle enpfœhet von gote niht als ein vremdez, als der luft lieht enpfœhet von der sunnen: der enpfœhet nâch einer vremdicheit. Aber diu sêle enpfœhet got niht nâch einer vremdicheit noch als under gote, wan, daz under einem andern ist, daz hât vremdicheit und verricheit. Die meister sprechent, daz diu sêle enpfâhe als ein lieht von dem liehte, wan dâ enist vremde noch verre. (EW I, S. 278,13–20)*

> »Wie empfängt die Seele von Gott? Die Seele empfängt von Gott nichts als ein Fremdes, wie die Luft Licht empfängt von der Sonne: die empfängt in einer Fremdheit. Die Seele aber empfängt Gott nicht in einer Fremdheit noch als unter Gott <stehend>, denn, was unter einem andern ist, das hat Fremdheit <diesem gegenüber> und Ferne. Die Meister sagen, die Seele empfange wie ein Licht vom Lichte, denn dabei ist weder Fremdheit noch Ferne«. (EW I, S. 279,13–21)

Desweiteren sei auf den bereits genannten Hans Zender (*1936)[31] verwiesen, der 1980 die ›Kantate nach Meister Eckhart‹ mit Texten aus Meister Eckharts Predigt 22 (Uraufführung: Kassel, 1981) schrieb.[32] Walter Zimmermanns

---

29 »Mais c'est que la philosophie, avec ses seules ressources, c'est-à-dire avec l'expérience aidée du raisonnement, ne me paraît pas pouvoir aller plus loin, aussi loin que fait le théologien qui se fonde sur la révélation et s'adresse alors à la foi. Entre la philosophie et la théologie, il y a nécessairement, pour cette raison, un intervalle. Mais il me semble que j'ai réduit cet intervalle en introduisant dans la philosophie, comme méthode philosophique, la mystique qui en avait été jusqu'alors exclue« (Bergson, Mélanges, S. 1507); vgl. zu Bergsons Verständnis von Mystik sein ›Les Deux Sources de la morale et de la religion‹ von 1932 sowie KELLEY, Bergson's mysticism; CARIOU, Bergson et le fait mystique; FENEUIL, Bergson. Mystique et philosophie.

30 Vgl. dazu SCHÄFFLER, Die Meister Eckhart-Rezeption bei John Cage.

31 Vgl. dazu HIEKEL, Hans Zender. Die Sinne denken. Texte zur Musik 1975–2003.

32 Vgl. zu der oben bereits genannten Arbeit von WALTER auch NUBEL, Un sermon mystique en musique. La Kantate nach Worten von Meister Eckhart.

(*1949) lange Beschäftigung mit Meister Eckhart führte zu dessen Komposition ›Vom Nutzen des Lassens‹ (1981–1984) nach Worten aus den deutschen Predigten und Traktaten Meister Eckharts.[33] Wolfgang Rihm (*1952)[34] schuf 1996 ›Maximum est unum‹ mit Texten von Nikolaus von Kues und Meister Eckhart (Uraufführung: Freiburg im Breisgau, 1996), während Pascal Dusapin (*1955) das Werk ›Granum Sinapis‹[35] zwischen 1992 und 1997 vertonte (Uraufführung: Strasbourg, 1998).

Im Zusammenhang mit anderem schöpferischen Schaffen, das von Meister Eckhart inspiriert ist, sei innerhalb der klassischen Theaterkünste einerseits auf das Ballett ›Airborne: Meister Eckhart‹ von Richard Davidson (Uraufführung: Seattle, 1986) hingewiesen,[36] und andererseits auf das Schauspiel ›Meister Eckhart – Der Prozess‹ von Cora Dietl (*1967), das auf der multimedialen Veranstaltung ›Magister, Mystiker, Manager – Eine mystische Nacht mit Meister Eckhart‹[37] in Gießen 2011 uraufgeführt wurde,[38] sowie auf das Schauspiel mit gregorianischem Choral ›Im Spiegel Deiner Seele – Meister Eckhart und Marguerite Porète‹ von Harald-Alexander Korp (*1961), dessen Premiere in Erfurt 2015 war.

Auch wenn eine genauere und umfassende wissenschaftliche Aufarbeitung der verschiedenen genannten und unbenannt gebliebenen künstlerischen Auseinandersetzungen mit Meister Eckhart nicht unbedingt ein Desiderat der Eckhart-Forschung darstellen mag, interessant wäre sie allemal.

---

33 Vgl. dazu ZIMMERMANN, Vom Nutzen des Lassens; FOX, Cage – Eckhart – Zimmermann.
34 Vgl. dazu TADDAY, Wolfgang Rihm.
35 Vgl. zu dem Text HAAS, Granum sinapis – An den Grenzen der Sprache.
36 Vgl. dazu FANGER, Meister Eckhart Flies in Boston.
37 Vgl. dazu BECKER / BECHER / ACHTNER, Magister, Mystiker, Manager.
38 Diese ›Mystische Nacht mit Meister Eckhart‹, die die Trilogie ›Mystischer Nächte‹ in Gießen eröffnete (vgl. dazu ACHTNER, Mystik als Kern der Weltreligionen, S. 9 f.), ist nicht zu verwechseln mit dem seit 2005 jährlich stattfindenden Projekt der Kath. St. Sophien-Gemeinde in Hamburg.

Otto Karrer

Das Gotteserlebnis bei Augustinus und Meister Eckhart[1]

Einer gewissen Subjektivität wird sich jeder Deutungsversuch von großen Persönlichkeiten schuldig bekennen müssen. Am allerwenigsten ist Religionspsychologie voraussetzungslos. Bringt doch jeder an seinen Gegenstand sich selbst, sein weltanschauliches Fühlen, seine geheimen Sympathien und Antipathien mit. Wir wissen das heute, wenn auch nicht alle es wahrhaben möchten in ihrem Fall. Aufrichtig hat einmal Harnack hinsichtlich der Gestalten, deren Behandlung ihm zugefallen, die Kirchenväter, auf die Grenzen seiner Einfühlung hingewiesen. So reich sein sachliches Wissen und so glänzend seine literarhistorischen Studien sind – im Tiefsten, das diese Alten lebten, im Religiösen, fühle er sich als Fremder unter ihnen und möchte gern den Vortritt einer kongenialeren Einfühlung überlassen.

Wären nur alle, die sich um das Geheimnis religiöser Persönlichkeiten mühen, gleich bescheiden! Wäre namentlich in bezug auf M. Eckhart auch nur halb soviel Sachkenntnis und Ehrlichkeit im Spiele, nie hätte Alfred Rosenberg das wissenschaftlich so peinliche, auf die Masse berechnete Pathos aufgebracht, namens einer neuen germanischen Zukunftsreligion den Kranz der Huldigung (bildlich gesprochen) am Grab des frommen mittelalterlichen Meisters niederzulegen. Den innigsten und geistigsten der mittelalterlichen Gotik, ledig nicht nur des Mönchsgewandes, sondern auch der christlichen Seele, gewissermaßen als nackenden Barbaren, Bannerträger eines rassischen teutschen »Autotheismus« zu beschwören, dazu gehört nicht wenig – sagen wir Naivität. Man wird es gewiß nur billig finden, wenn wir modische Kulte sich selbst überlassend, zur positiven Darstellung übergehen.

Die Lebensumrisse der beiden Großen, die zur Behandlung stehen, dürften etwa bekannt sein. Augustinus, der Punier, geboren 354, findet nach stürmisch bewegter Jugend auf dem Höhepunkt seiner Krise die Beruhigung seines sittlichen Kampfes im Erlebnis der Bekehrung, in der Gnade Christi, unter Führung der Paulusbriefe. Zu gleicher Zeit etwa lenkt auch sein gewaltiger Wahrheitsdrang, beflügelt vom Eros der platonischen Ideenwelt, endgültig in seine

---

1 Aus: Otto Karrer / Ludwig Köhler, Gotteserfahrung und Gotteserlebnis bei Jeremia, Augustin und Eckhart, Zürich: Schweizer Spiegel-Verlag 1934, 20–55; die Rechtschreibung wurde beibehalten; Zitationen, Hervorhebungen etc. entsprechen dem Erstabdruck. Prof. Dr. Wolfgang Müller hat im Namen des ›Fonds Otto Karrer Vorlesung‹, dem Rechtsnachfolger des ›Freundeskreises Otto Karrer‹, der die Rechte der Publikationen von Otto Karrer besitzt, am 21.2.2016 die Erlaubnis zum Wiederabdruck erteilt.

Richtung ein, und seine beispiellose geistige Kraft gehört von da an der Catholica, in der er Christus fortlebend glaubt –, eine Kraft des geistigen Schaffens, die aus der tiefen »Unruhe zu Gott« (nach seinem Wort) immer neuen Auftrieb und Antrieb ins Weite schöpft, bis zuletzt mit dem hereinbrechenden Dunkel der Völkerwanderung auch für ihn der Abend einbricht und die Vision des Ewigen ihm entgegenkommt: Trost und Erfüllung dessen, was auch dem glühendsten Herzen und dem sprühendsten Geist die Welt nicht bieten konnte. – Daneben der Deutsche, dem Augustins Erbe eigenartig neuzugestalten gegeben war, Dominikanermönch aus Thüringens Adelsgeschlecht, der prachtvoll geschlossene, kraftvolle Recke, Herold eines lebendig gefühlten »Gott in uns«, jubelnd aufstürmend – nicht so sehr hinstürmend in die Weite – aufstürmend, auftürmend seine kühnen, hohen Ideen, gleich der gotischen Kathedrale, bis zuletzt auch ihn, der von Tragik nichts wusste, das Leid ergriff und die Kirche, der er sein Innigstes, Bestes hatte geben wollen, das Diadem der rechten Lehre dem Greisen strittig machte, dem Toten aberkannte (1329).

Zwei ungleiche Brüder also, der Kirchenvater und der Verurteilte. Die Überzeugung aber, die in den letzten Jahren gerade unter katholischen Forschern sich wieder Bahn gebrochen hat, daß beide nebeneinander ihren Ehrenplatz haben dürfen, nicht nur in der Kirche, sondern auch in der Hochschätzung im Herzen religiöser Menschen überhaupt, gibt uns das Recht, sie miteinander zu behandeln.

I.

Augustinus geht nicht von einem überwältigenden Gotterlebnis aus. Insofern ist er nicht Mystiker – nur sofern seine geistige Reifung im Tiefsten, Religiösen eine ungewöhnliche Kraft des »Gottanhangens« erreicht. »Wahrheit, Wahrheit«, seufzt er, wie die Bekenntnisse schildern, mit einer Inbrunst, die das Geistige als die eigentliche Dominante seines Wesens offenbart. Um vernünftige Welteinsicht geht es ihm vor allem. Und wie er sie schlecht und recht errungen zu haben glaubt, ist er noch immer weit entfernt, sich auf ein mystisches Gotterleben als Einbruchsstelle zu berufen. Vielmehr, der erste Schritt zu vernünftiger Welteinsicht ist ihm der Glaube. Der Glaube, der alle Möglichkeiten einschließt, aber selbst nicht Mystik ist.

Ein überraschender Schritt: mit dem Glauben beginnen, um zur Vernunft zu kommen! Aber es ist Augustins, immerhin eines Genius, ehrliche Überzeugung, seine Religionsphilosophie und, wie alles, was er denkt, der Reflex seiner Selbsterfahrung. Die bloße Vernunft, nach seiner Überzeugung, ist unzulänglich zu Gewinnung des Lebenssinnes. »Was wissen wir durch die reine Vernunft?« so fragt er. Erstaunlich moderne Frage übrigens. Gewiß, das weiß ich, daß ich bin. Jenes »Ich denke, also bin ich« des Cartesius nimmt er voraus mit seinem »Dubitas? ergo existis!« (zweifelst du oder auch täuschest du dich – nun so bist du doch!). Aber was fängt ein so mageres Rößlein Vernunft mit seinem

»Ich bin« auf dürrer Weide an? Es könnte nur verhungern. So ziemlich alles, was wir »wissen«, ist nicht Gesehenes, sondern Geglaubtes. Schon wer deine Eltern seien (das Beispiel ist von Augustin selbst) mußt du schließlich glauben. Unterricht, Erziehung, Familien- und Gesellschaftsleben beruht auf einem Glauben, zunächst einem menschlichen Glauben, aber im Religiösen ändert das Problem mit dem Gegenstand nicht sein Wesen. Der Glaube, sagt Augustinus, ist der Weg zu vernünftigem Leben. Und so sagen seither alle augustinisch gerichteten christlichen Philosophen.

Gewiß gibt es eine Vorbereitung der Vernunft auf den Glauben hin. Die Überwindung des Skeptizismus durch das Denken wird vorausgesetzt. Der Glaube soll nicht wider die vernünftige Einsicht sein. »Intellige, ut credas« (denke, um zu glauben). Aber wähne nicht, mit dem Denken das Geheimnis der Welt oder, was wichtiger wäre, den eigenen Lebenssinn zu ergründen! So sei er nur an den Rand der Verzweiflung, desperatio verum inveniendi, gekommen. Erst wie er dem Glaubenswort sich in Demut unterworfen habe, sei ihm die Einsicht gekommen. »Crede ergo, ut intelligas«: glaube, um zur befreienden Einsicht zu gelangen!

Man spürt wohl, was hier die Worte »glauben« und »erkennen« bedeuten. Sie sind bei Augustinus gefüllter als die Abstraktionen der späteren Scholastik. Der ganze Mensch ist am Werk, mit allen seinen Strebungen am Rand des Bewußtseins, wenn vom »Denken«, »Erkennen« in den höchsten Dingen die Rede ist. Denken ist hier unzertrennlich von Reinheit des Herzens, Demut, Lauterkeit der Gesinnung – damit von Erleuchtung, von Gnade. Nur innerhalb der fundamentalen Grundbeziehung der Kreatur zu Gott kann ihre geistige Funktion sich lebenswahr entfalten.

Andererseits ist auch der »Glaube«, der die Einsicht vermittelt, nach Augustins Idee nicht die einfache Hinnahme des Offenbarungswortes, sozusagen eine gedankenlose Unterwerfung des Verstandes. Das hülfe noch wenig, wenn es auch als Anfangsbehelf hingehen mag. So glauben, sagt er, heißt wohl »Gott glauben«, »credere Deo« aber erst »credere in Deum«, an Gott glauben, das heißt ihm anhangen mit seinem ganzen Wesen – erst dieser Glaube, der »durch die Liebe wirkt«, nach Gal. 5, führt zur Einsicht, zur Stillung in der Wahrheit, zum seligen Leben.

»Glauben, um zu erkennen«, der paradoxe Satz des heiligen Augustinus ist das Eingangstor und der Schlüssel zugleich zu seiner ganzen Lebensweisheit und damit auch zu dem, was bei ihm »mystisches Gotterleben« heißen mag (wenn man das Wort noch gebrauchen will). Die mystische Gotterfahrung steht für ihn wenigstens normalerweise nicht schon am Aufbruch des inneren Menschen; sie ist ihm »merces fidei«, Lohn des Glaubens, entfalteter Glaube, verinnerlichter Glaube, realisierter Glaube; Glaube, der nicht mehr vom Hörensagen nur kommt, sondern tiefstes, eigenes Leben geworden ist: der Atem holt in der Kontemplation und ausatmet in der tätigen, schaffenden Liebe. Mögen platonische und gnotische Einschläge immer noch spürbar sein (z. B. im großen Brief »Vom Gottschauen«), im ganzen bewegt sich die Lebensweisheit des Bekehrten zwischen dem »Glauben an Gott« und dem »Schauen von Angesicht zu Angesicht«.

Daraus ergibt sich eine eigentümliche Zwischenstellung zwischen Rationalismus und Mystik, Philosophie und Herzensreligion. Wo Augustinus einen zu Gott hinführen will (z. B. »De utilitate credendi«), beruft er sich weder auf Gottesbeweise noch auf ein mystisches Gotterleben. Er sucht zunächst von der Glaubwürdigkeit Christi zu überzeugen; er stellt den Menschen unter das Licht des bezwingenden Schöngutigen, Heiligen, das im Antlitz Christi aufgeleuchtet ist. Er appelliert an den Urtrieb zum Heiligen. Wer diesem folgt, so ist es seine Überzeugung, wird wie von selbst »durch Christus zu Gott, dem Vater« kommen — wird glauben, und der Verstand wird dann auch rechtfertigende Gründe finden für das, was eine heilige Liebe entschieden hat. Und so wird dann der Glaube »vernünftig« sein.

Nicht also so ist es, daß ERWEISE ODER ANHALTSPUNKTE DES GOTTES-GLAUBENS ausgeschaltet würden im Augustinismus, aber sie dienen mehr zur Stütze des gewonnenen Glaubens als zu seiner ersten Gewinnung. Der Glaube, einmal vorhanden, hebt das Denken nicht auf, sondern verwendet es (wie es ja tatsächlich die christliche Philosophie unternimmt) an der Stelle, wo es am sinnvollsten, überzeugendsten wirkt. Dem schon irgendwie gläubigen Menschen — nicht dem auf die Herrlichkeit seines Vernunftlichtleins erpichten Menschen — beweist Augustinus Gott.

Dabei knüpfen Augustins »Gottesbeweise« — wir wissen jetzt, was das Wort bei ihm bedeutet, Bekräftigung des Glaubens durch den denkenden Geist — durchwegs an die seelische Erfahrung des Menschen an. Augustins persönlicher Beweis, d. h. der für ihn eindrucksvollste, ist vor allem der aus der »Wahrheit«. Wer etwas Wahres zu sagen überzeugt ist, sei es auch nur das Einmaleins, sagt damit etwas Wandelloses, absolut Gültiges, wonach sein Geist sich richtet. Die Wahrheit ist dem Denkenden transzendent. Wir machen sie nicht, wir finden sie. Indem wir sie finden, beugen wir uns vor einer Norm über uns, und diese Norm setzt einen Normgeber, hie des denkenden Geistes, hie der gedachten Wahrheit, voraus: die Urwahrheit »Gott«.

Und so im Sittlichen. Der Mensch hat eine Anlage und Bestimmung auf das Gute. Im Gewissen spürt er's mit apriorischer Evidenz: ein allgemeines Gesetz des Guten, aus dem sich alle Teilvorschriften der sittlichen Ordnung, alle wechselnden Verfassungen der Völker herleiten. Denn so sehr sie dem Wandel unterworfen sind und im einzelnen voneinander abweichen, das Grundgesetz ändert sich nicht: du sollst das Gute verwirklichen. Es ist die wandellose, uns transzendente Norm des Sittlichen. Wir machen sie nicht, wir finden sie vor. Sie weist einem jeden seine Stelle im Ganzen zu. Er erkennt sich als Glied in einer Weltordnung, in die er sich einfügen soll, will er menschenwürdig leben. Wer hat die Norm gegeben und zugleich die Anlage in uns gelegt, die sie erfaßt im Gewissen — wenn nicht ein ewiger, heiliger Geist und Wille, der durch das

Gute uns seligmachen will? Denn es ist die Eigentümlichkeit des Guten, daß es »das Glück auf seinem Rücken trägt« (Scheler, nach Augustinus' Gedanke).

Und die sittliche Selbsterfahrung führt noch einen Schritt weiter in der augustinischen Gottesidee. Im Sittlichen handelt es sich nicht um ein Müssen, sondern um ein freies Sollen. Die Freiheit birgt wohl eine Gefahr in sich: daß der Mensch sein Ja verweigere, die »Konkupiszenz« (Selbstsucht) über die höhere Norm (»caritas«) stelle. Dann ist es seine Unseligkeit – wovon die Geschichte erzählt. Aber die Freiheit ist doch vor allem die Bedingung, die metaphysisch notwendige Voraussetzung für das Schöngute im Menschen und so für seine Seligkeit. Wenn wir trotz der empirischen Versuchung, der Belastung der Konkupiszenz, das Gute noch wollen und verwirklichen können – wem verdanken wir es, wenn nicht Ihm, der als Helfer entgegenkommt, der erlösenden Gnade Gottes? Wir erfahren, mit anderen Worten, in unserem sittlichen Bewußtsein Gott nicht nur als den Urheber jenes wandellosen »Du sollst«, jenes »Ehrfurchtgebietenden, Lobwürdigen, Sehnsucht- und Strebenweckenden«: wir erfahren Ihn zugleich als den Erlösenden, als den Helfer. »Wenn wir Ihm folgen, sind wir geführt« – und »wenn wir Ihm folgen, leben wir gut, und wenn gut, dann auch selig.« »Wir bedürfen Seiner, um gut zu sein.« So ist gerade die Schwäche und Schulderfahrung für Augustinus eine seelische Stütze des Gottesglaubens: eines Glaubens, der sich an die Autorität anschloß und dann im reifenden Innenleben sich vertiefte. Im Streben des Geistes nach der wandellosen Wahrheit, im seelischen Auftrieb zum Heiligen, in der Erfahrung des eigenen Unvermögens: so findet der religiöse Urtrieb immer neue Nahrung: sucht immer, um mehr zu finden, und fühlt sich im Finden immer wieder aufgetrieben, um mehr zu suchen. »Nam et quaeritur, ut inveniatur dulcius, et invenitur, ut quaeratur avidius.«

WIE HOCH kann nach Augustins Überzeugung dieser Prozeß zwischen »Suchen und Finden« führen?

In der Schrift »De vera religione«, noch mitten unterwegs, hat er einmal eine prächtige Skizze der Entwicklung entworfen, in Stufen nach neuplatonischen Mustern (und man kann es durchaus, sofern man sich bewußt ist, daß im Lebendigen die Stufen nicht zu trennen sind, daß in jedem Augenblick Anfang und Ende ineinander übergehen). Eine freundliche Fügung will es, daß wir die Stelle auch in der freien Übertragung M. Eckharts besitzen, im »Sermon vom edlen Menschen« (Handschrift der Universitätsbibliothek Hasel, herausgegeben von Phil. Strauch):

»Der erste grat des inren unt des nüwen menschen ist, das der mensche lebet nach dem bilde guoter und heiliger lüten und aber noch gât bi den stüelen und haltet sich nach bi den wenden und labet sich noch mit der miliche.

Der ander grat ist, so er jetzent ansicht nit alleine die ussern bilde ouch guoter lüten, sunder er loutet und ilet zuo guoter lere unt zuo rate gotes und göttlicher wisheit und keret den ruggen der menscheit unt das antlüte zuo gotte, krücht der muoter us der schos und lachet den himelschen vater an.

Der tritte grat ist, so der mensch me und me .. enpflühet der sorge und abe-
wirffet die vorcht, als, ob er möchte ane ergerunge aller lüten ubele unt unrechte
tuon, es enluste in doch nit; wann (denn) er ist mit minne gottes also gebunden,
das .. im unmere ist alles, das got ungeliche und frömd ist.

Der vierde grat ist, so .. er allezit bereit ist ze enpfahene alle anfechtunge
und widermuot, leit und liden willeelichen und gern, begirlich unt frölichen.

Der 5. grat ist, so der mensch lept allenthalben sin selbes in friden, stille ruowende in gebruchunge der obresten unsprechlichen wisheit.

Der 6. grat ist, so der mensch ist entbildet und überbiltet von gottes ewigkeit und vergessen hat zerganglichkeit und gezogen ist und übergevaren in ein
göttliches bilde (Erfahrung), ein kint gottes worden ist. Fürbasser noch höher
ist kein gratte, und da ist ewige ruowe unt seligkeit.«

Wenn man diese Schilderung näher ansieht, ist es die ideale Beschreibung
eines mystischen Stufenweges, aber eines solchen, der, was die Erkenntnis an-
geht, in der Schwebe zwischen Glauben und Schauen ist und wo der Nachdruck
nicht so sehr auf der Umwandlung des Erkennens, sondern des Willens durch
die Liebe ruht. Die Höhe ist schließlich jenes »ama et fac quod vis«, liebe und
tu, was du willst, d. h. was die Liebe dir eingibt. Vom Schauen ist nicht so die
Rede; aus dem einfachen Grunde, weil die Liebe »der Erkenntnis immer etwas
vorauseilt«, indes die Erkenntnis, gerade des »Wissenden«, Genialen, immer
stiller, demütiger, kindlicher wird.

In der Frühperiode schwebt Augustin fast so etwas wie ein Durchbruch aus
dem Glaubensdunkel in ein Schauen, eine Berührung, unmittelbare Gotteserfahrung vor, deren sich Plotin rühmte. So hielt er damals, trotz der Zurückhaltung seines Lehrers Ambrosius, eine Art Gottesschau für möglich, wofür ihm
Moses und Paulus im dritten Himmel Modell zu stehen schien (De Gen. ad
lit.; ep. 147). In verzückter Stunde, wie bei Ostia mit der Mutter, konnte es ihm
geschehen, als riefe ihm alles, Meer und Himmel und Ordnung der Sphären
zu: »Steige höher, höher: nicht wir sind's, die uns gemacht haben!«, und »in
ictu trepidantis aspectus« (in einem Augenblick zitternder Schau) fühlt er sich
wie emporgehoben zum Ewigen. Aber doch nur im Gleichnis irdischer Schönheit offenbart es sich ihm − offenbart sich und verbirgt sich zugleich. Und die
Vertiefung ins Evangelium und die eigene Lebensreife führt ihn zu wachsender
Selbstbescheidung (die in Parallele steht zu seiner größeren Entfernung vom
Neuplatonismus, ohne ihn jemals m e h r, als unbedingt nötig schien, abzustrei-
fen). Jetzt heißt es deutlich, daß man eigentlich nur »durch die Liebe erkenne«
(amando cognoscimus) und daß es wohl eine Einung des Willens, aber nicht
des Schauens gebe. Reifeschriften wie die Vorträge über Johannes oder Brief
120 und 130 sprechen in aller Form die Überzeugung aus, daß wir eigentlich
»immer mehr wissen, was Gott nicht ist, als was er ist«, und »niemand hat Gott
je gesehen, der lebt« (Exod. 33), und »hinieden bleiben diese drei: Glaube, Hoffnung, Liebe«, und »solange wir im Dunkel dieses Lebens sind, solange wir fern
sind vom Herrn, im Glauben und nicht im Schauen wandeln, müssen wir uns

als heimatlos, trostlos betrachten, um desto inniger uns zum Herrn zu wenden, das Auge des Glaubens hinzuwenden auf das Wort der heiligen Schriften wie zu einer Leuchte am finstern Ort, bis der Tag anbricht und der Morgenstern aufgeht in unseren Herzen« (an Frau Proba, ep. 130). Damit ist in Wahrheit ein großes Kreuz geschlagen über alles »unmittelbare« Gottschauen und Gottberühren. Das einzig Verläßliche, was uns bleibt, heißt GLÄUBIGE LIEBE. Eine Innigkeit, die in jedem Augenblick durchformt und gehalten ist durch Ehrfurcht und dadurch zwar nie etwas Fremdes und Kühles, wohl aber etwas Herbes, Sachliches, Keusches, – »Maß« mit einem Worte hat. Schwerlich wird man gemütstiefere Stellen über beschauliches Wesen, Gottinnigkeit des inneren Menschen finden als bei Augustinus, von den »Bekenntnissen« bis zu den Spätbriefen – aber »Gnade« ist sein Leitwort, und mehr und mehr ist Gott ihm fast noch mehr als der »Vater«, der allmächtige, heilige »Herr«, vor dem sich niemand auf Rechte berufen kann, dem man »fern« bleibt auch in der größten »Nähe«; weil er »der immer Größere« für die Kreatur, der »andere«, ja ganz andere für den Sünder, »der immer Unerforschliche« für den Forschenden bleibt, von dem wir nur begreifen können, daß wir Ihn nicht begreifen können, und vor dem die Reife auch des »Sohnes« nur immer wieder »Kind« sein kann, ja ein Kindlein – nichts aus sich und doch unendlich begnadet.

Von diesem »Gotterleben« empfängt dann auch die Menschenliebe des Heiligen ihre Form und seine Einstellung zur Kreatur überhaupt (wobei wir gerne zugeben, daß hier unbewußt auch noch gewisse seelische Hemmungen, Nachwirkungen von Früherlebnissen, mitspielen mögen). Zwar kann der Christ Augustinus nicht weniger wie der Neuplatoniker »gut« nennen alles, was ist, und das übel oder das Böse nicht etwas positiv Seiendes. Und was immer die Welt durch Mißbrauch des Menschen sei – gut ist sie ihm als Gottes Geschöpf, sofern sie von Gott her und in Gott ist. Gut auch die Menschenwelt und also liebenswert, auch in ihrem irdischen Schaffen, Streben, Kulturwillen an sich – und soweit sie böse ist, bleibt sie doch immer »capax Dei«, steht im Zeichen zwar nicht der Unschuld, aber der Erlösung. Eine Welt also, für die er zu beten sich gedrängt fühlt; für die er gläubig seine Kräfte einsetzt, damit »Gottes Wille geschehe wie im Himmel also auch auf Erden«. Aber freilich, Unbedingtheit, letzte Hingabe gegenüber allem, was endlich, wandelbar, zeitlich ist, das hieße nach seiner Überzeugung nur »Schaden leiden an seiner Seele«. Und darum ist in aller Arbeit des Forschenden, Schaffenden, nie die Anspannung des auf sich selbst gestellten Willens; überall drängt sich eine Reserve auf: »wie Gott es will« – Gott, der im allgemeinen »durch uns« wirkt und vieles unserem Willen anheimgibt, aber auch »ohne uns« wirkt, was Ihm gefällt, schicksalhaft, und alles lenkt nach ewigem Plan. Und darum weiß nach Augustinus jeder Einsatz menschlicher Kraft im religiösen Menschen um eine Begrenzung: weil nicht wir die Lenker sind; und aller wahre Reformeifer weiß um eine bleibende Tragik: weil »diese Welt im Argen liegt«: und alle Menschenliebe, alles Vertrauen und alle Seelenfreundschaft, die er aufbringt, weiß um ein mögliches oder wirkliches Mißverstehen und weiß auf alle Fälle, aus tiefer Erfahrung, um ein metaphysisch bedingtes »Ungenügen«: weil schließlich, wie es der Dichter prägt, »kein Mensch des anderen, wie er möchte, sein kann«. – Dieses hinnehmen in gläubiger Demut; arbeiten und das Ergebnis Gott überlassen haben, als hätte man nicht; lieben, die einem als Weggenossen gegeben sind und doch sich selbst bewahren; hoffen und stets bereit sein zu resignieren – nicht aus Enttäuschung, sondern aus Einsicht, Sachlichkeit, die im Glauben gründet und in Erfahrung reifte: das ist die aus der »Gotterfahrung« sich ergebende »Welterfahrung« Augustins. Die eschatologische Erwartung des Urchristen, losgelöst vom zeitgeschichtlich Bedingten: die Jenseitsstimmung also des Gläubigen, oder sagen wir deutlicher: das Kreuz über dieser Welt, nicht etwa am Horizont der Weltgeschichte (dort die Verklärung), sondern hier inmitten der Welt, mitten im täglichen Leben. Tugendstreben, Erfolgstreben, Wissensstreben, Glückstreben des Menschen: dies ist Augustinus' »Vision« und »Schauung«, und bestimmt den Charakter seiner größten, von starkem Realismus, um nicht zu sagen Pessimismus gegen Welt und Menschen (und um so stärkerer Innigkeit zum unsichtbaren Gott) getragenen Schrift, in der sich noch einmal die Glut seines Herzens mit dem Reichtum seines Geistes vermählte: »Civitas Dei.«

II.

Wenn wir von Augustinus zu MEISTER ECKHART kommen, will uns fast schwindelig werden vor den Augen. Das Christentum scheint sich zu widersprechen. Nicht nur, dass es Pessimisten und Optimisten erzeugt – was auf das Temperament der menschlichen Träger gehen mag –, sondern in sich, in seiner Zentralidee von »Gott zum Menschen«, scheint es in Eckhart zu bejahen, was es in Augustinus verneinte; und was noch merkwürdiger ist: scheint im »augustinischen« Eckhart (der sich immer wieder auf Augustinus beruft) zu bejahen, was es in Augustinus selbst verneinte: Schauung, Berührung, Wesenseinung, Verschmelzung zwischen Gott und Mensch, Vergöttlichung. Man lese nur einige von den Thesen Eckharts:

»Die Seele soll verlieren ihr Eigenwesen, auf daß ihr leuchte das Ungeschaffene. In der höchsten Einung schaut sie sonder Mittel die Wesung der Gottheit. Da erlebt sie Gott, wie Gott in sich selber ist. Es ist ein Ein und eine lautere Einung. Da ist der Mensch ein wahrer Mensch. Was er da lebt, ist allem Geschaffenen fern und fremd. Und finde ich mich auch nur einen Augenblick in diesem Wesen, ich achte so wenig auf mich selber als auf ein Mistwürmlein. Denn es ist etwas über der Seele geschaffener Natur, das hat mit dem Nichte nichts gemein. Alles, was geschaffen ist, ist nichts: diesem aber ist fern und fremd alles Geschöpfliche. Wer so erhoben ist über alles Licht, der wohnt in der Einigkeit. Da weiß man nicht von gestern und vorgestern, von morgen oder übermorgen; denn es ist in der Ewigkeit weder gestern noch morgen, es ist ein gegenwärtiges Nun. Und dieser Mensch wohnt in EINEM Licht mit Gott:

es ist in ihm weder Leiden noch Wohlergehen. sondern eine gleiche Ewigkeit. Und nichts empfängt er von künftigen Dingen noch von einem Zufall; denn er wohnt in einem neuen Jetzt ohne Unterlaß. Trutz Gott selber, trutz den Engeln, trutz aller Kreatur: sie können die Seele nicht scheiden von dem Bilde (Zustand), darin sie eins mit Gott ist.«

Schon Ausdrücke wie die letzten zeigen, daß es hier nicht um leere Rhetorik geht. Es ist GELEBTES.

»Was ich gesagt habe, das ist wahr. Dafür setze ich die Wahrheit zum Zeugen und meine Seele zum Pfande. Möchtet ihr's wahrnehmen mit meinem Herzen, ihr verstündet wohl, was ich spreche. Denn es ist wahr, und die Wahrheit spricht es selber.« Mag es ein grobsinnlicher Mensch für übertrieben halten, »mir genügt, daß es in mir und in Gott wahr ist, was ich spreche und schreibe«. – Es kam einmal, so erzählt die Legende, ein guter Pfaffe aus dem Kreis der Gottesfreunde zu Meister Eckhart und mahnte ihn brüderlich, seine »hohen, behänden« Worte, die er zwar selber durch Gottes Gnade wohl recht verstehe, doch nicht so wie Perlen zu vergeuden. Die Hohen, Vollkommenen wüßten es schon von innen heraus und die anderen hätten keine Frucht davon. Da umfing Meister Eckhart den guten Pfaffen, gab ihm den Friedenskuß und sprach: »Lieber Herr, wißt, daß ich seit vielen Jahren keine Rede so gerne hörte wie diese. Gott sei ewiger Lohn!« Aber es blieb bei der brüderlichen Zeremonie. Eckhart hätte seine ganze Predigt, hätte sich selbst aufgeben müssen, hätte er nach dem gutgemeinten Rat gehandelt. Er hatte ja immer nur davon gesprochen, wie er selber sagt. Dieses »einig Eine, das ist das allerbeste, und ich habe mich darein vertört.« »Wer das nicht versteht,« heißt es im Spruch der Nonnen auf M. Eckhart, »der mag es Gott klagen«, oder wie er selbst einen solchen »tröstet«: »Er bekümmere sein Herz nicht darum. Denn solange der Mensch nicht gleich ist dieser Wahrheit, solange wird er die Rede nicht verstehen. Denn das ist eine unbedachte (nicht rational erklügelte) Wahrheit, die da kommen ist aus dem Herzen Gottes.« Und »daß wir so leben mögen, daß wir es befinden, des helfe uns Gott«.

Man begreift wohl, daß die Lehrautorität der Kirche nicht untätig zusah: daß nicht nur die Bulle Johannes XXII. vom Standpunkt des christlichen Glaubens aus das Anderssein Gottes gegen die drohenden Dammbrüche eines überbordenden Immanenz- und Einheitsgefühls zu schützen sich genötigt fand, daß auch Gelehrte des letzten Jahrhunderts noch, wie Eckharts Ordensgenosse P. Denifle, jenes Anathem unterstrichen – man kann auch in etwa »verstehen«, daß Vertreter eines modernen Autotheismus (wie sie sagen) und Pantheismus (was sie meinen) in M. Eckhart ihren Heros, Propheten und Bannerträger gefunden zu haben glauben. Hier sei »der Gott über uns entschieden abgetan zugunsten des Gott in uns«, sagen sie. »Kein Kniebeugen und Nackensenken mehr«. Das Zentralmotiv der Eckhartreligion sei »die absolute Einheit des Göttlichen und Menschlichen«. Sein leidenschaftlicher Radikalismus habe ihn »mit dem Dogma so von Grund auf ernst machen lassen, daß dessen kanonische Fassung allerdings schließlich gesprengt wird«. Also ein Christ, gerade indem er aufhörte, Christ zu sein! Was in diesen »unvergeßlich markanten Gipfelpunkten« durchbricht, sei ja nichts anderes als »der geheimste Drang alles menschlich-übermenschlichen Wünschens und Begehrens: in einer letzten Anspannung über die Schranken der Kreatürlichkeit hinauszukommen und sich endlich einmal frei zu fühlen, frei wie ein schaffender Gott«. Ihre ganze Kraft und Bedeutung aber erhalte Eckharts Predigt erst durch den Umstand, daß da »kein eifernder Fanatiker, kein hohler Schwärmer« am Werk war, sondern ein reiner, reifer, in langer seelsorglicher Praxis bewährter Mann von selten glücklicher seelischer Organisation. Gerade die kühnsten, »ekstatischen« Partien Eckharts »haben einen so kernhaft festen, urgesunden Klang, einen so prachtvollen Schwung, verraten einen so herzerfrischenden Draufgänger, daß man nur mit Freude konstatieren kann: furor teutonicus, ins Innigste vergeistigt« (Schulze-Maizier). Und als Protestant fügt er bei: »Daß die Spitze des Eckhartschen Gedankens tiefer in die innerste Schicht unseres religiösen Lebensgefühls hineinreicht als selbst die reformatorische Grundidee Luthers, und daß M. E. uns in vielen Stücken nähersteht als der Mönch von Wittenberg, ist schon zu oft und nachdrücklich festgestellt worden, als daß es ernstlich zu bezweifeln wäre.« Aber all das Pathos hält nicht stand vor sachlicher Prüfung. (Gar von Rosenbergs Eckhart-»Mythus« ein Wort zu verlieren, kann ein auch nur halbwegs ernster Mensch sich schwerlich veranlaßt fühlen – trotz des Massenerfolgs.) Nicht nur hat Eckhart sich im voraus in seiner Rechtfertigungsschrift gegen die ihm unterschobene Auslegung in aller Form verwahrt; und nicht nur hat der päpstliche Legat vor dem römischen Spruch und Eckharts nächste Vertraute (Tauler, Seuse und andere Ordensgenossen) auch nachher die bewußte Deutung als eine Mißdeutung des wahren Eckhart erklärt – auch die neuere Forschung hat sich seit meinen Untersuchungen (1925–1928) besonnen, und die wissenschaftlichen Arbeiten von H. Piesch, Dempf, Quint verstehen Eckhart wieder (wie schon F. X. Linsenmann 1873) als den großen christlichen Mystiker, gleichviel, ob er eines Tages förmlich rehabilitiert würde oder nicht. Genug, dass seine Verteidigung freigegeben und seine Schriften dem Gebildeten freistehen, zur Verinnerlichung des Religiösen denen, die es fassen können.

Unsere Stellung ist gewiß nicht leicht, eine Art Zweifrontenkrieg. Eckhart hat es seinen Freunden nicht leicht gemacht. Bequemer auf alle Fälle wäre es, die Sätze, so wie sie lauten, im Sinne der Vergottung zu verstehen, zu bejubeln oder zu bedauern, je nach dem Standpunkt – ohne sich näherhin zu fragen, was sie in ihrem Zusammenhang bedeuten und ob der Gehalt des Ganzen eine pantheistische Deutung verträgt.

Es gibt ein CHRISTLICHES GOTTGEFÜHL, das mit Pantheismus (»alles göttlicher Art«) Berührungspunkte gemeinsam hat, aber durchaus etwas anderes ist: ENTHEISMUS oder Panentheismus (»alles in Gott«). Das ist das Gottgefühl der christlichen Mystik, und wir meinen, Eckhart sei ihr genialster deutscher Vertreter – wie in Italien etwa Katharina von Siena, in Spanien Joh. v. Kreuz, in den Niederlanden Ruisbroech, im Osten Simeon, der neuere Theologe. Von ihnen allen kann man mühelos Sätze anführen, die mit Eckhartsätzen sachlich identisch sind — wenn auch bei keinem so gehäuft, so kühn und so als Grundmotiv in allen Nebenmelodien verwendet; aber das zeugt ja nur von der Tiefe seines Erlebens und von der Kraft seines Sendungsbewußtseins gegenüber einer stark veräußerlichten Christenheit,

Wieso ist Eckharts Gotterlebnis, die geniale Höhe der »deutschen Mystik«, nur in christlichem Sinn verständlich und frei von Pantheismus? Die Darlegung der Gründe geht über die Bedeutung des Einzelfalles hinaus, da sie zugleich die STRUKTUR ALLER CHRISTLICHEN MYSTIK aufweisen dürfte.

1. Die OBJEKTIVE Voraussetzung und Grundlage seines mystischen Gottgefühls ist die SCHÖPFUNGS- UND GNADENLEHRE des Christentums. Nie wären bei einem Pantheisten Sätze möglich wie diese: »Gott ist das Ursein und die erste Ursache alles Seins. Die Kreatur hat von Ihm, daß sie ist, besteht und wirkt. Aus Liebe schafft Gott das All, weil Er wollte. Gott ist zuinnerst in allem (allem immanent) und alles in Ihm — und ist doch allem transzendent, d. h. nicht räumlich außerhalb, sondern über allem.« — Und abgesehen von diesem natürlichen Innesein der Kreatur im Geist und in der Kraft Gottes, gibt es für den guten Menschen (den »edlen Menschen«) eine besondere Art von Einung: aus der Gnade, die sich auswirkt in Erkenntnis und Liebe. »Gnade ist Teilnahme an der göttlichen Natur, macht uns gottähnlich und gottverwandt. Ihr Ziel ist Einssein mit Gott, in Ihm zu leben und zu wirken. In allen guten Menschen ist sie. Durch sie ist Gott in der Seele, aber nicht identisch mit der Seele. Das Werk der Gnade ist die Liebe, und Gott ist Liebe, und wer in der Liebe wohnt, wohnt in Gott, und Gott wohnt in ihm.«

2. Eckharts Gotterlebnis erweist sich als christlich, weil es als zur subjektiven Voraussetzung den GLAUBEN hat, zum Ziel aber die Liebe. »Der Glaube«, sagt Eckhart, »ist die Ursache dieses Überschwungs«, mit anderen Worten, auch seine Mystik ist nichts anderes als das persönliche Innewerden der geglaubten Wirklichkeit mit dem ganzen inneren Menschen, durch gläubige und schaffende Liebe. Der Unterschied gegenüber Augustinus ist vor allem der, daß Augustinus erst vom Heidentum her in den christlichen Glauben mehr und mehr hineinwächst, dieser aber, von Kindheit an darin aufgewachsen, dort schon beginnen kann, wo Augustinus aufhörte. Jener baut die Kathedrale gewissermaßen bis zum Turmansatz, dieser braucht nur mehr den Turm zu vollenden; und der Turm, die Spitze ist eben die reine (interesselose) Liebe. Eckharts »Schauen« bedeutet, wie sich noch näher zeigen wird: das Geglaube mit dem ganzen Menschen leben, es »er-leben«, um ein abgegriffenes Wort am rechten Platz zu gebrauchen. Das sagt Eckhart selbst. Er redet von denen, die »nicht mehr nach allerlei Worten und Beweisen fragen müssen«, die »Gott erkennen im Licht der Gnade«, »liebend erkennen«. Und »die von ihnen am höchsten dringen, das sind die, so Gott lauter lieben«: die »sich selbst erstorben und gar tot und nicht mehr bei sich selber sind«. Sie »leuchten mit Ihm wie ei-

nes Lichtes Schein«. »Von ihnen kann man sagen: ein göttlicher Mensch.« Die ganze Vollkommenheit des Menschen heißt: dem göttlichen Willen eingefügt sein, so daß man will, was Gott will und wie Gott es will.«

Nun weiß dabei Eckhart wohl, daß, was er schildert, ein IDEAL darstellt, und daß das Höchste den Menschen lockt, gerade weil und solange er noch nicht gänzlich »drinnen« ist, wie er sich ausdrückt. Das Vollkommene »ist an Kampf geknüpft«, und täglich verlangt es einen »starken strit«. Denn auch der Gute wird noch »berührt unter dem Einfluß geschöpflicher Neigung«. Ihm ist, als hätte er eine Stimme vernommen, die ihn riefe. Er kann die Kraft, von der er innen bewegt wird, nicht mit den Sinnen wahrnehmen; aber er fühlt ihre undefinierbare Gegenwart. Das ist die große Freude: Gott ist da und ergreift die Seele, und er »erregt die göttliche Begier« und lockt sie aus sich selbst«, lockt zu etwas Wunderbarem und macht uns ihm nachjagen. Die Seele empfindet wohl, daß es ist, aber nicht so sehr, was es ist. Nur: es ist keine grundlegende Trennung mehr zwischen dem Liebenden und Geliebten. Im einzelnen freilich kostet es viel, bis alles »eins« ist, bis der Mensch nur mehr das »Werkzeug« Gottes ist. Es geht wie durch »dunkle Nacht«, sagen alle. Da heißt es entfernen, was nicht rein genug ist, nicht geschmeidig genug, nicht »behend und gefügig" ist, daß Gott es gebrauchen könnte. Erst wenn Gott durch die Seele handelt, ist die Einung vollkommen; wenn man »sich nicht so sehr als Bewegenden, sondern als Bewegten weiß«, wie sich Thomas ausdrückt: im Verhältnis zu Gott empfangend, im Verhältnis zu den Menschen aber handelnd, wirkend. Was der Mensch »herzutun« kann, ist nur bereit sein, »Ihn wirken lassen, offen und bloß sein für Ihn«. »In einer lautern Seele, da findet Gott den Widerschein seiner selbst; da ruht Gott in ihr und sie in ihm.« »Gott sein Ganzes geben, nichts mehr für sich wollen, in gänzlicher Abgeschiedenheit, in mystischem Tod; das ist die höchste Seligkeit« – und die »wahre Freiheit.« Denn je mehr ein Mensch davon hat, um so freier und froher ist ihm zumute. Und wer so in Freiheit stünde, daß nichts mehr vom Ich, von Eigensucht neben und gegen Gott sich regte, daß nur Gott und Gottes Ehre ihm groß wäre (alles Wendungen Eckharts): »der ist eines geworden, zwar nicht von Natur, aber von Gnade«.

3. DIE QUELLE ABER DER GNADE ist auch für Eckhart CHRISTUS, der »eine Mittler« – und auch darin unterscheidet er sich von jedem Pantheisten. Nur indem Gott sich selbst herabließ in unsere Menschennatur, »können Menschen Gotteskinder werden, Gerechte, gottähnlich durch den Einen Sohn Gottes«. »Durch die Gnade Glieder des mystischen Christus geworden, treten wir ein und haben teil an allem, was Christus selbst gehört, sind (hinsichtlich des empfangenen Gnadenlebens) eins in Christus und eins mit Gott, und haben so alles unter uns gemein, eine Gemeinschaft der Heiligen.« Die Gnade vermittelt ein »göttliches Sein«, das die Natur »überformt«, und ihre Frucht ist eben die Liebe. Indem einer an der göttlichen Liebe in Christus teilhat, ist seine Liebe nicht einfach die eines Menschen zu Gott, sie wird auch die Liebe Gottes zu allen Menschen; durch Gott und in Gott liebt er die Menschheit, mit der »glei-

chen Liebe« alle. Er »hat nicht etwas, was er mehr liebte als ein anderes«, er liebt »den Einen in allen, und alles in Ihm«. Darum gibt es für Eckhart keine Menschenliebe, durch die man zu Gottes Liebe käme: es gibt nur eine Gottesliebe, durch die erst wahre Menschenliebe wird. Und da ist kein Mehr noch Weniger; denn im Einen ist nicht mehr noch weniger.

Man spürt wohl, solche Liebe des Mystikers ist durchaus anders als die Brüderlichkeit der philosophischen Vernunft. Vor der wird man in Ehrfurcht sich neigen; man wird sich bemühen, sie zu verwirklichen, solange es nicht zu unbequem ist; aber man wird ihr nicht mit Leidenschaft anhangen. Anders die mystische Liebe in Christus, wie sie Eckhart meint. »Sie setzt nicht einen Instinkt fort, sie stammt nicht aus einer Idee: sie ist über beidem. Sie fällt zusammen mit der Liebe Gottes zu seiner Kreatur; mit der Liebe, die alles gemacht hat und alles erlösen will – zur Liebe« (Bergson).

4. Damit stehen wir bei dem ETHISCHEN SINN DES MYSTISCHEN ERLEBENS, wie es M. Eckhart darstellt und verkündet. Wohl nirgends so zeigt er sich als der geniale »Lebemeister«, mehr als bloßer »Lesemeister« (Professor) – als der große Christ und Erzieher. Seine Lehre vom »guten Menschen«, vom »edlen Menschen«, der das Gute will und verwirklicht »ohne Warum« – man konnte sie wohl mit Recht mit Nietzsches Ethik in Parallele setzen (J. Bernhart) – aber man vergesse nicht ihre Beseelung, ihren göttlichen Quellgrund, die »Wurzel«, wie Eckhart selber sagt, der seine »Blüte entsteigt«:

In der Einung des kreatürlichen WILLENS mit dem göttlichen Willen, des »justus« mit der »Justitia« (vgl. Piesch, »M. E. Lehre vom Gerechten«) verliert der Mensch die eigene Zielsetzung. »Nicht sein Wesen verliert er, sondern seine Wirksamkeit.« Er ist »getrieben von Gottes Geist«, getrieben von der göttlichen Liebe – und »Liebe kann nicht müßig sein, sie wirkt, wenn sie überhaupt ist«. Der berühmte »theopathische Zustand«, der das gerade Gegenteil ist von Quietismus: höchste Aktivität aus Gott! »Dem Guten ist es Leben, gut zu handeln.« Solche Einung ist nicht leere Gefühlssache, ist nicht dasselbe wie sanfte Rührung oder auch stürmischer Jubel: »Das mag sehr SCHEINEN«, sagt Eckhart, »und meiner Treu, ist doch das beste nicht. Denn es rührt manchmal nicht von der Liebe, sondern von der sinnlichen Natur, daß man so süße Wollust religiöser Andacht hat; und die gar viel davon haben, sind allweg die allerbesten nicht.«

Was heißt also »Liebe« für Eckhart? Er definiert es klassisch: Gott lieben, heißt »DAS GUTE WOLLEN, WEIL ES GUT IST«, ohne Warum, einfach um des Guten willen, nicht um Nützlichkeit oder Befriedigung (obschon Befriedigung naturgemäß dem Guten folgt). Und ob man vollkommene Tugend habe, mag man daran prüfen, ob man sich zum Guten geneigt finde vor allem anderen, und ob man die Werke des Guten ohne besonderen Entschluß des Willens wirkt, ohne daß man jedesmal einen besonderen Vorsatz, ein großes sittliches Ziel sich vor Augen halte. »Solange du deine Werke noch tust um des Himmelreichs willen, um Gott und deine Seligkeit sozusagen von außen herzu, ist dir nicht recht zumute. Man kann es wohl leiden, aber das Beste ist es nicht. Weil das Gute gut ist, darum liebt es der gute Mensch. Weil Gott der GUTE ist, darum liebt ihn der gute Mensch.« Das heißt dann »von Angesicht zu Angesicht sehen«: denn »da bedarf der Mensch nicht mehr von außen Zeugnis, er hat in sich selbst das Zeugnis, das Zeugnis des Guten«. Und da ist »alle Schönheit der Königstochter von innen«, das »Gottesreich von innen«. Und »das übertrifft an Herrlichkeit und Adel alles äußere Werk: es gleicht der Ruhe des göttlichen Wesens, das zugleich ein ewiges Wirken ist«. Und darum sollten wir »nicht so sehr bedenken, was wir tun sollen, sondern wir sollten bedenken, was wir sein sollen. Wären nur die Menschen und ihr Inneres gut, so würden auch ihre Werke hell erglänzen.«

5. Nach allem wird es uns nicht mehr wundern, wenn M. Eckhart als Mystiker der Liebe, d. h. des Willens (auch diese Gleichsetzung ist von ihm), gemäß der christlichen Grundhaltung alle sogenannte »SCHAUMYSTIK« mit Reserve behandelt. Er spürt wohl: sie ist vor-, bzw. außerchristlich, neuplatonisch oder gnostisch – und er ist Christ. Mit Plotin und den arabischen Mystikern, die er kennt, teilt er den mächtigen Zug ins Absolute, Eine, und verwendet weithin ihre Ausdrucksweise; aber er korrigiert sie stillschweigend oder förmlich, biegt sie in christlichem Sinn um. Ausdrücklich verneint er mit dem reiferen Augustinus, daß es einen Durchbruch im Erkennen von Glaube zu Schauen gebe. »Wer hinzutreten will, muß glauben«, sagt er mit dem Apostel, und wenn er von Schauen oder von Berührung redet, ist es nichts anderes, wie gesagt, als das Geglaubte »realisieren«, mit dem ganzen inneren Menschen leben, daß man es »befinde«. Vom »Himmel« ist es ein »Vorgeschmack«. »Was Gott ist, weiß ich nicht, d. h. derweilen die Seele in dem Leibe gebunden ist, kann sie Gott nicht erkennen. Man muß auch nicht meinen, daß Jakob Gott in seinem eigentlichen Wesen schaute, vielmehr bezieht sich die Erscheinung auf das Bild, unter dem sich Gott ihm zeigte. Und von Moses heißt es, daß er sein Antlitz verhüllte, was darauf hinweist, daß das Göttliche mit großer Furcht und Ehrfurcht zu behandeln ist und ohne Anmaßung. Nimmer kann die Seele so mit Gott vereinigt werden, daß sie nicht glauben müsste, daß sie noch außen steht. Moses sah den Dornbusch und konnte doch nicht herzukommen. Er wollte hinzukommen, das kam von der Liebe! In der Ewigkeit geschieht die »Schau« der Gottheit, nicht in der Zeit. Sähe die Seele Gott auch nur einen Augenblick (und würde das Glaubensdunkel weichen): sie kehrte sich nicht mehr von Gott um alles in der Welt. Nun aber soll dies nicht sein. »DENN DARUM SIND WIR IN DER ZEIT, DAß WIR IM ZEITLICHEN, IM VERNÜNFTIGEN SCHAFFEN GOTT NÄHERKOMMEN UND IHM ÄHNLICHER WERDEN.« Ja, so wenig ist im »Schauen« das Ziel des inneren Weges für den Pilger, daß er geradezu dazu neigt, im Gleichnis der biblischen Maria und Martha diese höherzustellen als jene (indem er freilich ihrem »tüchtigen Schaffen« etwas mehr beilegt als im Gleichnis angedeutet steht: ihr zugleich die beschauliche Seele der Maria gibt, die sie schaffen geheißen habe): »Martha besaß sich selbst in so hohem Grade, daß ihr äußeres Tun sie nicht hinderte, alles Wirken hin zum ewigen Ziel zu lenken.« »Das rechte

Leben ergreift man nirgends besser als im inneren Grunde der Beschaulichkeit. aber FRUCHTBAR wird es erst im Werke. Da erst wird der Zweck der Beschaulichkeit erfüllt«, und »beides einen, das wäre das beste.«

Höchstes Mißtrauen vollends erfüllt Eckhart gegen eine Art von Schauen, die ihm offenbar hin und wieder bei frommen Leuten begegnet war. »Gar sehr hindern sich gute Leute in rechter Vollkommenheit, indem sie viel auf VISIONEN u. dgl. geben, wodurch sie etwas bildlich sehen in ihrem Geist, Menschen oder Engel oder die Menschheit UH. Jesus Christus, und der Ansprache Glauben schenken, die sie in ihrem Geiste hören. Da werden Menschen oft betrogen.« Wie Johannes von Kreuz und die Klassiker der katholischen Mystik hält er solche Erscheinungen für durchaus nebensächlich im mystischen Bereich, wenn nicht für etwas Verdächtiges, Durchgangsstufe im besten Fall auf dem inneren Weg ist ihm alles, was in die Sinne fällt – und er ist geneigt, es für Schwäche zu halten, für einen Tribut der Nerven. Wo solche Dinge besonders hoch gewertet, zum Gegenstand eines unbewußten oder gar bewußten frommen Verlangens (statt eines psychologischen Interesses) werden, da können sie wohl ein starkes Echo im Volke finden, aber damit verwischen sich die Grenzen zwischen Mystik und Mystizismus, und die mystische Gotterfahrung erscheint dann, sehr zum Schaden ihres Rufes, als ein Reich, das seine Grenzen einem »wilden« Nachbarn öffnen mußte (wie Eckharts Schüler H. Seuse sagt), wo die Pathologie zu Hause ist. Eckhart warnt davor; darüber müsse man weggehen, um zum Ziel zu kommen: »Die Stadt der Liebe ist allein im Willen, und wer davon mehr habe, ist verborgen in der Seele«, bzw. mag »sich dann am besten zeigen. wenn man auch ohne Tröstung Gott ganze und stete Treue hält.«

Wenn wir nun rückschauend AUGUSTINUS MIT M. ECKHART VERGLEICHEN, so ist bei jenem der herrschende Eindruck, den wir empfangen, der des großen Suchers – erst des skeptischen, dann des idealistisch gestimmten, platonischen, dann des christlich gläubigen, aber noch immer mit Gärungsstoffen von früher beladenen und von der Herbststimmung der Antike berührten Menschen: eines schon als Jungen grübelnden Alten, wie ihn der Meister im Wiener Stephansdom verewigt hat. Eckhart hingegen ist der Typ des »Erfüllten«, überströmenden, von der Wucht seines Gotterlebens Hingerissenen, des auch im Alter immer noch jungen christlichen Optimisten. Augustinus, obschon er nach seinem Wort »nichts wissen will als nur Gott und die Seele«, sieht im Grund immer nur diese rätselvolle Welt und die noch rätselvollere Seele, mit einem nie gestillten Verlangen, beides »in Gott« zu sehen; und Welt und Seele wären ihm unerträglich, glaubte er nicht an eine »Gnade« über der Sünde, eine ewige »Sabbatruhe« als Ziel der menschlichen Odysseen. Umgekehrt sieht M. Eckhart, obschon auch er nur durch das Medium des Glaubens »sieht«, alles gewissermaßen »von oben«, wie jener von unten, sieht »wie mit Gottes Augen und fühlt wie mit Gottes Herz« –, sieht deshalb diese Welt gebadet in Gottes Lichtglanz: und wenn ihm in der Seligkeit seines Gotthabens ein Problem noch bleibt, ist es nur dieses: was zu dem »göttlich Einen« die Welt, dieses »schöne

Nichts«, noch hinzufügen könne – so froh, ja »lustig« für ihn »das Leben« ist, weil auf alle Fälle Offenbarung einer göttlichen Liebe.

Beide also »erleben« Gott mit dem gläubigen Herzen großer religiöser Naturen. Beide, von da aus, sind gewaltige, rastlose »Schaffer«. Aber in der Schwebe zwischen »Suchen« und »Gefundenhaben« bleibt Augustinus mehr der Mensch der Sehnsucht, der nie Gestillte; Eckhart, durch die Innigkeit seines Gefundenhabens, nimmt mehr den »stummen Jubel« jenes Zustandes voraus, den die Religion den »Himmel«, das »selige Leben«, das Ziel der tiefsten menschlichen Sehnsucht nennt.

III. (Religionsphilosophische Schlußfragen.)

Nach dem Psychologischen drängen sich uns wohl einige grundsätzliche Fragen auf. Zunächst nach dem Werte, nach DER PRAKTISCHEN BEDEUTUNG, die wir der mystischen Gotterfahrung im Sinne des Christentums zumessen können. Wenn Philosophen wie Bergson und die Religionshistoriker allenthalben ihr den höchsten Wert zuerkennen, glauben wir mit der gleichen Auffassung nicht zu weit abseits von einem »modernen« Empfinden zu sein (ohne deshalb gerade das Moderne als Maßstab für das Überzeitliche, Ewige anzunehmen!). »Wenn es allen Menschen gelänge,« meint Bergson, »dessen habhaft zu werden, was die Mystiker meinen, wir würden die Persönlichkeit nicht in einer vagen Unendlichkeit verschwimmen fühlen, aber durchflutet von einem Wesen, das unendlich viel mehr vermag als wir.« Die Anhänglichkeit an das Leben würde bestimmt sein von der Tiefe der Einung mit unserem letzten Lebensgrunde. Keine Sorge mehr wäre um die Zukunft, kein unruhiges Zurückschauen auf uns selbst – nur Freude und Liebe zu dem, was die Liebe selbst ist. Nun ist dies freilich nicht allen gegeben: es sind wohl verhältnismäßig »wenige Auserwählte« in diesem Sinn. Aber wenn sie sprechen von dem, was sie erfüllt, so meldet sich in der Tiefe der meisten Menschen etwas, was ihnen insgeheim antwortet. Etwa wie im Gebiet der Kunst: wenige sind begnadete Meister; aber wo einer ein Werk vollbracht hat, das über uns andere hinausgeht, bringt es uns die Erbärmlichkeit alles dessen zum Bewusstsein, was wir bisher wußten. So ist es auch mit den großen »Eingeweihten« der Mystik. Sie spüren das Unerhörte, reden von unsagbarer Einung, und den meisten derer, die sie hören, rührt es an eine Erinnerung, wo auch an ihnen etwas wie Schimmer einer anderen Welt vorüberging. Anima naturaliter religiosa.

Dabei sind, bei aller Gemeinsamkeit der Mystiker, zweierlei Arten deutlich unterscheidbar. Die einen, vor- und außerchristliche, glauben »es« durch Versenkung in sich selbst zu haben, unmittelbar; und sie »versinken« wie ins Meer, verschmelzen, gehen auf. Christliche Mystik aber, durch den Glauben, weiß von bleibender Andersheit, weiß in der Einung noch von einem letzten, unüberbrückten »Abgrund« zwischen Kreatur und Gott. Eine Distanz bleibt, eine letzte Ehrfurcht. Und man wird es nicht leugnen können: eben darin liegt ihre eigenartige Kraft und ihre Überlegenheit. Wo man am Ziel ist, wo man von Schauen, Berühren, Verschmelzen, Nirwana redet, findet man weder, noch sucht man einen Rückweg in die Welt, Maya und Samsara. Die Tat versinkt mit dem Ich. Es bleibt nur das »Hocherhabene, Gestaltlose, Namenlose«. Wo hingegen die Spannung bleibt zwischen Gott und Ich, bleibt sie auch zwischen Glauben und Schauen, Suchen und Finden, Ruhe und Handlung. Die beschauliche Seele, nie gesättigt, von der Sehnsucht immer aufs neue auf getrieben, spannt, wie um nicht zu versinken, die Tat, »das feurige Roß«, vor ihren Wagen. »Der Mönch tritt über die Schwelle.« Der Mystiker kehrt zur Welt zurück. Schauen geht über in Handeln. Plotin, Laotse, die Vedanta sahen von ferne das gelobte Land, aber keinem war es vergönnt, es zu betreten. Für sie ist Tat, wie sich Plotin ausdrückt, »eine Abschwächung der Schau«, sie bleiben im Intellektualismus stecken. Auch der Buddhismus taucht nicht aus der Versenkung auf, wird nicht schöpferische Liebe. Wohl ist ihm Teilnahme nicht fremd, aber er glaubt nicht an die Wirksamkeit und den Wert des Handelns. Es ist ihm schlechthin »Begierde«, Feind der Weisheit. Moderne Hinduisten wie Ramakrishna und Vivekananda sind anders –, aber in der Zwischenzeit ist das Christentum gekommen, und sein Einfluß, wenn auch auf das Ganze der indischen Volksseele nur oberflächlich, hat doch stark auf prädestinierte Seelen gewirkt. Am tiefsten an die Erfahrungsschicht der christlichen Mystiker reichen Propheten des Alten Bundes. Sie gehen nicht auf in der Kontemplation. Sie haben die Leidenschaft der Gerechtigkeit. Ein Feuer brennt in ihnen, ihre Sendung ist eine Tat. Aber sie sind doch einigermaßen gebunden und begrenzt in ihrer Liebe durch die Begrenzung ihrer Gottesidee: eines Gottes, scheint es, der seine Macht zugunsten »seines Volkes« übt: »Jahve, Israels Gott«, nicht so sehr der, dessen Liebe die Menschheit meint, sendet sie. Insofern kann man zögern, obschon gewisse Ansätze einer universalen Gottesreichsidee nicht fehlen, sie in die gleiche Reihe mit den großen christlichen Mystikern zu stellen.

»Die vollständige Mystik«, sagt Bergson – und ähnlich Fr. Heiler –, »ist die der großen christlichen Mystiker.« Wohl sind die meisten von ihnen durch Zustände der Entrückung hindurchgegangen wie jene. Aber sie sind »hindurchgegangen«. Ein neuer, ungeheurer Elan hat sie ergriffen, eine Kraft und Kühnheit ungewöhnlichen Planens und Schaffens. Sie leben die mysteriöse Selbsthingabe. Sie sind hingenommen in einer »Ekstase der Tat«, wie sich Franz von Sales ausdrückt. Man bedenke, was Persönlichkeiten wie Paulus und Augustinus, Franz von Assisi, Ignatius, Franz von Xavier, Vinzenz von Paul, Katharina von Siena, Theresa, Jeanne d'Arc und viele andere im Bereich der Tat vollbrachten, in einer überströmenden Aktivität aus Gott (die doch niemals in Geschäftigkeit, Agitieren ausartet) – und nicht etwa nur für das Gottesreich, sondern, wie bei Jeanne d'Arc für die irdische Neuordnung, oder bei Vinzenz von Paul für die wohltätige Menschenliebe. Wie konnte man alle diese auf eine Stufe mit GEISTESKRANKHEITEN stellen? Eine Schande für sogenannte moderne Psychologie! (ruft H. Bremond, einer der feinsten Kenner der Mystik aus). Gewiß, wir alle leben in einem Zustand labilen Gleichgewichts. Aber es gibt eine geistige Gesundheit, die mühelos zu erkennen ist. Sie bekundet sich in der Lust am Handeln, in der Fähigkeit, sich den Verhältnissen anzupassen, in einem Geist der Einfachheit, der über Wirrnisse triumphiert, kurz, in einem höheren Menschenverstand, einer sieghaften Lebensgeborgenheit und Sicherheit. Und gerade das findet man bei den großen christlichen Mystikern. »Sie können geradezu für die Begriffsbestimmung von robuster geistiger Gesundheit herangezogen werden« (Bergson). Wohl haben manche von ihnen Visionen, Ekstasen, Auditionen, über die man streiten kann. Aber wie bezeichnend: keiner betrachtet sie als wesentlich, höchstens als Zufälle auf dem Weg, als Durchgangsstufen zum »Eigentlichen«, Großen. Sind die Tiefen der Seele aufgerührt, so nimmt, was an die Oberfläche der Sinne steigt und ins Bewußtsein dringt, bei entsprechender Intensität die Form eines Bildes, einer Erregung an. Das Bild mag, medizinisch gesprochen, nur eine Halluzination sein, die Erregung ein Nervenprozeß. Aber beides sind nur Symbole, daß eine Umwälzung geschieht mit dem höheren Gleichgewicht zum Ziele. Kein Genius, der nicht solche Umwälzung erlebte. Und wenn man sich wundert, daß in der Mystik nervöse Begleiterscheinungen vorkommen — findet man nicht das gleiche bei den bedeutenden Formen geistigen Lebens überhaupt, etwa bei Musikern? Die nervösen Störungen sind nebensächlich: sie sind nicht die Sache. Sie sind in jenem Falle sowenig »die Mystik« selbst, wie sie in diesem »die Musik« sind.

Damit dürfte der Weg frei sein zur erkenntniskritischen Schlußfrage. Inwieweit ist die Gotteserfahrung der Mystiker ein Erweis der göttlichen Wirklichkeit? Natürlich kann sie das nicht für einen Menschen sein, dem jede Gotteserfahrung fremd ist, der »kein Organ« für das Religiöse hat, wie er sagt. Er »kann sich nichts darunter denken«. Beweist dies, daß nichts sei? Es gibt Blindgeborene; und es gibt solche, für die Musik nur ein Geräusch ist; und es gibt solche, die für die höhere Sittlichkeit, für Altruismus und für seelischen Eros unempfänglich sind und nur von »sexuellen Drüsenfunktionen« wissen. Wer nimmt dies als Einwand gegen die Sache?

Bemerkenswert ist die Übereinstimmung der Mystiker in allem Wesentlichen. Darauf weisen alle Religionshistoriker und Religionspsychologen hin (v. Hügel, Troeltsch, Heiler, Otto, Rolland, Bergson usw.). Die Mystiker beschreiben dasselbe, auch unabhängig voneinander. Sie haben sogar charakteristische Ausdrücke und Bilder gemeinsam, auch wenn sie sich gar nicht gegenseitig kannten (vgl. Otto, West-östl. Mystik). Wohl ruhen auch sie in einer Tradition, aber gerade sie sind von ihr unabhängiger als die anderen Religiösen. Sie fühlen Neues, Unerhörtes — und sagen dasselbe. Weil sie dieselbe »Tiefenbeziehung« haben. Mag die äußere Architektur verschiedene Stilformen aufweisen, die Krypta ist immer dieselbe. Sie schöpfen aus einer Quelle. »Der göttliche Lehrer« sagen sie. Schwerlich, folgert Bergson, läßt sich diese Übereinstimmung der Großen in ihrer tiefsten Innenerfahrung besser erklären »als durch die Wirklichkeit eines Wesens, mit dem sie sich in Gemeinschaft fühlen«.

Ihre Übereinstimmung besteht im wesentlichen in der Aussage, daß Gott Liebe ist. Auch wo er »zürnt«, sagen sie, ist er »Liebe«.

»Wit it well: Love was his meaning!

Who shewed it thee? – Love!

Wherefore shewed He it thee? – For Love!«

(Juliana v. Norwich.)

Die so reden, haben massenhaft schwächliche und auch krankhafte Nach-beter: aber sie selbst sind Genies des Geistes und Herzens; Idealtypen von Menschen. An ihrer Spitze – ich sage nicht schlechthin in ihrem Kreise – steht einer, der von dem »Vater im Himmel« redet und von seiner unendlichen Liebe. »Wenn sie recht haben (und sie machen uns glauben, daß sie recht haben), dann erscheint die Schöpfung als ein Unternehmen Gottes, um sich Wesen zu ge-stalten, die an seiner Liebe und so auch an der Seligkeit göttlicher Liebe Anteil haben« (Bergson) – mit Eckharts schönem Worte: die »mit ihm leuchten wie eines Lichtes Schein«.

LITERATUR.

Zu Augustinus:

Migne, Patres Latini, bzw. Köselsche Kirchenvätersammlung. Gilson E., der hl. Augustin, Hellerau, 1930.

Karrer Otto, Augustinus (2 Bändchen ausgewählter Texte mit Einleitung) nebst der dort angegebenen Literatur.

Zu Eckhart:

Quellen:

Pfeiffer F., Meister Eckhart (Neudruck, Göttingen 1906), J. Quint, 1932, nebst Übersetzun-gen von Büttner (1919), Schulze-Maizier (1927).

Texte und Untersuchungen:

Karrer Otto, Meister Eckharts System und Lebensweisheit, 1926. – Das Göttliche in der Seele bei Meister Eckhart, 1928.

Karrer-Plesch: Meister Eckharts Rechtfertigungsschrift übersetzt und erklärt, 1927.

Dempf A., Methaphysik des Mittelalters, 1930.

Zur Mystik im Allgemeinen vergleiche:

Karrer Otto, Der mystische Strom (Altertum), Die große Glut (Mittelalter), Gott in uns (Neuzeit) und die dort bezeichneten Werke (1926).

Bergson H., Les deux sources de la morale et de la religion. Paris, 1932, (Übersetzung, Die beiden Quellen, Jena, 1933).

Maximilian Brandt

Hinweise zur Kommentierung zu Otto Karrer: Das Gotteserlebnis bei Augustinus und Meister Eckhart

›Einfühlung‹ – dies ist nach OTTO KARRER hilfreich für das Verständnis der Gedanken großer Persönlichkeiten. Dass im Letzten trotz Einfühlens immer die Möglichkeit bleibt, einen Autor auch in anderer Weise zu verstehen, als er sich selbst verstand, liegt auf der Hand.[1] Wenn nun der Versuch unternommen wird, die Gedanken OTTO KARRERS zu Augustinus und Meister Eckhart nachzuvollziehen, ist ein Blick in die Lebensgeschichte[2] KARRERS hilfreich; gerade in Bezug auf die beiden Persönlichkeiten, die KARRER behandelt, dient uns seine eigene Geschichte gleichsam als hermeneutischer Schlüssel für das Verständnis seiner Ausführungen – vielleicht auch im Sinne dessen, was er selbst unter ›Einfühlung‹ verstanden hat.

1. Vita Otto Karrers und Verbindungen zu Meister Eckhart

OTTO KARRER wurde am 30. November 1888 in Ballrechten im badischen Breisgau als zweites Kind eines Bauern geboren. Immer wieder betont KARRER selbst die Einfachheit seiner Herkunft, aber zugleich auch die geistige Weite und Offenheit der Menschen seines Heimatdorfes, gerade in Bezug auf die ökumenischen Begegnungen, keine Selbstverständlichkeit für diese Zeit. Bereits in der fünften Volksschulklasse verspürte er den Wunsch, Priester zu werden und ein Jahr später kam der Ortspfarrer, auf die intellektuellen Fähigkeiten des jungen KARRER aufmerksam geworden, in sein Elternhaus und eröffnete den Eltern die Möglichkeit eines Studiums für ihren Sohn. KARRER zog nach Freiburg, wo er im erzbischöflichen Knabenseminar wohnte und zunächst auf dem staatlichen Berthold-, dann Friedrichs-Gymnasium studierte. Zwischenzeitlich von Zweifeln hinsichtlich seines Berufsziels umgetrieben, entschloss sich KARRER doch zum Studium der Theologie, das er im Herbst 1908 in Innsbruck begann. Im dritten Studienjahr wurde KARRER Novize der Gesellschaft Jesu unter der Leitung von Paul de Chastonay, schloss die philosophischen Stu-

---

1 Vgl. hierzu NORBERT FISCHER, Einen Autor besser verstehen, als er sich selbst verstand, S. 253–263.
2 Informationen zur Vita OTTO KARRERS sind entnommen aus seinen eigenen Aufzeichnungen. Vgl. OTTO KARRER, Autobiographisches [1959] sowie ergänzt durch DERS., Autobiographisches [1969]. Verwiesen sei auch auf das Werk der langjährigen Mitarbeiterin KARRERS, LIESELOTTE HÖFER, die knapp zehn Jahre nach seinem Tod eine Biographie KARRERS herausgab: LIESELOTTE HÖFER, Otto Karrer (1888–1976). Kämpfen und Leiden für eine weltoffene Kirche.

dien mit dem Rigorosum in Valkenburg (Holland) ab, war dann während des ersten Weltkrieges Klassenlehrer am Gymnasium in Feldkirch, danach wieder für die theologischen Studien in Valkenburg. 1920 empfing KARRER die Priesterweihe und konnte auch danach noch einige Vorlesungen über die mittelalterliche Geschichte und Kunstgeschichte hören — auch hier zeigt sich durch sein großes Interesse an anderen Wissenschaften die Weite seines Geistes.

Neben seiner Lehrtätigkeit am Gymnasium in Feldkirch während des Krieges hatte KARRER sich näher mit dem dritten Ordensgeneral der Jesuiten, Franz von Borja und damit mit den Anfängen des Jesuitenordens und seiner Spiritualität auseinandergesetzt.[3] Das am Ende recht umfangreiche Werk wurde zwar von der Ordensleitung kritisch beurteilt,[4] weil KARRER die rigideren Neugestaltungen Franz von Borjas mit den freiheitlicheren Grundgedanken des Ordensgründers Ignatius kritisch verglich, »durfte sich aber am überraschenden Beifall der Fachwelt erfreuen«.[5] Dennoch beeindruckt von der wissenschaftlichen Qualität seiner Borja-Biographie wurde ihm von der Ordensleitung eine weitere Aufgabe übertragen: Analoge Studien zum berühmten Kontroverstheologen des Ordens, Robert Bellarmin. Zur Durchführung dieser Studien kam KARRER nach Rom, wo er im südamerikanischen Kolleg wohnte und in der vatikanischen Bibliothek studieren konnte. Robert Bellarmin war es, der Galilei zur Aufgabe seiner These des kopernikanischen Planetensystems bewegen wollte und der immer wieder den Papst als oberste Autorität, sowohl in geistlicher, als auch in weltlicher Hinsicht, herausstellte.

> »Der Jesuitenorden unternahm es jetzt, von der päpstlichen Kurie Bellarmin in den Rang eines Kirchenlehrers gleich Augustin oder Thomas von Aquin erheben zu lassen. KARRER sollte dazu das Material bereitstellen«.[6]

Schon hier wird ein intellektuelles Dilemma sichtbar, das KARRER zutiefst bewegte, wie er selbst schreibt. Zwar hielt er Bellarmin für einen genialen Meister der katholischen Kontroverstheologie des sechszehnten Jahrhunderts, aber nicht mehr angemessen für die Probleme und Entwicklungen des ökumenischen Dialogs seiner Zeit:

> »Ich hatte im Umgang mit evangelischen Christen [...] erkannt, daß sie nicht Häretiker im eigentlichen Sinne sind, daß ihre Väter durch geschichtliche Vorgänge, über die wir nicht richten können, der katholischen Kirche entfremdet wurden, und daß die Späteren durch ihre religiöse Erziehung und durch Pietät gebunden sind. Deshalb empfand ich alle ›Kontroversen auf Abstand‹ als fragwürdig und schädlich, wenn nicht zuerst

---

3 KARRER, Der heilige Franz von Borja.
4 Vgl. auch WICKI, Dokumente zur Glaubens- und Berufskrise von Otto Karrer, S. 286 sowie den Brief P. General Ledóchowskis an P. Provinzial Bea, der die Ablehnung der Borja-Biographie sowie eine Verächtlichmachung KARRERS zum Inhalt hat (vgl. ebd., S. 287).
5 SCHOCH, Otto Karrer. Ein Lesebuch, S. 18.
6 SCHOCH, Otto Karrer. Ein Lesebuch, S. 19.

durch persönliche Begegnungen unter den Theologen und geistlichen Hirten eine Atmosphäre gegenseitigen Vertrauens und der Brüderlichkeit geschaffen sei, in der allein
Gerechtigkeit und Liebe sich begegnen könnten. Ich hatte dies allein durchdenken und
erleiden müssen. Denn ich war buchstäblich allein, inmitten eines großen Kollegs von
Südländern«.[7]

In dieses intellektuelle Drama KARRERS fällt sein Austritt aus dem Jesuitenorden im Juli 1923, über dessen genaue Gründe er sich in seinen Aufzeichnungen
weitgehend ausschweigt – er sprach möglicherweise in dieser Zeit auch von
einem Kirchenaustritt, hat diesen aber nie verwirklicht.[8] Vielleicht aber hatte
KARRER auch Schwierigkeiten mit der Unfehlbarkeit des römischen Primates.[9]

Sicherlich mag zum Austritt aus dem Jesuitenorden eine innere Kontroverse
beigetragen haben, wie MAX SCHOCH vermutet. Es ging wohl um seine Identität als Jesuit, die er nicht von der des Forschers trennen wollte. Dieser Überzeugung lief der Wunsch des Ordens entgegen, der Bellarmin als Kirchenlehrer
zur größeren Ehre des eigenen Ordens erhoben sehen wollte. Letztlich aber
kann man nur darüber spekulieren, was genau KARRER zum Austritt aus dem
Orden bewegte.

Nach einer Englandreise jedenfalls meldete er sich kurz nach seinem Austritt im Predigerseminar der Evangelisch-lutherischen Kirche in Bayern von
Nürnberg an.

Sein Aufenthalt dort dauerte kaum drei Monate, auch hier wissen wir nicht,
was KARRER dazu bewegte, wiederum von dort auszutreten – einen offiziellen
Übertritt zur lutherischen Kirche hat es aber nie gegeben. Jedenfalls wusste ein
Vierteljahr »niemand, wo er war, weder im Orden noch zu Hause«.[10] Später
äußerte er nur die Enttäuschung darüber, »daß er auch unter den evangelischen
Pfarrern einem engen Geist begegnet sei, der nur in der eigenen Konfession das
Christentum und die Kirche Christi verwirklicht fand«.[11]

KARRER suchte danach wieder die Rückkehr zwar nicht in den Jesuitenorden, wohl aber in den Priesterberuf. Schließlich wurde er auf Empfehlung
seines früheren Lehrers, Pater de Chastonay, vom Bischof von Chur in dessen
Diözese aufgenommen. Zunächst ließ er sich in Weggis am Vierwaldstättersee,
drei Jahre später dann in Luzern nieder, wo ihm seine Mutter und Schwester
den Haushalt führten. Hier konnte er auch umfangreichen Forschungsarbei-
ten nachgehen, die ihn weithin bekannt machten. Wiederholte Anfragen zur
Übernahme einer Professur in Tübingen und Wien nahm er – von Aushilfen
abgesehen – nicht an, um sich voll seiner wissenschaftlichen Tätigkeit widmen
zu können.

---

7 KARRER, Autobiographisches [1969], S. 484.
8 Vgl. SINGER, Otto Karrer. Zum 100. Geburtstag, S. 357.
9 Vgl. WICKI, Dokumente zur Glaubens- und Berufskrise, S. 287.
10 SINGER, Otto Karrer, S. 357.
11 SCHOCH, Otto Karrer, S. 21.

Unter den ersten literarischen Arbeiten an seiner neuen Wirkungsstätte befindet sich ein Werk über Meister Eckhart,[12] das zur religiösen Erbauung dienen sollte, weniger zur Forschungsarbeit.[13] KARRER war sich anfangs uneins, ob er überhaupt ein solches Werk edieren sollte, wie er schreibt:

>»Ich zögerte zunächst, weil ich mir vorstellte, der ›pantheistische‹ deutsche Mystiker eigne sich nicht für katholische Leser. Aber je mehr ich mich in die Quellen und besonders, durch einen Hinweis bei Denifle, in die lateinischen Handschriften von Cues und Trier vertiefte, um so deutlicher stand die Gestalt des christlichen Neuplatonikers vor mir. Dann aber ging die Verurteilung durch die Kurie von Avignon, wenn auch seelsorglich und kirchenpolitisch verständlich, am wahren Sinn des mystischen Meisters vorbei!«[14]

Neben seinen Werken zur deutschen Mystik des Mittelalters ragen vor allem seine Werke zur Bibelexegese, zum Konzil, aber vor allem zur Ökumene hervor, der sich KARRER zeitlebens verbunden wusste.[15] Als revolutionär − auch mit der Konsequenz der Verurteilung kirchlicher Gegenspieler − musste darum schon viele Jahre vor dem Zweiten Vatikanischen Konzil seine Auffassung gelten, dass »Gottes Heilswille und Gnade nicht auf die sichtbare Kirche beschränkt sei«.[16] Aber gerade durch diese Auffassung brachte er auf Kongressen die ökumenische Bewegung um einige Schritte vorwärts.

Neben seiner wissenschaftlichen Tätigkeit war er aber auch Seelsorger, predigte regelmäßig in der Luzerner Paulus-Kirche und empfing zahlreiche Menschen, die sich bei ihm einen guten Rat und ein offenes Ohr erhofften − Zeugnis dafür sind auch seine zahlreichen Bücher zur religiösen Erbauung einfach denkender Menschen.

Im Rundfunk hatte KARRER zur Frage gesprochen, warum Gott in all das Unglück, das in der Welt geschieht, nicht eingreife.[17] Zur genaueren Erklärung des Vortrags verfasste er 1941, also mitten in den Kriegswirren, ein Buch mit dem Titel ›Gebet, Vorsehung, Wunder‹.[18] Hier versuchte er mit dem mechanistischen Verständnis von Gebet und Erhörung aufzuräumen und die Andersheit Gottes hervorzuheben, der größer ist als menschliches Verstehen. Über Reklamationen beim Bischof von Solothurn kam es zur Anzeige in Rom und schließlich wurde sein Werk durch Dekret vom 18. März 1942 auf den Index der ver-

---

12 Meister Eckehart spricht. Gesammelte Texte mit Einleitung, München 1926.

13 Jenes wissenschaftliche Werk erschien nur ein Jahr nach dem kleinen Erbauungsbüchlein (vgl. Anm. 12): Meister Eckehart: Das System seiner religiösen Lehre und Lebensweisheit.

14 KARRER, Autobiographisches [1969], S. 485.

15 Eine ausführliche Bibliographie KARRERS bis zum Jahr 1958 findet sich bei ROESLE / CULLMANN, Begegnung der Christen, S. 25−32; eine weitere mit den literarischen Werken von 1959−1968 bei LEUBA / STIRNIMANN, Freiheit in der Begegnung, S. 495−501.

16 SCHOCH, Otto Karrer, S. 26.

17 Als kleines Heft (15 S.) veröffentlicht: KARRER, Warum greift Gott nicht ein? Luzern 1940.

18 KARRER, Gebet, Vorsehung, Wunder. Ein Gespräch. Luzern 1941.

botenen Bücher gesetzt, zusätzlich wurde KARRER mit einem Predigtverbot durch den Bischof von Basel belegt, welches aber im September des Folgejahres wieder aufgehoben wurde.[19]

KARRER konnte noch viele Jahre auf wissenschaftlichem Gebiet tätig sein, nahm auch als Gast beim Zweiten Vatikanischen Konzil teil, wo er viele seiner früher von Gegnern verurteilten Gedanken bestätigt fand und starb am 8. Dezember 1976.

Eine Bemerkung soll zum Schluss seiner Lebensskizze noch angeführt werden, die für das Verständnis des vorliegenden Textes nicht unerheblich ist: Meister Eckhart wurde im Allgemeinen sehr kritisch auf katholischer Seite gesehen, haftete ihm doch der Titel des ›pantheistischen deutschen Mystikers‹ an, obwohl seine Gedanken sich auf dem Boden der katholischen Lehre bewegten. KARRER selbst hatte ja ein ähnliches Schicksal zu erleiden, weshalb die Beschäftigung mit Eckhart wohl auch persönliche Gründe für KARRER hatte:

> »Mit Meister Eckhart fühlte er sich nicht nur in der mystischen Haltung verbunden, sondern auch im Schicksal, das diesem zuteil wurde, da sein Anliegen verkannt und sein Wirken diskreditiert wurde. Karrer hatte selbst Gegnerschaft und Verurteilung erfahren [...] Seine Unterweisung und Seelsorge sei nicht katholisch, sondern ihrem Wesen nach protestantisch. Aber der Gegensatz verdeutlichte im Grunde nur, daß Karrer das Katholische innerlich geistiger und umfassender verstand«.[20]

In ›Gotteserlebnis bei Augustinus und Eckhart‹ liegt KARRERs Intention (auch in Anbetracht dessen, was zuvor gesagt wurde) nicht nur darin, Meister Eckhart zu rehabilitieren, sondern ihn auch in einer Linie mit dem großen Kirchenlehrer Augustinus darzustellen. Es geht KARRER darum, den einzigen Unterschied bei beiden in ihrer Herkunft – Augustinus als Nichtchristen, Eckhart als Christen – und in der Zeit ihres Wirkens festzumachen. So kann man sagen, dass KARRER in Eckhart gleichsam einen neuen Augustinus sieht, der dessen Gedanken in einer neuen Zeit fortschreibt: »Jener baut die Kathedrale gewissermaßen bis zum Turmansatz, dieser braucht nur mehr den Turm zu vollenden«.[21] Dies ist der wichtige hermeneutische Schlüssel, der für ein rich-

---

19 SCHOCH, Otto Karrer, S.30. KARRER schreibt zu seinem indizierten Werk (Autobiographisches [1969], S.487): »Als ich nach zwei Jahren in Rom den mir nahestehenden Rektor des Bibel-Institutes, P. Augustin Bea, Mitglied des Sacrum Officium, besuchte, riet er mir, mit Msgr. Dalpiaz als dem hierfür Zuständigen zu sprechen. Dieser zeigte mir die beanstandete Seite. Ich fragte: ›Haben Sie das Buch im Zusammenhang gelesen?‹ ›Nein‹. Auf meine Erklärung sagte er: ›So habe ich mich geirrt. Wir denken gleich. Und Sie können das Buch ohne Veränderung neu herausgeben.‹ Ich bedankte mich, hatte aber bis heute nicht die Zeit für die Neuauflage.«

20 SCHOCH, Otto Karrer, S.12.

21 Bei der Zitation werden sowohl die Originalpaginierung des Werkes von 1934 als auch die Seitenzahl des Wiederabdruckes hier in diesem Buch genannt: KARRER, Das Gotteserlebnis bei Augustinus und Meister Eckhart, S.40, Original; S.41, hier im Buch.

tiges Verständnis des vorliegenden Textes vonnöten ist, der aber auch hilft, zu
verstehen, warum KARRER manches unerwähnt lässt.

2. Zum Kontext des ›Mythus des 20. Jahrhunderts‹

Eine solche ›Auslassung‹ geschieht bereits in der Einleitung KARRERS, als
der Name Alfred Rosenberg fällt. Gleichsam im selben Atemzug will KAR-
RER, »modische Kulte sich selbst überlassend, zur positiven Darstellung
übergehen«[22] und ähnlich heißt es auch später: »Gar von Rosenbergs Eckhart-
›Mythus‹ ein Wort zu verlieren, kann ein auch nur halbwegs ernster Mensch
sich schwerlich veranlaßt fühlen – trotz des Massenerfolgs«.[23]

Im Jahr 1930 erschien das Buch ›Der Mythus des 20. Jahrhunderts. Eine
Wertung der seelisch-geistigen Gestaltenkämpfe unserer Zeit‹,[24] Verfasser war
Alfred Rosenberg, einer der Ideologen der nationalsozialistischen Bewegung
und späterer Reichsminister für die besetzten Ostgebiete.

Rosenberg proklamiert im ›Mythus des 20. Jahrhunderts‹ eine ›rassische
Geschichtsbetrachtung‹ und sofort nimmt er auch Bezug auf den Begriff der
Seele, der für ihn mit ›Rasse‹ verknüpft ist: »Seele aber bedeutet Rasse von
innen gesehen. Und umgekehrt ist Rasse die Außenseite einer Seele.« Er will
die »Rassenseele zum Leben erwecken [...]: in Staat, Kunst und Religion«. Und
weiter heißt es: »Das ist die Aufgabe unseres Jahrhunderts: aus einem neuen
Lebensmythus einen neuen Menschentypus schaffen«.[25]

Implizit gibt Rosenberg damit schon im Vorwort zu, dass alle seine Aussa-
gen im Buch nicht dem gängigen Verständnis von Wissenschaft entsprechen.
Sie stehen im Dienst einer Ideologie – nicht umsonst bezeichnet KARRER das
Machwerk als ›wissenschaftlich peinlich‹.

Schon ausgehend vom Vorwort lässt sich also erahnen, was Rosenberg mit
Aussagen von Personen und geschichtlichen Begebenheiten macht: Er isoliert
sie und biegt sie im Grunde auf seine Ideologie zurecht. Meister Eckhart ist
dafür im ›Rosenberg-Mythus‹ als trauriges Paradebeispiel anzuführen, einige
seiner Eckhart-Umdeutungen sollen im Folgenden kurz angeführt werden.
Rosenberg schreibt: »Im deutschen Mystiker tritt zuerst und bewußt – wenn
auch im Gewande seiner Zeit – der neue, der wiedergeborene germanische

---

22 KARRER, Das Gotteserlebnis bei Augustinus und Meister Eckhart, S. 21, Original; S. 31,
    hier im Buch.
23 KARRER, Das Gotteserlebnis bei Augustinus und Meister Eckhart, S. 37, Original; S. 40,
    hier im Buch.
24 ROSENBERG, Der Mythus des 20. Jahrhunderts. Eine Wertung der seelisch-geistigen
    Gestaltenkämpfe unserer Zeit. Zitiert wird im Folgenden nach der Ausgabe von 1943
    (207.–211. Auflage), woran sich schon die große Verbreitung des Buches erahnen lässt,
    nicht jedoch dessen Einfluss.
25 ROSENBERG, Mythus, S. 2.

Mensch in die Erscheinung«.[26] Ausgehend von dieser Annahme entwickelt Rosenberg seinen Ansatz von Eckhart nicht nur als dem Stifter einer »nordischen Mystik«,[27] sondern als »Schöpfer einer neuen Religion, unsere Religion«,[28] wie er schreibt: »Sechshundert Jahre sind es her, seit der größte Apostel des nordischen Abendlandes uns unsere Religion schenkte [...] und den Gott im eigenen Busen zu erwecken, das ›Himmelreich inwendig in uns‹«.[29]

Das ›Fünklein‹ der Seele bei Meister Eckhart versteht Rosenberg als »metaphysisches Gleichnis der Ideen von Freiheit und Ehre«, die er als zeit- und raumlose Wesenheiten begreift,[30] den Gedanken Eckharts von der Abgeschiedenheit interpretiert er als »völkisches Bekenntnis«.[31]

Der Gedanke von der Gottesgeburt in der Seele meint nach Rosenberg eine Gleichwertigkeit von Seele und Gott. Prämisse sei die ›Freiheit der Seele von allen Dogmen, Kirchen und Päpsten‹: »Und Meister Eckehart, der Dominikaner-Prior, scheut sich nicht, dieses Grundbekenntnis alles arischen Wesens freudig und offen hinauszurufen«.[32]

Diese Freiheit der Seele bedeute dann auch, dass die Seele »mehr ist als das Weltall«, auch »frei von Gott« und so sei dies eine »restlose Absage an die alttestamentliche Vorstellungswelt«,[33] gleichsam eine »Absetzung Jahwes«[34] – hier tritt deutlich auch seine antisemitische Haltung hervor, die er immer wieder einstreut.

Gleichzeitig interpretiert Rosenberg Eckharts Aussagen als ›antirömisch‹[35] und kirchenkritisch: Der Mensch sei im Grunde Ursache seiner selbst – *causa sui* –: »Jedes seiner Worte ist ein Schlag in das Gesicht der römischen Kirche und auch als solcher empfunden worden, als man den gefeiertsten Prediger Deutschlands vor die Inquisition zerrte«,[36] so schreibt er.

Mit dieser Behauptung der Neugründung einer germanischen Religion mit dem Bruch zur römischen Kirche und Tradition führt er auch weitere Beispiele aus der römischen Tradition an. Das Erschreckendste unter ihnen ist die Diffa-

---

26 Rosenberg, Mythus, S. 220.
27 Rosenberg, Mythus, S. 248.
28 Rosenberg, Mythus, S. 239.
29 Rosenberg, Mythus, S. 218.
30 Rosenberg, Mythus, S. 218.
31 Rosenberg, Mythus, S. 235.
32 Rosenberg, Mythus, S. 222.
33 Rosenberg, Mythus, S. 223.
34 Rosenberg, Mythus, S. 247. So brandmarkt er auch als ›größte Sünde des Protestantismus‹ (Rosenberg, Mythus, S. 218) »das so genannte Alte Testament zum Volksbuch« gemacht und »den jüdischen Buchstaben als Götzen hingestellt« zu haben.
35 So spricht Rosenberg bspw. davon (S. 228), Meister Eckhart habe eine »bewußt antirömische, bewußt deutsche innere Wendung«. Siehe auch S. 252: »An die Stelle der jüdisch-römischen Weltanschauung tritt das nordisch-abendländische Seelenbekenntnis als die innere Seite des deutsch-germanischen Menschen, der nordischen Rasse«.
36 Rosenberg, Mythus, S. 223.

mierung Augustins, in dem er geradezu einen Feind Eckharts sieht. Rosenberg vergleicht beide (allerdings nicht inhaltlich!) und so hat Meister Eckhart bei ihm die »charakteristische Gebärde des überlegenen, aus klarem Seeleninstinkt urteilenden nordischen Menschen (Eckehart von Hochheim war thüringischer Adel) gegenüber den Folgerungen des zerrissenen, unfreien, bastardisierten Augustinus«.[37]

Soweit sollen nur diese wenigen Auszüge dessen genügen, was Rosenberg über Meister Eckhart schreibt.

Es ist nur zu verständlich, warum KARRER sich im vorliegenden Beitrag nicht zum ›Mythus‹ äußert. Gerade das Schweigen darüber darf man als zerschmetterndes Urteil über die Wissenschaftlichkeit und Wahrhaftigkeit des ›Rosenberg-Mythus‹ sehen – auch nur ein Wort darüber zu verlieren wäre für KARRER schon Beachtung und damit Wertschätzung gewesen.

KARRER, der seinen Beitrag nur vier Jahre nach dem Erscheinen dieser Schrift verfasste, konnte sich wohl über die Ausmaße und Folgen, die dieses Werk hervorrufen würde, noch nicht im Klaren sein.

An anderer Stelle äußert er sich aber dazu. Er ist der Meinung, daß an der »Schilderhebung Eckharts zum Bannerträger des germanischen Mythus« durch die nationalsozialistische Ideologie ausschließlich eine Aussage Eckharts verantwortlich war: »Dafür genügte ein Satz, dessen Herkunft von Eckhart überdies ungesichert ist: ›Das Edelste, das im Menschen ist, ist das Blut‹«.[38] Ähnlich schreibt es Rosenberg selbst als Interpretation von Eckharts Predigt über 2 Cor 1,2: »Neben dem Mythus von der ewigen freien Seele steht der Mythus, die Religion des Blutes«.[39]

Bereits ein Jahr nach Erscheinen von ›Das Gotteserlebnis bei Augustinus und Meister Eckhart‹, also 1935, hat KARRER sich im Vorwort zu ›Meister Eckharts Ethik‹ von HERMA PIESCH schon deutlicher zum ›Mythus‹ geäußert. Ganz klar schreibt er:

> »Eckhart war nicht und wollte nicht sein der Stifter oder Bannerträger einer ›neuen Religion‹. Er protestierte entrüstet gegen die Unterschiebung einer Glaubensveränderung«.[40]

---

37 ROSENBERG, Mythus, S. 236. Paradoxerweise sieht er den Aquinaten – ausgehend von seinen Rassenvorstellungen – deutlich positiver (Anm. 254): »Thomas war, wie vielleicht nicht allgemein bekannt sein dürfte, Langobarde. Die Familie der Herren von Aquino rühmte sich dieser germanischen Abkunft und stand dem größten Hohenstaufer, Friedrich II., zur Seite.«

38 KARRER, Eckhart, S. 72.

39 ROSENBERG, Mythus, S. 258.

40 PIESCH, Meister Eckharts Ethik. Mit einem Vorwort von Otto Karrer, S. X. Vgl. auch die ›banale Vorüberlegung‹ von ALOIS DEMPF (Meister Eckhart. Eine Einführung in sein Werk, S. 233) zu Eckhart: »Eckhart ist ein Ordensmann, ein Dominikaner der Thomasschule, Mystiker und Prediger. Es ist von vornherein gänzlich unwahrscheinlich, daß ein Priester, der täglich in der Messe betete: ›Gott, der Du die Würde des menschlichen Wesens wunderbar begründet und noch wunderbarer wiederhergestellt

Für KARRER ist auch hier entscheidend, Eckhart »positiv darzustellen«, wie er ja im vorliegenden Beitrag betont und mit kritischem Blick auf die national-sozialistische Ideologie im Vorwort bei PIESCH anführt: »Christen in deutschen Landen« haben Schuld an Meister Eckhart gutzumachen: »Wir haben ihn allzu lang denen überlassen, die ihn zum Werkzeug zersetzender Tendenzen missbrauchten wie damals die Begarden«.[41]

Im Vorwort bei PIESCH verweist KARRER auf Studien und Aufsätze, die von kirchlicher Seite schon gegen den ›Rosenberg-Mythus‹ entstanden sind und stellt abschließend fest, dass sich eine Auseinandersetzung erübrigt: »Aber alles hat seine Zeit. Sind einmal die Irrtümer erkannt und genannt, so genügt es für den, der Augen zu sehen, Ohren zu hören, hat. Der Gerechtigkeit ist genug getan«.[42]

Bei allem Kopfschütteln und Entsetzen, das eine auch nur oberflächliche Beschäftigung mit dem ›Mythus des 20. Jahrhunderts‹ hervorruft, ist es erstaunlich, wie KARRER dennoch eine humorvolle Note in diese falschen Interpretationen und Verzerrungen Eckharts hineinlegt. Diese soll abschließend zum Thema ›Rosenberg-Mythus‹ angeführt werden:

> »Man kann daran zweifeln, ob unser Meister gegen die kläglichen neuen Versuche, ihn zum Herold eines Pantheismus oder Autotheismus oder Rassenglaubens zu machen, protestieren würde. Ich vermute, er würde herzlich lachen. Mit dem herzhaften, befreienden Lachen des Christenmenschen!«[43]

3. Zu Karrers Augustinus- und Eckhart-Interpretation

Für KARRER ist entscheidend, Eckhart in Kontinuität zu Augustinus zu sehen – am Anfang wurde schon darauf hingewiesen. Inwieweit hier seine Biographie eine Rolle spielt, lässt sich schwer nachweisen. KARRER stellt im vorliegenden Text den Dreh- und Angelpunkt seiner Argumentation implizit vor, der auch beide, Augustinus und Eckhart miteinander verbindet. Eckhart gibt hier den mystischen Stufenweg des Menschen als Aufstieg zu Gott aus *De vera religione* wieder, bei KARRER sind manche Passagen ausgelassen, die inhaltlich keinen Ausschlag geben, aber der Vollständigkeit wegen im Folgenden angeführt werden. Zur Übersichtlichkeit soll der Text Augustins in deutscher und lateinischer Sprache (die Eckhart ja als Vorlage diente) und die Übersetzung Eckharts in einer Synopse wiedergegeben werden:

---

hast, verleihe und durch das Geheimnis dieses Wassers und Weines, daß wir Dessen Göttlichkeit teilhaftig werden, Der sich gewürdigt hat, an unserer menschlichen Natur teilzunehmen‹ – in irdendeiner Weise und sei es auch nur durch Versehen, durch unvorsichtiges Umgehen mit neuplatonischen Begriffen in eine Art Pantheismus geraten sei.«

41 PIESCH, Meister Eckharts Ethik, S. XI.
42 PIESCH, Meister Eckharts Ethik, S. X.
43 PIESCH, Meister Eckharts Ethik, S. X.

Augustinus, De vera religione 26, 49[44]	Übertragung Meister Eckharts in VeM, DW V, S. 111 f. (EW II, S. 318 f.)	Nhd. Übertragung Augustins, De vera religione 26, 49[45]
Iste dicitur novus homo et interior et caelestis, habens et ipse proportione non annis sed provectibus distinctas quasdam spiritales aetates suas:		Nun heißt er der neue, innere und himmlische Mensch und hat gleichfalls seine geistlichen Altersstufen, die nicht nach Jahren, sondern nach der Höhe des Fortschritts zu unterscheiden sind.
primam in uberibus utilis historiae, quae nutrit exemplis,	*Der êrste grât des innern und des niuwen menschen, sprichet sant Augustînus, ist, sô der mensche lebet nâch dem bilde guoter und heiliger liute und aber noch gât an den stüelen und heltet sich nâhe bî den wenden, labet sich noch mit milche.*	Die erste Stufe verlebt er gleichsam an der Mutterbrust der heilsamen Geschichte, die ihn mit Vorbildern nährt.
secundam iam obliviscentem humana et ad divina tendentem, in qua non auctoritatis humanae continetur sinu, sed ad summam et incommutabilem legem passibus rationis innititur,	*Der ander grât ist, sô er iezent anesihet niht aleine die üzerlichen bilde, ouch guote liute, sunder er löufet und îlet ze lêre und ze râte gotes und götlicher wisheit, kêret den rücke der menscheit und daz antlütze ze gote, kriuchet der muoter ûz der schôz und lachet den himelschen vater ane.*	Auf der zweiten beginnt er bereits das Menschliche dahintenzulassen und zum Göttlichen aufzustreben. Da birgt ihn nicht mehr der Schoß menschlicher Autorität, sondern mit den Schritten der Vernunft steigt er zum höchsten und unwandelbaren Gesetz empor.
tertiam iam fidentiorem et carnalem appetitum rationis robore maritantem gaudentemque intrinsecus in quadam dulcedine coniugali, cum anima menti copulatur et velamento pudoris obnubitur, ut iam recte vivere non cogatur, sed etiamsi omnes concedant, peccare non libeat,	*Der dritte grât ist, sô der mensche mê und mê sich der muoter enziuhet und er ir schôz verrer und verrer ist, entvliuhet der sorge, wirfet abe die vorhte, als, ob er möhte sunder ergerunge aller liute übel und unreht tuon, es enluste in doch niht; wan er ist mit minne gebunden alsô mit guotem vlîze mit gote, unz er in gesetzet und in gewîset in vröude und in süezicheit und sælicheit, dâ im unmære ist allez daz, daz dem unglîch ist und vremde.*	Auf der dritten Stufe wird er schon mutiger, nimmt die fleischliche Begierde durch die Kraft der Vernunft in Zucht und genießt innerlich gewissermaßen eheliche Freuden, indem seine Seele sich in schamvoller Verhüllung dem Geiste vermählt. Nun muß er nicht mehr gezwungen werden, recht zu leben, sondern mag nicht mehr sündigen, auch wenn niemand ihn daran hindert.

quartam iam id ipsum multo firmius ordinatiusque facientemet emicantem in virum perfectum atque aptam et idoneam omnibus et persecutionibus et mundi huius tempestatibus ac fluctibus sustinendis atque frangendis,

Der vierde grât ist, sô er mê und mê zuonimet und gewurzelt wirt in der minne und in gote, alsô daz er bereit ist ze enpfâhenne alle anvehtunge, bekorunge, widermüete und leit lîden williclîche und gerne, begirlîche und vroelîche.

Die vierte Stufe macht ihn hierin noch fester und sicherer und läßt ihn zu vollkommener Männlichkeit sich erheben, so daß er zu allem fähig und imstande ist, Verfolgungen sowie Stürme und Fluten dieser Welt auszuhalten und zu überwinden.

quintam pacatam atque omni ex parte tranquillam, viventem in opibus et abundantia incommutabilis regni summae atque ineffabilis sapientiae,

Der fünfte grât ist, sô er lebet allenthalben sîn selbes in vride, stille ruowende in rîcheit und in übernutze der obersten unsprechelîcher wisheit.

Auf der fünften stellt sich Ruhe ein und vollständige Befriedung. Nun lebt er im Genuß der Schätze und des Überflusses des unwandelbaren Reiches höchster und unaussprechlicher Weisheit.

sextam omnimodae mutationis in aeternam vitam et usque ad totam oblivionem vitae temporalis transeuntem, perfecta forma, quae facta est ad imaginem et similitudinem dei.

Der sehste grât ist, sô der mensche ist entbildet und überbildet von gotes êwicheit und komen ist in ganze volkomen vergezzenlicheit zergancliches und zîtlîches lebens und gezogen ist und übergewandelt in ein götlich bilde, gotes kint worden ist.

Die sechste bringt ihm die völlige Umwandlung ins ewige Leben. Jetzt gelangt er zum gänzlichen Vergessen des zeitlichen Lebens und gewinnt die vollendete Gestalt, die geschaffen ist nach Gottes Ebenbild und Gleichnis.

Septima enim iam quies aeterna est et nullis aetatibus distinguenda beatitudo perpetua. Ut enim finis veteris hominis mors est, sic finis novi hominis vita eterna. Ille namque homo peccati est, iste iustitiae.

Vürbaz noch hoeher enist enkein grât, und dâ ist êwigiu ruowe und sælicheit, wan daz ende des innern menschen und des niuwen menschen ist êwic leben.[46]

Die siebente aber ist die ewige Ruhe, die dauernde Glückseligkeit, wo es keine verschiedenen Lebensalter mehr gibt. Denn wie der Tod das Endziel des alten Menschen, des Menschen der Sünde ist, so ist das ewige Leben Endziel des neuen, des Menschen der Gerechtigkeit.

---

44 Text zitiert nach Augustinus, Theologische Frühschriften. Textum latinum recensuit Guilelmus Green, S. 442 u. 444.

45 Übersetzung von WILHELM THIMME: Augustinus, Theologische Frühschriften, S. 445.

46 Übersetzung der Übertragung Meister Eckharts in VeM siehe auf der folgenden Seite.

Übersetzung der Übertragung Meister Eckharts in VeM (s. o.)

»Die erste Stufe des inneren und des neuen Menschen, spricht Sankt Augustinus, ist es, wenn der Mensch nach dem Vorbilde guter und heiliger Leute lebt, dabei aber noch an den Stühlen geht und sich nahe bei den Wänden hält, sich noch mit Milch labt. Die zweite Stufe ist es, wenn er jetzt nicht nur auf die äußeren Vorbilder, auch auf gute Menschen, schaut, sondern läuft und eilt zur Lehre und zum Rate Gottes und göttlicher Weisheit, kehrt den Rücken der Menschheit und das Antlitz Gott zu, kriecht der Mutter aus dem Schoß und lacht den himmlischen Vater an. Die dritte Stufe ist es, wenn der Mensch mehr und mehr sich der Mutter entzieht und er ihrem Schoß ferner und ferner kommt, der Sorge entflieht, die Furcht abwirft, so daß, wenn er gleich ohne Ärgernis aller Leute zu erregen übel und unrecht tun könnte, es ihn doch nicht danach gelüsten würde; denn er ist in Liebe *so* mit Gott verbunden in eifriger Beflissenheit, bis der ihn setzt und führt in Freude und in Süßigkeit und Seligkeit, wo ihm alles das zuwider ist, was ihm < = Gott> ungleich und fremd ist. Die vierte Stufe ist es, wenn er mehr und mehr zunimmt und verwurzelt wird in der Liebe und in Gott, so daß er bereit ist, auf sich zu nehmen alle Anfechtung, Versuchung, Widerwärtigkeit und Leid-Erduldung willig und gern, begierig und freudig. Die fünfte Stufe ist es, wenn er allenthalben in sich selbst befriedet lebt, still ruhend im Reichtum und Überfluß der höchsten unaussprechlichen Weisheit. Die sechste Stufe ist es, wenn der Mensch entbildet ist und überbildet von Gottes Ewigkeit und gelangt ist zu gänzlich vollkommenem Vergessen vergänglichen und zeitlichen Lebens und gezogen und hinüberverwandelt ist in ein göttliches Bild, wenn er Gottes Kind geworden ist. Darüber hinaus noch höher gibt es keine Stufe, und dort ist ewige Ruhe und Seligkeit, denn das Endziel des inneren Menschen und des neuen Menschen ist: ewiges Leben«. (VeM, EW II, S. 319 u. 321)

KARRER schreibt von der ›freundlichen Fügung‹, die »in der freien Übertragung« des augustinischen Stufenwegs bei Meister Eckhart liegt.[47] In der Tat kann man durch den synoptischen Vergleich sehen, wo sich bei Meister Eckhart Hinzufügungen oder Auslassungen im Vergleich zum Augustinus-Text befinden. Im Einzelnen kann an dieser Stelle nicht auf alle Feinheiten eingegangen werden, auch wenn es durchaus interessant erscheint, warum bei Eckhart gerade nicht von ›Vernunft‹ und ›unwandelbarem Gesetz‹ (zweite Stufe) die Rede ist[48] oder er so explizit von ›Sünde‹ spricht wie Augustinus (dritte Stufe).

---

47 Vgl. KARRER, Das Gotteserlebnis bei Augustinus und Meister Eckhart, S. 28, Original; S. 35, hier im Buch.

48 KARRER selbst hebt bei Augustinus diesen Aspekt des Aufstiegs zu einem unwandelbaren Gesetz der Wahrheit hervor: »Die Wahrheit ist dem Denkenden transzendent. Wir machen sie nicht, wir finden sie vor [...] Und so im Sittlichen: Der Mensch hat eine An-

Interessant sind die Unterschiede vor allem in der sechsten und siebten Stufe: Bei Augustinus steht mehr eine Dynamik im Vordergrund, wenn der Mensch zum ›ewigen Leben‹ (das schon in diesem Leben beginnt) gelangt. Dies wird durch den Zusatz deutlich, der Mensch sei *ad imaginem et similitudinem dei*, auf das Bild und Gleichnis Gottes (das ›Christus‹ ist) hin geschaffen – hier ist implizit schon eine Bewegung auf die Gottebenbildlichkeit zu gemeint, auch im Sinne des *cor inquietum* bei Augustinus. Bei Eckhart taucht das *ad imaginem* an dieser Stelle nicht auf, wenn er sagt, der Mensch sei »hinüberverwandelt in ein göttliches Bild«. An dieser Stelle könnte man dies als eine mehr statische Position auffassen, im Sinne eines ›Gott-Gefunden-Habens‹ und nicht mehr als das Prozesshafte des Suchens. Allerdings ist bei Eckhart auch dieser Gedanke eines ›ins Unendliche gehenden Prozesses zur Heiligkeit‹ bezeugt – auch Eckhart ist wie Augustinus ein ruheloser Geist im Sinne des *cor inquietum*.[49] Aus dem Grund, dass bei Eckharts Augustinus-Übertragung mehr das ›Gott-Gefunden-Haben‹ betont wird, taucht bei ihm auch explizit keine siebte Stufe mehr auf, die als solche benannt würde: »Darüber hinaus noch höher gibt es keine Stufe«, denn für Eckhart ist ja schon das Ziel des Menschen erreicht, wenn er »entbildet ist und überbildet von Gottes Ewigkeit« (sechste Stufe), was für ihn aber ewiges Leben bedeutet – mit anderen Worten gibt es in dieser Übertragung Eckharts nichts mehr, was noch aussteht und vollendet werden müsste, es ist der perfekte Zustand der ›Gotteskindschaft‹ – im Unterschied zu Augustinus, der die siebte Stufe des ewigen Lebens trennt von dem, was er prozesshaft als ›Weg‹ zur Gottebenbildlichkeit versteht.

Augustinus zeichnet wie Eckhart einen Stufenweg des Menschen zu Gott. Dazu führt KARRER im Text ein Zitat Augustins aus *De trinitate*[50] an, zunächst sozusagen im Sinne des *cor inquietum*, das immer sucht, »um mehr zu finden«

---

lage und Bestimmung auf das Gute. Im Gewissen spürt er's mit apriorischer Evidenz [...] das Grundgesetz ändert sich nicht: du sollst das Gute verwirklichen. Es ist die wandellose, uns transzendente Norm des Sittlichen. Wir machen sie nicht, wir finden sie vor« (Das Gotteserlebnis bei Augustinus und Meister Eckhart, S. 26 f., Original; S. 34, hier im Buch). Vgl. zum Gedanken des Vorfindens der Wahrheit Martin Heidegger, Sein und Zeit, S. 5: Das Gesuchte bedarf immer »einer vorgängigen Leitung vom Gesuchten her«. Es gibt aber auch ein ›reines Finden‹, so bei Augustinus in conf. 10,38: *Vocasti et clamasti et rupisti surditatem meam, coruscasti, splenduisti et fugasti caecitatem meam, fragrasti, et duxi spiritum et anhelo tibi, gustavi et esurio et sitio, tetigisti me, et exarsi in pacem tuam* (»Du hast gerufen, geschrien, hast meine Taubheit aufgebrochen. Du hast geleuchtet wie ein Blitz über mir und hast meine Blindheit verjagt. Du hast deinen Wohlgeruch ausgeströmt, ich habe ihn eingeatmet und wittere dich. Geschmack habe ich an dir gewonnen, jetzt hungere und dürste ich. Du hast mich berührt, und ich brenne vor Sehnsucht nach deinem Frieden«; Übersetzung FLASCH / MOJSISCH, Augustinus, Bekenntnisse, S. 279).

49 Vgl. den Beitrag von NORBERT FISCHER in diesem Band, *Got und ich wir sîn ein* (Predigt 6). Zur philosophischen Deutung eines schwierigen Wortes Meister Eckharts.

50 Augustinus, De trinitate 15, 2,2: *Nam et quaeritur, ut inveniatur dulcius, et invenitur, ut quaeratur avidius.*

und »sich im Finden immer wieder aufgetrieben« fühlt, »um mehr zu suchen«[51] und er weist auch auf die ›Confessiones‹ hin, wo Augustinus gleichsam den Weg des suchenden Menschen von den Geschöpfen zum Schöpfer beschreibt, wenn ihm »Meer und Himmel und Ordnung der Sphären« zuzurufen scheinen: »Steige höher, höher, nicht wir sind's, die uns gemacht haben!«[52] KARRER stellt direkt dazu ein weiteres Zitat aus den ›Confessiones‹, allerdings aus anderem Zusammenhang: *In ictu trepidantis aspectus,*[53] so schreibt er, fühle sich Augustinus »wie emporgehoben zum Ewigen«, allerdings nur im Gleichnis des Irdischen, sozusagen im gleichzeitigen ›Offenbaren‹ und ›Sich-Entziehen‹[54] des Höchsten.[55]

Es verwundert, warum KARRER nicht direkt die Stelle angeführt hat, die sich v o r dem genannten Zitat aus den ›Confessiones‹ befindet, denn dort beschreibt Augustinus in einfachen Worten diesen Stufenweg, den er selbst gegangen ist. Es heißt dort:

> »Denn wenn ich mich fragte, nach welchem Maßstab ich die Schönheit der Körper am Himmel oder auf der Erde beurteilte [...], dann fand ich über meinem veränderlichen Geist die unveränderliche und wahre Ewigkeit der Wahrheit. Und so stieg ich stufenweise auf, von den Körperdingen beginnend: zunächst zu der Seele, die wahrnimmt mit Hilfe eines Körpers; von da an zu deren innerer Kraft, der die Sinne die äußeren Eindrücke vermitteln und die auch die Tiere besitzen; und von da weiter zur Denkkraft, der zur Beurteilung vorgelegt wird, was die äußeren Sinne aufnehmen; und indem diese sich in mir als veränderlich erfaßte, reckte sie sich auf zur Einsicht ihrer selbst, sie befreite das Denken aus der Gewohnheit, indem sie sich den widersprüchlichen Massen von Phantasiebildern entzog, um das Licht zu entdecken, das sie überkam, als sie völlig frei von Zweifeln ausrief, das Unveränderliche sei dem Veränderlichen vorzuziehen. In diesem Licht kannte sie das Unveränderliche – denn wenn sie es nicht irgendwie kennte, könnte sie es nicht mit aller Gewißheit dem Veränderlichen vorziehen –, und so erreichte sie im Blitz eines erzitternden Blicks das Wesen, das wahrhaft ist«.[56]

Was also hier bei Augustinus zentral ist, von KARRER aber gar nicht so sehr betont wird, ist die Erhebung des Geistes über sich selbst, sozusagen in der

---

51 Vgl. hierzu auch die Ausführungen KARRERs über ›die seelische Haltung beim Gebet‹: SCHOCH, Otto Karrer, S. 59.

52 Das Zitat, das bei KARRER leicht abgewandelt erscheint und bei ihm um den Aufruf zum Höhersteigen erweitert ist, lautet (Augustinus, conf. 9,25): *Non ipsa nos fecimus, sed fecit nos qui manet in aeternum.*

53 Augustinus, conf. 7,23: »im Blitz eines erzitternden Blicks«.

54 Vgl. hierzu den Gedanken Heideggers im Sinne des *cor inquietum* Augustins: »Was sich uns entzieht, zieht uns dabei gerade mit, ob wir es sogleich und überhaupt merken oder nicht. Wenn wir in den Zug des Entziehens gelangen, sind wir [...] auf dem Zug zu dem, was uns anzieht, indem sich es uns entzieht« (Heidegger, Was heißt Denken, S. 11 f.).

55 Vgl. hierzu KARRER, Das Gotteserlebnis bei Augustinus und Meister Eckhart, S. 28–30, Original; S. 35–37, hier im Buch.

56 Augustinus, conf. 7,23; Übersetzung FLASCH / MOJSISCH, Augustinus, Bekenntnisse, S. 189 f.

Selbstreflexion das Erkennen des eigenen Nichtwissens um das Höchste. Dieses *transcende et te ipsum* nach Erkenntnis der eigenen Veränderlichkeit formuliert Augustinus in aller Deutlichkeit:

> *Noli foras ire, in te ipsum redi; in interiore homine habitat veritas; et si tuam naturam mutabilem inveneris, transcende et te ipsum. Sed memento cum te transcendis, ratiocinantem animam te transcendere.*[57]

Interessant in diesem Zusammenhang erscheint eine Stelle aus den ›Confessiones‹,[58] wo Augustinus von einer Art ›mystischer Schau‹ berichtet, die er erfährt, als er »in sein Innerstes« eintritt und »mit dem Auge seiner Seele«, das nicht näher benannt wird, das »unveränderliche Licht« erahnt. Möglicherweise kann man genau dieses ›Auge der Seele‹ bei Augustinus im Sinne des ›Seelenfünkleins‹ bei Meister Eckhart verstehen, wie Bernhard Welte meint:

> »Hier haben wir eine klassische Formulierung des Eckhartschen Gedankens vom Ungeschaffenen in der Seele [...] Der Gedanke des Meisters Eckhart ist also gut begründet in der anerkannten Tradition. Und man darf hinzufügen: deswegen, weil er gut begründet ist in der Sache, das heißt in der möglichen Erfahrung. Bei Eckhart erneuert sie sich und gewinnt neue Farben und Lichter. Aber was da neu glänzt und leuchtet, ist nur das alte Wahre«.[59]

Und in der Tat finden wir diesen Gedanken Augustins von der ›Einkehr in sich selbst‹ ganz klar bei Eckhart formuliert:[60]

> *Die liute sprechent dicke ze mir: bitet vür mich. Sô gedenke ich: war umbe gât ir ûz? war umbe blibet ir niht in iu selben und grifet in iuwer eigen guot? ir traget doch alle wârheit wesenlich in iu. Daz wir alsô wærliche inne müezen bliben, daz wir alle wârheit müezen besitzen âne mittel und âne underscheit in rehter sælicheit, des helfe uns got. Âmen. (Pr. 5B, EW I, S. 74,1–7)*

> »Die Leute sagen oft zu mir: ›Bittet für mich!‹ Dann denke ich: ›Warum geht ihr aus? Warum bleibt ihr nicht in euch selbst und greift in euer eigenes Gut? Ihr tragt doch alle Wahrheit wesenhaft in euch.‹ Daß wir in solcher Weise wahrhaft drinnen bleiben mö-

---

57 Augustinus, De vera religione, c. 39,72: »Geh nicht nach draußen, kehr wieder ein bei dir selbst! Im inneren Menschen wohnt die Wahrheit! Und wenn du deine Natur noch wandelbar findest, so schreite über dich selbst hinaus! Doch bedenke, daß, wenn du über dich hinausschreitest, die vernünftige Seele es ist, die über dich hinausschreitet.« THIMME übersetzt hier »Im inneren Menschen wohnt *die* Wahrheit«, was aber letztlich Gott selbst wäre. Möglicherweise ist genau in dieser Übersetzung, ob es ›Wahrheit‹ oder ›*die* Wahrheit‹, die Gott meint, heißt, der entscheidende Unterschied zwischen einer philodoxen Schaumystik und der wahren Mystik Eckharts zu sehen (siehe den Beitrag in diesem Band von NORBERT FISCHER: *Got und ich wir sîn ein* [Predigt 6]. Zur philosophischen Deutung eines schwierigen Wortes Meister Eckharts).

58 Augustinus, conf. VII, 16.

59 WELTE, Meister Eckhart. Gedanken zu seinen Gedanken, S. 167 f.

60 Vgl. auch den Beitrag von NORBERT FISCHER in diesem Band ›*Die rede der underscheidunge*‹ als Eckharts ›Orientierung im Denken‹. Hier wird gegen Ende auch auf diesen Weg des *forus-intus-intimum* in Eckharts ›rede der underscheidunge‹ aufmerksam gemacht.

gen, daß wir alle Wahrheit unmittelbar und ohne Unterschiedenheit in rechter Seligkeit besitzen, dazu helfe uns Gott! Amen«. (Pr. 5B, EW I, S. 75, 1–8)

Im »Seelenfunken«, so schreibt QUINT, »liege des Menschen Gottförmigkeit«. Der Mensch vermag in diesem Wort, das er dort hört (bzw. das Augustinus ›sieht‹), das »wahre Sein der Kreaturen, ihre ewigen Ideen, sub specie aeternitatis zu erfassen, er vermag so die Gedanken der Gottheit nach- und mitzudenken, sich dem unendlichen Erkennen zu vermählen und mit ihm eins den ewigen Sohn in seiner Seele zu gebären«.[61]

Neu Formuliertes wie der Gedanke vom ›Seelenfunken‹ kann auch mißverständlich sein, schreibt WELTE: »Aber der Meister hatte recht, wenn er sich zu seiner Verteidigung auf die bewährten und älteren Lehrer berief«.[62]

KARRER greift bewusst Gedanken Augustins heraus, die sich auch bei Eckhart wiederfinden, wie schon mehrfach gezeigt wurde. Es geht ihm ja darum, den Satz zu widerlegen, den er anführt: »Das Christentum [...] scheint im ›augustinischen‹ Eckhart (der sich immer wieder auf Augustinus beruft) zu bejahen, was in Augustinus selbst verneinte: Schauung, Berührung, Wesenseinung, Verschmelzung zwischen Gott und Mensch, Vergöttlichung«.[63] Sachlich scheint zumindest die Tatsache der augustinischen Gedanken bei Eckhart durch die Zahl seiner Zitate des Kirchenvaters gut begründet, zitiert er doch keinen so häufig wie ihn – damit liegt KARRER also vollkommen auf der Intention Eckharts und wohl auch inhaltlich, wie eben mit BERNHARD WELTE verdeutlicht wurde. Die Problematik, die man bei der eckhartschen Augustinusrezeption sehen kann, liegt darin – und dies wird von KARRER nicht erwähnt –, dass Eckhart Gedanken Augustins auch isoliert und in ein neuplatonisches Denksystem umdeutet, wie es JOHANNES BRACHTENDORF formuliert:

> »Mit beachtlichem Gespür und großem Kenntnisreichtum sucht er beim Kirchenvater Anknüpfungspunkte für neuplatonische Konzepte auf und löst sie aus dem Zusammenhang seines Denkens, sodaß Augustins kritische Distanz zu dieser Art des Philosophierens ganz aus dem Blick gerät. Um sich auf Augustins Autorität berufen zu können, radikalisiert Eckhart gewisse Züge in dessen Werken und transformiert den Kirchenvater zu jenem Neuplatoniker, der er nicht gewesen ist«.[64]

---

61 QUINT, Einleitung zu Meister Eckhart. Deutsche Predigten und Traktate, S. 25 f.
62 WELTE, Meister Eckhart. Gedanken zu seinen Gedanken, S. 167 f.
63 KARRER, Das Gotteserlebnis bei Augustinus und Meister Eckhart, S. 33 f., Original; S. 38, hier im Buch).
64 BRACHTENDORF, Meister Eckhart (1260–1328) und die neuplatonische Transformation Augustins, S. 157; vgl. zur Umdeutung Augustins bei Eckhart auch Norbert Winkler, Meister Eckhart zur Einführung, S. 113: »Die klassische Aussage des Augustinus, wonach Gott der Seele innerlicher sei als sie sich selbst, wird von Eckhart zu der Feststellung verkehrt, sie sei Gott innerlicher als sich selbst, wobei Eckhart das ganze Gewicht seiner univoken Korrelationstheorie gegen eine der überragenden Autoritäten des Mittelalters wendet.« Damit sei aber auch gesagt: Erkenntnis, zu Gott durchgebrochen,

Damit gibt BRACHTENDORF einen Schlüssel an die Hand, wie die Texte Eckharts auch gelesen werden können – wohl aber nur unter der Voraussetzung, dass einzelne Zitate herausgegriffen und nicht im Kontext des restlichen Werkes Eckharts gesehen werden.

Auch scheint dagegen schon die ›banale Vorüberlegung‹, die ALOIS DEMPF zu Eckhart anstellt, zu sprechen; er sieht Eckhart als Ordensmann und Priester – was er in erster Linie auch war – weit weg vom Neuplatonismus und meint, Eckhart sei nicht »in irdendeiner Weise und sei es auch nur durch Versehen, durch unvorsichtiges Umgehen mit neuplatonischen Begriffen in eine Art Pantheismus geraten« (vgl. Anm. 40). Von diesem Standpunkt aus gewinnt KARRERs Vorgehen zusätzlich Glaubwürdigkeit und so macht er gegen Ende des Textes klar, dass Eckhart einer ›Schaumystik‹ reserviert gegenübersteht: »Er spürt wohl: sie ist vor-, bzw. außerchristlich, neuplatonisch oder gnostisch – und er ist Christ«.[65] Auch ist KARRER sich der Schwierigkeit der Eckhart-Deutung bewußt, die er als ›Zweifrontenkrieg‹ versteht:

> »Eckhart hat es seinen Freunden nicht leicht gemacht. Bequemer auf alle Fälle wäre es, die Sätze, so wie sie lauten, im Sinne der Vergottung zu verstehen, zu bejubeln oder zu bedauern, je nach dem Standpunkt – ohne sich näherhin zu fragen, was sie in ihrem Zusammenhang bedeuten und der Gehalt des Ganzen eine pantheistische Deutung verträgt«.[66]

Gerade um Eckhart gerecht zu werden, verbindet KARRER mehrere seiner Gedanken miteinander und macht sie als Zitat Eckharts kenntlich. Diese Zu-

---

erkenne alles. Sie sei danach keine Erkenntnis *von etwas*, sondern »wie Gottes eigene Erkenntnis absolute Erkenntnis von sich«.

65 KARRER, Das Gotteserlebnis bei Augustinus und Meister Eckhart, S. 44, Original; S. 44, hier im Buch).

66 KARRER, Das Gotteserlebnis bei Augustinus und Meister Eckhart, S. 38, Original; S. 40, hier im Buch); vgl. hierzu auch WELTE, Meister Eckhart. Gedanken zu seinen Gedanken, S. 85: Meister Eckhart »bricht völlig durch alle Begriffe hindurch. Er läßt auch die letzten hinter sich und kommt so in eine Gegend jenseits aller Metaphysik in dem von uns gemeinten Sinn.« Vielleicht ist er gerade aus diesem Grund so häufig missverstanden worden. DEMPF stellt den mißverstandenen Eckhart in Analogie zur Kantrezeption, wenn er schreibt: »Ist es denn bei Kant trotz der unermesslichen Vorarbeiten einer über hundertjährigen Kantscholastik schon mit absoluter Sicherheit zu entscheiden, ob der Zertrümmerer der Metaphysik und der theoretischen Gottesbeweise wirklich nur ein philosophischer Revolutionär gewesen ist, der mit den alten Beweisen auch den Gottesgedanken selber zertrümmern wollte und der nur seinem braven Faktotum zuliebe den moralischen Gottesbeweis aufrechterhalten habe, oder ob er ein Pietist war, der gerade um des Glaubens willen die theoretischen Gottesbeweise verwarf? Ja, es ist heute mit großer Sicherheit zu entscheiden, daß Kant ein gläubiger Christ war, obwohl man ein Jahrhundert lang anders darüber dachte. Noch viel sicherer ist es heute schon von Eckhart zu entscheiden, daß er ein gläubiger Christ und sogar ein sehr treuer Thomist war, obwohl er immer noch für einen Pantheisten gehalten wird« (DEMPF, Meister Eckhart, S. 230 f.).

sammenschau Eckharts ist sehr redlich, weil sie ein großes Panorama seines Denkens zeigt. Bisweilen ist es aber schwierig, die Zitate Eckharts, die KARRER anführt, genau bei Eckhart wiederzufinden — manchmal wiederholen sich auch Passagen in einzelnen Eckhart-Predigten, sodass eine Zuordnung schwerfällt.

Das, worum es KARRER geht, ist klar: Er möchte darlegen, dass Eckhart der ›genialste deutsche Vertreter‹ einer christlichen Mystik, des ›christlichen Gottgefühls‹ ist und ihn abgrenzen vom Pantheismus, in dessen Nähe er immer wieder gestellt wurde; in sechs Punkten, die aber miteinander verwoben sind, versucht er die Mystik Eckharts darzulegen und als genuin christlich herauszustellen.

Er unterstreicht die Transzendenz Gottes,[67] der sich aus Gnade, die durch Christus gewirkt ist, den Menschen mitteilt und so in ihrer Seele ist. KARRER betont, nach Eckhart sei Gott zwar in der Seele, aber die Seele nicht identisch mit ihm. Genau in diesem letzten Satz liegt ein großer Streitpunkt, denn bei Eckhart heißt es ja *Got und ich wir sîn ein.*[68] Sieht man das Zitat nicht isoliert, wie es bisweilen Eckhart in Bezug auf seine Augustinus-Rezeption vorgeworfen wurde, sondern im Zusammenhang, so heißt es vollständig: *Daz würken und daz werden ist ein. Sô der zimmerman niht enwürket, sô enwirt ouch daz hûs niht. Dâ diu barte liget, dâ liget ouch daz gewerden.* (Pr. 6, EW I, S. 86,11–13) Dieses Bild dient Eckhart auch zur Erklärung der Einheit des abgeschiedenen Menschen mit Gott: *Got und ich wir sîn ein in disem gewürke; er würket, und ich gewirde.* (Pr. 6, EW I, S, 86,13 f.)[69]

BERNHARD WELTE[70] bemerkt treffend dazu, dass der abgeschiedene, das heißt der völlig auf Gott ausgerichtete Mensch dann »eins mit Gott und nicht gleich wie Gott« wird. »Der Gedanke«, schreibt WELTE, »ist also weit entfernt von einem primitiven Pantheismus. Und er beruht überdies auf einer alten und klassischen Denktradition, deren großer Meister im Mittelalter Thomas von Aquin war. Es ist also kein zufälliger Einfall des Meisters Eckhart.« Dadurch sei die Subjekt-Objekt-Differenz aufgehoben, diese falle »ins Eine« und werde »in diese Einheit aufgehoben, und zwar so, dass die Unterscheidbarkeit der Seinssphären doch nicht verwischt wird«.[71] Auch mit den Worten Meister Eckharts läßt sich dies verdeutlichen:

---

67 Eckhart betont die bleibende Differenz zwischen Gott und dem Geschöpf, vgl. den Hinweis am Ende des Beitrags von NORBERT FISCHER in diesem Band ›Die rede der underscheidunge‹ als Eckharts ›Orientierung im Denken‹.

68 Vgl. hierzu den Beitrag in diesem Buch von NORBERT FISCHER, *Got und ich wir sîn ein* (Predigt 6). Zur philosophischen Deutung eines schwierigen Wortes Meister Eckharts.

69 »Das Wirken und das Werden ist Eines. Wenn der Zimmermann nicht wirkt, wird auch das Haus nicht. Wenn die Axt ruht, ruht auch das Werden. Gott und ich, wir sind Eins in diesem Gewirke; er wirkt und ich werde « (Pr. 6, EW I, S. 87,14–18).

70 WELTE, Meister Eckhart. Gedanken zu seinen Gedanken, S. 120.

71 WELTE, Meister Eckhart. Gedanken zu seinen Gedanken, S. 120.

*Waz in daz ander verwandelt wirt, daz wirt ein mit im. Alsô wirde ich gewandelt in in, daz er
würket mich sîn wesen ein, unglich.* (Pr. 6, EW I, S. 84,17–19)[72]

Mit Recht also stellt KARRER fest, dass Eckhart sich in diesem Gedanken »von
jedem Pantheisten unterscheidet«.[73]

Dann betont KARRER die Funktion des Glaubens bei Eckhart, der nicht im
Sinne eines bloßen Fürwahrhaltens von Sätzen (›*Fides quae*‹ *creditur*) gemeint
ist, sondern im Sinne des gelebten, verinnerlichten Glaubensaktes (›*Fides qua*‹
creditur) – das sei es, worum es Eckhart gehe. KARRER schreibt selbst einmal zu
diesem Argument: »Wenn der Glaube vor allem als Fürwahrhalten von Sätzen
[...] gilt, so ist das eigentlich Religiöse doch wohl verdunkelt oder verdeckt«.
Wichtig sei »die persönliche Beziehung zum ewigen Du, die Hingabe des inneren Menschen auf den Anruf der Gottesherrschaft«.[74]

Dieser verinnerlichte Glaube, der in der Mystik Meister Eckharts betont
werde, führe dazu, dass der Mensch das ›Gute um des Gutsein willen‹[75] erstrebe
und so handle; Aufgabe des Menschen sei es, im zeitlichen, im vernünftigen
Schaffen Gott näherzukommen und ihm ähnlicher zu werden.[76] Ganz ähnlich
wurde oben der Stufenweg gesehen, den Augustinus beschreibt als Prozess zur
Verähnlichung des Menschen mit Gott (*ad imaginem Dei*).

KARRER versucht auf diese Weise, Eckhart nicht nur zu rehabilitieren, sondern auch, seinen ›mystische Gotteserfahrung‹ als genuin christlich zu erweisen, jedoch nicht durch ausschließliche ›Versenkung in sich selbst‹, sondern
durch den gelebten Glauben – darauf wird noch zurückzukommen sein. Was
bei KARRER zumindest in diesem Text nicht ganz klar formuliert ist, sind die
beiden Dynamiken, die sich im Denken Eckharts durchziehen, wenn er von
Gotteserfahrung spricht. Implizit sind sie aber doch genannt worden, zum einen beim mystischen Stufenweg, den der Mensch zu Gott geht, zum anderen
bei der Gnade, durch die Gott in der Seele wohnt. Die eine Dynamik könnte
man als ›Geburtsmotiv‹, die andere als ›Durchbruchsmotiv‹[77] bezeichnen: Gott
gebiert sich bildlich gesprochen in der menschlichen Seele (›Geburtsmotiv‹),

---

72 »Was in ein anderes verwandelt wird, das wird eins mit ihm. Ganz so werde ich in ihn
[Gott] verwandelt, daß er mich als sein Sein wirkt, <und zwar> als eines, *nicht* als *gleiches*« (Pr. 6, EW I, S. 85,18–20).

73 KARRER schreibt dazu etwas süffisant im Sinne Eckharts: »Manche einfältigen Leute
meinen, sie sollten Gott so ansehen, als stünde Er dort und sie hier; dem ist nicht so:
Gott und ich, wir sind eins. Er wirkt und ich werde« (Eckhart, S. 262).

74 KARRER, Die Weltreligionen im Licht des Christentums, S. 318.

75 Vgl. den Beitrag von NORBERT FISCHER im vorliegenden Band ›Die rede der underscheidunge‹ als Eckharts ›Orientierung im Denken‹, insbesondere die Ausführungen zu §10.

76 Pr. 86, DW III, S. 481–492, wobei ihre Zuschreibung zu Eckhart diskutiert wurde, vgl.
GÜNTER STACHEL, Stammt Predigt 86 »Intravit Jesus in quoddam castellum« von Meister Eckhart?, S. 392–403.

77 Vgl. auch KARRER, Eckhart, S. 262.

während die Seele sozusagen als Gegenbewegung zu Gott durchbrechen will
(›Durchbruchsmotiv‹): »Beide ›Bewegungen‹ sind komplementär zu fassen
und stellen gegenläufige Motive innerhalb eines in sich differenzierten Ver-
mittlungsprozesses dar, der sowohl auf die absolute Selbstvermittlung Gottes
als auch auf die Selbstbewusstwerdung des gelassenen Menschen ausgeht«.[78]

KARRER selbst schreibt in anderem Zusammenhang, dass genau diese beiden Bewegungen die Bedingung der Möglichkeit dafür sind, dass der Mensch
etwas wie Religiosität entwickelt, er nennt die beiden Dynamiken ›Einstrah-
lung und Anziehung des göttlichen Lichtes‹;[79] auch an diesen beiden Begriffen
zeigt sich die Gegenläufigkeit beider Bewegungen. Umso deutlicher tritt so zutage, dass KARRER recht hat, wenn er bei Eckhart ebenso wie bei Augustinus
immer wieder die Schwebe zwischen ›Glauben und Schauen‹ betont – ganz
entgegengesetzt zu einer Schaumystik, die Eckhart zurückweist.

KARRER unternimmt gegen Ende seines Textes den Versuch einer religionsphilosophischen Deutung Eckharts, indem er im Wesentlichen drei Fragen
zur mystischen Gotteserfahrung stellt: Jene nach ihrer praktischen Bedeutung,
jene nach der geistigen Gesundheit der Mystiker und schließlich die Frage nach
dem Erweis göttlicher Wirklichkeit.

Allerdings sind dies bei KARRER keine eigenständig entwickelten Überlegungen, er entlehnt die Fragen bei BERGSON,[80] der sein religionsphilosophi-
sches Werk nur zwei Jahre vor Erscheinen von KARRERS Beitrag veröffentlichte, gibt sie im letzten Abschnitt fast wörtlich wieder und kommentiert sie
in knapper Weise.

Bei der Frage nach dem praktischen Nutzen der Mystik folgt KARRER ganz
BERGSON, der feststellt, dass die orientalische und griechische Mystik ganz
im Zustand der Kontemplation verharrt, ihre Mystiker ›ins Meer versinken‹.
So führt BERGSON Plotin als Beispiel dafür an: »Die Handlung«, sagt er, »ist
eine Abschwächung der Schau«.[81] Mystische Beschauung im ›Allerweltssinn‹
ist nach KARRER das Ideal der großen nichtchristlichen Religionen: »Stets ist
sie weltverneinend. Lösung vom Sinnenhaften, vom Einheitserlebnis mit dem
Göttlich-Einen: das Ziel«.[82] Die ›vollständige Mystik‹ finde sich erst in der
christlichen Form:[83] Das Christentum erst habe Verständnis für das »Echte,
Gottsucherische«, so führt KARRER an anderer Stelle einmal aus. Denn wer
von Gott als dem ›ganz Anderen‹ wisse, könne nicht anders »als in jenem Überschwang einer unmittelbaren Erfahrungs-, Schau- und Verschmelzungsmystik
u. dgl. eine ewige Krise wahrhaft religiöser, christlicher Haltung sehen und

---

78 WINKLER, Meister Eckhart zur Einführung, S. 84.
79 KARRER, Religionsbegründung, S. 710.
80 BERGSON: Die beiden Quellen der Moral und der Religion.
81 BERGSON, Die beiden Quellen der Moral und der Religion, S. 219.
82 Ausführungen KARRERS zum ›beschaulichen Leben‹, in: SCHOCH, Otto Karrer, S. 49.
83 Vgl. BERGSON, Die beiden Quellen der Moral und der Religion, S. 225.

davor warnen«.[84] Eine solche echte, christliche Mystik wirke sich im Handeln aus: BERGSON führt im Folgenden zahlreiche Heilige an, die durch große Tatkraft bekannt waren und deren Aufzählung KARRER leicht ergänzt, aber ansonsten so übernimmt. Aufmerksam gemacht werden könnte an dieser Stelle auch speziell auf Eckhart, der eben eine solche ›Mystik der Tat‹ vertrat, wie NORBERT WINKLER betont:

> »Eckharts Ich floh die Welt nicht. Für das zum exemplarischen Ich gewandelte Subjekt war es nach Eckharts Auffassung unabdingbar, daß der Mensch, der Gottes Eigenschaften verinnerlicht hatte, im Sinne transzendentaler Zweckfreiheit in der Welt wirkte. Der gottförmige Mensch war darauf angelegt, in praktisch-tätiger Nächstenliebe Gemeinschaftlichkeit exemplarisch zu stiften und sie entgegen allen Anfechtungen aktiv und mit dem Einsatz der Person zu leben«.[85]

Ebenso übernimmt KARRER den Gedanken BERGSONS, dass die großen christlichen Mystiker »geradezu als Begriffsbestimmung von robuster geistiger Gesundheit herangezogen werden«[86] können, sich gerade nicht in fragwürdigem geistigen, möglicherweise umnachteten Zustand befinden.[87]

Die letzte von KARRERS BERGSON entlehnten Fragen bezieht sich auf den Erweis göttlicher Wirklichkeit durch die mystische Gotteserfahrung.[88] Diese Frage wird positiv beantwortet, da die großen christlichen Mystiker nicht nur in dem einen Punkt des sie einenden Gottes übereinstimmen, sondern auch in ihrer inhaltlichen Aussage über diesen Gott: »Ihre Übereinstimmung besteht im wesentlichen in der Aussage, daß Gott Liebe ist«.[89]

Dies ist auch der Punkt, auf den KARRER mit seinen Ausführungen zustrebt und versucht, die echte Mystik Augustins und Eckharts zu beschreiben: Als eine solche Gottesbegegnung, die in der Erfahrung der Liebe Gottes[90] mündet, die aber nicht als Besitz und ›Gott-Gefunden-Haben‹ aufgefasst wird, sondern im ›stummen Jubel‹ den ›immer Größeren‹ bekennt, der größer ist als alle menschliche Erkenntnis.

Wenn man den Beitrag KARRERS in der Gesamtschau sieht, so hat er sicherlich einen guten Versuch unternommen, Eckhart wieder ins rechte Licht zu rücken – ausgehend auch von einer Vereinnahmung besonders durch die Ideologie des Nationalsozialismus, verkörpert durch den ›Mythus des 20. Jahrhunderts‹. Sein Beitrag ist mehr als nur eine bloße Rehabilitation Eckharts

---

84 SCHOCH, Otto Karrer, S. 49.
85 WINKLER, Meister Eckhart zur Einführung, S. 153.
86 BERGSON, Die beiden Quellen der Moral und der Religion, S. 226.
87 Vgl. BERGSON, Die beiden Quellen der Moral und der Religion, S. 225.
88 Vgl. BERGSON, Die beiden Quellen der Moral und der Religion, S. 244–250.
89 Vgl. BERGSON, Die beiden Quellen der Moral und der Religion, S. 250.
90 Interessant scheint an diesem Punkt die Zitation Juliana von Norwichs (*Love was his meaning*), die KARRER mit den selben Zeilen auch in einem Lexikonartikel zitiert (vgl. KARRER, Religionsbegründung, S. 718).

auf abstraktem Niveau – er lässt die Persönlichkeit Eckharts lebendig werden (vielleicht auch, weil das Schicksal Eckharts ihm mit dem seinen verbunden schien), ganz im Sinne DEMPFS, der schreibt:

> »Es ist ja in der Regel die allergrößte Schwierigkeit der Interpretation, aus starren, philosophischen Sätzen auf den lebendigen Menschen zu schließen, der hinter ihnen steht. Und doch ist nur durch eine solche Verlebendigung ein noch so exakter Satz in seiner vollen Tragweite zu erfassen. Bei Eckhart gelingt es deswegen verhältnismäßig leicht, weil er immer lebendig ist, weil immer seine Sätze auf das mystisch-religiöse Leben bezogen sind, weil reine Theorie und die Nebenfragen der Philosophie kaum bei ihm eine Rolle spielen, sondern alles bezogen ist auf den Kern der Verkündigung, die Gottesgeburt in der Seele«.[91]

KARRERS Anliegen, Eckhart in einer Linie mit dem Kirchenvater Augustinus zu sehen, ist berechtigt und sachlich auch korrekt – manchmal aber scheinen die Gedanken beider sich zu widersprechen, was KARRER an der einen oder anderen Stelle noch deutlicher hätte machen können. Auch wenn viele seiner Zitate nur schwer nachvollziehbar sind – möglicherweise zitiert er aus dem Gedächtnis und setzt mehrere Zitate zu einem zusammen – scheint es ihm doch gelungen zu sein, Eckhart als christlichen Mystiker darzustellen, dessen Denken im Grundansatz nicht von dem Augustins verschieden ist.

Die Schwierigkeit liegt darin, missverständliche Einzelaussagen Eckharts im Ganzen seines Werkes zu sehen, was ihn in neuem Licht erscheinen lässt und KARRER im vorliegenden Text berücksichtigt. So formuliert es auch KARRER in seinem Beitrag über Eckhart im Buch ›Die Wahrheit der Ketzer‹ – damit soll er selbst das Schlußwort haben:

> »Nun ist uns in Eckhart ein Ketzer begegnet, der nach der Überzeugung aller, die ihn näher kannten, eben keiner war. Vielleicht haben Sie gleiches empfunden, – trotz seiner Schwächen, weil auch er, das Genie, ein Mensch war«.[92]

---

91 DEMPF, Meister Eckhart, S. 235 f.
92 KARRER, Eckhart, S. 79.

Otto Langer

Seelengrund. Meister Eckharts mystische Interpretation der aristotelisch-thomasischen Lehre von der Seele

Von ›Seele‹, ›Seelenkräften‹ und sogar von ›Seelengrund‹ zu reden, zentralen Begriffen der philosophischen und theologischen Tradition, könnte angesichts der Entwicklung der Naturwissenschaften als Naivität und Uninformiertheit gelten. Auch Freud sieht in der Lehre von der Seele eine Naturwissenschaft: »Was sollte sie denn sonst sein?«[1] Seelische Vorgänge können ebenso erforscht werden wie Naturvorgänge. Dieser szientistische Zugang hat sich in der Neurobiologie noch verstärkt und gipfelt in der These vom Menschen als einem biomolekularen Automaten. Dominanz und Wahrheitsanspruch des Physikalismus können allerdings nicht darüber hinwegtäuschen, dass viele Probleme bleiben. Intentionalität und qualitativer Erlebnischarakter mentaler Zustände z. B. sind einer quantifizierenden Methode verschlossen. Die staunenswerten Wissensfortschritte der Naturwissenschaften geben keine Antwort auf die Frage: »Was sollen wir tun, wie sollen wir leben« (Max Weber). So hat die Vorherrschaft des Physikalismus, der auf »technische Verfügung über vergegenständlichte Prozesse«[2] setzt, Wissensformen und Traditionen an den Rand gedrängt, in denen praktische Fragen und Fragen des menschlichen Welt- und Selbstverständnisses reflektiert und kommuniziert werden. In diesen Denktraditionen, in denen es wesentlich um »Orientierungswissen« (Mittelstraß) geht, finden Prozesse der Anverwandlung, Kritik und Innovation statt, deren Rekonstruktion nicht nur von historischem Interesse ist. Im Kern geht es um ein Verständnis von ›Leben‹ und von ›gutem Leben‹ jenseits eines physikalistischen Ansatzes.

Im Folgenden soll Meister Eckharts Lehre vom Seelengrund, die ja eine Lebenslehre enthält, unter dem Aspekt seiner Rezeption der aristotelischen Seelenlehre dargestellt werden, die er in einer eigenwilligen Umbesetzungen ihrer zentralen Positionen nutzte, um seinen eigenen Ansatz zu profilieren.[3] In einem ersten Schritt ist Aristoteles' Auffassung von der *psyche* als Prinzip einer bedingten Selbsterhaltung und Selbstbewegung Gegenstand der Untersuchung. Danach werden zwei Aspekte der Aristoteles-Rezeption Thomas' von Aquin aufgenommen; erstens, seine Interpretation der hylemorphistischen Einheit von Denkseele und Körper, mit der er platonisierende und averroistische Deu-

---

1 FREUD, Gesammelte Werke, Bd. XVII, S. 143.
2 HABERMAS, Technik und Wissenschaft, S. 157.
3 Die Untersuchung folgt der hermeneutischen Grundregel, »dass allein von der Herkunftswelt etwas überhaupt, und allemal ein historischer Gegenstand wie die Mystik, verstanden werden kann«, so KOBUSCH, Mystik als Metaphysik des Inneren, S. 20.

tungen zurückweist; zweitens, die Unterscheidung von Wesen und Kräften der Seele, die er schöpfungstheologisch begründet. Im dritten Schritt wird Eckharts Neuansatz dargestellt, und zwar unter der doppelten Perspektive seiner Radikalisierung der thomasischen Unterscheidung von Wesen und Kräften – in ihrem Grunde wirkt die Seele nicht, wird aber zum ›Ort‹ der *operatio divina* und Ursprung eines »Handelns ohne Warum« – und seiner Umbesetzung von Theoremen der aristotelischen Wahrnehmungs- und *nous*-Theorie, mit denen er seine Lehre von der Einheit mit Gott im Seelengrund begrifflich entfaltet. Diese Einheit interpretiert er einerseits im Rekurs auf die Wahrnehmungstheorie als *energeia*-Identität, andererseits im Rahmen seiner Intellekttheorie als hylemorphistische Einheit. Er nimmt dabei Bezug auf Modifikationen der aristotelischen *nous*-Lehre durch peripatetische und scholastische Kommentatoren. Bei dieser Rezeption werden Ansätze einer christlichen Anthropologie sichtbar, die mit der Wirkungsmacht der Dinge bricht und den Menschen »von innen heraus«[4] aufwertet.

1. Aristoteles' Lehre von der Seele als schöpferischer Form und Tätigsein aus sich selbst

1.1 Am Beginn des zweiten Buches von ›De anima‹[5] führt Aristoteles bei seiner Suche nach einer »allgemeinsten Bestimmung« der Seele zunächst Begriffe bzw. Begriffspaare ein, die eine ontologische Struktur beschreiben, wie er sie in seiner ›Metaphysik‹ entwickelt. Wenn wir von der Wesenheit, *ousia*, eines Seienden sprechen, so kann man sie erstens entweder als Materie, *hyle*, verstehen, d. h. als das, woraus etwas besteht, oder zweitens als Form, *eidos*, die dem Seienden eine spezifische Gestalt verleiht, d. h. als das ›Was es ist‹, oder drittens als *synholon*, als aus beiden Zusammengesetztes. Entscheidend in dieser einleitenden Passage, die die Bestimmung der Seele vorbereitet, ist die Übertragung des Begriffspaars *dynamis* und *energeia* auf das Begriffspaar *hyle* und *eidos*: »Die Materie ist Möglichkeit, die Form vollendete Wirklichkeit, *entelecheia*« (412 a 9 f.). Voraussetzung dieser Gleichsetzung ist eine Bedeutungserweiterung des ursprünglich im kinetischen Bereich angesiedelten Begriffspaares *dynamis* im Sinne von Vermögen, etwas zu bewegen, und *energeia* als tatsächliches Bewegen, auf den ontologischen Bereich mit dem Ergebnis, dass *dynamis* nicht mehr Vermögen zu einer Bewegung an einem bereits existierenden Seienden bedeutet, sondern Möglichkeit zu einem Sein und zwar zu einem substantialen Sein. Analog ist die *energeia* als *eidos* nicht die dem Vermögen entsprechende Bewegung, sondern die dem Seinkönnen entsprechende Wirklichkeit, bzw. Vollendung. Die Wesenheit eines Seienden im Sinne des *eidos*, seiner Form,

---

4 MIETH, Meister Eckhart, S. 207.

5 ›De anima‹ zitiere ich nach der Ausgabe von ROSS; als deutsche Übersetzung lege ich – mit gelegentlichen Änderungen – die Ausgabe von THEILER zugrunde.

versteht Aristoteles also als Wirklichkeit, *energeia*, bzw. als vollendete Wirklichkeit, *entelecheia*.[6] Auffallend ist, dass er an dieser Stelle nicht den Begriff der *energeia*, sondern der *entelecheia* gebraucht, einen Kunstausdruck, den er weitgehend synonym mit *energeia* verwendet, der aber den »Geschehnischarakter einer gleichsam in sich stehenden Zielwirklichkeit«[7] betont. Diese ontologische Struktur, die für alle Seienden, auch für Artefakte gilt, wendet Aristoteles im nächsten Schritt auf natürliche Körper an. Sie sind »am meisten Wesenheiten« (412 a 11 f.), und unter ihnen zeichnet er noch diejenigen aus, die »Leben haben«. Ihr unterscheidendes Merkmal ist, dass sie aus sich selbst heraus tätig werden können, *energein di' hautou*. »Leben heißen wir Ernährung (eines Körpers), Wachstum, Abnahme durch sich selbst« (412 a 14 f.). Dieses Charakteristikum verdeutlicht Aristoteles häufig durch den Kontrast zum Bereich des Herstellens. Während der Marmorblock des Künstlers bedarf, der ihm die Form einer Skulptur gibt, sind lebende Körper Seiende, die sich aus sich selbst herstellen und verwirklichen, wenn auch in Abhängigkeit von ihrer Umwelt, *periechon*.

Auf der Basis dieser Unterscheidungen gelangt Aristoteles zu seiner ersten ontologischen Bestimmung des Wesens der Seele: Jeder natürliche, lebende Körper ist Wesenheit, *ousia*, im Sinne eines Zusammengesetzten. Innerhalb dieses *synholon* ist die Seele Wesenheit, *ousia*, im Sinne der Form eines lebendigen Körpers, der der Möglichkeit nach Leben hat. Und diese Wesenheit, *ousia*, ist *entelecheia*, vollendete Wirklichkeit dieses Seienden. Diese Bestimmung präzisiert Aristoteles, indem er die Seele als *prote entelecheia*, als erste vollendete Wirklichkeit des natürlichen Körpers, bezeichnet (412 a 27 f.). Am Beispiel von Wissen, *episteme*, und aktualer wissenschaftlicher Tätigkeit, *theorein*, verdeutlicht er diese Unterscheidung: Die erste Wirklichkeit kommt dem zu, der Wissen bereits erworben hat, es aber gerade nicht ausübt; die zweite Wirklichkeit besteht im aktuellen Ausüben des Wissens. Für die Seele als *prote entelecheia* heißt dies, dass nicht alle ihre Lebensfunktionen ständig in Aktion sind. Es handelt sich um eine Art »>Innehaben< abrufbarer Vollkommenheiten, >ohne< dass diese stets in >Betätigung< sein müssten«,[8] aber jederzeit in ihre spezifischen Tätigkeiten übergehen können. Es ist der »Aktivzustand«[9] des Am-Leben-Seins. Die zweite Wirklichkeit ist der tatsächliche Vollzug der Funktionen. Die Seele als erste Wirklichkeit eines lebendigen Körpers ist also das Leistungsvermögen eines Organismus, seine Lebensfunktionen aus sich selbst heraus vollziehen zu können – und das gilt für alle Stufen des Lebendigen.

In einer weiteren Präzisierung der Definition bestimmt Aristoteles die Seele als »die erste Entelechie des natürlichen, mit Organen ausgestatteten Körpers« (412 b 5 f.). Seine >Teile< sind Werkzeuge für bestimmte Zwecke – das Auge,

---

6 Vgl. STALLMACH, Dynamis und Energeia, S. 39–54.
7 ELM, entelecheia / Entelechie, vollendete Wirklichkeit, S. 190.
8 BUSCHE, psyche / Seele, S. 511.
9 SCHARK, Lebewesen versus Dinge, S. 211.

um zu sehen, das Ohr, um zu hören. Die Einheit von Körper und Seele ist eine Funktionseinheit, in der das *eidos*, die Form, das aktive Element darstellt – als Leistungsvermögen, das aus dem Material und den Teilen ein funktionierendes Ganzes macht. Aristoteles veranschaulicht dies paradoxerweise zunächst an einem Artefakt, einem Beil. Das eigentliche Sein dieses Werkzeugs besteht in seiner Leistungsfähigkeit. Ein stumpfes Beil oder ein Beil aus Glas oder Papier wären nicht funktionsfähig und nur in homonymem Sinn ein Beil. Wäre das Beil ein natürlicher lebender Körper, wäre seine Funktionsfähigkeit seine Seele. Aristoteles nutzt dieses Beispiel aber auch, um das Spezifische eines lebendigen Organismus und die Bedeutung der Seele für diesen Organismus herauszuarbeiten. »Nun aber ist das Beil eben (nur) ein Beil« (412 b 15). Die Seele aber ist das eigentliche Sein eines natürlichen, lebenden Körpers, der in sich das »Prinzip der Bewegung und des Stillstandes hat« (412 b 16 f.). Die Fähigkeit zur Selbstbewegung ist der entscheidende Unterschied. Die Seele stellt die Einheit von Materie und Form aus sich selbst, ›autopoietisch‹, her. Diese enge Verbindung von Materie und Form gilt für alle Stufen des vegetativen, sensitiven und bedingt auch des noetischen Lebens. Die Funktionseinheit von Körper und Seele lässt die Frage, ob Körper und Geist eins sind, obsolet erscheinen. »Wie die Pupille und die Sehkraft zusammen das Auge sind, so sind die Seele und der Körper zusammen das Lebewesen« (413 a 2 f.). Und die Sehkraft ist analog wie die Seele *prote entelecheia.*

1.2 In ›De anima‹ B2 wählt Aristoteles einen anderen Weg, indem er, ausgehend von den Erscheinungsformen der Dinge, von unten nach einer Bestimmung der Seele sucht, die »auch die Ursache einschließt«. Das Phänomen der Seele, so stellt er zunächst fest, tritt überall dort auf, wo Leben ist: Was beseelte von unbeseelten Körpern unterscheidet, ist das Leben.[10] »Wenn Leben in vielfachem Sinne gebraucht wird, so sprechen wir einem Wesen Leben zu, wenn ihm auch nur eines der folgenden Dinge zukommt: Vernunft, Wahrnehmung, Bewegung und Stillstand am Ort, ferner Bewegung in der Ernährung, weiter Hinschwinden und Wachstum« (413 a 22–25). Auch Pflanzen haben demnach eine Seele, d. h. »ein derartiges Vermögen und eine derartige Grundkraft, durch die sie Wachstum und Schwinden nach verschiedener Richtung besitzen« (413 a 26–28). Aristoteles spricht hier von *dynamis* im Sinne von Vermögen, etwas zu tun, und nicht von Möglichkeit, etwas zu sein. Er stellt eine *scala vitae* auf, indem er, entsprechend den verschiedenen Erscheinungsformen des Lebens, verschiedene Formen der Seele unterscheidet: Die vegetative Seele ist das Vermögen, Nahrung aufzunehmen und zu verarbeiten und dasjenige Vermögen des Lebendigen, ohne das es kein Leben gibt und das als einziges nicht von den anderen Vermögen abgetrennt werden kann. Ohne Stoffwechsel gibt es keine höheren Lebensfunktionen. »Das Leben kommt den lebenden We-

---

10 Vgl. SCHARK, Lebewesen versus Dinge, S. 131–145; 201–221; VOIGT, Von Seelen, Figuren und Seeleuten, S. 17–33.

sen durch diese Grundkraft, *arche*, zu« (413 b 1 f.). Für alle Lebewesen in ihren unterschiedlichen Erscheinungsformen gilt: Die Seele als *eidos* ist die Ursache, *arche*, ihres Lebensvollzugs, das »wodurch wir leben, wahrnehmen und überlegen« (414 a 12 f.). Auf diese Weise schließt Aristoteles über den induktiven Weg an die Bestimmung der Seele in B1 an: Die Seele als *eidos* im Sinne von *prote entelecheia* ist Ursache für die ständige Aktivität des Lebendigen.

Um welche Art von Ursächlichkeit handelt es sich aber? Ursache des Lebendigseins ist die Seele, nach Aristoteles, in dreifacher Weise: als »Bewegungsanstoß«, als »Endzweck« und als »Wesen der beseelten Körper«. Im vorliegenden Zusammenhang sind die beiden ersten Ursächlichkeiten wichtig. Die Seele ist Ursache erstens im Sinne von Zweck, *hou heneka* und im Sinne des Wozu, *ergon*. Wie die Vernunft beim Herstellen eines Gegenstandes (*poiein*) zweckgerichtet handelt, so ist auch die Natur, *physis*, zweckorientiert; und dieser Zweck ist sowohl sein letztes Worumwillen – alles Lebendige strebt danach, sich in seinem Sein zu erhalten – als auch Zweck im Sinne dessen, wozu etwas da ist, seines *ergon*. Das Worumwillen und das Wozu ist für alle Lebewesen das Lebendigsein. Denn die Tätigkeit des Lebendigseins ist im Unterschied zum Herstellen keine Tätigkeit, die auf ein äußeres Werk zielt. Ihr Werk ist ein inneres: die Tätigkeit, der Vollzug des Lebens selbst, *energeia*. Das Lebendige stellt sich somit durch die Seele als Zweckursache in einer Art innerer Selbstinstrumentalität selbst her (415 b 15–21). Alle Tätigkeiten der Seele – unter ihnen zuerst und in fundamentaler Weise Ernährung (Stoffwechsel) und Zeugung – stehen im Dienste der Selbsterhaltung des Lebendigen. Das Werk der *psyche* ist: lebendig zu machen, *zen poiein* (1219 a 24), wie es in der ›Eudemischen Ethik‹ heißt.

Die Seele ist zweitens Wirkursache, d. h. Ursache des Wachsens und Schwindens durch sich selbst. Um die spezifische Leistung der Seele als Wirkursache herauszuarbeiten, grenzt Aristoteles sich von der Meinung ab, dass das Feuer die Ursache von Wachsen und Nähren sei. Das Feuer ist zwar Mitursache, *synaition*, – Verbrennungsvorgänge tragen ihren Teil dazu bei –, aber es ist nicht wie die Seele Ursache; denn das Feuer wächst ins Unbegrenzte, solange es etwas Brennbares in seiner Nähe gibt. Die Seele dagegen ist in der Lage, gewissermaßen das Gleichgewicht zu halten, indem sie Maß und Grenze – *peras und logos* – beachtet. Sie ist die steuernde Kraft, die den Organismus in einer »dynamischen Stabilität«[11] erhält.

Bei den Lebewesen, seien es Pflanze, Tier oder Mensch, handelt es sich also um Seiende, die sich im Unterschied zu anderen Seienden in ihrem Sein selbst herstellen. Ihr Werk ist nichts Äußeres, sondern die Stabilität und Einheit ihres Seins selbst. Für die Lebewesen ist *to einai to zen*, bedeutet ›sein‹ ›leben‹. Es ist das bestimmende Merkmal des Lebendigen, dass »das Sein und das Tun in

---

11 Ausdruck nach KATHER, Was ist Leben, S. 109.

einer autopoietischen Einheit [...] untrennbar«[12] verbunden sind. Die Ursache dafür ist die Seele.

Was bedeutet es nun, dass die Seele als *prote entelecheia* Ursache des Lebensvollzugs des Seienden ist? Um diese Frage zu beantworten, muss zunächst an die in B1 eingeführte Übertragung des Begriffspaares *dynamis* und *energeia* auf das Verhältnis von *hyle* und *eidos* als *ousia*, d. h. von Materie und von Wesenheit erinnert werden, mit der eine fundamentale Bedeutungsverschiebung verbunden ist. Denn das Begriffspaar bezieht sich nicht mehr auf das Verhältnis von Vermögen und Wirksamkeit an einem Seienden, das in seinem Wesen bereits konstituiert ist, sondern auf das Verhältnis von möglichem Sein und wirklichem Sein des Seienden. In Theta 6 der ›Metaphysik‹ zeigt Aristoteles außerdem, dass das *eidos* eigentliche *energeia*, d. h. Wirklichkeit einer Materie, *hyle*, erst ist, wenn es sich um eine Tätigkeit handelt, die eine bestimmte Struktur hat: Er unterscheidet dort Tätigkeiten,[13] die keine »vollendeten Handlungen« sind. Es geht um *kineseis ateleis*, um Prozesse, die, wie das Bauen, zwar zu einem Ziel unterwegs sind, aber aufhören, wenn das Ziel erreicht ist. Davon unterscheidet er vollendete Tätigkeiten, bei denen das Ziel des Tätigseins das Tätigsein selbst ist (1048 b 18–36) wie z. B. das Denken, das Sehen und das Leben. Dazu stimmt, dass er in B1 die Seele als *ousia*, d. h. als Wesen des Lebendigen, nicht als *energeia*, sondern als *entelecheia* – als »in sich stehende Zielwirklichkeit« – bezeichnet. Er nennt sie darüber hinaus *prote entelecheia*, weil die Seele nicht in dem Sinn vollendete Wirklichkeit ist, dass sie alle ihre Möglichkeiten ständig ganz verwirklicht. Nur der Gott ist reine *energeia*. Die *ousia* des Lebendigen hat also in gewissem Sinne immer noch *dynamis*-Charakter.[14] Und genau als solche ist sie Ursache des Lebendigseins des Körpers in einem dreifachen Sinn. »Danach wäre ›Entelecheia‹ nichts als die knappste Formel für das Ineins der drei Gründe im Eidos«.[15]

Als Fazit ist festzuhalten: Aristoteles versteht die Seele erstens als steuernde Kraft in der hylemorphistischen Einheit, dem *synholon* Lebewesen, dessen Lebensvollzug keinen anderen Zweck hat, als sich in allen seinen Möglichkeiten zu verwirklichen und zu optimieren. Es ist »Zweck in sich«. Zweitens: Die Seele als wesentliches Sein des Lebendigen wird als eine *energeia*, allerdings mit *dynamis*-Charakter (*prote entelecheia*), bestimmt. Substantielles Sein und Tätigsein fallen zusammen. Drittens: Dieses Modell ist in seiner Grundstruktur »autopoietisch«. Das Lebewesen stellt sich durch seine Tätigkeit in gewissem Sinne selbst her und zwar immer in Abhängigkeit von Faktoren seines Umfeldes, *periechon*. Es ist bedingte Ursache seiner selbst, wirkt aus sich selbst und hat, soweit es ihm möglich ist, am Ewigen und Göttlichen teil. Als Individuum

---

12 Vgl. Maturana / Varela, Der Baum der Erkenntnis, S. 56.
13 Vgl. Tugendhat, TI KATA TINOΣ, S. 92 f.; Ebert, Praxis und Poiesis, S. 12–30.
14 Vgl. Tugendhat, TI KATA TINOΣ, S. 90.
15 Stallmach, Dynamis und Energeia, S. 183.

ist das Lebewesen vergänglich, in der Gattung – durch Zeugung – unvergänglich (vgl. 415 a 29–415 b 2).

1.3 In ›De anima‹ Gamma 4 und 5 handelt Aristoteles von der denkenden Seele.[16] Er beginnt mit einer Doppelfrage: »was das unterscheidende Merkmal dieses Seelenteils ist und wie das Denken zustande kommt« (429 a 12 f.).[17] In seiner Antwort vergleicht er zunächst Wahrnehmung und Denken unter dem Gesichtspunkt des Erleidens. Wie die Wahrnehmung ein Erleiden, *paschein*, durch das Wahrnehmbare ist, so in analoger Weise das Denken ein »Erleiden seitens des gedachten Gegenstandes« (429 a 14).[18] Hinter dieser Formulierung steht die aristotelische Auffassung vom *energeia*-Charakter, der Wirkungsmacht der Dinge, und der Rezeptivität der sinnlichen Wahrnehmung. Das wahrnehmbare Objekt ist das Aktive, das *poietikon*, das die Tätigkeit des Sinnenorgans stimuliert[19] und in ihm seine sinnliche Form hervorbringt. Etwas anders verhält es sich beim Denken, weshalb Aristoteles in Gamma 5 den *nous poietikos* einführt. In beiden Fällen ist die Rezeption ein »leidensloses Leiden«. Damit will Aristoteles zum Ausdruck bringen, dass es sich bei der Rezeption der Form – der sinnlichen wie der intelligiblen – nicht um eine Beeinträchtigung der entsprechenden Vermögen handelt, sondern um ihre Vollendung, *teleiosis*.

Unter dem Gesichtspunkt ihres Entstehens unterscheiden sich Wahrnehmen und Denken noch deutlicher. Während das Wahrnehmungsvermögen von Geburt an eine formierte *dynamis* und daher jederzeit in der Lage ist, in die Tätigkeit des Wahrnehmens überzugehen, ist das Denkvermögen zunächst reine, bestimmungslose *dynamis*. Das Kind kann, wie Aristoteles annimmt, unmittelbar nach der Geburt zwar wahrnehmen, aber nicht denken. Denken muss es erst lernen: »Der *nous* der Seele [...] ist der Wirklichkeit nach, bevor er denkt, nichts von den Dingen« (429 a 22–24). Diesen reinen, lernfähigen *nous* nennt Aristoteles in Gamma 5 *nous pathetikos*. Mit seiner Unbestimmtheit erklärt er dessen unbegrenzte Offenheit und Freiheit. Von diesem noch bestimmungslosen *nous* unterscheidet er schließlich das Denkvermögen, wenn es sich nicht mehr im Status reiner *dynamis* befindet, sondern bereits gelernt hat und zu dem wird, »wie man es vom Wissenden sagt, der sein Wissen nicht betätigt« (429 b 6 f.). In dieser Verfassung ist die Denkseele in der Lage, aus sich selbst heraus zu wirken. Die Parallele in der Formulierung zur allgemeinen Bestimmung der Seele in B1 ist unübersehbar. Die noetische Seele hat also bei allen Unterschieden gegenüber der vegetativen und der sensitiven Seele wie diese den Charakter einer *prote entelecheia*. Sie ist eine *energeia* mit *dynamis*-

---

16 Die *nous*-Theorie wird nur in wenigen Grundzügen dargestellt, die für Eckhart von Bedeutung sind.

17 Zu den beiden Kapiteln von ›De anima‹ vgl. JUNG, Die doppelte Natur des menschlichen Intellekts; SEIDL, Der Begriff des Intellekts.

18 Vgl. BERNARD, Rezeptivität und Spontaneität, S. 49–64.

19 Vgl. OEHLER, Die Lehre vom Noetischen und Dianoetischen Denken, S. 190–193.

Charakter. Der menschliche *nous* »ist auch dann irgendwie der Möglichkeit nach da, aber nicht gleich wie vor dem Lernen oder Finden, und dann vermag er aus sich heraus zu denken« (429 b 8 f.). Damit ist die Behauptung von B1, dass die Definition der Seele als *prote entelecheia* für alle Seelenvermögen gelte, bestätigt, auch wenn das noetische Vermögen keine Erfüllung eines Körpers ist; es bleibt aber auf jeden Fall auf den Körper angewiesen und ist nicht in der Lage, ohne Beziehung zum Körper zu denken. Die *psyche dianoetike* erweist sich damit als die höchste Form des Lebendigen im Sinne des Aus-sich-selbst-heraus-Tätigwerdenkönnens.

Der Status der denkenden Seele als *prote entelecheia* wird in Gamma 5 weiter expliziert. In diesem Kapitel unternimmt es Aristoteles, die Ergebnisse seiner Untersuchung des Denkvermögens in Gamma 4 mit den Begriffen seiner Ontologie, Materie und Form, die »im ganzen Naturbereich« (430 a 10) Gültigkeit haben, und *paschein* und *poiein* – und damit im Rahmen seines *poiesis*-Modells[20] – zu explizieren und begrifflich zu fassen. In diesem Ansatz verhält sich die Form als Ursächliches und Wirkendes zur Materie, die jede Veränderung aufnehmen kann, wie das Herstellen zu seinem Material. Auf dieser Grundlage führt Aristoteles in Gamma 5 die Begriffe *nous pathetikos* und *nous poietikos* ein, die den in Gamma 4 beschriebenen verschiedenen Zuständen des *nous tes psyches* entsprechen. Aristoteles unterscheidet erstens ein stoffliches Prinzip, den *nous pathetikos*, als reine, unbestimmte *dynamis*, es ist der *nous*, der alles wird, *nous to panta ginesthai* (430 a 14 f.). Zweitens ein ursächlich wirkendes Prinzip, den *nous poietikos*, als *nous*, der alles macht, *to panta poiein* (430 a 15). Er bringt das Denken hervor, *poiei noein*, wie in analoger Weise die vegetative Seele das Leben hervorbringt: *zen poiei*. Und diesen *nous poietikos* bezeichnet Aristoteles explizit zugleich als *hexis*, d. h. als *habitus* und als *energeia* und vergleicht ihn in seiner Wirkungsweise mit dem Licht. Beide, *nous* und Licht, können in analoger Weise von ihrer ersten Wirklichkeit in die zweite übergehen: wie der *nous* das potentiell Intelligible im *nous pathetikos* aktuiert, so macht das Licht – »gewissermaßen« (430 a 16) – die der Möglichkeit nach sichtbare Farbe zur wirklich sichtbaren Farbe. Entscheidend aber für das Verständnis des *nous tes psyches* ist die Charakterisierung zugleich als *hexis*, seinkönnendem *nous*, und *energeia*, tätigem *nous*. Denn die Verbindung dieser beiden Begriffe erfüllt die Definition der *prote entelecheia* als Zustand einer ersten vollendeten Wirklichkeit, die von sich aus in weitere überzugehen vermag. Darum kann Aristoteles von diesem *nous* auch sagen, dass er »immer denkt«. Denn die erste Wirklichkeit ist schon eine Tätigkeit, allerdings mit *dynamis*-Charakter. Tätiger und seinkönnender *nous*, *nous dynamei*, sind identisch.[21] Wie der Stoffwechsel immer aktiv ist, solange das Lebewesen lebt; so sind auch das Wahrnehmungsvermögen und das

---

20 Zur Problematik des *poiesis*-Modells vgl. FISCHER, Zu Heideggers Auseinandersetzung mit Kant, S. 125 f.
21 Vgl. BRÖCKER, Aristoteles, S. 172.

Denkvermögen immer in gewisser Weise aktiv, wenn sie in einem lebenden Wesen vorhanden sind. Es sind »Versionen organischer Selbsterhaltung«.[22] Und dazu gehört auch immer ein Objektbezug. Es besteht also eine Strukturanalogie zwischen der vegetativen, sensitiven und der denkenden Seele.[23]

Im Schlussabschnitt von Gamma 5 (430 a 22–25) wird noch einmal ein Problem der aristotelischen *nous*-Theorie deutlich, das die Kommentatoren auf verschiedenen Wegen zu lösen versuchten. Der *nous* gehört zum *synholon* Mensch, es ist der *nous* unserer Seele, *nous tes hemeteras psyches* (vgl. 993 b 10 f.), er ist aber auch *choristos*. Getrennt vom Körper, ist er reine Aktualität, reine *energeia*, unsterblich und ewig, etwas Göttliches. In der Vernunfttätigkeit kann der Mensch den Zustand des Immerseins tangieren. Eine Unsterblichkeit der individuellen Seele kennt Aristoteles nicht.

2. Zu Thomas' von Aquin Definition der Seele und seiner Unterscheidung von Wesen und Kräften der Seele als Ausgangspunkt für Eckharts Begriff vom Seelengrund

2.1 Es war ein »Markstein in der Geschichte des Aristotelismus an der Universität von Paris«,[24] als die Nation der Engländer 1252 festlegte, dass die Bakkalaren zur Erlangung der *licentia docendi* nicht nur die ›Logica vetus‹ und ›Logica nova‹ und andere Standardwerke, sondern auch den ›Liber de anima‹ des Aristoteles gehört haben mussten. Um 1200 war der gesamte Aristoteles samt Kommentaren griechischer, arabischer und jüdischer Philosophen im Abendland bekannt geworden. Das philosophische Potential wie auch die Risiken der aristotelischen Abhandlungen wurden schnell entdeckt und lösten heftige Kontroversen aus. Die christliche Offenbarungsreligion, die behauptete, die ganze Wahrheit zu besitzen, sah sich durch eine Philosophie herausgefordert, die die Vernunft, *nous*, nicht nur als höchstes Prinzip der Wahrheitsfindung, sondern auch als Bedingung innerweltlicher Eudaimonie kraft eigener Tätigkeit definierte. Diese naturalistische Position fand in der nun einsetzenden intellekttheoretischen Debatte großen Anklang. Der augustinischen Illuminationslehre wurde im Anschluss an ›De anima‹ das Theorem des *intellectus agens* als aus sich selbst tätigen Erkenntnisvermögens entgegengestellt. Gegen diese naturalistischen Ansätze setzt Eckhart einen dezidierten Kontrapunkt.

Besonders umstritten in der aufkommenden Debatte ist das Verhältnis des Intellekts zu Seele und Körper und seine Einzigkeit, wie sie Siger von Brabant in seinen ›Quaestiones in tertium De anima‹[25] vertrat. Aus der aristotelischen

22 HÜBNER, Die Aristotelische Konzeption der Seele als Aktivität, S. 20.

23 WIELAND, Die aristotelische Physik, spricht S. 247 vom »Strukturgesetz des bewegten Sich-bewegens«.

24 VAN STEENBERGHEN, Die Philosophie im 13. Jahrhundert, S. 335.

25 Sigers von Brabant ›Quaestiones in tertium De anima‹ werden nach PERKAMS zitiert.

Definition der Seele, so argumentierte Siger, ergebe sich nicht, dass das vegetative, das sensitive und das intellektive Vermögen derselben Seelensubstanz
angehören (S. 58). Denn der Intellekt könne ohne den Körper tätig sein, das
Vegetative und das Sensitive dagegen seien an den Körper gebunden. Die Seele
sei keine einfache Einheit, sondern eine *unitas composita* (vgl. S. 62). Der Intellekt bestehe abgetrennt für sich; wäre er Teil der Seele und als solcher die
Form des vergänglichen Körpers, müsste er, der etwas Ewiges ist, Form eines
Vergänglichen sein.

Die Thesen Sigers unterzieht Thomas von Aquin, der sich seit 1269 wieder
in Paris aufhielt, in seinem Traktat ›De unitate intellectus contra Averroistas‹[26]
einer scharfen Kritik. Aristoteles' »allgemeine Bestimmung für jede Art Seele«
als »die erste vollendete Wirklichkeit des natürlichen, mit Organen ausgestatteten Körpers« (412 b 4–6) nehme den Intellekt mit in die Seelendefinition hinein. Dass die Seele *actus primus corporis physici organici* (III, 577, Sp.3) (»erste
Wirklichkeit eines natürlichen organischen Körpers«) ist, gilt nach Thomas
auch für die *anima intellectiva.* Als *forma substantialis* ist sie nicht wie »ein Steu-
ermann mit dem Schiff« von außen mit dem Körper verbunden.[27] Aristoteles
will, nach Thomas, zeigen, dass der Intellekt ein Teil der Seele ist, dass sich sein
modus operandi aber deutlich von dem der anderen Seelenteile unterscheidet. Er
bleibt trotz seiner Verbindung mit dem Körper unvermischt und besitzt keine
Organe wie das Sensitive. Entsprechend ist die intellektive Seele als substanti-
ale Form des Körpers zugleich in der Materie und außerhalb der Materie. Der
Intellekt ist nicht die Wirklichkeit des Körpers, er ist aber Teil der Seele. Und
da die Seele *actus* des Körpers ist, ist er auch mit dem Körper verbunden. Der
aus Sigers Aristoteles-Interpretation von der Abgetrenntheit des Intellekts sich
ergebenden Folgerung, dass die individuelle menschliche Seele sterblich sei, begegnet Thomas in der ›Summa contra Gentiles‹ (ScG) mit der Unterscheidung
zweier Seelenformen: erstens Formen, die nur in Verbindung mit der Materie
existieren und tätig sein können, und zweitens Formen, die unabhängig von
der Materie, aber auch in Verbindung mit ihr wirken können und das *compositum* überdauern.[28] Die intellektive Seele existiert, wenn der Körper vergeht, als
anima bzw. *substantia incompleta* bis zur Auferstehung weiter. Sie gehört also
– im Unterschied zur Seele von Pflanzen und Tieren – zum zweiten Typ, sie ist
nicht *totaliter comprehensa a materia aut ei immersa* (ScG II, c.68) (»sie ist nicht
ganz von der Materie erfasst oder ganz in sie versenkt«).

Thomas nutzt das aristotelische Seelenmodell, um vom christlichen Standpunkt aus die Einheit von Körper und Geistseele philosophisch als Wirkung

---

26 Die ›Quaestiones disputatae‹ und ›Opuscula‹ werden zitiert nach: S. Thomae Aquinatis
    opera omnia curante Busa, Vol. III.
27 Vgl. Heinzmann, Anima unica forma corporis, S. 236–259.
28 Zur Frage, wie die Seele als Form eines individuellen Körpers zugleich »Substanzialität
    hat und verleiht«, vgl. auch Gilson, Der Geist der mittelalterlichen Philosophie, S. 207.

der *forma substantialis* zu begreifen. Diese hylemorphistische Einheit ist eine Einheit per se, ein unmittelbares Einssein, ohne jede vermittelnde Instanz, ohne *forma substantialis media* (»ohne vermittelnde substantielle Form«).[29] Diese Position erregte in Paris Anstoß – die ganze Welt habe bisher anders gelehrt, schreibt John Peckham[30] – und sie unterscheidet sich auch deutlich von platonisierenden Ansätzen, für die Seele und Körper eine Verbindung aus zwei selbstständigen Seienden bilden, die für sich existieren können.

2.2 Wie rezipiert nun Thomas speziell die Bestimmung der Seele als *prote entelecheia*, d. h. als *actus primus*? In der seit Augustins Trinitätstraktat vieldiskutierten Frage nach dem Verhältnis von Wesen und Kräften der Seele[31] beziehen Vertreter der Identitätsthese sich nicht nur auf augustinische Ternare, sondern genau auf diese aristotelische Definition: da, so argumentieren sie, die Seele *actus primus* ist wie das Wissen, dieses aber unmittelbares Prinzip des *actus secundus*, ist folglich die Seele unmittelbares Prinzip ihrer Handlungen und daher identisch mit ihren Vermögen. In der ›Quaestio disputata de anima‹ a12 lehnt Thomas diese Argumentation ab (III, 383, Sp. 3 f.). Er vertritt seit dem ›Sentenzenkommentar‹ strikt eine Realdistinktion von Wesen und Kräften der Seele (I d3 qu4 a2). Immer muss, ihm zufolge, zwischen Wirkung und Ursache eine Proportion bestehen. Wenn das Prinzip des Wirkens der Kategorie der Substanz angehört, muss auch das Wirken substantiell sein, und dann sind *esse* und *agere* identisch. Das ist nur bei Gott der Fall. Er handelt nicht durch ein Vermögen, das von seiner Substanz verschieden ist. In allen anderen Seienden ist das *principium proximum*, das nächste Prinzip des Wirkens, ein Akzidens. Das bedeutet, dass die Seele lediglich das entfernte Prinzip, *principium remotum*, des Wirkens ist, aus dem nicht unmittelbar, sondern mittels der Seelenkräfte alle Aktionen hervorgehen, wie Thomas auch in der ›Summa theologiae‹ qu54 a3 und qu77 a1 argumentiert. Die Wesenheit wirkt nicht als selbstständiges Prinzip, *principium quod*, sondern als Teilprinzip, *principium quo*, durch ihre Vermögen als nächste und unmittelbare Prinzipien des Wirkens. Zwischen Wesen und Kräften der Seele besteht also ein realer Unterschied.

Diese These versucht Thomas im ›Sentenzenkommentar‹ am Beispiel des Feuers zu veranschaulichen. Dessen Wesen besteht nicht darin, dass es brennen kann. Seine *forma substantialis* wirkt nicht, nur vermittels ihrer Qualitäten, ihrer Potenzen, wirkt es wärmend oder verbrennend. Und so gilt für die Seele: *Ab anima, cum sit substantia, nulla operatio egreditur, nisi mediante potentia* (I d3 qu4 a2) (»Da die Seele eine Substanz ist, geht von ihr keine Tätigkeit aus, außer durch Vermittlung des Vermögens«). *Actus primus* bezeichnet demnach das substantielle Sein eines Dinges im Unterschied zu seinen Vermögen als akzidentellen Bestimmungen. Der Unterschied zu Aristoteles wird besonders

---

29 Vgl. SCHNEIDER, Die Einheit des Menschen, S. 18 Anm. 35.
30 Vgl. SCHNEIDER, Die Einheit des Menschen, S. 58.
31 Vgl. KÜNZLE, Das Verhältnis der Seele zu ihren Potenzen.

durch dessen Analogie mit dem Auge in B1 deutlich. Wie das Wesen des Auges in seinem spezifischen Leistungsvermögen, der Sehkraft, liegt, so besteht auch die Wesenheit der Seele in ihrem Leistungsvermögen. Der theologische Hintergrund von Thomas' Argumentation tritt in der ›Quaestio disputata de anima‹ a12 noch deutlicher hervor. Gottes Wirken ist ein substantielles Wirken, Schöpfung, d. h. ein Hervorbringen aus dem Nichts. Der Mensch dagegen wirkt nur im akzidentellen Bereich, sein Wirken setzt ein bereits bestehendes Seiendes voraus, das verändert, aber nicht erschaffen wird. Diese Fundamentalunterscheidung bedeutet eine klare Abkehr von der Vorstellung des Menschen als eines Wesens, das sich durch Eigentätigkeit selbst herstellt, aus aristotelischer Sicht eine Depotenzierung, aus Sicht von Thomas eine realistische Einschätzung des Menschen angesichts eines allmächtigen Schöpfergottes. In Thomas' Unterscheidung von Wesen und Kräften der Seele manifestiert sich also ein schöpfungstheologisches Konzept, das auf einer Identität von _esse_ und _operatio_ allein in Gott gründet. Diese Identität ist das Maß, an dem das endliche Sein und Wirken gemessen werden. Gott allein ist _actus purus. Unde in solo Deo sua substantia est suum esse et suum agere_ (Sth qu54 a1) (»Allein in Gott ist seine Substanz sein Sein und sein Wirken«).

Auch in seiner Theorie des Intellekts folgt Thomas über weite Strecken Aristoteles. Im Anschluss an ›De anima‹ III,5 unterscheidet er den _intellectus agens_ und den _intellectus possibilis_. Jenen versteht er als natürliches Vermögen des Menschen, das die _phantasmata_ der Vorstellungskraft, die sinnlich und durch die Materie individuiert und daher nur der Möglichkeit nach intelligibel sind, _actu_ intelligibel macht (ScG II, 75), indem es die _species intelligibiles_, die in den _phantasmata_ vorliegen, von den individuierenden materiellen Bestimmungen abstrahiert. Diesen Erkenntnisvorgang beschreibt Thomas auch als _illuminatio_ der Phantasmen, durch die das allgemeine Wesen in ihnen zum Vorschein kommt. Wie das Licht die potentiell sichtbaren Farben _actu_ sichtbar macht, so bewirkt der _intellectus agens_, dass die im _phantasma_ sichtbar gewordene _species intelligibilis_ auf den _intellectus possibilis_ wirkt, von ihm aufgenommen wird. Schließlich wird die _species impressa_ vom Intellekt zur _species expressa_, dem _verbum mentis_, ausgebildet.

3. Seelengrund als _vernünfticheit_. Eckharts Adaption der aristotelischen Wahrnehmungstheorie: _energeia_-Identität

3.1 Die Aristoteles-Rezeption Meister Eckharts fällt in eine Phase turbulenter Debatten über Anthropologie und Intellekttheorie, die seit der Mitte des 13. Jahrhunderts zu beherrschenden Themen der doktrinalen Auseinandersetzungen werden. Eckhart übernimmt den hylemorphistischen Ansatz der Aristoteles-Interpretation Thomas' von Aquin und seine Unterscheidung von Wesen und Kräften der Seele, die den Kern der thomasischen Lehre von der Einheit des Menschen und der Einzigkeit seiner _forma substantialis_ bilden. Was die aristotelische Intellekttheorie anbetrifft, schließt Eckhart[32] an die thomasische Rezeption an, bezieht sich aber auch auf Weiterentwicklungen in der Tradition der peripatetischen Kommentare von ›De anima‹.

Eckhart definiert wie Thomas die Seele als *forma substantialis corporis*. Sie heißt so im Hinblick darauf, *wand si dem lîbe leben gît und ein forme des lîbes ist* (Pr. 83, DW III, S. 440,2 f.).[33] Da es in jedem Seienden, das aus Form und Materie besteht, nur eine substantielle Form gibt, verleiht die Seele dem Leib das *esse simpliciter*. Sie ist daher allen Gliedern unmittelbar gegenwärtig. Sie *giuzet* sich *in alliu glit* (Pr. 37 DW II, S. 214,3),[34] *adest singulis membris se tota* (In Ioh. n. 93, LW III, S. 80,5).[35] Was für das *esse* gilt, gilt aber nicht für das *agere*. Die Seele ist zwar *secundum totalitatem essentiae* (»in ihrer ganzen Wesenheit«), nicht aber *secundum totalitatem virtutis* (»in ihrer ganzen Wirkfähigkeit«) in jedem Teil des Körpers; sie ist nicht »*principium immediatum operationis*« (»unmittelbares Prinzip des Wirkens«) – sonst müsste sie ständig alle ihre *opera vitae* (»Lebensaktivitäten«) wirken, so wie sie eben ständig ihren Körper belebt – , sondern sie wirkt durch ihre Kräfte.

Die Unterscheidung von Wesen und Kräften der Seele bildet für Eckhart einen wichtigen Ausgangspunkt seiner Lehre vom Seelengrund. Wie Thomas nimmt er eine Realdistinktion von Wesen und Kräften an, urgiert aber nachdrücklicher als dieser das Nicht-Wirken des Wesens der Seele. In den lateinischen Werken hält Eckhart den realen Unterschied von Wesen und Kräften mit den Termini *essentia, substantia* und *potentiae* fest: *essentia animae longe est ab hoc regno et mundo, quia in alio supra potentias, intellectum et voluntatem, est* (Sermo XI,2 n. 121, LW IV, S. 115,3–5).[36] Wirken als *actus secundus* eines Seienden und Wesen verhalten sich wie Akzidens und Substanz. In den deutschen Werken bezeichnet Eckhart das Wesen der Seele als *grunt*, nicht im Sinne von *causa*, sondern als Name für das Innerste der Seele, den Seelengrund. In ihrem Grunde wirkt die Seele nicht und ist auch sonst ohne alle Bestimmungen, das Wesen liegt oberhalb aller Kräfte, die aus ihr hervorgehen, jenseits aller Kreaturen und sogar Gottes, sofern er gut und wahr ist. Mit dieser Unterscheidung geht Eckhart über die thomasische hinaus, und verbindet sie mit einer seelsorgerlichen Botschaft, indem er auf die Gefahren hinweist, die dem Wesen der Seele, d. h. dem Seelengrund, durch die Kräfte drohen. *Wil dîn ouge alliu dinc sehen und dîn ôre alliu dinc hoeren und dîn herze alliu dinc bedenken, in der wârheit: in allen disen dingen muoz dîn sêle zerströuwet werden* (Pr. 102, DW IV,1,

---

32 Die deutschen und lateinischen Werke werden nach der kritischen Ausgabe von Quint und Steer, bzw. Koch u. a. zitiert.

33 Übersetzung (Quint) S. 584: »dass sie dem Leibe Leben gibt und ›Form‹ des Leibes ist«.

34 Vgl. Übersetzung (Quint) S. 676: »Wie die Seele sich in alle Glieder ergießt«.

35 Übersetzung (Koch) S. 80: sie ist »ganz den einzelnen Gliedern gegenwärtig«.

36 Übersetzung (Quint) S. 115: dass »das Wesen der Seele ferne ist vom Reich dieser Welt, weil sie in einer anderen Welt oberhalb der Seelenvermögen, oberhalb des Intellekts und des Willens, ist«.

S. 418,27–419,1),[37] und sie stirbt, wenn sie sich ganz an die Dinge verliert (vgl. Pr. 42, DW II, S. 301,6 f.). Der Seelengrund kann durch eine falsche Hinwendung zur Welt, durch die *vremden bilden*, Schaden leiden.

3.2 Wie versteht nun Eckhart das Wesen der Seele, den Seelengrund? Seiner Aussage, dass er gänzlich ohne Wirken und ohne jede Bestimmung sei, scheinen andere zu widersprechen, in denen er den Seelengrund als *vernünfticheit* (Pr. 18, DW I, S. 304,7) bezeichnet. Wie stimmt das zusammen? In der Predigt 61 ›Misericordia domini‹ (DW III, S. 35–47) unterscheidet er mit Augustinus drei Erkenntnisarten.[38] Erstens das *bekantnisse der crêatûren, die man mit den vünf sinnen begrifen mac* (S. 37,3 f.), *daz sinneliche bekennen* (Pr. 76, DW III, S. 316,1). Es geht auf die äußeren, materiellen Dinge in Raum und Zeit und erfasst sie nur als Erscheinungen, nicht in ihrem Wesen. Zweitens das *geistlich bekantnisse*. Es kann im Unterschied zur *sensatio* einen Gegenstand ohne dessen sinnliche Gegenwart in seinem Vorstellungsbild erkennen, bleibt aber als *ratio inferior* auf die aus der Sinnlichkeit stammenden *phantasmata* angewiesen. Drittens das *lûter geistlich bekantnisse* (Pr. 61, DW III, S. 38,1 f.), die *ratio superior*. Beide Erkenntnisarten, *ratio inferior* wie *ratio superior*, bezeichnet er als *vernünfticheit*. Die höchste Erkenntnis aber, die *ratio superior*, vollzieht sich im Geist, ist ohne sinnliche Elemente und stammt unmittelbar, *immediate* (In Gen. II n. 141, LW I, S. 609,12) von Gott. Sie dringt in das reine Sein Gottes ein und nimmt Gott in seinem *blôzen eigenen wesene* (Pr. 11, DW I, S. 182,10), sie erkennt *got genzliche, wie er ein ist an der natûre und drîvaltic an den persônen* (Pr. 61, DW III, S. 38,4 f.). Eckhart unterscheidet sie also nicht nur graduell von den beiden anderen, sondern hebt sie als *operatio divina* von den anderen ab und verortet sie im Grund der Seele. Damit scheint er allerdings die Trennung von Wesen und Kräften der Seele aufzuheben, indem er das höchste Erkennen in den Grund der Seele verlegt, der ohne jedes Wirken sein soll. Eckhart wird diesen Widerspruch auflösen, indem er in eigenwilliger Weise wesentliche Elemente der aristotelischen Wahrnehmungs- und *nous*-Theorie in seinem Konzept einer *operatio divina* im Seelengrund adaptiert. Aus der Wahrnehmungstheorie übernimmt er das Theorem der *energeia*-Identität,[39] aus ›De anima‹ B1 und der *nous*-Lehre das Theorem der hylemorphistischen Einheit.

3.3 Den Terminus *vernünfticheit* verwendet Eckhart also in mehrfacher Bedeutung. Er bezeichnet damit erstens die diskursive Vernunft (In Ioh. n. 267, LW III, S. 223,12 f.), eine *potentia animae, ratio inferior*, zweitens den Seelengrund, *ratio superior*.[40] Es sind die beiden Augen der Seele, wie er mit Bezug auf

---

37 Übersetzung (QUINT) S. 429: »Will dein Auge alle Dinge sehen und dein Ohr alle Dinge hören und dein Herz alle Dinge bedenken, wahrlich, so muss in allen diesen Dingen deine Seele zersplittert werden«.

38 Vgl. den Kommentar von LARGIER, EW I, S. 1091–1094.

39 Vgl. WELSCH, Der Philosoph, S. 197–199.

40 Vgl. LARGIER, EW I, S. 849.

Augustinus sagt. *Diu sêle hât zwei ougen, einz inwendic und einz ûzwendic. Daz inner ouge der sêle ist, daz in daz wesen sihet und sîn wesen von gote âne allez mitel nimet: daz ist sîn eigen werk. Daz ûzer ouge der sêle ist, daz dâ gekêret ist gegen allen crêatûren* (Pr. 10, DW I, S. 165,4–8).[41] Die Seele blickt mit ihrem äußeren Auge auf die geschaffene Welt, mit ihrem inneren Auge auf Gott. Dass Eckhart das Schauen Gottes im Seelengrund als spezifisches Werk des inneren Auges bezeichnet, scheint wiederum der Behauptung zu widersprechen, dass die Seele in ihrem Grunde nicht wirkt. Beide Erkenntnisarten werden als Sehen qualifiziert und dadurch einander angeglichen, was zur Annahme verleiten könnte, dass Gott in analoger Weise Objekt eines inneren Organs werden könnte wie die äußeren Dinge. Das weist Eckhart entschieden zurück. *Sumlîche einveltige liute waenent, sie süln got sehen, als er dâ stande und sie hie. Des enist niht. Got und ich wir sint ein* (Pr. 6, DW I, S. 113,6 f.).[42] Gott ist kein Gegenüber des Seelengrundes und der Seelengrund kein erkennendes Organ, sondern der ›Ort‹ der Einheit mit Gott. Sein ›Werk‹ ist das Erleiden Gottes, das *gotlîden*.[43]

Bei der Darstellung der Einheit mit Gott und des Wirkens des inneren Auges als eines Erleidens nimmt Eckhart zentrale Theoreme aus Aristoteles' Wahrnehmungs- und *nous*-Lehre in ›De anima‹ auf. In der Predigt 12 ›Qui audit me‹ ist die aristotelische Annahme leitend, dass Wahrnehmen und Denken zunächst reine Möglichkeit, »leer« sein müssen, um die sensiblen bzw. intelligiblen Formen, *eide*, aufnehmen zu können. Das Auge muss farblos, der *nous pathetikos* bestimmungslos sein, um alle Farben bzw. alle eidetischen Bestimmungen rezipieren zu können. Eckhart nimmt dieses Theorem auf – das Auge muss *ledic sîn aller varwe* (Pr. 12, DW I, S. 201,3), die Vernunft nackt – und verallgemeinert es: *allez, daz nemen sol und enpfenclich sîn, daz sol und muoz blôz sîn* (BgT, DW V, S. 28,8 f.).[44] Was Aristoteles für die Wahrnehmung und das Denken behauptete, überträgt Eckhart auch auf den religiösen Bereich und leitet daraus Handlungsanweisungen ab: Der Mensch soll seiner selbst entäußert und alles dessen, was er empfangen soll, ledig sein. Er soll *pure passive* und *super nudo* (In Ioh. n. 307, LW III, S. 338,5 f.) (»rein passiv« und »im Bloßsein«) jede Gabe Gottes annehmen.

Eckharts Verfahren, ontologische und erkenntnistheoretische Sätze ethisch-religiös zu wenden, wird in einem weiteren Argumentationsschritt von Predigt

---

41 Übersetzung (QUINT) S. 468: »Die Seele hat zwei Augen, ein inneres und ein äußeres. Das innere Auge der Seele ist jenes, das in das Sein schaut und sein Sein ganz unmittelbar von Gott empfängt: dies ist sein ihm eigenes Werk. Das äußere Auge der Seele ist jenes, das da allen Kreaturen zugewendet ist«.

42 Übersetzung (QUINT) S. 455: »Manche einfältigen Leute wähnen, sie sollten Gott (so) sehen, als stünde er dort und sie hier. Dem ist nicht so. Gott und ich, wir sind eins«.

43 Dazu grundlegend HAAS, Gottleiden – Gottlieben, passim; und DERS., Seelenfunken (*scintilla animae*), S. 322 f.

44 Übersetzung (QUINT) S. 480: »Alles, was aufnehmen und empfänglich sein soll, das soll und muss leer sein«.

12 noch deutlicher, in dem er die Einheit mit Gott nach dem Modell der aristotelischen *energeia*-Identität versteht, diese aber an entscheidender Stelle verändert. In ›De anima‹ behauptet Aristoteles: »Die Wirklichkeit, *energeia*, des Wahrnehmbaren und der Wahrnehmung ist ein und dieselbe, ihr Sein ist aber nicht dasselbe« (425 b 26 f.). Die *energeia* des Wahrnehmungsaktes und die *energeia* des Wahrgenommenen sind also identisch. Das bedeutet, dass der Wahrnehmungsakt die Erfüllung sowohl des Wahrnehmungsvermögens als auch des Wahrgenommenen ist. Wenn z. B. etwas, das zu hören vermag, wirklich hört und etwas, das klingen kann, wirklich klingt, »dann ist zugleich das wirkliche Gehör und der wirkliche Klang da« (425 b 30–426 a 1).[45] Die Wirklichkeitsidentität ist nur in der aktualen Wahrnehmung gegeben und sie findet im Aufnehmenden, Leidenden, statt, welches das Vermögen zur Wahrnehmung hat. Eckhart knüpft an die These von der *energeia*-Identität an. *Sihe ich blâwe oder wîze varwe, diu gesiht mînes ougen, daz dâ sihet die varwe, daz selbe, daz dâ sihet, daz ist daz selbe, daz dâ gesehen wirt mit dem ougen* (Pr. 12, DW I, S. 201,3–5).[46] Sehen und Gesehenwerden sind ein und derselbe Vorgang, eine einzige Bewegung.

Eckhart wendet das aristotelische Theorem auch auf das Schauen Gottes an. *Daz ouge, dâ inne ich got sihe, daz ist daz selbe ouge, dâ inne mich got sihet; mîn ouge und gotes ouge daz ist ein ouge und ein gesiht und ein bekennen und ein minnen* (Pr. 12, DW I, S. 201,5–8).[47] Gott und Mensch sind eins im Vollzug des Erkennens, allerdings mit einer wichtigen Umakzentuierung der *energeia*-Identität. *Got machet uns sich selber bekennende, und bekennende machet er uns sich selber bekennende, und ez ist daz selbe, daz er mich machet bekennende und daz ich bekenne* (Pr. 76, DW III, S. 320,8–10).[48] Nicht durch die Erkenntnisleistung des menschlichen Vermögens erkennen wir, sondern durch Gott selbst, der uns erkennt. Das Erkennen des Menschen erkennt, indem es von Gott erkannt wird; die menschliche Erkenntnis Gottes und die Erkenntnis, durch die Gott den Menschen erkennt, sind ein einziger Vorgang. *Ez ist ze wizzene, daz daz ein ist nâch dingen: got bekennen und von gote bekant ze sînne und got sehen und von gote gesehen ze sînne. In dem bekennen wir got und sehen, daz er uns machet gesehende und bekennende* (Pr. 76, DW III, S. 310,3–311,1).[49] Diese *energeia*-Identität ist

---

45 Zu dem Klangbeispiel vgl. BERNARD, Rezeptivität und Spontaneität der Wahrnehmung, S. 143–146.

46 Übersetzung (QUINT) S. 478: »Sehe ich blaue oder weiße Farbe, so ist das Sehen meines Auges, das die Farbe sieht – ist eben das, was da sieht, dasselbe wie das, was da gesehen wird mit dem Auge«.

47 Übersetzung (QUINT) S. 478: »Das Auge, in dem ich Gott sehe, das ist dasselbe Auge, darin mich Gott sieht; mein Auge und Gottes Auge, das ist ein Auge und ein Sehen und ein Erkennen und ein Lieben«.

48 Übersetzung (QUINT) S. 563: »Gott macht uns sich selbst erkennen, und erkennend macht er uns sich selbst erkennen und sein Sein ist sein Erkennen, und es ist dasselbe, dass er mich erkennen macht und dass ich erkenne«.

49 Übersetzung (QUINT) S. 562: »Man muss wissen, dass Gott zu erkennen und von Gott erkannt zu werden, Gott zu sehen und von Gott gesehen zu werden der Sache nach eins

singulär. Denn während bei den körperlichen Wesen der wahrnehmende Sinn und das Wahrnehmbare im Akt der Wahrnehmung identisch sind, ohne dass das Wahrnehmbare dem Auge oder das Auge dem Wahrnehmbaren Sein verleiht (vgl. In Ioh. n. 107, LW III, S. 91,10–14), gibt Gott der Seele, indem er sie ansieht, Sein und Leben, und erhält die Seele Sein und Leben, indem sie Gott anschaut. *Dâ got die crêatûre anesihet, dâ gibet er ir ir wesen; dâ diu crêatûre got anesihet, dâ nimet si ir wesen* (Pr. 10, DW I, S. 173,6 f.).[50] Beim Erkennen Gottes in der *vernünfticheit*, im Seelengrund, handelt es sich also nicht um die Tätigkeit einer Seelenkraft, sondern um eine dynamische ontologische Relation, in der die Seele in den göttlichen Lebensprozess integriert wird. Eckhart nimmt die aristotelische *energeia*-Identität auf, deutet sie aber durch eine religiöse Applikation tiefgreifend um. Das Erkennen ist kein Akt der theoretischen Vernunft, sondern gleicht eher der paulinischen *gnosis* als ein »Einbezogenwerden in das Heilsgeschehen«.[51] Das Erkennen Gottes ist eher ein Erkanntwerden von ihm: »jetzt aber kennt ihr Gott, vielmehr seid ihr von Gott erkannt« (Gal 4,9).

4. Der Doppelcharakter der Vernunft und die Herrschaft Gottes im Seelengrund. Die Implementierung der aristotelischen *nous*-Theorie in die Schöpfungstheologie (Predigt 37)

Eigenwilliger noch als bei der Rezeption der aristotelischen Wahrnehmungstheorie, verfährt Eckhart mit der aristotelischen *nous*-Theorie,[52] insbesondere bei der Uminterpretation des Begriffspaares *nous poietikos* und *nous pathetikos*. Es ist das hylemorphistische Modell des Aristoteles, das Eckhart unter verschiedenen Gesichtspunkten aufgreift und adaptiert: Erstens, zur Beschreibung der vernunftbestimmten hierarchischen Ordnung der Seele; zweitens, zur Explikation der hylemorphistischen Einheit mit Gott im Seelengrund; drittens, zur Verdeutlichung des *passive se habere* als eigentlicher Tätigkeit des Menschen.
In Predigt 37 (DW II, S. 210–223) über den Vers aus den ›Königsbüchern‹: »Herr, mein Mann, dein Knecht, ist tot« (IV Rg 4,1) verbindet Eckhart die drei genannten Gesichtspunkte. Er legt unter Bezug auf eine Perikope aus dem Johannesevangelium und die theologische und philosophische Tradition – denn »es ist [...] dasselbe, was Moses, Christus und der Philosoph lehren« (In Ioh. n. 185, LW III, S. 155,5 f.) – einzelne Ausdrücke des Leitzitats der Reihe nach aus und gliedert so seine Homilie in drei Abschnitte. Im ersten interpretiert er das Wort *man*, im zweiten *kneht*, im dritten den Ausdruck *zwêne süne*. Es sind Leitwörter, die die zentrale Thematik der Predigt umreissen.

---

ist. Darin erkennen wir Gott und sehen, dass er uns sehen und erkennen macht«.
50 Übersetzung (QUINT) S. 471: »Wenn Gott die Kreatur ansieht, gibt er ihr damit ihr Sein, wenn die Kreatur Gott ansieht, empfängt sie damit ihr Sein«.
51 BULTMANN, ginosko, gnosis, S. 710.
52 Eine gute Übersicht bietet BECCARISI, Index: Aristoteles, De anima, S. 27–37. Auf ihren Beitrag im Eckhart-Jahrbuch 10 (2016) werde ich an anderer Stelle eingehen.

Eckhart behandelt zunächst die Bedeutung des Ausdrucks *man in der sêle* (S. 211,1–215,3), setzt ihn in eine Reihe von Synonymen – *vünkelîn der vernünf-ticheit, houbet in der sêle, vünkelîn götlîcher natûre, götlich lieht, ein zein* und *ein înge-drücket bilde götlîcher natûre* – und betont damit die hohe Würde des Fünkleins der Vernunft. Durch dieses Fünklein fließt Gott allezeit durch alle Kräfte der Seele, so wie die Seele in alle Glieder sich ergießt. Was Eckhart mit dem Ausdruck *man in der sêle* meint, entwickelt er weiter, indem er eine Perikope aus dem Johannesevangelium (Io 4,1–42) einschaltet: das Gespräch Jesu mit der Samariterin am Brunnen, in dessen Verlauf ihr Vorleben zur Sprache kommt. Eckhart legt diese Geschichte intellekttheoretisch aus und zieht daraus Schlüsse für das spirituelle Leben. Die fünf Männer, die die Frau gehabt hat, bedeuten die fünf Sinne. Sie haben die Frau in ihrer Jugend *nâch allem irm willen und nâch irm geluste* (S. 213,5) (»nach ihrem Willen und Gelüst«) besessen – denn sie lebte nicht nach der Vernunft (vgl. In Exod. n. 221, LW II, S. 185,1). Dem einen Mann, den sie nun im Alter hat, das ist die Vernunft, dem folgt sie nicht. Wenn aber die Vernunft tot ist, steht es schlecht um die Seele. Eckhart betont ganz im Sinn der aristotelischen Tradition den Rang der Vernunft als einer Herr-schaftsinstanz in der Seele: Gegenüber den Seelenkräften soll sie herrschen. Das Oberste, das Fünklein der Vernunft, der Mann in der Seele, ist in einer wohlgeordneten Seele der Herr. Wo nicht die *vernünfticheit*, sondern die Sinne den Ton angeben, wird die Ordnung zerstört.

An dieser Stelle kehrt Eckhart zum alttestamentlichen Leitzitat zurück und geht zur Auslegung des zweiten Begriffs, *kneht*, über (S. 215,4–217,5). Im Ver-hältnis zu Gott ist die *vernünfticheit*, die gegenüber den Seelenkräften Mann und d. h. Herr ist, nicht Herr, sondern Knecht, d. h. jemand, der etwas für sei-nen Herrn *enpfaehet und beheltet* (S. 215,5) (»empfängt und bewahrt«). Warum Knecht-Gottes-Sein der Vernünftigkeit und nicht den Kräften der Seele, Intel-lekt und Willen, zukommt und Knecht-Sein im Verhältnis zu Gott die höchste Auszeichnung bedeutet, erläutert Eckhart im Folgenden unter zwei Gesichts-punkten: Erstens: Alle sinnlichen und geistigen Kräfte richten sich auf Gott wegen bestimmter Attribute: der Wille sucht das Gute, der Intellekt Gottes Weisheit. Die Vernünftigkeit hingegen, die er hier vom Intellekt als Kraft der Seele abgrenzt, *dringet ûf in daz wesen* (S. 216,3) (»dringt hinauf in das Sein«). *Si versinket in daz wesen und nimet got, als er ist lûter wesen* (S. 216,5),[53] ohne alle Attribute. Damit ist für Eckhart ein zweiter Punkt verbunden, der die Vernünf-tigkeit im Sinne von Knecht-Gottes-Sein vor allen Kräften der Seele auszeich-net: Im Unterschied zu den Kräften, die in Gott etwas suchen und etwas von ihm nehmen wollen, ist die Vernünftigkeit reines Empfangen. In diesem reinen Empfangen und Bewahren Gottes gleicht sie den obersten Chören der Engel.

---

53 Übersetzung (QUINT) S. 677: »Sie versinkt in das Sein und nimmt Gott, wie er lauteres Sein ist«.

Im nächsten Teil der Predigt, in dem Eckhart den zweiten Satz des Zitats interpretiert, nimmt er den Doppelcharakter der *vernünfticheit* unter mehreren Aspekten auf, indem er den Ausdruck ›zwei Söhne‹ expliziert (S. 218,1–223,5). Er bedeutet dreierlei: die ›zwei Söhne‹ bezeichnen erstens die zwei Antlitze der Seele, wie er mit Avicenna (›De anima‹ I,5) festhält. Das eine ist *gekêret in dise werlt und ze dem lîbe* (S. 218,4), das andere auf Gott gerichtet; in dem einen Vermögen wirkt sie *tugent und kunst und heilic leben* (S. 219,1) (»Tugend und Kunst und heiligmäßiges Leben«), in dem anderen wirkt ununterbrochen das göttliche Licht. In dieser Passage, die den Doppelcharakter der Vernunft noch einmal anspricht, wird die aristotelische Grundierung des Seelenmodells Eckharts deutlich sichtbar, nämlich in der Bedeutung der *vernünfticheit* für die Gestaltung und Steuerung des praktisch-pragmatischen Bereichs des Lebens. Mit dem Begriffspaar *tugent* und *kunst* nimmt Eckhart im Kern die aristotelische Unterscheidung der Tugenden der *phronesis*, der praktischen Klugheit, und *techne*, des Herstellenkönnens, auf, die dem kontingenten Bereich zugewandt und wesentliche Elemente des guten Lebens sind. Es wird aber auch klar, dass Eckhart zwar zentrale Elemente der aristotelischen Philosophie aufnimmt, sie aber umdeutet. Die Vernunft, das Herrschende, der Mann in der Seele, muss zugleich Knecht Gottes sein, um die Affekte zu beherrschen. Diese Herrschaft der Seele ist somit nicht in ihrer eigenen Herrschaftlichkeit, sondern in der Herrschaft Gottes im Seelengrund begründet. Aus dieser Passage wird auch klar, dass der passive Aspekt im Seelengrund nicht quietistisch verstanden werden darf. Das reine Empfangen, *passive se habere*, ist mit Eigentätigkeit, praktischer Klugheit und technischem Können kompatibel. Die zwei Antlitze der Seele sind die zwei Seiten der Seele, die in ihrem Grunde *vernünfticheit* ist.

Die ›zwei Söhne‹ sind zweitens Erkenntnis und Wille, von denen die Erkenntnis als erste aus der *vernünfticheit* ausbricht, dann der Wille aus ihnen beiden (S. 219,8–10) hervorgeht. Auf diese Bedeutung geht Eckhart nicht weiter ein.

Die ›zwei Söhne‹ bedeuten drittens die *mügeliche vernunft*, die alles werden kann, und die *würkende vernunft*, die alles machen kann.[54] Eckhart nimmt in dieser Passage die aristotelische Unterscheidung von *nous pathetikos* und *nous poietikos* auf und baut sie im weiteren Verlauf in die Schöpfungtheologie ein, indem er die zwei menschlichen Formen der Vernunft mit den zwei Erkenntnisweisen der Engel, der Erkenntnis im Morgenlicht und der Erkenntnis im Abendlicht, vergleicht, eine Unterscheidung, die er von Augustinus und Thomas übernimmt. Im Abendlicht sieht der Engel alle Dinge in seinem natürlichen Licht (S. 222,1 f.); denn als separate, rein geistige Substanz jenseits von Raum und Zeit erkennt er die Sinnendinge nur in sich selbst, in den *species intelligibiles*, den intelligiblen Formen, die ihm Gott vor der Schöpfung verliehen

---

54 Vgl. dazu den wegweisenden Kommentar von Largier, EW I, S. 993–997.

hat. Inwiefern gleicht nun die *mügeliche vernunft* dem Abendlicht des Engels?
Der Vergleichspunkt ist das ›Innehaben‹ der intelligiblen Formen der Dinge.
Im Unterschied zum Engel, der die ganze Welt schon geistig in sich trägt, lie-
gen in der menschlichen Seele, die nicht vor der Erschaffung der Welt war, die
Erkenntnisobjekte nicht als *intelligibilia actu* vor, sie hat aber in der möglichen
Vernunft das Vermögen, *alliu dinc ze werdenne geistliche* (S. 220,3) (»geistig alles zu werden«) wie Eckhart mit einer die aristotelische Charakterisierung
des *nous pathetikos* aufnehmenden Formulierung sagt. Dazu ist allerdings die
Leistung der *würkenden vernunft* notwendig, die die *species intelligibiles* aus den
sinnlichen Dingen gewinnt und auch in der Lage ist, die Dinge im Morgenlicht
zu erkennen. Im Morgenlicht erkennt der Engel die Geschöpfe unmittelbar
in ihrem göttlichen Ursprung, *id est in filio, qui est imago et ratio idealis omnium*
(In Gen. I n. 4, LW I, S. 188,10).[55] Wer die Dinge so erkennt, erkennt sie in
ihrer Idee in Gott und bringt sie gewissermaßen in ihren Ursprung zurück.
Dieses Zurückbringen ist der Vergleichspunkt; denn von der *würkenden vernunft* sagt Eckhart, dass sie alle Dinge hinauf in Gott trägt und *alliu dinc in ein
niuwez wesen* (S. 221,1) (»alles zu einem neuen Sein«) wirkt. In der *mügelichen
kraft* (»möglichen Kraft«) gleicht also die Vernunft der natürlichen Erkenntnis der Engel, dem Abendlicht, in ihrer *würkenden kraft* (»wirkenden Kraft«)
dem Morgenlicht.[56] Eckhart nutzt die aristotelische Unterscheidung, um eine
Kongruenz der christlichen Schöpfungsordnung mit den philosophischen Aussagen über die Funktionen der denkenden Seele darzulegen. *Divina* und *naturalia* legen sich wechselseitig aus. Denn alle Bereiche gleichen sich in ihren
Grundstrukturen, weil alles von einem Schöpfer stammt. Zwischen Sätzen der
Bibel und Sätzen der Philosophie besteht eine prästabilierte Konkordanz; sie
erhellen sich wechselseitig. Die Erkenntnisweisen der Engel sind unter dieser
Perspektive ein Spiegelbild der Erkenntnisweisen der menschlichen Seele, mit
dem Schwerpunkt auf den Funktionen der natürlichen Vernunft.

5. Eckharts Explikation der Gottesgeburt im Seelengrund mit Elementen der
   peripatetischen und scholastischen Intellekttheorie (Predigt 104)

5.1 In Predigt 104 über Lc 2,49: »Ich muss in dem sein, was meines Vaters ist«
(DW IV,1, S. 565–610)[57] spielt die aristotelische *nous*-Theorie mit ihrer hylemorphistischen Grundstruktur eine wichtige Rolle bei der Explikation der

---

55 Übersetzung (WEIß) S. 188: »das heißt im Sohne, der das Vorbild und die Idee aller Din-
    ge ist«.
56 Neuerdings hat HOENEN, Vir meus servus tuus mortuus est, S. 89–110, den *intellec-
    tus agens* aufzuwerten versucht. Vgl. dazu kritisch: HASEBRINK, Dialog der Varianten,
    S. 138–141, und WINKLER, Von der wirkenden und möglichen Vernunft, S. 226 f.
57 Vgl. dazu die umfangreichen, überaus nützlichen Anmerkungen und Verweise auf Paral-
    lelen in anderen Predigten und in den Lateinischen Werken bei STEER in seiner kriti-
    schen Ausgabe DW IV, 1.

Gottesgeburt im Seelengrund. Eckhart rekurriert dabei auch auf peripatetische und scholastische Kommentatoren, die die aristotelischen Theoreme weiterentwickelt haben.

Eckhart wechselt mit dem Thema ›ewige Geburt‹ in den Bereich der übernatürlichen Erkenntnis, allerdings nicht ohne immer wieder Analogien zur Struktur des natürlichen Erkennens herzustellen. Er verknüpft in der dialogisch angelegten thematischen Predigt, die nach Duktus und Inhalt auf ein akademisches Publikum schließen lässt, intellekttheoretische und praktische Gesichtspunkte. Eine zentrale Frage ist die Vereinbarkeit von Schauen Gottes und praktischen Werken in der Gottesgeburt. Je nachdrücklicher der fiktive Gesprächspartner diese in Frage stellt, desto entschiedener entwickelt und begründet Eckhart philosophisch seine These von der Einheit von *actio* und *contemplatio* in der Gottesgeburt, die dem Handeln über die Grenzen der natürlichen Vernunft hinausgehende Möglichkeiten eröffnet.

Einleitend spricht Eckhart von der *êwigen geburt, diu zîtlich ist worden und noch tegelîche geborn wirt in der sêle innerstem,*[58] und durchbricht mit dieser Formulierung die traditionelle Dreiteilung des Themas der Geburt Christi. »Die trinitarische Geburt, die geistige Geburt Marias und die Geburt des Sohnes Gottes in der Seele, ist ein und dieselbe Geburt, es ist die ›ewige Geburt‹«.[59] Die Antwort des zwölfjährigen Jesus an seine Eltern: *Ez ist nôt, daz ich sî in den dingen, diu mînes vaters sint* (S. 565,2 f.)[60] nennt, nach Eckharts Deutung, die Bedingungen für das *gewar werden* (S. 566,8 f.) und *bevinden* der Gottesgeburt in der Seele. Es geht hier also um die Frage, wie der Mensch an der »immer sich vollziehende(n) Gottesgeburt [...] einen wissenden Anteil und eine neue Befindlichkeit«[61] gewinnen kann. Eckhart antwortet: Der Mensch muss sich von der Welt und den Sinnen losreißen. *Und daz muoz geschehen mit grôzem gewalt, daz alle krefte ze rücke suln getriben werden und irs werkes abegân* (S. 567,22–25).[62] Diese Abkehr betrifft nicht nur den voluntativen Bereich – es soll nicht nur der Eigenwille gebrochen werden –, sondern auch den intellektiven – das theoretische Interesse soll zur Ruhe kommen: *Der mensche enmac niht komen ze dirre geburt, er entziehe sich denn aller sîner sinne in allen dingen* (S. 567,18–21).[63] Die Sinne tragen die Welt in die Seele und sind damit Ausgangspunkt für das Wirken der Seelenkräfte des Intellekts und des Willens, die sich auf diese Ge-

---

58 Eigene Übersetzung: »von der ewigen Geburt, die in der Zeit geschehen ist und auch jetzt noch täglich sich im Innersten der Seele vollzieht«.

59 STEER, Predigt 101, S. 281.

60 Eigene Übersetzung: »Ich muss in dem sein, was meines Vaters ist«.

61 MIETH, Meister Eckhart, S. 184.

62 Eigene Übersetzung: »Und das muss mit großer Gewalt geschehen, dass alle Kräfte zurückgedrängt werden sollen und sie von ihrem Werk ablassen«.

63 Eigene Übersetzung: »Der Mensch vermag zu dieser Geburt nur zu kommen, wenn er sich in allen Belangen seinen Sinnen entzieht«.

genstände (vgl. Pr. 21, DW I, S. 365,3 f.) beziehen. Mit Gewalt soll sich die Seele von ihnen lösen und sie vergessen (S. 568, 37).

Die erste Frage, die Eckharts fiktiver Gesprächspartner nun stellt, lautet: Geschieht das _gewar werden_ der ewigen Geburt dauernd oder nur bisweilen, wenn sich _der mensche dar zuo vüeget und alle sîne maht dar zuo tuot, daz er aller dinge vergezze und sich aleine hie inne wizze_ (S. 568,34–38).[64] Für ihre Beantwortung rekurriert Eckhart auf ein über die Predigt 37 hinausgehendes dreiteiliges Intellektschema, das nur in dieser Predigt begegnet.[65] Er unterscheidet _eine würkende, eine mügeliche_ und _eine lidende vernunft_. Dabei erhält die _mügeliche vernunft_ eine andere Bedeutung als in Predigt 37 und die _lidende vernunft_ wird neu eingeführt. Die Unterscheidungen bezeichnen drei verschiedene Verfassungen des menschlichen Geistes, die mit seinem Übergang aus dem alltäglichen Zustand natürlichen Wirkens in den Zustand der Abgeschiedenheit und der Erfahrung der Gottesgeburt zusammenhängen:

Erstens: die _würkende vernunft_. Eckhart versteht sie hier als das natürliche Vermögen des menschlichen Geistes. Sie übt sich im vernünftigen Umgang mit den Geschöpfen und führt sie in ihren göttlichen Ursprung zurück oder erhebt sich _ze götlicher êre und ze götlichem lobe_ (S. 570,49 f.) (»um Gott zu ehren und zu loben«). Der Gegenstands- und Tätigkeitsbereich dieser wirkenden Vernunft ist die Welt und die natürliche Gotteserkenntnis (S. 568,42–570,52).

Zweitens: die _lidende vernunft_. Wenn der Fluss der Bilder aus der Vorstellungskraft aufhört, die _würkende vernunft_ still und Gott im Menschen zum _werkmeister_ wird, also in der Erfahrung der Gottesgeburt, kommt der Geist in einen neuen Modus: die _lidende vernunft_. _Sô sich aber got des werkes underwindet, sô muoz der geist sich halten in einer lidelicheit_ (S. 570,52–54).[66] In der Gottesgeburt findet so eine gänzliche Umbesetzung der Positionen statt. Im Bereich des natürlichen Erkennens verhält sich der Geist wirkend, in der Erfahrung der Gottesgeburt im Seelengrund dagegen, wo Gott selbst wirkt, ist er in einem Zustand des Leidens. _Sô sol und muoz sich der geist stille halten und got lâzen würken_ (571,66–68).[67] In ihrem Grunde wirkt die Seele nicht, Gott wirkt. _Got und ich wir sint ein in disem gewürke; er würket, und ich gewirde_ (Pr. 6, DW I, S. 114,4 f.).[68]

Drittens: die _mügeliche vernunft_. Eckhart bezeichnet sie zunächst als eine Verfassung des Geistes, die am Übergang von der natürlich wirkenden in den Zustand der _lidenden vernunft_ und der Erfahrung der Gottesgeburt steht. _Aber_

---

64 Eigene Übersetzung: »Wenn sich der Mensch darein fügt und alle seine Macht daransetzt, alle Dinge zu vergessen und sich nur hierin zu wissen«.

65 Vgl. McGinn, Sermo XXIX, S. 229, Anm. 70.

66 Eigene Übersetzung: »Wenn aber Gott tätig wird, so muss der Geist sich leidend verhalten«.

67 Eigene Übersetzung: »So soll und muss der Geist sich still halten und Gott wirken lassen«.

68 Übersetzung (Quint) S. 455: »Gott und ich, wir sind eins in solchem Wirken; er wirkt, und ich werde«.

diu mügelîche vernunft diu luoget ze in beiden: swaz got gewürken müge und der geist gelîden, daz daz ervolget werde nâch mügelicheit (S. 570,54–58).[69] Die *mügelîche vernunft* lässt sich damit zunächst verstehen als ein Bewusstsein des Menschen dafür, dass er auf die Einheit mit Gott zulebt, ein Übergangszustand, in dem der Geist sich der Möglichkeit göttlichen Wirkens in der Seele, der Annäherung an die Einheit mit Gott in der Gottesgeburt, bewusst wird. Den Aspekt der Selbstreflexion im Vorfeld dieses Übergangs nimmt Eckhart noch einmal auf, präzisiert Status und Stellenwert der *mügelîchen vernunft* und nennt darüber hinaus ihre Voraussetzungen: *Und ê diz anegevangen werde von dem geiste und von gote volbrâht, sô hât der geist ein anesehen dar zuo und ein mügelich erkennen, daz ez allez wol geschehen mac und möhte, und daz heizet diu mügelîche vernunft* (S. 572, 68–73).[70] Der Status der *mügelîchen vernunft* setzt eigene Anstrengung des Menschen voraus, die durch das Einwirken Gottes vollendet wird. Diesen Aspekt betont noch einmal der folgende Satz: *Sô sich aber der geist üebet nâch sîner maht in rehten triuwen, sô underwindet sich sîn gotes geist und des werkes und denne sô schouwet und lîdet der geist got* (S. 572,75–79).[71] Das Gewahrwerden der Gottesgeburt verlangt also *üebunge*. Die *mügelîche vernunft* scheint Eckhart hier zu verstehen als eine sich selbst transparente Disposition zum *got schouwen* und *got lîden* – die Fassung B spricht von *haltunge* (S. 570,55).

5.2 Eckhart stützt sich bei der in Predigt 104 eingeführten Dreiteilung und seinem Konzept der *mügelîchen vernunft*, wie es scheint, auf peripatetische und scholastische Interpretationen der aristotelischen Intellekttheorie in ›De anima‹.

Das Grundmodell findet sich bei Alexander von Aphrodisias. Er unterscheidet in seiner Schrift ›De intellectu et intellecto‹ (›Peri nou‹),[72] einen dreifachen *intellectus*: den *intellectus materialis* (S. 74,3) – *nous hylikos*; den *intellectus*, von dem er sagt: *habet habitum ut intelligat* (S. 76,8 f.) – *nous hexin echon tou noein*;[73] und die *intelligencia agens* (S. 76,18) – *nous poietikos*. Dabei nimmt er tiefgreifende Modifikationen gegenüber Aristoteles vor: Erstens betont er die Trans-

---

69 Eigene Übersetzung: »Aber die mögliche Vernunft schaut auf beides: was Gott zu wirken und der Geist zu erleiden vermag, dass das nach Möglichkeit erlangt werde«. Nach STEER spielt Eckhart an dieser Stelle mit dem Verbum *ervolgen* auf den *intellectus adeptus* an.

70 Eigene Übersetzung: »Und bevor dies vom Geist begonnen und von Gott vollendet wird, so hat der Geist eine Sicht darauf und ein mögliches Erkennen, dass alles gut geschehen kann und könnte, und das heißt die mögliche Vernunft«.

71 Eigene Übersetzung: »Wenn sich aber der Geist getreulich so gut er kann betätigt, nimmt Gott sich seiner und des Werkes an, und dann schaut und leidet der Geist Gott«.

72 Alexander Aphrodisiensis, Liber de intellectu et intellecto, S. 74–82. Die Schrift ist ein Appendix des Traktats ›Peri psyches‹. Ihre Echtheit ist nicht unumstritten. ›Peri nou‹ wurde von Ishaq ibn Hunain ins Arabische übersetzt. Gerhard von Cremona übersetzte den Text aus dem Arabischen ins Lateinische, vgl. MORAUX, Der Aristotelismus bei den Griechen, S. 386–394.

73 Eigene Übersetzung: »der Geist, der einen Habitus zum Denken hat«.

zendenz der *intelligencia agens*. Sie ist göttlich und nicht Teil der menschlichen Seele. Zweitens geht er von einer Einwirkung des göttlichen Geistes auf das menschliche Erkennen aus. Der *intellectus materialis* der menschlichen Seele ist zunächst ganz leer – wie der aristotelische *nous pathetikos*. Sowohl durch Übung als auch insbesondere durch das Einwirken der göttlichen *intelligencia agens*, des göttlichen *nous poietikos*, auf den menschlichen Intellekt entsteht im Menschen ein *habitus intelligendi* (»Erkenntnisdisposition«). Wenn dieser aktuiert wird, erkennt er als *intellectus in effectu* sich selbst im *intellectum*. Der *habitus intelligendi* kann bis zum *intellectus adeptus agens* (S. 77,11) (»erworbener tätiger Intellekt«) perfektioniert werden;[74] als solcher ist er nicht mehr weder Teil noch Vermögen der menschlichen Seele (S. 77,11 f.).

Das Grundmodell Alexanders wird von arabischen Kommentatoren aufgenommen und weitergeführt.[75] Alfarabi legt ein vierteiliges Intellekt-Schema zugrunde (S. 117,82 f.), und beruft sich dabei auf ›De anima‹. Er unterscheidet den *intellectus in potencia* (»potentieller Intellekt«), den *intellectus in effectu* (»bereits zum Denken disponierter Intellekt«), den *intellectus adeptus* (»erworbener Intellekt«) und die von außen wirkende, transzendente *intelligencia agens* (»tätige Intelligenz«).[76] Indem der *intellectus in potencia* intelligible Formen aus der Materie abstrahiert und aufnimmt, geht er in den Modus des *intellectus in effectu* über. Wenn dieser durch Einwirkungen der *intelligencia agens* (S. 122,257–259) und durch eigene Anstrengung möglichst viele Formen aufgenommen hat, erkennt er in ihnen sich selbst: *Cum autem ipsa [i. e. anima] intelligit id quod est intellectum in effectu, tunc non intelligit aliquid quod sit extra suam essenciam* (S. 119,161–163).[77] Damit ist die Perfektionsstufe des *intellectus adeptus* erreicht, den Alfarabi, hylemorphistisch argumentierend, gewissermaßen zur Form des *intellectus in effectu* erklärt: *intellectus adeptus est quasi forma intellectui in effectu*

---

74 Was den Anteil der Eigentätigkeit des Menschen an der Entwicklung des *intellectus adeptus* anbetrifft, sind bei Alexander unterschiedliche Positionen erkennbar. Während er in ›De intellectu‹ die Eigentätigkeit des menschlichen Intellekts zugunsten der Einwirkung der göttlichen *intelligencia agens* reduziert, betrachtet er in seiner Schrift ›Peri psyches‹, die sich stärker an Aristoteles zu orientieren scheint, die intellektuelle Entwicklung des Geistes vorwiegend als Auswirkungen des Unterrichts und der persönlichen Anstrengung. Der *nous poietikos* ist an dieser Entwicklung nur insofern beteiligt, als er die Intelligibilität der mit der Materie verbundenen Formen gewährleistet (vgl. MORAUX, Der Aristotelismus bei den Griechen, S. 389). Averroes hat die Unterschiede der beiden Positionen erkannt und versucht, sie auszugleichen. Den Vorgang der Angleichung bezeichnet er im ›Commentarium Magnum‹ zu ›De anima‹ als *coniunctio*.

75 Alfarabi, De intellectu et intellecto, S. 115–126.

76 Vgl. die aufschlussreichen Arbeiten von MÜLLER, insbesondere: Der Einfluß der arabischen Intellektspekulation auf die Ethik des Albertus Magnus, S. 545–568, und HASSE, Das Lehrstück von den vier Intellekten, S. 21–77.

77 Eigene Übersetzung: »Wenn aber die Seele das erkennt, was bereits erkannt in ihr ist, dann erkennt sie etwas, was nicht außerhalb ihres Wesens ist«.

(S. 121,207 f.).[78] Alfarabi beschreibt also einen Entwicklungsweg, auf dem sich die Seele durch ihre *virtus ad assimilandum* (S. 121,236) (»ihre Assimilationskraft«) immer mehr der transzendenten *intelligencia agens* annähert. Dann ist die *intelligencia* [...] *agens* [...] *illius speciei cuius est intellectus adeptus* (S. 122,267 f.).[79] Hier findet der Mensch sein höchstes Ziel, seine *perfeccio ultima* (S. 123,310). Der *intellectus adeptus* ist dabei die Vollendung der menschlichen Seele im Prozess ihrer Selbstrealisierung und –transzendierung.

Auch in der Intellekttheorie des Albertus Magnus, der in seinen Schriften mehrere Intellekt-Schemata verwendet, kommt dem *intellectus adeptus* eine herausgehobene Bedeutung zu. In seiner Schrift ›De anima‹,[80] in der er ein Vierer-Schema zugrundelegt – *intellectus possibilis, intellectus universaliter agens, intellectus speculativus, intellectus adeptus* – will er mit dem *intellectus adeptus* die *quaestio gravissima* (S. 215,19) des Aristoteles lösen, wie die menschliche Vernunft, die auf die *conversio ad phantasmata* (»Hinwendung zu den Vorstellungsbildern«) angewiesen ist, reine *intelligibilia* erkennen könne. Bei seinem Lösungsansatz folgt er *in parte* (S. 221,72) Alfarabi und rekurriert auf die *coniunctio*-Theorie des Averroes. Er beschreibt die Perfektionierung des menschlichen Intellekts als eine Aufstiegsbewegung, in der durch Studium und Belehrung und durch das Einwirken des Lichts des *intellectus agens* immer mehr abstrahierte Formen im *intellectus possibilis* aufgenommen werden und er sich so mehr und mehr dem *intellectus agens* annähert: *et ideo in omnibus his accipit continue intellectus possibilis lumen agentis et efficitur sibi similior et similior de die in diem. Et hoc vocatur a philosophis moveri ad continuitatem et coniunctionem cum agente intellectu* (S. 221,89– 93).[81] Wenn er alle *intelligibilia* empfangen hat, besitzt er das Licht des *intellectus agens* als eine ihm selbst anhängende Form. Dann verhält sich der *intellectus agens* zum *intellectus possibilis* wie die Form zur Materie. *Et hoc sic compositum vocatur a Peripateticis intellectus adeptus et divinus* (S. 222,4 f.).[82] Alberts Lösung der *quaestio* besteht also darin, dass er die *coniunctio* nach dem Modell einer hylemorphistischen Einheit denkt, wie sie Aristoteles in ›De anima‹ entwickelt. *Et tunc homo perfectus est ad operandum opus illud quod est opus suum, inquantum est homo, et hoc est opus, quod operator deus, et hoc est perfecte per seipsum contem-*

---

78 Eigene Übersetzung: »Der erworbene Intellekt ist gewissermaßen die Form des intellectus in effectu«.

79 Eigene Übersetzung: »Dann ist die tätige Intelligenz von jener Art wie der erworbene Intellekt«.

80 Zitate nach: Albertus Magnus, Opera omnia, Tom. VII,1: De anima.

81 Eigene Übersetzung: »Und so empfängt in allem der mögliche Intellekt beständig das Licht des tätigen Intellekts und wird dadurch sich ähnlicher und ähnlicher von Tag zu Tag. Und das nennen die Philosophen bewegt werden hin zur Verbindung und Vereinigung mit dem tätigen Intellekt«.

82 Eigene Übersetzung: »Und dieses so Zusammengesetzte wird von den Peripatetikern erworbener und göttlicher Intellekt genannt«.

plari et intelligere separata (S. 222,6–9).[83] Gott wird damit zum Wirkprinzip in der menschlichen Seele. Der entscheidende Unterschied zu Alfarabis hylemorphischem Modell besteht darin, dass dieser den _intellectus adeptus_, der selbstreflexiv ist und von sich aus in die Tätigkeit übergehen kann, zur Form des _intellectus in effectu_ erklärt, was für eine stärkere Orientierung an dem aristotelischen Modell spricht.

In seiner Schrift ›De intellectu et intelligibili‹[84] erweitert Albertus Magnus das Schema der vier Intellekte um eine weitere Stufe. Daraus ergibt sich für den _intellectus adeptus_ eine bedeutsame Verschiebung, die auch für Eckharts Begriff der _mügelichen vernunft_ wichtig gewesen sein könnte. Jetzt ist der _intellectus adeptus_ als _totius laboris utilitas et fructus_ (S. 514 b) (»Nutzen und Frucht der ganzen Anstrengung«) nur eine Vorstufe des _intellectus assimilativus_ als letzter Vollendungsstufe, auf der der menschliche Intellekt mit dem göttlichen verbunden wird. Auf der Vorstufe – dem _intellectus adeptus_ – erkennt die Seele sich selbst: _adipiscitur [...] notitiam suiipsius_ (S. 517 a). Dieses für den _intellectus adeptus_ wesentliche Moment der reflexiven Hinwendung auf sich selbst, ist auch bei Eckhart ein wichtiges Merkmal der _mügelichen vernunft_ im Übergang zur Einheit mit Gott. Albertus Magnus verbindet seine Intellektlehre, auch darin Eckhart vergleichbar, mit einer Lebenslehre. Höchstes Ziel ist die _felicitas contemplativa_ (»kontemplatives Glück«). Der _intellectus adeptus_ bildet dabei immer – sei es als Vollendungs- sei es als Vorstufe – ein »zentrales Moment der Perfektion«.[85] Von diesem Lebensideal der _felicitas contemplativa_ grenzt sich Eckhart in Predigt 104 energisch ab.

5.3 Mit seinem Dreier-Schema – das arabische Vierer-Schema spielt in der Predigt keine Rolle – und dem Begriff der _mügelichen vernunft_ nimmt Eckhart offensichtlich Elemente aus der peripatetischen und scholastischen Weiterentwicklung der aristotelischen _nous_-Lehre auf. Aus einem Vergleich ergeben sich Ähnlichkeiten, aber auch Unterschiede, die zeigen, wie Eckhart nicht nur Aristoteles, sondern auch die Kommentatoren von seinem Verständnis der Einheit mit Gott her umdeutet und wie er die thomasische Unterscheidung von Wesen und Kräften der Seele in seiner Bestimmung des höchsten Zustands der Einheit mit Gott konsequent aufnimmt.

Was die _mügeliche vernunft_ betrifft, so bezeichnet sie bei Eckhart erstens einen Übergangs-, keinen Vollendungszustand in einem durch _üebunge_ eingeleiteten Prozess der Annäherung an die Erfahrung der Gottesgeburt. Dieser

---

83 Eigene Übersetzung: »Und dann ist der Mensch vollkommen, um jenes Werk zu wirken, das sein Werk ist, insofern er Mensch ist, und das ist das Werk, das Gott wirkt, und das besteht darin, ganz durch sich selbst die getrennten Dinge zu betrachten und zu erkennen«.

84 Albertus Magnus, De intellectu et intelligibili, Opera omnia, Tom. IX, S. 477–521; vgl. das 9. Kapitel des zweiten Buches: _De intellectu assimilativo et qualiter anima perficitur in illo._

85 MÜLLER, Der Einfluss der arabischen Intellektspekulation, S. 559.

Zustand enthält – wie der *intellectus adeptus* bei den Peripatetikern und Albertus Magnus – ein Moment der Selbstreflexion. Der Vollendungszustand ist bei Eckhart ein Zustand des Leidens, in ihm ist der menschliche Geist Materie, Gott allein Form. Und in dieses *gotlíden* gelangt der menschliche Geist nicht durch immer intensivere Perfektionierung seiner Vernunft, indem er sie mit immer mehr Bildern füllt, sondern gerade durch ihre Deaktivierung und durch ihr Leerwerden von allen Bildern. Einem »Aristote (F)arabisé« (Alain de Libera),[86] der auf das Leistungsvermögen der natürlichen Vernunft setzt, folgt Eckhart gerade nicht. Zweitens: Die *mügeliche vernunft* ist daher – sieht man sie vom *intellectus adeptus* her – nicht zu verstehen als eine Disposition zur Aktivität, sondern als Disposition zum Erleiden, genauer, zu einem Wirken durch Erleiden. Das legt auch eine Stelle im ›Johannes-Kommentar‹ nahe, in der Eckhart bei der Erläuterung des *intellectus adeptus* nicht wie Alexander ein Handwerker-Beispiel verwendet, das den Aspekt des durch Perfektionierung aufgebauten Leistungsvermögens betont, sondern das Beispiel vom Feuer und Eisen. Der göttliche *intellectus agens* erleuchtet als separate Substanz mit seinem Licht unser Vorstellungsvermögen. Durch seine wiederholten Einwirkungen aufgrund vieler Denkakte wird er schließlich, so führt Eckhart, *philosophi aliqui* referierend, aus, mit uns vereint *et fit forma, ita ut operemur opera propria illi substantiae* [...] *et iste est in nobis secundum ipsos intellectus adeptus* (In Ioh. n. 155, LW III, S. 128,8–10),[87] sinnfällig zu sehen am Wirken des Feuers, *de igne, qui ex continuata calefactione ferro imbibitur et quasi forma factus inhabitat* (ebd.),[88] so dass das Eisen die Werke des Feuers wirkt. Eine ähnliche Argumentation liegt auch in der vierten Frage vor: Wie das Licht in der Luft das Licht der Sonne ist, so geht das Wirken der Vernunft auf Gott zurück.[89] Der Gedanke des Wirkens durch Erleiden, wie ihn das Beispiel vom Feuer und Eisen entfaltet, wird im weiteren Verlauf von Predigt 104, bei der Explikation des praktischen Aspekts der Gottesgeburt, noch von Bedeutung sein. Drittens: Die Aktivierung der *mügelíchen* und der *lídenden vernunft* hängt ganz von Gott ab: Der *intellectus agens*, Gott, kommt von außen in die Seele, wann er will und es für uns am besten ist (S. 576,115–130) und bleibt, solange die Seele die göttliche Gegenwart ertragen kann.

Mit seiner Unterscheidung von drei Zuständen der menschlichen Vernunft erklärt Eckhart die Diskontinuität der Erfahrung der Gottesgeburt. Die Erfahrung ist ein Ausnahmezustand, ein Erleiden, in dem der Geist in seinem

---

86 Zitiert nach MÜLLER, Der Einfluss der arabischen Intellektspekulation, S. 567.

87 Übersetzung (KOCH) S. 128: »und wird zur Form, so dass wir die Werke, die jener Substanz eigen sind, wirken [...] Dies ist in uns nach ihrer Lehre der erworbene Intellekt« (Koch übersetzt: »der erworbene Verstand«).

88 Übersetzung (KOCH) S. 128: »Durch fortgesetzte Erhitzung wird das Eisen von ihm durchtränkt, und (das Feuer) wird gewissermaßen seine Form und wohnt in ihm«.

89 Vgl. GUERIZOLI, Die Verinnerlichung des Göttlichen, S. 175.

natürlichen Wirken außer Kraft gesetzt wird. Die *mügeliche vernunft* ist ein von
der vergangenen Erfahrung Gottes geprägter Habitus und zugleich ein Wissen
um die Möglichkeit einer wiederkehrenden Gotteserfahrung. Als ergänzendes
Argument für die Zeitweiligkeit der Präsenz Gottes in der Seele führt Eckhart
das aristotelische Theorem von der substantiellen Einheit von Seele und Körper im Menschen an, die eine längere Abwesenheit des Geistes vom Körper
nicht zulässt. Der Geist würde sonst seiner Aufgabe, den Körper zu leiten und
zu bestimmen, nicht nachkommen.

Als Zwischenfazit lässt sich festhalten: Eckhart stellt erstens das aristotelische Begriffspaar *nous poietikos – nous pathetikos*, das bei den Peripatetikern
und in der Scholastik fortwirkt, auf den Kopf. Denn in seiner Deutung wird
die leidende, nicht die wirkende Vernunft zur höchsten Möglichkeit des Menschen. Hier werden die Differenzen des aristotelischen Ansatzes, der auf Dynamik und ständige Steigerung angelegt ist, und des Ansatzes Eckharts sichtbar, der von einem allmächtigen Gott ausgeht, dessen *proprium* die Macht ist
und der vom Menschen verlangt, dass er sich mit aller Kraft von der Welt löst.
Gott kann in der Seele nur wirken, wenn der Mensch alles lässt, was ihn an
die Welt bindet. Die Ausrichtung auf die Welt und das menschliche Steige-
rungsstreben führen, nach Eckhart, in die Irre. An die Stelle der wirkenden
Vernunft als höchster Möglichkeit des Menschen tritt die leidende Vernunft
und die Erfahrung des Wirkens Gottes im Seelengrund. Die Diskontinuität
dieser Erfahrung gehört zur conditio humana. Zweitens, Eckhart versteht die
Gottesgeburt, aristotelisierend, als hylemorphistische Einheit,[90] in der Gott als
würkende vernunft zur Form der reinen Bestimmungslosigkeit der *lidenden vernunft* wird. Drittens, der *dynamei*-Charakter der Vernunft, bei Aristoteles in
Gamma 4 verstanden als formiertes Vermögen zur Tätigkeit, wird bei Eckhart
zu einer Möglichkeit, Gott zu erleiden – wenn man den Vergleich von *nous
dynamei* und *mügelicher vernunft* anstellen will.

5.4 In der Predigt folgt nun eine zweite Frage, die sich für den fiktiven Gesprächspartner aus der Beantwortung der ersten ergibt: Wie ist die zeitweise
Einheit mit Gott, in dem sich die Vernunft in einem Zustand des Erleidens
befindet, mit äußeren Werken vereinbar? In seiner Antwort verweist Eckhart
zunächst auf Maria und Martha aus dem Lukas-Evangelium, die exemplarisch
zwei Lebensformen, vita contemplativa und vita activa, verkörpern, und geht
auf unterschiedliche Wertungen dieser Lebensformen ein.[91] Den Vorrang der
Verbindung von Schauen und Wirken vor dem reinen Schauen begründet Eckhart zunächst, indem er sich auf Thomas von Aquin beruft, demzufolge das

---

90 Zu diesem Verhältnis von Materie und Form vgl. RAHNER, Geist in Welt, S. 263; SCHO-
    CKENHOFF, In Leib und Seele Einer, S. 216–219.
91 Vgl. MIETH, Meister Eckhart, S. 192–196. Eine andere Deutung des Verhältnisses von
    actio und *contemplatio* bei GROTZ, Negationen des Absoluten. Meister Eckhart, Cusa-
    nus, Hegel, S. 68–77.

tätige Leben immer dort besser sei als das schauende, wo *man in der würklicheit ûzgiuzet von minne, daz man îngenomen hât in der schouwunge* (S. 580,157–159).[92] Die Position von Thomas dient Eckhart als Ausgangspunkt für die Formulierung und Begründung seiner weitergehenden Einheitsthese, dass nämlich in der Gottesgeburt Schauen und Sich-Verausgaben im Dienst am Nächsten nicht nur zusammengehören, sondern dass das wahre Ziel des Schauens erst erreicht wird, wenn man sich den Mitmenschen in tätiger Nächstenliebe zuwendet: *Dâ enist niht dan einez* (S. 580,159). *In dirre würklicheit enhât man anders niht dan eine schouwelicheit in gote: daz eine ruowet in dem andern und volbringet daz ander* (S. 580,169–173).[93] Die Unvollkommenheit eines sich in der Kontemplation erschöpfenden Lebens begründet Eckhart anschließend mit einer Reihe ethisierender Argumente, die er mit der Feststellung eröffnet: *In der schouwunge dienest dû aleine dir selber, aber in der tugentlîchen würkunge dâ dienest dû der menige* (S. 581,175–177).[94] In dieser Perspektive ist das Schauen nur ein Anfangsstadium, in dem noch Elemente des Selbstbezugs enthalten sind, die aber überwunden werden müssen. Mit einem ausführlichen Hinweis auf das neutestamentliche Gebot tätiger Nächstenliebe wendet sich Eckhart gegen die verbreitete Vorstellung von der Trennung der beiden Lebensformen und gegen die Überordnung bzw. das Stehenbleiben bei der vita contemplativa als vermeintlichem Ziel des geistlichen Lebens. Die Ausgangsfrage beantwortet Eckhart klar und entschieden: Ein Schauen ohne Wirken soll man aufgeben: *der boum, der niht vruht enbringet, den sol man abehouwen* (S. 584,208 f.). Damit macht er unmissverständlich klar, dass für ihn die höchste Form christlicher Existenz keine *felicitas contemplativa* ist, eine Position, wie sie in der peripatetischen Diskussion und bei Albertus Magnus zu finden ist.

Der fiktive Dialogpartner gibt sich mit dieser Antwort aber noch nicht zufrieden und setzt mit einer weiter ins Detail gehenden Frage nach: Wie soll diese Einheit von Schauen Gottes und Handeln möglich sein, wenn doch das Schauen Gottes voraussetzt, dass der Geist still und leer von allen Bildern ist, das menschliche Handeln aber auf Bilder angewiesen ist, die ihm die Vernunft vorgibt. In dem Einwand klingt die aristotelische Position an, derzufolge das *noeton* (»das Gedachte«) für die *noesis* (»das Denken«) konstitutiv ist: Das Denken ist »seinsgebunden«.[95] In der *species*-Theorie Thomas' von Aquin wirkt diese These nach.[96] In seiner Antwort, die eine philosophische Begründung für die Einheit von Erleiden Gottes und Wirken in der Welt enthält, interpretiert Eck-

---

92 Eigene Übersetzung: »wo man im tätigen Leben aus Liebe das austeilt, was man in der Kontemplation erlangt hat«.

93 Eigene Übersetzung: »In diesem tätigen Leben hat man nichts anderes als die Kontemplation in Gott: das eine ruht im anderen und vollendet das andere«.

94 Eigene Übersetzung: »In der Kontemplation dienst du nur dir allein, aber im tugendhaften Wirken da dienst du allen«.

95 Vgl. OEHLER, Die Lehre vom Noetischen und Dianoetischen Denken, S. 189.

96 Vgl. PERLER, Theorien der Intentionalität, S. 61–80.

hart die aristotelische *nous*-Lehre christlich um, indem er die Wirkungsmacht der Dinge bricht und die Rezeptivität des menschlichen Erkennens neu deutet. Er nimmt zunächst die Unterscheidung einer wirkenden und einer leidenden Vernunft unter dem Gesichtspunkt des Verfügens über ›Bilder‹ wieder auf und stellt eine Analogie zwischen dem natürlichen und dem übernatürlichen Bereich her. Bei der Charakterisierung der Tätigkeit der wirkenden Vernunft als natürlichen Vermögens folgt Eckhart zunächst der Abstraktionslehre des Thomas von Aquin: *Diu würkende vernunft houwet diu bilde abe von den ûzern dingen und entkleidet sie von materie und von zuovalle und setzet sie in die lîdende vernunft* (S. 585,224–586,228)[97] – mit *bilde* sind die *species intelligibiles* (»die intelligiblen Formen«) gemeint, die die wirkende Vernunft aus den Dingen der Welt abstrahiert. Den nun folgenden Prozess beschreibt Eckhart mit den Metaphern ›Schwangerschaft‹ und ›Geburt‹. Die leidende Vernunft, die die Bilder aufnimmt, wird durch die wirkende Vernunft schwanger (S. 586,228 f.) und behält und erkennt die Dinge mit Hilfe der wirkenden Vernunft. Danach überträgt Eckhart dieses Modell auf den übernatürlichen Bereich: *Sehet, allez daz diu würkende vernunft tuot an einem natiurlichen menschen, daz selbe und verre mê tuot got an einem abegescheiden menschen. Er nimet im abe die würkende vernunft und setzet sich selber an ir stat wider und würket selber dâ allez daz, daz diu würkende vernunft solte würken* (S. 587,236–243).[98] Wenn der Mensch im Zustand der Abgeschiedenheit seine natürliche wirkende Vernunft zum Schweigen bringt, *muoz sich got von nôt des werkes underwinden und muoz selber dâ werkmeister sîn und sich selber gebern in die lîdende vernunft* (S. 588,246–589,248).[99] Eckhart verbindet hier also den im Anschluss an die aristotelische *nous*-Lehre entwickelten Gedanken einer hylemorphistischen Einheit, in der der göttliche *intellectus agens* zur Form des Seelengrundes wird, mit dem patristischen Theologumenon von der Gottesgeburt im Menschen.

Durch die Analogie zwischen der wirkenden Vernunft im natürlichen Menschen und dem Wirken Gottes im abgeschiedenen Menschen werden die unendlichen Handlungsmöglichkeiten offenkundig, die sich für den Menschen ergeben, wenn Gott im Seelengrund der *werkmeister* wird: Der natürliche *intellectus agens* ist in seinem Wirken begrenzt. Er ist auf die Außenwelt angewiesen und gewinnt seine intelligiblen Bilder aus den sinnlichen Daten. Außerdem kann er nur Bild um Bild in einem zeitlichen Nacheinander erfassen. Wenn aber der göttliche *intellectus agens* in der Seele wirkt und die Seele reine

---

97 Eigene Übersetzung: »Die wirkende Vernunft haut die Bilder von den äußeren Dingen ab und löst sie von Materie und Kontingentem und setzt sie in die leidende Vernunft«.

98 Eigene Übersetzung: »Seht, alles, was die wirkende Vernunft in einem natürlichen Menschen vollbringt, dasselbe und viel mehr vollbringt Gott in einem abgeschiedenen Menschen. Er nimmt ihm die wirkende Vernunft und setzt sich selbst wieder an deren Stelle und wirkt dort selbst alles, was die wirkende Vernunft wirken sollte«.

99 Eigene Übersetzung: »so muss Gott notwendigerweise das Werk auf sich nehmen und dort selbst Werkmeister sein und sich selbst in die leidende Vernunft gebären«.

Rezeptivität für Gott ist, erzeugt er in ihr in einem Augenblick eine Vielzahl von Bildern (vgl. S. 590,259 f.). Diese Präsenz und Fülle der Bilder[100] bedeutet eine unbegrenzte Ausweitung der Handlungsmöglichkeiten. Wenn Gott in der Seele wirkt, werden alle Seelenkräfte aktiv, und alle Möglichkeiten, Gutes zu tun, potenziert. Es ist dann der Zustand erreicht, *ita ut operemur opera propria illi substantiae* (In Ioh. n. 155, LW III, S. 128,8 f.).[101] An dieser Stelle seiner Argumentation geht es Eckhart um die praktische Dimension der Gottesgeburt und er bekräftigt seine Position durch ein Paulus-Zitat: »Ich vermag alles in dem, der mich stark macht.« Neben diesem Gedanken der Wirkmächtigkeit im Handeln durch die Erfahrung der Gottesgeburt enthält diese Stelle zumindest implizit noch einen anderen Aspekt, der eher die Qualität des menschlichen Willens betrifft. Solange der Wille sich auf die von der natürlichen Vernunft vorgestellten Gegenstände bzw. Bilder richtet, bleibt er von der Welt bestimmt. Wenn der Mensch sich aber von dieser Bindung *mit grôzem gewalt* (S. 567,22 f.) befreit, wird er in seinem Handeln nur noch von der Liebe Gottes geleitet. Der Wille erreicht einen neuen Status, er wird Grund eines Handelns ohne Warum, vergleichbar Kants »heiligem und schlechterdings gutem Willen«.[102]

6. Schlussbemerkung: Zur anthropologischen Neuausrichtung Meister Eckharts – die *lîdende vernunft* als höchste Möglichkeit des Menschen

Bei der Darstellung von Eckharts Rezeption der aristotelischen Seelenlehre und ihrer peripatetischen und scholastischen Transformationen wurden zwei unterschiedliche Konzepte des Selbst- und Weltverständnisses sichtbar. Auf der einen Seite die aristotelische Philosophie mit ihrem auf innerweltliche Tätigkeit kraft eigener Energie und auf Selbststeigerung angelegten Begriff von Leben und Vernunft, ein Ideal, das in den peripatetischen und scholastischen Kommentaren nachwirkt. Der *nous* in der Seele, der an die Natur gebunden ist und sie trotzdem überschreitet, ist als eigenständige, steuernde Kraft der Garant menschlicher Erkenntnis und richtigen Handelns und damit der menschlichen Eudaimonie durch Selbsttätigkeit in den Grenzen der menschlichen

---

100 Vgl. die ähnliche Beschreibung des vollendeten Erkenntnismodus des *intellectus adeptus* in der *coniunctio* bei Albertus Magnus: *Habitis autem omnibus intelligibilibus in toto est coniunctus et tunc vocatur adeptus* (›De anima‹, S. 225, 3–5).

101 Übersetzung (KOCH) S. 128: »so dass wir die Werke, die jener Substanz eigen sind, wirken«.

102 Die Heiligkeit des Willens, der, frei von Eigenliebe und äußerer Determination, keinen dem moralischen Gesetz widerstreitenden Maximen folgt, keiner Gebote bedarf und nur dem Sittengesetz gehorcht, ist bei Kant, wie er in der ›Kritik der praktischen Vernunft‹ festhält, »gleichwohl eine praktische Idee, welche notwendig zum Urbilde dienen muss, welchem sich ins Unendliche zu nähern das einzige ist, was allen endlichen vernünftigen Wesen zusteht« (IV, S. 143, zitiert nach der Ausgabe von WEISCHEDEL, Immanuel Kant, Werke).

Natur. Aristoteles bringt in seiner Seelenlehre das »Könnens-Bewusstsein« (CHRISTIAN MEIER) des antiken Polisbürgers auf den Begriff. Der Mensch stellt sich selbst her, ist Zweck in sich, aber nicht wie bei Kant Zweck an sich.

Eckharts eigensinnige Anverwandlung von Theoremen des Aristoteles und die Umbesetzung von zentralen Positionen seiner Seelen- und Intellekttheorie, insbesondere des *nous poietikos* und *nous pathetikos*, markieren eine anthropologische Neuausrichtung, an der drei Aspekte festzuhalten sind: Erstens, Eckhart deutet die aristotelische Lehre vom Lebensvollzug als letztem Zweck des Menschen um, indem er die menschliche Selbsttätigkeit und das Streben nach Selbststeigerung aufhebt und dem Ideal der aus sich selbst tätigen Vernunft das Ideal der leidenden Vernunft und der Selbstentäußerung entgegensetzt. Erfüllung, Glück findet der Mensch nicht im *poiein*, sondern im *passive se habere*, das mit Werken der Nächstenliebe einhergeht: ›*Felix‹, qui semper a deo nascitur, non enim dicam semel iustum ex deo natum est, sed per singula virtutis opera semper ex deo nascitur* (In Sap. n. 67, LW II, S. 395,5–7).[103] Zweitens, die Kehrseite der Selbstentäußerung des Menschen ist seine Erhöhung, in der er die Grenzen seiner natürlichen Möglichkeiten überschreitet. Diesen Aufstieg verdankt er nicht seiner Eigentätigkeit, sondern dem Abstieg und der Selbstentäußerung Gottes in der Inkarnation, Inbegriff der Liebe Gottes zu den Menschen, die der aristotelische Gott nicht aufbringt, der, sich selbst denkend, nur bei sich bleibt. Die Menschwerdung Gottes ist der Anfang der Sakralisierung der menschlichen Natur. Drittens, während für Aristoteles das menschliche Denken seinsgebunden, »kosmisches Denken« (LÖWITH) ist und der Mensch die »wirkende Wirksamkeit«[104] der Dinge, ihre »Präsenz« und »Überzeugungskraft«[105] erfährt, löst Eckhart mit seiner Forderung des Lassens der Welt diesen Wirklichkeitsbezug und öffnet eine Welt der Innerlichkeit, in der sich Gott gebiert. Nicht der ewige Kosmos, sondern der ewige Gott im Seelengrund ist jetzt Angelpunkt der Existenz.

---

103 Übersetzung (KOCH) S. 395: »›Glückselig‹, wer aus Gott immer geboren wird. Denn ich möchte nicht sagen, der Gerechte sei aus Gott nur einmal geboren worden, vielmehr wird er durch jedes einzelne Tugendwerk aus Gott immer geboren«.

104 OEHLER, Die Lehre vom Noetischen und Dianoetischen Denken, S. 188.

105 BLUMENBERG, Wirklichkeitsbegriff und Möglichkeit des Romans, S. 11.

Norbert Fischer

Von einem Berühren Gottes im Geiste: *attingere aliquantum mente deum* (s. 117,5)

Augustins christliche Deutung der neuplatonischen ›Mystik‹ Plotins als Vorspiel zu Eckhart. Mit einem Blick auf Origenes und Dionysius

Augustinus spielt in der Geschichte der ›Mystik‹ mit Recht keine überragende Rolle.[1] Zwar spricht er vom flüchtigen Berühren der ewigen Weisheit als ›genitivus obiectivus‹ (conf. 9,24), aber auch als ›genitivus subiectivus‹ (vgl. conf. 10,38), was noch genau zu bedenken sein wird. Ohne Zweifel knüpft er an Worte des Neuplatonikers Plotin an, dem als ›Erzvater der Mystik‹ eine zentrale Rolle in deren Geschichte zukommt; er tut das allerdings eigenständig und kritisch. HEINRICH DÖRRIE berichtet, die Platoniker der römischen Kaiserzeit seien überzeugt gewesen, »bruchlos in der authentischen Lehrtradition Platons zu stehen«.[2] Manche hätten, obgleich ihre Bezugnahmen nicht authentisch gewesen seien, mit Platon sogar zu wetteifern versucht. Fernab von ›historischem‹ Interesse hätten sie sich in anderer Weise auf Platon bezogen:

> »Weit intensiver war aber ein Platonverständnis, geknüpft an die Bezeichnung θεῖος Πλάτων, wonach Platon, als letzter in der Reihe göttlicher Weiser [...][3] im vollen Besitz des Logos gewesen sei – θεόπνευστος«.[4]

In Platon hätten sie einen prophetischen Religionsstifter gesehen, dessen Schriften alle Weisheit enthielten, die Menschen zugänglich sei; bei anderen Philosophen ließen sich hingegen »nur spezifizierte Ausschnitte (so Aristoteles die Logik, die Stoa die Ethik)« aufspüren. Auf Grund der überragenden Stellung Platons in dieser Tradition hätten sich die Neuplatoniker schließlich darauf beschränkt, eben das »weiterzuführen, was Platon bereits ausgesprochen hatte«.[5] Als wahr sei lediglich anerkannt worden, was mit Platon in Einklang

---

1 Hier überarbeitete Fassung von NORBERT FISCHER, Vom Berühren der ewigen Wahrheit. Zu Augustins christlicher Umdeutung der neuplatonischen Mystik. In: Acta Universitatis Carolinae. Theologica. Prag 2013, S. 37–64. Zur Frage, was Augustinus unter ›Mystik‹ versteht, vgl. conf. 8,29 und 9,23–25, dazu DIETER HATTRUP, Confessiones 9. Die Mystik von Cassiciacum und Ostia; außerdem NORBERT FISCHER, Phänomenologie der ›mystischen Erfahrung‹ bei Augustinus und ihre Deutung.

2 Vgl. HEINRICH DÖRRIE, Neuplatoniker, S. 84. Zu Augustins Anknüpfung an die ›libri Platonicorum‹ vgl. conf. 7,13 f.

3 HEINRICH DÖRRIE, Neuplatoniker, S. 84 nennt ›Musaios‹ – den sagenhaften Schüler des ›Orpheus‹ – und ›Orpheus‹ selbst.

4 HEINRICH DÖRRIE, Neuplatoniker, S. 84.

5 HEINRICH DÖRRIE, Neuplatoniker, S. 84.

gebracht werden konnte. Vor allem Plotin hat seine Lehre direkt auf Platon zurückführt.[6] Was man ›Neuplatonismus‹ nennt, hat man öfters mit Plotin beginnen lassen,[7] wobei man zentrale Worte Augustins (jedoch zuweilen unsachgemäß) auf Aussagen zurückgeführt hat, die sich auch schon bei Plotin finden.[8] Noch Edmund Husserl zitiert als krönenden Abschluss der ›Cartesianischen Meditationen‹ Augustinus – anscheinend ohne Kenntnis, dass er sich insoweit mit größerem Recht auf Plotin hätte beziehen können, also gerade nicht auf Augustinus, der zwar seinerseits explizit an Plotins Gedanken angeknüpft hatte, diese aber mit Absicht in charakteristischer Weise umgedeutet hat.[9] Husserl erklärt: »*Noli foras ire*, sagt Augustinus, *in te redi, in interiore homine habitat veritas*«.[10] Dieser Satz, der Plotins Intention richtig wiedergibt, führt im Blick auf Augustinus in die Irre. Wer den Weg nach innen gegangen ist, ist nach Plotin am Ende »ganz und gar reines, wahres Licht« (›Enneade‹ I 6,9: ὅλος αὐτὸς φῶς ἀληθινὸν μόνον).[11] Nach Augustinus hingegen bleibt das nach der unveränderlichen Wahrheit Gottes suchende Ich in Welt und Zeit auch am Ende

---

6 Vgl. ›Enneade‹ VI 2,1,1: τί ποτε ἡμῖν περὶ τούτων φαίνεται, τὰ δοκοῦντα ἡμῖν πειρωμένοις εἰς τὴν Πλατώνος ἀνάγειν δόξαν. Vgl. auch ›Enneade‹ IV 8,1,23: λείπεται δὲ ἡμῖν ὁ θεῖος Πλάτων.

7 Vgl. Norbert Fischer, Augustins Philosophie der Endlichkeit, S. 116: »Obwohl Plotin sich in seinen Schriften selbst als einen Interpreten Platons ausgegeben hat, wird deutlich werden, daß im Blick auf das Chorismos-Problem eine solche Verschiebung stattfindet, die zu einer völlig anderen Beurteilung einer Reihe philosophischer Kernfragen führt. Gerade in der Beantwortung dieser Kernfragen zeigt sich später eine größere Nähe zwischen dem Platonischen und dem Augustinischen Denken, so daß die genannte übliche Einordnung Augustins in die Tradition des Neuplatonismus, teilweise sogar als eines bloß eklektischen Epigonen, sich zuletzt als irreführend erweist«.

8 Vgl. Werner Beierwaltes, Platonismus im Christentum, S. 7 (conf. 8,5): *nulli nobis quam isti propius accesserunt*. Augustinus selbst nennt aber auch Streitpunkte, die zu bedenken bleiben. Dagegen vgl. Klaus Kremer, Emanation, S. 446: »*Plotinische* E[manation] und *christliche* Kreation stellen also *keine* Gegensätze dar«.

9 Zu Plotin vgl. ›Enneade‹ I 6,8: ἴτω δή καὶ συνεπέσθω εἴσω – als Vorbild zu vera rel. 72: *noli foras ire, in te ipsum redi*; weiterhin ›Enneade‹ I 6,9,7: ἄναγε ἐπὶ σαυτὸν καὶ ἴδε; vgl. dazu vera rel. 72: *in interiore homine habitat veritas*. Nach Plotin ist im Inneren »der göttliche Glanz« (θεοειδὴς ἀγλαία), die göttliche Wahrheit selbst gegenwärtig; nach Augustinus tritt im Inneren jedoch die *natura mutabilis* des Menschen hervor, also zwar ›Wahrheit‹, aber nicht d i e Wahrheit (des Göttlichen selbst). Deswegen muss nach Augustinus ein dritter Schritt folgen (im Anschluss an den naturhaften Weg nach ›außen‹ und an die Umwendung nach ›innen‹), nämlich der Schritt über das eigene Ich hinaus. Dies führt ihn zum Imperativ: *transcende et te ipsum*.

10 Vgl. Edmund Husserl, Cartesianische Meditationen und Pariser Vorträge, S. 39; vgl. 183. Dazu Norbert Fischer, Sein und Sinn der Zeitlichkeit im philosophischen Denken Augustins, bes. S. 206 f.

11 Vgl. ›Enneade‹ I 6 (Περὶ τοῦ καλοῦ), bes. 8 und 9. Übersetzung von Richard Harder.

des Weges nach innen selbst weiterhin zeitlich und veränderlich, also *natura mutabilis*.[12]

Nicht ohne Recht hat HEINRICH DÖRRIE den Gegensatz zwischen ›Platonismus‹ und ›Christentum‹ stark betont und vielleicht ein wenig überspitzt.[13] Platon selbst ist nicht nur als ›gottbegeisterter‹ Künder religiöser Lehren (θεόπνευστος) zu verstehen, als den ihn manche Neuplatoniker enthusiastisch auffassten, sondern auch als Denker einer ›aporetischen Elenktik‹ (einer in Ausweglosigkeit führenden Beweiskunst) mit skeptischen Zügen, was zur Folge hat, dass nicht nur Verteidiger von Metaphysik und Religion an Platon anknüpfen konnten.[14] Die ›Paradigmen‹ der Platon-Interpretation, die HANS JOACHIM KRÄMER unterscheidet, besitzen gewiss ihr Recht, bedürfen aber einer integrativen Betrachtung.[15] Augustinus war nicht auf ›Autoritäten‹ fixiert, sondern hat in sokratischer Manier selbständig denkend gefragt, ob ›wahr und ausreichend‹ sei, was Platon und Plotin von Gott gesagt hätten (sol. 1,9): *si ea, quae de deo dixerunt Plato et Plotinus, vera sunt, satisne tibi est ita deum scire, ut illi sciebant?*

Vermutlich war das entscheidende Motiv, das Augustinus hinderte, Plotin voll zuzustimmen, dass Plotin das Höchste neutral als ›das Eine‹ (τὸ ἕν) benennt, das er als ›personalen Gott‹ sucht und anspricht.[16] Überdies stimmte er nicht der Missachtung der endlichen Wirklichkeit zu, vor allem im Blick auf das Sein der Menschen.[17] Schon in den ›Soliloquia‹ begnügte er sich nicht mit der Frage nach dem ›Einen‹, sondern stellt die ›Doppelfrage‹, die zugleich auf Gott und auf das Sein des endlichen Ich (die ›Seele‹) zielt, folglich beider Bedeutung betont (sol. 1,7): *deum et animam scire cupio. – nihilne plus? – nihil omnino.*

---

12 Der Unterschied zu Augustinus tritt hervor bei WERNER BEIERWALTES, Das wahre Selbst. Studien zu Plotins Begriff des Geistes und des Einen, bes. S. 84–122; vgl. die kritische Rezension von NORBERT FISCHER (ThRv 99, S. 79–82).

13 Vgl. HEINRICH DÖRRIE, Die Andere Theologie. Wie stellten die frühchristlichen Theologen des 2.–4. Jahrhunderts ihren Lesern die »Griechische Weisheit« (= den Platonismus) dar?

14 Vgl. auch die spöttische Bemerkung (zusammen mit den nachfolgenden kritischen Überlegungen), die Platon selbst für ›die Freunde der Ideen‹ (τοὺς τῶν εἰδῶν φίλους) bereithält (›Sophistes‹ 248a–249d).

15 Vgl. NORBERT FISCHER, Menschsein als Möglichsein. Platons Menschenbild angesichts der Paradigmendiskussion in der Platonforschung; mit einer Darstellung und Kritik der Platonauslegung von HANS (JOACHIM) KRÄMER.

16 Augustins Beantwortung der Frage, wie die Beziehung des Schöpfers zur Schöpfung zu denken sei, unterschied sich zunehmend von Plotins Lehre, auch wenn er zuweilen deren Nähe zu Platon streift (z. B. civ. 10,2).

17 Plotin setzt das Schöne gegen den ›Schlamm der Körper‹ (›Enneade‹ VI 7,31; vgl. I 8,14, dazu NORBERT FISCHER, Augustins Philosophie der Endlichkeit, S. 133–135); Augustinus dagegen bejaht die Schönheit des Sinnlichen, z. B. civ. 14,19: auch die Sexualität sei erst durch die sklavische Begierde verdorben worden (vgl. civ. 22,15–17). Vgl. dazu NORBERT FISCHER, Einleitung (Aurelius Augustinus. Suche nach dem wahren Leben), bes. S. LXV f.

Indem Augustinus die Wirklichkeit des ›transzendenten‹ Gottes ebenso wie
die Wirklichkeit des endlichen Ich (der endlichen Subjekte, die in großer Zahl
begegnen) zum Ziel seiner Suche macht, weist sein Denken auf Fragen, die
maßgebend geblieben sind – bis hin zu Denkern wie Immanuel Kant und Martin Heidegger.[18]

Augustinus nimmt die ›Sorge‹ endlicher Vernunftwesen um sich selbst als
Aufgabe des Lebens und Denkens ernst; bis zum Ende seines Denkwegs hält
er am ›Endlichen‹ als ›Ursprung‹ seiner Suche fest, das noch im ›Ziel‹ zu beachten ist. Das Ziel denkt er gegen Plotin nicht als Rückkehr zum Einen (›Gott‹),
sondern als *regnum tecum perpetuum sanctae civitatis tuae* (conf. 11,3).[19] An dieser
Aufgabe hält er schon deshalb fest, weil das suchende Ich die ihm eigene Zeitlichkeit nicht selbst ohne Preisgabe des Endlichen in eine ›ewige‹ Wirklichkeit
umformen kann,[20] zumal er die Schöpfung als *creatio de nihilo* denkt, die sich
dem Seinswillen des Schöpfers verdankt, der das bleibende ›Sein‹ des Endlichen aus Liebe will und ihm so als Endlichem ›Sinn‹ verleiht.[21] Die Fragen

---

18 Kant lässt die Vielheit in seiner Hauptfrage hervortreten, indem er zwei Sätze als »Cardinalsätze unserer reinen Vernunft« bezeichnet, nämlich: »es ist ein Gott, es ist ein künftiges Leben« (KrV B 869), die auch als ›Postulate der reinen praktischen Vernunft‹ wie-
derkehren (vgl. KpV A 219–237). Bei Heidegger tritt das Gewicht der Frage nach dem
endlichen Ich im Aufbau von ›Sein und Zeit‹ besonders deutlich hervor, ohne dass er die
Frage nach Gott hätte beiseite schieben können, was sich in den immer neuen Anläufen
seines weiteren Denkwegs zeigt.

19 Schon Augustinus stellt sich die Zweifelsfrage, die sich Descartes zu Beginn der Neuzeit neu gestellt hat. Auf die Frage (civ. 11,26): *quid si falleris?*, antwortet Augustinus: *si
enim fallor, sum*. Zum Verhältnis von Descartes zu Augustinus vgl. RAINER SCHÄFER,
Gründe des Zweifels und antiskeptische Strategien bei Augustinus und René Descartes (1596–1650), S. 25 f. und S. 34–44. Doch ist auch die Möglichkeit zu bedenken, ob
Augustinus nicht klarer als Descartes die genuinen Besonderheiten der Gottesfrage im
Auge hatte; vgl. z. B. s. 117,5. Diese Stelle, deren Sinn hier betrachtet wird, nennt als
höchstes Ziel nicht die Einigung mit dem Einen, sondern ein gewisses ›Berühren Gottes
im Geiste‹: *attingere aliquantum mente deum; magna beatitudo est*. Auch wer erklärt, man
könne nichts wissen, behauptet nach Augustinus ein Wissen (vgl. Acad. 3,31); vgl. dazu
Kants Erklärung des ›Scepticismus‹ als »Grundsatz einer kunstmäßigen und scientifi-
schen Unwissenheit« (KrV B 451).

20 Z. B. conf. 11,39 f.: Augustinus hofft nicht auf ›Entzeitlichung‹, sondern auf die ›Entflüchtigung des Zeitlichen‹, durch die *dolor et labor* in einer *vita viva* verwandelt werden
(und die Endlichkeit des Endlichen fortbesteht); vgl. NORBERT FISCHER, Confessiones
11. ›Distentio animi‹. Ein Symbol der Entflüchtigung des Zeitlichen. Für die entflüchtigte Zeit spielt das Dasein des ›Anderen‹ (anderer Personen) eine positive Rolle – im Gegensatz zum Neuplatonismus; als Beispiele seien hier nebenbei nur der ›Jugendfreund‹
(conf. 4) und die Mutter Augustins genannt (conf. 9).

21 Vgl. NORBERT FISCHER, Amore amoris tui facio istuc. Zur Bedeutung der Liebe im
Leben und Denken Augustins, S. 183–186 , dazu noch einmal NORBERT FISCHER, Sein
und Sinn der Zeitlichkeit im philosophischen Denken Augustins. Zur allgemeinen Bedeutung der ›Endlichkeit‹ für das philosophische Denken weiterhin: NORBERT FISCHER,
Endlichkeit.

nach dem ›Sein‹ und dem ›Sinn‹ der ›Zeit‹ und der ›Endlichkeit‹ gehören für Augustinus zum Ausgangspunkt echten philosophischen Fragens,[22] das sich für den Anspruch der absoluten Wahrheit offen hält, aber in ›Treue‹ zur Schöpfung Gottes, durch die ›alles Geschaffene gut‹ ist. Nach Augustinus muss gelten (lib. arb. 3,36): *omnis natura in quantum natura est bona est.*[23]

Eine weltabgewandte ›Mystik‹, in der diese Treue, die mit Friedrich Nietzsche zugleich als ›Treue zur Erde‹ zu verstehen wäre,[24] im Zuge einer ›Seinsvergessenheit‹ vernachlässigt würde,[25] verlöre nach Augustinus jeden Anspruch auf Wahrheit, sofern sie die Bearbeitung der Doppelfrage nach ›Gott‹ und ›Seele‹ stört,[26] die im Zentrum des philosophischen Fragens überhaupt steht. Die faktische Welt darf, wo die Fragen nach dem unendlichen ›Gott‹ und der endlichen ›Seele‹ ernsthaft gestellt werden, nicht aus Verdruss, der dem »Lastcharakter des Daseins« (SuZ, S. 134) und den Nöten der Endlichkeit entspringen mag, vernachlässigt oder hinwegdisputiert werden. Augustinus gesteht dem Zwiegespann von *dolor et labor* (conf. 10,39), das Leid und Last in unser aller Leben bringt und schon nach Augustinus (also nicht erst für Kant und Heidegger) wesentlich mit dem ›Mitsein mit den Anderen‹ zu tun hat, auch positiven Sinn zu.

Auf die überschwengliche Begeisterung, die dem ›reinen Finden‹ entspringt, in dem Gott sich den Suchenden von sich her zeigt, ohne deren Besonderheit als endlicher Wesen auszulöschen,[27] folgt bei Augustinus nicht die Neigung,

---

22 Vgl. Norbert Fischer, Gott und Zeit in Augustins Confessiones. Zum ontologischen Zentrum seines Denkens. Sofern Heidegger in ›Sein und Zeit‹ diese beiden Fragen verfolgt, steht er systematisch in der Nachfolge Augustins.

23 Vgl. dazu Norbert Fischer, bonum, bes. S. 674–678. Sogar in der heftigen Auseinandersetzung mit Julian von Aeclanum um die Ursündenlehre erklärt Augustinus (c. Iul. 4,21): *omnis enim creatura dei bona est.* Vgl. dazu auch Lenka Karfíková, Natur, Freiheit und Gnade im Disput zwischen Augustinus und Julian von Aeclanum.

24 Vgl. Margot Fleischer, Der »Sinn der Erde« und die Entzauberung des Übermenschen. Eine Auseinandersetzung mit Nietzsche. Dazu Norbert Fischer, Was aus dem Übermenschen geworden ist, bes. S. 279–282.

25 ›Seinsvergessenheit‹ heißt: Vergessenheit des ›Seins des Daseins‹, das nach ›Sein und Zeit‹ in der ›Sorge‹ besteht (vgl. bes. das ›Sechste Kapitel‹ von ›Sein und Zeit‹: ›Die Sorge als Sein des Daseins‹ (SuZ, S. 180–230). Dieses für die Frage nach dem ›Sinn von Sein‹ (SuZ, S. 231) grundlegende Kapitel lässt sich auf das zehnte Buch von Augustins ›Confessiones‹ beziehen, wie Heidegger es in ›Augustinus und der Neuplatonismus‹ ausgelegt hat (vgl. GA 60, S. 157–246), bes. § 12. Das curare (Bekümmertsein) als Grundcharakter des faktischen Lebens (GA 60, S. 205–210).

26 ›Seele‹ ist hier der Index für das Sein des Ich, das wahres Leben sucht; vgl. dazu Norbert Fischer, Einleitung (Aurelius Augustinus. Suche nach dem wahren Leben; außerdem Immanuel Kant, Ergänzungen zu *Fortschritten der Metaphysik* (AA 28,474): »Das Leben kann allein den ersten Anfang machen«.

27 Es ereignet sich nach Augustinus unversehens auf dem gedanklichen Weg des zehnten Buchs der ›Confessiones‹: charakteristisch ist Augustins Vergegenwärtigung des Findens durch die Empfänglichkeit der fünf Sinne (10,38); vgl. dazu die textkritische Bemerkung in Aurelius Augustinus, Suche nach dem wahren Leben, S. 56 (Fn 1); außerdem

sich an ›esoterischen Sondererfahrungen‹ zu berauschen. Sofern Gott sich den
Suchenden zugewandt und sie zur Liebe gerufen hat, ist es deren Aufgabe,
reine Liebe und wahres Leben im Sinne Gottes zu vollziehen.[28] Die von Gott
gewollte Vielheit hat nicht Zerstreuung zur Folge, sondern ist Teil der Aufgabe,
die zur ›Schöpfung‹ gehört.

Auf dem Weg, der von außen nach innen führt, meint Augustinus (gegen
Plotin) gerade nicht, Gott im Inneren (in der ›memoria‹) schon gefunden zu
haben (conf. 10,37): *neque enim iam eras in memoria mea.* Er findet ihn schon
gar nicht wie ein ›Ding‹, sondern wird zur ›Inversion seiner Aktivität‹ gedrängt,
zur ›Gelassenheit‹, die nicht aus eigenen Motiven abzuleiten ist.[29] Gott bleibt
für Augustinus ›innerlicher als sein Innerstes und höher als sein Höchstes‹, also
für immer transzendent (conf. 3,11): *tu enim eras interior intimo meo et superior
summo meo.* Schon in ›De vera religione‹ (72) fordert Augustinus für den Weg
zur Wahrheit, den Zeitwesen zu gehen haben: *transcende et te ipsum* (»über-
steige auch dich selbst!«). Er konnte dort aber noch nicht sagen, wie die ›Selbstübersteigung‹ zu denken sei. Die ›Confessiones‹ sagen nun: Sie ist nicht denkerisch zu ›entwerfen‹, sondern ›widerfährt‹ durch Offenbarung der göttlichen
Wahrheit.[30]

Die Frage, wie trotz der Nüchternheit, die das Bewusstsein der eigenen
Endlichkeit fordert, dennoch eine Beziehung zu Gott — oder gar ein Berühren Gottes — möglich ist, hat Augustinus lange verfolgt und muss derart in
den folgenden Überlegungen eigens ins Auge gefasst werden. Die neuplatonische ›Mystik‹, die Augustinus abgewandelt rezipiert hat, hatte weitere christliche oder dem Christlichen zugeneigte Autoren wie Origenes und Dionysius
Pseudo-Areopagita. Um Augustins Anknüpfung an die neuplatonische Mystik
(und deren kritische Transformation) klarer verstehen zu können, sei vorerst
ein Blick auf diese beiden anderen Gestalten geworfen. Origenes war in der

---

NORBERT FISCHER, Einleitung (Aurelius Augustinus. Suche nach dem wahren Leben,
S. XXIX f.

28 Hierhin gehört Heideggers sachgemäße Unterscheidung zwischen der ›objektgeschicht-
lichen‹ und der ›vollzugsgeschichtlichen‹ Betrachtung; vgl. Augustinus und der Neuplatonismus (GA 60, S. 169–175).

29 Der Suchende muss auf Gott hören (conf. 10,38: *vocasti et clamasti et rupisti surditatem
meam*). ›Was‹ Gott ruft, ist vorerst unklar; es muss ein Wort sein, das ihr Glück klug
suchende Wesen sich nicht selbst sagen können. Was sie sich nicht selbst sagen können,
ist das Wort der Liebe Gottes, der will, dass sie ›sind‹. Es findet seinen Ausdruck in der
›Bergpredigt‹ Jesu, die Augustinus zu Beginn des elften Buches zitiert (conf. 11,1). Vgl.
Rainer Maria Rilke: SO II 5; V. 13 f.): »Aber *wann*, in welchem aller Leben, / sind wir
endlich offen und Empfänger?« Dazu NORBERT FISCHER, »Giebt es wirklich die Zeit,
die zerstörende?« Nachklänge der Zeitauslegung Augustins in der Dichtung Rilkes, bes.
S. 297.

30 Vgl. dazu die Beiträge in NORBERT FISCHER / JAKUB SIROVÁTKA, Vernunftreligion und
Offenbarungsglaube. Zur Erörterung einer seit Kant verschärften Problematik.

kirchlichen Theologie alsbald umstritten und wurde an den Rand gedrängt.[31] Im Mittelalter galt — auch aus äußeren Autoritätsgründen, die eine übergroße Rolle spielten — die ›mystische Theologie‹ des Dionysius (Pseudo-)Areopagita weithin als maßgebend, weil dieser Autor aus der Zeit um 500 nach Christi Geburt irrtümlich mit dem in der ›Apostelgeschichte‹ genannten Schüler des Apostels Paulus in Verbindung gebracht wurde (vgl. Act 17,34).[32] Bevor Augustins ›Umformung‹ der neuplatonischen Mystik bedacht wird, seien Grundgedanken des Origenes, des Zeitgenossen Plotins, und des Dionysius (Pseudo-Areopagita) betrachtet.

1. Zum ›christlichen Platonismus‹ des Origenes

Origenes wird im folgenden nicht mit dem Ziel einer umfassenden Skizze seines Ansatzes ins Auge gefasst, sondern im Blick auf die Vergleichbarkeit mit Augustins Beziehung zur Mystik. Der theologische Entwurf des Origenes in ›Περὶ ἀρχῶν‹ (›De principiis‹), der als erster Versuch einer systematischen Darstellung des christlichen Glaubens gilt, war alsbald umstritten. Nach ENDRE VON IVÁNKA widmet sich Origenes in der Prinzipienschrift einer philosophischen und ontologischen Aufgabenstellung, weniger also den Fragen einer Offenbarungstheologie.[33]

Gleichwohl bezieht Origenes sich auch auf die ›apostolische Verkündigung‹, als deren Mitte er nennt, »daß *ein* Gott ist, der alles geschaffen, geordnet und, als nichts war, hervorgebracht hat« (Pp 86 f.: Praefatio 4: *quod unus est deus, qui omnia creavit atque composuit, quique, cum nihil esset, esse fecit universa*).[34] Gott habe Jesus Christus geschickt: er folgt dem ›Johannes-Evangelium‹ mit der Annahme, dass Christus ›vor der Schöpfung aus dem Vater geboren‹ sei,

---

31   Vgl. aber LUDGER SCHWIENHORST-SCHÖNBERGER, Schrifthermeneutik und Rationalität des christlichen Glaubens bei Origenes — mit einem Ausblick auf Kant, S.103: Origenes suche »Glauben mit Vernunft (μετὰ λόγου πιστεύειν)«.

32   Zweifel hatte schon früh Hypatios von Ephesos im Jahr 532 angemeldet. Zum ›realen Autor und seinem Programm‹ vgl. BEATE REGINA SUCHLA, Dionysius Areopagita. Leben — Werk — Wirkung, bes. S.20–25. Für die endgültige Aufklärung des Irrtums ist zu beachten JOSEPH STIGLMAYR, Der Neuplatoniker Proclus als Vorlage des sogen. Dionysius Areopagita in der Lehre vom Uebel.

33   ENDRE VON IVÁNKA, Plato christianus, S.110–112, bes. S.110; hier wird Origenes — anders als Dionysius — vor allem als Platoniker gesehen. Dazu vgl. auch LOTHAR LIES, Origenes' ›Peri Archon‹. Eine undogmatische Dogmatik, bes. S.203–210; weiterhin den bereits genannten Beitrag von LUDGER SCHWIENHORST-SCHÖNBERGER.

34   Origenes wurde alsbald der Heterodoxie verdächtigt, aber auch verteidigt; vgl. Pamphilus von Caesarea, Apologia pro Origene / Apologie für Origenes. Ambrosius aber hat ohne Bedenken auf Origenes zurückgegriffen, sogar so, dass Plagiatsvorwürfe auftauchten; vgl. ERICH NAAB, Über Schau und Gegenwart des unsichtbaren Gottes, bes. S.39–41.

Mensch wurde, Fleisch angenommen habe und doch Gott geblieben sei.[35] In diesem Kontext ist zu beachten, »daß die Seele nach Origenes eigene Substanz und Leben hat und ihr nach ihren Verdiensten vergolten wird, wenn sie aus dieser Welt geschieden ist« (Pp 90 f.: *quod anima substantiam vitamque habens propriam, cum ex hoc mundo discesserit, pro suis meritis dispensabitur*).[36] Origenes vertritt auch Thesen, die er nicht auf die Apostel zurückführt, aber für wichtig hält.[37] So spricht er von den ›Engeln‹ und der Frage, ob die Gestirne beseelt oder Götter seien (vgl. Aristoteles, Metaphysik 1073 b 23–28) – und zum Ende der ›Praefatio‹ (Pp 98 f.) leitet er aus ›Hosea‹ das Recht ab, den ›geistigen Sinn der christlichen Verkündigung‹ zu suchen (vgl. Os 10,12, nach ›Septuaginta‹: *Inluminate vobis lumen scientiae* = φωτίσατε ἑαυτοῖς φῶς γνώσεως).

Thema von ›De principiis‹ sind ›Gott und die Schöpfung‹. Die Erörterung zu ›Gott‹ nimmt die ersten vier Kapitel des ersten Buches ein. In vier weiteren Kapiteln des ersten Buches wird die ›geistige Schöpfung‹ betrachtet; im zweiten und dritten Buch geht es um die ›materielle Welt‹ und deren Beziehung zu Gott und zur geistigen Welt; im vierten wird zunächst die Lehre von der Schrift und die ›Hermeneutik‹ behandelt; das Werk endet im vierten Kapitel des vierten Buches mit einem wiederholenden Anhang. Die Herausgeber GÖRGEMANNS und KARPP geben in ihrer ›Einführung‹ zu erwägen, ob hinter den Thesen des Origenes eine esoterische Lehre stehe, die er nicht zum Vortrag bringe. (S. 16) Sie bedenken aber auch, ob die »fragende und andeutende Darstellungsweise« dem »Problemdenken und der sokratischen Haltung des Lehrers Origenes« entsprechen könnte. (S. 17) Jedenfalls sind sie der Auffassung, dass Origenes »in keiner seiner Schriften [...] sein System vollständig bekannt gemacht« hat, »auch nicht in ›Peri archon‹«. (S. 17) Die Herausgeber fassen die Synthese, in der Origenes die Wahrheit des Ganzen zu begreifen suche (mit Nähe und in Ferne zu Plotins Denken), folgendermaßen zusammen:

> »Beständig und wirklich ist für Origenes das Eine Geistige, Gott selbst. Er existiert als trinitarischer Gott und schafft als Vater das Sein, als Sohn das vernünftige, als Geist das geheiligte und gerettete Seiende. Im Sohne liegt vom Ursprung an potentiell die Gesamtheit der völlig gleichartigen Geister. Erst der Gebrauch ihrer Freiheit, mit dem sie sich aus der Einheit lösen, gibt ihnen je nach dem Abstand vom Ursprung ihre Ver-

---

35 Ebd.; zudem hätten die Apostel uns den Heiligen Geist als Teilhaber an der Ehre und Würde des Vaters und des Sohnes überliefert (Pp 90 f.): *honore ac dignitate patri ac filio sociatum tradiderunt spiritum sanctum*. Die Menschwerdung Gottes steht im Gegensatz zum Neuplatonismus Plotins, aber nicht so deutlich wie bei Augustinus.

36 Dazu gehört als Hintergrund die Annahme (Pp 90 f.), dass jede vernünftige Seele mit der Freiheit der Entscheidung und des Willens begabt sei (*omnem animam esse rationabilem liberi arbitrii et voluntatis*).

37 Dabei betont er den Rang der ›Körperlosigkeit‹, gesteht aber, der Ausdruck *körperlos* (*appellatio* ἀσώματου) sei weder ein Wort des Kirchenvolks noch der Schrift. Körperlosigkeit spiele zunächst im Blick auf Gott eine Rolle, sodann im Blick auf Christus und den Heiligen Geist, schließlich aber auch im Blick auf die Seele (Pp 94–97).

schiedenheit und reale Vielheit: sie werden zu Engeln, Menschenseelen und Dämonen, die Gott nur ihr Sein, nicht ihre Beschaffenheit verdanken. In dieser Spekulation bedient sich Origenes des Stufungsgedankens, mit dessen Hilfe die Philosophie, aber auch die jüdische Apokalyptik zwischen dem obersten Seinsprinzip und der unteren Erfahrungswelt vermittelte. Um alle gefallenen Geistwesen zur Rückkehr anzuhalten und anzuleiten, teilt Gott ihnen selber die verschiedenen Körper zu, sowohl zur Strafe wie zur Erziehung. Pronoia und Paideusis, Gottes Vorsehung und Erziehung, bezeichnen treffend die Leitgedanken des Origenes. An dem Prozeß der Rückkehr in den Stand der Geistwesen wirkt Christus durch seine Menschwerdung bestimmend mit. Denn so, wie er zum Vater wieder aufgestiegen ist, werden einmal im Ablauf der Äonen alle Vernunftwesen in die Einheit mit Gott zurückkehren, in der sie aber, wie es scheint, ihre Individualität nicht verlieren«.[38]

Die angenommene Art der Entstehung der individuellen Geschöpfe ineins mit der Betonung der Willensfreiheit bringen Origenes in die Nähe, aber am Ende doch in klaren Gegensatz zu Plotin. Plotins These, der ›Stoff an sich selbst sei schlecht‹ (oder gar ›das erste Schlechte‹), stimmt er eben nicht zu, eher schon seiner Annahme, die Seelen hätten sich selbst in die materielle Welt gestürzt, aus Übermut und im Willen, sich selbst zu gehören.[39] Origenes war es offenbar schon – ähnlich wie später Augustinus – darum gegangen, Gott als guten Schöpfer von allem denken zu können. Da es aber Schlechtes in der Welt gibt, habe er »die Geschöpfe selber für alle Mängel und Übel der Welt verantwortlich« gemacht. (S. 19) Zwar sei die Entstehung der Welt die Folge einer Abwendung der geschaffenen Geister von Gott; doch bleibe die Welt ›Gottes Schöpfung‹, wenn auch zur Strafe und Erziehung der gefallenen Geister. Als charakteristische Unterschiede zu Plotin nennen die Herausgeber: 1. Die Welt ist von Gott geschaffen, sie geht nicht ungewollt notwendig aus dem Einen hervor. 2. Die Geschöpfe bleiben frei und verantwortlich; sie haben nicht durch ihre Abkehr von Gott die Erschaffung der Welt provoziert. 3. Die Geschöpfe sind nicht zur Selbsterlösung fähig, sondern bedürfen Christi und des Heiligen Geistes. 4. Die Rückkehr zu Gott führt nicht zur Auflösung der vielen Individuen im Einen.[40]

---

38 Origenes, Vier Bücher von den Prinzipien, S. 18 f.

39 Zur Einschätzung der ὕλη vgl. ›Enneade‹ I 8,14,50 f.: πρότερον ἄρα κακὴ αὐτὴ καὶ πρῶτον κακόν. Zur Einschätzung, woher wir kommen, vgl. ›Enneade‹ I 6,8,: ὅθεν παρήλθομεν. Der Ausgang geschah nach Plotin aus Übermut (τόλμα), aus dem Willen, sich selbst zu gehören; vgl. ›Enneade‹ V 1,1,4 f.: τὸ βουληθῆναι δὲ ἑαυτῶν εἶναι (im Unterschied zu Augustinus, der den Ursprung der Schöpfung in der ›Liebe Gottes‹ sucht). Augustinus hält sich insgesamt in größerer Distanz zur Leibfeindlichkeit Plotins, laut dem die Seelen, die sich mit dem Stoff verbinden, in den ›Schlamm der Körper‹ steigen (›Enneade‹ VI 7,31,25−27).

40 Vgl. Origenes, Vier Bücher von den Prinzipien, S. 19 f. Dazu kontrastierend WERNER BEIERWALTES, Plotins Metaphysik des Lichtes; zur kritischen Diskussion vgl. auch NORBERT FISCHER, Augustins Philosophie der Endlichkeit, S. 126−131.

Nicht ohne Grund wurden eine Reihe von Fragen an den denkerischen Entwurf des Origenes gestellt, die schließlich zur Verurteilung einiger seiner Lehren führten. Eine Hauptschwierigkeit besteht in der Frage, ob die Lehre des Origenes sich an die Heilsgeschichte anlehnt oder nicht doch primär als spekulatives ontologisches System gedacht ist. Origenes wurde im Westen und im Osten unterschiedlich beurteilt; bereits zu Lebzeiten musste er sich mit Angriffen befassen. Im neunten Jahrhundert gibt es das letzte Zeugnis für eine vollständige griechische Fassung des Werkes ›Περὶ ἀρχῶν‹, das im Mittelpunkt der Auseinandersetzungen stand und deswegen in der Originalfassung nur bruchstückhaft überliefert ist.[41] Festgehalten werden kann eindeutig, dass Origenes die christliche Exegese in den westlichen wie in den östlichen Kirchen mit seiner Lehre vom mehrfachen Schriftsinn stark und dauerhaft beeinflusst und befruchtet hat.[42]

Zu erwähnen ist, dass Origenes sich in ›Περὶ ἀρχῶν‹ von Anfang an auf Bibelstellen stützt. Formal macht das zwar keinen Unterschied zu Plotin, der sich als Interpret (Platons) versteht. Da Origenes die ›Heiligen Schriften des Alten und Neuen Testaments‹ zitiert, ergibt sich inhaltlich aber eine gravierende Differenz. Origenes beginnt im Anschluss an das ›Johannes-Evangelium‹ damit, Gott als Licht (*lux*) und Wahrheit (*veritas*) zu bezeichnen. (Pp 36 f.) Allerdings liegt auf der Hand, dass beiläufig auch die entscheidenden Grundworte der zentralen Gleichnisse von Platons ›Politeia‹ zur Sprache kommen. (504 a – 517 a) So mag unklar bleiben, ob Origenes sich vor allem durch systematisch-philosophische Überlegungen oder durch das Wort der Schrift als ›geglaubter Offenbarung‹ leiten lässt, die vom Handeln Gottes in der Geschichte berichtet.

Mit dem Hinweis auf die ›Geistigkeit‹ Gottes will Origenes keine positive Erkenntnis vortragen, sondern nur die Unbegreiflichkeit und Unermesslichkeit Gottes betonen (Pp 106: *dicimus secundum veritatem quidem deum incomprehensibilem esse atque inaestimabilem*). Es müsse demnach ›geglaubt‹ werden, dass er besser sei als all jenes, was wir wahrnehmen oder erkennen.[43] Wenn die menschliche Vernunft etwas von Gott erkennen will, könne sie dies nicht unmittelbar, sondern nur auf Grund der Pracht seiner Werke und der Schönheit seiner Geschöpfe (Pp 108: *ex pulchritudine operum et decore creaturarum*). Da Gott uns also nicht unmittelbar, sondern nur in vermittelter Weise (über die Schöpfung) erkennbar sei, sieht Origenes uns überdies zur Erkenntnis Gottes

---

41 Vgl. GÖRGEMANNS / KARPP, Einführung, S. 32. Nachdem seine Lehre auf dem 5. Konzil von Konstantinopel im Jahre 553 häretisiert worden war, sei das System des Origenes im Westen für suspekt gehalten worden.

42 Zu diesem für die philosophische Bibellektüre wichtigen Aspekt vgl. HERMANN-JOSEF VOGT, Origenes als Exeget.

43 Pp 108: *cuius utique natura acie humanae mentis intendi atque intueri, quamvis ea sit purissima mens ac limpidissima, non potest.*

zusätzlich auf die Vermittlung durch den Sohn angewiesen. (vgl. Pp 116–121) Dementsprechend handelt das zweite Kapitel des ersten Buches systematisch stringent wesentlich von Christus.

Im zweiten Kapitel kommt jedoch nicht ›Jesus von Nazareth‹ zur Sprache, sondern ›Christus‹, der eingeborene Sohn des Vaters (Pp 122: *unigenitus filius patris*), der präexistente Gottessohn, den Origenes als selbständig existierende Weisheit Gottes begreift (Pp 124: *unigenitum filium dei sapientiam eius esse substantialiter subsistentem*). Von diesem Sohn sagt Origenes, dass in ihm alle Kräfte und Gestalten der künftigen Schöpfung enthalten gewesen seien (Pp 124–127: *In hac ipsa ergo sapientiae substantia quia omnis virtus ac deformatio futurae inerat creaturae*). Dieser Sohn sei die ›Wahrheit‹ und das ›Leben‹ alles Seienden. (Pp 126–133)[44] Er wird mit dem ›Buch der Weisheit‹ (7,25) der reinste ›Ausfluss‹ – bei Plotin χύσις und περίλαμψις –[45] der Herrlichkeit des Allmächtigen genannt (Pp 144: ἀπόρροια *(id est manatio)* [...] *purissima gloriae omnipotentis*). Es ist also nicht leicht zu entscheiden, ob allein der Schöpfungsgedanke oder nicht auch eine Emanationslehre die Weltentstehungslehre des Origenes ausmachen.

Im dritten Kapitel handelt Origenes vom ›Heiligen Geist‹. Den Glauben an den ungewordenen Gott hält Origenes für ein Allgemeingut all jener, die überhaupt an eine Vorsehung glauben. Obwohl Gott unerkennbar sei, könne man auf Grund der sichtbaren Geschöpfe dennoch eine gewisse Erkenntnis von ihm erlangen. Den Glauben an den ›Sohn Gottes‹ sieht Origenes als Wahrheit, die aus der ›Heiligen Schrift‹ komme; die philosophische Annahme, Gott habe alles ›durch seinen Logos‹ geschaffen, hält er für eine ›Spur‹ dieser ›geoffenbarten‹ Wahrheit.[46]

Nach dem Schriftbeweis für die Existenz des ›Heiligen Geistes‹ kommt Origenes auf dessen Gaben – Liebe, Freude und Friede – zu sprechen. (vgl. Pp 164) Der Heilige Geist offenbare den Vater durch den Sohn und existiere schon vor der Zeit (Pp 168: *semper erat spiritus sanctus*). Im Anschluss an diese Klärungen fragt Origenes, weshalb einer, der durch Gott wiedergeboren wird,

---

44 Trotz der Ähnlichkeit der Rolle des Sohnes mit der Funktion des νοῦς bei Plotin gibt es auch einen wesentlichen Unterschied, weil der ›Sohn‹ bei Origenes eine positivere Beziehung zu allem Seienden hat; allerdings gilt die Entstehung der körperlichen Welt auch bei Origenes als ein ›Abfall‹ vom Leben in den Tod (vgl. Pp 126–129). Origenes sieht in der Zeugung des Sohnes durch den Vater ein Abhängigkeitsverhältnis, weil der Sohn aus dem Willen des Vaters hervorgegangen sei, also nur der Vater als ›ungeworden‹ verstanden wird (vgl. Pp 132–137). Immerhin sei diese Zeugung vor aller Zeit geschehen (I 2,9). Es besteht indessen offenkundig ein wesentlicher Unterschied zu Plotin, laut dem der νοῦς schon deswegen ›notwendig‹ und ohne Willen aus dem Einen hervorgeht, weil im Einen überhaupt kein Wille zu finden sein kann. Der ›Sohn‹ ist nach Origenes selbst das Bild Gottes (*imago*), er ist der Glanz des göttlichen Lichtes (Pp 136; I 2,7: *splendor huius lucis*), das die ganze Schöpfung erleuchtet (*inluminans universam creaturam*).

45 Vgl. NORBERT FISCHER, Augustins Philosophie der Endlichkeit, S. 137.

46 Dass es zudem einen ›Heiligen Geist‹ gibt, kann nach Origenes aus dem Gesetz (*Tora*), aus den Propheten und aus dem Christusglauben erkannt werden (vgl. Pp 158; I 3,1).

des Heiligen Geistes bedürfe, weshalb keiner des Vaters und des Sohnes teilhaftig werden könne ohne den Heiligen Geist. (Pp 168) Seine Antwort lautet, dass das Werk des Vaters, der an erster Stelle stehe, jedes Seiende betreffe, die Werke des Sohnes und des Geistes aber besondere Tätigkeiten (*operationes speciales*) seien. Die Tätigkeit des Sohnes betreffe nur geistige Wesen; die Tätigkeit des Geistes überdies nur die Heiligen unter den vernünftigen Wesen. (vgl. Pp 170) Der Heilige Geist werde, obwohl ihm das höchste Werk, das Werk der Heiligung obliege, doch nicht über Vater und Sohn gestellt. (Pp 174–179) Denn die Gaben des Geistes gelten als Werk des einen Gottes, als Werk des Geistes, das vom Sohn vermittelt durch den Vater gewirkt werde. Diese Lehre fasst Origenes im achten Paragraphen zusammen:

> *Deus pater omnibus praestat ut sint, participatio vero Christus secundum id, quod verbum vel ratio est, facit ea esse rationabilia. Ex quo consequens est ea vel laude digna esse vel culpa, quia et virtutis et malitiae sunt capacia. Propter hoc consequenter adest etiam gratia spiritus sancti, ut ea quae substantialiter sancta non sunt, participatione ipsius sancta efficiantur.* (Pp 178, 180)

> »Gott verleiht allen Geschöpfen das Sein; die Teilhabe an Christus aber, insofern er der Logos ist, macht sie vernünftig. Insofern können sie entweder Lob oder Tadel verdienen, da sie zur Tugend und zur Schlechtigkeit fähig sind. Daher tritt folgerichtig noch die Gnade des Heiligen Geistes hinzu, um die, die nicht wesenhaft heilig sind, durch Teilhabe an ihm heilig zu machen«. (Pp 179, 181)

Origenes spricht im folgenden von denen, die sich allzu nachlässig verhalten (Pp 184: *qui se neglegentius egerint*) und deswegen eine Minderung im Seinsrang (*deminutio*) oder einen Fall (*lapsus*) erlitten hätten.[47] Folge der Entfernung vom Göttlichen ist – ähnlich wie bei Plotin – die Vergessenheit seiner selbst und des Ursprungs (Pp 186: *ita per multum tempus abeunt omnia in oblivionem, atque universa ex memoria penitus abolentur*).[48]

Dieser Beginn der Schöpfung entspricht allerdings nicht dem Wort der biblischen ›Genesis‹, laut dem Gott ›am Anfang‹ Himmel und Erde geschaffen hat. Vielmehr scheint Origenes ›anfanglose‹, geistige Geschöpfe Gottes anzunehmen, die sich von ihrem ursprünglichen, vollkommenen Zustand durch eigene Nachlässigkeit entfernt haben. Erst nachdem er vom Eintreten dieses Zustands der Gottferne gesprochen hat, beginnt Origenes, von den Wohltaten Gottes zu reden. Indem er von den Wohltaten Gottes spricht, scheint er – im Gegensatz zu Plotin – eine wirkliche Beziehung Gottes zur geschaffenen

---

47 Plotin spricht (wie erwähnt) von der Tollkühnheit und dem Willen, sich selbst zu gehören als dem »Ursprung des Übels«, das zum »Eingehen ins Werden« geführt habe; sie sei »die erste Andersheit« (πρώτη ἑτερότης: ›Enneade‹ V 1,1,1–5; vgl. die Übersetzung Richard Harders in: Plotins Schriften I, S. 209).

48 Origenes spricht von *adsumptio scientiae* und *eius abolitio* in einer Weise, die an ›Politeia‹ 621a/b erinnert, wobei die freie vorzeitliche Wahl des eigenen Charakters vorausgegangen ist (vgl. 617e).

Welt anzunehmen, wie sie der Tradition des biblischen Schöpfungsglaubens entspricht. Gottes Wohltaten belegt er mit Worten des ›Neuen Testaments‹, zum Beispiel mit der Verheißung, in der »wir hören, daß der Apostel von den Vollkommenen sagt, sie würden ›von Angesicht zu Angesicht‹ (1 Kor. 13,12) die Herrlichkeit des Herrn ›durch die Offenbarung der Geheimnisse‹ (vgl. Röm. 16,25) schauen« (Pp 186 f.: *cum audiamus, ab apostolo quod de perfectis dicitur, quia ›facie ad faciem‹ gloriam domini ›ex mysteriorum revelationibus‹ speculabuntur*).

Origenes nimmt die Welt als Werk Gottes; weil er aber die Unveränderlichkeit Gottes voraussetzt, hält er die Annahme, ›diese Kräfte Gottes auch seien nur für einen Augenblick einmal untätig gewesen‹, für unsinnig und gottlos (Pp 188: *Quas virtutes dei absurdum simul et impium est putare vel ad momentum aliquod aliquando fuisse otiosas*). Dennoch habe die Welt des Werdens und Vergehens einmal begonnen und werde in ihrer Vollendung wieder vergehen (Pp 622: *quod mundus hic factus sit et ex certo tempore coeperit et secundum pervulgatam omnibus consummationem saeculi pro sui corruptione solvendus sit*). Die materielle Welt sei als Raum für die Freiheit von Vernunftwesen geschaffen (Pp 268–271), als Gottes Antwort auf die selbstverschuldete Seinsminderung der anfanglosen, geistigen Geschöpfe. Er zitiert den Apostel Paulus zur Erschaffung und zur Vergänglichkeit der Welt, die aber mit Hoffnung für die ›Kinder Gottes‹ verbunden ist (vgl. Rm 8,20 f.). Der mehrfach angeführte Text lautet:

> *Vanitati enim creatura subiecta est, non volens, sed propter eum, qui subiecit in spe, quia et ipsa creatura liberabitur a servitute corruptionis in libertatem gloriae filiorum dei.* (z. B. Pp 624)

> »Denn die Kreatur ward unterworfen der Eitelkeit ohne ihren Willen, sondern um deswillen, der sie unterworfen hat auf Hoffnung; denn auch die Kreatur wird befreit werden von dem Dienst der Vergänglichkeit zu der herrlichen Freiheit der Kinder Gottes«. (Pp 625)

Origenes geht es im Unterschied zu Plotin um die bleibende Vollkommenheit und Seligkeit der unterschiedenen Vernunftwesen, nicht um verschmelzendes Einssein mit dem Einen, in dem die Individualität – das besondere Selbstsein der Seelen – endgültig überwunden wäre. (Pp 650–655)[49] Als Ziel der Vernunftwesen nennt Origenes also nicht ihre Auflösung in der Einigung mit dem Einen, sondern ihr je eigenes Sein aus der Beziehung zu Gott: »Insofern die einzelnen Vernunftwesen am Logos, der Christus ist, teilhaben, realisieren sie

---

49 Vgl. PC 101: »Durch die Einführung von Lehren wie die Präexistenz der Seelen, die Entstehung der Welt als eine Folge des ›Falls‹ dieser Seelen, die Rückkehr aller Seelen in ihre ursprüngliche Einheit und die ewige zyklische Wiederholung dieses Kreislaufs werden die soteriologischen Wahrheiten des Sündenfalls und der Erlösung zu konstitutiven Momenten einer Ontologie umgedeutet«. Zum Gesamturteil vgl. 101–109 und 144 f. Zur »Polarität der Standpunkte« vgl. 128–135; vgl. auch Pp 825–831 mit der Zusammenstellung der »15 Anathematismen von 553«.

nicht nur ihr eigenes, von dieser Teilhabe konstituiertes Wesen, sondern in ihrer Gemeinschaft das Wesen von Allem, als Schöpfung am Logos und vermittelt über diesen an Gott teilzuhaben«.[50] Zwar vermittelt der Sohn »als Logos die Präsenz des Göttlichen [...] an die gesamte Schöpfung und führt umgekehrt diese in einem langen Prozess [...] aus der Zerstreuung in die Vielheit zurück in die Einheit mit ihrem Ursprung [...], aber ohne ihre Individualität und Freiheit aufzuheben«.[51]

2. Zur ›mystischen Theologie‹ des Dionysius (Pseudo-Areopagita)

Bevor gefragt wird, wie Augustinus zur ›Mystik‹ stand, sei der Ansatz des Dionysius (Pseudo-) Areopagita skizziert, der im Mittelalter und für die ›christliche Mystik‹ großen Einfluss erlangte. Nach ADOLF MARTIN RITTER entspringt die Dionysiusüberlieferung im Mittelalter drei Quellen;[52] BEATE REGINA SUCHLA trennt zudem zwischen ›immanentem‹ und ›realem Autor‹, bestreitet jede pseudepigraphische Absicht des realen Autors[53] und diskutiert die Nähe zur Schule des Origenes aus dem Umkreis von Caesarea, den Ambrosius kannte und aufgegriffen hat.[54]

---

50 Vgl. ALFONS FÜRST, Von Origenes und Hieronymus zu Augustinus. Studien zur antiken Theologiegeschichte, S. 150; vgl. auch: ALFONS FÜRST, Von Origenes bis Kant. Das Freiheitsdenken des Origenes in der Neuzeit; vgl. dazu die teils kritischen Hinweise von NORBERT FISCHER in der Rezension zu ALBRECHT BEUTEL / MARTHA NOOKE, Religion und Aufklärung.

51 ALFONS FÜRST, Von Origenes und Hieronymus zu Augustinus. Studien zur antiken Theologiegeschichte, S. 152, 154.

52 Die Identitäten, zwischen denen die Gestalt des Dionysius im Mittelalter changiert, sind der Apostelschüler, der später Bischof von Athen gewesen sein soll; zweitens der fränkische Märtyrer, der zur Zeit der ersten allgemeinen Christenverfolgung unter Kaiser Decius (249–251) als Missionsbischof in Paris hingerichtet wurde (und danach vom Montmartre mit dem Kopf unter dem Arm zwei Meilen weit zu dem Platz geschritten sei, der seine Grabstätte wurde und über der man später die Kirche St. Denis errichtete); drittens der hier in Frage stehende Verfasser »einer spätestens seit dem 2. Jahrzehnt des 6. Jahrhunderts bekannten Schriftensammlung«. Er erwähnt auch die – vielleicht einer Weinlaune entsprungene – vierte (vernachlässigbare und deshalb nicht dokumentierte) Variante KURT FLASCHS, der meint, laut Abt Hilduin habe der Verfasser »auch noch ›die Rolle des antiken Weingottes Dionysos übernommen‹«; vgl. Dionysius Areopagita, Über die Mystische Theologie und Briefe, S. 1. Den gegenwärtigen Stand der Forschung skizziert wohl am besten BEATE REGINA SUCHLA, Dionysius Areopagita; zur Frage der Autorschaft vgl. ebd. S. 15–25.

53 Vgl. BEATE REGINA SUCHLA, Dionysius Areopagita, S. 20.

54 Vgl. Dionysius Areopagita, Über die Mystische Theologie und Briefe, S. 2; vgl. die Hinweise von BEATE REGINA SUCHLA, Dionysius Areopagita, S. 22: »Die Zitate, Referenzen und Anspielungen des Werks weisen daraufhin, dass ihr Autor in der Nähe der alexandrinisch geprägten Schule von Caesarea (Palaestinae) zu suchen ist, das zum Patriarchat Jerusalem gehörte, wo man, wie gesagt, ebenfalls den antiochenischen Ritus praktizierte. Die Schule von Caesarea war durch Origenes (185–253/254) begründet

Der reale Autor aus dem 5. Jahrhundert hat wohl mit Absicht die Identität des Areopagiten imitiert, wobei die Identifizierung aus verschiedenen Motiven erfolgt sein kann: Es mag die List eines heidnischen Autors gewesen sein, der griechisches Gedankengut (vor allem die Theologie des Proklos, der nicht Christ werden wollte) in die christliche Theologie einzuschleusen dachte. Es könnte sodann der apologetische Versuch eines Christen sein, der die Absicht hatte, den nichtchristlichen griechischen Philosophen zu zeigen, dass sie im christlichen Glauben Heimat zu finden vermöchten. Es könnte schließlich der Versuch eines Christen sein, die von den Griechen beanspruchte Wahrheit dem biblischen Glauben zurückzugeben, also zu zeigen, dass das, was die nichtchristlichen griechischen Philosophen vorgetragen haben, in Wahrheit keine Philosophie war, sondern ›geoffenbarte‹ Theologie.[55]

Dionysius scheint die in der ›Theologie‹ gesuchte Wahrheit wie kein anderer vor ihm ebenso klar in der Botschaft des biblischen Glaubens wie in den Schriften der Neuplatoniker zu finden. Das Ziel sieht er in der ›Einung‹ mit dem unsagbaren Gott, der alles Sein und Erkennen übertrifft. Den Kern seiner Lehre, deren proklische Basis durch Zitationen auf der Hand liegt,[56] fasst Ritter so zusammen:

> »Besonderen Eindruck gemacht haben immer wieder, wie es scheint, der Gedanke des Erkennens ›*durch*‹ Nichterkennen (ebd. 1,3; 2: 1000C–1025B), die Unterscheidung zwischen ›kataphatischer‹ und ›apophatischer‹ Theologie, d.h. bejahenden und verneinenden Gottesprädikaten (ebd. 3: 1032C–1033D), und endlich die Überzeugung: je weiter unsere Rede von Gott ›*von unten her zum Transzendenten empor*‹ gelangt, ›*um so mehr büßt sie an Umfang ein; ist das Ende des Aufstiegs erreicht, wird unsere Rede vollends verstummen und mit dem ganz eins werden, der unaussprechlich ist*‹ (ebd.: 1033C)«.[57]

Ohne Zweifel ging es Dionysius um die Vermittlung zwischen den Neuplatonikern und den Christen: »Entsprechend akzentuiert er das christliche wie das heidnische Material«.[58] Entscheidend könnte aber wiederum die Frage sein,

---

worden, der 230/231 aus Alexandrien fliehen musste, weil er mit dem örtlichen Bischof in Konflikt geraten war, auf seiner Flucht nach Caesarea kam und dort bis zu seinem Tode wirkte. Bis zu seiner Flucht gehörte Origenes der alexandrinischen Schule an, der neben Philo und Klemens insbesondere der Platoniker Plotin zuzurechnen ist.« Insofern könnte manche Differenz, die zwischen Augustinus und Origenes bzw. Dionysius bestehen mag, mit deren Nähe zu Plotin zu tun haben, dem Augustinus in wichtigen Punkten nicht folgt.

55 Zur Diskussion vgl. Dionysius Areopagita, *Über die Mystische Theologie und Briefe,* S. 13 f., 53; Beate Regina Suchla, Dionysius Areopagita, S. 18–24.

56 Ritter verweist auf Werner Beierwaltes, Denken des Einen, S. 147–154; bes. 148. Vgl. die Hinweise zur Entstehung des christlichen Neuplatonismus bei Jens Halfwassen, Plotin und der Neuplatonismus, bes. S. 152–172.

57 Dionysius Areopagita, Über die Mystische Theologie und Briefe, S. 20 f.; vgl. dazu aber auch Beate Regina Suchla, Dionysius Areopagita, S. 20 f., 33–35, bes. 60.

58 Dionysius Areopagita, Über die Mystische Theologie und Briefe, S. 52. Dass ein Autor nach dem Jahr 500 als ›Areopagita‹ auftrittt, wird als Fortführung der Aufgabe der

wie die Entstehung der Welt des Vielen auszulegen ist, ob als ›Schöpfung‹ der
Welt durch Gott, nämlich als von Gott gewolltes Werk — oder letztlich als eigenwilliger Abfall des Vielen vom Einen (als dem reinen Sein ›Gottes‹). Wenn
Dionysius die Vermittlung zwischen Neuplatonikern und Christen im Sinne
gehabt hätte, könnte es auch der Fall sein, »daß er, indem er von Proklus u. a.
borgte, nicht zu ›entlehnen‹ meinte und beabsichtigte, sondern lediglich ›Ent-
lehntes dem wahren Eigentümer zurückgeben‹ wollte«.[59] Diese These, auf die
RITTER hinweist, vertritt auch HANS URS VON BALTHASAR.[60] Die Titel der vier
größeren Schriften des Pseudo-Dionysius lauten:

> 1. Περὶ θείων ὀνομάτων (›De divinis nominibus‹). 2. Περὶ μυστικῆς θεολογίας (›De my-
> stica theologia‹). 3. Περὶ τῆς οὐρανίας ἱεραρχίας (›De caelesti hierarchia‹). 4. Περὶ τῆς
> ἐκκλεσιαστικῆς ἱεραρχίας (›De ecclesiastica hierarchia‹).

Die erste Schrift betrachtet die positiven Gottesnamen (›kataphatische‹ Theologie), die zweite beschreitet den negativen Weg der Gotteserkenntnis (›apophatische‹ Theologie). ENDRE VON IVÁNKA nimmt (im Unterschied zu seiner
Beurteilung des Origenes) im Blick auf Dionysius an, »daß der neuplatonische
Begriffs- und Formelschatz zwar äußerlich übernommen wurde, dabei aber
in entscheidenden und wesentlichen Punkten mit ganz bewußten und betonten Äußerungen der eigentlich platonische Gedankengehalt negiert oder ins
Christliche umgebogen ist«. (PC 226) Dieses Urteil mag zutreffen — bis auf die
womöglich strittige Feinheit, dass nicht der ›platonische‹ Gedankengehalt negiert wird (sondern ein ›neuplatonischer‹), was schon daraus folgt, dass Platons
Philosophie bei Dionysius explizit keine unmittelbare Rolle spielt.

ENDRE VON IVÁNKA betont zu Beginn seiner Skizze der ›kataphatischen‹
Theologie in ›De divinis nominibus‹ besonders die »Unerkennbarkeit und Un-
aussprechlichkeit des Wesens der Gottheit«. (PC 230–235) Pseudo-Dionysius
übernehme in modifizierter Weise den Stufenbau im Weltbild des Proklos, sofern er dreimal drei Chöre der Engel annehme, »in denen sich das proklische
Prinzip des Mitteilenden, des Vermittelnden und des Empfangenden in jeder
einzelnen Ordnung und in der Zusammenordnung dieser Ordnungen wider-
spiegelt«. (PC 258) Bei Proklos erfolge der Aufstieg »durch theurgische Operationen, in denen die Kenntnis der Namen der Dämonen, Heroen und Geister
der uns übergeordneten Seinsordnungen eine große Rolle spielt«. (PC 258) Die
Hervorgänge sind laut Proklos vermittelt. Demgegenüber lehre Pseudo-Dio-

---

Areopagrede des Paulus erklärt, die eine Brücke zwischen dem Christusglauben und
dem Glauben der Griechen errichten wollte. Nach RITTER besteht das ›Corpus Dionysiacum‹ wie das ›Corpus Paulinum‹ aus Briefen, »14 Einzelstücke, darunter vier längere,
ähnlich den vier großen Paulusbriefen (einschließlich des als paulinisch geltenden He-
bräerbriefs)«. (ebd.) Nach RITTER ging es dem Autor »auch formal um eine ›Nachahmung‹ des großen Heidenapostels« (ebd.).

59 Dionysius Areopagita, Über die Mystische Theologie und Briefe, S. 53.
60 HANS URS VON BALTHASAR, Herrlichkeit. Eine theologische Ästhetik, S. 211 f.

nysius, dass Gott es sei, »der alles in allem bewirkt«. (PC 259) Der Weg zu Gott sei nach Dionysius demzufolge auch kein Weg ›theurgischer Operationen‹, sondern ein Weg der ›Gnade‹. (vgl. PC 285) Die Hauptlehren des Proklos seien also klar von deren Umformung durch Dionysius in bezug auf die ›Entstehung der Welt‹, das ›Wesen der Erkenntnis‹ und das ›Sein der Seele‹ zu unterscheiden.

Im Blick auf die ›Weltentstehung‹ sei die Lehre, »daß alles Sein ein Anteilhaben an dem unendlichen Sein Gottes ist« (PC 263), noch nicht neuplatonisch: ›neuplatonisch‹ sei erst die Lehre der Entstehung des Endlichen aus dem Unendlichen als »wesensnotwendiger Prozeß der Entfaltung und des ›Hervorgangs‹«, der die Seelen »in das schuldhafte Sondersein und in die Vereinzelung des Vielfältigen« (PC 264) geraten lässt. Zwar könne auch der Schöpfungsgedanke »zum Begriff eines stufenweise verschiedenen Teilhabens am unendlichen Sein Gottes« führen; Schöpfung sei jedoch »nicht notwendiger Hervorgang, logische Ausgliederung, freiwilliger Abfall«. (PC 265) Im Blick auf das ›Wesen der Erkenntnis‹ sei die Lehre noch nicht neuplatonisch, »daß die Ideen, als die schöpferischen Gedanken Gottes, die Urbilder der geschaffenen Dinge, in unmittelbarer Erleuchtung des Geistes die höheren Formen der rein begrifflichen Erkenntnis in uns hervorrufen«. (PC 263) Neuplatonisch sei vielmehr erst die Deutung des Erkennens als geistiges Nachvollziehen des Hervorgangs, als »Schau des Einen«, als »Wissen um den Urstand, ›woher wir abgefallen sind‹«. (PC 264) Der christliche Gedanke der Illumination sei »nicht ein Begreifen der Art und Weise, wie sich das Eine zum Vielfältigen, das Unendliche zum Determinierten entfaltet«; er mache folglich auch nicht »das Mysterium der Schöpfung begreifbar«. (PC 265) Noch nicht neuplatonisch sei es, »der sich in sich selbst, in ihren ›Seelengrund‹ zurückwendenden Seele« »eine innerliche, rein geistige, überbegriffliche Erkenntnis Gottes« zuzuschreiben, »auf Grund der Gottebenbildlichkeit, die die Seele in ihrer geistigen Natur schon besitzt, oder auf Grund der Gottähnlichkeit, die ihr durch die Gnade verliehen werden kann«. (PC 263)

›Neuplatonisch‹ ist nach ENDRE VON IVÁNKA erst die Meinung, in der Erkenntnis des Seelengrundes zugleich »eine unmittelbare Erkenntnis des allgemeinen Seinsgrundes zu besitzen«. (PC 264) ›Christlich‹ gedeutete Gottebenbildlichkeit, die sich aus der Schöpfung herleitet, und christlich gedachte Gottähnlichkeit seien demnach gerade »nicht Gottgleichheit, die nur durch eine das Wesen der Seele selbst nicht tangierende Einstellung vorübergehend verdeckt wird«. (PC 265) Die Alternative zwischen der neuplatonischen und der christlichen Weltentstehungslehre sei folglich als der Unterschied zwischen ›Schöpfung‹ und ›Emanation‹ zu beschreiben. (PC 266) Das »Grundprinzip der neuplatonischen Seinslehre« lautet nach ENDRE VON IVÁNKA:

»Was von der göttlichen, in sich selbst durch dieses Ausgehen nicht berührten Seinsquelle des ›Hervorganges‹ ausstrahlt, ist seinem Sein nach geringer, seinsärmer, es ist ›getrübtes‹, depotenziertes Sein, unvollkommenes Abbild dessen, was in seinem Ursprunge rein und vollkommen besteht – getrübt und depotenziert eben wegen seines ›Ausganges‹«.[61]

›Über die mystische Theologie‹ beginnt mit der Bitte des Autors, die göttliche Dreieinigkeit möge ihn ›zum Gipfel der geheimnisvollen Worte‹ geleiten: »Dort liegen ja der Gotteskunde Mysterien in überlichtem Dunkel geheimnisvoll verhüllten Schweigens verborgen: einfach, absolut und unwandelbar«.[62] Der unerkennbare Gott wird in der Form einer ›coincidentia oppositorum‹ vergegenwärtigt, von der später Cusanus gesprochen hat. Dionysius nennt drei Wege, die bis hin zur ›Dialektik des ›Deutschen Idealismus‹ paradigmatisch geworden sind (*via affirmationis, via negationis, via eminentiae*).[63] Er sagt: »Man muss ihm [Gott] sowohl alle Eigenschaften der Dinge zuschreiben und (positiv) von ihm aussagen – ist er doch ihrer aller Ursache –, als auch und noch viel mehr ihm diese sämtlich absprechen – ist er doch allem Sein gegenüber jenseitig«.[64] Nach ›Bejahung‹ und ›Verneinung‹ der Prädikate Gottes müssen beide im Blick auf Gott also noch ›überstiegen‹ werden. Das erste Kapitel endet exemplarisch mit der Gotteserkenntnis des biblischen Mose, der zuletzt in das Dunkel des Nichtwissens eingetaucht sei (εἰς τὸ γνόφον τῆς ἀγνωσίας).[65] Der ›Überseiende‹ könne nur erkannt werden, wenn das viele Seiende, das ihn verdeckt, entfernt wird: wie bei einem Bildhauer, der Stein wegschlägt, bis am Ende ein Bildnis hervortritt, erkennen wir nur im überlichten Dunkel (ὑπέρφωτος γνόφος).[66] Das dritte Kapitel beginnt mit bejahenden Gottesnamen (z. B. ›gut‹, ›seiend‹, ›Leben‹, ›Weisheit‹ und ›Kraft‹).[67] Es enthält sodann

---

61 PC 272. Obwohl Pseudo-Dionysius sich neuplatonischer Termini bediene, ersetze er »das neuplatonische Prinzip der Emanation und der im Grunde der Seele bewahrten Identität mit Gott durch die echt christliche Schöpfungsidee« und »in bezug auf [die] Erhebung der Seele zu Gott, durch eine sich deutlich anbahnende Gnadenlehre« (PC 285).

62 Dionysius Areopagita, Über die Mystische Theologie und Briefe, S. 74 (ἔνθα τὰ ἁπλᾶ καὶ ἄτρεπτα τῆς θεολογίας μυστήρια κατὰ τὸν ὑπέρφωτον ἐγκεκάλυπται τῆς κρυφιομύστου σιγῆς γνόφον, Dionysius Areopagita, Corpus Dionysiacum, Bd. 2, S. 141 f.).

63 Diese Wege sind nicht nur in der mittelalterlichen Philosophie und Theologie allgegenwärtig, sondern sind noch in Heideggers ›Sein und Zeit‹ (vgl. S. 427 Fn 1) selbstverständlich als mögliche Aussageweisen vorausgesetzt. Vgl. Norbert Fischer, Was ist Ewigkeit? Ein Denkanstoß Heideggers und eine Annäherung an die Antwort Augustins.

64 Dionysius Areopagita, Über die Mystische Theologie und Briefe, S. 75 (Δέον ἐπ᾽ αὐτῇ καὶ πάσας τὰς τῶν ὄντων τιθέναι καὶ καταφάσκειν θέσεις, ὡς πάντων αἰτίᾳ καὶ πάσας αὐτὰς κυριώτερον ἀποφάσκειν, ὡς ὑπὲρ πάντα ὑπερούσῃ, Dionysius Areopagita, Corpus Dionysiacum, Bd. 2, S. 143).

65 Dionysius Areopagita, Corpus Dionysiacum, Bd. 2, S. 144.

66 Dionysius Areopagita, Corpus Dionysiacum, Bd. 2, S. 145.

67 Vgl. Dionysius Areopagita, Über die Mystische Theologie und Briefe, S. 77 f. Die positiven Gottesnamen beginnen mit dem Höchsten; die verneinenden mit dem Untersten (von Gott könne man leichter bestreiten, dass er trunken sei und rase, als dass er aussagbar und denkbar sei). Es folgen dann Beispiele für negative Aussagen, die Gott als alles

eine Fülle von Verneinungen, die das, was zur Sprache gebracht werden soll, als unfassbar darstellen. Worum es gehe, sei weder Seele noch Geist, weder Einbildungskraft noch Meinung, Vernunft oder Denken. Endzweck sei derart weder Zahl noch Ordnung, weder Größe noch Kleinheit, weder Gleichheit noch Ungleichheit, weder Ähnlichkeit noch Unähnlichkeit; weder Kraft noch Licht oder Leben. Es sei ebenso weder Sein noch Ewigkeit oder Zeit; weder Wahrheit noch Herrschaft oder Weisheit; weder Einheit noch Gottheit oder Güte.

Nach diesem furchterregenden Gewitter von Verneinungen kehrt eine gewisse Zaghaftigkeit ein. Dionysius sagt in einem Zwischenspiel, dass ›Gott auch nicht Geist‹ sei – aber nur in dem Sinne »nicht Geist, wie wir diesen Ausdruck verstehen«; in gleicher Weise spricht er zurückhaltend zu den Namen der Sohnschaft und der Vaterschaft. Er scheut sich wohl, die im christlichen Glaubensbekenntnis vorkommenden Namen in gleicher Weise ebenso rigid zurückzuweisen, wie er das ohne Skrupel bei den eher philosophisch geprägten Benennungen durchgeführt hat. Kaum ist dieses Zwischenspiel vorbei, bricht jedoch die Wucht der Verneinungen erneut durch: Denn das Gesuchte gehöre weder dem Nichtseienden noch dem Seienden an. Es entziehe sich jeder Bestimmung; es sei weder mit Finsternis noch mit Licht gleichzusetzen, weder mit Irrtum noch mit Wahrheit. Das bedeutet für die gesuchte Allursache: »Man kann ihr überhaupt weder etwas zusprechen noch absprechen«.[68] Die Schrift endet mit dem Hinweis auf eine Übersteigung jeder Bejahung und Verneinung im Blick auf das Gesuchte (ebd.). Dionysius schließt mit Worten, die zwar sein Hingerissensein von der unendlichen Größe Gottes bezeugen, aber das Endliche so herabsetzen, dass seine Unfähigkeit zu einer Beziehung zum Unendlichen es nichtig werden lässt. Die Frage, ob Dionysius sinnvoll als ›Christ‹ bezeichnet werden kann, ist nicht klar zu bejahen, sofern er das Endliche als solches, das gemäß biblischem Glauben von Gott als ›Gutes‹ geschaffen ist, am Ende doch für an sich schlecht zu halten scheint.

Mit Recht hebt WERNER BEIERWALTES »die Frage nach der Schöpfung als der Entfaltung des göttlichen Willens und seiner Gutheit« hervor und nennt »die dionysische Theologie [...] das extremste Beispiel einer ›Hellenisierung des Christentums‹«, ohne dass dadurch schon geklärt wäre, welche Rolle die ›ekstatische Einung‹ mit dem Einen zu spielen hat. Problematisch ist dabei nicht das ›Denken des Einen‹,[69] problematisch ist auch nicht, dass der Weg »in eine das

---

übersteigende Allursache benennen (ebd., S. 79). Begonnen wird dabei mit der Negation von Negationen: Gott sei weder wesenlos noch leblos, weder sprachlos noch vernunftlos. Er sei als Allursache zwar der höchste Grund alles Intelligiblen, gehöre aber selbst dem Bereich des Intelligiblen nicht an (ebd., S. 80; vgl. ›Politeia‹ 509 b).

68 Dionysius Areopagita, Über die Mystische Theologie und Briefe, S. 80.

69 WERNER BEIERWALTES, Platonismus im Christentum, S. 64 betont: »trotz seines In-Seins *in* Allem bewahrt es seine absolute Transzendenz. Creativer Hervorgang des Ursprungs und sein Insichbleiben sind demnach als eine Einheit zu verstehen.«

Denken übersteigende Berührung des Einen führen soll«,[70] sondern vielmehr
die Frage, worin der Sinn der Einung mit dem Einen nach Dionysius in der
Nachfolge des Proklos besteht.[71] BEIERWALTES betont mit Recht ›Transzendenz und Andersheit Gottes‹,[72] der Sinn des ›Geschaffenen‹ hingegen (als einer
Schöpfung Gottes oder als das, was aus dem Einen hervorgegangen ist) bleibt
in seiner Darbietung des proklischen Denkens problematisch.[73] In der genuin
christlichen Rezeption der ›mystischen Theologie‹ des Dionysius, wie sie Albertus Magnus mit großer Wirkung (z. B. auf Thomas von Aquin und Meister
Eckhart) entfaltet hat,[74] geht es nicht um eine ›Aufhebung‹ des geschöpflichen
Seins, sondern um eine ›unitio ad deum‹, in der das besondere Sein des Geschaffenen nicht ausgelöscht wird.[75]

3. Augustins Kritik der neuplatonischen Mystik und deren christlich inspirierte Umformung

Plotins ›Rückkehr zum Einen‹ ging einher mit der Überwindung der Zweiheit
von Erkennendem und Erkanntem, mit der Auslöschung endlichen Selbstseins,
aller Eigenbewegung, der Vereinigung mit dem Geschauten: »selber das Geschaute nicht mehr schauen, sondern es werden«.[76] Gemäß dem Wort des Me-

---

70 WERNER BEIERWALTES, Platonismus im Christentum, S. 66.

71 Vgl. WERNER BEIERWALTES, Platonismus im Christentum, S. 70 f.

72 Vgl. WERNER BEIERWALTES, Platonismus im Christentum, S. 33.

73 Vgl. dazu WERNER BEIERWALTES, Platonismus im Christentum, S. 65: »Alles, was
aus etwas hervorgeht, kehrt gemäß seinem Sein in das zurück, aus dem es hervorgeht‹.
Ἐπιστροφή, Rückkehr, Rückgang oder Rückwendung (›reflexio‹) ist im Sinne des
Proklos das dritte Moment in der triadischen Grundgesetzlichkeit μονή – πρόοδος –
ἐπιστροφή; es realisiert in je verschiedenen Dimensionen die aktive Verbindung oder
Verbundenheit des Hervorgegangenen mit seinem verursachend in sich bleibenden Ursprung, mit seinem Sein-gebenden Anfang.«

74 Vgl. Albertus Magnus, Super Dionysii Mysticam Theologiam / Über die Mystische
Theologie des Dionysius; vgl. die ›Einleitung‹ von MARIA BURGER, hier S. 55: »Später verfasste Thomas selbst einen Kommentar zu *De divinis nominibus*. Darüber hinaus
ist Dionysius mit 1700 Zitaten der meistgenannte Autor im thomanischen Werk.« Zu
Meister Eckhart, ebd. S. 56: »Wenngleich sich bei Eckhart kaum ein ausdrücklicher Anschluss an den Dionysius-Kommentar findet, so ist sein Denken doch stark von Alberts
Werk beeinflusst.«

75 Vgl. Albertus Magnus, Super Dionysii Mysticam Theologiam / Über die Mystische
Theologie des Dionysius I 8, S. 80–83.

76 RICHARD HARDER, Zu Plotins Leben, Wirkung und Lehre, S. 267; vgl. auch KARL-
HEINZ VOLKMANN-SCHLUCK, Plotin als Interpret der Ontologie Platos, S. 90: »Bei Plato erreicht die Seele am Ende des Stufenweges der Liebe im Sein zu der höchsten Seinshaftigkeit des Seienden die vollendete Möglichkeit des Bleibens und der Ständigkeit. Für
Plotin kann das [...] nur bedeuten, daß in der Manifestation des Lichtes selbst der Seele
ihr Sein zu sich selbst in der vollendeten Möglichkeit seiner Vollkommenheit anwesend
ist. Das Selbst der Schönheit ist nichts anderes als das wiedergewonnene ›Selbst‹ des

phistopheles in Goethes ›Faust‹ (»denn alles, was entsteht, / Ist wert, daß es zugrunde geht; / Drum besser wär's, daß nichts entstünde«)[77] wäre die ›Rückkehr zum Einen‹ die Gegenbewegung zum Schöpfungswillen Gottes, der Anderes aus Liebe hervorgebracht hat. Zwar mag auch Augustinus eine »Annäherung an das Höchste Wesen« erlebt haben, aber nach HEINRICH DÖRRIE »gewiß keine *unio mystica* – ἕνωσις – bei welcher in der Ekstase die Persönlichkeit verlassen wird – daher ἔκστασις – so daß das Subjekt sich mit dem Objekt der Schau vereinigt«; es gilt also: »In Augustins Darstellung ist das Ich / Du-Verhältnis nicht aufgehoben«.[78] Augustinus glaubte an das Gutsein der Schöpfung in ihrer Mannigfaltigkeit und war nicht bereit, sich dem ekstatischen Rausch in womöglich trügerischen Augenblickserlebnissen hinzugeben. Was Augustinus dennoch vorträgt, kann als eine kritisch reflektierte ›Mystik des Alltags‹ gelten. Dabei treten in seinem Denken Motive auf, die sich auch bei Origenes oder Dionysius finden.[79] Auf Dionysius konnte Augustinus sich schon deshalb nicht beziehen, da dieser erst später lebte; das schon genannte Ziel des Origenes, die Botschaft des christlichen Glaubens mit Hilfe der Vernunft einsichtig zu machen (vgl. Pp 98 f.: *Inluminate vobis lumen scientiae*), hat er aber selbst ausdrücklich verfolgt (vera rel. 8: *sic enim creditur et docetur, quod est humanae salutis caput, non aliam esse philosophiam, id est sapientiae studium, et aliam religionem*).[80]

Die philosophische Haltung Augustins war vom Eingeständnis der Unerreichbarkeit der ›Transzendenz‹ Gottes und entsprechend auch vom Bewusstsein der eigenen ›Endlichkeit‹ bestimmt, womit er die von Dionysius entfalteten Wege möglicher Aussagen zum Göttlichen eröffnete:[81] zu Beginn der ›Confessiones‹ (1,1) zitiert Augustinus ohne Zögern das ›affirmativ‹ sprechende

---

Geistes, in dem alles Sichverhalten zu einem anderen [...] ausgelöscht ist.« Vgl. NORBERT FISCHER, Augustins Philosophie der Endlichkeit, S. 120–123, 164 zu Augustins Annahme eines über die Weltzeit hinaus fortdauernden Bleibens der körperlichen Gestalt des weiblichen Geschlechtes (vgl. civ. 22,17). Sein und Sinn der Zeitlichkeit sind im Denken Augustins nicht bloß flüchtig.

77 Goethes Werke. Band III, S. 47. In diesem Sinne scheint Plotin (wie berichtet) zum Ursprung des Werdens als Übels zu sprechen; vgl. ›Enneade‹ V 1 (›Die drei ursprünglichen Wesenheiten‹; Plotins Schriften. Band 1 a, S. 208 f.).

78 Vgl. HEINRICH DÖRRIE, Die Andere Theologie. Wie stellten die frühchristlichen Theologen des 2.–4. Jahrhunderts ihren Lesern die ›Griechische Weisheit‹ (= den Platonismus) dar?, S. 41 (Fn 122). Vgl. ord. 2,47: *ipsa philosophiae disciplina* [...] *duplex quaestio est, una de anima, altera de deo.* Hier ist die Frage zur Seele sogar als erste genannt.

79 Auf Origenes bezieht Augustinus sich in seinen Schriften mehrfach und im wesentlichen Punkt von dessen Zweifel am Gutsein der von Gott geschaffenen sinnlich wahrnehmbaren Welt auch scharf kritisch (z. B. civ. 11,23).

80 Vgl. dazu insgesamt noch einmal die Hinweise in NORBERT FISCHER / JAKUB SIROVÁTKA, Vernunftreligion und Offenbarungsglaube. Zur Erörterung einer seit Kant verschärften Problematik, bes. S. 9 f., 29 und 40.

81 Also für die ›kataphatische‹, ›apophatische‹ und ›mystische‹ Theologie = *via affirmativa, negativa, eminentiae*, deren Grundmuster man auch in der Philosophie Platons schon aufspüren könnte.

Psalmwort (nach der ›Vulgata‹: 144,3; 146,5), das die ›Größe‹ Gottes nennt und hervorhebt (*magnus es, domine*), jedoch zugleich in Verbindung mit der ›negativen‹ Aussage der unfassbaren Größe seiner Kraft und Weisheit (*magna virtus tua et sapientiae tuae non est numerus*). Die Größe Gottes verlangt also das ›überschwengliche‹ Lob der ›via eminentiae‹, da sie nach Augustinus die endliche Kraft der Menschen übersteigt, denen Sterblichkeit [82] und Sündigkeit anhaftet – und überdies ein Hochmut, dem Gott Widerstand leistet:

> *et laudare te vult homo, aliqua portio creaturae tuae, et homo circumferens mortalitatem suam, circumferens testimonium peccati sui et testimonium, quia superbis resistis.* (conf. 1,1)

Dem Gotteslob des Psalmisten fehlt in der faktischen ›condicio humana‹ folglich die Grundlage. Obwohl die ›via affirmativa‹ wie die ›via negativa‹ den anfänglichen Jubel des Psalmworts nicht rechtfertigen können, hält Augustinus der Winzigkeit und den Schwächen des Menschen ein ›Dennoch‹ entgegen, das ihm den Überschwang der ›via eminentiae‹ ermöglicht: *et tamen laudare te vult homo, aliqua portio creaturae tuae.* (conf. 1,1) Um in der Spur der Beziehung zu Gott zu bleiben, auf der er affirmativ und negativ begonnen, aber kein annehmbares Ergebnis erreicht hat, weicht Augustinus auf einen Weg aus, auf dem die zwiespältige Situation der Menschen hervortritt. Die ›condicio humana‹ ist nach Augustinus einerseits von der Endlichkeit des menschlichen Seins bestimmt (also von der Unmöglichkeit, ›Transzendentes‹ zu erfassen), andererseits von der innerweltlich unableitbaren ›Beziehung‹ zum unendlichen Gott, die auf die vorgängig wirksame Aktivität Gottes in der Beziehung zum Menschen weist:

> *tu excitas, ut laudare te delectet, quia fecisti nos ad te et inquietum est cor nostrum, donec requiescat in te.* (conf. 1,1)

Die Frage, wie mit Nüchternheit, die vom Bewusstsein der eigenen Endlichkeit gefordert ist, dennoch eine Beziehung zu Gott – oder gar ein ›Berühren Gottes‹ – möglich ist, hat Augustinus aufmerksam verfolgt. Sie soll in den folgenden Überlegungen eigens ins Auge gefasst werden. Die ›Confessiones‹ beginnen mit überschwenglichem Gotteslob, das vom Gefundenhaben lebt. Diesem Lob folgt, wie erwähnt, die ernüchternde Diagnose der ›condicio humana‹. Obwohl der Mensch im Ganzen der Schöpfung, angesichts der Größe, die in ihrer räumlichen und zeitlichen Ausdehnung gewaltig hervortritt, als *aliqua portio creaturae tuae* benannt wird und derart nur vernachlässigbares Gewicht (als ›quantité négligeable‹) zu haben scheint,[83] erklärt Augustinus, dass wir

---

82 Adam war im Schöpfungszustand nach Augustinus *sine morte mortalis* (Gn. litt. 6,21,32; zur Erläuterung vgl. Gn. litt. 6,24,35); vgl. dazu Norbert Fischer, Augustins Philosophie der Endlichkeit, S. 167.

83 Damit bringt Augustinus zum Ausdruck, was Immanuel Kant im ›Beschluß‹ der ›Kritik der praktischen Vernunft‹ mit dem ›bestirnten Himmel über mir‹ zur Sprache gebracht

Menschen ›dennoch‹ Gott loben wollen. Diesen Willen zum Gotteslob führt er nicht auf ein spontanes ›Vermögen‹ der Menschen zurück, sondern auf einen Antrieb, der unmittelbar von Gott ausgeht und nicht in der Macht von Menschen steht. Die ersehnte *quies in deo* ist kein Zustand, den Menschen durch eigene Bemühung von sich aus erreichen könnten: wir Menschen sind und bleiben vielmehr, solange wir in der Welt leben, ›ruheloses Herz‹ (*cor inquietum*).[84] Selbst die ›Ewigkeit‹ denkt Augustinus nicht als alle Vielheit verschmelzende Einung mit dem Einen (ἕνωσις), sondern als *regnum tecum perpetuum sanctae civitatis tuae.* (conf. 11,3)[85]

Augustins Lösungsweg in den ›Confessiones‹, der sich von den narrativen Büchern (1–9)[86] über die Reflexion der Gottsuche, die zugleich seine ›Suche nach dem wahren Leben‹ ist (Buch 10), bis zur Meditation ihres Resultats (Bücher 11–13; mit der Zeitabhandlung in Buch 11) findet,[87] entspricht dem Weg, den dieser Autor vorweg (im Anschluss an und in Absetzung von Plotin) formuliert hatte. (vera rel. 72) Das *transcende et te ipsum* fordert unser Offensein für eine Wirklichkeit, die wir nur empfangen können, aber nicht die ›Preisgabe unseres endlichen Selbst‹. Das Ziel, das Augustinus zunächst in der äußeren Welt (*foris*) zu erreichen suchte, das er dann im Inneren (*intus*) verfolgte und das er zuletzt – angetrieben durch die unversehens hervortretende Wirklichkeit Gottes – im transzendent bleibenden Innersten (*intimum*) fand, hat seine Sehnsucht geweckt und ihn zur Annahme der unfassbar bleibenden Wirklichkeit Gottes gerufen, die mit dem Glauben an die Zuwendung Gottes zu unserem Leben einhergeht. (conf. 4,19)[88] Derart ist es kein Zufall, dass die ›Confessio-

---

84 hat, der »mit dem Anblick einer zahllosen Weltenmenge [...] meine Wichtigkeit« vernichtet (KpV A 288 f.). Dieses ›Dennoch‹ findet sich auch beim Augustinus-Leser Rainer Maria Rilke; vgl. Norbert Fischer, ›Gott‹ in der Dichtung Rainer Maria Rilkes, z. B. S. 20 f.; weiterhin 105 (Anm. 78).

84 Das Wort vom ›cor inquietum‹ (conf. 1,1: *tu excitas, ut laudare te delectet, quia fecisti nos ad te et inquietum est cor nostrum, donec requiescat in te*) wird an einigen anderen Stellen aufgegriffen (z. B. en. Ps. 55,17) und ist bezogen auf conf. 13,53 (*tua quies tu ipse es*). Aus dieser Stelle geht hervor, dass die Schöpfung nach Augustinus ihren Grund nur in reiner Liebe Gottes haben kann. Ruhe und Unruhe lassen sich im Blick auf Immanuel Kant ähnlich vergegenwärtigen; vgl. ›Moral Mrongovius‹ (AA 27, 1402: »das Gemüt ist also immer unruhig«).

85 Das entspricht der idealen Vorstellung Kants von einem »Reich Gottes« (z. B. RGV B 140–144=AA6,100–102), die von »Heiligkeit« bestimmt ist (vgl. KpV A 57 f.).

86 Vgl. dazu Norbert Fischer / Dieter Hattrup, Irrwege des Lebens. Augustinus: Confessiones 1–6.

87 Vgl. Norbert Fischer, Narrativa – Reflexão – Meditação. O Problema do Tempo na Estrutura das Confissões. Erzählung – Reflexion – Meditation. Das Zeitproblem im Gesamtaufbau der Confessiones. Zu Buch 10 vgl. Aurelius Augustinus, Suche nach dem wahren Leben; zu Buch 11 Aurelius Augustinus, Was ist Zeit?; zu beiden Ausgaben vgl. auch jeweils die ›Einleitung‹ des Hg.

88 Vgl. Norbert Fischer, Confessiones 4. Der Tod als Phänomen des Lebens und als Aufgabe des Denkens. Insofern weisen die ›Confessiones‹ auf die trinitarische Ausle-

nes‹, Augustins erstes ›opus magnum‹, weithin von biographischen Motiven bestimmt sind,[89] die wesentlich zur denkerischen Aufgabe gehören und noch die ›Phänomenologie des faktischen Lebens‹ in Heideggers ›Sein und Zeit‹ angeregt haben.[90] Dieser Weg kann an ausgewählten signifikanten Passagen der ›Confessiones‹ erläutert werden.[91]

Die Beziehung zu Gott spielt auch eine Rolle in Augustins Antwort auf die Frage, was er beim Diebstahl eines für ihn an sich wenig reizvollen Diebesgutes geliebt habe, was ihn zum Diebstahl getrieben habe (conf. 2,12–16): *quid ego miser in te amavi, o furtum meum* [...]*?* (conf. 2,12) Augustinus nennt hier nicht explizit die ›Sünde Adams‹ oder eine andere Ursache vor der Zeit,[92] sondern seinen ›innerlich wirksamen‹ »Hochmut, der verfehlt und verdreht die Höhe Gottes nachahmt und zum trügerischen Abbild der göttlichen Allmacht wird«: *tenebrosa omnipotentiae similitudine.* (conf 2,14)[93] Nach Augustinus führen die im Fehlverhalten von Menschen allenthalben gesuchten ›Ausflüchte‹ zu einer Zersetzung des Ich, ob man die Schuld nun auf ›die Natur‹, ›gesellschaftliche Umstände‹ oder auf ›Gott‹ schiebt. Das Eingeständnis des ›Schuldigsein des Daseins‹ ist nach Augustinus nämlich für sein Selbstseinkönnen konstitutiv.[94] ›Bewusstsein der Schuld‹ setzt als konstitutives Moment das ›Selbstsein end-

---

gung Gottes (vgl. ›De trinitate‹) und auf die »sancta civitas« (vgl. zunächst conf. 11,3 – und im weiteren auf das späte Hauptwerk ›De civitate dei‹ voraus.

89 Dies tritt in Aufbau und Inhalt des Werkes deutlich zutage – und es war Augustinus auch im Rückblick klar bewusst; vgl. retr. 2.6,1. Die ausgebreitete Vergegenwärtigung der zeitlichen, sinnlich wahrnehmbaren Welt ist ein Beleg für Augustins These, dass die natürliche Wirklichkeit gut ist (vgl. z. B. lib. arb. 3,36 f.). Vgl. auch NORBERT FISCHER, bonum.

90 Vgl. FRIEDRICH-WILHELM VON HERRMANN, Faktische Lebenserfahrung und urchristliche Religiosität. Heideggers phänomenologische Auslegung Paulinischer Briefe, bes. S. 21–24. Vgl. aber auch DERS., ›Ansatz und Wandlungen der Gottesfrage im Denken Martin Heideggers‹ mit kritischen Überlegungen zu Heideggers späterem Weg. Weiterhin NORBERT FISCHER, Heideggers Auseinandersetzung mit Kant und die Zukunft der Metaphysik.

91 Vgl. NORBERT FISCHER, Augustins Weg der Gottessuche (›foris‹, ›intus‹, ›intimum‹). DERS., foris-intus.

92 Vgl. ›Politeia‹ 617e; RGV B 25; NORBERT FISCHER, Das ›radicale Böse‹ in der menschlichen Natur. Kants letzter Schritt im Denken der Freiheit. JAKUB SIROVÁTKA, Das Sollen und das Böse als Themen der Philosophie Kants.

93 Vgl. dazu NORBERT FISCHER, Einführung (Aurelius Augustinus. Confessiones / Bekenntnisse), S. 823. Die Nachahmung der Größe Gottes, die auch in der mystischen ›Einung mit dem Einen‹ versucht wird, kann als Preisgabe der von Nietzsche propagierten ›Treue zur Erde‹ verstanden werden und damit als Durchkreuzung von Gottes Schöpfungswillen. Nietzsche ist jedoch selbst kein guter Zeuge für die ›Treue zur Erde‹; vgl. ›Ueber Wahrheit und Lüge im aussermoralischen Sinne‹ (KSA 1, bes. S. 875).

94 Vgl. conf. 7,5; dazu vgl. SuZ, S. 269: »Der Gewissensruf hat den Charakter des *Anrufs* des Daseins auf sein eigenstes Selbstseinkönnen und das in der Weise des *Aufrufs* zum eigensten Schuldigsein.«

licher Wesen‹ voraus, aber auch Nähe zu Gott, jedoch im Protest gegen ihn und in falscher Nachahmung der Allmacht. Wer Untaten begeht, berührt nach Augustinus also (in verfehlter Weise) die Wahrheit Gottes.[95] Die ›Andersheit‹ und die ›Anderheit‹ Gottes sind für Augustinus konstitutiv.

Im Unterschied zum Neuplatonismus (nicht zu Platon) hat das Sein des von Gott aus Liebe gewollten ›Anderen‹ positiven Sinn, der interpersonale Moralität im Sinne reiner Achtung und Liebe ermöglicht, was Augustinus (ähnlich wie später Kant) zunächst nur ›formal‹ ausdrückt: *iustum est, ut omnia sint ordinatissima.* (lib. arb. 1,15) Wie Kant den »Grund« des ›praktischen Prinzips‹ ausdrücklich auf die ›Anderen‹ bezieht (GMS BA 65 f.=AA 4,429 f.) und auf ein »Reich Gottes« zielt, hat Augustinus wahre Liebe und ein *regnum tecum perpetuum sanctae civitatis tuae* im Sinn, in dem die Anderheit der Anderen nicht ausgelöscht ist. Diese Anderheit gehört vielmehr zur Bedingung der Möglichkeit, den Sinn der ›Schöpfung‹ zu verstehen.[96]

Dazu passt auch die störende, aber das Denken ebenso anregende ›Berührung der Wahrheit‹, die Augustinus im vierten Buch im Bericht vom Tod eines Jugendfreundes und seinen Bemühungen schildert, mit diesem Ereignis lebensmäßig und gedanklich dennoch ins Reine zu kommen. Dabei wird Augustinus, der wie alle Menschen eine *vita viva* ersehnt (conf. 10,39, vgl. 1,7), sich selbst zu einer ›großen Frage‹: *factus eram ipse mihi magna quaestio.* (conf. 4,9) Der Tod stürzt ihn in ein Elend, das ihn in einer letzten Hoffnung zu Gott hin weinen lässt: *et tamen nisi ad aures tuas ploraremus, nihil residui de spe nostra fieret.* (conf. 4,10) Tröstung erlangt er am Ende im Glauben an Christus, den er als ›unser Leben‹ (*vita nostra*) anspricht (conf. 4,19), durch dessen Weg Gott selbst in unser sterbliches Leben hinabgestiegen sei und unseren Tod auf sich genommen habe.[97] Über den Schrecken der Todeserfahrung wird ihm die neutestamentliche Botschaft von Christus im Glauben zum extremsten Gegenpol der *unio mystica* (ἕνωσις) Plotins, zur ›Berührung Gottes‹, zur wirksamen Anregung (*excitatio*), auf Gott hinzudenken. Im Rahmen der schonungslosen Schilderung seines Strebens nach Karriere und Genuss, von dem er nach der ›Bekehrung‹ affiziert bleibt (conf. 10,41 mit einer ans Peinliche rührenden Offenheit der Dar-

---

95 Vgl. en. Ps. 70,2,6: *non ergo aliquid alienum est, si imaginem dei tenemus in nobis; utinam eam per superbiam non amittamus. sed quid est, per superbiam velle esse similem deo?* In den ›Confessiones‹ spricht Augustinus davon, Gott auf verfehlte und pervertierte Weise nachgeahmt zuhaben (2,14: *vitiose atque perverse imitatus sum*), und zwar in finsterer Ähnlichkeit mit der göttlichen Allmacht (*tenebrosa omnipotentiae similitudine*).

96 Thema Platons ist nicht ›das Eine‹, sondern die *Politeia*, die als *regnum tecum sanctae civitatis tuae* gedacht werden kann. Emmanuel Levinas hat das Thema ›des Anderen‹ in einer Weise entfaltet, die mit Augustinus und Kant kompatibel ist; vgl. NORBERT FISCHER/JAKUB SIROVÁTKA, Die Gottesfrage in der Philosophie von Emmanuel Levinas.

97 Auf diesem Wege wird die Predigt Augustins zur Jungfräulichkeit des Geistes (*virginitas mentis*) in nüchterner Deutung möglich (s. Denis 25), deren Kernpassage in der Hinführung dieses Bandes abgedruckt ist (vgl. S. 12–15).

stellung seiner sexuellen Phantasien im Schlaf), berichtet Augustinus von seiner Begegnung mit dem Bettler, die ihn lehrt, Glück nicht in zeitlichen Freuden
zu suchen. (conf. 6,9) Durch Erfahrungen mit dem, was er in der Beziehung zur
Konkubine (und der ihm von außen aufgedrängten Trennung von ihr) ›Liebe‹
genannt hatte (conf. 6,23–25), wird sein Blick auf eine Liebe gelenkt, die Erfüllung nicht für sich sucht, sondern für das Sein der geliebten Personen.[98] Er
öffnet sich diesem zunehmend deutlicher hervortretenden Ideal einer reinen,
unbedürftigen ›Liebe‹, von ›deren Pfeil er sich getroffen‹ sieht: *sagittaveras tu
cor nostrum caritate tua* (conf. 6,9), weiß sich in einer Inversion der Aktivität
(durch die Tat Gottes) von Göttlichem berührt.[99]

Nach Augustinus ereignet sich im Leben, das von Irrwegen, von Schuld
und Tod, von Suche nach Glück und Liebe (vgl. conf. 2,2: *amare et amari*) ge-
zeichnet ist, eine geheime Berührung durch Gott, die aber nicht zur Auflösung
der endlichen Subjekte im unendlichen Gott führt.[100] Dieser Befund könnte
weiter entfaltet werden, z. B. an Augustins expliziter Auseinandersetzung mit
dem Neuplatonismus im siebenten Buch (conf. 7,13 f.: *ibi legi – non ibi legi*) oder
an der Schilderung des Bekehrungserlebnisses in der Gartenszene des achten
Buchs, das literarisch als ›Inversion der Aktivität‹ gestaltet ist (conf. 8,24: *tolle,
lege*), ebenso wie an der zusammenfassenden Reflexion zum ›Finden Gottes‹
im zehnten Buch. Dort heißt es:

> *vocasti et clamasti et rupisti surditatem meam, coruscasti, splenduisti et fugasti caecitatem
> meam, fragrasti, et duxi spiritum et anhelo tibi, gustavi et esurio et sitio, tetigisti me, et exarsi in
> pacem tuam.* (conf. 10,38)

> »Du hast gerufen, geschrieen und mein taubes Ohr geöffnet; Du hast geblitzt und ge-
> leuchtet, die Nacht vertrieben und meine Blindheit geheilt; Du verströmtest Wohlge-
> ruch: ich sog ihn ein und lechze nach Dir; ich habe gekostet und hungere und dürste
> nach Dir; Du hast mich berührt, und ich glühe vor Verlangen nach Deinem Frieden«.[101]

Dass Augustinus sich von der Wahrheit Gottes berührt glaubt, hat er auch
im Rückblick auf den Tod seiner Mutter in Ostia zur Sprache gebracht, von

---

98 Vgl. conf. 6,26: *amicos gratis diligebam vicissimque ab eis me diligi gratis sentiebam*; da die
Wechselseitigkeit des ›gratis‹ sich auch auf Klugheit stützen kann, mag diese Art Liebe
noch nicht die vollkommene göttliche sein.

99 In schillerndem Kontext sagt Martin Heidegger (›Hannah Arendt – Martin Heidegger:
Briefe. 1925–1975‹, S. 31: »Amo heißt volo, ut sis, sagt Augustinus einmal: ich liebe
Dich – ich will, daß du seiest, was Du bist.« Vgl. TATJANA NOEMI TÖMMEL: »Wie
bereit ich's, daß Du wohnst im Wesen?« Heidegger über Liebe und die Eigentlichkeit
des anderen in den Marburger Jahren. Vgl. dazu weiterhin ep. Io. tr. 8,5; 8,10; vgl. weiterhin s. Lambot 27,3.

100 In der unten angeführten Stelle (conf. 10,38) wird deutlich, dass es Augustinus nicht
um die Aufhebung der endlichen Subjekte geht, sondern um die Vollendung der Beziehung.

101 Aurelius Augustinus, Suche nach dem wahren Leben, S. 57.

dem er im neunten Buch der ›Confessiones‹ berichtet, nämlich im Bericht von dem Gespräch, das, soweit sie uns Menschen nach Augustins Urteil möglich ist, eine gemeinsame ›mystische‹ Erfahrung (zweier unterschieden bleibender Personen) vergegenwärtigt (nicht die Einung ›einer‹ Person mit dem ›Einen‹). Augustinus steigt dort mit seiner Mutter gedanklich die neuplatonische *scala mystica* von außen nach innen empor, die bei der sinnlichen Wahrnehmung anhebt und in der Berührung der ewigen Weisheit endet: *et dum loquimur et inhiamus illi, attigimus eam modice toto ictu cordis.* (conf. 9,24) JOSEPH BERNHART übersetzt: »Und während wir so reden von dieser ewigen Weisheit, voll Sehnsucht nach ihr, da streiften wir sie leise in einem vollen Schlag des Herzens.«[102] Augustinus hält am Sein einzelner Personen fest, die nicht im Meer des Unendlichen untergehen sollen, und weist dabei auf die Zeitlichkeit und Flüchtigkeit unserer Versuche der Annäherung an Gott.

Das Resultat aller Versuche, den Weg zur Wahrheit zu gehen, mündet nach ›De vera religione‹ in den Imperativ: *transcende et te ipsum.* Dieser Imperativ erweist sich aber in wörtlichem Sinn bei genauer Betrachtung als widersinnig, weil das Ich, das zu Gott gelangen will, dann vor der Alternative stünde, entweder es selbst (und damit strenggenommen doch in der Immanenz) zu bleiben oder, um in die Transzendenz zu gelangen, sein Selbstsein zu übersteigen, also sich im Einen aufzulösen und zu vernichten, was nicht als ›Transzendieren‹ verstanden werden kann. Weil Augustinus aber an Sein und Sinn des Endlichen und Zeitlichen festhält (aus philosophischen und theologischen Motiven), votiert er gegen ›mystische Verschmelzung mit dem Einen‹. Die Besonderheit endlicher Wesen, die getrennt existieren, bleibt bei ihm positiv konnotiert.

Diese Deutung entspricht auch dem Gesamtaufbau der ›Confessiones‹[103] und ebenso der Kompositionsstruktur des zentralen zehnten Buches.[104] Nachdem Augustinus die Nähe Gottes gespürt und dieser ihn so berührt hatte, dass er für den ›Frieden in Gott entbrannte‹: *tetigisti ne, et exarsi in pacem tuam* (conf. 10,38), begann für ihn wiederum der Kampf des Alltags, auf den es ankommt, der jeden Einzelnen herausfordert (conf. 10,39–66), der aber ohne göttliche Hilfe nicht bestanden werden kann. (conf. 10,67–70) Das Geschehen der Berührung kann auch im Hören der Bergpredigt geschehen, die Augustinus zu Beginn des elften Buches zitiert. (conf. 11,1) Diese Auslegung entspräche überdies auch dem Wort Augustins, er habe Gott in Gott, über sich gefunden (vgl. conf. 10,37: *in te, supra me*).

---

102 Dazu vgl. noch einmal s. 117,5: *attingere aliquantum mente deum; magna beatitudo est.* Zur Diskussion um die Mystik Augustins vgl. EPHRAEM HENDRICKX, Augustins Verhältnis zur Mystik; PAUL HENRY, Die Vision zu Ostia; weiterhin DIETER HATTRUP, Confessiones 9: Die Mystik von Cassiciacum und Ostia, bes. S. 414–422.

103 Vgl. NORBERT FISCHER, Einleitung (Aurelius Augustinus. Was ist Zeit?), S. XXXII–XXXVII.

104 Vgl. NORBERT FISCHER, Einleitung (Aurelius Augustinus. Suche nach dem wahren Leben), S. XIX–XXX.

Augustinus spricht dem Zwiegespann von *dolor et labor* (conf. 10,39) auch positiven Sinn zu. Auf dem Weg, der ihn (wie zuvor Plotin) von außen nach innen führt, findet Augustinus (anders als Plotin) im Inneren (in der *memoria*) aber nicht einfach Gott: *neque enim iam eras in memoria mea.* (conf. 10,37) Er findet ihn nicht wie ein Ding, sondern wird zur Inversion seiner Aktivität gedrängt, die ihn auf Wege weist, die aus eigenen Motiven eben nicht abzuleiten sind. Gott bleibt für Augustinus ›innerlicher als sein Innerstes und höher als sein Höchstes‹, also für immer transzendent: *tu enim eras interior intimo meo et superior summo meo.* (conf. 3,11) Zwar hatte er das Übersteigen seiner selbst schon in ›De vera religione‹ für den Weg zur Wahrheit gefordert, den endliche Zeitwesen zu gehen haben: *transcende et te ipsum.* (vera rel. 72) Dort hatte er aber noch nicht sagen können, wie die geforderte ›Selbstübersteigung‹ zu denken ist. Aus der Perspektive der ›Confessiones‹ bedeutet das *transcende et te ipsum*: Handle so, dass du dem Ideal der Liebe entsprichst, das in der ›Bergpredigt‹ ausgesprochen ist. Augustinus bekennt, von Gottes Liebe so berührt worden zu sein, dass er für sie und für Gottes Frieden entbrannt ist: *tetigisti me, et exarsi in pacem tuam.* (conf. 10,38) Die Berührung weckt eine Sehnsucht, in der wir nicht unser je eigenes Sein zu steigern trachten (was oft der Fall ist: *amo: volo, ut sim*), sondern in der wir (liebend wie Gott) das Sein Anderer wollen (*amo: volo, ut sis*).[105]

Das Ideal der Gottsuche Augustins ist demgemäß nicht Plotins Einswerdung mit dem Einen.[106] Vielmehr ersehnt Augustinus das Reich Gottes als ›heilige Gemeinschaft freier Bürger, die mit Gott ohne Ende währt‹. Ziel ist die Pluralität der vielen unterschiedlichen Einzelnen als freien Personen in einer gerechten, von reiner Liebe getragenen Beziehungsgemeinschaft: *regnum tecum perpetuum sanctae civitatis tuae.* (conf. 11,3) Möglich ist die Hoffnung auf eine

---

105 Vgl. dazu NORBERT FISCHER, »Deum et animam scire cupio«. Zum bipolaren Grundzug von Augustins metaphysischem Fragen, S. 91: Die ›Confessiones‹ sind »als Augustins Antwort auf die von Gott bewirkte Lockung zu verstehen, so dass der Autor im Blick auf das Gesamtprojekt sagen kann: ›amore amoris tui facio istuc‹. In dieser Liebe *will* Gott, dass der Mensch zu wahrem Sein und Leben gelange; auf diese Liebe antwortend will der Mensch, dass Gott Herr einer heiligen Gemeinschaft freier Bürger sei (11,3)«.

106 Vgl. conf. 11,39: *at ego in tempora dissilui [...] et tumultuosis varietatibus dilaniantur cogitationes meae.* Augustinus bedient sich Plotins Vokabular, ohne dessen Thesen zuzustimmen. Augustinus lehrt nicht, Zeit, Welt und sich selbst zu verlassen, um in das ungewordene Eine zurückzukehren; vielmehr hegt er die Hoffnung, dass die besondere Form eines jeden Einzelnen bewahrt werde, der am Ende ein eigentliches, endliches Selbst werden soll (vgl. conf. 11,40); in conf. 11,39 f. zielt er auf die Gegenbewegung zum ›dissilire‹ und ›dilaniare‹ (vgl. conf. 4,11). Augustins Hoffnung lässt sich mit Kants Idee eines moralisch begründeten ›Reiches Gottes‹ und des ›eigentlichen Miteinanderseins‹ im Sinne Heideggers entfalten, wie Emmanuel Levinas sie fortgeführt hat. Augustinus könnte sich als Denker erweisen, dessen Anregungen in die Neuzeit reichen und Aufgaben für eine künftige Zeit enthalten.

solche ersehnte Gemeinschaft, weil Augustinus das ›Berühren Gottes‹ sogar vorrangig im Sinne eines ›genitivus subiectivus‹ versteht und überzeugt ist, dass Gott selbst ihn liebevoll berührt habe: *tetigisti me, et exarsi in pacem tuam.* (conf. 10,38) Weil Gott ihn (mit der Bergpredigt) berührt hat und er in der Hoffnung auf den Frieden Gottes entbrannt ist, ist er befähigt, das Berühren Gottes bei bleibender Getrenntheit auch im Sinne eines ›genitivus obiectivus‹ aufzufassen, so dass er überzeugt ist, in besonderen Augenblicken (wie im letzten Gespräch Augustins mit seiner Mutter) die Weisheit Gottes berührt zu haben — nüchtern und ohne Gefahr der Selbsttäuschung, sofern diese Sehnsucht zur höchsten Wirklichkeit des Menschen gehört: *et dum loquimur et inhiamus illi, attigimus eam modice toto ictu cordis.* (conf. 9,24)

Beide Weisen der Berührung Gottes sind durch die Ruhelosigkeit des Herzens möglich, die das Herz nicht selbst hervorgebracht hat, sondern ursprünglich auf Gott selbst zurückgeht, der unser Herz antreibt, sich nicht mit schwächeren Beglückungen zu begnügen. So ist das Wort aus dem Prooemium der ›Confessiones‹ zu verstehen, in dem Augustinus seine Überzeugung bekennt, dass die Gottesbeziehung von Gott ausgeht, dass sie unser Herz unruhig macht und unsere Sehnsucht nach einer Ruhe weckt, die nur durch die Verwirklichung göttlicher Liebe ihre Erfüllung fände. Augustinus geht es nicht um die Einung mit dem Einen, sondern um die Vollendung der Schöpfung Gottes, durch die er erfüllte Ruhe erhofft. (conf. 1,1) Im Ausgang von diesem Wort aus dem Prooemium — vermittelt durch das Ziel der *sancta civitas* vom Beginn des elften Buches (conf. 11,3) — stört die Vielheit der Schöpfung nicht die ›Ruhe in Gott‹: *tu autem bonum nullo indigens bono semper quietus es, quoniam tua quies tu ipse es.* (conf. 13,53)

Die Sehnsucht, die in allen Menschen brennt, findet ihre höchste Erfüllung nach Augustinus nicht in mystischer ›Einigung mit dem Einen‹, sondern zielt auf den Frieden der ›Schöpfung‹, auf eine ›heilige und dauerhafte Gemeinschaft freier Bürger‹, die (wie wir nur erhoffen können) durch die Kraft Gottes ermöglicht ist, der nach biblischem Glauben aus Liebe das Dasein vieler liebender Wesen wollte und schuf. Sofern die von Gott gewollte heilige Gemeinschaft einerseits die reine, frei gewollte, wechselseitige Liebe ihrer Glieder und andererseits zugleich die Hilfe Gottes voraussetzt, impliziert sie also den Glauben an das Zusammenwirken von menschlicher Freiheit und göttlicher Gnade.[107] Im Unterschied zu Plotin richtet Augustinus seine Sehnsucht nicht auf die ›Entzeitlichung‹ der ›im Geiste zeitlos seienden Seele‹, sondern vielmehr auf

---

107 Vgl. den Blick auf die geschichtlichen Diskussionen in NORBERT FISCHER, Die Gnadenlehre als ›salto mortale‹ der Vernunft? Natur, Freiheit und Gnade im Spannungsfeld von Augustinus und Kant. Weiterhin NORBERT FISCHER, Freiheit der Entscheidung, Gnade und göttliche Liebe bei Augustinus.

die ›Entflüchtigung des Zeitlichen‹.[108] Anders als Plotin denkt Augustinus Zeit und Verzeitlichung nicht als Werk der Seele, sondern des Schöpfers: *omnia tempora tu fecisti et ante omnia tempora tu es.* (conf. 11,16) Ohne dass er sich dieses Ideal vorstellen oder gar bewirken könnte, geht Augustins Hoffnung geht dennoch auf eine ›entflüchtigte Zeit‹, in der sein besonderes endliches Sein – wie das Sein aller Menschen, sofern diese von Gott auf Gott hin geschaffen sind – bewahrt ist: *et stabo atque solidabor in te, in forma mea.* (conf. 11,40)

Indem ›jeder Tropfen Zeit‹ für die Menschen, die Zeitwesen sind, ›kostbar bleibt‹ (*caro mihi valent stillae temporum*), verharrt Augustinus (dem Schöpfungswillen Gottes entsprechend)[109] in der von Nietzsche geforderten ›Treue zur Erde‹,[110] fragt er nach einem »endlich *Sein* in alledem«, das Rainer Maria Rilke nicht nur mit ›unruhigem‹, sondern »wildem Herzen« in einem späten Gedicht (einem ›Auftaktgedicht‹ zum Spätwerk) zu seinem Thema gemacht hat. Dieses ›Auftaktgedicht‹ Rilkes lautet:

> »WUNDERLICHES Wort: die Zeit vertreiben!
> Sie zu *halten*, wäre das Problem.
> Denn, wen ängstigts nicht: wo ist ein Bleiben,
> wo ein endlich *Sein* in alledem? –
>
> Sieh, der Tag verlangsamt sich, entgegen
> jenem Raum, der ihn nach Abend nimmt:
> Aufstehn wurde Stehn, und Stehn wird Legen,
> und das willig Liegende verschwimmt –
>
> Berge ruhn, von Sternen überprächtigt; –
> aber auch in ihnen flimmert Zeit.
> Ach, in meinem wilden Herzen nächtigt
> obdachlos die Unvergänglichkeit«.[111]

---

108 Zur ›Entzeitlichung‹ vgl. WERNER BEIERWALTES, Einleitung. In: Plotin: Über Ewigkeit und Zeit (Enneade III 7), bes. S. 75–88; zur ›Entflüchtigung des Zeitlichen‹ vgl. NORBERT FISCHER, Einleitung (Aurelius Augustinus: Was ist Zeit?), S. XLI–LXIV.

109 Charakteristisch und bedenkenswert ist, dass Augustins ›Opera magna‹, nämlich: ›Confessiones‹, ›De trinitate‹ und ›De civitate dei‹, ›Gott‹ nicht neutral als ›Das Eine‹ in den Blick nehmen, sondern dem faktischen Leben (mitsamt der Beziehung zu ›Anderen‹; conf. 11,3: *regnum tecum perpetuum sanctae civitatis tuae*), der trinitarischen Differenzierung in Gott und dem ›Reich Gottes‹ eigene, gesteigerte Aufmerksamkeit zuwenden.

110 Vgl. NORBERT FISCHER, »Kostbar ist mir jeder Tropfen Zeit«. Einführung zum elften Buch von Augustins ›Confessiones‹.

111 ›Aus dem Nachlaß des Grafen C.W.‹ (KA 2, S. 177 f.); vgl. NORBERT FISCHER, ›Gott‹ in der Dichtung Rainer Maria Rilkes, bes. S. 84–86.

Ruedi Imbach

Hinweise auf Eckharts Auslegung des Johannesevangeliums (Prolog und 1,38) im Vergleich mit Augustin und Thomas von Aquin

>»Nur sein Evangelium gab der christlichen Religion
>ihre wahre Consistenz: nur seinem Evangelio haben
>wir es zu danken, wenn die christliche Religion in die-
>ser Consistenz, allen Anfällen ungeachtet, noch fort-
>dauert, und vermutlich so lange fortdauern wird, als es
>Menschen gibt, die eines Mittlers zwischen ihnen und
>der Gottheit zu bedürfen glauben: das ist, *ewig*.«
>
>(Lessing, Neue Hypothese über die Evangelisten als
>bloß menschliche Geschichtsschreiber betrachtet, § 63)

In Erinnerung an Burkhard Mojsisch

Einleitung

In der abendländischen Kultur gibt es Sätze, die in ganz besonderem Maße das theologische und philosophische Denken stimuliert und angeregt haben. Der Anfang der ›Metaphysik‹ des Aristoteles gehört zweifelsohne dazu: Πάντες ἄνθρωποι τοῦ εἰδέναι ὀρέγονται φύσει. Aber nicht weniger oft wurde wahrscheinlich der Anfang des Johannesevangeliums ausgelegt: Ἐν ἀρχῇ ἦν ὁ λόγος. Es ist bemerkenswert, dass der Prolog des vierten Evangeliums die philosophische Reflexion ebenso stimuliert hat wie die theologische.[1] Als Bei-spiel für die philosophische Rezeption des Prologs kann beispielhalber auf die ›Anweisungen zum seligen Leben‹ Fichtes verwiesen werden. Der deutsche

---

1 Die in dieser Abhandlung besprochene Thematik wird in einem beachtlichen Band, den MARKUS ENDERS und ROLF KÜHN besorgt haben, sehr ausgiebig und eindringlich be-handelt: ›Im Anfang war der Logos…‹. Studien zur Rezeptionsgeschichte des Johannes-prologs von der Antike bis zur Gegenwart. ENDERS untersucht nicht nur Augustins Auslegung des Prologs (S. 47–67) und jene des Thomas von Aquin (S. 117–148), sondern widmet ebenfalls der Interpretation des Prologs durch Johannes Scotus Eriugena ein eigenes Kapitel (S. 71–116). KÜHN behandelt unter dem Titel »Anfang als transzenden-tale Genealogie« die Deutung Eckharts (S. 149–171). Trotz der eindeutigen thematischen Ähnlichkeit sind indes, so bleibt zu hoffen, die hier und die in diesem beachtenswerten Band wahrgenommenen Perspektiven verschieden, jedenfalls ist das zu untersuchende Thema so reichhaltig, dass ausreichend Legitimität für verschiedene Ansätze besteht. In meiner Untersuchung steht in erster Linie das Verhältnis von biblischem Text und phi-losophischer Einsicht im Zentrum. Des Weiteren ist ebenfalls folgender Sammelband zu beachten: F. AMERINI, ›In principio erat Verbum‹. Philosophy and Theology in the Commentaries in the Gospel of John (II–XIV Centuries).

Philosoph sagt in der sechsten Vorlesung »nur mit Johannes kann der Philosoph zusammenkommen«.[2] Fichte legt dann eine ausführliche Interpretation
des Prologs vor, die darauf hinausläuft, dass nach seiner Meinung der Philosoph »ganz unabhängig vom Christentume dieselben Wahrheiten findet«.[3] Das
setzt voraus, und auch dies betont Fichte, »dass die Lehre des Christentums
mit unserer [...] genau übereinstimme«.[4] Es kann hier auf Fichte hingewiesen
werden, um die Fortdauer der Möglichkeit und der Tatsächlichkeit einer philosophischen Auslegung des Johannesevangeliums zu bestätigen, einer Tradition
zu der u. a. Augustinus, Scotus Eriugena, Eckhart und Cusanus gehören. Wer
Eckharts Auslegung des Prologs verstehen möchte, sollte sie im Zusammenhang mit dieser Tradition sehen und deuten.

1. Die Philosophen und der Prolog des Johannesevangeliums nach Augustin[5]

Im VII. Buch der ›Bekenntnisse‹ erzählt Augustin, welche Bedeutung in seinem Werdegang gewisse Bücher der Platoniker gespielt haben. An dieser Stelle

---

2 Die Anweisung zum seligen Leben, S. 88: »Nur mit Johannes kann der Philosoph zusammenkommen, denn dieser allein hat Achtung für die Vernunft, und beruft sich auf
   den Beweis, den der Philosoph allein gelten lässt: den inneren.« In diesem Zusammenhang verdiente nicht nur Hegels Frühschrift ›Der Geist des Christentums‹ ebenfalls erwähnt zu werden (vgl. dazu ROLF KÜHN, Die Bestimmung der spekulativen Vernunft),
   sondern ebenfalls Schellings Beschäftigung mit dem Prolog in der 27. und 28. Vorlesung
   innerhalb der ›Philosophie der Offenbarung‹ (dazu KÜHN, Potenz und Offenbarung).
   Zu diesem Thema vgl. ebenfalls DANIEL WEIDNER, Geist, Wort, Liebe. Das Johannes-
   evangelium um 1800.
3 Es lohnt sich, aus ganz verschiedenen Gründen, den ganzen Passus zur Kenntnis zu
   nehmen (Die Anweisung, S. 96): »Ob es nun schon wahr ist, dass jetzt ein jeder in den
   Schriften seiner Apostel diese Lehre wiederfinden, und für sich selbst, und durch eigene
   Überzeugung sie für wahr anerkennen kann; ob es gleich, wie wir ferner behaupten,
   wahr ist, dass der Philosoph – so viel er weiss –, ganz unabhängig vom Christentume
   dieselben Wahrheiten findet, und sie in einer Konsequenz und in einer allseitigen Klarheit überblickt, in der sie vom Christentume aus, an uns wenigstens, nicht überliefert
   sind; so bleibt es doch ewig wahr, dass wir mit unserer ganzen Zeit und mit allen unseren philosophischen Untersuchungen auf den Boden des Christentums niedergestellt
   sind, und von ihm ausgegangen: dass dieses Christentum auf die mannigfaltigste Weise
   in unsere ganze Bildung eingegriffen habe, und dass wir insgesamt schlechthin nichts
   von alledem sein würden, was wir sind, wenn nicht dieses, mächtige Prinzip in der Zeit,
   vorhergegangen wäre.«
4 Die Anweisung, S. 102: »Und so ist denn erwiesen, dass die Lehre des Christentums
   mit unsrer, in den bisherigen Reden Ihnen vorgetragenen, und zu Anfange der heutigen
   in einen einzigen Überblick zusammengefassten Lehre, sogar in dem Bildersystem von
   Leben und Tod, und allem, was daraus fliesset, genau übereinstimme.«
5 Zur Bedeutung des Johannesevangeliums bei Augustin vgl. MARIE-ANNE VANNIER,
   Augustin et l'Évangile de Saint Jean; sowie: MARIE COMEAU, Saint Augustin. Exégète
   du quatrième évangile. In meiner Abhandlung steht nicht der wichtige ›Tractatus in Iohannis Evangelium‹ im Zentrum; die in diesem Werk vorgelegte Auslegung des Prologs

präzisiert Augustin, er habe bei diesen Philosophen den Anfang des Johannesevangeliums gelesen:

> *et ibi legi non quidem his verbis, sed hoc idem omnino multis et multiplicibus suaderi rationibus,*
> *quod* in principio erat Verbum et Verbum erat apud Deum et Deus erat Verbum: hoc
> erat in principio apud Deum; omnia per ipsum facta sunt, et sine ipso factum est nihil,
> quod factum est, in eo vita est, et vita erat lux hominum; et lux in tenebris lucet, et tene-
> brae eam non comprehenderunt; *et quia hominis anima, quamvis* testimonium *perhibeat*
> de lumine, non *est tamen* ipsa lumen, *sed Verbum, Deus, est* lumen verum, quod illuminat
> omnem hominem venientem in hunc mundum; *et quia* in hoc mundo erat, et mundus per
> eum factus est, et mundus eum non cognovit.[6]

> »Dort las ich nun, zwar nicht mit diesen Worten, jedenfalls aber genau dasselbe, mit
> vielen und verschiedenartigen Beweisen unterbaut: *Im Anfang war das Wort, und das*
> *Wort war bei Gott. Und Gott war das Wort. Dieses war im Anfang bei Gott. Alles ist durch*
> *es geworden, und ohne es ward nichts. Was gemacht wurde, ist in ihm Leben, und das Leben*
> *war das Licht der Menschen. Und das Licht leuchtet in der Finsternis, aber die Finsternis hat es*
> *nicht begriffen.* Sie sagen auch, dass die Seele des Menschen, wenn sie auch *Zeugnis* ablegt
> vom Licht, nicht selbst das Licht ist, sondern das Wort, Gott, *das wahre Licht ist, das jeden*
> *Menschen erleuchtet, der in diese Welt kommt,* und dass es in der Welt war, *dass die Welt*
> *durch es geworden ist, aber die Welt es nicht erkannt hat.*«

Nicht den Wortlaut des Prologs, aber seinen Inhalt hat er bei den Philosophen
gefunden. Der Satzteil, wo präzisiert wird, dieser Inhalt sei von den Philosophen mit zahlreichen Beweisen begründet vorgetragen worden, ist besonders
aufschlussreich. Allerdings lohnt es sich, den Text genau zu lesen. Er gipfelt in
einem Gegensatz: Nachdem Augustin festgehalten hat, was er bei den Philosophen gelesen hat, stellt er fest:

> *Quia vero* in sua propria venit et sui eum non receperunt, quotquot autem receperunt
> eum, dedit eis potestatem filios Dei fieri credentibus in nomine eius, *non ibi legi.*[7]

> »Aber ich las nicht in jenen Büchern, dass er *in sein Eigentum kam und die Seinen ihn nicht*
> *aufnahmen, dass er aber allen, die ihn aufnahmen, die Macht gab, Kinder Gottes zu werden,*
> *denen, die an seinen Namen glauben.*«[8]

---

wird eingehend dargestellt in ENDERS Studie ›Im Anfang war der Logos‹, S. 47–67; vgl.
ebenfalls die ausführliche und grundlegende Einleitung zu: Homélies sur l'Évangile de
saint Jean I–XVI, S. 9–121. Zur Praxis und Theorie der Exegese bei Augustin vgl. ISA-
BELLE BOCHET, Le firmament de l'écriture? L'herméneutique augustinienne.

6 Conf. VII,9,13: Les Confessions, livres I–VII, S. 608. Übersetzung K. FLASCH / B.
   MOJSISCH, Augustinus, Bekenntnisse, S. 182.
7 Conf. VII,9,13: Les Confessions, S. 608. Zu diesem Gegensatz vgl. FEDERICO DI CAPI-
   TANI, La figura di Giovanni nel pensiero dell'Agostino laico, besonders S. 51–53.
8 Übersetzung K. FLASCH / B. MOJSISCH, S. 182.

Die Idee der Inkarnation sowie der Gotteskindschaft hat Augustin demnach bei den Philosophen nicht gefunden. Drei Punkte verdienen hier unsere Aufmerksamkeit:

1) Die Begegnung Augustins mit der Philosophie im neuplatonischen Gewande war entscheidend, besser: Sie war ein wichtiger Schritt auf dem Weg zum Christentum.[9] Bei den Philosophen hat Augustinus den *mundus intelligibilis*[10] – die Welt des Geistes in ihrem Reichtum kennengelernt. Davon wird er nicht mehr ablassen.[11] Die Frage, wer diese *Platonici* waren, kann an dieser Stelle nicht behandelt werden,[12] aber es ist unbezweifelbar, dass er gewisse plotinische Texte und Schriften des Porphyrius gelesen hat.[13]

2) Augustin hält auch im späteren ›Gottesstaat‹ fest, dass die Philosophen Aspekte der Trinitätslehre mittels der vernünftigen Forschung entdeckt haben. In diesem Sinne wendet er sich direkt an Porphyr:

Praedicas Patrem et eius Filium, quem vocas paternum intellectum seu mentem, et horum medium, quem putamus te dicere Spiritum Sanctum, et more vestro appellas tres deos. Ubi, etsi verbis indisciplinatis utimini, videtis tamen qualitercumque et quasi per quaedam tenuis imaginationis umbracula, quo nitendum sit.[14]

»Du verkündest den Vater und seinen Sohn, den du den väterlichen Verstand oder Geist nennst, und die Mitte der beiden, unter der du, wie wir glauben, den Heiligen Geist verstehst, und sprichst nach eurer Art von drei Göttern. Hier liegt für mich, wenn auch in ungeregelter Ausdrucksweise, doch irgendwie schattenhaft die schwache Vorstellung eines anzustrebenden Zieles.«

---

9 Zu dieser Frage vgl. PAUL HENRY, Plotin et l'Occident, S. 104–119; PIERRE COURCELLE, Les lettres grecques en Occident. De Macrobe à Cassiodore, S. 226 f.; Recherches sur les Confessions de saint Augustin, S. 157–174; JOHN O'MEARA, La jeunesse de saint Augustin, S. 169–201.

10 Zu diesem bedeutsamen Syntagma bei Augustin vgl. JOACHIM RITTER, Mundus intelligibilis. Eine Untersuchung zur Aufnahme und Umwandlung der neuplatonischen Ontologie bei Augustin.

11 Zu den bleibenden, neuplatonischen Reminiszenzen bei Augustin vgl. KURT FLASCH, Augustin. Einführung in sein Denken, S. 286–299.

12 Einen knappen Überblick vermittelt FLASCH, Augustin, S. 37–41. P. HENRY denkt, dass es sich ausschließlich um Plotin handelt (Plotin et l'Occident, S. 70–72, 91, 96–98), während W. THEILER den Einfluss von Porphyr betont (Porphyrios und Augustin). P. COURCELLE (Recherches sur les Confessions de saint Augustin, S. 133–138) und J. O'MEARA (The Young Augustine, S. 134–142, 143–155) sind der Auffassung, dass beide Philosophen zu berücksichtigen sind. Vgl. ebenfalls die sehr hilfreiche Darstellung der Diskussion von A. SOLIGNAC, in: Les Confessions, S. 109–112.

13 Eine aufschlussreiche Zusammenstellung der Plotintexte, die Augustin gelesen haben könnte, gibt SOLIGNAC, Les Confessions, S. 682–689.

14 Civ. X, 29.1, La Cité de Dieu, livres VI–X, S. 528. Übersetzung: Aurelius Augustinus, Der Gottesstaat. De civitate Dei, S. 681.

Diese explizit erwähnte Übereinstimmung zwischen einem Teil der christlichen Lehre und der neuplatonischen Philosophie ist mehrfacher Hinsicht von nicht geringer Tragweite.

3) Augustin macht in diesem Text im ›Gottesstaat‹, wo er auf eindrückliche Weise seine Abhängigkeit vom Neuplatonismus zur Sprache bringt, ebenfalls auf die Grenzen der Philosophie aufmerksam. Er betont, die Philosophen hätten zwar das Ziel erkannt, aber nicht den Weg, dahin zu gelangen. Augustin hat zur Verdeutlichung dieses Sachverhaltes das Bild vom zu überquerenden Meer verwendet:

> *Sic est enim tamquam uideat quisque de longe patriam, et mare interiaceat; uidet quo eat, sed non habet qua eat.*[15]

»Denn es ist so, wie wenn einer von ferne das Vaterland sieht und ein Meer dazwischen liegt; er sieht, wohin er gehen soll, aber er hat keinen Weg, wo er gehen könnte.«

Die Menschwerdung allein ermöglicht die Überquerung des Meeres. Nur das Kreuz ermöglicht es, das gesehene Ziel zu erreichen:

> *Vt ergo esset et qua iremus, uenit inde ad quem ire uolebamus. Et quid fecit? Instituit lignum quo mare transeamus. Nemo enim potest transire mare huius saeculi, nisi cruce Christi portatus.*[16]

»Damit also ein Weg wäre, auf dem wir gehen könnten, kam von dorther der, zu dem wir gehen wollten. Und was hat er getan? Er bereitete ein Holz, durch das wir das Meer überschreiten könnten. Denn niemand kann das Meer dieser Welt überschreiten, außer er werde durch das Kreuz Christi getragen.«

Im zehnten Buch des ›Gottesstaates‹, das eine lange Auseinandersetzung mit Porphyr enthält, gesteht Augustinus zuerst den Philosophen im Anschluss an eine ausführliche Invektive eine Vorahnung der Trinität zu, deutet dann aber an, warum die Philosophen scheitern:

> *Ubi, etsi verbis indisciplinatis utimini, videtis tamen qualitercumque et quasi per quaedam tenuis imaginationis umbracula, quo nitendum sit; sed incarnationem incommutabilis filii Dei, qua salvamur, ut ad illa, quae credimus vel ex quantulacumque parte intellegimus, venire possimus, non vultis agnoscere. Itaque videtis utcumque, etsi de longinquo, etsi acie caligante, patriam in qua manendum est, sed viam qua eundum est non tenetis.*[17]

»Hierin liegt für mich, wenn auch in ungeregelter Ausdrucksweise, doch irgendwie schattenhaft die schwache Vorstellung eines anzustrebenden Zieles. Allein die Fleischwerdung des unwandelbaren Gottessohnes, durch die wir erlöst werden, um das erlangen zu können, woran wir glauben, wenn wir es auch nur zum geringen Teil erkennen: die wollt ihr nicht anerkennen. So seht ihr immerhin, wenn auch von fern und nur ver-

---

15 Io. ev. tr. II,2, ed. R. Willems, S. 12; Übersetzung: Des heiligen Kirchenvaters Aurelius Augustinus Vorträge über das Evangelium des hl. Johannes, S. 19.
16 Io. ev. tr. II,2, S. 12; Vorträge, S. 19 f.
17 Civ. X, 29.1, La cité de Dieu, S. 528–530; Der Gottesstaat, S. 681.

schwommen, das Vaterland, in dem zu bleiben ist: den Weg jedoch, den man dahin zu gehen hat, den nehmt ihr nicht.«

Was den Philosophen fehlt, ist nämlich die Demut:[18]

> »›Obwohl sie Gott erkannt hatten‹, sie sahen das, was Johannes sagt, daß durch das Wort Gottes alles geworden ist. Denn sowohl dies findet sich in den Büchern der Philosophen, als auch, daß Gott einen eingeborenen Sohn hat, durch welchen alles ist. Sie konnten das sehen, was ist, aber sie sahen es von ferne, sie wollten sich nicht an die Niedrigkeit Christi halten und doch würden sie in diesem Schiffe sicher zu dem gelangt sein, was sie von ferne zu sehen vermochten, und wertlos ward ihnen das Kreuz Christi.«[19]

Der bereits erwähnte Abschnitt im ›Gottesstaat‹, wo Augustin mit Porphyr hadert, endet indes auf eine unerwartete Weise:

> »Gelehrte Leute schämen sich natürlich, aus Schülern Platos Schüler Christi zu werden, der durch seinen Geist einen Fischer die Einsicht gelehrt hat, mit der er sagen konnte: ›Im Anfang war das Wort, und das Wort war bei Gott, und Gott war das Wort: das war im Anfange bei Gott. Alles ist durch es gemacht, und ohne es ist nichts gemacht, was gemacht worden ist. In ihm war das Leben, und das Leben war das Licht der Menschen, und das Licht leuchtet in der Finsternis, und die Finsternis hat es nicht erfasst.‹ Von diesem Anfang des heiligen Evangeliums, dessen Name ›Nach Johannes‹ lautet, sagte ein Platoniker – wir haben es oft von dem heiligen Greis Simplicianus, der später den Bischofssitz von Mailand inne hatte, zu hören bekommen – er gehöre an die hervorragenden Stellen aller Kirchen in goldenen Lettern angebracht.«[20]

Hier legt Augustin Wert darauf, dass einfache Fischer den Anfang des Prologs entdeckt haben. Im zweiten Teil des zitierten Passus erwähnt er einen Platoniker, der darauf bestand, dass der Anfang des Prologs in goldenen Lettern in allen Kirchen angebracht werde. Erneut finden wir bei ihm einen Platoniker, der die einzigartige Bedeutsamkeit des Johannesprologs erfasst hat. Die

---

18 Civ. X, 29.2; La cité de Dieu, S. 532: *Sed huic veritati ut possetis adquiescere, humilitate opus erat, quae cervici vestrae difficillime persuaderi potest.*

19 Io. ev. tr. II,4, La cité de Dieu, S. 13: *Hi ergo de quibus dixit*: Qui cum cognovissent Deum, uiderunt hoc quod dicit Ioannes, quia per Verbum Dei facta sunt omnia. *Nam inueniuntur et ista in libris philosophorum: et quia unigenitum Filium habet Deus, per quem sunt omnia. Illud potuerunt uidere quod est, sed uiderunt de longe: noluerunt tenere humilitatem Christi, in qua naui securi peruenirent ad id quod longe uidere potuerunt; et sorduit eis crux Christi.* Vorträge, S. 21.

20 Civ. X,29.2, La cité de Dieu, S. 536: *Pudet videlicet doctos homines ex discipulis Platonis fieri discipulos Christi, qui piscatorem suo Spiritu docuit sapere ac dicere*: In principio erat Verbum, et Verbum erat apud Deum, et Deus erat Verbum. Hoc erat in principio apud Deum. Omnia per ipsum facta sunt, et sine ipso factum est nihil, quod factum est. In ipso vita erat, et vita erat lux hominum, et lux in tenebris lucet, et tenebrae eam non comprehenderunt. *Quod initium sancti Evangelii, cui nomen est secundum Iohannem, quidam Platonicus, sicut a sancto sene Simpliciano, qui postea Mediolanensis Ecclesiae praesedit episcopus, solebamus audire, aureis litteris conscribendum et per omnes Ecclesias in locis eminentissimis proponendum esse dicebat.* Gottesstaat, S. 687.

Gelehrten streiten sich über die Identität dieses Platonikers. Für die einen ist es Marius Victorinus; andere optieren für Amelius, einen Schüler Plotins. In der ›Praeparatio evangelica‹ (XI, 18 f.) von Eusebius ist ein Fragment dieses Philosophen enthalten, das vom Logos spricht, der Gott ist, durch den alles ist, was geworden ist, in ihm ist alles Gewordene geworden. Dieser Logos ist herabgestiegen in einen Körper und als Mensch erschienen.[21] Wer auch immer dieser *Platonicus* war, Augustinus anerkennt hier, dass diese Philosophen das Ziel gesehen haben. Er behauptet nicht, der Prolog sei ein philosophischer Text, aber er beteuert, dass die Philosophen wesentliche Aspekte dieses grundlegenden Bibeltextes auf philosophischem Wege erkannt haben. Dies bedeutet, dass es in der Sicht des Augustinus inhaltliche Übereinstimmungen zwischen der Lehre neuplatonischer Denker und den ersten Versen des Prologs gibt. Er zieht diese Folgerungen nicht explizit, aber es wird logisch vorausgesetzt, dass eine Übereinstimmung zwischen biblischem Text und philosophischem Lehrinhalt besteht. Programmatisch wird diese Verhältnisbestimmung von Philosophie und Religion in einem frühen Text zusammengefasst, wenn Augustinus sagt:

> *Sic enim creditur et docetur quod est humanae salutis caput, non esse philosophiam, id est sapientiae studium, et aliam religionem.*[22]

> »Wir Christen glauben und lehren ja, und unser Heil hängt daran, dass Philosophie, das heißt Weisheitsstreben, und Religion nicht voneinander verschieden sind.«

2. Ein paar Hinweise auf die thomistische Deutung des Prologs[23]

Es ist nicht angebracht, an dieser Stelle das zweifellos schwierige Problem des Verhältnisses von Eckhart zu Thomas zu erörtern, aber es kann nach meiner Einschätzung festgehalten werden, dass eine vertiefte Kenntnis des thomistischen Denkens für eine annehmbare Deutung von Eckharts Philosophie un-

---

21 Vgl. dazu COURCELLE, Recherches, S. 170–173 sowie die Anmerkung zur Stelle von ›De civitate Dei‹, La cité de Dieu, S. 633 f.

22 Vera rel. V,8,26, Theologische Frühschriften, S. 18 f. Vgl. auch FLASCH, Augustin, S. 55–86.

23 Vgl. dazu die Studie von GRAZIANO PERILLO, Teologia del Verbum.; DERS., La nozione di *Verbum* nell'esegesi a *In principio erat Verbum* nella *Lectura super Johannem* di Tommaso d'Aquino; vgl. ebenfalls LUDGER JANSEN, Was hat der inkarnierte Logos mit Aristoteles zu tun?; LEONARD HELL, Wort vom Wort. Augustinus, Thomas von Aquin und Calvin als Leser des Johannesprologs. ENDERS (Das göttliche Wort und seine Fleischwerdung) schenkt dem Proöm des Thomas, das hier besonders behandelt wird, keine besondere Aufmerksamkeit. Zum Johanneskommentar des Thomas insgesamt vgl. DAUPHINAS/LEVERING, Reading John with Thomas Aquinas. Dieser zweifellos sehr wichtige Band berücksichtigt die hier angesprochene Problematik des Verhältnisses von Philosophie und Exegese weniger. Der Kommentar des Thomas (Super Evangelium S. Ioannis Lectura) der Edition von RAPHAËL CAI O.P. wird abgekürzt zitiert: In Ioannem, mit Angabe der Paragraphennummern dieser Ausgabe.

verzichtbar ist. Wer Thomas nicht eingehend studiert hat, darf sich nicht an Eckhart heranwagen.[24] Leider ist dies häufig nicht der Fall. Aus diesem Grunde ist es angebracht, einen Blick auf die Auslegung des Prologs bei Thomas von Aquin zu werfen. Es besteht nach meiner Meinung kein Zweifel, dass Eckhart diesen Kommentar vor sich hatte, als er (wahrscheinlich) während seines zweiten Pariser Lehraufenthaltes den seinen verfasste.

Mit einem wichtigen Proöm eröffnet Thomas seine Johannesexegese. Wie alle Prologe bei Thomas ist auch dieser meisterhaft strukturiert und gestaltet: Er besteht in einer Interpretation eines Isaiaszitats (6,1):

> *Vidi Dominum sedentem super solium excelsum et elevatum, et plena erat omnis terre maiestate eius, et ea quae sub ipso erant, replebant templum.*

Diese Worte des Propheten werden als eine Selbstaussage des Johannes vorgestellt: *capiuntur quasi ex ore Ioannis*: In ihnen ist gleichsam das ganze Programm des vierten Evangeliums zusammengefasst. Dieses wird als das Evangelium der Betrachtung (*contemplatio*) verstanden. Nach der Auffassung des Thomas besitzt die johanneische Betrachtung drei Eigenschaften, sie ist erhaben, weit und vollkommen.[25] Im Hauptteil des Prologs erörtert Thomas diese drei Qualitäten. Die Weite (*amplitudo*) der johanneischen Betrachtung hängt damit zusammen, dass Johannes nicht nur die höchste Ursache geschaut hat, sondern auch deren Wirkung, wenn er sagt »durch ihn ist alles geworden«.[26] Ihre Vollkommenheit dagegen besteht darin, dass er sich bis zum betrachteten Gegenstand erhoben hat.[27] Am ausführlichsten behandelt Thomas die erste Eigenschaft:

---

24 Dasselbe gilt ebenfalls bezüglich Albert dem Großen (und einem gewissen Sinne natürlich von der Deutschen Dominikanerschule, insonderheit von Dietrich von Freiberg). Zum Kommentar Alberts des Großen und seiner Beziehung zu Eckhart vgl. Julie Casteigt, Quelques propositions synthétiques pour une lecture des interprétations albertienne et eckhartienne de Jn 1, 6–8; Le commentaire du prologue de l'Évangile de Jean: la relecture par Albert le Grand d'un récit de genèse; D'Albert le Grand à Maître Eckhart: transformation du genre du commentaire exégétique à propos du verset Jn 1, 6–8.

25 In Ioannem n. 1: *Verba proposita sunt contemplantis, et si capiantur quasi ex ore Ioannis Evangelistae prolata, satis pertinent ad declarationem huius Evangelii. Ut enim dicit Augustinus in libro de consensu Evangelist., caeteri Evangelistae informant nos in eorum Evangeliis quantum ad vitam activam; sed Ioannes in suo Evangelio informat nos etiam quantum ad vitam contemplativam. In verbis autem propositis describitur contemplatio Ioannis tripliciter, secundum quod dominum Iesum est tripliciter contemplatus. Describitur autem alta, ampla et perfecta.*

26 In Ioannem n. 7: *Tunc enim contemplatio ampla est, quando in causa potest aliquis considerare omnes effectus ipsius causae; quando scilicet non solum essentiam causae, sed etiam virtutem eius, secundum quam se ad multa diffundit, cognoscit.*

27 In Ioannem n. 8: *Tunc enim contemplatio perfecta est, quando contemplans perducitur et elevatur ad altitudinem rei contemplatae: si enim remaneret in infimis, quantumcumque alta ipse contemplaretur, non esset contemplatio perfecta. Ad hoc ergo quod sit perfecta, oportet quod ascendat et consequatur ipsum finem rei contemplatae, inhaerendo et assentiendo per affectum et intellectum veritati contemplatae.*

altitudo.[28] Sie kann vierfach gedeutet werden, nämlich als Erhabenheit der Urheberschaft, der Ewigkeit, der Würde und der Wahrheit.[29] Erstaunlicherweise fügt Thomas zu dieser Wortauslegung hinzu, die antiken Philosophen seien mittels dieser vier Weisen (*modi*) zur Erkenntnis Gottes gelangt:

> »Auf diese vier Weisen haben nämlich die alten Philosophen die Erkenntnis Gottes erreicht. Einige sind nämlich aufgrund der Urheberschaft Gottes zu seiner Erkenntnis gelangt. Und dieser Weg ist der erfolgreichste. Wir sehen nämlich, dass, was im Bereich der natürlichen Dinge ist, eines Zieles wegen handelt und nützliche und feste Ziele verfolgt. Da diese Dinge keinen Intellekt haben, können sie sich nicht selber lenken, es sei denn sie werden von etwas geführt und gelenkt, das einen Intellekt besitzt. Daher kommt es, dass die Bewegung der natürlichen Dinge auf ein bestimmtes Ziel hin anzeigt, dass es etwas Höheres gibt, wodurch die natürlichen Dinge auf ein Ziel hin geführt und gelenkt werden. Und weil der gesamte Lauf der Natur der Ordnung entsprechend auf ein Ziel hinstrebt und geführt wird, ist es notwendig etwas Höheres zu setzen, das diese Dinge steuert und wie ein Herr lenkt. Und dies ist Gott. [...]
> Andere sind aufgrund seiner Ewigkeit zur Erkenntnis Gottes gekommen. Sie haben nämlich gesehen, dass alles, was in den Dingen ist, veränderlich ist. Je edler etwas ist, umso weniger hat es an Veränderlichkeit. Die niederen Körper sind nämlich der Substanz nach und dem Orte nach veränderlich; die Himmelskörper dagegen, die edler sind, sind der Substanz nach unveränderlich, aber werden allein dem Orte nach bewegt. Also kann demgemäß auf evidente Weise geschlossen werden, das das erste Prinzip aller Dinge, das höchste und edelste, unbeweglich und ewig ist. [...]
> Einige sind zur Erkenntnis Gottes wegen der Würde Gottes gelangt. Dies sind die Platoniker. Sie haben nämlich bedacht, dass alles, was durch Teilhabe existiert, auf etwas wie zum Ersten und Höchsten zurückgeführt wird, das durch sein Wesen ist. So wie alles durch Teilhabe Feurige auf das Feuer, das durch sein Wesen Feuer ist, zurückgeführt wird. Da also alles, was ist, am Sein teilhat und durch Teilhabe Seiendes ist, ist es notwendig, dass etwas am Gipfel aller Dinge ist, das das Sein selbst durch sein Wesen ist, was bedeutet, dass seine Wesenheit sein Sein ist. Und dies ist Gott, der die am meisten sich selbst genügende, würdigste und vollkommenste Ursache alles Seins ist, an der alles, was ist, das Sein erhält. [...]
> Einige sind durch die Unbegreiflichkeit der Wahrheit zur Erkenntnis Gottes gelangt. Alle Wahrheit, die unser Intellekt erfassen kann, ist endlich, weil nach Augustinus alles, was gewusst wird, durch das Erfassen des Wissenden begrenzt wird, und wenn es begrenzt wird, ist es bestimmt und vereinzelt. Und deswegen ist es notwendig, dass die erste und höchste Wahrheit, die jeden Intellekt übersteigt, unbegreiflich und unendlich sei. Und dies ist Gott.«[30]

---

28 In Ioannem n. 2: *Circa primum sciendum quod altitudo et sublimitas contemplationis consistit maxime in contemplatione et cognitione Dei; Is. XL, 26: levate in excelso oculos vestros, et videte quis fecit haec. Tunc ergo homo oculos contemplationis in excelso elevat, quando videt et contemplatur ipsum rerum omnium creatorem.*

29 In Ioannem n. 2: *In hac autem contemplatione Ioannis circa verbum incarnatum quadruplex altitudo designatur. Auctoritatis, unde dicit* vidi dominum, *aeternitatis, cum dicit* sedentem, *dignitatis, seu nobilitatis naturae, unde dicit* super solium excelsum, *et incomprehensibilis veritatis, cum dicit* et elevatum.

30 In Ioannem n. 3–6. Alle Übersetzungen der thomistischen Texte stammen vom Verfasser.

Der übersetzte Passus besteht in einer ausführlichen Darstellung der philosophischen Wege zu Gott, die vergleichbar sind mit den sogenannten fünf Wegen in der ›Summa theologiae‹.[31] Der erste der im Prolog vorgelegten Wege
schließt von der teleologischen Struktur der Wirklichkeit auf die Existenz
Gottes,[32] während der zweite die Veränderlichkeit der innerweltlichen Seienden zum Ausgangspunkt wählt.[33] Die platonische Teilhabe (*participatio*) steht
im Zentrum des dritten Weges,[34] während die Endlichkeit des menschlichen
Intellekts die Grundlage des vierten Weges bildet.[35] Es ist nicht schwierig die
Entsprechung der ersten drei Argumente mit den fünf Wegen der ›Summa‹
zu entdecken, da der erste Weg des Prologs dem fünften der ›Summa‹,[36] der
zweite dem ersten[37] und der dritte dem vierten[38] entspricht. Der vierte Weg
des Prologs findet sich auf diese Weise nicht in der ›Summa‹, aber es existiert

---

31 Summa theologiae I, q. 2, art. 3. Zum Folgenden vgl. FERNAND VAN STEENBERGHEN, Le
    problème de l'existence de Dieu dans les écrits de s. Thomas d'Aquin, S. 274–281; und
    vor allem PASQUALE PORRO, Tommaso d'Aquino. Un profil storico-filosofico, S. 315–319;
    vgl. ebenfalls die Darstellung des Prooms bei PERILLO, Teologia del Verbum, S. 61–74.

32 In Ioannem n. 3: *Videmus enim ea quae sunt in rebus naturalibus, propter finem agere, et con-
    sequi utiles et certos fines; et cum intellectu careant, se ipsa dirigere non possunt, nisi ab aliquo di-
    rigente per intellectum dirigantur et moveantur. Et hinc est quod ipse motus rerum naturalium
    in finem certum, indicat esse aliquid altius, quo naturales res diriguntur in finem et gubernantur.
    Et ideo cum totus cursus naturae ordinate in finem procedat et dirigatur, de necessitate oportet
    nos ponere aliquid altius, quod dirigat ista et sicut dominus gubernet: et hic est Deus.*

33 In Ioannem n. 4: *Alii vero venerunt in cognitionem Dei ex eius aeternitate. Viderunt enim
    quod quicquid est in rebus, est mutabile; et quanto aliquid est nobilius in gradibus rerum, tanto
    minus habet de mutabilitate.*

34 In Ioannem n. 5: *Quidam autem venerunt in cognitionem Dei ex dignitate ipsius Dei: et isti
    fuerunt Platonici. Consideraverunt enim quod omne illud quod est secundum participationem,
    reducitur ad aliquid quod sit illud per suam essentiam, sicut ad primum et ad summum.*

35 In Ioannem n. 6: *Quidam autem venerunt in cognitionem Dei ex incomprehensibilitate ve-
    ritatis. Omnis enim veritas quam intellectus noster capere potest, finita est; quia secundum
    Augustinum, omne quod scitur, scientis comprehensione finitur, et si finitur, est determinatum
    et particularizatum; et ideo necesse est primam et summam veritatem, quae superat omnem
    intellectum, incomprehensibilem et infinitam esse: et hoc est Deus.*

36 Der Ausgangspunkt der Beweisführung, Summa theologiae I, q. 2, art. 3, wird folgender-
    maßen formuliert: *Videmus enim quod aliqua quae cognitione carent, scilicet corpora natu-
    ralia, operantur propter finem.* Wie im Prolog wird ein Intellekt als Bedingung der Mög-
    lichkeit dieses Tatbestandes gefordert: *Ergo est aliquid intelligens, a quo omnes res naturales
    ordinantur ad finem.*

37 Der Beweis *sumitur ex parte motus* und gelangt zum Ergebnis: *Ergo necesse est devenire ad
    aliquod primum movens, quod a nullo movetur.*

38 Die Bezugnahme auf die Teilhabe und die Platoniker ist in der ›Summa‹ weniger direkt,
    da Thomas von der hierarchischen Stufung in der Wirklichkeit ausgeht: *Invenitur enim
    in rebus aliquid magis et minus.* Der springende Punkt des Beweises, dass ein Maximum
    in einer Gattung Ursache aller Glieder dieser Gattung sei, ist indes ohne den platoni-
    schen Hintergrund unverständlich.

eine wenig beachtete Parallelstelle in der ›Summa‹: I, q. 79, art. 4, wo Thomas ebenfalls einen Gottesbeweis, ausgehend vom menschlichen Intellekt vorlegt:

Considerandum est quod supra animam intellectivam humanam necesse est ponere aliquem superiorem intellectum, a quo anima virtutem intelligendi obtineat. Semper enim quod participat aliquid, et quod est mobile, et quod est imperfectum, praeexigit ante se aliquid quod est per essentiam suam tale, et quod est immobile et perfectum. Anima autem humana intellectiva dicitur per participationem intellectualis virtutis, cuius signum est, quod non tota est intellectiva, sed secundum aliquam sui partem. Pertingit etiam ad intelligentiam veritatis cum quodam discursu et motu, arguendo. Habet etiam imperfectam intelligentiam, tum quia non omnia intelligit; tum quia in his quae intelligit, de potentia procedit ad actum. Oportet ergo esse aliquem altiorem intellectum, quo anima iuvetur ad intelligendum.[39]

»Es ist zu berücksichtigen, dass es notwendig ist über der Seele einen höheren Intellekt zu setzen, von dem die Seele das Vermögen zu erkennen erhält. Stets erfordert das, was an etwas teilhat und was veränderlich ist und was unvollkommen ist, etwas Vorgeordnetes, das durch sein Wesen derart ist und das unveränderlich und vollkommen ist. Die menschliche intellektive Seele wird aufgrund der Teilhabe ein intellektuelles Vermögen genannt. Ein Zeichen davon ist, dass sie nicht gänzlich intellektuell ist, sondern nur ein Teil von ihr. Sie gelangt zur Erkenntnis der Wahrheit nämlich mittels eines Diskurses und einer Bewegung, indem sie nachdenkt. Sie besitzt eine unvollkommene Erkenntnis, nicht allein weil sie nicht alles erkennt, sondern auch weil sie im Erkennen von der Möglichkeit zur Wirklichkeit voranschreitet. Es ist also notwendig, dass es einen höheren Intellekt gibt, der die Seele beim Erkennen unterstützt.«

In einem zweiten Argumentationsschritt weist Thomas nach, dass, was die Erfahrung bestätigt, die Seele ein eigenständiges Erkenntnisvermögen besitzt, das sie von einem höheren Intellekt, der Gott ist, erhalten hat.[40]

Bedeutsamer als diese Entsprechung der im Prolog des Kommentars zum Evangelium entwickelten Wege zu den berühmten Gottesbeweisen in der ›Summa‹ ist die Feststellung, dass Thomas in seiner Vorrede die Wege der alten Philosophen zu Gott in dieser maßgebenden und expliziten Weise zur Sprache bringt. Man kann daraus schließen, dass nach Thomas Johannes das Bemühen dieser Philosophen zur Vollendung gebracht hat, denn zu jedem der Wege existiert eine Entsprechung im Prolog des Evangeliums:

---

39 Summa theologiae I, q. 79, art. 4.

40 Der Verweis auf die Erfahrung der abstrakten Erkenntnis ist grundlegend (*Et hoc experimento cognoscimus, dum percipimus nos abstrahere formas universales a conditionibus particularibus, quod est facere actu intelligibilia.*). Thomas schließt daraus, dass die Seele selbst die Fähigkeit zum Erkennen besitzt. Es ist dieses Vermögen zu selbstständiger Tätigkeit, das die Seele von Gott erhält: *Sed intellectus separatus, secundum nostrae fidei documenta, est ipse Deus, qui est creator animae, et in quo solo beatificatur, ut infra patebit. Unde ab ipso anima humana lumen intellectuale participat, secundum illud Psalmi IV,* signatum est super nos lumen vultus tui, domine.

1. Weg: Finalität: *in propria venit, scilicet in mundum* (Io 1,11).[41]
2. Weg: Ewigkeit (Unveränderlichkeit): *in principio erat verbum* (Io 1,1).[42]
3. Weg: Teilhabe: *Deus erat verbum* (Io 1,1).[43]
4. Weg: Wahrheit: *Deum nemo vidit umquam* (Io I,18).[44]

Dieses Verhältnis von philosophischem Bemühen und johanneischer Betrachtung wird an einer zweiten Stelle des Prologs noch einmal deutlich hervorgehoben. Thomas setzt hier die drei Eigenschaften der johanneischen Kontemplation in Beziehung zu den verschiedenen Disziplinen der Philosophie:

> *Sed notandum quod diversimode diversae scientiae istos tres modos contemplationis sortiuntur. Perfectionem namque contemplationis habet scientia moralis, quae est de ultimo fine; plenitudinem autem scientia naturalis, quae res a Deo procedentes considerat; altitudinem vero contemplationis inter scientias physicas habet metaphysica. Sed Evangelium Ioannis, quod divisim scientiae praedictae habent, totum simul continet, et ideo est perfectissimum.*

»Es ist zu bemerken, das die verschiedenen Wissenschaften diese drei Weisen der Betrachtung je verschieden verwirklichen. Die Vollkommenheit der Betrachtung besitzt die moralische Wissenschaft, die vom letzten Ziel handelt; die Fülle der Betrachtung (besitzt) die Naturwissenschaft, die die aus Gott hervorgehenden Dinge betrachtet; die Erhabenheit der Betrachtung unter den philosophischen Wissenschaften kommt der Metaphysik zu. Aber das Evangelium des Johannes enthält gleichzeitig alles, was die genannten Wissenschaften getrennt besitzen.«[45]

In dieser Bemerkung geht Thomas von der Dreiteilung der Philosophie aus, die er auch an anderer Stelle entwickelt (*rationalis, moralis, naturalis*).[46] Von der Logik spricht er hier nicht, aber er kommt auf die Dreizahl, weil er in der theoretischen Philosophie die Physik und die Metaphysik unterscheidet. Jede der drei philosophischen Disziplinen erfüllt – *divisim* – eine der drei Qualitäten der Betrachtung, die dem Evangelium zugeschrieben werden. Die zentrale Behauptung des Passus besteht in der Aussage, dass das Evangelium des Johannes insofern absolut vollkommen ist, weil es alle drei Eigenschaften gleichzeitig und vollendet (*totum simul*) besitzt. An dieser Stelle wird in aller Deutlich-

---

41 In Ioannem n. 3: *Hanc cognitionem manifestat Ioannes se habere de verbo, cum dicit:* in propria venit, *scilicet in mundum; quia totus mundus est suus proprius.*

42 In Ioannem n. 4: *Hanc aeternitatem Ioannes ostendit dicens:* in principio erat verbum.

43 In Ioannem n. 5: *Hanc dignitatem ostendit nobis Ioannes, cum dicit:* et Deus erat verbum, *quasi: verbum erat Deus, ut ly verbum ponatur ex parte suppositi, et Deus ex parte appositi.*

44 In Ioannem n. 6: *Unde in Ps. VIII, 2 dicitur:* elevata est magnificentia tua super caelos, *idest super omnem intellectum creatum, angelicum et humanum. Et hoc ideo, quia, ut dicit apostolus,* lucem habitat inaccessibilem, *I Tim. ult. 16. Huius autem incomprehensibilitas veritatis ostenditur nobis, cum dicitet elevatum, scilicet super omnem cognitionem intellectus creati. Et hanc incomprehensibilitatem insinuat nobis Ioannes, cum dicit:*Deum nemo vidit unquam.

45 In Ioannem n. 9.

46 Vgl. dazu Thomas von Aquin, Prologe zu den Aristoteles-Kommentaren, S. LXVI–LXVIII.

keit eine doppelte These bekräftigt: 1. Das Evangelium des Johannes enthält alle diese philosophischen Wissenschaften. 2. Es enthält sie auf vollkommene Weise. Das Verhältnis des Evangeliums zur Philosophie kann deswegen präziser gefasst werden: Es ist jenes des Vollkommenen zum Unvollkommenen. Damit ist gemeint, dass das Evangelium vollkommen beinhaltet, was in der Philosophie ansatzhaft und unvollkommen vorhanden ist.

Diese Perspektiven stimmen mit der thomistischen Verhältnisbestimmung von Theologie und Philosophie bestens überein. Es besteht kein Widerspruch zwischen beiden, er kann gar nicht bestehen,[47] ja es gibt sogar eine partielle Übereinstimmung,[48] aber die Philosophie ist in der Theologie als der vollkommeneren Weisheit aufgehoben, wie die Natur in der Gnade.[49]

Daraus ergibt sich eine außerordentlich bedeusame Doppelkonsequenz für die Rolle der Philosophie in der Theologie: Zum einen ist die Philosophie in der Theologie als Hilfswissenschaft nützlich; zum anderen muss im Rahmen dieses Dienstes stets der Unterschied zwischen beiden Wegen beachtet und anerkannt werden. Diese beiden Aspekte können wir exemplarisch anhand der thomistischen Auslegung des ersten Johannesverses belegen: *in principio erat verbum.*

In seiner ersten Lectio geht Thomas folgendermaßen vor: Er vollzieht vorgängig eine Interpretation der drei Worte *verbum, principium, erat*, erläutert danach die Bedeutung von *in principio*, bevor er schließlich den ganzen Satz erklärt. Sein methodisches Vorgehen kann anhand der Erklärung des Wortes *verbum* verständlich gemacht werden. Auf die aristotelische Doktrin, wie sie zu Beginn von ›Peri hermeneias‹ vorgetragen wird,[50] verweisend[51] erinnert

---

47 Diese Lehre wird eingehend entwickelt in: Summa contra gentiles I, c. 7, wo nachgewiesen werden soll, dass die Wahrheit des christlichen Glaubens derjenigen der Vernunft nicht widersprechen kann.

48 Thomas artikuliert dies so, dass er von einem *duplex veritatis modus* spricht (Summa contra gentiles I, c. 3, n. 14): *Quaedam namque vera sunt de Deo quae omnem facultatem humanae rationis excedunt, ut Deus esse trinum et unum. Quaedam vero sunt ad quae etiam ratio naturalis pertingere potest, sicut est Deum esse, Deum esse unum, et alia hiusmodi.*

49 Die berühmte Formulierung kommt meines Wissens bei Thomas nur einmal vor, im ›Sentenzenkommentar‹: *Sent.* II, d. 9, q. 1, art. 8, arg. 3: *Praeterea, quantumcumque intellectus perficiatur lumine gratiae vel gloriae, semper oportet quod intelligat sub lumine naturali: quia gratia non tollit naturam, sed perficit.*

50 Gemeint ist das sogenannte semantische (oder semiotische) Dreieck (oder Viereck), das Aristoteles in folgender Weise ausdrückt und welches das europäische Denken in einer ganz eigentümlichen Weise beherrscht hat (Peri hermeneias 16a, nach der Übersetzung des Boethius, Aristoteles Latinus II.1–2): *Sunt ergo ea quae sunt in voce earum quae sunt in anima passionum notae, et ea quae scribuntur eorum quae sunt in voce.* Zur Rezeption dieser grundlegenden Schrift des Stagiriten vgl. Aristotle's *Peri hermeneias* in the Latin Middle Ages, hg. von H. A. G. BRAAKHUIS / C. H. J. M. KNEEPKENS.

51 In Ioannem, n. 25: *Ad intellectum autem huius nominis verbum, sciendum est quod, secundum Philosophum ea quae sunt in voce, sunt signa earum, quae sunt in anima, passionum.*

Thomas zuerst an die Tatsache, dass das ›äußere Wort‹ Zeichen eines ›inneren Wortes‹ sei.[52] Um diese auf dem semantischen Dreieck von Ding, Begriff und Wort beruhende Behauptung zu erklären und verständlich zu machen, was unter einem inneren Wort zu verstehen sei, skizziert Thomas einen Abriss seiner Erkenntnistheorie, indem er den Intellekt, das Erkenntnisbild (*species*) und die Erkenntnistätigkeit unterscheidet.[53] Unter dieser Voraussetzung kann das innere Wort als Produkt des Intellekts gedeutet werden, das der Intellekt in seiner Erkenntnistätigkeit bildet.[54] Thomas behauptet des Weiteren, in allen intellektuellen Seienden, d. h. beim Menschen, den Engeln und Gott sei ein *verbum* zu entdecken.[55]

An dieser Stelle der Argumentation vollzieht sich indes ein entscheidender Schritt, ich meine den Übergang von einer philosophischen zu einer spezifisch theologischen Sichtweise. Johannes, so sagt Thomas, spricht nicht von einem menschlichen Wort, sondern vom göttlichen.[56] Deswegen muss hier auf die Unterschiede hingewiesen werden. Thomas hebt drei Unterschiede hervor: Während das göttliche Wort stets verwirklicht ist, ist das menschliche Wort das Ergebnis eines Prozesses von der Möglichkeit zur Wirklichkeit.[57] Des Weiteren ist das göttliche Wort im Gegensatz zum menschlichen vollkommen. Des Menschen endliche Erkenntnis kann nicht in einem einzigen Wort aus-

---

52 In Ioannem n. 25: *De necessitate autem oportet quod illud intrinsecum animae nostrae, quod significatur exteriori verbo nostro, verbum vocetur.*

53 In Ioannem, lectio 1, n. 25: *In intellectu autem nostro sunt tria: scilicet ipsa potentia intellectus; species rei intellectae, quae est forma eius, se habens ad ipsum intellectum, sicut species coloris ad pupillam; et, tertio, ipsa operatio intellectus quae est intelligere.*

54 In Ioannem n. 25: *Illud ergo proprie dicitur verbum interius, quod intelligens intelligendo format. Intellectus autem duo format, secundum duas eius operationes. Nam secundum operationem suam, quae dicitur indivisibilium intelligentia, format definitionem; secundum vero operationem suam, qua componit et dividit, format enunciationem, vel aliquid huiusmodi. Et ideo, illud sic formatum et expressum per operationem intellectus, vel definientis vel enunciantis, exteriori voce significatur. Unde dicit Philosophus quod ratio, quam significat nomen, est definitio. Istud ergo sic expressum, scilicet formatum in anima, dicitur verbum interius; et ideo comparatur ad intellectum, non sicut quo intellectus intelligit, sed sicut in quo intelligit; quia in ipso expresso et formato videt naturam rei intellectae.*

55 In Ioannem n. 25: *Patet ergo quod in qualibet natura intellectuali necesse est ponere verbum: quia de ratione intelligendi est quod intellectus intelligendo aliquid formet; huius autem formatio dicitur verbum; et ideo in omni intelligente oportet ponere verbum. Natura autem intellectualis est triplex, scilicet humana, angelica et divina: et ideo triplex est verbum.*

56 In Ioannem n. 25: *Cum ergo Evangelista dicit* in principio erat verbum, *non intelligi potest de humano vel angelico verbo: quia utrumque istorum verborum est factum, cum homo et Angelus habeant sui esse et operationis principium et causam; verbum autem hominis vel Angeli non potest praeexistere eis. De quo autem verbo intellexerit Evangelista, declarat per hoc quod dicit, hoc verbum non esse factum, cum omnia sint facta per ipsum; hoc autem est verbum Dei, de quo Ioannes hic loquitur.*

57 In Ioannem n. 26: *Sic ergo verbum nostrum primo est in potentia quam in actu; sed verbum Dei semper est in actu.*

gedrückt werden.[58] Schließlich: Da das menschliche Erkennen nicht mit des Menschen Sein identisch ist, ist es akzidentell im Gegensatz zu Gott, dessen Sein mit seinem Erkennen identisch ist.[59] Neuerdings wird durch die Betonung dieser Verschiedenheit das Verhältnis von göttlichem zu menschlichem Wort als dasjenige des Vollkommenen zum Unvollkommenen beschrieben.

Diese Vorgehensweise bei der Deutung des Ausdrucks *verbum* macht klar, worin die Funktion der Philosophie in der Arbeit des Theologen (Exegeten) nach Thomas besteht: Die Philosophie liefert die Grundlage und das Material, um den Unterschied zwischen dem mit der Vernunft Verständlichen und dem Geglaubten zu explizieren. Wie bereits bei Augustinus regt das Nachdenken über den Prolog des Johannesevangeliums zu einer Klärung des Verhältnisses von Theologie und Philosophie, von Offenbarung und Vernunft an. Im Falle von Thomas kann das diesbezügliche Ergebnis folgendermaßen zusammengefasst werden:

1) Die Philosophie ist ein Hilfsmittel der theologischen Deutung des biblischen Textes.

2) Zwischen dem Inhalt des Evangeliums und der Philosophie besteht mit Ausnahme einiger durch die Philosophie erfassbarer Wahrheiten eine Differenz und keine Übereinstimmung, wobei dieses Verhältnis von philosophischer Erkenntnis und theologischer Aussage beschrieben werden kann als dasjenige des Unvollkommenen zum Vollkommenen.

3. Zur Intention Meister Eckharts

Es ist recht selten, vor allem im Mittelalter, dass ein Autor in aller Deutlichkeit erklärt, was er mit seinen Schriften beabsichtigt. Im Falle Eckharts besitzen wir eine ganze Reihe deutscher Texte, die eindeutig programmatische Aussagen enthalten.[60] Überdies erklärt er zu Beginn seines Kommentars zum Johannesevangelium in aller wünschbaren Klarheit, welche Absicht er in seinen Schriften verfolgt:

In cuius verbi expositionem et aliorum quae sequuntur, intentio est auctoris sicut in omnibus suis editionibus ea, quae sacra asserit fides christiana et utriusque testamenti scripturae exponere per rationes naturales philosophorum.

---

58 In Ioannem n. 27: *Quia enim nos non possumus omnes nostras conceptiones uno verbo exprimere, ideo oportet quod plura verba imperfecta formemus, per quae divisim exprimamus omnia, quae in scientia nostra sunt.*

59 In Ioannem n. 28: *Et ideo verbum quod format intellectus noster, non est de essentia animae, sed est accidens ei. In Deo autem idem est intelligere et esse; et ideo verbum intellectus divini non est aliquid accidens, sed pertinens ad naturam eius: quia quicquid est in natura Dei, est Deus.*

60 Es handelt sich insbesondere um die Predigten 6, 9, 48 und 53. Vgl. dazu KURT FLASCH, Meister Eckhart. Philosoph des Christentums, S. 49–65 sowie die diesbezüglichen Stellenkommentare von LARGIER in EW I.

»Wie in allen seinen Werken verfolgt der Verfasser bei der Deutung dieses Wortes und aller anderen, die folgen, die Intention die Lehren des heiligen christlichen Glaubens und der Schrift der beiden Testamente mit Hilfe der natürlichen Gründe der Philosophen auszulegen.«[61]

Die Auslegung der Heiligen Schrift ist im Mittelalter die Aufgabe des *Magister theologiae*. Eckhart, im zitierten Passus, erklärt, er wolle die Bibel mit Hilfe der natürlichen Argumente des Philosophen interpretieren. Es ist durchaus angebracht, in diesem Falle, von einer philosophischen Bibelexegese zu sprechen. KURT FLASCH hat dieses Vorgehen nach meiner Meinung richtig zusammengefasst: »Seine Intention ist es, die Wahrheit der Schrift philosophisch zu beweisen und die so gedeutete Schrift als den Inbegriff aller philosophischen Erkenntnis auszuweisen.«[62]

Es ist sehr aufschlussreich, dieses Programm mit jenem des Thomas von Aquin zu vergleichen. Zwar hat Thomas keine so eindeutige Aussage zu seiner Intention formuliert, aber die ersten neun Kapitel seiner ›Summa contra gentiles‹, wo das Verhältnis von *fides* und *ratio* erörtert wird, können durchaus im Sinne eines methodischen Arbeitsprogramms gelesen werden. Das Geoffenbarte ganz klar vom Wissbaren unterscheidend erklärt Thomas, der Mensch könne von Gott etwas Wahres auf zwei Weisen erfassen, nämlich durch die Offenbarung und die eigene natürliche, d. h. vernünftige Erkenntnis. Die Vernunft – *naturalis ratio* – erkennt die Existenz Gottes und weiß oder besser kann wissen, dass nur ein Gott existiert. Der eigentliche, spezifische Inhalt des christlichen Glaubens ist nach der Darstellung des Thomas allerdings *supra rationem*, was bedeutet, dass die Inkarnation und die Trinität, als zentrale Dogmen des christlichen Glaubens, von der Vernunft nicht erkannt werden können. Diese Geheimnisse, so behauptet Thomas, werden den Menschen mittels der Offenbarung in der Hl. Schrift zu glauben vorgelegt.[63] Allerdings legt Thomas ausführlich dar, dass diese übernatürlichen Inhalte des Glaubens der Vernunft nicht widersprechen können.[64]

---

61 In Ioh. n. 2, LW III, S. 4. Zu Eckharts Auslegung des vierten Evangeliums und insonderheit des Prologs vgl. JULIE CASTEIGT, Quelques proposition synthétiques. Zur Exegese Eckhart im Allgemeinen vgl. D. F. DUCLOW, Meister Eckhart's Latin Biblical Exegesis. Ebenfalls beachtenswert zur Bedeutung der Kommentare ALESSANDRA BECCARISI, Eckhart's Latin Works.

62 KURT FLASCH, Die Intention Meister Eckharts, S. 219. Ich zitiere diesen frühen Aufsatz, da er mir seinerzeit ganz neue Perspektiven der Eckhartlektüre eröffnet hat.

63 Vgl. dazu vornehmlich ›Summa contra gentiles‹ I, c. 5. Dieses Kapitel trägt die aufschlussreiche Überschrift: *Quod ea quae ratione investigari non possunt convenienter fide tenenda hominibus proponuntur.*

64 Das zentrale 7. Kapitel des ersten Buches der ›Summa contra gentiles‹, n. 42–47, soll dies beweisen: *Quamvis autem praedicta veritas fidei Christianae humanae rationis capacitatem excedat, haec tamen quae ratio naturaliter indita habet, huic veritati contraria esse non possunt.* Daraus folgt, dass Argumente gegen die Glaubensinhalte »nicht richtig aus den durch die Natur gegebenen Erstprinzipien geschlossen« sind (n. 47).

Eckharts Progamm, im Gegensatz zu den methodischen Ansätzen des Thomas, verlangt dagegen, dass der gesamte christliche Glaube und die ganze Heilige Schrift philosophisch gedeutet werden. Der Gegensatz zur Intention des Thomas, wenn diese Ausdrucksweise erlaubt ist, ist offensichtlich. Wer sich die Mühe macht, den Text Eckharts zu Ende zu lesen, wird ohne Zaudern dieser Behauptung zustimmen. Der Thüringer Meister bestätigt, was er eben vorgetragen hat, mit einem Verweis auf das VII. Buch der ›Confessiones‹, wo Augustinus bekanntlich daran erinnert, dass er den Anfang des Johannesprologs bei den Platonikern gelesen habe. Allerdings forciert Eckhart offensichtlich den Text des Kirchenvaters, indem er verschweigt, was dieser hinzufügt, nämlich die Philosophen hätten das Geheimnis der Inkarnation nicht verstehen und erkennen können. Eckhart, indem er diese Einschränkung verschweigt, postuliert eine philosophische Auslegung des ganzen Glaubensinhaltes.[65]

Wir können also festhalten, dass nach dieser Interpretation des Verhältnisses von Glaube und Philosophie, diese den ganzen Inhalt des Glaubens mit Vernunftgründen durchdringen und auslegen kann und soll. Es ist dies zugleich die Feststellung einer Möglichkeit und der Ausdruck eines zu verwirklichenden Programms. Eckharts Programm zu Beginn des Johannesevangeliums enthält indessen noch einen zweiten Punkt:

Rursus intentio operis est ostendere, quomodo veritates principiorum et conclusionum et proprietatum naturalium innuuntur luculenter – ›qui habet aures audiendi!‹ – in ipsis verbis sacrae scripturae, quae per illa naturalia exponuntur.[66]

»Ferner beabsichtigt das Werk zu zeigen, wie die Wahrheit der Prinzipien, Folgerungen und Eigentümlichkeiten in der Natur für den, ›der Ohren hat zu hören‹, gerade in den Worten der Hl. Schrift, welche mit Hilfe dieser natürlichen Wahrheiten ausgelegt werden, klar angedeutet sind.«

Während im ersten Punkt gefordert wurde, die Schrift müsse philosophisch ausgelegt werden, erklärt der zweite Punkt, die Schrift enthalte den Inbegriff philosophischer Wahrheit. In diesem Sinne ist die Bibel der autoritativ verbürgte Inbegriff philosophischen Wissens. Die Bibel enthält implizit, was die Philosophie explizit zu machen sich bemüht oder sich bemühen soll.

Das Vorangehende setzt voraus, dass erstens Schrift, Glaube und Philosophie übereinstimmen.[67] Dies hat zweitens ›nicht‹ zur Folge, dass das Wissen

---

65 In Ioh. n. 2, LW III, S. 4: *Et Augustinus l. VII Confessionum dicit se in libris Platonis legisse in* principio erat verbum *et magnam partem huius primi capituli Iohannis. Et De civitate dei l. X narrat de quodam Platonico, qui dicebat principium huius capituli usque ibi:* ›fuit homo missus a deo‹ ›aureis litteris conscribendum‹ *et* ›in locis eminentissimis proponendum‹.

66 In Ioh. n. 3, LW III, S. 4.

67 Vgl. dazu die klare Formulierung im so wichtigen Buch von B. MOJSISCH, Meister Eckhart. Analogie, Univozität und Einheit, S. 15: »Meister Eckharts neue Metaphysik ist Identität von Theologie des Evangeliums und Philosophie qua Metaphysik, da die Inhalte der lex nova nichts anderes sind als der Gegenstand der Metaphysik.«

dem Glauben untergeordnet ist. Von einer Unterordnung kann nicht die Rede sein, vielmehr könnte von einer Implikation und einer Explikation gesprochen werden. In beiden Bewegungen ist die Philosophie indes das maßgebende Element, denn sie durchdringt die Bilder der Schrift, um ihren wahren Sinn neu zu entdecken. Es ist die Philosophie, die in der Schrift die Prinzipien der Realität entdeckt.

Eckhart fordert also, dass der Glaube und die Schrift in ihrer Allgemeingültigkeit, das bedeutet jedoch in der für jede Vernunft erfassbaren Wahrheit, erkannt und interpretiert werden sollen. Die geoffenbarten Wahrheiten sollen als Vernunftwahrheiten nachgewiesen werden. Die Richtigkeit, Gültigkeit und Tragweite dieser Deutung von Eckharts programmatischen Aussagen kann durch eine Reihe weiterer Belege erhärtet werden. Im Prolog zum ›Liber parabolarum Genesis‹, n. 4, erläutert er Folgendes:

> *Primum est, quod non est putandus, quasi per tali parabolica intendamus probare divina, naturalia et moralia ex parabolis; sed potius hoc ostendere intendimus, quod his, quae probamus et dicimus de divinis, moralibus et naturalibus, consonant ea quae veritas sacrae scripturae paraboliter innuit quasi latenter.*[68]

> »Man darf nicht meinen, wir wollten, wenn wir solche Bildreden behandeln, aus ihnen Beweise für Gott, die Natur und das sittliche Handeln führen. Vielmehr wollen wir zeigen, dass das, was die Wahrheit der Heilige Schrift in Parabeln gleichsam verborgen andeutet, mit dem, was wir über Gott, das sittliche Handeln und die Natur beweisen und ausführen, übereinstimmt.«

Das Verhältnis der bildhaften Implikation und der streng philosophischen Explikation – Eckhart spricht von Beweisen – ist hier in aller wünschbaren Klarheit ausgesprochen. Noch erstaunlicher ist indes ein anderer Passus aus dem ›Johanneskommentar‹:

> *Secundum hoc ergo convenienter valde scriptura sacra sic exponitur, ut in ipsa sint consona quae philosophi de rerum naturis et ipsarum proprietatibus scripserunt, praesertim cum ex uno fonte et una radice procedat veritatis omne quod verum est, sive essendo sive cognoscendo, in scriptura et in natura. [...] Idem ergo est quod docet Moyses, Christus et Philosophus, solum quantum ad modum differens, scilicet ut credibile, probabile sive verisimile et veritas.*[69]

> »Demgemäß wird also die Heilige Schrift sehr angemessen so erklärt, dass mit ihr übereinstimmt, was die Philosophen über die Natur der Dinge und ihre Eigenschaften geschrieben haben, zumal aus einer Quelle und einer Wurzel der Wahrheit alles hervorgeht, was wahr ist, sei es im Sein, sei es im Erkennen, in der Schrift und in ihrer Natur. [...] Es ist also dasselbe, was Moses, Christus und der Philosoph lehren, es unterscheidet sich nur in der Art und Weise, nämlich wie das Glaubbare, das Wahrscheinliche und die Wahrheit.«

---

68 In Gen. II, Prologus, n. 4, LW I, S. 454.
69 In Ioh. n. 185, LW III, S. 154 f.

Das bislang Dargelegte wirft ein aufklärendes Licht auf das gigantische, leider unvollendete ›Opus tripartitum‹. Im ersten Teil dieses Vorhabens wollte Eckhart mehr als tausend Thesen beweisen, und zwar sollten diese Thesen erstens alles Erkennbare umfassen und zweitens wollte der Meister dabei die besondere Form der Axiomatik wie sie in der ›Elementatio‹ des Proklos und im ›Liber de causis‹ angewendet wird als methodisches Vorbild benutzen. Das sogenannte Fragenwerk sollte dagegen einzelne strittige Punkte, die Anlass zu Disputationen geben, behandeln. Eckhart hatte geplant, diese Fragen entsprechend der theologischen ›Summa‹ des Thomas zu gliedern. Im ›Opus expositionum‹ schließlich war die Exegese der Heiligen Schrift geplant.[70] Wie Eckhart selber zugibt, erforderte dieses gewaltige Vorhaben ein Meer von Büchern.[71] Wiewohl das Vorhaben unvollendet geblieben ist, ist es möglich, die Bedeutung dieses Projektes abzuschätzen. Eckhart selbst hat anhand eines Beispiels dargelegt, wie er das Verhältnis der drei Teile konzipierte. Die erste These lautet: *Esse est Deus*, das Sein ist Gott. Ihr entspricht die erste Frage: *An Deus sit*, ist Gott? Diese These und diese Frage werden im ersten Satz der Schrift ausgedrückt: *In principio creavit Deus caelum et terram.*[72]

Wenn ich das Vorhaben Eckharts richtig deute, so handelt es in allen drei Fällen um dieselbe Wahrheit, die allerdings in einem je andern Modus des Wissens zur Sprache gebracht wird: als philosophischer Satz, als Frage der theologischen Tradition und in der bildhaften Sprache der Bibel. Es ist Eckharts Intention die vollkommene Übereinstimmung der drei Modi sichtbar zu machen, wobei das Unternehmen zu zeigen intendiert, dass die wahre Religion identisch ist mit der wahren Philosophie. Allerdings vermerkt Eckhart, dass das Thesenwerk die Grundlage darstelle, ohne welche die beiden anderen Teile nicht verstanden werden können. Er fügt des Weiteren hinzu (n. 22), dass aus dieser ersten These alles, was von Gott gewusst werden kann, abgeleitet werden kann und dass durch sie alles, was in der Schrift steht, über Gott mit natürlicher Vernunft erklärt werden kann.[73]

Dass das skizzierte Programm auch in den deutschen Werken Geltung besitzt, kann durch einen grundlegenden Hinweis zu Beginn des ›Buches der

---

70 Zu diesem Vorhaben vgl. den ›Prologus generalis in opus tripartitum‹, LW I,2, S. 21–39. Zur Bedeutung dieser neuen Ausgabe vgl. Über die Entstehung und die Entwicklung von Eckharts *Opus tripartitum*, S. IX–LVII. Ebenfalls LORIS STURLESE, Meister Eckhart in der Bibliotheca Amploniana. Neues zur Datierung des ›Opus tripartitum‹, in: Homo divinus, S. 95–106. Vgl. ebenfalls FLASCH, Meister Eckhart, S. 98–112.

71 Prol. gen. n. 7, LW I,2, S. 23: *haec omnia pelagus quoddam scripturae videantur requirere.*

72 Vgl. Prol. gen. n. 11, LW I,2, S. 29, sowie die Durchführung n. 12–21 (S. 29–39) sowie der ›Prologus in opus propositionum‹, S. 41–57, wo die These *esse est deus* entfaltet wird. Zu diesem Systemprogramm vgl. FLASCH, Meister Eckhart, S. 98–112.

73 Prol. gen. n. 22, LW I,2, S. 39: *Postremo notandum quod ex praemissa prima propositione, si bene deducantur, omnia aut fere omnia, quae de deo quaeruntur, facile solvuntur, et quae de ipso scribuntur — plerumque etiam obscura et difficia — naturali ratione clare exponuntur.*

göttlichen Tröstung‹ belegt werden, wo die Übereinstimmung von Vernunft und Evangelium angedeutet wird, wenn der Meister sagt:

> _Ûzer aller dirre lêre, diu in dem heiligen êwangeliô geschriben ist und sicherlîche bekant in dem natiurlîchen liehte der vernünftigen sêle, vindet der mensche gewâren trôst alles leides._[74]

»Aus all dieser Lehre, die im Heiligen Evangelium geschrieben steht und im natürlichen Lichte der vernünftigen Seele mit Gewissheit erkannt wird, findet der Mensch wahren Trost für alles Leid.«

4. Aspekte von Eckharts Deutung des Prologs

Eckhart legt mehrere Deutungen des Prologs vor. Die Nummern 4–84 der kritischen Ausgabe beschäftigen sich mit den fünf ersten Versen des Prologs. Eckhart legt mehrere verschiedene Deutungen des Textes vor. Es ist entscheidend festzuhalten, dass die Vielheit der Auslegungen für Eckhart kennzeichnend ist. Betrachten wir, was man als ersten Durchgang bezeichnen könnte: n. 4–27. Es lassen sich in diesem Abschnitt drei Teile identifizieren: Eckhart unterbreitet dem Leser zuerst nicht weniger als 15 _notanda_ (n. 4–13), dann folgt die Erörterung eines Beispiels (n. 14–22), bevor ein drittes Mal die Bedeutung des Prologanfangs hervorgehoben und erörtert wird (n. 23–27).

Der Sinn des ersten Teiles wird vom Schluss her deutlich:

> _Patet ergo quomodo_ in principio erat verbum _usque ibi:_ fuit homo missus a deo _exponitur per rationes et proprietates rerum naturalium; iterum etiam quod ipsa verba evangelistae bene inspecta docent nos naturas rerum et ipsarum proprietates, tam in essendo quam in operando, et dum fidem astruunt, nos de rerum naturis instruunt._[75]

»So erhellt, wie der Text _im Anfang war das Wort_ bis _es war ein Mensch von Gott gesandt_ sich durch die Ideen und Eigentümlichkeiten der Naturdinge auslegen lässt; außerdem erhellt, dass die Worte des Evangelisten selbst, wenn man sie richtig betrachtet, uns über die Natur der Dinge und ihre Eigentümlichkeiten sowohl im Sein als im Wirken belehren, und indem sie unseren Glauben aufrichten, uns über die Natur der Dinge unterrichten.«

Eckhart legt den johanneischen Text philosophisch aus, das bedeutet der Prolog wird gelesen als ein Text, in dem die Rede ist vom Wesen der Dinge und ihren Eigenschaften. Diesem Verständnis entsprechend belehrt der Prolog über das Verhältnis von _producens_ und _productum_ und zwar wird geklärt, wie dies sich in den Bereichen des Göttlichen, des Natürlichen und Handwerklichen verhält.[76] Eckhart will eine allgemeine Theorie des Verhältnisses von Hervor-

---

74 BgT, DW V, S. 11.
75 In Ioh. n. 13, LW III, S. 12.
76 In Ioh. n. 4, LW III, S. 5: _Ad evidentiam ergo eius quod dicitur:_ ›in principio erat verbum‹ _usque ibi:_ ›fuit homo missus a deo‹ _notandum primo quod naturaliter et generaliter, tam in_

bringendem und Hervorgebrachten vorlegen. In 15 Punkten wird entfaltet, was aus dem Prolog bezüglich dieser Fragestellung abgeleitet werden kann, aber es fällt auf, dass stets von Identität und Differenz, Teilhabe und Präsenz die Rede ist: Zuerst (1. und 2.) wird die Präsenz des Hervorgebrachten im Hervorbringenden behandelt,[77] dann (3.) wird geklärt, dass das Hervorgebrachte stets ein Ausdruck, d. h. ein Wort (*verbum*) des Produzierenden ist.[78] Die Art und Weise der Präsenz des Hervorgebrachten im Hervorbringenden wird erörtert (4.). In diesem Zusammenhang wird zum ersten Mal das Stichwort *ratio* im Sinne von Idee erwähnt: Das Hervorgebrachte ist im hervorbringenden im Modus der Idee gegenwärtig.[79] Diese Präexistenz der Hervorgebrachten im Hervorbringenden wird noch einmal aufgegriffen anhand des Beispiels der handwerklichen Produktion:

> *Octavo notandum quod arca procedens sive producta foris in esse, nihilominus est et manet in ipso artifice, sicut fuit a principio, antequam arca fieret, etiam si foris corrumpatur.*[80]

> »Die Truhe, die nach außen zum Sein hervorgeht oder hervorgebracht wird, ist und bleibt nichtsdestoweniger im Handwerker selbst, wie sie es von Anfang an war, ehe sie eine Truhe wurde, auch wenn sie etwa draußen zerstört wird.«

Mehrere Merkpunkte nehmen zum Verhältnis zwischen *productum* und *producens* hinsichtlich ihrer Identität und Verschiedenheit Stellung. Auf der einen Seite wird der Unterschied betont, denn das Hervorgebrachte ist verschieden vom Hervorbringenden:

> *Adhuc autem quinto sciendum quod hoc ipso, quod quid procedit ab alio, distinguitur ab illo.*[81]

> »Zudem muss man aber fünftens wissen: dadurch, dass etwas aus einem anderen hervorgeht, wird es von ihm unterschieden.«

Andererseits wird allerdings die Ähnlichkeit unterstrichen, wenn das Produzierte als Ziel bezeichnet wird und vor allem behauptet wird, das Hervorge-

---

divinis de quibus hic est sermo, quam etiam in naturalibus et artificialibus, sic se habet quod productum sive procedens ab aliquo prius est in illo.

77 In Ioh. n. 4, LW III, S. 6: *Adhuc autem secundo: praeest in illo sicut semen in suo principio.*

78 In Ioh. n. 4, LW III, S. 6: *Tertio notandum quod productum ab aliquo universaliter est verbum illius, dicens, nuntians et enuntians illud a quo procedit.*

79 In Ioh. n. 4, LW III, S. 6: *Quarto notandum quod procedens est in producente sicut ratio et similitudo, in qua et ad quam producitur procedens a producente.*

80 In Ioh. n. 7, LW III, S. 8. Vgl auch den 12. Punkt, n. 10, S. 10: *Duodecimo notandum quod arca in mente et in arte ipsa nec arca est nec facta est, sed est ars ipsa, vita est, conceptus vitalis artificis est. Et hoc est quod sequitur: ›quod factum est in ipso vita erat‹.*

81 In Ioh. n. 5, LW III, S. 7.

brachte sei Wort oder Sohn des Hervorbringenden.[82] Wenn Eckhart dieses
Verhältnis bespricht, dann führt er eine wichtige Unterscheidung ein zwischen
analoger und univoker Beziehung zwischen den beiden Beziehungsgliedern.[83]
Im Falle der univoken Beziehung besteht eine Identität der Natur.

Die ganze Komplexität des in diesem Teil betrachteten Verhältnisses wird
noch einmal zusammengefasst im letzten Punkt, wo an die platonische Lehre
von Partizipation und Parusia erinnert wird: Die Idee ist im Ideat anwesend,
sonst wäre das Ideat nicht, was es ist, aber dennoch ist es von der Idee verschieden (n. 12):

> *Quintodecimo sciendum quod* verbum, *logos sive ratio rerum sic est in ipsis et se tota in singulis,*
> *quod nihilominus est se tota extra singulum quodlibet ipsorum, tota intus, tota deforis.*[84]

> »Fünfzehntens muss man wissen: das *Wort*, der Logos oder die Idee der Dinge ist so in
> ihnen, und ›zwar‹ ganz in den einzelnen, dass sie trotzdem ganz außerhalb jedes einzel-
> nen ist, ganz drinnen, ganz draußen.«

In einem zweiten Gang der Interpretation soll, was vorausgehend im Allgemeinen bezüglich von *producens/productum* dargelegt wurde, anhand des Beispiels
von Gerechtem und Gerechtigkeit verdeutlicht werden.[85] Es darf daran erinnert werden, dass diese Beziehung in der platonischen Tradition als das Modell
der Ideenlehre gilt. Des Weiteren ist zu erwähnen, was Meister Eckhart selbst
in der sechsten Predigt diesbezüglich bekräftigt:

> *swer underscheit verstât von gerehticheit und von gerehtem, der verstât allez, daz ich sage.*[86]

In Eckharts Exegese der ersten fünf Verse des Prologs werden anhand dieses Beispiels von Gerechtigkeit und Gerechtem alle zuerst abstrakt erörterten

---

82 In Ioh. n.4, LW III, S. 6: *Tertio notandum quod productum ab aliquo universaliter est ver-*
    bum illius, dicens, nuntians et enuntians illud a quo procedit. Ebenfalls n. 5, S. 7: *Et propter hoc*
    sexto sic: procedens est filius producentis. Filius est enim qui fit alius in persona, non aliud in na-
    tura. Ex quo sequitur septimo quod sit id ipsum filius sive verbum, quod est pater sive principium.
    Zur grundlegenden Bedeutung des Univozitätsgedankens bei Eckhart vgl. Mojsisch,
    Analogie, Univozität und Einheit.
83 In Ioh. n.5, LW III, S.7: *Ubi notandum quod in analogicis semper productum est inferius,*
    minus, imperfectius et inaequale producenti; in univocis autem semper est aequale, eandem na-
    turam non participans, sed totam simpliciter, integraliter et ex aequo a suo principio accipiens.
    Vgl. auch n.6, LW III, S.7: *Ubi tamen et hoc notandum quod, licet in analogicis productum*
    sit descendens a producente, est tamen sub principio, non apud ipsum. Item fit aliud in natura,
    et sic non ipsum principium.
84 In Ioh. n.12, LW III, S.11.
85 In Ioh. n.14, LW III, S.13: *Exemplum autem omnium praemissorum et aliorum plurium*
    frequenter dicendorum est, si quis advertat in iustitia gignente iustum, inquantum iustus est.
    Von dieser zentralen Thematik handelt die wichtige Studie von Julie Casteigt, Con-
    naissance et vérité chez Maître Eckhart: seul le juste connaît la justice.
86 Pr. 6, DW I, S.105.

Punkte vorgeführt. In diesem Sinne betont er die Präsenz der Gerechten in der Gerechtigkeit[87] und umgekehrt jene der Gerechtigkeit im Gerechten.[88] Zugleich wird auf die Differenz hingewiesen.[89] Es ist indes von fundamentaler Bedeutung, dass Eckhart dieses Verhältnis von Gerechtem und Gerechtigkeit als Identität der Natur und Verschiedenheit der Person artikuliert:

> *Ex quo patet sexto quod iustus est proles et filius iustitiae. Filius enim est et dicitur eo quod fit alis in persona, non aliud in natura.*[90]

> »Daraus erhellt sechstens, dass der Gerechte Spross und Sohn der Gerechtigkeit ist. Denn Sohn ist und heißt er deswegen, weil er ein anderer der Person nach wird, nicht ein anderer der Natur nach.«

Zwei Aspekte sind insonderheit von Bedeutung:

1) Zur Erklärung und Deutung der Beziehung von Gottvater und Sohn sowie der menschlichen Gottessohnschaft benutzt Eckhart das platonische Verhältnis von Idee und Ideat, so dass dieses jenes und jenes dieses erhellt.

2) Eckhart versucht auf diese Weise die Beziehung von Mensch und Gott einem Modell entsprechend zu interpretieren, das nicht aus dem Bereich der dinglichen Kausalität in seiner vierfachen Entfaltung stammt. Die Transzendenz des Prinzips, seine Immanenz im Prinzipiat sowie dessen Immanenz im Prinzip werden auf diese Weise in einer bemerkenswerten und eigentümlichen Weise gedeutet.

Was bislang anhand der Beziehung von Gerechtem zur Gerechtigkeit und umgekehrt gezeigt wurde, wird in einem dritten Durchgang noch einmal vertieft mittels des Verhältnisses von Bild und Abbild.[91] Die bereits entdeckten Modalitäten des gegenseitigen In-Seins des einen im anderen,[92] die gänzliche Ab-

---

87 In Ioh. n. 14, LW III, S. 13: *Constat enim primo quod iustus ut sic est in ipsa iustitia. Quomodo iustus esset, si extra iustitiam esset, divisus a iustitia foris staret?*

88 Der Gerechte ist ein Wort, eine Manifestation der Gerechtigkeit: In Ioh. n. 15, LW III, S. 13: *Rursus tertio: iustus verbum est iustitiae, quo iustitia se ipsam dicit et manifestat.*

89 In Ioh. n. 16, LW III, S. 14: *Quinto: iustus procedens et genitus a iustitia, hoc ipso ab illa distinguitur.*

90 In Ioh. n. 16, LW III, S. 14. Dieselbe Ausdrucksweise bereits im vorangehenden Punkt: *Nec tamen iustus est aliud in natura quam iustitia, tum quia iustus solum iustitiam significat, sicut albus solam qualitatem.*

91 In Ioh. n. 23, LW III, S. 19: *Ex praemissis possunt exponi quam plurima in scriptura, specialiter illa quae de filio dei ingenito scribuntur, puta quod est ›imago dei‹.* Zur Bildlehre Eckhart vgl. WOLFGANG WACKERNAGEL, Imagine denudari. Ethique de l'image et métaphysique de l'abstraction chez Maître Eckhart; MAURITIUS WILDE, Das neue Bild vom Gottesbild.

92 In Ioh. n. 24, LW III, S. 19: *Rursus quinto ex dictis patet quod imago est in suo exemplari.*

hängigkeit des Abkünftigen vom Prinzip,[93] die Einheit von Prinzip und Prinzipat[94] werden anhand von Bild und Abbild entfaltet.[95]

Die erstaunliche Kohärenz von Eckharts Deutung kann wahrgenommen werden durch eine synthetische Übersicht, welche die Entsprechungen der verschiedenen Erklärungen der ersten fünf Verse des Evangeliums sichtbar macht:

Notanda (n. 1–13): producens/ productum		exemplum (n. 14–22): iustitia/iustus
n. 4: productum ab aliquo est in illo	1°	n. 14: iustus ut sic est in ipsa iustitia
n. 4: sicut semen in suo principio	2°	n. 14: iustus praeest in ipsa iustitia
n. 4: productum ab aliquo est verbum illius	3°	n. 15: iustus verbum est iustitiae
n. 4: procedens est in producente sicut ratio	4°	n. 15: iustitia habet in se ipsa exemplar
n. 5: quod quid procedit ab alio, distinguitur	5°	n. 16: iustus procedens a iustitia ab illa distinguitur
n. 5: procedens est filius producentis	6°	n. 16: iustus est filius iustitiae
n. 6: est id ipsum filius quod est pater	7°	n. 17: iustus est aequalis, non minor quod iustitia
n. 7: productum manet in ipso artifice	8°	n. 17: iustitia pariendo iustum non desinit esse iustitia
n. 8: processio [...] semper nascitur	9°	n. 18: iustus semper nascitur ab ipsa iustitia
n. 9: proprium intellectus est obiectum suum accipere [...] in suis principiis	10°	n. 18: iustus ut sic ab ipsa iustitia et in ipsa, suo principio est

---

93 In Ioh. n. 23, LW III, S. 19: *Imago enim, in quantum imago est, nihil sui accipit a subiecto in quo est, sed totum suum esse accipiti ab obiecto, cuius est imago. Iterum secundo accipiti esse suum a solo illo. Adhuc tertio accipit totum esse illius secundum omne sui, quo exemplar est.*

94 In Ioh. n. 24, LW III, S. 20: *Adhuc autem sexto sequitur quod imago et cuius est imago in quantum huiusmodi unum sunt.*

95 Für die eckhartsche Lehre vom Bild sehr bedeutsam ist die deutsche Predigt 16b, DW I, S. 265–268; ausführlicher Kommentar bei LARGIER, EW I, S. 907–910, wo präzisiert wird, dass das Abbild zwei Eigenschaften habe: Es erhält sein Sein (*sîn wesen*) unmittelbar von dem, dessen Bild es ist, und es ist nicht aus sich selbst. Vgl. ebenfalls Pr. 69, DW III, S. 176 f.: *bilde und bilde ist sô gar ein und mit einander, daz man keinen underscheit dâ verstân enmac.*

n. 9: verbum est id per quod artifex facit omnia	11°	n. 19: iustitia omne opus suum operatur mediante iustitia genita
n. 10: arca in mente [...] est ars ipsa	12°	n. 19: iustus in ipsa iustitia iam non est genitus [...] est ipsa iustitia
n. 10: verbum ad rationale pertinet, quod est proprium hominis	13°	n. 20: iustus in ipsa iustitia vita, lux est
n. 11: verbum non minus lucet in nocte quam in die	14°	n. 22: iustus lux non est
n. 12: verbum sive ratio rerum est in ipsis et tota intus, tota deforis	15°	n. 22: iustitia se tota est in iusto quolibet

5. Ergebnisse

Der Rückblick auf die drei Auslegungen des Johannesprologs zeigt, dass bei Augustin das Verhältnis von philosophischer Einsicht und biblischem Text als dasjenige einer partiellen und einer vollendeten Erkenntnis der Wahrheit interpretiert wird. Die Philosophen — dies belegt der Prolog des Evangeliums — haben einen Teil der entscheidenden Wahrheit erkannt. Die von Thomas analysierte Situation ist komplexer. Bei ihm kann kein Widerspruch bestehen zwischen der philosophischen Erkenntnis und der im biblischen Text enthaltenen Offenbarungswahrheit, die zwar die menschliche Vernunft übersteigt, die aber, weil sie derselben Quelle wie das menschliche Erkenntnisvermögen entspringt, dieser nicht widersprechen kann. Das Verhältnis von Teil und Ganzem vermag indessen bei Thomas dasjenige von Vernunft und Glaube nicht adäquat zu erfassen, da nicht übersehen werden darf, dass die von der Philosophie erfasste Wahrheit unvollkommen ist. Das Beispiel des Johannesprologs kann dies auf gut fassbare Weise verständlich machen. Thomas behauptet, das Evangelium enthalte gleichzeitig und auf vollkommene Weise, was die einzelnen Disziplinen der Philosophie bruchstückhaft und unvollständig erfassen. Die Beziehung von Vernunft und Glaube ist also gleichzeitig im Sinne einer Unter- und Überordnung zu verstehen. Daraus lässt sich ebenfalls die Rolle, welche die Philosophie in der Auslegung der Heiligen Schrift spielen kann, ableiten: Sie ist ein Instrument, das den Kern der biblischen Botschaft nicht zu erreichen vermag. Die Anerkennung dieser Defizienz und dieser Differenz ist das Höchste, was die Philosophie in diesem Zusammenhang einzusehen vermag.

Der Weg und das Ansinnen Eckharts sind ganz anders. Wie Thomas würde auch er behaupten, das Evangelium enthalte die Wahrheit *tota simul*, jedoch im Gegensatz zu seinem dominikanischen Mitbruder erschließt nach ihm die Philosophie diese Wahrheit, da eine Konkordanz besteht zwischen dem Inhalt des Evangeliums und der Philosophie. Wie Eckhart an einer bereits zitierten Stelle seines Kommentars es formuliert: *idem est quod docet Moyses, Christus et Philosophus*. Aufgrund dieser Übereinstimmung ist die Aufgabe der Philosophie bei Eckhart eine andere als bei Thomas: Die Philosophie expliziert den biblischen Text. Es handelt sich nicht um ein Verhältnis von Über- und Unterordnung, sondern die Beziehung kann durch das Begriffspaar Implikation / Explikation ausgedrückt werden. Dies verdeutlicht noch einmal, wie es möglich ist, dass eine philosophische Lehre den Prolog des Evangeliums zu deuten und dass der Prolog die philosophische Lehre zu enthalten vermag. Die Philosophie spielt hier keineswegs die Rolle der dienenden Magd, die im entscheidenden Moment schweigen muss, sondern es geht Eckhart um eine philosophische Explikation der Lehre des Prologs. Theologie und Philosophie bilden in einer eigentümlichen Weise eine Einheit, wie ein entscheidender Text des Kommentars ohne Umschweife festhält:

> *Ergo concordant theologia et philosophia moralis et naturalis, quod fortassis in omnibus sollers inveniet indagator.*[96]

> »Also stimmen Theologie und Moral- und Naturphilosophie überein, was ein scharfsinniger Forscher vielleicht auf allen Gebieten finden wird.«

6. Eckharts Auslegung von Johannes 1,38: *ubi habitas?*

Die ersten Worte Jesu im Johannesevangelium bilden eine Frage: *Quid quaeritis?* Und seine zukünftigen Jünger antworten ihrerseits mit einer Frage: *Ubi habitas?* Bereits einem oberflächlichen Blick auf Eckharts Auslegung dieser Frage »Wo wohnst Du?« zeigt sich deren besonderer Stellenwert und deren außergewöhnliche Gewichtung durch den Meister. Weder Augustin, noch Albert noch Bonaventura noch Thomas widmen dem Fragesatz besondere Aufmerksamkeit: Thomas schlägt zwar eine Interpretation nach dem mehrfachen Schriftsinn vor[97] und Bonaventura beantwortet kurz die Frage, was der Ausdruck *habere habitaculum* meint,[98] aber die Knappheit dieser Ausführungen ist nicht vergleichbar mit der Länge von Eckharts Kommentar, der sich auf 23

---

96 In Ioh. n. 509, LW III, S. 441.

97 In Ioannem, c. 1, lectio XV, n. 290. Thomas erklärt zuerst, dass die Frage sich im wörtlichen Sinne auf den Wohnsitz Jesu beziehe. Danach legt die allegorische und moralische Bedeutung dar: *Allegorice autem in caelis est habitaculum Dei, secundum illud Ps. CXXII, 1:* ad te levavi oculos meos qui habitas in caelis. *Quaerunt ergo* ubi Christus habitet, *quia ad hoc debemus Christum sequi ut per eum ducamur ad caelos, idest ad gloriam caelestem. Moraliter autem interrogant* ubi habitas? *Quasi vellent scire, quales debent esse homines qui digni sunt quod Christus habitet in eis.*

98 *Commentarius in Evangelium sancti Iohannis*, cap. 1, § 84, q. III, Opera omnia, t. VI, Collegii S. Bonaventura 1893, S. 264. Wenn ich richtig sehe, so hat Augustin in seinem ›Tractatus‹ der Frage keine Aufmerksamkeit gewidmet.

Nummern der kritischen Ausgabe erstreckt[99] und als eine eigene Abhandlung betrachtet werden darf, die von ihrem Umfang und ihrer Struktur her mit den Kommentaren zur *distinctio* 37 des ersten Buches der Sentenzen des Petrus Lombardus verglichen werden müsste: An dieser Stelle des Sentenzenbuches wird die Allgegenwart Gottes und seine Immanenz in den Geschöpfen untersucht. Mehrere Anzeichen weisen darauf hin, dass Eckhart bei der Abfassung seines Kommentars zu 1,38 den Text des Lombarden vor sich hatte.

Ein weiteres äußeres Merkmal zeichnet diesen langen Abschnitt aus: die auffällige Präsenz der ›Confessiones‹ von Augustin. Es lassen sich auf den knapp 20 Seiten nicht weniger als 20 z. T. längere wörtliche Zitate aus dieser Schrift Augustins identifizieren. Etwas Weiteres fällt schließlich dem aufmerksamen Leser auf: An zwei Stellen dieses Kommentarabschnittes verweist Eckhart auf Vorkommnisse in seiner Lehrtätigkeit. Er verweist auf einen ›Halbwisser‹ (*sciolus*), der ihn zur Ewigkeit der Welt befragte habe.[100] Etwas später erinnert er an einen Laien, der ihm eine Frage gestellt habe.[101]

Um diese erste Annäherung an den Text, gleichsam von außen, abzuschließen kann darauf hingewiesen werden, dass Nikolaus von Kues den Passus in seiner Handschrift des Johanneskommentars mit mehreren Marginalien versehen hat und vor allem, dass seine Predigt 216 (*Ubi est qui natus est rex Iudaeorum*) eine beträchtliche Zahl von Exzerpten aus diesem Passus enthält, so dass wahrhaftig von einer Predigt ›im Geiste Eckharts‹ die Rede sein kann.[102]

Eckhart interpretiert die Frage *ubi habitas* in einem dreistufigen, klar strukturierten Verfahren. Zuerst macht Eckhart deutlich, dass der Satz ›depressive‹, d. h. mit sinkendem Tonfall, zu lesen sei, d. h. nicht im Sinne »Wo wohnst Du?«, sondern: »Du bewohnst das Wo«.[103] Daraus folgt, dass Gott als der Ort und das Wo aller Seienden zu deuten ist. Diese grundlegende Aussage wird im

---

99 Es handelt sich um In Ioh. n. 199–222, LW III, S. 168–186 der Edition.

100 In Ioh. n. 214, LW III, S. 180: *Unde cuidam sciolo volenti probare aeternitatem mundi et quaerenti, quare deus mundum non prius creavit et postea creaverit, respondi quidem ad hominem quod deus non potuit mundum prius creare, quia ante mundum et tempus non fuit prius.* Es ist beachtenswert, dass Eckhart in dem behandelten Abschnitt seines Kommentars zugesteht, dass man in einem gewissen Sinne die Ewigkeit der Welt zugestehen kann, vgl. n. 216: *Rursus septimo: concedi potest quod mundus fuit ab aeterno.* Diese Aussage wurde dann in Avignon auch verurteilt.

101 Vgl. In Ioh. n. 220, LW III, S. 184 f. Dieser Laie wollte wissen, ob es den Menschen besser ginge, wenn es keine Fliegen oder Mücken gäbe. Eckhart antwortet, dass das ganze Weltall im Vergleich zu Gott geringer sei als eine Mücke im Vergleich zum Menschen.

102 Vgl. Nicolai de Cusa Sermones IV (1435–1463), S. 82–96; ebenfalls ›Cusanus Texte 1‹, hg. von JOSEF KOCH.

103 In Ioh. n. 199, LW III, S. 168: *Notandum quod ista propositio potest legi etiam depressive, ut sit sensus: rabbi, tu habitas ubi, quasi diceret: tu es ubi et locus omnium.*

ersten Auslegungsschritt einerseits durch Autoritätszitate belegt[104] und andererseits durch ein philosophisches Argument gestützt, das auf der These *deus
est esse* aufbaut.[105]

Im zweiten Durchgang wird die Frage in ihrem geläufigen Sinne verstanden
und Eckhart antwortet in zwei Schritten, indem er zuerst klärt, wo Gott nicht
ist und wo er also nicht wohnt, und danach beantwortet er die Frage, erklärend
ubi habitat.[106] Schließlich behandelt Eckhart die zu kommentierende Frage aus
einer dritten Perspektive, die durch das XI. Buch der ›Confessiones‹ und den
Text des Lombarden beeinflusst ist, denn nun wirft er drei Fragen auf, die zu
drei Artikeln Anlass geben: Wo wohnte Gott, bevor er die Welt erschuf? Was
tat er, bevor er die Welt erschuf? Von welcher Art war sein Leben, als er allein
war?[107]

Dieser dritte Teil der Auslegung wird durch eine Argumentation ab-
geschlossen, in der gezeigt werden soll, dass Gott im eingentlichen Sinn ›in
sich selbst wohnt‹, was bedeutet, dass Gott absolute, von allem Fremden freie
Selbsterkenntnis ist. Schließlich stellt Eckhart einen Bezug der untersuchten
Frage zum Verhältnis von Gerechtigkeit und Gerechtem her.[108]

Dieser knappe Überblick zur Struktur und zum Inhalt der eckhartschen
Analyse von Johannes 1,38 war erforderlich, um den Reichtum, die Komplexität und die Eigentümlichkeit der eckhartschen Exegese zu vergegenwärtigen.
Es ist offenkundig, dass die ausführliche Deutung der johanneischen Frage ihren Höhepunkt in der Aussage, Gott sei der Ort und das Wo aller Seienden,
erreicht. Wie bereits gesagt, wird diese Behauptung in einem ersten Schritt mit
einem Autoritätsnachweis gestützt, der drei Aspekte beinhaltet:

> *Sub hoc sensu accipiendo quod hic dicitur:* ubi habitas *notandum quod deus proprie locus est
> et ubi omnium propter tria: primo extra locum suum sunt inquieta omnia; secundo quod ad
> locum suum tendunt et recurrunt singula; tertio quod in loco proprio tuentur, in tuto sunt et
> quescunt universa.*[109]

---

104 In Ioh. n. 199 werden zuerst biblische Belege erwähnt, dann n. 200–204 folgen Erweise aus den *Bekenntnissen* Augustins und aus Boethius. Ideengeschichtlich muss an
dieser Stelle auf Johannes Scotus Eriugena hingewiesen werden, der im ›Periphyseon‹
I, (ed. E. Jeauneau, Iohannes Scotus, Periphyseon [De diuisione naturae], I, S. 39) von
Gott sagt: *Non enim deus locus neque tempus est, attamen locus omnium translatiue dicitur
et tempus, quia omnium locorum temporumque causa est.* Vgl. ebenfalls Buch 3, S. 37: *Qui
nullo loco continetur, dum locus omnium communis sit; ac per hoc locus locorum nullo loco
capitur.*

105 In Ioh. n. 205, LW III, S. 172 f.

106 In Ioh. n. 206, LW III, S. 173: *Restat nunc respondere quaestioni quam petunt verba ista:
ubi habitas, in quantum communiter et ad litteram accipiuntur interrogative. Cum ergo quaeritur ubi sit vel habitet deus et ubi quaerendus et inveniendus, respondeamus primo ubi deus
non sit; secundo ubi sit et ubi habitet.*

107 In Ioh. n. 213–220, LW III, S. 179–185.

108 In Ioh. n. 222, LW III, S. 186.

109 In Ioh. n. 200, LW III, S. 168 f.

»Nimmt man nun den Satz: wo wohnst du in diesem Sinne, so ist zu beachten, dass Gott im eigentlichen Sinn der Ort und das Wo aller Wesen ist aus drei Gründen: erstens, alle sind außerhalb ihres Orts in Unruhe; zweitens, alle streben zu ihrem Ort hin und kehren zu ihm zurück; drittens, an ihrem eigenen Ort behaupten sich alle, sind alle geschützt und in Ruhe.«

Zur Bestätigung dieser drei Thesen beruft sich Eckhart auf Augustin und Boethius, zuerst auf jene berühmte Stelle am Anfang der ›Bekenntnisse‹, wo Augustin vom ruhelosen Herz spricht.[110] Ebenfalls mit einem Passus aus dem ersten Buch wird das Streben nach Gott bestätigt.[111] Mit einem Zitat aus dem Hymnus III,9 der ›Consolatio‹ des Boethius wird der dritte Aspekt belegt.[112] Abschließend und zusammenfassend werden noch weitere Stellen aus den ›Bekenntnissen‹ zitiert, um zu belegen, dass die Seele außerhalb von Gott keine Ruhe findet und dass sie »in Gott, wie in ihrem natürlichen Ort ruht«.[113] Die Zusammenstellung Eckharts verknüpft zwei philosophische Traditionen. Zum einen bezieht sich Eckhart auf die aristotelische Lehre vom natürlichen Ort der Dinge;[114] zum anderen ist die augustinische ontologisch-existentiale Auswertung dieser physischen Lehre[115] in Eckharts Deutung wirksam. Diese Autoritätsargumente führen hin zu einer Argumentation, die Eckhart zwei Mal als evident bezeichnet.[116] Es handelt sich um einen Syllogismus, den man in folgender Weise darstellen kann:

---

110 Conf. I,1,1, (Anm. 6), S. 272: *fecisti nos ad te et inquietum est cor nostrum, donec requiescat in te.*

111 Conf. I,5,5, (Anm. 6), S. 280: *quis mihi dabit adquiescere in te? quis mihi dabit, ut venias in cor meum et inebries illud, ut obliviscar mala mea et unum bonum meum amplectar, te?* Eckhart verweist zusätzlich auf Stellen im VII. (10) und XIII. (8) Buch.

112 *Consolatio* III, m. 9: *tu requies tranquilla piis, te cernere finis/principium, vector, dux, semitas, terminus idem.*

113 In Ioh. n. 204, LW III, S. 171 f.: *Et hoc quantum ad primum, scilicet quod extra deum, utpote locum suum, inquieta semper est anima. Et post quibusdam interpositis sic ait: ›noli esse vana, anima mea‹. ›Verbum ipsum clamat, ut redeas, et ibi est locus quietis imperturbabilis‹, quantum ad tertium, scilicet quod anima quiescit in deo sicut in loco suo naturali.*

114 Die Quintessenz dieser physischen Doktrin, die namentlich im vierten Buch der ›Physik‹ gegenwärtig ist, fasst Thomas in folgender Weise sehr prägnant zusammen (In XII libros Metaphysicorum Aristotelis expositio, XI, lectio 10, n. 2343): *Manifestum est etiam quod unumquodque corpus, cum est in loco suo naturali quiescit. Cum autem est extra naturalem locum suum, naturaliter movetur ad ipsum.*

115 Vgl. dazu ROBERT J. O'CONNELL, Images of conversion in St. Augustine's *Confessions*; MARIE-ANNE VANNIER, *Creatio, conversio, formatio* chez s. Augustin.

116 Vgl. In Ioh. n. 200, LW III, S. 169: hier verwendet er den Ausdruck *evidens ratio* und n. 204, S. 172, wo er von *evidenter ostendere* spricht. Eckharts Argumentation wird ebenfalls dargestellt von UDO KERN, Gottes Sein ist mein Leben, Philosophische Brocken bei Meister Eckhart, S. 158–160.

Gott ist das Sein.
Das Sein ist der Ort aller Dinge.
Gott ist der Ort aller Dinge.[117]

Hinter der scheinbaren Trivialität dieses Schlusses verbirgt sich nach meiner
Einschätzung Eckharts ganze Metaphysik. Vor allem der Untersatz wird von
ihm ausführlich erläutert, denn in der Tat besitzt der Satz ›das Sein ist das Wo
und der Ort aller Dinge‹ eine dreifache Bedeutung: Daraus ergibt sich der be-
sagte dreifache Sinn des Untersatzes:
  – Alle Seienden streben nach dem Sein.
  – Sie sind in Unruhe, solange sie nicht mit dem Sein vereinigt sind.
  – Das Sein ist die Ruhe der Seienden.[118]

Diese drei Dimensionen der Unruhe, des Strebens und der Ruhe sind in diesem zentralen Untersatz mitgedacht. Dass dieses so verstandene göttliche Sein
von Eckhart in Verbindung gebracht wird mit ›Exodus‹ 3,14 erstaunt ebenso
wenig wie die Behauptung, dass nur die Negation der Negation die vollendete
Fülle dieses Seins zum Ausdruck zu bringen vermag, Verneinung der Verneinung,
nung, die, weil sie vom ersten Prinzip alles entfernt, was Begrenzung und Mangel meint, als »Kern und Krone der lautersten Bejahung« bezeichnet werden
kann.[119] Das so gedeutete Absolute ist, insofern es nichts Anderes einschließt,
gänzliche Selbsttransparenz im Sinne der vollendeten Selbsterkenntnis.[120] Unter diesen Prämissen kann die im Evangelium gestellte Frage letztendlich beantwortet werden: Im eigentlichen Sinne muss man antworten: Gott ist bei
sich selbst:

117 In Ioh. n. 205, LW III, S. 172: *Est autem ratio talis: deus ipse est ipsummet esse et principium
     omnium, et per consequens ab ipso accipiunt esse suum omnia, quae citra sunt, et certe imme-
     diate; inter esse enim et ens ut ens nullum cadit medium. Et haec est maior rationis. Sed esse
     est, extra quod inquieta sunt omnia, et ipsum appetunt omnia et quae non sunt, ut sint, iterum
     tertio in ipso quiescunt singula. Haec est minor. Concludo ergo quod ipse deus est ubi et locus
     omnium.*

118 In Ioh. n. 205, LW III, S. 173: *Movetur enim unumquodque et tendit a non-esse ad esse, quo
     adepto quiescit immobiliter, in quantum est.*

119 In Ioh. n. 207, LW III, S. 175: *Unde deus non est pars aliqua universi, sed aliquid extra aut
     potius prius et superius universo. Et propter hoc ipsi nulla privatio aut negatio convenit, sed
     propria est sibi, et sibi soli, negatio negationis, quae est medulla et apex purissimae affirmatio-
     nis, secundum illud: ›ego sum qui sum‹, sicut ibidem plene exposui, sed ›nec se ipsum negare
     potest‹, Tim. 2.*

120 In Ioh. n. 222, LW III, S. 186: *Ergo et deus nusquam proprius, sed nec proprie invenitur aut
     noscitur nisi in se ipso. Hinc est quod oculus non videt nec noscit se, quia non potest redire supra
     se. Et in De causis dicitur quod ›omnis sciens, qui scit essentiam suam, est rediens ad essentiam
     suam reditione completa‹. Ait signanter ›completa‹, quia ubicumque sistit reditio ad se, ibi sistit
     et cognitio, quia ibidem mox subintrat et manet alienum et per consequens incognitum.*

Dicendum ergo quod, licet deus habitet et sit in omnibus entibus et quadam praerogativa in altis, in caelis, in intimis et similibus, ut supra dictum est, propriissime tamen habitat et est in se ipso. Et ratio est: ubi enim potius et verius esset esse quam in esse? Deus autem est esse ipsum. Exempli gratia: quo vel in quo potius et ubi esset quis sapiens quam sapientia et in ipsa sapientia? Eccli. 14: beatus vir, qui in sapientia morabitur. Et hoc est quod Augustinus Confessionum l. X deo loquens ait: ubi te inveni, ut discerem te, nisi in te supra me?[121]

»Obwohl Gott in allem Seienden und, wie oben gezeigt, vorzüglich in der Höhe, im Himmel, im Innersten und dergleichen ist und wohnt, so wohnt und ist er doch im eigentlichsten Sinne in sich selbst. Der Grund ist dieser: wo könnte eher und wahrer das Sein selbst sein als im Sein? Gott aber ist das Sein selbst. Wodurch oder vielmehr worin und wo könnte zum Beispiel jemand weise sein als durch die Weisheit selbst und in der Weisheit? ›Selig der Mann, der in der Weisheit wohnt‹ (Sir 14,22). Das meint Augustin, wenn er im 10. Buch der Bekenntnisse, zu Gott gewandt, sagt: ›wo fand ich dich und lernte dich kennen, wenn nicht in dir über mir?‹«

Dieser allzu oberflächliche Gang durch Eckharts ausführliche Interpretation berechtigt indes zu fünf kurzen Schlussfolgerungen:

1) Anhand des Auslegung dieses Verses lässt sich Eckharts Arbeitsweise beobachten: Er bleibt seinem Programm treu, wenn es die biblische Frage *ubi habitas* in einen metaphysischen Diskurs übersetzt.

2) Allerdings besteht das Vorgehen Eckharts nicht in einer bloßen philosophischen Transkription des Evangeliums. Es besteht ein dialektisches Verhältnis zwischen dem biblischen Text und seiner philosophischen Deutung, denn die biblische Redeweise regt die metaphysische Reflexion ebenso an wie die philosophische Betrachtung den biblischen Text zum Sprechen bringt.

3) Wenn Eckhart philosophiert, betreibt er Theologie, und er betreibt Theologie, wenn er philosophiert. Diese paradox erscheinende Formulierung beschreibt und macht deutlich, dass es nicht möglich ist, bei Eckhart Philosophie und Theologie zu trennen.

4) Eine weitere Einheit wird im besprochenen Text auf geradezu paradigmatische Weise sichtbar. Die Exegese enthält mehrere moralische Auslegungen, die den Leser direkt ansprechen und ihm zeigen, wie er leben soll.[122] Die philosophische Schriftauslegung ist eine Tätigkeit des sich als Lebemeister verstehenden Lesemeisters, ein Werk also eines akademischen Lehrers, der seine Kunst des Disputierens und Kommentierens zugleich als Anweisung für das richtige Leben begreift.

5) Ein wesentlicher Aspekt dieser Anweisung ist in folgendem Satz zusammengefasst:

---

121 In Ioh. n. 221, LW III, S. 185.
122 Vgl. In Ioh. n. 208; n. 212, *in fine*. Zum Begriffspaar Lebemeister-Lesemeister vgl. den grundlegenden Aufsatz von FREIMUT LÖSER, Meister Eckhart und seine Schüler, S. 255–276.

Et tu ergo esto nusquam fixus affectione mundana, esto ubique mentis aequalitate, et in te habitat deus.[123]

»Auch du selbst sollst also nirgendwo mit irdischer Anhänglichkeit haften, du sollst in gleichmütigem Sinn überall sein, dann wohnt Gott in dir.«

Was unter dieser Gelassenheit zu verstehen ist, verdeutlicht das Beispiel des Sokrates, von dem berichtet wird, er habe sich für einen Bewohner und Bürger der ganzen Welt gehalten: überall ein Fremder und überall zu Hause.[124]

---

123 In Ioh. n. 210, LW III, S. 178.

124 In Ioh. n. 211, LW III, S. 178: *Socrates cum rogaretur, cuiatem se esse diceret: mundanum, inquit; totius enim mundi se incolam et civem arbitratur, ut ibidem ait Tullius.* Es handelt sich um ein wörtliches Zitat aus den ›Tusculanes disputationes‹ V, XXXVII,108. Eine faszinierende Parallelstelle, wo auf diesen Passus bei Cicero verwiesen wird, verdeutlicht, dass der Mensch dank seines Intellekts, der Zeit und Ort transzendiert, Weltbürger ist: In Gen. I n. 211, LW I, S. 358: *Ratio est: intellectus enim, per quem homo est homo, abstrahit ab hic et nunc et a tempore. Propter quod sapiens De Tusculanis, l. V ait: patria mea totus mundus est. Seneca: ›patria‹ hominis ›est ubicumque‹ homini ›bene est‹.*

Georg Steer

Meister Eckhart, ›Buch von geistiger Armut‹, ›Liber positionum‹ und ›Compendium theologicae veritatis‹ des Hugo Ripelin von Straßburg

1. Literarische Textvermittlung

Von einer überraschenden Wendung in der Eckhart-Forschung zu sprechen, hat die Untersuchung der Predigt 114[1] Anlass gegeben. JOSEF QUINT hält es für möglich, dass diese Predigt von Eckhart stammt.[2] FREIMUT LÖSER glaubt sie mit Sicherheit als ›Salzburger Armutspredigt‹ deuten zu können.[3] Nun stellt sich heraus: In die Predigt wurde eine Taulerpredigt, die Predigt ›Auferte ista hinc‹ und das ›Buch von geistiger Armut‹ hineinmontiert.[4] ADOLF SPAMER hat in seinem großen Aufsatz ›Zur Überlieferung der Pfeiffer'schen Eckeharttexte‹ 1909 beobachtet,[5] dass es eine Parallele gibt vom ›Buch der geistigen Armut‹[6] zum sog. ›Liber positionum‹[7] hinüber, in der Nr. 148. Nur ein Satz daraus soll zitiert werden: *Und daz werck daz got danne wúrcket in einer lutern selen, daz ist edeler, danne alle die werck, die got ie gewúrckete in zit oder in ewikeit.*[8] Im ›Liber positionum‹ heißt der Satz: *Diz sprichet ein meister: daz werc, daz got wirket in einer lidigen sêle blôz von allen dingen, daz sî edeler denne alliu diu werc, diu er ie*

---

1 Jetzt gedruckt in DW IV,2, S. 944–952.
2 Vgl. Neue Handschriftenfunde zur Überlieferung der deutschen Werke Meister Eckharts und seiner Schule. Ein Reisebericht von JOSEF QUINT, S. 187–190: »[Salzburg Hs. M I 476] 223ᵛ–224ᵛ (anschließend) = Eckhart (?). Der Text zeigt sehr enge Berührung mit Ausführungen der ›Rede der underscheidunge‹ (RdU, Pf. II Tr. 17) insbesondere mit Pf. S. 547,14 ff.«.
3 FREIMUT LÖSER, Meister Eckhart, die ›Reden‹ und die Predigt in Erfurt. Neues zum sogenannten ›Salzburger Armutstext‹, bes. S. 85: »Hatte John Margetts die ›Reden‹ noch für Eckharts ›Erstling‹ gehalten, so könnte jetzt ein Text vorliegen, auf den Eckhart sich in den ›Reden‹ bereits zurückbezieht und der damit noch v o r den ›Reden‹ anzusetzen wäre. Ich habe für diesen Text die Bezüge zu Eckharts Armutslehre und zu den ›Reden‹ entschlüsselt und ihn in zwei Aufsätzen kurz vorgestellt«. Siehe auch FREIMUT LÖSER, »Der niht enwil und niht enweiz und niht enhât«. Drei übersehene Texte Meister Eckharts zur Armutslehre; DERS., Meister Eckhart in Bewegung, bes. S. 71 f.; DERS., Was sind Meister Eckharts deutsche Straßburger Predigten?, bes. S. 48–51.
4 Vgl. hierzu DW IV,2, S. 923–927.
5 ADOLF SPAMER, Zur Überlieferung der Pfeiffer'schen Eckeharttexte, S. 415.
6 Das Buch von geistlicher Armuth, bisher bekannt als Johann Taulers Nachfolgung des armen Lebens Christi von P. FR. HEINRICH SEUSE DENIFLE.
7 Meister Eckhart, Liber positionum. Herausgegeben von FRANZ PFEIFFER.
8 BvgA, S. 56,26–28.

geworhte in der zît in himel und in erden.[9] Wer ist dieser *meister*? Ist es der Autor des ›Buch von geistiger Armut‹?

SPAMER hat noch weiteres beobachtet.[10] Im ›Liber positionum‹ Nr. 124 gibt es auch einen Satz aus der ›Vita‹ Heinrich Seuses. Er steht im Kapitel 52: *Wie aber dú drîheit ein sie, und dú drîheit in der einikeit der natur ein sie, und doch dú drîheit usser einikeit sie, daz mag man nit gewörten von dez tiefen grundes einvaltekeit.*[11] In der Version des ›Liber positionum‹ Nr. 124 lautet er: *Aber wie diu nâtûre in der drîheit ein sî unde doch drîheit ûzen einekeit sî, daz enmac man niht geworten von der einvaltikeit der êrsten sache.*[12]

SPAMER hatte einen scharfen Blick. Er wird auch in der Traktate-Sammlung PFEIFFERS (18 Traktate) fündig. Zum ersten Traktat ›Von den XII nutzen unsers herren lîchames‹[13] teilt er S. 370 mit: »Es ist diese pseudotaulerische compilation, in der sich fragmente verschiedener mystiker und besonders von Ruysbroek befinden, nichts anders als ein auszug aus dem Buga (s. Denifle: Buga S. L). Surius schreibt in seiner paraphrase unseren tractat M. E. zu (s. Preger III 85 ff.)«. Wen wunderts, dass Frau HEIDEMARIE VOGL im ›Spiegel der Seele‹[14] auch auf Spuren des ›Liber positionum‹ gestoßen ist und viele Parallelen und zudem in vielen Handschriften aufdecken konnte.[15] Die Suche geht weiter. Auf den Ergebnissen von HEIDEMARIE VOGL ließen sich von DAGMAR GOTTSCHALL im ›Geistbuch‹ (2012) weitere Bezüge zum ›Liber positionum‹ finden.[16]

2. Das ›Buch von geistiger Armut‹

Es muss gefragt werden: Warum hat die bisherige Eckhartforschung um das ›Buch von geistiger Armut‹ einen so weiten Bogen geschlagen? Die Antwort auf diese Frage ist einfach: Das abwertende Urteil DENIFLES über das ›Buch von geistiger Armut‹ hat niemand mehr gereizt, diesen Text anzufassen, geschweige denn eine neue Ausgabe (deren Fehlen auch McGINN[17] beklagt) zu machen. Es war KURT RUH, der 1996 das Steuer herumgeworfen und eine Neueinschätzung des BvgA vorgenommen hat,[18] »nach der krassen Abwer-

---

9 PFEIFFER, S. 677,35–38.

10 ADOLF SPAMER, Zur Überlieferung der Pfeiffer'schen Eckeharttexte, S. 415.

11 Heinrich Seuse, Deutsche Schriften, S. 185,22–25.

12 PFEIFFER, S. 669,37–39.

13 PFEIFFER, S. 373–382.

14 HEIDEMARIE VOGL, Der ›Spiegel der Seele‹. Eine spätmittelalterliche mystisch-theologische Kompilation.

15 HEIDEMARIE VOGL, Der ›Spiegel der Seele‹, S. 92–120.

16 Das Geistbuch. Ein Traktat zur Vollkommenheit aus dem Umkreis Meister Eckharts. Kritisch ediert von DAGMAR GOTTSCHALL.

17 BERNARD McGINN, Die Mystik im Abendland. Bd. 4, S. 634.

18 KURT RUH, Geschichte der abendländischen Mystik. Bd. 3, S. 517–525.

tung durch Denifle«.[19] 1996 schreibt er im dritten Band der ›Geschichte der abendländischen Mystik‹: »Fest steht indes: Wir haben es mit einem nicht nur interessanten, sondern bedeutenden Text zu tun«.[20] Bei dieser Neubewertung indirekt mitgeholfen hat NIKLAUS LARGIER in seiner neuen Übersetzung des BvgA (1989): »Hier finden sich die wichtigsten Gedanken der deutschen Mystik des Spätmittelalters, ohne daß wir es mit einer eklektischen Auslese oder einer platten Darstellung zu tun hätten«.[21] Dies haben offensichtlich die eigentlichen Leser des BvgA vom Spätmittelalter, d.h. von ca. Mitte 1350 an, bis in unsere Gegenwart herein, erkannt. Die Verbreitung des Werkes ist enorm. Die Breitenwirkung setzt ein mit seiner Übersetzung ins Lateinische durch den Kartäuser Surius vom Jahre 1548. Schnell folgten Übersetzungen aus dem Lateinischen in die europäischen Nationalsprachen. Zudem hatte Daniel Sudermann im Jahre 1621 eine wahre Flut von Neuausgaben angestoßen: Frankfurt 1670, 1681, 1692, Leipzig 1703, 1720. In nhd. Sprache von Nikolaus Casseder in Luzern 1820, 1821, 1823, in Frankfurt 1823, von Matthäus Schlosser in Frankfurt 1833, von Wilhelm Meck in Konstanz 1850, in Regensburg 1855. Kaum notwendig zu erwähnen, dass es viele Übersetzungen in französischer, italienischer und englischer Sprache bis in unser Jahrhundert herein gibt. LARGIER lässt keinen Zweifel daran, dass es Bezüge zwischen dem ›Armutsbuch‹ und Meister Eckhart gibt, und zwar auf literarischer Ebene, »daß dessen Schriften dem Autor bekannt gewesen sein müssen«.[22] KURT RUH ist es, der einen Beleg beibringen kann, der sich als Zitat aus dem Schrifttum Eckharts verstehen lässt, genommen aus der Predigt QUINT 52, der ›Armutspredigt‹. Dieses Zitat sei allerdings, meint RUH, ein »freies«[23] Zitat: »Einige sagen, das sei die höchste Armut und die eigentliche Abgeschiedenheit, daß der Mensch so sei, wie er war, als er (noch) nicht war. Da erkannte er nicht, da wollte er nicht, da war er Gott mit Gott«. (DENIFLE [Anm. 6] S. 3,21—24) Weil der BvgA-Autor hinzufügt »Dies wäre richtig, sofern möglich«, glaubt RUH, hier distanziere sich der Autor »diskret« von Eckhart, er rücke ab »von der hohen Spekulation«, er bleibe im »Vorfeld« der Mystik. Dem aber sei nicht so: Der BvgA-Verfasser gehe »der Spekulation keineswegs aus dem Wege«.[24] Das sei etwa daran zu erkennen, wie er »Gnade« definiert:

»Gnade ist nichts anderes als ein Licht, das Gott aus sich schöpft und in die Seele ergießt und so die Seele von der Leiblichkeit ins Geistige zieht, von der Zeit in die Ewigkeit, von der Vielfalt in die Einheit. Wenn die Seele sodann über alle Leiblichkeit, Zeit und Vielfalt erhaben ist, ist sie bloßer Geist, der in der Ewigkeit ruht und sich einigt im eini-

---

19 KURT RUH, Geschichte der abendländischen Mystik. Bd. 3, S. 525.
20 KURT RUH, Geschichte der abendländischen Mystik. Bd. 3, S. 518.
21 NIKLAUS LARGIER, Das Buch von der geistigen Armut, S. 240.
22 NIKLAUS LARGIER, Das Buch von der geistigen Armut, S. 238.
23 KURT RUH, Geschichte der abendländischen Mystik. Bd. 3, S. 520.
24 KURT RUH, Geschichte der abendländischen Mystik. Bd. 3, S. 520.

gen Ein. Gnade wird so in Gott verwandelt, denn Gott zieht nun die Seele nicht mehr in kreatürlicher Weise zu sich hin, vielmehr mit sich selber in göttlicher Weise‹ (4,29–37)‹«.

Mithin: die Gnade verwandele »als ›bloßer Geist‹ die Seele ins göttliche Ein«.[25] Im längsten Kapitel des BvgA wird vom lauteren Wirken der Armut gehandelt, das dem lauteren Wirken Gottes entspricht. »›Lauter‹ ist, ›was eins ist und abgelöst von allem andern‹ [...] ›Der Arme bewirkt seine guten Werke nicht zufällig, sondern seinshaft‹ (21,4)«, d. h. in Gott. Dreierlei Werke werden unterschieden: ein naturhaftes, ein gnadenhaftes und ein göttliches Werk (S. 20–90).[26] Die abgeschiedenen, armen Menschen »›stellen alles Gott anheim, denn sie haben sich selbst und allen Dingen abgeschworen. Sie befassen sich mit keinen Dingen, und in diesem Ausgang aus sich selbst und allen Dingen kommt der Geist in sie, zieht sie ganz an sich und vereinigt sie mit ihm, daß sie ein Geist mit ihm werden‹ (56,19–23)«. In diesem Armutsverständnis sieht Ruh das »eigentliche Anliegen« des Traktats: »Im Ledigsein und Bloßsein kann Gott ohne Hindernisse wirken«.[27]

Aber: die Einheit des Menschen mit Gott führe »über Christus und dessen Nachfolge«. S. 57,5–9 heißt es unmissverständlich: »»Es ist notwendig, daß der, der ein Geist mit Gott sein will, z u v o r mit Christus geeint ist. Diese Einung vollzieht sich in des Menschen Werken, indem er all das wirkt, was Christus gemäß seiner Menschheit gewirkt hat««: Mit dieser Christologisierung des Armutsverständnisses rücke der BvgA-Verfasser ganz in die »Nähe Taulers«.[28] Doch dies ist nicht erwiesen. Es gibt im Werk Eckharts unzählige Belege, in denen Tauler mit Eckhart übereinstimmt; sie vertreten gemeinsam e i n e Lehre. Ein Beispiel anzuführen genügt, aus der ›Responsio‹, LW V, S. 341,11–342,5 (Proc. Col. II n. 98–99, hier n. 99, LW V, S. 342,2–5):

> *In sacramento enim altaris convertitur totum in totum, non sic in nobis. Unde non sequitur quod nos simus deus, sicut in Christo primogenito homo est deus, qui est imago et similitudo dei patris genita, nos autem ad imaginem et similitudinem et creati.*

> »Im Sakrament des Altares nämlich wird ein Ganzes in ein Ganzes verwandelt, nicht so bei uns. Daraus folgt nicht, daß wir Gott sind, so wie in Christus, dem Erstgeborenen, der Mensch Gott ist, der gezeugtes Bild und gezeugte Gleichheit Gottes des Vaters ist; wir aber sind nach dem Bild und der Gleichheit geschaffen«.

Es lässt sich nachweisen, dass die christologische Lehre des BvgA die gleiche ist, die Eckhart vorträgt, vor allem und in extenso im Johanneskommentar.

---

25 Kurt Ruh, Geschichte der abendländischen Mystik. Bd. 3, S. 521.
26 Kurt Ruh, Geschichte der abendländischen Mystik. Bd. 3, S. 522.
27 Kurt Ruh, Geschichte der abendländischen Mystik. Bd. 3, S. 523.
28 Kurt Ruh, Geschichte der abendländischen Mystik. Bd. 3, S. 523.

3. ›Liber positionum‹

Wie aber hängt das BvgA mit dem ›Liber positionum‹ zusammen? Im ›Liber positionum‹ findet sich die gleiche Lehre von Christus wie im BvgA. Nr. 150 heißt es:

> Nû merkent, wie die zwô nâtûre vereinet sint. Si sint niht vereinet als nâtûre mit nâtûre: si sint vereinet an einer persône, daz ist, an der mitelsten persône. Alsô als gotlich nâtûre der persône nâtûre ist, als ist menschlich nâtûre an Kristô ein persône in der driveltikeit. Wan daz êwige wort nam an sich eine menscheit unde niht ein menschliche persône. Hête daz êwige wort eine menschliche persône an sich genomen, sô wêren wir persône in der driveltikeit. Alsô ist ez niht. Dar umbe ist Jêsû Kristî menscheit diu selbe persône an dem êwigen worte, diu êwiclich geswebet hât miten in der driveltikeit.[29]

Die Nr. 151 schließt an die Lehre vom Empfang des Altarsakramentes an und stellt eine Frage:

> Nû ist ein vrâge, ob Kristus sînen lichamen gébe tœtlich oder untœtlich. Diz sprichet meister Hugô von Sant Victore: alle die eigenschaft des urstentlichen libes der untœtlicheit die hâte Kristus alle an ime, die wîle er tœtlich was. Her umbe mohter sînen jungern sînen lichamen untœtlich geben, alleine er doch tœtlich was, wande hêter in einen tœtlichen lichamen geben, sô hête ez im wê getân, dô sie in âzen. Disem meister widerspricht bischof Albreht alsô, daz mich wundert, daz dirre hôhe meister ie getorste (es wagte) sô tôrliche sprechen, wand ein ieclich eigenschaft fliuzet ûzer sîner eigenen forme, wan dâ Kristî forme tœtlich was, sô mohte kein untœtlich eigenschaft ûzer sîner tœtlicher forme fliezen.[30]

Hier spricht ein selbstbewusster Theologe und wohl in Kenntnis und in Auseinandersetzung mit dem BvgA-Autor. Wenn diese Annahme stimmt, dann hätten wir hier eine klassische Konstellation von *lesemeister* und *lebemeister*. Bei dieser Konstellation kann man auf ein lebendiges Kommunikationsfeld schließen, in dem Meister, Theologen, Professoren, Seelsorger, Priester, Laien, Schwestern und Brüder in der Region des Oberrheins bis in die Niederlande hinunter in mündlichem Austausch standen.

Angeregt vom Überlieferungsbefund zum ›Liber positionum‹, wie er KURT RUH in PFEIFFERS Zusammenstellung – geschlossen in verschiedenen (fünf) Handschriften werden nur die Nummern 5, 121–136, 138, 140, 141, 148, 2 überliefert – zur Verfügung stand, im Vergleich auch noch mit Seuses Vita c. 52 und dem ›Überschall‹-Gedicht und der *-glôse*, sieht sich dieser zu einer »Schlußbemerkung grundsätzlicher Art« veranlasst:

> »Die Tradierung des mystischen Schrifttums in deutscher Sprache, das Meister Eckhart verpflichtet ist, erfolgte nicht nur und nicht einmal vorwiegend auf rein literarischem Wege, m. a. W. durch Vermittlung von Handschriften. Das gilt jedenfalls für die Zeit, da die Schülergeneration noch lebte. Die Beziehungen der Texte der nacheckartischen Mystik sind, soviel ich sehe, derart verflochten, daß sich die Vorstellung eines gegensei-

---

29 PFEIFFER, S. 678,32–679,1.
30 PFEIFFER, S. 679,11–21.

tigen Nehmens und Gebens unmittelbar aufdrängt. Wir haben uns Kreise vorzustellen, die in regem Kontakt standen; vieles wurde mündlich, in Predigten, Kollationen, Diskussionen, vermittelt. Manches, was wir heute auf Grund der handschriftlichen Überlieferung als ›Abschrift‹, ›Auszug‹ oder ›Ausweitung‹ zu beurteilen geneigt sind, dürfte nach dem Gedächtnis festgehalten worden sein. So zweifle ich daran, daß Seuse den Text LP 121/122 in der Form vorgelegen hat, wie wir ihn lesen«.[31]

Ich erlaube mir, mit KURT RUH ebenfalls zu zweifeln. Ich bin aber der Meinung, dass BvgA und ›Liber positionum‹ in engstem literarischen Zusammenhang stehen, der den ›Liber positionum‹ als ein hochliterarisches Produkt erscheinen lässt, das von einem Theologen stammt, der das BvgA inhaltlich wie formal überarbeiten und auch literarisch umgestalten wollte. Diese Beziehung zwischen beiden Texten erscheint einzigartig. Nicht nur die gleiche literarische Darstellungsform bindet sie zusammen, sondern vor allem eine gemeinsame Begrifflichkeit. Ich nenne ein einziges Beispiel: den Begriff *anstarren*. Im ›Liber positionum‹ Nr. 46 findet sich zu lesen *anstarren* für *aneschouwen*:

> ›Guot herre, ich wiste gerne, ob unser herre Jêsus Kristus iht gemitelt würde von der üebunge sîner üzerlîcher werke?‹ Daz sage ich dir und gibe dirs guot underscheit. Diu sêle Kristî stuont nie ûf ir selber. Zehant dô si was, dô was si Kristus; als schiere dô si geschaffen wart, dô wart si geeineget ûf einen punt, doch einz vor, daz ander nâch, unt doch heidiu âne zît. Wan Kristus wart an sînem êrsten liehte beroubet aller sînesheit in daz enthalt der miteln persône in der drîekeit, dâ er mit weselîcher wîsheit an starret ân underscheit gottes alle vollekomenheit. Wan nâch der zît, daz Kristî lîp unde sêle vereinet wart mit der gotheite, dô starrete sîn sêle die gotheit ane, als si hiute dis tages tuot. Doch nâ dien nidern kreften sîner sêle, die dâ worhten in dem lîbe, daz er bredîôte unde lêrte und ander werc, diu er tet, wart wol der lust sîner anstarre etwaz geminret; niht diu anstar, mer (!): der lust sîner anstarre. Wan die obrôsten krefte sîner sêle, mit den er geeinet wart, die stuonden alwege in blôzer anstarre.[32]

Substantiv wie Verb sind bei Eckhart und Tauler nicht in Gebrauch, wohl aber bei Seuse in der ›Vita‹ und im ›Buch der ewigen Weisheit‹. Kennt es das BvgA? Wenn ja, dann ist dies eines der vielen Zeugnisse, dass der ›Liber positionum‹-Autor als Benutzer des BvgA gelten muss. Im Nürnberger Predigtbuch des Katharinenklosters (Handschrift N1) wird Eckhart häufig zitiert, aber sind das Textfragmente aus Eckhartschriften oder ist die Quelle nicht doch das BvgA? Der BvgA-Autor kennt nun tatsächlich den Begriff *anstarren*. S. 63,34–64,8 bei DENIFLE lesen wir in nhd. Übersetzung (nach LARGIER):

> »Auf der dritten und höchsten Stufe des ›inneren Werkes‹, der Gottesschau, steht der Mensch, der alles abgelegt hat, bloß vor Gott und vermag diesen in seiner Bloßheit zu schauen. In dieser Schau (*anstarren*) dringt er ein in Gott und vereinigt sich in ihm, und Gott führt den Menschen mit sich. So geht der Mensch ewig ein in Gott und wird so

---

31 KURT RUH, Seuse, Vita c. 52 und das Gedicht und die Glosse ›Vom Überschall‹, in: Kleine Schriften. Band II, S. 167 f.

32 PFEIFFER, S. 644,25–40.

ganz von Gott umfangen, daß er sich selbst verliert und anderes mehr weiß als Gott. Und er ertrinkt im grundlosen Meer der Gottheit«.

Der dritte gegenwurf den ein mensche sol haben in sinem innerlichen wercke, do mit er zů dem zil komet, das ist got nach siner blossen gotheit. So der mensche sich innerlichen het an gesehen waz er ist, und abe geleit het allen gebrestlichen zůval, und da mit sich hat gefüret mit dem liden unsers herren durch alle tugent, daz er begriffet daz wesen der tugent, — und in der wesenlicheit und bloßheit, so staret er got an nach sinem blossen wesen, und mit dem anstaren so tringet er in got und vereiniget sich mit got, und got füret den menschen mit ime selber. Und also hat er ein ewig ingan in got, und er wurt also gar umbgriffen mit got, daz er sich selber verlüret, und en-weis nit anders danne umb got. Und also ertrincket er in dem grundelosen mer der gotheit, und swimmet in got als ein fisch in dem mere; und als daz mer den fisch zů male umbgeben hat, also ist die sele zů male mit got umbgriffen.

Die Vermittlung des ›Buch von geistiger Armut‹ und des ›Liber positionum‹ muss auf literarischem Weg und nicht auf mündlichem Weg verlaufen sein. Die Begriffe *starren* und *anstarren* kommen erstaunlicherweise auch im ›Para-disus anime intelligentis‹ vor. Hane der Karmelit kennt die Begriffe (Jostes 46, S. 49,13: *Wan der engel starret an underlaz in den spigel der gotheit*). Jostes 64 weist sogar eine ganze Predigt mit der *anstarren*-Thematik aus: *Unser frawe starte auf in den spiegel der gotheit. In disem staren so hat die sele siben anstarung.* (S. 61,32 f.) Hartwic (Hartung) von Erfurt ist in seiner ›Postille‹ ebenfalls ein Zeuge der *anstarrunge*-Begrifflichkeit.[33] Doch wird die mündliche Tradierung die Ausnahme sein, die literarische hingegen die normale. Es können Werke der lateinischen Scholastik wie das ›Compendium theologicae veritatis‹ (CTV) Hugos von Straßburg und Werke der Mystik wie die deutschen Predigten Meister Eckharts wie z. B. in der Nürnberger Predigtsammlung N1 unmittelbar aufeinandertreffen. Ein weiteres exzellentes Beispiel einer solchen unvermit-telten Begegnung ist die Kompilation ›Spiegel der Seele‹, in drei Handschrif-ten bekannt, die Josef Quint als ein »höchst merkwürdiges und interessantes Stück, das, soviel ich sehe, bisher unbekannt war«,[34] anmutet. Heidemarie Vogl[35] hat die Quellen des ›Spiegel‹ näher untersucht und festgestellt, dass der anonyme Redaktor nicht nur eine Vielzahl deutscher Predigten Eckharts sei-ner Kompilation einverleibt hat, sondern auch Exzerpte aus dem ›Compen-dium‹ des Hugo Ripelin von Straßburg bietet, und zwar in ordentlicher Fülle. Der erste Teil des ›Spiegel‹ hält sich an die Predigten Eckharts, der zweite Teil widmet sich ganz dem »beliebten theologischen Lehrbuch« Hugos, das »Aus-schnitte aus der bairischen Übersetzung (CTV B) des lateinischen Originals verarbeitet«. Im abschließenden Glossarteil finden sich eine Reihe von Ab-schnittstexten, die sich als »eigenständige Übertragungen des Anonymus aus

---

33 Volker Mertens, Hartwig (Hartung) von Erfurt, in: ²VL, Bd. 3, Sp. 532–535.
34 Josef Quint, Neue Handschriftenfunde zur Überlieferung Meister Eckharts und sei-ner Schule, S. XI.
35 Heidemarie Vogl, Der ›Spiegel der Seele‹.

dem lateinischen CTV« lesen lassen. Der ›Spiegel‹ will kein rein mystischer Text sein, denn er bevorzugt »solche Passagen aus den Quellen«, »welche Definitionen oder Sachinformationen beinhalten«.[36] Die originelle doppelspaltige Edition HEIDEMARIE VOGLS ist das bisher umfänglichste Dokument für die deutsche scholastisch-mystische Terminologie des Mittelalters, zumal in der Ausgabe auch noch ein alphabetisches Wortregister geboten wird.

4. ›Compendium theologicae veritatis‹ des Hugo Ripelin von Straßburg

Dieses einmalige Dokument des ›Spiegel der Seele‹ wirft die Frage auf: Ist nicht vielleicht das ›Compendium theologicae veritatis‹ selbst in seiner Lehre offen für die Eckhartsche Mystik? Beobachtungen wie die folgenden verleiten zu dieser Vermutung: Im Kapitel 46 des zweiten Buches wird die allseits bekannte Lehre des Aristoteles vom *intellectus agens* und *intellectus possibilis* ausgebreitet: *Porro intellectus agens, et possibilis, differunt sicut lux et illuminatum et sicut perficiens et perfectibile: quia, ut ait Philosophus* (Aristoteles, De anima, lib. III, c. 5), *intellectus agentis est omnia facere, et intellectus possibilis est omnia fieri.*[37] Der Frankfurter Text Fr1[38] übersetzt:

Furbas die ynnerlich wirckende verstenteniszs und die moglich verstenteniszs die vnderscheiden sich vnder eynander als das liecht vnd das dingk das erlucht ist, Furbas vnd als das, das da volkomen macht, Vnd das, das da volkomen wirt Furbas, als der natuerlich meynster spricht, so gehoret zu der wirckende verstentenisz, das sie alle dinge verstentlich mach vnd der moglichen verstenteniszs das sye aller dinge byldúng vnd gestalt mog enpfangen [108ʳ].

Vgl. Thomas de Aquino, In Sent. III, dist. 14, q. 1, a. 4, arg. 5, ed. MOOS, S. 464: [...] *in anima humana est possibilitas ad recipiendum omnia per intellectum possibilem, quo est omnia fieri.*

Wer verstehen möchte, weshalb das ›Compendium theologicae veritatis‹ des Hugo Ripelin von Straßburg (†1268) über Jahrhunderte einen so überragenden Erfolg haben konnte, dass heute noch über 1000 lateinische Handschriften und 59 Druckauflagen aus der Zeit von 1300 bis 1895 erhalten sind, wird zuerst auf Hugos Gewährsmann Bonaventura (ca. 1217–1274) und sein ›Breviloquium‹[39] verwiesen. Dieser herausragende Franziskaner des 13. Jahrhunderts, Bonaventura, hat in seiner Magisterzeit (1254–1257) einen Grundriss der gesamten theologischen Lehre entworfen. Heute sind von seinem theologischen Lehrbuch noch 227 Handschriften erhalten. Um das Ansehen des ›Breviloquium‹

---

36 HEIDEMARIE VOGL, Der ›Spiegel der Seele‹, S. 295.

37 S. R. E. Cardinalis Bonaventurae ex ordine minorum episcopi albanensis, doctoris ecclesiae seraphici, opera omnia VIII, S. 61–246, hier S. 111 a.

38 Frankfurt am Main, Universitätsbibliothek, Cod. Praed. 10.

39 Das Werk ist leicht zugänglich in einer deutschen Übersetzung von MARIANNE SCHLOSSER: Bonaventura, Breviloquium.

ermessen zu können, sollte beachtet werden, was Jean Gerson,[40] Kanzler der Universität Paris, schreibt:

>»Ich meine, an erster Stelle unter allen Doktoren der Theologie müsste man Bonaventura empfehlen. In meinen Augen ist er – die anderen mögen es mir nicht verübeln – ein einmalig geeigneter Lehrer. Man ist bei ihm in besten Händen, wenn man Erleuchtung des Verstandes und Entflammung des Herzens sucht«.

Wie aber kann es kommen, dass ein anderer Autor Bonaventura an Beliebtheit den Rang abgelaufen hat? Dieser andere Autor ist kein anderer als der Dominikaner Hugo Ripelin von Straßburg (†1268). Er übernimmt zwar im großen und ganzen die Lehre Bonaventuras, bezieht aber in seine Darstellung noch eine Reihe der bedeutendsten theologischen zeitgenössischen Summen mit ein, so die ›Summa Aurea‹ des Wilhelm von Auxerre und die ›Summa Halensis‹ des Alexander von Hales. Er verspricht im Prolog, die Weitschweifigkeit theologischer Darlegungen zu vermeiden. Er will kein Werk allein nur für Theologiestudenten schreiben. Sein Ziel ist umgreifender. Es ist vor allem von spiritueller Natur. Er will einen Weg aufzeigen, weise zu werden. In dieser Zielausrichtung ist das frühe dominikanische Seelsorgsprogramm zu erkennen. Den Dominikanern lag sehr am Herzen, mit ihrer schriftstellerischen Tätigkeit eine Literatur zu schaffen, die primär der Seelsorge und der Predigt dient, freilich nur in lateinischer Sprache. Dabei wussten sie sich den Bestimmungen des Laterankonzils von 1215 hinsichtlich der Regelung des kirchlichen Seelsorgswesens verpflichtet. Im 10. Kanon des Laterankonzils heißt es:

>»Deshalb fordern wir durch diese allgemeine Konstitution, daß die Bischöfe Persönlichkeiten anzuwerben haben, gewaltig in Worten und Werken, fähig, das Amt der heiligen Verkündigung heilsam auszuüben, die anstelle und im Gebiet des Bischofs die ihm anvertraute Bevölkerung mit aller Sorgfalt besuchen sollen, wenn dieser es nicht selbst kann, wobei sie diese durch Wort und Beispiel zu erbauen haben«.[41]

ANGELUS WALZ[42] hat eindringlich auf diesen Bezug hingewiesen:

>»Seine (des Dominikus) Ordensgründung sollte eine unschätzbare Mitarbeiterin sein bei der Verwirklichung der Lateranbeschlüsse bezüglich der Seelsorge in den Zweigen des Predigt- und Beichtwesens und bezüglich der notwendig vorausgehenden Ausbildung in der praktischen kirchlichen Wissenschaft«.[43]

---

40 Jean Gerson, De libris legendis a monacho, n. 5 f., in: Bonaventura, Breviloquium, S. 110.

41 Vgl. MARIE-HUMBERT VICAIRE OP, Geschichte des heiligen Dominikus II, S. 7–44.

42 ANGELUS WALZ, Des Aage von Dänemark ›Rotulus pugillaris‹ im Lichte der alten dominikanischen Konventstheologie, S. 228, Anm. 14.

43 ANGELUS WALZ, Des Aage von Dänemark ›Rotulus pugillaris‹ im Lichte der alten dominikanischen Konventstheologie, S. 203 f.

Es darf nicht übersehen werden, dass Hugo von Straßburg im ›Compendium theologicae veritatis‹, Liber I, c. 26 (*De Appropriatis divinis Personis*) eine klare Unterscheidung zwischen *simplices*, die Papst Johannes XXII. in seiner Bulle ›In agro dominico‹ vom 27.3.1329 im Auge hat,[44] und *sapientes* macht: *Haec ratio pertinet ad simplices; alia pertinet ad sapientes.*[45] Der Bearbeiter der Frankfurter Handschrift Fr1[46] übersetzt mit folgenden Worten: *Vnd disze ursach gehortt den eynfeltigen luten zu. Die ander gehort den wisen luten zu* (44ᵛ). Es darf auch nicht übersehen werden, dass die Bücher und die einzelnen Kapitel des CTV streng strukturiert sind. Zu jeder einzelnen theologischen Aussage wird die biblische Begründung gegeben. Ein sehr einleuchtendes Beispiel dieser bibelargumentativen Methode ist das Schlusskapitel von Buch I: *De misericordia Dei*. In diesem letzten Kapitel gipfelt nicht nur aufbautechnisch die Lehre von der *natura Dei*, sondern auch die Hauptaussage, was und wie Gott ist: Seinem Wesen nach ist Gott Barmherzigkeit. Es ist keinesfalls zufällig, dass Eckharts deutsches Hauptwerk, das ›Buch der göttlichen Tröstung‹, auf II Cor. 1,3 f. als Leitzitat fußt: »Gesegnet sei Gott und der Vater unseres Herrn Jesu Christi, ein Vater der Barmherzigkeit und Gott alles Trostes, der uns tröstet in all unseren Betrübnissen«.[47]

Dieses CTV-Kapitel wird hier erstmals in deutscher Übersetzung vorgelegt:

»Von der Barmherzigkeit Gottes.

Die Barmherzigkeit wird entsprechend der Etymologie des Wortes auf dreierlei Weise benannt.

Auf die erste Weise wird sie Barmherzigkeit genannt, gleichsam das ›Elend des Herzens‹ teilend (›*miseriam cordis*‹ *dividens*), so wie es in jenem Ausspruch zu vernehmen ist:

---

44 Siehe in der *narratio* der Bulle: »Verführt nämlich durch jenen Vater der Lüge [...] hat dieser irregeleitete Mensch [= Eckhart] zahlreiche Lehrsätze vorgetragen, die den wahren Glauben in vieler Herzen vernebeln, die er hauptsächlich vor dem einfachen Volke [= *simplices*] in seinen Predigten lehrte und die er auch in Schriften niedergelegt hat« (*Per illum enim patrem mendacii* [...] *homo iste seductus* [...] *dogmatizavit multa fidem veram in cordibus multorum obnubilantia, que docuit quam maxime coram vulgo simplici in suis predicationibus, que etiam redegit in scriptis* [Acta Echardiana n. 65, Bulle ›In agro dominico‹, LW V, S. 597,11–17]). Übersetzung von JOSEF QUINT, Meister Eckehart. Deutsche Predigten und Traktate, S. 449.

45 S. R. E. Cardinalis Bonaventurae ex ordine minorum episcopi albanensis, doctoris ecclesiae seraphici, opera omnia VIII, S. 81.

46 Siehe GEORG STEER, Hugo Ripelin von Straßburg. Zur Rezeptions- und Wirkungsgeschichte des ›Compendium theologicae veritatis‹ im deutschen Spätmittelalter. Zur Handschrift Fr1 vgl. S. 289–294. Zur textgeschichtlichen Stellung der Handschrift siehe auch S. 586; DERS., Hugo Ripelin von Straßburg, in: ²VL, Bd. 4, Sp. 252–266.

47 Vgl. Meister Eckhart. Das Buch der göttlichen Tröstung. Vom edlen Menschen. Übersetzt und mit einem Nachwort von KURT FLASCH, S. 9. DW V, S. 8,2–4: *gesegenet sî got und der vater unsers herren Jêsû Kristi, ein vater der barmherzicheit und got alles trôstes, der uns trœstet in allen unsern betrüepnissen.*

›Die Himmel brauchen kein Mitleid, weil es in ihnen kein Elend gibt‹. Demgemäß gibt es Barmherzigkeit nur auf der Erde.

Auf die zweite Weise wird sie Barmherzigkeit genannt, gleichsam ›die Härte des Herzens hinabschickend‹ (›*mittens deorsum cordis rigorem*‹), so wie es dort zu vernehmen ist: ›Barmherzigkeit und Wahrheit sind sich begegnet‹. Denn die Wahrheit geht gemäß der Strenge vor, aber die Barmherzigkeit mildert diese Strenge, indem sie über Verdienst belohnt und weniger straft, als angemessen wäre. Deshalb gibt es Barmherzigkeit im Himmel und in der Hölle.

Wenn auch Gott gerecht ist, so wie er auch barmherzig ist, dennoch sagt man, dass ihm mehr eigen ist barmherzig zu sein als gerecht zu sein. Denn nichts anderes ist erforderlich, um das Werk der Barmherzigkeit zu vollenden, als sein Wille. Aber um das Werk der Gerechtigkeit zu vollenden, ist auch etwas von Seiten des Menschen erforderlich, nämlich das Ausführen verdienstvoller Werke.

Die Barmherzigkeit Gottes wird offenbar beim Ausführen von Wohltaten. Er (Gott) gewährt nämlich den Schuldigen Verzeihung durch Vergeben der Schuld der Sünde und der Folgen der Sünde. Über diese beiden sagt der Psalm: ›der sich mit allen deinen Ungerechtigkeiten versöhnt‹ in Bezug auf das erste, ›der alle deine Krankheiten heilt‹ in Bezug auf das zweite.

Ebenso schenkt er den Gerechten Gnade, indem er ihnen die Eigenschaft der Tugend und den Antrieb zur Tugend gibt, damit das erste den Menschen Gott angenehm (*gratum*) und des ewigen Lebens würdig (*dignum*) macht, durch das zweite aber sein Verdienst vermehrt wird. Über diese beiden sagt der Psalm: ›der dich in Barmherzigkeit krönt‹ in Bezug auf das erste, ›und im Mitgefühl‹ in Bezug auf das zweite, und er spricht von der Krone (*corona*) der Gnade.

Ebenso lässt er den Heiligen Ehre angedeihen, und das in zweifacher Weise, nämlich jetzt in der Hoffnung, zu guter Letzt in der Sache (*nunc in spe, tandem in re*). Über diese beiden sagt der Psalm: ›der in dem Guten dein Verlangen erfüllt‹ in Bezug auf das erste, ›deine Jugendkraft wird wie die des Adlers erneuert‹ in Bezug auf das zweite.

Ebenso wartet Gott aus Barmherzigkeit geduldig auf die Sünder, ruft sie wohlwollend (*benigne*) zurück, sieht davon ab, sich zu rächen, befreit sie von vielen Gefahren, schenkt ihnen freigebig (*liberaliter*) Gnade, vervielfacht die gegebene, bewahrt die vervielfachte und belohnt die bewahrte im Himmel.

Ebenso nimmt Gott aus Barmherzigkeit den Sünder, der zu ihm zurückkehrt, voll Freude auf, erweicht sein Herz zur Reue, vergibt schnell die Kränkung (*offensam*), erinnert sich nach der Vergebung (*post remissionem*) nicht mehr an das Unrecht.

Ebenso gibt Gott aus Barmherzigkeit harte Schläge, um Sünde zu sühnen. Er gibt Erfreuliches, um zur Liebe zu reizen. Er gibt die Sakramente, um Verdienst anzuhäufen. Er gibt Weisungen, um den Lohn groß zu machen. Ebenso führt er aus Barmherzigkeit diejenigen zurück, die von ihm abirren, leitet diejenigen, die zu ihm gehen, richtet diejenigen auf, die fallen, hält unbegrenzt diejenigen aufrecht, die stehen (*stantes tenere non definit*), und führt diejenigen, die ans Ziel gelangen, in die Herrlichkeit (*in gloriam*) ein«.

Allein schon dieses eine Kapitel vermittelt einen Eindruck davon, auf welcher theologischen und literarhistorischen Höhe Hugo von Straßburg arbeitete, in wohl meditativer Zurückgezogenheit im Dominikanerkloster von Zürich, dem er 32 Jahre lang angehörte.[48] In seine Theologie ist auch die neue Rezeption der

---

48 Vgl. hierzu GEORG STEER, Hugo Ripelin von Straßburg. Zur Rezeptions- und Wirkungsgeschichte des ›Compendium theologicae veritatis‹, S. 8 f. sowie ²VL, Bd. 3, S. 253.

von Aristoteles ausgehenden Philosophie berücksichtigt,[49] die besonders offenkundig wird in dem Kapitel CTV II, c. 46 »Über die wirkende und mögliche
Vernunft«:[50]

»Über die wirkende und mögliche Vernunft.

Nun ist über die wirkende und mögliche Vernunft in herausgehobener Weise (*specialiter*) zu sprechen. Die wirkende Vernunft ist diejenige, die die Gestalt vom Bild oder der
Phantasie abstrahiert (die die intelligiblen Formen von der Einbildungskraft abstrahiert
[d. h. aus den Phantasmen, die die Einbildungskraft oder Phantasie bereitstellt, abstra-
hiert] L) und sie durch ihr Einstrahlen allgemein macht (und mit ihrem Belichten allgemein [d. h. intelligibel] macht L), und die Dinge in die mögliche Vernunft setzt (*ponit
res in intellectu possibili*). Denn so wie zum körperlichen (sinnlichen L) Sehen (*ad visum
corporalem*) Licht erforderlich ist, das die Intentionen der Farben (*intentiones colorum*)
abzieht (die Intentionen [d. h. das intentionale Sein der Farben] abstrahiert L), das heißt,
die Gleichheiten (Abbilder L) vom Farbigen (*similitudines a colorato*), und sie in die Luft
(das Medium Luft L) setzt (*et ponit eas in aere*), freilich nicht gemäß ihrer sichtbaren Gestalt (*secundum speciem*; nach ihrem realen Sein [ihrer wirklichen Art] L), sondern gemäß
ihrer Intention (*secundum intentionem*; nach ihrem intentionales Sein L), das heißt, ihrer
Gleichheit (*similitudinem*; Ähnlichkeit L), so setzt die wirkende Vernunft, die das Licht
der Seele ist, die von der Phantasie abstrahierten Gestalten (*species abstractas a phantasia*;
die aus der Einbildungskraft abstrahierten Formen [aus den Phantasmen der Einbil-
dungskraft] L) in die mögliche Vernunft, freilich nicht wirklich (*actualiter*; nach dem
aktualen Sein L), sondern gemäß ihrer Intention (*secundum intentionem*; nach dem intentionalen Sein L), das heißt, der Gleichheit (*similitudinem*; das ein Abbild des aktualen
ist L). Deswegen aber sind zwischen Vorstellungskraft und möglicher Vernunft nicht
Kräfte der selben Gestalt (*inter imaginationem et intellectum possibilem non sunt potentiæ
ejusdem speciei*; sind Einbildungskraft und Intellekt der Art nach verschiedene Kräfte L),
weil die eine eine Kraft der sinnlichen Seele (*animæ sensibilis*) ist, die andere (eine Kraft)
der verstehenden (rationalen L) Seele (*animæ rationalis*).

   Die Vernunft aber wird ›möglich‹ genannt, weil sie solche Gestalten empfangen
kann (*quia potest recipere tales species*; weil sie intelligible Formen aufnehmen kann L),
aber sie nicht sogleich empfängt (*recipit*; aufnimmt L). Ein Beispiel dafür ist: eine leere
Tafel, die kein Aufgemaltes trägt, kann doch eines tragen (*tabula nuda nullam habens pic-
turam, postest tamen habere quamcumque*; eine leere Tafel, auf der noch kein Bild ist, die
aber alle möglichen aufnehmen kann L). Fürwahr, wenn die mögliche Vernunft solche
Gestalten empfangen hat (*tales species receperit*; diese Formen aufgenommen hat L), dann
– so wie du es oben hast – wird sie Vernunft im Tun oder in ihrem Habitus genannt (*vocatur intellectus in effectu, vel in habitu*; dann wird sie *intellectus in effectu* oder *in habitu* [d. h.
durch die aufgenommenen Formen formierte, mit einem *habitus* versehene Vernunft L).
Wenn sie aber durch die Menge der sinnlichen Gestalten (*multitudine specierum sensibi-
lium*; durch eine Vielzahl von Formen, die aus der Sinnlichkeit stammen L) erleuchtet
wird, dann ist sie die erworbene Vernunft (*intellectus adeptus*). Wie aber diese Gestalten
(*species*; Formen L) mit der möglichen Vernunft bleiben, oder wie eine Hinwendung
oder ein Zurückkehren zu ihnen durch die Rückerinnerung geschieht (*qualiter ad eas fiat*

---

49 Der Name ›Aristoteles‹ wird im CTV zehnmal erwähnt: Buch II, c. 4; c. 9; c. 30; c. 41;
    c. 58; c. 59 [zweimal]; Buch V, c. 9; c. 16; c. 49. Als ›Philosophus‹ bezeichnet wird er eini-
    ge dutzendmal.
50 Teamübersetzung von LANGER (L), STEER, VOGL.

per reminiscentiam conversio et reversio; wie sie sich in der Erinnerung auf sie hinwendet oder zurückwendet L), hast du oben im Kapitel über die Erinnerung (*memoria*). Weiterhin unterscheiden sich wirkende und mögliche Vernunft wie Licht und Erleuchtetes (*illuminatum*; Beleuchtetes L) und wie vollenden und vollendbar (*sicut perficere et perfectibile*). Denn, wie der Philosoph sagt, ist es Eigenschaft der wirkenden Vernunft (*intellectus agentis est*; kommt es der wirkenden Vernunft zu L), alles zu tun, aber Eigenschaft der möglichen Vernunft, alles zu werden (*sed intellectus possibilis est omnia fieri*).

Und damit es umfassender verstanden wird (*plenius innotescat*), ist zu bemerken, dass genauso wie dazu, dass durch einen Spiegel etwas gesehen wird (*quod sicut ad hoc quod per speculum aliquid videatur*), drei Dinge notwendig sind, nämlich ein Spiegel, der geeignet geboren (*aptum natum*) ist, um den Eindruck der ihm dargebotenen Körper zu empfangen (*recipere impressionem corporum objectorum*; der Spiegel, der den Eindruck der Dinge, die vor ihn gestellt werden aufzunehmen vermag L), ferner die Farbe in den dargebotenen Körpern (*color autem in corporibus objectis*; die Farbe der Gegenstände vor ihm L) und Licht, durch das die Farbe der dargebotenen Körper bewegt wird (*lux qua moveatur color corporum objectorum*), die, so oft sie auch ohne das Einströmen des Lichts vorgehalten werden (*quæ sine luminis influxu quantumcumque objiciantur*), nicht vom Spiegel aufgenommen werden können (die ohne die Einwirkung des Lichtes nicht vom Spiegel aufgenommen werden können, und wenn man sie noch so oft vor den Spiegel stellt L), so muss in gleicher Weise dazu, dass wir etwas in der Vernunft sehen (*sic similiter ad hoc, ut aliquid in intellectu videamus*), die mögliche Vernunft da sein, die dazu geeignet geboren ist, Gestalten zu empfangen (*qui aptus natus est recipere species*), so wie vom Spiegel gesagt ist. Es muss auch sein, dass die angeschauten Gestalten (*species speculatæ*) bei der möglichen Vernunft sind (dass schon [geschaute] erworbene Formen in der möglichen Vernunft sind L), die sie in ihrem Habitus hat (*qui habet ipsas in habitu*; die sie habituell hat L), weil sie der Ort universeller Gestalten ist (*cum sit locus specierum universalium*; da sie ja der Ort der intelligiblen Formen ist L). Aber so wie die Farbe im Körper nicht bewegt wird, und nicht die Gestalt, wenn sie nicht durch Vermittlung des Lichts in den Spiegel eingedrückt werden (*nisi mediante lumine imprimantur in speculo*; und auch die Formen dem Spiegel nur durch Vermittlung des Lichtes aufgeprägt werden L), so werden auch Gestalten nicht erkennbar, wenn sie nicht die wirkende Vernunft bestrahlt, und wenn sie nicht darüber ihr Licht ausgießt (*sic nec phantasmata erunt actu intelligibilia, nisi intellectus agens irradiet, et diffundat super cum lumen suum*; so werden auch die Phantasmen nur dann aktual intelligibel, wenn sie die wirkende Vernunft belichtet und darüber ihr Licht ausgießt L), so wie das Licht über die Farben, damit sie gemäß dem Tun erkennbar gemacht werden (*ut sic secundum actum intelligibilia efficiantur*; damit sie so actu, aktual intelligibel werden L)«.

Doch es wäre verfrüht zu vermuten, Hugo von Straßburg mit seinem ›Compendium theologicae veritatis‹ sei die Quellenbasis für Eckharts Intellektlehre gewesen. Die Differenzierung Eckharts zwischen *mügelicher vernunft* und *lidender vernunft* ist nicht im ›Breviloquium‹ nachzuweisen, wohl aber in mehreren deutschen Predigttexten, so in der Predigtsammlung ›Paradisus anime intelligentis‹ unter dem Namen Helwic von Germar:[51]

---

51 LAURI SEPPÄNEN, Helwic von Germar, in: ²VL, Bd. 3, Sp. 980 f.; GEORG STEER, Die dominikanische Predigtsammlung ›Paradisus anime intelligentis‹. Überlieferung, Werkform und Textgestalt; zu Helwic von Germar vgl. besonders S. 63–67.

*ez sint zwo bekentliche crefte noch deme ubersten der sele, eine di wirkinde fornuft, di andere
ein lidinde oder ein muglich fornuft. di wirkinde vornuft inmac Got nicht irkennen weder fon
nature noch fon gnadin [...] aber di lidinde fornuft inmac Got nicht bekennen fon nature, mer
si formac ez fon gnadin, wan was da inphebit, daz wirdit follinbracht fon deme daz ez inphebit.
da fon dan daz dise craft Got in sich inphahin mac und sin werc lidit, daz si follinbrengit, da
fon wirdit si da zu irhabin daz si Got irkennen mac. [...] also hait di sele eine muglichkeit daz si
Got in ur lidit, der si vollinbrengit und also uz ir selbin irhebit, daz si un bekennen mac. also
habe wir di muglichkeit der sele Got zu bekennine.*[52]

Auch Nikolaus von Landau präsentiert in den ›Sermones novi‹ eine breit aus-
gefaltete Intellektlehre:

*Ez sint zwo bekentliche crefte nach deme obirsten der selen. eine heyszet die wirkende vernunft,
die andere heyszet eine mügeliche und eine lidende vernunft. dovone sprichet ein meyster, daz
die lidende vernunft mag got bekennen nit von naturen, sundir von gnaden [...] Abir die wirkende vernunft, die enmag got nit bekennen wedir von naturen noch von gnaden [...] sunder von
der lidende(n) vernunft wirt er bekant von sunderlichen gnaden gotes. nu sprichet ein meyster:
quidquid recipitur, per modium rei recipientis recipitur et non per modium rei recepte. Philosophus. waz da wirt emphangen unde emphehit, daz wirt vollenbraht von deme, daz ez da em-
phehet. davon danne daz dise lidende craft got in sich emphahen mag unde sin werg liden, daz
sie vollenbringet, dovon wirt sie erhaben, daz si got bekennen mag [...] also hat die sele eine
mügelichkeit, daz sie got in ir lidet, der sie vollenbrenget und sie uszer ir selber herhebit, daz
sie in bekennen mag. also sullen wir han die mügelichekeit der selen, got zů bekennene.*[53]

In den Kapiteln 42 bis 56 des zweiten CTV-Buchs entfaltet Hugo von Straßburg eine differenzierte Lehre vom Intellekt. Im Kapitel 46 widmet er der Unterscheidung von *intellectus agens* und *intellectus possibilis* große Aufmerksamkeit,
wie oben dargelegt: *Nunc de intellectu agente et possibili specialiter est dicendum.*
Dem *intellectus possibilis* ist es eigen, dass er empfangen kann (*recipere*): *Porro
intellectus agens, et possibilis differunt sicut lux et illuminatum et sicut perficiens et
perfectibile: quia, ut ait Philosophus* [Aristoteles, De anima, lib. III, c. V], *intellectus agentis est omnia facere, et intellectus possibilis est omnia fieri.*[54] Helwic von
Germar und Nikolaus von Landau deuten den *intellectus possibilis* als *intellectus
possibilis* und *intellectus passibilis* (*lidinde oder / vnd muglich fornuft*). Es ist
nicht abwegig anzunehmen, dass sich auch Hugo von Straßburg diese Deutung
zu eigen gemacht hat. Diese Annahme wird gestützt von der deutschen Übersetzung, die der Frankfurter Redaktor in Fr1 bietet: *die moglich oder lydlich
verstenteniszs die da enpfet die bylde der dinge* (CTV II, c. xliiij, Fr1, 104^r). Der
festgestellten gedanklichen Dublette könnte der Makel der Zufälligkeit anhaf-

---

52 Philipp Strauch, Paradisus anime intelligentis, S. 95,27–96,8.
53 Hans Zuchhold, Des Nikolaus von Landau Sermone als Quelle für die Predigt Meis-
    ter Eckharts und seines Kreises, S. 41,15–42,3. Zu Nikolaus von Landau vgl. Kurt Ruh,
    Nikolaus von Landau, in: ²VL, Bd. 6, Sp. 1113–1116.
54 S. R. E. Cardinalis Bonaventurae ex ordine minorum episcopi albanensis, doctoris eccle-
    siae seraphici, opera omnia VIII, S. 111a.

ten, wenn sich zwischen Eckharts Texten und dem ›Compendium theologicae veritatis‹ nicht weitere Übereinstimmungen finden ließen. Doch sie lassen sich finden. Bereits im I. Kapitel des I. Buches lehrt Hugo im 3. Punkt, dass die Seienden im Vergleich mit dem Sein Gottes ein Nichts seien:

> *Tertio, Deum esse, rerum comparatio ad ipsum facta indicat. Tam verum enim esse Deus habet, quod nostrum esse, suo comparatum, nihil est: imo Deus suo præsentiali esse dat omnibus rebus esse, ita quod si se rebus subtraheret, sicut de nihilo factæ sunt, sic in nihilum defluerent universa.*[55]

An nicht wenigen Stellen seiner deutschen Predigten, auch in denen des ›Paradisus anime intelligentis‹, äußert Eckhart seine feste Ansicht, dass alle Geschöpfe für sich betrachtet ein reines Nichts seien. Ihr ganzes Sein hänge an der Gegenwart Gottes. In Predigt QUINT 20b schreibt er (Par. an. 24, STRAUCH S. 58,19 f.): *alle creature sint zu snode darzu daz si un offinbarin, si sint alle ein nicht gegin Gode.* In der Predigt QUINT 29 (DW II, S. 88,7 f.) kann man lesen: *Allez, daz geschaffen oder geschepflich ist, daz ist niht.* Und noch präziser heißt es in Predigt QUINT 4 (DW I, S. 69,8–70,4):

> *Alle crêatûren sint ein lûter niht. [...] Swaz niht wesens enhât, daz ist niht. Alle crêatûren hânt kein wesen, wan ir wesen swebet an der gegenwerticheit gotes. Kêrte sich got ab allen crêatûren einen ougenblik, sô würden sie ze nihte.*

Merkwürdig ist, dass dieser Satz Eckharts, und es ist notwendig dies zu sagen, auch im ›Compendium theologicae veritatis‹ nachzuweisen ist und mit dem Artikel 26 der Bulle ›In agro dominico‹ des Papstes Johannes XXII. als häretisch verurteilt wurde:

> *Vicesimussextus articulus: »Omnes creature sunt unum purum nichil. Non dico quod sint quid modicum vel aliquid, sed quod sint unum purum nichil«.*

> »Alle Kreaturen sind ein reines Nichts: ich sage nicht, daß sie etwas Geringes oder [überhaupt] irgendetwas sind, sondern daß sie ein reines Nichts sind«.[56]

Wenn Eckhart tatsächlich in seinen Predigten und Traktaten das CTV als theologisches Basishandbuch der Dominikaner konsultiert hat und es noch dazu über das ›Breviloquium‹ Bonaventuras gestellt werden muss, verdient es künftig weit größere Beachtung, als ihm bisher in der Forschung zuteil wurde. Die Verbindung zwischen Eckharttexten und den Predigttexten des ›Paradisus anime intelligentis‹ sind augenfällig. Zwölf Autoren, namentlich bekannt, unter ihnen auch Helwic von Germar, gehören einer Gruppe von dominikanischen Predigern an, die sich nicht scheuen, das ›Compendium theologicae

---

55 S. R. E. Cardinalis Bonaventurae ex ordine minorum episcopi albanensis, doctoris ecclesiae seraphici, opera omnia VIII, S. 62 a.

56 Acta Echardiana n. 65 (Bulle ›In agro dominico‹), LW V, S. 599,87 f. Übersetzung von JOSEF QUINT, Meister Eckehart. Deutsche Predigten und Traktate, S. 453.

veritatis‹ für ihr Grundstudium der Theologie zu benutzen. Was das ›Compendium theologicae veritatis‹ als Ganzes betrifft: es vermittelt eine moderne und eine neue Theologie, eine Theologie, die von der Barmherzigkeit Gottes spricht. Nicht umsonst ist das Kapitel 34 das letzte Kapitel der ganzen Gotteslehre. Dieses Kapitel spricht von einem gnädigen Gott. Es wäre nützlich zu wissen, ob Martin Luther das ›Compendium‹ Hugos gekannt und benutzt hat. Die deutschen Schriften Eckharts werden herkömmlich in Predigten und Traktate geschieden. Von programmatischer Dichte sind die Traktate, zu denen jetzt die vier Zykluspredigten (DW IV,1, Predigten 101–104) neben den ›Reden der Unterweisung‹ genommen werden müssen. Dass in ihnen künftig nicht bloß Spuren, sondern auch bedeutsamer Einfluss des ›Compendium theologicae veritatis‹ auf Eckhart nachgewiesen werden können, ist mithin mehr als eine Vermutung. Wenn sich tatsächlich bestätigen sollte, und daran hege ich keinen Zweifel, dass das ›Compendium theologicae veritatis‹ eines der Quellenwerke Meister Eckharts war, dann muss Hugos theologisches Lehrbuch mit seiner neuen dominikanischen Theologie nicht bloß für die Germania, sondern auch für die Romania neu bewertet, und dies heißt: aufgewertet werden.

Es muss überraschen, dass es tatsächlich belegbare Zeugnisse einer Nähe Eckharts zur traditionellen Dominikanertheologie gibt. Die Predigtsammlung ›Paradisus anime intelligentis‹ enthält nach der Bestandsprüfung Kurt Ruhs[57] 32 deutsche Predigten Eckharts und 32 Predigten, die alle mit Ausnahme von Hane dem Karmeliten[58] von Dominikanern stammen. Kurt Ruh kann überzeugend die Anlage und Konzeption des Predigtbuches bestimmen:

> »Es ging dem Sammler also keineswegs um Bereitstellung von Predigten im Ablauf des Kirchenjahres (gegen Koch, S.144) – das war dann die Absicht des Bearbeiters Nikolaus von Landau –, sondern um Dokumentation [...] Auch der ›Rang‹ [der Autoren] wird nicht vergessen. ›Meister‹ sind Eckhart und Hane, die übrigen ›Lesemeister‹, Lektoren. Was somit der ›Paradisus anime intelligentis‹ ausweist, ist die gelehrte Elite der eben erst, 1303, gegründeten Ordensprovinz Saxonia. Das heißt so viel, daß diese Sammlung dokumentatorischen Charakter trägt; es geht, so scheint es, darum, die illustre Schar bedeutender Männer des Ordens, die in der Glanzzeit des Hauses in Erfurt tätig waren oder mit Erfurt in näherer Beziehung standen, in einem Erinnerungsbuch zu bewahren«.[59]

In näherer Beziehung zu Meister Eckhart stand aber auch das ›Compendium theologicae veritatis‹ Hugos. Sein theologischer Charakter muss in die Nähe jener Theologen ausgerichtet werden, die den ›Paradisus anime intelligentis‹

---

57 Kurt, Ruh, ›Paradisus anime intelligentis‹ (›Paradis der fornuftigen sele‹), in: ²VL, Bd. 7, Sp. 299 f.
58 Lauri Seppänen, Hane der Karmelit, in: ²VL, Bd. 3, Sp. 429–431. Namentlich nicht erfasst ist ein Franziskaner, dessen Lehrposition in die dominikanische Diskussion mit eingebunden erscheint (*ein barfuzzin lesemeistir* [Philipp Strauch, Paradisus anime intelligentis, S. 6,37 f.]).
59 Kurt, Ruh, ›Paradisus anime intelligentis‹ (›Paradis der fornuftigen sele‹), in: ²VL, Bd. 7, Sp. 300.

als ›Meister‹ bezeichnet. Das ›Compendium‹ Hugos öffnet sich im Laufe der Jahrhunderte auf eine bisher nicht beachtete Weise Gedanken Meister Eckharts – auf dem Weg von Übersetzungen. Neun deutsche Vollübersetzungen sind bisher entdeckt und elf Übersetzungen in der Gestalt von Glossierung ausgewählter Termini. Das herausragendste Zeugnis einer Eckhart-nahen Übersetzung des ganzen ›Compendium‹ ist die Frankfurter Übersetzung Fr1, deren Autor aller Wahrscheinlichkeit nach der langjährige Prior des Dominikanerklosters Frankfurt, Johannes von Wilnau war.[60] Er hat das ›Compendium‹ in eine völlig neuen Sprache übersetzt, die für das beginnende 16. Jahrhundert als modern gelten muss. Ihn zeichnet noch eine weitere Besonderheit aus: Johannes von Wilnau hat bei seiner Übersetzung auch einen lateinischen Text des ›Compendium‹ benutzt, nicht nach einer Handschrift, sondern nach einem Druck,[61] der mit dem Straßburger Druck von 1489 (D16) identisch ist. Gelungen ist diese Identifikation HEIDEMARIE VOGL.

Zu dieser Identifikation ist zu vergleichen das Kapitel 48 des zweiten Buches:

Fr1	CTV
Von der vernunfft vnd Jren teyln Capitulum xlviij	¶ *De ratione et partibus ipsius.* ¶ *Capitulum XLVIII*
Dye vernúnfft / ist eyn krafft der sele vnd nytt alleyn / eyn erkennende krafft / sonder auch eyn bewegende krafft. Aber so dye vernúnfft ortelt etwas / das es gut sy : oder boßt. vnd da by bestet. So wirt sie genant eyn erkennende krafft.	*RAtio est vis anime non solum cognitiua : sed etiam motiua. Ratio enim cum iudicat aliquod esse bonum vel malum. et ibi sistit : tunc dicitur cognitiua.*
Aber so sie furbas geht [109ʳ] *Vnd ortelt / das gut sy das es geschee / So heißt sye eyn bewegende krafft / Vnd so sye dan furbas kómpt vnd ortelt / nit alleyn / das gut sy das es geschee / Sunder sie begert auch des selben Also heißt sye dan der fry will / Dan der frye wil begrifft die vernúnfft vnd den willen.*	*Si autem procedit amplius : et iudicat esse bonum : vt fiat : sic est motiua. Si vero adhuc vlterius procedit : et non solum iudicat esse bonum : vt fiat. sed etiam illud appetit. sic dicitur esse liberum arbitrium. quoniam liberum arbitrium comprehendit rationem et voluntatem.*

60 Vgl. GEORG STEER, Hugo Ripelin von Straßburg. Zur Rezeptions- und Wirkungsgeschichte des ›Compendium theologicae veritatis‹ im deutschen Spätmittelalter, S. 291.

61 Vgl. GEORG STEER, Hugo Ripelin von Straßburg. Zur Rezeptions- und Wirkungsgeschichte des ›Compendium theologicae veritatis‹ im deutschen Spätmittelalter, S. 505: »Dazu verhalf ihr in erster Linie der Vergleich mit dem lateinischen ›Compendium‹. Dass dieses bereits in Gestalt eines Druckexemplars, also eines Textes nach 1470, benützt wurde, ist aus der ungewöhnlichen Übersetzung von *notare* mit *ußdrucken* zu erschließen: I, 12, 90 *als do vor in dem titel bewifet ist A / als oben ußgedruckt (notatum) ist yn der oberschrift* Fr1«.

Die vernúnfft heldt sich aber zu eynem
sonderlichen gut / Vnd wirt geteilt yn das
oberteyll : vnd yn das nydderteyl der vernünfft.
Das oberteyl hangt an den gotlichen dingen /
vnd den ewigen dyngen. Das nydderteyl ortelt /
von den zurgenglichen dyngen. Vnd ordet oder
schickt sye.
Furbas das oberteyl nymptt vernunfftig
bewerúng / durch gotlich satzúng / Als : disz ist
zuthun / dan got gebut es. Aber das nydderteyl
nympt es durch mentschlich satzüng. Als : disz ist
zu thun / dan es ist erlich oder bequemlich / vnd
gut eynem gemeynen nutz /
Furbas das oberstteyl der vernúnfft / wirt
genant der man. Vnd wie wol sich das vszstreckt
vnd erhebt zu der beschauwúng der ewigen
guter / Doch ist sye vnderscheiden von der
verstentenisz / Dan die verstentenisz ist gewerbig
yn den ewigen dingen / durch weisz der
anschauwúng. Aber die vernúnfft ist nit also.
Sunder sye ist eyns zu dem andern haltend vnd
dragen / Vnd eyns usz dem andern zihend.
Auch ist die vernúnfft yn eyner andern wisz
vnderscheiden von der verstentenisz / dan
die verstentenisz begrifft das wesenn der dinge
bloszlichen : on eyn anhangk zu eynem andern.
Aber die vernúnfft begrifft [109ᵛ] *Das dingk /*
mit versamenúng oder zú hauff / schetzüng eyns
zu dem andern /
Aber das nydderteyl der vernúnfft wirt genant :
das weyb. Dan so sye wandelt by den leiblichen
dyngen So ist sye der syndlichkeit zu gefügt Vnd
wirt dick gelockt oder gereiszt von ir / Dan sie
sehet alwegen eynen apffel / das man ir den
budt / das ist die fleischlich onreynigkeit / die Jr
nahe / ist

Ratio se habet ad bonum particulare.
et diuiditur in
partem superiorem : et inferiorem.
Superior pars diuinis et
eternis intendit. inferior autem de
transitorijs iudicat et
ea disponit.
Jtem superior pars accipit
rationes per leges divinas. vt hoc est
faciendum. quia deus precipit. Pars autem
inferior accipit rationes per leges humanas. ut,
hoc est faciendum, quia honestum est vel quia
expedit reipublice.
Jtem superior pars
rationis dicitur vir. que licet usque ad
contemplationem eternorum se extendat.
Differt tamen ab
intelligentia. quoniam intelligentia
negociatur in eternis per modum
intuitionis Ratio autem non sic,
sed conferendo
et ratiocinando.
Differt etiam ratio etiam alio
modo ab intellectu. quoniam
intellectus apprehendit esse rei
absolute.
Ratio autem
cum collatione vnius ad
alterum.
Jnferior vero pars rationis dicitur
mulier que quia circa res corporales
versatur coniuncta est sensualitati et
allicitur sepe ab ea.
Uidet enim semper porrigi sibi pomum
id est illecebram
vicinam.

Norbert Fischer

›Die rede der underscheidunge‹ als Eckharts ›Orientierung im Denken‹

Niklaus Largier bemerkt am Beginn seines Kommentars zu den ›Traktaten‹ Meister Eckharts: »Das Deutsche Werk Meister Eckharts umfaßt neben den Predigten die folgenden Traktate: *Die rede der underscheidunge* (RdU), den sogenannten *Liber ›Benedictus‹*, der aus dem *Buoch der gœtlichen trœstunge* (BgT) und der Lesepredigt *Von dem edeln menschen* (VeM) besteht, und den Traktat *Von abegescheidenheit*«.[1] Die in den ›Deutschen Werken‹ als ›Traktate‹ abgedruckten Texte verdienen diesen Namen jedoch nicht und sind überdies in falscher Reihung aufgeführt. Den ›Liber Benedictus‹ aus den Jahren 1308–1314 bzw. 1318 (vgl. EW II, S.748f.) stellt Largier in die Nähe einer »Apologie«, die »auf das gegen Eckhart geführte Verfahren« vorausweise, da Eckhart sich hier »gegen Missverständnisse« verteidige und »mit Nachdruck seinen Anspruch« hervorhebe, »Ungelehrte, also Laien, auch in schwierigen theologischen Fragen zu belehren«.[2] Die deutlich früheren ›Erfurter Collationen‹ (›Die rede der underscheidunge‹), die für Meister Eckhart bezeugt sind,[3] werden den Jahren 1294–1298 zugeordnet. (EW II, S.789f.) Hinsichtlich des Traktats ›Von abegescheidenheit‹, der in den ›Deutschen Werken‹ als dritter ›Traktat‹ aufgeführt wird, bleiben, wie Largier mit Hinweis auf Quint berichtet, »viele frühere Einwände gegen die Echtheit des Traktats bis heute unausgeräumt« (was als *sensus communis* gelten kann).[4]

Abgesehen von der Frage, ob der Titel ›Traktate‹ für diese drei Texte passt, können die ›Reden‹ als »Zeugnis des jungen, aber reifen Eckhart« gelten,[5] so dass man wohl einen ersten Zugang zum Denken Eckharts über ›Die rede der underscheidunge‹ suchen kann. Die Betrachtung dieses Textes führt zudem zur Aufgabe der Beantwortung der Frage, welchem literarischen Genus er zuzuordnen wäre. Vom äußeren Eindruck her treten die 23 Paragraphen von unterschiedlicher Länge, die mit sachhaltigen Überschriften versehen sind, als Entwürfe oder Extrakte mündlicher Reden im Stil von ›Punkten‹ oder ›Exhorten‹

---

1 Vgl. EW II, S.748; zur Sache jetzt Freimut Löser, Meister Eckhart, die ›Reden‹ und die Predigt in Erfurt.
2 EW II, S.754; Largier weist dazu auf EW II, S.310,18–312,28; Largier kann sich dabei auf Ruh, Meister Eckhart, z.B. S.111, 126f. stützen.
3 Der Titel ist nicht original (EW II, S.789, 792); Largier sieht *rede* als Übersetzung von *collatio* (EW II, S.703).
4 Largier verweist hier auf Josef Quint (DW V, S.392–397) und Ruh, Meister Eckhart, S.165; Ruh spricht dort von einer »eingeschränkten Authentizität« dieses Textes.
5 Vgl. Ruh, Meister Eckhart, S.32; EW II, S.791.

auf,[6] durch die Eckhart sein eigenes Denken und Leben – und das seiner Hörer – zur Ausrichtung auf Gott führen will.

Gewöhnlich wird die Aufgabe der ›Reden‹ als Besinnung auf die »Fragen des religiösen Lebens von Ordensleuten« bestimmt, was schon durch das Bedenken der Ordensgelübde klar werde.[7] Eine genauere Betrachtung zeigt, dass Eckhart sich in diesen Reden zwar auch auf das klösterliche Leben bezieht, aber – wie KURT RUH richtig betont – »keineswegs auf es allein«.[8] Nach KURT RUH geht Eckhart (man kann sagen: wie Augustinus) »vom Menschen aus, ›der Frieden sucht‹, allgemeiner vom Menschen, der seiner geistigen Bestimmung folgen möchte.«.[9] Zu dieser Aussage passt die Bemerkung von MARIE-ANNE VANNIER in ihrem Artikel ›Creation‹ im 2013 erschienenen OGHRA: »Meister Eckhart does not share the title of ›the second Augustine‹, but the fact remains that he is perhaps the best reader of Aug[ustine]«. (S. 843) Besondere Qualität erlangt Eckharts Augustinus-Lektüre durch die Betonung der existenziellen Motive, die zugleich die Nähe seiner Denkweise insbesondere zu den ›Confessiones‹ offenlegt.[10] Auch Eckhart versteht das menschliche Herz als *cor inquietum*, das von Gott zur Ruhelosigkeit angeregt ist, das auf Gott zulebt, wobei Gott als ›Ruhe‹ (als *quies ipse*) verstanden wird.[11] Dabei zeugen ›Die rede der underscheidunge‹ nach NIKLAUS LARGIER »weniger von einem spekulativen Interesse als von einem Anliegen moralischer und praktischer Natur«. (EW II, S. 790)[12]

Gleichwohl kann als ›Spezifikum‹ der ›rede der underscheidunge‹ mit MARTINA ROESNER auch ihre Vernunftbestimmtheit betont werden: nach ROESNER ist »die geistlich-spirituelle Ausrichtung des menschlichen Lebens an keinen anderen Prinzipien zu orientieren als an denen, die die Vernunft durch die metaphysische Betrachtung der Dinge in ihrem Ursprung zu gewinnen vermag«.[13]

---

6 Vgl. dazu Wilhelm Klein SJ (1889–1996); vgl. GISBERT GRESHAKE, Wilhelm Klein.

7 ›Gehorsam‹ und ›Armut‹ werden behandelt, aber nicht in den Kontext des Ordenslebens gestellt; vgl. RUH, Meister Eckhart, S. 37: »Die erste Sequenz der ›Reden‹, die Kapitel 1–8 gründet, wenn auch nicht als solche angesprochen, auf den Ordensgelübden. Unerwähnt bleibt die Keuschheit. Selbst das Wort erscheint nur einmal im ganzen Traktat, in der Schlußformel von Kapitel 20, wo Christus u. a. ›Liebhaber der Keuschheit‹ (›eines reinen Lebens‹) genannt wird«.

8 Vgl. RUH, Meister Eckhart, S. 31 f.

9 Vgl. bes. RdU, Kap. 23; zur Geschichte des Wortes ›Bestimmung des Menschen‹ im Anschluss an Johann Joachim Spalding vgl. LAURA ANNA MACOR, Die Bestimmung des Menschen (1748–1800). Eine Begriffsgeschichte.

10 Vgl. dazu auch NORBERT FISCHER, Meister Eckhart und Augustins ›Confessiones‹.

11 Z. B. conf. 1,1; auch die Fragen nach der ›Innerlichkeit‹ (z. B. conf. 3,11) und der Zeit (conf. 11) sind zu beachten.

12 Vgl. dazu auch UDO KERN, ›Der Mensch sollte werden ein Gott Suchender.‹ Zum Verständnis des Menschen in Eckharts ›Rede der underscheidunge‹, S. 146 f.

13 Vgl. MARTINA ROESNER, Das Motiv der transzendentalen Topologie in den ›Reden der Unterweisung‹ vor dem Hintergrund von Meister Eckharts lateinischen Schriften,

Allerdings wird mit dieser These die Frage virulent, in welchem Sinne ›die Vernunft‹ ausgelegt wird und auf welche Weise sie das Primat ausübt, das ihr hier zugesprochen wird.

1. Zum Sinn des Titels: ›Die rede der underscheidunge‹ – und zur Aufgabe dieses Werkes

JOSEF QUINT hat den Titel ›Die rede der underscheidunge‹ mit »Reden der Unterweisung« übersetzt. Diese Übersetzung, der viele folgen, ist nach dem Sinn des Wortes *underscheidung* möglich, aber nicht zwingend. Die Durchsicht der 23 Paragraphen ergibt, dass der Autor ›Wegweisung‹ für ein Leben aus christlichem Geist sucht und geben will – und sich dabei anschickt, diese Aufgabe im Rahmen der Suche nach ›Orientierung‹ in Grundfragen des Denkens und Glaubens zu lösen. Dem Originaltitel »Reden der Unterscheidung«, auf dem LOUISE GNÄDINGER beharrt, mag zwar eine gewisse Sperrigkeit und Undeutlichkeit anhaften, sofern er keinen Hinweis auf den Inhalt und den Sinn dieser Reden gibt, sondern im bloß Formalen verbleibt; dieser Titel erliegt dafür aber weniger der Gefahr einer falschen Vereindeutigung des Sinnes dieser Reden, die nicht nur eine ›Unterweisung‹ zum Ziel haben (z. B. jüngerer Ordensbrüder durch ihren Prior).

Denn um ›Unterweisung‹ in spekulativ-metaphysischen Lehren eines ›Magisters‹ mit dem Zweck, die Wahrheit des Ganzen von Gott, Welt und Mensch zu lehren, der aus seinem ›Wissen‹ fähig wäre, Maximen des praktischen Lebensvollzugs vorzutragen, geht es in diesen Reden weniger. Der problemorientierte Charakter der Reden, deren Hörer durch Denken selbst ›Einsicht‹ in die Grundfragen des faktischen Lebens gewinnen sollen, erhebt vielmehr einen anderen Anspruch. Im Hintergrund steht die ›faktische Lebenswirklichkeit‹, wobei die grundlegenden Lebensfragen unterschiedliche Lebensmodelle hervortreten lassen, die eine je eigene ›Entscheidung‹ fordern. Damit diese ›vernünftig‹ getroffen werden kann, muss die faktische Lebenswirklichkeit zuvor der ›unterscheidenden‹ Betrachtung unterzogen werden. ›Unterscheidung‹ ist also die Hauptaufgabe der hier betrachteten ›Reden‹, in denen der Autor in Kenntnis einschlägiger Lehren denkerische Orientierung für die Grundfragen des menschlichen Lebens und des christlichen Glaubens sucht. Sie stehen mit gutem Grund am Anfang der Werke des Lese- und Lebemeisters Eckhart.

Die Thematik der Reden mag auch Zufälligkeiten enthalten und systematisch nicht streng sein. Sie zielt aber stets auf ›Orientierung im Denken‹, die das ›Leben als solches‹ nicht bietet, sondern als ›Aufgabe‹ stellt, an deren Lösung jeder Mensch faktisch notwendig auf seinem Weg arbeitet. An der nötigen Un-

---

S. 243. ROESNER betont Eckharts spekulativ-metaphysische Vernunftbetrachtung, hebt aber weniger seine praktisch-moralische Frage nach dem Guten hervor.

terscheidung möglicher Antworten arbeiten ›Die reden der underscheidunge‹.
Die Überschriften der Abschnitte lauten im einzelnen (mit Umfangsangabe):

1. *Von wârer gehôrsame daz êrste.* (Vom wahren Gehorsam)= 42 Z [Zeilen]

2. *Von dem aller kreftigsten gebete und von dem aller hœchsten werke.* (Vom allerkräftigsten Gebet und vom allerhöchsten Werk)= 31 Z

3. *Von ungelâzenen liuten, die vol eigens willen sint.* (Von ungelassenen Leute, die voll Eigenwillens sind)= 49 Z

4. *Von dem nützen lâzenne, daz man tuon sol von innen und von ûzen.* (Vom Nutzen des Lassens, das man innerlich und äußerlich vollziehen soll)= 23 Z

5. *Merke, waz daz wesen und den grunt guot mache.* (Beachte, was das Wesen und den Grund gut macht)= 18 Z

6. *Von der abegescheidenheit und von habenne gotes.* (Von der Abgeschiedenheit und vom Besitzen Gottes)= 89 Z

7. *Wie der mensche sîniu werk sol würken ûf das hœchste vernünfticlîchen.* (Wie der Mensch seine Werke am vernünftigsten wirken soll)= 48 Z

8. *Von dem stæten vlîze in dem hœchsten zuonemme.* (Vom steten Fleiß im höchsten Zunehmen)= 8 Z

9. *Wie die neigunge ze den sünden dem menschen vrument ze allen zîten.* (Wie die Neigung zur Sünde dem Menschen allzeit frommt)= 33 Z

10. *Wie der wille alliu dinc vermac und wie alle tugende in dem willen ligent, ob er anders gereht ist.* (Wie der Wille alles vermag, und wie alle Tugenden im Willen liegen, wenn anders er recht ist)= 108 Z

11. *Waz der mensche tuon sol, sô er gotes vermisset und sich verborgen hât.* (Was der Mensch tun soll, wenn er Gott vermisst und Gott sich verborgen hat)= 95 Z

12. *Daz ist von sünden, wie man sich darzu halten sol, ob man sich in sünden vindet.* (Dies handelt von den Sünden: wie man sich verhalten soll, wenn man sich in Sünden findet)= 50 Z

13. *Von zweierleie riuwe.* (Von zweierlei Reue)= 28 Z

14. *Von der wâren zuoversiht und von der hoffenunge* (Von der wahren Zuversicht und von der Hoffnung)= 15 Z

15. *Von der zweierleie sicherheit des êwigen lebens.* (Von der zweierlei Gewissheit des ewigen Lebens)= 44 Z

16. *Von der wâren pêniticie und sæligem lebene.* (Von der wahren Buße und vom seligen Leben)= 55 Z

17. *Wie sich der mensche in vride halte, ob er sich niht envindet ûf üzerlîcher arbeit, als Kristus und vil heiligen hânt gehabet; wie er gote sül nachvolgen.* (Wie sich der Mensch in Frieden halte, wenn er sich nicht in äußerer Mühsal findet, wie Christus und viele Heilige sie gehabt haben; wie er Gott ›dann‹ nachfolgen solle)= 88 Z

18. *In welher wise der mensche mac nemen, als im gebürt, zarte spise und hôhiu kleit und vrœ-
liche gesellen, als im die anhangent nâch gewonheit der natûre.* (In welcher Weise der
Mensch, wie sich's ihm fügt, hinnehmen mag feine Speise, vornehme Kleider und
fröhliche Gesellen, wie sie ihm der Naturgewohnheit nach anhangen)= 52 Z

19. *War umbe got ofte gestatet, daß guote liute, die in der wârheit guot sind, daz sie dicke werdent gehindert von irn guoten werken.* (Warum Got oft gestattet, dass gute Menschen,
die wahrhaft gut sind, oft von ihren guten Werken gehindert werden)= 23 Z

20. *Von unsers herren lichamen, wie man den nemen sol ofte und in welher wise und andâht.*
(Von unseres Herrn Leib, dass man den oft empfangen soll und in welcher Weise
und Andacht)= 150 Z

21. *Von dem vlize.* (Vom Eifer)= 165 Z

22. *Wie man gote volgen sol und von guoter wise.* (Wie man Gott nachfolgen soll und von
guter Weise)= 76 Z

23. *Von den innerlichen und ûzerlichen werken.* (Von den inneren und äußeren Werken)=
219 Z

Das thematische Spektrum dieser 23 ›Paragraphen‹ von recht unterschiedlicher
Länge ist breit (sie ›Kapitel‹ zu nennen, ist auch wegen der Unklarheit der literarischen Gattung unsachgemäß): der kürzeste Paragraph (*8. Von dem stæten
vlize in dem hœchsten zuonemme*) besteht aus 8 Zeilen, der längste Paragraph
(*23. Von den innerlichen und ûzerlichen werken*) hat 219 Zeilen. KURT RUH gibt
einige Hinweise zum Aufbau von ›Die rede der underscheidunge‹ und erklärt:
»Die erste Sequenz der ›Reden‹, die Kapitel 1–8, gründet, wenn auch nicht als
solche angesprochen, auf den Ordensgelübden«.[14] RUH sieht im 9. Kapitel
(»Du mußt wissen [...]«) einen Neuansatz, der »die Neigung des Menschen
zur Sünde« thematisiert,[15] welches Thema im folgenden weitergeführt werde.
Die zweite ›Sequenz‹, die von der ›Sünde‹, aber auch vom ›rechten‹ Willen und
der ›Liebe‹ handele, reiche vom 9. bis zum 16. ›Kapitel‹. In der dritten Sequenz
(17–23) gehe es um ›wahre Buße‹ (die schon im 16. Kapitel Thema sei, indem es
diese als »Zuwendung zu Gott in unerschütterlicher Liebe« auslege), und um
»Grundfragen der auf Christus beruhenden Lebensführung«.[16]
  Nachdem in den beiden ersten ›Sequenzen‹ Fragen gestellt und Antworten
erwogen wurden, die ohne Verweis auf die Heilsgeschichte vorgetragen werden konnten, bezieht sich die letzte ›Sequenz‹, also die »Kapitelfolge 17–23« auf
die faktische Heilsgeschichte:

> *Diz ist diu ware penitencie, und daz kumet sunderliche aller volkomenlichest von dem wirdigen
> lidenne in der volkomen penitencie unsers herren Jesu Kristi.* (RdU, EW II, S. 380)

---

14 RUH, Meister Eckhart, S. 37.
15 RUH, Meister Eckhart, S. 37.
16 RUH, Meister Eckhart, S. 39.

»Dies ist die wahre Buße, und die gründet insbesondere und am vollkommensten auf dem würdigen Leiden im vollkommenen Bußwerk unseres Herrn Jesu Christi«. (RdU, EW II, S. 381)

Sofern es in den ›Reden der Unterscheidung‹ um Orientierung in den Grundfragen des Lebens und Denkens geht, sofern im Zentrum dieser Orientierung die Frage nach dem Willen steht, der sich der Belastung ausgesetzt sieht, zum bösen Willen geworden zu sein,[17] ist die Befreiung (Erlösung) eine zentrale Frage, auf die Antwort gesucht werden muss. Diese Frage wird nicht mehr durch bloße Selbstbesinnung und im Selbstvollzug aus eigener Kraft beantwortet, sondern im Blick auf die Heilsgeschichte, im Sinne einer ›Inversion der Aktivität‹, durch die der Mensch zum ›Hörer des Wortes‹ wird. KURT RUHS Bemerkung zur dritten und abschließenden ›Sequenz‹ muss näher bedacht werden. RUH sagt:

»Ohne Zweifel ist sie weniger fest gefügt als die vorangehenden, besonders die erste. Man steht unter dem Eindruck, daß der vortragende Spirituale und seine Hörer einander näher gerückt sind. Die Fragen werden dringlicher, konkreter, die Antworten unmittelbarer. Eckhart scheint sich führen zu lassen von den Fragen der ›Kinder‹«.[18]

RUHS Bestimmung des ›Sitzes im Leben‹ dieser Reden im Sinne der Unterweisung von neu eingetretenen Ordensmitgliedern, die durch diese ›Reden‹ an die Ordensgelübde herangeführt werden, ist zwar naheliegend, kann aber zu einer Verkürzung ihres konkreten Sinnes führen. Das wird schon deutlich im ersten Abschnitt mit dem Titel ›Vom wahren Gehorsam‹, der nicht Probleme einer ordensspezifischen Gehorsamsregelung betrachtet, sondern die allgemeine Situation aller wachen Menschen in der Welt und deren Beziehung zu Gott ins Auge fasst. Bemerkenswert ist, dass der erste Paragraph mit einem wesentlichen Zitat Augustins schließt, nämlich aus dem zehnten Buch des ›Confessiones‹, das den Scheitelpunkt dieses Werkes markiert. Eckharts zustimmendes Zitat vom Ende des ersten Paragraphen lautet: *Als da sprichet sant* Augustinus: *›der getriuwe diener gotes den engelustet niht, daz man im sage oder gebe, daz er gerne hœrte oder sæhe; wan sin êrster, hœchster vlîz ist ze hœrenne, waz gote allermeist gevellet‹.* (RdU, EW II, S. 336) Das ist wohl die erste (recht wörtliche) Übersetzung dieser Stelle aus den ›Confessiones‹ ins Deutsche; bei Augustinus lautet sie: *optimus minister tuus est, qui non magis intuetur hoc a te audire quod ipse voluerit, sed potius hoc velle quod a te audierit.* (conf. 10,37) Zwar ist die literarische Form von Augustins ›Confessiones‹ weithin als ›Anrede‹ konzipiert, worauf Anselm von Canterbury im ›Proslogion‹ (=Anrede), das weithin systematisch argumentiert, immerhin mit dem von Augustins Geist angeregten *Prooemium* aufmerksam

---

17 Dieses faktische Phänomen haben besonders Platon, Augustinus und Kant als Aufgabe des Denkens aufgegriffen.

18 RUH, Meister Eckhart, S. 39.

gemacht hat. Obwohl der Autor Augustinus meist ›zu Gott hin‹ spricht, versteht er sich doch als ›Hörer‹ des ›Wortes Gottes‹, das er aber zu ›verstehen‹ sucht, wie es die programmatische Stelle vom Beginn der Zeituntersuchung im elften Buch der ›Confessiones‹ besagt: *audiam et intelligam*. (conf. 11,5) Und im Zentrum des zehnten Buches hatte er Gott als Rufenden, ja als Schreienden bezeichnet, der seine Taubheit weggefegt habe: *vocasti et clamasti et rupisti surditatem meam*. (conf. 10,38)

Das *audiam et intelligam*, das Gehorsam und Einsicht als Ziel nennt, ist Augustins Leitmotiv. Es fordert keinen Kadavergehorsam, sondern ein Hören, das zwar unerreichbar Transzendentes eröffnet, aber dennoch auch der Einsicht zugänglich sein soll. Die ›Reden der Unterscheidung‹ erweisen sich vom ersten Paragraphen an als Reden zur Orientierung im Blick auf die Bestimmung des Menschen im Ausgang von der alltäglichen (passiv gegebenen) Existenzsituation des aktiv fragenden, vernünftigen Menschen. Wie Kants Autonomie-Gedanke auf das ›Faktum‹ ›gegebener‹ moralisch relevanter Situationen angewiesen ist, so geht Eckhart von der unableitbaren Situation des Menschen in der Welt aus, zu der für ihn auch der christliche Glaube gehört.

2. Zur besonderen Aufgabenstellung der drei von Kurt Ruh unterschiedenen ›Sequenzen‹

Die Einteilung der ›Sequenzen‹ der ›Reden der Unterscheidung‹ wird hier in der von KURT RUH vorgeschlagenen Weise übernommen; ihr Umfang ist also I.: § 1–8; II.: § 9–16; III.: § 17–23. Im Durchschnitt nehmen die Paragraphen der drei Sequenzen an Umfang zu; d. h. die Paragraphen der ersten Sequenz sind durchschnittlich die kürzesten, im Mittelwert nehmen die Umfänge der späteren Sequenzen zu; der letzte Paragraph der dritten Sequenz ist der längste überhaupt. Dazu passt die Beobachtung, dass die Paragraphen der ersten Sequenz eher formale Fragen verfolgen, wobei der Unterscheidung von *vita passiva* und *vita activa* eine Hauptrolle zukommt.

Die zweite Sequenz bringt zunehmend inhaltliche Aufgaben der *conditio humana* in den Blick: sie ist bestimmt von der menschlichen ›Neigung zum Sündigen‹, welche faktische Neigung, sobald sie bemerkt wird, die Menschen zu Entscheidungen herausfordert und dadurch auf ihre Freiheit und Verantwortung weist, indem sie vom Willen die Entscheidung zum Guten fordert.

Die dritte Sequenz hat die inhaltliche Bestimmung des höchsten Ziels des menschlichen Lebens zum Thema und legt — besonders am Ende der Sequenz — die Ruhe der Menschen im ›Frieden‹ Gottes als das höchste Ziel des menschlichen Lebens in augustinischem Geist aus.

a. Zur Unterscheidung von vita passiva und vita activa als Leitthema der ersten Sequenz

Die erste Sequenz handelt in mehreren Anläufen vom Vermögen und Wirken des menschlichen Geistes (>Gemütes<), wie es im tätigen Vollzug des >Gebetes< und der >Werke< ausgeübt wird. Zu fragen ist, was eine Tätigkeit gut und gerecht macht und wie sie ausgeübt werden soll. Meister Eckhart erklärt in Predigt 117 zur *vita passiva* und *activa* (vgl. Lc 10,38–42; vgl. dazu auch Predigt 2: *Intravit Jesus in quoddam castellum et mulier quaedam, Martha nomine, excepit illum in domum suam. Lucae II.*):

> >Marthâ, dû bist sorgenlich in vil dingen. Eines ist nôt<. Des sît sicher: des ist nôt ze volkomenheit, daz der mensche alsô sihe ûf in sînen werken, daz alliu sîn werk werden geworht als ein werk. Daz muoz geschehen in dem götlîchen rîche, dâ der mensche got ist. Dâ antwürtent im alliu dinc götlîche, und dâ ist der mensche ein herre aller sîner werke. / Wan ich sage iu vür wâr: Alliu diu werk, diu der mensche würket ûzerhalp des götlîchen rîches, daz sint alles tôtiu werk. Aber diu der mensche würket in dem götlîchen rîche, daz sint lebendigiu werk.[19]

Nachdem der erste Paragraph der ersten Sequenz den Vorrang des >inneren Hörens< herausgestellt hatte, zielen die weiteren Paragraphen auf den menschlichen >Eigenwillen<, auf die Notwendigkeit und den Sinn des >Gelassenseins< um Gottes willen. Der dritte Paragraph schließt mit der Weisung: *Nim din selbes war, und swa du dich vindest, da laz dich; daz ist daz aller beste.* Dass Martin Heidegger auf dem Gipfel von >Sein und Zeit< mit der >Idee des eigentlichen Ganzseinkönnens des Daseins< in gedanklicher Nähe zu Meister Eckhart war, liegt auf der Hand.[20] Dass er den im >Aufriß der Abhandlung< (SuZ 39) angezeigten dritten Abschnitt des ersten Teils zurückgezogen und diesen Abschnitt, den er schon ausgearbeitet hatte, verbrannt hat,[21] weist auf die zentrale Stellung der Gottesfrage für Heidegger, aber auch auf die Tatsache, dass Heidegger aus

---

19 Pr. 117, DW IV,2, S. 1138; Übersetzung nach der Manuskriptvorlage des Herausgebers GEORG STEER: »Darum sagte Christus: >Martha, du bist in vielen Dingen besorgt. Eines ist notwendig<. Dessen seid sicher: Zur Vollkommenheit ist es notwendig, daß der Mensch bei seinen Werken darauf achte, daß alle seine Werke wie ein Werk gewirkt werden. Das muß in dem göttlichen Reich geschehen, wo der Mensch Gott ist. Da antworten ihm alle Dinge auf göttliche Weise, und da ist der Mensch ein Herr aller seiner Werke. / Denn ich sage euch in der Wahrheit: Alle Werke, die der Mensch außerhalb des göttlichen Reiches wirkt, sind gänzlich tote Werke. Aber die der Mensch in dem göttlichen Reich wirkt, sind lebendige Werke«.

20 Vgl. das dritte Kapitel des zweiten Abschnitts des ersten Teils von SuZ: »Das eigentliche Ganzseinkönnen des Daseins und die Zeitlichkeit als der ontologische Sinn der Sorge«. (S. 301–333) Heideggers Nähe zu Eckhart hat das Interesse an Eckhart beflügelt; vgl. auch die von Heidegger betreute Dissertation von KÄTE OLTMANNS (1935, ²1957).

21 Nach mündlicher Auskunft von FRIEDRICH-WILHELM VON HERRMANN im Hause von Karl Jaspers in Heidelberg im unmittelbaren Anschluss an das Eintreffen der Nachricht vom Tod Rainer Maria Rilkes.

welchen Gründen auch immer an dieser Frage gescheitert ist.[22] Den Ermöglichungsgrund der ›Gelassenheit‹, von der auch Heidegger als Ideal spricht, sieht
Eckhart in Gott:

> *Wan, daz dû niht enwilt begern, daz hâst dû allez übergeben und gelâzen durch got.* (RdU,
> EW II, S. 340,25 f.)

> »Denn was du nicht begehren *willst*, das hast du alles hingegeben und gelassen um Got-
> tes willen«. (RdU, EW II, S. 341,26 f.)

Daraus folgt für Eckhart die Maxime:

> *Dar ûf setze al dîn studieren, daz dir got groz werde und daz aller dîn ernst und vlîz ze im sî in*
> *allen dînen werken und in allem dînem lâzenne.* (RdU, EW II, S. 344,2–4)

> »Darauf setze all dein Bemühen, daß dir Gott groß werde und daß all dein Streben und
> Fleiß ihm zugewandt sei in allem deinem Tun und Lassen«. (RdU, EW II, S.345,2–4)

Nachdem geklärt ist, *waz daz wesen und den grunt guot mache*, geht es um das
daraus folgende ›Haben Gottes‹, das man nicht (wie QUINT) mit ›Besitzen Gottes‹ übersetzen sollte. Immerhin ermöglicht die Rede vom ›Haben Gottes‹, dass
Eckhart von *dînem* oder *sînem got* spricht (also mit besitzanzeigendem Fürwort,
mehrfach in § 6 und 7).

b. Die menschliche Neigung zur Sünde und die daraus folgenden Fragen in der zweiten Sequenz

Nach diesen eher formalen Vorüberlegungen zum menschlichen Handeln
nimmt Eckhart in der zweiten Sequenz die *conditio humana* konkreter und inhaltlich genauer bestimmt in den Blick. Ansatzpunkt sind *Die neigunge ze den*
sünden, die *dem menschen vrument ze allen zîten.* (§ 9) Im Ausgangspunkt ist
hervorzuheben, dass nicht die Neigung zur Sünde, die dem Menschen lästig
und widerwärtig sein kann, sündig ist, sondern das ›Wollen‹ des sündigen Tuns
allein in der eigenen Entscheidung: *Wan diu tugent und ouch die untugent ligent*
in dem willen. (§ 9)[23] Mit dieser These knüpft Eckhart auch an einen Gedanken

---

22   Zur Frage, wie Heidegger die Gottesfrage in der ›Kehre‹ (bzw. mit dem ›ereignisge-
schichtlichen Denken‹) zunehmend an den Rand gedrängt hat, vgl. NORBERT FISCHER,
Zu Heideggers Auseinandersetzung mit Kant im Blick auf die Zukunft der Metaphysik;
mit Hinweisen auf Einsichten von FRIEDRICH-WILHELM VON HERRMANN. Vgl. auch
Heideggers Brief an Max Müller vom 4.11.1947. Weiterhin NORBERT FISCHER, Zum
Sinn von Kants Grundfrage: »Was ist der Mensch?«.

23   Vgl. RdU, EW II, S.356 f.: »Die Neigung zur Sünde ist nicht Sünde, aber sündigen *wol-*
len, das ist Sünde, zürnen *wollen*, das ist Sünde.« Eckhart lehrt die Willensfreiheit (vgl.
im Hintergrund die Aristotelische Habituslehre in NE, wobei der ›habitus‹ bei Aristoteles als Werk der Freiheit betrachtet wird (vgl. NE 1103 a 31: ἐνεργήσαντες πρότερον).

Augustins an, der das Gut des guten Willens, über den hinaus es kein höheres
Gut gebe, ein so großes Gut nennt, das nur gewollt zu werden braucht, um verwirklicht zu werden: *tam magnum bonum, velle solum opus est, ut habeatur.* (lib.
arb. 1,26) Als den Urheber dieses Gutes, der es dem Willen ursprünglich gibt,
nennt Augustinus den Willen allein durch sich selbst: *sola [...] voluntas per se
ipsam.*[24] Im Anschluss an Augustinus erklärt Eckhart in § 10:

> *Wie der wille alliu dinc vermac und wie alle tugende in dem willen ligent, ob er anders gereht ist.*
> (RdU, EW II, S. 358,15 f.)

> »Wie der Wille alles vermag, und wie alle Tugenden im Willen liegen, wenn anders er
> recht ist«. (RdU, EW II, S. 359,15 f.)

Ebenso wie Augustinus sieht Eckhart das menschliche Leben in der zweiten
Sequenz von Versuchungen und von ›Begehrlichkeiten‹ (*concupiscentiae*) bestimmt (bei Augustinus vgl. z. B. conf. 10,41–56), durch die Reue und Buße
– aber auch Zuversicht und Hoffnung – zum Thema werden (vgl. §§ 13–16).

*c. Der ›Friede Gottes‹ als das höchste Ziel des menschlichen Strebens in der dritten
    Sequenz*

Nach den grundsätzlichen Überlegungen zum menschlichen Streben, das von
der Neigung zur Sünde und vom Streben nach einem höchsten Guten aus
freiem Willen bestimmt ist, wendet Eckhart sich in der dritten Sequenz der
menschlichen Suche nach dem höchsten Ziel zu, wobei nun auch der christliche
Glaube und die ihm zugeordnete Praxis genauer in den Blick kommen. Eckhart sucht in den ›Reden der Unterscheidung‹ ›Orientierung‹ im Denken und
findet sie auch im Rückgriff auf von ihm geschätzte Autoren wie Augustinus
und auch Thomas von Aquin.[25] Augustinus, der schon im ersten Paragraphen
der ›Reden‹ mit Namen und einem ins Deutsche übersetzten Zitat aus den
›Confessiones‹ vorkommt, hat eine Sonderstellung bei Eckhart inne. Und es
ist nicht nur der äußere Anschluss an Augustinus, den Eckhart ins Deutsche
übersetzt, sondern auch ein tieferer Gleichklang der inneren Haltung. Largier
erklärt mit Recht im Stellenkommentar: »Dabei steht er [scil. Meister Eck-
hart] den Visionen – wie immer (vgl. Pfeiffer, Pr., S. 240,21 ff. und S. 656,6 ff.)
– skeptisch gegenüber und zieht das zweite, das wortlose innere Gespräch mit

---

24 Lib. arb. 1,26; im Gleichklang zu diesen Überlegungen hat später Kant gesprochen; vgl.
    z. B. GMS BA 1.
25 Zwar wird Thomas von Aquin nicht explizit genannt, aber der Bezug ist eindeutig; Lar-
    gier führt eine weitere Thomas-Stelle an. (EW II, S. 796) Außer diesen beiden werden
    nach Largier einige Schriftstellen zitiert (z. B. aus Paulus und dem Johannes-Evange-
    lium), weiterhin zitiert werden Homilien Gregors des Großen; zudem Dionysius, De
    mystica theologia und von Cicero, Tusculanae disputationes.

Gott vor.«. (EW II,797)[26] Diese treffende Erklärung kann man mit den schon erwähnten Worten Augustins (vgl. conf. 10,38) untermauern, wobei die Worte des rufenden, ja ›schreienden‹ Gottes nicht explizit genannt werden – und Augustinus dennoch zur Anrede Gottes getrieben haben.[27]

Als Zitat von Thomas sei in § 16 genannt:

> *Dô sprach ich: got enist niht ein zerstœrer deheines guotes, sunder er ist ein volbringer! Got enist niht ein zerstœrer der natûre, sunder er ist ein volbringer. Ouch diu gnade enzerstœret die natûre niht, si volbringet sie.* (RdU, EW II, S. 416,18–21)

> »Da sagte ich: Gott ist nicht ein Zerstörer irgendeines Gutes, sondern er ist ein Vollbringer. Gott ist nicht ein Zerstörer der Natur, sondern ihr Vollender. Auch die Gnade zerstört die Natur nicht, sie vollendet sie <vielmehr>«. (RdU, EW II, S. 417,20–23)

Thomas trägt diesen Gedanken in der ›Summa theologiae‹ vor:

> *Cum enim gratia non tollat naturam, sed perficiat, oportet quod naturalis ratio subserviat fidei / sic enim fides praesupponit cognitionem naturalem, sicut gratia naturam, et perfectio perfectibile.* (I 1, a.8 ad 1 und ad 2)

Die Überschrift des kürzesten (des achten) Abschnitts (*Von dem stæten vlîze in dem hœchsten zuonemme*) kommt noch einmal verknappt und prägnant in einem der längsten Abschnitt vor (vgl. § 21. *Von dem vlîze*). QUINT übersetzt das Wort *vlîz* in § 8 mit »Fleiß«, in § 21 mit »Eifer«. In die Augen sticht, dass es in § 8 um eine grundlegende Erklärung im Blick auf die höchste Möglichkeit der Steigerung menschlichen Strebens geht. Deren Kernaussage lautet in QUINTS Übersetzung: Der Mensch soll »sich ständig mit den beiden Kräften der Vernunft und des Willens erheben und darin sein Allerbestes im höchsten Grade ergreifen und sich äußerlich und innerlich gegen jeden Schaden besonnen vorsehen«. (RdU, EW II, S. 357,5–8) Mit diesen Worten charakterisiert Meister Eckhart die doppelte Aufgabe des menschlichen Seins und Strebens im Blick auf die zwei Grundkräfte (›Vernunft‹ und ›Willen‹) und stellt diese beiden Kräfte gleichsam unter das ›Primat des Willens‹, wodurch dem Menschen die Aufgabe gestellt ist, mit seinen höchsten Kräften das Allerbeste im höchsten Grade zu ergreifen und den Menschen äußerlich und innerlich gegen jeden möglichen Schaden zu bewahren. In diesem Kontext bringt Eckhart dann auch

---

26 Zur Diskussion um die ›Mystik‹ Augustins vgl. EPHRAEM HENDRICKX, Augustins Verhältnis zur Mystik; PAUL HENRY, Die Vision zu Ostia; DIETER HATTRUP, Confessiones 9: Die Mystik von Cassiciacum und Ostia, S. 414–422; NORBERT FISCHER, Augustins Philosophie der Endlichkeit; weiterhin im vorliegenden Band: Von einem Berühren Gottes im Geiste: *attingere aliquantum mente deum.*

27 Erwähnt wurde schon ein Zitat aus dem Artikel ›Creation‹ von MARIE-ANNE VANNIER im OGHRA; zudem könnte Meister Eckhart der erste Leser Augustins gewesen sein, der aus allen dreizehn Büchern der ›Confessiones‹ zitiert hat; vgl. NORBERT FISCHER, Meister Eckhart und Augustins ›Confessiones‹, S. 198.

die christliche Glaubenspraxis ein – z. B. die Praxis des Kommunionempfangs (vgl. § 20).

3. Überlegungen zur literarischen Gattung der Schrift ›Die rede der underscheidunge‹

Meister Eckharts Schrift ›Die rede der underscheidunge‹ tritt zwar nicht als ein so gewaltiges und vielschichtiges Werk wie Augustins ›Confessiones‹ auf, sie bedarf aber, zumal sie eine der ersten Schriften Eckharts ist, genauer Lektüre und auch der Bestimmung ihrer literarischen Gattung. Gewiss gilt, was Eckhart im Vorspruch zum Anlass und Kontext dieser Reden sagt:

> *Daz sint die rede, die der vicarius von türingen, der prior von erfurt, bruoder eckhart predigerordens mit solchen kindern hâte, diu in dirre rede vrâgeten vil dinges, do sie sâzen in collationibus mit einander.* (RdU, EW II, S. 334,3–6)

Mit *collationes* mögen hier nicht so sehr ›Beiträge‹ gemeint sein, sondern ›Zusammenkünfte‹, in denen aber die Teilnehmer durchaus Beiträge einbringen konnten, die sich aber im Text nur indirekt spiegeln und vielleicht die Thematik der Zusammenkünfte zunehmend bestimmt haben. Was JOACHIM KOPPER zur ›Grundsituation des Eckhartschen Denkens‹ sagt, mag auch für ›Die Reden der Unterscheidung‹ gelten. KOPPER erklärt:

> »Durch Eckharts ganze Philosophie und Theologie, zumal aber durch seine deutschen Predigten geht an den Menschen der Warnruf, sich nicht an die Dinge dieser Welt, so wie sie sich von sich selbst her zeigen, zu verlieren, da den Dingen die Nichtigkeit innewohne, ja sie selbst Nichtigkeit seien. Wenn der Mensch sich an die Dinge, wie sie sich von sich selbst her kundgeben, hält, wenn er von dem ›hoc et hoc‹, dem ›diz und daz‹ auszugehen versucht, dann ist er der Lüge und Nichtigkeit verfallen.«[28]

KOPPER erklärt weiter: »Diese Nichtigkeit ist dem Menschen keineswegs im vorhinein ausdrücklich einsichtig. Vielmehr ist es dem Menschen natürlich, sich zunächst an die Dinge zu halten, zunächst von außen her zu leben und diese Art des Lebens für die eigentliche zu nehmen.« (Ebd.) Folglich wird es für Eckhart eine wesentliche Aufgabe, das Verhältnis von ›außen‹ und ›innen‹ zu klären, also für sich selbst und für seine Hörer und Gesprächspartner ›Orientierung in wesentlichen Fragen des Denkens und des Glaubens im Ausgang vom faktischen Leben‹ zu suchen. Diese durch das faktische Leben gestellte Aufgabe ist Thema der ›Reden der Unterscheidung‹. Indem Eckhart diese Orientierung

---

28 Vgl. Die Metaphysik Meister Eckharts, S. 33. JOACHIM KOPPER fügt folgende Stelle der ›Expositio Libri Sapientiae‹ als Beleg bei: *Patet quod omne creatum ex se nihil est: creavit enim, ut essent, et ante esse nihil est. Qui ergo amat creaturam, amat nihil et fit nihil. Amor enim amantem transformat in amatum.* (In Sap. n. 34, LW II, S. 323)

sucht und findet, wird er zu dem ›Lese- und Lebemeister‹, als der er berühmt geworden ist und als den ihn wohl zuerst Johannes Tauler bezeichnet hat.[29] Mit der Aufgabe der Orientierung des Denkens und Lebens rückt das Thema der Beurteilung von ›außen‹ und ›innen‹ in das Zentrum der Betrachtung, das im letzten Paragraphen der Reden mit dem Titel (*23. Von den innerlîchen und ûzerlîchen werken*) noch einmal thematisiert wird. Aus den Reden wird deutlich, dass es Eckhart keineswegs um Verachtung des Äußeren und um Ablehnung des äußeren Tuns geht, sondern um eine ›Unterscheidung‹ im Blick auf das Höchste. Da der Lesemeister Eckhart gewiss auch Orientierung bei Augustinus suchte, seien hier die zwei wichtigen, auslegungsbedürftigen Passagen angeführt, in denen Augustinus das Verhältnis des Äußeren und Inneren dreistufig (*foris / intus / interior intimo meo*) ins Auge fasst und erläutert.[30] Die erste Stelle lautet: *noli foras ire, in te ipsum redi. in interiore homine habitat veritas. et si tuam naturam mutabilem inveneris, transcende et te ipsum.* (vera rel. 72) Diese drei Sätze markieren drei Stufen, die vom Äußeren über das Innere zum unerreichbaren Innersten führen. Die zweite Stelle, mit der Augustinus die unüberwindbare Schranke menschlicher Gottsuche markiert, findet sich in den ›Confessiones‹ und lautet: *tu autem eras interior intimo meo et superior summo meo.* (conf. 3,11) Den Weg von Augustins Gottsuche, die vom Äußeren über ein Inneres zu Gott als dem führt, das innerlicher als das eigene Innerste und höher als das eigene Höchste ist, sucht auch Eckhart. Am Ende des Paragraphen 22 spricht Meister Eckhart ein Wort aus, das als Motto der hier betrachteten Reden verstanden werden kann. Dieses Wort fordert,

> *daz der mensche solte werden ein gotsuochender in allen dingen und gotvindender mensche ze aller zît und in allen steten und bî allen liuten in allen wîsen. In disem mac man alle zît âne underlâz zuonemen und wahsen und niemer ze ende komen des zuonemennes.* (RdU, EW II, S. 418,3–7)

Wie sehr Eckhart die Gegenwärtigkeit Gottes im Menschen, die Nähe (Identität) von Gott und Mensch betont (§§ 6+7), was Missverständnisse befördert hat: die ›Reden der Unterscheidung‹ betonen zwar die ›Nähe‹, aber auch die bleibende ›Differenz‹ zwischen dem vollkommenen Gott und dem endlichen Geschöpf, so dass Eckhart mit Augustinus sagen könnte (an. quant. 77):

---

29 Vgl. KARL HEINZ WITTE, Meister Eckhart: Leben aus dem Grunde des Lebens. Eine Einführung, S. 46. Weiterhin Martin Heidegger / Karl Jaspers, Briefwechsel 1920–1963, S. 181 f.: »seit 1910 begleitet mich der Lese- und Lebemeister Eckehardt«.

30 Vgl. NORBERT FISCHER, foris-intus. Der Titel dieses Artikels im ›Augustinus-Lexikon‹ insinuiert eine Verkürzung des von Augustinus intendierten dreistufigen Sachgehalts. Auch Eckhart behauptet nicht die Identität von Gott und Mensch, sondern sieht als asymptotisches Ziel (§ 7): *nemen in allen dingen got in der hœsten wîse, als ez mügelich ist.*

qui numquam non fuerit, numquam non erit, numquam aliter fuerit, numquam aliter erit,
quo nihil sit secretius, nihil praesentius, qui difficile invenitur, ubi sit, difficilius, ubi non sit. (an.
quant. 77)

»der niemals nicht gewesen ist und niemals nicht sein wird, der niemals anders gewesen
ist und niemals anders sein wird; nichts ist abgeschiedener als er, nichts ist gegenwärtiger;
schwer findet man den Ort, an der er ist, noch schwerer einen Ort, an dem er nicht ist«.[31]

---

31 Übersetzung hier nach KARL-HEINRICH LÜTCKE in Augustinus, Philosophische Spät-
    dialoge, S. 235/237.

Norbert Fischer

Got und ich wir sîn ein / »Gott und ich wir sind eins« (Predigt 6).
Zur philosophischen Deutung eines schwierigen Wortes Meister
Eckharts

OTTO KARRER hat ALFRED ROSENBERGS Pathos der »germanischen Zukunftsreligion«[1] im Blick auf Eckharts ›Gotteserlebnis‹ 1934 wissenschaftlich ›peinlich‹ genannt.[2] Gegen Ende erklärt er:

> »Nach allem wird es uns nicht mehr wundern, wenn M. Eckhart als Mystiker der Liebe,
> d. h. des Willens [...], gemäß der christlichen Grundhaltung alle sogenannte ›Schaumys-
> tik‹ mit Reserve behandelt. Er spürt wohl: sie ist vor-, bzw. außerchristlich, neuplato-
> nisch oder gnostisch – und er ist Christ«.[3]

Das Titelwort ›*Got und ich wir sîn ein*‹, das zur ›Schaumystik‹ passen könnte, die
Eckhart nach KARRER ablehnt, findet sich in Predigt 6: ›Iusti vivent in aeternum‹ (Sap. 5,16). Es knüpft an das Johannes-Evangelium an (Io 10,30: ἐγὼ καὶ
ὁ πατὴρ ἕν ἐσμεν; zur Einbeziehung der Jünger vgl. Io 14,10−20) und weist auf
einen ›ins Unendliche gehenden Progressus zur Heiligkeit‹, in der wir Gott und
die Gerechtigkeit um ihrer selbst willen lieben.[4] Das Titelzitat lässt sich derart

---

1   ›Der Mythus des 20. Jahrhunderts‹ wurde am Ende der Weimarer Republik 1930 ver-
    öffentlicht. ›Meister Eckehart‹ wird dort oft (für heutige Leser störend, und wie schon
    KARRER erklärt: geradezu ›peinlich‹) − als ›Autorität‹ »zur Wiederaufrichtung unseres
    Wesens« gegen die »römisch-jüdische Vergiftung« angeführt. ROSENBERGS Buch wurde
    jedoch immerhin bereits am 7. Februar 1934 vom Vatikan auf den ›Index librorum prohi-
    bitorum‹ gesetzt; vgl. dazu HUBERT WOLF, ›Wechsel in der Kampftaktik‹? 75 Jahre nach
    der Enzyklika ›Mit brennender Sorge‹, vgl. bes. S. 244 f.
2   Vgl. OTTO KARRER, Das Gotteserlebnis bei Augustinus und Meister Eckhart, S. 21. Im
    vorliegenden Buch nachgedruckt mit einem Kommentar von MAXIMILIAN BRANDT.
3   OTTO KARRER, Das Gotteserlebnis bei Augustinus und Meister Eckhart, S. 44. KARRER
    spricht hier gegen eine neuplatonisch-mystisch überformte Platondeutung; dazu mit
    ähnlicher Beurteilung der ›Philosophie‹ Platons und des ›Neuplatonismus‹ z. B. NOR-
    BERT FISCHER, Augustins Philosophie der Endlichkeit. Zur systematischen Entfaltung
    seines Denkens aus der Geschichte der Chorismos-Problematik; weiterhin NORBERT
    FISCHER, Sein und Sinn der Zeitlichkeit im philosophischen Denken Augustins.
4   DW I, S. 113 f.: *Got und ich wir sint ein*; vgl. DW I, S. 595 mit QUINTS Corrigenda zu
    113/8 und 114/4. Der korrigierte Text lautet also: *Got und ich wir sîn ein*; LARGIER bietet
    den korrigierten Text (EW I, S. 86 f.): *Got und ich wir sîn ein. Mit bekennenne nime ich got
    in mich, mit minnenne gân ich in got.* »Wir« sind nach Eckhart ›endliche‹ Geschöpfe, die
    der Heiligkeit des ›unendlichen‹ Gottes nachstreben sollen. Die biblische Fundierung
    durch Vater und Sohn im Johannes-Evangelium wird dort auf alle erweitert, die dem
    Sohn folgen (Io 4,11 f.: »Glaubt mir doch, daß ich im Vater bin und daß der Vater in mir
    ist; wenn nicht, glaubt wenigstens aufgrund der Werke! Amen, amen, ich sage euch:

auch von Kants praktisch fundierter Metaphysik und Religionsphilosophie her
verstehen.[5] Obwohl Kant die spekulative Metaphysik 1766 als ›Träume eines
Geistersehers‹ abgelehnt hatte, führt ihn die kritische Philosophie zu einem
›Denkziel‹, das er im ›Opus postumum‹ so erläutert:

> »Gott über uns, Gott neben uns, Gott in uns, 1. Macht und Furcht 2. Gegenwart und
> Anbetung (inigste Bewunderung) 3 Befolgung seiner Pflicht als Schatten dem Licht«.[6]

Quints Predigt 6 beginnt mit einem Zitat aus dem ›Buch der Weisheit‹:

> ›Die gerehten suln leben êwiclîche, und ir lôn ist bi gote‹. (Pr. 6, EW I, S. 76,3)
>
> »›Die Gerechten werden leben ewiglich, und ihr Lohn ist bei Gott‹ <Weish. 5,16>«.
> (Pr. 6, EW I, S. 77,3 f.)

Dieses zu Gerechtigkeit und Glauben ermunternde Wort fördert die Hoffnung
auf die Zukunft der ›Gerechten‹ bei Gott (vgl. KpV A 219–223) und führt zu
einer ›Denkaufgabe‹:

> Nû merket disen sin gar eben; aleine er grop lûte und gemeine, sô ist er doch gar merklich und gar
> guot. (Pr. 6, EW I, S. 76,3–5)

Wer an mich glaubt, wird die Werke, die ich vollbringe, auch vollbringen«). Zu Kant vgl.
KpV A 220: »Die völlige Angemessenheit des Willens aber zum moralischen Gesetze
ist *Heiligkeit*, eine Vollkommenheit, deren kein vernünftiges Wesen der Sinnenwelt in
keinem Zeitpunkte seines Daseins fähig ist. Da sie indessen gleichwohl als praktisch
nothwendig gefordert wird, so kann sie nur in einem ins Unendliche gehenden Progressus zu jener völligen Angemessenheit angetroffen werden, und es ist nach Principien der
reinen praktischen Vernunft nothwendig, eine solche praktische Fortschreitung als das
reale Object unseres Willens anzunehmen.«

5 Karrers Abwehr der ›Schaumystik‹, die in der θεωρία, also im ›Wissen‹ der spekulativen Vernunft begründet ist, einer ›theoretisch‹ begründeten Lehre, wird hier im Sinne
der Zustimmung zu Kants Lehre vom ›Primat der reinen praktischen Vernunft‹ ausgelegt; vgl. dazu KpV A 215–219; dort (A 217) übrigens mit einer spitzen Bemerkung Kants
zu »Mahomets Paradies, oder der *Theosophen* und *Mystiker* schmelzende[n] Vereinigung
mit der Gottheit«. Zur Frage des Primats bei Kant vgl. z. B. Norbert Fischer, Kants
These vom Primat der praktischen Vernunft. Zu ihrer Interpretation im Anschluss an
Gedanken von Emmanuel Levinas.

6 Dieses Wort hat Kant zwischen August 1799 und Dezember 1800 im ›Opus postumum‹
notiert (AA 22,310). Vgl. dazu im vorliegenden Band Norbert Fischer, Kants Idee »*est
Deus in nobis*« und ihr Verhältnis zu Meister Eckhart. Zu Kants späten Entwürfen einer
Metaphysik aus praktischer Vernunft vgl. OP; AA 22,129 f.: »Das Subject des categorischen Imperativs in mir ist ein Gegenstand dem Gehorsam geleistet zu werden verdient:
ein Gegenstand der Anbetung (*adoration*) Dieses ist ein identischer Satz Die Eigenschaft
eines moralischen Wesens das über die Natur des Menschen categorisch gebieten kann
ist die Gottlichkeit desselben Seine Gesetze müssen gleich als göttliche Gebote befolgt
werden. – Ob Religion ohne Voraussetzung des Daseyns Gottes möglich ist. *est Deus in
nobis*.«

»Nun merkt recht genau auf den Sinn dieses Wortes; mag er auch schlicht und allgemeinverständlich klingen, so ist er doch sehr beachtenswert und durchaus gut«. (Pr. 6, EW I, S. 77,4–7)

Einen Gipfel erlangt die Predigt zum Zitat aus dem ›Buch der Weisheit‹ gewiss gegen Ende mit der knappen Aussage, die Thema der vorliegenden Untersuchung ist: ›Got und ich wir sîn ein‹. Diesem Wort könnten schwärmerische Eckhart-Leser einen ›mystizistischen‹ Sinn unterlegen, der problematische Auslegungen befördert und die Verurteilung Eckharts begünstigen konnte. Im Beitrag: ›Eckharts Absicht‹ (mit dem Untertitel: ›Eckhart – ein Wirrkopf?‹)[7] deutet KURT FLASCH es ohne Beachtung seines Kontextes als ›spekulative‹ Aussage: »›Gott und ich, wir sind eins.‹«[8] Diesem Wort, das (isoliert betrachtet) heterodox klingt, fügt FLASCH hinzu: »Das ist schroff und klar gesagt. Das ist das wesentliche Denkziel Meister Eckharts.«[9] Damit aber deutlich wird, dass Eckhart kein »Wirrkopf« war, sei der Satz einer Pariser Predigt genannt, der ebenso »schroff und klar« sagt: *nullum intelligibile creatum est deus* (»kein geschaffenes Intelligibles ist Gott«).[10]

7　Vgl. KURT FLASCH / RUEDI IMBACH, Meister Eckhart – in seiner Zeit.
8　Ohne Beachtung des Kontextes und überdies mit einem Punkt am Schluss – im Sinne von KARRERS ›Schaummystik‹.
9　Besser wäre von einer ›Denkaufgabe‹ zu sprechen. Zur Kritik vgl. LORIS STURLESE, Einleitung, in: Heinrich Seuse, Das Buch der Wahrheit, im Blick auf die »Begründung des Unterschiedes zwischen dem *Verbum* und dem vergöttlichten ›wiedergeborenen‹ Menschen«; bes. S. LX: »Dies war auch die Position Seuses, und ich sehe nicht ein, warum von einer ›Entschärfung‹ der Lehre gesprochen werden sollte (Haas) 83, oder warum man Seuse als einen ›resignative(n) Abschwächer der Ideen Eckharts‹ qualifizieren müßte (Flasch).«
10　EW II, S. 560 f.; vgl. dazu die inhaltlich unabhängige Predigt 16 B (EW I, S. 186–197) wohl vom 28. August 1302 oder 1303: *Vas auri solidum ornatum omni lapide pretioso Eccli. 50* (vgl. dazu Sir 50,9); vgl. weiterhin den Stellenkommentar in EW II, S. 889–893: zwar ist der Hinweis des Herausgebers NIKLAUS LARGIER zu beachten, der von einer »gewissen akademischen Trockenheit« der lateinischen Predigt spricht und meint, dass »inhaltlich keine Parallelen« zur Predigt 16 vorlägen (EW II, S. 889). Welche der beiden Predigten zum Thema denkerisch solider ist, ist damit nicht entschieden. LARGIER erklärt (EW I, S. 889): »Diese am Tag des hl. Augustinus in Paris gehaltene Predigt ist auf dem Vorsatzblatt einer Handschrift der Erfurter Stadtbücherei überliefert. Die Schrift gehört ins beginnende 14. Jahrhundert. Es handelt sich um die Abschrift einer Mitschrift (*reportatio*, vgl. S. 568,22) der Predigt, für deren Zuverlässigkeit insbesondere die Genauigkeit bei der Zitierung der Quellen spricht.« LARGIER übergeht die Spannung des Wortes ›Got und ich wir sîn ein‹ zur zitierten These der lateinischen Predigt: *nullum corpus est deus. nullum intelligibile creatum est deus.* Zu Io 10,30 (ἐγὼ καὶ ὁ πατὴρ ἕν ἐσμεν = »ich und der Vater, wir sind eins«) vgl. auch JOACHIM RINGLEBEN, Das philosophische Evangelium, S. 235–242.

1. Von Eckhart zitierte Autoritäten in der Predigt ›Iusti vivent in aeternum‹

Bevor der Gedankengang der hier ins Auge gefassten Predigt betrachtet wird, seien zunächst die ›Autoritäten‹ angeführt, die Eckhart zur Erläuterung des Schriftwortes heranzieht, das zweifellos als Wort der ›Heiligen Schrift‹ Autorität besaß, aber auch denkerisch untersucht werden sollte.[11] In der Mitte der Predigt (EW I, S. 82 f.) führt Eckhart den Prolog des Johannes-Evangeliums an (Io 1,1: *daz wort was bî gote*), zu dem er einen Kommentar verfasst hat (EW II, S. 487–537). Den ›zweiten Schöpfungsbericht‹ (Gn 2,21 f.) liest er im Sinne der ›Gleichheit‹ (bzw. ›gleicher Würde‹) von Frau und Mann sachgemäß, aber für manche Leser wohl ungewohnt:

> *Dô got den menschen machete, dô machete er die vrouwen von des mannes sîten, dar umbe daz si im glîch wære. Er machete sie niht von dem houbte noch von den vüezen, daz si im wære weder vrouwe noch man, sunder daz si glîch wære.* (Pr. 6, EW I, S. 82,3–7)

> »Als Gott den Menschen schuf, da schuf er die Frau aus des Mannes Seite, auf daß sie ihm gleich wäre. Er schuf sie weder aus dem Haupte noch aus den Füßen, auf daß sie weder unter noch über ihm wäre, sondern daß sie gleich wäre«. (Pr. 6, EW I, S. 83,3–7)

Dazu zitiert er ein Jesus-Wort aus dem Johannes-Evangelium (vgl. Io 15,14 f.):

> *Unser herre sprach ze sînen jüngern: ›ich enhân iuch niht geheizen knehte sunder vriunde‹.* (Pr. 6, EW I, S. 84,25 f.)

> »Unser Herr sprach zu seinen Jüngern: Ich habe euch nicht Knechte geheißen, sondern Freunde«. (Pr. 6, EW I, S. 85,28 f.)

Nebenbei führt er den 1. Johannesbrief an (I Io 3,2): *Alsô werden wir in got verwandelt, daz wir in bekennen suln, als er ist.* (EW I, S. 86) Zudem zitiert er Paulus aus dem Zweiten Brief an die Korinther (II Cor 3,18): ›*Wir werden alzemâle transformieret in got und verwandelt*‹ [im Paulinischen Original heißt es: μεταμορφούμεθα]. (EW I, S. 84) Weiterhin:

> *Sant Paulus sprichet: alsô suln wir bekennende sîn, rehte ich in als er mich, noch minner noch mêr, glîch blôz.* (Pr. 6, EW I, S. 86,18–20)

> »Sankt Paulus sagt: So werden wir erkennen: recht ich ihn, wie er mich, nicht weniger und nicht mehr, schlechthin gleich <1 Kor. 13,12>«. (Pr. 6, EW I, S. 87,23–25)

---

11 Gemäß Anselm: *fides quaerens intellectum*; vgl. ›Expositio Sancti Evangelii secundum Johannem. Prooemium‹ (In Ioh., EW II, S. 488): die *fides christiana et utriusque testamenti scriptura* soll durch *rationes naturales philosophorum* exponiert werden. Die Bezugnahmen auf Kant mögen erhellend sein, da Kant im ›Katholizismus‹ wie Eckhart lange Zeit übel beleumundet war; vgl. Norbert Fischer, Kant und der Katholizismus. Stationen einer wechselhaften Geschichte.

Eckhart hofft sowohl auf die ›Verwirklichung‹ der ›Erkenntnis Gottes‹ (verstanden als ›Genitivus subjectivus‹ und ›objectivus‹) und die ›Verwandlung in Gott‹ in einer eschatologischen Zukunft. Er bezieht das Wort ›*Got und ich wir sîn ein*‹ auf den biblischen Kontext, legt es philosophisch aus und untermauert dabei zugleich seine Annahme der ›Rechtgläubigkeit‹ dieses Wortes. Nebenbei erwähnt Eckhart einige weitere Autoritäten, appelliert sonst aber weithin vor allem an die eigene Einsicht seiner Zuhörer und bezieht sich so auf das eigenständige Urteil des ›gesunden Menschenverstandes‹ – bis hin zur überraschend und kaltschnäuzig vorgetragenen, ernsthaften Erwägung der seinem ›Glauben‹ widerstreitenden Thesen eines ›postulatorischen Atheismus‹.[12] Zum Beispiel weist er zu Beginn der Predigt, ohne deren Autor zu nennen, auf ›eine Schrift‹, die sage: *der ist gereht, der einem ieglichen gibet, daz sîn ist.* (Pr. 6, EW I, S. 76,7 f.) JOSEF QUINT nennt als Quelle treffend die »Institutiones (Iustiniani) I,1 pr.: *Iustitia est constans et perpetua voluntas ius suum cuique tribuens*« (DW I, S. 99), die Gedanken griechischer und christlicher Autoren zusammenfasst. Im Hintergrund mögen Schriften Platons (›Politeia‹) und Augustins (›De civitate dei‹) stehen, die den Sinn von ›Gerechtigkeit‹ nicht nur auf einzelne vernünftige, freie Handelnde beziehen, sondern auf deren ›Gemeinschaft mit Anderen‹, an denen sich ›Gerechtigkeit‹ zu bewähren hat.

Weiterhin beruft Eckhart sich in einer unklaren Zitation auf Augustinus, die QUINT indessen auf Bernhard von Clairvaux zurückführt.[13] Eckhart sagt aber eindeutig und klar:

> *Sant Augustinus sprichet: dâ diu sêle minnet, dâ ist si eigenlicher, dan dâ si leben gibet.* (Pr. 6, EW I, S. 80,10 f.)

> »Sankt Augustinus spricht: ›Wo die Seele liebt, da ist sie eigentlicher als da, wo sie Leben gibt‹«. (Pr. 6, EW I, S. 81,9 f.)

---

12 Den auf dem Primat der vernünftig begründeten Moral basierenden ›postulatorischen Atheismus‹ haben nicht erst Friedrich Nietzsche, Nicolai Hartmann, Max Scheler und Jean-Paul Sartre gleichsam ›erfunden‹, sondern wird im Grundzug schon auf Grund von Maßgaben Platons (z. B. ›Theaitetos‹ 176 b/c) von Cicero entwickelt, was Augustinus seinerzeit bemerkt und in ›De civitate dei‹ 5,9 diskutiert hat; vgl. NORBERT FISCHER, Einleitung (Augustinus. Spuren und Spiegelungen seines Denkens, Bd. 2), S. 21 f. (Fn 39).

13 QUINT (DW I, S. 105) weist auf Bernhard von Clairvaux, De praecepto et dispensatione c. 20 nr. 60 (PL 182, Sp. 892): *neque enim praesentior spiritus noster est ubi animat quam ubi amat.* Es tritt mehrfach als Augustinus-Zitat auf (vgl. PFEIFFER, S. 13,25 f., 342,29 f., 494,5 f., 496,28 f.; 330,6 f. dort nicht als Augustinus-Zitat); als weitere Bernhard-Stelle nennt QUINT In. Joh n. 469: *Et secundum hoc optime dicit Augustinus quod anima verius est ubi amat quam ubi animat.* NIKLAUS LARGIER erklärt nur (EW I, S. 811): »Das Zitat ist nicht Augustinus entnommen«.

QUINTS Verweis auf Bernhard ist sachhaltig, sofern die von ihm zitierten Stellen die Beziehung von *animare* und *amare* treffen und dem *amare* das Primat vor dem *animare* zusprechen: *praesentior* [bzw. *verius*] *spiritus noster est ubi amat quam ubi animat*. Erstaunlich ist aber, dass der Augustinus-Kenner Eckhart[14] sich hier doch namentlich auf diesen Kirchenvater beruft. Also wäre zu erwägen, ob das zitierte Wort, das QUINTS Bernhard-Stelle wörtlich gewiss sehr nahesteht, nicht auch auf einen Gedanken Augustins anspielt, den explizit zu nennen Eckhart für passend gehalten hat. Eckhart bezieht sich auf einen Vollzug unserer ›Seele‹ (*anima*), Bernhard hingegen spricht von einer Tätigkeit unseres *spiritus*. Ob Eckhart Augustinus-Texte zum Verhältnis von *amare* und *animare* im Blick auf Kreatianismus und Traduzianismus kannte, mag offen bleiben.[15] Das Primat von Vollzügen der ›Liebe‹ vor denen des ›Seins‹ findet sich bei Augustinus jedenfalls explizit;[16] Augustinus spricht zudem vom Vorrang von Akten der ›Liebe‹ (des *amare*, vgl. *minnet*) vor denen des ›Beseelens‹ (des *animare*, vgl. *leben gibet*).[17] Ein letztes Zitat, dessen Quelle Eckhart selbst wiederum unbestimmt lässt,[18] lautet:

> *Ein geschrift diu sprichet: ie daz dinc dem tôde næher ist, ie pinlîcher ez ist.* (Pr. 6, EW I, S. 80,18 f.)

> »Eine Schrift sagt: Je näher etwas dem Tode ist, um so peinvoller ist es«. (Pr. 6, EW I, S. 81,20 f.)

Deutlich ist die Nähe zur Gesamtaussage der ›Confessiones‹, in denen Augustinus sein Unwissen gesteht, von woher er in das Leben gekommen ist, und wo

---

14 Vgl. MARIE-ANNE VANNIER, Creation, in: OGHRA, S. 843: »Meister Eckhart does not share the title of ›the second Augustine‹, but the fact remains that he is perhaps the best reader of Aug.« Eckhart ist ein ausgezeichneter Augustinus-Kenner, der (wohl als einer der ersten) aus allen 13 Büchern der ›Confessiones‹ zitiert; vgl. dazu auch NORBERT FISCHER, Meister Eckhart und die ›Confessiones‹ Augustins, bes. S. 198.

15 Dazu ADOLAR ZUMKELLER, Anima et eius origine (De-). Augustinus-Zitate hier nach dem CAG; als Übersetzung vgl. Augustinus, Natur und Ursprung der Seele (übertragen von ANTON MAXSEIN und DIONYSIUS MORICK).

16 Vgl. NORBERT FISCHER, Amore amoris tui facio istuc. Zur Bedeutung der Liebe im Leben und Denken Augustins. Augustinus ist *doctor caritatis vel amoris, doctor gratiae* nur, sofern ›gratia‹ von ›amor‹ und ›caritas‹ her verstanden wird.

17 Vgl. an. et or. 3,7: *denique ut puer iste revivesceret, non eum animando propheta fecit, sed eum amando ut hoc deus faceret impetravit.* In dieser Schrift zur Diskussion von Fragen des Kreatianismus und Traduzianismus gesteht Augustinus sein Nichtwissen, ob sich die Seele der Menschen aus der Seele des ersten Menschen fortpflanzen oder ob sie ohne Fortpflanzung direkt von Gott gegeben wird (retr. 2,56): *ubi quodam loco de origine animae hominum singulorum, utrum ex illa una primi hominis ac deinde ex parentibus propagentur, an sicut illi uni sine ulla propagatione singulae singulis dentur, me nescire confessus sum.*

18 NIKLAUS LARGIER hält lapidar fest (EW I, S. 811): »Die Quelle Eckharts ist nicht bekannt.«

er schwankt, ob er unser Leben eher ›tödliches Leben‹ oder ›lebendigen Tod‹ nennen will: *nescio, unde venerim huc, in istam dico vitam mortalem an mortem vitalem.* (conf. 1,7) Obwohl wir das Leben lieben und ein von Liebe zum sterblichen Leben besiegter Geist im Elend ist (*miser est omnis animus vinctus amicitia rerum mortalium et dilaniatur, cum eas amittit,* conf 4,1), wird die Erfahrung des Todes für Augustinus zur Wende, die seine Hoffnung weckt, da er glaubt, dass Gott in unser Leben hinabgestiegen sei und den Tod, der uns als *poena* begegnet, auf sich genommen habe, damit wir nicht sterblich bleiben: *descendit huc ipsa vita nostra et tulit mortem nostram.* (conf. 4,19)[19] Auch Jesu ›Abschiedsreden‹ im Johannes-Evangelium sind zu beachten (Io 13, 31–17,26). Dort heißt es:

> »Glaubst du nicht, daß ich im Vater bin und daß der Vater in mir ist? Die Worte, die ich zu euch sage, habe ich nicht aus mir selbst. Der Vater, der in mir bleibt, vollbringt seine Werke«.[20]

2. Zum ›Denkziel‹ und zur Struktur der Predigt ›Iusti vivent in aeternum‹

Wäre der Satz: ›*Got und ich wir sîn ein*‹ das ›Denkziel‹ der Predigt ›Iusti vivent in aeternum‹, hätte Eckhart es als solches kennzeichnen können. Der Satz ist auslegungsbedürftig und klingt ohne Klärung seines Sinnes so skandalös, dass er Hörer und Leser seiner Predigt zu Fragen von der Art zwingt, wie sie in Köln (1326) und in Avignon (1329) als Anklage vorgetragen wurden. Das wirkliche und wirksame Denkziel von Eckharts Predigt, das den ›Sinn des Daseins endlicher Vernunftwesen‹ bezeichnet, steht aber klar am Ende der Predigt und tritt so eindeutig auf, dass es in bestem Zusammenhang mit der christlichen Tradition auf die Denkaufgaben weist, in denen Kant später die ›Autonomie der Vernunft‹ mit dem Glauben an Gott als Schöpfer, Erhalter und Richter der Menschen verbunden hat, sofern sie vernünftige und verantwortliche Wesen sind. Die ›Aufgabe‹, die Eckhart hier bedenkt, bedarf der menschlichen Freiheit und der Hilfe Gottes: das wahre ›Denkziel‹ der Predigt ist ›die Lebensaufgabe aller Menschen‹. Sie lautet:

> *Daz wir die gerehticheit minnen durch sich selben und got âne warumbe, des helfe uns got. Âmen.*
> (Pr. 6, EW I, S. 86,22 f.)

---

19 Vgl. dazu Norbert Fischer, Confessiones 4. Der Tod als Phänomen des Lebens und als Aufgabe des Denkens. Die im vierten Buch der ›Confessiones‹ entfaltete phänomenale Grundlage wirkt weiter in den Reflexionen des zehnten und elften Buches; vgl. dazu ›Aurelius Augustinus: Was ist Zeit? Confessiones XI / Bekenntnisse 11‹; weiterhin ›Aurelius Augustinus: Suche nach dem wahren Leben. Confessiones X / Bekenntnisse 10‹. Beide Bände eingeleitet, übersetzt und mit Anmerkungen versehen von Norbert Fischer.

20 Io 14,10 nach der Einheitsübersetzung. Vgl. dazu Io 15,14 f. Zu beachten ist I Cor 11,8–16 (heutigen Lesern fällt eine antiquierte Vorstellung der Beziehung von Mann und Frau auf, die Paulus jedoch selbst relativiert).

»Daß wir die Gerechtigkeit um ihrer selbst willen und Gott ohne Warum lieben, dazu helfe uns Gott. Amen«. (Pr. 6, EW I, S. 87,27 f.)

Das gegen Ende der Predigt zweimal wiederholte Wort »*Got und ich wir sîn ein*« markiert einen Höhepunkt der Predigt, der für die Verwirklichung des ›Denkziels‹ eine wichtige Rolle spielt, bedarf aber der sachgemäßen Auslegung, die Orientierung am wirklichen Ziel der Predigt findet, die uns anspornen soll, ›die Gerechtigkeit um ihrer selbst willen zu lieben und Gott ohne Warum‹. Sofern dieses ›Ziel‹ die Kraft endlicher Wesen überfordert, widersteht die Predigt anmaßenden Auslegungen des Wortes ›*Got und ich wir sîn ein*‹ und schließt mit der Bitte um Gottes Hilfe.

Gemäß der Auslegung der ›Gottebenbildlichkeit‹ durch Augustinus und Thomas von Aquin, sind ›nicht wir‹ (Menschen) ein wirkliches ›Bild Gottes‹; sondern vielmehr ›auf das Bild Gottes hin‹ geschaffen (*ad imaginem dei*), auf ›Christus‹ hin, der als ›Bild Gottes‹ geglaubt wird.[21]

Eckhart war diese Auffassung der Gottebenbildlichkeit geläufig, die mit ›Werken‹ (ἔργα), mit ›Geboten‹ (ἐντολάς) und mit der ›Liebe des Sohnes Gottes‹ zu tun hat (vgl. Io 14,12–21).[22] Diese ›moralische‹ Auslegung der Gottebenbildlichkeit kann auch auf Kant bezogen werden.[23] Die Wirkung, die von Eck-

---

21 Vgl. die Auslegung des ›ad‹ bei Thomas von Aquin, Summa theologiae I, 93, 1c: *Et ideo in homine dicitur esse imago Dei, non tamen perfecta sed imperfecta. Et hoc significat Scriptura, cum dicit hominem factum* ad imaginem Dei: *praepositio enim ad accessum quendam significat, qui competit rei distanti.* Thomas verweist auf Augustinus (s. ad 2.: Enchiridion, c.10). Zu Augustinus vgl. ›Confessiones‹ 1,1: *fecisti nos ad te*; zur Auslegung ist conf. 4,19 mit der These der Nähe und Ferne Christi zu uns sterblichen Wesen zu beachten. Dazu Augustinus, Suche nach dem wahren Leben. Confessiones X / Bekenntnisse 10, S. XXII, XXXIII; vgl. Loris Sturlese, Einleitung, in: Heinrich Seuse, Das Buch der Wahrheit, S. IL: »Seuse setzte seine Ausführungen unter das Zeichen von Thomas von Aquin, er hob die Bedeutung des Augustinus hervor, der Kern seiner Antwort zur Frage nach der Seligkeit blieb jedoch ganz und gar eckhartisch (der Mensch, *übergewandelt in ein götlich bilde*, ist *gotes kint* geworden). Es handelte sich um einen erneuten Versuch zu zeigen, daß die Position Eckharts der kirchlichen Tradition entsprach.«

22 Meister Eckhart kannte natürlich das Werk seines Ordensbruders Thomas von Aquin; und er ist einer der besten Augustinuskenner seiner Zeit; vgl. Norbert Fischer, Meister Eckhart und Augustins ›Confessiones‹, bes. S. 198.

23 Zwar erklärt Kant laut der Vorlesung zur ›Metaphysik der Sitten‹ (1793/94; Vigilantius; AA 27,722): »§. 144. Eine falsche Idee von der Natur Gottes liegt in dem angenommenen Begriff von Gottes Nachahmung (imitatio, assimilatio dei), und der Mensch könne Gottes Ebenbild werden.« Er fügt dort hinzu (723): »Eben so unrichtig ist es anzunehmen, Gott habe den Menschen aus sich selbst erschaffen; der Mensch sey nun zwar verdorben, er könne aber restaurirt und dann wie Gott gleich oder sein Ebenbild werden. Es ist nur möglich, eine Ähnlichkeit in der Analogie zu finden, die der Mensch vermöge seiner Vernunft besitzt; diesen Antheil hat er auch nie verloren, er darf ihn nur cultiviren; so bedarf es keiner Restauration und Umwandlung der menschlichen Natur; nur wird er dadurch kein Ebenbild Gottes, er kann ihn nicht erreichen, und also ist alle Nachahmung

hart (1260–1328) ausging, war zwar beachtlich,[24] aber schon bei seinem Schüler
Seuse (1295–1366) gehemmt,[25] der unter den Verurteilungen seines Lehrers in
Köln und Avignon zu leiden hatte und schließlich als Ordenslektor in Konstanz abgesetzt wurde. Eckharts Wirkung ist durch kirchliche Verurteilungen
und den überschwenglichen Mystizismus, die beide der nüchternen Erfassung
seines Denkens schwer geschadet haben, bis heute gestört.[26] Auch deshalb ist
die wissenschaftliche Edition, die seit 1936 erscheint,[27] noch unabgeschlossen.
Obwohl seinem Denken, in kritischem Geist ausgelegt, eine große Zukunft
bevorstehen mag, hat es mitunter Schwärmereien befördert, mit denen auch
KURT FLASCH spielt, Prozesse ausgelöst und an der Sache interessierte Leser
nicht ohne Grund von Meister Eckhart ferngehalten.

Immerhin gibt es eine hochrangige Eckhart-Forschung, die nüchternes
Denken anregt, tragfähige Textgrundlagen erarbeitet, die Quellenanalyse vo-
rantreibt, den geschichtlichen Hintergrund so erschließt, dass der philosophische Anspruch von Eckharts Denken hervortreten kann, wie die Bezugnahmen
auf Meister Eckhart bei Martin Heidegger, Bernhard Welte, Karl Rahner und
dem Kantforscher Joachim Kopper zeigen, die im vorliegenden Band präsentiert werden. Da ›die Mystik‹ ein changierendes und schillerndes Phänomen

---

Gottes affectirt, nur eine Verstellung, die die Würde der Idee von Gott herabsetzt, es be-
leidigt seine Majestät.« In den Vorarbeiten zum ›Streit der Fakultäten‹ hatte er immerhin
vermerkt (AA 23,436): »Also kann nur die Idee der gottwohlgefälligen Menschheit in
moralischer Absicht überhaupt unter dem Sohne Gottes verstanden werden nicht irgend
ein besonderer Mensch (wie etwa *Christus*), wovon dieser also da er auf Erden kam die
Erscheinung das moralische Ebenbild und das Beyspiel ist.« Weiter heißt es dort (437):
»Die Religionslehre als Enthüllung (*revelatio*) setzt eine Glaubenslehre als Verhüllung
(Mysterium) d.i. einen historischen Glauben voraus von einer Wundergeschichte Da
Gott spricht durch seinen Sohn der Gehorsam ist bis zum Tode um den göttlichen mora-
lischen Willen zu vollführen und sein Ebenbild ist. Der für seine Lehre stirbt aber eben
dadurch sich auch die Unsterblichkeit erwirbt. Deren alle die an ihn glauben zugleich
Theilnehmer werden.« In frühen Vorlesungen (vgl. ›Metaphysik Herder‹ 1762–64; AA
28,108–112; ›Praktische Philosophie Herder‹ 1763/64 bzw. 64/65) reflektiert Kant im
Blick auf das Ergebnis offener.

24 Vgl. ›Die deutschen Werke‹, hg. von JOSEF QUINT, danach von GEORG STEER; ›Die
lateinischen Werke‹, hg. von JOSEF KOCH, später von LORIS STURLESE.

25 Besonders zu erwähnen ist also vor allem Heinrich Seuse, der bei Eckhart in Köln studiert hat, und Johannes Tauler (ca. 1300–1361). LORIS STURLESE spricht in seiner Ausgabe von Seuses ›Buch der Wahrheit‹ von einer »historiographischen Zensur« (S. VII)
und fordert mit gutem Grund die bisher fehlende genuin philosophische Vergegenwärtigung Seuses (und seines Lehrers Eckhart).

26 Von den Beginen und Begarden (vgl. HERBERT GRUNDMANN, Religiöse Bewegungen
im Mittelalter) bis hin zu der schwärmerischen ›Schaumystik‹ der Gegenwart. Die wissenschaftliche Edition begann (mit Unterstützung durch die DFG) erst 1936; zu den
Prozessen vgl. Acta Echardiana, hg. von LORIS STURLESE, bes. die ›Einleitung‹ des Hg.
(S. 249–270).

27 Begünstigt durch die nationalsozialistische Ideologie; vgl. ALFRED ROSENBERG, Der
Mythus des 20. Jahrhunderts.

geblieben ist, bedarf die ›Mystik überhaupt‹ und die ›Mystik Meister Eckharts‹, die keine ›Schaumystik‹ ist, weiterer Klärung.[28] Man kann Eckharts Denken auf die kritische Philosophie Kants, die Phänomenologie Husserls und Heideggers und die neuere Theologie beziehen, muss aber gestehen, dass klare Textbezüge zuweilen fehlen oder spärlich sind.[29] Der schon erwähnte Beitrag von KURT FLASCH zu ›Eckharts Absicht‹, der noch etwas genauer ins Auge gefasst wird, enthält auch Motive, die symptomatisch für die Schwierigkeiten nüchterner Leser mit einer überschwenglichen ›Schaumystik‹ sind.

KURT FLASCH hat das Zitat aus Eckharts Predigt 6, das hier Thema ist, an anderer Stelle auch sachgemäßer und nüchterner ausgelegt.[30] Sein populärer Text zeigt aber, was ›mystikbegeisterte‹ Leser zu Eckhart lockt, und klärt, warum kritische Denker sich zögerlich zur Mystik verhalten. Dagegen soll hier ein ›philosophischer‹ Zugang zu Eckharts Denken gesucht werden, um es aus der ›Philodoxie‹ einer spekulativen ›Schaumystik‹ zu befreien, vor der OTTO KARRER gewarnt hat. Die Vereinnahmung Eckharts durch den ›esoterischen Mystizismus‹, der die faktische endliche Wirklichkeit ignoriert, mag auch die Zögerlichkeit nüchterner Denker (und ebenso kirchlicher Theologen) befördert haben, sich auf ›die Mystik‹ einzulassen. Das Hauptmotiv, das Kritik an der Esoterik weckt, tritt in einem Satz Plotins hervor, den Augustinus aufgegriffen, modifiziert und in einen kritischen Gedanken umgeformt hat. Zu ihm wird im folgenden noch gesprochen. Platon, Augustinus und Kant verstanden unter ›Philosophie‹ die ›Liebe zur Weisheit‹ (nicht den ›Besitz der Wahrheit‹) und unterschieden sie von der ›Philodoxie‹, der ›Liebe zu Meinungen‹, von der Liebe zum ersehnten spekulativen Wissen. Kant sagt in der ›Logik‹:

> »Der Vernunftkünstler oder, wie Sokrates ihn nennt, der Philodox, strebt bloß nach spekulativem Wissen, ohne darauf zu sehen, wie viel das Wissen zum letzten Zwecke der menschlichen Vernunft beitrage«. (A 24=AA 9,24)

Die Art der ›Philosophie‹, die Kant bevorzugt, fand Platon schon bei seinem Lehrer Sokrates. Denn in den Platonischen Dialogen tritt die ›aporetische Elenktik‹ des Sokrates deutlich hervor, also dessen ›in die Ausweglosigkeit

---

28 KARL RAHNER, Einheit in Vielfalt. Schriften zur ökumenischen Theologie. Sämtliche Werke 27, S. 419: »Mein Freund Heribert Fischer, ein hervorragender Eckhart-Kenner, hat bestritten, daß Eckhart ein Mystiker im eigentlichen Sinne des Wortes gewesen sei, er sei nur ein natürlich höchst tiefsinniger und radikaler, spekulativer Theologe gewesen.«

29 Weder Kant noch Husserl kannten Texte von Meister Eckhart; zu Kant vgl. im vorliegenden Band den erwähnten Beitrag von NORBERT FISCHER, Kants Idee »*est Deus in nobis*« und ihr Verhältnis zu Meister Eckhart; zu Husserl vgl. MARTINA ROESNER, Abgeschiedenheit und Reduktion. Der Weg zum reinen Ich bei Meister Eckhart und Edmund Husserl.

30 KURT FLASCH, Predigt 6. ›Iusti vivent in aeternum‹. DERS., Meister Eckhart. Die Geburt der ›Deutschen Mystik‹ aus dem Geist der arabischen Philosophie, bes. S. 19–21.

führende Beweiskunst‹, die jeder ›Philodoxie‹ widerstreitet. Augustinus hat ›Philosophie‹ (wie Platon) als *studium sapientiae* ausgelegt und ihr (wie Kant) eine notwendige Beziehung zur ›Religion‹ ‹zugesprochen.[31] Damit gelangt die hier zu bedenkende Fragestellung in den Horizont der Gegenwart, nämlich im Rahmen von Kants These, dass die ›Philosophie‹ durch die ›Moral‹ (nämlich in der Auslegung einer jeden Person als ›Zweck an sich selbst‹) »unumgänglich zur Religion« führt.[32] Frucht der Philosophie als ›Liebe zur Weisheit‹ ist nicht ›spekulatives Wissen‹, sondern ›Unruhe unseres Herzens‹; Augustinus sagt: *inquietum est cor nostrum* (conf. 1,1); Kant erklärt ähnlich: »das Gemüt ist also immer unruhig«.[33] Die ›Endlichkeit‹ der menschlichen Vernunft und ihre Bezogenheit auf Transzendenz bewirkt bei allen ›Philosophierenden‹ die existenzielle Unruhe, die Eckhart betont, womit er die Beruhigung zurückweist, die sich der Verzückung einer mystischen Schau verdankt:[34]

> *Wan denne diu sêle hât eine mügelicheit alliu dinc ze bekennenne, dâ von geruowet si niemer, si enkome in daz êrste bilde, dâ alliu dinc ein sint, und dâ geruowet si, daz ist in gote.* (Pr. 3, EW I, S. 42,5–8)

> »Da nun die Seele ein Vermögen hat, alle Dinge zu erkennen, deshalb ruht sie nimmer, bis sie in das erste Bild kommt, wo alle Dinge eins sind, und dort kommt sie zur Ruhe, das heißt: in Gott«. (Pr. 3, EW I, S. 43,5–8)

Damit seien Weg und Ziel eines ›philosophischen Zugangs zum Denken Eckharts‹ angedeutet, der im folgenden zunächst im Ausgang von KURT FLASCHS populärer Auslegung dargestellt wird. FLASCHS Erklärungen, die auch kritisch betrachtet werden, können anregend sein, sofern sie die aporetische Elenktik befördern, die der Philosophie als der Suche nach dem Höchsten eigen ist, das nur ›im Nichtwissen gewusst‹ werden kann, was auch der Eckhartleser Nikolaus von Kues zu einem Hauptthema seines Denkens (vgl. ›De docta ignorantia‹) gemacht hat.[35]

---

31 Vgl. vera rel. 8: *sic enim creditur et docetur, quod est humanae salutis caput, non aliam esse philosophiam, id est sapientiae studium, et aliam religionem.*

32 RGV B 6 = AA 6,VI; vgl. NORBERT FISCHER, Hinführung zum Thema ›Vernunftreligion und Offenbarungsglaube‹.

33 Vgl. ›Moral Mrongovius‹, in: AA 27,1402; vgl. als Konsequenz aus dieser Einsicht auch KrV A VII.

34 Zu Augustinus vgl. conf. 1,1: *tu excitas, ut laudare te delectet, quia fecisti nos ad te et inquietum est cor nostrum, donec requiescat in te.* Dazu conf. 13,51; zu Eckhart vgl. Predigt 32 (Pr. 32, EW I, S. 360); Pr. 79, EW II, S. 156; Übersetzung S. 157: *wan diu Seele ist so edel, daz sie nienâ geruowen enkan wan in dem ursprunge* (»denn die Seele ist so edel, daß sie nirgends zur Ruhe kommen kann als in dem Ursprunge«).

35 Vgl. im vorliegenden Band: HERMANN SCHNARR, *Über eine Beziehung des Nikolaus von Kues zu Meister Eckhart.*

3. Zur Kritik von Kurt Flaschs populärer Vergegenwärtigung des Denkens Meister Eckharts

Der Schlussabschnitt von KURT FLASCHS Text unter dem Titel: ›Das Denkziel‹ enthält auch Motive, die in die Irre führen können, sofern sie Eckharts Gedanken in ›philodoxer‹ Gestalt darbieten. Schon das isoliert vorgetragene einleitende Zitat kann irreführende Vorstellungen hervorrufen. Bei FLASCH steht: »Gott und ich, wir sind eins.«« (S. 27) Ohne Erwähnung des Kontextes gilt der Satz, dessen Sinn präzisiert werden müsste, als das ›wesentliche Denkziel Meister Eckharts‹.[36] Das Thema aus dem ›Buch der Weisheit‹ verdeutlicht Eckhart mit folgenden Worten:

> ›*Die gerehten suln leben ewiclich, und ir lôn ist bî gote*‹. (Pr. 6, EW I, S. 76,3)

> »Die Gerechten werden« leben ewiglich, und ihr Lohn ist bei Gott««. (Pr. 6, EW I, S. 77,3 f.)

Um den Sinn des Schriftwortes zu klären, fragt Eckhart: *Welhez sint die gerehten?* (Z. 6) Da ihm ›*äußere*‹ Ehrerbietung gegen Gott wenig gilt, fragt er genauer: *Wer sint, die got êrent?* (Z. 10) Die Antwort auf diese Frage spitzt er in einer These zu, die Gott dem Urteil von Menschen zu unterwerfen scheint und noch zu bedenken sein wird. Dabei scheint Eckhart Gott und die Menschen nun als völlig entgegengesetzte, unvereinbare Instanzen zu begreifen und diese so sehr zu entzweien, dass er in schärfsten Gegensatz zur These »Gott und ich, wir sind eins« gerät, die FLASCH als ›Denkziel‹ Meister Eckharts bezeichnet hatte. Denn Eckhart sagt im Zuge der Beantwortung der beiden genannten Fragen:

> *Den gerehten menschen den ist alsô ernst ze der gerehticheit, wære, daz got niht gereht wære, sie enahteten eine bône niht ûf got und stânt alsô vaste in der gerehticheit und sint ir selbes alsô gar ûzgegangen, daz sie niht enahtent pîne der helle noch vröude des himelrîches noch keines dinges.* (Pr. 6, EW I, S. 78,25–29)

> »Den gerechten Menschen ist es so ernst mit der Gerechtigkeit, daß, wenn Gott nicht gerecht wäre, sie nicht die Bohne auf Gott achten würden; und sie stehen so fest in der Gerechtigkeit und haben sich so gänzlich ihrer selbst entäußert, daß sie weder die Pein der Hölle noch die Freude des Himmelreiches noch irgend etwas beachten«.[37]

---

36 EW I, S. 76–87. In der Vulgata heißt es: *iusti autem in perpetuum vivent*. ›Die neue Jerusalemer Bibel‹ übersetzt (Sap 5,15): »Die Gerechten aber leben in Ewigkeit« [Fortsetzung: »der Herr belohnt sie, der Höchste sorgt für sie.«]; vgl. Sap 1,13: »Denn Gott hat den Tod nicht gemacht / und hat keine Freude am Untergang der Lebenden.« Weiter vgl. Sap 2,24: »Durch den Neid des Teufels kam der Tod in die Welt.«

37 Pr. 6, EW I, S. 79,28–33; Eckhart weist voraus auf Kants ›Primat der reinen praktischen Vernunft‹; vgl. NORBERT FISCHER, Kants These vom Primat der praktischen Vernunft. Insofern kann die Frage *Wer sint, die got êrent?* als beider Grundfrage verstanden werden.

Dieser Gedanke spielt gleichsam mit dem Gedanken der Leugnung Gottes im Sinne eines ›postulatorischen Atheismus‹[38] und lässt Eckhart die Frage nach der Verbindung zwischen der ›Gerechtigkeit Gottes‹ und unserer Bereitschaft stellen, unser faktisches Weltleben zu bejahen. Sofern wir gerecht sein sollen und unser Leben bejahen wollen (was wir trotz aller Hindernisse erstreben), spielen nach Eckhart weder Strafe noch Lohn eine Rolle, weder ›die Pein der Hölle noch die Freude des Himmelreiches‹. Wie Augustinus (conf. 1,1: *et laudare te vult homo*) will Eckhart Gott lauteren Herzens loben, unabhängig von misslichen oder angenehmen Situationen. Unmittelbar nach dem großen Gotteslob am Anfang der ›Confessiones‹ charakterisiert Augustinus die ›conditio humana‹ niederdrückend, indem er die Bedeutungsarmut und die verschwindende Kleinheit des Menschen im Ganzen der Schöpfung betont, dazu seine Sterblichkeit und die Verfehltheit seines Lebens, schließlich auch noch das Scheitern des menschlichen Hochmuts. Augustinus spricht wegen der Hindernisse, die dem Lob Gottes entgegentreten, konsequent ein wuchtiges ›Dennoch‹ aus: *et tamen te laudare vult homo, aliqua portio creaturae tuae.* (conf. 1,1) Aus diesem Geist, der sich gegen das Faktische richtet, erklärt Eckhart:

> *Die in der helle sint in êwiger pîne, die enwölten niht ir leben verliesen, noch vîende noch sêlen, wan ir leben ist sô edel daz ez sunder allez mittel vliuzzet von gote in die sêle.* (Pr. 6, EW I, S. 80,25–28)

> »Die in der Hölle sind, in ewiger Pein, selbst die wollten ihr Leben nicht verlieren, weder die Teufel noch die Seelen, denn ihr Leben ist so edel, daß es unvermittelt von Gott in die Seele fließt«. (Pr. 6, EW I, S. 81,28–31)

Das ›tamen‹ der ›Confessiones‹ Augustins spricht Eckhart wie der Dichter Rainer Maria Rilke aus,[39] der ein intensiver Leser Augustins (bei ihm auch Übersetzer) und Meister Eckharts war.[40] Die ›Philodoxie‹ hat mit dem Willen, die absolute Wahrheit des Ganzen (also auch Gottes) zu ›wissen‹, seit Beginn der Geschichte des Denkens in Todfeindschaft zur ›Philosophie‹ gestanden. Kronzeuge für die ›Philosophie‹ ist Platon, der mit der aporetischen Elenktik des

---

38 Der alte Gedanke des ›postulatorischen Atheismus‹ mag von Friedrich Nietzsches erneuert und von Nicolai Hartmann kritisch fortgeführt worden sein; zum Problem bei Hartmann vgl. Norbert Fischer, Epigenesis des Sinnes. Nicolai Hartmanns Destruktion einer allgemeinen Weltteleologie und das Problem einer philosophischen Theologie.

39 Das ›tamen‹ findet sich bei Rainer Maria Rilke. Das Ziel der ›Sonette an Orpheus‹ erreicht nur, »wer mit dennoch preisendem Laut / sänge das Herz, das ins Ganze geborne« (SO II 2); vgl. SO II 23: »wir, gerecht nur, wo wir dennoch preisen«. Weitere Hinweise bei Norbert Fischer, ›Gott‹ in der Dichtung Rainer Maria Rilkes; und Norbert Fischer, ›Giebt es wirklich die Zeit, die zerstörende?‹ Nachklänge der Zeitauslegung Augustins in der Dichtung Rilkes, bes. S. 287.

40 Worauf Georg Steer hingewiesen hat; vgl. Georg Steer, Rainer Maria Rilke als Leser Meister Eckharts.

Sokrates zu ihrem Protagonisten wurde – im Unterschied zu Plotin, obgleich
dieser sich auf Platon beruft.[41] In der ›Enneade‹ Περὶ τοῦ καλοῦ (1 6,9) spricht
Plotin vom Weg zur überwältigenden Schönheit des wahren Lichts und formuliert den folgenden Imperativ: ἄναγε ἐπὶ σαυτὸν καὶ ἴδε. Dieser Imperativ führt
zu der von KARRER kritisierten ›Schaumystik‹; Augustinus hat ihn berühmt
gemacht, aber nicht übernommen. Er sagt in *De vera religione*:

> *noli foras ire, in te ipsum redi. in interiore homine habitat veritas.* (vera rel. 72)

> »Geh nicht nach draußen. Kehr in dich selbst zurück. Im inneren Menschen wohnt
> Wahrheit«. (Eigene Übersetzung)

Augustinus folgt auf dem Weg zur göttlichen Wahrheit zwar zunächst Plotins
Weisung, nicht nach draußen zu gehen und ›die Wahrheit‹ nicht in der (verän-
derlichen) Sinnenwelt zu suchen. Er hat den Satz aber ganz im Geiste Platons
erweitert – gegen Plotin, was selten bemerkt wird. Auch Augustinus findet im
inneren Menschen ›Wahrheit‹, aber eben nicht ›die Wahrheit‹.[42] Denn im
dritten Teilsatz präzisiert Augustinus seinen Gedanken und setzt sich so von
Plotin ab:

> *et si tuam naturam mutabilem inveneris, transcende et te ipsum.* (vera rel. 72)

> »Und sobald du die Veränderlichkeit deiner (inneren) Natur gefunden haben wirst,
> übersteige auch dich selbst«. (Eigene Übersetzung)

Dieser Satz aus ›De vera religione‹ muss schon von den ›Confessiones‹ her gelesen werden, die aporetisch ›die Unruhe des menschlichen Herzens‹ betonen
(vgl. auch conf. 11,39 f.), obwohl Augustinus wie Eckhart am Ende auf die eschatologische Ruhe in Gott hofft. (conf. 13,53) Husserl hat Augustins Abkehr
von Plotins Weisung nicht bemerkt; und Heidegger hat später Platons Ver-
meidung philodoxer Ansätze explizit verschleiert.[43] Eckhart ist wie Augustinus

---

41 Zum folgenden vgl. NORBERT FISCHER, Sein und Sinn der Zeitlichkeit im philosophi-
    schen Denken Augustins.
42 Vgl. NORBERT FISCHER, Die philosophische Frage nach Gott, S. 387; vgl. Goethes Verse
    (HA 13,324): »Wär' nicht das Auge sonnenhaft, / wie könnten wir das Licht erblicken? /
    Lebt' nicht in uns des Gottes eigne Kraft, / Wie könnt' uns Göttliches entzücken?« Goe-
    the erklärt im Vorfeld (HA 13,323): »Das Auge hat sein Dasein dem Licht zu danken [...]
    und so bildet sich das Auge am Lichte fürs Licht, damit das innere Licht dem äußeren
    entgegentrete.« Die HA (13,323) verweist auf Plotin (HA 13,643). Goethes ›alter Mysti-
    ker‹ könnte auch Eckhart sein, was zu bedenken wäre; vgl. Pr. 12, EW I, S. 148; Überset-
    zung S. 149: *Daz ouge, dâ inne ich got sihe, daz ist daz selbe ouge, dâ inne mich got sihet; mîn
    ouge und gotes ouge daz ist éin ouge und éin gesiht und éin bekennen und éin minnen.* (»Das
    Auge, in dem ich Gott sehe, das ist dasselbe Auge, darin mich Gott sieht; mein Auge und
    Gottes Auge, das ist *ein* Auge und *ein* Sehen und *ein* Erkennen und *ein* Lieben«).
43 Die Fehldeutung des ἀληθέστατον im Höhlengleichnis versperrt den Zugang zur Tran-
    szendenz; vgl. Martin Heidegger, Platons Lehre von der Wahrheit (GA 9, 221). Zur

und Kant ein ruheloser Geist.[44] Gegen philodoxe ›Alleswisser‹, die sich gegen die Einsicht sträuben: »[d]aß wir nichts wissen können!« (Faust. Teil I: Nacht, V. 364), sagt Eckhart:

> *Wan denne diu sêle hât eine mügelicheit alliu dinc ze bekennenne, dâ von geruowet si niemer, si enkome in daz êrste bilde, dâ alliu dinc ein sint, und dâ geruowet si, daz ist in gote. In gote ist enkein crêatûre edeler dan diu ander.* (Pr. 3, EW I, S. 42,5–8)

> »Da nun die Seele ein Vermögen hat, alle Dinge zu erkennen, deshalb ruht sie nimmer, bis sie in das erste Bild kommt, wo alle Dinge eins sind, und dort kommt sie zur Ruhe. Das heißt: in Gott. In Gott ist keine Kreatur edler als die andere«.[45]

Für Augustinus wie für Eckhart ist der ›zeitliche Sinn‹ der Worte zu erwägen,[46] z. B. der zeitliche Sinn der Aussage: »Gott und ich, wir sind eins«, wenn sie als ›Denkziel‹ Eckharts gelten soll.

4. Zum philosophisch tragenden Hauptgedanken von Eckharts Predigt 6

Gegen Ende der Predigt 6 spricht Eckhart zweimal der Satz aus, den FLASCH als ›Denkziel‹ bezeichnet: *Got und ich wir sîn ein*.[47] Eckhart hat die erregende Problematik dieses Satzes erfasst und fährt im Einklang mit dem Johannes-Evangelium und der großen Tradition bis zum Ende der Predigt mit futurisch und moralisch-praktischen Erläuterungen fort. Die erste Erläuterung lautet:

> *Mit bekennenne nime ich got in mich, mit minnenne gân ich in got.* (Pr. 6, EW I, S. 86,7 f.)

---

philosophiegeschichtlichen Einordnung vgl. NORBERT FISCHER, Zum Sinn von Kants Grundfrage: ›Was ist der Mensch?‹.

44 Dazu vgl. vor allem Predigt 60 ›In omnibus requiem quaesivi (Eccli. 234,11)‹, EW I, S. 636–643.

45 Pr. 3, EW I, S. 43,5–9; vgl. NORBERT FISCHER, Meister Eckhart und Augustins ›Confessiones‹, S. 206: »Was Meister Eckhart im Präsens sagt (*er ist ein stein* [...] *er ist ein mensche*), findet sich bei Augustinus im Futur: *terram diligis? terra eris. deum diligis?* [...] *deus eris*«; S. 206 f.: »Trotz der Tendenz zur präsentischen Ontologisierung der eschatologischen Zukunft hält Meister Eckhart an der Differenz zwischen Gott und Geschöpf fest, ist sein Denken nicht weltflüchtig.« Ebd.: »Dem mittelhochdeutschen Ausdruck *ist* kann zwar auch futurische Bedeutung zukommen; immerhin ist aber auch explizites Futur im Mittelhochdeutschen möglich«. Vgl. dazu KURT FLASCH (LE II, S. 40): »Auch dürfte ihn die Verlegung des Wesentlichen in die Zukunft gestört haben«.

46 Das Leitwort conf. 1,1 ist futurisch: *et laudabunt dominum, qui requirunt eum*; 10,70 präsentisch: *laudant*.

47 Pr. 6, EW I, S. 86. Beim ersten Auftreten des Wortes steht am Ende ein Punkt; beim zweiten heißt es: *Got und ich wir sîn ein in disem gewürke*; LARGIER (und FLASCH) könnten sich zudem auch schon auf PFEIFFER gestützt haben (Predigt LXV, S. 206). Die Übersetzung QUINTS ist jedenfalls treffend: »Gott und ich, wir sind eins.« FLASCH verweist zwar auf die Seitenzahl der Ausgabe von QUINT, hält sich aber an die Textausgaben von LARGIER (und PFEIFFER).

»Durch das Erkennen nehme ich Gott in mich hinein; durch die Liebe hingegen gehe ich in Gott ein«. (Pr. 6, EW I, S. 87,10 f.)

Das heißt: ›im Erkennen‹ öffne ich mich ›passiv‹ dem Unendlichen; ›in uneigennütziger Liebe‹ aber ist meine ›Aktivität‹ nötig: die ›Rezeptivität‹, durch die ›Gott‹ in mich kommt, ist das Vorspiel (denn von Menschen ›Projiziertes‹ ist niemals Gott); mit der ›Spontaneität‹, in der ich göttliche Liebe uneigennützig vollziehe, beginnt der unendliche Weg des praktischen Gottesbezugs.[48] Dazu passt die zweite Erläuterung: *Got und ich wir sîn ein in disem gewürke; er würket, und ich gewirde.* (Pr. 6, EW I, S. 86,13 f.) Die Aktivität geht ursprünglich von Gott aus, der unseren Blick im Erkennen auf sich zieht.[49] Sie eröffnet die göttliche Wirklichkeit, die Liebe ist, und regt unsere Liebe zu wachsender Nachahmung der Tätigkeit Gottes an. Dieses ›Denkziel‹ weist wieder auf Augustinus: *amore amoris tui facio istuc.* (conf. 2,1; 11,1) Wie Eckhart auf dieses Ziel hinarbeitet, soll nun verfolgt werden, jetzt auch unter Bezug auf FLASCHs Auslegung in der ›Lectura Eckhardi II‹.[50]

Die Predigt zum Schriftwort: ›*Die gerehten suln leben êwiclîche*‹, verknüpft dieses Wort sogleich mit der These (denn sonst wäre Gott nicht Gott): *Gotes ist diu êre.* (Z. 10) Sofern Gott als reine Liebe geglaubt wird und ihm also die Ehre gebührt (sonst wäre die Rede von Gott nichtig), stellt Eckhart die kritische Frage: *Wer sint, die got êrent?* (ebd.) Die Antwort scheint zunächst (mit Kant gesprochen) eine ›heteronome Moralbegründung‹ zu favorisieren, bei der sich die Menschen dem Willen des Allmächtigen unterwerfen. Eckhart sagt:

Da minnent sie got als unmæzlîche sêre und hânt sô rehte liep, daz sîn êre in lieber ist dan ir sælicheit. (Pr. 6, EW I, S. 76,27 f.)

»Weil sie Gott so ganz über alle Maßen lieben und ihn so recht lieb haben, daß seine Ehre ihnen lieber ist als ihre Seligkeit«. (Pr. 6, EW I, S. 77,31–33)

Zur Erläuterung fügt Eckhart hinzu, dass Gott selber *sô grôzen lust* an der Liebe und der Freude derer habe, *die in dem êwigen lebene sint* (aber auch derer, die ›im Fegefeuer‹ sind). Nach diesem Beginn mit dem Ziel der möglichst großen Liebe und Freude aller Guten stellt Eckhart andere Fragen und lässt die skizzierte Art der Gerechtigkeit so als vorläufig erscheinen. Als Maxime, mit der sich die ›Heteronomie‹ zu verschärfen scheint, nennt Eckhart die Maßgabe:

---

48 Eckhart betont das Werden des strebenden Menschen; KURT FLASCH hingegen sagt (LE II, S. 48): »Einen endlosen Prozeß oder eine unendliche Annäherung hätte Eckhart als sinnlos verworfen.«

49 Hier sei der berühmte, aber verwickelte Gedanke des Aristoteles erwähnt, der Gott als »das erste unbewegt Bewegende« denkt (Metaphysik XII, 1073 a 24 f.: τὸ πρῶτον κινοῦν ἀκίνητον), aber so, dass er wie »ein Geliebtes bewegt« (Metaphysik XII, 1072b3: κινεῖ δὲ ὡς ἐρώμενον).

50 Vgl. KURT FLASCH, Predigt 6. ›Iusti vivent in aeternum‹.

Dû solt dînes eigen willen alzemâle ûzgân. (Pr. 6, EW I, S: 78,12 f.; Übersetzung S. 79,14 f.: »Du sollst dich deines eigenen Willens entäußern.«) Sie vernichtet scheinbar die ›Autonomie‹ des endlichen Willens und führt ihn lediglich auf den Willen Gottes zurück:

> *Die gerehten enhânt zemâle keinen willen; waz got wil, daz ist in allez glîch, swie grôz daz ungemach sî.* (Pr. 6, EW I, S. 78,22–24)

> »Die Gerechten haben überhaupt keinen Willen; was Gott will, das gilt ihnen alles gleich, wie groß das Ungemach auch sei«. (Pr. 6, EW I, S. 79,25–27)

Eckhart empört sich jedoch auch gegen eine absolutistische, ›theonom‹ begründete Moral und erklärt im schon zitierten Satz, der den ›postulatorischen Atheismus‹ vorwegzunehmen scheint, nach dem es den gerechten Menschen so ernst mit der Gerechtigkeit ist, dass sie, wenn Gott nicht gerecht wäre, nicht die Bohne auf Gott achten würden. Dabei stellt Eckhart Gott vorübergehend als blind wirkenden Weltgrund vor, nicht als gütigen und gerechten Schöpfer, der die Menschenwelt aus reiner Liebe geschaffen hätte.[51] Wenn ein ›Allah‹ z. B. die Tötung der ›Ungläubigen‹ forderte, die sich ihm nicht fügen, dürfte ein Rechtschaffener ›nicht die Bohne auf ihn achten‹.[52] Solche Vorstellungen weist Eckhart zurück: in der Ablehnung ›theonomer Moralbegründungen‹, die auf Allahs schierer Allmacht (nicht auf Liebe und Gerechtigkeit) basieren, zieht er das von der ›Autonomie der Vernunft‹ geleitete Urteil des ›gerechten Menschen‹ vor:

> *Den gerehten menschen enist niht pînlîcher noch swærer, dan daz der gerehticheit wider ist, daz er in allen dingen niht glîch ist.* (Pr. 6, EW I, S. 80,-3)

> »Nichts ist dem gerechten Menschen peinvoller und schwerer, als was der Gerechtigkeit zuwider ist: daß er nicht in allen Dingen gleich<mütig> ist«.[53]

---

51 Auch Kant sucht den ›Allmächtigen‹ nicht als »blindwirkende ewige Natur als die Wurzel der Dinge«, sondern als »höchstes Wesen, das durch Verstand und Freiheit der Urheber der Dinge sein soll« (KrV B 660); später betont Kant die »uns schon durch die Vernunft versicherte) Liebe [Gottes] zur Menschheit« (RGV B 176 = AA 6,120).

52 Das könnte kritisch auf den Islam (und auch auf völkisch bestimmte Passagen des AT) bezogen werden.

53 Statt QUINTS Übersetzung (EW I, S. 81,3 f.): »daß er nicht in allen Dingen gleich<mütig> ist«, wäre diese Formel auch im Sinne von Kants Forderung der Gesetzmäßigkeit von Maximen (im Sinne des Prinzips vom ausgeschlossenen Widerspruch auszulegen); vgl. KpV A 54; FLASCH übersetzt hier besser und offener (LE II, S. 33): »Dem gerechten Menschen ist nichts leidvoller und schwerer, als was der Gerechtigkeit zuwider ist, nämlich daß er in allen Dingen gleich ist.« Gegen den (von Max Scheler kritisierten) ›Formalismus in der Ethik‹ kann man jedoch schon mit Kant argumentieren, sofern dieser Formalismus zur Begründung ›unbedingt‹ geltender Gesetze unzureichend ist (vgl. GMS BA 66 = AA 4,429). Dennoch spielt er als ›Index der Vernünftigkeit der moralischen Gesetze‹ bei Kant (und vielleicht auch bei Eckhart) eine wichtige Rolle.

Mit der prinzipiellen Zurückweisung ›theonomer‹ Moralbegründungen (als willkürlicher Gebote eines Allmächtigen) riskiert Eckhart die Nähe zum ›postulatorischen Atheismus‹,[54] gibt diese Nähe jedoch sofort wieder preis und zitiert noch einmal das Wort, das der Predigt zugrundeliegt: ›*Die gerehten suln leben*‹. JOSEF QUINT übersetzt zutreffend: »Die Gerechten werden leben«.« Es ist aber möglich, das ›*suln*‹ auch postulatorisch im Sinn des ersten von Kants ›Postulaten der reinen praktischen Vernunft‹ (KpV A 219–223) auszulegen. Insofern will Eckhart mit dem ›Buch der Weisheit‹ genauer sagen,[55] dass ›die Gerechten leben sollen‹. Nach Eckhart gilt jedenfalls: *Ez enist kein dinc sô liep noch sô begirlich als leben under allen dingen.*[56] Die Grundannahme, das Leben sei uns so ›lieb und begehrenswert‹, dass wir es um seiner selbst willen begehren, führt Eckhart zur weiteren Erklärung, ›was Leben ist‹, nämlich: *Gotes wesen ist mîn leben.* Allerdings ist folgende Erläuterung erratisch und auslegungsbedürftig:

> *Ist mîn leben gotes wesen, sô muoz daz gotes sîn mîn sîn und gotes isticheit mîn isticheit noch minner noch mêr.* (Pr. 6, EW I, S. 80,30–32)

> »Ist denn mein Leben Gottes Sein, so muß Gottes Sein mein sein und Gottes Wesenheit meine Wesenheit, nicht weniger und nicht mehr«. (Pr. 6, EW I, S. 81,33–35)

Die Schwierigkeit dieses Satzes, der futurische Konnotationen mit sich führen und entsprechend übersetzt werden kann, mag KURT FLASCH zur folgenden Übersetzung angeregt haben:

> »Ist mein Leben Gottes Sein, dann muß Gottes Sein mein sein und Gottes ewige Rückwendung auf sich selbst ist meine ewige Rückwendung auf mich selbst, nicht mehr und nicht weniger.«[57]

---

54 Vgl. Friedrich Nietzsche, Also sprach Zarathustra II (KSA 4, S. 110): »Aber daß ich euch ganz mein Herz offenbare,ihr Freunde, **wenn** es Götter gäbe, wie hielte ich es aus, kein Gott zu sein! **Also** giebt es keine Götter.«

55 Sap 1,13: »Denn Gott hat den Tod nicht gemacht / und keine Freude am Untergang der Lebenden«; 2,23: »Gott hat den Menschen zur Unvergänglichkeit erschaffen / und ihn zum Bild seines eigenen Wesens gemacht.«

56 Pr. 6, EW I, S, 80,15 f.; Übersetzung S. 81,17 f.: »Nichts ist so lieb und so begehrenswert unter allen Dingen wie das Leben.« Eckhart ist getragen von der Liebe zum lebendigen Leben, zur *vita vitalis* – wie Augustinus; vgl. conf. 1,7 und en. Ps. 89,17.

57 LE II, S. 35. Die Besonderheit von FLASCHs Übersetzung besteht darin, *isticheit* als »ewige Rückwendung auf sich selbst« auszulegen. Damit kommt das Zeitproblem ins Spiel. Futurisch wäre zu übersetzen: »Wird mein Leben (am Ende) Gottes Sein sein, dann wird am Ende Gottes Sein mein Sein sein müssen und Gottes ewige Rückwendung auf sich selbst wird meine ewige Rückwendung auf mich selbst sein, nicht mehr und nicht weniger.« Zur Zeitbetrachtung Augustins, in der die ›Flüchtigkeit des Zeitlichen‹ zum Problem wird, vgl. NORBERT FISCHER, ›Distentio animi‹. Ein Symbol der Flüchtigkeit des Zeitlichen. Weiterhin Aurelius Augustinus: Was ist Zeit? Confessiones XI / Bekenntnisse 11.

Damit ist das Kernproblem im Verhältnis im Sein von Gott und Mensch ange-
rissen, das im folgenden letzten Abschnitt noch einmal eigens ins Auge gefasst
werden soll. Zuvor seien drei einschlägige Aussagen genannt, die am Ende der
Predigt Eckharts hervortreten:

1) Die ›Gerechten‹ *lebent êwiclîche ›bî gote‹ rehte bî gote, noch unden noch oben.*
(Pr. 6, EW I, S. 80,33 f.; Übersetzung S. 81,36 f.: »Sie leben ewig ›bei Gott‹, ganz
gleich *bei* Gott, weder darunter noch darüber.«) Sie leben also in Hoffnung auf
Befreiung von der Flüchtigkeit und den Drangsalen der Zeit ewig bei Gott.
Analog zu Augustins Erklärung göttlicher Liebe (en.Ps. 52,8: *gratis diligere*) fügt
Eckhart an:

> *Ir eigen êre, ir nutz und swaz ir ist, des ensol si niht mêr begern noch ahten dan eines vremden.*
> (Pr. 6, EW I, S. 82,15–17)

> »Ihre eigene Ehre, ihren Nutzen und was immer das Ihre ist, das soll sie nicht mehr
> begehren noch beachten als das eines Fremden«. (Pr. 6, EW I, S. 83,18–20)

Nüchtern gesteht er dabei den überschwenglichen, man könnte boshaft sagen:
den unwirklichen, versponnenen Charakter der ›reinen Liebe‹ ein. Ähnlich wie
Kant[58] hält er fest:

> *Alliu minne dirre werlt ist gebûwen ûf eigenminne. Hætest dû die gelâzen, sô hætest dû al die*
> *werlt gelâzen.* (Pr. 6, EW I, S. 82,18–20)

> »Alle Liebe dieser Welt ist gebaut auf Eigenliebe. Hättest du *die* gelassen, so hättest du
> die ganze Welt gelassen«. (Pr. 6, EW I, S. 83,21–23)

2) Eckhart legt den Prolog des Johannes-Evangeliums als Geburt des Sohnes
aus dem Vater aus, der seinen Sohn sich selbst gleich in der Ewigkeit gebiert.
Er erklärt:

> *Ich spriche mêr: er gebirt mich niht aleine sînen sun, mêr: er gebirt mich sich und sich mich und*
> *mich sîn wesen und sîne natûre. In dem innersten quelle dâ quille ich ûz in dem heiligen geiste,*
> *dâ ist ein leben und ein wesen und ein werk. Allez, waz got würket, daz ist ein; dar umbe gebirt*
> *er mich sînen sun âne allen underscheit.* (Pr. 6, EW I, S. 82,29–84,2)

> »Ich sage noch mehr: Er gebiert mich nicht allein als seinen Sohn; er gebiert mich als
> sich und sich als mich und mich als sein Sein und als seine Natur. Im innersten Quell,
> da quelle ich aus im Heiligen Geiste; da ist *ein* Leben und *ein* Sein und *ein* Werk. Al-
> les, was Gott wirkt, das ist Eins; darum gebiert er mich als seinen Sohn ohne jeden
> Unterschied.«[59]

---

58 Vgl. KpV A 45: »Glücklich zu sein, ist nothwendig das Verlangen jedes vernünftigen,
    aber endlichen Wesens und also ein unvermeidlicher Bestimmungsgrund seines Begeh-
    rungsvermögens.«

59 Pr. 6, EW I, S. 83,33–85,2; Eckharts ›Expositio‹ schließt mit Erwägungen, die mit Kant
    moralphilosophisch zu nennen wären. (EW II, S. 536): *Iterum, vis scire de omni actione tua*
    interiori et exteriori, utrum sit divina vel non, et utrum deus ipsam operetur in te, et per ipsum

Dieses biblisch fundierte Wort verleiht der irreal scheinenden Forderung ›absoluter Uneigennützigkeit der Liebe der Gerechten‹ ein systematisches Fundament. Eckhart versucht am Ende der Predigt, den Hiatus zwischen der denkerischen und der geglaubten historischen Lösung der Aufgaben durch eine philosophische Reflexion der Offenbarungsreligion zu entschärfen.

3) Die Lösung der Spannung legt Eckhart in den Sätzen vor, die das Ziel der Predigt vorbereiten. Diese Sätze seien noch einmal mit Eckharts Kurzerläuterung wiederholt:

> Got und ich wir sîn ein. Mit bekennenne nime ich got in mich, mit minnenne gân ich in got [...]
> Got und ich wir sîn ein in disem gewürke; er würket, und ich gewirde. (Pr. 6, EW I, S. 86,7–14)

5. Zum Verhältnis von Gott und Mensch in Eckharts Predigt 6

QUINT übersetzt die erste Passage: »Gott und ich, wir sind *eins*. Durch das Erkennen nehme ich Gott in mich hinein; durch die Liebe hingegen gehe ich in Gott ein«. (Pr. 6, EW I, S. 87,9–11) Die zweite Stelle lautet bei QUINT: »Gott und ich wir sind eins in solchem Wirken; er wirkt, und ich werde«. (Pr. 6, EW I, S. 87,17 f.) Eckharts Predigt untersucht nicht nur eine ›Aufgabe des Denkens‹, die sich allen Menschen durch die Vernunft als ›metaphysische Naturanlage‹ stellt, sondern zugleich eine ›Aufgabe des Lebens‹. Also sah Eckhart auch keinen Widerspruch zur Aussage seiner schon zitierten lateinischen Predigt, dass kein geschaffenes Vernunftwesen Gott ist: *nullum intelligibile creatum est deus.* »Gott und ich, wir sind eins« ist k e i n e o n t o l o g i s c h e Aussage, keine Frucht einer überschwenglichen ›Schaumystik‹, in der Geschöpfe ihre Endlichkeit verdrängen und sich selbst berauschen.

Im ›Opus postumum‹ formuliert Kant die Ziele seines Denkweges neu, wobei er (nach der scharfen Zurückweisung der Mystik in der frühen Schrift ›Träume eines Geistersehers‹) mystisch scheinende Worte positiv aufgreift,[60] im Rückblick als seine ›Denkaufgabe‹:

---

sit facta: vide si finis intentionis tuae est deus. Quod si sit, actio est divina, quia principium et finis idem: deus. Am Ende der ›Expositio‹ weist Eckhart (vielleicht etwas voreilig) auf Augustins ›De libero arbitrio‹.

60 Vgl. Carolus Arnoldus Wilmans, Dissertatio philosophica de similitudine inter mysticismum purum et Kantianam religionis doctrinam; nicht ohne innere Zustimmung hat Kant einen Brief des Autors Wilmans in den ›Anhang‹ des ›Ersten Abschnitts‹seiner letzten, 1798 von ihm noch selbst zur Publikation gebrachten Schrift (Der Streit der Fakultäten) aufgenommen (vgl. SF A 115–127=AA 7,69–75); vgl. weiterhin Christoph Friedrich Ammon, Ueber die Aehnlichkeit des inneren Wortes einiger neueren Mystiker mit dem moralischen Worte der Kantischen Schriftauslegung. Vgl. dazu Immanuel Kant, Von der Offenbarung (›Vierter Abschnitt‹ der ›Vorlesungen über die philosophische Religionslehre‹), mit Hinweisen zur Kommentierung von NORBERT FISCHER, bes. S. 49–51.

»Gott über uns, Gott neben uns, Gott in uns, 1. Macht und Furcht 2. Gegenwart und Anbetung (inigste Bewunderung) 3. Befolgung seiner Pflicht als Schatten dem Licht«. (OP; AA 22,310)

Obwohl Kant seit Beginn der Ausarbeitung der kritischen Philosophie in der ›Kritik der reinen Vernunft‹ überzeugt war, dass deren Aufgaben am Ende mit der Frage: »Was darf ich hoffen?« zur ›Religion‹ führen,[61] weckt die zugespitzte Darlegung am Ende seines Denkweges Staunen.[62] Kant steht damit in der großen Tradition der abendländischen Metaphysik – und besonders von deren Ausgestaltung durch Platon und auch Augustinus, auf den Eckhart sich intensiv bezieht. Platons Gedanke der ὁμοίωσις θεῷ κατὰ τὸ δυνατόν, der von uns Menschen zunehmende Gerechtigkeit fordert (›Theaitetos‹ 176 b/c), Augustins Glaube, dass wir ›auf Gott hin geschaffen‹ seien (conf. 1,1: *fecisti nos ad te*), verknüpft er mit der These, dass wir ›gerecht sein sollen‹,[63] wobei Augustinus annimmt, dass allein die Entscheidung unseres Willens wirksam ist (lib. arb. 1,26: *sola [...] voluntas per se ipsam*) und sich die Forderung an den ›Willen‹ richtet, dass er gerecht sei und alles gerecht ordne (lib. arb. 1,15: *iustum est, sunt omnia sint ordinatissima*). Diese moralisch-praktische Auslegung des Geschaffenseins auf Gott hin kann erneut in der hier untersuchten Predigt Eckharts wiedergefunden werden – und sie tritt wieder bei Kant hervor. Kants Wort »Gott über uns« ist in der ›Kritik der reinen Vernunft‹ durchweg anerkannt; das Wort »Gott neben uns« ist als Kernpunkt der ›Grundlegung der Metaphysik der Sitten‹ zu verstehen.[64]

Eine tragfähige Brücke zu Eckharts These ›Got und ich wir sîn ein‹ bietet die praktische Philosophie Kants, einerseits mit einem Bibelzitat der ›Grundlegung zur Metaphysik der Sitten‹, andererseits mit der strengen Forderung der ›Heiligkeit‹ in der ›Kritik der praktischen Vernunft‹. In der ›Grundlegung‹ erklärt er mit Bezug auf Mc 10,18 und Lc 18,19:

»Selbst der Heilige des Evangelii muß zuvor mit unserm Ideal der sittlichen Vollkommenheit verglichen werden, ehe man ihn dafür erkennt; auch sagt er von sich selbst: was nennt ihr mich (den ihr sehet) gut? niemand ist gut (das Urbild des Guten) als der einige Gott (den ihr nicht sehet)«. (GMS BA 29 = AA 4,408)

---

61 Vgl. RGV B 6 = AA 6,VI; zu den Grundfragen der kritischen Philosophie vgl. KrV B XXX in Verbindung mit Kants Erläuterungen in den ›Vorlesungen zur Logik‹ (A 25 = AA 9,25).

62 Vgl. in diesem Band NORBERT FISCHER, Kants Idee »est Deus in nobis« und ihr Verhältnis zu Meister Eckhart.

63 Vgl. lib. arb. 1,15: iustum est, ut omnia sint ordinatissima. Augustinus bezieht die Gerechtigkeit der mittels des Willens zu verwirklichenden Ordnung zwar auf Gott, aber nicht im Sinne einer willkürlich gedachten, machtorientierten Theonomie. Und auch nach Kant führt »Moral [...] unumgänglich zur Religion« (RGV B IXf. = AA 6,6).

64 GMS BA 66 = AA 4,429; vgl. NORBERT FISCHER, Hinführung zum Thema ›Vernunftreligion und Offenbarungsglaube‹, bes. S. 5 f.

Mit der harschen Zurückweisung seiner Identifizierung mit Gott, die ›der Heilige des Evangelii‹ ausspricht, ist die ›Heiligkeit‹ als das sachliche Bindeglied zwischen Gott und Mensch genannt: denn »der Begriff der Heiligkeit«, der allein bei Gott wirklich ist, ist laut Kant eine »praktische Idee, welche nothwendig zum *Urbilde* dienen muss, welchem sich ins Unendliche zu nähern das einzige ist, was allen endlichen vernünftigen Wesen zusteht«, obgleich dieses Ideal nur in einem »ins Unendliche gehenden Progressus seiner Maximen« erstrebt werden kann. (KpV A 58) Dieses zunächst unerreichbare Ideal, das die praktische Vernunft fordert, kann doch ›schon‹ vorläufig in einem ›unendlichen Progressus‹ von endlichen Vernunftwesen angestrebt werden. Und diese eschatologische Spannung führt Kant dann zum Postulat der »Unsterblichkeit der Seele«, die ihn im ›Opus postumum‹ dann schließlich von »Gott in uns« hat sprechen lassen.[65] Auch Eckhart geht es in seiner Predigt – ineins mit der Bitte um den Beistand Gottes – um »Befolgung seiner Pflicht als Schatten dem Licht«, nämlich darum:

> *Daz wir die gerehticheit minnen durch sich selben und got âne warumbe, des helfe uns got. Amen.*
> (Pr. 6, EW I, S. 86,22 f.)

Auch die ›großen Denker‹ waren und sind dem Schicksal epochaler Fehldeutungen ausgesetzt: so ist Kant (entgegen dem verbreiteten Urteil) explizit offen gewesen für die Hilfe der Gnade.[66] Die zunehmende Beachtung der Werke des Aristoteles im Hochmittelalter ist zwar offenkundig: ebenso spät wie die aporetischen Motive der ›Philosophie‹ Platons und Augustins (z. B. ›Contra Academicos‹) scheint der undogmatische und problemdenkerische Charakter seines Denkens bemerkt worden zu sein, der es ungeeignet macht, es als ›dogmatische Metaphysik‹ vorzutragen. Das dritte Buch von Περὶ ψυχῆς (*De anima*) handelt von dem ›Teil der Seele‹, mit dem sie erkennt und denkt (429 a 10 f.: περὶ δὲ τοῦ μορίου τοῦ τῆς ψυχῆς ᾧ γινώσκει τε ἡ ψυχὴ καὶ φρόνει). Das Ergebnis seiner Überlegungen erläutert der Autor spannungsreich: einerseits erklärt Aristoteles, dass die menschliche Seele ›aufnahmefähig‹ (δεκτικόν) sein müsse, andererseits (im Anschluss an Anaxagoras), dass sie, sofern sie ›erkennt‹, auch ›herrschen‹ müsse (ἵνα κρατῇ, τοῦτο δ᾽ ἐστὶν ἵνα γνωρίζῃ).[67] Er entfaltet eine Dialektik, in der er schwankt, ob die Seele eine tätige Kraft oder ein erleidendes Vermögen sei (ein ποίειν oder ein πάσχειν) und vermeidet also dogmatische

---

65 Vgl. REINHARD BRANDT, Der Gott in uns und für uns bei Kant; dazu den Kant-Beitrag von NORBERT FISCHER im vorliegenden Band. Der Bibelleser Kant hat das Wort wohl auch vom Johannes-Evangelium her gesehen, bes. Io 14,12!

66 Vgl. die große Fußnote mit ausdrücklicher Zustimmung Kants zur ›christlichen Moral‹ in KpV A 230.

67 Die im Erkennen wirksame Passivität (Erkenntnisvermögen als δεκτικόν) und Aktivität (ἵνα κρατῇ, τοῦτο δ᾽ ἐστὶν ἵνα γνωρίζῃ) wirkt sich auch im Gottdenken Eckharts aus. Und Kants Gedanke der Rezeptivität und Spontaneität des Erkenntnisvermögens gehört auch in diesen Kontext.

Lösungen.[68] Der Zwiespalt zwischen einem schöpferischen νοῦς ὅς ποίει und einem geschöpflichen νοῦς ὅς πάσχει ist anregend und bleibt unbestimmt. Es ist kein Wunder, dass ›philodoxe‹ Leser damit unzufrieden waren und ›klare Lösungen‹ suchten. Einen solchen Leser präsentiert auch KURT FLASCH, indem er von Boethius berichtet:

> »Die Intellektlehre rückt den Menschen nahe an Gott heran. Dieses Motiv war den christlichen Denkern keineswegs fremd. Sie lasen in Augustins *De Trinitate* viel über die Gottebenbildlichkeit des Geistes. Seit dem 12. Jahrhundert hatte es ein vertieftes Interesse an Boethius gegeben, bei dem man lesen konnte: Jeder Glückselige ist Gott. *Omnis igitur beatus Deus* (Consolatio III prosa 10). Der Glückselige wird Gott, Gott durch Teilhabe, aber Gott schon in dieser Welt.«[69]

KURT FLASCH rührt hier an schwierige Fragen, lässt sie zunächst aber in sachgemäßer Weise offen. Das umstrittene Verhältnis von Gott und Mensch soll deswegen im Anschluss an die Aussagen Eckharts in der Predigt 6 noch einmal eigens ins Auge gefasst und zum Thema gemacht werden. Meister Eckhart war gewiss das letzte Werk des Thomas von Aquin (›De unitate intellectus contra Averroistas‹) bekannt, das gegen Siger von Brabant für die Geschöpflichkeit, Individualität und Schuldfähigkeit der endlichen Vernunftwesen, die wir Menschen sind, argumentiert. Inwieweit Averroes wirklich die Thesen vertreten hatte, die von Thomas bekämpft wurden, auch weil er sie im Gegensatz zur christlichen Lehre sah, kann hier nicht weiter untersucht werden. Gefragt werden muss aber, ob Eckhart in Predigt 6 die ›Geschöpflichkeit‹, die ›Individualität‹ und die ›Schuldfähigkeit‹ der Menschen als endlicher Vernunftwesen hinterfragt und in Zweifel zieht. Schon die Kurzerläuterung der Sätze, auf die Eckhart auch in der ›Rechtfertigungsschrift‹ Bezug nimmt, zeigt, dass Eckhart selbst die gegen ihn erhobenen Vorwürfe für abwegig gehalten hat. Leser aus dem Umkreis der Ankläger in Köln und Avignon konnten, wenn sie geneigt waren, diesem Prediger Irrgläubigkeit anzulasten, zunächst nicht grundlos meinen, sie klängen übel.[70] Die inkriminierten Sätze sind jedoch nicht »schroff und klar gesagt«, wie FLASCH insinuiert, sondern sind, wenn man auch Eckharts Erläuterungen beachtet, als ›rechtgläubig‹ zu verstehen. Denn rechtgläubig sind die Annahmen der Geschaffenheit, der Individualität und Schuldfähigkeit endlicher Vernunftwesen, die Eckhart bis hin zur ›Rechtfertigungsschrift‹ vertreten hat.[71] Zum Schluss dieser Betrachtung eines Grundgedankens Meis-

---

68 Vgl. ›De anima‹ 429 b 4 f.; 429 b 25 f.; 429 b 30–430 a 1 f.

69 Vgl. Meister Eckhart. Die Geburt der ›Deutschen Mystik‹ aus dem Geist der arabischen Philosophie, S. 61.

70 So Papst Johannes XXII. in der Bulle ›In agro dominico‹ (27. März 1329); Eckhart hatte sich in seiner ›Responsio‹ (Rechtfertigungsschrift) mit Nachdruck gegen heterodoxe Auslegungen gewehrt; vgl. Acta Echardiana.

71 Mit dieser Auslegung bleibt das Denken Eckharts auch für heutige Leser denkerisch anspruchsvoll und anregend. Die Spontaneität und die Endlichkeit der menschlichen

ter Eckharts sei aber eingestanden, dass es auch möglich ist, solche Sätze (gegen Eckharts erklärten Willen) in einem Sinn zu lesen und auszulegen, der zu den Prozessen und zu Eckharts Desavouierung geführt hat. Eckhart wusste das und stemmt sich zuweilen in seinen Predigten dagegen:

> *Ein kraft ist in der sêle, von der ich mêr gesprochen hân, – und wære diu sêle alliu alsô, sô wære si ungeschaffen und ungeschepfelich. Nû enist des niht.* (Pr. 13, EW I, S. 158,15–17)

> »Eine Kraft ist in der Seele, von der ich schon öfter gesprochen habe, – wäre die Seele ganz so, so wäre sie ungeschaffen und unerschaffbar. Nun ist dem nicht so«. (Pr. 13, EW I, S. 159,16–18)

Zu Eckharts Gegenwehr gehört die apodiktisch vorgetragene These der Geschaffenheit endlicher Vernunftwesen: *Und got der ist aleine vrî und ungeschaffen.*[72] Eckhart hat sich denkerisch eindringlich um das Verstehen des schwierigen Übergangs von der Annahme der ›Geschaffenheit‹ des endlichen Geistes zu dessen ›Individualität‹ und ›Schuldfähigkeit‹ bemüht, die im Blick auf die Freiheitsproblematik ein Problem war und bleibt (vgl. Predigt 10). Die Schwierigkeit des Übergangs von der Annahme der ›Geschaffenheit‹ des endlichen Geistes zu dessen ›individueller Schuldfähigkeit‹ ist keine Erfindung Eckharts, sondern geht auf alte Fragen zum ›Ursprung des Bösen‹ zurück, die schon von Platon und Augustinus diskutiert wurden, dort aber aporetisch geblieben sind und noch bei Kant weitergewirkt und dessen Überlegungen zum ›formalen Grund der bösen Tat‹ hervorgerufen haben, die für ihn am Ende seines Denkwegs zu einem ›Problem‹ geworden sind, zu einer »notwendigen, theoretisch aber unlösbaren Aufgabe«.[73] Überdies ist Meister Eckhart (wie Augustinus und Kant) nicht nur ein Lehrer der menschlichen Freiheit, sondern auch der Angewiesenheit auf die Hilfe Gottes, also auf die göttliche Gnade.[74]

Vernunft hat besonders auch Kant betont (z. B. im Blick auf die Unmöglichkeit der Einschätzung der ›eigentlichen Moralität der Handlungen‹; vgl. KrV B 579 Fn). Vgl. auch die ›Jemeinigkeit des Daseins‹ beim Eckhart-Leser Heidegger.

72 Pr. 1, EW I, S. 16,31 f.; Übersetzung S. 17,36: »Gott allein ist frei und ungeschaffen«. Vgl. folgende Auswahl schwieriger Stellen: Pr. 5 B, EW I, S. 68,17 f.: *wan daz herze ist aleine reine, daz alle geschaffenheit vernihtet hât*; Pr. 10, EW I, bes. S. 130,4–7: *In dem êrsten berüerenne, dâ got die sêle berüeret hât und berüerende ist ungeschaffen und ungeschepfelich, dâ ist diu sêle als edel als got selber ist nâch der berüerunge gotes. Got berüeret sie nâch im selber*; Pr. 12, EW I, S. 146.

73 Vgl. Norbert Fischer, Der formale Grund der bösen Tat. Das Problem der moralischen Zurechnung in der praktischen Philosophie Kants; ders., Das ›radicale Böse‹ in der menschlichen Natur. Kants letzter Schritt im Denken der Freiheit; Jakub Sirovátka, Das Sollen und das Böse in der Philosophie Immanuel Kants. Zum Zusammenhang zwischen kategorischem Imperativ und dem Hang zum Bösen.

74 Vgl. dazu Norbert Fischer, Die Gnadenlehre als ›salto mortale‹ der Vernunft? Natur, Freiheit und Gnade im Spannungsfeld von Augustinus und Kant.

Schon Platon gibt im zehnten Buch der ›Politeia‹ das Dogma der strikten Allursächlichkeit Gottes preis (die einen vernunftfernen Prädestinatianismus zur Folge hätte), indem er den Herold (προφήτης) am Ende seiner Rede zu den menschlichen Seelen vor einem neuen Lebensumlauf, vor dem Beginn des zeitlichen Lebens, sagen lässt (617e: αἰτία ἑλουμένου· θεὸς ἀναίτιος).[75] Damit sind die ›Geschaffenheit‹, die ›Individualität‹ und die ›Schuldfähigkeit‹ der Menschen als die entscheidenden Denkaufgaben gesehen, aber zunächst nur zu einer mythischen Lösung gebracht. Auch Augustinus konnte diese Aufgaben nur in Abkehr vom Manichäismus lösen, indem er ›den Willen [der geschaffenen Menschen] als die erste Ursache der Verfehlungen‹ (*prima causa peccandi*) bezeichnet hat. (lib. arb. 3,49) Wie aber die ›Würde‹ eines jeden einzelnen Menschen, von der man heutzutage geradezu inflationär spricht, einleuchtend gedacht werden kann, war schon immer eine Aufgabe, die mit Mitteln bloß immanenten theoretischen Denkens nicht einleuchtend lösbar ist. Dennoch erklärt Kant in der ›Tugendlehre‹ der ›Metaphysik der Sitten‹:

> »Ein jeder Mensch hat rechtmäßigen Anspruch auf Achtung von seinen Nebenmenschen, und *wechselseitig* ist er dazu auch gegen jeden Anderen verbunden«.[76]

Seine Lösung der grundlegenden Aufgaben des Denkens sucht Eckhart (wie Kant) mit Hilfe des Glaubens. Indiz sei hier eine Stelle zum Sinn der ›Christologie‹ aus Predigt 10:

> *Alsô als ich einest sprach, daz unser herre kam ze sînen jüngern an dem ôstertage mit beslozzenen türn; alsô dirre mensche, der dâ gevrîet ist von aller anderheit und von aller geschaffenheit, in den menschen enkumet got niht: er ist dâ wesenliche.* (Pr. 10, EW I, S. 122,31–124,3)

> »Wie ich einst sagte, daß unser Herr am Ostertage zu seinen Jüngern kam bei verschlossenen Türen, so auch ist es mit diesem Menschen, der da befreit ist von aller Fremdheit und von aller Geschaffenheit: in einen solchen Menschen *kommt* Gott nicht erst hinein: er *ist* vielmehr wesenhaft darin«. (Pr. 10, EW I, S. 123,36–125,4)

Eckhart betreibt keine haltlose Exegese oder Spekulation, keine mystische Schau, sondern bearbeitet Grundfragen des Denkens, die auch die Modernitätsfähigkeit seines Denkens belegen. Als einer der besten Augustinus-Leser

---

75 Zum Hintergrund der Freiheitslehre Platons gehört das Wort aus der dem ›Theaitetos‹ (176b), das die möglichst vollkommene Anähnlichung an Gott zum Ziel erklärt: ὁμοίωσις θεῷ κατὰ τὸ δυνατόν. Dieses Ziel findet sich noch in Kants von »einem ins *Unendliche* gehenden *Progressus*« zur Heiligkeit des Willens (vgl. KpV A 220; 57 f.).

76 A 139=AA 462; die ›Moral‹ hat nach Kant mit einem ›Factum‹ zu tun (vgl. KrV A 56). Dazu erklärt Kant: »Die Menschheit selbst ist eine Würde; denn der Mensch kann von keinem Menschen (weder von Anderen noch sogar von sich selbst) blos als Mittel, sondern muß jederzeit zugleich als Zweck gebraucht werden, und darin besteht eben seine Würde (die Persönlichkeit), dadurch er sich über alle andere Weltwesen, die nicht Menschen sind und doch gebraucht werden können, mithin über alle Sachen erhebt« (›Metaphysik der Sitten‹, A 139 = AA 462).

seiner Zeit wusste Eckhart um dessen dreistufig gedachte Wegbestimmung, die zwar an Worte Plotins anknüpft, aber am Ende jede ›Schaumystik‹ zurückweist, die das Leben samt seinen Nöten aus der Freiheit der Entscheidung überspielt. Augustinus formt Plotins Weisung wie erwähnt um und erweitert sie – in ›Treue zur Erde‹:

> *noli foras ire, in te ipsum redi. in interiore homine habitat veritas. et si tuam naturam mutabilem inveneris, transcende et te ipsum.* (vera rel. 72)

> »Geh nicht nach draußen, kehr in dich selbst zurück. Im inneren Menschen wohnt Wahrheit. Und sobald du deine Natur veränderlich gefunden haben wirst, übersteige auch dich selbst«. (Eigene Übersetzung)

Zudem kannte Eckhart Augustins Auslegung Gottes als *interior intimo meo et superior summo meo.* (conf. 3,11) Nur aus der Überzeugung von der gottgewollten Bedeutung des endlichen Lebens (ohne vernichtende Verschmelzung mit dem ›Einen‹) konnte er die ›Confessiones‹ ausarbeiten, deren literarische Gestalt zugleich ein philosophisch-theologisches Programm vergegenwärtigt. Eckharts Wort ›*Got und ich wir sîn ein*‹ ist in Konkordanz mit Augustinus und Kant verstehen. In Abwehr der Neigung zur ›Schaumystik‹, der FLASCH auch im Untertitel seines Eckhart-Buches erliegt,[77] wobei er sich von den moralisch-praktischen Erwägungen entfernt, wie sie bei Augustinus und bei Kant hervortreten, hat schon OTTO KARRER betont:

> »Mit Plotin und den arabischen Mystikern, die er [nämlich Meister Eckhart] kennt, teilt er den mächtigen Zug ins Absolute, Eine, und verwendet weithin ihre Ausdrucksweise; aber er korrigiert sie stillschweigend oder förmlich, biegt sie in christlichem Sinn um.«[78]

---

77 Der Untertitel von KURT FLASCHs Buch ›Meister Eckhart‹ lautet: Die Geburt der ›Deutschen Mystik‹ aus dem Geist der arabischen Philosophie. Ob es je eine autochthone ›arabische Philosophie‹ gegeben hat, ist jedoch eine umstrittene Frage. Auch die christlich geprägte Philosophie im Abendland lebte von Impulsen, die von der griechischen Philosophie ausgegangen sind (fassbar besonders in den Schriften von Platon und von Aristoteles). Davon lebte wohl auch das, was FLASCH den ›Geist der arabischen Philosophie‹ nennt, der durch Avicenna und Averroes im ›christlichen Mittelalter‹ wahrgenommen und diskutiert wurde. Was jedoch heute ›arabisch‹ heißt, scheint mit dem ›Geist der Philosophie‹ bei Platon und Aristoteles wenig zu tun zu haben, für den sich die großen christlichen Theologen in produktiver Weiterbildung geöffnet haben und den noch Kant im Einklang mit dem christlichen Glauben aufgenommen und weiter fortgeführt hat; vgl. dazu insgesamt NORBERT FISCHER / JAKUB SIROVÁTKA, Vernunftreligion und Offenbarungsglaube. Zur Erörterung einer seit Kant verschärften Problematik.

78 OTTO KARRER, Das Gotteserlebnis bei Augustinus und Meister Eckhart, S. 44.

Karl Heinz Witte

Meister Eckhart: Denken, Sein und Leben

1. *Intelligere — esse — ens*

Die Frage, wie sich Erkennen und Sein bei Meister Eckhart zueinander verhalten, ist vielfach behandelt worden. Die Frage des Denkens kann in der abendländischen Tradition nicht ohne die Frage nach der Zusammengehörigkeit von Denken und Sein in ein angemessenes Licht gerückt werden. Die Frage nach dem Denken berührt über die Frage nach dem Sein auch die ›Seinsfrage‹ HEIDEGGERS.[1] Allgemein betrachtet, wird nach dem Sinn oder der Bedeutung von ›Sein‹ gefragt. Traditionell heißt ›sein‹ existieren oder vorhanden sein eines Seienden. — Hat das Wort *esse* oder mittelhochdeutsch *wesen* bei Eckhart eine weiter gefasste Bedeutung?

Die Absicht meiner Ausführungen ist es, wesentliche Standpunkte des Eckhart'schen Verständnisses von *intelligere*, *esse* und *ens* zusammenzustellen, darüber hinaus aber in die Frage einzutreten, welches Licht auf unser Selbstverständnis, und das heißt speziell auf unsere Existenzerfahrung, fällt, wenn — wie es meine These ist — die Problematik *intelligere — esse — ens* in Eckharts Transzendentalienlehre kulminiert und aus ihr herausführt. Der Schlüsseltext zu diesem Problem ist die erste Pariser Quaestio. Verwirrung ist leider dadurch vorbestimmt, dass in Eckharts Texten die Begriffe ›sein‹ und ›Seiendes‹, *esse* und *ens*, nicht eindeutig, das heißt nicht getrennt behandelt werden: Wo Eckhart das eine Mal *esse* sagt, sagt er das andere Mal *ens*. Das wiederum ist der undurchsichtigen Problemlage zu Eckharts Zeiten geschuldet. Eckharts Verdienst, wie ich es sehe, ist es, in diesem schwierigen Feld einen neuen Weg gebahnt zu haben. In seinen Schriften ist er zu einer neuen Sicht unterwegs. Die Begriffslage bleibt dennoch verwirrend, wenn man die Stellen nur lexikalisch zusammenträgt. Untersucht man aber die Problemlage im Kontext des Eckhart'schen ›Systems‹,[2] das heißt im Zusammenhang seiner Tranzendentalienlehre, ergibt sich ein philosophisch und theologisch faszinierender Ausblick.

Der Ausgangspunkt der Diskussionen über Erkennen und Sein bei Eckhart ist der Satz der ersten Pariser Quaestio: *Tertio ostendo quod non ita videtur mihi modo, ut quia sit, ideo intelligat, sed quia intelligit, ideo est, ita quod deus est intellectus et intelligere et est ipsum intelligere fundamentum ipsius esse.*[3] Ich behalte hier

---

1 MARTIN HEIDEGGER, Sein und Zeit.
2 JAN A. AERTSEN, Der ›Systematiker‹ Eckhart.
3 Quaest. Paris. I n. 4, LW V, S. 40,7; eigene Übersetzung: »Drittens zeige ich, dass ich nicht mehr der Meinung bin, dass Gott erkennt, weil er ist; sondern weil er erkennt,

die übliche Übersetzung ›Erkennen‹ bei. Es sei aber bemerkt, dass *intelligere* in Gott kein Erkanntes bei sich hat, allenfalls auf sich selbst zurückgewandt ist. Besser wäre es demnach, von ›denken‹ zu sprechen. Zunächst ist zu ermitteln, was Sein heißt, wenn es in der Pariser Quaestio dem Denken gegenübergestellt wird. Anschließend ist zu fragen, worauf Eckhart abzielt, wenn er das Erkennen bzw. Denken zum Fundament des Seins Gottes setzt.

›Sein‹ meint Seiendheit, man könnte sagen: ›ein Seiendes sein‹. So wenn Eckhart sagt, dem Gewordenen komme im Nachhinein Sein zu, gemäß Io 1,3: »Alles durch ihn Gewordene – ist«;[4] wie auch gemäß dem Satz aus dem ›Liber de causis‹: *Prima rerum creatarum est esse et non est ante ipsum creatum aliud.*[5] Insofern habe das Sein die Wesensbestimmung des Erschaffbaren (*creabilis*). Hingegen habe die Weisheit, die zum Intellekt gehört, nicht die Bestimmtheit des Erschaffbaren (*non habet rationem creabilis*). Diese Formulierung deutet voraus auf die spätere Zuschreibung der Nicht-Erschaffbarkeit an jene Kraft in der Seele, die auch Fünklein oder Bürglein u.ä. heißt und mit der Vernunft (*vünkelîn der vernünfticheit*)[6] zusammenhängt. Auch die Transzendentalien (*perfectiones generales* und *spirituales*) sind ungeschaffen, z. B. die Güte, die Gerechtigkeit, das Leben.[7] Die Vorrangstellung des *intelligere* als nicht erschaffbar vor dem *esse* in der Pariser Quaestio deutet also schon, ohne sie zu nennen, auf die Gottesgeburt in der Seele voraus,[8] die ihrerseits in der Intellekt- und der Transzendentalienlehre wurzelt.[9]

Ohne die einzelnen Argumente Eckharts zu referieren, greife ich eine zweite wesentliche Aussage heraus, in der das Verhältnis von Intellekt und Sein charakterisiert wird, aber zugleich ein alternatives Verständnis des Seins eingeräumt wird, das für die theoretische Entwicklung der Seinslehre charakteristisch ist. Hier sagt Eckhart deutlich, wie das Sein (*esse*), das Gott abgesprochen werden soll, zu verstehen ist: *Principium nunquam est principiatum, ut punctus nunquam est linea. Et ideo cum deus sit principium vel scilicet ipsius esse vel entis, deus*

---

deshalb ist er in der Weise, dass Gott Vernunft (*intellectus*) und Erkennen (*intelligere*) ist und dass das Erkennen selbst die Grundlage seines Seins (*esse*) ist«.

4 Quaest. Paris. I n. 4, LW V, S. 41,4–6: *Ioh. 1: ›Omnia per ipsum facta sunt‹, ut sic legatur: ›omnia per ipsum facta – sunt‹, ut ipsis factis ipsum esse post conveniat* (Übersetzung ebd.: »›Alles ist durch ihn geworden‹, was so gelesen werden muss: alles durch ihn Gewordene ist, so dass dem Gewordenen nachher Sein zukommt«).

5 ›Liber de causis‹ Prop. 4, n. 37; eigene Übersetzung: »Das Sein ist das erste der geschaffenen Dinge und vor ihm ist nichts Anderes geschaffen«.

6 Pr. 37, DW II, S. 211,1.

7 Zum Beispiel: In Gen. I n. 112, LW I,2, S. 151,14–16; In Sap. n. 22, LW II, S. 343,1f.; 344,5–9; BgT, DW V, S. 9,6–8; 12,12–14.

8 Siehe auch Kurt Flasch, Meister Eckhart. Philosoph des Christentums, S. 136.

9 Siehe auch Karl Heinz Witte, Meister Eckhart. Leben aus dem Grunde des Lebens, S. 166.

non est ens vel esse creaturae.[10] Eckhart will aber in Fragen der Benennung nicht kleinlich sein: *Et si tu intelligere velis vocare esse, placet mihi. Dico nihilominus quod, si in deo est aliquid, quod velis vocare esse, sibi competit per intelligere.*[11] *Intelligere* wird also vom *esse* abgesetzt, sofern dies das Sein des Seienden (*esse creaturae*) meint. Von dieser Differenz her könnte der folgende Satz verstanden werden als ein »Versuch, das Sein ohne das Seiende zu denken«.[12] Sein als Prinzip kann in Gott nicht nach der Seinsart des Prinzipiats sein, sondern nur nach der des Prinzips (hier: *causa*):

> *Et ideo cum esse conveniat creaturis, non est in deo nisi sicut in causa, et ideo in deo non est esse, sed puritas essendi. Sicut quando quaeritur de nocte ab aliquo, qui vult latere et non nominare se: ›quis es tu?‹ respondet: ›ego sum qui sum‹, ita dominus volens ostendere puritatem essendi esse in se dixit: ›ego sum qui sum‹. Non dixit simpliciter ›ego sum‹, sed addidit: ›qui sum‹. Deo ergo non competit esse, nisi talem puritatem voces esse.*[13]

Hätte Gott geantwortet »Ich bin«, hätte er nach dem traditionellen Verständnis gesagt: »Ich bin seiend«.[14] Wenn er aber sagt »Ich bin ich«, so verbirgt er, w e r o d e r w a s er ist, und sagt nur, d a s s e r e r s e l b s t ist. Das bedeutet nach all-

---

10 Quaest. Paris. I n. 9, LW V, S. 45,6–8; eigene Übersetzung: »Das Prinzip ist niemals das Prinzipiat, wie ein Punkt niemals eine Linie ist. Und darum, weil Gott das Prinzip ist, sei es seines Seins oder des Seienden, ist Gott nicht das Seiende (*ens*) bzw. (*vel*) das Sein des Geschöpfes (*esse creaturae*)«.

11 Quaest. Paris. I n. 8, LW V, S. 45,3–5; Übersetzung ebd.: »Willst du aber das Erkennen Sein nennen, so habe ich nichts dagegen. Gleichwohl sage ich: Wenn es in Gott etwas gibt, das du Sein nennen willst, kommt es ihm aufgrund des Erkennens zu«.

12 MARTIN HEIDEGGER, Zeit und Sein, S. 5.; DERS., Protokoll zu einem Seminar über den Vortrag ›Zeit und Sein‹, S. 40. Diese Formulierung wird nicht gewählt, um Eckhart durch HEIDEGGER zu erklären, sondern um mit HEIDEGGER ins Fragen nach dem Sein einzustimmen.

13 Quaest. Paris. I n. 9, LW V, S. 45, 9–15; eigene Übersetzung: »Und da also Sein zu den Geschöpfen gehört, ist es nicht in Gott, außer entsprechend der Seinsart des Prinzips, und darum ist in Gott nicht Sein, sondern Lauterkeit des Seins. Wie wenn einer, der verborgen bleiben und sich nicht nennen will, bei Nacht gefragt: ›Wer bist du?‹, antwortet: ›Ich bin, der ich bin‹, so wollte der Herr die Lauterkeit seines Seins mit den Worten zeigen: ‹Ich bin, der ich bin› (Ex. 3,15). Er hat nicht schlechtweg gesagt: ›Ich bin‹, sondern hinzugefügt: ›der ich bin‹. Gott kommt also nicht Sein zu, es sei denn, du wolltest eine solche Lauterkeit Sein nennen«.

14 Prol. op. prop. n. 3, LW I.1, S. 167,2–8 (LW I,2, S. 41,15–20): *Cum enim dico aliquid esse, aut unum, verum seu bonum praedico, et in praedicato cadunt tamquam secundum adiacens praemissa quattuor et formaliter accipiuntur et substantive. Cum vero dico aliquid esse hoc, puta lapidem, et esse unum lapidem, verum lapidem aut bonum lapidem aut bonum hoc, scilicet lapidem, praemissa quattuor accipiuntur ut tertium adiacens propositionis nec sunt praedicata, sed copula vel adiacens praedicati.* (Eigene Übersetzung: »Wenn ich also aussage, dass etwas ist oder [wenn ich] es als eines, wahr oder gut prädiziere, so sind diese vier Bestimmungen als zweites Satzglied Prädikate und werden als solche und substantivisch verstanden. Sage ich aber: Etwas ist dieses, etwa der Stein da ist e i n Stein, ein wahrer Stein oder ein guter Stein oder dieser Stein da, dann werden diese vier Bestimmungen

gemeinem Verständnis, dass in Gott Wesen und Sein identisch sind. Die Frage
(an Gott) »Wer bist du?«, also die Frage nach dem Ich Gottes, hat sich dabei
verschoben zur Wesensfrage: »Was ist Gott?« Antwort: »Gott ist, was er ist.«
Es wird sich zeigen, dass sich Eckhart der Ich-Frage zuwendet und darüber
hinaus die Substanzontologie verlässt.[15] Dass Eckhart hier schon das »Ich bin
der ich bin« anführt, weist auf die Erläuterung der Seinsmetaphysik voraus, die
diese Auslegung des Gottesnamens im Exoduskommentar erhalten wird. Dort
wird das Ich als »reine Substanz ohne Beifügung« bezeichnet. *Li ›ego‹ pronomen
est primae personae. Discretivum pronomen meram substantiam significat: meram,
inquam, sine omni accidente, sine omni alieno, substantiam sine qualitate, sine forma
hac aut illa, sine hoc aut illo.*[16] Das Sein erhält dort ferner in der Rückwendung
auf sich selbst deutlich Charakterisierungen aus dem Bereich des Intellekts.
»Ich bin der ich bin« bezeichnet (*indicat*) eine »Art rückbezüglicher Hinwendung« (*quandam reflexivam conversionem*) des göttlichen Seins (*ipsius esse*). Das
erweist die intellektuale Verfassung des reinen Seins, vor allem wenn dieselbe
Formulierung mit einer Anspielung auf den ›Liber de causis‹ (prop. 14) und den
›Liber XXIV philosophorum‹ wiederholt wird.

> *Rursus [repetitio indicat] ipsius esse quandam in se ipsum et super se ipsum reflexivam conver-
> sionem et in se ipso mansionem sive fixionem; adhuc autem quandam bullitionem sive parturi-
> tionem sui — in se fervens et in se ipso et in se ipsum liquescens et bulliens, lux in luce et in lucem
> se toto se totum penetrans, et se toto super se totum conversum et reflexum undique, secundum
> illud sapientis: ›monas monadem gignit — vel genuit — et in se ipsum reflexit amorem — sive
> ardorem‹.*[17]

---

   als drittes Glied des Satzes verstanden und sind nicht Prädikate, sondern die Kopula oder
   eine Beifügung zum Prädikat«).

15 Ausführlich dazu siehe KARL HEINZ WITTE, Meister Eckhart. Leben aus dem Grunde
    des Lebens, S. 193–241, Kap. 9 ›Wegweiser für ein neues Selbstverständnis des Men-
    schen‹ u. Kap. 10 ›Was sagt Eckhart, wenn er »ich« sagt?‹; siehe auch MARTINA ROES-
    NER, Eine Wahrheit in vielerlei Weisen und MARTINA ROESNER, Abgeschiedenheit und
    Reduktion, in diesem Bande.

16 In Exod. n. 14, LW II, S. 20,3–5; eigene Übersetzung: »›Ich‹ ist das Pronomen der Ers-
    ten Person. Als unterscheidendes Pronomen bezeichnet es die reine Substanz: Ich sage
    ›rein‹ [also] ohne jedes Akzidens, ohne jedes Andere, Substanz ohne Qualität, ohne diese
    oder jene Form, ohne dies oder das«.

17 In Exod. n. 16; LW II, S. 21,8–15; eigene Übersetzung: »Ferner zeigt die Wiederholung
    dieses ›Seins‹ eine gewisse reflexive Hinwendung in sich selbst und auf sich selbst an
    und ein Wohnen oder Feststehen in sich selbst; ein Aufwallen oder Sichselbstgebären.
    Es ist in sich brausend und innen in sich und in sich hineinfließend und wallend, Licht
    im Licht und ins Licht, sich selbst im Ganzen und sich zur Ganzheit durchdringend, das
    sich selbst im Ganzen und sich der Ganzheit zuwendet und allerseits spiegelt, nach dem
    Wort des Weisen [aus dem ›Buch der 24 Philosophen‹]: ›Die Einheit zeugt – oder zeugte
    – die Einheit, und auf sich selbst strahlte sie ihre Liebe – oder ihre Glut – zurück.« Zum
    ersten Spruch der 24 Philosophen siehe auch KURT FLASCH, Was ist Gott? Das Buch der
    24 Philosophen, S. 24–29. Der Spruch lautet: *Deus est monas monadem gignens, in se unum*

›Ich bin der ich bin‹ bezeichnet für Eckhart also die Lauterkeit oder Reinheit des Seins (*puritas essendi*). Diese ist demnach auf den ersten Blick nicht Lauterkeit des Seienden (*puritas entis*), sondern Sein ohne Beifügung, reines Sein. Eckhart nennt die *puritas essendi* andernorts *esse absolute*[18] und betont damit noch schärfer den Vollzugscharakter der Seiendheit, als wenn er das Sein als das *esse absolutum* bezeichnet, was allerdings auch öfter geschieht. Insofern könnte man, von der zitierten Klarstellung aus betrachtet, die Hauptthese des ›Opus tripartitum‹: *esse est deus* – »Das Sein ist Gott«[19] als eine gerade Fortsetzung der ersten Pariser Quaestio betrachten: Die *puritas essendi* ist Gott, Sein oder Denken. Manche Interpreten betrachten die Seinslehre des ›Opus tripartitum‹ jedoch als einen Gegensatz zur These der ersten Pariser Disputation: *Deus est intellectus et intelligere et est ipsum intelligere fundamentum ipsius esse.*[20] Ich folge WERNER BEIERWALTES:

> »Gottes Sein ist Denken und sein Denken ist Sein. Modifiziert ist der Begriff ›Sein‹ als Gott einzig zukommendes und daher mit ihm identisches Über-Sein. Ebenso wenig wie Eckhart dadurch, dass er Gott als Über-Sein denkt, ihm das Sein ›abspricht‹ – ich hân ez in im gehœhet – Denken ist nicht ohne Sein; beide stehen als die absolute Selbstreflexion in einem gleichursprünglichen ›Fundierungszusammenhang‹.«[21]

KURT FLASCH[22] referiert, wie Eckhart »in harmonisierendem Sinn« die Seinslehre neben der Intellekttheorie bestehen lasse, jedoch zugleich das Denken als den höheren Gesichtspunkt betrachte. Er sieht in der Zielrichtung Eckharts auf das »Erkenntnissein« dessen nicht adäquat aufgegriffenen Anstoß zu einer neuen ›Philosophie des Christentums‹. Dafür sind die Pariser Quästionen programmatisch. »Sie führen an die Grenze der Ontologie. Diese kann Bild und

---

reflectens ardorem (FLASCH, ebd.). Die Rückwendung zu sich selbst ist ein Zitat aus dem ›Liber de causis‹, prop. 6 und 14, und ist dort auf die Intelligentia bezogen.

18 Zum Beispiel: Prol. op. prop. n. 3, LW I.1, S.106,13 (LW I,2, S.41,13); n. 23, LW I.1, S.180,4 (LW I,2, S.53,4); In Sap. n. 255, LW II, S.588,1; In Ioh. n. 44, LW III, S.36,7.

19 Prol. gen. n. 12, LW I,1, S.156,15 (LW I,2, S.28,15).

20 Quaest. Paris. I n. 4, LW V, S.40,7; eigene Übersetzung: »Gott ist Vernunft und Erkennen und dieses Erkennen ist das Fundament seines Seins.« KURT RUH, Meister Eckharts Pariser Quaestiones 1–3 und eine deutsche Predigtsammlung sieht darin nur einen »Perspektivenwechsel« von der Erkenntnislehre zur Ontologie. RUEDI IMBACH, Deus est intelligere, S.149, erwähnt, dass die Intellekt-These der Pariser Quaestion, »zum Mindesten der Formulierung nach, im Widerspruch steht zur im ›Opus tripartitum‹ als absolut zentral hingestellten These *deus est esse* [sic!]« (S.149), und fordert »eine überaus vorsichtige und eingehende Untersuchung der gesamten eckhartschen Ontologie« (S.150), die aber in seinem Werk, das den Fokus auf die Pariser Quaestionen legt, nicht in Angriff genommen wird. Jedoch unterstützt er (ebd., S.290, Anm.42) die These von KARL ALBERT, Meister Eckharts These vom Sein, der ebenfalls das *esse absolute* mit dem *intelligere*, das *esse hoc et hoc* aber mit dem Sein in der Quaestio Parisiensis gleichsetzt.

21 WERNER BEIERWALTES, Deus est esse – Esse est deus, S. 53.

22 KURT FLASCH, Meister Eckhart – Philosoph des Christentums, S.120 u. 127.

Erkennen nicht fassen. Sie hat zur Folge, dass man sich Gott und Seele dingartig vorstellt. Dann ist das Beste vergessen.« Diese Bemerkung zeigt, worum es beim Vorrang des Intellekts vor dem Sein oder Seienden tendenziell geht, wie zuvor bemerkt wurde: um die Überwindung der Substanzontologie; das immer gleiche höchste Seiende löst sich in der Intellekttheorie in eine unendliche Dynamik des Denkens sowie des reinen Seins auf. Dies soll in einem späteren Abschnitt über die »Lebensethik des Transzendentalen« verdeutlicht werden.

Im Rahmen der Seinslehre Eckharts bleiben die terminologischen Zuordnungen zunächst dunkel. Es könnte, wie gezeigt, scheinen, als sei die _puritas essendi_ nicht ein Seiendes, sondern ›sein‹ in absoluter Form – ohne Rücksicht auf eine nähere Bestimmung. So scheint es in der Tat, zum Beispiel, wenn der Satz _esse est deus_, der in der Kölner Anklageschrift inkriminiert ist, von Eckhart mit der Bemerkung gerechtfertigt wird: _Dicendum quod hoc verum est de esse absoluto, non de esse formaliter inhaerente._[23] Hier wird wiederum zwischen dem bestimmten Sein, das jedem Seienden innewohnt (_esse commune_ oder _formale_) und dem reinen Sein unterschieden. Das heißt aber nicht, dass das reine Sein nicht ein ›reines Seiendes‹ ist. Das »absolute Sein« ist für Eckhart zugleich das »absolut Seiende«, also das Seiende als Seiendes an sich, nicht dies oder das Seiende. Tatsächlich kennt Eckhart neben _esse absolute_ auch die Formulierung _ens absolute_: _Unde et eius [sc. intellectus] obiectum est ens absolute, non hoc aut illud tantum._[24] Im Rückblick auf die erste Pariser Quaestio ist also zu korrigieren:

---

23 Responsio I n. 117; LW V, S. 289,6 f.; eigene Übersetzung: »Dazu ist zu sagen, dass dies [_esse est deus_] wahr ist vom absoluten Sein, nicht von dem Sein, das formbestimmend im Geschöpf wohnt«.

24 In Gen. I n. 115, LW I,1, S. 272,5 f. (LW I,2, S. 155,26 f.); eigene Übersetzung: »Der Gegenstand des Intellekts ist das absolut Seiende, nicht nur dieses oder jenes.« Vgl. In Exod. n. 54, LW II, S. 58,8–10: _Nequaquam prima decem entia, sed unum ens, substantia scilicet; reliqua vero non sunt entia, sed entis proprie – ex VII Metaphysicae – entia solum analogice ad unum ens absolute, quod est substantia._ (Eigene Übersetzung: »Keineswegs sind die ersten zehn [Kategorien] seiend, sondern nur eines [ist] Seiendes: nämlich die Substanz; die übrigen aber sind nicht seiend, sondern – nach dem siebten Buch der Metaphysik – eigentlich [nur Bestimmungen] des Seienden, seiend aber nur in Analogie zum dem einen, das auf absolute Weise seiend ist, das heißt zur Substanz.«) In Ioh. n. 52, LW III, S. 43,11 f.: _Omne autem citra deum est ens hoc aut hoc, non autem ens aut esse absolute, sed hoc est solius primae causae, quae deus est._ (Eigene Übersetzung: »Diesseits von Gott ist alles dies oder das Seiende; nichts aber [ist] auf absolute Weise Seiendes oder Sein; sondern das gehört nur der Ersten Ursache, die Gott ist.«) In Ioh. n. 677, LW III, S. 591,6–9: _Obiectum autem intellectus proprie est ens nudum simpliciter et absolute, prius, simplicius et praestantius non solum bono, sed et vero et uno; verum enim non est obiectum intellectus, sed potius consequens intellectum, cum sit adaequatio rei et intellectus._ (Eigene Übersetzung: »Gegenstand der Vernunft aber ist eigentlich nur das bloße Seiende, das auf einfache und absolute Weise ist, das früher, einfacher und hervorragender ist nicht nur als das Gute, sondern auch als das Wahre und Eine. Das Wahre ist nämlich nicht Gegenstand der Vernunft, sondern eher Folge der Vernunft, insofern es die Übereinstimmung von Sache und Erkenntnis ist«).

puritas essendi ist *puritas esse* und *puritas entis*; ›reine Seinsheit‹ ist »absolut sein« und «absolut Seiendes«.

Zwischen Sein und Seiendem besteht eine differenzierte Verflechtung: Sein und Seiendes sind verschieden, und sie gehören zusammen. Der klassische Ort für diese Auseinandersetzung sind Eckharts Analogiekapitel in seinen Vorlesungen zum Ecclesiasticus (Jesus Sirach).[25] Er betont: *Notandum quod illud quod sititur, esuritur, quaeritur et appetitur ab omnibus est esse, tam in natura quam in arte. Nullum autem ex entibus est esse, nec in ipso est radix esse.*[26] Es bleibt jedoch zu fragen, wie die Differenz des Seins und des Seienden zu verstehen ist, wenn in manchen Formulierungen, wie zuvor gezeigt, das Sein (*esse*) mit dem Seienden (*ens*) vertauscht werden kann. Die Antwort muss lauten: Sein kann ebenso wie Seiendes »absolut«, ohne Beifügung, verstanden werden. Das zeigt sich auch im Analogiekapitel der Ecclesiasticus-Vorlesung:

> *Sitiendo igitur accipit esse. [...] Secus de omni alio quod non sitit esse ipsum et causam, sed tale esse. Hoc enim sitiendo et appetendo non acciperet esse, sed hoc esse, nec per ipsum tale esset ens, sed ens hoc.*[27]

In dieser Bemerkung ist der Grundsatz Eckharts ausgeführt, den er häufig wiederholt: *Secundo praenotandum quod aliter sentiendum est de ente et aliter de ente hoc et hoc. Similiter aliter de esse absolute et simpliciter nullo addito, et aliter de esse huius et huius.*[28] All diese Erläuterungen zeigen, dass Eckhart die von HEIDEGGERs Seinsfrage her gehegte Erwartung, »das Sein ohne das Seiende zu denken« (oben S. 227), nicht erfüllt, jedenfalls nicht in der Terminologie. Sein und Seiendes können ausgetauscht werden. Ja, es gilt sogar für Gott: Er ist Sein und das Seiende schlechthin.

Als Wegweiser für sein Thesenwerk setzt Eckhart den Hinweis:

> *Notandum ergo prooemialiter primo quod solus deus proprie est ens, unum, verum et bonum. Secundo quod ab ipso omnia sunt, unum, vera sunt et bona sunt. Tertio quod ab ipso immediate omnia habent quod sunt, quod unum sunt, quod vera sunt et quod bona sunt. Quarto quod*

---

25 In Eccli. n. 42–61, LW II, S. 270,7–290,8. Siehe dazu auch KARL HEINZ WITTE, Meister Eckhart. Leben aus dem Grunde des Lebens, S. 123–132.

26 In Eccli. n. 44, LW II, S. 273,5–12; eigene Übersetzung: »Zu beachten ist: Wonach alles dürstet, hungert, sucht und verlangt, ist das Sein, wie in der Natur so in der Kunst. Aber kein Seiendes ist das Sein; auch liegt in jenem nicht die Wurzel des Seins«.

27 In Eccli. n. 46, LW II, S. 275,11–14; eigene Übersetzung: »Dürstend empfängt also [das Seiende] das Sein. [...] Anders ist es bei jedem anderen, das nicht nach dem Sein als solchem und seiner Ursache dürstet, sondern nach einem bestimmten Sein. Denn dies empfinge durch sein Dürsten und Verlangen nicht das Sein [ohne Beifügung], sondern dieses Sein, und dadurch wäre ein solches nicht Seiendes [ohne Beifügung], sondern dieses Seiende«.

28 Prol. op. prop. n. 3, LW I,1, S. 166,12–167,1 (LW I,2, S. 41,12–14); eigene Übersetzung: »Man muss anders urteilen über das Seiende [an sich] und anders über das Dies-und-das-Seiende; ebenfalls anders über das absolut und einfach ohne eine Beifügung Sein und anders über das Sein von diesem oder jenem«.

cum dico hoc ens aut unum hoc aut unum illud, verum hoc et illud, bonum hoc et illud, li hoc et illud nihil prorsus addunt seu adiciunt entitatis, unitatis, veritatis aut bonitatis super ens, unum, verum, bonum.[29]

Diese Grundsatzerklärung führt uns weiter in der Frage, wie wir das Verhältnis des absoluten Seins bzw. Seienden zum konkreten Seienden bei Eckhart zu verstehen haben, und sie bereitet uns darauf vor, letztlich in die Dimension der Identität und/oder Priorität von Sein und Denken, dem Thema der Pariser Quaestiones I und II, vorzudringen. Die zitierten Bestimmungen proklamieren das Programm der Transzendentalienlehre[30] Eckharts, die eine Fortentwicklung des Konzepts der Analogie ist.[31] Das besagt, dass für Eckhart die transzendentalen Seinsbestimmungen, einschließlich der allgemein als ethische Tugenden verstandenen *perfectiones spirituales*, zum Beispiel Gerechtigkeit und Liebe, kein ontologisches Fundament im Seienden, sprich: im Menschen, haben. Das Gute im konkreten Menschen ist also nicht sein Werk oder seine Einstellung (*habitus*), sondern unmittelbarer Einfluss der Güte Gottes. (Es bleibt offen, wie das phänomenologisch-psychologisch gedacht werden kann.) Sofern also dieses Gute rein innerweltlich als Qualität im Menschen gedacht wird, ist es ontologisch nichts. Solche spirituellen Auszeichnungen im Menschen können nur – von ihrem Ursprung her – als absolute Seinsweisen verstanden werden. Das erste in der Reihe der Transzendentalien ist das Sein oder Seiende. Das impliziert: Geschöpfliches Sein, das ist zugleich das Seiende, ist ebenfalls unmittelbarer Ausfluss der Wirkung Gottes, wie es im vorausgehenden Zitat heißt. Darum sagt weiterhin das Analogiekapitel in der Ecclesiasticus-Vorlesung:

Propter quod in ipso non figitur nec haeret nec inchoatur esse; nec permanet absente, etiam per intellectum, ipso superiori. Propter hoc semper sitit praesentiam sui superioris, et potius et proprius accipit continue esse quam habeat fixum aut etiam inchoatum ipsum esse.[32]

---

29 Prol. op. prop. n. 4, LW I,1, S. 167,9–168,5 (LW I,2, S. 43,1–6); eigene Übersetzung: »Im Voraus ist festzuhalten: Erstens, dass Gott allein im eigentlichen Sinne Seiendes, Eines, Wahres und Gutes ist; zweitens, dass durch ihn alles ist, Einheit, Wahrheit und Gutheit ist; drittens, dass alles von ihm unmittelbar hat, dass es ist, dass es eines, wahr und gut ist. Viertens: Wenn ich sage: dieses Seiende oder dies und das Eine oder dies und das Wahre, so fügen oder legen ›dies‹ und ›das‹ nichts weiter an Seinsgehalt, Einheit, Wahrheit oder Gutheit zum Seienden, Einen, Wahren und Guten hinzu«.

30 J. A. AERTSEN, Meister Eckhart: Eine außerordentliche Metaphysik; DERS., Der ›Systematiker‹ Eckhart; DERS, Die Bedeutung der Transzendentalbegriffe für das Denken Meister Eckharts.

31 Siehe In Eccli. n. 53, LW II, S. 282,8 f.; siehe auch Karl Heinz WITTE, Meister Eckhart. Leben aus dem Grunde des Lebens, S. 126.

32 In Eccli. n. 45, LW II, S. 274,5–9; eigene Übersetzung: »Deshalb haftet, hängt und beginnt das Sein nicht in ihm [dem Seienden]; und es bleibt nicht [im Seienden], wenn das Obere – sei es auch nur in Gedanken – abwesend ist. Deshalb dürstet es immer nach der Gegenwart seines Oberen, und man kann eher und eigentlicher sagen, dass es das

Festzuhalten ist hier, dass das Verhältnis des Transzendentalen zu seinem Konkreten bzw. das Verhältnis der beiden Analogata in der Seinsanalogie als Beziehung des Oberen zum Niederen und umgekehrt gedacht wird. Dieses Thema ist Eckhart sehr wichtig. Er wiederholt die Verhältnisbestimmung des Niederen zum Oberen immer wieder. Ich zitiere nur eine maßgebliche Stelle aus dem Kommentar zum Johannesevangelium:

> *In univocis autem activum et passivum in materia conveniunt et genere et specie: inferius id, quod recipit, habet quidem de gratia superioris, sed non de mera gratia. Ratio est, quia in talibus passivum patiendo agit et activum agendo patitur. Item etiam non est se toto passivum de gratia quidem superioris, meritur tamen ex natura sua, eo quod sit eiusdem naturae in specie cum agente.*[33]

Hier ist angedeutet, wie die transzendentalen Seinsweisen im menschlichen Sein empfangen werden und aktiv sind. Wenn gesagt wird, dass es sich um univoke Beziehungen handelt, ist damit der Hinweis auf die unmittelbare Präsenz der Gerechtigkeit und der Güte im Gerechten und Guten, sofern sie gut und gerecht sind, gemeint. Oberes und Unteres durchdingen sich wie Aktiv und Passiv. Das kann man mithilfe der Beziehung des Schenkenden und des Beschenkten erläutern: In ›analogen‹, das heißt in ungleichen Beziehungen kann das Beschenktwerden ›demütigend‹ sein, indem es von Oben herab geschieht. Anders in ›univoken‹ Beziehungen. Beide ›Partner‹ sind hier zwar persönlich unterschieden, aber im Wesentlichen sind sie gleichwertig und gleichrangig (*alius, non aliud*). Denn wer schenkt, kann nur schenken, sofern der Beschenkte annimmt, oder, wie Eckhart es prinzipiell formuliert: Der Aktive (Schenkende) kann dann aktiv sein und so sein Handeln-(oder Schenken-)Können erfahren, wenn der Passive (Beschenkte) im Passiven handelt, das heißt entgegennimmt. Das Empfangen des Beschenkten ermöglicht erst das Schenken des Schenkenden, der ohne den Beschenkten seiner Potenz beraubt wäre. In dieser Wendung kann man die gedankliche Grundlage sehen für die Steigerung, in der Eckhart nicht nur sagt, dass Gottes Natur ihn zwingt, sich in den Demütigen zu gießen, sondern dass sogar der Demütige Gott »zwinge«, sich ihm zu schenken.

Das ist für die Auslegung der Lebensethik des Transzendentalen (im folgenden Abschnitt) maßgeblich. Die ganze zitierte These, ist wenigstens dem

---

Sein ununterbrochen empfängt, als dass es dies als festen oder auch nur als anfangenden Besitz habe«.

33 In Ioh. n.182, LW III, S.150,12–151,6; eigene Übersetzung: »Im Univoken stimmen Aktiv und Passiv in der Materie sowie in Gattung und Art überein: Das Niedere hat zwar das, was es empfängt, von Gnaden des Oberen, aber nicht nur aus Gnade. Der Grund ist: Weil in solchen Verhältnissen das Passive im Erleiden handelt und das Aktive im Handeln erleidet. Ferner ist es [das Passive] auch nicht völlig passiv und ohne alles Aktive: Dieses Niedere empfängt wohl Gleichnis und Gestalt des Aktiven von Gnaden des Oberen; es verdient sie aber auch aus seiner eigenen Natur dadurch, dass es der Art nach dieselbe Natur hat wie das Aktive«.

Wortlaut nach, kontrovers zu Thomas von Aquin und unter diesem Aspekt auch Anlass für eine Verurteilung durch die Theologen-Kommission in Avignon. Dass das Sein des Geschöpfes unmittelbar, das heißt ohne Vermittlung natürlicher Ursachen (»Zweitursachen«) aus Gott komme, setzt Eckhart dem Missverständnis aus, er halte Gottes Sein für das *esse commune* oder *formale* der Kreatur. Das hätte den Pantheismusverdacht begründet. Eckhart hatte diesen Anklagepunkt formal zurückgewiesen,[34] was den Avignoner Zensoren offenbar genug war; denn der Artikel wurde von ihnen nicht mehr kommentiert. Die zweite These Eckharts aber, die sich aus seiner Seinslehre ableitet, nämlich dass das Geschöpf aus sich selbst ›ein reines Nichts‹ sei, mit anderen Worten, dass das Geschöpf keinerlei selbstständiges Sein habe,[35] wurde bis in die Bulle hinein verurteilt.[36] Die Nichtigkeit der Geschöpfe aus sich selbst wurde als Angriff auf die Schöpfung gesehen, die ja Seinsmitteilung bedeutet. Ferner meinte man, dass die mangelnde Eigenständigkeit der Geschöpfe den legitimen Erwerb oder das Versäumnis von Verdiensten vor Gott und damit Lohn und Strafe unmöglich mache.[37]

Schon aus dieser Reaktion der Kirche und der zeitgenössischen Theologen erweist sich, dass Eckharts Transzendentalienlehre keineswegs eine ontologische Spitzfindigkeit ist, sondern dass sich in ihr das Denken über den Menschen entscheidet, dass sich darin also eine Anthropologie versteckt, die sich bis in die Ethik, Pädagogik und Politik auswirken kann.

2. Eine Lebensethik des Transzendentalen

Während in Eckharts ethischer Perspektive das Zurücklassen des Geschöpflichen, die Ausrichtung der niederen Vernunft auf die höhere hinauf zum reinen Sein und reinen Intellekt im Vordergrund steht, bietet der Gesichtspunkt der

---

34 Responsio I n. 116 f., LW V, S. 289,47; siehe oben S. 230, Anm. 23.

35 Pr. 4, DW I, S. 69,8–70,4: *Alle crêatûren sint ein lûter niht. Ich spriche niht, daz sie kleine sîn oder iht sîn: sie sint ein lûter niht. Swaz niht wesens enhât, daz ist niht. Alle crêatûren hânt kein wesen, wan ir wesen swebet an der gegenwerticheit gotes.* (Eigene Übersetzung: »Alles Geschöpfe sind ein reines Nichts. Ich sage nicht, dass sie klein sind oder etwas sind: Sie sind ein reines Nichts. Was kein Sein hat, das ist nichts. Alle Geschöpfe haben kein Sein, denn ihr Sein hängt an der Gegenwart Gotes«).

36 Bulle art. 26; LW V, S. 599,87 f.

37 Votum Aven. art. 6, n. 30–33, LW V, S. 574,6–25: *Hunc articulum, prout verba sonant, haereticum reputamus, quia hoc negat deum creatorem rerum dantem esse eis, negat creationem terminari ad esse contra illud Sap. 1: ›creavit omnia, ut essent‹, negat in creaturis esse, operari et creaturam rationale mereri et demereri et beatificari et damnari.* (Eigene Übersetzung: »Diesen Artikel halten wir dem Wortlaut nach für häretisch, da dieser Gott den Schöpfer leugnet, der ihnen das Sein gibt; er leugnet, dass die Schöpfung auf das Sein zielt gegen das Wort aus Sap 1,[14]: ›Er hat alles geschaffen, damit es sei‹, er leugnet in den Geschöpfen das Sein, das Wirken sowie, dass das Geschöpf begründet verdient oder nicht verdient und die Seligkeit erlangt oder verdammt wird«).

Transzendentalien die ontologische Begründung für die ethisch-existenzielle Tendenz des Lassens alles Geschöpflichen. Die *abegescheidenheit* (das *lâzen*) des Vielfältigen und Bestimmten ist die notwendige Bedingung für eine Teilhabe der menschlichen Vernunft an den reinen Formen der Vernunft. Der Ermöglichungsgrund dafür liegt darin, dass Gott, das heißt das Sein und die transzendentalen Seinsbestimmungen, also das Sein, das Eine, Wahre, Gute, die Gerechtigkeit, in das Konkrete herabsteigen, wenn der Weg dazu frei ist. Die ersten Seinsbestimmungen, die *perfectiones generales* und *spirituales*, stehen nicht für sich, sondern sind in der Weise der Wesensursache (*causa essentialis*) konstituierende Beziehungen. Nach Maßgabe der Analogielehre ist jeweils das wirklich Seiende, Wahre, Gute, Gerechte usw. nur im ersten Analogat, nämlich in Gott. Dieses ist »durch sich selbst reich« und muss sich verströmen, mit anderen Worten: das Obere muss das ihm gegenüberliegende Niedere mit seinen Eigenschaften affizieren.[38] Das konkrete Gute eines guten Menschen ist also die unmittelbare Einwirkung der transzendentalen Güte, die wiederum Gott selbst ist. Unaufhörlich macht Eckhart diese Beziehungsform am Beispiel der Gerechtigkeit und des Gerechten klar, paradigmatisch im ›Kommentar zum Johannesevangelium‹. Diese Gesetzmäßigkeit ist auch das Programm des ›Buches der göttlichen Tröstung‹, dessen Einleitungspassage hier ausführlich zitiert sei, weil man darin gut erkennen kann, wie die ontologische Struktur sich im Phänomenalen verlebendigt.

> *Von dem êrsten sol man wizzen, daz der wise und wisheit, wâre und wârheit, gerehte und gerehticheit, guote und güete sich einander anesehent und alsô ze einander haltent: diu güete enist noch geschaffen noch gemachet noch geborn; mêr si ist gebernde und gebirt den guoten, und der guote, als verre sô er guot ist, ist ungemachet und ungeschaffen und doch geborn kint und sun der güete. Diu güete gebirt sich und allez, daz si ist, in dem guoten; wesen, wizzen, minnen und würken giuzet si alzemâle in den guoten, und der guote nimet allez sîn wesen, wizzen, minnen und würken von dem herzen und innigesten der güete und von ir aleine. Guot und güete ensint nihtwan éin güete al ein in allem sunder gebern und geborn-werden; doch daz gebern der güete und geborn-werden in dem guoten ist al ein wesen, ein leben. Allez, daz des guoten ist, daz nimet er beidiu von der güete und in der güete. Dâ ist und lebet und wonet er. Dâ bekennet er sich selben und allez, daz er bekennet, und minnet allez, daz er minnet, und würket mit der güete in der güete und diu güete mit im und in im alliu ir werk nâch dem, als geschriben ist und sprichet der sun: der vater in mir innebliben de und wonende würket diu werk. Der vater würket biz nû, und ich würke. Allez, daz des vaters ist, daz ist mîn, und allez, daz mîn und mînes ist, daz ist mînes vaters: sîn gebende und mîn nemende.*[39]

---

38 Prol. gen. n. 10, LW I,2, S. 28,20–22: *De ratione enim primi et superioris, cum sit ›dives per se‹ (›De causis‹, Prop. 21), est influere et afficere inferiora suis proprietatibus, inter quas est unitas et indivisio.* (Eigene Übersetzung: »Zum Wesensgrund des Ersten und Oberen, insofern es ›reich ist durch sich selbst‹, gehört es, das Untere mit seinen Eigenschaften zu beeinflussen und zu berühren; unter diesen sind Einheit und Unteilbarkeit«).

39 BgT, DW V, S. 9,4–10,2; eigene Übersetzung: »Zum ersten muss man wissen, dass der Weise und die Weisheit, der Wahre und die Wahrheit, der Gerechte und die Gerechtigkeit, der Gute und die Güte sich spiegeln und sich wie folgt zueinander verhalten:

Der Text zeigt, dass es ein Missverständnis wäre, das Verhältnis des Guten zur Güte und entsprechend die anderen Transzendentalien nach dem Modell der Teilhabe des konkreten Guten an der Idee des Guten zu verstehen. Die Verwirklichung der transzendentalen Seinscharaktere ist vielmehr herabsteigende Verlebendigung im konkreten Subjekt, als Lebendiges, das vom Leben selbst geschenkt, »geboren« wird. Das Leben der Güte im Guten, der Gerechtigkeit im Gerechten entfaltet sich, wie der Text sagt, im »Sein, Wissen, Leben und Wirken«. Der tragende Grund der transzendentalen Beziehungen ist also kein ewig gleiches Allgemeines, zu dem sich der Mensch hinaufstilisieren müsste, sondern, auch wenn es hier im Text nicht ausgesprochen wird, das transzendentale Ich, das – rezeptiv – der Vollzug der absoluten Vernunft selbst ist.[40] Das Ist des Seins ist also lebendiges »Ich bin«.[41]

> *»Ich gedâhte einest – des enist niht lanc: Daz ich ein mensche bin, daz ist ouch einem andern menschen gemeine mit mir; daz ich gesihe und hœre und izze und trinke, daz tuot ouch ein ander vihe; aber daz ich bin, daz enist keines menschen mê dan mîn aleine, weder menschen noch engels noch gotes, dan als verre als ich ein mit im bin; ez ist ein lûterkeit und ein einicheit.«*[42]

Das ethische Wirken aus der transzendentalen Affektion ist demnach der Ich-bin-Vollzug der *perfectiones: ens, unum, verum, bonum, iustitia, sapientia.* Sozu-

---

Die Güte ist weder geschaffen noch gemacht noch geboren; jedoch ist sie gebärend und gebiert den Guten, und der Gute, sofern er gut ist, ist ungemacht und ungeschaffen und ist doch geborenes Kind und Sohn der Güte. Die Güte gebiert sich und alles, was sie ist, in dem Guten: Sein, Wissen, Lieben und Wirken gießt sie ganz und gar in den Guten, und der Gute empfängt all sein Sein, Wissen, Lieben und Wirken aus dem Herzen und Innersten der Güte und von ihr allein. Der Gute und die Güte sind nichts als eine Güte, ganz eins in allem ohne Gebären und Geboren-Werden; jedoch ist das Gebären der Güte und das Geboren-Werden in dem Guten ganz ein Sein, ein Leben. Alles, was zum Guten gehört, empfängt er von der Güte und in der Güte. Dort ist und lebt und wohnt er. Dort erkennt er sich selbst und alles, was er erkennt, und dort liebt er alles, was er liebt, und wirkt mit der Güte in der Güte und die Güte mit und in ihm alle ihre Werke gemäß dem, wie geschrieben steht und [wie] der Sohn sagt: ›Der Vater in mir bleibend und wohnend wirkt die Werke‹ (Io 14,10). ›Der Vater wirkt bis jetzt, und ich wirke‹ (Io 5,17). ›Alles, was des Vaters ist, das ist mein, und alles, was mein und Meines ist, das ist meines Vaters: sein Geben und mein Nehmen‹ (Io 17,10)«.

40 Vgl. Karl Heinz Witte, Meister Eckhart. Leben aus dem Grunde des Lebens, Kap. 9 u. 10; siehe auch Martina Roesner, Eine Wahrheit in vielerlei Weisen, S. 143 und Martina Roesner, Abgeschiedenheit und Reduktion, in diesem Bande.

41 Das »Ich bin« steht hier nicht als Prädikation der Seiendheit, »Ich bin seiend« (*adiacens praedicati*; siehe Anm. 14), sondern ist Selbstaussage der Einzigkeit des Seinsvollzugs.

42 Pr. 28; S. 63,2-8; eigene Übersetzung: »Mir kam einmal der Gedanke – es ist noch nicht lange her: Dass ich ein Mensch bin, das hat auch ein anderer Mensch mit mir gemein; dass ich sehe und höre und esse und trinke, das tut auch das Vieh; aber dass ich bin, das gehört keinem Menschen sonst zu als mir allein, keinem Menschen noch Engel noch Gott, außer soweit ich eins mit ihm bin. Es [dass ich bin] ist eine Lauterkeit und eine Einzigkeit«.

sagen: »Ich bin Gutsein«, wobei das »bin« ein transitives Verb wäre, oder, der deutschen Sprache gemäßer: »Ich lebe Gutsein«. Das Gutsein des Guten leitet sich demnach nicht von einer materialen Wertverwirklichung ab, noch von einer Normerfüllung, auch nicht von der Aneignung einer Maxime der praktischen Vernunft. Es ist der sich in den Menschen hinein gebärende Existenzakt der absoluten Vernunft, die für Eckhart Gott ist und die in sich nichts als gut sein kann. MARTINA ROESNER bringt es auf den Punkt:

> »Insofern das Ich nichts Anderes ist als absolut ursprüngliche Selbstbekundung, ist auch das moralisch gute Handeln, das der ungeschaffenen Spontaneität des vernünftigen Ich entspringt, keine Ausübung der Pflicht, sondern in sich schon gleichbedeutend mit jener Glückseligkeit, die in der auszeugenden Kundgabe der Gottessohnschaft in den Bereich des Phänomenalen hinein besteht.«[43]

In den gegenwärtigen Darlegungen hat sich erstmals ein Blick aufgetan, der die Auswirkungen der höheren Vernunft auf die Existenz des konkreten Menschen in den Blick nimmt.

3. Jenseits der Transzendentalien: der Abgrund der Gottheit

Die von den Pariser Quaestionen ausgehende Problematik nahm die Frage nach der Priorität von Erkennen oder Sein in den Blick und erfasste anfangs den dynamischen Charakter des Seins, das Erkenntnisqualität hat und in der Rückbezüglichkeit des Seins unter dem Namen »Ich bin der ich bin« die sich selbst umschlingende Bewegung des Absoluten offenbart. Dieses Absolute kann als *intelligere* sowie als *esse* und als *ens* erscheinen. In der absoluten, bestimmungslosen Seinsweise hat es keine Beifügung, weder ein Objekt noch eine washeitliche oder kategoriale Bestimmtheit.

Zu den *perfectiones generales,* die das konkrete Seiende analog bestimmen, gehört auch das absolut Seiende (*ens*). Gott als das absolut Seiende teilt dem bestimmten Dies-oder-das-Seienden das Sein mit. Das ist die transzendentale Funktion des *esse* oder *ens.*

Darüber hinaus hat das absolute Sein bei Eckhart aber noch eine weitergehende, ›mystische‹ Charakteristik. Im Prozess des Lassens, das eine Bewegung des Menschen in sein Selbst, sein Inneres ist, werden »auch die transzendentalen Begriffe als von unserer Vernunft konstituierte und als zurechtgemachte Verhüllungen und ›Kleider‹ durchschaut und überwunden.«[44] Doch sofern dies eine menschliche Leistung anzeigt, trifft der Satz nur die halbe Wahrheit. Das Überschreiten des transzendentalen Seinsbezugs ist eine Tendenz des Seins selbst. Es ist dem Sein selbst immanent, jene »Grenze der Ontologie« zu überschreiten, von der FLASCH mit Blick auf die Intellekttheorie der Pariser Quaes-

---

43 MARTINA ROESNER, Eine Wahrheit in vielerlei Weisen, S. 147.
44 THEO KOBUSCH, Transzendenz und Transzendentalien, S. 53.

tionen gesprochen hatte.[45] Das in sich verschlungene Sein der *bullitio*, das sich im »Ich bin der ich bin« ausspricht, hat den Charakter des In-sich-Gekehrtseins, wie oben zitiert.

> *Rursus* [*repetitio* ›*Sum qui sum*‹ *indicat*] *ipsius esse quandam in se ipsum et super se ipsum reflexivam conversionem et in se ipso mansionem sive fixionem; adhuc autem quandam bullitionem sive parturitionem sui — in se fervens et in se ipso et in se ipsum liquescens et bulliens, lux in luce et in lucem se toto se totum penetrans, et se toto super se totum conversum et reflexum undique.*[46]

Diese Schilderung der Seinsbewegtheit wird meistens als Bild der Trinität betrachtet. Wahrscheinlich lässt sich sagen, dass aus dieser in sich verwobenen Dynamik sich auch die göttlichen Personen herauskristallisieren können. Doch ist in diesem selbstreflexiven Strömen, wie es hier geschildert ist, der Ursprung angezeigt, aus dem die Elemente jener Relationen erst entspringen, die die göttlichen Person noch keimhaft konstituieren. Ich möchte diese in sich verwirbelte intelligible Seinsdynamik als den abgründigen Grund und Ursprung lesen, heiße er Sein oder Gottheit, die noch kein Seiendes kennen, sei es dieses: Person oder Güte oder Wahrheit (*transcendentia*, *kleit gotes*) oder Vernunft und Wille als Seelenkräfte, ja sogar Sein oder vernünftiges Sein: *Got enist niht wesen noch vernünftic wesen.*[47] In diesem Grund ruht Gott in seiner Ununterschiedenheit, und dort ruht auch die Seele. Hier kehrt jener Ausdruck aus der Frühschrift, der ersten Pariser Quaestio disputata, wieder: *puritas essendi*,[48] *lûterkeit des wesens*, jetzt allerdings mit einer vertieften Bedeutung, da sie den göttlichen Grund anzeigt, von dem die späten deutschen Predigten häufig sprechen:

> *Alsô ist ez in der sêle, diu wol geordent ist in dem grunde der dêmüeticheit und alsô ûfklimmet und wirt ûfgezogen in der götlichen kraft: diu engeruowet niemer, si enkome die rihte ûf got und enrüere in blôz, und blîbet allez inne und en suochet niht ûzen und enstât ouch niht neben gote noch bî gote, sunder allez die rihte in gote in der lûterkeit des wesens; dar inne ist ouch der sêle wesen, wan got ist ein lûter wesen.*[49]

---

45 Kurt Flasch, Meister Eckhart – Philosoph des Christentums, S. 120.

46 In Exod. n. 16; S. 21,8–14; eigene Übersetzung: »Ferner [zeigt die Wiederholung: ›Ich bin der ich bin‹] dieses ›Seins‹ ein Aufwallen oder Sichselbstgebären an. Es ist in sich brausend und innen in sich und in sich hineinfließend und wallend, Licht im Licht und ins Licht, sich selbst im Ganzen und sich zur Ganzheit durchdringend, das sich selbst im Ganzen und sich der Ganzheit zuwendet und allerseits spiegelt.« Siehe oben S. 228.

47 Pr. 52, DW II, S. 497,4 f.; Pr. 52, LE I, S. 174,16; eigene Übersetzung: »Gott ist weder Sein noch vernünftiges Sein«.

48 Quaest. Paris. I n. 9, LW V, S. 45, 9–15; siehe oben S. 227.

49 Pr. 54, DW II, S. 553,2–554,1; eigene Übersetzung: »So auch ist es in der Seele, die recht geordnet ist im Grunde der Demut und so hinaufklimmt und hinaufgezogen wird in der göttlichen Kraft: die ruht nimmer, sie komme denn geradeswegs zu Gott und berühre ihn unverhüllt, und sie bleibt beständig innen und sucht nicht draußen und steht auch nicht neben Gott noch bei Gott, sondern immerfort geradeswegs in Gott in der Lauterkeit des Seins; darin ist auch der Seele Sein, denn Gott ist ein lauteres Sein«.

Aus diesen Überlegungen ziehe ich den Schluss, dass trotz der terminologischen Unschärfe Eckhart der Sache nach das reine Sein kennt. Er ist unterwegs, »das Sein ohne das Seiende« zu denken‹,[50] und dieses Denken des Seins findet in den späten ›Kölner Predigten‹ einen Höhepunkt, wie im Folgenden gezeigt wird.

Dass das reine Sein – auch – eine Seinsweise außerhalb der Transzendentalien hat, ist ausdrückliche Lehre des ›Kommentars zum Johannesevangelium‹: Die konvertiblen Seinsbestimmtheiten *ens, unum, verum, bonum* sind zwar dem Wesen nach gleich; aber sie unterscheiden sich in ihrer Seinsweise (*ratio*) und Eigentümlichkeit.

> *Hinc est quod ipsa essentia sive esse in divinis ingenitum est et non gignens. Ipsum vero unum ex sui proprietate distinctionem indicat. Est enim unum in se indistinctum, distinctum ab aliis et propter hoc personale est et ad suppositum pertinet cuius est agere. Propter quod sancti unum sive unitatem in divinis attribuunt primo supposito sive personae, patri scilicet. Ex quo patet quod si unum sive unitas est post ens primum principium omnis emanationis, nihil addens super ens nisi solam negationem negationis. Propter quod est et dicitur ›principium sine principio‹. Habemus ergo ens sive esse, non genitum nec gignens, unum vero, non genitum, sed gignens, utpote principium sine principio.*[51]

Das Eine ist demnach die Instanz der Vaterschaft, das heißt der Personalität in Gott. Ihm kommt also die wesenhafte Bestimmung des Transzendentalen zu, das Zeugen, im Deutschen sagt Eckhart meistens Gebären. Das Sein hingegen ist ungezeugt und nicht zeugend. Das Sein als solches ist also in dieser Fassung ›noch‹ nicht der transzendentale Ursprung des Seins des Seienden noch des Dies-oder-das-Seienden. Damit finden wir in der Seinslehre des ›Johanneskommentars‹ im Sein eine Instanz, die eine Erscheinungsweise der Gottheit bereitstellt, die, von Gott unterschieden, vor jeder Personalität ›schlafend und verborgen ist‹ – ein Gedanke, der manche deutsche Predigten, vor allem der Kölner Predigtreihe (1323–1326), auszeichnet.[52] Aber auch im Johanneskom-

---

50 MARTIN HEIDEGGER, Zeit und Sein, S. 5.; DERS., Protokoll zu einem Seminar über den Vortrag ›Zeit und Sein‹, S. 40. Siehe oben S. 227 und 231.

51 In Ioh. n. 562, LW III, S. 489,5–13; eigene Übersetzung: »Deshalb ist die Wesenheit selbst oder das Sein in Gott ungezeugt und nicht zeugend. Das Eine aber zeigt seiner Eigentümlichkeit nach Unterschiedenheit an. Das Eine ist nämlich in sich ununterschieden und unterschieden von anderem, und deshalb ist es personbildend und gehört zu einem Träger, dem es [zukommt] zu wirken. Deshalb schreiben die Heiligen das Eine oder die Einheit in Gott dem ersten Träger oder der [ersten] Person zu, das heißt dem Vater. Daraus erhellt, dass das Eine oder die Einheit nach dem Seienden erster Ursprung allen Hervorgehens ist und dem Seienden nichts hinzufügt als nur die Verneinung der Verneinung. Deshalb ist und heißt es ›Ursprung ohne Ursprung‹. Wir haben also das Seiende oder das Sein, nicht gezeugt und nicht zeugend; das Eine aber nicht gezeugt, aber zeugend, als Ursprung ohne Ursprung«.

52 Pr. 21, 48, 52, 109; siehe auch KAR HEINZ WITTE, Von Straßburg nach Köln und DERS., Meister Eckhart. Leben aus dem Grunde des Lebens, S. 181–190, Kap. 8: Theologie und Philosophie der Gottesgeburt.

mentar findet sich der Hinweis auf die Unerkennbarkeit und Verborgenheit dieses Grundes der Gottheit, die zugleich ein Sein ohne Unterschiedenheit ist:

> *Quarto, quia deus sub ratione esse et essentiae est quasi dormiens et latens, absconditur in se ipso, nec generans nec genitus, ut supra dictum est, sub ratione vero patris sive paternitatis primo accipit et induit proprietatem fecunditatis, germinis et productionis.*[53]

Aus dieser letzten und tiefsten Struktur des Seins schlechthin leiten sich jene ebenfalls letztgültigen ›mystischen‹ Erfahrungsweisen ab, in denen die Seele auf ihrem Weg der Abgeschiedenheit und der Erforschung der Tiefen der Gottheit zur Ruhe kommt. Diese Wahrheit ist so ungeheuerlich, dass Eckhart sie in Predigt 48, *Ein meister sprichet: alliu glîchiu dinc minnent sich under einander*, mit einer seiner stärksten Beteuerungsformeln einleitet:

> *Ich wil noch mê sprechen, daz noch wunderlîcher hillet: ich spriche ez bî guoter wârheit und bî der êwigen wârheit und bî iemerwernder wârheit, daz disem selben liehte niht engenüeget an dem einvaltigen stillestânden götlîchen wesene, daz weder gibet noch nimet, mêr: ez wil wizzen, von wannen diz wesen her kome; ez wil in den einvaltigen grunt, in die stillen wüeste, dâ nie underscheit îngeluogete weder vater noch sun noch heiliger geist; in dem innigesten, dâ nieman heime enist, dâ genüeget ez jenem liehte, und dâ ist ez inniger, dan ez in im selben sî; wan dirre grunt ist ein einvaltic stille, diu in ir selben unbewegelich ist, und von dirre unbewegelicheit werdent beweget alliu dinc und werdent enpfangen alliu leben, diu vernünfticlîche lebende in in selben sint.*[54]

Dieses Sein ist das letzte Ziel, das Predigt 22, *Ave gratia plena*, so formuliert:

> *In principio, daz sprichet als vil ze tiutsche als ein anegenge alles wesens [...]; ez ist ein ende alles wesens, wan der êrste begin ist durch des lesten endes willen. [...] Waz ist daz leste ende? Ez ist diu verborgen vinsternisse der êwigen gotheit und ist unbekant und wart nie bekant und enwirt niemer bekant. Got blîbet dâ in im selber unbekant, und daz lieht des êwigen vaters hât dâ êwiclîche în geschinen, und diu vinsternisse enbegrîfet des liehtes niht.*[55]

---

53 In Ioh. n. 567, LW III, S. 495,4–7; eigene Übersetzung: »Viertens: Gott, der in Hinsicht auf Sein und Wesenheit gewissermaßen schlafend und verborgen ist, ist in sich selbst verhüllt, weder zeugend noch gezeugt, wie oben gesagt wurde. Im Hinblick aber auf Vatersein oder Vaterschaft nimmt er als erstes die Eigentümlichkeit von Fruchtbarkeit, Keim und Hervorbringung an und bekleidet sich damit«.

54 Pr. 48, DW II, S. 420,4–421,3; eigene Übersetzung: »Ich will noch mehr sagen, was noch erstaunlicher klingt: Ich sage bei guter Wahrheit und bei der ewigen Wahrheit und bei der immerwährenden Wahrheit, dass es diesem nämlichen Lichte [der Seele/der Vernunft] nicht genügt an dem einfachen, stillen göttlichen Sein, *das weder gibt noch nimmt*: Es will wissen, woher dieses Sein kommt; es will in den einfachen Grund, in die stille Wüste, in die nie Unterschiedenheit hineinlugte, weder Vater noch Sohn noch Heiliger Geist; in dem Innersten, wo niemand daheim ist, dort genügt es jenem Licht, und darin ist es innerlicher, als es in sich selbst ist; denn dieser Grund ist eine einfache Stille, die in sich selbst unbeweglich ist; von dieser Unbeweglichkeit aber werden alle Dinge bewegt und werden alle diejenigen Leben empfangen, die vernunfterhellt in sich selbst leben«.

55 Pr. 22, DW I, S. 389,1–10; eigene Übersetzung: »»*In principio*‹, das heißt zu Deutsch ›Anfang alles Seins‹ [...]; es ist das Ziel alles Seins; denn der erste Anfang ist um des

Meine Frage ist, ob diese Letztstruktur, die dunkle Verborgenheit, die man meta-noetisch und meta-ontisch nennen könnte, einen phänomenologischen Sinn hat. Gibt es für den »einfachen Grund«, die »stille Wüste« einen phänomenalen Anhalt?

Aus dem ›Gottesgeburtszyklus‹ wissen wir, dass die Gottesgeburt selbst in den Bewusstseinskräften (*krefte der sêle*) nicht erfahrbar ist. Das muss natürlich noch mehr für den dahinterliegenden stillen »Grund« gelten. Aber obwohl die Geburt unerfahrbar ist, hat sie eine Auswirkung in das Bewusstsein hinein.

> *Eigenschaft dirre geburt ist, daz si alwege geschihet mit niuwem liehte. Si bringet alwege grôz lieht in die sêle, wan der güete art ist, daz si sich muoz ergiezen, swâ si ist. In dirre geburt ergiuzet sich got in die sêle mit liehte alsô, daz daz lieht alsô grôz wirt in dem wesene und in dem grunde der sêle, daz ez sich ûzwirfet und übervliuzet in die krefte und ouch in den ûzern menschen.*[56]

Dass eine unerkennbare Kraft aus dem Inneren der Seele im Äußeren des Menschen heilsam wirken kann, ein solcher Satz des Meisters macht einen Psychoanalytiker glücklich, zumal wenn diese ›Erleuchtung‹ dem Menschen sogar Einsichten für die Gestaltung des Lebens gibt. Denn das Licht *gibet im ze erkennene, waz er tuon und lâzen sol und vil guoter anewîsunge, dâ er vor niht abe enweste noch enverstuont.*[57] Auch die plötzliche und überraschende Wende kennen die Analysanden und Analytiker gut, wenngleich sie für das, was Eckhart das Wirken Gottes nennt, keinen Namen haben und sich mit dem Unwort ›das Unbewusste‹ behelfen: *Wan alzehant sô got den grunt gerüeret inwendic, mit der vart sô wirfet sich daz lieht in die krefte und kan der mensche mê underwîlen, dan in ieman gelêren mac.*[58]

Nun ist es nicht Aufgabe des Psychoanalytikers, vielleicht auch nicht des Mediävisten, die philosophischen Bedingungen der Möglichkeit solcher alltäglichen Erfahrungen zu bedenken. Aber es steckt doch ein gewaltiger Forschungsauftrag in dem Satz, den Eckhart in derselben Predigt 22, die zuletzt

---

letzten Endes willen [...] Was ist das letzte Ziel? Es ist die verborgene Finsternis der ewigen Gottheit; sie ist unerkannt und wurde nie erkannt und wird niemals erkannt. Gott bleibt dort in sich selbst unerkannt, und das Licht des ewigen Vaters hat da ewig hineingeschienen, und die Finsternis begreift das Licht nicht«.

56 Pr.102, DW IV,1, S.412,32–36; eigene Übersetzung: »Die Eigenart dieser Geburt ist, dass sie überall mit neuem Licht geschieht. Sie bringt überall starkes Licht in die Seele; denn es ist die Eigenart der Güte, dass sie sich ausgießen muss, wo immer sie ist. In dieser Geburt ergießt sich Gott mit Licht so in die Seele, dass das Licht im Wesen und Grunde der Seele so stark wird, dass es sich auswirft und überfließt in die Seelenkräfte und sogar in den äußeren Menschen«.

57 Pr.102, DW IV,1, S.413,47f.; eigene Übersetzung: Das Licht »gibt ihm zu erkennen, was er tun und lassen soll, und viele gute Hinweise, von denen er zuvor nichts wusste und die er noch nie verstanden hatte«.

58 Pr.102, DW IV,1, S.414,60–64; eigene Übersetzung: »Denn sobald Gott den Grund inwendig berührt: sogleich wirft sich das Licht in die Seelenkräfte, und dann versteht der Mensch manchmal mehr, als ihn jemand lehren könnte«.

zitiert wurde, sagt: *Got gebirt sînen eingebornen sun in dir, ez sî dir liep oder leit, dû slâfest oder wachest, er tuot daz sîne.*[59] Bleiben wir bei dem unergründlichen Glaubensgeheimnis stehen? Oder führt uns die Vernunft, die »durch die Sache diese selbst inwendig in ihren Prinzipien liest«[60] an den Rand des Geheimnisses, auf das wir dann mit Schweigen antworten?

In der bereits zitierten Predigt 48, *Ein meister sprichet: alliu glîchiu dinc minnent sich under einander* spricht Eckhart von dem »Licht«, das »in das einfache stille göttliche Sein« leuchtet; aber das »genügt ihm nicht«. Es will »wissen, woher dieses Sein kommt«.[61] Das ist die Frage nach dem Ursprung oder dem Grund des Seins. Die Metapher »Licht« steht für jenen Ternar, den Eckhart in Anlehnung an den ›Liber de causis‹ häufig gebraucht: Denken, Leben und Sein:

> *Adhuc sexto: omnis causa et principium essentiale vivum aliquod est et vita; quod autem est in vita, vita est. Nam et esse et intelligere in vita vita sunt vel potius vita est et vivere, ut patet ex* ›De causis‹ *prop. 11, n. 103 f.: Primorum omnium quaedam sunt in quibusdam per modum quo licet ut sit unum eorum in alio. Quod est quia in esse sunt vita et intelligentia et in vita sunt esse et intelligentia et in intelligentia sunt esse et vita.*[62]

Dieses »Licht«, dessen Name gerade umschrieben wurde, hat eine Intention, »es will wissen«. Dieses Weiterwollen mündet in die *docta ignorantia* Eckharts. Wie kann das Sein in den Ursprung des Seins gelangen, wie das Leben in seinen Ursprung? Sie sind immer schon da. Und das Denken? Indem das Denken nach dem Zitat aus dem ›Liber de causis‹ Sein und Leben ist, muss das Weiterwollen ins Dunkle, Verborgene führen. Das Denken des Denkens mündet immer nur ins Denken, vielleicht auch ins Sein oder Leben, aber nicht in deren Grund. Der Denker und sein Denken sind immer schon im Leben oder Sein,

---

59 Pr. 22, DW I, S. 387,3 f.; eigene Übersetzung: »Gott gebiert seinen eingeborenen Sohn in dir, es sei dir lieb oder leid, ob du schläfst oder wach bist, er tut das Seine«.

60 In Gen. II, n. 83, LW I,1, S. 544,10–12 (LW I,2, S. 375,23–25): *Intellectus iuxta nomen intus in se ipso rem legit; hoc enim est intelligere, id est intus legere. Rursus rem* [LW I,2: re] *ipsam intus legit in suis principiis.* (Eigene Übersetzung nach LW I,2: »Die Vernunft liest ihrem Namen gemäß innen in sich selbst die Sache; das ist nämlich intelligere: das heißt innen lesen. Wiederum liest sie durch die Sache diese selbst inwendig in ihren Prinzipien.« Übersetzung von Konrad Weiß, LW I,1, S. 544: »Seinem Namen gemäß (aber) liest (legit) der Verstand (intellectus) das Ding inwendig , (wie er es) in sich (aufgenommen hat); denn das heißt verstehen (intelligere), nämlich inwendig lesen (intus legere). Wiederum liest er (aber auch) das Ding selbst inwendig in dessen Prinzipien«).

61 Pr. 48, das Zitat oben S. 240.

62 In Ioh. n. 139, LW III, S. 117,8–12; eigene Übersetzung: »Jede [Wesens-]Ursache und jeder Wesensursprung ist etwas Lebendiges und Leben; was aber im Leben ist, ist Leben. Denn auch Sein und Denken (*intelligere*) sind im Leben Leben, oder besser: Das Leben (*vita*) ist auch leben (*vivere*). Das geht aus der These des ›Liber de causis‹, Prop. 11, n. 103 f. hervor: Alle Erstbestimmungen sind in jeder von ihnen in der jeweils geeigneten Weise, sodass eines von ihnen im anderen sein kann. Das ist so, denn im Sein sind Leben und Denken, im Leben sind Sein und Denken, im Denken sind Sein und Leben«.

vor dem ›Anfang‹ des Denkens, sofern es einen Anfang hat. Darum kann das Denken nicht vor das Denken zurück und nicht ins Sein oder ins Leben als deren Grund. Die Verborgenheit ist darum nicht nur der Anfang (Ursprung) sondern auch das Ende (Ziel); *von dirre unbewegelicheit werdent beweget alliu dinc und werdent enpfangen alliu leben, diu vernünfticliche lebende in in selben sint.*[63]

Den hier vorgetragenen Gedanken haben je auf ihre Weise MARTIN HEIDEGGER und MICHEL HENRY entwickelt. HEIDEGGER zum Beispiel:

»Dieses entziehende und die Unverborgenheit ›vor-enthaltende‹ Gegenwesen zur Entbergung [die lethe, ›Verborgenheit, Vergessenheit‹] enthält im Voraus ihr Wesen. Das ›Gegenhafte‹ zur aletheia [›Unverborgenheit‹] ist weder nur das Widrige noch der bloße Mangel, noch die Abkehr der bloßen Verleugnung. Die lethe, die Vergessung als die entziehende Verbergung, ist jener Entzug, durch den das Wesen der aletheia allein und je gerade behalten werden kann und so unvergessen und unvergesslich bleibt.«[64]

MICHEL HENRY:

»Zugang zum Leben gibt es nur in ihm, durch es, von ihm aus. Nur weil im Vorhinein, vor uns, immer, im Anfang und als dieser Anfang selbst ein absolutes Leben (das einzige und absolute Leben Gottes, der nichts anderes als dieses einzige und absolute Leben ist) in sich gekommen ist, indem es sich selbst in der pathischen Erprobung des lebendigen Ersten Sich — welches sein göttliches Wort (Verbe) ist — erprobte, sind wir selbst in diesem In-sich-selber-kommen des absoluten Lebens, in der Selbsterprobung, die es mit sich selbst in seinem göttlichen Wort macht, so in uns selbst gekommen, dass wir Lebendige sind. Wie haben wir Zugang zum Leben? Indem wir Zugang zu uns selbst haben — in jenem Selbstbezug, worin sich jedes denkbare Sich, und jeweils ein singuläres Sich, begründet. Aber dieser Selbstbezug, dieser Zugang zu uns selbst, geht uns voraus; er ist das, woraus wir hervorgehen.«[65]

---

63 Pr. 48, DW II, S. 421,2 f.; eigene Übersetzung »Von dieser Unbeweglichkeit [des stillen, verborgenen Grundes] aber werden alle Dinge bewegt und werden alle diejenigen Leben empfangen, die vernunfterhellt in sich selbst leben«. Siehe oben S. 240 und Anm. 54.
64 MARTIN HEIDEGGER, Parmenides, S. 189.
65 MICHEL HENRY, Inkarnation. Eine Philosophie des Fleisches, S. 138.

Wolfgang Erb

Meister Eckharts Schwierigkeiten mit dem *magisterium cathedrae pastoralis* in Köln und Avignon

Auf der Internationalen Jahrestagung der Meister-Eckhart-Gesellschaft ›Meister Eckhart im Original: Fakten, Bilder und Legenden nach 750 Jahren‹ in der Katholischen Akademie Bayern (München 2010) hielt DIETMAR MIETH den Vortrag ›Das Freiheitsmotiv bei Meister Eckhart‹. Im letzten Teil seiner Ausführungen versucht er die Wirkung des religiösen Freiheitsanspruches von Meister Eckhart (im Unterschied zu Marguerite Porète) auf die Institution Kirche etwas näher zu skizzieren:

> »Eckhart ist [...] in der Wirkung [...] revolutionärer [als Marguerite Porète], insofern er die Wurzeln der Freiheit in die Selbstmächtigkeit der Selbstentäußerung eines jeden Menschen legt [...] Eckharts Aufwertung des Menschen von innen heraus ließ nicht neue Institutionen oder äußere Reformen entstehen, aber diese Aufwertung schuf ein neues, allen zugängliches Selbstbewusstsein, das sich auch in der Folgezeit immer wieder anmeldete und nicht nur die Christen einschloss [...] Ohne das Freiheitsmotiv ist Eckhart als Professor, Ordensmann und Prediger bzw. Seelsorger nicht zu denken. Da er institutionell hochrangig verankert war, da er seine zuständigen Ordensbrüder und die sogenannten Eckhartisten auf seiner Seite hatte, wurde er als Person ›kein Opfer der Inquisition‹. Seine Lehre wurde zensuriert, nicht er selbst [...] Das vergleichsweise milde, aber natürlich einen um seine Lehre kämpfenden ›organischen Intellektuellen‹ schwer belastende Ende des Prozesses, wäre bei Fortsetzung des Kölner Inquisitionsverfahrens in Avignon nicht möglich gewesen. Eckharts häretische Zensuren kamen aufgrund von Gutachten von gescheiten Theologen zustande, die seine Verteidigung mit Hilfe von Autoritäten wie Thomas und Augustinus aufnahmen und pedantisch zerpflückten. Etwas Neues aus seinen eigenen Voraussetzungen zu verstehen, war den auf bestimmte Sätze losgelassenen Gutachtern freilich nicht gegeben. Die Frage kann ich aus eigener Erfahrung stellen: Ist hier wirklich bis heute eine hermeneutische Verbesserung in den Verfahren der katholischen Kirche eingetreten?«[1]

Ob und inwiefern in den letzten rund 700 Jahren eine »hermeneutische Verbesserung in den Verfahren der katholischen Kirche« eingetreten ist, insbesondere durch das II. Vatikanische Konzil (1962–1965) mit dem Dekret ›Inter mirifica‹ und der Abschaffung[2] des ›Index librorum prohibitorum‹, das ist nicht Thema der folgenden Überlegungen; diese innerkatholische Angelegenheit sollte zunächst einmal zwischen dem Lehramt und der Theologie gerade auch

---

1 MIETH, Das Freiheitsmotiv bei Meister Eckhart, S. 177–180.
2 Angefangen vom Motu proprio ›Integrae servandae‹ Papst Paul VI. (1965) bis hin zum ›Codex iuris canonici‹ (1983); vgl. STEINHAUER, Das kanonische Bücherrecht in Vergangenheit und Gegenwart.

im Hinblick auf die Enzyklika ›Fides et Ratio‹ Papst Johannes Paul II. von 1998 ausgefochten werden. Doch um diese sehr alten Spannungen zumindest im Titel anzudeuten, wurde für das Lehramt die Bezeichnung *magisterium cathedrae pastoralis* gewählt, was auf die Idee eines zweiten Amtes, nämlich des Amtes der Theologie (*magisterium cathedrae magistralis*) hinweisen möchte — eine Unterscheidung, für die immer wieder Thomas von Aquin mit zwei *loci classici* herangezogen wird.

Die eine Stelle befindet sich im ›Sentenzenkommentar‹ (1254–1256), wo in der entsprechenden *distinctio* die Frage nach der Schlüsselgewalt behandelt und zwischen dem Amt der Verkündigung (*ex officio praelationis*) und dem Amt der theologischen Lehrer (*ex officio magisterii*) unterschieden wird.[3] Die andere Stelle befindet sich im ›Quodlibet III‹ (aus der zweiten Serie seiner ›Quaestiones de quolibet‹, 1268–1272), wo im entsprechenden *articulus* die Frage aufgeworfen wird, ob man für sich die Erlaubnis, Theologie zu lehren, begehren darf, und wo dann in der Beantwortung dieser Frage von einem dreifachen Unterschied zwischen dem Bischofsstuhl (*cathedra pontificalis*) und dem Lehrstuhl (*cathedra magistralis*) gesprochen wird.[4]

Nichtsdestoweniger kann man sich fragen, ob sich denn bis heute de jure und de facto etwas an dem Verständnis vom Lehramt (*magisterium*) geändert hat, das Papst Gregor XVI. in seiner Enzyklika ›Commissum divinitus‹ vom 17. Mai 1835 kurz und prägnant so formuliert:

> »Die Kirche hat durch göttliche Einrichtung die Lehramtsgewalt, den Glauben und die Moral zu lehren und festzusetzen sowie die heiligen Schriften ohne Gefahr des Irrtums zu interpretieren [...] und diese Macht der Lehre und der Leitung hinsichtlich der Religion ist den Priestern und Bischöfen zueigen«.[5]

Doch nicht dieses angedeutete, umstrittene ekklesiologische Thema zweier Ämter soll intensiv problematisiert noch der aktuelle Zustand der Hermeneutik speziell in der katholischen Kirche explizit diskutiert werden, sondern die folgende Arbeit zielt letztlich auf einen anderen Punkt aus dem zuvor angeführten Zitat von MIETH, nämlich dessen Aussage, dass es »den auf bestimmte

---

3　*Ad quartum dicendum, quod docere sacram Scripturam dupliciter contingit. Uno modo ex officio praelationis, sicut qui praedicat, docet; non enim licet alicui praedicare, nisi officium praelationis habeat, vel ex auctoritate alicujus praelationem habentis; Rom. 10, 15: quomodo praedicabunt, nisi mittantur? Alio modo ex officio magisterii, sicut magistri theologiae docent* (Scriptum super Sententiis, lib. 4 d. 19 q. 2 a. 2 qc. 2 ad 4 = [18104]).

4　*Respondeo. Dicendum, quod ad evidentiam huius quaestionis oportet triplicem differentiam considerare cathedrae magistralis ad cathedram pontificalem* (Quodlibet III, q. 4 a. 1 co. = [67266]).

5　Eigene Übersetzung; *habet propterea Ecclesia ipsa ex divina institutione potestatem non magisterii solum, ut res fidei et morum doceat ac definiat, sacrasque literas absque ullo erroris periculo interpretetur* [...] *Atque haec docendi iubendique potestas in iis quae religionis sunt* [...] *eius pastorum ac praesulum propria est* (BERNASCONI, Acta Gregorii Papae XVI., S. 33).

Sätze losgelassenen Gutachtern in Avignon nicht gegeben war, etwas Neues aus Meister Eckharts eigenen Voraussetzungen her zu verstehen« — geschweige denn für die christliche Theologie fruchtbar zu machen. Wenn man einmal davon ausgeht, dass dies eine zutreffende Situationsbeschreibung ist, dann liegt der Grund dafür in einem Verhalten des Lehramts gegenüber der Wahrheit, das als eigentümliche Sorge interpretiert werden kann.

Demzufolge ist der folgende Artikel so aufgebaut, dass nach einigen hinführenden Bemerkungen (Kap. 1) und historischen Ausführungen (Kap. 2) Meister Eckharts theologisches Verhältnis zur Wahrheit in seiner allgemeineren Haltung (Kap. 3–4) sowie in einem der Streitpunkte mit dem Lehramt, nämlich der Gottwerdung des Menschen (Kap. 5), und die genannte lehramtliche Sorge um die Wahrheit (Kap. 6) mit einigen abschließenden Anmerkungen (Kap. 7) an Hand des Kölner Prozesses und des Verfahrens in Avignon skizziert werden, entlang der damaligen Ereignisse, wie sie sich nach dem heutigen Forschungsstand darstellen.[6] Dabei werden, das sei vorwegnehmend gesagt, keinerlei Verbindungen zu anderen bedeutenden Gerichtsverfahren gezogen.

Von Seiten der Theologie bietet sich zwar in diesem Zusammenhang durchaus der Prozess gegen Jesus an, in dem es sehr wohl auch um die Frage nach der Wahrheit geht, wenn Jesus von sich selbst sagt, dass er dazu geboren und dazu in die Welt gekommen sei, für die Wahrheit Zeugnis abzulegen (ἵνα μαρτυρήσω τῇ ἀληθείᾳ), und Pilatus ihn daraufhin fragt, was denn Wahrheit sei (τί ἐστιν ἀλήθεια; Io 18,37 f.). Von Seiten der Philosophie ist an den Prozess gegen Sokrates zu denken, der nach xenophonischer Darstellung davon überzeugt sei, eine göttliche Macht gebe ihm Zeichen (τὸ δαιμόνιον ἑαυτῷ σημαίνει),[7] und der sich nach platonischer Schilderung als eine Gabe Gottes an Athen empfinde, der seit seiner Kindheit eine göttliche Stimme höre[8] und der sich offenbar seit dem Orakelspruch der Pythia in Delphi von Gott dazu hingestellt sehe, auf seine elenktische und maieutische Art mit sich und den anderen umgehen und so philosophierend sein Leben zubringen zu sollen, während Meletos, einer der Ankläger des Sokrates, diesem gerade Gottlosigkeit (ἡ ἀσέβεια) vorwirft, weil er nicht nur nicht die Götter des athenischen Staates, sondern gar keine Götter, stattdessen verschiedene neuartige göttliche Mächte anerkenne (τὰ ἕτερα καινὰ δαιμόνια νομίζειν).[9] Nun wäre es zwar interessant, Parallelen und Unterschiede staatlicher und kirchlicher Macht gegenüber einer in Sachen der Religion angeklagten Person

---

6 Zu Grunde gelegt werden dafür die Dokumente, die STURLESE (Acta Echardiana) herausgegeben hat; angelehnt ist dieser Umriss an eine jüngere Darstellung von SENNER (Meister Eckharts Prozesse) aus dem Jahre 2012 bzw. (Meister Eckhart's Life) von 2013.

7 Xenophon, Erinnerungen an Sokrates A I, 2.

8 Platon, Des Sokrates Verteidigung 31d; vgl. auch die Übersetzung von HEITSCH (Apologie des Sokrates).

9 Platon, Des Sokrates Verteidigung 24c; vgl. die historischen Hintergründe des Asebie-Prozesses gegen Sokrates bei RUBEL (Stadt in Angst).

herauszuarbeiten, wie denn beide in ihrer Sorge um die Wahrheit angesichts von Neuem innerhalb der Religion reagieren. Doch der Prozess in Köln und das Verfahren in Avignon werden, wie gesagt, auf keine anderen Gerichtsverfahren bezogen. Ebensowenig wird die Sorge um die Wahrheit in einen größeren geistesgeschichtlichen Zusammenhang der Sorge gestellt, noch speziell mit den Reflexionen zur Sorge in Verbindung gebracht, wie sie beispielsweise Heidegger in der Auseinandersetzung mit Husserls Begriff der Intentionalität in seiner ersten Marburger Vorlesung ›Einführung in die phänomenologische Forschung‹ vom WS 1923/24 und in seiner Analyse als Existenzial in ›Sein und Zeit‹ von 1927 vorlegt.

1. Im Vorfeld

Im sogenannten ›Liber Benedictus‹ Meister Eckharts, bestehend aus ›Daz buoch der götlîchen troestunge‹,[10] dessen geistesgeschichtlicher Zusammenhang sowohl in der Tradition der philosophischen als auch der theologischen Trostbücher hier unberücksichtigt bleibt, und der Predigt ›Von dem edeln Menschen‹,[11] beschließt Meister Eckhart seine thematischen Ausführungen des BgT explizit mit den Worten, dass hiermit das Buch zu Ende sei. Doch er scheint noch einiges auf dem Herzen zu haben, was er an dieser Stelle loswerden will, weshalb er noch zwei Worte hinzufügen möchte. In der ersten dieser Abschlussbemerkungen schreibt er, *daz wærlîche ein guot, götlîcher mensche sölte sich gar übel und græzlîche schamen, daz in iemer leit bewegete* (BgT, EW II, S. 310,6–8),[12] wenn man bedenke, dass ein Kaufmann zur Erlangung eines kleinen Gewinnes alle möglichen Strapazen auf sich nehme und Gefahren trotze, dass ein Ritter für eine kurze vergängliche Ehre Gut, Leben und Seele im Kampf wage; *und uns dunket sô grôz, daz wir ein kleine lîden durch got, die êwige sælicheit* (BgT, EW II, S. 310,15–17)![13]

In seiner zweiten Abschlussbemerkung, auf die später noch näher eingegangen wird, deutet Meister Eckhart dann einige gegen ihn erhobene Einwände an, so dass man mit LARGIER sagen kann: »Dem ganzen Schlußabschnitt [...] haftet,

---

10 Erstausgabe des mhd. Textes bei PFEIFFER als Traktat V (Deutsche Mystiker des vierzehnten Jahrhunderts, S. 419–448); kritische Edition von QUINT mit nhd. Übersetzung (DW V, S. 1–105 [mhd.], 471–497 [nhd.]), letztere auch bei LARGIER (EW II, S. 232–313 mhd./nhd.); zur Interpretation vgl. ASMUTH, Meister Eckharts *Buch der göttlichen Tröstung*.

11 Kritische Edition von QUINT mit nhd. Übersetzung (DW V, S. 106–119 [mhd.], 498–504 [nhd.]), letztere auch bei LARGIER (EW II, S. 314–333 mhd./nhd.); eine jüngere Übersetzung (2007, mhd./nhd.) des kompletten ›Liber Benedictus‹ von FLASCH.

12 »Daß ein guter, göttlicher Mensch sich gar heftig und gründlich schämen sollte, daß ihn je Leid erschütterte« (BgT, EW II, S. 311,7–9).

13 »Und uns dünkt es so bedeutend, daß wir ein Geringes leiden um Gott und die ewige Seligkeit« (BgT, EW II, S. 311,17–19).

einsetzend mit der ersten Zeile, ein apologetischer Ton an. Man stellt sich hier
wohl zurecht die Frage, wie weit die vorliegende Textstelle schon im Lichte des
kommenden Prozesses zu lesen ist« (EW II, S. 780).

Nun gibt es auffällige Ähnlichkeiten zwischen den beiden Abschlussbemerkungen im BgT und Meister Eckharts Verteidigungsschrift ›Responsio‹
von 1326, so dass sich natürlich die Frage stellt, inwieweit denn diese am Ende
des BgT angedeuteten Vorwürfe schon direkt mit dem Prozess in Köln in Zusammenhang stehen? Allerdings ist die Datierung des BgT (noch) nicht hinreichend geklärt, was hier auch nicht näher diskutiert werden soll, abgesehen
von dem Hinweis, dass in diesem Zusammenhang immer wieder auf die Bemerkung in einer der Anklageschriften verwiesen wird, Meister Eckhart habe
das Buch an die ungarische Königin geschickt,[14] sowie auf die häufige und ausführliche Diskussion in der Literatur, zu welchem möglicherweise konkreten
Anlass das Werk als Trost gedacht sein könnte.[15] Doch angesichts des Gebetes
am Ende des Buches: *Der minnicliche, milte got [...] gebe mir und allen den, die
diz buoch suln lesen* (BgT, EW II, S. 312,29 f.),[16] steht man heute den Worten
Johannes’ Wenck von Herrenberg[17] (†1460) eher kritisch gegenüber,[18] der in

---

14 *De libello, quem misit magister Ekardus reginae Ungariae, scriptum in Teutonico* (LW V,
    S. 198,3 f.); die überwiegende Mehrheit nimmt an, dass mit der *regina Ungariae* Agnes
    (~ 1281–1364), die zweite Gattin des ungarischen Königs Andreas III., gemeint ist und
    nicht Elisabeth (1292/93–1336), die Tochter des ungarischen Königs Andreas III. und
    seiner ersten Frau Fenena (1276–1295), was offenbar nur Büttner ohne nähere Diskus-
    sion vertritt (Meister Eckeharts Schriften und Predigten. Bd. 2, S. 219: Meister Eckhart
    habe das Buch »deutsch verfaßt und der Königin von Ungarn – wohl seiner Ordens-
    schwester Elsbeth, der rechtmäßigen Thronerbin von Ungarn, die dem Orden von 1308
    bis 1336 angehörte – geschickt«) und was Lehmann (Meister Eckhart, S. 97) einfach
    wiederholt.

15 »Vielleicht [käme] die zeit um 1305 in betracht, in welchem jahre Agnes ihre ihr beson-
    ders nahe stehende Schwägerin, die französische königstochter Blanche durch den tod
    verlor [...] Aber auch die ermordung könig Albrechts (1308), des vaters der königin, oder
    der tod ihrer mutter Elisabeth, der 1313 erfolgte, konnte dies buch der tröstung in schwe-
    rem leid veranlassen« (Strauch, Meister Eckharts Buch der göttlichen Tröstung, S. 3);
    eine ausführliche Diskussion findet man bei Théry (Le Bènedictus Deus de Maître
    Eckhart), der für eine Abfassungszeit zwischen 1308 und 1311 argumentiert, während
    Hammerich (Das Trostbuch Meister Eckharts, S. 93–98) und Roos (Zur Datierung
    von Meister Eckharts Trostbuch) auf Grund ganz unterschiedlicher Erklärungen 1314
    oder wenig später vermuten und Ruh (Meister Eckhart. Theologe, Prediger, Mystiker,
    bes. S. 135) 1318 anführt.

16 »Der liebreiche, barmherzige Gott [...] gebe mir und allen denen, die dies Buch lesen
    werden« (BgT, EW II, S. 313,31 f.).

17 Vgl. dazu Kuhnekath (Die Philosophie des Johannes Wenck von Herrenberg) sowie
    den Artikel von Schnarr (Über eine Beziehung des Nikolaus von Kues zu Meister
    Eckhart) in diesem Buch.

18 Der ebenfalls kritisierende Hinweis von Trusen (Der Prozeß gegen Meister Eckhart,
    S. 30): »Am Anfang [des BgT] heißt es, hier finde man ›Lehren, in deren j e g l i c h e r m a n
    recht und völlig Trost zu finden vermag‹« ist ein falsches Verständnis der nhd. Übers.,

seiner Schmähschrift ›De ignota litteratura‹ gegen Nikolaus von Kues schreibt, dass das BgT speziell für die ungarische Königin verfasst worden sei.[19] Anders als die sehr dezidierte Aussage QUINTS (»Es steht fest, daß das BgT als Trostbuch für die leidgeprüfte Königin Agnes von Ungarn [...] verfaßt wurde« DW V, S. 6)[20] spricht man gegenwärtig vorsichtiger davon, dass das Werk an sie geschickt wurde.

Was man festhalten kann ist also die mögliche Verbindung zwischen den beiden Abschlussbemerkungen des BgT im Sinne einer Apologie mit der Verteidigungsschrift ›Responsio‹,[21] ohne gleich soweit zu gehen, von verschiedenen Fassungen des BgT zu sprechen, so dass »das uns heute vorliegende Buch um den 26. September 1326 beendet worden wäre«,[22] also mitten in der Zeit des Kölner Prozesses, der sich folgendermaßen darstellt.

2. ›Requisitus‹ (1325/26)

In der Zeit, in der sich Meister Eckhart in Köln aufhält (frühestens 1322 bis mindestens 22. Februar 1327),[23] ernennt Papst Johannes XXII.[24] am 1. August 1325 abgesehen von Benedikt von Como aus dem Adelsgeschlecht der Asinago,[25] der sein Amt nicht ausgeübt zu haben scheint,[26] den Dominikaner Nikolaus von Straßburg[27] nicht nur zum Visitator der Ordensprovinz Teutonia, sondern er wird gesandt, um die dortigen Missstände zu korrigieren (*corrigere*) und zu

---

die auf Grund des mhd. Originals *Dar nâch vindet man hie bî drîzic sachen und lêren, in der man sich in ieglicher wol und ganze getroesten mac* (EW II, S. 232,19–21) so interpretiert werden muss: »Lehren, in deren jeglicher man recht und völlig Trost zu finden vermag«.

19 *Magister Eghardus in libro suo vulgari quem edidit pro regina Ungariae, sorore ducum Austriae* (Wenck, De Ignota Litteratura, S. 102,26 f.).

20 Gegen QUINT stellt sich z.B. RUH (Geschichte der abendländischen Mystik. Bd. 3, S. 322 f.).

21 Vgl. MIETH, Meister Eckhart, Das Buch der göttlichen Tröstung (vor 1326), S. 104.

22 TRIEBEL, Liber »Benedictus« I.

23 Vgl. SENNER, Meister Eckhart in Köln.

24 Vgl. zu verschiedenen Aspekten seines Pontifikats ROHDE / SCHMIDT (Papst Johannes XXII.).

25 *Cumis ex gente de Asinago seu Asnago ortus* (KÄPPELI, Scriptores Ordinis Praedicatorum Medii Aevi, S. 184).

26 Obwohl er vom Generalkapitel der Dominikaner (Paris 1326) zum Lektor am Bologner Konvent bestimmt wird (*Assignamus lectorem conventui Bononiensi fratrem Benedictum de Cumis*; REICHERT, Monumenta ordinis fratrum praedicatorum historica, S. 166,28 f.), befindet er sich auf Weisung des Papstes von August 1326 bis Mai 1327 zu Unionsverhandlungen in Konstantinopel (vgl. PREISER-KAPELLER, Der Kreuzzug als Hoffnung, S. 3 f.); von 1328 bis zu seinem Tod 1339 ist er Bischof von Como.

27 Vgl. zur Person HILLENBRAND / RUH (Nikolaus von Straßburg) und zu seinen Predigten GOTTSCHALL (Nikolaus von Straßburg); seine ›Summa‹ wird als Band V des ›Corpus philosophorum Teutonicorum medii aevi‹ herausgegeben.

reformieren (*reformare*), notfalls auch indem er die entsprechenden Personen
aus Ämtern und Stellungen entfernt (*amovere ab officiis et gradibus suis*) und sie
in andere Konvente versetzt (*transferre ad conventus alios*) – abgesehen vom
Provinzial.[28]

Die Frage, warum überhaupt der Papst so massiv in die Ordenshierarchie
der Dominikaner eingreift, wird hier nicht weiter verfolgt: Zwar scheinen
unehrenhafte und ungeziemende Dinge (*nonnulla inhonesta et indecentia*), die
einige Ordensbrüder in Teilen Deutschlands begangen haben und die eine
schnelle Vorkehrung mit geeigneten Gegenmaßnahmen erfordern, diesen
päpstlichen Schritt auszulösen;[29] aber da es offenbar um Verstöße gegen die
Ordensregeln geht (*plura illicita contra observantias regulares*)[30] sind eigentlich
der damalige Generalmeister Barnabas von Vercelli sowie das Generalkapitel
dafür zuständig. So wird bereits in der zweiten Septemberwoche 1325 auf dem
Provinzkapitel in Zürich,[31] noch vor einem Eingreifen des vom Papst gesand-
ten Nikolaus' von Straßburg, Hermann von Summo derartiger Vergehen gegen
die Observanz des Ordens angeklagt und überführt (*accusatus et convictus*).

Genau dieser Hermann von Summo und vor allem sein Mitbruder Wilhelm
von Nideggen sind es dann auch, die die *causa Eckharti* ins Rollen bringen. Das
zentrale Dokument für die Erkenntnis mancher dieser Ereignisse und vor allem für die Charakterisierung der beiden ist eine Liste von 10 Anklagepunk-
ten gegen Hermann und 11 Anschuldigungen gegen Wilhelm, die Gerhard von
Podahns kurz nach dem Generalkapitel der Dominikaner in Perpignan am 31.
Mai 1327 an Papst Johannes XXII. übermittelt.[32]

Dort wird davon gesprochen, dass Hermann von Summo angeklagt und
überführt wurde, sowohl in einem strafbaren Fall als auch in weniger schwer-
wiegenden Fällen falsches Zeugnis abgelegt zu haben,[33] dass Hermann ange-

---

28 Nos itaque [...] per apostolica scripta committimus et mandamus [...] corrigere et reformare
    tam in capite quam in membris, que correctione et reformatione indigere noveritis, amovendo
    ab officiis et gradibus suis ac transferendo ad conventus alios infra dictam provinciam vel extra
    illos [...] Nolumus autem, quod priorem provincialem prelibati ordinis a suo valeatis officio
    removere (LW V, S. 191,37–49).

29 Infestis admodum relatibus auribus apostolicis sepius inculcatis accepimus quod per nonnullos
    tui ordinis fratres in partibus Alamannie nonnulla inhonesta et indecentia committuntur, et
    omittuntur seu negliguntur honesta, super quibus esset de oportuno remedio celeriter providen-
    dum (LW V, S. 190,2–5).

30 LW V, S. 191,32 f.

31 Die Datierung wird aus einem Schriftstück erschlossen, in dem es heißt, dass Hermann
    von Summo auf dem Provinzkapitel unter dem Vorgänger des jetzigen Provinzials Hein-
    rich von Cigno, also unter Heinrich von Grüningen angeklagt und überführt wurde, der
    vom Generalkapitel in Paris 1326 abgesetzt worden war (vgl. LW V, S. 552,3–8).

32 Vgl. LW V, S. 552–556 (= Nr. 56).

33 Quod in actione criminali tulit falsum testimonium. Et de hoc patenter accusatus fuit in provin-
    ciali capitulo et convictus [...] quod pluries in actionibus non criminalibus falsum tulit testimo-
    nium. Et de hoc in eodem capitulo accusatus fuit etiam et convictus (LW V, S. 552,2–9).

klagt und überführt wurde, als Visitator eines anderen Konventes zwei Ordensbrüder ungerechterweise verurteilt zu haben,[34] dass Hermann öfters nachts den
Konvent in Zivilkleidung verlassen habe,[35] dass Hermann mehrere Schmähschriften geschrieben habe, in denen er die ehrenhaftesten Mitbrüder auf lüg-
nerische Art und Weise der schlimmsten Anschuldigungen verdächtige,[36] dass
er aber diesen Mitbrüdern keine Gelegenheit sich zu rechtfertigen gegeben
habe, was zeige, dass es ihm nur darum gegangen sei, seine Mitbrüder anzuschwärzen, deren Ruf zu schädigen und deren Namen schlecht zu machen.[37]
Diese und weitere Verfehlungen hätten offenbar dazu geführt, dass wirklich
alle besseren Ordensbrüder den Generalvikar der Provinz Teutonia (Nikolaus
von Straßburg) gebeten hätten, Hermann aus der Provinz auszuschließen.[38]

Was nun Wilhelm von Nideggen betrifft, so heißt es in dem oben genannten
Dokument, dass Wilhelm die Gewohnheit gehabt habe, suspekte Frauen in
Köln zu besuchen und vertraulich mit ihnen umzugehen – besonders mit einer,
die die Konkubine eines Säkularpriesters sei und in deren Haus er mehr als
einmal übernachtet habe,[39] dass Wilhelm entgegen einer ausdrücklichen Vorschrift des Provinzkapitels den Klausurbereich eines Frauenklosters betreten
habe und eine gewisse Nonne regelmäßig zu besuchen pflegte,[40] dass Wilhelm
überall Streit und Spannungen erregt und durch seine unzähligen Zerstreuun-
gen bei ›leichten Mädchen‹ sein Studium vernachlässigt sowie die Ehre des Ordens nicht beachtet habe.[41]

In Anbetracht der dargestellten Vorwürfe gegen Hermann und Wilhelm
kann man es wohl »eine Art Flucht nach vorne nennen, daß sie ihrerseits nun
Meister Eckhart Häresie vorwerfen, angesichts der Sanktionen, die ihnen für

---

34 *Quod cum esset visitator in quodam conventu ordinis, duos fratres contra iustitiam non confes-
    satos nec convictos ad penam gravioris culpe indebite comdempnavit. Et de isto fuit accusatus
    etiam et convictus* (LW V, S. 552,10–12).

35 *Quod inventus fuerit pluries nocturno tempore habitu mutato conventum exiisse* (LW V,
    S. 553,17 f.).

36 *Quod plures libellos famosos scripsit, per quos fratres honestissimos de melioribus tocius Ala-
    mannie mendaciter de gravibus criminibus infamavit* (LW V, S. 553,20 f.).

37 *Nec fratres, quos in dictis libellis infamavit, ad rationem posuit. Ex quo patet quod hoc non
    fecit causa correctionis, sed intendens tantummodo infamare et bonorum fratrum famam et
    nomen denigrare. Quod etiam ex hoc patet, quia illos libellos multiplicavit, aliquos duplicando
    et aliquos triplicando* (LW V, S. 553,29–33).

38 *Propter quod etiam vere omnes meliores provincie Theothonie petiverunt a vicario generali pro-
    vincie sepedicte quod excluderet eum de provincia* (LW V, S. 554,64 f.).

39 *Quod in Colonia feminas suspectas consuevit visitare et cum eis familiaritates habere, ymmo
    etiam frequenter fuit cum quadam, que est concubina cuiusdam secularis, in cuius etiam domo
    [...] aliquociens pernoctavit* (LW V, S. 555,106–109).

40 *Quod contra preceptum actorum capituli provincialis inventus fuit infra septa cuiusdam
    monasterii monialium cum quadam moniali, quam consuevit regulariter visitare* (LW V,
    S. 555,110–112).

41 *Quod brigas et contentiones in omni loco, in quo fuit, consuevit suscitare et per discursus super-
    fluos ad leves feminas studium suum necligere et ordinis honestatem* (LW V, S. 556,130–132).

diese schweren Übertretungen von seiten des Ordens drohen«.[42] Auf Grund
einer derartigen Charakterisierung — Hermann, der Schmähschriften schreibt,
um Mitbrüder anzuschwärzen, Wilhelm der Streit hervorruft — verwundert es
nun nicht, dass Hermann in einer seiner Schriften (vielleicht auch zusammen
mit Wilhelm) eine Liste angeblich häretischer Sätze aus dem BgT zusammen-
stellt, auf die Meister Eckhart mit einer Schrift reagiert, nämlich seinem sogenannten ›Requisitus‹, der zwar bisher noch nicht wieder aufgefunden wurde,
von dem sich aber sechs Antworten Meister Eckharts rekonstruieren lassen.[43]

3. ›Responsio‹ (26. September 1326)

Der vom Papst gesandte Nikolaus von Straßburg hält Meister Eckhart nicht
der Häresie für schuldig. Wilhelm von Nideggen dagegen wird von Nikolaus
nach Aachen strafversetzt. Doch Wilhelm bleibt nicht dort, sondern vagabun-
diert mit einem charakterlosen (*levis et suspectus*) Mitbruder skandalträchtig
durch verschiedene Gebiete.[44] Letztlich um der Disziplinierungsmaßnahme
seines Ordens zu entgehen, unternimmt er einen weiteren Schritt und beschuldigt Meister Eckhart nun beim Kölner Erzbischof Kurfürst Heinrich II. von
Virneburg[45] der Häresie,[46] woraufhin ein Verfahren eröffnet wird. Hermann
von Summo, von Nikolaus zur Klosterhaft verurteilt,[47] schließt sich Wilhelm
an, und agiert, wie es heißt, irgendwie als Ankläger und irgendwie als Zeuge
der Anklage; er tut dies ebenfalls um der Zurechtweisung und der Disziplinie-
rung des Ordens zu entgehen.[48]

---

42 Vgl. SENNER, Meister Eckhart in Köln, S. 216.
43 Vgl. LW V, S. 192 f. (= Nr. 45) sowie die nhd. Übersetzung bei KARRER / PIESCH (Meis-
    ter Eckeharts Rechtfertigungsschrift, S. 66–68).
44 *Quid postquam emissus fuit per vicarium domini nostri pape de conventu Coloniensi et venisset
    ad conventum Aquensem, assumpsit ibi quendam fratrem levem et suspectum et cum illo, ut
    apostata, incepit vagare per diversas terras non sine magno scandalo* (LW V, S. 556,116–119).
45 Vgl. SENG, Heinrich II. von Virneburg als Erzbischof von Köln.
46 *Quod magistrum Aycardum apud commissarios domini Coloniensis de heresi, quantum potuit,
    infamavit ad hoc, ut sub isto pallio posset venire ad Curiam, et sic evaderet nostri ordinis disci-
    plinam. Quare, cum venerit, supplico quod reddatur suo ordini puniendus* (LW V, S. 556,120–
    123).
47 *Significavit nobis Nicolaus de Argentina ordinis fratrum predicatorum, quod olim eo existente
    vicario dicti ordinis in provincia Theutonie ex commissione nostra specialiter deputato contigit
    quod idem Nicolaus quendam fratrem dicti ordinis in prefata provincia existentem exigenti-
    bus suis demeritis carceri mancipavit* (LW V, S. 606,2–6); vgl. dazu die Argumentation
    von SENNER (Meister Eckhart's Life, S. 52 f., Anm. 302), dass es sich bei dem *quendam
    fratrem* um Hermann von Summo und nicht um Wilhelm von Nideggen handelt, wie
    STURLESE meint.
48 *Quia ad subterfugiendum correctionem et disciplinam ordinis adiunxit se commissariis domini
    Coloniensis in facto inquisitionis contra magistrum Eycardum et aliquando gessit personam
    actoris, aliquando ascessoris, aliquando testis. Et hoc fecit, quia bene cogitavit quod stante illa*

Während die soeben skizzierte Entstehung der Anklage gegen Meister Eckhart, die doch aus eher niederen Beweggründen der beiden dominikanischen Mitbrüder veranlasst ist und die natürlich auch auf Grund anderer Faktoren jener Zeit begünstigt wird, durch vorhandenes Textmaterial noch einigermaßen gut nachvollzogen werden kann, so ist der weitere genaue historische Ablauf des Kölner Prozesses mit noch erheblichen Fragezeichen versehen.[49] Auf jeden Fall kann man festhalten, dass Meister Eckhart mit zwei Anklageschriften konfrontiert ist, mit einem ›Rotulus I‹ aus 49 Artikeln, der 15 angeblich häretische Sätze aus seinem ›Liber Benedictus‹, 6 Sätze seines ›Requisitus‹, 12 Sätze aus seiner ›Expositio Libri Genesis‹ und 16 Sätze aus ihm zugeschriebenen Predigten enthält,[50] und mit einem ›Rotulus II‹ aus 59 Artikeln.[51]

Am 26. September 1326 erscheint nun Meister Eckhart »vor den erzbischöflichen Inquisitionskommissaren Reinher Friso und Petrus de Estate und gibt seine Verteidigung zu Protokoll. Das offizielle Protokoll der Gerichtsverhandlung ist nicht wiederaufgefunden worden. Überliefert ist hingegen ein Dokument [...], das Eckhart im Hinblick auf die am 26. September 1326 vorgesehene Sitzung aufgrund zweier ihm zugestellter Listen von häresieverdächtigen Sätzen [...] anfertigte, und das später veröffentlicht wurde« (LW V, S. 246).

Eingebettet in Ausführungen über theologische und philosophische Grundpositionen nimmt Meister Eckhart in dieser sogenannten ›Responsio‹[52] konkret argumentierend mit Rückgriffen auf die Bibel sowie Theologen und Philosophen zu den einzelnen vorgeworfenen Sätzen Stellung. An verschiedenen Stellen zielt seine Antwort aber auch in eine andere Richtung.

So betont er beispielsweise, dass er sich eigentlich nicht verpflichtet fühle, hier zu erscheinen und auf die Vorwürfe zu antworten, angesichts der Freiheit und der Privilegien des Dominikanerordens, angesichts der Tatsache, nicht als Häretiker gebrandmarkt oder jemals der Häresie verdächtigt worden zu sein, angesichts des Umstandes, dass der Auftrag der Inquisitionskommissare kraftlos sei (*nullius esse vigoris*), da er auf einer falschen Beeinflussung beruhe und nichts derartiges von seinen Neidern gegen ihn unternommen worden wäre, wenn er einen geringeren Ruf unter dem Volk und weniger Eifer nach Gerech-

---

inquisitione vicarius Theothonie contra eum et suos complices procedere non auderet (LW V, S. 553,39—43).

49 Vgl. zur gegenwärtigen Forschungssituation STURLESE (LW V, S. 249—273) sowie SENNER (Meister Eckharts Prozesse, S. 75—79).

50 Vgl. LW V, S. 197—226 (= Nr. 46) sowie die nhd. Übersetzung bei KARRER/PIESCH (Meister Eckeharts Rechtfertigungsschrift, S. 61—76).

51 Vgl. LW V, S. 226—245 (= Nr. 47) sowie die nhd. Übersetzung bei KARRER/PIESCH (Meister Eckeharts Rechtfertigungsschrift, S. 101—135).

52 Vgl. LW V, S. 274—354 (= Nr. 48): Antwort auf ›Rotulus I‹, S. 274—304 (nhd. Übersetzung bei KARRER/PIESCH, Meister Eckeharts Rechtfertigungsschrift, S. 77—99); Antwort auf ›Rotulus II‹, S. 318—352 (nhd. Übers. ebd., S. 101—135); Nachbemerkung, S. 353 f. (nhd. Übers. ebd., S. 99 f.).

tigkeit gehabt hätte.[53] Doch, so fährt er weiter, man müsse dies geduldig ertragen, denn selig sind die, »die um der Gerechtigkeit willen leiden« (Mt 5,10) und »wen der Herr liebt, den züchtigt er; er schlägt mit der Rute jeden Sohn, den er gern hat« (Hbr 2,6), weshalb auch er, Meister Eckhart, zu Recht sagen könne, »er sei bereit für die Schläge« (Ps 37,18).[54]

Man erinnere sich in diesem Zusammenhang an die Abschlussbemerkung des BgT, dass man sich gar heftig und gründlich schämen sollte, wenn man es für so bedeutend erachtet, um Gott und der ewigen Seligkeit willen ein wenig leiden zu müssen, wenn schon Kaufleute oder Ritter um wesentlich Weniger, nämlich eines finanziellen Gewinnes oder einer vergänglichen Ehre willen so viel auf sich nehmen (BgT, EW II, S. 311,7–19); und im Anschluss daran benennt Meister Eckhart dann im BgT folgenden Einwand gegen sich, dass nämlich ein Grobian, das heißt jemand, der nur das mit Händen zu Greifende verstehen kann, also nur das, was er sich vorstellen kann, dass also *maniger grop mensche sol sprechen, daz vil wort, diu ich an disem buoche und ouch anderswâ geschriben hân, niht wâr ensîn* (BgT, EW II, S. 310,18–20).[55]

Diese Frage nach der Wahrheit seiner Aussagen greift Meister Eckhart nun nicht nur am Ende seines BgT auf, sondern auch immer wieder en passant in seiner ›Responsio‹, deren Argumentation man folgendermaßen auf den Punkt bringen kann: Meister Eckhart will darlegen, dass das, was er gesagt bzw. geschrieben habe, wahr sei, auch wenn mehreres davon selten und deshalb ungewohnt (*rara*) sowie schwierig und kompliziert (*subtilia*) sei,[56] aber die Ungebildetheit (*ruditas*) und intellektuelle Kurzsichtigkeit (*brevitas intellectus*) seiner Gegner verfälsche (*vitiare*) alles. Es sei entweder eine wirkliche Bosheit (*certa malitia*) oder eben die gröbste Dummheit (*crassa ignorantia*) seiner Kontrahenten, die Göttliches, Subtiles und Unkörperliches sich inhaltlich vorzustellen (*materialis imaginatio*) und zu beurteilen versuchten. Doch ihr Grundfehler bestehe eigentlich darin, das, was sie nicht verstehen, für einen Irrtum zu halten – und jeden Irrtum für Häresie![57]

---

53 *Primo protestor* [...] *quod iuxta libertatem et privilegia ordinis nostri coram vobis non teneor comparere nec obiectis respondere, praesertim cum non sim de haeresi notatus aut unquam fuerim infamatus* [...] *Ex quo patet secundo quod commissio vobis facta a venerabili patre domino Coloniensi archiepiscopo* [...] *nullius est vigoris, utpote ex falsi suggestione, radice et arbore mala, procedens. Quin immo si minoris essem famae in populo et minoris zeli iustitiae, certus sum quod contra me non essent talia ab aemulis attemptata* (LW V, S. 275,11–21).

54 Vgl. LW V, S. 275,21–276,2.

55 Dass »mancher grobsinnige Mensch sagen wird, viele Worte, die ich in diesem Buche und auch anderswo geschrieben habe, seien nicht wahr« (BgT, EW II, S. 311,21–23).

56 *Dico et fateor me illa dixisse et scripsisse et aestimo, sicut ex declaratione apparebit, omnia esse vera, quamvis rara sint plurima et subtilia* (LW V, S. 276,21–22).

57 *Patet ergo quod in quolibet articulorum praemissorum* [...] *apparet veritas et ratio veritatis ex his quae hic supra notavi et contradicentium vel certa malitia vel crassa ignorantia, qui materiali imaginatione divina et subtilia et incorporalia metiri conantur* (LW V, S. 293,1–7); *postremo notandum quod, licet in quolibet articulorum, quos ego praedicavi, docui et scripsi, appa-*

Nun ist dieser Vorwurf, dass die Aussagen eines Autors nicht wahr seien, wie er gegenüber Meister Eckhart vorgebracht wird, heutzutage das tägliche Brot eines Wissenschaftlers; ja, die Geisteswissenschaft scheint zu einem großen Teil davon zu leben, einerseits den hochgeschätzten Fachkollegen (natürlich auch die noch mehr geschätzte Fachkollegin!) wegen seiner bzw. ihrer unwahren Positionen zu kritisieren sowie andererseits die Kritik an sich selbst nach und auf Grund einer vertieften Reflexion zu parieren und zu ripostieren (manchmal auch zu fintieren), sei es durch Verfeinerung und Differenzierung alter Argumente, sei es mit neuen Beweisführungen. Während man also in der heutigen Geisteswissenschaft mehr oder weniger grundsätzlich die zahlreichen Irrtümer der Anderen kritisiert (und für eigene selbstverständlich marginale Ungenauigkeiten kritisiert wird), so wäre der Vorwurf, häretisch zu sein, also von einer allgemein als gültig angesehenen Auffassung oder Lehre abzuweichen, in der Regel eine der allerhöchsten Auszeichnungen, denn es würde bedeuten, dass man etwas Neues entdeckt hat, was von bisherigen Forschern und Denkern unbemerkt geblieben ist. Doch der Vorwurf, dass eine die Religion betreffende Aussage nicht wahr, also ein Irrtum, also eine Häresie sei, scheint im kirchlichen Bereich eine ganz andere Dimension zu haben, ob es sich nun um die Grund- und Kernaussagen des Glaubens oder um Theologumena handelt. Hier scheint gleichsam alles auf dem Spiel zu stehen.

Doch die Pointe von Meister Eckharts Gegenangriff besteht nun nicht darin, dass er seinen Gegnern vorwirft, das, was sie nicht verstehen, für einen Irrtum zu halten und jeden Irrtum für Häresie, sondern in dem Hinweis, nur ein hartnäckiges Kleben an einem Irrtum sei Häresie,[58] und er sei jederzeit bereit, sich einem besseren Verständnis oder einem besseren Gedanken (*sensus*) zu fügen, wenn denn etwas an seinen Worten oder Schriften falsch sei, was er allerdings nicht sehe. Zwar schließe er die Möglichkeit nicht aus sich zu irren, denn der Irrtum sei eine Sache der Verstandesfähigkeit, die er bei sich selbstverständlich nicht so hoch einschätze, aber ein Häretiker könne er keinesfalls sein, denn das Häretiker-Sein sei eine Sache des Willens,[59] der offenbar hartnäckig an einem Irrtum klebt.

Nun stellt sich natürlich gerade bei diesem letzten Punkt ein größeres Problem: Sieht man einmal davon ab, dass realiter sehr häufig doch der Wille vorherrscht, wider bessere Einsicht an seiner eigenen Wahrheit festzuhalten,

---

reat ruditas et brevitas intellectus illorum qui talia vitiare contendunt [...] *In hoc tamen primo errant quod omne, quod non intelligunt, errorem putant et iterum omnem errorem haeresim* (LW V, S. 353,2–7).

58 *Cum solum pertinax adhaesio erroris haeresim faciat et haereticum* (LW V, S. 353,7 f.).

59 *Si quid tamen in praemissis aut in aliis dictis meis aut scriptis falsum esset, quod ego non video, semper paratus sum sensui cedere meliori. ›Grandes enim materias ingenia parva non sustinent et in ipso conatu ultra vires ausa succumbunt‹, ut ait Hieronymus ad Heliodorum. Errare enim possum, haereticus esse non possum. Nam primum ad intellectum pertinet, secundum ad voluntatem* (LW V, S. 277,1–5).

wofür es die unterschiedlichsten Gründe geben mag – sei es aus jugendlicher
Bestätigungssucht, sei es aus Alterssturheit, sei es aus Furcht vor Blamage und
Verlust des Ansehens, sei es aus Sorge, dass das Aufrechterhalten eines hohl gewordenen Gedankengebäudes immer noch besser sei als dessen Einsturz, was
eine vollständige Orientierungslosigkeit bedeute, und so weiter. Doch selbst
in einer idealen Welt, wo man nicht auf der eigenen Wahrheit beharrt, sondern auch für die andere Wahrheit, also die Wahrheit des Anderen bereit ist,
stellt sich doch die Frage, wer oder was kann denn jemanden von der je eigenen
Wahrheit abbringen, wer oder was ist denn hier mit einer solchen Macht aus-
gestattet, wer ist denn der machtvolle Richter über die Wahrheit? – Wird hier
außer der eigenen Einsicht eigentlich ein anderer Richter akzeptiert?

Meister Eckhart erkennt – zumindest dem Wortlaut nach – andere Richter
an, aber nicht die Kölner Richter! An einer anderen Stelle seiner Verteidigungsschrift ›Responsio‹ heißt es, dass er als Professor (*magister*) der Pariser Universität auf das, was er geschrieben habe, weder vor den Kölner Inquisitionskommissaren noch vor jemand anderem unterhalb (*citra*) des Papstes oder der
Pariser Universität antworten müsse, denn seine Schriften berührten ja nicht
die Grundaussagen des christlichen Glaubens, den er immer bekenne.[60] Diese
Formulierung, sehr intensiv interpretiert, könnte man auch dahingehend verstehen, dass Meister Eckhart die Auseinandersetzung nur als Streit um Theologumena sehen möchte. Ohne dies hier durchführen zu wollen, so wäre es auf
jeden Fall in vielerlei Hinsicht erhellend, all die Anklagepunkte gegen Meister
Eckhart noch einmal daraufhin zu untersuchen, inwieweit er einen Artikel des
christlichen Glaubensbekenntnisses tatsächlich negiert oder uminterpretiert.

4. ›Protestatio‹ (13. Februar 1327)

Nun erscheint es wegen der Nichtanerkennung der Kölner Richter aus einer
inneren Logik heraus folgerichtig, dass Meister Eckhart am 24. Januar 1327 in
Köln eine notariell beglaubigte Appellation an den Apostolischen Stuhl richtet.[61] In seiner Berufung an den Papst nennt er als offiziellen Grund, dass die
Kölner Richter auf ihn und auf seinen Orden bisher einen großen Druck ausgeübt hätten (*per vos gravatum esse*) und die Gefahr bestehe, dass noch größerer Druck ausgeübt werden könnte.[62] Sehe man einmal davon ab, dass bereits
Nikolaus von Straßburg die gegen ihn erhobenen Vorwürfe ausreichend und

---

60 *Protestor autem quod de his et de omnibus, quae scripsi in diversis expositionibus diversorum*
librorum, et de quaestionibus et aliis multis coram vobis nec coram aliquo citra papam aut uni-
versitatem Parisiensem habeo respondere, nisi quod fortassis fidem, quod absit, tangeret quam
semper protestor (LW V, S. 293,10–13).

61 Vgl. LW V, S. 544–547 (= Nr. 53).

62 *Ideo ex premissis sentiens me per vos gravatum et per vos gravari posse amplius et ordinem*
meum predictum, sanctam sedem apostolicam appello (LW V, S. 546,59 f.).

gehörig geprüft habe (*sufficienter et pertinenter discussum fuerit*), was eine weitere Untersuchung von Rechts wegen eigentlich gar nicht erlaube,[63] so hätte der gegenwärtige Prozess Kraft des Amtes der Kölner Richter bereits vor Mitte des vergangenen Jahre zu Ende sein können.[64] Doch statt eine Entscheidung zu fällen,[65] würden die Kölner Richter ihn entweder aus purer Absicht (*sola voluntate*) oder aus planlosem Handeln (*temeritate*) heraus offenbar an der Nase herumführen (*circumducere*) und ihm Fallen stellen (*circumvenire*),[66] ihm mehrmals überflüssige und beschwerliche Fristen setzen[67] und ihn grundlos (*temere*) vorladen.[68] Vor allem aber würden sie sich mehr auf die falschen Worte (*dicta falsa*) äußerst verdächtiger Ordensbrüder (*fratres suspecti*) stützen als auf seine Unschuld (*innocentia*) und moralische Reinheit (*puritas*).[69]

3 Wochen später, am 13. Februar 1327, lässt Meister Eckhart im Anschluss an eine gehaltene Predigt eine öffentliche Erklärung (›Protestatio‹) verlesen,[70] deren wichtigster Teil folgendermaßen lautet:

»Ich, Meister Eckhart, Doktor der heiligen Theologie, erkläre öffentlich, indem ich vor allem anderen Gott als Zeugen anrufe, daß ich jeden Irrtum im Glauben und jede moralische Entgleisung immer, soweit es mir möglich war, verabscheut habe, weil dergleichen Irrtümer zu meinem Stand als Gelehrten und als Ordensmann im Widerspruch stehen würden und stehen. Wenn man also in dieser Beziehung einen Irrtum finden sollte, was von mir geschrieben, gesagt oder gepredigt wurde, sei es öffentlich oder insgeheim, wo oder wann auch immer, direkt oder indirekt, aus weniger vernünftigem oder aus verwerflichem Denken heraus, dann widerrufe ich ausdrücklich hier, öffentlich, vor Euch allen und jeden einzelnen der hier Versammelten, weil ich das von jetzt an als nicht

---

63 *Cum de predictis articulis vel eorum similibus iam dudum ante cognitum fuerit sufficienter et pertinenter discussum per religiosum virum fratrem Nicholaum, vicarium auctoritate domini summi pontificis speciali, nec de eodem pluries debeat inquiri propter premissa, sicut dicunt iura* (LW V, S. 546,53–57).

64 *Cum iam dudum ante anni medietatem potuissetis totum processum vestrum in me terminasse pronunciando vel referendo, prout vobis competebat ex vigore commissionis vestre* (LW V, S. 545,29–31).

65 Offenbar legten die Ankläger dem Gericht nach der Anhörung im September 1326 eine dritte, evtl. sogar noch eine vierte Liste vor, die zwar beide nicht erhalten sind, sich aber teilweise rekonstruieren lassen, vgl. LW V, S. 531–534 (= Nr. 49).

66 *Quia nec decernitis aut pronunciatis aut refertis cum effectu iuris me teneri vel non in premissis, sed sola voluntate vel potius temeritate me circumducitis et circumvenitis notorie, periculose et cum maximo scandalo in preiudicium status mei et ordinis mei* (LW V, S. 545,39–42).

67 *Terminos michi statuentes superfluos et graves multipliciter* (LW V, S. 545,29).

68 *Vos tamen premissis omnibus non obstantibus me citari fecistis coram vobis die sabbati instanti temere ex causis premissis* (LW V, S. 546,49 f.).

69 *Et ad infamandum me amplius advocatis frequenter fratres mei ordinis suspectos* [...] *qui propter notam excessuum turpitudinis propriorum id procurant apud vos* [...] *quorum dictis falsis magis innitimini, quam mee innocentie et puritati, quam paratus sum coram summa pontifice et tota ecclesia probare et declarare* (LW V, S. 545,42–546,49).

70 Vgl. LW V, S. 547–549 (= Nr. 54).

gesagt oder geschrieben ansehen will; besonders auch, weil ich höre, daß ich schlecht verstanden wurde.«[71]

An dieser ›Protestatio‹ interessieren nun weniger die Hintergründe des damaligen Kirchenrechtes, das offenbar noch Elemente des germanischen Rechtes in sich trägt, nach dem einen derartigen Reinigungseid (*purgatio canonica*) nicht abzulegen gleichbedeutend ist, das Verbrechen zuzugeben, dessen man beschuldigt wird.[72] Hier soll vielmehr darauf hingewiesen werden, dass Meister Eckhart eigentlich nur einen Widerruf leistet unter der Bedingung, dass in seinen Schriften und Predigten ein Irrtum hinsichtlich der Glaubenslehre entdeckt werde (*reperire*), was sachlich gesehen kaum über das bisher Gesagte hinausgeht, dass er nämlich von der Wahrheit seiner Aussagen überzeugt sei, aber nicht hartnäckig an einem ihm nachgewiesenen Irrtum festhalte.

Desweiteren soll der zweite Grund für seinen bedingten Widerruf, nämlich seine Aussage »Ich höre, daß ich schlecht verstanden werde« zum Anlass für eine etwas allgemeinere Reflexion verwendet werden. Selbstverständlich, das sei hier ausdrücklich betont, besteht der allergrößte Teil von Meister Eckharts Verteidigung in der theologisch-philosophisch geführten, argumentativen Zurechtrückung und Rechtfertigung all der ihm vorgeworfenen Artikel. Doch von den hie und da in seiner ›Responsio‹ eingestreuten sowie in anderen Texten zu findenden und hier besonders hervorgehobenen Entgegnungen wurde bisher herausgearbeitet, dass Meister Eckhart seinen Gegnern vorwirft, alles, was sie nicht verstehen oder missverstehen, komme aus deren Bosheit, seine Aussagen zu verfälschen, oder aus deren Dummheit. Nun kann man sich aber angesichts seiner Bemerkung »Ich höre, daß ich schlecht verstanden werde« auch allgemeiner fragen, was es denn sonst noch für Gründe dafür geben könne, nicht verstanden oder missverstanden zu werden. Es ist ja denkbar, dass die beiden aufeinander bezogenen, wenn auch unterschiedlichen Phänomene des Nichtverstehens und des Missverstehens in den Bereich der Verantwortung eines Autors für sein verlautbartes Denken fallen.

Diese Thematik gehört sicherlich in das weite Gebiet der Hermeneutik, die nicht nur als Kunst der Auslegung und Erklärung eines Textes zu verstehen ist, wie es sich in der Theologie beispielsweise am mehrfachen Schriftsinn der

---

71 Eigene Übersetzung; *ego magister Ekardus, doctor sacre theoligie, protestor ante omnia deum invocando in testem quod omnem errorem in fide et omnem deformitatem in moribus semper [fui], in quantum michi possibile fuit, sum detestatus, cum huiusmodi errores statui doctoratus mei et ordinis repugnarent et repugnent. Quapropter, si quid erroneum repertum fuerit in premissis scriptum per me, dictum vel predicatum, palam vel occulte, ubicumque locorum vel temporum, directe vel indirecte, ex intellectu minus sano vel reprobo, expresse hic revoco publice coram vobis universis et singulis in presentiarum constitutis, quia id pro non dicto vel scripto ex nunc haberi volo; specialiter etiam, quia male intellectum me audio* (LW V, S. 548,19–27).
72 Vgl. SENNER, Meister Eckharts Prozesse, S. 86 f.

Bibel zeigt,[73] sondern auch von der anderen Seite her als Kunst sich auszudrü-cken. Hermeneutik besteht also nicht nur darin, den Anderen zu verstehen, den Anderen gemäß eines geflügelten Wortes oft sogar besser zu verstehen, als der sich selbst versteht,[74] und die Auslegungswut so weit zu treiben, dass es zu vermeintlichen oder tatsächlichen antihermeneutischen Tendenzen kommt.[75] Hermeneutik bedeutet also nicht nur die Kunst zu verstehen, sondern immer auch die Kunst sich zu verständigen, zwar nicht im Sinne einer wirkungsvol-len, sprich rhetorischen Gestaltung einer Rede, aber doch in der Hinsicht, sein Denken in verständlicher Weise darzulegen und zu verdeutlichen, sich und seine Rede zu erklären, Dolmetscher seiner selbst zu sein.

Selbstverständlich wird gegen ein Nichtverstehen oder Missverstehen nicht etwa eine ›Eineindeutigkeit‹ der Rede eingefordert, immerhin gibt es auch be-wusste und gewollte Mehrdeutigkeit. So liegt nicht nur die Schönheit der Poe-sie oft im ineinander und miteinander Spielen der Bilder und Assoziationen, sondern gerade das Tanzenlassen der verschiedenen Bedeutungen erfasst die Komplexität der Wirklichkeit oft adäquater als die Wissenschaft. Es wird hier also keineswegs versucht auszuloten, geschweige denn festzulegen, wie das an-gemessene Maß sich zu verständigen auszusehen habe.

Denn trotz der wichtigen Verantwortung des Autors für seine Schriften und Reden ist es wohl einsichtig, dass selbst beim gelungensten Versuch sich zu verständigen das Gegenüber einen Verstehensakt zu leisten hat, für den ein Autor oder Redner tatsächlich keine Verantwortung mehr übernehmen kann, was also genuin und ausschließlich in die Schuldigkeit des Lesers oder Zuhö-rers gehört. Meister Eckhart mag hier als Universitätslehrer und als Prediger andere Maßstäbe haben, was er und was vor allem sein Gegenüber für den Verstehensakt einzubringen haben. Seine Haltung als Angeklagter, der sich zu verteidigen hat, scheint allerdings davon geprägt zu sein, ganz bestimmte Defi-zite seinem Gegenüber vorzuwerfen, die vielleicht im Ton unterschiedlich sind, aber ansonsten das gleiche Muster aufweisen, was an zwei weiteren Beispielen gezeigt werden soll.

---

73 Vgl. zu Meister Eckharts Bibelauslegung MANSTETTEN (Die Gleichnisse bewahren die Wahrheit).

74 »Ob man bei Kant beim wirklichen Ursprung dieser Formel angelangt ist, muß zwei-felhaft bleiben [...] Man wird [...] wohl am ehesten an eine Formel denken müssen, die sich im mündlichen Umgang der Philologen herausgebildet hat und die dort rasch zu einer weiten Verbreitung gekommen ist, weil sie in der Tat schlagartig ein entscheiden-des Grundproblem in der Tätigkeit des Philologen aufdeckt. Hier mag das Wort lange verbreitet gewesen sein, ehe zum erstenmal in die Welt der quellenmäßig belegbaren gedruckten Literatur eingegangen ist« (BOLLNOW, Was heißt, einen Schriftsteller besser verstehen, als er sich selber verstanden hat, S. 53); vgl. dazu auch FISCHER, Einen Autor besser verstehen, als er sich selbst verstand.

75 Vgl dazu die Auseinandersetzungen um GUMPRECHTS Ansätze (Diesseits der Herme-neutik).

Zunächst sei Meister Eckharts Position im BgT vor Augen geführt. Dort antwortet er auf die bereits einmal zitierte Kritik am Ende des BgT, *daz maniger grop mensche sol sprechen, daz vil wort, diu ich an disem buoche und ouch anderswâ geschriben hân, niht wâr ensîn* (EW II, S. 310,18—20) mit einer Stelle aus dem ersten Buch von Augustins ›Confessiones‹, die er in seinem Sinne verkürzt, was recht vielsagend ist.

Bei Augustinus wird hinsichtlich der Ewigkeit Gottes in Bezug auf unsere Zeitlichkeit davon gesprochen, dass Gottes Jahre nicht vergehen und deshalb ein heutiger Tag (*hodiernus dies*) seien. Wieviele unserer Tage seien schon in diesem Heute Gottes vergangen, und viele andere werden noch darin vergehen. Gott selbst aber ist derselbe. Jeder morgige (*crastina*) und zukünftige Tag sowie jeder gestrige (*hesterna*) und noch weiter vergangene Tag: Heute werde Gott schaffen, heute habe er geschaffen. Was gehe das mich an, sagt Augustinus, wenn das einer nicht verstehe. Dieser möge sich freuen, auch wenn er zu sich sage: Was heißt denn das? Dieser möge sich dennoch freuen und es lieben, Gott eher im Nichtfinden zu finden als im Finden gerade nicht zu finden![76]

Wie Augustinus weist Meister Eckhart darauf hin, dass zwar die Welt in der Zeit geschaffen sei, dass es aber für die Ewigkeit Gottes keine zweierlei Jetzt gäbe (eines in dem er sei und eines in dem er schaffe),[77] und er zitiert Augustinus im BgT mit den Worten, *daz got allez, daz noch zuokünftic ist, joch über tûsent und tûsent jâr, ob diu werk als lange solte wem, hât iezent gemachet, und allez, daz vergangen ist manic tûsent jâr, sol noch hiute machen. Waz mac ich, ob ieman daz niht enverstât?*[78]

Augustinus geht es offenbar darum, diesen schwierigen Gedanken des Heute Gottes einem unverständigen Menschen wenigstens in diesem Sinne nahe zu bringen, dass es besser sei, in einem Unverstehen Gottes zu verbleiben als ihn in einem vermeintlichen ›Das ist Gott, so ist Gott!‹ doch nicht zu finden. Doch Meister Eckhart verkürzt die Sinneinheit bei Augustinus und benutzt dieses reduzierte augustinische Zitat, um darauf hinzuweisen, dass es nicht seine Sache

---

76 *Et quoniam anni tui non deficiunt, anni tui hodiernus dies: et quam multi iam dies nostri et patrum nostrorum per hodiernum tuum transierunt [...] et transibunt adhuc alii et accipient et utcumque existent. tu autem idem ipse es et omnia crastina atque ultra omniaque hesterna et retro hodie facies, hodie fecisti. quid ad me, si quis non intellegat? gaudeat et ipse dicens: quid est hoc? gaudeat etiam sic et amet non inueniendo inuenire potius quam inueniendo non inuenire te* (conf. 1,10).

77 *Item quod putant deum in alio nunc aeternitatis esse et creare, quamvis mundus creatus sit in tempore* (LW V, S. 353,20—22).

78 BgT, EW II, S. 310,22—26; Übersetzung S. 311,24—30: »Daß Gott alles, was noch zukünftig ist, selbst über tausend und aber tausend Jahre, dafern die Welt so lange bestehen sollte, schon jetzt gemacht hat, und daß er alles, was schon manches Jahrtausend vergangen ist, noch heute machen wird. Was kann ich dafür, wenn jemand das nicht versteht«. Zu diesbezgl. anderen Stellen im Werk Meister Eckharts vgl. LW V, S. 353 f., Anm. 14.

sei, wenn einer ihn nicht verstehe oder missverstehe. Es liege vielmehr an der grobsinnigen, an sinnlichen Vorstellungen klebenden Haltung des Gegenüber:

> *Swer âne allerleie gedenke, allerleie lîphafticheit und bilde inne bekennet, daz kein ûzerlich sehen îngetragen enhât, der weiz, daz ez wâr ist. Der aber des niht enweiz, der lachet und spottet mîn, und ich erbarme mich über in. Aber sôgetâne liute wellent schouwen und smacken êwigiu dinc und götlîchiu werk und in dem liehte stân der êwicheit, und ir herze vliuget noch in gestern, noch in morgen* (BgT, EW II, S. 312,3–10).

> »Wer ohne vielfältige Begriffe, vielfältige Gegenständlichkeit und bildliche Vorstellungen innerlich erkennt, was kein äußeres Sehen eingetragen hat, der weiß, daß dies wahr ist. Wer aber davon nichts weiß, der lacht und spottet meiner; mich aber erbarmt es seiner. Indessen, solche Leute wollen ewige Dinge schauen und empfinden und göttliche Werke und im Lichte der Ewigkeit stehen, und dabei flattert ihr Herz noch im Gestern und noch im Morgen« (BgT, EW II, S. 313,3–11).

Wie auch immer man diese innerliche Erkenntnis, die von keinem äußeren Sehen her kommt, näher bestimmen mag, ob als ein »bloszes gewahren und vernehmen der dinge, ohne dasz ein fahren und forschen vorausgieng«,[79] ob als Erkenntnisprozess des Menschen, der in seiner Seele wie auf der Oberfläche eines Spiegels wahr-nimmt, ob als Innewerden oder als existentielles Verstehen, dem es nicht um eine Einsicht in einen Sachverhalt geht, sondern darum »sich nicht mehr in bloß theoretischer Distanz zum Sachverhalt [zu verhalten], sondern sich so damit [zu identifizieren], daß [man] seine eigene Beteiligung in ihrer Unvertretbarkeit bewußt vollzieht«.[80] Auf jeden Fall zeigt sich mit diesem Hinweis auf die Notwendigkeit einer innerlichen Erkenntnis, die von keinem äußeren Sehen her kommt, noch am ehesten der Universitätslehrer und Prediger, der nichtsdestotrotz sich damit verteidigt, dass es an der Einstellung des Grobians und nicht an ihm liege, wenn die Wahrheit nicht erkannt wird.

Doch im zweiten Beispiel kommt Meister Eckharts Haltung als zunächst einmal Angeklagter und nicht als Professor und Homilet deutlicher zum Vorschein, wozu eine Stelle aus seiner ›Responsio‹ vorgestellt wird, in der er dieses Mal auf Nacheiferer (*aemulus*) und Begriffsstutzige (*tardiores*) verweist.

Meister Eckhart beklagt, dass nicht nur Geistliche (*clerici*) und Studierende (*studiosi*), sondern selbst Gelehrte (*docti*) seine Predigten verkürzt (*deminute*) und falsch (*falso*) wiedergegeben. Er betont, dass er keinen aus seinen Predigten extrahierten (und ihm vorgeworfenen) Artikel, so wie sie klingen, insofern sie Falsches implizieren und nach Irrtum und Häresie riechen, so meine, noch gemeint und verstanden, noch gepredigt habe. Dennoch gibt er zu (*fateor*), dass in einigen dieser Artikel etwas Wahres berührt werde (*aliqua tanguntur vera*), das bei wahrer und gesunder Einsicht aufrecht erhalten werden könne. Denn es gäbe keine falsche Lehre, der nicht irgendetwas Wahres untergemischt sei.

---

79 GRIMM, Deutsches Wörterbuch 3, S. 790.
80 SCHÖNBERGER, Wer sind »Grobe Liute«? Eckharts Reflexion des Verstehens, S. 250.

Wo aber diese Artikel einen Irrtum implizieren oder bei den Zuhörern zumindest einen Irrtum hervorrufen, da verwerfe und verabscheue er sie. Diese Irrtümer können und dürfen aber nicht ihm von irgendwelchen Nacheiferern (*ab aemulis quibuscumque*) angerechnet werden, wobei er dann auf eine bestimmte Passage aus Augustins Werk ›De trinitate‹ (trin. 1,6) hinweist.[81]

Während Augustinus sich zu Beginn von ›De trinitate‹ unter anderem in einer längeren Erörterung direkt an seine Leser wendet und diese auffordert, mit Augustinus den Weg weiterzugehen, wenn sie dessen Überzeugung teilen; mit Augustinus weiter zu suchen und zu fragen, wenn sie ebenso unsicher sind oder zögern; dort, wo die Leser einen eigenen Irrtum erkennen, zu Augustins Ausführungen zurückzukehren, und dort, wo die Leser einen Irrtum Augustins erkennen, Augustinus zurückzurufen.[82] Im Anschluss daran behandelt Augustinus verschiedene Probleme, die die Leser mit seinem Werk haben könnten, um dann am Ende folgende Problematik anzusprechen, auf genau die sich auch Meister Eckhart in der soeben angeführten Stelle aus seiner ›Responsio‹ bezieht.

Leser mit schwerfälligerem Auffassungsvermögen (*tardiores*) mögen an manchen Stellen seiner Werke Gedanken herauslesen, die er nicht gemeint habe, oder dass er manches nicht berücksichtigt hätte, was er sehr wohl getan habe. Doch diesen Irrtum dürfe man nicht ihm anrechnen, wenn solche Leser ihm anscheinend folgen, ihn aber nicht verstehen und dann in irgendeine Unwahrheit abweichen (*aliquam falsitatem deuiare*), während er selbst gezwungen ist, durch gewissermaßen Undurchdringliches (*densa*) und durch Finsternisse (*opaca*) den Weg zurückzulegen. Ebensowenig wird jemand zu Recht den heiligen Autoren der göttlichen Bücher die zahlreichen und vielfältigen Irrtümer der Häretiker irgendwie zur Last legen, weil alle aus denselben Schriften ihre falschen und trügerischen Meinungen zu verteidigen versuchen.[83]

---

81 *Porro de aliis articulis sedecim extractis ex sermonibus, qui mihi ascribuntur, respondere non haberem, cum passim et frequenter etiam a clericis studiosis et doctis deminute et falso quae audiunt reportantur. Hoc unum dico quod nullum eorum, sicut sonant et ut falsum implicant, errorem vel haeresim sapiunt, sentio nec sensi et tenui nec praedicavi. Fateor tamen quod in nonnullis eorum aliqua tanguntur vera, quae sub vero intellectu et sano possent sustineri. Nulla quippe falsa doctrina est quae non aliquid veri intermisceat [...] Ubi autem errorem implicant vel saltem generant in animis auditorum, ipsos reprobo et detestor. Qui error vel errores mihi imputari ab aemulis quibuscumque non possunt nec debent* (LW V, S. 293,18–294,1).

82 *Quisquis haec legit ubi pariter certus est, pergat mecum; ubi pariter haesitat, quaerat mecum; ubi errorem suum cognoscit, redeat ad me; ubi meum, reuocet me* (trin. 1,5).

83 *Arbitror sane nonnullos tardiores in quibusdam locis librorum meorum opinaturos me sensisse quod non sensi aut non sensisse quod sensi. quorum errorem mihi tribui non debere quis nesciat, si uelut me sequentes neque apprehendentes deuiauerint in aliquam falsitatem dum per quaedam densa et opaca cogor uiam carpere, quandoquidem nec ipsis sanctis diuinorum librorum auctoritatibus ullo modo quisquam recte tribuerit tam multos et uarios errores haereticorum, cum omnes ex eisdem scripturis falsas atque fallaces opiniones suas conentur defendere?* (trin. 1,6).

5. ›Votum theologorum Avenionensium‹ (1327/28)

Rund eine Woche nachdem Meister Eckhart seine öffentliche Erklärung verlesen ließ, wird seine am 24. Januar 1327 an den Apostolischen Stuhl gerichtete
Appellation am 22. Februar 1327 als unbegründet abgelehnt.[84] Diese Ablehnung
von Seiten der Kölner Richter zwingt Meister Eckhart juristisch gesehen aber
nicht, in Köln zu bleiben und sich diesen Richtern zu unterstellen;[85] er macht
sich auf den Weg zum Papst nach Avignon, wo die Päpste seit 1309 (bis 1377)
residieren.

In Avignon ist zunächst einmal eine Theologenkommission aus Kardinä-
len oder der theologische Berater an der Kurie (*magister sacri Palatii*) mit der
causa Eckharti betraut,[86] und es wird eine Liste von 28 Sätzen aus den ›Rotuli‹
des Kölner Prozesses und der ›Responsio‹ Meister Eckharts formuliert. Nach
Befragung Meister Eckharts über diese 28 Sätze wird ein Gutachten erstellt
(›Votum‹),[87] das nach jedem der einzelnen Sätze eine Einlassung hinsichtlich
der Rechtgläubigkeit abgibt, dann ein Protokoll der Antwort Meister Eckharts
sowie die Stellungnahme der Gutachter zu dessen Erwiderungen.[88]

Nachdem bisher vor allem die allgemeine Haltung Meister Eckharts dargestellt wurde, die er gegenüber dem Vorwurf einnimmt, vieles, was er gesagt
und geschrieben habe, sei nicht wahr, so wird nun im folgenden einer dieser
Streitpunkte herausgegriffen, nämlich die Gottwerdung des Menschen. Doch
um die Position Meister Eckharts hinsichtlich der θέωσις andeuten und wenigstens in eine bestimmte Richtung hin skizzieren zu können, soll mit einer
extremen Auffassung begonnen werden.

In einem Gespräch zwischen dem Beichtvater und der sogenannten Schwester Katrei klagt jene, dass ihr Himmel und Erde zu eng sei. Auf Drängen des
Beichtvaters nun, sich darüber auszulassen, spricht sie mit wunderlichen und
tiefen Worten vom reinen Finden göttlicher Wahrheit (*blossen befindung götlicher warheit*), woraufhin der Beichtvater entgegnet, dass dies allen Menschen
unbekannt sei und es auch ihm unbekannt wäre, wenn er selbst es nicht als
Priester gelesen, also in der Gotteswissenschaft gefunden hätte. Doch Schwester Katrei bedauert, dass er es nicht mit dem Leben gefunden habe, worüber
auch der Beichtvater betrübt ist. Daraufhin geht Schwester Katrei wieder in
die Einsamkeit zurück und verkehrt mit Gott (*gebrucht sich gottes*). Nicht lange

---

84 Vgl. LW V, S. 550 f. (= Nr. 55).
85 Vgl. Trusen, Der Prozeß gegen Meister Eckhart, S. 102–104.
86 Vgl. Senner, Meister Eckharts Prozesse, S. 89.
87 Ein zweites Gutachten ›Votum domini Benedicti‹ erstellt der Zisterzienser-Abt Jaco-
   bus Novelli, der am 18.12.1327 zum Kardinal erhobene und spätere Papst Benedikt XII.
   (LW V, S. 560–567 = Nr. 58).
88 Vgl. LW V, S. 568–590 (= Nr. 59); lat./dt. mit Anmerkungen bei Quero-Sánchez
   (Sein als Freiheit, S. 331–395).

danach kommt sie wieder zum Beichtvater und spricht: »Herr, freuet euch mit mir, ich bin Gott geworden.«

Der bichter gat hin zů der tochter vnd sprach: »Sage mir, wie gaut es dir nu?« Si sprach: »Es gaut mir vbel, mir ist himelrich vnd ertrich ze enge!« Er bittet si, jm etwas sagen — Si sprach: »Ich weis so cleines nitt, das ich vch sagen müge!« Er sprach: »Tů es durch got, sag mir ein wort!« Er gwinnet ir eins ab mitt minnen. Da redet si mitt jm also wunderlich vnd tieff sprüche von der blossen befindung götlicher warheit, das er sprach: »Wissest, dis ist allen menschen frömde, vnd wär ich nitt ein sölich pfaffe, das ich es selbe gelesen hett von götlicher kunst, so wer es mir och frömde.« Si sprach: »Des gan ich vch vbel! Ich wolt, das irs mitt leben befunden hettend!« Er sprach: »Du solt wissen, das ich sin also vil befunden han, das ich es als wol weis, als ich weis, das ich hütt messe sprach. Wissest, das ich es nitt mitt leben besessen han, das ist mir aber leit!« Die tochter sprach: »Bittent gott für mich!« — vnd gaut wider jn ir ein můt vnd gebrucht sich gottes. Die wil wärt aber nitt lange; si gaut wider für die porten vnd heischet iren erbern bichter vnd sprach: »Herre, fröwent vch mitt mir, ich bin gott worden!«[89]

Eine derart in und mit dem Leben gefundene Gottwerdung seiner selbst, wie sie sich hier in dem nach heutigem Forschungsstand Pseudo-Eckhartschen Traktat ›Schwester Katrei‹[90] darstellt, ist offensichtlich nicht Meister Eckharts Position, wofür zunächst einmal einige Beispiele aus seiner ›Responsio‹ aufgeführt werden.

Ein Kritikpunkt sowohl in der ersten als auch in der zweiten Anklageschrift bezieht sich auf die Aussagen der Predigt 6, dass der Vater seinen Sohn in mir (*in mîner sêle*) gebäre. In der Beantwortung dieses Kritikpunktes spricht Meister Eckhart davon, dass der ihm vorgeworfene Artikel mehreres umfasse. Eines davon sei die Behauptung, dass der Mensch, der in der Liebe und Erkenntnis Gottes stehe, nichts anderes werde (*efficitur*) als das, was Gott selbst ist. Doch, so betont er, dies sei völlig falsch, und er habe das weder gesagt, noch gemeint, noch geschrieben, noch gepredigt![91]

Eine kurze Digression sei hier erlaubt: Angesichts der zahlreichen Einlassungen Meister Eckharts während der Verfahren in Köln und Avignon verwundert es, dass diese Akten vor allem als Bezeugung für die Echtheit des Eckhartschen Textcorpus herangezogen, aber kaum als Eigenkommentierung Meister Eckharts wahrgenommen und somit als Interpretationshilfe verwendet werden. Konkret gesprochen: Die Aussage der derzeitigen Ausgaben der Predigt 12: *Dirre mensche stât in gotes bekennenne und in gotes minne und enwirt kein anderz, dan daz got selber ist* (Pr. 12, DW I, S. 194,7 f.; EW I, S. 144,6–8; LE I,

---

89 SCHWEITZER, Der Freiheitsbegriff der deutsche Mystik, S. 333,23–334,14.

90 Erstausgabe des mhd. Textes bei PFEIFFER (Deutsche Mystiker des vierzehnten Jahrhunderts, S. 448–475); kritische Edition des mhd. Textkernes bei SCHWEITZER (Der Freiheitsbegriff der deutschen Mystik, S. 321–375); nhd. Teilübersetzung bei LANDAUER (Meister Eckharts mystische Schriften, S. 158–164); neuere Sekundärliteratur dazu MORGAN (Rhetorical transformations).

91 ›*Pater generat filium suum in me‹ etc. Sciendum quod articulus iste plura implicat. Unum est quod ›homo stans in dei amore et cognitione efficitur nihil aliud quam quod deus ipse est‹. Hoc dico esse falsum omnino nec hoc dixi nec sensi nec scripsi nec praedicavi* (LW V, S. 294,11–15) sowie *Quod autem dicit articulus in fine, quod ›homo divinus fit nihil aliud quam quod deus est‹, falsum est et error* (LW V, S. 326,5 f.).

S. 26,30–32)[92] und Meister Eckharts Aussage in seiner ›Responsio‹, dass »dies völlig
falsch sei, und er das weder gesagt, noch gemeint, noch geschrieben, noch gepredigt
habe«[93] stehen völlig unvermittelt einander gegenüber; diese Diskrepanz scheint nicht
aufgegriffen und einer Lösung zugeführt zu werden.

Wie also eine radikale Einheit, die aber dennoch nicht Gleichheit ist, in Bezug
auf Gott und Mensch nach Meister Eckhart genauer zu denken ist, das kann
hier nicht entfaltet werden. Aber dass Meister Eckhart in dieser Frage auf jeden Fall sehr biblisch argumentiert, das soll gerade in unserem Zusammenhang
seiner Schwierigkeiten mit dem Lehramt mit einer weiteren Stelle aus seiner
›Responsio‹ belegt werden.

Im letzten Artikel der zweiten Anklageschrift wird folgende Aussage Meister Eckhart vorgeworfen: Der Mensch soll so leben, dass er selbst in jenem
eingeborenen Sohn eins sei und dass er selbst jener eingeborene Sohn sei.
Zwischen dem eingeborenen Sohn und der Seele ist nicht irgendein Unterschied.[94] In der Beantwortung dieser Sätze aus der Predigt 10 (vgl. Pr. 10, EW I,
S. 126,19–22) unterscheidet Meister Eckhart nun drei verschiedene Gedanken.

Erstens, seine Aussage, der Mensch solle so leben, dass er selbst in jenem
eingeborenen Sohn eins sei, sei wahr, wobei er zur Begründung auf den 1. Johannesbrief verweist: Der Mensch soll in der Liebe leben, (»Gott ist die Liebe
und«) wer in der Liebe bleibt, der bleibt in Gott (»und Gott bleibt in ihm«, I Io
4,16), und (»der Sohn Gottes ist gekommen [...] damit wir Gott erkennen. Wir
sind in diesem Gott«), in seinem Sohn Jesus Christus. (»Er ist der wahre Gott
und das ewige Leben«, I Io 5,20).[95] – Wie immer man auch dieses Ineinssein
von Mensch und Gott-Sohn im 1. Johannesbrief interpretieren mag, Meister
Eckhart geht eigentlich nicht darüber hinaus, als sich darauf zu beziehen.

Desweiteren heißt es zum zweiten Teil, dass der Mensch selbst jener eingeborene Sohn sei. Verstehe man das nun in der Weise, dass ich Gott sei, so sei
das falsch! Verstehe man diesen Satz aber so, dass ich jener eingeborene Sohn
sei als ein Glied dessen, dann sei die Aussage wahr.[96] In diesem Zusammenhang sei zur Verdeutlichung erneut auf eine entsprechende Bibelstelle hinge-

---

92 »Dieser Mensch steht in Gottes Erkennen und in Gottes Liebe und wird nichts anderes,
    als was Gott selbst ist« (Pr. 12, EW I, S. 145,7–9).
93 Vgl. dazu auch die Bemerkung von Daniels (Eine lateinische Rechtfertigungsschrift
    des Meister Eckhart, S. 13) zu Zeile 17.
94 *Quinquagesimus nonus sic habet:* ›*Homo debet sic vivere, quod ipse sit unum in illo unigenito*
    filio et quod ipse sit ille unigenitus filius. Inter unigenitum filium et animam non est aliqua
    distinctio‹ (LW V, S. 351,1–3).
95 *Primo quod* ›*homo debet sic vivere, quod ipse sit unum in illo unigenito filio*‹. *Quod verum est.*
    Debet enim homo vivere in caritate; sed ›*qui manet in caritate in deo manet*‹, *Ioh. 4, et post 5*
    capitulo ait: ›*simus in vero filio eius*‹ (LW V, S. 351,4–7).
96 *Secundo dicit* ›*quod ipse sit ille unigenitus filius*‹. *Si intelligatur quod ego sim deus, falsum est. Si*
    vero intelligatur quod ego sum ille, utpote membrum illius, verum est (LW V, S. 351,8–11).

wiesen, in der es heißt »Ihr aber seid der Leib Christi und jeder von euch ein Glied« (I Cor 12, 27).

Zum dritten Teil der gesamten inkriminierten Aussage, dass nämlich zwischen dem eingeborenen Sohn und der Seele nicht irgendein Unterschied sei, macht Meister Eckhart eine längere Ausführung, von der hier nur ein Gedanke herausgenommen wird: Er hält diese Aussage für wahr und verweist erneut auf eine Bibelstelle, indem er sagt: Obwohl die heilige Seele mit Gott eins sei, gemäß dem Wort wie Gott-Vater und Gott-Sohn eins sind, so sollen auch die Gläubigen in Gott-Vater und Gott-Sohn eins sein (Io 17,21), so sei dennoch das Geschöpf nicht der Schöpfer und der gerechte Mensch sei nicht Gott! Umgekehrt dürfe dieses Nicht-Gott-Sein nicht als außerhalb von uns, als uns äußerlich (*extrinsecus*) noch als von uns getrennt, von uns unterschieden (*distans*) angesehen werden, sondern Gott-Sohn selbst sei seinem Wesen nach (*essentia*) einem jeden von uns ganz innerlich (*intimus*) und ganz nahe (*proximus*), wie der Apostel Paulus den Athenern zu vermitteln suchte: »In ihm leben wir, in ihm bewegen wir uns, in ihm sind wir« (Act 17,28).[97]

An einem letzten Beispiel nun, das direkt in die Argumentation des ›Votums‹ führt, soll gezeigt werden, wie Meister Eckhart mit einem weiteren Vergleich versucht, an die Gottwerdung des Menschen (θέωσις) heranzugehen, wozu hier eine längere Passage aus Predigt 6 vorgestellt wird:[98]

> *Der vater gebirt sînen sun in der êwicheit im selber glîch. ›Daz wort was bî gote, und got was daz wort‹: ez was daz selbe in der selben natûre. Noch spriche ich mêr: er hât in geborn in mîner sêle. Niht aleine ist si bî im noch er bî ir glîch, sunder er ist in ir, und gebirt der vater sînen sun in der sêle in der selben wîse, als er in in der êwicheit gebirt, und niht anders. Er muoz ez tuon, ez sî im liep oder leit. Der vater gebirt sînen sun âne underlâz, und ich spriche mêr: er gebirt mich sînen sun und den selben sun. Ich spriche mêr: er gebirt mich niht aleine sînen sun, mêr: er gebirt mich sich und sich mich und mich sîn wesen und sîne natûre. In dem innersten quelle dâ quille ich ûz in dem heiligen geiste, dâ ist éin leben und éin wesen und éin werk. Allez, waz got würket, daz ist ein; dar umbe gebirt er mich sînen sun âne allen underscheit [...] der himelische vater [ist] wærliche mîn vater, wan ich sîn sun bin und allez daz von im hân, daz ich hân, und ich der selbe sun bin und niht ein ander. Wan der vater éin werk würket, dar umbe würket er mich sînen eingebornen sun âne allen underscheit. ›Wir werden alzemâle transformieret in got und verwandelt.‹ Merke ein glîchnisse. Ze glîcher wîse, als an dem sacramente verwandelt wirt brôt in unsers herren lîchamen; swie vil der brôte wære, sô wirt doch éin lîchame [...] Waz in daz ander verwandelt wirt, daz wirt ein mit im. Alsô wirde ich gewandelt in in, daz er würket mich sîn wesen ein, unglîch; bî dem lebenden gote, sô ist daz wâr, daz kein underscheit enist* (Pr. 6, EW I, S. 82,21–84,20).

---

97 *Tertio dicit articulus quod ›inter unigenitum filium et animam non est aliqua distinctio‹. Dicendum quod verum est [...] quamvis anima sancta unum sit cum deo, secundum illud Ioh. 17: ›ut et ipsi in nobis unum sint, sicut et nos unum sumus‹, non tamen creatura est creator nec homo iustus est deus [...] Nec est putandum quasi ipse filius dei, deus, sit aliquid extrinsecum sive distans a nobis [...] sed ipse, utpote deus indivisus et unicus, per essentiam intimus est et proximus unicuique nostrum, ›in ipso vivimus, movemur et sumus‹* (LW V, S. 351,12–352,27).

98 Vgl. zu Predigt 6 auch den Artikel von FISCHER, *Got und ich wir sîn ein* in diesem Buch.

»Der Vater gebiert seinen Sohn in der Ewigkeit sich selbst gleich. ›Das Wort war bei
Gott, und Gott war das Wort‹ (Joh. 1,1): es war dasselbe in derselben Natur. Noch sage
ich überdies: Er hat ihn geboren aus meiner Seele. Nicht allein ist sie bei ihm und er bei
ihr als gleich, sondern er ist in ihr; und es gebiert der Vater seinen Sohn in der Seele in
derselben Weise, wie er ihn in der Ewigkeit gebiert und nicht anders. Er muß es tun, es
sei ihm lieb oder leid. Der Vater gebiert seinen Sohn ohne Unterlaß, und ich sage mehr
noch: Er gebiert mich als seinen Sohn und als denselben Sohn. Ich sage noch mehr: Er
gebiert mich nicht allein als seinen Sohn; er gebiert mich als sich und sich als mich und
mich als sein Sein und als seine Natur. Im innersten Quell, da quelle ich aus im Heiligen
Geiste; da ist *ein* Leben und *ein* Sein und *ein* Werk. Alles, was Gott wirkt, das ist Eins;
darum gebiert er mich als seinen Sohn ohne jeden Unterschied [...] der himmlische Vater
[ist] in Wahrheit mein Vater, denn ich bin sein Sohn und habe alles das von ihm, was
ich habe, und ich bin derselbe Sohn und nicht ein anderer. Weil der Vater <nur> ein
Werk wirkt, darum wirkt er mich als seinen eingeborenen Sohn ohne jeden Unterschied.
›Wir werden völlig in Gott transformiert und verwandelt‹ (2 Kor. 3,18). Vernimm ein
Gleichnis! Ganz so, wie wenn im Sakramente Brot in unseres Herrn Leib verwandelt
wird: wieviel der Brote es auch wären, so wird doch nur ein Leib [...] Was in ein anderes
verwandelt wird, das wird eins mit ihm. Ganz so werde ich in ihn verwandelt, daß er
mich als sein Sein wirkt, <und zwar> als eines, nicht als gleiches; beim lebendigen Gotte
ist es wahr, daß es da keinerlei Unterschied gibt« (Pr. 6, EW I, S. 83,24–85,22).

Die soeben genannten auf einander zugeordneten, aber dennoch verschiedenen
Themen aus der Predigt 6 sind in unterschiedlichen Kritikpunkten des ›Votums‹ formuliert, von denen hier Artikel 20 – und auch da nur der erste inkri-
minierte Satz – etwas näher betrachtet werden soll,[99] in dem Meister Eckhart
vorgeworfen wird, dass wir ganz in Gott umgeformt (*transformari*) und in Gott
verwandelt (*converti*) werden auf ähnliche Weise wie das Brot im Sakrament in
den Leib Christi verwandelt (*converti*) werde.[100]

Zwar hat Meister Eckhart bereits in seiner ›Responsio‹ Stellung zu dem
Vorwurf bezogen, er lehre die Umgestaltung und Verwandlung in Gott. Er
weist dies nämlich als Irrtum zurück: Denn der heilige und gute Mensch, wer
auch immer, werde nicht selbst Christus noch Erstgeborener, noch werden die
anderen durch diesen Menschen erlöst, noch sei dieser Mensch das Bild Gottes (*imago dei*) oder der eingeborene Sohn Gottes, sondern dieser Mensch sei
auf Christus als das Bild Gottes hin geschaffen, dieser Mensch sei ein Glied
(*membrum*) dessen, der als Erstgeborener und Erbe in Wahrheit und vollkommen Sohn sei (vgl. Col 1,15–20) – wir aber seien Miterben (*coheredes*; vgl. Rm
8,17). Wie nämlich die vielen Brote auf den verschiedenen Altären in denselben
wahren einzigen Leib Christi verwandelt werden, wobei jedoch das Sinnfällige
der einzelnen Brote (*accidentia singulorum*) bleibe, so werde unser Geist durch
die Gnade, an Kindes statt angenommen zu werden (*per gratiam adoptionis*),

---

99 Vgl. dazu auch SUÁREZ-NANI, Philosophie- und theologiehistorische Interpretationen
der in der Bulle von Avignon zensurierten Sätze, S. 59–64.
100 *Vicesimus articulus sic habet: ›Nos transformamur totaliter in deum et convertimur in deum
simili modo, sicut in sacramento panis convertitur in corpus Christi‹* (LW V, S. 582,6–8).

mit dem wahren Sohn Gottes als Glieder des einen Hauptes der Kirche vereint, nämlich Christus.[101]

Doch trotz dieser Darlegung Meister Eckharts in seiner ›Responsio‹, der eine radikale Einheit in Bezug auf Gott und Mensch denkt, die aber dennoch nicht Gleichheit ist, hält (*reputare*) das ›Votum‹ diesen Artikel für häretisch, so wie er laute, nämlich dass der Mensch verwandelt (*converti*) werde und eine Substanz Gottes (*substantia dei*) sowie göttliches Sein (*divinum esse*) werde, und dass der Mensch gänzlich (*omnino*), ohne jeden Unterschied (*sine omni distinctione*) eins werde mit dem göttlichen Sein, weil dann nämlich die geschaffene Natur Gott und ebenso ungeschaffene Natur wäre, was eben häretisch sei.[102]

Laut Protokoll des ›Votums‹ versucht Meister Eckhart, die Wahrheit des Gesagten von der Umformung und Verwandlung in Gott durch einen Vergleich zu bekräftigen (*verificare*), indem er genauso wie schon in seiner ›Responsio‹ erklärt: Wie es ein Leib Christi ohne Unterschied (*distinctio*) auf den verschiedenen Altären bei der Verwandlung (*conversio*) der vielen Brote in den Leib Christi sei, so sei es ein Sohn Gottes ohne jeglichen Unterschied (*sine omni distinctione*), in dasselbe Bild (*eadem imago*) wir von Herrlichkeit zu Herrlichkeit umgeformt werden (*transformari*; vgl. II Cor 3,18).[103]

Die Stellungnahme der Gutachter zu dieser Erwiderung Meister Eckharts ist nun recht eigen-sinnig: Das ›Votum‹ sagt, dass die Erwiderung Meister Eckharts an sich wahr sei, dass aber die Worte des inkriminierten Artikels nicht damit übereinstimmten. Die Worte des Artikels sagten nämlich ausdrücklich (*expresse*), dass der Mensch so in Gott verwandelt werde (*converti*) und mit dem göttlichen Sein ein Sein werde (nicht ähnlich, sondern ohne Unterschied), wie die Substanz des Brotes zur Substanz des Leibes Christi gemacht werde (*efficitur*), weshalb sein Vergleich auch hinke (*claudicare*).[104]

---

101 *Quod autem sequitur ultimo in eodem articulo: ›transformamur et convertimur in deum‹, error est. Homo enim sanctus sive bonus quicumque non fit ipse Christus nec primogenitus nec per ipsum salvantur alii nec est imago dei, filius dei unigenitus, sed est ad imaginem dei, membrum ipsius, qui vere et perfecte filius est primogenitus et heres, nos autem coheredes, ut dictum est, et hoc sibi vult similitudo quae inducitur. Sicut enim panes multi in diversis altaribus convertuntur in ipsum verum unicum corpus Christi [...] remanentibus tamen accidentibus singulorum, sic mens nostra per gratiam adoptionis unitur vero filio dei (et nos efficimur) membra unius capitis ecclesiae, qui est Christus* (LW V, S. 296,10–19).

102 *Hunc articulum, ut sonat, haereticum reputamus, scilicet quod homo convertitur et fit substantia dei et esse divinum et quod homo fiat esse divinum omnino unum sine omni distinctione, quia natura creata esset deus et natura increata. Quod est haereticum* (LW V, S. 582,10–13).

103 *Istum articulum verificat per similitudinariam locutionem. Et est in hoc simile, quod sicut est unum corpus Christi sine distinctione in diversis altaribus conversione plurium panum in corpus Christi, sic unus est dei filius sine omni distinctione in quam ›eandem imaginem transformamur a claritate in claritatem‹* (LW V, S. 582,14–18).

104 *Sententia vera est in se, sed verba articuli non concordant, ubi expresse dicit quod, sicut substantia panis efficitur substantia corporis Christi, sic homo ›convertitur in deum‹ et fit ›unum esse‹ cum esse divino, ›non simile‹, sed absque distinctione, quae verba sonant proprietatem*

Aber genau diese substantielle Einheit, die das ›Votum‹ nur sehen kann (oder will), also eine Einheit, die Gleichheit bedeutet, hat Meister Eckhart in vielen Aussagen, von denen einige oben angeführt wurden, als falsch zurückgewiesen, während er gerade mit seinem Vergleich eine in bestimmter Hinsicht zwar radikale Unterschiedslosigkeit, aber eben nicht-substantielle Einheit aufzeigen will.

Diese sehr engführende Vorgehensweise des ›Votums‹, nämlich die Lehre Meister Eckharts auf bestimmte Sätze zu verdichten und dann ein Urteil über die Wahrheit am Wortlaut dieser Sätze festzumachen, kann kaum als ein sehr gelungenes Verfahren angesehen werden, wenn man es beispielsweise mit der Methode vergleicht, die rund 400 Jahre später Papst Benedikt XIV. in der Konstitution ›Sollicita ac provida‹[105] vom 9. Juli 1753 vorschreibt, wonach »die beiden römischen Kongregationen der Inquisition und des Index bei einem Bücherprozeß verfahren müssen«[106] – ob de facto dann auch so verfahren wurde, ist natürlich eine andere Frage.

Es heißt dort nicht nur, dass über den wahren Sinn eines Verfassers kein Urteil gefällt werden könne, wenn man nicht das ganze Buch lese, verschiedene Stellen miteinander vergleiche und die ganze Absicht (*consilium*) und Anordnung (*institutum*) des Autors genau untersuche, denn es passiere oft, dass ein Autor an einer Stelle seines Werkes etwas nur oberflächlich (*perfunctorie*) und dunkel (*subobscure*) behandle, was er an anderer Stelle deutlich (*distincte*), ausführlich (*copiose*) und klar (*dilucide*) darstelle, so dass die Dunkelheit und Verschrobenheit der ersten Stelle gänzlich verschwinde (*penitus dispelli*) und die Aussage ohne jede Mühe (*omnis lab[or]is expers*) erkannt werden könne.[107] Sondern auch über die verschiedenen Meinungen und Gedanken eines jeden einzelnen Buches solle unvoreingenommen (*animo a praeiudiciis omnibus vacuo*) geurteilt werden. Deshalb solle die Neigung (*affectus*) für eine Nation, eine Familie, eine Schule oder eine Bildungseinrichtung abgeschüttelt (*excutere*) und der Eifer für eine Partei beiseite gelegt werden; man solle einzig vor Augen haben die Dogmen der heiligen Kirche und die gemeinsame katholische Lehre, die in den Beschlüssen der allgemeinen Konzilien, in den Konstitutionen der

---

locutionis et non similitudinem. Unde hic, ut verba sonant, [non] claudicat similitudo (LW V, S. 582,21–26).

105 Den lat. Text bietet GASPARRI, Codicis iuris canonici fontes, S. 404–414 (= Nr. 426).

106 HILGERS, Der Index der verbotenen Bücher, S. 59.

107 *Hoc quoque diligenter animadvertendum monemus, haud rectum iudicium de vero Auctoris sensu fieri posse, nisi omni ex parte illius Liber legatur; quaeque diversis in locis posita et collocata sunt, inter se comparentur; universum praeterea Auctoris consilium et institutum attente dispiciatur [...] Saepe enim accidit, ut quod ab Auctore in aliquo Operis loco perfunctorie, aut subobscure traditum est, ita alio in loco distincte, copiose, ac dilucide explicetur, ut offusae priori sententiae tenebrae, quibus involuta, pravi sensus speciem exhibebat, penitus dispellantur, omnisque labis expers propositio dignoscatur* (GASPARRI, Codicis iuris canonici fontes, S. 411, § 18. IV.).

römischen Päpste und in den übereinstimmenden Zeugnissen der rechtgläubigen Väter und Lehrer enthalten sind. Im Übrigen müsse bedacht werden, dass es nicht wenige Meinungen gebe, die einer Schule, einer Bildungseinrichtung oder einer Nation vollkommen gewiss erscheinen, und die dennoch von anderen Katholiken ohne irgendeine Verminderung des Glaubens oder der Religion verworfen (*reicere*) und bekämpft (*impugnare*) und deren Gegenteil verteidigt werden, mit Wissen und Erlaubnis des Apostolischen Stuhls, der jede derartige Meinung in ihrem Grad der Wahrscheinlichkeit, Glaubwürdigkeit, Tauglichkeit (*in suo probabilitatis gradu*) belasse.[108]

Doch abgesehen von der Beurteilung der sehr verengenden Vorgehensweise des ›Votums‹ ließe sich in einer geradezu verwegenen Weise auch fragen, ob denn derartige Verfahren nicht auch als eine Chance angesehen werden könnten, Neues nicht nur auf ihre Verträglichkeit mit den bisherigen Lehren der Kirche zu überprüfen, sondern Neues sogar für die christliche Theologie fruchtbar zu machen. Dabei kann man Neues als Ansätze verstehen, die in der rechtgläubigen Tradition zwar bereits angedacht, aber geschichtlich nicht wirksam geworden sind, und die in diesem Sinne neu ausgeschöpft werden könnten. Konkret sei hier auf die griechischen Kirchenväter hinsichtlich der θέωσις verwiesen,[109] die heute nicht nur von katholischen[110] und anglikanischen[111] Theologen wieder aufgegriffen wird, sondern über die es auf evangelischer Seite sogar bei einem ihrer Treffen mit der Rumänischen Orthodoxen Kirche zu einem vertieften Austausch (1988)[112] oder beispielsweise zu direkten Forschungen[113] gekommen ist.

---

108   *De variis opinionibus atque sententiis in unoquoque Libro contentis, animo a praeiudiciis omnibus vacuo, iudicandum sibi esse sciant. Itaque Nationis, Familiae, Scholae, Instituti affectum excutiant; studia partium seponant; Ecclesiae Sanctae dogmata, et communem Catholicorum doctrinam, quae Conciliorum Generalium Decretis, Romanorum Pontificum Constitutionibus, et Orthodoxorum Patrum atque Doctorum consensu continetur, unice prae oculis habeant; hoc de caetero cogitantes, non paucas esse opiniones, quae uni Scholae, Instituto, aut Nationi certo certiores videntur, et nihilominus, sine ullo Fidei aut Religionis detrimento, ab aliis Catholicis viris reiiciuntur atque impugnantur, oppositaeque defenduntur, sciente ac permittente Apostolica Sede, quae unamquamque opinionem huiusmodi in suo probabilitatis gradu relinquit* (GASPARRI, Codicis iuris canonici fontes, S. 411, § 17. III.).

109   Vgl. dazu den schon etwas älteren Überblick (1961) bei THEODOROU (Die Lehre von der Vergottung des Menschen) sowie eine neuere Arbeit von GEORGE (Vergöttlichung des Menschen).

110   Vgl. dazu SCHÖNBORN, Über die richtige Fassung des dogmatischen Begriffs der Vergöttlichung des Menschen.

111   Vgl. dazu COLLINS, Partaking in Divine Nature.

112   Vgl. dazu SCHWARZ, Rechtfertigung und Verherrlichung (Theosis) des Menschen durch Jesus Christus.

113   Vgl. dazu HEUBACH, Luther und Theosis; FLOGAUS, Theosis bei Palamas und Luther; vgl. zu Meister Eckhart und den ca. eine Generation später lebenden Gregorios Palamas (1296–1359) DAIBER, Ars Grammatica.

Zwar ist in der westlichen Theologie dieser Ansatz einer Gottwerdung des Menschen marginal geblieben, dennoch ist Meister Eckhart nicht der erste in der christlichen Theologiegeschichte, der eine der soteriologischen Grundfragen in seiner Predigt 38 stellt, nämlich warum Gott Mensch geworden sei: *Der mich vrâgete: war umbe beten wir, war umbe vasten wir, war umbe tuon wir alliu unseriu werk, war umbe sîn wir getoufet, war umbe ist got mensche worden, daz daz hoehste was? — ich spræche: dar umbe, daz got geborn werde in der sêle und diu sêle in gote geborn werde.*[114] Zwar mag nun seine Antwort auf den ersten Blick für westliche Theologen auf Grund der spärlichen Tradition *rara* und *subtilia* sein. Dennoch wäre es nicht unmöglich gewesen, in der Eckhartschen Antwort der θέωσις nicht die Verneinung der geschaffenen Natur, der Geschöpflichkeit des Menschen zu sehen, sondern die Verwirklichung der Ebenbildlichkeit des Menschen mit Gott.

Doch Papst Johannes XXII. kritisiert in seiner Bulle ›In agro dominico‹, dass Meister Eckhart mehr wissen wollte als opportun sei, dass er sich nicht an eine nüchterne, besonnene Vernünftigkeit und an das Maß des Glaubens halte, weil er seine Ohren von der Wahrheit ab- und sich Fabeleien zuwende.[115] Angesichts einer solchen Situation wäre es natürlich eine völlig utopische Idee, noch einen Schritt weiterzugehen und Neues nicht nur in dem gerade genannten Sinne als bisher in der rechtgläubigen Tradition zwar bereits angedachte, aber geschichtlich nicht wirksam gewordene Ansätze zu verstehen, sondern als wirklich Erstmaliges, das fruchtbar für die christliche Theologie sein könnte.

6. ›In agro dominico‹ (27. März 1329)

Noch bevor es nun in Avignon zu einem rechtsgültigen Urteil kommt, stirbt Meister Eckhart am 28. Januar 1328,[116] wodurch nach Römischem Recht ein Prozess beendet ist. Dennoch wird das Verfahren weitergeführt, wie aus einem Antwortbrief Papst Johannes XXII. an den Kölner Erzbischof Kurfürst Heinrich II. von Virneburg vom 30. April 1328 ersichtlich ist. Dieser hat sich offenbar besorgt (*anxiari*) beim Papst über den Stand der Dinge erkundigt, woraufhin der Papst ihm mitteilt, dass die *causa Eckharti* entsprechend weiterbetrieben

---

114 Pr. 38, EW I, S. 406,7–11; Übersetzung S. 407,8–13: »Wenn man mich fragte: Warum beten wir, warum fasten wir, warum tun wir alle unsere Werke, warum sind wir getauft, warum ist Gott Mensch geworden, was das Höchste war? — Ich würde sagen: darum, auf daß Gott in der Seele geboren werde und die Seele <wiederum> in Gott geboren werde«. Vgl. dazu auch seine Predigt 29 mit der wiederum mißverständlichen, vielleicht aber auch verkürzt oder falsch wiedergegebenen Antwort: *War umbe ist got mensche worden? Dar umbe, daz ich got geborn würde der selbe* (Pr. 29, EW I, S. 332,8–10).

115 *Plura voluit sapere quam oportuit et non ad sobrietatem neque secundum mensuram fidei, quia a veritate auditum avertens ad fabulas se convertit* (LW V, S. 597,9–11).

116 Vgl. Senner, Meister Eckhart in Köln, S. 232–234.

und schnell (*celeriter*) zu einer gebührenden Entscheidung gebracht werde.[117] Fast ein Jahr nach dieser päpstlichen Antwort an den Kölner Erzbischof wird dann die Konstitution ›In agro dominico‹ am 27. März 1329 zum Abschluss des Verfahrens in Avignon veröffentlicht.[118]

Nachdem bisher die allgemeine Haltung Meister Eckharts dargestellt wurde, die er gegenüber dem Vorwurf einnimmt, vieles, was er gesagt und geschrieben habe, sei nicht wahr, und einer dieser Streitpunkte, nämlich die Frage nach der θέωσις herausgegriffen wurde, soll im folgenden die lehramtliche Sorge um die Wahrheit skizziert werden.

Zu Beginn der rechtlich unerheblichen Einleitung seiner Bulle spricht Papst Johannes XXII. ganz generell davon, die geistliche Pflege des Gottesackers so aufmerksam und klug ausüben zu müssen, dass das Unkraut (*zizania*), das der *homo inimicus* über den Samen der Wahrheit (*supra semen veritatis*) säe, bereits im Keim erstickt werde (*prefocentur in ortu*), damit die fruchtbare Saat der rechtgläubigen Wahrheit (*leta seges veritatis catholice*) Wurzeln fassen und gedeihen könne (*coalescat*).[119] Dies ist eine deutliche Anspielung auf das neutestamentliche Gleichnis vom Unkraut unter dem Weizen (Mt 13,24–30.36–43), wo es heißt:»Mit dem Himmelreich ist es wie mit einem Mann, der guten Samen auf seinen Acker säte. Während nun die Leute schliefen, kam sein Feind, säte Unkraut unter den Weizen und ging wieder weg«.[120]

Warum, so kann man sich fragen, spielt Papst Johannes XXII. gerade auf dieses Gleichnis in der Narratio seiner Bulle an? – Ein Grund dafür scheint in einer bestimmten Sorge um die Wahrheit zu liegen;[121] und um diese Behauptung zu verdeutlichen, wird der Matthäus-Kommentar des Johannes Chrysos-

---

117 *Anxiari te, frater, non oportet ratione negocii quondam Ay[cardi] de ordine predicatorum. Nam super illo [pertinen]ter proceditur et etiam dante domino celeriter [...] ad decisionem debitam procedetur* (LW V, S. 594,2–4).

118 Der lat. Text in LW V, S. 597–600 (= Nr. 65); eine dt. Übers. bei QUINT, Meister Eckhart, S. 449–455; eine entsprechend der Zielsetzung des Werkes gekürzte lat./dt. Fassung bei DENZINGER, Kompendium der Glaubensbekenntnisse und kirchlichen Lehrentscheidungen, S. 400–404.

119 *In agro dominico, cuius dispositione superna licet inmeriti sumus custodes et operarii, oportet nos sic vigilanter et prudenter spiritualem exercere culturam, ut, siquando in eo inimicus homo supra semen veritatis zizania seminet, priusquam se in incrementa noxie pullulationis extollant, prefocentur in ortu, ut enecato semine vitiorum et spinis errorum evulsis leta seges veritatis catholice coalescat* (LW V, S. 597,2–6).

120 Ὁμοιώθη ἡ βασιλεία τῶν οὐρανῶν ἀνθρώπῳ σπείραντι καλὸν σπέρμα ἐν τῷ ἀγρῷ αὐτοῦ. ἐν δὲ τῷ καθεύδειν τοὺς ἀνθρώπους ἦλθεν αὐτοῦ ὁ ἐχθρὸς καὶ ἐπέσπειρεν ζιζάνια ἀνὰ μέσον τοῦ σίτου καὶ ἀπῆλθεν (Mt 13,24 f.).

121 Die Arenga dieser Bulle Papst Johannes XXII. wäre somit als ›Cural-Arenga‹ zu interpretieren gemäß der Unterscheidung von »Cural- und Gratial-Arengen, also [...] Arengen, die die Sorge des Papsttums in der Durchsetzung der *civitas Dei* bzw. im Vollzug göttlicherseits vorgegebener Weltordnung reflektieren und solche, die die begnadende päpstliche Zuwendung thematisieren« (HOLD, Unglaublich glaubhaft, Bd. 2, S. 522).

tomus (~350–407) herangezogen, der durch die in den sechziger Jahren des 13. Jahrhunderts entstandene ›Catena aurea‹ des Thomas von Aquin als präsent angesehen werden darf.

Johannes Chrysostomus beginnt seine Homilie 46 mit der Frage nach dem Unterschied zwischen diesem ›Gleichnis vom Unkraut unter dem Weizen‹ und dem im Matthäus-Evangelium vorangegangenen ›Gleichnis vom Sämann‹ (Mt 13,3–8.18–23) und antwortet: Im ›Gleichnis vom Sämann‹ spreche Jesus von denjenigen, die ihm überhaupt keine Aufmerksamkeit schenken (προσέχειν), die ihn verlassen (ἀποπηδᾶν) und den Samen wegwerfen (προΐεσθαι). Im ›Gleichnis vom Unkraut unter dem Weizen‹ aber, also dem in der Bulle verwendeten Gleichnis, spreche Jesus von den Häretikern (τὰ τῶν αἱρετικῶν συστήματα). Während die Menschen im ›Gleichnis vom Sämann‹ den Samen nicht annehmen, so nehmen sie dagegen im ›Gleichnis vom Unkraut unter dem Weizen‹ die Verführer und Verderber (οἱ φθορεῖς) an. Denn es gehöre zur List des Teufels (ἡ τοῦ διαβόλου μεθοδεία) der Wahrheit immer Irreführung (ἡ πλάνη) beizumengen und vieles wie Wahrheit aussehen zu lassen, damit die leicht zu Betrügenden (οἱ εὐεξαπάτητοι) mühelos hintergangen werden könnten. Deshalb heiße die Teufelssaat auch nicht Same (τὸ σπέρμα), sondern Unkraut (τὰ ζιζάνια), das dem Aussehen nach Getreide zu sein scheine. Die Hinterlist (ὁ τῆς ἐπιβουλῆς τρόπος) des Teufels bestehe nun darin, dass er säe, während die Menschen laut Gleichnis schliefen, das heißt während sie nicht wachsam seien, also während sie nicht Acht geben. Aus diesem Grunde schwebten die Vorgesetzten in keiner kleinen Gefahr, da ihnen ja in besonderer Weise das Wachen über den Acker (ἡ τῆς ἀρούρας φυλακή) anvertraut sei. Aber nicht nur die Vorgesetzten (οἱ ἄρχοντες), schwebten in großer Gefahr, unachtsam zu sein, sondern auch die Untergebenen (οἱ ἀρχόμενοι)![122]

Damit hier kein Missverständnis aufkommt, wie ungeheuer groß man diese Verantwortung sehen kann, sei hier explizit darauf hingewiesen, dass laut Mt 13,38 mit dem Acker nicht etwa die Jüngergemeinde Jesu gemeint ist, sondern die Welt insgesamt (ὁ δὲ ἀγρός ἐστιν ὁ κόσμος), so dass biblisch gesehen es hier zunächst einmal nicht um Häretiker innerhalb der christlichen Kirche geht, sondern um die Wahrheit und den Irrtum in der Welt überhaupt! Liest man

---

122 Τί τὸ μέσον ταύτης καὶ τῆς πρὸ ταύτης παραβολῆς; Ἐκεῖ τοὺς μηδὲ ὅλως προσεσχηκότας αὐτῷ φησιν, ἀλλ' ἀποπηδήσαντας καὶ τὸν σπόρον προεμένους· ἐνταῦθα δὲ, τῶν αἱρετικῶν λέγει τὰ συστήματα [...] Ἐκείνη μὲν οὖν ἡ παραβολή φησιν, ὅτι οὐκ ἐδέξαντο· αὕτη δὲ, ὅτι καὶ φθορέας ἐδέξαντο. Καὶ γὰρ καὶ τοῦτο τῆς τοῦ διαβόλου μεθοδείας, τῇ ἀληθείᾳ ἀεὶ παρεισάγειν τὴν πλάνην, πολλὰ ἐπιχρωννύντα αὐτῇ τὰ ὁμοιώματα, ὥστε εὐκόλως κλέψαι τοὺς εὐεξαπατήτους. Διὰ τοῦτο οὐκ ἄλλο τι σπέρμα, ἀλλὰ ζιζάνια καλεῖ, ὃ κατὰ τὴν ὄψιν ἔοικέ πως τῷ σίτῳ. Εἶτα λέγει καὶ τὸν τρόπον τῆς ἐπιβουλῆς. Ἐν γὰρ τῷ καθεύδειν τοὺς ἀνθρώπους, φησιν. Οὐ μικρὸν τοῖς ἄρχουσιν ἐντεῦθεν ἐπικρεμᾷ τὸν κίνδυνον, τοῖς μάλιστα τῆς ἀρούρας τὴν φυλακὴν ἐμπεπιστευμένοις· οὐ τοῖς ἄρχουσι δὲ μόνον, ἀλλὰ καὶ τοῖς ἀρχομένοις (Johannes Chrysostomus: Homiliae XC in Matthaeum, PG 58, Sp. 475).

aus diesem ›Gleichnis vom Unkraut unter dem Weizen‹ das Wachen über den Acker als eine der Grundaufgaben des Lehramtes heraus, dann ist es verständlich, dass das Verhältnis zur Wahrheit — was immer auch darunter zu verstehen sei — als eine schier unermessliche Sorge bestimmt werden kann, die unter philosophischem Gesichtspunkt, sich mit der Suche nach der Wahrheit zu begnügen, wenn nicht als Hybris so doch als über die Kräfte eines Lehramtes hinausgehend angesehen werden kann.

Doch unabhängig davon, kann man natürlich weiter fragen, auf welche Weise denn das Lehramt seine »geistliche Pflege aufmerksam und klug ausübt«, um seine Aufgabe zu erfüllen, den Acker zu bewachen und zu behüten, damit der wahre Same, den der Menschensohn in die Welt gesät hat, wachsen und gedeihen kann. Geht es doch darum, Sorge für den wahren Samen zu tragen, das heißt, die Bedingungen für den wahren Samen so zu gestalten, dass er auch Frucht bringen kann; und jeder, der in der Agrikultur zuhause ist, weiß, dass Unkraut jäten dabei eine wichtige Aufgabe ist.

Doch hier gibt es ein kleines Problem mit dem neutestamentlichen Gleichnis, wo der Herr den Knechten deutlich sagt, das Unkraut nicht zu jäten, da sonst auch der Weizen zusammen mit dem Unkraut ausgerissen werden könnte:

> »Als die Saat aufging und sich die Ähren bildeten, kam auch das Unkraut zum Vorschein [...] Da sagten die Knechte zu ihm: Sollen wir gehen und es ausreißen? Er entgegnete: Nein, sonst reißt ihr zusammen mit dem Unkraut auch den Weizen aus. Laßt beides wachsen bis zur Ernte. Wenn dann die Zeit der Ernte da ist, werde ich den Arbeitern sagen: Sammelt zuerst das Unkraut und bindet es in Bündel, um es zu verbrennen; den Weizen aber bringt in meine Scheune«.[123]

Noch einmal wird dazu der Matthäus-Kommentar des Johannes Chrysostomus herangezogen, der in seiner Homilie 46 davon spricht, man solle auf die Liebe und Sorge (ἡ φιλοστοργία) der Knechte für das Getreide achten: In unbesonnener Weise (μὴ διεσκεμμένως) wollten sie das Unkraut herausziehen (ἀνασπᾶν), was zeige, wie groß die Sorge und der Kummer (ἡ μέριμνα) sei. Denn was not tue (τὸ κατεπεῖγον) sei nicht, zu bestrafen (δίκην διδόναι), sondern dass die gute Aussaat nicht zu Grunde gehe (μὴ ἀπολέσθαι). Doch der Herr verhindere das mit den Worten: »Damit ihr nicht zusammen mit dem Unkraut das Getreide herausreißt!«, was in zweierlei Hinsicht zu verstehen sei. Erstens, man dürfe einen Häretiker nicht töten (ἀναιρεῖν)! Denn das bringe Blutvergießen (τὰ αἵματα) und unversöhnlichen Krieg (ὁ ἄσπονος πόλεμος)

---

123 Ὅτε δὲ ἐβλάστησεν ὁ χόρτος καὶ καρπὸν ἐποίησεν, τότε ἐφάνη καὶ τὰ ζιζάνια [...] οἱ δὲ δοῦλοι λέγουσιν αὐτῷ· θέλεις οὖν ἀπελθόντες συλλέξωμεν αὐτά; ὁ δέ φησιν· οὔ, μήποτε συλλέγοντες τὰ ζιζάνια ἐκριζώσητε ἅμα αὐτοῖς τὸν σῖτον. ἄφετε συναυξάνεσθαι ἀμφότερα ἕως τοῦ θερισμοῦ, καὶ ἐν καιρῷ τοῦ θερισμοῦ ἐρῶ τοῖς θερισταῖς· συλλέξατε πρῶτον τὰ ζιζάνια καὶ δήσατε αὐτὰ εἰς δέσμας πρὸς τὸ κατακαῦσαι αὐτά, τὸν δὲ σῖτον συναγάγετε εἰς τὴν ἀποθήκην μου (Mt 13,26–30).

über den ganzen Erdkreis. Wenn ihr die Waffen ergreift und die Häretiker abschlachtet (κατασφάττειν), dann würden dadurch auch viele Gottgeweihte (οἱ ἅγιοι) diesem Abschlachten (ἡ σφαγή) zum Opfer fallen (συγκαταβάλλεσθαι) – eine Bestrafung der Häretiker ließe also die Knechte selbst ein unheilbares Unheil erleiden (οἱ ἀνιάτως νοσοῦντες). Willst du also, dass jene Überwucherungen abgehauen und bestraft werden (κολασθῆναι), so warte auf die Zeit, die angebracht ist (ὁ προσήκων καιρός), nämlich die Zeit der Ernte.

Zweitens, wenn ihr das Unkraut herausreißt, dann würdet ihr viel Kraut herausreißen, das wahrscheinlich (τὸ εἰκός) verwandelt und Getreide werden könnte. Wenn ihr also vorwegnehmend (προλαμβάνειν) ausreißt, dann würde auch zerstört (λυμαίνεσθαι), was Getreide hätte werden können: Häretiker, die sich möglicherweise (ἐγχωρεῖ) verändert hätten und besser geworden wären (μεταβαλέσθαι καὶ βελτίους γενέσθαι). Solange sie nahe am Getreide stünden, müsse man sie verschonen (φείδεσθαι χρή), denn es sei möglich, dass sie auch zu Getreide würden.[124]

Diese Interpretation des neutestamentlichen Gleichnisses von Johannes Chrysostomus, die sicher auch Ereignissen in dessen Zeit geschuldet ist, lassen neben der großen Sorge um das Getreide, aber auch eine enorme Geduld mit dem Unkraut, den Häretikern erkennen. Warum also, so kann man sich fragen, geduldet sich das Lehramt nicht ebenso und überlässt es »der Zeit der Ernte, wo dann das Unkraut gesammelt und in Bündel gebunden wird, um es zu verbrennen«? Warum diese Eile mit dem Einbringen der Ernte, warum meint das Lehramt, das Einbringen der Ernte doch in ihre Hände nehmen zu müssen?

Nun scheint aber die Geduld mit dem Unkraut im 4. Jahrhundert nicht grenzenlos groß zu sein – und ob sie im Laufe der Geschichte zu- oder abgenommen hat, sei einmal dahingestellt. So heißt es recht lapidar und mit teilweise derben Worten bei Johannes Chrysostomus weiter: Der Herr verhindere

---

124 Σκόπει δὲ καὶ τῶν οἰκετῶν τὴν φιλοστοργίαν. Καὶ γὰρ ἐπείγονται ἤδη τὰ ζιζάνια ἀνασπάσαι, εἰ καὶ μὴ διεσκεμμένως ποιοῦσιν· ὅπερ δείκνυσι τὴν ὑπὲρ τοῦ σπόρου μέριμναν αὐτῶν, καὶ πρὸς ἓν μόνον βλέποντας, οὐχ ὅπως ἐκεῖνος δῷ δίκην, ἀλλ' ὥστε τὰ καταβληθέντα μὴ ἀπολέσθαι· οὐ γὰρ δὴ τοῦτό ἐστι τὸ κατεπεῖγον. Διόπερ ὅπως τὸ νόσημα τέως ἐξέλωσι, σκοποῦσι [...] Κωλύει λέγων· *Μήποτε ἐκριζώσητε ἅμα αὐτοῖς τὸν σῖτον.* Τοῦτο δὲ ἔλεγε, κωλύων πολέμους γίνεσθαι καὶ αἵματα καὶ σφαγάς. Οὐ γὰρ δεῖ ἀναιρεῖν αἱρετικόν· ἐπεὶ πόλεμος ἄσπονδος ἔμελλεν εἰς τὴν οἰκουμένην εἰσάγεσθαι. Δύο τοίνυν τούτοις αὐτοὺς κατέχει τοῖς λογισμοῖς· ἑνὶ μέν, τῷ μὴ τὸν σῖτον βλαβῆναι· ἑτέρῳ δέ, τῷ καταλήψεσθαι τὴν κόλασιν πάντως αὐτοὺς ἀνιάτως νοσοῦντας. Ὥστε εἰ βούλει καὶ κολασθῆναι αὐτούς, καὶ χωρὶς τῆς τοῦ σίτου βλάβης, ἀνάμεινον τὸν προσήκοντα καιρόν. Τί δέ ἐστι, *Μὴ ἐκριζώσητε ἅμα αὐτοῖς τὸν σῖτον;* Ἢ τοῦτό φησιν, ὅτι Εἰ μέλλοιτε κινεῖν ὅπλα καὶ κατασφάττειν τοὺς αἱρετικούς, ἀνάγκη πολλοὺς καὶ τῶν ἁγίων συγκαταβάλλεσθαι· ἢ ὅτι ἀπ' αὐτῶν τῶν ζιζανίων πολλοὺς εἰκὸς μεταβαλέσθαι καὶ γενέσθαι σῖτον. Ἂν τοίνυν προλαβόντες αὐτοὺς ἐκριζώσητε, λυμαίνεσθε τῷ μέλλοντι γίνεσθαι σίτῳ, οὓς ἐγχωρεῖ μεταβαλέσθαι καὶ γενέσθαι βελτίους ἀναιροῦντες [...] καὶ φησιν, ὅτι ἕως μὲν ἑστήκασιν ἐγγὺς τοῦ σίτου, φείδεσθαι χρή· ἐγχωρεῖ γὰρ αὐτοὺς καὶ σῖτον γενέσθαι (Johannes Chrysostomus: Homiliae XC in Matthaeum, PG 58, Sp. 477).

es, die Häretiker zu töten (ἀναιρεῖν) und abzuschlachten (κατασφάττειν), aber nicht, sie aufzuhalten (κατέχειν), sie zum Schweigen zu bringen (eigentl.: ihnen das Maul zu stopfen, ἐπιστομίζειν), ihr freimütiges Reden zu beenden (eigentl.: heraus-, abschlagen, ἐκκόπτειν) und ihre Versammlungen und Bündnisse aufzulösen (διαλύειν).[125] Mit anderen Worten, die Sorge um die Wahrheit erlaubt also sehr wohl Gegenmaßnahmen, die allerdings eine Grenze haben: das Töten.

Die theologischen Gründe für die dann doch nicht so langmütige Geduld mit den Häretikern, die zwar nicht das Töten, aber andere durchaus auch massive Gegenmaßnahmen erlauben, sind im Laufe der Geschichte des Christentums verschiedenartig. Hier soll nur ganz kurz auf den thomasischen Ansatz in dessen ›Catena aurea‹ aufmerksam gemacht werden, der das paulinische Gebot in I Cor 5 »Schafft den Bösen aus Eurer Mitte«[126] der Langmut mit den Häretikern gegenüberstellt. Die entsprechende paulinische Perikope endet mit folgenden Versen:

> »Ich habe euch in meinem Brief ermahnt, daß ihr nichts mit Unzüchtigen zu schaffen haben sollt. Gemeint waren damit nicht alle Unzüchtigen dieser Welt oder alle Habgierigen und Räuber und Götzendiener; sonst müßtet ihr ja aus der Welt auswandern. In Wirklichkeit meinte ich damit: Habt nichts zu schaffen mit einem, der sich Bruder nennt und dennoch Unzucht treibt, habgierig ist, Götzen verehrt, lästert, trinkt oder raubt; mit einem solchen Menschen sollt ihr nicht einmal zusammen essen. Ich will also nicht Außenstehende richten – ihr richtet ja auch nur solche, die zu euch gehören –, die Außenstehenden wird Gott richten. Schafft den Übeltäter weg aus eurer Mitte!«[127]

Statt der Sorge, dass nicht nur ein Übeltäter (ὁ πονηρός, *malus*), sondern auch ein Häretiker innerhalb der christlichen Kirche sich möglicherweise verändert und besser wird, solange er nahe am Getreide, sprich den guten und nach der wahren Lehre lebenden Christen steht, statt dieser Sorge wird mit I Cor 5 eine andere Sorge angemahnt, nämlich die Sorge, »daß schon ein wenig Sauerteig den ganzen Teig durchsäuert« (μικρὰ ζύμη ὅλον τὸ φύραμα ζυμοῖ, I Cor 5,6), also ein Übeltäter die ganze Gemeinde verdirbt, und diese Sorge erfordert ein Richten und ein Vorgehen gegen derartige Mitchristen, ohne jetzt genauer auf die von Thomas von Aquin herangezogenen, vor allem augustinischen Texte (qu. Mt., c. ep. Parm, ep. 93, ep. 185) näher eingehen zu wollen.

---

125 Οὐ τοίνυν κατέχειν αἱρετικούς, καὶ ἐπιστομίζειν, καὶ ἐκκόπτειν αὐτῶν τὴν παρρησίαν, καὶ τὰς συνόδους καὶ τὰς σπονδὰς διαλύειν κωλύει, ἀλλ᾽ ἀναιρεῖν καὶ κατασφάττειν (Johannes Chrysostomus: Homiliae XC in Matthaeum, PG 58, Sp. 477).

126 *Auferte malum de medio vestrum* (Catena in Mt., cap. 13 l. 4 = [85489]).

127 Ἔγραψα ὑμῖν ἐν τῇ ἐπιστολῇ μὴ συναναμίγνυσθαι πόρνοις, οὐ πάντως τοῖς πόρνοις τοῦ κόσμου τούτου ἢ τοῖς πλεονέκταις καὶ ἅρπαξιν ἢ εἰδωλολάτραις, ἐπεὶ ὠφείλετε ἄρα ἐκ τοῦ κόσμου ἐξελθεῖν. νῦν δὲ ἔγραψα ὑμῖν μὴ συναναμίγνυσθαι ἐάν τις ἀδελφὸς ὀνομαζόμενος ᾖ πόρνος ἢ πλεονέκτης ἢ εἰδωλολάτρης ἢ λοίδορος ἢ μέθυσος ἢ ἅρπαξ, τῷ τοιούτῳ μηδὲ συνεσθίειν. τί γάρ μοι τοὺς ἔξω κρίνειν; οὐχὶ τοὺς ἔσω ὑμεῖς κρίνετε; τοὺς δὲ ἔξω ὁ θεὸς κρινεῖ. ἐξάρατε τὸν πονηρὸν ἐξ ὑμῶν αὐτῶν (I Cor 5,9–13).

Die Einleitung der Bulle Papst Johannes XXII. sollte in diesen nun etwas breiter dargestellten Hintergrund der Sorge des Lehramtes um die Wahrheit in der Welt gestellt werden, die zwar nach Johannes' Chrysostomus Interpretation des ›Gleichnisses vom Unkraut unter dem Weizen‹ nicht soweit gehen darf, Häretiker zu töten, die aber nach dem thomasischen Hinweis auf I Cor 5 sehr wohl innerhalb der eigenen Reihen zum Richten auffordert und offenbar sehr drastische Maßnahmen verhängen kann. Allerdings stellt sich hinsichtlich der päpstlichen Vorstellung einer »aufmerksam und klug ausgeübten geistlichen Pflege des Gottesackers« die Frage, was es denn bedeuten könnte, dass Papst Johannes XXII. das Unkraut eigentlich gar nicht jäten, sondern im Keime zu ersticken sucht, noch bevor es wächst und schädliche Triebe ausbildet.[128] Diese nicht nur in der Agrikultur, sondern in zahlreichen Gebieten und in vielerlei Hinsicht alltägliche Erfahrung und altbewährte Praxis, ein Übel möglichst gleich im Keim zu ersticken, ist vor allem auch mit der Tatsache zu konfrontieren, dass Meister Eckhart zum Zeitpunkt der päpstlichen Bulle bereits tot ist.

Nun geht es in der Bulle des Papstes auf den ersten Blick selbstverständlich um Meister Eckhart, von dem es heißt: Dieser auf Abwege geführte (*seductus*) Mensch ließ gegen die ganz deutliche Wahrheit des Glaubens auf dem Acker der Kirche Dornen und stacheliges Unkraut hervorsprießen und war vollauf damit beschäftigt, schädliche Disteln und sehr giftige Dornsträucher hervorzubringen; er trug viele Lehrsätze vor (*multa dogmatizavit*), die den wahren Glauben in den Herzen vieler Menschen vernebelte und verdunkelte (*obnubilare*);[129] oder mit anderen Worten: »›Teufelssaat‹ – das ist das letzte Wort des Papstes im Eckhartprozeß [...] Damit spielt der Papst auf ein neutestamentliches Gleichnis an: Im Acker des Herrn hat ein feindseliger Mensch über den Samen der Wahrheit Unkraut gestreut. Der Papst als Wächter des Ackers wehrt, bevor Unkraut und Disteln überwuchern, den bösen Samen ab, die Lehre Eckharts«.[130]

Dennoch ist zu bedenken, in welcher Weise es um Meister Eckhart geht. Nun scheint es ganz klar ausgesprochen zu sein, dass der Papst Meister Eckhart für den Sämann und dessen Lehren für das Unkraut hält. Allerdings ist selbst für den Papst Meister Eckhart ein vom Vater der Lüge, also vom Teufel Verführter,[131] und man könnte die Frage nach dem in der Bulle genannten, Unkraut sähenden *homo inimicus* durchaus stellen: Ist Meister Eckhart der feind-

---

128 *Priusquam se in incrementa noxie pullulationis extollant, prefocentur in ortu* (LW V, S. 597,4 f.).

129 *Homo iste seductus contra lucidissimam veritatem fidei in agro ecclesie spinas et tribulos germinans ac nocivos carduos et venenosos palliuros producere satagens, dogmatizavit multa fidem veram in cordibus multorum obnubilantia* (LW V, S. 597,13–15).

130 FLASCH, Meister Eckhart. Philosoph des Christentums, S. 317.

131 *Per illum enim patrem mendacii, qui se frequenter in lucis angelum transfigurat, ut obscuram et tetram caliginem sensuum pro lumine veritatis effundat, homo iste seductus* (LW V, S. 597,11–13).

selige und hasserfüllte (ἐχθρός) Sämann und sind seine Lehren das Unkraut? Oder ist der Teufel der Sämann, durch den Meister Eckhart auf Abwege geführt wird, was ihn dann weniger zum Sämann, als ihn und seine Lehren eher zu einem der Unkräuter machen würde? Oder ist der Teufel in Meister Eckhart der Sämann, oder keiner von beiden? – Quintum non dare videtur!

Doch auch wenn die Frage nach dem inneren Zusammenhang im Hinblick auf den Unkraut Säenden (ὁ ἐχθρός – ἐχθρὸς ἄνθρωπος – ὁ διάβολος)[132] vor allem auch exegetisch ihre Berechtigung hat und ebenso im Hinblick auf Papst Johannes XXII. gestellt werden kann, so ist dies für unsere hier in diesem Kapitel zu explizierende Sorge des Lehramtes um die Wahrheit nur deshalb etwas spitzfindig dargestellt worden, um zu sensibilisieren, dass es mit der Bulle weniger um den bereits verstorbenen Meister Eckhart als um seine Lehren geht.

Die Tatsache, dass es überhaupt um Meister Eckharts Lehren geht, kann und soll hier selbstverständlich nicht abgestritten werden, da die Bulle die 28 Artikel explizit nennt und verurteilt: dass die ersten fünfzehn und die beiden letzten Artikel, die Meister Eckhart gepredigt zu haben vorgehalten werden, sowohl dem Wortlaut nach (*ex suorum sono verborum*) als auch dem Zusammenhang ihrer Gedanken nach (*ex suarum connexione sententiarum*) einen Irrtum (*error*) oder den Makel der Häresie (*labes haeresis*) beinhalten; dass die übrigen elf Artikel über die Maßen schlecht lauten (*nimis male sonare*) sowie sehr verwegen (*multum temerarii*) und Häresie verdächtig (*de heresi suspecti*) sind, auch wenn nämliche derart sind, mit vielen Erklärungen und Ergänzungen einen rechtgläubigen Sinn zu ergeben oder zu haben.[133]

Ebensowenig kann geleugnet werden, dass die Verurteilung der Lehren Meister Eckharts ein Urteil über die Wahrheit dieser Lehren sein will, unabhängig davon, ob man theologisch diesem Urteil nun zustimmt oder nicht. Trotzdem kann überlegt werden, ob die eigentliche Sorge des Papstes weniger der Verurteilung und dem Verwerfen der Lehren selbst gilt, sondern eher die Konsequenzen betrifft, die nicht nur die ›schlecht klingenden, verwegenen und der Häresie bloß verdächtigen Lehren‹, sondern die all die 28 Artikel in ihrer Missverständlichkeit auf das Gottesvolk haben könnten, wenn ihnen denn nicht widersprochen wird? Denn das Ziel, all die 28 Artikel ausdrücklich zu verurteilen und zu verwerfen (*dampnare et reprobare expresse*), besteht darin, dass

---

132 Im Gleichnis selbst wird zunächst vom Feind gesprochen (ὁ ἐχθρός, Mt 13,25), kurz darauf wird die Herkunft des Unkrauts eine Tat des *homo inimicus* genannt (ἐχθρὸς ἄνθρωπος, Mt 13,28), und in der Deutung des Gleichnisses heißt es dann explizit, der Feind, der das Unkraut gesät habe, sei der Teufel (ὁ δὲ ἐχθρὸς ὁ σπείρας αὐτά ἐστιν ὁ διάβολος, Mt 13,39).

133 *Invenimus primos quindecim memoratos articulos et duos etiam alios ultimos tam ex suorum sono verborum quam ex suarum connexione sententiarum errorem seu labem heresis continere, alios vero undecim [...] reperimus nimis male sonare et multum esse temerarios de heresique suspectos, licet cum multis expositionibus et suppletionibus sensum catholicum formare valeant vel habere* (LW V, S. 599,98–600,103).

diese die Herzen einfältiger Menschen (*corda simplicium*), denen diese Lehren gepredigt wurden, nicht über das bisherige Maß hinaus vergiften (*ultra inficere*) und bei diesen oder anderen irgendwie überhandnehmen (*invalescere*).[134]

Sieht man also dies als das Ziel der Verurteilung der 28 Artikel einer ›aufmerksam und klug ausgeübten geistlichen Pflege des Gottesackers‹ von Papst Johannes XXII., der das Unkraut nicht jäten, sondern ›im Keime zu ersticken sucht, noch bevor es wächst und schädliche Triebe ausbildet‹, dann zeigt sich hier eine lehramtliche Sorge um die Wahrheit, die angesichts der Einfältigkeit der Gläubigen offenbar lieber zensiert als aufklärt, während ein Meister Eckhart in seinem theologischen Umgang mit der Wahrheit sich nicht vor Neuem und Seltenem (*nova et rara*) scheut und die Einfältigkeit lieber seinen Gegnern vorwirft. Zur Illustration dieses Unterschiedes seien abschließend folgende zwei Szenen vor Augen gestellt.

Die eine Szene befindet sich im ›Großen Deutschen Memorial‹ der sogenannten Gottesfreundliteratur,[135] wo ein Priester (quasi ein Vertreter des Lehramtes) Meister Eckhart anspricht, dass er nicht nur gerne dessen Predigten gehört habe, weil er von dessen klugen Worten auch etwas verstehe, sondern dass er sie auch ungerne gehört habe, da es ihm vorkomme, dass man Perlen vor die Schweine werfe, wenn man diese klugen Worte dem gemeinen groben Volk öffentlich in den Predigten sage; scheint dies doch in bestimmter Hinsicht unnütz zu sein:

> *Das ich do gerne von úch hoerte, das worent die grossen behenden wort die ich ouch von der gnoden gottes wol verstonde was; so ich aber in dem selben gedohte an das wort das da sprichet: man sol die margariten nút under die swin werfen, so wurden mir úwere bredigen verdrutzig, und gedohte denne: dise hohen behenden wort, der solte men das meiste teil in grossen schuolen us rihten, und, nút entzúrnent es, wanne es het mich ettewas froemede, an úch das ir es dem gemeinen groben volke offentliche an den bredigen sagent; das dunchet mich nút nutze, wanne ir moehtet wol ein besseres und gotte ein lieberes tuon, do unser ebenmensche lere und besserunge von moehtent nemen.*[136]

Dagegen sei eine zweite Szene gestellt, wo Meister Eckhart (quasi ein Vertreter der Theologie) diesen Vorwurf im BgT mit den Worten aufnimmt: *Senecâ, sprichet: Man sol von grôzen und von hôhen dingen mit grôzen und mit hôhen sinnen*

---

134 *Ne articuli huiusmodi seu contenta in eis corda simplicium, apud quos predicati fuerunt, ultra inficere valeant, neve apud illos vel alios quomodolibet invalescant, nos de dictorum fratrum nostrorum consilio* [...] *dampnamus et reprobamus expresse* (LW V, S. 600,103–110).

135 Während das Rulman Merswin (1307–1382) zugeschriebene ›*Buoch von den drien durchbrüchen*‹ (vgl. STEER, Merswin) auf eine Vorlage ›*Von den drîn fragen*‹ zurückgeführt werden kann (vgl. DENIFLE, Taulers Bekehrung kritisch untersucht, S. 38–42.137–143), so enthält der Text im ›Großen Deutschen Memorial‹ (›*Buoch von den drien durchbrüchen*‹ = Nr. 14 der 16 mystischen Traktate im 1. Hauptteil des ›Großen Deutschen Memorial‹; vgl. KRUSENBAUM-VERHEUGEN, Figuren der Referenz, S. 45–74) einen längeren Einschub (vgl. JUNDT, S. 220–227), in dem diese Szene zu finden ist.

136 JUNDT, Histoire du panthéisme populaire au moyen âge et au seizième siècle, S. 220.

sprechen und mit erhabenen sêlen. Ouch sol man sprechen, daz man sôgetâne lêre niht ensol sprechen noch schríben ungelêrten.[137] Doch »die dezidierte Meinung Eckharts in dieser zentralen Frage der Verkündigung ist: ›Man soll von großen und hohen Dingen mit großen und hohen Sinnen sprechen und mit erhabener Seele‹: vor allen Menschen«,[138] denn das Lehren bestehe ja gerade darin, nicht Gelehrte, sondern eben Ungelehrte zu lehren:

> *Dar zuo spriche ich: ensol man niht lêren ungelêrte liute, sô enwirt niemer nieman gelêret, sô enmac nieman lêren noch schríben. Wan dar umbe lêret man die ungelêrten, daz sie werden von ungelêret gelêret [...] Sant Johannes sprichet daz heilige êwangelium allen geloubigen und ouch allen ungeloubigen, daz sie geloubic werden, und doch beginnet er daz êwangelium von dem hœhsten, daz kein mensche von gote hie gesprechen mac* (BgT, EW II, S. 312,15–27).

> »Dazu sage ich: Soll man nicht ungelehrte Leute lehren, so wird niemals wer gelehrt, und so kann niemand dann lehren oder schreiben. Denn darum belehrt man die Ungelehrten, daß sie aus Ungelehrten zu Gelehrten werden [...] Sankt Johannes verkündet das heilige Evangelium allen Gläubigen und auch allen Ungläubigen, auf daß sie gläubig werden, und doch beginnt er das Evangelium mit dem Höchsten, das ein Mensch über Gott hier auszusagen vermag«.[139]

7. Nachklang

Zum Schluss der Bulle ›In agro dominico‹ heißt es, dass Meister Eckhart durch eine öffentliche, darüber ausgefertigte Urkunde (*instrumentum*) am Ende seines Lebens den rechten Glauben bekannt habe und die 26 Artikel, die er gepredigt zu haben zugebe, sowie alles andere, das er in den Schulen und Predigten geschrieben und gelehrt habe und das in Herz und Verstand (*mens*) der Gläubigen einen häretischen, falschen und dem wahren Glauben feindlichen Sinn hervorrufen könnte, widerrufen und verworfen habe (*revocare ac etiam reprobare*), insofern es diesen Sinn beträfe (*quantum ad illum sensum*); er habe sowohl sich als auch all seine Schriften und Lehren der Bestimmung (*determinatio*) des Apostolischen Stuhls und dessen Entscheidung unterworfen (*summittere*).[140]

---

137 BgT, EW II, S. 312,11–15; Übersetzung S. 313,12–16: »Seneca, spricht: Man soll von großen und hohen Dingen [nicht nur] mit großen und hohen Sinnen sprechen und mit erhabener Seele [...], [sondern man solle] solche Lehren nicht für Ungelehrte sprechen und schreiben«.

138 STEER, Der Prozess Meister Eckharts und die Folgen, S. 49.

139 BgT, EW II, S. 313,16–29; vgl. dazu auch den Artikel von IMBACH (Hinweise auf Eckharts Auslegung des Johannesevangeliums) in diesem Buch.

140 *Constat per publicum instrumentum inde confectum, prefatus Ekardus in fine vite sue fidem catholicam profitens predictos viginti sex articulos, quos se predicasse confessus extitit, necnon quecunque alia per eum scripta et docta, sive in scolis sive in predicationibus, que possent generare in mentibus fidelium sensum hereticum vel erroneum ac vere fidei inimicum, quantum ad illum sensum revocavit ac etiam reprobavit [...] determinationi apostolice sedis et nostre tam se quam scripta sua et dicta omnia summittendo* (LW V, S. 600,118–125).

TRUSENS kategorische Behauptung überzeugt nicht so recht, dass es unsinnig sei, unter diesem in der Bulle genannten Widerruf Meister Eckharts ›Protestatio‹ vom 13. Februar 1327 zu verstehen, da dieser nur bedingt gewesen sei.[141] Versetzt man sich nämlich einmal in die Lage Papst Johannes XXII., dann kann er sich auf das ›Votum‹ berufen, in dem nach jeder Einlassung Meister Eckharts die Gutachter noch einmal eine Stellungnahme dazu abgegeben haben, die er im Sinne eines letzten, endgültigen Wortes als Nachweis für Meister Eckharts Irrtum ansehen konnte, womit die Bedingungen des Kölner Widerrufs (»Wenn man also [...] einen Irrtum finden sollte, [...] dann widerrufe ich ausdrücklich«) erfüllt wären. Gegenüber TRUSENS Argumentation einer nochmaligen explizit notariellen, aber nur formellen *revocatio et reprobatio* Meister Eckharts klingt – zumindest bis zur Auffindung eines derartigen Dokumentes – SENNERS Vorschlag, in dem in der Bulle genannten Widerruf doch Meister Eckharts ›Protestatio‹ vom 13. Februar 1327 zu sehen, wesentlich plausibler, der unter anderem darauf hinweist,[142] dass auf der Rückseite des vatikanischen Originaldokuments der ›Protestatio‹ steht: »Widerruf dessen, was er gegen den Glauben gesagt hat«[143] – auch wenn es für die Einbindung in eine Argumentation wichtig zu wissen wäre, wer das wann wozu darauf geschrieben hat.

Am 15. April 1329 weist Papst Johannes XXII. den Kölner Erzbischof Kurfürst Heinrich II. von Virneburg mit einem Brief an, den eingefügten Text der Bulle in dessen Stadt, Diözese und Provinz zu veröffentlichen,[144] wobei nicht deutlich zu erkennen ist, dass der Papst es darauf beschränkt wissen wollte.[145] Zwar kann man davon ausgehen, dass der Kölner Prozess und das Verfahren in Avignon für eine kontinuierliche und vertiefende Rezeption Eckhartscher Gedanken nicht gerade förderlich war. Inwieweit aber die Bulle Papst Johannes XXII. ein Weiterwirken der Werke Meister Eckharts tatsächlich verwirkt hat, wird hier nicht mehr genauer untersucht.

Es wird also beispielsweise der Frage nicht näher nachgegangen, ob Wilhelm von Ockham durch andere Quellen oder gerade durch seinen Aufenthalt in Avignon von 1324 bis zu seiner Flucht von dort am 26. Mai 1328[146] zu der

---

141 TRUSEN, Der Prozeß gegen Meister Eckhart, S. 120 f.; auch RUH (Meister Eckhart. Theologe, Prediger, Mystiker, S. 186 f.) sieht zwar einen wesentlichen Unterschied zwischen Meister Eckharts ›Protestatio‹ und dem in der Bulle genannten Widerruf, argumentiert aber sehr viel problembewusster.

142 SENNER, Meister Eckharts Prozesse, S. 86 f., 91 f.

143 *Revocatio [eorum] que contra fidem dixit* (LW V, S. 549,56); »Au dos, d'une main contemporaine: ›Revocatio [...] que contra fidem dixit‹« (LAURENT, Autour du procès de Maitre Eckhart, S. 344).

144 *Mandamus [...] in tua civitate, diocesi et provincia publices et facias solempniter publicari* (LW V, S. 602,13–15).

145 Vgl. dazu KIKUCHI, From Eckhart to Ruusbroec, S. 50–53.

146 Der Franziskaner wird auf Betreiben Johannes Lutterells von Papst Johannes XXII. wegen Häresieverdachtes nach Avignon vorgeladen; ein Prozess wird eröffnet und

folgenden Darstellung von Positionen Meister Eckharts gekommen ist, dass nämlich die Welt von Ewigkeit (*ab aeterno*) her gewesen sei, dass jeder gerechte Mensch in das göttliche Wesen (*divinam essentiam*) verwandelt werde, wie im Sakrament des Altares das Brot in den Leib Christi, dass jeder so beschaffene Mensch die Sterne erschaffen habe, dass Gott ohne einen solchen Menschen nicht irgendetwas zu tun vermöge, dass im Göttlichen weder dem Wesen noch den Personen nach (*nec in essentia nec in personis*) eine Unterscheidung sei, dass alle Kreaturen bloß nichts (*purum nihil*) seien und dass viele andere Phantastereien (*multa alia fantastica*) Meister Eckharts weniger häretisch (*haereticalia*), als eher verrückt (*insana*) seien.[147] Ockham verweist in seinem ›Tractatus contra Benedictum‹ aus der zweiten Jahreshälfte 1337 zwar auf Köln und die Vorgänge in Avignon, spricht aber von keiner Bulle des Papstes,[148] ja er macht in dem noch später entstandenen 3. Teil seines ›Dialogus‹ es dem Lehramt sogar explizit zum Vorwurf, dass weder Meister Eckhart noch seine häretischen Thesen verurteilt worden seien![149] Obwohl also die Bulle bei Ockham offenbar nicht der Grund dafür sein kann, dass ein fundiertes und intensiveres Verständnis des Eckhartschen Denkens verhindert wird, so sieht umgekehrt STURLESE im ›buechli der warheit‹ nicht nur den Versuch Heinrich Seuses, »seine eigene philosophische Lehre über Gott, über die Welt und den Sinn des menschlichen Leben darzustellen«, sondern mit diesem Werk »eine öffentliche und ausdrückliche Verteidigung Eckharts gerade in Kenntnis der Bulle zu liefern«.[150]

entsprechende Gutachten liegen zwar vor, aber eine Verurteilung wird nie ausgesprochen, obwohl Papst Johannes XXII. nicht abgeneigt gewesen zu sein scheint (vgl. dazu MIETHKE, Ockhams Weg zur Sozialphilosophie, S. 46–74).

147 *Nam tempore praedicti Ioannis XXII quidam magister in theologia de ordine Praedicatorum, natione Teutonicus, nomine Aycardus, publice tenuit, praedicavit et docuit quod mundus fuit ab aeterno, et quod quilibet homo iustus convertitur in divinam essentiam, quemadmodum in sacramento altaris panis convertitur in corpus Christi, et quod quilibet homo talis creavit stellas, et quod Deus sine tali homine nesciret quicquam facere, et quod in divinis nulla est distinctio, nec in essentia nec in personis, et quod omnes creaturae sunt purum nihil, et multa alia fantastica, non [tam] haereticalia quam insana* (Wilhelm von Ockham, Tractatus contra Benedictum, S. 251,20–29).

148 Vgl. dazu Wilhelm von Ockham, Tractatus contra Benedictum, S. 251,34–252,8.

149 *Pro quibus non fuit damnatus nec asserciones sue prescripte et alie statim damnate fuerunt* (Wilhelm von Ockham, Dialogus, fol. 251r).

150 Seuse, Das Buch der Wahrheit, S. XI–XIV; vgl. dazu auch den Artikel von MÜLLER (Der Standpunktwechsel von der »Abenderkenntnis« des *wilden* zur »Morgenerkenntnis« des *edlen Menschen* in Seuses ›Buch der Wahrheit‹) in diesem Buch.

Hans-Jürgen Müller

Der Standpunktwechsel von der »Abenderkenntnis« des *wilden* zur »Morgenerkenntnis« des *edlen Menschen* in Seuses ›Buch der Wahrheit‹

> *Sô man bekennet die crêatûre in ir selber, daz heizet ein*
> *âbentbekantnisse, und dâ sihet man die crêatûre in bilden*
> *etlîcher underscheide; sô man aber die crêatûre in gote*
> *bekennet, daz heizet und ist ein morgenbekantnisse, und*
> *alsô schouwet man die crêatûre âne alle underscheide und*
> *aller bilde entbildet und aller glîcheit entglîchet in dem einen,*
> *daz got selber ist.*
>
> (VeM, EW II, S. 326,23–29)[1]

1. Meister Eckhart und Heinrich Seuse predigen beide als Seelsorger (*lebemeister*) und lehren als Gelehrte (*lesemeister*) *gelâzenheit* und *vernúnftikeit*

Kern des pastoralen Anliegens der beiden dominikanischen Ordensbrüder Eckhart von Hochheim und Heinrich Seuse ist die Forderung an ihre Zeitgenossen insgesamt, insbesondere auch an die von ihnen betreuten Gläubigen, ihre Lebenseinstellung von Grund auf zu ändern: Der eingangs zitierte Ausspruch Meister Eckharts stellt m. E. mit den bildhaften Ausdrücken von der »Abenderkenntnis« und der »Morgenerkenntnis«[2] das Spannungsverhältnis zweier Grundhaltungen dar, die als natur- und dinghafte Sicht der alltäglichen Welt und als vernunftgeleitete religiöse Betrachtung des Menschen umrissen werden können.

Es handelt sich dabei um idealtypische Darstellungen zweier Vernunftstandpunkte,[3] die die Welt und das Göttliche auf gegensätzliche Weise in den Blick nehmen.

---

1 »Wenn man die Kreatur in ihrem eigenen Wesen erkennt, so heißt das eine ›Abenderkenntnis‹, und da sieht man die Kreaturen in Bildern mannigfaltiger Unterschiedenheit; wenn man aber die Kreaturen in Gott erkennt, so heißt und ist das eine ›Morgenerkenntnis‹, und auf diese Weise schaut man die Kreaturen ohne alle Unterschiede und aller Bilder entbildet und aller Gleichheit entkleidet in dem Einen, das Gott selbst ist« (VeM, EW II, S. 327,27–34).

2 Seuse erläutert diese Bildrede in Kap. VI, 270–277 des ›Buches der Wahrheit‹, das hier und im Folgenden in der Ausgabe von STURLESE / BLUMRICH zu Grunde gelegt wird.

3 Beiden ist gemeinsam, dass es sich um Standpunkte handelt, die aus einer Lebenswelt hervorgehen, die nicht ohne Vernunft, aber auch nicht ohne Religion ist.

Die erste, die *sinnegeleitete,* also eine natur- und dinghafte Sicht der alltäglichen Welt gilt beiden Autoren als Inbegriff eines heidnischen, also vom Christentum nicht geprägten Denkens, und einer davon geleiteten naturalen Religiosität als der Verehrung göttlicher Kräfte – etwa im Sinne der ›heidnischen‹
antiken φύσις. Für beide wird diese Sicht exemplarisch durch das Denken des
Aristoteles repräsentiert. Er gilt als ›der Heide‹ schlechthin, in dessen philosophischem Werk das Heidentum zur höchsten Entfaltung seiner Vernünftigkeit
gekommen ist.[4]

Die dazu alternative Grundhaltung möchte ich als ›*sinne-lose*‹, als vernünftige und damit auch vernünftig-religiöse und zugleich vernünftig-christliche
Betrachtung des Menschen bestimmen. Hier hat die christliche Religion einen
Ort in einer vernunftgeleiteten und philosophisch ebenfalls durch Gründe ausgewiesenen, also hermeneutisch vermittelten Sicht gefunden.

Bei diesen beiden genannten Grundhaltungen geht es also nicht um einen
Umschwung zu einer mystischen Frömmigkeit. Hier steht nicht etwa der ana-
lytische Blick des Denkens der kontemplativen Schau des Frommen gegenüber.[5] Die bildhafte Sprache Meister Eckharts und die entsprechende Wahl
zweier Dialogpartner in Heinrich Seuses ›Buch der Wahrheit‹ mag leicht darüber hinwegsehen lassen, dass diese idealtypischen Grundhaltungen, die ihrer
wissenschaftlichen Arbeit wie ihrem seelsorgerischen Handeln als Orientie-
rungsmarken dienen, aus einer genuin vernunftgeleiteten Sicht des gläubigen
(und des ungläubigen) Menschen erwachsen sind.

Meister Eckhart und Heinrich Seuse haben sich beide in ihrem wissenschaftlichen Studium als Magister und als Lektor in Auseinandersetzung mit
den Lehrmeinungen anderer philosophischer und theologischer Lehrer dieses
Verständnis eines vernunftgeleiteten christlichen Glaubens im Sinne eines begrifflich ausweisbaren und ausgewiesenen (d. h. eines philosophisch reflektierten) Glaubens erarbeitet. Nur ein solcher durch vernünftige Argumentation er-
probter Glaube vermag es, den Glauben von interessegeleiteten Verzerrungen
durch Machtpolitik in den Staaten wie in der Kirche frei zu halten. Im Sinne
ihres dominikanischen Grundverständnisses sehen beide ihre Aufgabe darin,
einen solchen Glauben wissenschaftlich zu fundieren und als solchen weiterzu-
geben, um ihn für die Lebensführung der von ihnen betreuten Gruppen (junger
Mönche, Beginen) fruchtbar zu machen.[6] Es ist dieser denkerische Impetus,

---

4   Insofern ähnelt diese exemplarische Typisierung der Gestalt des heidnischen Gesprächs-
    partners in Abaelards heidnischem Philosophen, der als einer der drei Gesprächspartner
    im ›Dialogus inter philosophum, Iudaeum et Christianum‹ auftritt.

5   So klischeehaft formuliert es etwa der Autor des Blogs ›Rotsinn, Das ideengeschichtli-
    che Blog eines Laiendominikaners‹.

6   Es bedürfte sicherlich einer genauen Untersuchung aller Eckhartschen Schriften, um
    aufzuzeigen, welche Rolle die Hintergrundannahme solcher idealtypischen Grundhal-
    tungen für sein Denken und seiner Seelsorgetätigkeit spielt. Ich kann sie hier nur als her-
    meneutischen Leitgedanken voraussetzen, der allerdings geeignet ist, das Zusammen-

der beide geistlichen Lehrer leitet und auf den sie in der vielfältigen geistigen und politischen Spannungssituation der ersten Hälfte des 14. Jahrhunderts das Fundament einer vertieften religiösen Bildung errichten wollen. Dazu bedarf es aber ihrer Ansicht nach eher einer rational geprägten Lehr- und Lerntradition als einer (von der neuen päpstlichen Zentralbehörde in Avignon wie von ebenso machtbewussten Bischöfen) klerikal gelenkten spirituellen Führung.

2. Der Sitz im Leben des Bildungsprogramms von Meister Eckhart und Seuse

Die bereits seit mehreren Jahrhunderten christlich geprägte Kultur und die dabei entstandene Frömmigkeitspraxis der Geistlichen wie der Laien des hohen Mittelalters ist in ihren Augen noch immer recht oberflächlich durch theologischen Sachverstand geprägt, sozusagen nur nominell oder institutionell durch hierarchische Kirchenverwaltung und durch ein vielfältiges Klosterleben inkulturiert. Weder hat die Philosophie – modern gesprochen – das vernünftige Potential des christlichen Glaubens hinreichend artikuliert noch die Theologie als wissenschaftliche Darstellung des christlichen Glaubens diesen hinreichend in seiner allgemeinen Vernünftigkeit zur Geltung gebracht. Da die Gefahr besteht, dass vernünftiges Denken sich selbst ohne jede Brücke zum Glauben (Siger von Brabant) als alleinigen Bereich der Rationalität versteht und dass auch die Theologie sich einen Ort unabhängig (jenseits) der Vernunft zu sichern sucht, gilt es, das Zusammenspiel beider aufrecht zu erhalten und neu herauszuarbeiten, statt sich in ein Bereichsdenken gegenseitiger Abgrenzung zurückzuziehen. Die zeitgenössischen Spannungen in der lateinischen Christenheit nach 1250 haben ihren Ursprung in geistigen und sozialen Umbruchprozessen; und zwar in erster Linie in der Bildung von Frömmigkeitsbewegungen und geistigen Strömungen, die nicht oder nicht mehr durch kirchliche Träger geprägt waren und auch nicht mehr ihre innovativen Impulse in den Kontext kirchlichen Tuns einbrachten, wie dies noch die Reformorden bezüglich des Engagements ihrer Novizen taten. Auch untereinander standen die Orden (insbesondere die volksmissionarisch geprägten Franziskaner und die für intellektuelle Auseinandersetzungen ausgebildeten Dominikaner) jetzt am päpstlichen Hof in Rom und Avignon wie auch an der Sorbonne in einem Konkurrenzkampf um Anerkennung. Zudem ging dieser Streit durch die Orden selbst, auch durch einzelne Ordensprovinzen. Auch bedeutende Gruppen von Laien, wie etwa Kaufleute und wohlhabende Frauen, hatten nun selbständig Zugang zu Bibel und Bildung und suchten eigenständige, auf ihren Lebenskreis zugeschnittene Frömmigkeitsformen. Die Sprachen der Verständigung und dieser neuen religiösen

---

spiel von *rationes naturales*, ›Einheitsmetaphysik‹ und christlicher Theologie bei Meister Eckhart auf neuartige Weise zu erschließen. Dass sie eine entsprechende Funktion in Seuses Denken besitzen, soll in diesem Aufsatz gezeigt werden.

Kommunikationsformen waren die Idiome der Volkssprachen, nicht mehr das Latein als Sprache der Gebildeten in der Wissenschaft und im Klerus.

Wer in einer solchen Situation sich einem kompromisslosen und uneingeschränkten Rationalitätsmodell für die Theologie verschrieb, konnte von vornherein gewiss sein, dass er auf allen Fronten Widerspruch ernten würde, zunächst in der Theologie selbst.

Sowohl der Pariser Magister Eckhart als auch der Konstanzer Lektor Heinrich Seuse verteidigen zeitlebens vehement diese Einsicht, dass vernunftgeleitete Theologie das Rationalitätsmodell des christlichen Glaubens und damit den für den Christen einzig überzeugenden und maßgeblichen Lebensentwurf darstellt.

Theologie selbst ist nämlich für beide die Form, in welcher der christliche Glaube rational dargestellt werden kann, wie es bereits Kirchenväter und Kirchenlehrer nach ihrer Deutung angestrebt haben. Das aktuelle Rationalitätsmodell dieser rationalen Theologie wiederum entspricht insofern auch dem an den Fakultäten der Artisten und der Theologen der Pariser Universität betriebenen Studium auf der Basis eines Argumentierens zunächst nur aus Vernunftgründen – ohne Bezug auf Texte und Lehren, die ihre Autorität aus dem christlichen Glauben, der Schrift und den Kirchenlehren nehmen. Da es sich um *una veritas*, um ein und dieselbe Wahrheit, handelt, können diesem Verständnis gemäß beide Wege, so unterschiedlich sie sein mögen, doch nicht in zwei getrennte Bereiche zerfallen.

Für die Kunst des vernünftigen Argumentierens (auch das heißt *ars*) bedurfte es allerdings einer minutiösen Auseinandersetzung mit den aus der Spätantike ins Mittelalter überlieferten philosophischen Texten. Im Mittelpunkt standen nun aber nicht mehr bloße Problemsichtung und -vertiefung, Ausdifferenzierung und Neuerschließung.[7] Vielmehr trat an dessen Stelle jetzt der Gedanke der Sicherung der Glaubenslehre nach innen, der der Aufbruchsphase des Frühmittelalters völlig fremd gewesen war. Eingestanden oder uneingestanden leitete diese Absicht viele der besorgten Bemühungen und der Auseinandersetzungen in Theologie und Kirchenleitung. Die Theologen des 13. Jahrhunderts, wie etwa die Verfasser der großen Summen des 13. Jahrhunderts, wollten in fast schon enzyklopädischer Umfassendheit[8] den Stand des vorhandenen theologischen Wissens gegen ›Häretiker‹ und ›Ungläubige‹ si-

---

7 Wer in früheren Jahrhunderten, etwa zur Zeit Peter Abaelards, im Kontext dieser inneren Offenheit die überkommenen *septem artes liberales* betrieb und sich dabei den ›trivialen‹ Wissenschaften der *logica* und der *dialectica* widmete, konnte sich mit dieser durchaus nicht anspruchslosen Aufgabe begnügen.

8 Dies ist allerdings nicht ›systematisch‹ im Sinne eines neuzeitlichen Systemdenkens zu verstehen, sondern bescheidener als umfassende Zusammenstellung.

chern, nachdem der ›Initialschock‹[9] des ›Fremden im Eigenen‹ ins allgemeine Bewusstsein gekommen war.

Heinrich Seuse übernimmt das oben umrissene theologisch-seelsorgerische Grundanliegen Meister Eckharts. Das ›Buch der Wahrheit‹ schreibt er in der Absicht, auch nach Meister Eckharts Verurteilung seinen philosophisch reflektierten theologischen Standpunkt in der kirchlichen Öffentlichkeit trotz aller Widerstände lebendig zu halten, seine kirchenpolitische Aktualität und seelsorgerische Bedeutsamkeit weiterhin zumindest innerhalb des Ordens herauszustellen und damit eine gedankliche Grundlage dafür zu legen, die seelsorgerischen Impulse Meister Eckharts fortführen zu können.

3. Heinrich Seuses ›Buch der Wahrheit‹

3.1 Der Standpunktwechsel vom Blick der kreatürlichen ›natürlichen Menschen‹ zum Blick mit Gott in seine Schöpfung

Im Mittelpunkt des ›Buches der Wahrheit‹ steht ein Grundthema Meister Eckharts und Heinrich Seuses, von dem aus sich die für beide charakteristische Verknüpfung von wissenschaftlich fundierter Lehre und Lebensführung besonders gut erschließt.

Für den Bereich der φύσις, der sublunaren Welt des Werdens und Vergehens, gilt Aristoteles seit der Übersetzung seiner naturphilosophischen Schriften als Gewährsmann und Repräsentant schlechthin. Auch der Kölner Dominikaner Albert und seine Schüler, unter ihnen zunächst wohl auch Meister Eckhart, haben keine Schwierigkeiten mit der Anerkennung der Physik des Aristoteles als der grundlegenden Lehre über die Welt der Sinnendinge. Eckhart kommt dagegen sehr bald zu der Überzeugung, es sei dringend erforderlich, die Spannung zwischen dieser rein naturalen Sicht auf die Welt als Ganzer gegenüber der Vernunfttradition des (Neo-)Platonismus, die seit Anfang des argumentativen christlichen ›Philosophietreibens‹ auch bei Albert die Philosophie, die Erkenntnismetaphysik und die Theologie bestimmt, mit allem Nachdruck herauszuarbeiten. Das neue aristotelisch geprägte Denken könne aus sich nicht zum Gedanken einer ›einen Vernunft‹ führen, die traditionell auch existentielle und religiöse Gesichtspunkte miteinbezieht. Seine Abwendung vom *mainstream* des Thomismus im eigenen Orden, auf die sein Schlagwort *esse est Deus* verweist, und die Ausarbeitung der Lehre von der *wahren gelâzenheit* des »göttlichen Menschen« werden als solcher Wechsel zu einem neuen Lebensstandpunkt aufgegriffen und dargestellt.

---

9 Von einem ›ungeheuren Schock‹, den eine nunmehr ›geschlossene‹ Kleruskirche dadurch erfahren habe, dass große geschlossene Gebiete von religiösen Nonkonformisten unterwandert worden seien, spricht schlagwortartig HEER, Mittelalter, S. 16 und 19.

Wahre gegen falsche _gelázenheit_ – das ist das Thema, um das Heinrich Seuse seine Abhandlung aufbaut, in welcher er einen solchen Standpunktwechsel als erforderlich darstellt und die Gründe dafür entfaltet. Seuse formuliert dieses Thema als Überschrift seines Einleitungskapitels mit folgenden Worten: »Von innerer Gelassenheit und von der richtigen Unterscheidung, die denkend zu erlangen ist«. (I, 1–2)

Es geht um die vernünftig erarbeitete und theologisch ausgewiesene Grundhaltung des ›edlen Menschen‹, zu der hinzuführen ein angemessenes wissenschaftliches Unterscheiden geeignet ist.

Um solche angemessenen Begriffsdistinktionen treffen und zur Grundlage seines Glaubens machen zu können, ist es für Seuse ebenso wie für Meister Eckhart erforderlich, von einem für Glaubensfragen denkbar ungeeigneten, aber doch für begriffliches Argumentieren nicht unzugänglichen, ›rein auf naturale Verhältnisse bezogenen‹ Standpunkt zu einem solchen überzugehen, in dem sich die ›innere Vernünftigkeit der christlichen Lehre‹ erschließt.

3.2 Der Standpunkt der kreatürlichen Weltorientierung des natürlichen Menschen: daz wilde

Bei diesem Standpunktwechsel handelt es sich der Sache nach also um einen Standpunktwechsel aus einer unzureichenden, die Wirklichkeit nicht oder zumindest nicht hinreichend in ihrer Gesamtheit thematisierenden Perspektive hin zu einer solchen, die diesem Anspruch in der Tat gerecht wird.

Ein solcher Blickwechsel hat im philosophischen Denken eine lange Geschichte.[10] In der Regel ist aber mit diesem Standpunktwechsel ein Wechsel der logischen Grundlegung des Denkens verbunden: die ›begrenzte Anfangsperspektive‹ betrachtet primär hierarchisch geordnete extensionale Verhältnisse von Begriffen (und Wirklichkeit), die ›umfassendere neue Perspektive‹ vertieft diese Sicht von einem inhaltlichen Blickwinkel her, einem, der intensionale Verhältnisse und Zusammenhänge markiert.[11]

---

10 Ihn finden wir bei den Gefangenen in Platons Höhle ebenso wie beim Wechsel vom theoretischen in den praktischen Gebrauch der reinen Vernunft oder bei Hegels Übergang zu einer neuen ›Stellung des Gedankens zur Objektivität‹. In jedem Fall handelt es sich darum, dass dem Denken die Möglichkeit zugesprochen wird, aus einer Perspektive, die sie als solche gar nicht als begrenzt wahrnimmt oder im Horizont dieser Perspektive auch gar nicht wahrzunehmen vermag, mittels Anleitung durch Argumente diesen Blickwinkel zu verlassen und eine neue, umfassendere Perspektive einzunehmen, die geeignet ist, ein tieferes Selbst- und Weltverständnis zu erschließen.

11 Siehe dazu ausführlich MÜLLER, Logik neu denken. Ein bemerkenswertes, frühmittelalterliches Beispiel ist der Standpunktwechsel zwischen Anselm von Aosta / Canterbury, der in seiner Schrift ›Proslogion‹, ähnlich wie Meister Eckhart und Seuse, logische Schritte mit pragmatisch-performativen Vollzügen verbindet, und der Erwiderung seines Kontrahenten Gaunilo von Marmoutier, der wieder auf eine ›gegenständliche‹ Argu-

Wortlaut wie Gedankenführung von Heinrich Seuses kleiner Schrift, die nach der Verurteilung Meister Eckharts und in Kenntnis der Bulle ›*In agro dominico*‹ von Papst Johannes XXII. entstanden sein dürfte,[12] machen deutlich, dass er Argumente vorzutragen beabsichtigt, die die Überzeugung vermitteln sollen, es sei ein durch und durch vernünftiger Schritt, einen solchen Standpunktwechsel zu vollziehen und von einer falschen, aristotelisch-heidnisch geprägten, zu einer wahren, d. h. zur christlichen Vernunft mit ihrem angemessenen Verständnis von *gelâzenheit* und *vernúnftikeit* zu finden. Ein wenig zugespitzt formuliert: Die Anwendung einer argumentativ-rationalen, wissenschaftlichen Methode, die die Legitimation [ihrer] Gedankengänge auf die Argumentationsleistung menschlicher Rationalität gründet, ist Teil einer umfassenden Seelsorge-Strategie in der Auseinandersetzung mit den als ketzerisch angesehenen Laienbewegungen. Sie soll als Verständnishilfe und -angebot zur Übernahme dieses wissenschaftlich besser ausgewiesenen theologischen Standpunktes führen. Das Ansinnen privater mystischer Sondererlebnisse und -erfahrungen spielt keine Rolle.

Nach einer längeren Einleitung, die exemplarisch den Weg eines Christen nachzeichnet, der zu einem solchen Standpunktwechsel geführt hat, gibt Seuse einen breiten Abriss über eine von Eckhart geprägte Theologie auf philosophischer Basis. Dazu gehören folgende Lehrthemen: das Eine (Kap. II), das Verhältnis von Ein- und Vielheit in Gott (Kap. III), das Rückbezogensein (*widerkaphen*) der Dinge in Gott (Kap. IV) und schließlich der *status hominis* zwischen *usbrûch* und *durchbrûch* anhand einer Untersuchung der Begriffe *sich* und *laszen* (Kap. V).

Als Höhepunkte seiner Abhandlung konzipiert Seuse dazu zwei umfangreiche Lehrgespräche mit den Gestalten der in einer Vision erscheinenden »göttlichen Wahrheit« (Kap. VI) und »des namenlosen Wilden« (Kap. VII). Im ersten Gespräch tritt »der Jünger« in der Rolle desjenigen auf, der um Auskunft bittet, im zweiten Gespräch ist er selbst schon belehrt und hat zu einem tieferen Standpunkt gefunden: Nun ist es *daz wilde*, das auf die argumentative Unhaltbarkeit seiner Ansicht hingewiesen wird und sich belehren lässt.

Derartige Lehrgespräche sind geläufige Darstellungstechniken philosophischer und theologischer Abhandlungen, wenn es darum geht, zum eigenständig durchdachten Nachvollzug der darin in einem eher stereotypen Frage- und Antwortritual vorgetragenen Argumente einzuladen. Seuse weist ausdrücklich darauf hin, dass solche *figurata locutio* nicht in einem fälschlich unterstellten vermeintlichen Literalsinn als tatsächliche Vision verstanden werden dürfe.

Die bildhafte Spechweise gehört kraft ihrer argumentativen Leistung bereits zu den *guotú vernúnftigú bilde* und *vernunftig sinne*, »den richtigen vernünf-

---

mentationsführung zurückgreift, und dessen Widerlegung durch Anselm. Siehe zu den Argumentationsschritten im einzelnen SCHRIMPF, Anselm von Canterbury.

12 STURLESE, Deutsche Philosophie im Mittelalter, Einleitung, Abschnitt 2, S. XV–XXI.

tigen Vorstellungen« und »vernünftigen Gedanken« (I, 37 und 40) einer philosophisch reflektierten theologischen Lehre, und ermöglichen so den Standpunktwechsel, um den es hier zu tun ist.

3.3 Das Gespräch – die Ausgangssituation: Das Nichts des wilden

Im einzelnen konzipiert Seuse eine Auseinandersetzung zwischen einem aristotelisch-heidnisch geprägten ›wild-fremden‹ (einem sich von der christlichen
Kultur und Bildung bewusst fernhaltenden) Menschenwesen, das sich selbst
als ›namenlos‹ bezeichnet, und einem »Jünger«, der gleich dem Christen des
Einleitungskapitels nun die Lehren der christlichen Vernunft eingesehen hat.

Dieses *wilde* (neutrum!) verkörpert allegorisch die Sicht eines Menschen,
der sich lediglich als Naturwesen im Sinne der empirischen Welt der aristotelischen φύσις zu verstehen in der Lage ist. Insofern Seuse dessen Lehre (*beschei-
denheit*) mit dem Stichwort *ledige friheit* betitelt und als eine Sichtweise der Welt
beschreibt, gemäß der »der Mensch ganz nach seinem Eigenwillen (*muotwillen*)
lebt, ohne Unterschiedenheit, ohne Vorher und Nachher zu beachten« (VII,
23–24), dürfte er ihn als Angehörigen jener vielfältigen Bewegung kennzeichnen, die gemeinhin als ›Brüder und Schwestern des freien Geistes‹ bezeichnet
wurden.

Aus den einschlägigen Abhandlungen zu dieser Bewegung sei hier nur auf PATSCHOV-
SKY (Freiheit der Ketzer) verwiesen. Der Name »Sekte vom Freien Geist« und »Kinder
bzw. Brüder und Schwestern der willigen Armut« tauche erstmalig in einem Schreiben
von Papst Clemens V. vom 1. April 1311 an Bischof Rainer von Cremona bezüglich
einer neuen Gruppierung aus Umbrien auf. Ihre Selbstbezeichnung als »Begarden und
Schwestern ›Brot durch Gott‹« kennzeichne als den Grundgedanken ihrer Lehre die
willige Armut: »Sie beruht auf dem Gedanken, daß ›Freiheit des Geistes‹, verstanden
als ein Aufgehobensein der individuellen Seele in Gott, unvereinbar sei mit dem pro-
fanen Geschäft einer planenden Sorge um das tägliche Brot; vielmehr hätte ein von der
›Freiheit des Geistes‹ erfüllter Mensch gleichsam wie die Vögel unter dem Himmel und
die Lilien auf dem Felde Gott die Befriedigung der leiblichen Notdurft zu überlassen.«
(S. 268 f.) Daher habe sich der durchaus übliche Begriff der ›Geistesfreiheit‹ als ›Einklang
mit Gott‹ zur Bezeichnung einer 1311/12 auf dem Konzil zu Vienne verurteilten Häresie
gewandelt.

PATSCHOVSKY erläutert diesen neuen Freiheitsbegriff wie folgt: Die »neue Häresie
war antinomistisch, libertinistisch, sie propagierte die Selbstvergottung des Menschen,
seine mögliche Perfektibilität inclusive Sündlosigkeit auf Erden«. (S. 274) Am Beispiel
der Marguerite Porète arbeitet der Verfasser die neue Akzentuierung des Freiheitsbe-
griffs durch Verwendung des aus der Sphäre des Politischen stammenden ›franche‹ statt
des traditionellen ›libre‹ heraus. »Die Parallelisierung edelfreier Mann im politischen
Raum und edelfreie Seele im spirituellen Bereich ist unübersehbar«. (S. 280) Die nicht
zu Unrecht aufkommende Befürchtung von seiten kirchlicher Kleriker, mit der Verbreitung solcher Lehren verlören alle kirchlich-religiösen Riten und Vollzüge den Anspruch
auf ihre heilsvermittelnde Funktion, führte dazu, den Freiheitsanspruch der Freigeister
als »ungeordnete und falsche Freiheit« zu verketzern und ihr eine »gerechte, geordnete,
wahre Freiheit« der kirchlichen Gläubigkeit gegenüberzusetzen. (vgl. S. 283 f.)

PATSCHOVSKY sieht allerdings in bezug auf diesen Grundgedanken zwischen der erwähnten Porete, den Freigeistern, Meister Eckhart und Heinrich Seuse keinen Unterschied. »Denn wer zutiefst davon durchdrungen war, daß die eigene auf Einssein mit Gott beruhende Spiritualität sich nicht im Gegensatz zur kirchlichen Lehre befand, der konnte sich beim besten Willen nicht in dem vom Kirchenrecht definierten, in Inquisitoren-Handbüchern fixierten, von Theologen propagierten Bild vom ›Freien Geiste‹ wiedererkennen; der konnte wohl in aller Unschuld dem von der Kirche verurteilten ›Freigeist‹ die Gottbesessenheit bestreiten und folglich dessen Existenzform mit Kategorien der Gottentfremdung bedenken, wie Ich-verhaftet-sein, beherrscht von Sünde, Laster, kurz: dem Teufel« (S. 284 f.).

Der Verfasser beschreibt völlig richtig die fundamentalen inhaltlichen Gemeinsamkeiten: »Brücke ist die Auffassung einer univoken Daseinsweise der menschlichen Natur im Menschen und in Christus, die Eckhart dazu führte, Christus-Gott und Individuum-Mensch an der gleichen Substanz ›Menschheit‹ teilhaben zu lassen. Die aus solcher Grundvorstellung eines Einsseins von Gott und Mensch resultierenden Folgerungen waren es denn auch, die Eckhart nicht anders als ›Freigeister‹ von der Art einer Marguerite Porete in Beweiszwang gegenüber dem Glaubensgericht brachten«. (S. 286, Fn 93)

PATSCHOVSKY ebnet m. E. dann allerdings die argumentativen Unterschiede und die Absichten der jeweiligen Autoren ein und kann daher gerade den durchaus spannenden Versuch nicht wahrnehmen, den Seuse auf Eckharts Spuren unternimmt, um auf argumentativer Ebene die ›Brüder und Schwestern des freien Geistes‹ in den Horizont kirchlicher Lehre zurückzuholen. Denn wenn Seuse auch, wie STURLESE wohl richtig sieht, seinen Meister damit für die Katechese der deutschen Dominikaner gleichsam zurückgewinnen wollte, geht es doch in erster Linie darum, ihnen einen Weg zu einem vernunftgeleiteten Glauben zu weisen, ohne in billige apologetische oder rein kirchenrechtlich-autoritative Anweisungen zu verfallen.

Seuse nimmt mit der Gestalt des *wilden* einen solchen ›Bruder vom freien Geist‹ in den Blick. Der Ausdruck *ledige friheit* greift also den Grundbegriff auf, mit dem die Anhänger dieser Bewegung ihr Selbstverständnis charakterisieren und gibt zugleich eine subtile philosophische Deutung: die Freigeistler verstehen (und missdeuten) sich als Lebewesen, die als Einzelwesen, als ἄτομον εἶδος im Sinne der logischen und erkenntnismetaphysischen Bestimmung des Aristoteles im vollen Sinne einzeln für sich existieren. Eine solche scheinbar selbstgenügsame Anthropologie übersieht für Seuse alle sozialen und geistigen Bindungen des Menschen.

Die beiden Grundgedanken, die solche Bezüge thematisieren, nämlich die einer rechten Ordnung und einer richtigen Lebensführung werden insbesondere mit dem Thema des begrifflich kontrollierten Argumentierens (*wann swem underscheites gebristet*) und einer angemessenen religiösen Lebensgestaltung (*selikeite*) ›in Verbindung gebracht‹. Letztere bestimmt der Jünger dann mit knappen Worten als *rehte gelazsenheit*:

Aber wer mit einer luteren gewisseni und behůtem lebenne inget in Christum mit rehter gelazsenheit sin selbs, der kumet zů der rehten friheit (VII, 31–33).[13]

Dieser erste Schritt in der Auseinandersetzung macht schon deutlich, dass zwei gegensätzliche Lebenseinstellungen aufeinanderprallen. Indem der Jünger, der hier die Führungsrolle übernommen hat, feststellt, dass zwei Verständnisweisen von Freiheit (eine unzureichende und eine zureichende) angesprochen worden sind, wird zugleich aber auch das die gesamte Abhandlung durchlaufende Grundthema der ›falschen und der rechten Gelassenheit‹ in den Blick genommen.

Die durch eine »willkürliche Freiheit« (*ledige friheit*) bestimmte Lebenseinstellung widerstrebt dem Christen nicht nur deswegen, weil sie seinem innersten Streben nach einer geordneten Weltorientierung zuwider ist, sondern weil sie aus seiner orthodoxen Sicht eine wirkliche Gefahr für die gute Ordnung (*ordo*) des Gefüges von Staat, Kirche und Gesellschaft darstellt. Seuse malt natürlich auch deswegen bereits hier mit kräftigen Farben, um seinen Leser auf die Bedeutsamkeit dieser Fragen nicht bloß für die wissenschaftliche Auseinandersetzung ›in der Schule‹ (der Universität), sondern für die öffentliche Belange hinzuweisen. Aber in erster Linie geht es Seuse wohl darum, entgegen den verurteilenden Abwertungen der Lehren Meister Eckharts darauf hinzuweisen, dass es eben diese wissenschaftlich ausgewiesenen Lehren Eckharts sind, die es ermöglichen, eine vernunftgeleitete Auseinandersetzung mit den freigeistigen Irrlehren zu führen. Gerade der Mangel an solchen »vernünftigen Gedanken« (*guotú vernúnftigú bilde* I, 37) und an »richtiger Unterscheidung« (*guote underscheite* I, 36) beim Verständnis seiner Thesen hätten, so Seuse, auf beiden Seiten, bei Freigeistern wie bei Klerikern, zu Fehldeutungen des von Eckhart tatsächlich Gemeinten geführt.

Es ist also die den *ordo* zerstörende Selbstbezüglichkeit des Wilden, das sich, wie oben bereits zitiert, »ganz nach seinem Eigenwillen« (*muotwillen*) versteht, an dem sich Seuses Jünger stört. Ein falsches Denken führt nämlich auch unmittelbar falsches Handeln mit sich.

Der Iunger sprach: Du bist nút uf dem rehten wege der warheit, wan sêlichú friheit verwiset den menschen von aller selikeite und entfriet in siner waren friheit. Wan swem underscheides gebristet, dem gebristet ordenunge, und waz ane reht ordenunge ist, daz ist bôse und gebreste, als Christus sprach: »Der súnde tůt, der ist ein kneht der súnde« (VII, 25–30).[14]

---

13 »Aber wer mit reinem Gewissen und umsichtigem Leben mit Christus eins wird in rechter Gelassenheit seiner selbst, der erlangt die rechte Freiheit.« Ich zitiere hier und im folgenden nach der in Sturleses Ausgabe des ›Buches der Wahrheit‹ verwendeten Übersetzung von R. Blumrich.

14 »Der Jünger sprach: Du bist nicht auf dem richtigen Weg der Wahrheit, denn solche Freiheit führt den Menschen von seiner Seligkeit weg und nimmt ihm seine wahre Freiheit; denn wem es an Unterscheidung mangelt, dem mangelt es auch an der Ordnung,

Zur näheren Klärung dient nun das Gegensatzpaar ›geordnet / ungeordnet‹. Dabei zeigt sich, dass Ordnung nicht nur eine Sachordnung, eine Ordnung der Welt meint, sondern eine im Denken zugleich erschließbare Ordnung. Der Jünger formuliert Ordnung als wissenschaftlichen Methodenbegriff, den *daz wilde* erst einmal zurückweist:

> *Der Iunger sprach: Ich heis daz ordenhaft, wenn alles daz, daz der sache zůgehèrlich ist von innen ald von ussen, nút underwegen blibet unangesehen in dem uswúrkenne. So heis ich daz unordenhaft, weles under disen vorgenanten underwegen blibet. Daz wilde sprach: Ein ledigú friheit sol dem allem sament undergan und es alles verahten* (VII, 37–43).[15]

Seuse sieht das entscheidende Moment des mit Aristoteles in Beziehung zu bringenden Selbstverständnisses dieses Wilden darin, dass es sich als nichts anderes als dieses eine Einzelwesen versteht, als das es existiert, und sonst nichts, als »Dieses da« (τόδε τι), oder erkenntnismetaphysisch gesehen, als »erste Wesenheit« (πρώτη οὐσία), d. h. eigen-ständig, ohne jeden Bezug zu etwas anderem: relationslos, unbezüglich. Eckhart hatte diese verdinglichende Betrachtung einer gegenständlichen Welt in genauer Entsprechung zum aristotelischen τόδε τι als das Geltenlassen rein additiv zu denkender *hoc et hoc* bezeichnet. In diesem Sinne ist zu verstehen, was gemeint ist, wenn *daz wilde* erklärt, dass es ›nichts‹ sei und ›nichts‹ wolle. Dabei spielt es keine Rolle, ob dafür die Ausdrücke *hoc* oder *nihil* verwendet werden. Ein solches ›nichts‹ ist eben nichts als reine Unbezüglichkeit.

> *Der mensche, der in sime ewigen nihte zenihte ist worden, der weis von underscheide nút* (VII, 48 f.).[16]

Es geht also für Seuses Jünger nicht nur um eine extensionale Bereichsmarkierung, die den Bereich der ›ungebundenen Freiheit‹ des Ich isoliert von anderen Freiheiten in den Blick nimmt, sondern um den gemeinsamen Bereich dieser im Denken erschließbaren Ordnung, seine intensionale Bestimmung und Gliederung durch inhaltlich bestimmte Binnenrelationen.

Die Seele, die sich im Sinne *des wilden* in das Nichts verloren hat, hat ihr vernünftiges Denken aufgegeben, kann dagegen keine Bestimmtheiten mehr denken und weiß nicht, inwiefern sie Kreatur oder das Nichts ist. Auch die Zuordnung dieses ›absoluten Individuums‹ zu einem γένος oder einem die Naturordnung dieser φύσις repräsentierenden und gemäß Substanz-Akzidenz

---

und was ohne rechte Ordnung ist, das ist böse und unvollkommen, wie Christus sagte: ›Er ist ein Knecht der Sünde‹«.

15 »Der Jünger sprach: Von geordnet spreche ich, wenn im Wirken alles berücksichtigt wird, was zu einer Sache gehört, sei es innerlich oder äußerlich. Ungeordnet nenne ich, wenn dies unterbleibt. Das Wilde sprach: Eine ungebundene Freiheit soll all das verhindern und nicht beachten«.

16 »Das Wilde sprach: Der Mensch, der in seinem ewigen Nichts zunichte geworden ist, weiß nichts von Unterscheidung«.

extensional verstandenen Gattungs-Art-Verhältnis bleibt an dieser Stelle also ausgeblendet.

Die extensionale Logik des Nichts, wie sie *daz wilde* in Anspruch nimmt, erschließt sich auch aus einer Antwort der göttlichen Wahrheit an den Jünger in Kap VI:

> *Ein Frage: Wer ie die schrift bekande, der weis, daz dú sele in dem nihte eintweder mûz úberfĕrmet werden ald aber ze nihte werden nach dem wesenne, und daz ist hie nút also. Entwúrt: Dú sele blibet iemer kreature, aber in dem nihte, so si da ist verlorn, wie si denne kreature si oder daz niht si, oder ob si kreatur si oder nit, dez wirt da nútznút gedaht, oder ob si sie vereinet oder nit. Aber da man noch vernunft hat, da nimet man es wol, und dis blibet dem menschen mit einander* (VI, 233–242).[17]

In solchen allerdings nicht nur extensional zu deutenden logischen Bestimmungen werden gerade durch die Unterscheidung verschiedener intensionaler Bestimmtheiten relationale Bezüge thematisiert, die aber hier, auf dem Standpunkt *des wilden*, noch methodisch ausgeklammert bleiben. Seuse vermeidet übrigens im Allgemeinen den aristotelischen Ausdruck ›Seiendes – etwas, das ist‹ (τὸ ὄν), wohl um gerade das Missverständnis *des wilden* bei seinen Lesern erst gar nicht aufkommen zu lassen, es sei methodisch hilfreich oder sachlich angemessen, die Perspektive einer solchen gegenständlichen Welt eines *hoc et hoc* als christlicher Theologe ernsthaft einzunehmen. Daher spricht er, den Standpunktwechsel zu dem eines philosophisch reflektierten theologischen Standpunktes vorwegnehmend, bereits jetzt in theologischer Sprechweise von ›Kreatürlichkeit‹:[18]

> *Der mensche, der in sime ewigen nihte zenihte ist worden, der weis von underscheide nút* (VII, 48 f.).[19]

Bestimmt man dieses Selbstverständnis *des wilden* im Sinne des oben zitierten Verweises auf die *Freigeistigkeit*, wird die ethisch-lebenspraktische Dimension des ›ohne Unterscheiden‹ deutlich: »ganz nach seinem Eigenwillen«. Dieses

---

17 »Eine Frage: Wer sich mit der Schrift auskennt, weiß, daß die Seele entweder in dem Nichts überformt oder aber in ihrem Wesen zunichte werden muß, und das ist hier nicht so. Antwort: Die Seele bleibt immer Kreatur, aber wenn sie sich in das Nichts verloren hat, so wird nicht mehr darüber nachgedacht, inwiefern sie Kreatur oder das Nichts ist, ob sie Kreatur ist oder nicht, ob sie vereint ist oder nicht. Aber wo die Vernunft noch tätig ist, nimmt man dies noch wahr, und das bleibt allen Menschen erhalten«.

18 Dort wird dann der Inhalt der neuen Perspektive zu entfalten sein, von der der Jünger das Wilde im gemeinsamen Gespräch überzeugen will: »Der Mensch als Naturding befindet sich in einem metaphysischen Netz von wesensdeterminierenden und wesensstiftenden Verhältnissen zwischen den Dingen und Gott« (STURLESE, Buch der Wahrheit, S. XXXVIII).

19 »Das Wilde sprach: Der Mensch, der in seinem ewigen Nichts zunichte geworden ist, weiß nichts von Unterscheidung«.

›In-Sich-Sein‹ ist insofern ein ›Nichts‹, als es einer solchen gedachten Relations-losigkeit Ausdruck verleiht, aber damit zugleich alle gedanklichen Schritte un-terbindet, die die religiöse und existentielle Dimension eines vom alltäglichen Verständnis ausgehenden Nachdenkens über das Ich bzw. die Seele vernünftig zur Sprache zu bringen vermögen. Ein solches Verständnis der ›Vereinigung mit dem Nichts‹, des Sich-Begreifens als dieses relationslose ›Nichts‹, verdeckt somit den Weg, der zu einem angemessenen Verständnis des ›Nichts‹ als der ›Nichtigkeit alles Geschaffenen‹ führt, von der her erst erschlossen werden kann, was für Heinrich Seuse *rehte gelâzenheit* bedeutet.

Das relationslose ›Nichts‹ *des wilden* ist nur ›Nichts hinsichtlich seines Nicht-Seins‹. Es ist als atomes τόδε τι[20] nicht auf allgemeine (extensionale) Be-stimmungen im Sinne des Gattungs-Art-Nebenart-Verhältnisses und das ihre hierarchische Strukturierung ermöglichende *principium contradictionis* bezogen. Hinsichtlich des Verständnisses (*nemunge*) der kreatürlichen Welt der φύσις (die sich allerdings ihrer Kreatürlickeit nicht bewusst ist) kann es für Seuse (wie schon für Eckhart) nicht um die Aufhebung dieses *principium contradic-tionis* gehen, da auf eine begriffliche und begrifflich stimmige Erschließung der φύσις nicht verzichtet werden kann.

> *Du bist nút uf dem rehten wege der warheit, wan sêlichú friheit verwiset den menschen von aller selikeite und entfriet in siner waren friheit. Wan swem underscheides gebristet, dem gebristet ordenunge, und waz ane reht ordenunge ist, daz ist bêse und gebreste* (VII, 25–29).[21]

Wer sich und die Menschen in seiner Welt, ja sogar Dinge der φύσις, in der er lebt, lediglich so versteht, nämlich als Einzelfälle *lediger friheit*, die »ganz nach ihrem Eigenwillen« nebeneinander existieren, der hat somit gar keine gedank-liche Möglichkeit zu begreifen, dass sein Verständnis von *gelâzenheit* unange-messen ist und dass es erst einmal eine ›falsche‹ von einer ›wahren‹, der *rehte*[*n*] *gelâzenheit* zu unterscheiden gilt.

Folglich ist es nun Aufgabe des Unterredners, einen Begriff des Nichts einzuführen, der es *dem wilden* ermöglicht, zu begreifen, was *rehte gelâzenheit* bedeutet und seinen Standpunkt ›abstrakter Freiheit‹ zugunsten eines Stand-punktes zu verlassen, der die *rehte ordenunge* der geschöpflichen Welt auszu-sprechen vermag.

Anders als das bereits erwähnte ›falsche Nichts‹ absoluter Unbezüglichkeit wird es dabei nun um ein Nichts gehen, ›*das wahre Nichts aller Bezüglichkeit*‹, das

---

20 Vgl. das Zitat von Johannes Damascenus, De Fide Orthodoxa, III,11 (PG 94, Sp. 1024A), mit dem Seuse erläutert, »daß Christus die menschliche Natur in der reinen unteilbaren Materie annahm, was der Lehrer Johannes Damascenus *in athomo* nennt« (V, 12–15).

21 »Du bist nicht auf dem richtigen Weg der Wahrheit, denn solche Freiheit führt den Menschen von seiner Seligkeit weg und nimmt ihm seine wahre Freiheit; denn wem es an Unterscheidung mangelt, dem mangelt es auch an der Ordnung, und was ohne rechte Ordnung ist, das ist böse und unvollkommen.«

»von seinem alles überragenden Sein her« gedacht werden muss – Seuse nennt es terminologisch das *ewig niht.*

> *Daz ewig niht, daz hie und in allen gerehten vernünften ist gemeinet, daz es niht si nút von sime nútsinde, mer von siner übertreffender ihtekeit, daz niht ist in im selber aller minste underscheides habende, und von im, als es berhaft ist, kumet aller ordenlicher underscheit aller dingen* (VII, 50–55).[22]

In diesem Mangel an begrifflich-logischer Unterscheidung sieht der Jünger denn auch den methodischen Kardinalfehler *des wilden.* Dies gilt für philosophisch-theologische Grundbegriffe wie das ›Nichts‹, das Seuse hier als Grundbegriff gewählt hat, ebenso wie für die Begrifflichkeit, die für die Lebensführung relevante Fragen artikuliert (*gelâzenheit*).

Durch eine Art *reductio ad absurdum* unterstreicht Seuse dabei das Gewicht der falschen Grundannahme des ›wilden‹ Gesprächspartners über das Nichts, insofern er es nur als ›das Nichts absoluter Unbezüglichkeit begreift‹. Er lässt den Jünger darauf verweisen, dass diesem falschen Begriff des Nichts der Boden entzogen ist, wenn – wie er es eben vorgetragen hat – zwischen dem wahren Nichts und den endlichen menschlichen Gedanken in Bezug auf dieses Nichts unterschieden wird.

> *Were daz ime engienge sin underscheit nach der wesunge als nach der nemunge, so mȇht es bestan* (VII, 65 f.).[23]

Es gilt daher, *dem wilden* einen Denkweg zu diesem zweiten, nicht gegenständlichen, somit pragmatisch-performativ zu erschließenden Nichts aufzuzeigen. Erst dieses wahre Nichts, das *ewig niht,* stellt das entscheidende Kriterium dar, um das ›falsche‹ Nichts *des wilden,* von dem hier ausgegangen wird, als solches erkennen – d. h. von diesem ›wahres Nichts‹ unterscheiden – zu können.

Nemunge und *wesunge,* das ›Begreifen mittels endlicher Begriffszusammenhänge‹ und das ›wirkliche Wesen des wahren Nichts‹, sind nur in der unreflektierten Sicht *des wilden* ein und dasselbe. Sie fallen auch dann nicht – und gerade dann erst recht nicht – zusammen, wenn der das wahre Nichts denkende Mensch begreift, was er denkt, nämlich den Inhalt des Gedankens *Daz niht ist in im selber aller minste underscheides habende* (VII, 52 f.).[24]

---

22 »Das ewige Nichts, von dem hier und in jeglichem richtigen Gebrauch der Vernunft ausgesagt wird, dass es Nichts ist nicht hinsichtlich seines Nicht-Seins, sondern seines alles überragenden Seins, dieses Nichts hat in sich selbst keine Unterscheidung, aber aus ihm, insofern es fruchtbar ist, kommt die der Ordnung entsprechende Unterscheidung aller Dinge«.

23 »Gäbe es die Unterscheidung hinsichtlich seines Wesens und seines Begreifens durch uns nicht, so hättest du wohl recht«.

24 »Dieses Nichts hat in ihm selber keine Unterscheidung«.

3.4 »Das Nichts in seinem Urgrund« – Seuses Grenzbegriff der Einikeite

Um diesen Inhalt angemessen erfassen zu können, muss ein Gegensatzbegriff zu diesem ›Nichts (niht) absoluter Unbezüglichkeit‹ eingeführt werden, damit mit diesem kontradiktorischen Ausschlussverhältnis sprachpragmatisch auf den infiniten ›Horizont‹ des unendlichen unbestimmten und unbestimmbaren *universe of discourse* verwiesen werden kann. Was so als Grenzbegriff gedacht wird, dieses ›wahre Nichts‹, das *ewig niht*, das Seuse mit der Wendung umschreibt: *Daz niht ist in im selber aller minste underscheides habende* (»dieses Nichts hat in ihm selber keine Unterscheidung«), ist kein weiteres gegenständliches inhaltliches Bestimmen (*nemunge*), sondern der Vollzug der logisch-pragmatischen Denkoperation selbst, die zum ›unendlichen Grenzbegriff‹ (*universe of discourse*) führt, gleichsam eine *nemunge*, in der die *wesunge* erscheint, ohne mit ihr zusammenzufallen.

Dieser Vollzug des Gedankens *ewig niht, daz hie und in allen gerehten vernúnften ist gemeinet*, muss daher, so lautet offensichtlich Seuses These, der Sache nach immer vom seinem Denkergebnis oder Denkinhalt, dem ›wahren Nichts‹, unterschieden werden. Das Ergebnis ist nicht unmittelbar, also unabhängig von diesem Vollzug zu haben. Die Unterscheidung Denkvollzug – Denkinhalt ist für kreatürliches Denken in keinem Falle hintergehbar, auch und gerade wenn diese Unterscheidung in dem Denkinhalt des ›wahren Nichts‹ selbst, den ich hier vorläufig einmal durch »dieses Nichts hat in ihm selber keine Unterscheidung« umschreiben möchte, im gewöhnlichen philosophischen Denken zu Eckharts und Seuses Zeit nicht zur Sprache kommt.

Bei dem so gewonnenen Denkinhalt handelt es sich somit der Sache nach um den Vollzug des logisch-pragmatischen Verfahrensschrittes einer ›doppelten intensionalen Negation‹ **und** das dadurch gewonnene Ergebnis. Beide sind daher als **ein** ›pragmatisch-performativer‹ Vollzug anzusehen, der im Folgenden näher entfaltet werden soll.

Dieses logische-pragmatische Verfahren der doppelten intensionalen Negation zur Gewinnung eines unendlichen Grenzbegriffs ist unter dem Titel der Analogielehre, wie sie in der Antike und im frühen Mittelalter genannt wurde, als πρὸς ἕν oder Proportionsanalogie sowohl von sich stärker platonisch-neoplatonischen als auch eher aristotelischen Traditionszusammenhängen anschließenden Autoren entwickelt worden.[25]

Es wird gewöhnlich in drei Schritte (*viae*) gegliedert,[26] unabhängig von der jeweiligen erkenntnismetaphysischen Deutung seiner Leistungskraft:[27] (1) der

---

25 Siehe dazu HIRSCHBERGER, Paronymie und Analogie bei Aristoteles.

26 Siehe dazu MÜLLER, Logik neu denken, Kap. 3, insbes. 3.2 und 3.3.

27 Vgl. z. B. Anselms *unum argumentum* des ›Proslogion‹ und die *quinque viae* des Thomas von Aquino. Anselm vollzieht pragmatisch-performativ die doppelte intensionale Negation, Thomas trägt eine primär extensional-gegenständliche Deutung vor, die vom

via positionis oder Problemstellung, in der ein Ausgangsbegriff gewählt wird, von dem her der gesuchte Grenzbegriff zu entfalten ist, (2) der *via negationis* oder dem eigentlichen Schritt der Erschließung des Grenzbegriffs eines absoluten *universe of discourse* durch doppelte intensionale Negation und schließlich (3) der *via eminentiae,* der re-finitisierenden Symbolisierung dieses Grenzbegriffs. Seuse führt diesen besonderen methodischen Denkinhalt der *wesunge* des ›Nichts‹ so ein, dass er ihn zunächst mit dem bereits zitierten bildhaften Satz in die Worte fasst: »dieses Nichts hat in ihm selber keine Unterscheidung.«

Diese metaphorische Rede greift er nun auf, wenn er erläutert, dass diese *wesunge* des ›Nichts‹ den Menschen *in sinem ersten grunde* begreife. Er knüpft damit an die bildhafte Redeweise an, die er im III. Kapitel im Dialog der ›Ewigen Wahrheit (Christi)‹ mit dem noch nicht zur Einsicht gelangten ›Jünger‹ eingeführt hatte.[28] In Bezug auf diesen unendlichen Grenzbegriff bleibt jeglicher inhaltliche Gesichtspunkt, der das Thema einer ›Unterscheidung‹ zum Gegenstand hat, »außer Betracht« (*unangesehen* VII, 58). Das Bild des ›Grundes‹ ist also ein bewusster Rückgriff auf die über den ›Liber de Causis‹ und andere neuplatonischen Quellen eingeführte, mit dem ›unendlichen Grenzbegriff‹ arbeitende Begrifflichkeit. Der Rückbezug auf die Erörterungen des III. Kapitels ist aber zugleich der Sachlogik gemäß ein deutlicher Hinweis auf die Kohärenz des in dem ›Buch der Wahrheit‹ Vorgetragenen, insbesondere aber dafür, dass Seuse sich darüber im klaren war, dass diese *wesunge* nicht auf dem Wege gewöhnlichen diskursiven Denkens, durch Vollzug ›normaler‹, im alltäglichen Weltumgang vertrauter gedanklicher Operationen mittels endlicher Begriffe hergestellt werden kann.[29]

---

individuellen Sein des ›Einzelwesens‹ und der ›Prädikationsstruktur‹ (S – P) bzw. modern ∃x f(x) ausgeht und hier bereits dessen ontologische Prämierung vornimmt. Eckhart lehnt dies unter Berufung auf neuplatonische Traditionen ab, denen auch Seuse hier folgt. De Libera, Le problème de l'être, S. 60–61, fasst seine Untersuchungen zur Analogie bei Eckhart in dem Urteil zusammen, Eckharts ›Metaphysik der Analogie‹, die zwei unterschiedliche und scheinbar unvermittelbare Analogiekonzepte verbinde, sei in eins eine Analogie- und eine Einheitslehre, analoges und univokes Sprechen. Dies gilt m. E. bereits vor einer wie immer gearteten ›erkenntnismetaphysischen‹ Deutung für jede Analogielehre, die die performative intensionale Pragmatik der ›doppelten intensionalen Negation‹ nicht außer Acht lässt.

28 Sturlese übersetzt hier: »das Nichts in seinem Urgrund (VII, 58)«. Seuses Gedankenführung lautet im Kontext: »Der Mensch wird niemals vollständig in diesem Nichts zunichte, seinen Gedanken bleibt immer die *Unterscheidung* ihres eigenen Ursprungs und seiner Vernunft ihre eigene Wahrnehmung, obwohl alles das in seinem Urgrund außer Betracht bleibt.« – *Der mensch wirt niemer so gar vernihtet in disem nihte, sinen sinnen blibe dennoch underscheit ir eigennes Ursprunges und der vernunft dez selben ir eigen kiesen, wie daz alles in sinem ersten grunde unangesehen blibet* (VII, 55–59).

29 Logisch gesehen vollzieht Seuse hier bereits einen dritten Verfahrensschritt seiner Denkoperation, die ›Re-Symbolisierung des unendlichen Grenzbegriffs‹ (in neuplatonischer Ausdrucksweise: des ›Einen‹).

Die einzelnen *viae* der oben erläuterten dreischrittigen Denkoperation, nämlich (1) Problemstellung, (2) doppelte intensionale Negation und (3) die sich anschließende symbolisierende Re-finitisierung werden auch in Seuses Ausführungen methodisch als solche deutlich gekennzeichnet. Denn der Grenzbegriff des Einen, wie Seuse ihn bereits im II. Kapitel des Wahrheitsbüchleins unter den Titeln *einikeit, einveltigkeit, grundelos wesen, ewiges niht* unter Verweis auf ›*De divinis nominibus*‹ des Pseudo-Dionysios einführt, wird dort sprachlich so markiert, dass sofort deutlich wird, dass es sich bei diesen Sprachausdrücken oder sprachlichen Darstellungsweisen eben nicht um extensional und intensional wohlgeordnete Begriffe (›Namen‹) des »kreatürlichen Denkens« (der *kreatürlichen vernúnftikeit*) handelt.

Seuse formuliert dann auch ganz ausdrücklich:

> *Wan als da stat an der kunst Loyca, der name sêlti ussprechen die nature und redelicheit des genemten dinges. Nu ist daz kuntlich, daz des vorgenanten einveltigen wesennes natur endelos und ungemessen ist und unbegriffen aller kreatúrlicher vernúnftikeit. Darumb so ist das kund allen wolgelerten phaffen, daz daz wiselos wesen öch namelos ist. Und darumb sprichet Dyonisius in dem bûche ›Von den gêtlichen namen‹, daz got si »nit wesen« oder ein »niht«, und daz ist ze verstenne nach allem deme wesenne und ihte, daz wir ime mugen nach kreaturlicher wise zû gelegen* (II, 13–23).[30]

Es ergibt sich somit folgende Abfolge der drei *viae*: Als *via positionis* (Problemstellung) hat Seuses Jünger also zunächst auf Grund der Ausführungen *des wilden* das ›Nichts (*niht*) der absoluten Unbezüglichkeit‹ als seinen Ausgangsbegriff für die Erarbeitung eines neuen Gesprächs- und Begriffszusammenhangs gewählt.

Um hier weiterzukommen, muss ein geeigneter Gegensatzbegriff zu diesem ›Nichts‹ (*niht*) eingeführt werden, um den ›Zwischenschritt‹ der *via negationis* – ›der doppelten intensionalen Negation‹ – durchführen zu können. Als einen solchen Gegensatzbegriff wählt er daher den Begriff *underscheit* (*aller ordentlicher underscheit aller dingen* VII, 54 f.).[31] Zwischen dem Begriff des ›Nichts‹ und dem als Negation eingeführten Begriff der ›Unterscheidung‹ (*underscheit*) besteht also zunächst ein kontradiktorisches Ausschlussverhältnis. Ein gemeinsamer ›Spielraum‹ (Gesprächsbereich) ist nicht gegeben, da beide keinen gemeinsamen Gattungsinhalt haben. Ein solcher gemeinsamer Spielraum kann

---

30 »Denn wie man aus der Logik weiß, muss der Name die Natur und die Definition des benannten Dinges ausdrücken. Es ist nun aber bekannt, dass die Natur des genannten einfachen Seins endlos, unermeßlich und unbegreiflich für alles kreatürliche Denken ist. Darum ist allen gelehrten Theologen bekannt, dass eben dieses Wesen, das keine Weise hat, auch ohne Namen ist. Und darum sagt Dionysius in dem Buch ›Von den göttlichen Namen‹, Gott sei ein ›Nichtsein‹ oder ein ›Nichts‹, und das ist in Bezug auf alles Sein und jedes bestimmte Etwas zu verstehen, das wir ihm nach kreatürlicher Weise zulegen können«.

31 »Die der Ordnung entsprechende Unterscheidung aller Dinge«.

daher nicht als Gattungsbegriff der beiden kontradiktorischen Begriffe gebildet werden, da sie nicht univok als Artbegriffe dieser Gattung ausgesagt werden können.

Seuses Ausdrücke ›endlos‹, ›unermeßlich‹ und ›unbegreiflich‹ verweisen auf die doppelte intensionale Negation, die im Unterschied zur doppelten (extensionalen) Negation nicht zum Ausgangspunkt zurückführt, sondern die starke Negation des Totalausschlusses und damit das intensional unbestimmte, extensional unendliche ›Meinbare‹ in Anspruch nimmt.

Damit ist mit der kontradiktorischen Negation des Ausgangsbegriff der infinite ›Horizont‹ des unendlichen *universe of discourse* eingeführt. Dieser Begriff des *universe of discourse* ist allerdings kein echter (als bestimmter Gesprächsgegenstand ›meinbarer‹) bestimmter (und insofern wohlgeformter) Begriff, sondern ein Grenzbegriff, der nur durch Ausschluss von allem bestimmten intensional Gemeinten erfasst werden kann. Der bisherige bestimmte Spielraum ›Nichts‹ und sein (ebenfalls durch diesen Spielraum bestimmter) Ausschluss ›Unterscheiden‹ (*unterscheit*) treten im Horizont dieses Grenzbegriffs nicht miteinander in eine bestimmte Beziehung. Daher ist aber dieser *universe of discourse* keine finite, keine bestimmbare und bestimmte Größe, denn er ist extensional unendlich und in Dualität dazu intensional null (also ebenfalls unbestimmt). Extensional kann daher mit ihm nicht operiert werden. Intensional sind widersprüchliche und leere Begriffe allerdings thematisierbar und operationalisierbar. Insofern hier im Ausgang von einem Ausgangsbegriff ein Bestimmungs*weg* und dessen ›Begehung‹ mit angegeben wird, tritt das beschriebene Ausschlussverfahren nicht ins Leere. Diese pragmatisch-performative Operation besagt daher nicht nichts. Ein intensional bestimmter Spielraum als wohlbestimmter Gattungsbegriff für beide kann aber nicht angegeben werden.

Was die doppelte intensionale Negation in ihrem Vollzug also lediglich leistet, ist ein ›Verweis‹ auf den absoluten (nicht überbietbaren) Grenzbegriff des gesamten meinbaren *universe of discourse*. Dieser Verweis bleibt negativ, da er weder inhaltlich eine Intension noch eine strukturierende Extension hinzufügt. Das Spielmaterial der möglichen intensionalen Bestimmungen dieses negierenden Verweises besteht genau aus der bestimmten Intension des Ausgangsspielraums und seiner Ausschlussnegation und sonst nichts. Es zeigt zugleich mit diesem Verweis den bestimmten Widerspruch an, den die Verknüpfung eines bestimmten Spielraums als geschlossenen Gesprächsbereichs mit dem offenen Feld aller anderen Gesprächsmöglichkeiten bildet.

Der Aufweis, dass Seuses methodisches Vorgehen sich als Einführung des durch doppelte intensionale Negation erarbeiteten Begriffs des »ewigen Nichts« verstehen und rekonstruieren lässt und somit eine methodisch genau durchdachte, auf Eckharts ›Theoremen‹ aufbauende Argumentationsführung im Dialog des Jüngers mit *dem wilden* darstellt, vermag STURLESES Deutung und das darauf aufbauende Urteil durchaus zu bestätigen, »daß dem ›Buch der

Wahrheit‹ das Prädikat einer philosophischen Abhandlung zugesprochen werden darf«.[32]

3.5 Der symbolische Begriff »ein lebendes, seiendes, existierendes Denken« (lebendú wesendú istigú vernúnftikeit)

Im Folgenden ›dritten‹ Verfahrensschritt der ›re-finitisierenden Symbolisierung‹ (*via eminentiae*)[33] reflektiert Seuse nun darauf, was im einzelnen der methodische Schritt bedeutet, diesen Grenzbegriff nicht nur als Grenzbegriff zu markieren (*ponere* – setzen), sondern ›als Symbolbegriff‹ kontrolliert in den wissenschaftlichen Begriffszusammenhang der Philosophie und der christlichen Theologie einzubringen.

Dieser abschließende Verfahrensschritt ermöglicht es nun, wiederum vom Ausgangskontext ›Nichts‹ her, das durch Ausschluss gewonnene Gegensatzpaar ›Nichts‹ und ›Unterscheiden‹ (*Unterscheit*) ›sowie‹ den durch Ausschlussnegation gewonnenen *universe of discourse* des »ewigen Nichts« oder »Nichts in seinem Urgrund« neu auf symbolisch-finisierte Weise als ›das Eine‹ in den Blick zu nehmen:

Beide Gegensatzbegriffe werden ›erst jetzt‹ wie Artbegriffe eines neuen Spielraums betrachtet. Dabei wird der unbestimmte *universe of discourse,* der Grenzbegriff »Nichts in seinem Urgrund« perspektivisch oder aspekthaft eingeschränkt. Eine solche pragmatisch-performative Symbolisierung ist ein ›operativer Begriff‹, kein primärer Begriff der Alltagssprache bzw. einer inhaltsorientierten Wissenschaftssprache und daher immer höherstufig.

Dass es sich bei diesem ›Seienden‹ um ›Seiendes zweiter Stufe‹ handelt, wird sprachlich in der Regel weder in den sprachlichen Vollzügen der Alltagswelt noch einer wissenschaftlichen oder philosophischen Sprachtradition markiert. Diese pragmatisch-semantisch höherstufige Reflexion der ›Analogie‹ (als πρὸς ἕν-Relation) wird, wenn überhaupt, durch Verwendung geeigneter Metaphern[34] und durch zusätzliche philosophische Kommentierung ins Bewusstsein gehoben. Sie verknüpft syntaktisch-semantische mit pragmatisch-performativen Elementen. Hier liegt kein strukturiertes Ergebnis vor, das vom Weg seiner Erstellung und vom Vollzug dieser Erstellung durch den, der diese Analogiebildung vollzieht, abgetrennt und neutral verwendet werden könnte. Es bleibt immer performatives *symbolizing by doing.* So kommt in das Praktizieren

---

32 STURLESE, Buch der Wahrheit, S. XXVIII.

33 Die Bezeichnung ›via eminentiae‹ ist insofern irreführend. Sie denkt von dem im Ausgangsbegriff verwendeten Sprachzeichen her und verweist dadurch auf den höherstufigen Gebrauch, dass sie die Verwendung des Sprachzeichens als über alle Bestimmtheit hinaus kennzeichnet. Dass der Weg von der Markierung des Grenzbegriffs dabei zurück zu einer ihn wieder finitisierenden und verendlichen pragmatisch-performativen Verwendung führt, wird dabei aber nicht gekennzeichnet.

34 Vgl. ROESNER, Bilder der Eigenschaftslosigkeit, passim.

logischer Bestimmungen ›Subjektivität‹ als Tätigen logischer Bestimmungen auch für formallogische Zusammenhänge irreduzibel ins Spiel.

Für Seuse wie für seinen Lehrer Meister Eckhart war durch die neuplatonische Tradition (Pseudo-Dionysios, Proklos, ›Liber de Causis‹) ausgesprochen und gesichert, dass es sich beim Gebrauch von Grenzbegriffen (Gott, den Transzendentalien) nicht um die gewöhnliche Verwendung bestimmter Begriffe handelt. Auch die Analogielehre des πρὸς ἕν (Proportionsanalogie) dürfte so verstanden worden sein. Die Höherstufigkeit galt sozusagen im Licht der neuplatonischen Seinslehre als selbstverständlich anerkannt – erst die Thematisierung der Analogielehre im Kontext des endlichen Kosmos des Aristoteles hat dann Meister Eckhart dazu geführt, die Analogie wieder stärker in den Zusammenhang der neuplatonischen Strömungen einzubinden, wie sie in der Schule Alberts gepflegt wurden, und zu betonen, dass das Erkennen (*intelligere*) das Sein (*esse*) begründet.[35] Seine Theologie des ›Nichts‹, des ›Seelenfünkleins‹ und des ›Bürgleins‹ sowie des *intellectus possibilis* der *mügelichen Vernunft* und *der gottesgeburt* sind Bildreden, die sich für Eckhart in besonderer Weise dazu eigneten, die Höherstufigkeit des symbolisierten Begriffs des im Denken thematisierten Einen bzw. Gottes zu markieren und für theologische Aussagen fruchtbar zu machen. ROESNER beschreibt diese pragmatisch-performativ mitzuvollziehenden Bildreden als ›relationale Metaphorik‹.[36] Eckhart habe vor der Aufgabe gestanden, »Vergleiche zu finden, in denen die Dynamik von Gottes Rede im ursprünglichen Sinne, als unausprechliche Mitteilung der reinen, wirklichkeitschaffenden Form zum Ausdruck kommt«.[37] Seuse ist ihm auf diesem Weg gefolgt.

Seuse beschreibt im Kontext des II. Kapitels die symbolische Refinitisierung präzise als das Problem, diesen Grenzbegriff wie einen endlichen Begriff

---

35 Thomas von Aquino hatte der Offenbarungstheologie einen Eigenbereich gegenüber der Philosophie eingeräumt, und damit *intelligere* und *esse* an diesem Kontext voneinander abgekoppelt. Eckhart kritisierte daher die Deutung der Leistungsfähigkeit der Analogielehre durch Thomas. In seiner Pariser Quaestio bestritt er gegenüber Gonsalv die thomanische These des »*esse est intelligere*«. Die letztlich auf dinglich-naturale Verhältnisse aufbauenden *quinque viae* und die dort in Anspruch genommene Analogiebeziehung erschließe nur ›schlechte Unendlichkeit‹, da es nicht ursprünglich mit Gottes Intellekt eines sei. Das sich dem menschlichen Intellekt vermittelnde göttliche Sein komme gleichsam von außen. Deshalb sei mit dem ›Liber de causis‹, den ja auch Seuse in Kap. 1 ausführlich zitiert, die These zu vertreten, »*intelligere est esse*« (vgl. dazu etwa die Darstellungen bei DE LIBERA, Le problème de l'être – eine knappe, treffende Zusammenfassung gibt er S. 60–61 –, MANSTETTEN, Esse est deus, S. 253–302, und WITTE, Meister Eckhart, S. 123–132).

36 ROESNER zählt drei Gruppen solcher ›legitimer Bilder‹ auf: (1) aus der belebten Natur: Zeugung, Empfangen, Wachstum, Geburt; (2) aus der unbelebten Natur: Feuer und Hitze, Sprudeln und Überwallen, Spiegelung von Lichtstrahlen; (3) geometrische Verhältnisse wie Mittelpunkt des Kreises oder der Kugel zu ihrem Umfang.

37 ROESNER, Bilder der Eigenschaftslosigkeit, S. 37.

mit einem Ausdruck benennen zu müssen, der in der alltäglichen, vorwissenschaftlichen oder auch wissenschaftlichen Sprache dazu dient, finite Allgemein-
begriffe zu bezeichnen.

> *Und us dem so mĕhte man ime sprechen ein ewiges niht. Aber doch so man von eime dinge reden*
> *sol, wie übertreffenlich ald übermerklich es ist, so mŭz man im etwaz namen schepfen. Diser*
> *stiller einveltikeit wesen ist ir leben und ir leben ist ir wesen. Es* ›*ist ein lebendú wesendú istigú*
> *vernúnftikeit, daz sich selber verstat und ist und lebt selber in im selber und ist daz selb*«. *Nu*
> *enkan ich es nit me fúrbaz her us bringen, und dis heis ich die ewigen ungeschaffen warheit* (II,
> 25–34).[38]

Der bisher vorläufig als »ewiges Nichts« und jetzt mit der paradoxen, jede Bestimmtheit negierenden Metapher »stille Einfachheit« bezeichnete Grenzbegriff wird auf diese Weise ausdrücklich als Symbolbegriff gekennzeichnet.

Soweit stehen Meister Eckhart und Heinrich Seuse in der klassischen Tradition des Neuplatonismus, wie der ausdrückliche Verweis auf Proklos zeigt.
Neu ist die Darstellung dieses Symbolbegriffs des *ewig niht* durch den Gedanken des *intellectus* (νοῦς).

Seuse greift dazu auf eine Formulierung Meister Eckharts zurück und gibt
geradezu eine (Wesens-)definition für seine symbolisch höherstufige Redeweise:

Das wahre Nichts ist *ein lebendú wesendú istigú vernúnftikeit, daz sich selber*
verstat und ist und lebt selber in im selber und ist daz selb (»ein lebendes, seiendes,
existierendes Denken, das sich selber denkt und ist und lebt in sich selber und
ist dasselbe« II, 30–32).

Dieser symbolische Begriff Gottes liegt aller weiteren philosophischen und
theologischen Argumentation Seuses zugrunde. Er enthält mehrere bemerkenswerte Gesichtspunkte:

1) Gott ist natürlich traditionsgemäß ›Sein‹ (οὐσία, *esse*),
2) aber dieses *esse* ist sprachlich als das Attribut *istig* (ὄν, *ens*) neben die
   wichtigere Grundbestimmung *vernúnftikeit* (*intellectus*, Denken) gestellt.
3) Sein *intellectus* ist unablässige (lebende seiende, *lebendú wesendú*) Tätigkeit (*actus purus*), und zwar
4) nicht als Produzieren von etwas Gegenständlichem (›außer ihm‹), sondern
5) als sich-wissende Vernunft (*die sich selber denkt und ist und lebt in sich selber*
   und ist dasselbe).

---

38 »Andererseits, will man von etwas sprechen, wie erhaben und über alles Verstehen es ist,
   so muss man ihm irgend einen Namen geben. Das Wesen dieser stillen Einfachheit ist
   ihr Leben und ihr Leben ist ihr Wesen. Es ›ist ein lebendes, seiendes, existierendes Denken, das sich selber denkt und ist und lebt in sich selber und ist dasselbe‹. Weiter kann
   ich es nicht ausdrücken, und dieses Wesen nenne ich: ›Ewige ungeschaffene Wahrheit‹«.

6) Als Symbolbegriff bildet das »existierende Denken« (*istigú vernúnftikeit*) Gottes den obersten Gattungsbegriff (Spielraum) eines Begriffsnetzes und geht damit als intensionale Bestimmung in alle Artbegriffe ein. Meister Eckhart hatte dies methodisch als univoke Verwendung dieses Begriffs verstanden.[39]

Die Philosophiegeschichtsschreibung hat dafür den Begriff ›Intellekttheorie‹ gefunden. Dies ist nicht falsch, aber es scheint mir wichtig, dass nicht außer Acht gelassen wird, dass es sich hier um eine logisch wohldefinierte ›symbolische Redeform‹ handelt. Dass von einem solchen performativ höherstufigen symbolischen Begriff Gottes als »existierendes Denken« (*istigú vernúnftikeit*) her die Fragen von Einheit und Vielheit in Gott, die sowohl die Begriffe der Trinität als auch der Inkarnation Christi betreffen, methodisch kontrolliert entfaltet werden können, zeigt Seuse in den folgenden Abschnitten und im Dialog des Jüngers mit *dem wilden*, wo er mit allem Nachdruck betont, dass Denkakt und Denkgehalt keinesfalls zusammenfallen können, da das Denken in doppelter Hinsicht als »kreatürliches Sein« (*kreatúrlichs iht*) verstanden werden muss:

> *Der nemi es nit rehte, wan es enist nit allein in dem grunde, es ist öch in im selbe ein kreatúrlichs iht hie usse und blibet, daz es ist, und nach dem so múz man es öch nemen. Were daz ime engienge sin underscheid nach der wesunge als nach der nemunge, so mëht es bestan [...] Hie von sol man alweg haben gůten underscheit* (VII, 62–68).[40]

Soweit ist nun der methodische Grund für alle weitere Argumentation gelegt.

3.6 Die Wende

STURLESE hat herausgearbeitet, dass Seuse den Weg des Dialogs und der rationalen Diskussion für die Auseinandersetzung mit den Freigeistern nicht zuletzt deswegen gewählt hat, um der falschen Inanspruchnahme der Lehren Meister Eckharts entgegenzutreten, aber zugleich auch, um den Meister von häretischen Fehldeutungen seiner Ansichten freizusprechen, wie sie ihm auch in der Verurteilungsbulle unterstellt wurden, und ihnen gegenüber als orthodox auszuweisen. Primär ist allerdings die pastorale Absicht, das Gegenüber als Gesprächspartner ernst zu nehmen und auf den Grundfehler seines Denkansatzes hinzuweisen.

Von daher erstaunt es nicht, wenn Seuse die Gestalt *des wilden* seine Grundthese von der *ledigen friheit* anhand von vier falsch gedeuteten Aussagen Meister Eckharts über das Nichts (*daz ein hoher meister si gewesen, und daz der absprechi*

---

39 Siehe DE LIBERA, Le problème de l'être.

40 »Dann wäre es nicht richtig begriffen, denn es ist nicht nur im Grund, es ist auch in sich selbst ein kreatürliches Seiendes, insofern es außerhalb des Grundes ist, und bleibt, was es ist, und so muss man es auch begreifen [...] Dies soll man stets gut unterscheiden«.

allen underscheit VII, 69–71)[41] entwickeln und begründen lässt, die in dieser Bulle als häretisch (oder zumindest *male sonans*) verurteilt werden. Alle vier Thesen handeln von einer Aufhebung von Unterscheidungen, die *daz wilde* natürlich im Sinne seines Nichts der absoluten Ununterschiedenheit versteht. Die Brisanz der von Seuse gewählten Thesen Meister Eckharts liegt darin, dass sie genau jene Punkte seiner Christologie fokussieren, in der er (so die erste These als Oberthese) eine Einheit (Unterschiedslosigkeit) des wiedergeborenen *edelen* Menschen mit Gott thematisiert.

Die drei weiteren Thesen führen drei Aspekte dieser Ununterschiedenheit näher aus: (2) der wiedergeborene Mensch und Christus sind eins, (3) der wiedergeborene Mensch wirkt alle Werke Christi, denn (4) ihm ist alles gegeben, was Christus hatte. Seuse verweist damit den Leser noch einmal auf die Kapitel V und VI, in denen er die entspechenden Fragen des noch nicht hinreichend belehrten Jüngers durch die Gestalt (*glichnús*) der ›Ewigen Wahrheit‹ bzw. des ›Wortes‹ (also des himmlischen Christus), die sich *herabe liezsi als ein weslicher mensch* (»wie ein leibhafter Mensch zu ihm hinabließ« VI, 17 f.), beantworten lässt: Kap. V handelt *Von dem waren inkere, den ein gelazsener mensche durch den einbornen sun nemen sol* (»Von der wahren Rückkehr eines gelassenen Menschen durch den eingeborenen Sohn«); Kap. VI gibt dann einen Abriss *Von den hohen und nützen fragen, die ime dú warheit lies werden von der glichnússe eins gelassen menschen* (»Von den schwierigen und wichtigen Fragen, die die Wahrheit mit ihm aufgrund der Gestalt eines gelassenen Menschen erörterte«).

Der Wandel des Selbstverständnisses des noch unbelehrten Jüngers wird in diesen Kapiteln als ein Standpunktwechsel dargestellt, der dem hier behandelten durchaus vergleichbar ist. Der in seiner christlichen Religiosität noch naiv-unreflektierte Jünger ist ebenfalls einer Sichtweise verhaftet, wie sie das bloße Geschaffensein des ›natürlichen Menschen‹ mit sich bringt, die in Eckhartscher metaphorischer Terminologie als »Ausbruch« (aus dem unmittelbaren Sein bei und in Gott) in die kreatürliche Welt der Schöpfung gedeutet wird. Im Laufe seiner Unterredungen gewinnt er eine neue Sicht, in der der Mensch frei geworden ist, seine Bestimmung durch Gott anzunehmen und so zum »Durchbruch« in einen vernünftig reflektierten Glauben findet.

> *Von der kreaturen gewordenlichem usbruche habe ich die warheit wol verstanden. Ich horti nu gerne von dem durchbruche, wie der mensch durch Christum sol widerinkomen und sin selikeit erlange* (V, 3–6).[42]

---

41 STURLESE führt vier Artikel aus der Verurteilungsbulle an, in denen solches ›Leugnen aller Unterschiede‹ zu finden sei: Art. 10, 21, 22 und 24.

42 »Die Wahrheit vom Ausbruch und Werden der Kreatur in der Zeit habe ich richtig verstanden. Gerne hörte ich jetzt von dem Durchbruch, wie der Mensch durch Christus wieder zurückkehrt und seine Seligkeit erlangt«.

Die metaphorische Redeweise von ›Ausbruch‹ und ›Durchbruch‹ sind nicht so
zu verstehen, dass hier Gott bzw. Christus ohne den Menschen handele. Die
»wahre Rückkehr eines gelassenen Menschen durch den eingeborenen Sohn«
kann dann stattfinden, wenn er begreift, was ihn mit diesem verbindet. Dass
beide auf wohlbestimmte Weise identisch wie auch verschieden sind, wird von
Seuse überdeutlich herausgestellt: gemeinsam ist beiden die menschliche Natur, als individuelle Person sind sie verschieden (VI, 7–42):

> *Aber dú einunge der infleischunge Christi, sit daz si ist in einem persönlichen wesenne, so überget*
> *si und ist hôher denne dú einunge des gemûtes der seligen zû gotte* (VI, 31–34).[43]

Dass dennoch ein Einswerden möglich ist, unterstreicht Seuse, indem er der
Gestalt der ›göttlichen Wahrheit‹ ein Zitat aus dem Römerbrief des Paulus in
den Mund legt, das im Sinne der Lehren Meister Eckharts ausgelegt wird:

> *Als da stat geschriben, daz »alle die, die er hat fúrsehen, die hat er vorbereit, daz sú wúrdin*
> *mitförmig mit dem bilde des sunes gottes, daz er der erstgeborn si under vil andren«* (V, 45–49).[44]

Es gilt nun, die praktischen Konsequenzen dieser neuen Sichtweise zu erar-
beiten, wie es der Jünger in den vorigen Kapiteln hatte tun müssen und wie
es auch *dem wilden* bevorsteht. Dies geschieht durch eine genaue Analyse der
Ausdrücke *sich* und *lazsen*, deren Zusammenfügung zum *sich-laszen* für das ge-
lingende Übergehen von der egozentrisch-naturhafte Sicht *des wilden* zur Sicht
des *gelâzenen* Menschen steht.

Wie diese Einung mit Christus im Sinne philosophischer und erkenntnis-
metaphysischer Fragestellungen und Kontroversen näher gedacht werden
müsse, behandelt Seuse wohl mit Rücksicht auf den primär in Klöstern und
religiösen Gemeinschaften lebenden, aber nicht akademisch gebildeten Adres-
satenkreis in dieser Schrift nicht näher. Deswegen kommen so zentrale Lehren
und Predigtthemen Meister Eckharts wie die des Seelenfunkens und der Gottesgeburt in der Seele, des *intellectus possibilis,* der sich von endlichen Objekten
seines Interesses und seiner Begierden weg hin zur unendlichen Offenheit des
Willens Gottes weiten kann, nicht zur Sprache. Aber sie sind natürlich in der
Darstellung der gedanklichen Voraussetzungen des erforderlichen Standpunktwechsels anwesend und mitthematisiert. Wer von diesen Lehren gehört hatte,
konnte sich anregen lassen, das Gehörte auch nach der Verurteilung Meister
Eckharts auf dem Weg zu *rehter gelazsenheit* in sich wirken zu lassen.

Das Entscheidende an den Argumenten, die der durch Christus belehrte
Jünger gegenüber *dem wilden* vorzutragen im Stande ist, liegt in der Demonstra-

---

43 »Da aber die Einung in der Menschwerdung Christi in einem persönlichen Wesen besteht, übertrifft diese die Einung der Seligen mit Gott und ist höher als sie«.
44 »Es steht nämlich geschrieben, ›daß er alle, die er ausersehen hat, dazu vorherbestimmt
   hat, daß sie mit dem Bild des Gottessohnes gleichgestaltet würden, so daß er der Erstgeborene unter vielen anderen sei«« (Rm 8,29).

tion, dass ›Denkalternativen‹ zum Standpunkt des natürlichen Menschen möglich sind. Der Jünger lässt sich jeweils neu auf die sich hartnäckig wiederholenden Versuche *des wilden* ein, seine nach Seuse falsch verstandenen Thesen Meister Eckarts zu rechtfertigen, lobt sein *scharfes gemerke* und zeigt ihm immer wieder Ansatzmöglichkeiten zu differenzierterem Denken (*aller ordentlicher underscheit aller dingen* VII, 54 f.) auf. Der Jünger ist dazu in der Lage, da er selbst, wie Seuse in den vorigen Kapiteln gezeigt hat, durch eigene Einsicht diese ›wahre Rückkehr‹ vollzogen hat und selbst zumindest im Ansatz »wahrhaft gelassen« (*riht gelazsen*) geworden ist.

> *Daz wilde zoh aber fúr und meinde, daz er absprechi alle glicheit und vereinunge und daz er úns sazti bloz und entglichet in die blozsen einikeit. Der Iunger antwúrt und sprach: Dir gebristet ane zwivel, daz dir nit lúhtet der underscheit, von dem da vor geseit ist, wie ein mensche ein súlle werden in Christo und doch gesúndert bliben, und wa er vereinet ist und sich unvereinet eins nemende ist. Weslich lieht hat dir noch nit gelúhtet, wan weslich lieht lidet ordenunge und underscheit, entwiset von usbrúchiger manigvaltikeit. Din scharphes gemerke richset mit gúnlichi dez liehtes der nature in behender vernúnftikeit, daz da vil glich lúhtet dem liehte der gètlichen warheit* (VII, 131–143).[45]

An diesem Punkt bricht das fiktive Gespräch ab, denn nun ist der Augenblick gekommen, an dem *daz wilde* zu der Einsicht geführt worden ist, dass sein Denken fehlerhaft und in der ›überschwänglichen Vielheit‹ (*usbrúchige manigvaltikeit*) nicht vom ›Licht der Natur‹ zum ›Licht der göttlichen Wahrheit‹ gefunden hat. Es schweigt und hört auf, Einwände vorzutragen. Stattdessen beugt es sich dem Anspruch des wirklichen Lichts der Wahrheit, die ihm der Jünger in Aussicht gestellt hat und bittet *mit ergebenlicher untertenikeit* um weitere Darlegungen, und zwar derart, wie sie der Leser durch die vorigen Kapitel bereits kennt. *Daz wilde gesweig und bat in mit ergebenlicher undertenikeit, daz er fúrbaz rúrti den nútzen underscheit* (VII, 144 f.).[46]

Die genaue Formulierung der Bitte *des wilden*, ›diese wichtige Unterscheidung‹ weiter darzulegen, nämlich »wie ein Mensch mit Christus eins werden soll und doch von ihm unterschieden bleibt«, macht deutlich, dass es den Kern-

---

45 »Das Wilde setzte aber dagegen, daß er jede Ähnlichkeit und Vereinigung leugne und uns – aller Ähnlichkeit entkleidet – als vollkommen eins darstelle. Der Jünger antwortete: Dir fehlt zweifellos die erleuchtende Unterscheidung, von der wir sprachen, wie ein Mensch mit Christus eins werden soll und doch von ihm unterschieden bleibt; inwiefern er vereint ist und inwiefern er sich als trotz Getrenntseins eins begreift. Das wirkliche Licht hat dich noch nicht erleuchtet, denn wirkliches Licht bringt Ordnung und Unterscheidung und führt uns von überschwänglicher Vielfalt weg. Deine scharfe Aufmerksamkeit herrscht mit der Herrlichkeit des Lichtes der Natur in klugem Denken, das dem Licht der göttlichen Wahrheit sehr ähnlich ist«.

46 »Das Wilde schwieg und bat ihn nachdrücklich und untertänig, daß er diese wichtige Unterscheidung weiter ausführe«.

punkt seines fehlerhaften Denkens begriffen hat. Der Jünger fasst das Ergebnis zusammen und bestätigt diese Einsicht *des wilden*.

Der meiste gebreste, der dich und dine glichen entsetzet, der lit dar an, daz úch gebristet gûtes underscheides vernúnftiger warheit (VII,146–148).[47]

Mit einer kurzen *adhortatio*, diese »Lehre mit Fleiß zu befolgen« (*diser tŏgenlichen lere flizsig wesen*) lässt Seuse das Gespräch enden. In den letzten Worten des Dialogs mit *dem wilden* ist damit auch die ethisch-praktische Dimension dessen angeklungen, was sich Seuse und vor ihm Meister Eckhart begrifflich erarbeitet haben. Beides ist nicht gegeneinander auszuspielen.

4. Performatives Symbolisieren – die logische Darstellung des Vollzugs, vernünftiges Christentum im Geiste der *gelâzenheit* zu denken

Auch wenn ich hier die philosophische Leistung, die begrifflich-argumentative Gedankenführung im ›Buch der Wahrheit‹ herausgearbeitet habe, heißt dies keineswegs, dass ich dafür plädiere, Seuse und seinen Lehrer nur als Philosophen wahrnehmen. Wenn sie beide als Seelsorger (*lebemeister*) predigen und als Gelehrte (*lesemeister*) *gelâzenheit* und *vernúnftikeit* lehren, dann ist dies Seelsorge von einem (philosophisch-)begrifflich ausgewiesenen religiösen Standpunkt her. Dass Eckarts und Seuses Verständnis christlicher Theologie ein uneingeschränktes Bekenntnis zur Vernünftigkeit dieses Christentums bedeutet, das zu leben sie lehren möchten, ist immer im Blick zu behalten.

Ein vernunftgeleiteter christlicher Glaube – das ist die ›Morgenerkenntnis des edlen Menschen‹, zu der auch nach dem Jünger, den Christus, die ewige Wahrheit geführt hatte, nun auch *daz wilde* geführt worden ist. Der pragmatisch-performative Vollzug dieses Wechsels schließt die oben ausführlich in ihrer Logik analysierte höherstufige symbolische Verwendung des Gottesbegriffs durch *symbolizing by doing* mit ein, und zwar nicht nur als gedanklich interessante logische Operation, sondern eine, die die eigene Lebenswirklichkeit neu sehen lässt und das eigene Tun entsprechend umorientiert.

In diesem Zusammenhang möchte ich abschließend kurz auf drei Äußerungen von Eckhartinterpreten zu sprechen kommen:

Manstetten, für mich einer der sorgfältigsten Interpreten Meister Eckharts,[48] der die vielfältigen systematischen Momente seines Denkens mit Einfühlsamkeit zusammengetragen hat, kommentiert in diesem Sinne ›Eckharts

---

47 »Der größte Mangel, der dir und deinesgleichen schadet, besteht darin, daß es euch an der richtigen Unterscheidung der Wahrheit im Denken fehlt«.
48 So Manstetten, Esse est deus. Er hat in dieser umfassenden Gesamtdarstellung mit sehr viel Differenzierungsvermögen philosophische und theologische Momente im Denken Eckharts herausgearbeitet.

Stellungnahme zur Predigt 2 im Kölner Häresieprozeß‹,[49] in welcher sich der
Meister auf die ›Wahrheit seines Herzens‹ beruft und führt aus:

> »Ein derartiges Herz ist für Eckhart die Lebensmitte des Menschen, der gemäß der
> Wahrheit lebt. Mit seiner Betonung des Herzens akzentuiert Eckhart etwas, das der re-
> ligiösen Wahrheit eigen ist, aber auch der Wahrheit der Ethik nicht fremd sein darf. Das
> rechte Verständnis der Lehre des Christentums und der ihr gemäßen Dogmen offenbart
> sich in einem rechten Leben« (S. 298).

MANSTETTEN lehnt es daher zu Recht ab, einer ›Wahrheit der Propositionen‹
eine ›Wahrheit des Herzens‹ gegenüberzustellen, nämlich die Annahme, »dass
es neben der Wahrheit, die sich propositional fassen läßt, für Eckhart eine andere, propositional nicht faßliche, ›mystische‹ Wahrheit gibt« (S. 298).

Ein solches Nebeneinander spielt auf unfruchtbare Weise Philosophie und
Glaube als Bereiche gegeneinander aus, wie die einseitige Betonung der Tätig-
keit des ›Lehr-‹ vor der des ›Lebemeisters‹. MANSTETTEN sieht Eckhart, den
Meister, dem es gelungen ist, Leben und Lehre zu vermitteln, dennoch an eine
Grenze gelangt und fasst seine Sicht zu dieser Frage wie folgt zusammen:

> »Aber die Stellen, die wir hier betrachtet haben, zeigen die Grenzen dieses Vorgehens.
> Eckhart mochte spüren, daß er sich mit seinem Versuch, die Wahrheit des Glaubens
> einerseits durch die Argumente der Philosophen auszulegen und sie andererseits so aus-
> zusprechen, wie sie sich als lebendige, auf keine Begründung wartende Wirklichkeit in
> ihm ereignete, auf einem schmalen Grad bewegte« (S. 299).

MANSTETTEN ist nämlich der Ansicht, dass sich der ›Kern der Wahrheit‹ dessen, was Eckhart lehrte – im Sinne des λόγος der abendländischen Philosophie
– im letzten nicht begründen lässt (S. 299). Er meint damit die ›mystischen Erfahrung‹ bzw., wie es oben geheißen hat, ›Einsicht seines Herzens‹, die er so
darstellt:

> »Nur ein Mensch, der gemäß seiner *vernünfticheit* lebt, kann die Wahrheit, in der Den-
> ken und Leben eins sind, einsehen und aus der Fülle seines Herzens heraus in seinem
> Handeln manifestierten. Die Bereitschaft, sein Leben ganz auf *vernünfticheit* auszurich-
> ten, hat Eckhart an einigen exponierten Stellen seiner deutschen Werke als ein *prius* aller
> seiner Argumente genannt. Damit hat er eine derartige Ausrichtung auf die Einsicht der
> Wahrheit zugleich als den Grund seiner Lehre, als den Grund jeden spirituellen Lebens
> und, so darf man vielleicht auch hinzufügen, auch als den Grund einer philosophischen
> Existenz gesehen« (S. 300).[50]

---

49 MANSTETTEN, Meister Eckharts Stellungnahme zu Predigt 2 im Kölner Häresieprozeß.
50 Auf dem Hintergrund dieser Überlegungen kommt MANSTETTEN zu einem bemerkenswerten Urteil über die unhaltbare Schieflage des Prozesses gegen Eckhart, da es hier
   »auf der Ebene des Diskurses innerhalb eines Verfahrens ausschließlich um Argumente
   ging, nicht aber um ihre Bedeutung im Leben und Sein«. (S. 300) Insofern er Argumente in einem rechtlichen Kontext anspricht, die als ›quaestiones facti‹ in der Tat keine
   pragmatisch-performativen Gesichtspunkte einbeziehen können, ist dies sicher richtig,

Ein solche Bereitschaft sei nicht argumentativ vermittelbar und Eckhart habe daraus auch im Prozess ›kein Argument gemacht‹. Er habe zwar versucht, »in einer Weise zu argumentieren, die die Anwesenheit dieser Wahrheit nicht verstellte. Dennoch gibt es ein Moment der Verkürzung und Entstellung, das nicht nur der Rechtfertigungsschrift anhaftet, sondern wohl jedem Versuch einer rein argumentativen Rettung Eckharts« (S. 300).

Ich habe MANSTETTENS Ausführungen über Eckhart im Kontext der Untersuchung des pragmatisch-performativen Standpunktwechsels von der »Abenderkenntnis« des wilden zur »Morgenerkenntnis« des edlen Menschen in Seuses ›Buch der Wahrheit‹ deswegen so ausführlich erörtert, da er genau jenen systematischen Gesichtspunkt fokussiert, den ich für Seuse mit dem Übergang zu einem Standpunkt analysiert habe, der eine höherstufige symbolische Verwendung des Gottesbegriffs durch *symbolizing by doing* miteinschließt. Ein Argument als eine ›von außen‹ kommende Wahrheitsanmutung verweist immer nur auf dinglich-gegenständliche Verhältnisse. Eine solche Sichtweise hinter sich zu lassen, hat in Seuses ›Buch der Wahrheit‹ Christus erst dem Jünger und dann der Jünger *dem wilden* angemutet. Was dies begrifflich bedeutet, wurde dabei von Seuse im Dialog des Jüngers mit *dem wilden* dargestellt und im Kontrast zu gegenständlichem Denken analysiert. Der Vollzug des Standpunktwechsels muss *daz wilde* selbst ins Werk setzen.

SCHÖNBERGER hat sich ebenfalls in zwei Arbeiten mit diesem Thema beschäftigt.[51] Er behandelt den Vollzug der durch den symbolischen Grenzbegriff ›Gott‹ konstituierten Perspektive als ›Innewerden der Einheit mit Gott‹: »Die Einheit mit Gott, zu der Eckhart anleiten will, ist eine, die immer schon besteht«.[52]

Dies kommt einem performativen Verständnis sehr nahe, insbesondere dadurch, dass er den Vollzugscharakter dieser Einheit als ›Inhalt eines Innewerdens‹, nicht als ein ›psychisches Ereignis‹ verstanden wissen will.

> »Da die angezielte Einheit jedoch kein dem Wissen gegenüber unabhängiger Vorgang sein kann, bedarf sie eines Innewerdens. Das Innewerden muss zwar mit allem Aufwand vorbereitet werden, kann aber auch nur vorbereitet werden. Es kann nicht der Schluss eines Arguments sein. Denn zu diesem Gedanken gehört wesentlich eine Leistung der Identifikation« (S. 217).

Diese nicht-psychische ›Tat-Handlung‹ beschreibt genau den von mir betonten pragmatisch-performativen Aspekt des Perspektivwechsels, der im Einnehmen der neuen Perspektive durch den oder als Vollzug des finitisierten Symbolbe-

---

und er bewegt sich auf der gleichen Ebene moderater Deutungen des ›Prozesses gegen Eckhart‹, wie sie TRUSEN (1988, 1992 und 1997) vorträgt.

51 SCHÖNBERGER, Wer sind ›grobe liute‹; DERS., Meister Eckhart.
52 SCHÖNBERGER, Meister Eckhart, S. 217.

griffs ›Gott‹ konstituiert wird. SCHÖNBERGER bestimmt von der individuellen Dimension dieses Vollzugs her als ›existentielles Verstehen‹:

> »›Existentiell‹ ist ein Verstehen zunächst dann, wenn der Verstehende sich nicht mehr in bloß theoretischer Distanz zum Sachverhalt hält, sondern sich damit so identifiziert, daß er seine eigene Beteiligung in ihrer Unvertretbarkeit bewußt vollzieht«.[53]

Diese »eigene Beteiligung in ihrer Unvertretbarkeit« ist ein transzendentaler Gesichtspunkt alles begrifflichen Denkens – das ›Ich denke‹, das alle meine Vorstellungen begleiten können muss, aber nicht bloß formal-funktional (Kants Selbstmissverständnis) als extensionaler Bereichsmarker, sondern als intensionale Horizontbestimmung des als endlich eingeführten ›eigentlich unendlichen‹ Spielraums. Durch Vollzug meines Denkens ist der symbolisch finitisierte Gedanke Gott im Denken und somit Gott selbst immer anwesend.

Dass philosophisches Argumentieren in diesem systematischen Kontext performativer Rede, die durch Handeln wirklich macht, sich nicht mehr nur auf inhaltliche Sachfragen oder Sachverhalte bezieht, sondern als Vollzug, oder besser als ein Vollziehen, das sich im Vollzug als ein solches begreift, zu verstehen ist, ist als unabtrennbares Moment eines wohlbestimmten gedanklichen Argumentationsschrittes aufgewiesen worden.[54]

Im Lichte dieser Rede ist es Sache jedes Menschen, ob er sich die Egozentrik *des wilden* zu Eigen macht – seinen ›Eigen-sinn‹ und seine ›Eigen-schaft‹, zu der er als Kreatur in der Welt ›ausgebrochen‹ ist –, durch die Orientierung seines *intellectus possibilis* an einzelnen Gegenständen seiner individuellen Begierde fest-stellt oder ihn auf den unendlichen und allgemeinen Horizont hin öffnet, in Bezug auf den er zur wahren *gelazsenheit* ›durchzubrechen‹ vermag.

Abschließend möchte ich auf die hervorragende Deutung von ROESNER verweisen,[55] die in ihrem Aufsatz in diesem Band ebenfalls den performativen Charakter der theologischen Rede Eckarts herausgearbeitet hat.[56] Zuleich betont sie deren immanent praktische Dimension:

> »Dem ungeschaffenen Ich gemäß zu leben ist also gerade keine Strategie, mit der man sich gegenüber dem Leid der Mitmenschen gefühllos machen und immunisieren könnte, im Gegenteil: Gerade insofern das Ich absolutes Bewusstsein und Sitz der Gerechtigkeit als solcher ist, wird es von allen Ungerechtigkeiten und allem Leid, das den Menschen

---

53 SCHÖNBERGER, Wer sind ›grobe liute‹, S. 250.
54 Genau an dieser Stelle wäre von Meister Eckhart und Heinrich Seuse als Vorläufer einer modernen Transzendentalphilosophie zu sprechen.
55 ROESNER, Eine Wahrheit in vielerlei Weisen.
56 »[Eckharts] Absicht ist vielmehr, aufzuzeigen, daß jede Form von historischer Individualität und Kontingenz immer schon exemplarischer Ausdruck universaler Gesetzmäßigkeiten ist, die zur Gänze mit der Vernunft erkannt werden können [...] Das bedeutet, daß [...] das Vernunftwesen [...] selbst Urheber und Ursprung aller möglichen satzhaft formulierbaren Erkenntnisse ist und seine eigene Vernunftnatur in diesen auf performative Weise manifestiert« (ROESNER, Eine Wahrheit in vielerlei Weisen, S. 143).

auf der ganzen Welt geschieht, in absoluter Weise mitbetroffen; ist es aufgrund des Fehlens einer empirisch-perspektivischen Abschattung doch ›überall Zentrum und nirgends Peripherie‹«.[57]

Ein solches *symbolizing by doing* meint in der Tat: Leistung des individuellen Ich, die immer wieder neu in jedem Denkakt mitvollzogen wird und eben auch ausdrücklich zum Thema philosophischer Untersuchung und Argumentation gemacht werden kann. Als einen solchen ›operationalen Begriff der Logik‹ hatte bereits Anselm den philosophischen Begriff »Umfassender als das nichts gedacht werden kann« (*id quo maius cogitari non potest*) analysiert und die Vernünftigkeit dargelegt, ihn zu verwenden.[58]

Wer die Eigenart dieses *symbolizing by doing* eingesehen hat, für den ist es wirklich, aber nur wirklich, wenn er es auch lebt.

> *Man kumet dar nút mit fragenne, mer mit rehter gelazsenheit kumet man zů diser verborgnen warheit. Amen* (VIII, 82–85).[59]

---

57 ROESNER, Eine Wahrheit in vielerlei Weisen, S. 148 – mit einem Zitat aus Sermo LV n. 546, LW IV, S. 457.

58 Vgl. dazu Anm. 10.

59 »Denn nicht mit Fragen, sondern mit rechter Gelassenheit gelangt man zu dieser verborgenen Wahrheit. Amen«.

Hermann Schnarr

Über eine Beziehung des Nikolaus von Kues zu Meister Eckhart

.

1. Johannes Wenck und seine Schrift ›De ignota litteratura‹

Der allererste, der auf eine Beziehung, eine geistige Verwandtschaft zwischen Nikolaus von Kues und Meister Eckhart hingewiesen hat, war ein Zeitgenosse von Cusanus, der Heidelberger Professor der Theologie Johannes Wenck von Herrenberg. Sein Hinweis auf diese Beziehung ist aber verbunden mit einer negativen Bewertung. Er will zeigen, dass Nikolaus genauso wie Meister Eckhart der Häresie verdächtig ist. Nach GEORG STEER war eines seiner »hauptsächlichsten Interessengebiete« u. a. »die Ketzerbekämpfung«.[1] Daher geht es ihm darum, die *docta ignorantia*, die Theorie des Belehrten Nichtwissens, als nicht den Glaubenssätzen gemäß zu interpretieren. Zu diesem Zweck verfasst er eine Invektive, eine Kampfschrift, die er in Anlehnung an den Titel des cusanischen Werkes ›De ignota litteratura‹ betitelt, Über das nichtgewusste Schrifttum, womit wohl vor allem die Bibel gemeint ist und auch die Schriften des Aristoteles.

Die Gemütsverfassung, die ihn dazu treibt, seine Schrift zu verfassen, nennt er gleich zu Anfang: *provocor ego ipse*,[2] ich werde aufgerufen, aufgefordert, gereizt; unser Wort provoziert steckt darin. Der Zusatz *ego ipse* betont die heftige Gemütsbewegung, in der er sich provoziert fühlt. Als was? Als Theologe, als Philosoph, als solcher aber im Dienste der Theologie, als Glaubenswächter. Ist das eine günstige Ausgangsposition, um eine wissenschaftliche Diskussion zu

---

1 Vgl. Johannes Wenck von Herrenberg, Das Büchlein von der Seele, S. 14; vgl. auch RUDOLF HAUBST, Studien zu Nikolaus von Kues und Johannes Wenck, S. 113–118, bes. S. 117: »die Konsequenzen Wencks [...] verraten [...] so etwas wie Begardophobie oder Ketzerriecherei«; S. 118: »vorwiegend durch den häresiologischen Gesichtspunkt bestimmt«; vgl. auch K. MEREDITH ZIEBART, Nicolaus Cusanus on Faith and the Intellect, S. 52: »Johannes Wenck [...] accused Cusanus [...] of represented a heretical doctrine«; S. 57: »assert the heresy«; S. 69: »that learned ignorance is a heretical doctrine«; S. 79:»however typical of Wenck's analysis [...] to render them into heretical statements«; S. 88: »trying to tie Cusanus doctrine to Eckhart [...] for the propagation of heretical doctrines was one of Wencks primary motivations«.

2 Die Schrift wurde zuerst ediert von EDMOND VANSTEENBERGHE, Le ›De ignota litteratura‹ de Jean Wenck de Herrenberg, Münster 1910. Eine verbesserte Ausgabe lieferte JASPER HOPKINS, Nicolas of Cusa's debate with John Wenck, Minneapolis 1981. Der lateinische Text befindet sich auf den Seiten 97–118 jeweils mit der Seitenangabe der Edition von VANSTEENBERGHE, die Zeilenzählung geht auf die Edition von HOPKINS zurück, nach der ich auch im folgenden zitiere (IL). IL p. 19,8: *provocor ego ipsum*.

führen? So fragt man sich.[3] Eine solch emotionsgeladene Stimmung wird für die Abhandlung ein subjektives Element einbringen, das der Objektivität, die eine wissenschaftliche Auseinandersetzung verlangt, einschränken kann. Das wird auch zu berücksichtigen sein, wenn Wenck auf Meister Eckhart zu sprechen kommt.

Diese heftige Gemütsbewegung können wir auch im Stil der ganzen Schrift feststellen. Das zeigt sich schon darin, dass er den Verfasser der von ihm zu behandelnden Schrift, deren Lektüre ihn provoziert hat, nie mit Namen nennt, obwohl dieser ihm bekannt gewesen sein muss. Höchstwahrscheinlich hat er ihn sogar persönlich gekannt und war ihm auf dem Konzil von Basel und auf verschiedenen Reichstagen begegnet. Er spricht von ihm meist als *scriba*, Schreiber, manchmal mit dem Pronomen *iste*, das oft eine etwas abfällige Bedeutung gewinnen kann, die hier beabsichtigt ist: *scriba iste*, dieser Schreiberling.[4] Die häufigste Bezeichnung ist: *hic scriba doctae ignorantiae*, dieser Schreiberling des belehrten Nichtwissens.[5] Andere Bezeichnungen sind: *vir iste doctae ignorantiae*, dieser Mann des belehrten Nichtwissens,[6] *magister doctae ignorantiae*, Meister des Belehrten Nichtwissens,[7] *hic homo*, dieser Mensch,[8] *homo ille doctae ignorantiae*, jener Mensch des Belehrten Nichtwissens,[9] *confusum et in tenebris ambulantem hunc doctum scribam ignorantem*, diesen verwirrten und in der Finsternis wandelnden belehrten nichtwissenden Schreiber,[10] und schließlich im Schlussabschnitt seiner Invektive *scribam [...] tam perniciosam*, einen so verderbenbringenden Schreiber.[11] Es geht Wenck mit diesen abfälligen oft auf die Theorie des Belehrten Nichtwissens anspielenden Ausdrücken darum, sowohl diese Theorie selbst mit den Mitteln der Ironie lächerlich zu machen als auch die Person, die diese Theorie entwickelt hat, zu treffen. Das hat auch Nikolaus so empfunden; denn er bemerkt an einer Stelle in seiner ›Apologia doctae ignorantiae‹, eine Antwort auf die Wencksche Kampfschrift: »Er zeigt, dass er eher durch einen gewissen Neid gegen die Person bewegt worden ist.«[12]

---

3 Vgl. Johannes Wenck von Herrenberg, Das Büchlein von der Seele, S. 12: »Polemische Schriften entwerfen immer ein einseitiges und meist negatives Bild des Gegners«.

4 IL p. 33,34.

5 IL p. 21,20; p. 22,16.26; p. 24,7–8; p. 25,24; p. 32,14; p. 33,18; p. 37,20; p. 38,6–7; p. 39,20.

6 IL p. 20,21.34.

7 IL p. 21,28; p. 23,20; p. 29,29–30.

8 IL p. 22,2.

9 IL p. 28,33.

10 IL p. 34,16.

11 IL p. 41,7–8.

12 Die Schrift ist erschienen in der Gesamtausgabe der Werke des Nikolaus von Kues als Band 2: Apologia doctae ignorantiae, in: Nicolai de Cusa Opera omnia. Iussu et auctoritate Academiae Litterarum Heidel-bergensis ad codicum fidem edita, hg. von RAYMOND KLIBANSKY, Leipzig 1932 (im folgenden zitiert als ADI h II). Nach dieser Ausgabe wird der lateinische Text zitiert mit Seiten- und Zeilenangabe. Die zweite Auflage, die 2007 erschienen ist, ist in Bezug auf die Seiten und Zeilen unverändert, zusätzlich bringt sie

Wenn Wenck in seiner Schrift Meister Eckhart erwähnt, geht es ihm nicht um diesen selbst, sondern er benutzt ihn, um Nikolaus von Kues mit seiner Theorie vom Belehrten Nichtwissen der Ketzerei, der Häresie zu überführen. Meister Eckhart ist für ihn Häretiker, beinahe der Häretiker par excellence. Er weiß von ihm, dass man ihn in einem Prozess in Köln angeklagt hat, und dass Sätze von ihm verurteilt worden sind. Zumindest müssen ihm die Anklagepunkte vorgelegen haben, weil er Texte daraus zitiert. Anzunehmen ist, dass er auch die Bulle ›In agro Dominico‹ gekannt hat. Da er seit 1427 der Heidelberger Theologischen Fakultät angehörte,[13] war er 1430 sicher auch an den Ketzeruntersuchungen beteiligt, die die Heidelberger Universität nach dem Bericht des Sponheimer Abtes Thrithemius[14] veranstaltete. Was kannte er sonst noch von den Schriften Meister Eckharts? Wohl kaum noch etwas anderes. Für seine Zwecke genügten die der Ketzerei verdächtigen Sätze, weil sie ihm dazu dienten, Nikolaus von Kues der gleichen Ketzerei zu überführen.

An vier Stellen seiner Schrift bezieht sich Wenck auf Meister Eckhart. Gleich zu Anfang verweist er ganz allgemein auf ihn. Es geht ihm darum nachzuweisen, dass die Theorie des Belehrten Nichtwissens die Identität von Schöpfer und Geschöpf zur Folge habe. Diese Lehre des Cusanus sei gleich den Lehren der Waldenser, von Eckhart und von Wiclef. »Denn aus welchem Geist dieses Belehrte Nichtwissen hervorgeht, das haben schon vor kurzem Waldensische, Eckhartsche und Wiclefitische Lehren vorher angezeigt.«[15]

Auf welche Schriften Eckharts oder Wiclefs oder der Waldenser sich Wenck hier für seine These bezieht, wird nicht genauer gesagt. Es geht ihm lediglich um die angebliche Ähnlichkeit der Lehre des Nikolaus von Kues mit den Lehren von den von ihm erwähnten verurteilten Häretikern. Wenn seine Behauptung bezüglich der Ähnlichkeit zwischen beiden Lehrmeinungen stimmt, ist auch die Theorie des Nikolaus von Kues als ebenso häretisch anzusehen. Deshalb ist es seine Absicht, diese als »nicht mit unserem Glauben übereinstim-

---

aber noch die Einteilung nach Nummern, deren Zeilen aber nicht gezählt sind. Im Folgenden wird zitiert: ADI mit Seitenangabe p. (pagina) und der jeweiligen Zeile nach einem Komma. ADI h II p. 14,10 n. 20: *Ostendit se potius quadam invidia contra personam motum.*

13 Vgl. GERHARD RITTER, Via antiqua und via moderna auf den deutschen Universitäten des XV. Jahrhunderts, S. 50: »Johannes Wenck aus Herrenberg, der seit 1427 der Heidelberger theologischen Fakultät angehörte«.

14 Vgl. Acta Echardiana, Appendix VII,6, LW V, S. 615; vgl. auch Johannes Wenck von Herrenberg, Das Büchlein von der Seele, S. 16 dazu Anm. 29; WALTER ANDREAS EULER, Schlaglichter auf die Einstellung des Nikolaus von Kues zu Meister Eckhart, S. 27 und Anm. 42.

15 IL p. 21,1–3: *Nam ex quo spiritu haec docta procedit ignorantia, dudum iam Waldensica, Eckardica, atque Wiclefica praemonstraverunt doctrinationes.*

mend zu bekämpfen«.[16] Das steht im Vorwort, hat also gleichsam programmatischen Charakter.

Die Kampfschrift Wencks besteht aus einem ausführlichen Vorwort und zehn Abschnitten, die Wenck Conclusiones nennt, und diesen wiederum sind in unterschiedlicher Zahl, manchmal bis zu vier, Correlarium genannte Unterabschnitte zugeordnet. Conclusio ist eine These, eine Art Hauptthese, die Correlarien sind ebenfalls Thesen, die sich aus der Hauptthese, der Conclusio ableiten lassen.[17] In den Conclusiones genannten Abschnitten zitiert Wenck Sätze aus ›De docta ignorantia‹. Diese Sätze sind allerdings erstens aus dem Zusammenhang herausgerissen und dann zweitens mit anderen wiederum aus deren Zusammenhang gerissenen Sätzen oder einzelnen Worten oder Wortgruppen kombiniert, um dann von Wenck inkriminiert zu werden. Daraus leitet er dann seine Vorwürfe, bzw. Häresieverdächtigungen ab. Man gewinnt bei fortgesetzter Lektüre den Eindruck, als seien zuerst die Vorwürfe formuliert und dann die Textstücke dazu ausgesucht und zusammengesetzt worden.

Gleich in der ersten Conclusio, Hauptthese, kommt Wenck auf Meister Eckhart zu sprechen. Auf die Stelle ist bereits hingewiesen.[18] In dieser These wird der Hauptvorwurf gegen die Theorie des Belehrten Nichtwissens formuliert: Aus dieser Lehre ergibt sich die Leugnung des Unterschiedes zwischen Schöpfer und Geschöpf, die Identität von Geschöpf und Schöpfer. Es ist der Vorwurf, den man gemeinhin in der Sekundärliteratur[19] mit Pantheismusvorwurf bezeichnet, obwohl der Begriff Pantheismus erst Anfang des achtzehnten Jahrhunderts geprägt worden ist,[20] weshalb er hier im Zusammenhang mit Nikolaus von Kues oder gar Meister Eckhart besser zu vermeiden ist,[21] da er nach Schelling »in der Ketzerhistorie zwar in Ehren gehalten« werden könne, »für Produktionen des Geistes aber [...] zu große Handhabe« sei.[22] Betrachtet

---

16 IL p. 19,20: *Impugnaturus veluti fidei nostrae dissona.*

17 Vgl. HOPKINS, Nicolas of Cusa's debate with John Wenck, S. 15: »its clear division into theses and corrolaries, – and the further division of each of these an assertio and probatio«; vgl. auch RUDOLF HAUBST, Studien zu Nikolaus von Kues und Johannes Wenck, S. 119 f.

18 Vgl. Anm. 15.

19 Schon bei FRANZ ANTON SCHARPFF, Der Cardinal und Bischof Nicolaus von Cusa als Reformator in Kirche, Reich und Philosophie des fünfzehnten Jahrhunderts, S. 155 f. und JOSEPH BACH, Meister Eckhart. Der Vater der deutschen Speculation, S. 210, 216 taucht der Begriff auf; vgl. auch KURT FLASCH, Nikolaus von Kues. Geschichte einer Entwicklung, S. 182, 185, 190.

20 JOACHIM RITTER, Historisches Wörterbuch der Philosophie (HWP 7, Sp. 59–63).

21 Vgl. KURT FLASCH, Einführung in die Philosophie des Mittelalters, S. 183: »über das Schlagwort, das die Spinoza-Debatte des 18. Jahrhunderts beherrschen sollte: Pantheismus.«

22 Friedrich Wilhelm Joseph Schelling, Philosophische Untersuchungen über das Wesen der menschlichen Freiheit und der damit zusammenhängenden Gegenstände, S. 344: »Ohnehin fragt sich, ob mit der Auferweckung solcher allgemeinen Namen viel ge-

man die Geschichte des Begriffs, wird man die von Schelling angesprochene ›zu große Handhabe‹, d. h. die vieldeutige Verwendung bestätigt finden.

Zurück zu Wencks erster These. Sie besteht zunächst aus Zitaten aus ›De docta ignorantia‹, aber aus dem Zusammenhang gerissen und willkürlich zusammengestellt in der Absicht sie als häretisch zu denunzieren. Das Verfahren erinnert an das im Eckhart-Prozess, Sätze aus ihrem Zusammenhang zu nehmen und dann falsch zu interpretieren. Wenck zitiert aus dem vierten, dem zweiten und dem vierundzwanzigsten Kapitel des ersten Buches von ›De docta ignorantia‹, aber nicht einmal ganze Sätze, sondern nur Satzteile, die er in seinem Sinne neu zusammensetzt.

> »Alles fällt mit Gott zusammen. Das erhellt, weil er das absolute Größte, Maximum ist, in dem es Überschreitendes, mehr, excedens, und Überschrittenes, weniger, excessum, nicht zulässt. Also ist ihm nichts entgegengesetzt, und folglich wegen des Fehlens einer Unterscheidung, wie es Hermes Trismegistus sagt, ist er selbst die Gesamtheit, universitas, aller Dinge. Und folglich kann ihm auch kein eigentümlicher Name zukommen, wegen des Fehlens einer unterscheidbaren Auferlegung, da eine Auferlegung eines Namens von einer abgegrenzten Qualität dessen stammt/ist, dem der Name auferlegt wird.«²³

Durch diese willkürliche Zusammenstellung von Worten, Wortgruppen, Satzteilen und Sätzen hat er eine These gefunden, die er angreifen bzw. widerlegen kann. Zwischen Gott und den geschaffenen Dinge kann keine Unterscheidung gemacht werden nach diesen so formulierten Sätzen. Aber nicht nur Nikolaus von Kues wird diese These unterstellt, sondern zugleich einem anderen Gegner, nämlich Meister Eckhart: »Auf diese These, Conclusio, spielt Meister Eckhart an in seinem in der Volkssprache geschriebenen Buch, das er für die Königin von Ungarn, der Schwester der Herzöge von Österreich herausgegeben hat, das beginnt Benedictus est Deus et pater Domini nostri Jesu Christi.«²⁴ Dieser Text ist mit kleinen Veränderungen aus der Einleitung der Anklageliste des

---

wonnen sey, die in der Ketzergeschichte zwar in Ehren zu halten sein mögen, für die Produktionen des Geistes aber, bei denen, wie in den zartesten Naturerscheinungen leise Bestimmungen wesentliche Veränderungen verursachen, viel zu grobe Handhaben scheinen«.

23 IL p. 24,19–24: *Omnia cum Deo coincidunt. Patet, quia est maximum absolutum, non admittens excedens et excessum. Ergo nihil sibi oppositum; et per consequens, ob defectum discretionis, ut ait Hermes Trismegistus, ipse est universitas rerum. Et per consequens etiam nullum nomen ei proprie potest convenire, ob defectum discretivae impositionis, cum impositio nominis sit a determinata qualitate eius cui nomen imponitur.*

24 IL p. 20,11–13: *Huic conclusioni alludit magister Eghardus in libro suo vulgari quem edidit pro regina Ungariae, sorore ducum Austriae, quod incipit »Benedictus Deus et pater Domini nostri Jesu Christi«.*

Kölner Prozesses;[25] allerdings findet sich dort nicht die Angabe, dass die Königin von Ungarn die Schwester der österreichischen Herzöge sei.[26]

Und nun folgen zwei Texte von Meister Eckhart, der eine aus dem ›Liber benedictus‹ genannten Buch, dem ›Buch der göttlichen Tröstungen‹, und dann ein Text aus den deutschsprachigen Predigten. Beide Texte stimmen aber mit kleinen Veränderungen wiederum mit der Kölner Liste überein. Wenck hat sie offensichtlich daraus entnommen und nicht aus den Originalschriften; denn diese sind ja, wie er eigens auch sagt, in der Volkssprache abgefasst. Die Liste muss ihm also vorgelegen haben, vielleicht auch das als Rechtfertigungsschrift bzw. als sogenannte Rechtfertigungsschrift in die Forschung eingegangene Dokument, worauf noch zurückzukommen ist. Wichtig für Wenck ist es, dass diese Sätze als häretisch angesehen worden sind.

Der erste Text lautet:

> »Der Mensch soll/muss in hohem Maße ein Liebender sein, damit er sich selbst beraubt und entblößt von seinem ihm eigentümlichen Bild und eines jeden Geschöpfes und nur noch als Vater allein Gott weiß; dann gibt es nichts (mehr), was ihn traurig machen oder verwirren könnte, weder Gott noch ein Geschöpf, weder etwas Geschaffenes oder Ungeschaffenes; sein ganzes Sein, Leben und Erkennen, Wissen und Lieben ist an Gott und in Gott und (ist) Gott.«[27]

Für den von Wenck zitierten zweiten Text gilt das Gleiche wie für den ersten Text. Wenck zitiert den lateinischen Text, obwohl das Original aus einer deutschen Predigt stammt. Einleitend bemerkt Wenck: »Und dasselbe (steht) in seinen Predigten.« Erst dann zitiert er aus der Anklageliste:

> »In der Seele ist eine gewisse Burg, Festung, castellum, die ich bisweilen, manchmal eine Hüterin, Wächterin der Seele und bisweilen Fünklein, scintillam, benannt habe und einfach, simplex so wie Gott ein einziger und einfacher ist. Sie ist so einfach und über jede Art und Weise, dass Gott gemäß der Art und Weise und den personalen Eigentümlichkeiten (sie) nicht schauen kann. Und wenn er sie anschauen würde, würde es ihn alle seine göttlichen Namen und seine personalen Eigentümlichkeiten kosten dadurch, dass er selbst ohne Art und Weise und Eigentümlichkeit ist. Aber gemäß dem, dass Gott selbst ein einziger und einfach ist und ohne jede Art und Weise und Eigentümlichkeit,

---

25 Vgl. Acta Echardiana n. 1, LW V, S. 198; vgl. auch ebd., Appendix VII,3, LW V, S. 611.

26 Vgl. dazu Josef Quint: BgT, DW V, S. 5 f.; vgl. auch Josef Koch, Kritische Studien zum Leben Meister Eckharts, S. 291; ferner ist zu vergleichen Niklaus Largier in EW II, S. 748 f.; Kurt Ruh, Meister Eckhart. Theologe, Prediger, Mystiker, S. 115 f.

27 IL p. 24,28–25,4: *Homo deberet esse multum diligens ut spoliaret et denudaret se ipsum a propria imagine et cuiuscumque creaturae et ignoraret patrem nisi solum Deum; tunc nihil est quod possit eum contristare vel conturbare, nec Deus nec creatura nec aliquod creatum nec aliquod increatum; totum suum esse, vivere, et nosse, scire, amare est ex Deo, in Deo, et Deus.* Vgl. Acta Echardiana n. 10, LW V, S. 202. Dort findet sich neben dem lateinischen Texte aus der Anklageliste auch der Originaltext Meister Eckharts.

wonach er weder Vater noch Sohn noch Heiliger Geist ist, so kann er in jenes eintreten, was ich Burg, castellum, nenne.«[28]

Den beiden zitierten Texten folgt nun die für Wenck wichtige Schlussfolgerung, nämlich zunächst die Identifikation der zitierten Eckhartschen Sätze mit der Theorie des Belehrten Nichtwissens, der docta ignorantia des Nikolaus von Kues, allerdings in der von Wenck vorgelegten Form: »Sieh nur, wie große Übel in derartigem Belehrtem Nichtwissen als einfachste und abstrakteste Einsicht entspringen und hervorsprudeln.«[29] Worin diese Übel bestehen, sagt er in diesem ersten Text noch nicht, sondern beruft sich im Folgenden darauf, dass dergleichen Lehren vom Bischof von Straßburg bereits 1317 als Lehre von den Begharden verurteilt worden sind:

> »Daher hat Johannes, der Bischof von Straßburg, im Jahre des Herrn 1317 am Samstag vor dem Fest der Aufnahme der seligen Jungfrau Maria einen Prozess gegen die Begharden und Schwestern in seiner Stadt angestrengt, die behaupten, Gott sei der Form nach alles, was ist und sie seien Gott durch die Natur, von Natur aus ohne Unterschied, ohne eine Unterscheidung.«[30]

Wenck identifiziert hier die Lehre des Belehrten Nichtwissens, der docta ignorantia, mit der Meister Eckharts und mit der der Begharden, denen allen dreien in zweierlei Art unterstellt wird, sie vertreten die Identität von Schöpfer und Geschöpf und leugnen den Unterschied zwischen Geschöpf und Schöpfer, indem sie sich selbst vergöttlichen. Wichtig für Wenck ist die Berufung auf die Verurteilung solcher Lehren durch eine kirchliche Autorität. Die Berufung auf den Bischof von Straßburg lässt die Vermutung aufkommen, dass Wenck auch vom Aufenthalt und der Seelsorgstätigkeit Meister Eckharts daselbst gewusst hat.

Nach dieser Berufung auf die verurteilten Sätze von Meister Eckhart und der Begharden kehrt Wenck wieder zurück zu Nikolaus von Kues und dessen Theorie des Belehrten Nichtwissens. Nach Wenck lässt die docta ignorantia

---

28 IL p. 25,4–14: *Et idem in sermonibus suis. In anima est quoddam castellum vocavi custodiam animae quandoque scintillam et valde simplex sicut Deus est unus et simplex. Ita simplex est et super omnem modum quod Deus non potest intueri secundum modum et proprietates personales. Et si intueretur ipsum, hoc constaret eum omnia sua nomina divina et suas proprietates personales eo quod ipse est sine modo et proprietate. Secundum quod ipse Deus est unus et simplex et sine modo et proprietate, secundum quod nec est Pater nec Filius nec Spiritus Sanctus, sic potest ipse intrare in illud unum, quod voco castellum.* Vgl. Acta Echardiana n. 69, LW V, S. 223 f.; vgl. ebd., Appendix VII,3, LW V, S. 611 auch den originalen Text.

29 IL p. 25,15–16: *Aspice quanta mala in huiusmodi docta ignorantia scaturiunt et ebulliunt.*

30 IL p. 25,17–21: *Unde Johannes, episcopus Argentinensis, anno Domini 1317, sabbato ante festum As-sumptionis Beatae Mariae Virginis, dedit processum contra Beghardos et sorores in sua civitate, di-centes Deum esse formaliter omne, quod est, et se esse Deum per naturam sine distinctione.*

ebenfalls nicht mehr die Unterscheidung der Personen in Gott zu, da das absolute Maximum, das Gott ist, keine Relation und damit keine Unterscheidung
zulässt; denn »gemäß diesem Schreiberling des belehrten Nichtwissens gibt
es keine Unterscheidung und (keinen) Gegensatz in einer Beziehung«,[31] »und
folglich wäre in diesem Belehrten Nichtwissen nicht nur eine Verwirrung der
göttlichen Personen, sondern es gäbe auch/wäre auch eine wesensmäßige Einheit der Gesamtheit der Dinge mit Gott.«[32] Hier glaubt Wenck bei Nikolaus
einen Widerspruch feststellen zu können.[33] »Es steht fest, dass dies nicht nur
gegen den rechten Glauben, contra fidem orthodoxam, sondern auch gegen sich
(ihn) selbst, seipsum, der nachher in seinem Buch die gepriesene Dreieinigkeit durch Ähnlichkeitsbilder aufzubauen sich bemüht, trotzdem sein Belehrtes
Nichtwissen diese vorher abschneidet und zurücklässt.«[34]

Dem Vorwurf der Identifizierung von Geschöpf und Schöpfer der ersten
These, Conclusio, ist ein erstes Correlarium, also eine aus der Conclusio abge-
leitete oder ihr zugehörige Nebenthese zugeordnet, in der wiederum auf Meister Eckhart Bezug genommen wird. Es geht um den von Cusanus gebrauchten
Begriff Größtheit, maximitas. »Auf Grund der absoluten Größtheit, maximitas,
sind alle Dinge das, was sie sind, dadurch, weil jene die absolute Seinsheit, entitas, ist, ohne die nichts sein kann. Dem stimmt so Eckhart zu in seiner Schrift
über die Genesis und Exodus.«[35] Und nun folgt der Text von Meister Eckhart
und zwar aus dem Prolog zum Opus Tripartitum, aber nicht aus der Original-
schrift, sondern wiederum aus dem Kölner Prozess, allerdings in verkürzter
Form natürlich zu seinem Zweck: »Das Sein ist Gott, weil, wenn etwas anderes
als Gott wäre, Gott nicht wäre, oder wenn er wäre, wäre er doch wohl auf andere Weise.«[36]

Aus dem Genesiskommentar fügt Wenck wiederum einen in seinem Sinne
veränderten Text an, auch aus den Kölner Prozesslisten:[37]

---

31 IL p. 25,24–25: *secundum ipsum scribam doctae ignorantiae nulla est discretio nec relationis
   oppositio.*

32 IL p. 25,26–28: *et per consequens in hac docta ignorantia nedum divinarum personarum esset
   confusio sed etiam universitatis rerum cum Deo esset essentialis unio.*

33 Vgl. dazu FELIX RESCH, Triunitas. Die Trinitätsspekulation des Nikolaus von Kues,
   S. 129–135.

34 IL p. 25,29–32: *Quod nedum constat esse contra fidem orthodoxam, verum etiam contra seipsum, qui postea in suo libro benedictam Trinitatem nititur similitudinem astruere, quas tamen
   sua docta ignorantia praescidit et reliquit.*

35 IL p. 26,1–4: *Maximitate absoluta omnia sunt id quod sunt, eo quod illa est entitas absoluta,
   sine qua nihil esse nequit. Huic sic alludit Eghardus in scripto suo super Genesim et Exodum.*

36 IL p. 26,4–5: *Esse est Deus quia si esset aliud ab ipso Deo, Deus non esset, aut si esset, alio
   utique esset.* Vgl. Acta Echardiana n. 36, LW V, S. 212; ebd., Appendix VII,3, LW V, S. 611.

37 Vgl. Acta Echardiana n. 43 und 44, LW V, S. 213 f.: im Apparat sind die Auslassungen der
   veränderten Texte abgedruckt; vgl. auch ebd., Appendix VII,3, LW V, S. 611 f.

»Der Ursprung, in dem Gott erschuf Himmel und Erde, ist das erste einfache Nun, Jetzt, Nunc der Ewigkeit, in dem Gott von Ewigkeit her ist; dieses selbst nenne ich zutiefst Jetzt, in dem Gott von Ewigkeit her ist, in dem er auch ist, gewesen ist und sein wird in ewiger Weise der Ausfluß, emanatio der Personen. Als daher von mir einmal erfragt wurde, warum Gott die Welt nicht früher geschaffen hätte, habe ich geantwortet: weil er es nicht gekonnt hat, und zwar deshalb, weil er nicht früher war und auch nicht gewesen war, bevor die Welt wäre. Wie hätte er früher erschaffen können, da er in ebendemselben Jetzt bald erschaffen hat, in dem Gott gewesen ist.«[38]

Welchen Vorwurf leitet Wenck aus diesem Text ab? Diesen beiden, Nikolaus von Kues und Meister Eckhart, die als »Irrende«[39] bezeichnet werden, begegnet er mit Bibelzitaten und behauptet wiederum, dass durch diese Sätze die Geschöpfe in ihrem substantiellen Sein aufgehoben sind; sie gehen ein, versinken in die absolute Größtheit, d. h. in Gott; sie werden mit Gott identifiziert.

»Aufheben würde also dieses Correlarium, diese Nebenthese, diese Bemerkung, die Substanzen der Dinge in der eigentümlichen Gattung, in proprio genere, die doch durch die Kraft Gottes, damit sie nicht ins Nichts fließen, festgehalten werden nach dem Wort des Apostels im Hebräerbrief im 1. Kapitel: alles tragend durch das Wort seiner Kraft. Und wenn sie festgehalten werden von Gott, dann sind sie schlechterdings nicht Gott, d. h. die absolute Größtheit, sondern sind etwas und nicht nichts und unterschieden von Gott ihrem Schöpfer.«[40]

Die Wencksche Kritik an der Beziehung von Nikolaus von Kues zu Meister Eckhart läuft immer auf den gleichen Vorwurf hinaus: Identifizierung der Geschöpfe mit dem Schöpfer, Aufhebung des Unterschiedes zwischen beiden. So auch an der dritten Stelle seiner Kampfschrift, in der er wiederum eine Ähnlichkeit oder sogar Gleichheit der Thesen in ›De docta ignorantia‹ und inkriminierten Sätzen von Meister Eckhart feststellt oder feststellen zu müssen glaubt.

Zuerst weist er aber auf die bereits erwähnten vom Straßburger Bischof verurteilten Lollharden hin und ruft aus:

---

38 IL p. 26,6–13: *Principium, in quo creavit Deus caelum et terram est primum nunc simplex aeternitatis, ipsum inquam idem nunc penitus, in quo Deus est ab aeterno, in quo etiam est, fuit, et erit aeternaliter personarum emanatio. Unde cum quaereretur a me aliquando, quare Deus mundum non creasset prius, respondi: quia non potuit, eo quod non esset nec fuerat prius, antequam esset mundus, quomodo poterat creare prius, cum in eodem nunc mox mundum creavit, in quo fuit Deus?* Vgl. Acta Echardiana n. 36, LW V, S. 212 und n. 43 f., LW V, S. 213 f.; ebd., Appendix VII,3, LW V, S. 611 f.

39 IL p. 26,14–15: *Attendant hi errantes illud Sapientiae XI: Omnia in mensura et numerum et pondere disposuisti.*

40 IL p. 26,20–25: *Aufferret hoc correlarium substantias rerum in proprio genere, quae virtute Dei ne in nihilum fluant manutenentur, dicente Apostolo Hebraeorum I°: omnia portans verbo virtutis suae. Et si manutenentur a Deo, tunc utique non sunt Deus, maximitas scilicet absoluta, sed sunt aliquid et non nihil, et distincta a Deo eorum creatore.*

»O wie groß ist die Schwäche der Vernunft zu behaupten, alles sei Eines und alles werde wesentlich, essentialiter, im Wesen vergöttlicht, deificari [...] So sagen es die verurteilten Straßburger Lollharden, dass der Mensch sich so Gott einen könne, dass sein Können und Wollen und ein jegliches Bewirken das Selbe sei, was Gott selbst zu eigen sei. In der Tat sagt Eckhart in seinen Predigten: ›Der Vater zeugt seinen Sohn in mir, und ich bin dort jener selbe Sohn und nicht ein anderer‹.«[41]

Wenck zitiert hier wiederum den Eckhart-Text in der lateinischen Fassung nur aus der Kölner Anklageliste. Ob er die Originalstelle aus der deutschen Predigt kannte, ist hier nicht auszumachen und bleibt zweifelhaft. Auch die Verteidigung Eckharts zu dem inkriminierten Satz[42] hat Wenck nicht berücksichtigt. Daher lässt sich nicht ausmachen, ob er überhaupt die Rechtfertigungsschrift als Ganze zur Verfügung und gelesen hatte oder nur die Liste der in Köln inkriminierten Sätze. Sollte er aber, was allerdings fraglich ist, die ganze Rechtfertigungsschrift zu Verfügung gehabt haben, wirft das ein schlechtes Licht auf seine Arbeitsweise. Sein Ziel, der Nachweis von Häresie bei Nikolaus von Kues mit Hilfe von Parallelen zu Meister Eckhart, hat ihn blind gemacht für eine wirklich sachliche Auseinandersetzung.

Die anderen Vorwürfe Wencks gegen die Cusanische Theorie des Belehrten Nichtwissens sollen hier nur kurz erwähnt werden nach der Auflistung von KURT FLASCH,[43] der acht Punkte nennt:

1) Das Belehrte Nichtwissen entfaltet eine für den Menschen unmögliche Theologie. Im *incomprehensibiliter comprehendere* der *incomprehensibilia* ist die Logik außer Kraft gesetzt.

2) Die Lehre von der Koinzidenz führt zum In-eins-Fallen von Geschöpf und Gott bzw. von Gott und Geschöpf. Es ist der bereits behandelte Vorwurf, der auch zu Eckhart und den Begharden erhoben wird.

3) Durch die Aufhebung des Satzes vom Widerspruch ist jede Wissenschaft zerstört.

4) Docta ignorantia ist traditionsfeindlich, da sie sich gegen den Aristotelischen Wissensbegriff richtet.

5) Die Aufhebung der Wesensgrenzen, des distinkten Seins der Dinge führt zur Annahme, dass das Sein der Geschöpfe zusammenfällt mit dem Gottes.

6) Die neue Kosmologie richtet sich gegen die Lehre vom unbewegten Beweger, da dieser zugleich Ruhe und Bewegung ist.

---

41 IL p. 30,10—11 und 14—18: *O quanta infirmitas intellectus omnia asserere unum esse et omnia essentialiter Lolhardi Argentinenses damnati, quod homo possit sic uniri Deo, deificari [...] Sic dicebant quod ipsius sit idem posse et velle et operari quodcumque, quod est ipsius Dei. Immo Eghardus in sermonibus sui ait:* »*Pater generat fillium suum in me*«, *et* »*Ego sum ibi ille idem fillius, non alius*«; vgl. Acta Echardiana n. 50, LW V, S. 215; vgl. auch ebd., Appendix VII,3, LW V, S. 612.

42 Vgl. Acta Echardiana n. 128—130, LW V, S. 294 f.

43 KURT FLASCH, Nikolaus von Kues. Geschichte einer Entwicklung, S. 182—184.

7) Durch Aufhebung der *distinctio, oppositio* und *relatio*, Unterscheidung, Gegensatz und Beziehung, in Gott wird die Trinitätslehre zerstört. Nach Wenck soll hierin ein Selbstwiderspruch bei Cusanus vorliegen.

8) Jesus als Gott-Mensch wird so verallgemeinert, dass jeder Mensch gleichsam Jesus, d. h. Gott-Mensch wird.

Wenn diese Punkte nach ›De docta ignorantia‹ auch durchaus als diskutabel und weiterer Erklärung bedürfend angesehen werden müssen,[44] vermisst man bei Wenck doch ein tieferes Eingehen auf die von Cusanus entwickelte Theorie des Belehrten Nichtwissens. Dieses Belehrte Nichtwissen gilt ja nicht in der von Wenck kritisierten Weise, sondern nur für eine ganz bestimmte Art menschlichen Strebens nach Erkennen. Wie oberflächlich oder ungenau Wenck zitiert, zeigt folgende Stelle: »Und er sagt nämlich, dass Wissen Nichtwissen ist.«[45] Er bezieht sich hier offensichtlich auf die Überschrift des ersten Kapitels von ›De docta ignorantia‹. Diese Überschrift aber lautet: »Auf welche Weise Wissen Nichtwissen ist.«[46] Wenck unterschlägt das *Quomodo*, auf welche Weise, womit natürlich der von ihm gewünschte Sinn, nämlich Unsinn, der eine Wissenschaft unmöglich macht, herauskommt. Man fragt sich, ob er nur die Überschrift gelesen hat. Hätte er das ganze Kapitel gelesen, hätte er bei seinem ›Scharfsinn‹, der ihm von manchen Autoren[47] attestiert wird, doch verstehen müssen, dass das Wissende Nichtwissen nicht für alle Erkenntnisbemühungen des Menschen gilt. Nur wenn der Mensch sich aus dem ihm zugehörigen Bereich des Endlichen, des mehr oder minder, des Komparativs, zum Bereich des Unendlichen, des Maximums, des Superlativs, hin wendet, muss er die Gesetze, die für das Wissen um die endlichen Dinge gelten, modifizieren zum Wissenden Nichtwissen, zum Belehrten Nichtwissen.

Ein solcher Umgang mit den Texten ließe sich beinahe bei allen Conclusiones und Correlarien nachweisen, was aber hier zu weit führen würde und nicht in unserem Interesse liegt.

---

44 Kurt Flasch, Nikolaus von Kues. Geschichte einer Entwicklung, S. 184 spricht von Schwächen: »Wenck hatte wirkliche Schwächen gesehen.« Aber jede neue Theorie bedarf fortwährend einer Erläuterung!

45 IL p. 23,22: *Dicit namque scire esse ignorare.*

46 Nikolaus von Kues, De docta ignorantia I c. 1 h I p. 5,2 n. 2: *Quomodo scire est ignorare.*

47 Zuerst wohl von Josef Koch, Meister Eckharts Weiterwirken im Deutsch-Niederländischen Raum, S. 454, und dann wird wohl von anderen dieses Urteil übernommen; vgl. z. B. Kurt Flasch, Nikolaus von Kues. Geschichte einer Entwicklung, S. 189: »scharfsinnig hatte er gesehen«; Walter Andreas Euler, Schlaglichter auf die Einstellung des Nikolaus von Kues zu Meister Eckhart, S. 27 und Anm. 48 mit Verweis auf Josef Koch.

2. Die Antwort des Nikolaus von Kues: ›Apologia doctae ignorantiae‹

Wir wenden uns der Frage zu, wie Cusanus auf die Vorwürfe Wencks reagiert hat, und dann speziell zu seiner Stellungnahme zum Vorwurf seiner Beziehung zu dem der Häresie angeklagten Meister Eckhart.

Nikolaus von Kues reagiert auf diese polemische Kampfschrift mit einer ›Verteidigung‹ genannten Schrift: ›Apologia doctae ignorantiae‹, Verteidigung des Belehrten Nichtwissens. Mit dem Wort Apologia verweist Cusanus bewusst auf Sokrates, der sich auch gegen unberechtigte Vorwürfe und Anklagepunkte verteidigt hat und stellt sich in diese Tradition.[48] Die Verteidigungsschrift ist als Gespräch zwischen einem Schüler und Nikolaus angelegt. Nikolaus spricht allerdings selbst nicht direkt, sondern lässt den Schüler, mit dem er über das Werk von Wenck gesprochen hat, einem anderen Schüler dieses Gespräch mitteilen.

Dass Nikolaus sich durch den Ton der Invektive verletzt gefühlt hat, schlägt sich auch im Tonfall seiner Erwiderung nieder. Am meisten muss es ihn getroffen haben, dass er von Wenck als Pseudoapostel apostrophiert wird. Er lässt den Schüler berichten: »Es hat mir der Lehrer«, das ist Nikolaus, »die Worte des Gegners am Ende seiner Sammlung, suae compilationis, gezeigt, wo er den Lehrer Pseudo-Apostel nennt, damit ich sehen sollte, dass der Mensch aus Leidenschaft gesprochen hat.«[49]

Andererseits zeigt Nikolaus auch seine Überlegenheit. Mehrmals bemerkt der Schüler, dem Nikolaus von Kues den Bericht des Gespräches über ›De ignota litteratura‹ zwischen diesem und ihm in den Mund legt, dass Nikolaus gelacht bzw. gelächelt habe über die Angriffe Wencks, die man eher verlachen kann als Ernst nehmen.[50]

Auch andere Gemütsstimmungen bestimmen das Gespräch zwischen Schüler und Lehrer. Manchmal »stöhnt der Lehrer ein wenig«,[51] dann erscheint er dem Schüler zu »sanft und langsamer«[52] zu sein als er es sich wünscht; er »bewundert die Milde, Langmut«[53] des Lehrers; der Lehrer spricht »mit besonnener Stimme«;[54] die »ungerechten Beleidigungen bewegen das Gemüt des

---

48 Vgl. dazu Kurt Flasch, Nikolaus von Kues. Geschichte einer Entwicklung, S. 185.
49 ADI h II p. 5,6–8 n. 6: *Ostendit mihi praeceptor verba adversarii in fine suae compilationis, ubi praeceptorem pseudo-apostolum nominat, ut viderem hominem ex passione locutum.*
50 Vgl. ADI h II p. 2,5 n. 2: *Subrisit parumper*; p. 14,9 n. 19: *risit praeceptor dicens*; p. 23,3 n. 33: *falsarius [...] ridendus*; p. 35,25 n. 54: *Ridebis.*
51 ADI h II p. 5,17 n. 7: *parumper ingemuit.*
52 ADI h II p. 6,15 n. 8: *sed segnis atque tardior.*
53 ADI h II p. 7,9 n. 9: *mansuetudinem suam.*
54 ADI h II p. 7,23 n. 9: *aiebat modesta voce praeceptor.*

Lehrers nicht«;[55] »einem Wahnsinnigen muss man mit Schonung begegnen«;[56] der Lehrer zeigt auch eine »bewundernswerte Geduld«.[57]

Es fehlen aber auch nicht Bemerkungen zu heftigeren Gefühlsbewegungen. So bricht der Lehrer aus in einen Ausruf: »Weg, hinweg!«[58] Oder er zeigt Gefühle des Ekels[59] und der Verachtung des Gegners.[60]

Dem Schüler aber wendet er sich »mit einem gewissen liebevollen Blick«[61] und einem »liebevollen Gesichtsausdruck«[62] zu. Und gegen Ende des Dialoges ermahnt er ihn, »mit größtem leidenschaftlichen Gefühl des Geistes«[63] zum Studium.

Diese häufig eingestreuten Äußerungen über Gemütsbewegungen, Emotionen des Kardinals könnten ein Hinweis sein darauf, dass die Entstehung der Schrift ›Apologia doctae ignorantiae‹ auf ein Gespräch zurückgeht, das Nikolaus mit einem Schüler oder Freund tatsächlich geführt hat, also nicht bloß eine Fiktion ist. JOSEPH BACH hat diese Vermutung ja schon gehabt.[64] Zu vergleichen wären auch die später entstandenen Dialoge ›De ludo globi‹, Über das Globusspiel, die auf tatsächliche Gespräche, die der Kardinal mit den beiden Wittelsbacher Prinzen geführt hat, zurückgehen.

Trotz der Gelassenheit einerseits, fehlt es andererseits nicht an abfälligen Aussagen über den Gegner. Immerhin nennt Nikolaus seinen Gegner im Gegensatz zu dessen Pamphlet mit Namen. Zuerst erwähnt der berichtende Schüler den vollen Namen Johannes Wenck, allerdings mit abwertenden Adjektiven,

---

55 ADI h II p. 11,7–8 n. 14: *iniuriosa, quae animum praeceptoris non movebant.*

56 ADI h II p. 19,25 n. 29: *potius parcendum esse deliro.*

57 ADI h II p. 21,5 n. 31: *Et ego patientiam praeceptoris admirans.*

58 ADI h II p. 30,8 n. 44: *Absit, absit!*

59 ADI h II p. 33,8–9 n. 49: *taedio affectus.*

60 ADI h II p. 33,26–27 n. 51: *sprevit ruditatem adversari.*

61 ADI h II p. 2,5 n. 2: *amoroso quodam oculo.*

62 ADI h II p. 35,1 n. 53: *amoroso vultu.*

63 ADI h II p. 35,9 n. 53: *maximo animi affectu.*

64 BACH, Meister Eckhart, S. 214 Anm. 16: »Dieser Schüler ist nicht unwahrscheinlich Bernhard von Waging [...] der Prior in Tegernsee, welcher ein Laudatorium doctae ignorantiae [...] verfaßte.« Fraglich ist allerdings, ob das Verhältnis zwischen Nikolaus von Kues und Bernhard von Waging schon zur Zeit der Abfassung der ›Apologia‹ um 1449 (vgl. Acta Cusana n. 845 und ADI h II [2. Aufl. 2007], S. X) schon bestanden hat. Ein weiteres Zeugnis dafür, dass ein Gespräch über das Pamphlet von Wenck stattgefunden hat, wäre die Angabe zum Fest des Hl. Dionysius (ADI h II p. 19,27–20,9 n. 29: *Dionysius noster, cuius hodie festa agimus*), das ist der 9. Oktober. Welchen Sinn sollte eine solche Angabe in diesem Zusammenhang haben? KLIBANSKY hält diese Tagesangabe für das Datum der Abfassung der ›Apologia‹. Noch eine mögliche andere Deutung der Tagesfestangabe bringt VIKI RANFF, Mit Dionysius gegen Wenck, S. 50: »Der Hinweis auf den liturgischen Gedenktag des Dionysius [...] verweist auf die kirchlich verwurzelte Autorität dieses Weges«; vgl. auch ebd., S. 55: »Schließlich werden Verweise auf die Liturgie der Kirche dazu eingefügt, um die kirchliche Autorität des Dionysius und seiner Positionen zu betonen, in denen Cusanus seine eigenen Lehren vorgebildet sieht«.

unklug, imprudens, und anmaßend, arrogans.[65] Dann spricht Nikolaus selbst abfällig von »diesem Wenck«, *iste Wenck*,[66] ähnlich wie Wenck von »diesem Schreiber«, *iste scriba*; und gleich darauf von »jenem Wenck, der als einziger von den Heidelberger Professoren bei der ›verurteilten Partei der Baseler‹ verblieben sei.«[67]

Es fehlt auch nicht an abwertenden Bemerkungen über den Gegner, *adversarius*. Öfters sind sie dem Gesprächspartner in den Mund gelegt. So wird Wenck von dem Schüler gleich zu Beginn im äußersten Maße anmaßend[68] genannt; ebenso lügnerisch, *mendax*.[69] Er hat einen »verkehrten Geist« und ein »unausgebildetes Denkvermögen«, *animum perversum, ruditatem intelligentiae*.[70] Daraus folgt, dass seine Vernunft oft »selbst nicht versteht«,[71] was er sagt. Er ist ein »lügnerischer Verstümmler der Bücher«,[72] *truncator*, der »kindische Nichtigkeiten«[73] von sich gibt.

Aber Nikolaus selbst spart trotz der erwähnten Nachsicht und Langmut auch nicht mit abqualifizierenden Bemerkungen über seinen Gegner. Neben Herabsetzung der Person — mangelnde Einsicht, mangelnder Wille zum tieferen Verstehen, Kleben an der Oberfläche — richtet sich die Kritik vor allem gegen dessen Methode im Umgang mit den Texten. Am häufigsten, aber auch am schwerwiegendsten ist der Vorwurf des Verfälschens der Texte durch Herauslösen aus dem Zusammenhang.[74] Da fallen Worte wie verfälschen,[75] *falsi-*

---

65 ADI h II p. 1,22 n. 2: *Pervenit ad me hodie libellus quidam cuiusdam non tantum imprudens sed et arrogantissimi viri, hominis, qui se magistrum in theologia nominat vocabulo Iohannes Wenck.*

66 ADI h II p. 5,6 n. 6: *cui adversabatur iste Wenck.*

67 ADI h II p. 5,10–13: *Hinc ille Wenck, qui ab universis doctoribus Heidelbergensis Studii abierat et partem dampnatam Basiliensium sumpsit.*

68 ADI h II p. 1,21 n. 2: *arrogantissimi viri.*

69 ADI h II p. 19,23 n. 28: *Ecce mendacis et arrogantis hominis verba.*

70 ADI h II p. 10,10–11 n. 24: *quod hominis istius quisque perversum animum facile deprehendit et ruditatem intelligentiae.*

71 ADI h II p. 23,10 n. 33: *neque forte ipse se intelligit.*

72 ADI h II p. 31,8–9 n. 45: *Est nunc mendax truncator librorum.*

73 ADI h II p. 31,14: *pueriles ineptias scribat.*

74 ADI h II p. 16,13–14 n. 23: *non falsificasset scripta*; vgl. JASPER HOPKINS, A Miscellany on Nicholas of Cusa, S. 3 charakterisiert die Methode Wencks als »falsification and truncation« und »›radically misrepresented«; vgl auch KURT FLASCH, Kampfplätze der Philosophie, S. 237 zeigt Wencks »Verfahren, mit zusammenhanglosen Texten« Cusanus Irrlehren nachzuweisen. Erstaunlich ist, dass FLASCH hier und auch schon in seinen anderen bereits erwähnten Schriften zum Verhältnis Wenck — Nikolaus von Kues Wenck gleichsam zu einem Cusanus ebenbürtigen Partner hochstilisiert. Hätte Nikolaus nicht seine ›Apologia‹ geschrieben, würde heute kein Mensch mehr sich mit Johannes Wenck und seinem Pamphlet beschäftigen, höchstens Historiker der Geschichte der Heidelberger Universität.

75 ADI h II p. 16,13–14 n. 23: *falsificasset.*

ficare, Fälscher,[76] *falsarius*, Falschheit,[77] *falsitas*, am allerfalschesten, *falsissime*.[78] Über die Verfahrensweise Wencks zeigt sich Nikolaus besonders erbittert, mit Recht. Will man über das Werk eines Autors urteilen, »ist es nötig, dass man alle Schriften aufmerksam liest«, denn »es ist leicht, aus verstümmelten Schriften etwas zu finden, was in sich unstimmig erscheint«.[79] Nikolaus formuliert hier einen Grundsatz, der für jegliche Interpretation Geltung beanspruchen darf. Manchmal scheint es auch am Willen zum Verstehen zu fehlen. Diesen Vorwurf an Wenck lässt Nikolaus allerdings gegen Ende des Dialoges den Schüler formulieren: Der »Angreifer hat in falscher Weise (seine) Thesen, con-clusiones, herausgelockt und hat nichts aus alledem verstanden oder wenigs-tens verstehen wollen.«[80] Das dürfte wohl der schlimmste Vorwurf sein, der mangelnde Wille zum Verständnis eines Textes.

Wie Nikolaus auf die einzelnen von Wenck vorgebrachten Einwände ein-geht, das ist summarisch bei FRANZ ANTON SCHARPFF[81]aufgelistet.

Abgesehen von der Antwort auf die Vorwürfe, ist es bedeutsam, dass Niko-laus seine Lehre von der Koinzidenz erläutert und präzisiert. Vor allem legt er dar, wie man die Unterscheidungsebene von *ratio*, Verstand, und *intellectus*, Vernunft, wie er dies in ›De coniecturis‹ entwickelt hat, zu beachten hat.[82]

Uns interessiert vor allem der in den Angriffen formulierte Zusammenhang mit Meister Eckhart. Auf den ersten Vorwurf in der ersten These, conclusio: »Alles fällt mit Gott zusammen«,[83] dass dies auch Meister Eckhart behaupte[84] und ebenso gewisse Leute, die vom Bischof von Straßburg verurteilt seien,[85] geht Nikolaus nur insoweit ein, dass er die These selbst für absurd hält.[86] Auf die Behauptung einer Beziehung zu Meister Eckhart geht er hier noch nicht ein, sondern erläutert sein eigenes Verständnis der Koinzidenz und der Trinität.[87]

---

76 ADI h II p.30,8 n.44: *inverecundi falsarii*; p.33,7 n.49: *falsarius procedit*.

77 ADI h II p.31,8–9 n.45: *adversarius usus est falsitate*.

78 ADI h II p.32,21–22 n.48: *falsissime dicit*.

79 ADI h II p.17,4–7 n.24: *Oportet enim, qui scribentis in re aliqua mentem investigat, ut omnia scripta legat attente et in unam concordantem sententiam resolvat. Facile est enim ex truncatis scriptis aliquid reperiri, quod in se videtur dissonum; sed collatum ad integritatem voluminis concordans.*

80 ADI h II p.34,12–13 n.52: *impugnator false elicuit assertas conclusions et nihil ex omnibus intellexit aut saltim intelligere voluit, omnia perverse interpretando.*

81 Vgl. FRANZ ANTON SCHARPFF, Der Cardinal und Bischof Nicolaus von Cusa, S.159–163.

82 Vgl. dazu KURT FLASCH, Nikolaus von Kues. Geschichte einer Entwicklung, S.185 f.

83 ADI h II p.22,11 n.32: *Omnia cum Deo coincidunt*; vgl. IL p.24,19.

84 ADI h II p.22,16 n.32: *cui alludit magister Eckardus*; vgl. IL p.24,26–25,14.

85 ADI h II p.22,17–19: *Subiungit episcopum Argentinensem condempnasse eos, qui dicebant Deum esse omnia*; vgl. IL p.29,31–30,2.

86 Vgl. ADI h II p.22,29: *Deinde contra probationem dicit absurdissimum esse.*

87 Vgl. ADI h II p.23,15–18 n.34.

Ausführlich Stellung zu seinem Verhältnis zu Meister Eckhart nimmt er erst
auf das ausdrückliche Verlangen des Gesprächspartners:[88] »Da ich nicht undis-
kutiert lassen wollte, was der Gegner bezüglich Meister Eckharts vorgebracht
hat, fragte ich, ob der Lehrer irgend etwas über diesen gehört hätte.« Nikolaus
beginnt daraufhin dem Dialogpartner zu berichten, was er gehört hat. Aber er
hat nicht nur gehört, sondern auch gesehen, und was er gesehen hat, nämlich
die Bücher von Meister Eckhart, hat er auch gelesen.

> »Er sagte, er habe dessen zahlreiche Auslegungswerke hier und da bei Kopisten, Ab-
> schreibern, Buchläden, *librariis*, gesehen über sehr viele Bücher der Bibel und viele Pre-
> digten, *Sermones*, vieles Disputiertes, *multa disputata*, und er sagte auch, dass er viele
> Artikel gelesen habe, die aus seinen Schriften über das Johannesevangelium herausgezo-
> gen worden seien von anderen mit einem Tadel belegt und zurückgewiesen, abgelehnt;
> und er habe in Mainz eine Schrift ebendesselben gesehen bei dem Magister Johannes
> Guldenschaf, wo er antwortet jenen, die nur darauf aus waren, ihn zurecht zu weisen,
> durch ein Erklären von sich, *declarando se*, und ein Aufzeigen, dass seine Kritiker ihn
> nicht verstanden haben.«[89]

Hier erfahren wir aus dem Munde von Nikolaus nun einiges über seine Beziehung zu Meister Eckhart. Zunächst zeigt er sich Wenck überlegen darin,
dass er nicht nur einige Anklagepunkte wie Wenck, der nur die Kölner Liste
gekannt zu haben scheint, von Meister Eckhart kennt, sondern beinahe dessen
gesamte Werke, zumindest zahlreiche, die er gesehen hat. Aber er hat sie nicht
nur gesehen, sondern auch gelesen, *legisse*, wie er eigens betont.

Was und wo hat er sie gesehen? *In librariis* wird meist übersetzt »in
Bibliotheken«.[90] *Librarius* bezeichnet aber zunächst den Schreiber von Büchern, den Abschreiber, den Kopisten und infolgedessen dann den Bücherla-
den, der vom Kopisten betrieben wird. Das steht schon beim Heiligen Isidor
von Sevilla: »Librarii sind früher Bücherverkäufer genannt worden [...] Librarii
sind die, die sowohl neue als auch alte Bücher schreiben.«[91] Eine Bibliothek
ist dagegen »der Ort, wo Bücher abgelegt werden.«[92] Vielleicht kann man hier

---

88 ADI h II p. 24,25–27 n. 36: *Et ego non sinens indiscussum relinqui id, quod de magistro
    Eckardo adversarius allegavit, interrogabam, an Praeceptor aliquid de eo audisset.*

89 ADI h II p. 25,1–7 n. 36: *Qui ait se multa eius expositoria opera hinc inde in librariis vidisse
    super plerisque libris Bibliae et sermones multos, disputata multa, atque etiam plures legisse ar-
    ticulos ex scriptis suis super Iohannem extractos ab aliis notatos et refutatos, vidisseque Mogun-
    tiae breve scriptum eiusdem apud magistrum Iohannem Guldenschaf, ubi respondet illis, qui
    eum nisi fuerunt reprehendere, declarando se atque, quod reprehensores eum non intellexerunt,
    ostendendo.*

90 Vgl. Nikolaus von Kues, Philosophisch-Theologische Schriften, Bd. 1, S. 569; WALTER
    ANDREAS EULER, Schlaglichter auf die Einstellung des Nikolaus von Kues zu Meister
    Eckhart, S. 29.

91 Isidor Hispalensis, Etymologiarum Lib. VI,14,1: *Librarios antea bibliopolas dictos* [...] *Li-
    brarii sunt qui et nova scribunt et vetera.*

92 Isidor Hispalensis, Etymologiarum Lib. XV,5,5: *Bibliotheca est locus ubi reponuntur libri;*
    vgl. auch VI,3,1: *Bibliotheca a Graeco nomen accepit, eo quod ibi recondantur libri.*

einen Hinweis darauf sehen, dass Nikolaus sich Kopien von Werken Meister Eckharts hat schreiben lassen, wie es ja tatsächlich geschehen ist. Im Codex Cusanus 21 liegen uns Abschriften von lateinischen Werken Meister Eckharts vor, so der Johanneskommentar, und mehrere andere, teilweise solche, die nur auf Grund dieser Handschrift auf uns gekommen sind.

Aber Nikolaus hat diese Werke nicht nur gesehen, *vidisse*, sondern sie auch eifrig gelesen, *legisse*. Dass dies der Wahrheit entspricht, zeigen uns die zahlreichen Randbemerkungen im Codex Cusanus 21, die jetzt in verdienstvoller Weise von STEFANIE FROST veröffentlicht vorliegen und leicht zugänglich gemacht worden sind.[93]

Es zeigt sich hier wiederum die Überlegenheit des Cusanus gegenüber Wenck. Ihm gegenüber hatte Nikolaus auf einen Grundsatz hingewiesen, der für eine wissenschaftliche Auseinandersetzung unbedingt gelten muss. Wichtig für die Beurteilung eines Autors ist die Kenntnis von allen seinen Werken, nicht nur einzelner Sätze, die von anderen herausgezogen sind. Diesen Grundsatz hat Nikolaus schon vorher formuliert:

> »Es ist nötig, dass, wer in irgendeiner Sache den Geist eines Schriftstellers untersucht, er alle Schriften aufmerksam liest und in eine einzige übereinstimmende Meinung, sententia auflöst, in una sententia resolvat. Denn es ist leicht, dass aus verstümmelten Schriften, truncatis scriptis, irgend etwas gefunden wird, was in sich unsinnig erscheint, aber zusammengestellt zur Unversehrtheit des Buches ist es übereinstimmend, concordans.«[94]

Diesem Grundsatz ist Wenck bei der Abfassung seiner Kampfschrift nicht gefolgt, vor allem nicht in der Beurteilung von Meister Eckhart, von dem er offensichtlich nur die Kölner Anklageliste kennt, die er leicht abgewandelt und teilweise gekürzt zitiert, weshalb er ihn gleichsam in blindem Autoritätsglauben ausschließlich als Häretiker betrachtet, ohne dies zu überprüfen.[95]

Dieser mangelnden Kenntnis der Werke Eckharts hält Nikolaus nun die Werke Eckharts entgegen, die er gesehen und gelesen hat.

---

93 STEFANIE FROST, Nikolaus von Kues und Meister Eckhart, vor allem S. 225–290.

94 ADI h II p. 17,4–8 n. 24: *Oportet enim, qui scribentis in re aliqua mentem investigat, ut omnia scripta legat attente et in unam concordantem sententiam resolvat. Facile est enim ex truncatis scripturis aliquid reperiri, quod in se videtur dissonum; sed collatum ad integritatem voluminis est concordans.* Eine solche Verfahrensweise, die Cusanus hier rügt, hat auch KURT RUH gegenüber dem Prozess gegen Meister Eckhart geäußert; vgl. RUH, Meister Eckhart. Theologe, Prediger, Mystiker, S. 92: »Das Bedenkliche lag vielmehr in dem Verfahren selber, nämlich die Auflistung von Einzelsätzen aus verschiedenen Schriften und Zusammenhängen.« Wollte Cusanus hier auch auf das Prozessverfahren gegen Meister Eckhart hin-weisen? Vgl. auch JOSEF KOCH, Kritische Studien zum Leben Meister Eckharts, S. 324.

95 Vgl. STEFANIE FROST, Nikolaus von Kues und Meister Eckhart, S. 180.

Da werden an erster Stelle die lateinischen Bibelkommentare genannt; es sind wohl die, die er sich hat kopieren lassen: zur Genesis, zu Exodus, zu Sapientia, zu Ecclesiasticus, zu Johannes.[96]

An zweiter Stelle werden Predigten, Sermones erwähnt, und zwar zahlreiche. Hier kann man nicht entscheiden, ob er damit nur die lateinischen Predigtentwürfe,[97] die im Codex Cusanus 21 sich finden, oder auch die deutschen Predigten von Meister Eckhart meint.[98]

Noch schwerer zu entscheiden ist, was er mit *disputata multa*, vieles Disputierte, vieles Erörterte meint. Die Interpreten sind sich hier nicht einig. Sicherlich sind nicht die überlieferten Pariser Quaestionen gemeint. Aber was dann? Für uns nicht unbedingt entscheidend.

Auf ebenso unsichererem Boden befinden wir uns auch bei den nächsten erwähnten Artikeln, *articulos*. GEORG STEER hat dazu auf eine heute in Basel befindliche Kölner Handschrift aufmerksam gemacht mit Eckhart-Exzerpten »aus allen lateinischen Schriften Eckharts, vornehmlich aber aus dem Johannes-Kommentar«.[99] Cusanus nennt hier allerdings ausschließlich Artikel aus dem Johannes-Kommentar. Zusätzlich betont er, dass sie ›von anderen‹ exzerpiert, mit Anmerkungen versehen und kritisiert worden sind. Sollte Nikolaus hier eine Liste aus dem Prozess meinen? Die Termini *articulus* und *extractus* entsprechen genau den Überschriften aus den Kölner Anklagelisten, die beginnen: *Iste sunt articuli extracti*.[100] Die nähere Bestimmung, dass diese Artikel aus Eckharts Johannes-Kommentar stammen, macht es unmöglich, diese den uns zur Verfügung stehenden Kölner Listen zuzuordnen, da dort keine Liste von inkriminierten Artikeln aus dem Johannes-Kommentar überliefert ist. Oder wollte Nikolaus mit den Worten ›von anderen herausgezogen, mit Anmerkungen versehen und kritisiert‹ auf das Verfahren allgemein im Eckhart-Prozess hinweisen, mit dem er sich nicht einverstanden erklärte? Das lässt sich nicht entscheiden und bleibt bloße vermutete Möglichkeit. JOSEPH KOCH rechnete jedenfalls mit einer weiteren, heute nicht mehr erhaltenen Liste aus dem Kölner Prozess.[101] HERBERT WACKERZAPP rechnet mit einer uns heute nicht mehr

---

96 Vgl. Cod. Cus. 21; dazu JAKOB MARX, Verzeichnis der Handschriften-Sammlung des Hospitals zu Cues, S. 15–17; JOSEF KOCH in LW III, S. IX f.; sehr ausführlich STEFANIE FROST, Nikolaus von Kues und Meister Eckhart, S. 21–24.

97 Vgl. STEFANIE FROST, Nikolaus von Kues und Meister Eckhart, S. 95–163.

98 Vgl. GEORG STEER, Die Predigten des Cusanus im Vergleich mit dem Predigtwerk von Meister Eckhart, S. 151.

99 GEORG STEER, Die Predigten des Cusanus im Vergleich mit dem Predigtwerk von Meister Eckhart, S. 150.

100 Vgl. Liste I: Acta Echardiana n. 1, LW V, S. 198; Liste II: ebd. n. 24, LW V, S. 209; Liste III: ebd. n. 31, LW V, S. 210; Liste IV: ebd., n. 49, LW V, S. 215.

101 Vgl. JOSEF KOCH, Kritische Studien zum Leben Meister Eckharts, S. 346 f.; vgl. dazu auch Acta Echardiana n. 49, LW V, S. 531.

erhaltenen Liste, die aber den Gutachtern in Avignon vorgelegen haben könnte.[102]

Auf sicherem Boden stehen wir bei der nächsten Angabe von einer kurzen Schrift, *breve scriptum*, die Nikolaus in Mainz bei dem Magister Johannes Guldenschaf[103] eingesehen hat. Dabei muss es sich um die jetzt nach LORIS STURLESE[104] wieder mit Recht zu nennende Rechtfertigungsschrift handeln. Das zeigt die kurze Beschreibung. Es handelt sich um eine Antwort gegenüber Leuten, die Meister Eckhart kritisieren, tadeln, *reprehendere*, wollen. Cusanus betont eigens die Absicht, d. h. den Willen der Gegner. Diesen gegenüber erklärt sich Eckhart, *declarando se*. Der Ausdruck erinnert an die Einleitung zur Rechtfertigungsschrift Meister Eckharts.[105] Wie ist das *declarando se* zu verstehen? Was bedeutet *declarando se*, durch sich erklären? Er erklärt sich als rechtgläubig; d. h. sollte ihm Häresie nachgewiesen werden, dann wäre er der letzte, der dabei hartnäckig, *pertinaciter*, verharren würde. Dieses Sich-erklären beruht aber auf einer Voraussetzung, nämlich dem Nachweis, *ostendendo*, dass seine Gegner ihn überhaupt nicht verstanden haben, oder sogar, ihn nicht verstehen wollen.

In diesen zunächst nur formalen Hinweisen zu Meister Eckhart spiegeln sich in gewissem Sinne auch die Vorwürfe Wencks gegen Nikolaus und seine Antwort darauf: Er hat das Werk ›Über das Belehrte Nichtwissen‹ überhaupt nicht verstanden, oder er wollte es nicht verstehen, und hat daher das Werk entstellt zitiert.[106] Nikolaus wird von Wenck das angetan, was auch Meister Eckhart in dessen Prozess angetan worden ist.

An die formalen Äußerungen zu Meister Eckhart schließt sich eine inhaltliche Stellungnahme, die aber auch auf das vorher Gesagte zurückgreift, nämlich seine umfassende Lektüre der Werke Meister Eckharts. Der Schüler berichtet weiter: »Dennoch sagte der Lehrer, niemals habe er gelesen, dass dieser selbst der Meinung gewesen sei, das Geschöpf sei der Schöpfer, indem er dessen geis-

---

102 Vgl. HERBERT WACKERZAPP, Der Einfluß Meister Eckharts auf die ersten philosophischen Schriften des Nikolaus von Kues, S. 9 f. mit Anm. 46, 47 und 48.

103 Vgl. dazu HERBERT WACKERZAPP, Der Einfluß Meister Eckharts auf die ersten philosophischen Schriften des Nikolaus von Kues, S. 9. Guldenschaf ist wichtig für die Datierung. Er ist gestorben 1439; vgl. auch WALTER ANDREAS EULER, Schlaglichter auf die Einstellung des Nikolaus von Kues zu Meister Eckhart, S. 30.

104 Vgl. Acta Echardiana, LW V, S. 271: »Daniels hatte also doch nicht so Unrecht [...] Diese Verteidigungsschrift ist jedenfalls als ein echtes Werk zu betrachten. Es ist Eckharts letztes Werk«.

105 Vgl. Acta Echardiana n. 76, LW V, S. 276: *dico et fateor me illa dixisse et scripsisse et aestimo, sicut ex declaratione apparebit, omnia esse vera, quamvis rara sint plurima et subtilia.*

106 ADI h II p. 34,12–14 n. 52: *Applicatis igitur adversarii scriptis ad textum Doctae ignorantiae et ostenso, quod impugnator false elicuit assertas conclusiones et nihil ex omnibus intellexit aut saltim intelligere voluit omnia perverse interpretando*; vgl. Anm. 79.

tigen Scharfsinn, ingenium, und seinen Eifer lobte.«[107] Es ist die einfache Antwort auf den von Wenck wiederholt erhobenen Vorwurf der Identifizierung von Schöpfer und Geschöpf. In allen von Nikolaus gelesenen Schriften hat er nie eine solche These gefunden, die den Unterschied zwischen Geschöpf und Schöpfer leugnet. Mit dieser Antwort auf Wencks Angriff antwortet Nikolaus zugleich auch auf den von Wenck zitierten Artikel aus der Kölner Anklageliste.[108] Wollte Nikolaus hier auch die Art des Kölner Verfahrens treffen? Ob er es wollte, ist gleichgültig, seine Antwort gilt jedenfalls auch für dieses. Denn die geistige Größe Eckharts, sein *ingenium*, das Nikolaus lobend erwähnt zusammen mit seinem Eifer, *studium*, hat man dort verkannt. Was kann mit Eifer gemeint sein? Eifer wofür?, fragt man. Möglich wäre der Eifer für die Wissenschaft. Vielleicht meint Nikolaus hier den Eifer Eckharts für die Seelsorge; denn das war eines der Hauptanliegen von Meister Eckhart. Diese Deutung sollte man im Auge behalten.

Es folgt nun ein Abschnitt, über den viel diskutiert worden ist.[109] Welche Bedeutung kommt ihm zu? Wie ist er zu deuten? Trotz des Lobes für Meister Eckharts ›Ingenium‹ und Eifer macht Nikolaus nach dem Bericht des Schülers nun eine Einschränkung, jedenfalls erweckt sie zunächst diesen Eindruck. Er lobt nicht nur Eckhart,

> »sondern er hat den Wunsch geäußert, dass seine Bücher von öffentlichen Orten entfernt werden sollten, weil gemeines Volk nicht tauglich, befähigt ist zu den Dingen, die er außer der Gewohnheit anderer Gelehrter, über die Gewohnheit anderer Gelehrter, doctorum, hinaus oft beimischt, mögen auch Einsichtige viele subtile, subtilia, und nützliche Dinge in ihnen gefunden werden.«[110]

Hier ergeben sich folgende Fragen: Wen kann Nikolaus hier mit *vulgus* meinen? Wer sind die *intelligentes*, Einsichtigen? Beide, *vulgus* und *intelligentes*, stehen sich gegenüber. *Vulgus* ist die *consuetudo*, die Gewohnheit zugeordnet, eine Gewohnheit, die näher bestimmt ist als die Gewohnheit »anderer Gelehrter«, *doctorum*, wobei zu bedenken ist, dass *doctor* zur Zeit des Cusanus der Titel der Professoren an den Universitäten war. Was sind die öffentlichen Orte, *locis publicis*? Was sind die *subtilia* und *utilia*, das fein Unterschiedene und Nützliche, das die Einsichtigen, *intelligentes*, von Meister Eckhart gewinnen können?

107　ADI h II p. 25,7–9 n. 36: *Aiebat tamen praeceptor se numquam legisse ipsum sensisse creaturam esse creatorem, laudans ingenium et studium ipsius.*

108　Acta Echardiana n. 10, LW V, S. 202.

109　Vgl. z. B. KLAUS DIETER KUHNEKATH, Die Philosophie des Johannes Wenck von Herrenberg im Vergleich zu den Lehren des Nikolaus von Kues, S. 144 f.; KURT FLASCH, Nikolaus von Kues. Geschichte einer Entwicklung, S. 188 f.; EULER, Schlaglicher, S. 29–33; ZIEBART, Nicolaus Cusanus on Faith and the Intellect, S. 96 f.

110　ADI h II p. 25,9–12 n. 36: *sed optavit, quod libri sui amoverentur de locis publicis, quia vulgus non est aptus ad ea, quae praeter consuetudinem aliorum doctorum ipse saepe intermiscet, licet per intelligentes multa subtilia et utilia in ipsis reperiantur.*

Vulgus bezeichnet nach Auskunft des Wörterbuches[111] zunächst das Volk ganz allgemein, die große Masse bis hin zum Pöbel. Durch das zu *vulgus* gehörende Adjektiv *non aptus*, nicht fähig, wird *vulgus* mit dem Beigeschmack der Unbildung versehen. Dann wäre der Wunsch des Cusanus einfach dahingehend zu deuten, dass man die Werke Eckharts vom ungebildeten Volk fernhalten solle.[112] Nun verwendet Nikolaus das Wort *vulgus* noch an einer anderen Stelle seiner Apologia, die man zum Verständnis der hiesigen Stelle heranziehen kann, oder sogar muss:

> »Ich bekenne dennoch mit Avicenna, dass dies dem Gegner nicht angemessen ist, der von der Art des gemeinen Volkes, de vulgo, ist und die tiefsten prophetischen Visionen, Visionen nach Art der Propheten zu alltäglichen, vulgares, und Gott unangemessenen Begriffen verdreht gegen die Lehre aller Weisen und die des großen Dionysius.«[113]

Der *adversarius*, der Gegner ist aber kein andere als Wenck und dieser Gegner gehört zum *vulgus*, *de vulgo*. Da er zum *vulgus* gehört, kann er auch nur *vulgares conceptus*, alltägliche und Gott unangemessene, *improportionales conceptus*, Begriffe verwenden. Bemerkenswert ist, dass die Bemerkung über den Gegner im Anschluss an die Frage steht, ob und wie man in Gott von Unterscheidung, *distinctio*, sprechen kann. Und da gebraucht Cusanus eine paradoxe Wendung, die auf Meister Eckhart zurückgeht, den er hier aber nicht nennt. Bei Gott muss man von *indistincta distinctio*, ununterschiedener Unterscheidung sprechen. »So wird Gott einzigartig in uneinzigartiger Weise, sowie unbegrenzte Grenze und ziellose Zielgrenze und ununterschiedene Unterscheidung genannt.«[114]

Dass Nikolaus diesen Ausdruck, diese Ausdrucksweise von Eckhart hat, ist in der Edition der Apologia von RAIMUND KLIBANSKY nachgewiesen.[115] Denn Nikolaus hat an drei Stellen in seiner Handschrift Randglossen gemacht, an de-

---

111 GEORGES, Ausführliches lateinisch-deutsches Handwörterbuch, Bd. 2, Sp. 3561.
112 Vgl. WALTER ANDREAS EULER, Schlaglichter auf die Einstellung des Nikolaus von Kues zu Meister Eckhart, S. 32 zu den *locis publicis*: »Eckharts Schriften nicht öffentlich zugänglich zu machen«; KURT FLASCH, Nikolaus von Kues. Geschichte einer Entwicklung, S. 188 äußert sich zu den *locis publicis* folgendermaßen: »Aus den öffentlichen Bibliotheken soll er entfernt werden«; ebenso DERS., Nicolaus Cusanus, S. 28: »dessen Werke sollten aus öffentlichen Bibliotheken entfernt werden.« Hier wäre allerdings die Frage berechtigt, inwieweit es zu Zeiten des Cusanus überhaupt ›öffentliche Bibliotheken‹ gegeben hat. RUDOLF HAUBST, Nikolaus von Kues als Interpret und Verteidiger Meister Eckharts, S. 95 formuliert neutraler: »Eckarts Bücher sollen nicht öffentlich zur Lektüre angeboten werden«.
113 ADI h II p. 10,12.15 n. 13: *Fateor tamen cum Avicenna ista adversario non congruere, qui de vulgo est et vulgares conceptus Deo improportionales propheticas visiones retorquet contra omnium sapientum et magni Dionysii doctrinam.*
114 ADI h II p. 10,2–3 n. 12: *sic Deus dicitur singularis insingulariter sicut finis infinitus et interminus terminus, et indistincta indistinctio.* Vgl. dazu GIGA ZEDANIA, Nikolaus von Kues als Interpret der Schriften des Dionysius Pseudo-Areopagita, S. 131–134.
115 Vgl. ADI h II p. 10 nota zu Zeile 3.

nen diese Ausdrucksweise bei Eckhart verwandt wird. Es handelt sich um die
Marginalien n. 152, n. 155 und n. 142 nach der Zählung von STEFANIE FROST,[116]
wo auch jeweils der dazu gehörige Text von Eckhart abgedruckt ist. Für einen
Gegner, *de vulgo*, von der ungebildeten Menge, ist ein solches Denken in Paradoxen nicht verständlich.

Dass mit dem Wort *vulgus* in dem Satz, die Schriften Eckharts sollten von
der Menge ferngehalten werden, Johannes Wenck gemeint ist, darauf hat zuerst INGEBORG DEGENHARDT hingewiesen, die die Bemerkung als Ironie interpretiert hat.[117] Dass aber nicht nur Ironie damit verbunden ist, sondern bit-
terer Ernst, das zeigt der Zusatz, der die Fernhaltung der Schriften Eckharts
begründet. Leute aus der mit *vulgus* bezeichneten Menge sind nicht geeignet,
etwas zu verstehen, was außerhalb gewohnter Denkstrukturen liegt. Dass die
Gewohnheit bei der Wahrheitsfindung hemmend sein kann, hatte Nikolaus
schon vorher formuliert und gewarnt:

> »Vor allen haben sie — gemeint sind die vorher zitierten Weisen — die Warnung ausge-
> sprochen, man müsse sich hüten, ein Geheimnis, secretum, Leuten mitzuteilen, deren
> Geister, mentibus, durch die Autorität veralteter Gewohnheit gefesselt ist. Denn die
> Macht langjährig beobachtender Befolgung ist so groß, dass schneller das Leben vieler
> vernichtet wird als eine Gewohnheit.«[118]

Zu beachten ist auch der Zusammenhang, in dem Cusanus diese Bemerkung
macht. Es handelt sich darum, dass sein Buch ›Über das Belehrte Nichtwissen‹
in die Hände von unbelehrten und unbelehrbaren Leuten geraten ist, *ad indoctorum manus*,[119] womit vorher ausdrücklich jener Wenck, *ille Wenck* genannt
ist.[120] Wenck gehört also zu denen, die in unbelehrbarer Weise an festgefah-
renen Denkgewohnheiten kleben, vor denen man warnen muss. Was für das
Werk des Cusanus gilt, das gilt auch für die Schriften Meister Eckharts. Diese
soll man auch nicht in die Hände von Leuten kommen lassen, die in alten Denkgewohnheiten festgefahren sind. Denn das kann gefährlich werden, wenn diese
Leute zusätzlich zu ihrer Gewohnheit auch noch über Macht verfügen. Cusanus stellt sich so in seinem Affront gegenüber festgefahrener Gewohnheit ganz
in eine Linie mit Meister Eckhart. Eckhart gehört nämlich wie Nikolaus nicht
in die Reihe der Gewohnheitsdenker; denn ›er mischt öfters‹ manches ›über

---

116 Vgl. STEFANIE FROST, Nikolaus von Kues und Meister Eckhart, S. 247 f., wo auch jeweils der dazu gehörige Text von Eckhart abgedruckt ist.

117 INGEBORG DEGENHARDT, Studien zum Wandel des Eckhartbildes, S. 55: »Die Forschung hat diese Zeilen zumeist ohne den ironischen Unterton verstanden«.

118 ADI h II p. 6,1–14 n. 7: *Maxime autem cavendum monuerunt, ne secretum communicare-
tur ligatis mentibus per auctoritatem inveteratae consuetudinis. Nam tanta est vis longaevae
observantiae, quod citius vita multorum evellitur quam consuetudo*; vgl. auch p. 1,10 n. 1: *qui
hoc studium spreverant, ut inveterata consuetudine Aristotelicae traditioni insudarunt.*

119 ADI h II p. 5,20–21 n. 6: *ne mystica ad indoctorum manus pervenirent.*

120 ADI h II p. 5,10–11 n. 6: *Hinc ille Wenck, qui ab universis doctoribus Heidelbergensis studii.*

die Gewohnheit anderer Gelehrter‹, *doctorum*,[121] Hinausgehendes in seine Reden und Schriften. Mit *doctorum* sind die Professoren der Theologie gemeint. Wenck[122] war Professor der Theologie in Heidelberg.

Diesen so charakterisierten Gewohnheitsdenkern, die Eckhart nicht verstehen, nicht verstehen können, vielleicht sogar nicht verstehen wollen, stellt Cusanus eine andere Gruppe gegenüber, die Einsichtigen, *intelligentes*,[123] die Verständigen, die der Einsicht in die Zusammenhänge Fähigen und auch Willigen. Diese werden in den Schriften Eckharts ›vieles Subtile, *subtilia*, und Nützliches, *utilia*‹[124] finden können.

Schwierig ist es, *subtilia* zu übersetzen. Das gleiche Wort benutzt Meister Eckhart an der bereits oben zitierten Stelle aus seiner Rechtfertigungsschrift, wenn er einräumt, dass seine Lehrern ungewohnte Bahnen beschreiten.[125] Gemeint ist fein Unterschiedenes, bis in letzte Unterscheidungen. Zu diesen *subtilia* dürfte Cusanus auch seine Theorie des Belehrten Nichtwissens zählen. Somit stellt er sich auch hier wieder auf die Seite von Meister Eckhart. Er dürfte sich selbst auch zu den *intelligentes* rechnen, die willens sind, sich auf die subtile Spekulation einzulassen.

Bei dem Zweiten, was die Einsichtigen in den Schriften Eckharts finden können, den *utilia*,[126] dem Nützlichen, gebraucht Cusanus wiederum einen Ausdruck, den auch Meister Eckhart in seiner Rechtfertigungsschrift verwandt hat.[127] Das Wort ›nützlich‹ fordert die Frage heraus: Nützlich wozu? Cusanus kann hier wohl nur den Nutzen für das Bemühen um die Erkenntnis Gottes im Auge gehabt haben. Das legt die Verbindung mit den *subtilia* nahe. Das Bemühen um das richtige Gottesverständnis ist aber zugleich ein Hauptanliegen jeder richtig verstandenen Seelsorge. Nikolaus glaubt also, dass man aus den Schriften Eckharts viele nützliche Dinge für die Seelsorge gewinnen kann. Das Groteske ist nun, dass das Gegenteil davon sowohl im Kölner Prozess als auch in der Bulle ›In agro Dominico‹ behauptet ist. Denn gerade aus vermeintlich seelsorglichem Bemühen glaubte man vor Eckhart warnen zu müssen, da in seinen Predigten zuviel Spekulatives und Neues enthalten sei.[128]

---

121 ADI h II p. 25,11 n. 36; vgl. Anm. 103.

122 RUDOLF HAUBST, Studien zu Nikolaus von Kues und Johannes Wenck, S. 85 f.: »der Heidelberger theologischen Fakultät gegen Ende 1426 inskribiert«; DERS., Wenck, Johannes, in: ²VL 10, Sp. 841; vgl. auch GERHARD RITTER (Anm. 13).

123 ADI h II p. 25,12 n. 36; vgl. Anm. 105.

124 Ebd.

125 Vgl. LW V S. 276; vgl. Anm. 105.

126 ADI h II p. 25,12 n. 36.

127 Vgl. dazu Acta Echardiana n. 1, LW V, S. 318: *Si autem sane intelliguntur et pie, pulchram et utilem continent veritatem fidei et morum instructionem.*

128 Vgl. aus der Verurteilungsbulle in Acta Echardiana n. 65, LW V, S. 600,103–105): *Ne articuli huiusmodi seu contenta in eis corda simplicium, apud quos praedicati fuerunt, ultra inficere valeant neve apud illos vel alios quomodolibet invalescant;* aus dem Schreiben von

Eckhart hatte eine ganz andere Auffassung von Seelsorge, wie er im ›Buch
der göttlichen Tröstungen‹ schreibt (ich zitiere nach der die QUINTsche Übersetzung erläuternden Übersetzung von GEORG STEER):

> »Auch wird man sagen, daß man solche Lehren (wie er sie vorträgt) nicht für Ungelehrte
> sprechen und schreiben solle. Dazu sage ich: Soll man nicht ungelehrte Leute lehren,
> so wird niemals wer gelehrt, und so kann niemand (dann) lehren oder schreiben. Denn
> darum lehrt man die Ungelehrten, daß sie aus Ungelehrten zu Gelehrten werden. Gäbe
> es nichts Neues, so würde nichts Altes. Die gesund sind bedürfen der Arznei nicht,
> sagt unser Herr (Luk.5,31). Dazu ist der Arzt da, daß er die Kranken gesund mache. Ist
> aber jemand, der dieses Wort unrecht versteht, was kann der Mensch dafür, der dieses
> Wort, das recht ist, recht äußert? Sankt Johannes verkündet das heilige Evangelium allen
> Gläubigen und auch Ungläubigen, auf daß sie gläubig werden, und doch beginnt das
> Evangelium mit dem Höchsten, das ein Mensch über Gott hier auszusagen vermag; und
> oft sind denn auch seine sowie unseres Herrn Worte unrecht aufgefaßt worden.«[129]

Genau zu diesem Text zitiert die Ausgabe[130] einen Text aus einer Predigt des
Nikolaus von Kues, den JOSEF KOCH als eine von 4 Predigten ›im Geiste Eckharts‹ ediert hat und die über das Evangelium von Jesus und die Samariterin

---

Johannes XXII. an den Kölner Erzbischof zur Veröffentlichung der Bulle ›In agro
dominico‹, Acta Echardiana n. 66, LW V, S. 602,15–18: *ut per publicationem huiusmodi
simplicium corda [...] erroribus [...] minime imbuantur*; vgl. dazu WINFRID TRUSEN, Zum
Prozess gegen Meister Eckhart, S. 21 zum Urteilsspruch, dessen »Zielsetzung ist eindeutig [...] also ein seelsorgliches Motiv.« Man fragt sich natürlich, worin sich eine
solche Seelsorge von einer Bevormundung der Laien unterscheidet. Eher scheinen diese Sorgen, wie GEORG STEER es ausdrückt gegenüber Wenck, »negative Auswüchse«
»priesterlich-seelsorglichen Übereifers« zu sein; vgl. Johannes Wenck von Herrenberg,
Das Büchlein von der Seele, S. 17.

129   Vgl. GEORG STEER, Die Predigten des Cusanus im Vergleich mit dem Predigtwerk von
      Meister Eckhart, S. 160; vgl. BgT, DW V, S. 60,27–61,9; Übersetzung S. 497: *Ouch sol
      man sprechen, daz man sôgetâne lêre niht ensol sprechen noch schreiben ungelêrten. Dar zuo
      spriche ich: ensol man niht lêren ungelêrte liute, sô enwirt niemer nieman gelêret, sô enmac
      nieman lêren noch schreiben. Wan dar umbe lêret man die ungelêrten, daz sie werden von un-
      gelêret gelêret. Enwaere niht niuwes, sô enwürde niht altes. ›Die gesunt sint‹, sprich unser herre,
      ›die enbedürfen der arznei niht‹. Dar umbe ist der arzât, daz er die siechen gesunt mache. Ist
      aber ieman, der diz wort unrehte vernimet, was mac des der mensche, der diz wort, daz echt ist,
      rehte sprichet? Sant Johannes sprichet daz heilige êwangelium allen geloubigen und ouch allen
      ungeloubigen, daz sie geloubic werden, und doch beginnet er daz êwangelium von dem höchs-
      ten, daz kein mensche von gote hie gesprochen mac; und ouch sint siniu wort und ouch unsers
      herren wort dicke unreht vernome*; vgl. auch BgT, EW II, S. 312 f. und den Kommentar
      von NIKLAUS LARGIER S. 754: »Im Schlußabschnitt des Traktates, der durchaus schon
      Züge einer Apologie besitzt, die auf das gegen Eckhart geführte Verfahren vorausweist,
      verteidigt sich Eckhart gegen Mißverständnisse. Gleichzeitig hebt er mit Nachdruck
      seinen Anspruch hervor, Ungelehrte, also Laien, auch in schwierigen theologischen
      Fragen zu belehren«.

130   DW V, S. 104 f.

am Brunnen handelt. Darin nimmt Cusanus Stellung zu einem ihm gemachten Vorwurf, er predige allzu hohe Dinge:

>»Gewisse Leute pflegen zu murren, gleichsam als ob ich mehr als einmal euch einfachen Leuten allzu hohe Dinge predige so wie auch die Jünger hier sich wunderten, dass/weil Christus der Frau von so hohen Dingen, de tam altis, sprach. Wenn jene ihre Aufmerksamkeit darauf richten würden, auf welche Weise Christus der Dirne, einer Sünderin und Samariterin, die ihn selbst ganz allein gehört hat, die geheimnisvollsten und tiefgründigsten Dinge in nützlicher Weise, utiliter, geoffenbart hat, hätten sie Nachsicht mit mir. Ich spreche nämlich zu mehreren, unter denen, das sollte man hoffen, einige im Vergleich zu jener Dirne aufnahmefähigere sich finden.«[131]

Uns interessiert hier vor allem der Ausdruck *utiliter*, in nützlicher Weise; er entspricht den *utilia*, den nützlichen Dingen, die Nikolaus oben bei Eckhart zu finden weiß. Cusanus geht es in diesem Predigtabschnitt um ein seelsorgliches Motiv. Wie erreicht der Prediger seine Zuhörer? Nur indem er immer wieder Altgewohntes vorträgt? Sicher nicht! Sondern man darf und muss sogar über hohe Dinge, *res altas*, sprechen genau so wie Jesus zu der Samariterin über hohe Dinge gesprochen hat und ihr damit die tiefsten Geheimnisse geoffenbart hat. Diese hohen Dinge, *res altas*, darf man getrost mit den in der Stellungnahme von Nikolaus zu Meister Eckhart mit den dort erwähnten *subtilia*, den fein unterschiedenen Dingen in der Gotteserkenntnis identifizieren. Aus der Verkündigung dieser tiefsten Geheimnisse, *secretissima et profundissima* bzw. *subtilia* entspringt für den Zuhörer der größte Nutzen, *multa utilia*; es ist für ihn von großem Nutzen, *utiliter*. Das ist wahrhaft ein Verständnis von Seelsorge ›im Geiste Eckharts‹, um den Ausdruck von Josef Koch hier zu gebrauchen. Cusanus ist also weit entfernt davon, eine Lektüre der Eckhartschen Schriften abzuwehren oder davor zu warnen oder gar zu verbieten. Eher ist es eine Aufforderung dazu, allerdings mit der Einschränkung für die Einsichtigen, die *intelligentes*.

Für diese *intelligentes*, Einsichtigen ist aber nicht nur die Fähigkeit zum Denken Voraussetzung für die Lektüre der Eckhart-Texte, sondern ebenso wichtig ist der Wille zum rechten Verständnis dieser Texte. Genau auf diesen Unterschied hatte Nikolaus von Kues auch in seiner Auseinandersetzung mit Wenck hingewiesen. Wenck gehört zu denen, die die Theorie des Belehrten Nichtwissens nicht einsehen wollen, obwohl man ihn als durchaus fähig dazu, intelligent ansehen muss. Dies lässt Nikolaus seinen Schüler sagen, »dass der Angreifer in

---

131 Sermo CCLXXIV n. 3,8–17 in: Nicolai de Cusa Opera omnia, Bd. 19: *Quidam solent mumurare, quasi aliquotiens vobis simplicibus praedicem res altas nimis, sicut et discipuli hic mirabantur, quod mulieri Christus de tam altis loquebatur. Si illi attenderent, quomodo Christus mulierculae peccatrici et Samaritanae, quae sola ipsum audivit, secretissima atque profundissima utiliter revelavit, mihi parcerent. Pluribus enim loquor, inter quos sperandum est aliquos illi mulierculae capaciores reperiri.* Vgl. auch Nikolaus von Kues, Cusanus-Texte. Vier Predigten im Geiste Eckharts, S. 118.

falscher Weise die behaupteten Thesen, conclusiones, hervorgelockt hat und
nichts aus allem eingesehen hat oder wenigstens hat einsehen wollen, indem
alles in verkehrter Weise gedeutet wurde.«[132]

Nicht verschwiegen werden soll, dass diese ganze Stelle, die Stellungnahme
von Nikolaus zu Meister Eckhart aus der ›Apologia doctae ignorantiae‹ schon
früher von anderen[133] anders interpretiert worden ist, wobei der Ton besonders
darauf lag, in diesem Text außer dem Lob auch eine Distanzierung des Cusanus
von Meister Eckhart zu sehen. Das Fernhalten der Schriften Meister Eckharts
von den öffentlichen Orten wurde so interpretiert, als ob Nikolaus wollte, dass
sie für alle – *vulgus* in diesem Sinne – unzugänglich gemacht werden sollten. Zu
einer besonders extremen Einschätzung gelangte KURT FLASCH, der sich zwei
Mal zu der Kontroverse zwischen Johannes Wenck und Nikolaus von Kues
geäußert hat.[134] In ›Nikolaus von Kues. Geschichte einer Entwicklung‹ kommt
er zu der These, die Apologia sei nur eine »halbherzige Rehabilitierung«[135]
Eckharts, »und die Äußerung war diplomatisch bis zum Verrat an Eckhart.«[136]
Worin der ›Verrat‹ an Eckhart besteht, wird nicht näher erklärt. Das Wort ›diplomatisch‹ verwendet man gewöhnlich in der politischen Sphäre nicht in einer
philosophisch-theologischen Diskussion. Was könnte damit gemeint sein?

Nikolaus wolle sich in diplomatischer Weise absichern gegen den Verdacht der Häresie und in der Annahme, eventuell einen Ketzerprozess fürchten zu müssen? Deshalb habe er die Erwiderung gegen Wenck so lange
hinausgezögert,[137] bis er sich durch die Kardinalserhebung[138] in sicherer Position wusste. WINFRID TRUSEN[139] hat darauf hingewiesen, dass die Verurtei-

---

132 ADI h II p. 34,12–13 n. 52: *quod impugnator false elicuit assertas conclusiones et nihil ex
     omnibus intellexit aut saltim intellegere voluit omnia perverse interpretando.*

133 Als Beispiele sind zu nennen: RUDOLF HAUBST, Nikolaus von Kues als Interpret und
     Verteidiger Meister Eckharts, S. 75–96, bes. S. 94 f.; WALTER ANDREAS EULER, Schlag-
     lichter auf die Einstellung des Nikolaus von Kues zu Meister Eckhart, S. 19–34, bes.
     S. 29–33.

134 KURT FLASCH, Einführung in die Philosophie des Mittelalters, S. 181–195; KURT
     FLASCH, Nikolaus von Kues. Geschichte einer Entwicklung, S. 181–194; vgl. auch
     KURT FLASCH, Nicolaus Cusanus, S. 28: »Das klingt zwiespältig [...] er mußte auf Zeit
     und Diplomatie setzen«.

135 KURT FLASCH, Nikolaus von Kues. Geschichte einer Entwicklung, S. 190.

136 Ebd. Vgl. dazu auch STEFANIE FROST, Nikolaus von Kues und Meister Eckhart, S. 183–
     185, die die These von dem angeblich diplomatischen Verhalten des Cusanus aufgreift
     und mit weiteren auf Vermutung beruhenden möglichen Verhaltensweisen von Niko-
     laus ausbaut. Anders urteilt CESARE CATÁ, Unum infinitum. Cusano e una tradizione
     neoplatonica abscondita, S. 246: »le argomentazioni cusaniane [...] una apologia di Eck-
     hart«.

137 Vgl. dazu KURT FLASCH, Nikolaus von Kues. Geschichte einer Entwicklung, S. 184 f.

138 Vgl. ADI h II p. 1,4 n. 1: *nunc coetui cardinalium adiunctus.*

139 WINFRID TRUSEN, Zum Prozess gegen Meister Eckhart, S. 21 f.; DERS., Meister Eck-
     hart vor seinen Richtern und Zensoren, S. 350; vgl. auch LORIS STURLESE, Meister
     Eckharts Weiterwirken, S. 170.

lungsbulle, d. h. auch das Verbot bezüglich des Besitzes und der Lektüre der Werke Meister Eckharts, nur für die Kirchenprovinz Gültigkeit hat, in der sie veröffentlich worden ist, nämlich der Kölner Kirchenprovinz. Für Nikolaus hatte sie also keine rechtliche Verbindlichkeit.

Auch die Furcht vor einem möglichen Ketzerverfahren war für Cusanus ziemlich unwahrscheinlich. Diese Verfahren waren etwas aus der Mode gekommen. Vielleicht hatte man durch die Hussitenkriege einzusehen gelernt, was man mit solchen Prozessen anrichten konnte. Seit dem Baseler Konzil war Nikolaus mit der sogenannten Böhmenfrage betraut. Er war bemüht, zu einer Einigung mit den Hussiten zu kommen, das zeigen seine uns überlieferten Böhmenbriefe.

Hier muss noch etwas gesagt werden zu dem vieldiskutierten ›cave‹! In der Kueser Handschrift 21 findet sich in Eckharts Johanneskommentar eine Marginalie ›cave‹[140] gerade zu einer Stelle, die in der Verurteilungsbulle ›In agro dominico‹ inkriminiert worden ist.

Als Erstes ist dazu zu sagen, dass es sich nicht mit Sicherheit ausmachen lässt, dass diese Randglosse von der Hand des Cusanus stammt. Darüber gab es schon zwischen OTTO KARRER und MARTIN GRABMANN eine erbitterte bis ins Komische reichende Debatte.[141] Über den Stand der Forschung in dieser Frage ist jetzt nachzulesen bei STEFANIE FROST.[142] Danach könnte die ›Funktion‹ des *cave* ein Hinweis auf die im gleichen Codex befindlichen aufgelisteten Artikel der Verurteilungsbulle sein, bei denen immer dann eine Kennzeichnung sich befindet, wenn sie aus dem Johanneskommentar genommen sind.

Sollte das *cave* aber von Cusanus selbst stammen, ist zu fragen, was er damit beabsichtigte und was es zu bedeuten hat. Zuerst ist die Bedeutungsbreite des Wortes *cavere* zu befragen. Uns allen ist es geläufig aus dem *Cave canem*-Mosaik aus Pompei. Vorsicht, bissiger Hund! *Cavere* bedeutet dann eine Warnung vor einer Gefahr, eine Aufforderung zur Vorsicht; denn der Text, vor dem das *cave* warnt, ist in der päpstlichen Bulle verurteilt und deshalb nicht weiter zu verwenden. Wäre damit wirklich eine Distanzierung von Eckhart, zumindest von diesem Text ausgedrückt? Denn Nikolaus wusste um die in der Bulle ›In agro Dominico‹ verurteilten Sätze. Sie standen in seinem Codex.[143]

Cavere kann aber auch einfach ›meiden‹, ›vermeiden‹ bedeuten. Nun handelt es sich bei dem inkriminierten Eckharttext um die in der Scholastik viel diskutierte Frage, ob die Welt von Ewigkeit her erschaffen ist.[144] Dann wollte

---

140 Vgl. STEFANIE FROST, Nikolaus von Kues und Meister Eckhart, S. 242 (Marg. n. 113).

141 Vgl. MARTIN GRABMANN, Neue Eckhartforschungen im Lichte neuer Eckhartfunde; OTTO KARRER, Zu Prälat M. Grabmanns Eckehartkritik; MARTIN GRABMANN, Erwiderung.

142 Vgl. STEFANIE FROST, Nikolaus von Kues und Meister Eckhart, S. 54 Anm. 281; S. 87.

143 Cod. Cus. 21 fol. 78^{rb–va}; vgl. Anm. 96 die Angaben zu JAKOB MARX und JOSEF KOCH.

144 Vgl. dazu TIZIANA SUÁREZ-NANI, Philosophie- und theologiehistorische Interpretation der in der Bulle von Avignon zensurierten Sätze, S. 43 f.

Cusanus lediglich darauf hinweisen, dass er diesen Text möglichst vermeiden solle[145] in dem Sinne, wie er auch in einem späteren Predigtentwurf über dieses Problem reflektiert und auf das elfte Buch der Confessiones des Hl. Augustinus verweisend bemerkt, dass diese Fragen in einer Predigt zu vermeiden sind mit einer seelsorglichen Begründung, »weil sie nicht aufbauen, nicht erbauen«.[146]

Nikolaus gebraucht das Wort *cavere* bzw. *praecavere* aber auch in seiner Apologia. So zitiert er Dionysius, der seinem Schüler Timotheus aufträgt, »er solle sich hüten, vorsehen, ut caveat, dass nicht irgendeinem von solchen ungebildeten Leuten diese geheimnisvollen Lehren, mystica, zu Ohren kämen.«[147] Und schon früher berichtet Nikolaus aus seiner Beschäftigung mit den ›Weisen der alten Zeit‹, dass diese, sich gehütet hätten, *praecavisse*, dass die Geheimnisvollen Dinge, *mystica*, in die Hände von Ungelehrten gelangten.[148] Es wäre dies, wie es in dem Bibelwort (Mt 7,6) heißt, dass man Perlen »vor die Säue wirft, in denen keine Einsicht ist«.[149]

Man sieht, welche verschiedenen Bedeutungen und Bedeutungsnuancen das *cave* im Codex Cusanus 21 haben kann. Wichtig in unserem Zusammenhang ist, dass es nicht unbedingt eine Warnung vor Eckhart beinhalten muss, wohl aber eine Warnung vor Leuten, die nicht verstehen wollen. Sollte ich mich für eine Bedeutung entscheiden, dann für die schon von OTTO KARRER vorgetragene: »das ›cave‹ ist lediglich ein Hinweis, daß der betreffende Satz verurteilt ist, also vom Kardinal der heiligen Kirche nicht gut wörtlich, wohl aber sinngemäß zu gebrauchen sei (wie er es wenigstens tat).«[150]

Nikolaus hat seine Erwiderung auf die Invektive von Wenck Apologia, Verteidigung, Verteidigungsrede, genannt. Damit stellt er sich bewusst in die sokratische Tradition.[151] Von seinem Schüler lässt er sich einmal »Verteidiger

---

145 Ähnlich hatte schon OTTO KARRER das *cave* verstanden; vgl. OTTO KARRER, Zu Prälat M. Grabmanns Eckehartkritik, S. 208.

146 Vgl. Sermo CCXVI n. 25,23–25 in: Nicolai de Cusa Opera omnia, Bd. 19: *Vide de his quaestionibus Augustinum XI Confessionum, et sunt dimittendae, quia non aedificant*; vgl. dazu auch RUDOLF HAUBST, Nikolaus von Kues als Interpret und Verteidiger Meister Eckharts, S. 85 f.

147 ADI h II p. 20,14–15 n. 29: *praecipiens Timotheo, ut caveat, ne talium rudium aliquis audiat haec mystica.*

148 ADI h II p. 5,20–21 n. 7: *Si quis graviores prisci temporis sapientes attendit, comperit magno studio praecavisse, ne mystica ad indoctorum manus pervenirent.*

149 Ebd. 23–24: *inhibuit enim margaritam [...] ante porcos proici, in quibus non est intellectus.*

150 OTTO KARRER, Zu Prälat M. Grabmanns Eckehartkritik, S. 208.

151 ADI h II p. 31,10–12 n. 45: *Et ubi de Socrate aliqua dicere nititur, quae ignorat, »Videat« ait praeceptor, »libellum Platonis De apologia Socratis, ubi in iudicio se excusat, et reperiet phantasias suas ab omni veritate vacuas«*; Cusanus besaß im Codex Cusanus 177 den Platonischen Text; siehe die Nota in der Edition; vgl. auch KURT FLASCH, Nikolaus von Kues. Geschichte einer Entwicklung, S. 185.

der Wahrheit« nennen.[152] Das Wort *defensio*, Verteidigung, gebraucht Nikolaus nur einmal, wenn er den Schüler seinem Mitschüler berichten lässt: »Sieh,
mein vielgeliebter Mitschüler, was ich aus dem Herzen, der Brust des Lehrers
zur Verteidigung des Belehrten Nichtwissens gesammelt habe.«[153] Schon vorher hatte er durch den Berichterstatter des Gespräches von dem ›Verteidiger
der Wahrheit‹, gemeint ist der Verfasser von ›De docta ignorantia‹, sprechen
lassen.[154] Wie aber hat Cusanus seine Verteidigung angelegt? Was unternimmt
er gegenüber den Angriffen des Gegners? Er verteidigt sich nicht,[155] sondern
umgekehrt, er geht zum Angriff über; er klagt den Angreifer an. Die von Platon
stammende Apologie des Sokrates ist ja auch alles andere als eine Verteidigung.
Nach PAUL FRIEDLÄNDER »ist die Verteidigung ein Angriff«.[156] Nikolaus klagt
den Gegner an, dass er die Texte verfälscht und aus dem Zusammenhang gerissen hat, genau wie man mit Meister Eckhart verfahren ist. Durch die Anklage
gegenüber der Verfahrensweise des Gegners klagt Nikolaus auch die Gegner
Meister Eckharts an, dem wie ihm Verfälschung der Texte widerfahren ist. Er
stellt sich somit ganz auf dessen Seite als einer der Willens ist dessen Texte zu
verstehen im Gegensatz zu denen, die seine Schriften nicht verstehen wollen.

Abschließend kann man sagen, dass sich in der Kontroverse zwischen Nikolaus von Kues und Johannes Wenck zwei verschiedene Arten der Rezeption von Meister Eckhart gegenüberstehen. Der eine bekämpft ihn als von ihm
als verurteilten Häretiker angesehenen Irrlehrer, allerdings nur auf Grund von
mangelhaften Kenntnissen seiner Schriften, beschränkt auf Einzelsätze; der
andere rezipiert ihn auf Grund umfassender Kenntnis der Schriften als Theologen und Seelsorger. Dass Nikolaus Eckhart auch als Philosophen rezipiert
hat, ist ein anderes Thema und von HERBERT WACKERZAPP[157] in vorbildlicher
Weise behandelt, auf dessen Buch hier nur verwiesen werden kann.

Einräumen muss ich, dass das hier entworfene Bild von Johannes Wenck
sehr ins Negative geraten ist. Dies hat sich daraus ergeben, dass seine Eckhart-
Rezeption sich auf das Pamphlet ›De ignota litteratura‹ beschränkt und nur die-

---

152 ADI h II p.5,13 n.6: *praeceptor noster. Hinc ille Wenck [...] veritatis defensorem pseudo-
apostolum nominare erubuit.*

153 ADI h II p.36,1–2 n.55: *Ecce, condiscipule praeamate, quae ex pectore praeceptoris pro de-
fensione Doctae ignorantiae recollegi.*

154 Vgl. ADI h II p.5,10–13 n.6: *Hinc ille Wenck [...] Veritatis defensorem pseudo-apostolum
nominare non erubuit.*

155 Vgl. KLAUS JACOBI, Die Methode der Cusanischen Philosophie, S.193: »Cusanus fin-
det es kaum der Mühe wert, sich gegen diesen Angriff im einzelnen zu verteidigen.«
Vgl. auch VIKI RANFF, Mit Dionysius gegen Wenck, S.45: »Die vom Schüler ange-
regte Widerlegung des Gegners schlägt Cusanus mit dem Hinweis auf dionysische
Zurückhaltung aus.« S.51: »In bekannter Weise lehnt der Lehrer es gegenüber dem
Schüler ab, Wenck zu widerlegen.«

156 PAUL FRIEDLÄNDER, Platon, Bd.2, S.145.

157 HERBERT WACKERZAPP, Der Einfluß Meister Eckharts auf die ersten philosophischen
Schriften des Nikolaus von Kues.

ses hier von Interesse war. Auf Grund der Kenntnis des gesamten Schrifttums von Wenck wird man vielleicht ein etwas positiveres Bild gewinnen, wozu auf das Buch von RUDOLF HAUBST[158] hinzuweisen ist.

---

158 RUDOLF HAUBST, Studien zu Nikolaus von Kues und Johannes Wenck.

Georg Steer

Meister Eckhart und Martin Luther

1. Die Zykluspredigten ›Von der ewigen Geburt‹ (Predigten 101–104, DW IV)

Die Beziehung Meister Eckharts zu Martin Luther hat KURT FLASCH in seinem viel gelesenen Buch ›Das philosophische Denken im Mittelalter. Von Augustin zu Machiavelli‹ zum Thema der evangelischen Lutherforschung[1] gemacht, dezidiert in seinem Schlusskapitel ›Machiavelli und Luther‹.[2] FLASCH schreibt: »Nach Egon Fridell[3] war Luthers Reformation im Vergleich mit der intellektuellen Revolution Meister Eckharts nur Mönchsgezänk.[4] Aber sie verwandelte die politische Landkarte Europas [...] Indem Luther den anthropologischen Pessimismus, der sich jetzt nahelegte, theologisierte, verfestigte er die Zerrissenheit, die ohnehin vorhanden war«. KURT FLASCH hat eine eigene Methode, sich Luther zu nähern. Er empfiehlt, »Luther einmal nicht als den Entdecker einer zeitlosen christlichen Wahrheit, sondern als Rezipienten der spätmittelalterlichen Schulwissenschaft und als Zeitgenossen Machiavellis und Pomponazzis zu sehen. Luthers Texte sind Dokumente der Zeit um 1520. Sie erhalten ihr historisches Profil, wenn wir sie lesen neben den Schriften des Erasmus (z. B. neben dessen *Lob der Torheit*, um 1510), neben dem Buch des Pomponazzi *Über die Unsterblichkeit der Seele* (1515), neben Machiavellis *Discorsi*, neben der *Utopia* des Thomas Morus und neben dem Hauptwerk des Kopernikus (*De revolutionibus orbium caelestium*, 1543 erschienen, aber schon etwa 30 Jahre vorher konzipiert)«.[5] KURT FLASCH macht Front gegen eine »gewisse Tradition der Luther-Verehrung«, die fordert, Luther »aus seiner Zeit« zu verstehen:

> »Man entschuldigt damit seine plumpe Polemik, seine Anhänglichkeit an die Landesfürsten, seine Befangenheit in populär-mittelalterlichen Vorstellungen. Doch eine geschichtliche Betrachtung zeigt andere Resultate als diese *konfessionelle Apologetik*. Was man bei Luther als ›mittelalterlich‹ entschuldigt, war im Mittelalter selbst kritisiert worden. Luthers Aufruf, die Synagogen niederzubrennen, die Häuser der Juden zu zerstören und ihnen ihre heiligen Bücher wegzunehmen, gab dem volkstümlichen Judenhaß eine theologische Sanktion. Luther forderte öffentlich auf zur Judenverfolgung: ›Erst-

---

1 PETER ZIMMERLING, Evangelische Mystik.
2 KURT FLASCH, Das philosophische Denken im Mittelalter, S. 574–599, hier S. 599.
3 EGON FRIEDELL, Kulturgeschichte der Neuzeit, S. 162.
4 Vgl. Luther für Katholiken, hg. u. eingeleitet von KARL GERHARD STECK, S. 35: »Deshalb war das erste Urteil in Rom, es handle sich nur um ein Mönchsgezänk, so weit ab von aller Wirklichkeit«.
5 KURT, FLASCH, Das philosophische Denken im Mittelalters, S. 586 f.

lich, das man jre Synagoga oder Schule mit feur anstecke und, was nicht verbrennen wil, mit erden uber heuffe und beschütte, das kein Mensch ein stein oder schlacke davon sehe ewiglich [...] Zum andern, das man auch jre Heuser des gleichen zebreche und zerstöre, [...] Zum dritten, das man jnen neme alle jre Betbüchlin und Thalmudisten, darin solche Abgötterey, lugen, fluch und lesterung geleret wird‹⁶«.⁷

Einen vergleichbaren Pfad, der seltener betreten wird, möchte Klaus Garber, Gründungsdirektor des Interdisziplinären Instituts für Kulturgeschichte der Frühen Neuzeit an der Universität Osnabrück einschlagen, um sich Luther und dem Luthertum zu nähern. Sein Forschungsansatz widmet sich den »ungezählten Facetten der Rezeption von Luthers Erbe«.⁸ Die Humanisten neigten, so das Fazit Garbers, schon um 1600 »sichtbar, einer postkonfessionellen Gläubigkeit« zu: »Sie zielen auf das die Konfessionen Überwölbende und der christlichen Botschaft Gemeinsame«.

Der rezeptions- und kulturgeschichtlichen Perspektive verpflichtet ist auch die Textgeschichtliche Forschung, deren Text- und Quellenbasis die heute noch erhaltenen Handschriften und Druckerzeugnisse der Texte Meister Eckharts sind. Im Vorwort des vierten Bandes ist das Konzept der Überlieferungs- und Wirkungsgeschichte dargestellt.⁹ Vgl. besonders S. IX: »Um aus der wissenschaftlichen Hinterlassenschaft Quints jene Predigten herauszufiltern, die noch Eckhart zum Verfasser haben könnten, braucht es nicht neue Kriterien der Echtheitsfindung. Es braucht aber einen neuen Blick auf die im Fokus stehenden Texte, keinen ›textkritischen‹, sondern einen überlieferungsgeschichtlichen. Nur dieser erlaubt zu erkennen, wie gut die Predigttexte abgeschrieben wurden, wie die einzelnen Abschriften untereinander zusammenhängen, welche Bearbeitungen sie erfahren haben, in welchen Kontexten sie überliefert sind und über welche Vermittlungsstufen sie mit Eckharts Originalentwürfen zusammenhängen. Die Handschriften wie auch die Drucke sind in dieser Sicht nicht primär Text- und Variantenträger, sondern Dokumente der Aufnahme von Eckharts Schriften gemäß den Interessen der Redaktoren, Schreiber, Leser und geistlichen Schriftsteller. Im historischen Adaptationsprozeß, der Ende des 13. Jahrhunderts beginnt und im 16. Jahrhundert ausläuft, haben viele Rezipienten ein Wissen von dem Autor, um dessen Texte sie sich in Abschriften, Redigierungen, Exzerpten, Dicta-Sammlungen und Komposittraktaten bemühen«.

Von Egon Fridell und Kurt Flasch ausgehend lag es für die Evangelische Lutherforschung nahe, eine exzellente Predigtgruppe Eckharts, die Zykluspredigten ›Von der ewigen Geburt‹ (Prr. 101–104) eingehend zu erforschen.

---

6   Martin Luther, Von den Juden und ihren Lügen, S. 523.
7   Kurt Flasch, Das philosophische Denken im Mittelalter, S. 588.
8   Klaus Garber, Luthers Erbe. Äußerste Unduldsamkeit, nicht Toleranz war die unmittelbare Wirkung des deutschen Reformators.
9   DW IV,1, S. VII–XIX.

Bereits im Jahre 1841 hatte CARL SCHMIDT[10] erkannt, dass nicht Tauler, sondern Eckhart der Autor sein muss. Er schreibt: »Allein wenn man diese letztern, vier Predigten nåmlich von der ewigen Geburt [...] mit den übrigen unbezweifelbaren Reden Tauler's vergleicht, so låßt sich leicht erkennen, daß sie nicht ihm, sondern viel eher dem Meister Eckart zugeschrieben werden müssen«.[11] Sie wurden 1857 von FRANZ PFEIFFER[12] als Pr. I–IV ediert. Anfängliche Zweifel an der Echtheit der vier Zyklus-Predigten Eckharts, insbesondere der Predigt 104, gab JOSEF QUINT 1975 auf (vgl. DW IV,1, S. 326). Er hielt alle vier Predigten endgültig für echt. Der protestantische Theologe VOLKER LEPPIN unternimmt in seinem Aufsehen erregenden Buch ›Die fremde Reformation. Luthers mystische Wurzeln‹ den Versuch, »eine bis heute verdrängte Dimension der Reformation neu zu entdecken«.[13] Luther hat die Predigten Taulers, in die die Zykluspredigten integriert waren, im von Hans Otmar erstellten Augsburger Druck von 1508 kennengelernt. Die Anordnung der ersten neun Predigten ist:

1.	AT 1508,	1ra–3rb	*Von drien geburten* (VETTER S. 7–12)
2.	**Predigt 101,**	3rb–6va	*Dum medium silentium* (DW IV,1, S. 334–367)
3.	AT 1508,	6va–9ra	*Accipe puerum* (VETTER S. 12–16)
4.	AT 1508,	9ra–10vb	*An dem zwolften tage* (VETTER S. 16–20)
5.	AT 1508,	10vb–11va	*Von den drien kúnigen* (VETTER S. 20–21)
6.	**Predigt 102,**	11va–13vb	*Ubi est qui natus est* (DW IV,1, S. 407–425)
7.	AT 1508,	13vb–15rb	*Ein ander predig von dem zwölften tage* (VETTER S. 22–25)
8.	**Predigt 103,**	15va–18ra	*Cum factus esset Jesus* (DW IV,1, S. 474–492)
9.	**Predigt 104 B,**	18ra–22va	*In his, quae patris mei sunt* (DW IV,1, S. 565–610)

Wer den Augsburger Druck von 1508, der mit dem Leipziger Taulerdruck inhaltsgleich ist, mit den Basler Taulerdrucken von 1521 und 1522 vergleicht, kann feststellen: die Predigten sind ganz neu geordnet worden. In BT 1521/22 ist die ursprüngliche Predigtreihung nicht mehr erhalten. In LT und AT wurde eine Anordnung nach thematischen, d. h. liturgischen Gesichtspunkten intendiert. Es erscheinen acht Weihnachtspredigten in einem Block vereinigt. Ob dieser thematische Entwurf von Tauler stammt, wäre noch zu untersuchen. Immerhin steht aber fest: die LT- und AT-Predigten, 84 an der Zahl, werden alle Johannes Tauler zugeschrieben. Die Predigten sind ohne Unterteilung aneinandergereiht, ein Vorwort fehlt. AT 1508: *Sermones: des hoch geleerten in gnaden erleüchten doctoris Johannis Thaulerii sannt dominici ordens die da weiszent auff den nåchesten waren weg im gaist zů wanderen durch überswebendenn syn. von latein in teütsch gewendt manchem menschenn zů såliger fruchtbarkaitt* (Titelblatt).

---

10 CARL SCHMIDT, Johannes Tauler von Straßburg. Beitrag zur Geschichte der Mystik und des religiösen Lebens im vierzehnten Jahrhundert.

11 CARL SCHMIDT, Johannes Tauler von Straßburg, S. 66. Vgl. hierzu auch DW IV,1, S. 289.

12 FRANZ PFEIFFER, Deutsche Mystiker des 14. Jahrhunderts. Bd. 2: Meister Eckhart.

13 VOLKER LEPPIN, Die fremde Reformation, Klappentext.

Dis seind etlich gar andechtig gůtt fruchtbar predig des erleüchten begnadten leerers doctoris Johannis Thaulerij sant Dominici ordens (1va). *Ain end hat daz bůch von den andechtigen vnd gnadenreichen predigen vnd leeren des beschaulichen lebens des erleüchten vnd begnadten doctors Johannis Thaulerij. die da neülich corrigiert vnnd gezogen seind zů dem merern tail auff gůt verstentlich Augspurger sprach die da vnder andern teütschen zungen gemainiglich für die versteentlichste genommen vnnd gehalten wirt* (221^r). Im Anschluss an die 84 Predigten steht noch das ›Meisterbuch‹.

Anders ist das alles im Basler Taulerdruck 1521/22. Hier steht das ›Meisterbuch‹ am Anfang. Der Predigtteil erscheint gegenüber AT und LT in seinem Bestand erweitert und er ist in drei Teile untergliedert, denen jeweils ein kurzes Vorwort vorangestellt wird. Auf dem Titelblatt wird Johannes Tauler als Verfasser aller Predigttexte genannt: *Joannis Tauleri des heiligen lerers Predig / fast fruchtbar zů eim recht christlichen leben. Deren Predigen gar nah hie in disem bůch des halbteyls meer seind dann in andern vorgetruckten bůcheren / die man sydhar mit der hilff gots funden hat / Der seyn wort yetzt wider erweckt vnnd aller welt verkündt. Getruckt zů Basel Anno M. D. XXI.* Der erste Predigtteil reicht von 1ra–164vb. Das Vorwort weist sämtliche Predigten dieses Teils als Predigten Taulers aus. Unter den Predigten dieses Teils finden sich auch die Predigten ›Von der êwigen geburt‹ aufgenommen: BT 2vb–5va (Pr. 101), 9va–11rb (Pr. 102), 12vb–14va (Pr. 103), 14vb–17vb (Pr. 104). Der zweite Predigtteil (165ra–242rb) enthält weitere Taulerpredigten. Doch weist das Vorwort darauf hin, dass die Echtheit einiger Predigten nicht gesichert sei: *Hie volget das ander teyl der predigen so newlich funden / vnd mit fleissiger arbeit zůsamen gelesen send / des obbedachten hochgelerten Joan. Tauleri. Wie wol an etlichenn eyn zweifel môcht sein / lasz dichs nit hindern / dann sy von einem recht gelerten seiner zeit (das ist gewisz) gemacht seind / denn sy sich auff einen grundt ziehen / das ist auff rechte gelassenheyt / vnd bereitung innerliches gemůts mit got* (165ra). *Hie enden sich die Sermon vnd predigen / die man gemeinlich dem hochgelerten andechtigen vatter Doccor* (!) *Johanni Tauler zůschreibt* (242rb). Die Predigten des dritten Teils werden durch das Vorwort explizit als nicht von Tauler stammend ausgewiesen: *Folgen hernach etlich gar subtil vnd trefflich kostlich predigen / etlicher vast gelertter andechtiger vátter vnd lerern / ausz denen man achtet Doctorem Tauler etwas seins grundes genommen haben. Namlich vnd in sonders meister Eckarts (den er vnder weylen in seinen predigen meldet) der ein fürtreffenlich hochgelerter man gewesen ist / vnd in subtilikeiten natürlicher vnd gôttlicher künsten so hoch bericht / das vil gelerter leüt zů seinen zeitten jn nit wol verstůnden / Deszhalb seiner ler ein teyl auch in etlichen stücken vnd articklen verworffen ist / vnd noch von einfeltigen menschen gewarsamlich gelesen werden sol. Wiewol hiehar in disz bůch mit fleisz nüt gesetzet ist / dann das gemeinlich wol verstanden vnd erlitten werden mag / Das ist ein teil seiner ler vnd predig / darausz man spüren môg / wie gelert vnd subtil er gewesen sey / vnd vff was grund all sein ler vnd predig (wie Doctor Taulers) geuestnet gewesen sey. Hieuor man weyter mercken mag / dz vorzeiten (doch nit als yetz) auch gelert leüt gewesen seyen in aller hand künsten die auch in teutschen landen geschinen haben* (242va).

Den Anstoß zur Inhaltserweiterung des Basler Taulerdruckes mag Adam Petri von den Basler Kartäusern erhalten haben. Schon 1520 wandte sich Adam Petri an Georg Capentarius, »die interessanteste Persönlichkeit unter den Basler Kartäusern des 16. Jahrhunderts«[14] mit der Bitte, ihm Predigttexte für seine Offizin zu besorgen. Welche Vorlagen er suchte und fand, wissen wir nicht. Jedenfalls fällt auf, dass sich alle Predigten der Basler Handschrift B XI 10 in BT finden, bis auf die Predigt QUINT 13a.[15] Das Wissen um Eckharts Texte und Lehre scheint offenbar nicht so marginal gewesen zu sein, wie vielfach vermutet wird.[16] Um Eckharts Bedeutsamkeit wusste man sehr wohl Bescheid, wie einem Schreibervermerk der Handschrift Paris. Bibliothèque Nationale Cod. allem. 125, 155v zu entnehmen ist: *Dis ist ein schöne sermon von den wercken* [156r] *die do geschehent in dot sünden schribt. Der grosse doctor vnd meister eckart. Der do ist gewesen in brediger orden. ein grosz liht der heilgen cristenheit.*

2. Taulers Lehre ist die Meister Eckharts

Was hat Meister Eckhart mit Luther zu tun? VOLKER LEPPIN kann nachweisen, dass Eckhart mit den Zykluspredigten bis ins 16. Jahrhundert, bis zu Martin Luther wirken konnte: »Das Thema, das tief in die mystische Vorstellung von der Gegenwart Gottes im Glaubenden hineinreichte, gab dann auch den Anlass, dass in manchen Ausgaben Taulers hinter diese Predigten eine Gruppe von Predigten über die Gottesgeburt rückte, die nach unserem heutigen Kenntnisstand gar nicht von Tauler stammten, sondern von Meister Eckhart. Unter fremdem Namen konnte dieser dann fortwirken, bis hin zu Martin Luther«.[17] »Unter fremdem Namen« kann dann nur heißen: unter dem Decknamen Johannes Tauler. Aber braucht Eckhart ein Alibi? Die Stimme von Capentarius und den Basler Kartäusern klingt sicherer. Obwohl man weiß, dass von Papst Johannes XXII. in der Bulle ›In agro dominico‹ vom 27.3.1329 *seiner ler ein teyl auch in etlichen stücken vnd articklen verworffen ist,* hält der Basler Taulerdruck von 1521/22 fest, dass die *ler vnd predig* d i e s e l b e sei, wie des *Doctor Taulers.* *Ler vnd predig* Eckharts, so die einschränkende Forderung, sollten aber von *einfeltigen menschen gewarsamlich* (= mit Vorsicht) *gelesen werden.* Also keine Angst vor Häresie? LEPPIN sieht zurecht in Meister Eckhart für Tauler das »prägende

---

14 WOLFRAM D. SEXAUER, Frühneuhochdeutsche Schriften in Kartäuserbibliotheken, S. 193.

15 ADOLF SPAMER, Zur Überlieferung der Pfeiffer'schen Eckeharttexte, S. 334.

16 Vgl. hingegen die gegenteilige Meinung von PETER DINZELBACHER, Mystikerinnen und Mystiker im Mittelalter, S. 57: »Seine [Bernhards von Clairvaux] lateinischen Werke wurden rasch in ganz Europa verbreitet und Teile von ihnen bald in die Volkssprache übertragen. Hunderte erhaltener Handschriften bezeugen die breite Rezeption (wogegen die Predigten des heute fälschlich als d e r mittelalterliche Mystiker gefeierten Dominikaners Eckhart ausschließlich auf den deutschen Sprachraum beschränkt blieben)«.

17 VOLKER LEPPIN, Die fremde Reformation, S. 23 f.

Vorbild«.[18] Es scheint mir deshalb nicht notwendig zu sein, um Meister Eckhart einen großen Bogen zu schlagen, weil es die Bulle ›In agro dominico‹ gibt und in Tauler, so LEPPIN, »gewissermaßen die kirchenkonformere Variante von dessen Mystik«[19] vorliege. So gesehen prallen Eckhart und Luther ungeschützt aufeinander – zum Glück der evangelischen wie der katholischen Lutherforschung.

Der Gang durch die Überlieferungsgeschichte, eingegrenzt allein auf die Taulerdrucke in Absehung von den handschriftlichen Zeugnissen der Eckhart-Texte hat die Einsicht gefördert, dass der Textbestand der Taulerdrucke keineswegs einheitlich ist. Wer nur die Basler Taulerdrucke kennt, weiß nicht, dass er in LT und AT keine einzige Predigt finden kann, die namentlich Eckhart zugeschrieben wird. Weiter: Wer glaubt, in Predigt 104 läge die gleiche Textform wie in den Predigten 101–103 vor, täuscht sich. In Pr. 104 stoßen wir auf ein ganz eigenes und individuelles Überlieferungsprofil des Textes. Ein anonymer Redaktor hat dieses geschaffen, zeitlich noch vor LT. Diese Textüberarbeitung ist vom LT-Drucker übernommen worden und ist in AT wie auch in den BT 1521/22 eingeflossen. Sie muss als Fassung B der Predigt 104 verstanden werden. Die Fassung A, die Ursprungsfassung der Predigt 104, ist von 104 B so weit entfernt, dass die Stuttgarter Eckhartedition gezwungen war, eine synoptische Ausgabe beider Fassungen in zwei zeilensynoptisch eingerichteten Spalten vorzulegen.

VOLKER LEPPIN kann mitteilen, dass Luther die Sammlung der Taulerpredigten im Augsburger Druck AT, den Hans Otmar 1508 erstellt hat, kennengelernt hat. Luther las die Taulerpredigten in einem Exemplar, das ihm sein Ordensbruder Johannes Lang (gest. 1548) geliehen hat, und in das er »reichlich Randbemerkungen«[20] in lateinischer Sprache angefügt hat. Es ist ein Glücksfall: dieses eine Exemplar ist heute noch erhalten in der Zwickauer Ratsschulbibliothek mit der Signatur 20.6.12. Diese Randbemerkungen haben es LEPPIN besonders angetan. Wann der »Durchbruch« Luthers zu seiner neuen Theologie erfolgte, lässt sich nicht genau fixieren, »aber das Faszinierende an seinen Randbemerkungen ist doch, dass sich hier gewissermaßen die Grundmelodie der späteren Rechtfertigungslehre findet: dass der Mensch ganz und gar auf Gott angewiesen ist. Diese Erkenntnis kam nur nicht plötzlich, sie stand auch nicht, wie es die protestantische Sicht gerne hätte, im Gegensatz zum Mittelalter, sondern sie entstand aus dem Geist der Mystik, wie er Luther in Taulers Predigten begegnete«.[21]

Bei den Randbemerkungen Luthers zu Pr. 104 B begegnet eine Schwierigkeit. Die Ausführungen des Verfassers zur Intellektlehre in den Zeilen

---

18 VOLKER LEPPIN, Die fremde Reformation, S. 22.
19 VOLKER LEPPIN, Die fremde Reformation, S. 22.
20 VOLKER LEPPIN, Die fremde Reformation, S. 24.
21 VOLKER LEPPIN, Die fremde Reformation, S. 25.

DW IV,1, S. 568,40–575,104 f. sind gestört. Es gibt erhebliche Lücken, nicht aber in der parallelen Fassung A. Luthers *annotationes* zu *würkende vernunffte* und *leydende* und *mügeliche* sind keine Übersetzung der Begriffe *würkende vernunft, lidende vernunft, mügeliche vernunft* (A-Fassung), sondern eine Interpretation dieser Begriffe: *intellectus agens, intellectus possibilis, intellectus habitualis.* Zu dem Satz *Ains hat ez in einer habung das ander in ainer gegenwertiger würkung* gibt Luther den Kommentar ab: *i.e. quod aliquando actualiter aliquando habitualiter sit.* Vollends nur Deutung ist die dritte Randbemerkung: *ne scilicet homo penitus hanc vitam dimitteret, sed alternis nunc in contemplatione actuali nunc in habituali (i.e. in vita activa).* Mit diesen Ausführungen ist Luther weit ab von den eigenwilligen Ergänzungen des Redaktors 104 B wie von dem Wortlaut Eckharts und Taulers. Es ist Luther das Unglück widerfahren, man muss es so sagen, an einen depravierten Text der Pr. 104 ›In his, quae patris mei sunt, oportet me esse‹ geraten zu sein. Luther ist dabei in eine textgeschichtliche Falle geraten: in AT konnte er keinen echten Tauler- bzw. Eckharttext gelesen haben. Es ist durchaus glaubhaft, wenn LEPPIN schreibt: »Die Lektüre muss ihn fasziniert haben, regte ihn zu immer neuen eigenen Gedanken an und bestätigte zugleich, was er von Staupitz gehört und erfahren hatte: dass das christliche Leben vor allem durch eines ausgezeichnet ist: das Leiden. Dieses Leiden aber war nun nicht so sehr oder nicht allein das Mitleiden mit Christus in der Passion, sondern Luther drang in tiefere Schichten vor. In der erwähnten Predigt über die Gottesgeburt hatte Tauler das Verhältnis zwischen dem Glaubenden und dem in ihm geborenen Gott beschrieben: *wann wenn zway sollnn ains warden / so müß sich dz ain haltnn leidend / daz ander wirckent*«.[22] Wenn in der Lutherforschung als literarische Quelle für die Sentenz »Wenn zwei eins werden sollen, dann muss sich das eine leidend und das andere wirkend verhalten« nur die Weihnachtspredigt ›Von drîen geburten‹ Taulers (VETTER 1) nachgewiesen wird, dann kann der Eindruck entstehen, Tauler sei der e i n z i g e Gewährsmann für diese Aussage. In Taulers Predigten ist die Sentenz mehrmals nachzuweisen: in den Predigten 26, VETTER S. 109,23–27 (*v o n g e n a d e n git G o t dem geiste daz das er ist von naturen, und hat dem geiste do geeiniget das namelose formelose wiselose wesen; do müs Got in dem geiste alle sine werg würken, bekennen, minnen, oben und gebruchen, und ist der geist lidig in einer g o t l i d e n d e r wisen*), Pr. 43, VETTER S. 182,2–5 (*sol Got eigenlichen und adellichen würken, so ist des not das ime ein stat und gerum gegeben werde und man Got lide. Wan zweijer leige werke envertragent sich nit mit ein ander. Eins müs sich halten l i d e n d e u n d das a n d e r w ü r k e n d e*), Pr. 52, VETTER S. 238,17–23 (*und denne kumet der herre in einem snellen blicke und lüchtet in den grunt, und wellent do selber w e r k m e i s t e r*

---

22 VOLKER LEPPIN, Die fremde Reformation, S. 24. Als Fundort dieses zentralen Satzes verweist LEPPIN, S. 221, Anm. 29 auf: Augsburg, Hans Otmar 1508, 2ra = VETTER Pr. 1, S. 9,34–36: *Wan wenne zwei súllent eins werden, so müs sich daz eine halten lidende und daz ander würckende.*

sin. Und wenne man des gewar wirt das der herre do ist, so sol man im das werk lossen lideklichen und sol im firen, und alle krefte súllen denne swigen und im ein stille machen, und denne weren des menschen werk ein hindernissen und sin gûten gedenke. Aber denne ensol der mensche nút tûn denne das er Got lide), Pr. 70, VETTER S. 382,21 f. *(wan das werk das ist alleine Gottes in deme, und dis halt sich lideklichen in Got wúrklichen).*

Es ist zu fragen: Ist die *líden-würken*-Sentenz auch den vier echten Predigten ›Von der êwigen geburt‹ bekannt? Sie ist es: Pr. 101, DW IV,1, S. 341,30 f. *(und daz man sich zemâle halte in einem lûtern gotlîdenne, und halte sich müezic und lâze got in im würken: in welchem der mensche allermeist diene ze dirre geburt);* Pr. 102, DW IV,1, S. 421,143–424,154 *(Und daz hœren bin ich lîdende, aber daz sehen bin ich würkende. Aber unser sælicheit enliget niht an unsern werken, mêr: an dem daz wir got lîden. [...] Und als got ist almehtic an dem würkenne, alsô ist diu sêle abgründic an dem lîdenne. Und dar umbe wirt si überformet mit gote und in gote. Got der sol würken und diu sêle sol lîden);* Pr. 103, DW IV,1, S. 476,22 f. *(Sol diz werk volkomen sîn, sô muoz ez got aleine würken und dû solt ez aleine lîden);* Pr. 104 A, DW IV,1, S. 568,40– 572,79 *(Der mensche hât eine würkende vernunft und eine lîdende vernunft und eine mügelîche vernunft. Diu würkende vernunft stât alwege gegenwertic iemer etwaz ze würkenne, ez sî in gote oder in der crêatûre. Swenne si sich vernünfticlîche üebet in der crêatûre als in einer ordenunge und widertragenne der crêatûre wider in irn ursprunc oder sich selber ûftreget ze götlîcher êre und ze götlîchem lobe, daz stât noch allez wol in ir maht und in irm gewalt und heizet noch würkende. Sô sich aber got des werkes underwindet, sô muoz der geist sich halten in einer lîdelicheit. Aber diu mügelîche vernunft diu luoget ze in beiden: swaz got gewürken müge und der geist gelîden, daz daz ervolget werde nâch mügelicheit. Einez hât er in einem würkenne, daz ist, sô der geist selber des werkes pfliget. Daz ander hât er in einem lîdenne, daz ist, sô sich got des werkes underwindet, sô sol und muoz sich der geist stille halten und got lâzen würken. Und ê diz anegevangen werde von dem geiste und von gote volbrâht, sô hât der geist ein anesehen dar zuo und ein mügelich erkennen, daz ez allez wol geschehen mac und möhte, und daz heizet diu mügelîche vernunft, aleine daz si doch vil versûmet werde und niemer ze vruht enkome. Sô sich aber der geist üebet nâch sîner maht in rehten triuwen, sô underwindet sich sîn gotes geist und des werkes und denne sô schouwet und lîdet der geist got),* S. 585,222–589,248 *(Nû merket! Wir hân dâ vor gesprochen von einer würkender vernunft und von einer lîdender vernunft. Diu würkende vernunft houwet diu bilde abe von den ûzern dingen und entkleidet sie von materie und von zuovalle und setzet sie in die lîdende vernunft, und diu gebirt ir geistlîchiu bilde in sie. Und sô diu lîdende vernunft von der würkenden swanger worden ist, sô behebet und bekennet si diu dinc mit helfe der würkenden vernunft. Nochdenne enmac diu lîdende vernunft diu dinc niht behalten in bekantnisse, diu würkende enmüeze sie anderwerbe erliuhten. Sehet, allez daz diu würkende vernunft tuot an einem natiurlîchen menschen, daz selbe und verre mê tuot got an einem abegescheiden menschen. Er nimet im abe die würkende vernunft und setzet sich selber an ir stat wider und würket selber dâ allez daz, daz diu würkende vernunft solte würken. Eyâ, swenne sich der mensche zemâle müeziget und diu würkende vernunft an im gesîget, sô muoz sich got von nôt des werkes underwinden und muoz selber dâ werkmeister sîn und sich selber gebern in die lîdende vernunft).*

Es mag Gründe geben, die Echtheit der vier Zykluspredigten weiterhin in Zweifel zu ziehen, es muss aber zumindest in Erstaunen versetzen, dass in fünf unbezweifelbar echten Predigten Eckharts (Prr. 31, 40, 52, 73, 94) die angeblich taulersche Lehre vom einheitlichen Wirken Gottes und des Menschen nicht nur anzitiert, sondern breit entfaltet wird, so in der Predigt 94, DW IV,1, S. 143,18–144,30: *Ez ist lîdunge einer andern werlt. Unser leben ist geteilet in zwei: daz eine ist lîden, daz ander ist würken. Würken ist, dâ mite wir alle unser lôn verdienen. Lîden ist ein innemen des lônes. Alliu diu werlt enmohte niht bekennen, welchen vlîz got dar ane leget, wie er die sêle geziehe. Unser erarnen liget an würkenne; und daz ist kleine und enge. Und dar umbe enhât er unser lôn niht geleget in würken, mêr: in lîden. Alsô ræmet er alwege unsers besten, wan wir wênic mügen getuon und vil gelîden, wênic gegeben und vil genemen. Einer mac eine mark genemen, der einen pfenninc niht mac gegeben. Man mac baz vil genemen dan wênic. Ie daz dinc græzer und bezzer ist, ie ez lustlîcher wirt genomen. Her umbe hât er unser lôn in lîden geleget, daz er uns vil müge gegeben, wan wir dâ vil mügen genemen. Lîden ist zemâle blôz, würken hât etwaz. Ich enmac niht gewürken, ich enhabe ez, ez ensî in mir. Aber lîden enhât niht, ez ist blôz. Ein meister sprichet: swâ ûz zwein ein sol werden, dâ muoz ein von nôt sîn selbes ûzgân und in im selber verwerden, sol ez in jenez gewandelt werden und ein mit im werden.*

Selbst in den lateinischen Sermones findet Eckharts zentrale Lehre gebührende Erwähnung, so in Sermo XI,2 n. 117, LW IV, S. 111,2 f.: *Unio autem vera, perfecta et intima necessario requirit in altero puram passionem* (»Die wahre, vollkommene und innigste Einigung aber erfordert notwendigerweise in einem von beiden Teilen reines Leiden«); Sermo IX n. 100, LW IV, S. 95,2–4: *Item gratia est ipsa gloria subtracta sola nostra imperfectione. Quae gloria sive beatitudo consistit in uno eodem active in deo, passive in anima* (»Die Gnade ist die ewige Herrlichkeit selbst, wenn man von unserer Unvollkommenheit absieht. Diese Herrlichkeit oder Seligkeit besteht in ein und demselben, wirkend in Gott und leidend in der Seele«). Auch in den deutschen Predigten befasst sich Eckhart immer wieder mit der Thematik von Wirken und Leiden: Pr. 40, DW II, S. 278,11–279,2: *Daz er sprach ›in der wîsheit‹: wîsheit ist ein müeterlich name, wan müeterlich name ist eigenschaft eines lîdennes, wan in gote ist würken und lîden ze setzenne; wan der vater ist würkende und der sun ist lîdende; und daz ist von der eigenschaft der gebornheit.* Pr. 52 (›Armutspredigt‹), LE I, S. 176,15–17: *Wan, vindet er den menschen alsô arm, sô ist got sîn selbes werk lîdende, und got ist ein eigen stat sîner werke mit dem, daz got ist ein würker in im selben.* Pr. 73, DW III, S. 269,7–270,3: *Daz wir uns selber benomen werden und in got gesetzet werden, diz enist niht swœre, wan got der muoz ez selber würken in uns, wan ez ist ein götlich werk, der mensche volge aleine und enwiderstâ niht, e r l î d e und lâze got würken.* Pr. 65, DW III, S. 101,8–10: ›*Vater, ich bite dich, daz dû sie ein machest, als ich und dû ein sîn‹. Sw â zwei ein suln werden, dâ muoz daz eine sîn wesen verliesen. Alsô ist: und sol got und diu sêle éin werden, sô muoz diu sêle ir wesen und ir leben verliesen.*

Besonders erhellend für das Verständnis von Eckharts Lehre vom ›Leiden‹ ist die Predigt 94, die erst 2003 kritisch ediert wurde. Sie nennt einen Autor für den in der Tauler-Predigt VETTER 1 zitierten Ausspruch: *Lîden ist zemâle blôz, würken hât etwaz. Ich enmac niht gewürken, ich enhabe ez, ez ensî in mir. Aber l î d e n enhât niht, ez ist blôz. Ein m e i s t e r sprichet: swâ ûz zwein ein sol werden, dâ muoz ein von nôt sîn selbes ûzgân und in im selber verwerden, sol ez in jenez gewandelt werden und ein mit im werden.* Dieser Meister lässt sich identifizieren, und zwar mit Hilfe des ›Liber parabolarum Genesis‹: In Gen. II n. 138, LW I, S. 605,6–9: *Rursus autem, sicut in corporalibus in generatione sub eadem specie est invenire duo, scilicet formam et materiam, activum et passivum, sic intellectuale in nobis distingui- tur in superius et inferius, quae Avicenna vocat duos facies animae* (»Wiederum aber, wie im Körperlichen beim Entstehen unter der selben Gestalt zwei zu finden sind, nämlich Form und Materie, Wirkendes und Leidendes, so wird das Verstehen in uns unterschieden in ein oberes und ein niederes; diese nennt Avicenna die beiden Antlitze der Seele«). Er zitiert Avicenna nochmals, in der deutschen Predigt QUINT 37, allerdings erwähnt er Avicenna hier nicht nament- lich, sondern als *heidenischen meister:* Pr. 37, DW II, S. 218,2–219,3: *Waz sint die* ›*zwêne süne‹ der sêle? Sant A u g u s t î n u s sprichet — und mit im ein ander, heideni- scher m e i s t e r — von zwein antlützen der sêle. Daz ein ist gekêret in dise werlt und ze dem lîbe; in dem würket si tugent und kunst und heilic leben. Daz ander antlütze ist gekêret die rihte in got; in dem ist âne underlâz götlich lieht und würket dar inne, aleine daz si ez niht enweiz, dar umbe wan si dâ heime niht enist.*

Von herausragender Bedeutung ist sodann ›Das Buch von geistiger Armut‹ (BvgA), das nicht Tauler zum Verfasser haben kann, wie DENIFLE zwingend nachgewiesen hat.[23] Von der »krassen Abwertung durch Denifle« nimmt KURT RUH Abstand und schätzt das BvgA neu ein: »als mystagogischen Traktat von beachtlichem Rang«.[24] Zwei Passagen müssen aus dem Werk zitiert werden: BvgA, DENIFLE, S. 167,33–168,5: *Und dar nach gat daz götliche werck, daz ist: so die vernunft alle bilde der creaturen ab gehöwet, daz sie entbildet wurt von allen ge- schaffenen bilden, so kumet got in die sele und setzet sich an der w ú r c k e n d e n v e r-*

---

23 Das Buch von geistlicher Armuth, bisher bekannt als Johann Taulers Nachfolgung des armen Lebens Christi, zum ersten Male vollständig hg. von P. FR. HEINRICH SEUSE DENIFLE OP; Das Buch von der geistigen Armut. Eine mittelalterliche Unterweisung zum vollkommenen Leben von NIKLAUS LARGIER.

24 KURT RUH, Geschichte der abendländischen Mystik. Bd. 3, S. 525.

nunft stat, und würcket sin werck. Und danne so heisset die vernunft ein lidende
vernunft, wan sie lidet daz got würket; und danne so werdent alle wercke in
einem werck gewürcket. Und also alle ding in got beslossen sint, also beslüsset er alle
ding in dem einigen wercke daz er in der selen würcket. Und danne so ist die sele
swanger worden des ewigen wortes, so sie blos stat aller anderheit; und danne
gebirt sie got, so sie uf gezogen wurt mit inhitziger minnen in daz blosse götlich wesen,
und da lit sie kintbettes inne und gebirt den sun in der gotheit; S.169,19—35: *Und*
danne so stat der mensche zu male in einem lidende, und got würcket
alle werck in ime. Und daz ist dar umb, wan unser herre sprichet: ›es ist nieman
gut danne got alleine‹. Hier umb sint keines menschen werck gut, wan gottes werck
alleine. Und dar umb so ist daz daz aller beste, daz ein mensche zu male ledig sy aller
wercke, und got alleine der würcker sy und der mensche daz werck got-
tes lide. Und danne so ist got in einem würckende und der mensch in
einem lidende, so ein ieglich ding wurt gesetzet in sin ruwe; und danne so würcket
got in der selen und die werck heissent wesenlich, wan sie entspringent uz götlichem
wesen, und geschehent in dem wesen der selen. Und mit den götlichen wercken so
werdent alle böse werck verdilget die ie geschahent, und danne so wurt der mensche
geabsolvieret a pena et culpa, daz ist von pin und von schulde, wan mit dem daz sich
got offenbaret in der selen, so mus alle anderheit entwichen, und mus got alleine herre
lassen sin, und nihtes nit me mag da regnieren wan got.

Von der Überlieferungsgeschichte her fällt nochmals ein starkes Licht auf
die vier Zykluspredigten, weil sie mit drei weiteren Predigten Eckharts, den
Predigten QUINT 1, 2 und STEER 105, in einer zweiten Zykluspredigtsammlung
von sieben Predigten zusammengebunden wurden. Diese Siebener-Sammlung
ist bezeugt von den Handschriften B4, Ko, Tr, St2:

B4:		1	101	102	104	103	105	2
Ko:					104	103	105	2
Tr:		1	101	102	104	103	105	2
St2:	2	1	101	102	104	103	105	

Außerhalb der Eckhart- und Taulerüberlieferung ist auch geistliche Literatur in
ihren vielfältigen Zeugnissen zu befragen. Dabei fällt wieder der Blick auf die
Überlieferungsgeschichte. Auf zwei Spitzentexte ist in den letzten Jahren verwiesen worden. Der erste Text, der ›Traktat von der Seligkeit‹ (›Traktat von der
wirkenden und möglichen Vernunft‹), zugeschrieben einem Eckhart von Grün-
dig und verfasst zwischen 1305 und 1325, beruft sich auf drei Star-Autoren, auf
Thomas von Aquin, auf Dietrich von Freiberg[25] und auf Meister Eckhart. Wie
Thomas und Dietrich erwähnt er auch Eckhart namentlich: *Wan daz verstent-*

---

25 Vgl. LORIS STURLESE, ›Traktat von der Seligkeit‹, in: ²VL, Bd. 9, Sp. 998—1002.

*nisse alsus muoz lîden die überformunge gotes, dar umbe spricht meister Eckhart,
daz saelicheit lige an got lîden, wan er spricht, daz saelicheit dar an sî, daz man sich
mit got vereine. Daz bewîset er mit nâtûrlîchen meistern, dâ sie sprechent alsus her
zuo: wâ zwei sulnt ein werden, dâ muoz sich daz ein halten in eime
lûtern lîden, daz ander in eime lûtern würken.*[26] Am stichhaltigsten ist
der Bezug der Siebener-Anthologie zur Predigt 102, in der zweimal das Verbum *überformen* gebraucht wird, das Eckhart sonst nicht mehr verwendet: *Und
als got ist almehtic an dem würkenne, alsô ist diu sêle abgründic an dem lîdenne.
Und dar umbe wirt si überformet mit gote und in gote. Got der sol würken und
diu sêle sol lîden* (Pr. 102, DW IV,1, S. 424,152–154). Die Aussage, daß die
Seligkeit in der *einunge* mit Gott bestehe, wird noch zweimal in der Predigt 102
hervorgehoben: *Aber unser sælicheit enliget niht an unsern werken, mêr: an dem
daz wir got lîden.* [...] *Jâ, von unmæziger minne hât got unser sælicheit geleget in ein
lîden* (DW IV,1, S. 422,145–423,147).

3. Martin Luthers Randbemerkungen in AT 1508

Luthers *annotationes* konzentrieren sich auf die Begriffe *würkende vernunffte,
leydende vernunffte* und *mügeliche vernunffte*. Er gibt sie wieder mit *intellectus
agens, intellectus possibilis* und *intellectus habitualis*. Warum ersetzt er *intellectus
passibilis* (*leydende vernunffte*) durch *intellectus habitualis*? Es ist ganz offensichtlich: der Satz *Ains hat ez in einer habung das ander in ainer gegenwertiger würkung*
wird kommentiert mit *i. e. quod aliquando actualiter aliquando habitualiter sit*
(»das heißt, dass es einmal wirkend, einmal gewöhnend sei«). Der Sinn von *habitualis* läßt sich hinlänglich aus der dritten Randbemerkung erschließen: *ne scilicet homo penitus hanc vitam dimitteret, sed alternis nunc in contemplatione acutali
nunc in habituali (i. e. in actiua vita)* (»damit freilich der Mensch dieses Leben
nicht ganz aufgibt, sondern abwechselnd bald in wirkender Betrachtung, bald
in gewöhnender [das heißt im tätigen Leben] ist«).[27] Es ist nicht ausgeschlos-
sen, dass Luther in Kenntnis des mhd. Wortes *gewenet* (*Sie* [*liute*] *werden sô sêre
ze disem gereizet und gezogen und gewenet, daz sie sich keinen andern wec niergen
enmügen gekêren* [DW IV,1, S. 367,221 f.]) die Neubildung *intellectus habitualis*
geschaffen hat. Da Luther die Taulerpredigt VETTER 1 gelesen hat, mag ihm der
Schlusssatz ebenfalls eine Vorlage für sein Verständnis von *habitualis* gewesen
sein: *die* (*raste* [= Stille]) *sol dis mittel swigen in ir dicke und dicke haben und in ir
eine gewonheit machen, daz ir die gewonheit ein habet* (= *habitus*) *in ir mache, wan*

---

26 WILHELM PREGER, Der altdeutsche Tractat von der wirkenden und möglichen Ver-
    nunft, S. 177,21–178,6.
27 Die Übersetzung hat Frau Dr. HEIDEMARIE VOGL bereitgestellt.

daz eime wol geûbeten menschen als nút ist, daz duncket einem ungûbeten menschen sin zûmole unmúgelich, wan gewonheit machet kunst (VETTER S. 12,10–14).[28]

Es muss freilich auch bedacht werden, dass in der Textpassage DW IV,1, S.568,39–572,68 die Fassungen A und B besonders stark auseinanderlaufen. Die Gegenüberstellung zeigt es:

A	B
Nû nim den underscheit!	*Hie nim einen underscheit von dirre vrâge!*
Der mensche hât eine würkende ver-	*Der mensche hât eine würkende ver-*
nunft und eine lidende vernunft und eine	*nunft und eine lidende und eine*
mügeliche vernunft. Diu würkende ver-	*mügeliche. Diu würkende*
nunft stât alwege	*stât in irm werke alwege mit einer*
gegenwertic iemer etwaz ze würkenne,	*gegenwerticheit ie ze würkenne.*
[...]	[...]
Sô sich aber got des	
werkes underwindet, sô muoz der geist	
sich halten in einer lidelicheit. Aber diu	*Aber diu*
mügeliche vernunft diu luoget ze in beiden:	*mügeliche hât in einer haltunge.*
swaz got gewürken müge und der geist	
geliden, daz daz ervolget werde nâch	
mügelicheit.	
	Alsô daz ein mensche vor zehen jâren
	sprach, daz hât er wol bî im in gedenken. Ez
	enist iezunt niht, nochdenne ist ez im als nâhe
	als daz, dâ er iezunt ane gedenket und würket.
Einez hât er in einem würkenne, daz	*Einez hât er in einer habunge,*
ist, sô der geist selber des werkes pfliget.	
Daz ander hât er in einem lidenne, daz ist,	*daz ander in einer gegenwertiger wür-*
sô sich got des werkes underwindet, sô sol	*kunge. Sich, rehte alsô ist ez mit disem.*
und muoz sich der geist stille halten und got	
lâzen würken.	

Es bleibt der evangelischen Luther-Forschung vorbehalten, zu ergründen, was Luther veranlasst hat, einen neuen Begriff *intellectus habitualis* zu kreieren und von dem Begriff *lidende vernunft* abzuweichen.

Jedenfalls geht aus dem Vergleich beider Fassungen erhellend hervor, dass Luther ein sehr depravierter Text der Predigt 104 vorgelegen hatte, der ihm im Augsburger Taulerdruck von 1508 als ein vermeintlicher Tauler-Text ver-

---

28 Zu *habet* vgl. auch Tauler, Pr. 64, VETTER S.350,5–8: *Sant Augustinus sprichet: ›enkein gût werk enmachet nút eigenlich ein tugent, es ensi das es ein formlich habit gewinne und einem menschen als gewonlich und als licht und lustlich si als ob es sine nature si worden‹. Das kunt us dem grunde der demütigen minne.*

mittelt wurde, in Wirklichkeit aber eine verschlimmbesserte Predigt Meister Eckharts ist. Von besonderem Interesse wäre es, in Erfahrung zu bringen, zu welchem Zeitpunkt Luther seine *annotationes* in das Exemplar der Zwickauer Ratsschulbibliothek (Signatur 20.6.12) eingetragen hat.

Walter Kardinal Kasper stimmt in seinem Buch ›Martin Luther. Eine ökumenische Perspektive‹ Volker Leppin ausdrücklich zu, dass »die mystische Seite Luthers, besonders der Einfluss von Bernhard von Clairvaux meist unterschätzt wurde«. Luthers mystische Wurzeln aufzudecken sei angesagt. Er schreibt: »Das negative Urteil der liberalen Theologie, besonders von A. Harnack, wirkt noch immer nach. Luther unterscheidet sich von der liberalen Position durch den ekstatischen Charakter des Glaubens und das den Menschen ›von außen‹ treffende Wort. Damit hat er einen neuen Typ der Mystik des Wortes und des Glaubens entwickelt, die nicht nur einzelnen Frommen vorbehalten ist; er hat die Mystik gleichsam demokratisiert«.[29] Wenn die »Evangelische Erneuerung der Christenheit« Luthers Anliegen war, dann ist Eckhart dem Bemühen Luthers um diese Erneuerung bereits zeitlich weit vorausgeeilt. Eckhart hat darauf gedrängt, die ganze Menschheit zu christianisieren. Er wendet sich bewusst allen Menschen, d.h. dem Publikum zu: den Gelehrten gewiss, den lauteren Laien, die namentlich von ihm als solche angesprochen werden, dem Mönch, der Nonne, dem Priester, dem Bischof, dem Papst. Er setzt programmatisch die Volkssprache ein und bildet dabei eine neue deutsche philosophische und theologische Begrifflichkeit aus. Dies wird in besonderer Weise offenbar in den vier Zykluspredigten ›Von der ewigen Geburt‹. In der Predigt ›Dum medium silentium tenerent omnia‹ (Pr. 101) prägt er die entscheidenden Sätze und weist den entscheidenden Weg, wie man seine christliche Mystik verstehen kann: »Nun beachtet zum ersten: ich will euch diese *rede* (Wahrheit, Botschaft) mit natürlichen Gründen darlegen, damit ihr selbst begreifen könnt, dass es so ist, wiewohl ich der Schrift mehr glaube als mir selbst. Doch leuchtet es euch mehr und besser ein durch begründende Darlegung«.[30]

Mit der Kraft der natürlichen Vernunft, also rein wissenschaftlich, will Eckhart reden und lehren, und zwar so, dass es alle verstehen können. Seine Worte und seine Lehre soll von jedem je nach dem Maß seiner Auffassungsgabe nachvollziehbar sein. Die Schlusspredigt 104 greift mit nämlichen Worten die Einführungsworte wieder auf: »Diese Worte dienen uns sehr passend für unsere *rede*, die ich von der ewigen Geburt sprechen möchte«.[31] Bemerkenswert ist sodann, dass Eckhart seine natürliche *rede* absetzt von dem Wort der Heiligen

---

29 Walter Kardinal Kasper, Martin Luther, S. 76, Anm. 6.

30 Pr. 101, DW IV,1, S. 342,33–35: *Nû merket ze dem êrsten! Ich wil iu dise rede bewæren mit natiurlîchen reden, daz ir ez selber möhtet grîfen, daz ez alsô ist, wie ich doch der schrift mê gloube dan mir selber. Aber ez gât iu mê în und baz von bewærter rede.* Übersetzung in: Meister Eckhart. Deutsche Predigten, ausgewählt von Louise Gnädinger, S. 405.

31 Meister Eckhart. Deutsche Predigten, ausgewählt von Louise Gnädinger, S. 565.

Schrift, dem er allemal mehr Glauben schenkt (»wiewohl ich der Schrift mehr glaube als mir selbst«). Zu diesem pädagogischen Sonderweg habe er sich entschlossen, weil seine argumentative Darstellungsweise für das Verstehen seiner Lehre besser sei.

4. Meister Eckharts Verurteilung durch Papst Johannes XXII

Luther hat im Augsburger Taulerdruck die 84 Predigten Johannes Taulers gelesen, unter diesen und gleich in den ersten Predigten die vier Zykluspredigten (Prr. 101–104). Es müsste erstaunen, wenn in den Predigten Taulers nicht auch Sätze zu finden wären, die der Bannstrahl der Verurteilung durch Papst Johannes XXII. getroffen hatte. Ein solcher Satz ist in der Predigt 104, DW IV,1, S. 608,548–609,560, nachgewiesen:

A	B
Ist aber, daz dem menschen ein bezzerz bekant wirt, daz er weiz und	*Ist aber, daz der mensche in im ein bezzerz mac bekennen in sîner verstantnisse und daz er ez in sîner eigen strâfe bevindet, als dicke wol kumet,*
bevindet, daz ez bezzer ist,	*sô der eine sünde wil tuon, daz er denne gedenket, daz ist wider got und wider dîner*
sô sî des êrsten zemâle ledic und ze vriden.	*sêle heil, daz ist daz êrste, daz dich zemâle dâ von lediget. Und daz dû dâ durch einen sichern wec maht suochen, der dich ze den*
Diz ist gar lihte ze bewærenne, wan man sol mê anesehen die vruht und die innern wârheit dan daz ûzer werk.	*êwigen vröuden mac bringen, diz ist gar lihte ze bewærenne, wan man sol mê anesehen die vruht und die innern wârheit dan daz ûzer werk.*

Der Artikel 18 der Bulle des Papstes Johannes XXII. lautet: »Lasst uns nicht die Frucht äußerer Werke bringen, die uns nicht gut machen, sondern innerer Werke, die der Vater, in uns bleibend, tut und wirkt«.[32] In den letzten Jahrzehn-

---

32 Acta Echardiana n. 65 (Bulle ›In agro dominico‹), LW V, S. 599,65–67: *Decimusoctavus articulus: »Afferamus fructum actuum non exteriorum, qui nos bonos non faciunt, sed actuum interiorum, quos pater in nobis manens facit et operatur«.* Vgl. In Ioh. n. 583, LW III, S. 510,7–11: *Rursus undecimo notandum quod in omni opere bono est duo considerare, actum scilicet interiorem et actum exteriorem. Actus interior ipse est in anima, in voluntate, et ipse est laudabilis proprie, meritorius, divinus, quem deus operatur in nobis. Et hoc est quod hic dicitur: ›pater in me manens, ipse facit opera‹. Iste est actus virtutis qui bonum facit habentem et opus eius etiam exterius bonum reddit* (»Sodann ist elftens zu bemerken: in jedem guten Werk muß man zweierlei betrachten, nämlich den inneren und den äußeren Akt. Der innere Akt ist in der Seele, im Willen, und der ist im eigentlichen Sinn lobenswert, verdienstvoll und göttlich, den Gott in uns wirkt. Und das ist der Sinn dieses Wortes: ›der Vater,

ten hat die historische Eckhartforschung einigermaßen Klarheit geschaffen über die Beweggründe, die zur Verurteilung der 26 Artikel führten, und welche divergierende Interpretationen die ganze Eckhart-Affäre über die Jahrhunderte hinweg ausgelöst hat. Bereits 1954 schlägt KARL RAHNER SJ einen kritischen Ton an.[33] Er schreibt: »Die Frage, ob er [Eckhart] die hier vorgelegten irrigen Sätze in dem Sinn, wie sie von der Kirche verurteilt sind, auch wirklich gemeint hat, ist nicht endgültig entschieden«. In der Dokumentation ›Eckardus Theutonicus, homo doctus et sanctus‹[34] hat HEINRICH STIRNIMANN kompakt zusammengefasst, was als historisch sicher zu betrachten ist: »Eckhart wurde in Avignon *nicht* verurteilt, schon gar nicht der ›Häresie‹, der Irrlehre, verdächtigt oder bezichtigt. Auch kann man nicht sagen, Eckharts Lehre sei, in ihrem Entwurf und ihren besonderen Akzenten, als mit dem katholischen Glauben nicht vereinbar hingestellt worden. Noch weniger könnte man behaupten, Eckharts Predigen und Wirken als Seelsorger seien dem Verdacht der Betörung unterzogen worden«.[35] Die vom Dominikanerorden angestrebte Erklärung, Rom möge im Falle Eckharts genauso verfahren, wie bei der Verurteilung Galileis, wurde von STIRNIMANN fallen gelassen, weil »eine ›Rehabilitierung‹ Eckharts im juristischen Sinne sich erübrigt, da Eckhart ja nicht verurteilt wurde«.[36] Die unterschiedliche Bewertung des Häresieverdachts zum einen vonseiten der päpstlichen Gutachter in Avignon (›Votum avenionense‹) und der sog. Eckhartisten der deutschen Dominikaner des 14. Jahrhunderts besteht indes auch heute noch weiter.

Es drängt sich unabweisbar die Frage auf: Wurde Martin Luther vielleicht doch bei der Ausbildung seiner reformatorischen Glaubens- und Gnadentheologie e n t s c h e i d e n d von Meister Eckhart inspiriert? Also: Die reformatorische Idee Luthers ein Gedanke Eckharts? Selbst wer annimmt, Luthers »mystische Wurzeln« seien allein bei Tauler zu finden und nicht bei Eckhart, muss den Beweis antreten, dass CAROLINE MÖSCHS Resumee ihrer Studien zu den vier Zykluspredigten nicht stimmt: »Aufgrund der zum Teil fast wörtlichen Übereinstimmungen, die eine Vorlage voraussetzen, hat sich vor allem belegen lassen, dass Tauler Eckharts Predigtzyklus *Von der êwigen geburt* gekannt haben muß«.[37]

---

der in mir bleibt, er selbst tut die Werke‹. Das ist der Tugendakt, der den, welcher ihn besitzt, gut macht und der auch sein äußeres Werk zu etwas Gutem macht«).

33 Vgl. Der Glaube der Kirche in den Urkunden der Lehrverkündigung von JOSEF NEUNER S.J. und HEINRICH ROOS S.J., S. 113, Nrr. 172–176.

34 HEINRICH STIRNIMANN / RUEDI IMBACH: Eckardus Theutonicus, homo doctus et sanctus. Nachweise und Berichte zum Prozeß gegen Meister Eckhart.

35 HEINRICH STIRNIMANN, Epilog, S. 278.

36 HEINRICH STIRNIMANN, Epilog, S. 279.

37 CAROLINE F. MÖSCH: »Daz disiu geburt geschehe«, S. 241.

5. Rechtfertigung durch Christus allein

An dem Tatbestand, dass Martin Luther die vier Zykluspredigten ›Von der ewigen Geburt‹ DW IV,1, Nr. 101–104, gekannt, benutzt und durch seine Randglossen als Taulerpredigten, nicht als Eckhartpredigten, autorisiert und in ihrem Inhalt sanktioniert hat, kann seit 2003 kein Zweifel mehr bestehen. Es herrscht in der Forschung aber Unsicherheit darüber, wie weit und in welchem Umfang Luther von Meister Eckhart abhängig ist, abhängig im Bezug auf seine Gnadentheologie bei der Ausformung seiner reformatorischen Idee, und ob seine Gnadentheologie mit derjenigen Eckharts identisch ist. Dies ist eine sehr wichtige und heiße Frage. Es ist die Frage nach der Theologie und Philosophie beider Autoren. Die ›Confessio Augustana‹ unterscheidet zwischen einer *iustitia christiana vel spiritualis* und einer *iustitia philosophica vel civilis*. Dazu macht ALOIS DEMPF[38] sehr bemerkenswerte Feststellungen: »Nur die bürgerliche Gerechtigkeit nach der Ethik der Philosophen kann aus uns selber, aus dem eigenen Willen und dem eigenen Verdienst des Menschen stammen, nicht aber die geistliche Gerechtigkeit der Gnade, die ganz und gar nur Rechtfertigung durch Christus ist. Es soll selbstverständlich mit dieser Erinnerung nicht gesagt sein, daß dieser Hauptsatz der Reformation unmittelbar von Meister Eckhart abzuleiten sei. Es sind freilich Wege vorhanden, auf denen die Lehre von der übernatürlichen Rechtfertigung durch Christus allein, im Gegensatz zur natürlichen aus uns selbst, von Eckhart zu Luther gelangen konnte«. DEMPF betont öfter und ausdrücklich: Die Lehre *Christus solus nostra iustitia* sei »seit den frühen großen Bibelkommentaren Luthers – in unmittelbarer Abhängigkeit von Eckhart, obwohl er nicht genannt wird – das Hauptdogma des Luthertums«.[39] Die Wege von Eckhart zu Luther sind gefunden. Dafür ist nicht allein der Predigtzyklus ›Von der ewigen Geburt‹ ein textlicher Zeuge. Es gibt einen zweiten Weg, auf dem Eckhart zu Luther gelangte, in der ›Theologia Deutsch‹, dem sog. ›Frankfurter‹, eine Schrift, die Luther zweimal im Druck herausgegeben hat, 1516 und 1518.[40] In der Vorrede zum Druck von 1516 teilt er mit, die *ma-*

---

38 ALOIS DEMPF, Meister Eckhart, 1960, S. 57 f.

39 ALOIS DEMPF, Meister Eckhart, 1960, S. 55.

40 WOLFGANG VON HINTEN, ›Der Franckforter‹ (›Theologia Deutsch‹). Kritische Textausgabe (= TD). Vgl. dazu ALOIS M. HAAS, Die ›Theologia Deutsch‹, Konstitution eines mystologischen Texts. ALOIS HAAS faßt zusammen: »Die TD ist in der Form eines Traktats im Umfang von 53 Kapiteln geschrieben, in einer literarischen Form also, die – gemäß der im Mittelalter üblichen Art – in lockerer Aneinanderreihung eine nicht streng gegliederte Abfolge von Themen präsentiert, deren Ordnung sich aus der je neuen Aufnahme von Leitmotiven ergibt. Keine logische Gliederung also, aufgrund derer nacheinander von den Vorbedingungen, dem Ort und dem Ziel der mystischen Vereinigung der Seele mit Gott gesprochen würde, sondern eine ausgebreitete Fülle von inhaltlich variierten Betrachtungen um letztlich ein und dasselbe Thema: die gnadenhafte Vergottung des Menschen im Lichte der vermittelnden Vorbildlichkeit des Lebens

tery sei *faßt nach der art des erleuchten doctors Tauleri prediger ordens.* Die in der
›Theologia Deutsch‹ verbreitete Lehre schließt Eckhart nicht aus, im Gegenteil,
sie schließt Eckhart mit ein. *Nach der art* heißt: wie Tauler, so hat auch Eckhart gepredigt. Schon aufgrund der Zitate in der ›Theologia Deutsch‹ steht fest,
dass ihr Verfasser Kenntnis sowohl von Eckhart als auch von Tauler besaß. Die
›Theologia Deutsch‹ hat wegen ihrer Nähe zur Reformation die denkbar größte
Verbreitung gefunden, bis in die Gegenwart herein. »Allgemein wird jedoch
anerkannt«, urteilt WOLFGANG VON HINTEN, »daß es sich beim ›Frankfurter‹
nach und neben Eckharts deutschen Werken um das hervorragendste theologische Originalwerk des Mittelalters in deutscher Sprache handelt«.[41] Sollte gesichert werden können, dass Luther frühzeitig auch noch Kenntnis vom Baseler
Taulerdruck von 1521 erhalten hat, dann ist ihm Eckhart in namentlich belegten
Predigten tatsächlich auch begegnet. Gleichwohl: am nächsten stand ihm die
›Theologia Deutsch‹. In ihr fand er alles bestätigt, was Eckhart theologisch vor
allem in den Zykluspredigten ausgeführt hat, selbst die Erwähnung des *intellectus agens* und des *intellectus possibilis: Vnd was yn eynem waren, vorgotten menschen geschiet, eß sey yn thuender ader yn lidender wiße, das geschiet yn
dissem licht vnnd yn disser liebe vnd auß dem selben, durch das selbe wider yn das selbe*
(TD 43, VON HINTEN S. 135,25–27). Sogar die Relevanz des irdischen Lebens
für den mystischen Weg ist in der ›Theologia Deutsch‹ klar ausgesprochen:
*Also wirt der mensch geczogen vnde gereiczt czu der voreynigunge des ewigen gutis, vnd
diß ist des vaters czihen. Vnd also wirt der mensch geleret von dem selben, das yn czu-
het, das er czu der eynikeit nicht kommen mag, er kumme dan durch
Cristus leben* (TD 53, VON HINTEN S. 150,21–25). ALOIS DEMPF findet, wiederum ausgehend von der ›Augustana‹, einen versöhnlichen Zukunftsaspekt
für evangelische und katholische Christen: »Wenn es in der Augustana heißt:
imago notitia, veritas iustitia, so ist zu fragen, wer zuerst die *Gerechtigkeit* als
wesentliche Gutheit unter die Transzendentalien eingereiht hat. Wir wissen
nur Eckhart zu nennen, und es war ja gerade seine zweite Neuerung, daß er
das Gnadensein als Anwesenheit der iustitia Dei, der *besonderen Einwohnung*
Christi und des Heiligen Geistes in der begnadeten wiedergeborenen Seele verstanden hat, in der zeitlichen Erneuerung durch den geschichtlichen Christus.
Diese *dritte* positiv *christliche Wendung* der Parousia ist durch die Lehre von
der iustitia Christi, im Gegensatz zur ethischen Gerechtigkeit, von eminenter
dogmengeschichtlicher Bedeutung. [...] Vielleicht vermag sogar die Erkenntnis
dieses Sachverhaltes zur *Versöhnung der Konfessionen* beizutragen«.[42]

Christi«. Vgl. auch GEORG STEER, Die ›Adolescens‹-Predigt Pfeiffer 37, zur ›Theologia
   Deutsch‹ insbesondere S. 114–119.

41 Vgl. WOLFGANG VON HINTEN, ›Der Frankfurter‹ (›Theologia Deutsch‹), in: ²VL, Bd. 2,
   Sp. 806.

42 ALOIS DEMPF, Meister Eckhart, S. 56 f.

Die Zykluspredigt 103 ›Cum factus esset Iesus annorum duodecim‹ hat jüngst durch Loris Sturlese eine neue Übersetzung und eine meisterhafte wie erkenntnisfördernde Interpretation gefunden.[43] In der Predigt 103 klärt Eckhart die Frage, wie die *edle geburt* (die Geburt Gottes in der Seele des Menschen) zu finden sei. Hier hilft, so Sturlese, das »natürliche Licht« der Vernunft gar nichts: »Es [dieses Licht] muss zu einem lauteren Nichts werden und sich seiner selbst ganz entäußern«. Der wahre Weg zur Vollkommenheit der Seele sei die Passivität und das Sich-Öffnen für das Wirken Gottes (*Sol diz werk volkomen sîn, sô muoz ez got aleine würken und dû solt ez aleine lîden* [DW IV, S. 476,22 f.]). In der Predigt 103 taucht auffällig oft der Begriff *dünsternisse* auf (vgl. LE IV, Anm. 48). Was bedeutet ›Finsternis‹? Nichts anderes als *mügelich enpfenclicheit*. Der Begriff steht in unmittelbarer Nähe zum *intellectus possibilis* des dritten Buches von ›De anima‹ (c. 5, 430a 14) des Aristoteles.[44] *Dünsternisse* darf nicht als mystische Dunkelheit verstanden werden, sondern eher als *intellectus possibilis*, das heißt als dynamische Empfänglichkeit. Da Eckhart nachdrücklich sagen will, es komme bei allen Kasteiungen und Penitenzien des Leibes nicht auf das äußere Werk an, sondern allein auf die Liebe zu Gott (*Alsô spriche ich von der minne: wer von ir wirt gevangen, der hât daz allersterkeste bant und doch eine süeze bürde* [DW IV, S. 491,160 f.]), kann Sturlese überzeugend schlussfolgern: »Das Christentum, das Eckhart predigte, war eine leuchtende, helle und vertrauensvolle Religion. Auch das hat es im Mittelalter gegeben«.

6. Appendix

Otto Langer hat im Anschluss an seinen Beitrag ›Seelengrund. Meister Eckharts mystische Interpretation der aristotelisch-thomasischen Lehre von der Seele‹ dieses Bandes eine eigenständige Interpretation der drei lateinischen Randbemerkungen zu der Meister Eckhart-Predigt Steer 104 (DW IV,2, S. 565–610), die von der Hand Martin Luthers stammen, beigesteuert. Sie wird hier als Appendix nachstehend geboten:

»Zur ersten Randbemerkung Luthers: Luther gibt die Unterscheidungen Eckharts: *würckende vernunffte, leydende vernunffte* und *mügliche vernunffte* treffend wieder mit: *intellectus agens, possibilis und habitualis*. Wenn man die beiden Fassungen der Predigt 104 vergleicht, so fällt auf, dass in der Fassung B der Predigt 104 an dieser Stelle der Abschnitt über die *leydende vernunffte* fehlt. Der Text geht gleich zur *müglichen vernunffte* weiter und charakterisiert diese Verfassung des menschlichen Geistes als *haltunge* (Z. 55), d. h. als *habitus* im Sinne einer formierten Disposition zur Vernunfttätigkeit im Unterschied zu ihrem tatsächlichen Vollzug.

---

43 Loris Sturlese, Predigt 103 ›Cum factus esset Iesus annorum duodecim‹.
44 Vgl. Thomas de Aquino, In Sent. III, dist. 14, q. 1, a. 4, arg. 5: *in anima humana est possibilitas ad recipiendum omnia per intellectum possibilem, quo est omnia fieri.*

Außerdem enthält Fassung B (Z. 59–66) eine Passage zur weiteren Erläuterung der *müglichen vernunffte* als *haltunge* (Z. 55) bzw. *habunge* (Z. 63). Diese Erläuterung verweist vergleichend auf Denkinhalte, die in der Erinnerung noch präsent und verfügbar sind (»in einer *habunge*«) im Unterschied zu den aktuellen. Auf diese Passage, insbesondere *Ains hat er in ainer habung das ander in ainer gegenwertiger würckung* bezieht sich Luther mit seiner zweiten Randbemerkung: *i. e. quod aliquando actualiter aliquando habitualiter sit.* Auch hier versteht Luther den Eckhart-Text richtig und nimmt keine Gleichsetzung von *müglicher* und *leydender vernunffte* vor. Denn er ersetzt in dieser Randbemerkung nicht den *intellectus possibilis* (*leydende vernunffte*) durch den *intellectus habitualis*, sondern unterscheidet folgende zwei Modi der Vernunft. Die Vernunft ist einmal *actualiter*, d. h. sie übt ihre Tätigkeit als Vernunft gerade aus, einmal *habitualiter*, d. h. sie ist im Modus einer formierten Disposition, im Bereitschaftsmodus sozusagen, aus dem sie jederzeit in den Modus der Aktivität übergehen kann. Ausführungen zur leidenden Vernunft wie in A (Z. 52–54) fehlen an der entsprechenden Stelle in B.

Die hier vorliegende Unterscheidung zwischen aktualer Vernunfttätigkeit und habitueller Vernunft als formiertem Vermögen lässt sich durch ein Beispiel aus Aristoteles' ›De anima‹ 412 a 10 f. verdeutlichen: Der Wissenschaftler, der sich Wissen angeeignet hat, aber gerade nicht wissenschaftlich tätig ist, weil er z. B. schläft, hat sein Wissen *habitualiter*; der Wissenschaftler, der gerade wissenschaftlich tätig ist, hat sein Wissen *actualiter*, er übt es aktiv aus.

Zu Luthers dritter Randbemerkung *ne scilicet homo penitus hanc vitam dimitteret, sed alternis nunc in contemplatione actuali nunc in habituali (i. e. in activa vita)*: Diese Passage markiert bei Luther wie bei Eckhart den Übergang in den übernatürlichen Bereich der *contemplatio*, an dem in Predigt 104 Eckharts *mügliche vernunffte* angesiedelt ist.

Dabei wird der Sinn der zweiten Randbemerkung durch die dritte ganz klar. Hier werden nämlich zunächst nicht *vita contemplativa* und *vita activa* einander gegenübergestellt, sondern eine *contemplatio actualis* von einer *contemplatio habitualis* unterschieden – *habituali* ist die attributive Bestimmung zu *contemplatione*. Es geht also um zwei Modi der *contemplatio*: Die eine ist die aktuale *contemplatio*, die *contemplatio* in Aktion, wenn, nach Eckhart, Gott der Werkmeister in der Seele ist, die andere eine ruhende *contemplatio*, eine durch Übung geformte Haltung (*habunge* bzw. *haltunge*), ein *habitus contemplandi*, der durch Gott immer wieder aktuiert werden kann. Wenn der Mensch sich im Modus der *contemplatio habitualis* befindet, also gerade nicht kontempliert, nimmt er am praktischen Leben teil. Das besagt die erläuternde Klammer: *i. e. in actiua vita*.

Mein Interpretationsansatz ist also etwa folgender: Auch wenn an dieser Stelle der Fassung B von der leidenden Vernunft nicht weiter die Rede ist, geht aus der gesamten Predigt 104, auch in Fassung B – insbesondere Z. 222–232 und 244–248 – hervor, dass der höchste Zustand der *contemplatio*, von der

Luther in seiner Randbemerkung spricht, ein Zustand des Erleidens Gottes ist (wenn nämlich Gott »Werkmeister« in der Seele wird) und die *mügeliche vernunft* in Eckharts eigenwilliger Umdeutung eines aristotelischen Theorems eine Disposition zum Erleiden und nicht zu einer Eigenaktivität des Menschen ist (vgl. Aufsatz Seelengrund). Die »Passivität« als eigentliche »Tätigkeit« des Menschen im Verhalten zu Gott zu verstehen scheint mir die genuine Intuition zu sein, die Luther und Eckhart verbindet«.

Norbert Fischer

Kants Idee »*est Deus in nobis*« und ihr Verhältnis zu Meister Eckhart.
Zur Beziehung von Gott und Mensch in Kants kritischer Philosophie und bei Eckhart

Nachdem Immanuel Kant Briefe und Arbeiten von Christoph Friedrich Ammon und Karl Arnold Wilmans freundlich in Empfang genommen hatte, stimmte er 1800 im ›Prospectus‹ zur ›Prüfung der Kantischen Religionsphilosophie in Hinsicht auf die ihr beygelegte Aehnlichkeit mit dem reinen Mystizismus‹ dennoch explizit dessen Autor, seinem Schüler Reinhold Bernhard Jachmann, zu. Zur ›Philosophie als Weisheitslehre‹, die »dem Menschen (durch Inspiration) *eingegossen*«, also nicht »durch innere Kraft seiner praktischen Vernunft *erklimmt*« worden sei (was Kants Ziel war), sagt er im ›Prospectus‹ zu Jachmanns Buch:

> »Der, welcher das erstere [scil. ›Philosophie als Weisheitslehre‹] als passives Erkenntnis behauptet, denkt sich das Unding der Möglichkeit einer übersinnlichen Erfahrung welches im geraden Widerspruch mit sich selbst ist, (das Transscendente als immanent vorzustellen) und fußt sich auf eine gewisse Geheimlehre, Mystik genannt, welche das gerade Gegentheil aller Philosophie ist«. (im Original S. 6 f.; AA 8,441)

In der vorausgeschickten Fußnote zum Brief von Wilmans (SF A 115–127 = AA 7,69–75), der Kants Verhältnis zur ›Mystik‹ positiv darstellt, sagt Kant zögerlich:

> »Wobei ich gleichwohl jene Ähnlichkeit meiner Vorstellungsart mit der seinigen unbedingt einzugestehen nicht gemeint bin«. (SF A 115 Fn = AA 7,69 Fn)

›Der Streit der Fakultäten‹ präsentiert das Wortfeld ›Mystik‹, wie von früher her zu erwarten war, ansonsten klar negativ-kritisch (›Von Religionssecten‹: SF, bes. A 64; 84–94 = AA 7,45 f.; 54–60); bezeichnend ist Kants nüchterne, kirchenfreundliche und seine eigene Einschätzung erhellende Stellungnahme, die sich kurz vor dem Abdruck des von Kant überraschend aufgenommenen und in voller Länge abgedruckten Briefes von Wilmans findet. Sie lautet:

> »Die Keckheit der Kraftgenies, welche diesem Leitbande des Kirchenglaubens sich jetzt schon entwachsen zu sein wähnen, sie mögen nun als Theophilanthropen in öffentlichen dazu errichteten Kirchen, oder als Mystiker bei der Lampe innerer Offenbarungen schwärmen, würde die Regierung bald ihre Nachsicht bedauern machen, jenes große Stiftungs- und Leitungsmittel der bürgerlichen Ordnung und Ruhe vernachlässigt und leichtsinnigen Händen überlassen zu haben«. (SF A 106 = AA 7,65)

Wilmans tritt in dem von Kant publizierten Brief gerade nicht mit der Anmaßung auf, von »der Lampe innerer Offenbarungen« erleuchtet zu sein, sondern
legt dar, was er ›aus der Kritik der reinen Vernunft gelernt‹ zu haben glaubt,
nämlich »eine Wissenschaft des Menschen«, nach der »dem Menschen in
der Welt eine durchaus *active* Existenz« zukommt. (SF A 115 f. = AA 7,69 f.)
Wilmans zeigt sich in seinem Brief als Interpret Kants, folgt dessen Betonung
der ›Spontaneität des vernünftigen Subjekts‹, gibt der ›Vernunft die Ehre‹ und
erklärt:

> »Der Mensch selbst ist ursprünglich Schöpfer aller seiner Vorstellungen und Begriffe
> und soll einziger Urheber aller seiner Handlungen sein. Jenes ›ist‹ und dieses ›soll‹ führt
> auf zwei ganz verschiedene Bestimmungen am Menschen«. (SF A 116 = AA 7,70)

Nach der Unterscheidung von ›Sein‹ und ›Sollen‹ als Grundphänomenen des
Lebens, die Thema der theoretischen und der praktischen Philosophie Kants
sind, fragt Wilmans: »Was ist aber Leben?« (SF A 119 = AA 7,71) Die entscheidende Antwortpassage lautet:

> »Diese Moralität und nicht der Verstand ist es also, was den Menschen erst zum Men-
> schen macht. So sehr auch der Verstand ein völlig actives und in sofern selbstständiges
> Vermögen ist, so bedarf er doch zu seiner Action der Außendinge und ist auch zugleich
> auf sie eingeschränkt; da hingegen der freie Wille völlig unabhängig ist und einzig durch
> das innere Gesetz bestimmt werden soll: d. h. der Mensch bloß durch sich selbst, sofern
> er sich nur zu seiner ursprünglichen Würde und Unabhängigkeit von allem, was nicht
> das Gesetz ist, erhoben hat«. (SF A 122 = AA 7,72 f.)

Wilmans redet hier ausdrücklich als Schüler Kants, nicht als ›Mystiker‹, spricht
den Mystikern aber eine ›Idee‹ zu, »die gewiß zur Beruhigung und vielleicht
auch moralischen Verbesserung vieler Menschen beitragen würde«. (SF A
123 = AA 7,73) Nachträglich berichtet er zudem, »eine Classe von Menschen«
kennengelernt zu haben, die »sich selbst *Mystiker* nennen, bei welchen ich fast
buchstäblich Ihre [scil. Kants] Lehre in Ausübung gebracht fand«; bei diesen
Menschen, die »ganz ohne Gottesdienst lebten«, habe er »im Wesentlichen Ihre
Moral und Religionslehre« wiedergefunden, »jedoch mit dem Unterschiede,
daß sie das innere Gesetz, wie sie es nennen, für eine innere Offenbarung und
also bestimmt Gott für den Urheber desselben halten«. (SF A 125 = AA 7,74)
Gegen Ende seines Briefs erklärt er schließlich:

> »Es ist wahr, sie halten die Bibel für ein Buch, welches auf irgend eine Art, worauf sie
> sich nicht weiter einlassen, göttlichen Ursprungs ist; aber wenn man genauer forscht,
> so findet man, daß sie diesen Ursprung der Bibel erst aus der Übereinstimmung der
> Bibel, der in ihr enthaltenen Lehren, mit ihrem inneren Gesetze schließen: denn wenn
> man sie z. B. fragt: warum? so ist ihre Antwort: sie legitimirt sich in meinem Inne-
> ren, und ihr werdet es eben so finden, wenn ihr der Weisung eures inneren Gesetzes
> oder den Lehren der Bibel Folge leistet. Eben deswegen halten sie sie auch nicht für ihr
> Gesetzbuch, sondern nur für eine historische Bestätigung, worin sie das, was in ihnen

selbst ursprünglich gegründet ist, wiederfinden. Mit einem Worte, diese Leute würden (verzeihen Sie mir den Ausdruck!) wahre Kantianer sein, wenn sie Philosophen wären«. (SF A 126 = AA 7,74)

Kants Aufnahme dieses Briefs in ein eigenes Werk ist kein Zeichen von Blindheit oder Eitelkeit und korrespondiert überdies mit einem wesentlichen Wort der ›Kritik der praktischen Vernunft‹. Dort heißt es im Kontext und Anschluss an ein Zitat von Fontenelle:

> »*Vor einem Vornehmen bücke ich mich, aber mein Geist bückt sich nicht.* Ich kann hinzu setzen: Vor einem niedrigen, bürgerlich gemeinen Mann, an dem ich eine Rechtschaffenheit des Charakters in einem gewissen Maße, als ich mir von mir selbst nicht bewußt bin, wahrnehme, *bückt sich mein Geist*, ich mag wollen oder nicht und den Kopf noch so hoch trage, um ihn meinen Vorrang nicht übersehen zu lassen«. (KpV A 136)

Dass Kant die ›Ähnlichkeit‹ seiner Vorstellungsart‹ mit der von Wilmans ›nicht unbedingt‹ einzugestehen bereit war, mag aus der Geschichte seines eigenen Denkwegs verständlich sein. Die unerwartete Aufnahme des Briefs von Wilmans hat aber sachliche Gründe, die tiefer reichen und auch über Jachmanns kritische ›Prüfung‹ hinaus wirksam geblieben sind.

Kant hat seinen Weg im Ausgang von einem frommen Elternhaus mit naturwissenschaftlichen und logischen Abhandlungen begonnen, alsbald aber auch Fragen der Theodizee berührt;[1] wissenschaftlich stand er zunächst in der Tradition der Philosophie von Leibniz und Wolff, in deren Denken ihm die abendländische ›Metaphysik‹ begegnet war, die er 1763 dann in einem eigenen Werk (›Der einzig mögliche Beweisgrund zu einer Demonstration des Daseins Gottes‹) aufgegriffen und weitergeführt hat. Durch David Hume sah er sich aus dieser Bahn geworfen und zur Suche nach einer neuen ›kritischen Metaphysik‹ geführt.[2] Dieser Impuls hat auch sein Misstrauen gegenüber Schwärmereien befeuert, wie seine polemische Schrift aus dem Jahr 1766 belegt, nämlich ›Träume eines Geistersehers, erläutert durch Träume der Metaphysik‹.

---

1 Kant lieferte Beiträge zum seinerzeit vieldiskutierten Erdbeben von Lissabon: AA 1,417–427 und 429–472; vgl. WOLFGANG BREIDERT, Die Erschütterung der vollkommenen Welt. Die Wirkung des Erdbebens von Lissabon im Spiegel europäischer Zeitgenossen; dazu die Rezension von NORBERT FISCHER.

2 Prol A 7 = AA 4,257: »Seit Lockes und Leibnizens Versuchen, oder vielmehr seit dem Entstehen der Metaphysik, so weit die Geschichte derselben reicht, hat sich keine Begebenheit zugetragen, die in Ansehung des Schicksals dieser Wissenschaft hätte entscheidender werden können, als der Angriff, den David Hume auf dieselbe machte. Er brachte kein Licht in diese Art von Erkenntniß, aber er schlug doch einen Funken, bei welchem man wohl ein Licht hätte anzünden können, wenn er einen empfänglichen Zunder getroffen hätte, dessen Glimmen sorgfältig wäre unterhalten und vergrößert worden.« Vgl. Prol A 13 = AA 4,260; und den Brief an Christian Garve (AA 12,258).

Die dort gestellten skeptischen Fragen machten ihn ni ch t zum Gegner der Metaphysik,[3] sondern regten ihn zu der gründlichen Prüfung an, deren Frucht 1781 in erster Auflage (²1787) unter dem Titel der ›Kritik der reinen Vernunft‹ als Entwurf einer ›kritischen Metaphysik‹ erschienen ist.[4] Den Sinn seines Gesamtplans erläutert Kant in rascher Folge mit epochemachenden Werken: ›Prolegomena zu einer jeden künftigen Metaphysik, die als Wissenschaft wird auftreten können‹ (1783), ›Grundlegung zur Metaphysik der Sitten‹ (1785), ›Kritik der praktischen Vernunft‹ (1788), ›Kritik der Urteilskraft‹ (1790), ›Die Religion innerhalb der Grenzen der bloßen Vernunft‹ (1793). Kants Projekt einer ›Revolution der Denkungsart‹ in der ›Kritik der reinen Vernunft‹ führte also über weitere Neuansätze zum ›Primat der praktischen Philosophie‹ und zuletzt zum Thema der ›Religion‹, nämlich zur Spätschrift ›Die Religion innerhalb der Grenzen der bloßen Vernunft‹. Dort erläutert Kant zu Beginn die große Linie seines Denkwegs:[5]

> »Moral also führt unumgänglich zur Religion, wodurch sie sich zur Idee eines machthabenden moralischen Gesetzgebers außer dem Menschen erweitert, in dessen Willen dasjenige Endzweck (der Weltschöpfung) ist, was zugleich der Endzweck des Menschen sein kann und soll«. (RGV B 6 = AA 6,VI)

Die Religionsschrift hatte nicht nur unerwartete Anfeindungen und Schwierigkeiten zur Folge,[6] sondern auch Anerkennung, die für Kant ebenso überraschend auftrat, wobei im Blick auf die ›Mystik‹ auch Christoph Friedrich Ammon und der bereits erwähnte Wilmans zu beachten sind. Kant wollte von Anfang an, wie er in der Erstlingsschrift von 1747 sagt, »die Ehre der mensch-

---

3 Am Ende der ›Träume eines Geistersehers‹ erklärt Kant seine künftig zu lösende Aufgabe (TG A 115 = AA 2,367): »Die Metaphysik, in welche ich das Schicksal habe verliebt zu sein, ob ich mich gleich von ihr nur selten einiger Gunstbezeugungen rühmen kann, leistet zweierlei Vortheile. Der erste ist, den Aufgaben ein Gnüge zu thun, die das forschende Gemüth aufwirft, wenn es verborgenern Eigenschaften der Dinge durch Vernunft nachspäht. Aber hier täuscht der Ausgang nur gar zu oft die Hoffnung und ist diesmal auch unsern begierigen Händen entgangen. / *Ter frustra comprensa manus effugit imago / Par levibus ventis volucrique simillima somno.* / VIRG. / Der andre Vortheil ist der Natur des menschlichen Verstandes mehr angemessen und besteht darin: einzusehen, ob die Aufgabe aus demjenigen, was man wissen kann, auch bestimmt sei und welches Verhältniß die Frage zu den Erfahrungsbegriffen habe, darauf sich alle unsre Urtheil jederzeit stützen müssen. In so fern ist die Metaphysik eine Wissenschaft von den Grenzen der menschlichen Vernunft«.

4 Dazu insgesamt NORBERT FISCHER, Kants Grundlegung einer kritischen Metaphysik. Einführung in die ›Kritik der reinen Vernunft‹.

5 Dazu vgl. insgesamt NORBERT FISCHER / JAKUB SIROVÁTKA, Vernunftreligion und Offenbarungsglaube. Zur Erörterung einer seit Kant verschärften Problematik.

6 Zum Woellnerschen ›Religionsedict‹ vgl. Kants Abdruck der ›Cabinetsordre König Friedrich Wilhelm's II.‹ in ›Der Streit der Fakultäten‹ mitsamt Kants Antwortschreiben (SF A VI–XXIII=AA 7,5–10).

lichen Vernunft vertheidigen«.[7] Das blieb sein durchgängiges, immer tiefer durchdachtes Motiv: an der Verteidigung der »Ehre der menschlichen Vernunft« hat Kant bis zum Ende gearbeitet. Sie hat ihn alsbald zum ›Primat der reinen praktischen Vernunft‹[8] geführt und von dort zur ›Religion innerhalb der Grenzen der bloßen Vernunft‹ – und am Ende sogar zu neuer Offenheit für Gedanken, die der ›Mystik‹ nahestehen, wie das Wort des ›Opus postumum‹ aus den Jahren 1800–1803 belegt, das im Titel zitiert ist. Mit seinem Kontext lautet es:

> »Das Subject des categorischen Imperativs in mir ist ein Gegenstand dem Gehorsam geleistet zu werden verdient: ein Gegenstand der Anbetung (*adoration*) Dieses ist ein identischer Satz Die Eigenschaft eines moralischen Wesens das über die Natur des Menschen categorisch gebieten kann ist die Gottlichkeit desselben Seine Gesetze müssen gleich als göttliche Gebote befolgt werden. – Ob Religion ohne Voraussetzung des Daseyns Gottes möglich ist. *est Deus in nobis*«. (OP AA 22,129 f.)

Den Zusammenhang zwischen den Fragen der ›Vernunftreligion‹ und den Antworten des ›Offenbarungsglaubens‹ macht folgende Passage aus der Religionsschrift besonders deutlich. Dort betont Kant beider Distanz, aber – vorbereitet durch Vorlesungen der Jahre 1783/84 –[9] zugleich auch ihre Kompatibilität in Wesentlichem. Kant sagt:

> »Der Satz: Man muß glauben, daß es einmal einen Menschen, der durch seine Heiligkeit und Verdienst sowohl für sich (in Ansehung seiner Pflicht) als auch für alle andre (und deren Ermangelung in Ansehung ihrer Pflicht) genug gethan, gegeben habe (wovon uns die Vernunft nichts sagt), um zu hoffen, daß wir selbst in einem guten Lebenswandel, doch nur kraft jenes Glaubens selig werden können, dieser Satz sagt ganz etwas anders als folgender: man muß mit allen Kräften der heiligen Gesinnung eines Gott wohlgefälligen Lebenswandels nachstreben, um glauben zu können, daß die (uns schon durch die Vernunft versicherte) Liebe desselben zur Menschheit, sofern sie seinem Willen nach allem ihrem Vermögen nachstrebt, in Rücksicht auf die redliche Gesinnung den Mangel der That, auf welche Art es auch sei, ergänzen werde«. (RGV B 176=AA 6,120)

In der christlichen Theologie, die seit Beginn für Philosophie offen und von ihr angeregt war,[10] wurde die rigide Annahme der ›Heilsnotwendigkeit‹ des Glau-

---

7 Vgl. ›Gedanken von der wahren Schätzung der lebendigen Kräfte‹ A 194=AA 1,149.

8 KpV A 215–219: ›Von dem Primat der reinen praktischen Vernunft in ihrer Verbindung mit der speculativen‹; vgl. dazu NORBERT FISCHER, Kants These vom Primat der praktischen Vernunft. Zu ihrer Interpretation im Anschluß an Gedanken von Emmanuel Levinas.

9 Vgl. dazu Immanuel Kant, Von der Offenbarung (›Vierter Abschnitt‹ der ›Vorlesungen über die philosophische Religionslehre‹). Abdruck mit kommentierenden Hinweisen von NORBERT FISCHER in: VuO, S. 35–51.

10 Indem er uns »schon durch die Vernunft« der Liebe Gottes versichert hält, gelangt Kant in die Nähe von Eckharts Frage: *Wer sint, die got êrent?* (Predigt 6). Vgl. auch die Areopagrede des Apostels Paulus (Act 17,22–34); weiterhin JOACHIM RINGLEBEN, Das phi-

bens an eine Historie, die nicht allen Menschen bekannt ist,[11] kritisch reflektiert, was sich schon an frühesten Auffassungen der ›Heilsgeschichte‹ und an
Worten Jesu von Nazareth selbst belegen lässt, wie sie im ›Neuen Testament‹
überliefert sind.[12] Zur Bewältigung der Kontingenz historischer Annahmen haben christliche Theologen nachhaltig an Tertullians Annahme der Möglichkeit
der *anima naturaliter christiana* angeknüpft.[13] Die Annahme dieser Möglichkeit, die offenbar mit dem Glauben an die Gerechtigkeit und den ›allgemeinen
Heilswillen Gottes‹ zusammenhängt und ihn voraussetzt,[14] hat Kant explizit
auf Sokrates bezogen (gewiss nicht ohne Seitenblick auf seine eigene Arbeit);
er erklärt in den Vorarbeiten zu ›Der Streit der Facultäten‹:

> »Ich möchte einen Sokrates nicht einen frommen Heyden sondern selbst auf die Gefahr
> darüber ausgelacht zu werden immer einen guten Christen *in potentia* nennen weil er
> diese Religion so viel man urtheilen kann gehabt und sie auch als Offenbahrungslehre
> würde angenommen haben wenn er zur Zeit ihrer öffentlichen Verkündigung gelebt
> hätte«. (AA 23,440)

Ernst war es Kant mit der Aufgabe jedes Menschen, sich der ›Heiligkeit des
Willens‹ als ›Urbild‹ »ins Unendliche zu nähern«: nur dieses Streben dient der
›Ehre der menschlichen Vernunft‹ (und des Schöpfers) und ist das einzige, »was
allen endlichen vernünftigen Wesen zusteht« (KpV A 58), auch wenn diese

---

losophische Evangelium. Theologische Auslegung des Johannesevangeliums im Hori-
zont des Sprachdenkens; die ›Kindheitsgeschichten‹ sind ›haggadische Midraschim‹; vgl.
GERHARD LANGER, Midrasch; dieses literarische Genus war den frühen christlichen
Theologen bekannt, auch dem Evangelisten Johannes.

11 Gegen den Glauben an den allgemeinen Heilswillen Gottes zielen vernunftfeindliche
Maximen, die sich später auf Martin Luther (*sola fide, sola gratia, sola scriptura* und seine
Zurückweisung des ›mehrfachen Schriftsinns‹) gestützt und den Gedanken einer *anima
naturaliter christiana* zerstört haben, den auch Kant vertreten hat. Augustinus spricht
gegen *sola gratia* und *sola fide* (vgl. vera rel. 8: *sic enim creditur et docetur, quod est humanae salutis caput, non aliam esse philosophiam, id est sapientiae studium, et aliam religionem*);
ebenso gegen *sola scriptura*; vgl. seine Zitationen nichtchristlicher Texte (z. B. seine
Hochschätzung u. a. Platons, aber auch Ciceros und Senecas). Zur Zurückweisung des
mehrfachen Schriftsinns, der seit Origenes zum Grundbestand christlicher Theologie
gehörte, vgl. Martin Luther, Tischrede Nr. 5285: »Weil ich jung war, da war ich gelernt
[...] da gieng ich mitt *allegoriis, tropologiis, analogiis* umb [...] nuhn hab ichs faren lassen,
und diß ist meine letzte und beste kunst: *Tradere scripturam simplici sensu*, denn *literalis
sensus*, der thuts, da ist leben, trost, krafft, lehr und kunst inen. Das ander ist narren
werck, wie wol es hoch gleist«. Vgl. NORBERT FISCHER / JAKUB SIROVÁTKA, VuO.

12 Vgl. z. B. Mt 7,21–23: »Nicht jeder, der zu mir sagt: Herr! Herr! wird in das Himmelreich kommen«.

13 Apologeticum 17; vgl. LORENZ FUETSCHER, Die natürliche Gotteserkenntnis bei Tertullian, bes. S. 24, 228, 233, 243.

14 Dieser These stimmt auch Augustinus zu; vgl. dazu VuO, S. 16; z. B. mit Hinweis auf
civ. 22,27: *singuli quaedam dixerunt Plato atque Porphyrius, quae si inter se communicare
potuissent, facti essent fortasse christiani.*

Aufgabe die Kraft der endlichen Menschen so sehr überfordert, dass sie von ihnen allein nicht gelöst werden kann, sondern auf ›Gnade‹ und ›Ewigkeit‹ weist.
Zu zeigen, wie die strenge Forderung der ›Heiligkeit‹ des Willens, der endliche
Wesen nur annäherungsweise genügen können, mit dem Christusglauben des
›Neuen Testaments‹ und mit der kirchlichen Dogmatik zu vereinbaren wäre, ist
eine ›theologische‹ Aufgabe, die auch Kant gelegentlich am Rande streift. Immerhin hält er in der ›Grundlegung zur Metaphysik der Sitten‹ im Anschluss
an ein Wort Jesu fest (vgl. dazu Mc 10,18 und Lc 18,19):

> »Selbst der Heilige des Evangelii muß zuvor mit unserm Ideal der sittlichen Vollkom-
> menheit verglichen werden, ehe man ihn dafür erkennt; auch sagt er von sich selbst: was
> nennt ihr mich (den ihr sehet) gut? niemand ist gut (das Urbild des Guten) als der einige
> Gott (den ihr nicht sehet)«. (GMS A 29 = AA 4,408)

Kant hielt den historischen Glauben für förderlich und war bereit, dessen ›hel-
lere Einsichten über unser Verhältnis zu Gott mit Dank anzunehmen und zu
benutzen‹. (PR 228 = AA 28,1122) Sofern sich die Idee der »Freiheit« im strengen Sinn »durchs moralische Gesetz« »offenbart«, deutet er den Menschen als
›Hörer des Wortes‹, dem ›Gehorsam‹ abverlangt wird, indem er auf Maßgaben
in moralisch relevanten Situationen zu achten hat.[15] Zwar erklärt Kant:

> »Die *Autonomie* des Willens ist das alleinige Princip aller moralischen Gesetze und der
> ihnen gemäßen Pflichten: alle *Heteronomie* der Willkür gründet dagegen nicht allein gar
> keine Verbindlichkeit, sondern ist vielmehr dem Princip derselben und der Sittlichkeit
> des Willens entgegen«. (KpV A 58)

Was Kant ›Autonomie‹ nennt, ist aber kein ›selbstisches‹, »subjectives Princip«,
sondern lebt, um als »objectives Princip« gelten zu können, von dem ›Factum‹,
dass nicht nur ›ich‹ »als Zweck an sich selbst« existiere, sondern »auch jedes andere vernünftige Wesen sein Dasein zufolge eben desselben Vernunftgrundes,
der auch für mich gilt«, sein Dasein als »Zweck an sich selbst« vorstellt. (GMS
BA 66 = AA 4,429) Über dieses ›Factum‹ kann kein Mensch disponieren. Jedes vernünftige, endliche Wesen muss es als ›gegeben‹ hinnehmen: als »das einzige Factum der reinen Vernunft [...], die sich dadurch als ursprünglich gesetz-
gebend (*sic volo, sic iubeo*) ankündigt«. (KpV A 56) Bevor Kant das ›Grundgesetz‹
der reinen praktischen Vernunft‹ vorträgt, das auf den ersten Blick analog zum
›Prinzip vom ausgeschlossenen Widerspruch‹ formuliert ist und bei Aristoteles als das sicherste unter allen Prinzipien galt (›Metaphysik‹ Γ; 1005 b 19–23),
wodurch das ›Grundgesetz‹ bei übereilter Betrachtung (z. B. Max Scheler, Der
Formalismus in der Ethik und die materiale Wertethik), nur eine formale Re-

---

15 Dazu NORBERT FISCHER, Kants kritische Metaphysik und ihre Beziehung zum Ande-
    ren. Vgl. dazu OP (AA 22,129 f.) weiterhin Immanuel Kant, Von der Offenbarung; in:
    VuO, S. 35–38; dazu die Hinweise zur Kommentierung von NORBERT FISCHER, bes.
    S. 47.

gel zu sein schien, führt Kant ›moralisch relevante Situationen‹ an (KpV A 54), auf deren Sinn ›gehört‹ werden muss (was selten geschieht). Im Kontrast zur theoretischen Philosophie – mit der Dominanz des Prinzips vom Ausschluss des Widerspruchs – gibt es in der praktischen Philosophie Konflikte, die im Faktum gründen, dass es viele Subjekte gibt, die sich alle als ›Zwecke an sich selbst‹ verstehen (was eben unvermeidlich zu Konflikten führt).

Wer »die Ehre der menschlichen Vernunft vertheidigen« will, dient nach Kant zugleich der »Ehre Gottes«. (KU B 422 Fn) Dieser Dienst ist im Blick auf die vielen vernünftigen Subjekte eine schwere Aufgabe. Kant nennt mit ›Gott und Seele‹ die zwei Denkziele als »Cardinalsätze«, die schon Augustinus am Herzen gelegen hatten, und legt sie im Kontext seines Denkens aus.[16] ›Mystisches‹ hatte für Kant seit den ›Träumen eines Geistersehers‹ zwar schlechten Klang;[17] später kam es bei ihm aber zu der behutsamen Wende, die auch mit dem Abdruck des Briefs im ›Streit der Fakultäten‹, den Wilmans mit seiner Dissertation an Kant gesandt hatte, fassbar wird.[18]

Im folgenden ersten Unterpunkt werden zunächst die Motive von Kants Ablehnung von ›Mystik‹ und ›Mystizismus‹ ins Auge gefasst; im zweiten Unterpunkt wird dann aber gefragt, wie Kant aus eigenen Motiven und Erwägungen dennoch in die Nähe von Gedanken geraten ist, die mit der vormals weitgehend nur negativ konnotierten ›Mystik‹ in Verbindung stehen. Der dritte Teil hat schließlich zu prüfen, ob und inwieweit sich sachlich Brücken von Kants kritischer Philosophie zu Meister Eckhart schlagen lassen, dessen Texte Kant ja nicht kennen konnte.[19] Seit 1794 hatte Christoph Friedrich Am-

---

16 Das Schema ›*foris – intus – intimum*‹ ist noch für Heideggers ›Sein und Zeit‹ bestimmend. Vgl. Augustinus: sol. 1,7: A. *deum et animam scire cupio*. R. *nihilne plus?* A. *nihil omnino*. Norbert Fischer, Foris – intus; Norbert Fischer, Kant, Immanuel; vgl. KrV B 769 mit ›zwei Cardinalsätzen‹ (»Gott«, »ein künftiges Leben«); B 826 f. nennt ›drei Cardinalsätze‹, die »uns zum Wissen gar nicht nöthig sind und uns gleichwohl durch unsere Vernunft dringend empfohlen werden«, nämlich »die Freiheit des Willens, die Unsterblichkeit der Seele und das Dasein Gottes«.

17 ›Kant im Kontext‹ nennt über hundert (meist kritische) Fundstellen zu ›mystisch‹, ›Mystik‹ und ›Mysticism‹; vgl. Reinhard Brandt, Der Gott in uns und für uns bei Kant, bes. S. 287, Fn 3. Ders., Universität zwischen Selbst- und Fremdbestimmung Kants ›Streit der Fakultäten‹ Mit einem Anhang zu Heideggers ›Rektoratsrede‹, S, 68 f., Fn 162.

18 Vgl. Wilmans, Dissertatio Philosophica de Similitudine inter Mysticismum Purum et Kantianam Religionis Doctrinam. Den Brief hat Kant unter dem Titel: ›Von einer reinen Mystik der Religion‹ abgedruckt (vgl. SF A 115–127 = AA 7,69–75). Er ist hier als Einleitung zur vorliegenden Untersuchung in seinen Kernaussagen kurz referiert.

19 Georg Steer, Eckhart der Meister, S. 720: »Vor dem 19. Jahrhundert spricht niemand von dem ›Mystiker‹ Eckhart.« Ammon erwähnt im Hintergrund Justin, Origenes, Augustin (S. 4 f.) und »einige Mystiker des sechszehnten und siebzehnten Jahrhunderts« (S. 6), bes. Karlstadt, Schwenkfeld, Weigel (S. 7 f.) und Jacob Böhm (S. 9) und macht dann kurze Bemerkungen zur Situation in der lutherischen Kirche und bei Luther (S. 12 f.). Zu Kants Verhältnis zur Mystik vgl. Otto Langer, Christliche Mystik im Mittelalter, bes. S. 29–32. Diese Darstellung bedarf einiger Modifikationen.

mon (1766–1850), ein aufklärungsnaher protestantischer Theologe, einige Briefe an Kant gesandt, die Kant auch beantwortet hat.[20] In der kleinen Schrift ›Ueber die Aehnlichkeit des inneren Wortes einiger neueren Mystiker mit dem moralischen Worte der Kantischen Schriftauslegung‹[21] (Göttingen 1796) hält Ammon das Interesse an den ›Ideen der Mystiker‹ dadurch für gemehrt, »daß sie mit dem moralischen Worte der Kantischen Schriftauslegung in mehreren Rücksichten verglichen werden können«. (S. 9 f.) Ammons Kantdeutung stützt sich auch vor allem auf die Religionsschrift, in der Kant sagt: »Diese Religion ist ›der Geist Gottes, der uns in alle Wahrheit leitet‹«.[22] Seine Auffassung der ›Mystik‹ und seine Bezugnahme auf Kant werden hier kurz referiert und vergegenwärtigt:

> Ammon beginnt seine kleine Abhandlung mit Ausführungen über »die Gottheit als ein reingeistiges, von aller Sinnlichkeit, als auch von aller Willkühr freyes, und von den ewigen Gesetzen der Wahrheit und Heiligkeit ausschließend geleitetes Wesen«; (S. 3) als notwendige Folge dieser Bestimmung nennt er, »daß alle ihre unmittelbaren Offenbarungen an die Menschheit, wie zum Beweis das Moralgesetz in unserer Brust, unveränderlich und allgemeinverbindlich sein müssen.« Dabei sei allein durch die »sittliche Vernunft […] eine unmittelbare Verbindung mit Gott im Glauben möglich«; die Menschen könnten zwar »von dem Interesse der Sinnlichkeit und falscher Speculationen mißgeleitet« werden: »der heilige Weltregente hingegen bleibt sich in seinen Rathschlüssen und Geboten beständig gleich«. Jedoch könne »die Einwirkung Gottes auf die Menschen ihre Freyheit nie zerstören«. (S. 4) Danach faßt Ammon »eine positive Offenbarung« und eine »Nation« ins Auge, »die ihre Religion aus alten Urkunden einer positiven Offenbarung schöpft«; er erklärt: »im Laufe der Zeit« werde sie »nothwendig gedrungen seyn, die ganze Summe ihrer moralischreligiösen Cultur mit der Auslegung ihrer alten Religionsurkunden zu verbinden«. Und er fährt fort: »Schon zu Jesu Zeiten hatten die Alexandriner Mittel gefunden, ihre Weißheit, aus Moses und den Propheten abzuleiten; Jesus selbst lößte alle theokratische Begriffe seines Volkes in reinere moralische auf und kann mit Recht als der Stifter der praktischen Auslegung des A. T. betrachtet werden«. (S. 4) Zur Stützung seiner Thesen erwähnt er Petrus und Paulus, Justin den Märtyrer, sodann Sokrates, Origenes und Augustinus, nach dem »die ganze Bibel auf eine, moralischen Begriffen von der Würde Gottes angemessene, Weise zu erklären sey«. (S. 5) Kritisch gegen Luther erwähnt er, dass dieser zwar die ›buchstäbliche Schrifterklärung‹ gegen die ›mystische und allegorische‹ vertrete – »aber mehr dem Namen, als der Sache nach« (vgl. Ammons Fußnote); auch für Luther habe nämlich zu gelten: »seine meisten Homilien und Auslegungen« sind »voll von Allegorien«.

---

20 Vgl. AA 11,493; AA 12,16–18; AA 12,70; AA 12,134–136; AA 12,249; Kants Briefe an Ammon sind verschollen (AA 12,3); vgl. aber den Brief an Carl Friedrich Stäudlin vom 1. Juli 1798 (AA 12,248).

21 Publiziert als ›Ankündigung der ersten Vertheilung des neuen homiletischen Preises für das Jahr 1796‹.

22 RGV A 152 = AA 6,112; ebd.: »Alles Forschen und Auslegen der Schrift muß von diesem Princip ausgehen, diesen Geist darin zu suchen, und ›man kann das ewige Leben darin nur finden, sofern sie von diesem Princip zeuget‹.« Kant fügt hinzu (ebd.): »Diesem Schriftausleger ist nun noch ein anderer beigesellt, aber untergeordnet, nämlich der *Schriftgelehrte*«.

Zusammenfassend erklärt Ammon: »In allen Jahrhunderten mischte sich Zeitphilosophie in die Erklärung der Offenbarungsschriften«; er nennt »ganz vorzüglich einige Mystiker des sechszehnten und siebzehnten Jahrhunderts, die von einem inneren Worte Gottes in dem menschlichen Geiste, freylich oft einseitig und ungerecht gegen das äußere, aber doch mit einem Eifer und mit einer Wärme für die wahre moralische Religion sprachen« (exemplarisch erwähnt er die Namen Spener, Karlstadt, Schwenkfeld, Weigel und Böhm). (S. 6) Die Ausführungen werden sodann mit Zitaten einiger dieser Autoren belegt. (S. 7–9)

In Überleitung zu Kants Schriftauslegung resümiert er: »Diese kurzen Auszüge mögen hinreichen, uns die Ideen dieser Mystiker von einem inneren Worte Gottes in dem Menschen darzustellen. Sie enthalten für unsere Tage dadurch ein neues Interesse, daß sie mit dem moralischen Worte der Kantischen Schriftauslegung in mehreren Rücksichten verglichen werden können [...]. Es beruht aber die Aehnlichkeit beider Systeme auf folgenden Puncten: [...] unsere Mystiker behaupten, daß unabhängig von aller Erfahrung, ein inneres Wort Gottes, eine himmlische Offenbarung, ein ins Herz eingeschriebenes Evangelium, ein inneres angebornes Licht vorhanden sey [...] Nach Kant liegt ein aller Erfahrung vorhergehendes, allgemeines, nothwendiges Sittengebot in den Tiefen unserer Vernunft [...] dieses allgemeine Pflichtgebot dringt sich uns als Wille der Gottheit auf, und wird dadurch auch Quelle der Religion; es ist der Geist, der uns in alle Wahrheit leitet«. (S. 9 f.) Nach der Darstellung von zwei weiteren Übereinstimmungen dieser ›Mystiker‹ mit Kant erklärt Ammon: »Die Mystiker haben sich nirgends deutlich über das innere Wort und Licht erklärt«. Zudem »bemächtigte sich ihrer häufig ein sehr unzeitiger, geistlicher Stolz, der sie zur ungerechten Herabwürdigung des äußeren Wortes und Gottesdienstes verführte«. (S. 12) Aus der Perspektive von Kants Philosophie erklärt Ammon: »Allen diesen Aeußerungen des Mysticismus ist durch die kritischen Untersuchungen über die Grenzen der menschlichen Vernunft für die Zukunft so sehr vorgebeugt worden, daß sie den Wahrheitsforscher unter keiner, auch noch so sehr veränderten Gestalt, mehr täuschen können«. (S. 13) Er behauptet: »Die wahren Theologen aller Zeiten, welche Geist und Buchstaben (Joh. 6.v.53) abzusondern und die Wahrheiten der Religion Jesu als Lehren voll Geist und Leben darzustellen wußten, haben diesen Weg betreten«. (S. 14) Ammon verfolgt mit der »Ankündigung [...] des neuen homiletischen Preises« ein pragmatisches Anliegen: sein Ziel ist es, »wahre christliche Aufklärung und Besserung zu befördern«. (S. 15)

Zu diesem Zweck meinte Ammon, sich auf die Religionsphilosophie berufen zu können, die Kant vorgetragen hat – im Anschluss an die ›kritische Metaphysik‹, die schon dem Ziel diente, »zum Glauben Platz zu bekommen« (also im Ansatz jeden ›Projektionsverdacht‹ von sich wies).[23] Kant war kein trockener, weltfremder Fachwissenschaftler, der sich um ›das Leben‹ in seiner Konkretheit – mit seinen Leiden, Freuden und Ängsten – nicht gesorgt und gekümmert hätte. Beredtes Zeugnis dafür gibt die Schrift von 1760 mit dem Titel ›Gedanken bei dem frühzeitigen Ableben des Herrn Johann Friedrich von Funk‹ (Kants Brief an die Mutter des Verstorbenen).[24] Licht auf Kants Verhältnis zu

---

23 Vgl. KrV B XXX. Dazu Norbert Fischer / Maximilian Forschner, Die Gottesfrage in der Philosophie Immanuel Kants.

24 Aus dem Jahr 1760; vgl. AA 2,37–44; Kant beschreibt das Leben dort als *cursus ad mortem* (»Sein zum Tode«) im Blick auf Gott, der allein »ins Innerste der Herzen sieht«, und

Frauen wirft auch der Brief von Charlotte Amalie v. Klingspor aus dem Jahr 1772 (AA 10,127–129), in dem sie ihm für einen Gedichtband von Christoph Martin Wieland dankt, den er ihr schon in den 50er Jahren geschenkt hatte, nämlich Wielands ›Erinnerungen an eine Freundin‹ (Zyrich 1754).[25] Dort heißt es zu Beginn: »Erstaunt sieht sich die Seele schoener / Und goettlicher als sie zu glauben wagte«. (S. 3 f.) Diesen Gedanken bringt Wieland alsbald (soweit es einem poetischen Werk geziemt) gleichsam auf den Begriff:

> »Vor allem schwebe dir, o Freundin, stets / Der seelen hohe wyrde vor den augen. / Beschau ihn oft, den heiligen gedanken, / Du traegst der Gottheit bildnis, die vernunft, / Die hohe kraft die wahrheit zu erkennen / und deine neigungen nach ihr zu bilden«. (S. 5 f.)

Das an junge Frauen gerichtete, insgesamt eher pädagogisch orientierte Gedicht Wielands, das ›Erinnerungen‹ (nämlich: Weisungen auf dem ›Weg nach innen‹) pragmatischen, moralischen und religiösen Inhalts darbietet,[26] wirft auch Licht auf Kant, der es einer Freundin geschenkt hat. Kant wollte von Anfang an ja vor allem »die Ehre der menschlichen Vernunft vertheidigen«; und er sah mit dieser ›Ehre‹ eine ›Würde‹ verbunden, die in der unbedingt geltenden »Achtung fürs moralische Gesetz« ihren Ausdruck findet, die zum ›Primat der praktischen Vernunft‹ führt und es uns überdies ermöglicht, an die ›Liebe Gottes zur Menschheit‹ zu glauben, an dessen »uns schon durch die Vernunft versicherte« Liebe, die Kant schließlich auch angetrieben hat, Sinn und Problematik des Wortes »*est Deus in nobis*« zum Thema zu machen und zu erwägen.

Die lange Zeit verbreitete unzureichende Kantauslegung (nicht nur im Katholizismus, der sich zuweilen eines unseriösen ›Thomismus‹ bediente)[27] hat Kants Philosophie auf eine ›Theorie der (sinnlichen) Erfahrung‹ verkürzt, ihr eine vernichtende Metaphysikkritik angedichtet und Kant als Wegbereiter eines Atheismus verteufelt, wie ihn Ludwig Feuerbach und Friedrich Nietzsche propagiert haben. Feuerbach ist im Nachgang zu den Protagonisten des ›Deut-

---

betont »die christliche Sehnsucht nach einerlei seligem Ziele, zu welchem andere vor uns gelangt sind«, mit dem Ziel der »Beruhigung des Herzens« (AA 2,43 f.).

25 Vgl. Manfred Kühn, Kant. Eine Biographie, S. 142 f.; siehe Kants Brief an Charlotte von Knobloch (10. August 1763; AA 10,43); vgl. Brief von Charlotte Amalie v. Klingspor (geb. Knobloch) AA 10,129 mit irrigem Bezug auf Kleist.

26 Das Gedicht will also der Lebensklugheit, der sittlichen Güte und dem Heil der jungen Frauen dienen.

27 Zu dem auch durch übelste Intrigen gestörten Verhältnis des Katholizismus zu Kant vgl. Norbert Fischer, Kant und der Katholizismus. Stationen einer wechselhaften Geschichte. Vgl. auch Hubert Wolf, Die Nonnen von Sant'Ambrogio. Eine wahre Geschichte (wobei Joseph Kleutgen S.J. eine wichtige und für die Kantdeutung im katholischen Raum schädliche Rolle spielte und leider gelegentlich immer noch spielt).

schen Idealismus‹[28] der verbreiteten Fehldeutung Kants erlegen und hatte zunächst den kecken Plan, sein Hauptwerk (›Das Wesen des Christentums‹) unter dem Titel ›Kritik der _unreinen_ Vernunft‹ zu publizieren.[29] Unverblümt (aber ebenso auslegungsbedürftig wie Eckharts Wort: _Got und ich wir sîn ein_) hatte Feuerbach in seinen frühen ›Gedanken über Tod und Unsterblichkeit‹ gesagt:

> »Dein Gott ist nur dein eignes Ich / Aufgeputzt und geschmücket säuberlich. / Erst bringst du dich in ein'gen Schweiß, / Dem Herzchen wird's ein bischen heiß, / Das Selbst im Schweiß sich transpirieret / Und von sich selbst sich separieret, / Und dieses ausgeschiedne Ich / Zum Gott für's Selbst bestimmet sich«.[30]

Feuerbach war nicht nur kein begnadeter Dichter, sondern auch ›kein Denker‹, der in der Lage gewesen wäre, die tiefere Bedeutung seiner Aussagen zu reflektieren. Er fragt auch nicht weiter, was die von ihm behauptete ›Göttlichkeit des Ich‹ besagen könnte. Kants Denken widerstreitet allen Projektionstheorien und anthropomorphistischen Gottesvorstellungen, die schon immer ein Denken bedrohten, das sich auf ›Transzendenz‹, ein ›Wissen des Nichtwissens‹, verwiesen sieht. Kants Wort im ›Opus postumum‹ (»_est Deus in nobis_«) hat mit Feuerbachs Gottesvorstellung und auch mit Nietzsches ›postulatorischem Atheismus‹ nichts zu tun, der bei Jean-Paul Sartre und Albert Camus Karriere machte.[31] Der metaphysische Sinn der kritischen Philosophie wurde nur mühsam und erst verspätet neuentdeckt.[32] Die von Eckhart erklärte ›Nähe‹ (oder

---

28 Diese wollten gegen Kants kritische Philosophie eine ›absolute Metaphysik‹ einführen, die aber gescheitert ist.

29 Vgl. die ›Vorbemerkung‹ der Bearbeiter der Ausgabe (›Das Wesen des Christentums‹, S. V) im seinerzeit noch zur DDR gehörigen Akademie-Verlag.

30 Vgl. die 1830 anonym publizierten ›Gedanken über Tod und Unsterblichkeit‹ von Ludwig Feuerbach, hier: ›Reimverse über den Tod‹, S. 384 f.; vgl. auch ebd., S. 379: »Im Wesen bist Du nicht Person, / Da bist Du hin zu Gott entflohn. / Person ist Form nur und Gestalt, / Das Wesen Fülle und Gehalt. / Im Rücken ist der Mensch selbst Gott«. Zitiert ist der Text der bearbeiteten Neuauflage von 1847 in: ›Frühe Schriften, Kritiken und Reflexionen (1828–1834)‹. Die frühen ›Gedanken‹ von 1830 waren also nicht einfach nur eine vernachlässigbare ›Jugendsünde‹ Feuerbachs; vgl. hierzu auch die kritischen Überlegungen zu Kurt Flaschs Auslegung im Beitrag von Norbert Fischer, _Got und ich wir sîn ein._

31 Vgl. Friedrich Nietzsche, Also sprach Zarathustra II (KSA 4, S. 110): »Aber daß ich euch ganz mein Herz offenbare, ihr Freunde, _wenn_ es Götter gäbe, wie hielte ich es aus, kein Gott zu sein! _Also_ giebt es keine Götter«. Zu Jean-Paul Sartre und Albert Camus (und zum weiteren Hintergrund) vgl. Norbert Fischer, Die Philosophische Frage nach Gott. Ein Gang durch ihre Stationen, S. 271–289. Kants ›Opus postumum‹ ist zwar nicht als abgeschlossenes Werk zu betrachten, enthält aber wichtige Reflexionen und bezeugt derart Gedanken, die Kant nach seinem Werk weiterhin beunruhigt haben.

32 Zur differenzierteren Betrachtung des Verhältnisses des Protestantismus zu Kant vgl. Norbert Fischer, Die Gnadenlehre als ›salto mortale‹ der Vernunft. Natur, Freiheit und Gnade im Spannungsfeld von Augustinus und Kant. Als eine fast skurrile Aus-

gar ›Identität‹) von ›Gott‹ und ›Ich‹ (*Got und ich wir sîn ein*) bedarf ebenfalls eines sorgsamen Nachdenkens, weil auch dieses Wort Eckharts in der Gefahr steht, missverstanden zu werden.[33]

Bevor Kant das anspruchsvolle Wort: »*est Deus in nobis*« notierte, hielt er die Forderung fest, dem »Subject des categorischen Imperativs in mir« sei »Gehorsam« zu leisten, es sei sogar »ein Gegenstand der Anbetung (*adoration*)«.[34] Zur Erklärung fügt er noch an: »Die Eigenschaft eines moralischen Wesens«, das »über die Natur des Menschen categorisch gebieten« könne, sei »die [Göttlichkeit] desselben«. Demgemäß hat zu gelten: »Seine Gesetze müssen gleich als göttliche Gebote befolgt werden.« Kants Überlegungen enden mit einem Wort, das als Frage zu lesen ist: »Ob Religion ohne Voraussetzung des Daseyns Gottes möglich ist [?] *est Deus in nobis*.« Kant behauptet zwar die ›Selbstgesetzgebung‹ (›Autonomie‹) der Vernunft. Denn er sagt: »Die Autonomie des Willens ist das alleinige Princip aller moralischen Gesetze und der ihnen gemäßen Pflichten«; (KpV A 58) ›dennoch‹ gilt nach Kant gleichfalls (z. B. ›Metaphysik der Sitten Vigilantius‹: »Alle unsere Pflichthandlungen sind zugleich göttliche Gebote«. (AA 27,731)

Wie erwähnt ist das »Grundgesetz der reinen praktischen Vernunft« (KpV A 54) nicht parallel zum ›Prinzip vom ausgeschlossenen Widerspruch‹ auszulegen, da es seine Geltung von anderer Seite bezieht, nämlich vom Selbstzweckcharakter, den ich mir ›faktisch‹ zuspreche, den ich aber auch allen ›anderen‹ vernünftigen endlichen Wesen zuerkennen ›soll‹. (GMS BA 66 = AA 4,435)

---

nahme zu nennen ist das Buch des Protestanten Hugo Bund, Kant als Philosoph des Katholizismus. Vgl. dazu Albert Raffelt, Kant als Philosoph des Protestantismus – oder des Katholizismus? Zum metaphysischen Charakter der kritischen Philosophie vgl. Max Wundt, Kant als Metaphysiker; Martin Heidegger, Kant und das Problem der Metaphysik (1929; jetzt GA 3); Gerhard Funke, Die Wendung zur Metaphysik im Neukantianismus des 20. Jahrhunderts (1976). Weiterhin Norbert Fischer, Kants Metaphysik und Religionsphilosophie; Norbert Fischer, Kants Grundlegung einer kritischen Metaphysik. Einführung in die ›Kritik der reinen Vernunft‹.

33 Im vorliegenden Band vgl. Norbert Fischer, *Got und ich wir sîn ein*. Zur philosophischen Deutung eines schwierigen Wortes Meister Eckharts mit kritischen Bemerkungen zu einer (wohl eher populär gemeinten) Deutung von Eckharts Predigt 6 (Quint) durch Kurt Flasch; dieser Autor hat allerdings auch eine Auslegung der Predigt 6 vorgelegt, deren Thesen sachlich ausgewiesen sind (Hinweise dazu im oben genannten Beitrag von Norbert Fischer).

34 Damit wird klar, dass Kant, indem er »die Ehre der menschlichen Vernunft vertheidigen« will, nicht anmaßend die ›Identität‹ des als unendlich geglaubten Gottes und des faktischen endlichen Ich behauptet, sondern deren wesenhafte ›Differenz‹ beachtet, z. B. in der »Übertretung des moralischen Gesetzes als *göttlichen Gebots*« (RGV B 44 = AA 6,42). Kant verteidigt die Ehre der menschlichen Vernunft also auf eine Weise, die kompatibel ist mit dem christlichen Glauben und der Frage Eckharts, die im vorliegenden Band als dessen ›leitende Grundfrage‹ im Blick auf ›Gott, Freiheit und Unsterblichkeit‹ vergegenwärtigt worden ist, nämlich: *Wer sint, die got êrent?* (Predigt 6).

Nur vor dem Hintergrund der inkarnatorischen ›christlichen‹ Gottesauslegung
(vgl. Augustinus: conf. 4,19) ist die apodiktische These zu verstehen:

> »Die Moral, so fern sie auf dem Begriffe des Menschen als eines freien, eben darum
> aber auch sich selbst durch seine Vernunft an unbedingte Gesetze bindenden Wesens
> gegründet ist, bedarf weder der Idee eines andern Wesens über ihm, um seine Pflicht zu
> erkennen, noch einer andern Triebfeder als des Gesetzes selbst, um sie zu beobachten«.
> (RGV B III f. = AA 6,3)

Obwohl Kant nicht einmal die Möglichkeit hatte (und vielleicht keine Neigung gehabt hätte), die Texte von Meister Eckhart zu lesen und zu bedenken,
gelangte er doch aus eigenen Motiven, die ihn mit der abendländischen (der
altgriechischen wie der christlichen) Tradition verbanden, in den Umkreis von
wesentlichen Gedanken, die auch schon für Eckhart bestimmend waren. Solche Fragen, deren Beurteilung auf Grund des kulturellen und geschichtlichen
Abstands schwierig bleibt, sollen im folgenden vor Augen gestellt, geprüft und
bedacht werden.

1. Zu Kants kritischer Abwehr des ›Mystizismus‹ in der Philosophie

In der ›Vorarbeit‹ zum ›Prospectus‹ für ›Jachmanns Prüfung der Kantischen
Religionsphilosophie‹[35] nennt Kant die ›Mystik‹ »das gerade Wiederspiel der
Philosophie«, was auch auf die frühe These zu beziehen ist, dass er in der ›Phi-
losophie‹ gleichsam »die Ehre der menschlichen Vernunft vertheidigen« will.
In der genannten Vorarbeit heißt es:

> »Philosophie (in der eigentümlichen Bedeutung des Worts) als Weisheitslehre d. i. als
> einer Wissenschaft des Endzwecks der menschlichen Vernunft ist das gerade Wieder-
> spiel der Philosophie die man unter dem Titel der Mystik aufstellt [...] Mystik ist der
> antipodische Standpunkt der Philosophie in welchem die Weisheitslehre sich um eine
> Achse dreht die selbst einer solchen bedarf und für sich selbst nichts haltbares enthält«.
> (AA 23,467; vgl. AA 8,441)

Zur Problematik von »Determinismus«, »Freyheit« und »Fatalismus« hatte er
1794–95 ähnlich notiert, um die »Moralität« gegen die »Mystic« zu retten:

> »Mystic ist [...] theoretische teleologie des Uebersinnlichen. Gesetzgeber. Regieren.
> Richter. Schwärmerische mystick oder abergläubische Tavmaturgie«. (Reflexion 8100;
> AA 19,643)

---

35 Reinhold Bernhard Jachmann (1767–1843) war ab 1784 für zwei Jahre Assistent (›Ama-
    nuensis‹) Kants und einer der drei ersten Biographen, die der Königsberger Verleger
    Nicolovius 1804 um Darstellungen von Kants Leben gebeten hat; vgl. Jachmann, Imma-
    nuel Kant geschildert in Briefen an einen Freund.

Kants abfällig gemeinte Widerrede gegen Platons ›mystische Deduction dieser Ideen‹ erhob gewiss voreilig den Anspruch, diesen Autor »besser zu verstehen, als er sich selbst verstand«.[36] Gleichwohl finden sich beim späten Kant aus eigenen Motiven (z. B. in der Religionsschrift) und auf Grund äußerer Anregungen (z. B. durch Ammon und Wilmans) positivere Stellungnahmen zum Gedankenkreis der ›Mystik‹, auch im Kontext mit der von Kant aufgegriffenen Idee von einem von Gott »gezeugten und geliebten Urbilde der Menschheit«. (RGV B 220 = AA 6,145; vgl. dazu auch VuO, S. 72–83) In einer Vorlesung der 1770er Jahre hatte Kant erklärt:

> »Der *dogmatische Idealismus* ist mystisch, und kann heißen der *platonische Idealismus*. Ich selbst schaue mich an, die Körper aber nur so, wie sie mich afficiren. Diese Art lehrt mich aber nicht die Eigenschaft der Dinge, z.E. Wachs ans Feuer gehalten schmilzt, und Thon trocknet. Der Unterschied liegt also hier in den Körpern, wie sie afficirt werden. Die Körper sind aber pure Erscheinungen, denen etwas zu Grunde liegen muß. So viel habe ich richtig philosophirt. Wenn ich aber in den Bestimmungen weiter gehen will; so verfalle ich in den mystischen Idealismus. *Behaupte ich denkende Wesen, von denen ich intellectuelle Anschauung habe; so ist das mystisch*«. (PM 101 f.)

Dass Kant im ›Kanon der reinen Vernunft‹, im Kontext des ›praktischen Gebrauchs der reinen Vernunft‹, vom »*corpus mysticum* der vernünftigen Wesen« spricht (KrV B 856), zeigt aber, dass das Wortfeld ›mystisch‹ auch in der ›Kritik der reinen Vernunft‹ nicht nur negativ konnotiert ist. Insgesamt ist für Kants Hauptwerke jedoch die Zurückhaltung gegenüber Lehren zu verbuchen, die im Gewand der ›Mystik‹ oder eines ›Mystizismus‹ höhere Weisheit für sich beanspruchen. Derart polemisiert Kant im Abschnitt: ›Von dem Primat der reinen praktischen Vernunft in ihrer Verbindung mit der speculativen‹ (KpV A 215–219), parallel gegen »*Mahomets* Paradies« und gegen »der *Theosophen* und *Mystiker* schmelzende Vereinigung mit der Gottheit«. (KpV A 217) Indem der »Mysticism der praktischen Vernunft« das, »was nur zum *Symbol* diente, zum *Schema*« mache (KpV A 125),[37] läuft er den Intentionen Kants nämlich zuwider. (KpV A 125) Auch in der ›Kritik der Urteilskraft‹ bleibt Kants Stellungnahme

---

36 KrV B 371 Fn; B 370; dazu NORBERT FISCHER, Einen Autor besser verstehen, als er sich selbst verstand. Kant, Schleiermacher und Heidegger zur Wahrheitssuche in überlieferten Texten. Kant bezeichnet Platon als »Vater aller Schwärmerei«, erklärt aber nebenbei, dass diese Deutung »ohne seine Schuld« aufgekommen sei; vgl. VTP A 407 f. = AA 8,398.

37 »Schemata« sind nach Kant kognitive Vorstellungen, die als Drittes zwischen Begriff und anschaulich Gegebenem vermitteln (KrV B 178–187: ›Von dem Schematismus der reinen Verstandesbegriffe‹). »Symbole« dienen der sinnlichen Darstellung, die dem Begriff unterlegt wird (KU B 255). Der ›Mysticismus‹ täusche Wirklichkeit durch Versinnlichung intellektueller Vorstellung vor und werde so zum »Tod der Philosophie« (VTP A 407 = AA 8,398).

zur ›Mystik‹ eher abweisend;[38] dort erklärt er die Unabhängigkeit des ›Wertes‹ der Vernunftwesen, die wir als Menschen sind, von der bei uns verbreiteten (aber nicht verbindlichen) Neigung zum ›Genießen‹ und sagt:

> »Eine Verbindlichkeit zum Genießen ist eine offenbare Ungereimtheit. Eben das muß also auch eine vorgegebene Verbindlichkeit zu allen Handlungen sein, die zu ihrem Ziele blos das Genießen haben: dieses mag nun so geistig ausgedacht (oder verbrämt) sein, wie es wolle, und wenn es auch ein mystischer, sogenannter himmlischer Genuß wäre«. (KU B 13 Fn)

In einer späten Vorlesung (›Metaphysik Dohna‹; 1792/93) heißt es recht pauschal: »Bei Epicur fand blos Empirism, bei Plato Mysticism statt«. (AA 28,619) Schon 1782/83 hatte Kant erklärt, was Jachmann später in der ›Prüfung‹ aufgreift:

> »Die mystische Liebe nähert sich dem Fanatismus, die practische Liebe aber gehöret zum wahren Gottes Dienste«. (›Praktische Philosophie Powalski‹; AA 27,181)

Kant hat jeden ›Mystizismus‹ zwar grundsätzlich abgelehnt, auf seinem Denkweg hat sich aber sein Blick doch für kritisch Haltbares in der ›Mystik‹ geöffnet. Was ihm dabei auf seinem Weg neu deutlich geworden ist, soll in den folgenden Abschnitten ins Auge gefasst werden. Vorher sei erwähnt, wie er in einer späten Schrift (›Von einem neuerdings erhobenen vornehmen Ton in der Philosophie‹) noch einmal scharf gegen die Behauptung ›mystischer Erleuchtungen‹ spricht und diese dort 1796 sogar als den »Tod aller Philosophie« bezeichnet:

> »Denn Ahnung ist dunkle Vorerwartung und enthält die Hoffnung eines Aufschlusses, der aber in Aufgaben der Vernunft nur durch Begriffe möglich ist, wenn also jene transscendent sind und zu keinem eigenen Erkenntniß des Gegenstandes führen können, nothwendig ein Surrogat derselben, übernatürliche Mittheilung (mystische Erleuchtung), verheißen müssen: was dann der Tod aller Philosophie ist«. (VTP A 407 = AA 8,398)

›Mysticismus‹ und ›mystische Schwärmerei‹ sind für Kant durchgängig unannehmbar geblieben. Charakteristisch ist die grobe Passage der ›Träume eines Geistersehers‹:

> »Auch wäre es bei dieser Lage der Sachen eben nicht nöthig gewesen, so weit auszuholen und in dem fieberhaften Gehirne betrogener Schwärmer durch Hülfe der Metaphysik Geheimnisse aufzusuchen. Der scharfsichtige *Hudibras* hätte uns allein das Räthsel auflösen können, denn nach seiner Meinung: *wenn ein hypochondrischer Wind in den Eingeweiden tobt, so kommt es darauf an, welche Richtung er nimmt, geht er abwärts, so wird daraus ein F—, steigt er aber aufwärts, so ist es eine Erscheinung oder eine heilige Eingebung«.* (TG A 72 f. = AA 2,348)

---

38 Vgl. KU B 13 Fn; vgl. auch KU B 228, wo Kant von ›mystischen Grüblern‹ redet.

Die Abneigung gegen exklusive mystische Sondererfahrungen hat sich bei Kant durchgehalten, wie aus der erwähnten ›Vorarbeit‹ zu ›Jachmanns Prüfung der Kantischen Religionsphilosophie in Hinsicht auf die ihr beygelegte Aehnlichkeit mit dem reinen Mystizism‹ deutlich hervorgeht; wie berichtet heißt es dort unverblümt und hart:

> »Mystik ist der antipodische Standpunkt der Philosophie in welchem die Weisheitslehre sich um eine Achse dreht die selbst einer solchen bedarf und für sich selbst nichts haltbares enthält«. (AA 23,467)

Nachdem er sich (aus weiter zu bedenkenden Motiven) nicht abweisend zu den Auslegungen seiner Philosophie durch Christoph Friedrich Ammon (1796) und Karl Arnold Wilmans (1797) geäußert hatte, sah er sich im erbetenen ›Prospectus‹ genötigt, seine Position weiter zu klären. In der ›Vorarbeit‹ zum Vorwort für Jachmanns ›Prüfung der Kantischen Religionsphilosophie‹ zieht er noch einmal eine scharfe Grenze zwischen ›Philosophie‹ und ›Mystik‹:

> »Daß im Fortschreiten der menschlichen Vernunft die Philosophie aus der Nachforschung ihrer Principien endlich die Aufgabe von dem Urgrunde ihrer Verknüpfung den Cirkel ihrer Doctrin endlich in einem Unbedingten es sey Erfahrungsbegriff oder ein postuliertes *a priori* begründetes subjektives Princip schließen müsse war unvermeidlich [...] Von dem Realen was aber nicht Erfahrungsgegenstand seyn kann, mithin der Erscheinung auszugehen wäre nicht *philosophisch* [...] anderwertsher eingegeben und dennoch von selbst gemacht: das Vermögen einer *Übersinnlichen Erfahrung*. – Eine solche Bastarterzeugung des Erkenntnisprincips ist es was unter dem Namen der *Mystik* genannt werden müssen welche den Nahmen einer *Geheimlehre* (*doctrina arcani*) bey sich führt woran sie wenigstens darin wohl thut nur wenige wie es den Adepten zukommt mit gleichem Unsinn anzustecken«. (AA 23,467 f.)

Dennoch wird sich zeigen, dass Kant am Ende seines Denkwegs durch das erneute Bedenken seiner ›Grundfrage‹ Zugang zu Kernaussagen einer ›Mystik‹ gefunden hat, die Jachmanns harsche Urteile (und seine eigenen früheren) vom Zentrum der kritischen Philosophie her modifizieren. Aus Kants bleibendem Motiv (›die Ehre der Vernunft zu verteidigen‹) erwuchs eine Aufgabe, deren Lösung zwar seine Abneigung gegen ›Geheimlehren‹ und ›Mystizismus‹ nicht minderte, die aber seinen Sinn für ein »heiliges Geheimniß« offenhielt, das er weiter bedenken musste.[39]

---

39 Zu Kants Denken gehört eine von ihm selbst eingestandene Zwiespältigkeit; vgl. dazu ›Allgemeine Anmerkung‹ in: RGV B 206–222=AA 6,137–147, hier bes. RGV B 207 = AA 6,137 f.: »Der Glaube an etwas, was wir doch zugleich als heiliges Geheimniß betrachten sollen, kann nun entweder für einen *göttlich eingegebenen* oder einen *reinen Vernunftglauben* gehalten werden.« Vgl. auch den Abschnitt ›Von der Offenbarung‹ aus Kants ›Vorlesungen über die philosophische Religionslehre‹ (1783/84). Abdruck mit kommentierenden Hinweisen von NORBERT FISCHER in: VuO, S. 35–51.

2. Aus der kritischen Philosophie erwachsende Anknüpfungspunkte an Gedanken Eckharts

Für ein abgewogenes Urteil, wie sich Kants kritische Philosophie zum Gedankenkreis verhält, der in Eckharts Schriften überliefert ist, müssen beider
›Grundfragen‹ genannt, vor Augen gestellt und die Beantwortung der kom-
plexen Fragebereiche bedacht und weiter untersucht werden.[40] Obwohl Kant
keine Texte Eckharts kannte und das Wortfeld ›Mystik‹ nicht zu dessen Sprache gehört,[41] ist der Hinweis von THEO KOBUSCH zu beachten, die Unterscheidungen von ›Subjekt‹, ›Individuum‹ und ›Person‹ seien im 13. Jahrhundert auf
die ›Christologie‹ bezogen worden; »der Begriff der ›Person‹« betreffe dabei
»das ›moralische Sein‹ Christi«; KOBUSCH erklärt: »Als ein Wesen der Freiheit
aber hat die Person ›Würde‹«; zu dieser These merkt er an, dass die in die
Christologie weisende Bestimmung der Person »bei Kant deutlich wiederzu-
erkennen« sei.[42] Die grundlegenden, zur (christlichen) ›Theologie‹ führenden
Annahmen Meister Eckharts haben mit Kants Motiv der ›Ehre der Vernunft‹

---

40 Dabei stellt sich die Aufgabe, Eckharts ›Grundfrage‹ (vgl. die Einführung von NORBERT
   FISCHER im vorliegenden Band: *Wer sint, die got êrent?* (Predigt 6). Zur leitenden Grundfrage Meister Eckharts. Hinführung zum Zentrum seines Denkens) auf die ›Grundfrage Kants‹ zu beziehen. Kants Philosophie hat der frühe (und ansatzweise der mittlere)
   Heidegger zutreffend als einen neuen, ihre Vorgeschichte aufnehmenden Höhepunkt
   der abendländischen Metaphysik gesehen. Er selbst ist jedoch am Primat der praktischen Philosophie Kants gescheitert, zu der dann Emmanuel Levinas in der Abwendung
   von Heidegger gelangt ist. Vgl. NORBERT FISCHER, Kants Grundlegung einer kritischen
   Metaphysik. Einführung in die ›Kritik der reinen Vernunft‹. Weiterhin NORBERT FI-
   SCHER, Zum Sinn von Kants Grundfrage: »Was ist der Mensch?« Das Verhältnis der
   kritischen Philosophie Kants zur antiken Metaphysik und Ethik (im Blick auf Platon,
   Aristoteles und Augustinus und mit einem Nachtrag zu Heidegger). Vgl. Emmanuel
   Levinas, Le primat de la raison pure pratique. Das Primat der reinen praktischen Ver-
   nunft; NORBERT FISCHER, Kants These vom Primat der praktischen Vernunft. Zu ihrer
   Interpretation im Anschluß an Gedanken von Emmanuel Levinas. Zu Heidegger als
   Brücke für Levinas zu Kant vgl. MAX BRINNICH (Drucklegung in Vorbereitung), Zeit
   und Leben – Leben in der Zeit. Über Sinn und Bedeutung des Lebens in der Zeit bei
   Kant und Levinas. Das ›Scheitern‹ Heideggers betrifft vor allem die Gottesfrage, also in
   seinen Worten: »die transzendente (theologische) Differenz‹«; dies zeigt sich klar im
   Fehlen des dritten Abschnitts des ersten Teils von ›Sein und Zeit‹; vgl. dazu Martin Heidegger, Briefe an Max Müller und andere Dokumente (Brief vom 4. November 1947),
   S.14 f.
41 Eckhart kannte die Schrift des Dionysius (Pseudo-) Areopagita ›De mystica theologia‹
   und deren Kommentierung durch Albertus Magnus (›Super Dionisii de Mystica theologia‹), gebrauchte aber das Wort ›Mystik‹ nicht. Vgl. dazu die Hinweise im vorliegenden
   Band NORBERT FISCHER, Von einem Berühren Gottes im Geiste: *attingere aliquantum
   mente deum* (s. 117,5). Augustins christliche Deutung der neuplatonischen ›Mystik‹ Plotins als Vorspiel zu Eckhart. Mit einem Blick auf Origenes und Dionysius.
42 Vgl. THEO KOBUSCH, Mystik als Metaphysik des moralischen Seins. Bemerkungen zur
   spekulativen Ethik Meister Eckharts, S.51; vgl. S.53: »Die Gottesgeburt in der Seele

zu tun und werden hier weiter verfolgt. Der undogmatisch auf Transzendentes weisende Sinn von Kants ›Philosophie‹ tritt schon aus der ›Vorrede‹ zur ersten Auflage der ›Kritik der reinen Vernunft‹ klar hervor. Zu Beginn heißt es dort:

> »Die menschliche Vernunft hat das besondere Schicksal in einer Gattung ihrer Erkennt-nisse: daß sie durch Fragen belästigt wird, die sie nicht abweisen kann, denn sie sind ihr durch die Natur der Vernunft selbst aufgegeben, die sie aber auch nicht beantworten kann, denn sie übersteigen alles Vermögen der menschlichen Vernunft«. (KrV A VII)

Kant fährt im nächsten Absatz fort (ebd.): »In diese Verlegenheit geräth sie ohne ihre Schuld.«[43] Die Schwäche des ›Vermögens‹ der endlichen Vernunft, die an der dogmatischen Beantwortung ihrer Zentralfragen (ihrer ›Cardinal-sätze‹) scheitert, führt zu dem auf die Gottesfrage weisenden Problem, an des-sen Lösung Kant über seinen ganzen Denkweg hin gearbeitet hat. Da Kant von Anfang an »die Ehre der menschlichen Vernunft vertheidigen« wollte (GwS A 194=AA 1,149) und er auf diesem Weg auf die Gottesfrage stößt, kann sein Denkziel sachgemäß auf Eckharts Grundfrage bezogen werden: *Wer sint, die got êrent?* Denn nach Kant wie nach Eckhart ehren die Menschen Gott, die nach ›Heiligkeit‹ streben, die bei Gott als wirklich geglaubt wird.

Indem Kant das ›Schicksal‹ der Vernunft nicht auf eine ›Schuld‹ des Men-schen zurückführt, weist er mit den ersten Worten seines ersten kritischen Hauptwerkes auf die ›metaphysische Naturanlage‹, die den Gipfel der ›Ein-leitung‹ markiert. Diese ›Naturanlage‹ der menschlichen Vernunft führt dazu, die ›Transzendenz‹ in der ›Transzendentalphilosophie‹ (oder: ›das Göttliche im Menschen‹; vgl. KrV B 597) als die Zentralaufgabe der Philosophie überhaupt zu sehen.[44] Die ›Kritik der reinen Vernunft‹ ist die ›Grundlegung einer kriti-schen Metaphysik‹.[45] Denn Kants kritische Metaphysik ist als undogmatische ›Metaphysik der Probleme‹ zu verstehen, wobei ›Probleme‹ als ›notwendige, aber theoretisch (spekulativ) nicht lösbare Aufgaben‹ gedacht sind. Als Aufga-ben führt Kant in der ›Kritik der reinen Vernunft‹ im Einklang mit der Tradi-tion der abendländischen Metaphysik zwei oder drei Sätze als »Cardinalsätze« an; in der ›Vorrede‹ zur zweiten Auflage der ›Kritik der reinen Vernunft‹ nennt

---

ist ein spezifisches Moment des moralischen Seins.« Vgl. dort auch den Hinweis auf Predigt 39 ›Iustus in perpetuum vivet‹, EW I, S. 420 f.

43 Dieser Hinweis betrifft die Bestimmung des Menschen als von Gott gewollter *conditio humana*.

44 Vgl. KrV B 21 f.; dazu NORBERT FISCHER, Die Transzendenz in der Transzendental-philosophie. Untersuchungen zur speziellen Metaphysik an Kants ›Kritik der reinen Vernunft‹; MAXIMILIAN FORSCHNER, Homo naturaliter metaphysicus. Zu Kants ›Ein-leitung‹ in die ›Kritik der reinen Vernunft‹.

45 NORBERT FISCHER, Kants Grundlegung einer kritischen Metaphysik. Einführung in die ›Kritik der reinen Vernunft‹; zur ›metaphysischen Naturanlage‹ vgl. bes. ›Einleitung des Herausgebers‹, S. 5–7.

er: »*Gott, Freiheit* und *Unsterblichkeit*«.[46] Zur Möglichkeit des ›Glaubens‹ an diese ›Gegenstände der Metaphysik‹ erklärt er am Ende der ›Kritik der praktischen Vernunft‹ in existenziellem Vertrauen auf die Vorsehung Gottes:

> »Also möchte es auch hier wohl damit seine Richtigkeit haben, was uns das Studium der Natur und des Menschen sonst hinreichend lehrt, daß die unerforschliche Weisheit, durch die wir existiren, nicht minder verehrungswürdig ist in dem, was sie uns versagte, als in dem, was sie uns zu theil werden ließ«. (KpV A 266)

Mit diesem Ergebnis knüpft Kant (in demütiger Haltung gegenüber dem geglaubten Schöpfer) implizit an Gedanken Augustins und Pascals an;[47] in deren Geist hält er fest:

> »Der gewöhnliche Probirstein, ob etwas bloße Überredung, oder wenigstens subjective Überzeugung, d.i. festes Glauben, sei, was jemand behauptet, ist das *Wetten*. Öfters spricht jemand seine Sätze mit so zuversichtlichem und unlenkbarem Trotze aus, daß er alle Besorgnis des Irrthums gänzlich abgelegt zu haben scheint. Eine Wette macht ihn stutzig. Bisweilen zeigt sich, daß er zwar Überredung genug, die auf einen Dukaten an Werth geschätzt werden kann, aber nicht auf zehn besitze. Denn den ersten wagt er noch wohl, aber bei zehnen wird er allererst inne, was er vorher nicht bemerkte, daß es nämlich doch wohl möglich sei, er habe sich geirrt. Wenn man sich in Gedanken vorstellt, man solle worauf das Glück des ganzen Lebens verwetten, so schwindet unser triumphirendes Urtheil gar sehr, wir werden überaus schüchtern und entdecken so allererst, daß unser Glaube so weit nicht zulange«. (KrV B 854 f.)

Zum Inhalt der ›Wette‹, die Kant angesichts unserer ›Unsicherheit‹ im Blick auf »das Glück des ganzen Lebens« für erforderlich hält, ist im Rahmen der ›Kritik der reinen Vernunft‹ zu beachten, dass Kants Glaube sich auf »einen *lebendigen Gott* (*summam intelligentiam*)« richtet, auf »ein höchstes Wesen, das durch Verstand und Freiheit der Urheber der Dinge sein soll«. (KrV B 661) Kant versteht sich wie Augustinus und Eckhart als ›ruheloses Herz‹.[48] Die These KOBUSCHS:[49] »Eckhart versteht Sein als ›Ruhe‹«, ist zwar treffend, bedarf aber der konkreten, existenziell fundierten Auslegung, zumal sie in der

---

46 Vgl. KrV B XXX; von zwei bzw. drei ›Cardinalsätzen‹ spricht Kant in KrV B 769 und 827; zu beachten sind Kants Ausführungen zu den ›Postulaten der reinen praktischen Vernunft‹, bes. KpV A 219–266. Zum Hintergrund vgl. NORBERT FISCHER, ›Deum et animam scire cupio‹. Zum bipolaren Grundzug von Augustins metaphysischem Fragen.

47 Zu Augustinus vgl. z.B. NORBERT FISCHER, Unsicherheit und Zweideutigkeit der Selbsterkenntnis: Augustins Antwort auf die Frage ›quid ipse intus sim‹ im zehnten Buch der ›Confessiones‹; zu Pascal vgl. ALBERT RAFFELT, Fragmente zu einem Fragment: Die Wette Pascals. Im Hintergrund wäre auch Platon zu beachten (bes. ›Phaidon‹ 107 c und 114 d).

48 Vgl. hier die Hinweise im vorliegenden Band NORBERT FISCHER, *Got und ich wir sin ein* (Predigt 6). Zur philosophischen Deutung eines schwierigen Wortes Meister Eckharts, S. 199–224.

49 THEO KOBUSCH, Mystik als Metaphysik des moralischen Seins, S. 52.

bloß abstrakten Fassung für die gesamte metaphysische Tradition des Abendlandes von Parmenides bis Heidegger gilt.[50] Relevant wird die Denkaufgabe, sobald das ›Sein der vernünftigen Seele‹ bedacht wird, das ›Sein‹ unseres ›Gemüts‹ oder ›Herzens‹ (*inquietum est cor nostrum*), da das zu bedenkende Phänomen, das ›Sein‹ des Menschen, durch ›Werden‹ und ›Zeitlichkeit‹ bestimmt ist. Meister Eckhart sagt zu Ruhe und Unruhe des ›*Seins* der Seele‹:[51]

> *Wan denne diu sêle hât eine mügelicheit alliu dinc ze bekennenne, dâ von geruowet si niemer, si enkome in daz êrste bilde, dâ alliu dinc ein sint, und dâ geruowet si, daz ist in gote.* (Pr. 3, EW I, S. 42,5–8)

> »Da nun die Seele ein Vermögen hat, alle Dinge zu erkennen, deshalb ruht sie nimmer, bis sie in das erste Bild kommt, wo alle Dinge eins sind, und dort kommt sie zur Ruhe, das heißt: in Gott«. (Pr. 3, EW I, S. 43,5–8)

Unklar, sogar irreführend ist hier KOBUSCHS These: »Nach dem Erreichen des Habitus jedoch ist das Sein voller Genüge«;[52] zwar ist Eckhart gewiss überzeugt: *sufficientia nostra ex deo est*.[53] Diese These muss aber auf die ›eschatologische Hoffnung‹ eines ›Reiches Gottes‹, wie sie auch die ›Heilige Schrift‹ in Worten Jesu überliefert, bezogen werden, die Augustinus wie Kant in ihren Untersuchungen zum ›Sein der Zeit‹ bedacht haben.[54] Gewiss kann mit KOBUSCH gesagt werden: »Die Gottesgeburt in der Seele ist ein spezifisches

---

50 Im Blick auf dichterische Zugänge vgl. NORBERT FISCHER, ›Giebt es wirklich die Zeit, die zerstörende?‹ Nachklänge der Zeitauslegung Augustins in der Dichtung Rilkes, bes. S. 293–299.

51 Dazu vgl. Aristoteles, ›De anima‹; Περὶ ψυχῆς 431 b 21: ἡ ψυχὴ τὰ ὄντα πώς ἐστι πάντα; weiterhin UDO KERN, Der Gang der Vernunft bei Meister Eckhart. »Die Vernunft bricht in den Grund«, bes. S. 103; bei Meister Eckhart heißt es im Sermo XXV ›Dominica Undecima post Trinitatem de Epistula‹, EW II, S. 608,19 f.; Übersetzung S. 609,25 f.: *Unde* Augustinus *dicit quod anima eo quod imago dei est capax.* (»Daher sagt Augustin, die Seele sei nur dadurch, daß sie Bild Gottes ist, für ihn empfänglich«). Eckhart bezieht sich hier wohl auf Augustins ›De trinitate‹; die Stelle heißt dort trin. 14,11: *eo quippe ipso imago eius est quo eius capax est eiusque esse particeps potest.*

52 THEO KOBUSCH, Mystik als Metaphysik des moralischen Seins, S. 53. Zwar hat jede tugendgemäße Tat eine tugendhafte Haltung zur Voraussetzung; so dass wir die Tugenden erst »nach vorausgegangener Tätigkeit« erlangen (ἐνεργήσαντες πρότερον); vgl. NORBERT FISCHER, Tugend und Glückseligkeit. Unsere ›Habitus‹ sind wandelbar, also noch nicht »voller Genüge«, markieren nicht volle ›Genugsamkeit‹ (diese wäre in Kants Sprache erst mit der unveränderlichen »Heiligkeit des Willens« erreicht).

53 In Exod., LW II, S. 19; vgl. auch Responsio ad articulos secundi rotuli, LW V, S. 339,24 f.

54 Augustinus trägt den Gedanken mit Bezug auf II Cor 5 vor (prägnant z. B. en.Ps. 38.9): *nunc in spe, tunc in re.* Zur Beziehung zwischen Ewigem und Zeitlichem vgl. NORBERT FISCHER, Einleitung (Aurelius Augustinus: Was ist Zeit?), bes. S. XXXVII–XLI. Weiterhin NORBERT FISCHER, Einleitung (Aurelius Augustinus: Suche nach dem wahren Leben), bes. S. LI mit Fn 55; zu Kant vgl. auch den Gedanken ›des ins Unendliche gehenden Progressus‹, z. B. KpV A 58.220.

Moment des moralischen Seins.«[55] Auch das präsentisch klingende Wort der Predigt 6: *Got und ich wir sîn ein*, ist aber nicht als die zeitfreie (›dogmatische‹) Aussage einer spekulativen ›Schaumystik‹ gedacht, nicht streng präsentisch, sondern kann im Mittelhochdeutschen auch einen Sinn haben, den Zeitwesen in ›unendlichem Progressus‹ vorerst nur erstreben und näherungsweise verwirklichen können.[56] Die eschatologische, auf die Idee eines zukünftigen ›Reiches Gottes‹ hinweisende Dimension verbindet Eckhart mit Kant (RGV B 131–144 = AA 6,95–102) und mit Augustinus (z. B. conf. 11,3).

Folglich muss geklärt werden, was es heißt, dass wir ›auf das Bild Gottes hin‹ geschaffen sind, wie Augustinus und Thomas von Aquin erklärt haben,[57] zudem: ob diese Auslegung auch für Eckhart und für Kant gilt und wie unsere seinsmäßige Bezogenheit auf Gott zu verstehen ist. Nach Augustinus sind Menschen nicht einfach als ›Bild Gottes‹ zu verstehen, sondern vielmehr als geschaffen ›auf das Bild und die Ähnlichkeit mit Gott hin‹: *ad imaginem et similitudinem nostram* (z. B. Gn. adv. Man. 1,27).[58] Das ›Sein des Menschen‹ wird nicht unmittelbar als *imago dei* vergegenwärtigt (das ›Bild‹ wäre ›Christus‹), aber in einer wesenhaften Beziehung zu diesem Bild gesehen, die indessen mehr eine unendliche Aufgabe als schon vollendete Wirklichkeit ist. Thomas untersucht im ersten Artikel zum ›Endzweck der Schöpfung des Menschen‹ (›Summa theologiae‹ I q.93: *De fine sive termino productionis hominis*) die Frage, ›ob ein Bild Gottes im Menschen sei‹ (*Utrum imago Dei sit in homine*) und erklärt:

> *Et ideo in homine dicitur esse imago Dei, non tamen perfecta, sed imperfecta. Et hoc significat Scriptura, cum dicit hominem factum* ad imaginem Dei: *praepositio enim* ad *accessum quendam significat, qui competit rei distanti.* (Summa theologiae I q.93 a.1 c)

> »Und deshalb wird gesagt, im Menschen sei ein Bild Gottes, jedoch kein vollkommenes, sondern ein unvollkommenes. Gerade dies erklärt die Schrift, wenn sie sagt, der Mensch sei *auf das Bild Gottes hin geschaffen*: die Präposition *auf hin* bezeichnet nämlich ein Verhältnis, das mit einem Abstand verbunden ist«. (Eigene Übersetzung)

---

55 Wiederum Theo Kobusch, Mystik als Metaphysik des moralischen Seins, S. 53.

56 Zur Diskussion der ›präsentischen Ontologisierung‹ vgl. Norbert Fischer, Meister Eckhart und Augustins ›Confessiones‹, S. 206 f.; Eckhart bekämpft gewiss die »Vorstellung, es gehe um ›Lohn‹« (Kurt Flasch, Predigt 6. ›Iusti vivent in aeternum‹, S. 40). Verfehlt ist aber die These: »Auch dürfte ihn die Verlegung des Wesentlichen in die Zukunft gestört haben.« Denn der Glaube an die eschatologische Dimension des »schon« Wirksamen, aber »noch nicht« Verwirklichten verbindet Eckhart mit Kant. Zu dem geforderten, ins »Unendliche gehenden Progressus« bei Kant vgl. z. B. KpV A 58.220 (neben zahlreichen anderen Stellen).

57 Vgl. conf. 1,1: *fecisti nos ad te*; zu Thomas vgl. ›Summa theologiae‹ 1,93,1: *Utrum imago dei sit in homine*; vgl. auch Norbert Fischer, Glaube und Vernunft. Zu ihrem Verhältnis bei Augustinus, Meister Eckhart und Immanuel Kant, bes. S. 66–71.

58 Zur Erläuterung vgl. trin. 7,5: *nos imago dei sumus, non quidem aequalis, facta quippe a patre per filium*. Also: »wir sind ein Bild Gottes, nicht jedoch ihm gleich, da wir ja vom Vater durch den Sohn geschaffen sind« (eigene Übersetzung).

Damit folgt Thomas (vgl. ebd. ad 2 zu Augustinus) wie Augustinus dem Text der Vulgata. Der hebräische Originaltext wird hingegen durch die ›Einheitsübersetzung‹ zutreffend verdeutscht:

»Gott schuf also den Menschen als sein Abbild; / als Abbild Gottes schuf er ihn. / Als Mann und Frau schuf er sie«. (Gn 1,27)

In der Vulgata lautet der Text, der für Augustinus wie Thomas und die Kirchenväter maßgebend war und zudem die Öffnung zu seiner christologischen Auslegung ermöglichte:

et creavit Deus hominem ad imaginem suam / ad imaginem Dei creavit illum / masculum et feminam creavit eos. (Gn 1,27)

»Und Gott schuf den Menschen auf sein Bild hin, auf sein Bild hin schuf er ihn, als Mann und Frau schuf er sie«. (Eigene Übersetzung)

Obwohl Kant die Beweise der dogmatischen Metaphysik einer scharfen Kritik unterzogen hat,[59] gelangt er in der ›Kritik der reinen Vernunft‹ über die ›Idee des göttlichen Verstandes‹ als dem ›Ideal der reinen Vernunft‹ nach Platon doch zu ›moralischen Begriffen‹, die ›nicht gänzlich reine Vernunftbegriffe‹ seien, und verknüpft die ›theoretischen‹ Aussagen zum Ideal der Vernunft mit dem aus ihm folgenden ›praktischen‹ Anspruch. Kant sagt:

»So wie die Idee die Regel giebt, so dient das Ideal in solchem Falle zum Urbilde der durchgängigen Bestimmung des Nachbildes; und wir haben kein anderes Richtmaß unserer Handlungen, als das Verhalten dieses göttlichen Menschen in uns, womit wir uns vergleichen, beurtheilen und dadurch uns bessern, obgleich es niemals erreichen können«. (KrV B 597)

Dieses Wort vom »göttlichen Menschen in uns« weist voraus auf das späte »*est Deus in nobis*« und vergegenwärtigt die ›Ehre der Vernunft‹ im Sinn der ›Gottebenbildlichkeit‹, wie Augustinus und Thomas von Aquin sie erfasst haben. In der Religionsschrift sagt Kant:

»Zu diesem Ideal der moralischen Vollkommenheit, d. i. dem Urbilde der sittlichen Gesinnung in ihrer ganzen Lauterkeit, uns zu *erheben*, ist nun allgemeine Menschenpflicht, wozu uns auch diese Idee selbst, welche von der Vernunft uns zur Nachstrebung vorgelegt wird, Kraft geben kann. Eben darum aber, weil wir von ihr nicht die Urheber sind, sondern sie in dem Menschen Platz genommen hat, ohne daß wir begreifen, wie die menschliche Natur für sie auch nur habe empfänglich sein können, kann man besser sagen: daß jenes Urbild vom Himmel zu uns *herabgekommen* sei, daß es die Menschheit angenommen habe (denn es ist nicht eben sowohl möglich, sich vorzustellen, wie der von Natur böse Mensch das Böse von selbst ablege und sich zum Ideal der Heiligkeit erhebe, als daß das Letztere die *Menschheit* (die für sich nicht böse ist) annehme *und sich zu ihr herablasse*)«. (RGV B 74 = A 6,61)

---

59 So dass Moses Mendelssohn (unsachgemäß) vom ›alleszermalmenden Kant‹ sprach; vgl. Morgenstunden oder Vorlesungen über das Dasein Gottes, 3.

Kants Wort vom ›göttlichen Menschen in uns‹ ist auf Augustins christologische Grundreflexion zu beziehen,[60] sofern auch Kant zur ›Idee der moralischen
Vollkommenheit‹ erklärt, dass »wir von ihr nicht die Urheber sind, sondern
sie in dem Menschen Platz genommen hat [...], daß jenes Urbild vom Himmel
zu uns *herabgekommen* sei, daß es die Menschheit angenommen habe«. Zwar
nennt Kant den Versuch, das »Ideal [...] in einem Beispiele, d. i. in der Erscheinung, realisiren« zu wollen (»wie etwa den Weisen in einem Roman«), ›untun-
lich‹, da er »etwas Widersinnisches und wenig Erbauliches« an sich habe (KrV
B 598), zögert also hinsichtlich des strikt historisch ausgelegten, biblischen
Offenbarungsglaubens an ›Jesus von Nazareth‹, weiß aber, dass ein abstraktes
Ideal nicht den ›Gott wohlgefälligen Menschen‹ vergegenwärtigen kann. Also
betont Kant die konkrete Geschichtlichkeit des Ideals und stellt es so vor, als
sei es »vom Himmel zu uns *herabgekommen*«. Darin besteht die noch oft übersehene Kernproblematik von Kants kritischer Philosophie, die am Ende auf die
Religionsphilosophie hinausläuft.[61]

Augustinus entfaltet den Angelpunkt der Christologie am Ende der Reflexionen zum Tod seines Jugendfreundes, in dessen Erfahrung er sich selbst ›eine
große Frage‹ geworden war (conf. 4,9: *factus eram ipse mihi magna quaestio*).[62]
Antwort auf seine Frage findet er im Glauben an das ›Herabsteigen‹ dessen, der
›unser Leben‹ sei und aus der Überfülle seines Lebens ›unseren Tod‹ auf sich
genommen habe, damit unser Leben nicht todhaft bleibe (conf. 4,19: *et descendit huc ipsa vita nostra et tulit mortem nostram et occidit eam de abundantia vitae
suae*).[63] Augustins dem Glauben folgende Maxime lautet (ebd.): *descendite, ut
ascendatis, et ascendatis ad deum.* Wer in diesem Geist »jenes Urbild« mit Kant
als »vom Himmel zu uns *herabgekommen*« glaubt, kann nicht selbstherrlich behaupten, »daß wir autonom sind und Würde besitzen«.[64]

Als Prediger hatte Eckhart naturgemäß an die geschichtliche Botschaft der
Bibel anzuknüpfen; kennzeichnend für Kants Zugangsweise ist aber sein deut-

---

60 Vgl. conf. 4,11; vgl. dazu auch JOSEPH LAM CONGH QUY, Iesus (AL 3, Sp. 481–483) mit
   weiterer Literatur.
61 Insgesamt zu diesem Problemfeld vgl. NORBERT FISCHER / JAKUB SIROVÁTKA, VuO.
62 Vgl. NORBERT FISCHER, Augustins Philosophie der Endlichkeit. Zur systematischen
   Entfaltung seines Denkens aus der Geschichte der Chorismos-Problematik, bes. S. 148–
   174; außerdem NORBERT FISCHER, Confessiones 4. Der Tod als Phänomen des Lebens
   und als Aufgabe des Denkens; weiterhin NORBERT FISCHER, Endlichkeit.
63 Augustinus schwankt ja, ob er unser Leben als *vita mortalis* oder *mors vitalis* bezeichnen
   soll (conf. 1,7).
64 Diesen auch für Kant verfehlten und irreführenden Sprachgebrauch repristiniert MAN-
   FRED KÜHN, Kant. Eine Biographie, S. 239. Zwar kann man mit Kant sagen, dass der
   Mensch, »als *Person* betrachtet, d. i. als Subject einer moralisch-praktischen Vernunft
   [....] eine Würde« ›besitzt‹; diese hängt nach Kant aber »mit dem Bewußtsein der Erhabenheit seiner moralischen Anlage« zusammen und führt zu einer »Pflicht des Menschen
   gegen sich selbst«, markiert also gerade k e i n e n sicheren ›Besitz‹ (MST A 92–96 = AA
   6,434–436).

lich hervortretendes Bestreben, in der Erklärung des wesentlichen Gehalts der Botschaft nicht von Zufälligkeiten und Ungewissheiten der Historie abhängig zu werden.[65] Ein konkretes Beispiel, das in den Kontext von Kants Wort »*est Deus in nobis*« gehört, bietet auch Eckharts Wort »von der geistigen Geburt Gottes in Maria und der geistigen Geburt Gottes in jedem Menschen«, mit dem er »zu einer Betrachtung der Gottesgeburt im Menschen und des Herabsteigens Gottes in der Menschwerdung« überleitet.[66] In Predigt 22 ›Ave, gratia plena (Luc. 1,28)‹ erklärt Eckhart:

> *Der heilige geist sol von oben her nider komen von dem obersten trône und sol in dich komen von dem lihte des êwigen vaters.* (Pr. 22, EW I, S. 254,6–8)

> »Der Heilige Geist wird von oben herab kommen vom Lichte des ewigen Vaters«. (Pr. 22, EW I, S. 255,6–8)

Eckhart weist seine Hörer auf eine Herkunft der *creatûren*, die auch bewirkt, *daz sie rast und ruowe in irm ende vinde* (EW I, S. 256,27 f.). Obwohl unklar sein mag, welche Autoritäten Eckhart hier zitiert,[67] liegt der Hintergrund mit Augustins *cor inquietum* auf der Hand. Die reflektierte Auslegung der neutestamentlichen Heilsgeschichte, in der historische Berichte dialektisch ›aufgehoben‹ (›bejaht‹, ›negiert‹ und ›überstiegen‹) sind,[68] begann spätestens mit dem ›Johannesevangelium‹, das die ›Kindheitsgeschichten‹ der Synoptiker durch einen abstrakt anmutenden ›Prolog‹ ersetzt, der den konkreten ›geschichtlichen‹ Hintergrund kaum noch thematisiert. Indem das ›Johannesevangelium‹ die ›Heilsgeschichte‹ der synoptischen Evangelien aufgreift und vertieft, eröffnet es auch ›philosophische Zugänge‹ zum geschichtlichen Offenbarungsglauben. Die neutestamentlichen Texte, die um das Leben und die Predigt des historischen Jesus kreisen, zielen in ihrer ›geschichtlichen Konkretheit‹ auf den Glau-

---

65 Vgl. SF A 107 = AA 7,65: »Daß aber ein Geschichtsglaube Pflicht sei und zur Seligkeit gehöre, ist Aberglaube.«

66 Vgl. NIKLAUS LARGIER, Stellenkommentar zu Predigt 22, EW I, S. 936: *Ave, gratia plena (Luc. 1,28);* zur ›virginitas mentis‹ bei Augustinus: s. Denis 25,7 f.; vgl. oben NORBERT FISCHER, *Wer sint, die got êrent?* (Predigt 6), S. 1–16.

67 NIKLAUS LARGIER (EW I, S. 937): »Die drei Meisterzitate sind nicht eindeutig zu identifizieren«; er nennt aber doch Thomas von Aquin (›Summa contra gentiles‹ III, 21): *Quod res intendunt naturaliter assimiliari deo in hoc quod est causa.*

68 Dieses hermeneutische Modell ist bes. über Dionysius als *via affirmativa, via negativa* und *via eminentiae* in der mittelalterlichen Scholastik wirksam geworden und findet sich modifiziert im ›Deutschen Idealismus‹ wieder. Dazu im vorliegenden Band NORBERT FISCHER, *Von einem Berühren Gottes im Geiste: attingere aliquantum mente deum* (s. 117,5), S. 105–134.

ben geschichtlicher Personen[69] und legen Jesus als ›Erstgeborenen von Vielen‹ aus, der alle einzeln zur ›Nachfolge‹ ruft.[70]

Kants schwieriges Wort: »*est Deus in nobis*« darf wie Eckharts Wort: »*Got und ich wir sîn ein*« nicht als Lehrsatz einer ›dogmatischen Metaphysik‹ ausgelegt werden, sondern muss auf das ›Primat der reinen praktischen Vernunft‹ zurückbezogen werden, dessen ›Grund‹ Kant in dem Satz findet: »die vernünftige Natur existirt als Zweck an sich selbst«. (GMS BA 66 = AA 4,429) Denn dieser Satz bringt »die Ehre der menschlichen Vernunft« zur Sprache, die auf die »Würde der Menschheit« verweist, aus welcher dann der ›kategorische‹ »praktische Imperativ« erwächst. Die »Ehre der menschlichen Vernunft«, die dem »göttlichen Menschen in uns« zukommt, begründet ursprünglich erst die ›Würde‹ endlicher Wesen, die Achtung jeder ›Person‹ fordert. Sie ist damit die eigentliche ›Grundlegung zur Metaphysik der Sitten‹, die Kant vorgetragen hat. Zu beachten sind der Singular und der Plural in Kants Wort »*est Deus in nobis*« und überdies seine sachlich differenzierte Formulierung in einer früheren Aufzeichnung des ›Opus postumum‹. Diese anfangs schon erwähnte frühere Reflexion, die ungefähr zur Zeit von Kants Ausarbeitung des divergierenden Entwurfs für den ›Prospectus‹ zu Jachmanns ›Prüfung‹ entstanden ist, lautet:

> »Gott über uns, Gott neben uns, Gott in uns. 1. Macht und Furcht 2. Gegenwart und Anbetung (inigste Bewunderung) 3 Befolgung seiner Pflicht als Schatten dem Licht«. (OP: Zehntes Convolut. Aus dem Nachlaß: August 1799 – Dezember 1800 = AA 22,310)

Zu beachten und zu erläutern ist der Gebrauch des Plural in diesem Wort (»über uns«, »neben uns«, »in uns«), der sich in dem späteren »*est Deus in nobis*« niederschlägt und wiederfindet. Sofern ›Gott‹ als Urheber des Ganzen gesucht und ins Auge gefasst wird, sind alle geschaffenen Personen in einer vom Schöpfer abhängigen Lage, die diesen als Wesen ›über uns‹ ausweist. Sofern wir aufgefordert sind, unsere Mitmenschen wie uns selbst als ›Zwecke an sich selbst‹ zu achten, die uns deren ›Achtung‹ abverlangt, tritt auch »neben uns« ein göttliches Prinzip hervor. Sofern die Vernunft auf »Gott über uns« und auf »Gott ne-

---

69 Vgl. Friedrich-Wilhelm von Herrmann, Ansatz und Wandlungen der Gottesfrage im Denken Martin Heideggers; der Autor skizziert dort Heideggers ursprünglich intendierten Denkweg, den dieser jedoch abrupt verlassen hat.

70 Vgl. Rm 8,28 f.: οἴδαμεν δὲ ὅτι τοῖς ἀγαπῶσιν τὸν θεὸν πάντα συνεργεῖ εἰς ἀγαθόν [...] ὅτι οὓς προέγνω, καὶ προώρισεν συμμόρφους τῆς εἰκόνος τοῦ υἱοῦ αὐτοῦ, εἰς τὸ εἶναι αὐτὸν πρωτότοκον ἐν πολλοῖς ἀδελφοῖς· (Einheitsübersetzung: »Wir wissen, daß Gott bei denen, die ihn lieben, alles zum Guten führt [...] denn alle, die er im voraus erkannt hat, hat er auch im voraus dazu bestimmt, an Wesen und Gestalt seines Sohnes teilzuhaben, damit dieser der Erstgeborene von vielen Brüdern sei«). Vgl. Col 1,15; 1,18; Apc 1,5. Besonders eindrucksvoll ist das Wort des Auferstandenen an Maria von Magdala (Io 20,17): »Jesus sagte zu ihr: Halte mich nicht fest; denn ich bin noch nicht zum Vater hinaufgegangen. Geh aber zu meinen Brüdern, und sag ihnen: Ich gehe hinaus zu meinem Vater und zu eurem Vater, zu meinem Gott und zu eurem Gott«.

ben uns« stößt, sind wir angeleitet, auch die Wirklichkeit von »Gott in uns« zu bejahen – trotz unserer Endlichkeit und Schwäche; zudem: ohne zu hybrider Selbstüberschätzung genötigt zu sein (vgl. dazu conf. 2,13 *superbia*). Das ›Opus postumum‹ bietet die sachlich gebotene Pluralisierung der singularischen For-mel dar, wie sie im ›Beschluß‹ der ›Kritik der praktischen Vernunft‹ vorliegt:

> »Zwei Dinge erfüllen das mit immer neuer und zunehmender Bewunderung und Ehr-furcht, je öfter und anhaltender sich das Nachdenken damit beschäftigt: *der bestirnte Himmel über mir und das moralische Gesetz in mir*«. (KpV A 288)

Die Geltung des ›moralischen Gesetzes in mir‹ hängt nach der ›Grundlegung zur Metaphysik der Sitten‹ aber nicht allein von mir als ›vernünftiger Natur‹ ab, sofern ich mich »als Zweck an sich selbst« sehe (insofern wäre es ein »*sub-jectives* Princip menschlicher Handlungen«); nur weil sich auch »jedes andere vernünftige Wesen sein Dasein zufolge eben desselben Vernunftgrundes, der auch für mich gilt«, als ›Zweck an sich selbst‹ vorstellt, gibt es das ›Faktum‹ des theoretisch unableitbaren, unbedingt geltenden praktischen Imperativs:

> »Handle so, daß du die Menschheit sowohl in deiner Person, als in der Person eines jeden andern jederzeit zugleich als Zweck, niemals bloß als Mittel brauchst«. (GMS BA 66 f. = AA 4,429)

Wesentlich für Kants Metaphysik sind also ›die Anderen‹, die anderen Ver-nunftwesen, die sich (wie ich) als ›Zwecke an sich selbst‹ verstehen: jeder Mensch stellt sich sein Dasein trotz seiner Endlichkeit in unablässigem Be-gleitbewusstsein also faktisch als ›Zweck an sich selbst‹ vor. Ohne ›die Ande-ren‹ ist Kants Metaphysik samt dem ›Primat der praktischen Vernunft‹ nicht möglich.[71] Da er das Dasein der ›Anderen‹ neu als grundlegend erkannt hat, spricht Kant anders als früher (KpV A 288: »über mir«) nun im Plural (»Gott über uns, Gott neben uns, Gott in uns«) und sieht in der Idee des ›Reiches Got-tes‹ das Endziel der von Gottes Liebe belebten Schöpfung. Die Kompatibilität dieser Gedanken, die sich dem späten Kant zunehmend aufgedrängt haben, soll abschließend im Blick auf wesentliche Gedanken Meister Eckharts untersucht werden.

---

71 Vgl. Emmanuel Levinas, Le primat de la raison pure pratique. Das Primat der reinen praktischen Vernunft; vgl. weiterhin Norbert Fischer, Kants These vom Primat der praktischen Vernunft. Zu ihrer Interpretation im Anschluß an Gedanken von Emma-nuel Levinas; außerdem Norbert Fischer, Kants Grundlegung einer kritischen Meta-physik. Einführung in die ›Kritik der reinen Vernunft‹.

3. Zur Vereinbarkeit von Eckhart und Kant: »die Ehre der menschlichen
   Vernunft vertheidigen«

Kant verteidigt die ›Ehre der Vernunft‹, deren Kraft uns zugleich ›der Liebe
Gottes versichert‹ und uns anregt, Gott zu ehren.[72] Er bekämpft alle Versuche,
die Hürden zu ignorieren, die uns endlichen, auf sinnlich Gegebenes angewie-
senen Vernunftwesen den theoretisch-spekulativen Zugang zum Transzendenten versperren, uns kein spekulatives ›Herrschaftswissen‹ erlauben.[73] Das
Transzendente bleibt nach Kant also transzendent. In Abweisung der ›Schaumystik‹ und aller mystischer Schwärmereien schreibt er an Johann Georg Hamann: »Denn ich armer Erdensohn bin zu der Göttersprache der *Anschauenden
Vernunft* gar nicht *organis*irt.«[74] Obwohl Kant meist ablehnend zur ›Mystik‹
spricht,[75] lässt sich Eckharts späte Predigt 22[76] auf Kants kritische Metaphysik
beziehen und als Brücke zwischen beiden Denkern auslegen. Eckharts Predigt ›Ave, gratia plena‹ zur ›Verkündigungsszene‹ bei Lukas (Lc 1,28), die in
Einklang mit Augustins Predigt zur *virginitas mentis* steht,[77] lässt sich auch in
Harmonie mit der zitierten Erklärung zur Herkunft des Urbildes in Kants Re-

---

72 Vgl. ›Moral Mrongovius‹ (1774/75 bzw. 76/77; bearb. 1782); AA 27,1465: »Unser Ver-
    halten gegen Gott ist von 3erley Art. Wir können Gott ehren, fürchten und lieben. Wir
    ehren Gott als einen heiligen Gesetzgeber, wir lieben ihn, als einen gütigen Regierer,
    und wir fürchten ihn als einen gerechten Richter. Gott ehren heißt, sein Gesetz als heilig
    und gerecht ansehen, es verehren und in seinen Gesinnungen zu erfüllen suchen«.
73 Vgl. Max Scheler, Philosophische Weltanschauung, S. 77, mit der schon in den zent-
    ralen Gleichnissen von Platons ›Politeia‹ (505b-516e) entfalteten, mit Kants kritischer
    Philosophie kompatiblen, aber oft vernachlässigten Unterscheidung eines»dreifachen
    Wissens«, dessen »der Mensch fähig« ist: »des *Herrschafts-* oder Leistungswissens, des
    Wesens- oder Bildungswissens, des *metaphysischen* oder Erlösungswissens.« Den ›me-
    taphysischen‹ Charakter des Höchsten, der alles spekulative Wissen übersteigt, haben
    Platon und Kant wohl klarer gesehen als Scheler.
74 AA 10,156 (6. April 1774); dazu vgl. Manfred Kühn, Kant. Eine Biographie, S. 260–
    267. In diesem Briefwechsel spielt auch Johann August Starck eine Rolle, den Hamann
    als »römisch-apostolisch-katholischen Ketzer und Krypto-Jesuiten« bekämpfte (AA
    10,157). Zur positiven Darstellung der Intentionen Hamanns vgl. Thomas Brose, Me-
    taphysikkritik und Offenbarungsglaube bei Johann Georg Hamann. Zum Hintergrund
    vgl. Norbert Fischer, Kant und der Katholizismus. Stationen einer wechselhaften
    Geschichte; mit grundsätzlichen Beiträgen und zahlreichen Beispielen; darin z. B. Cle-
    mens Schwaiger, Matern Reuß (1751–1798). Kants Apostel im aufgeklärten Franken.
75 Das sei im Unterschied zu Arnolds und Ammons Thesen betont, aber auch zu Jach-
    manns antimystischer Polemik. Da Kant Eckharts Texte nicht kannte, taugt er nicht als
    Interpret – innere Nähe ist damit aber nicht ausgeschlossen.
76 Zum Vortragsdatum vgl. Joachim Theisen, Predigt und Gottesdienst. Liturgische
    Strukturen in den Predigten Meister Eckharts, S. 122.413; Theisen nennt als Datum
    »Sonntag 7. oder 14. Dezember 1325«.
77 Vgl. die wesentliche Passage aus s. Denis 25,7 f., die in der Einführung zum vorliegenden
    Band (Norbert Fischer, *Wer sint, die got êrent?* (Predigt 6), S. 12–15) abgedruckt ist
    und auf die Inkarnationstheologie Meister Eckharts vorausweist.

ligionsschrift auslegen, nach der »jenes Urbild vom Himmel zu uns *herabge-kommen*« ist. (RGV B 74 = A 6,61) Eckhart sagt:

> *Der heilige geist sol von oben her nider komen von dem obersten trône und sol in dich komen von dem liehte des êwigen vaters.* (Pr. 22, EW I, S. 254,6–8)

> »Der Heilige Geist wird von oben herab kommen vom höchsten Throne und wird in dich kommen vom Lichte des ewigen Vaters«. (Pr. 22, EW I, S. 255,6–8)

Der ›Heilige Geist‹ steigt laut Eckharts Wort nicht nur zu Maria herab, sondern zu den vielen Menschen, ja zu jeder guten Seele, die Gott ersehnt: *daz er ez ir* [scil. Maria] *niht aleine zuo sprach*, sondern einer *grôzen schar zuo sprach: einer ieglichen guoten sêle, diu gotes begert.* (S. 254,11–13) Dieses Sehnen (*desiderium*) spielt für das Herabkommen des Geistes eine so große Rolle, dass Eckhart den Vorrang der geistigen vor der leiblichen Geburt Gottes in Maria behauptet:

> *Hæte Mariâ niht von êrste got geistliche geborn, er enwære nie liplîche von ir geborn worden.* (Pr. 22, EW I, S. 254,14 f.)

> »Hätte Maria Gott nicht zuerst geistig geboren, er wäre nie leiblich von ihr geboren worden«. (Pr. 22, EW I, S. 255,16 f.)

Die auch auf Augustins Predigt zur *virginitas mentis* zurückweisende Lehre der Gottesgeburt in einer großen Schar von Menschen betont den Vorrang des inneren Geschehens und überhöht die historische Singularität der biblischen Erzählungen. Meister Eckhart stützt sich dabei auch auf ein Wort Jesu, das alle Menschen, die das Wort Gottes hören und ihm entsprechen, ›selig‹ nennt (Lc 11,27 f.): *›sælic sint, die daz wort gotes hoerent und daz behalten‹.* (S. 254,18 f.) Das ›Seligsein‹ legt er mit Hilfe der Annahme aus, dass alle, die Gottes Wort hören und frei befolgen, als ›Hörer‹ sein ›einziger Sohn sind, den der Vater ewiglich geboren hat‹: *Hier inne ist ze verstânne, daz wir sîn ein einiger sun, den der vater êwiclîche geborn hât.* (S. 254,23 f.) Eckhart vernachlässigt nicht die Faktizität von ›Zeit‹ und ›Zeitlichkeit‹ als Werk Gottes, will aber im Geist der Zeitbetrachtung Augustins (Confessiones 11) der ›Flüchtigkeit des Zeitlichen‹ entkommen.[78] Wie Augustinus sucht er die ewige Wahrheit der biblischen Botschaft, ohne deren zeitlichen Sinn zu leugnen. Seine Deutung des Verhältnisses von Äußerem und Innerem erläutert die ›Mär‹ zu einem Paar, dessen

---

78 Die ›Flüchtigkeit des Zeitlichen‹ stellt dem Leben und Denken Aufgaben, die Augustinus im elften Buch der ›Confessiones‹ zur Sprache bringt; dazu vgl. NORBERT FISCHER, Confessiones 11: ›Distentio animi‹. Ein Symbol der Entflüchtigung des Zeitlichen; NORBERT FISCHER, Einleitung (Aurelius Augustinus: Was ist Zeit?), bes. S. XLI–LXIV (mit Literaturhinweisen). Besonders im elften Buch der ›Confessiones‹ mit der Frage nach der Zeit, kommt auch die Sehnsucht (*desiderium*) nach dem Ende der *distentio animi* und der ›Entflüchtigung des Zeitlichen‹ zur Sprache (vgl. 11,3 f. und 11,30–41; vgl. dazu die genannte Einleitung, S. XLI).

Liebe durch einen Unglücksfall nicht verdorben wird: die äußere, konkrete
Geschichte mindert nicht den Vorrang des inneren Geschehens.[79] Die Mär soll
Geschöpfe anregen, den Willen des Schöpfers (= dessen reine Liebe) in der
Zeit nachzuahmen, also: gebären zu wollen und dem Vater gleich zu werden
(*daz sie wellent gebern und wellent sich dem vater glichen*, S. 256,25 f.). Das letzte
Ziel einer jeden Seele jenseits der flüchtigen Zeit ist es folglich,

> *daz sie rast und ruowe in irm ende vinde.* (Pr. 22, EW I, S. 256,27 f.)

> »auf daß sie Rast und Ruhe in ihrem Endziele finde«. (Pr. 22, EW I, S. 257,29)

Anschließend erklärt Eckhart seine Verwunderung über die Fülle der Wahrheit in der Schrift,[80] die uns die Aufgabe stelle, das Wort zu verstehen, *daz
wir ein einiger sun sîn, den der vater êwiclîche geborn hat* (S. 258,20 f.; Übersetzung
S. 259,21 f.: »daß wir ein einziger Sohn sind, den der Vater ewiglich geboren
hat«). Die Verknüpfung von Plural (»wir«) und Singular (»einziger Sohn«) in
diesem Satz regt weitere Reflexionen zur Beziehung des ›einen ewigen Vaters‹
zu den ›vielen‹ zeitlichen Geschöpfen an, die als ›Sohn‹ von Gott ›geboren sind‹,
aber ›zugleich als Bild seiner ewigen Vaterschaft‹ (ebd.). Ort des ›Bildes‹ (der
Gottebenbildlichkeit), sei *daz hœhste teil der sêle.* (S. 260,2) Diese These spitzt
er zu und legt sie in einer Weise aus, die den Verdächtigungen und Zweifeln
am orthodoxen Charakter seiner Lehre Nahrung geben konnten. Eckhart sagt:

> *Alsô tuot got: er gebirt sînen einborn sun in daz hœhste teil der sêle. In dem selben, daz er gebirt
> sînen eingeborn sun in mich, sô gebir ich in wider in den vater.* (Pr. 22, EW I, S. 260,1–4)

> »So tut's Gott: Er gebiert seinen eingeborenen Sohn in das Höchste der Seele. Im glei-
> chen Zuge, da er seinen eingeborenen Sohn in mich gebiert, gebäre ich ihn zurück in den
> Vater«. (Pr. 22, EW I, S. 261,1–4)

Ab diesem Höhepunkt der Predigt, der in Ohren kirchlicher Theologen schrill
klingen mag,[81] stellt Eckhart sich der schwierigen Aufgabe, seiner Auslegung
der ›Gottebenbildlichkeitslehre‹ einen mit der kirchlichen Glaubenslehre ver-
träglichen und zugleich vernünftigen Sinn zu geben. Seine Lösung, die Eckhart

---

79 Pr. 22, EW I, S. 256 f.; zu Augustinus vgl. NORBERT FISCHER, Foris – intus; vgl. die
    explizite Beachtung der äußeren Wirklichkeit durch Erzählungen (conf. 1–9), Reflexi-
    on (conf. 10) und im Anschluss an diese durch die Meditation von Texten der Heiligen
    Schrift (conf. 11–13) im Gesamtkonzept der ›Confessiones‹.
80 Vgl. dazu Immanuel Kant in ähnlicher Haltung (Vorarbeiten zu SF; AA 23,451): »So
    lange Aufklärung in der Welt bleibt wird nie ein für das Volk in Sachen der Religion
    schicklichers und kräftiges Buch angetroffen werden«.
81 Hierzu ist die von Platon über Aristoteles bis Thomas von Aquin (vgl. ›De unitate intel-
    lectus contra Averroistas‹) hin diskutierte Frage nach den ›Seelenteilen‹ zu beachten, bei
    dessen höchstem ›Göttlichkeit‹ zur Debatte stand.

zusätzlich mit der überlieferten Engellehre verknüpft, beginnt mit der *physiko-theologischen* Frage, ›woher alle Grashalme so gleich sind‹:[82]

Wie alle engel ein engel in der êrsten lûterkeit sint al ein, alsô sint alle grasspier in der êrsten lûterkeit ein, und alliu dinc sint dâ ein. (Pr. 22, EW I, S. 260,15–18)

»So wie alle Engel in der ersten Lauterkeit *ein* Engel sind, ganz Eins, so auch sind alle Grashalme in der ersten Lauterkeit eins, und alle Dinge sind da eins«. (Pr. 22, EW I, S. 261,17–20)

Weder bei ›Grashalmen‹ noch bei ›Engeln‹ bezieht Eckhart deren ›Gleichheit‹ oder ›Ungleichheit‹ auf ›freies‹ Verhalten wie bei menschlichen ›Individuen‹ (die das *tertium comparationis* sind). Den Unterschied zur Situation der Menschen läutet der Hinweis auf deren Zeitlichkeit ein, die mit ihrer prekären ›Entscheidungsfreiheit‹ verbunden ist, die ihre Sonderstellung zur Folge hat. Eckhart wendet sich nach seiner bedenklich klingenden Annahme, *daz der mensche in der zît dar zuo komen mac, daz er got mac twingen* (S. 260,19 f.), der Denkaufgabe zu, wie sich die Freiheit der Menschen von Gott her rechtfertigen ließe. Außer Frage steht für ihn:

Swenne sich der mensche dêmüetiget, sô enmac sich got niht enthalten von sîner eigenen güete, er enmüeze sich senken und giezen in den dêmüetigen menschen, und dem allerminsten dem gibet er sich in dem allermeisten und gibet sich im alzemâle. Daz got gibet, daz ist sîn wesen, und sîn wesen daz ist sîn güete, und sîn güete daz ist sîn minne. (Pr. 22, EW I, S. 260,23–28)

»Wenn sich der Mensch demütigt, kann Gott in seiner <ihm> eigenen Güte sich nicht enthalten, sich in den demütigen Menschen zu senken und zu gießen, und dem allergeringsten teilt er sich am allermeisten mit und gibt sich ihm völlig. Was Gott gibt, das ist sein Sein, und sein Sein ist seine Gutheit, und seine Gutheit ist seine Liebe«. (Pr. 22, EW I, S. 261,26–31)

Entsprechend dieser Aussage ›ist‹ der Mensch ›nicht wesenhaft‹ demütig, sondern ›kann‹ demütig oder nicht demütig ›sein‹, womit Eckhart die ›Freiheit‹ der Menschen lehrt, mit der jeder einzelne durch ›seine Entscheidungen‹ in der Zeit Einfluss auf das ›zeitliche Handeln Gottes‹ ausübt,[83] gemäß dem ›Glauben‹ an die unwandelbare (nicht der Zeit unterworfene) Güte Gottes:

---

82 Die Gedanken Kants in seinen Reflexionen zum Sein »eines bloßen Grashalms« sind überraschend verträglich mit den von Eckhart vorgetragenen; vgl. KU B 299 und 338 (§§ 67 und 75). Weder Kant noch Eckhart (oder auch Augustinus) machen überdies einen Unterschied im Rang der Gottebenbildlichkeit (oder der ›Würde‹) der beiden Geschlechter, wenngleich sie sich weitgehend an die traditionellen Redeweisen halten (z. B. ›Vater‹ und ›Sohn‹); für Eckhart vgl. Pr. 6, EW I, S. 82 f.; für Augustinus vgl. civ. 22,17: *non est autem vitium sexus femineus, sed natura.*

83 Augustins Denken lebt von der Frage, ob Gott in seiner Ewigkeit nicht zur Kenntnis nehme, was in der Zeit geschieht, oder ob er alles zeitliche Geschehen für flüchtig und nichtig ansehe; vgl. conf. 11,1: *numquid, domine, cum tua sit aeternitas, ignoras, quae tibi*

Daz got gibet, daz ist sîn wesen, und sîn wesen daz ist sîn güete, und sîn güete daz ist sîn minne. (Pr. 22, EW I, S. 260,27 f.)

»Was Gott gibt, das ist sein Sein, und sein Sein ist seine Gutheit, und seine Gutheit ist seine Liebe«. (Pr. 22, EW I, S. 261,30 f.)

Eckhart empfiehlt die ›Furcht‹ und ›Liebe Gottes‹ im Sinn von Platons ›An-ähnlichung an Gott‹, soweit sie endlichen Wesen eben möglich ist (ὁμοίωσις θεῷ κατὰ τὸ δυνατόν);[84] in ihr ahmen Menschen Gottes schöpferische Liebe und Gerechtigkeit nach, die sie dazu anregt, *daz sie wellent gebern* [gebären wollen] *und wellent sich dem vater glîchen* [angleichen].[85] Solche Nachahmung Gottes treibt Menschen nicht an, Gott zu ›fürchten‹, sondern ihn zu ›lieben‹; nach Eckhart liebt Gott den Menschen [alle Menschen] in höchster Vollkom-menheit: *wan got der minnet den menschen mit aller sîner hœhsten volkomenheit* (S. 262,4 f.; Übersetzung S. 263,4–6: »denn Gott liebt den Menschen mit seiner ganzen Vollkommenheit«). Daraus folgt die Lehre der Geburt seines Sohnes in jedem Menschen: *Got gebirt sînen eingebornen sun in dir, ez sî dir liep oder leit, dû slâfest oder wachest, er tuot daz sîne* (S. 262,16 f.; Übersetzung S. 263,16–18: »Gott gebiert seinen eingeborenen Sohn in dir, es sei dir lieb oder leid, ob du schläfst oder wachst, er tut das Seine«). Menschen sind demnach in einer zwiespältigen Situation, im Blick auf die Eckhart mit einer eindeutigen Antwort zögert. Zwar hält er an der Aussage der göttlichen Abkunft ›aller‹ Menschen fest, fragt aber im Blick auf die faktische *conditio humana*, in der die göttliche Abkunft nicht jedem Menschen deutlich ist. Also fragt Eckhart:

---

dico, aut ad tempus vides quod fit in tempore? Dadurch wird er zur Christologie und zur Schöpfungslehre geführt; vgl. Norbert Fischer, Gott und Zeit in Augustins Confes-siones Zum ontologischen und theologischen Zentrum seines Denkens; die Zeitentho-benheit des Ewigen und die Flüchtigkeit des Zeitlichen machen die Frage nach ›Gott und Zeit‹ dringlich; bes. S. 194: »Sofern die wechselseitige Beziehung von Gott und Mensch Thema der *Confessiones* ist, spricht Augustinus nicht nur von *seinen* Ohren und denen der *Menschen*, die auf Gott hören, sondern auch von *Ohren Gottes*, die sich auf die zeitliche Menschenwelt richten«.

84 Vgl. ›Theaitetos‹ 176 b; Eckharts Gedanke lässt sich so in Kants Sprache übertragen: Die Entscheidung soll nicht naturkausal bedingt (›heteronom‹), sondern aus freier Entschei-dung für die Güte und Liebe Gottes ›autonom‹ vollzogen werden. Eckhart sagt Pr. 22, EW I, S. 260,32–262,3; Übersetzung S. 261,37–263,3: *Der mensche ensol got niht vürhten, wan der, der in vürhtet, der vliuhet in. Diu vorhte ist ein schedelichiu vorhte. Daz ist ein rehtiu vorhte, der dâ vürhtet, daz er got verliese.* (»Der Mensch soll Gott nicht fürchten, denn, wer ihn fürchtet, der flieht ihn. *Diese* Furcht ist eine schädliche Furcht. Das aber ist rechte Furcht, wenn man fürchtet, daß man Gott verliere«).

85 In uneigennützigem Streben nach göttlicher Gerechtigkeit (›Theaitetos‹ 175 b/c); ohne (heteronome) Bestimmung durch den ›Allmächtigen‹ (›Politeia‹ 617 e; αἰτία ἑλουμένου· θεὸς ἀναίτιος); vgl. Augustinus: conf. 2,1; 11,1.

Wes schult daz wære, daz der mensche des niht enschmecket. (Pr. 22, EW I, S. 262,18 f.)

»Was schuld daran sei, daß der Mensch es nicht empfindet«. (Pr. 22, EW I, S. 263,19)

Die Erklärung (*daz sîn zunge belîmet wære mit anderm unvlâte, daz ist mit den crêatûren; ze glîcher wîs als einem menschen, dem alliu spîse bitter ist und im niht ensmecket;* S. 262,19–22; Übersetzung S. 263,20–23: »daß seine Zunge mit anderem Schmutz, d. h. mit den Kreaturen, beklebt sei; ganz so wie bei einem Menschen, dem alle Speise bitter ist und nicht schmeckt«) erweckt einen naturalistischen Eindruck, der Eckhart zur Frage treibt: *Wes schult ist daz, daz uns diu spîse niht ensmecket?* (S. 262,22 f.; Übersetzung S. 263,23 f.: »Was ist schuld daran, daß uns die Speise nicht schmeckt?«). Die ebenso naturalistisch geprägte Antwort, dass uns Salz fehlt (*daz wir de salzes niht enhân;* S. 262,23 f.) wird aber mit der Erklärung: *Das salz ist die götliche minne* (S. 262,24; Übersetzung S. 263,24 f.: »Das Salz ist die göttliche Liebe«), die wir nach Eckhart ja empfangen haben, wieder vom Naturalismus-Vorwurf befreit, sofern es an uns liegt, solche reine göttliche Liebe, die uns in der Schöpfung zuteil wurde, auf Grund freier Entscheidung selbst zu vollziehen.

Nähmen wir an, dass Gott eine vollendete göttliche Wirklichkeit ›geschaffen‹ hätte, dann wäre das Ergebnis letztlich ein Widerspruch in sich selbst oder eine Verdoppelung des ›einen‹ Gottes. Wären wir als Geschöpfe ein *deus secundus* in der Vollkommenheit des göttlichen Seins, dann besäßen wir naturhaft *die götliche minne,* dann *smakte uns got und alliu diu werk, diu got ie geworhte, und enpfiengen alliu dinc von gote und worhten alliu diu selben werk, diu er würket«* (S. 262,24–27; Übersetzung S. 263,25–28: »so schmeckte uns Gott und alle Werke, die Gott je wirkte, und wir empfingen alle Dinge von Gott und wirkten alle dieselben Werke, die er wirkt«). Eckhart folgt als Denker dem biblischen Schöpfungsglauben, nach dem sich Geist und Welt der Menschen ausdrücklich dem ›Willen‹ und der ›Liebe‹ Gottes verdankt, nicht der ›Emanationslehre‹ als einer Theorie des Weltursprungs. Nach Eckhart entspringt die Schöpfung dem Willen Gottes, der ›die Seele‹ in Vollkommenheit so geschaffen habe, dass sie ›eine Braut des eingeborenen Sohnes‹ sein sollte‹:

Dô got die sêle geschuof, dô geschuof er sie nâch sîner hoehsten volkomenheit, daz si solte sîn ein brût des eingebornen suns. (Pr. 22, EW I, S. 262,29–31)

»Als Gott die Seele schuf, schuf er sie nach seiner höchsten Vollkommenheit, auf daß sie eine Braut des eingeborenen Sohnes sein sollte«. (Pr. 22, EW I, S. 263,30–32)

Ziel der Schöpfung ist nach Eckhart – wie schon nach (Platon und) Augustinus – gegen Plotins ἕνωσις-Lehre ›nicht‹ die Rückkehr zum Einen,[86] sondern viel-

---

86 Augustinus hat als ideales Ziel menschlichen Seins wie Platon (vgl. ›Politeia‹) eine menschliche Gemeinschaft (vgl. conf. 11,3; insgesamt civ.). Vgl. NORBERT FISCHER, Sein und Sinn der Zeitlichkeit im philosophischen Denken Augustins; weiterhin: NORBERT

mehr die Bewahrung der Geschöpfe in ihrer gewordenen und entflüchtigten ›Anderheit‹[87] und Vielheit:

> *Dâ er ûzgienc von dem allerhoehsten, dâ wolte er wider îngân mit sîner brût in dem allerlûtersten und wolte ir offenbâren die verborgene heimlicheit sîner verborgenen gotheit, dâ er ruowet mit im selber mit allen crêatûren.* (Pr. 22, EW I, S: 264,9–13)

> »Dort, wo er ausging aus dem Allerhöchsten, dort wollte er wieder eingehen mit seiner Braut im Allerlautersten und wollte ihr offenbaren die verborgene Heimlichkeit seiner verborgenen Gottheit, wo er mit sich selbst und allen Kreaturen ruht«. (Pr. 22, EW I, S. 265,10–14)

Eckhart wendet sich von Plotins Lehre ab, ist aber nahe an Platon, Augustinus und Thomas von Aquin, wodurch er sich für die Bejahung von ›Zeit‹ und ›Freiheit‹ als konstitutiven Merkmalen der von Gott gewollten Schöpfung öffnet, wie noch Kant sie erneut ausgelegt und vorgetragen hat. Plotin, der als prägende Gestalt des Neuplatonismus zum ›Erzvater der Mystik‹ avancierte, trug demgegenüber eine weltflüchtige ›Einheitsmetaphysik‹ (ohne ›Schöpfungslehre‹) vor, die trotz der explizit geäußerten Hochschätzung Platons mit dessen Philosophie nicht verträglich war,[88] lehrte als das Ziel des Ganzen im Hauptpunkt die Rückkehr des ›Vielen‹ in das ›Eine‹ (ἕνωσις).[89] Ein klares Kriterium für die erwähnten Zuordnungen und Entgegensetzungen ist die Bedeutung ›des Vielen‹ (der ›Anderen‹ als ›vernünftiger‹, ›freier‹ Subjekte – oder sogar ›aller Kreaturen‹), die Plotin bestritten hat, Eckhart aber (wie Platon, Augustinus, Kant und auch Levinas) gesucht hat. In Kants Religionsschrift heißt es zu diesem Thema:

> »Der Wunsch aller Wohlgesinnten ist also: ›daß das Reich Gottes komme, daß sein Wille auf Erden geschehe‹; aber was haben sie nun zu veranstalten, damit dieses mit ihnen geschehe?« (RGV B 141 = AA 6,101)

FISCHER, Augustins Philosophie der Endlichkeit, bes. S. 116–147: ›Der radikale innerweltliche Dualismus in der henologischen Ontologie Plotins‹.

87 Es geht im Anschluss an die Levinas-Forschung nicht um ›Andersheit‹, sondern um ›Anderheit‹ als Übersetzung von ›altérité‹). Vgl. MICHAEL THEUNISSEN, Der Andere; LUDWIG WENZLER, Zeit als Nähe des Abwesenden, S. 69 Anm. 6. Vgl. NORBERT FISCHER, Womit muß der Anfang im Denken gemacht werden?, bes. S. 66 und 84 Anm. 100.

88 Vgl. noch einmal im vorliegenden Band NORBERT FISCHER, Von einem Berühren Gottes im Geiste: *attingere aliquantum mente deum* (mit Hinweisen auf weitere Literatur und kontroverse Diskussionen). Das ›Viele‹ ist nach Plotin als solches ›schlecht‹.

89 Vgl. NORBERT FISCHER, Augustins Philosophie der Endlichkeit, bes. S. 116–147: ›Der radikale innerweltliche Dualismus in der henologischen Ontologie Plotins‹. Zwar sucht auch Augustinus ›Ruhe in Gott‹ (vgl. conf. 1,1 und 13,53), aber er sucht sie in der bleibenden Gemeinschaft mit den ›Anderen‹ und hofft dabei auf das *regnum tecum perpetuum sanctae civitatis tuae* (conf. 11,3).

Dieser nicht-egoistische Wunsch entspricht nach Eckhart dem Willen Gottes, da Gott nach ihm die Menschen in ihrer höchsten Vollkommenheit liebt, so dass die Ruhe Gottes als geglaubtes Ziel der Schöpfung (gegen die Verneinung der Vielheit in der Henologie Plotins) im Einklang mit den Schlussworten von Augustins ›Confessiones‹ (13,53) genannt wird:

> Jâ, got der ruowet selbe niht dâ, dâ er ist der êrste begin; er ruowet dâ, dâ er ist ein ende und ein raste alles wesens, niht daz diz wesen ze nihte werde, mêr: ez wirt dâ vor volbrâht in sînem lesten ende nâch sîner hœhsten volkomenheit. (Pr. 22, EW I, S. 264,17–21)

> »Ja, Gott selbst ruht nicht da, wo er der erste Beginn ist: er ruht <vielmehr> da, wo er Endziel und Rast alles Seins ist; nicht, als ob dieses Sein zunichte würde, es wird vielmehr da vollendet als in seinem letzten Ziel gemäß seiner höchsten Vollkommenheit«. (Pr. 22, EW I, S. 265,18–22)

Kant sagt gemäß den ›metaphysischen Erörterungen von Raum und Zeit‹ zwar (KrV B 38–58),[90] dass Gott »weder im Raume, noch in der Zeit« gegenwärtig ist. (PM 338) Weil Kant den Zusammenhang von ›Gott‹, ›Mensch‹ und ›Zeit‹ reflektiert, kann man, da es ihm von vornherein um den »lebendigen Gott« gegangen war (KrV B 661), aus seinen immanenten Motiven die Frage nach der Beziehung zum theologisch inspirierten Denken Eckharts stellen. Diese Beziehung hat ihr festes Fundament in Kants Gedanken zum ›vollkommenen Menschen‹ und der Verknüpfung mit dessen Deutung als ›Sohn Gottes‹, die seinen Denkweg begleitet hat. Gewiss lehnt Kant hartnäckig ab, was er »die vorgebliche Mystik der Vernunftauslegungen« nennt, und hält an dem (schon seit seiner vorkritischen Schrift ›Träume eines Geistersehers‹) verfolgten Ziel fest, »die Mystik (z. B. eines *Swedenborgs*) abzuhalten«. (SF A 65 = AA 7,46) Gleichwohl vertritt er durchgängig die These (z. B. Moral Mrongovius):

> »Das innere Principium der Welt ist aber die Freyheit. Die Bestimmung des Menschen ist also die größte Vollkommenheit durch seine Freyheit zu erlangen. Gott will nicht allein daß wir sollen glücklich seyn, sondern wir uns glücklich machen, das ist die wahre Moralitaet. Der allgemeine Zweck der Menschheit ist die höchste moralische Vollkommenheit«. (AA 27,158)

Kants Ziel war es, die »Menschheit in ihrer ganzen Vollkommenheit« zu denken. (KrV B 596) Dieses Ziel hat er sich nicht willkürlich ausgesucht. Vielmehr sieht er endliche Vernunftwesen, deren natürliches Verlangen zunächst darauf zielt, ›glücklich zu sein‹ (KpV A 45), in moralisch relevanten Situationen dazu aufgerufen, auch gegen die Widerstände ihres Glücksstrebens nicht naturhaft ihren Neigungen zu folgen. Dadurch sollen Handlungen aus Freiheit, unabhängig von der Naturkausalität, zu ihrer vernünftig gebotenen Aufgabe

---

90 Vgl. Norbert Fischer, Die Zeit als Thema der ›Kritik der reinen Vernunft‹ und der kritischen Metaphysik. Ihre Bedeutung als Anschauungsform des inneren Sinnes und als metaphysisches Problem.

werden, die sich durch das Dasein anderer Vernunftwesen stellt, die ebenso
als ›Zwecke an sich selbst‹ geachtet werden sollen.[91] Diese Aufgabe kann nach
Kant im endlichen Leben nur näherungsweise gelöst werden und führt so zu
einem Ideal, zum »Begriff der Heiligkeit«, als dem ›Urbild‹, »welchem sich ins
Unendliche zu nähern das einzige ist, was allen endlichen vernünftigen Wesen
zusteht«. (KpV A 58) Sofern selbst »der Heilige des Evangelii […] zuvor mit unserm Ideal der sittlichen Vollkommenheit verglichen werden« muss, »ehe man
ihn dafür erkennt«,[92] werden die Menschen wesenhaft als endliche Vernunftwesen auf dem Weg zur Heiligkeit in Abkunft von Gott gedacht.[93]

Kant verknüpft die überhohe Forderung der »Heiligkeit des Willens« (KpV
A 221) wie die christliche Tradition, in der auch er bewusst steht, mit dem Glaubenswort des ›Sohnes Gottes‹, wobei er den ›Sohn‹ als Ideal sieht, in dem »Gott
die Welt geliebt« habe (RGV B 74=AA 6,60), ihn auf den ›Vater‹ bezieht und
als »Abglanz seiner Herrlichkeit« auslegt.[94] Das Ideal, das wir im ›unendlichen Progressus‹ erstreben ›sollen‹ und nur in ihm erstreben ›können‹ (KpV
A 219–223), hat die »Heiligkeit des Willens« zum Ziel und ist untrennbar mit
›Gott‹ verbunden: »er ist der *allein Heilige*« (was zum Dasein Gottes als Postulat der reinen praktischen Vernunft führt).[95] Weil uns Menschen aber der ›ins
Unendliche gehende Progressus‹ zur völligen Angemessenheit ›aufgegeben‹ ist,
kommt uns insofern schon eine ›Würde‹ als ›Person‹ zu, die Achtung fordert.

---

91 Vgl. dazu NORBERT FISCHER, Kants kritische Metaphysik und ihre Beziehung zum An-
    deren.

92 GMS BA 30 = AA 4,408; Kant fügt hinzu (mit Blick auf Mc 10,18; Lc 18,19): »auch sagt
    er von sich selbst: was nennt ihr mich (den ihr sehet) gut? niemand ist gut (das Urbild
    des Guten) als der einige Gott (den ihr nicht sehet)«.

93 Beachtenswert ist hier eine Stelle aus der Vorarbeit zu SF (AA 23,435 f.): »Denn wenn
    unter dem Sohne Gottes ein Mensch verstanden würde so wäre er entweder männlichen
    oder weiblichen Geschlechts und so wie die Versuchungen und die Leiden des einen Ge-
    schlechts in vielen Stücken (Versuchungen und Schwachheiten) von denen des anderen
    wesentlich unterschieden seyn die für beyde zu leistende Genugthuung und Beyspiel
    in zwey verschiedenen von Gott erzeugten Personen (einem Sohn und einer Tochter)
    gedacht werden müssen«.

94 Die Geschlechtsorientierung der traditionellen Redeweise und der Glaubenslehre ist be-
    langlos; es geht um die Menschen als endliche Freiheitswesen. Im ›Sohn Gottes‹ denkt
    Kant (wie z. B. Cusanus) die Beziehung zwischen Gott und Mensch, in die ein Mensch
    nur von Gott her kommen kann, als ›Sohn Gottes‹, dem ›Mittel der Einung‹ (Nikolaus
    von Kues, De visione Dei, S. 182): *Potest igitur homo tibi uniri per filium tuum, qui est medi-
    um unionis.* Vgl. NORBERT FISCHER, Die Philosophische Frage nach Gott, S. 388.

95 KpV A 236 Fn; zum ›Postulat‹ vgl. KpV A 223–237; Kant fährt in der Fn A 236 fort:
    »der *allein Selige*, der *allein Weise*; weil diese Begriffe schon die Uneingeschränktheit bei
    sich führen. Nach der Ordnung derselben ist er denn also auch der *heilige Gesetzgeber*
    (und Schöpfer), der *gütige Regierer* (und Erhalter) und der *gerechte Richter*: drei Eigen-
    schaften, die alles in sich enthalten, wodurch Gott der Gegenstand der Religion wird,
    und denen angemessen die metaphysischen Vollkommenheiten sich von selbst in der
    Vernunft hinzu fügen«.

Zwar gilt auch im ›Opus postumum‹ noch: »Gott ist das alleinige oberste thätige Princip aller Zwecke.« Damit beantwortet Kant aber auch die folgende Frage: »Was ist heilig und wer ist der einzige Heilige. [?] Das Urbild desselben ist das höchste Gut in Person«. (AA 21,150) Dem ›auf Gott hin‹ geschaffenen Menschen kommt in Kants Metaphysik die zentrale Stelle zu, die sich in der These zuspitzt: »*est Deus in nobis*«.[96] Wir Menschen sind nach Kant zwar nur auf den Weg eines »ins Unendliche gehenden Progressus« zu der »Heiligkeit des Willens« gesetzt (KpV A 220 f.), aber doch schon »heilig genug, um das innere Gesetz ungern zu übertreten«. (MST A 1 Fn=AA 6,380 Fn) Kant erklärt: »Der Mensch ist zwar unheilig genug, aber die Menschheit in seiner Person muß ihm heilig sein«. (KpV A 155) So sind wir verpflichtet, die Würde der anderen Vernunftwesen als Zwecke an sich selbst zu achten:

> »Eben dasselbe muß von der gegen Andere zu beweisenden **Achtung** gesagt werden: daß nämlich nicht blos das Gefühl aus der Vergleichung unseres eigenen Werths mit dem des Anderen (dergleichen ein Kind gegen seine Ältern, ein Schüler gegen seinen Lehrer, ein Niedriger überhaupt gegen seine Oberen aus bloßer Gewohnheit fühlt), sondern nur eine Maxime der Einschränkung unserer Selbstschätzung durch die Würde der Menschheit in eines Anderen Person, mithin die Achtung im praktischen Sinne (*observantia aliis praestanda*) verstanden wird«. (MST A 118 = AA 6,449)

Die von Friedrich Nietzsche überschwenglich – ›atheistisch‹ und ›antichristlich‹ – propagierte »Treue zur Erde« wird von Kant lebensnah konkretisiert, indem er moralisch relevante Situationen des faktischen Lebens vergegenwärtigt.[97] Kants Beispiele moralisch relevanter Situationen in der ›Kritik der praktischen Vernunft‹ mögen auch Motive historischer Kontingenz enthalten; dennoch treten solche Gewissenskonflikte *mutatis mutandis* in allen möglichen Situationen auf, in denen Menschen Entscheidungen zu treffen haben, und also Kants »Treue zur Erde« belegen. Im ersten Beispiel geht Kant davon aus, »daß jemand von seiner wollüstigen Neigung [...] vorgiebt, sie sei, wenn ihm der beliebte Gegenstand und die Gelegenheit dazu vorkämen, für ihn ganz un-

---

96 Zur Abwehr von Fehldeutungen sei noch einmal die frühere Notiz aus dem ›Opus postumum‹ erwähnt (AA 22,310): »Gott über uns, Gott neben uns, Gott in uns«.

97 Friedrich Nietzsche erklärt ernüchternd (vgl. ›Also sprach Zarathustra‹; KSA 4, S. 15): »Ich beschwöre euch, meine Brüder, *bleibt der Erde treu* und glaubt denen nicht, welche euch von überirdischen Hoffnungen reden!« Aber er fordert die endlichen Wesen zur Verwirklichung göttlicher Liebe und Erkenntnis (KSA 4, S. 99): »Bleibt mir der Erde treu, meine Brüder, mit der Macht eurer Tugend! Eure schenkende Liebe und eure Erkenntnis diene dem Sinn dieser Erde! Also bitte und beschwöre ich euch.« Nietzsche bleibt den christlichen Idealen verhaftet, obwohl er gegen sie protestiert und gesteht sich in der Hoffnung auf den ›Übermenschen‹ die Überforderung ein (KSA 4, S. 109). Dazu MARGOT FLEISCHER, Der ›Sinn der Erde‹ und die Entzauberung des Übermenschen. Eine Auseinandersetzung mit Nietzsche. Vgl. NORBERT FISCHER, Was aus dem Übermenschen geworden ist. Drei Bücher zum Denken Nietzsches.

widerstehlich«; im zweiten Beispiel fragt er, ob ein Mensch, »wenn sein Fürst
ihm unter Androhung derselben unverzögerten Todesstrafe zumuthete, ein
falsches Zeugniß wider einen ehrlichen Mann, den er gerne unter scheinbaren
Vorwänden verderben möchte, abzulegen, ob er da, so groß auch seine Liebe
zum Leben sein mag, sie wohl zu überwinden für möglich halte«. (KpV A 54)

Was Kant ›wollüstige Neigung‹ und ›Liebe zum Leben‹ nennt, sind Motive
für menschliche Entscheidungen, die gerade seine ›Treue zur Erde‹ im Rahmen
konkreter faktischer Situationen dokumentieren, die Nietzsches Verteidigung
der ›Treue zur Erde‹ Lügen strafen. Eine analoge Beiziehung konkreter moralisch relevanter Situationen bietet Eckharts ›Mär‹ von einem glücklichen Ehepaar, das durch einen Unfall in eine schwierige Situation gekommen ist. (Pr. 22,
EW I, S. 256 f.) Diese ›Mär‹ dokumentiert auf ihre Weise, dass auch Eckhart
dem Anspruch der ›Treue zur Erde‹ folgt und diese Treue gegen Schwierigkeiten zu befördern versucht.

Kants Wort vom »göttlichen Menschen in uns« (KrV B 197), das der »Ehre
der menschlichen Vernunft« festen Grund verschafft, steht sachlich in enger
Verbindung mit Eckharts Denken und führt nicht zu mystischen Schwärmereien, sondern behält den festen Kontakt zu Zeit und Welt. Im ›Opus postumum‹ heißt es dazu:

> »Gott und die Welt sind die Correlata ohne welche die Idee von Gott als eines practi-
> schen Wesens nicht statt fände«. (AA 22,49 f.; vgl. auch AA 21,144)

In einer Zeit nach der zunächst sieghaft vorgetragenen ›Verkündigung des Todes Gottes‹, die Nietzsche (mit Erfolg bis zu Martin Heidegger hin) angestoßen hat, in der aber zunehmend auch das Elend des Atheismus zu Tage tritt,
vereint mit dem unbewussten Elend der sich gegen ›Vernunft‹ und ›Freiheit‹
abschottenden ›Religionen‹, die (wie der Islam) zu Gewaltanwendung ›im Namen Gottes‹ bereit sind, ist die Zeit gekommen, sich neu auf den ›Glauben‹
zu besinnen, der — wie Kant es erstrebt — in konzentrischer Eintracht mit der
Vernunft steht, dem Quellgrund einer undogmatischen ›Philosophie‹, zudem
in Offenheit für Belehrung durch Offenbarung.[98]

Johann Friedrich Abegg, ein evangelischer Geistlicher, hat wohl allzu sorg-
los (als stünden Menschen Urteile über den ›wirklichen Glauben‹ anderer Menschen zu) die Gerüchteküche bedient, indem er die Einschätzung Karl Ludwig
Pörschkes bedenkenlos wiedergibt. Er schreibt: »Kraus habe behauptet, daß
Hamann geglaubt habe, die Schriften Spinozas seien von Gott inspiriert. Kant
jedoch habe nicht wirklich an Gott geglaubt.«[99] Pörschke resümiert Kants

---

98 Vgl. Immanuel Kant: Von der Offenbarung (›Vierter Abschnitt‹ der ›Vorlesungen über
    die philosophische Religionslehre‹ in: VuO, S. 35–51; Abdruck mit kommentierenden
    Hinweisen von Norbert Fischer).

99 Vgl. Johann Friedrich Abegg, Reisetagebuch von 1798, S. 184; Abeggs Bericht ist zu-
    weilen ohne philosophisches Urteilsvermögen. Als Meinung der »hiesigen Schüler

Lehre ›gegen dessen eigene Aussagen‹, als könne er besser beurteilen, was Kant hat sagen wollen: »Nichts glauben, nichts hoffen! Hier deine Schuldigkeit tun, sollte man auf Kantisch antworten.« Solch einen ›Unglauben‹ (der dann »Jesuanisch« zu nennen wäre) könnten unverständige Denunzianten am Ende sogar Jesus unter Hinweis auf dessen Klageruf am Kreuz attestieren.[100]

Kant geht mit der ›Verteidigung der Ehre unserer Vernunft‹ auf deren ›göttliche Abkunft‹ zu, die er in enger (obgleich ihm selbst unbekannter) Verwandtschaft auch mit der Geisteshaltung Meister Eckharts erfasst und in den publizierten Schriften und in Aufzeichnungen entfaltet hat. Die von Eckhart (»*Got und ich wir sîn ein*«) und Kant (»*est Deus in nobis*«) ausgesagte Nähe von Gott und Mensch, die von Gott ursprünglich gewollt und von Menschen im Lebensvollzug frei zu verwirklichen ist, führt bei keinem der beiden Autoren zu Aussagen, die im Vergleich mit der christlichen Glaubenslehre als ›heterodox‹ zurückgewiesen werden müssten. Kants Grundintention der ›Ehre der Vernunft‹ lässt sich offenbar mit Eckharts Grundfrage verbinden.

Indem Eckhart vernunftfeindliche Theologien grundsätzlich mit aller Schärfe zurückweist, verteidigt er, wie Kant es wollte, die ›Ehre der Vernunft‹. Eckhart sagt:

> *Den gerehten menschen den ist alsô ernst ze der gerehticheit, wære, daz got niht gereht wære, sie enahteten eine bône niht ûf got und stânt alsô vaste in der gerehticheit und sint ir selbes alsô gar ûzgegangen, daz sie niht enahtent pîne der helle noch vröude des himelrîches noch keines dinges.* (Pr. 6, EW I, S. 78,25–29)

> »Den gerechten Menschen ist es so ernst mit der Gerechtigkeit, daß, wenn Gott nicht gerecht wäre, sie nicht die Bohne auf Gott achten würden; und sie stehen so fest in der Gerechtigkeit und haben sich so gänzlich ihrer selbst entäußert, daß sie weder die Pein der Hölle noch die Freude des Himmelreiches noch irgend etwas beachten«. (Pr. 6, EW I, S. 79,28–33)

Die Gerechten sind nach Eckhart nicht auf der Seite der Mächtigen – und auch nicht des Allmächtigen, sofern er nicht als ›gerecht‹ geglaubt wird – auch gegen den offenkundigen Anschein, dass ›Gerechte‹ in der Welt faktisch Leiden ausgesetzt sind. Damit ist die biblische Botschaft vom Leben und Tod Jesu Christi, des ›Sohnes Gottes‹, den Kant den ›Heiligen des Evangelii‹ nennt, ein ultimatives Wort gegen jede Art von vernunftfeindlicher ›Theonomie‹. Durch

---

Kants« berichtet Abegg unter Berufung auf Nicolovius,»daß derselbe [Kant] keinen festen Glauben an Unsterblichkeit habe«. (S. 229) Abegg erwähnt aber auch (S. 184): »Wir redeten von der Ursache, warum die Kantische Philosophie bei Katholiken so vielen Beifall finde.« Diese Zustimmung von katholischer Seite ist jedoch alsbald durch Intrigen bekämpft und nachhaltig gestört worden.

100 Jesu Klageruf am Kreuz lautet: »Eloï, Eloï, lema sabachtani?, das heißt übersetzt: Mein Gott, mein Gott, warum hast du mich verlassen?« (Mc 15,34, Einheitsübersetzung; vgl. auch Mt 27,46; mit Bezug auf Ps 22,2). Dieser Klageruf entspricht der *conditio humana* und verleiht dem ›Heiligen des Evangelii‹ ein menschliches Antlitz.

die Frage: »*Wer sint, die got êrent?*« erlangt die suchende Vernunft der endlichen Wesen, als die wir uns erfassen, die gesuchte Orientierung, indem sie in die Transzendenz Gottes weist und eine unendliche Aufgabe stellt, die aber eines unendlichen Vollzugs im Immanenten bedarf, wie Kant sagt: eines »ins Unendliche gehenden Progressus« zur »völligen Angemessenheit« »der Gesinnungen zum moralischen Gesetze«, die Kant als »die oberste Bedingung des höchsten Guts« nennt. (vgl. KpV A 219 f.)

Diese Frage zielt im konkreten Vollzug des Lebens auf ›Gott‹, ›Freiheit‹ und ›Unsterblichkeit‹, impliziert also die Grundfragen, die Kant entfaltet und in die Frage: »Was ist der Mensch?« zusammengefasst hat: der Mensch erlangt nach Kant dann seine Bestimmung, wenn er ›die Vernunft ehrt‹ und die aus ihr erwachsenden theoretischen und praktischen Aufgaben in einem auf das Unendliche gerichteten Vollzug übernimmt. Menschen, die Gott ehren, haben zu fragen: »Was kann ich wissen? Was soll ich thun? Was darf ich hoffen?« In diesen drei Fragen vereinigt sich laut Kant »[a]lles Interesse meiner Vernunft (das speculative sowohl, als das praktische)«. (KrV B 53) Mit Meister Eckhart kann gesagt werden, dass endliche Vernunftwesen aus diesem endlich bleibenden Vollzug die ins Unendliche weisende Hoffnung im Blick auf ›Gott‹ und ›Seele‹ gewinnen können (vgl. dazu auch Augustinus: sol. 1,7), die er immer wieder zum Thema gemacht hat, besonders klar in Predigt 6 ›Iusti vivent in aeternum‹:[101] »»Die Gerechten werden leben ewiglich, und ihr Lohn ist bei Gott‹ ‹Weish. 5,16›«. (Pr. 6, EW I, S. 77,3 f.)

---

101 Vgl. dazu noch einmal NORBERT FISCHER, Zum Sinn von Kants Grundfrage: ›Was ist der Mensch?‹ Das Verhältnis der kritischen Philosophie Kants zur antiken Metaphysik und Ethik (im Blick auf Platon, Aristoteles und Augustinus und mit einem Nachtrag zu Heidegger). Erwähnt sei hier abschließend noch einmal GERHARD SCHWARZ, Est deus in nobis. Die Identität von Gott und reiner praktischer Vernunft in Kants zweiter Kritik. Das Titelzitat stammt aus OP; AA 22,130. Der unmittelbare Kontext lautet bei Kant (OP; AA 22,129 f.): »Das Subject des categorischen Imperativs in mir ist ein Gegenstand dem Gehorsam geleistet zu werden verdient: ein Gegenstand der Anbetung (*adoration*) Dieses ist ein identischer Satz Die Eigenschaft eines moralischen Wesens das über die Natur des Menschen categorisch gebieten kann ist die Gottlichkeit desselben Seine Gesetze müssen gleich als göttliche Gebote befolgt werden. – Ob Religion ohne Voraussetzung des Daseyns Gottes möglich ist. *est Deus in nobis.*« Wer Kants Wort »*est Deus in nobis*« zitiert, muss den Kontext bei Kant bedenken und die Tatsache, dass Kant explizit und pointiert (wie wenige andere) die Transzendenz Gottes betont, zum Beispiel RGV BA IX f. = AA 6,6: »Moral also führt unumgänglich zur Religion, wodurch sie sich zur Idee eines machthabenden moralischen Gesetzgebers außer dem Menschen erweitert, in dessen Willen dasjenige Endzweck (der Weltschöpfung) ist, was zugleich der Endzweck des Menschen sein kann und soll.« Zu beachten wäre auch, dass Augustinus durch die Einsicht in die Transzendenz Gottes n i c h t zur Bestreitung seiner Immanenz geführt wird (vgl. z. B. an. quant. 77): *quo nihil sit secretius, nihil praesentius, qui difficile invenitur, ubi sit, difficilius, ubi non sit.* Die Dissertation von GERHARD SCHWARZ ist auch schon erwähnt in NORBERT FISCHER, ›Glaubenslehren sind Gnadenbezeigungen‹. Ansätze zur Gnadenlehre in der Philosophie Immanuel Kants, bes. S. 292.

Martina Roesner

Abgeschiedenheit und Reduktion. Der Weg zum reinen Ich bei
Meister Eckhart und Edmund Husserl

1. Die anthropologische Frage als gemeinsamer Problemhorizont von Meister
   Eckharts und Edmund Husserls Denken

Seit ihren Anfängen in der griechischen Antike ist die Entwicklung der abendländischen Philosophie von zwei durchaus unterschiedlichen, um nicht zu sagen gegensätzlichen Tendenzen durchzogen. Bereits bei den Vorsokratikern ist
das Bemühen erkennbar, die Erscheinungswelt weder einfach unbefragt hinzu-
nehmen noch sie schlechthin als Trugbild zu verwerfen, sondern sie vielmehr
durch Rückführung auf ein oder mehrere grundlegende Prinzipien rational
fassbar zu machen. Diese Integration der Vielfalt der Dingwelt in die einheit-
liche Sphäre des denkerischen Logos geschieht dabei auf eine Weise, die allge-
meingültig und argumentativ nachvollziehbar sein soll.[1] Philosophie will weder,
wie die Dichtung, einen lediglich narrativen Zugang zur Wirklichkeit eröffnen
noch, wie die Religion, diese Wirklichkeit unter Verweis auf eine oder mehrere
göttliche Mächte deuten, sondern sie mittels geeigneter Methoden aus sich
selbst heraus erklären. Am deutlichsten wird dies bei Aristoteles sichtbar, der
die philosophische ἐπιστήμη (*epistémé*) nicht nur als gesicherte Erkenntnis im
allgemeinen Sinne versteht, sondern sie als Wissenschaft, d. h. als objektivie-
rende, nach bestimmten Regeln verfahrende und universalgültige ›Erkenntnis
von ...‹ konzipiert, die von der Person des Philosophen als solchen unabhängig
ist.[2]

Gleichzeitig bildet sich in der Antike aber auch eine zweite Form des Philosophierens heraus, die eine mehr existenzielle Stoßrichtung besitzt und primär
auf Selbsterkenntnis und die bewusste Gestaltung des eigenen Lebens anhand
gewisser praktischer Grundsätze ausgeht. Die Hauptvertreter dieser Denk-
richtung sind – neben Pythagoras – vor allem Sokrates, darüber hinaus aber
auch die Philosophenschulen in der Zeit des Hellenismus: die Epikureer, die
Stoiker, die Kyniker und in der Spätantike schließlich die Neuplatoniker. All
diesen Philosophen ist gemeinsam, dass es ihnen nicht nur und nicht einmal
primär um die theoretische Erkenntnis der Wirklichkeit geht, sondern um die
bewusste Gestaltung des menschlichen Lebens.[3] Auch hierfür sind gewisse
Methoden maßgebend, doch sind diese nicht mehr wissenschaftlicher Natur,

---

1 Vgl. Heraklit, frgm. DK 22 B 2; DK 22 B 50; DK 22 B 64; DK 22 B 113; DK 22 B 114.
2 Vgl. Aristoteles, Metaphysik IV 1, 1003 a 21–32; VI 1, 1025 b 3–1026 a 32.
3 Vgl. Pierre Hadot, Exercices spirituels et philosophie antique.

sondern dienen als Leitfaden für die individuelle Seelenführung und Persönlichkeitsentwicklung.[4]

Philosophie als theoretische, zweckfrei betriebene Wissenschaft oder Philosophie als praktische, weisheitliche Lebensform — diese Alternative durchzieht die Geschichte des abendländischen Denkens von seinen Anfängen bis in die Gegenwart und führt immer wieder zu leidenschaftlichen Diskussionen und Polemiken. So müssen sich die Vertreter einer wissenschaftlich betriebenen Philosophie von den philosophischen Weisheitslehrern häufig vorhalten lassen, ihre Erkenntnis sei letztlich in menschlicher Hinsicht irrelevant, lebensfern und abstrakt. Umgekehrt können die Verfechter einer streng methodisch verfahrenden philosophischen ἐπιστήμη (*epistêmê*) den Vertretern einer primär als Lebensorientierung verstandenen Philosophie den Vorwurf machen, sie instrumentalisierten die Philosophie zum Zweck der existenziellen Bedürfnisbefriedigung und vernebelten das logisch-argumentative Ethos des nach Gründen suchenden Denkens durch ein bloß erbauliches Pathos oder gar eine pseudoreligiöse Orakelsprache. Aristoteles und Plotin, Ockham und Bonaventura, Descartes und Pascal, Kant und Jacobi, Hegel und Kierkegaard, Carnap und Heidegger sind nur die bekanntesten Vertreter dieser beiden Extrempositionen philosophischen Selbstverständnisses, die zu allen Zeiten glühende Verfechter und ebenso glühende Gegner auf den Plan gerufen haben. Wo Philosophie strenge Wissenschaft sein will, da hat sie den Menschen letztlich nichts mehr zu sagen; wo sie sich dagegen als praktische Lebensweisheit oder gar als mystagogische Seelenführung versteht, da hat sie den Anspruch auf rationale Verantwortlichkeit und Universalgültigkeit preisgegeben — so scheint es jedenfalls.

Die beiden Denker, die im Folgenden vorgestellt und miteinander ins Gespräch gebracht werden sollen, Meister Eckhart und Edmund Husserl, wirken auf den ersten Blick geradezu wie zwei paradigmatische Vertreter dieser beiden inkompatibel erscheinenden Philosophiemodelle; wird der eine doch von den meisten Menschen, die sich in der abendländischen Geistesgeschichte ein wenig auskennen, spontan als ›Mystiker‹, der andere hingegen als typischer Vertreter des Ideals einer als ›strenge Wissenschaft‹ verstandenen Philosophie angesehen. Lässt man sich von diesen holzschnittartigen Klischeevorstellungen nicht beirren, kann man bei einer vertieften Beschäftigung mit diesen beiden Autoren jedoch überraschenderweise feststellen, dass sie sehr viel mehr miteinander gemeinsam haben, als man dies von einem mittelalterlichen und einem neuzeitlichen Denker im Allgemeinen erwarten würde.[5] Jenseits der altherge

---

4   Diese Methoden umfassen unter anderem die tägliche Gewissenserforschung, wie sie
    insbesondere von den Pythagoreern praktiziert wurde. Vgl. dazu Seneca, De ira III 36,1,
    ed. cit. S. 296–298.

5   Eine der wenigen Untersuchungen zum systematischen Verhältnis zwischen Meister
    Eckhart und Edmund Husserl findet sich bei SECONDO BONGIOVANNI, Phénoménologie et mystique spéculative, S. 15–58. Das Buch von YVES MEESSEN, Percée de l'Ego.

brachten philosophischen Grabenkämpfe zwischen streng begrifflich-katego-
rial verfahrender Wissenschaft einerseits und rationalitätskritischer, das Ideal
der Unmittelbarkeit beschwörender Lebensphilosophie andererseits kommen
beide darin überein, dass es in Wirklichkeit gar keinen Gegensatz zwischen
Denken und Leben, zwischen Philosophie als theoretischer Wissenschaft und
Philosophie als existenzieller Praxis geben kann, sondern dass beide letztlich
in ihren gemeinsamen Ursprung zurückgeführt werden können und müssen.

Meister Eckhart und Edmund Husserl teilen die Überzeugung, dass auch
und gerade die als θεωρία (*theôria*) im höchsten Sinne verstandene Philosophie
eine bestimmte Einstellung und Grundhaltung seitens des Menschen voraussetzt und ihn letztlich dauerhaft zu verändern vermag, wenn er dazu bereit ist,
sich selbst und die gesamte Wirklichkeit in einer neuen Weise sehen zu lernen.
Diese Vorstellung einer inneren Einheit von intellektueller Erkenntnis und Leben beruht auf einer besonders gearteten philosophischen Anthropologie, die
das Wesen des Menschen nicht einfach mit seiner leibseelisch individuierten
Personalität gleichsetzt, sondern es wesentlich als Verhältnis von überempi-
rischem Ich und faktischer Existenz versteht. Insofern im menschlichen Bewusstsein immer schon mehr am Werk ist als der innerseelische Erlebnisfluss
der konkreten Einzelperson, bestimmt sich die Identität des Menschen wesentlich als Nichtidentität, oder besser gesagt: als Verhältnis zwischen seinem
reinen Ich und dessen innerweltlicher, persönlicher Erscheinung.

Ein Spezifikum des eckhartschen wie des husserlschen Ansatzes liegt darin,
dass beide den in der Geschichte der abendländischen Philosophie so zentralen
Begriff der Person mitsamt seinen ursprünglichen theologischen Konnotationen letztlich depotenzieren bzw. dekonstruieren, und zwar sowohl mit Blick
auf die Bestimmung des eigentlichen Wesens des Menschen als auch mit Blick
auf die Bestimmung Gottes bzw. des Absoluten. Der Weg zur Erkenntnis der
Wahrheit, der zugleich der Weg zur wahren existenziellen Selbstwerdung und
gelungenen Lebensgestaltung ist, verläuft bei beiden Philosophen über eine
richtig verstandene ›Entpersönlichung‹ des Menschen.[6] Damit ist aber gerade
kein Aufgehen in einem numinosen Ozean der Unbestimmtheit gemeint, sondern im Gegenteil die Überschreitung des empirischen Seelenlebens des Menschen auf jene reine, überempirische Form der Subjektivität hin, die sich in seinem ›Ich‹ ausspricht. Dieses ›reine Ich‹ ist zwar immer schon in ihm am Werk,
jedoch zumeist in impliziter, unbewusster Weise, so dass der Mensch immer
schon aus der Differenz zwischen seinem konkreten Erlebniszusammenhang

---

Maître Eckhart en phénoménologie, S. 9–30 enthält ein kurzes Anfangskapitel, das den
Gemeinsamkeiten zwischen Eckhart und Husserl gewidmet ist, ohne jedoch diese Fragestellung weiter zu vertiefen.

6 Vgl. dazu MARIE-ANNE VANNIER, Déconstruction de l'individualité ou assomption de
la personne chez Maître Eckhart?

und dessen transzendentalem, nicht direkt in Erscheinung tretenden Einheits-
grund heraus existiert, ohne darum zu wissen.

Die verblüffende Ähnlichkeit zwischen Meister Eckharts und Husserls
Ansätzen zur Bestimmung des Menschen als eines innerhalb der Welt vor-
findlichen Wesens, das zugleich mit einer nicht auf Innerweltliches zu redu-
zierenden Dimension begabt ist, kommt nicht von ungefähr. Die Zeiten, in
denen sie leben – die Wende vom 13. zum 14. Jahrhundert bei dem einen, die
Wende vom 19. zum 20. Jahrhundert bei dem anderen –, sind jeweils von tief-
greifenden philosophisch-wissenschaftlichen Umbrüchen gekennzeichnet, die
das Selbstverständnis des Menschen in radikaler Weise erschüttern. Im Falle
Eckharts ist es die aristotelische Philosophie, genauer gesagt: die aristotelische
Seelenlehre, gepaart mit ihrer Auslegung durch den arabischen Aristoteles-
kommentator Averroes, die das Verhältnis zwischen der natürlich-biologischen
und der vernunftgemäßen Dimension des Menschen in einer bis dahin unbekannten Weise problematisiert und dadurch das traditionelle Menschenbild
des christlich-abendländischen Denkens in Frage stellt. Der Grundgedanke der
averroistischen Seelenlehre läuft darauf hinaus, dass das, was den Menschen in
spezifischer Weise auszeichnet, nämlich seine Vernunft, den einzelnen Individuen nicht wirklich zu eigen ist wie ihre übrigen Seelenvermögen, sondern
getrennt von den Einzelpersonen existiert und sich nur gelegentlich in äußerlicher Weise mit ihnen verbindet.[7]

So gesehen, wird der Mensch also nur durch das zum Menschen, was außerhalb seiner selbst liegt und mit seiner konkreten Person keine bleibende Verbindung eingeht. Das, was die spezifisch menschliche Subjektivität ausmacht,
wird dadurch gleichsam in den einen, überindividuellen Intellekt ausgelagert,
der zwar nicht einfach mit Gott identisch ist, aber doch einen überpersönli-
chen und ewigen Charakter besitzt. Diese Konzeption trägt in das menschliche Normalbewusstsein eine Spaltung hinein: Der Mensch kann im direkten,
eigentlichen Sinne sagen »Ich sehe«, da er kraft der ihm eigenen Sehfähigkeit
tatsächlich das Subjekt seiner individuellen Sehakte ist. Sagt er hingegen »Ich
denke« und meint dabei mit ›Ich‹ seine individuelle, empirische Person, gibt
er sich hingegen einer Illusion hin, da in Wirklichkeit nicht er, sondern der
getrennte, universale Intellekt das eigentliche Subjekt seines Vernunftdenkens
ist.[8] Die scheinbar problemlose Selbstidentifikation des Menschen als Aktzentrum all seiner Bezüge und Verhaltensweisen wird dadurch unterminiert
und als partielle Illusion entlarvt. So weit also die Problemlage innerhalb der
averroistisch geprägten philosophischen Anthropologie, mit der Meister Eckhart sich konfrontiert sieht.

---

7 Vgl. Averroes, Großer Kommentar zu Aristoteles' ›De anima‹ III 5, 3.3 f., ed. cit. S. 201–
   231.
8 Vgl. Alain de Libera, L'Unité de l'intellect de Thomas d'Aquin, S. 312–316.

Edmund Husserl entwickelt seinen phänomenologischen Denkansatz vor dem Hintergrund einer ähnlich tiefgehenden anthropologischen Krise. Nachdem die Philosophie von der Antike bis in die Neuzeit in allen nicht direkt glaubensrelevanten Belangen die rationale Deutungshoheit über das Wesen des Menschen innegehabt hatte, sieht sie sich seit Mitte des 19. Jahrhunderts mit der aufstrebenden Biologie, der Evolutionstheorie sowie den neuentstehenden Humanwissenschaften konfrontiert, die das traditionelle philosophische Verständnis des Menschen als eines von den Tieren qualitativ verschiedenen Vernunftwesens in Frage stellen. Allerdings verläuft hier die Erschütterung der anthropologischen Identität in der umgekehrten Richtung als beim Averroismus, insofern nun die Vernunft des Menschen gerade nicht in eine überempirische, transzendente Sphäre ausgelagert, sondern auf die physiologisch-biologische Grundstruktur des menschlichen Organismus reduziert wird. Das, was die klassische neuzeitliche Philosophietradition als denkende Subjektivität bzw. vernünftiges Bewusstsein angesehen hatte, erscheint auf einmal nur noch als kleines, unbedeutendes Epiphänomen physiologischer Naturprozesse, das unter gewissen Umständen als nützliche Illusion statthaft sein mag, die ›wirkliche‹ Identität des Menschen als Teil des kausalen, biologisch-physikalischen Naturzusammenhangs aber nicht außer Kraft setzt.[9] Sagt hier der Mensch »Ich denke«, so gilt nicht, wie bei Averroes, eine getrennte, rein geistige Intellektsubstanz als das eigentliche Subjekt dieser Aussage, sondern das organische Substrat seines Gehirns bzw. sein Organismus als ganzer.

In beiden Fällen — sowohl bei der averroistischen Seelenlehre des 13. Jahrhunderts als auch bei den biologistisch-naturalistischen Anthropologien des 19. Jahrhunderts — handelt es sich letztlich um eine Ent-eignung der denkenden Subjektivität, da die Tatsache, dass wir uns unmittelbar als denkende Wesen erleben, zu einem bloßen Schein erklärt und in eine von unserem Bewusstsein nicht direkt einholbare Sphäre — eine getrennte, kosmologische Geistsubstanz einerseits bzw. die anonymen, materiellen Naturvorgänge des menschlichen Körpers andererseits — verlegt wird. Was Meister Eckharts und Edmund Husserls Denkansätze auszeichnet, ist das gemeinsame Bestreben, auf die problematisch gewordene Identität des Menschen zu reagieren und eine Methode zu entwickeln, die sein eigentliches Ich freilegen und von allen irrigen, entfremdenden Selbstdeutungen befreien soll. In beiden Fällen hat diese Freilegung einen wesentlich performativen Charakter, d. h. man kann nicht im eigentlichen Sinne darüber reden, sondern muss sie an sich selbst vollziehen. Bei Eckhart wird sie mit den bekannten Begriffen der ›Gelassenheit‹ bzw. der ›Abgeschiedenheit‹ bezeichnet, bei Husserl mit den berühmten Termini der ›Epoché‹ bzw.

---

9   Vgl. Charles Darwin, Die Entstehung des Menschen, S. 78–121; Friedrich Nietzsche, Unzeitgemäße Betrachtungen II, KSA 1, S. 326–329; id., Die fröhliche Wissenschaft, KSA 3, S. 382; id., Also sprach Zarathustra, KSA 4, S. 39; Oswald Spengler, Der Untergang des Abendlandes. Bd. 2, S. 223.

der ›phänomenologischen Reduktion‹. In allen diesen Bezeichnungen steckt ein asketisches, von Negation, Enthaltung und Verzicht geprägtes Moment. Grundsätzlich handelt es sich in beiden Fällen um Methoden, doch nicht um methodische Vorgehensweisen im üblichen Sinne, die etwas Bestimmtes, außerhalb von uns selbst Liegendes erreichen oder erkennen wollen, sondern um Änderungen der eigenen Sehweise und denkerischen Grundeinstellung, durch die wir der Tatsache innewerden, dass wir das Gesuchte immer schon in uns hatten.

2. Gelassenheit und Abgeschiedenheit bei Meister Eckhart

Meister Eckhart ist den meisten Menschen vor allem, wenn nicht sogar ausschließlich, als Mystiker und Lehrer des geistlichen Lebens bekannt. Dabei wird jedoch leicht übersehen, dass er als Student und Professor an der Pariser Universität in die philosophisch-theologischen Debatten seiner Zeit direkt involviert war und seinen eigenen Denkansatz vor dem Hintergrund dieser intellektuellen Auseinandersetzungen entwickelt hat. Insbesondere die Averroismusproblematik mit ihrer Vorstellung eines außerhalb unserer selbst liegenden Intellekts, der mit unserer persönlichen Existenz nur in akzidenteller Weise etwas zu tun hat, ist von entscheidender Bedeutung, um Eckharts Konzeption der ›Abgeschiedenheit‹ zu verstehen.[10]

In der Eckhart-Forschung werden die Begriffe der ›Gelassenheit‹ und der ›Abgeschiedenheit‹ nicht immer deutlich voneinander abgegrenzt. Oft gelten sie geradezu als Synonyme,[11] doch lässt sich bei genauerem Hinsehen sehr wohl eine Bedeutungsnuance ausmachen, die auf den zutiefst philosophisch-metaphysischen Bedeutungskern von Eckharts Vokabular verweist. In seiner deutschen Predigt Nr. 15 erwähnt Eckhart Aristoteles' ›Metaphysik‹ als ein Buch, in dem von ›reinen Geistern‹ die Rede ist. Gemeint sind damit die ›unbewegten Beweger‹ aus ›Metaphysik‹ XII, die nach dem Verständnis der aristotelischen Kosmologie in der supralunaren Welt als rein geistige Formen existieren und als Gestirnbeweger fungieren. Da sie von der empirischen, durch Werden und Vergehen gekennzeichneten Wirklichkeit unterhalb des Mondes getrennt sind, werden sie in der Terminologie der lateinischen Scholastik auch als *substantiae separatae* (›getrennte Substanzen‹) bezeichnet. Eine solche ›getrennte Substanz‹ hat auch Averroes im Sinn, wenn er den Intellekt als eine universale, außerhalb der einzelnen menschlichen Individuen angesiedelte Entität ansieht. Interessant ist nun, dass Eckhart diese reinen Intellektsubstanzen der aristotelisch-arabischen Philosophietradition in seiner mittelhochdeutschen Terminologie

---

10 Vgl. Kurt Flasch, Meister Eckhart: Die Geburt der ›Deutschen Mystik‹ aus dem Geist der arabischen Philosophie.
11 Vgl. Markus Enders, Gelassenheit und Abgeschiedenheit, S. 101–105.

als *abgeschaidne gaiste*[12] bezeichnet. ›Abgeschiedenheit‹ ist demnach zunächst einmal kein spezifisch religiös-spiritueller Begriff, sondern bezeichnet die besondere metaphysische Qualität der reinen Geistsubstanzen, insofern sie getrennt von der empirischen Naturwirklichkeit existieren.

In der aristotelisch-arabischen Philosophie hat diese ›Trennung‹ durchaus einen räumlichen Charakter. Die reinen Geistsubstanzen – und dazu zählt bei Averroes auch der νοῦς (*noûs*) – haben ihren kosmologischen Ort oberhalb der Erde auf dem supralunaren Niveau der Gestirnsphären.[13] Im Normalfall tritt dieser Intellekt nur punktuell anlässlich konkreter Denkakte zu den Individualseelen der einzelnen Menschen in Beziehung, geht mit ihnen aber keine bleibende Verbindung ein. Letzteres ist nach Averroes nur einigen wenigen Menschen vorbehalten, nämlich den Philosophen, die durch regelmäßige Ausübung des metaphysischen Denkens ihre Seelenkräfte so disponieren, dass sie auf einem Stufenweg zum getrennten Intellekt aufsteigen und schließlich von ihm in dauerhafter Weise überformt werden können.[14] Diese Selbstvervollkommnung des Menschen, die in seiner Einswerdung mit der reinen, getrennten Form des νοῦς (*noûs*) gipfelt, ist jedoch der Ausnahmefall und mitnichten die Regel, da sich nur die wenigsten Menschen berufsmäßig der Philosophie widmen können. Der aristotelisch-averroistischen Seelen- und Intellektlehre haftet demnach etwas ausgesprochen Elitäres an, da nur wenige Einzelpersonen die höchstmögliche Stufe der geistigen Vollkommenheit und damit der menschlichen Vollendung erreichen können. Letztlich sind es buchstäblich nur die ›Intellektuellen‹ und professionellen Philosophen, denen dieser Weg zur Glückseligkeit durch theoretische Erkenntnis offensteht. Alle anderen Menschen werden dagegen gleichsam in die eudämonistische *Economy Class* verbannt, die in einem Leben gemäß den für alle erreichbaren, aber die höchsten Möglichkeiten des Menschen nicht wirklich ausschöpfenden bürgerlich-ethischen Tugenden bzw. den Geboten der geoffenbarten Religion besteht.[15]

Eine solche Auffassung muss natürlich vor dem Hintergrund des biblisch-christlichen Glaubens mit seinem grundsätzlichen Heils- und Erlösungsuniversalismus als Provokation erscheinen, und so wird der Averroismus im Laufe des 13. Jahrhunderts mehrfach verurteilt – in der wohl schärfsten und massivsten Form durch Étienne Tempier, den Bischof von Paris, im Jahre 1277. Da Meister Eckhart die Pariser Universität in den 1290er Jahren als Student sowie in den Jahren 1302/03 und 1311–13 als Professor frequentiert hat, weiß er also sehr wohl um den elitären Beigeschmack, der der aristotelisch-averroistischen Intel-

---

12 Pr. 15, DW I, S. 251,4 f. / EW I, S. 187,19.
13 Vgl. Aristoteles, Metaphysik XII 7 f., 1072 a 19–1074 b 14, sowie HOLGER WINKEL-MANN-LIEBERT, Die Intellektlehre des Averroes, S. 288.
14 Vgl. Averroes, Großer Kommentar zu Aristoteles' ›De anima‹ III 36, 6, ed. cit. S. 269–285.
15 Vgl. GERHARD ENDREß, Der arabische Aristoteles und sein Leser, S. 38–41.

lektkonzeption und der sich daraus ergebenden Glückseligkeitslehre anhaftet. Dennoch lässt er sich nicht einfach dazu hinreißen, den Aristotelismus in pauschaler Weise zu verdammen, sondern gibt dem Gedanken der ›abgeschiedenen Geister‹ eine Deutung, die den Vernunftelitismus des averroistischen Ansatzes korrigiert, ohne den Grundgedanken einer prinzipiellen Differenz zwischen dem Intellekt und der Naturwirklichkeit aufzugeben. Dies gelingt Eckhart dadurch, dass er den Intellekt zwar in den Menschen hineinverlegt, ihm aber im Vergleich zu den übrigen Seelenvermögen nach wie vor eine eigene Qualität zuschreibt. Er ist folglich nicht im räumlich-kosmologischen Sinne ›getrennt‹, sondern wirkt in jedem einzelnen Menschen, ohne jedoch ein bloßer Teil von dessen empirisch-personaler Existenz zu sein. Die Transzendenz der Intellektsphäre verweist bei Eckhart demnach auf keine jenseitige, metaphysische ›Hinterwelt‹ im negativen Sinne des Wortes, sondern hat den Charakter einer sich im Menschen als Naturwesen bekundenden, qualitativen Über-natürlichkeit.[16]

In der traditionellen christlich-theologischen Anthropologie wird für gewöhnlich die Geschöpflichkeit des Menschen und seine wesentliche Verwiesenheit auf bzw. Abhängigkeit von Gott, dem Schöpfer, in besonderer Weise betont. Das Spezifikum von Eckharts Konzeption liegt darin, dass er die kreatürliche Dimension des Menschen zwar nicht leugnet, sie aber durch die Einsicht ergänzt, dass der Mensch nicht nur Geschöpf ist, sondern von Natur aus immer schon ein überempirisches, ungeschaffenes und unerschaffbares Element in sich trägt,[17] das ihn Gott nicht nur ähnlich, sondern absolut gleich macht, ja letztlich sogar eins mit ihm werden lässt. Es besteht also ein grundlegender Unterschied zwischen den empirischen, auf die organisch-vegetativen Funktionen sowie die Sinneswahrnehmung ausgerichteten Seelenvermögen des Menschen, die Teil der geschaffenen Natur sind, und dem Intellekt im Menschen, der in ontologischer Hinsicht ebenso unerschaffen und überempirisch ist wie Gott selbst. Letztlich repräsentieren diese beiden Dimensionen des Menschen in verkleinertem Maßstab das Verhältnis Gottes, wie er in sich selbst ist, zu der von ihm geschaffenen Naturwirklichkeit. In sich ist Gott nicht Sein, sondern wesenhaft Intellekt, d. h. reine, sich selbst erkennende und all ihre möglichen Inhalte in vollkommener Weise aus sich selbst erzeugende Vernunft.[18] Das geschaffene Sein entsteht demgegenüber dadurch, dass die intelligiblen Inhalte des göttlichen Geistes, die in ihrem Ursprung noch aufeinander sowie auf Gott hin vollkommen transparent sind, ›überfließen‹ und im Me-

---

16 [S]*ubstantiae ut sic, quam li ego significat, non est capax hic mundus nec dignus, sed solus intellectus; nec hic in quantum natura sive ens naturae, sed in quantum altius quid natura* (In Eccli. n. 10, LW II, S. 240,1–3; Übersetzung ebd.: »Diese irdische Welt [ist] für die Substanz als solche, die das Fürwort ich bezeichnet, weder aufnahmefähig noch ihrer würdig, sondern der Verstand allein; und auch dieser nicht, sofern er Natur oder ein Naturwesen, sondern« sofern er etwas über die Natur Erhabenes ist«).

17 Vgl. Pr. 12, DW I, S. 197,8–198,5 / EW I, S. 146,14–25.

18 Vgl. Quaest. Paris. I n. 4, LW V, S. 40,5–11; ebd. n. 8, LW V, S. 45,1–5.

dium der Raumzeitlichkeit nur noch als ›Dies und das‹, nämlich als konkrete, sich wechselseitig ausschließende und einander äußerliche Dinge erscheinen.[19]

In seinem empirischen, geschöpflichen Sein ist auch jeder Mensch ein ›Dies und das‹, d. h. eine individuelle, von allen anderen Menschen eindeutig unterschiedene Person. Auf der Ebene seines Intellekts ist er jedoch nicht einfach Teil der Natur, sondern steht in qualitativer Hinsicht aus der geschaffenen Welt hinaus und in den innergöttlichen Selbsterkenntnisprozess hinein. Das ›Ungeschaffene im Menschen‹, von dem Eckhart spricht und das von der Naturwirklichkeit wesenhaft ›abgeschieden‹ sein soll, ist dabei kein statisches Ding, sondern hat wesentlich akthaften, dynamischen Charakter. Da es, so wie der göttliche Intellekt selbst, keinerlei konkrete Eigenschaften hat, ist es nicht im Menschen vorfindlich wie ein besonderer Aspekt seiner empirischen Existenz – ebenso wenig, wie Gott als empirischer Befund innerhalb der geschaffenen Natur angetroffen werden kann.[20] Wie kommt Eckhart aber dann dazu, dem Menschen den ungeschaffenen, über-natürlichen Intellekt als grundlegenden Wesenszug zuzuschreiben? Ist das nicht genau ein Beispiel für jene Art von überfliegender metaphysischer Spekulation, die die Vertreter einer streng wissenschaftlich verfahrenden Philosophie zu Recht immer wieder kritisiert haben?

So berechtigt derlei Einwände grundsätzlich auch sein mögen, so treffen sie doch nicht den Kern von Eckharts Argumentation. Dies wird daran erkennbar, dass er nicht nur, wie Averroes und die anderen Aristoteles-Kommentatoren, aber auch wie sein dominikanischer Mitbruder Dietrich von Freiberg, ü b e r den Intellekt in seiner spezifischen Eigenart gegenüber der geschaffenen Natur theoretisiert,[21] sondern von jener Manifestation intellektueller Spontaneität ausgeht, die unbezweifelbar erfahren werden kann, nämlich dem ›Ich‹-Sagen. Dieser Wechsel von der Dritte-Person-Perspektive zur Erste-Person-Perspektive ist insofern entscheidend, als Eckhart damit nicht einfach freifliegende Spekulationen über den Intellekt als getrennte Substanz anstellt, sondern nur auf jenes Absolute und Unbedingte rekurriert, das jeder Mensch in sich selbst, genauer gesagt: im Fungieren seines eigenen Bewusstseins, vorfinden und ausdrücklich thematisieren kann. Es handelt sich bei Eckharts Erörterung des ›Ich‹ demnach um keine philosophische Interpretation einer empirischen Erfahrung, sondern um die Analyse einer transzendentalen Erfahrung, die schon ein ursprüngliches, aber noch unthematisches ›Bei-sich-Sein‹ und ›Mit-sich-selbst-vertraut-Sein‹ des intellektuellen Ich voraussetzt.

Wo wir den Intellekt in seiner alltäglichen Weise einsetzen, nämlich zum Verständnis der uns umgebenden Wirklichkeit, ist er in der Tat auf empirische Sinnesdaten und Eindrücke von den Dingen in ihrer raumzeitlichen Konkre-

---

19 Vgl. In Gen. I n. 155, LW I, S. 304,2 f.; In Exod. n. 16, LW II, S. 21,9–22,9.
20 Vgl. Pr. 1, DW I, S. 12,9–14,8 / EW I, S. 16,14–18,9.
21 Vgl. Dietrich von Freiberg, Schriften zur Intellekttheorie, in: Opera Omnia I.

tion angewiesen.[22] Dies gilt auch für die Erkenntnis unserer eigenen Person als eines Komplexes von empirischen, raumzeitlich individuierten Eigenschaften, nicht aber für die Erkenntnis unserer selbst als eines aus keiner unserer empirischen Bestimmungen ableitbaren ›Ich‹. An welchem Tag wir geboren wurden, wer unsere Eltern sind, welche Körpergröße, Augenfarbe, Haarfarbe, Veranlagungen und Begabungen wir im Einzelnen haben, erschließt sich uns nicht a priori, sondern nur durch die Interaktion mit unserer konkreten Umgebung: durch die Mitteilungen anderer Menschen, durch die Betrachtung unseres eigenen Spiegelbildes und durch die Erfahrungen, die wir im Laufe unserer persönlichen Entwicklung mit uns selbst und mit anderen Menschen machen.

Anders verhält es sich hingegen mit unserer Selbsterkenntnis, sofern sie sich auf unser Ich als spontanes Aktzentrum und mit unserer empirischen Personalität nicht einfach zusammenfallenden Identitätskern bezieht. Unser Ich ist in all unseren Erlebnissen, Erfahrungen und Handlungen am Werk als das, was mit keinem Erlebnis, keiner Erfahrung und keiner Handlung als solcher und auch nicht mit ihrer additiven Gesamtheit identisch ist. Dass wir ein ›Ich‹ sind, können wir aus keinem innerweltlichen – und das heißt auch innerseelischen – Faktum ableiten, sondern nur dadurch erkennen, dass wir von all dem absehen, was unser persönliches ›Dies und das‹ in inhaltlichem Sinne ausmacht, und uns stattdessen auf den dynamischen Aktcharakter konzentrieren, der sich in diesem ›Ich‹ manifestiert. Strenggenommen ist das ›Ich‹ nichts, w o r ü b e r man sprechen kann, sondern das, v o n   w o   a u s man immer schon spricht. Insofern ist ›Ich‹ der absolute, unhintergehbare Ursprung, mit dem wir in unthematischer Weise immer schon vertraut sind, gerade weil er von den einzelnen, von ihm abhängenden Erfahrungsinhalten radikal unterschieden bleibt.

Der Weg zur Einsicht in die eigenschaftslose, überempirische und insofern ›abgeschiedene‹ Natur des Ich erfolgt bei Eckhart durch das Absehen und Abstreifen von allen einzelnen Bestimmungen, Bildern und Eigenschaften, die unser Selbstbewusstsein überlagern. Nicht das, was meine innerweltlich erscheinende Person ausmacht bzw. das, was ich von mir in inhaltlicher Hinsicht weiß oder zu wissen glaube, ist mein eigentliches ›Ich‹, sondern vielmehr das, was übrigbleibt, wenn ich von allen konkreten Inhalten absehe und mein Augenmerk auf das richte, was solche sekundären Selbstzuschreibungen überhaupt erst möglich macht, nämlich das von allem Aus-sich-Herausgehen und Sich-Mitteilen doch nie auszuschöpfende und von sich selbst nicht zu trennende Bei-sich-Sein meines Ich als des produktiven Ursprungs all meiner Bezüge, Verhaltensweisen und Handlungen.

Aufgrund seiner absoluten Einfachheit und Eigenschaftslosigkeit ist ›Ich‹ strenggenommen ein *singulare tantum*, d. h. es ist nicht in der Weise individuiert, wie der Begriff ›Mensch‹ durch die einzelnen, raumzeitlich konkreti-

---

22 Vgl. In Ioh. n. 29, LW III, S. 22,13–23,4.

sierten menschlichen Personen eingeschränkt und dadurch individuiert wird. Selbstverständlich können einzelne Menschen zu verschiedenen Orten und zu unterschiedlichen Zeiten ›Ich‹ sagen, doch die Ursprünglichkeit, die sich in diesem ›Ich‹-Sagen manifestiert, ist selbst nicht Teil des raumzeitlichen Kontinuums, in dem sie sich manifestiert, sondern durchbricht dieses, indem sie es auf seine transzendentale Bedingung hin durchsichtig macht. Diese Transzendentalität ist dabei nicht nur struktureller Natur, sondern besitzt aufgrund ihres wesentlichen Aktcharakters die Qualität absoluter Wirklichkeit.

Alle bisher angesprochenen Grundzüge, die das intellektuelle ›Ich‹ bei Eckhart auszeichnen – absolute Ursprünglichkeit, Ungeschaffenheit, übergenerische Universalität, Überzeitlichkeit, reine, eigenschaftslose Selbstmanifestation –, sind im traditionellen philosophisch-theologischen Diskurs ausschließlich Gott vorbehalten. Nicht so hingegen bei Meister Eckhart. Das sich im Menschen aussprechende ›Ich‹ ist nicht das cartesianische *ego cogito*, das sich noch als endliche, geschaffene Subjektivität (*mens creata*) erkennt und den zureichenden Grund seiner selbst nur in der außer ihm liegenden, absoluten Substanz des göttlichen Geistes finden kann.[23] Ein ›geschaffenes *ego*‹ wäre bei Eckhart ein Oxymoron, da *ego* als solches auf keinerlei transitive Wirkursächlichkeit verweist, sondern allein auf die permanente Selbsterzeugung und Selbstdurchdringung des Bewusstseins, das in jedem Menschen, doch nicht als Teil dieses Menschen *causa sui* ist.[24] Das bedeutet nicht, dass der Mensch sich an die Stelle Gottes setzen würde, sondern vielmehr, dass Gott und Mensch – nicht, insofern sie Gott und Mensch sind, sondern insofern beide ›Ich‹ sagen können – sich in einer Vollzugseinheit, einer ›Einheit im Wirken‹ befinden. Weder ist Gott ›in‹ mir wie ein übernatürliches Ding, Teilchen oder Neuronenkomplex in meinem Gehirn, noch bin ich ›in‹ ihm wie ein Tropfen Wasser im Ozean, sondern es handelt sich um eine Einheit, die sich gerade im Aussprechen des *ego* als eines *pronomen discretivum* manifestiert, d. h. als eines Pronomens, durch das sich der Sprecher in betonter Weise von allen anderen Dingen und Personen absetzt und sich selbst als absoluten Ursprung all seiner Bezüge zu diesen Dingen und Personen begreift.[25]

Weder Gott noch ›ich‹ selbst sind also im eigentlichen Sinne Personen, da Personhaftigkeit immer noch auf bestimmte Eigenschaften und ein ›Dies und das‹ verweist. Vielmehr sind Gott und ›ich‹ Subjekte, insofern sich in uns beiden dasselbe absolute Ich in seiner intellektuellen, eigenschaftslosen Reinheit ausspricht und dabei selbst erkennt. Nicht zufällig heißt es schon im Alten Testament, nämlich in Ex 3,14, dass Gott sich Moses gegenüber nicht etwa als Schöpfer der Welt, Gesetzgeber, gerechter Richter usw. zu erkennen gibt, sondern zunächst einmal als reines, eigenschaftsloses ›Ich‹, über das man weiter

23 Vgl. René Descartes, Meditationes de prima philosophia III, A&T VII, S. 45–52.
24 Vgl. Pr. 52, DW II, S. 502,4–504,8 / EW I, S. 560,13–562,2.
25 Vgl. In Exod. n. 14, LW II, S. 20,2–8.

nichts sagen kann. Vor aller inhaltlichen Offenbarung und Heilsgeschichte steht demnach die Selbstmanifestation Gottes als eines ›Ich‹, das sich dem Menschen nur deswegen in dieser Form zu erkennen geben kann, weil im Menschen ein ebenso absolut ursprüngliches, ungeschaffenes und eigenschaftsloses Ich durchbricht, das – im Gegensatz zu unserer geschaffenen, natürlichen Person – fähig ist, diese Mitteilung entgegenzunehmen.[26] Insofern auch wir Menschen ›Ich‹ sagen können, sind wir Gott buchstäblich eben-bürtig, da es sich in beiden Fällen um dieselbe spontane Selbsterzeugung und dasselbe Sich-selbst-Ausge-bären und Sich-selbst-Erkennen des Ursprungs handelt.[27]

Aufgrund dieser Tatsache fällt bei Eckhart der Weg zur höchsten theore-tisch-metaphysischen Erkenntnis mit dem Weg zur wahren Selbsterkenntnis des Menschen zusammen: In dem Maße, wie wir bei unserer eigenen Selbst-deutung von allen empirischen Eigenschaften und persönlichen Eigenheiten lassen und stattdessen des in uns lebendigen ›Ich‹ in seiner überempirischen Ursprünglichkeit innewerden, destruieren wir nicht nur alle falschen, trügeri-schen Selbstbilder, sondern zugleich auch alle inadäquaten, weil auf die geschaf-fene Wirklichkeit bezogenen und somit lediglich relativen Gottesvorstellungen im philosophisch-theologischen Sinne. So wenig wir Menschen uns lediglich als einen Teil der Natur verstehen dürfen, so wenig dürfen wir Gott auf seine Rolle als Schöpfer der Naturwirklichkeit reduzieren; so wenig unser wahres Selbst mit unserer individuellen Person zusammenfällt, so wenig dürfen wir Gott im ursprünglichsten Sinne noch als Person bzw. Dreiheit von Personen denken.[28] Nur als Ich, d. h. als reinen, unteilbaren Akt der Selbstmanifestation, darf man ihn noch denken, aber das heißt zugleich, ihn nicht mehr als anvisier-baren Gegenstand zu denken, sondern als den lebendigen Ursprung selbst, der sich in der Spontaneität und lebendigen Dynamik unseres Bewusstsein bestän-dig neu erzeugt und bezeugt, ohne unseren Blick dabei direkt in Beschlag zu nehmen wie dieses oder jenes Einzelding. Wer nichts mehr sieht als den eige-nen geistigen Blick, der sieht in diesem ›Nichts‹ das reine Ich, das als solches weder Gottes noch des Menschen, sondern als Ursprung dieser Bezeichnungen auch von ihnen noch ledig und abgeschieden ist.

3. Husserls Methode der transzendentalphänomenologischen Reduktion

Edmund Husserl gehört zu den wenigen großen Gestalten der Philosophiege-schichte, die nicht schon von Anfang an im philosophischen Denken heimisch waren, sondern sich erst nach und nach vom Boden einer anderen Wissenschaft aus dorthin vorgearbeitet haben. Dass Husserl, der ursprünglich Mathematiker und Physiker war, gleichsam als Seiteneinsteiger bei seinen weitgehend autodi-

---

26 Vgl. In Exod. nn. 276 f., LW II, S. 222,11–12; 223,3–5.
27 Vgl. Pr. 6, DW I, S. 109,2–110,7 / EW I, S. 82,21–84,9.
28 Vgl. Pr. 2, DW I, S. 42,1–44,2 / EW I, S. 34,15–36.

daktischen Bemühungen um die Aneignung der Philosophie gleich noch eine ganz neue Schulrichtung, die Phänomenologie, begründet hat, ist unter diesem Gesichtspunkt umso bemerkenswerter. Husserls Vorbildung im Bereich der Mathematik und der Naturwissenschaften fungiert dabei insofern als Katalysator für sein philosophisches Interesse, als alle diese Wissenschaften in der zweiten Hälfte des 19. Jahrhunderts von einer Grundlagenkrise betroffen sind, die nicht nur diese oder jene Theorie bzw. diesen oder jenen wissenschaftlichen Begriff betrifft, sondern das Selbstverständnis der Wissenschaft als universalgültiger Erkenntnis überhaupt in Frage stellt.

Der Grund dafür ist im sogenannten Psychologismus zu suchen, der vor dem Hintergrund der aufstrebenden Biologie, Physiologie und Evolutionstheorie die bis dahin gültige Vorstellung der menschlichen Vernunft und Subjektivität zu destruieren sucht. Konkret bedeutet dies, dass die bisher als universalgültig angesehenen Grundgesetze und Axiome der Logik und Mathematik nur noch als Naturgesetze des Denkens angesehen werden, die lediglich die zufällig so und nicht anders abgelaufene Evolution und Entwicklung unseres Gehirns und unseres ganzen Körpers widerspiegeln und daher nur noch eine faktische Gültigkeit, aber keine apodiktische, unanfechtbare Notwendigkeit mehr besitzen. Die Wesensfrage – also etwa nach dem Wesen der Zahl, dem Wesen der Linie oder dem Wesen des Dreiecks – wird auf diese Weise zur Frage nach der empirischen Genese dieser Begriffe umformuliert, da es nunmehr nur noch darum geht, aufgrund welcher psychologischer Mechanismen und Grundphänomene – Assoziation, Aufmerksamkeit, Übertragung usw. – die faktischen Prozesse des Zählens, Rechnens, Abstrahierens und geometrischen Konstruierens in uns ablaufen.

Als Mathematiker ist Husserl von dieser Entwicklung zunächst einmal beunruhigt, weil sie die Möglichkeit von so etwas wie universalgültiger Wissenschaft insgesamt zu untergraben droht. Wenn der Inhalt des Denkens auf die realen, empirischen Denkprozesse innerhalb der einzelnen Individuen reduziert wird, ist es um die Möglichkeit objektiver Wahrheit und universalgültiger Erkenntnis geschehen, da diese psychologischen Vorgänge raumzeitlich individuiert und von Mensch zu Mensch verschieden sind.[29] Konsequenterweise müsste man daraus folgern, dass jeder Mensch aufgrund der Einzigartigkeit der in ihm ablaufenden psychologischen Prozesse seine eigene und nicht auf andere übertragbare Mathematik besitzt, seine eigene Physik, seine eigene Chemie usw., und selbst wenn es zufällig eine Übereinstimmung zwischen den Ergebnissen der einzelnen Denkprozesse verschiedener Personen geben sollte, dann wäre das lediglich ein faktischer Tatbestand, der sich jederzeit auch ändern könnte und somit nicht universalisierbar wäre.

---

29 Vgl. Edmund Husserl, LU I (Hua XVIII), S. 72–93.

Husserl beginnt seinen Weg in die Philosophie also in der Auseinandersetzung mit dem Psychologismus, der die logisch-epistemologischen Denkinhalte mit den physiologisch-psychologischen Denkprozessen gleichsetzen will. Der psychologistische Ansatz untergräbt aber nicht nur den universalen Erkenntnisanspruch der Wissenschaften, sondern hat auch weitreichende Folgen für das menschliche Selbstverständnis. Wenn das, was man gemeinhin denkende Subjektivität nennt, nicht mehr ist als ein Komplex physiologisch verankerter, psychischer Phänomene, dann liegt die Folgerung nahe, dass das vernünftige Bewusstsein, in dem nicht nur die theoretische Rationalität des Menschen, sondern auch die ethischen Grundnormen verwurzelt sind, ein Teil der Naturwirklichkeit ist und dementsprechend keine apodiktischen bzw. kategorisch gültigen Erkenntnisse zu gewinnen vermag.

Husserls Bemühungen konzentrieren sich anfangs — d. h. vor allem in seinen ›Logischen Untersuchungen‹ von 1900/01 — darauf, die ideale, universale Geltung der Denkinhalte von der empirisch-individuellen Faktizität der Denkvorgänge zu unterscheiden. Auch wenn mehrere Personen zur gleichen Zeit unterschiedliche Denkprozesse vollziehen — etwa in Bezug auf die Gleichung ›2 + 2 = 4‹ —, ist die Bedeutung des damit gemeinten mathematischen Sachverhalts doch in allen Fällen dieselbe.[30] Die Sphäre der Bedeutung ist somit etwas, das gegenüber der Sphäre der innerseelischen Denkvorgänge eigenständig ist und jenseits der empirischen Einzelpersonen einen Universalhorizont möglicher intersubjektiver Verständigung eröffnet. Schon in den darauffolgenden Jahren widmet sich Husserl jedoch der Frage, ob nicht auch im Bewusstseinsleben selbst Universalstrukturen liegen, die eine nicht bloß faktische, sondern apodiktisch-universale Gültigkeit besitzen. Mit anderen Worten: Es geht Husserl darum, die Wesensstrukturen des Bewusstseins zu beschreiben, ohne bei dieser Beschreibung in kausaler Weise auf Gegebenheiten der dinglichen Welt zu rekurrieren. Wie eine Wahrnehmung, eine Vorstellung, ein Urteil, eine Schlussfolgerung oder eine Erinnerung in psychologischer Hinsicht zustande kommen, von welchen Gehirnvorgängen sie begleitet werden und ob die wahrgenommenen, vorgestellten oder erinnerten Gegenstände wirklich existieren oder nicht, ist für Husserl nicht von Belang.[31] Was er durch die Transzendentalphänomenologie zu ermitteln sucht, sind vielmehr jene Invarianzstrukturen, die unabhängig von der Existenz oder Nichtexistenz der fraglichen Bewusstseinsinhalte, deren Gesamthorizont mit ›Welt‹ betitelt wird, Geltung besit-

---

30 Vgl. Edmund Husserl, LU II/1, §§ 31–35 (Hua XIX/1) S. 104–110.

31 »So kann man denn wirklich, wenn man paradoxe Reden liebt, sagen [...], daß die ›Fiktion‹ das Lebenselement der Phänomenologie, wie aller eidetischen Wissenschaft, ausmacht, daß Fiktion die Quelle ist, aus der die Erkenntnis der ›ewigen Wahrheiten‹ ihre Nahrung zieht« (Edmund Husserl, Ideen I [Hua III], S. 163; Hervorhebung von Husserl).

zen.[32] Das bedeutet nicht, dass die Gültigkeit der empirischen Psychologie, der Physiologie, Biologie, Physik und anderer Wissenschaften bestritten würde, sondern lediglich, dass die von diesen Wissenschaften gewonnenen Erkenntnisse und Grundsätze auch nur innerhalb der jeweiligen Disziplinen Geltung beanspruchen können, aber nicht in die neu zu begründende Phänomenologie als schlechthinnige ›Urwissenschaft‹ vom reinen Bewusstsein eingeschleppt werden dürfen.[33]

Der Schritt zur Begründung dieser neuartigen Wissenschaft, die sich nicht nur von allen anderen wissenschaftlichen Disziplinen, sondern auch von den bisherigen Formen des philosophischen Denkens radikal unterscheidet, hat die Form einer ›Ausschaltung‹ bzw. ›Außer-Geltung-Setzung‹ aller Vorannahmen, die noch in irgendeiner Weise die ›Weltthesis‹, also das stillschweigende Ausgehen von innerweltlicher, faktischer Wirklichkeit, voraussetzen.[34] Das bedeutet nicht, dass die Phänomenologie sich nicht mehr für die Gegenstände des Bewusstseins interessieren dürfte, ganz im Gegenteil: Bewusstsein ist für Husserl wesentlich intentional, d. h. auf von ihm verschiedene Inhalte und Gegenstände bezogen. Allerdings muss die Phänomenologie sich darauf beschränken, diese Gegenstände lediglich als Phänomene zu betrachten, also so, wie sie erscheinen und sich dem Bewusstsein darbieten, ohne sie in kausaler Weise aus einem ›Ding an sich‹ oder einer schlechthin bewusstseinstranszendenten Wirklichkeit herleiten zu wollen.[35] Das Ausschalten der Annahme realer, innerweltlicher Existenz betrifft aber nicht nur die Gegenstandsseite des intentionalen Bewusstseins, sondern ebenso auch den Subjektpol, dem all diese Inhalte gegeben sind. Das reine Ich ist nicht mehr Teil der Welt und fällt auch nicht mit dem von der Psychologie erforschten, empirischen Seelenleben der individuellen Personen zusammen, sondern muss allein aus seinem transzendentalen Fungieren heraus und damit in seiner überempirischen Universalität erschlossen werden.

Husserls Ansatz ist oft mit dem Descartes' verglichen und von seinem wohl prominentesten Schüler Heidegger offen als Hypercartesianismus gebrandmarkt worden.[36] Dieser Fehlschluss mag insofern naheliegend erscheinen, als Husserl selbst sich oft auf Descartes berufen hat, nicht zuletzt in seinen Pariser Vorträgen von 1929, aus denen die berühmten ›Cartesianischen Meditationen‹

---

32 »Das Vorschwebende mag ein bloßes Fiktum sein, das Vorschweben selbst, das fingierende Bewußtsein ist nicht selbst fingiertes, und zu seinem Wesen gehört, wie zu jedem Erlebnis, die Möglichkeit wahrnehmender und das absolute Dasein erfassender Reflexion« (Edmund Husserl, Ideen I, § 46 [Hua III], S. 107).

33 Vgl. Edmund Husserl, Ideen I, §§ 31, 56 (Hua III), S. 63–66, 136 f.

34 Vgl. Edmund Husserl, Ideen I, § 46 (Hua III), S. 108 f.

35 Vgl. Edmund Husserl, Ideen I, § 52 (Hua III), S. 122–130.

36 Vgl. Martin Heidegger, Einführung in die phänomenologische Forschung (GA 17), S. 266–290.

hervorgegangen sind.[37] Aber bei genauerem Hinsehen erkennt man, dass der Schein trügt. Wohl vermerkt Husserl am cartesianischen Ansatz positiv, dass er die Letztfundierung von absolut gewisser, wahrer Erkenntnis nicht innerhalb der Objektwelt sucht, sondern sie auf dem Wege einer Selbstbesinnung (*meditatio*) des denkenden Subjekts erreichen will.[38] Allerdings sei Descartes – so Husserl – auf halbem Wege stehengeblieben, insofern er das denkende Subjekt doch wieder als geschaffenes, endliches Wesen verstanden habe, das nur durch den kausalen Verweis auf Gottes Allmacht, Unendlichkeit und Schöpferkraft in seiner Funktionsweise erklärt werden könne.

Gerade dadurch verfällt Descartes in Husserls Augen gleichsam in einen theologisch verbrämten Psychologismus,[39] da er den Unterschied zwischen dem erkennenden *ego* und der erkannten Wirklichkeit als einen nur relativen ansieht, der letztlich in der von beiden radikal unterschiedenen, unendlichen Substanz Gottes wurzelt. Auch Descartes ist es demnach nicht wirklich gelungen, das Wesen des Bewusstseins aus sich selbst heraus zu erklären, da er in seine Überlegungen wieder theologische bzw. kausale Motive eingeschleppt hat, die in einer rein philosophischen bzw. phänomenologischen Betrachtungsweise nichts zu suchen haben. Der wesentliche Unterschied von Husserls reinem *ego* gegenüber dem cartesianischen *ego* als *res cogitans* liegt darin, dass für Husserl das *ego* überhaupt keine *res*, also keine wie immer dinglich gedachte Substanz mehr ist,[40] sondern als absoluter Subjektpol aller intentionalen Be-

---

37 Vgl. Edmund Husserl, Cartesianische Meditationen (Hua I), S. 43 f.

38 Vgl. Edmund Husserl, Erste Philosophie. Erster Teil (Hua VII), S. 58–70.

39 Vgl. Edmund Husserl, Krisis (Hua VI), S. 80–84.

40 Die berühmte Substanzdefinition Descartes' in den ›Principia Philosophiae‹ lautet folgendermaßen: *Per substantiam nihil aliud intelligere possumus quam rem quae ita existit, ut nulla alia re indigeat ad existendum. Et quidem substantia quae nulla plane re indigeat, unica tantum potest intelligi, nempe Deus* (René Descartes, Principia Philosophiae, § 51, A&T VIII/1, S. 24; Hervorhebungen von M. R.; Übersetzung nach René Descartes, Die Prinzipien der Philosophie, S. 57: »Unter Substanz können wir nichts anderes verstehen als ein Ding, das so existiert, dass es keines anderen Dinges bedarf, um zu existieren. Und zwar kann allein eine einzige Substanz als eine solche verstanden werden, die zu ihrer Existenz schlichtweg keines anderen Dinges bedarf, nämlich Gott«). Vgl. demgegenüber die husserlsche Definition der bewusstseinsimmanenten Absolutheit: »Das immanente Sein ist also zweifellos in dem Sinne absolutes Sein, daß es prinzipiell *nulla* ›*re*‹ *indiget ad existendum*« (Edmund Husserl, Ideen I, § 49 [Hua III], S. 115). Der Wegfall des *alia* in Husserls Formulierung ist hierbei der zentrale Punkt, da er zum Ausdruck bringt, dass das Bewusstsein deshalb von keiner ›anderen Sache‹ abgegrenzt zu werden braucht, weil es selbst in keiner Hinsicht mehr als ›Sache‹ angesprochen werden kann. Mit anderen Worten: Der Unterschied zwischen dem reinen Bewusstsein und dem Rest der Wirklichkeit ist nicht mehr nur relativer, sondern absoluter Natur. Darüber hinaus weisen die einfachen Anführungszeichen, in die Husserl das Wort *res* setzt, darauf hin, dass es für ihn überhaupt keine bewusstseinsunabhängige dingliche Substanzialität mehr gibt, sondern all das, was bei Descartes *res* heißt, überhaupt nur als intentionaler Gegenstand eines Bewusstseins Wirklichkeit beanspruchen kann.

züge und Ursprung allen phänomenalen Sinnes, auch und gerade in Bezug auf Gott, fungiert.

Aufgrund des Methodenschritts der phänomenologischen Reduktion oder Epoché darf von keiner wie immer gearteten, schlechthin außerhalb des Bewusstseins angesiedelten Transzendenz Gebrauch gemacht werden. Das gilt sowohl für das kantische ›Ding an sich‹ im Sinne der uns unbekannten Ursache der Erscheinungen als auch für die Transzendenz im traditionellen theologischen Sinne, d. h. in Bezug auf Gottes Stellung gegenüber der von ihm geschaffenen Welt. Wenn man in phänomenologischer Weise von Gott reden will – und Husserl besteht sehr wohl darauf, dass auch ein atheistischer Philosoph den Begriff ›Gott‹ in systematischer Hinsicht zumindest als asymptotische Konstruktion braucht –, dann kann er prinzipiell nicht als über-weltliches, jenseits oder oberhalb der Sphäre der Naturdinge angesiedeltes Wesen begriffen werden, sondern nur als Grenzbegriff des reinen, transzendentalen Bewusstseins.[41] Das reine Ich im husserlschen Sinne ist buchstäblich ›nicht von dieser Welt‹, da es diejenige Instanz ist, der alle innerweltlichen Phänomene gegeben sein müssen, um überhaupt als solche bezeichnet werden zu können. Aus diesem Grunde ist die Korrelation zwischen dem Subjektpol der Erkenntnis und seinen intentionalen Inhalten oder Gegenständen von einer grundsätzlichen Asymmetrie gekennzeichnet: Die erscheinenden Gegenstände haben eine nur relative Wirklichkeit, da sie vom Bewusstsein, dem sie gegeben sind, radikal abhängig bleiben, während dieses umgekehrt alle ihm erscheinenden Gegenstände auch ›durchstreichen‹ bzw. sich wegdenken könnte, ohne selbst davon wesenhaft tangiert zu werden.[42]

Aufgrund dieser Tatsache kommt Husserl zu der Erkenntnis, dass das reine Bewusstsein als ›absolute Wirklichkeit‹ anzusehen ist, da es die einzige Instanz darstellt, die nicht weggedacht werden kann, sondern allen Modalisierungen und Veränderungen der erscheinenden Wirklichkeit zugrunde liegt.[43] Ganz gleich, was die einzelnen Wissenschaften und Regionalontologien über den Menschen als innerhalb der Welt vorfindliche Person auch herausfinden und aussagen mögen – sie alle tun es auf der Grundlage einer reinen Subjektivität, die in ihrem Fungieren nicht Teil der anthropologischen Realität ist, die in verweltlichter, objektivierenden Hinsicht thematisiert wird. Wer ›wir‹ im ursprünglichsten Sinne sind bzw. wer ›ich‹ im ursprünglichsten Sinne bin, kann

---

41 Vgl. Edmund Husserl, Ideen I, §§ 58, 79 (Hua III), S. 138–140, 191 Anm. 1.

42 In seiner Frühphase besteht Husserl auf der absoluten Unabhängigkeit des reinen Ich von der ihm intentional gegebenen Welt als solcher. Mit seinem Durchbruch zum Begriff der ›Lebenswelt‹ nuanciert er seine Position jedoch dahingehend, dass wohl jeder einzelne innerweltlich erscheinende Gegenstand auch modifiziert oder ›durchgestrichen‹, also weggedacht werden könnte, ohne dass dies die Wesensstruktur des reinen Ich in Frage stellen würde, nicht aber der Welthorizont als ganzer. Vgl. dazu Edmund Husserl, Die Lebenswelt (Hua XXXIX), S. 19–25, 231–258.

43 Vgl. Edmund Husserl, Ideen I, § 49 (Hua III), S. 117.

uns daher keine Einzelwissenschaft sagen, sondern nur die Phänomenologie, die uns dazu anleitet, mittels der phänomenologischen Reduktion das in uns wirksame, reine Ich freizulegen und unsere eigentliche Identität von dieser absolut autonomen Instanz her zu verstehen.

Bis zu diesem Punkt scheint es so, als wolle Husserl durch seinen transzendentalphänomenologischen Ansatz lediglich die zu seiner Zeit verbreiteten szientistischen Fehldeutungen der menschlichen Subjektivität korrigieren und die Eigenständigkeit des Vernunftbewusstseins gegenüber der von ihm erkannten Weltwirklichkeit stärken. Allerdings beschränken sich Husserls Analysen nicht nur auf dieses Anliegen, das so oder ähnlich auch von den Vertretern der verschiedenen neukantianischen Schulrichtungen vertreten wird. Vielmehr geht es ihm darum, das reine Ich so zu deuten, dass es nicht nur als Prinzip aller theoretischen Welterkenntnis, sondern auch als Prinzip des menschlichen Selbstverständnisses und des vorwissenschaftlichen Lebens insgesamt angesehen werden kann. Insofern ist das Ich bei Husserl mehr als nur ein archimedischer Punkt zur Gewinnung absolut gewisser Welterkenntnis und auch mehr als eine logisch-apperzeptive Funktion, die den einzelnen Erkenntnisinhalten Einheit verleiht und gültige Urteile über sie ermöglicht. Anders als diese cartesianisch-kantianischen Modelle einer wesentlich endlichen, rezeptiven Subjektivität will Husserl die Subjektivität vor allem unter dem Gesichtspunkt ihrer produktiv-dynamischen Ursprunghaftigkeit in den Blick nehmen.

Das durch die Epoché freigelegte, reine Ich ist zunächst einmal das einzige Absolute, das Husserl vom Standpunkt der Phänomenologie anerkennen kann, und selbst ein Gott kann sinnvollerweise nur dann gedacht werden, wenn er sich diesem transzendentalen Bewusstsein in irgendeiner Weise bekundet.[44] Da dies nun ganz offensichtlich nicht in innerweltlich-gegenständlicher Form geschehen kann, bleibt nur übrig, dass diese Manifestation in der Struktur des reinen Ich selbst, genauer gesagt: nicht in seinen konkret erlebten, intentionalen Inhalten, sondern in seiner apriorischen Form gesucht werden muss. Schaltet man durch die Epoché alle Verweise auf eine bewusstseinstranszendente ›Außenwirklichkeit‹ aus und nimmt die Sphäre des reinen phänomenalen Erlebens als solche in den Blick, so fällt auf, dass diese eine wesentlich zeitliche Struktur besitzt. Bewusstsein ist nichts Statisches, sondern – wie Husserl plakativ formuliert – ein ›Heraklitischer Fluss‹,[45] in dem sich die einzelnen Bewusstseinsinhalte nacheinander präsentieren und zu gegenständlichen Einheiten konstituieren. Die Form des Strömens als solche hängt jedoch nicht von den in ihr erscheinenden Gegenständen ab, sondern geht ihnen in reiner Selbstkonstitution voraus. Das, was uns erscheint – also die materialen Inhalte sinnlicher Erscheinungen –, wird uns in der Tat gegeben, und hierin liegt ein passives bzw. rezeptives Moment des Bewusstseins. Die zeitliche Form, in

---

44 Vgl. Edmund Husserl, Ideen I, § 51 (Hua III), S. 121 f.
45 Edmund Husserl, Die Idee der Phänomenologie (Hua II), S. 47.

der sie sich dem Bewusstsein präsentieren, ist jedoch nicht aus den Bewusst-
seinsinhalten abzuleiten, sondern geht ihnen voraus als jene transzendentale
Generativität, in der das Bewusstsein in unablässiger Selbstproduktion immer
neue, aktuelle Jetztmomente erzeugt.[46]

Ein jeder von uns hat schon die Beobachtung gemacht, dass selbst dann,
wenn in der Außenwelt ›nichts geschieht‹, wir also keine äußeren Veränderungen erleben, die auf so etwas wie innerzeitliche Prozesse verweisen, wir
dennoch das Bewusstsein einer Dauer haben, die auf die Erstreckung der immanenten, von allen Inhalten unabhängigen Zeitform des reinen Bewusstseins
zurückzuführen ist. Die immer neu konstituierten, konkreten Jetztmomente
versinken innerhalb des Heraklitischen Flusses des immanenten Bewusstseins
unaufhörlich in die Vergangenheit, doch der Urquellpunkt dieser immer neuen,
individuierten ›Jetzte‹ vergeht nicht, sondern ›steht‹ als jener absolute Ursprung, aus dem alles andere entspringt, der seinerseits aber aus nichts anderem
ableitbar ist.[47] Diese absolute Spontaneität und Selbstkonstitution ist es, die
Husserl in seinen Vorlesungen ›Zur Phänomenologie des inneren Zeitbewußtseins‹ als ›absolute Subjektivität‹ bezeichnet. Sie ist deswegen absolut, weil sie
der Ursprung des Flusses ist, in dem das transzendentale Ich immer schon
›schwimmt‹, auch wenn es sich gerade nicht als ›Ich‹ erkennt und ausspricht.
Insofern ist Husserls reines *ego* gerade nicht, wie Heidegger ihm dies vorwirft,
ein *fundamentum inconcussum*, sondern der Ort, an dem die nicht mehr hypo-
stasierbare Dynamik des absoluten Ursprungs durchbricht, der nicht nur die
Vorbedingung für alles innerweltliche Erscheinen, sondern letztlich auch für
die Selbsterkenntnis des reinen Ich als Ich ist.

Die Phänomenologie als Methode der Ausschaltung aller auf weltliche
Transzendenz verweisenden Vorannahmen‹ erweist sich somit nicht nur als
Weg zur wissenschaftlichen Letztbegründung sowie als Weg zur wahren
Selbsterkenntnis des Menschen als eines reinen Ich, sondern zugleich damit
auch als Weg zu einer phänomenologischen Thematisierung des Absoluten
in seiner radikalen Bewusstseinsimmanenz. Auch wenn dieser Aspekt in der
Husserl-Forschung keine zentrale Rolle spielt, so ist diese theologische Dimension in seinem Denken doch stets präsent — nicht obwohl, sondern gerade weil
sie nur so selten ausdrücklich thematisiert wird. In einem Brief an den befreundeten Benediktinerpater Daniel Feuling schreibt Husserl im Jahr 1933:

>»Phänomenologische Philosophie als eine im Unendlichen liegende Idee ist natürlich
>›Theologie‹. (Für mich sagt das: echte Philosophie ist eo ipso Theologie). Aber Phäno-
>menologie in der Zeitweiligkeit, in der historischen Lebendigkeit, ist Dynamis, ist im

---

46 Vgl. Edmund Husserl, Zur Phänomenologie des inneren Zeitbewußtseins (Hua X),
S. 71 f.
47 Vgl. Edmund Husserl, Ideen I, § 81 (Hua III), S. 196–199; id., Zur Phänomenologie des
inneren Zeitbewußtseins (Hua X), S. 73–83. 99–101.

Werden, ist ›Methode‹, ist Weg der absoluten und universalen Erkenntnis, und diese Erkenntnis auf dem Wege.«[48]

Das bedeutet, dass es in der Phänomenologie *sub specie aeterni* letztlich um das Absolute geht, also um Gott als höchstmögliche Verwirklichung des reinen Bewusstseins. Doch weil unser reines Ich sich immer schon in ›verweltlichter‹ Form vorfindet, kann es diese absolute Wirklichkeit nicht direkt und intuitiv erfassen, sondern muss dazu den methodischen Weg der Epoché einschlagen, die das Absolute in den immanenten Strukturen des reinen Bewusstseins freizulegen vermag, ohne es direkt ›Gott‹ nennen zu müssen. In seinem berühmten Spätwerk, der während seiner letzten Lebensjahre entstandenen ›Krisis‹-Schrift, vergleicht Husserl die Radikalität der phänomenologischen Epoché als dauerhafter existenzieller Grundhaltung mit einer religiösen Konversion.[49] Wer sich entschließt, nicht nur ab und zu Phänomenologie zu treiben, sondern wirklich Phänomenologe zu s e i n, der muss aller Selbstdeutung von der Innerweltlichkeit her absterben und sich als reines Ich erkennen lernen, das in der Welt keinen Anhalt und kein Fundament findet. Unser Ich kommt erst dann wirklich zu sich selbst, wenn es sich ganz aus der in ihm liegenden, produktiven Selbsterzeugung des absoluten Ursprungs her versteht, dessen lebendige Spontaneität sich im ›Ich‹-Sagen manifestiert, aber auch ohne diese ausdrückliche Selbstbewusstwerdung in uns immer schon am Werk ist.

4. Schlussbetrachtung

Im Laufe unserer Betrachtungen dürfte deutlich geworden sein, dass Meister Eckhart und Husserl entgegen ihrer scheinbar so unterschiedlichen philosophischen Ausrichtungen doch einige wesentliche und sehr überraschende Gemeinsamkeiten haben. Beide problematisieren das Verhältnis von reiner Subjektivität und menschlicher Person und deuten den Menschen primär vom reinen Ich als jenem überempirischen Aktzentrum her, in dem sich der Intellekt nicht einfach als Geistsubstanz, sondern als dynamische, ursprunghafte Spontaneität manifestiert. Beiden ist des Weiteren gemeinsam, dass sie Gott im Sinne des Absoluten nicht als eine oberhalb bzw. außerhalb des Menschen angesiedelte Transzendenz verstehen, sondern seine ursprüngliche Selbstmanifestation in das reine Bewusstsein hineinverlegen. So wie das reine Ich, so ist auch Gott bei den beiden Philosophen in radikaler Weise ›ohne Eigenschaften‹ und kann nicht als ein bestimmter Erkenntnisinhalt, sondern nur als reine Form und Selbsttransparenz des Ichbewusstseins als solchen verstanden werden.

---

48 Edmund Husserl, Briefwechsel, Bd. 7 (Hua Dok III/7), S. 88 (Hervorhebungen von Husserl).
49 Vgl. Edmund Husserl, Krisis (Hua VI), S. 137.

Ein weiterer wichtiger Punkt der Übereinstimmung betrifft die Einsicht, dass das, was als ›Welt‹ bzw. ›geschaffene Naturwirklichkeit‹ bezeichnet wird, keine eigenständige Existenz besitzt, sondern nur in seiner dynamischen Relation zum Absoluten begriffen werden kann. Bei Meister Eckhart ist das geschaffene, natürliche Sein (*ens naturae*) in sich ein Nichts und hängt zur Gänze am absoluten Sein Gottes, das seinerseits nicht als statische Substanzialität, sondern als Erkennen (*intelligere*) gefasst wird. Die Dinge sind also nur, insofern sie beständig von Gott erkannt werden. Allerdings ist hier zu unterscheiden zwischen den *rationes aeternae* der Dinge, die in Gott nichts anderes sind als Gott, und den Dingen, wie sie in ihrer kontingenten, raumzeitlich vereinzelten Existenz erscheinen: Während erstere gleichursprünglich mit Gott und im strengen Sinne unerschaffbar sind,[50] entfalten sich letztere im Medium der Raumzeitlichkeit, wo die einzelnen Wesenheiten der Dinge nicht mehr direkt aufeinander hin transparent sind, sondern auf ein bestimmtes ›Dies und das‹ hin eingeschränkt erscheinen. Dasselbe intelligible Licht, in dem Gott von Ewigkeit her alle Wesenheiten der Dinge zugleich erkennt, wird durch die Schöpfung wie durch ein Prisma gebrochen und gleichsam in einzelne Strahlen aufgefächert. Dennoch befinden sich auch diese einzelnen Dinge in ihrem kreatürlichen ›Dies und das‹ nicht ›außerhalb‹ Gottes,[51] sondern hängen letztlich am unendlichen Blickstrahl seiner produktiven, sich immanent selbstdifferenzierenden Erkenntnis.[52]

In ganz ähnlicher Weise bestreitet Husserl den Dingen ein bewusstseinstranszendentes Ansichsein unabhängig von ihrem intentionalen Bezug auf das reine Ich. Das, was man gemeinhin ›Realität‹ oder ›wirkliches Sein‹ nennt, ist ein Grenzfall kontinuierlich bewährter, geregelter Erscheinungen, der losgelöst von seiner phänomenhaften Gegebenheit für ein Bewusstsein gar nicht gedacht werden kann. In diesem Sinne ist das Ich zwar nicht in einem metaphysisch-idealistischen Sinne ›Schöpfer‹ der Dinge, da es sich im Bereich der sinnlichen Wahrnehmung durch ein rezeptives, passives Moment der Entgegennahme des Gegebenen auszeichnet; wohl aber ist das Ich durch seine Konstitutionsaktivität Schöpfer alles nur möglichen phänomenalen Sinnes.[53] Hierbei geht es nicht, wie beim traditionellen metaphysisch-theologischen Schöpfungsbegriff, um eine Form der Kausalität, die das Materiell-Hyletische der Phänomene überhaupt erst hervorbringt, sondern um eine Leistung des Bewusstseinslebens, die die wahrgenommenen Mannigfaltigkeiten teleologisch überhaupt erst zu gegenständlichen Einheiten werden lässt und sie spezifischen Sinnhorizonten zuordnet. Dies ist umso verständlicher, als Husserl vom phänomenologisch – und das heißt bewusstseinsimmanent – zu erschließenden Ich ausgeht und

---

50 Vgl. Quaest. Paris. I n. 4, LW V, S. 41,10 f.
51 Vgl. In Gen. I nn. 2–8, LW I, S. 186,2–192,8.
52 Vgl. Pr. 4, DW I, S. 69,1–72,5 / EW I, S. 52,7–54,9.
53 Vgl. Edmund Husserl, Transzendentaler Idealismus (Hua XXXVI), S. 10–38.

nicht, wie Meister Eckhart, vom absoluten Ich Gottes. Nichtsdestoweniger
sind auch bei Husserl die innerweltlichen Phänomene ohne das sie erkennende
transzendentale Bewusstsein ein ›reines Nichts‹ und verdanken die Möglichkeit ihres Sich-Bekundens dem reinen Ich, das ihnen durch seine beständige
Produktivität und Generativität den bewusstseinsimmanenten Zeitfluss als das
notwendige Medium und die Form ihres Erscheinens schafft.

Der einzige nennenswerte Unterschied zwischen Meister Eckhart und Edmund Husserl besteht lediglich darin, dass ersterer viel häufiger in expliziter
Weise von Gott spricht und ihn mit dem Begriff des Intellekts, des Ich und der
Vernunft in Verbindung bringt. Demgegenüber ist Husserl deutlich skrupulö-
ser, wenn es darum geht, die methodischen Grenzen der Phänomenologie als
wesentlich auf die Bewusstseinsimmanenz verwiesener Methode zu respektie-
ren und nicht in vorschneller Weise Begriffe oder Sachverhalte einzuschleppen,
die sich nicht phänomenal ausweisen lassen. Letztlich ist der Impetus seines
ganzen Philosophierens aber durchaus theologischer Natur, auch wenn dies nur
selten direkt sichtbar wird. Gott erscheint bei ihm in unthematischer Weise als
das nicht mehr objektivierbare Absolute, das sich nur dann phänomenologisch
erschließt, wenn der Philosoph durch die Epoché gerade darauf verzichtet hat,
seine Selbstdeutung aus etwas außerhalb seiner selbst Liegendem zu beziehen,
und bereit ist, als eigenschaftsloses, reines Ich in dieser ›Armut des Denkens‹
ein Leben lang auszuharren.

Ruprecht Wimmer

Thomas Manns ökumenisches Gottesbild im späten Roman ›Der Erwählte‹ (1951)

1. Der ›Zauberberg‹ (1924): Thomas Manns Wendung zu einer Politik des sozialen Miteinanders

Spätestens seit dem ›Zauberberg‹ hatte sich Thomas Mann auch in seinem Romanwerk mit der aktuellen Politik auseinanderzusetzen begonnen. Er hatte nach dem Zusammenbruch des deutschen Kaiserreichs (1918) rasch einen Weg gefunden, für die ›Republik‹ — das meinte in der Sprache der Zeit die Demokratie — als die neue humane Form menschlichen Zusammenlebens zu plädieren; und er hoffte zugleich, dass auch seine Kunst dort ihre Heimat finden werde. Schon der ›Zauberberg‹ enthält trotz seines Katastrophenschlusses — des Kriegsausbruchs von 1914 — Visionen einer sozial bestimmten Zukunft, und in der bald danach begonnenen Romantetralogie über den ›Ägyptischen Joseph‹ beabsichtigte der Autor von Anfang an, in allegorisch-biblischem Gewande den Werdegang eines Menschen zu beschreiben, der humaner Politiker und Künstler in einem ist.

Doch während dieser Arbeit holte ihn die unmenschliche deutsche Realpolitik ein — der Nationalsozialismus, den er bereits in dessen Anfängen vehement abgelehnt hatte, zwang ihn 1933 in die Emigration. Es kann nun beiseite bleiben, wie der Autor im Fortgang des ›Joseph‹ auf die sich bedrohlich zuspitzende Weltlage literarisch reagierte und wie er im eingeschobenen Goethe-Roman ›Lotte in Weimar‹ (1939) dem nationalsozialistischen Deutschland-Mythos sein eigenes Deutschlandbild gegenüberstellte; für unsere thematische Perspektive ist es wichtig, wenigstens anzudeuten, wie er in seinem großen Altersroman ›Doktor Faustus‹ auf die deutsche *Misère* und auf die deutschen Verbrechen antwortete, und vor allem, wie er seine eigenen Hoffnungen über 1945 hinüberrettete.

2. Der ›Doktor Faustus‹ (1947): Selbstkritische Rechenschaft und Signal der Hoffnung

Der ›Doktor Faustus‹ erzählt die in die zeitgenössische Moderne übertragene Geschichte des Magiers und Teufelsbündners Faust und konfrontiert sie mit dem aktuellen Kriegsgeschehen; dabei wird der Magier und Schwarzkünstler des 16. Jahrhunderts zu einem Komponisten, einem »Tonsetzer« namens Adrian Leverkühn, der, 1885 geboren, sich in übertragenem Sinn dem Teufel verschreibt: Er infiziert sich willentlich mit der Syphilis, um die Musik des

beginnenden 20. Jahrhunderts aus der Sackgasse, in die sie geraten ist, heraus-
zuführen, und zwar durch die Erfindung der Zwölftontechnik, der Dodeka-
phonie, wie sie in der historischen Realität Arnold Schönberg entwickelt hatte.
Der vom Autor zwischengeschaltete Erzähler von Leverkühns künstlerischer
Biographie, dessen Jugendfreund Serenus Zeitblom, wird nun seine Aufzeichnungen regelmäßig unterbrechen durch Ausblicke auf die sich zuspitzende
Entwicklung des Zweiten Weltkrieges; in diesen Jahren bringt nämlich der
Erzähler das Leben seines kurz zuvor an der Paralyse gestorbenen Freundes
zu Papier. Die schöpferische Lebensphase des Syphilitikers — er stürzt noch
vor Hitlers Machtergreifung in die Paralyse und verbringt sein letztes Lebens-
jahrzehnt im Wahnsinn — wird so parallel geführt zum unausweichlichen Nie-
dergang Nazi-Deutschlands und seinem Sturz in die Katastrophe, seinem sich
anbahnenden Schicksal der bedingungslosen Kapitulation.

Durch diese Parallelstruktur wird der Roman zu einem eindrucksvollen,
aber auch widersprüchlichen Dokument der deutschen Situation; bis heute
verstehen manche Leser die Gestalt des Tonsetzers als Allegorie des schuldig
werdenden Deutschland und lesen demzufolge den Roman als literarische Dokumentation der deutschen Kollektivschuld. Andererseits bezeugt der Autor
selbst, und lässt das durch eine konsequente Motivkette längs des Romans
sichtbar werden, dass der ›Doktor Faustus‹ auch eine Rechenschaftsablage in
eigener Sache ist, eine »radikale Autobiographie«, die dadurch, dass sie den
Durchbruch in eine Kunst der Zukunft gestaltet, hoffnungsvoll in diese Zukunft blickt.[1]

Einer dieser Motivkomplexe der Hoffnung ist nun für uns von besonderer Bedeutung: Adrians Vertonung einer frommen Legende aus der um 1300
erschienenen Legendensammlung der *Gesta Romanorum*, und das Kunst-
gespräch, das sich an die erste Klavierpräsentation dieses Werks im kleinen
Kreise anschließt.

Der Erste Weltkrieg ist soeben ausgebrochen, Adrian hat sich in seinen
letzten Wohnsitz, ins ländliche Pfeiffering zurückgezogen; seine künstlerische
Entwicklung nähert sich langsam ihrem Höhepunkt — das erste seiner großen
Endwerke, die *Apocalipsis cum figuris*, d. h. die Vertonung der Apokalypse des
Apostels Johannes, kündigt sich an. Der Tonsetzer aber »vertrieb [...] sich die
Wartezeit«[2] mit der Komposition einer Orchestersuite aus den *Gesta Romanorum*, von denen er ausgewählte Stücke in »geniale Puppengrotesken«
umformt und vertont. Es geht ihm dabei darum, die »gesiebtesten Ergebnisse
europäischer Musikentwicklung ins Selbstverständliche aufzulösen, daß jeder
das Neue fasse«, und er versucht auf diese Weise den »Pomp« der spätroman-

---

1 Vgl. hierzu den Kommentar in der Großen kommentierten Frankfurter Ausgabe: Thomas Mann, Doktor Faustus (GKFA 10.2), passim.
2 Vgl. RUPRECHT WIMMER, GKFA 10.1, S. 459–467.

tischen Tradition (bis über Wagner hinaus) durch das unmittelbar zu Herzen
Gehende zu ersetzen.

Dass es ihm um weit Grundsätzlicheres geht als um einen als Stilübung ge-
tarnten Jux, wird in einem abendlichen Gespräch im kleinen Kreis deutlich,
das der damals anwesende Erzähler Zeitblom mit vielen wörtlichen Zitaten aus
Adrians Ausführungen versieht. Stellvertretend sei hier die folgende Äußerung
des Komponisten angeführt:

> »Die ganze Lebensstimmung der Kunst, glauben Sie mir, wird sich ändern, und zwar
> ins Heiter-Bescheidenere, – es ist unvermeidlich, und es ist ein Glück. Viel melancho-
> lische Ambition wird von ihr abfallen und eine neue Unschuld, ja Harmlosigkeit ihr
> Teil sein. Die Zukunft wird in ihr, sie selber wird wieder in sich die Dienerin sehen an
> einer Gemeinschaft [...] Wir stellen es uns nur mit Mühe vor und doch wird es das ge-
> ben und wird das Natürliche sein: eine Kunst ohne Leiden, seelisch gesund, unfeierlich,
> untraurig-zutraulich, eine Kunst mit der Menschheit auf Du und Du.«[3]

3. ›Der Erwählte‹ (1951): Die Legendenvision eines neuen ökumenischen Gottesbildes

Der eben zitierte Text zeigt eine zur Vision sich steigernde Hoffnung, auch in
eigener Sache. Das »eigentliche Kernstück von Adrians Suite aber ist die Geschichte von der Geburt des seligen Papstes Gregor«. Und ausgerechnet diese
»überschwänglich sündhafte, einfältige und gnadenvolle Geschichte« wird
Thomas Mann später seinem Tonsetzer wegnehmen;[4] er wird einen eigenen
kleinen Roman daraus machen, ein spätes Werk, das er gespielt herablassend
als ›Románchen‹ bezeichnet, das wir aber, gerade mit Blick auf den Kontext
des ›Doktor Faustus‹, auch als späte, selbstrechtfertigende Vision des Autors
ansehen dürfen.

Und eben in diesem Roman vom ›Erwählten‹, für den Thomas Mann neben
der Quelle der *Gesta* auch noch das hochmittelalterliche Kurz-Epos Hartmanns
von Aue verwendet, zeichnet sich ein Gottesbild ab, das deutliche Züge vor-
reformatorischer Mystik aufweist – und das, wie sich zeigen wird, nun nicht
mehr Adrian Leverkühns, sondern Thomas Manns Blick auf eine gute Welt
und eine in sie integrierte Kunst der Zukunft kundtut.

Schon die Entstehung des angeblichen ›Románchens‹ macht deutlich, dass es
dem Autor mit diesem Werk Ernst ist. Der ›Doktor Faustus‹ ist zu Beginn des
Jahres 1947 fertiggestellt, wenn auch noch nicht endgültig vollendet und ›abgelegt‹, da wird noch ein in diesen Themenkomplex gehöriger Vortrag (›Nietzsche im Lichte unserer Erfahrung‹) geschrieben und gehalten; doch dann wendet sich Thomas Mann – wir schreiben den August 1947 – dem Phänomen
des »naiven Erzählens« zu, er erwägt für seine Gregorius-Geschichte Titel wie

---

3 RUPRECHT WIMMER, GKFA 10.1, S. 469.
4 RUPRECHT WIMMER, GKFA 10.1, S. 465.

›Der Begnadete‹ oder ›Die Begnadung‹ und betreibt eingehendere Mittelalter-Studien.[5] Obwohl eine letzte Entscheidung noch nicht fällt — wie fast immer drängt sich der notorisch unvollendete ›Felix Krull‹ vor — erhält schließlich ›Gregorius‹ den Zuschlag: Ende 1947, kurz nach dem Erscheinen der ersten Fassung des ›Doktor Faustus‹, wird in die mediävistischen Quellenstudien das Werk Hartmanns einbezogen. Als dann zu Beginn des Jahres 1948 die Niederschrift begonnen wird, geschieht dies unter grundsätzlichen Zweifeln; sie sind abkürzend bezeichnet durch das weiter bedrängende Fragment des ›Felix Krull‹ und durch Thomas Manns bange Frage an sich selbst, ob denn nach dem ›Faustus‹ überhaupt noch ein weiteres Werk denkbar sei. Diese Zweifel werden ihn nicht verlassen, bis es gegen Ende fast verzweifelt heißt: »Nur fertig werden.« Neben der fortlaufenden, wenn auch keineswegs ununterbrochenen Arbeit am Text waren auch ganz konkrete Herausforderungen zu bewältigen; Stichworte mögen hier genügen: Bis zur Vollendung im November 1950 — sie erfolgt noch in Pacific Palisades — werden mehrere Europareisen absolviert, der etappenweise Abschied von Amerika kündigt sich an, zu verkraften sind im privaten Bereich der Selbstmord des Sohnes Klaus, der Tod des Bruders Heinrich, dann wird der Autor in Atem gehalten durch Zweifel an der alten Heimat Deutschland, durch die politische Entwicklung, konkret durch den ›Kalten Krieg‹.

Ja, es war dem Autor Ernst, verzweifelter Ernst mit einem Roman, der sich bis heute leicht liest und der gerade auch deshalb, weil er wirklich amüsant ist, als virtuoses Nachspiel missverstanden wird.

4. »Eine überschwänglich sündhafte, einfältige und gnadenvolle Geschichte«

»Die gewohnte Plumpheit des Philosophen Marcuse, den alles nur sehr amüsiert hatte. Wenn es gottlob zum Lachen ist, so ist es doch *nicht nur* zum Lachen!« So heißt es ärgerlich im Tagebucheintrag vom 17. Januar 1951.[6]

Was ist nun »zum Lachen« in dieser »überschwänglich sündhaften, einfältigen und gnadenvollen Geschichte« der alten Legendensammlung? Sie erzählt

> »den Inzest eines hochadeligen Geschwisterpaares, aus dem ein Knabe hervorgeht, der, in einem Fässchen auf dem Meer ausgesetzt, in der Fremde aufgenommen, getauft und klösterlich erzogen wird und den es dann als fahrenden Ritter in sein Heimatland zurückverschlägt. Er rettet dessen Herzogin, von der er nicht weiß, dass es seine Mutter ist, aus Belagerungsnot, in die sie ein hartnäckiger Freier gebracht hat, und heiratet sie. Als der doppelte Inzest bekannt wird, verlässt er die Welt der Menschen und tut auf einem Stein inmitten eines Sees jahrelang Buße, bis ihn der Ruf auf den Papstthron erreicht. Aus ihm wird ein ›sehr großer Papst‹, der seine Mutter und Frau von ihren Sünden lossprechen kann — und zum Segen aller Völker wirkt.«[7]

---

5 Vgl. hierzu und zum folgenden Ruprecht Wimmer, Der sehr große Papst, S. 94.

6 Thomas Mann, Tagebücher 1951–52, S. 10.

7 Ich übernehme diese kurze Inhaltsangabe — die knapper ist als Thomas Manns Paraphrase im ›Doktor Faustus‹ — aus Ruprecht Wimmer, Der sehr große Papst, S. 92.

Während Leverkühn das Skurril-Groteske der Handlung durch die Technik des vertonten Puppenspiels adäquat umzusetzen versucht, platziert Thomas Mann zwischen sich und die erzählten Begebenheiten eine andere Art von Vermittler. Es ist eine Erzählinstanz, die nicht als eindeutig realistischer Erzähler nach Art Zeitbloms erscheint, sondern ironisch schwankt zwischen einem abstrakten »Geist der Erzählung« und einem irischen Mönch namens Clemens, einer Figur, die ihrerseits ›unfest‹ ist, denn Clemens weiß nach seinem eigenen Worten nicht, zu welcher Zeit und als welcher Clemens er eigentlich schreibt. Diese per se schon unscharfe narrative Instanz ist nun einerseits bestimmt durch ihren Abstand vom Thema – eine Spur von Realismus zeigt sich in der gelegentlichen Personalisierung: als Ire beansprucht der Erzähler eine Art innerkonfessioneller Autonomie und sieht sich so in der Lage, manches Erzählte kritisch zu befragen. Andererseits praktiziert der »Geist der Erzählung«, diesseits und jenseits der Grenze zur Lächerlichkeit, eine sich immer wieder selbst vergessende Erzählseligkeit: er gibt allen möglichen Assoziationen nach, packt gewissermaßen sein gesamtes Wissen aus, stolpert hinein in offenkundige Anachronismen, – so lässt er mittelalterliche Fischerkinder Fußball spielen, so lässt er seinen Helden am Meeresstrand ein Buch lesen –, außerdem verfällt er undiszipliniert immer wieder ins ›Singen‹, das heißt, dass seine Prosa in Verse und Reime sich verliert. Und er schwadroniert mit offensichtlich erfundenen Namen, die auch in makabrer Weise sprechend sein können: Unter den Freiern der Herzogin befand sich angeblich ein Ritter namens »Schiolarß von Ipotente«![8]

Auch noch zum Lachen sind dann die zahlreichen Anspielungen auf sowohl hochmittelalterliche wie auch romantische, zum Mythos gewordene Figuren, die dem Legendenhelden Gregorius als Parallelen oder Muster untergeschoben werden, allerdings mischt sich in dieses Lachen des Lesers schon einige Nachdenklichkeit. Der heranwachsende Gregor wird augenblicksweise zur Wiederauflage Parzivals, wenn er von »Ritters Orden« und »Schildes Amt« träumt, dann meldet sich als Hintergrundsfigur Tristan, wenn er durch seine Ritterschaftsträume zum sinnierenden »Trauerer« wird. Er träumt aber auch vom Kampf mit einem »Herrn der Quelle« – und ist plötzlich Iwein! Dann befreit er als fahrender Ritter ein »Land vom Drachen«, wie Wagners Siegfried, er kommt wie dessen Lohengrin übers Meer gefahren, um eine von Freiern bedrängte Frau zu retten – und als sein unwissentlicher Inzest offenbar wird, geht er auf eine Art Büßer-Wallfahrt und wird scheinbar beiläufig und ungenau als »Pilger« bezeichnet, was nun auch noch Wagners Tannhäuser ins Spiel bringt.[9]

Auch die folgenden Interpretationsansätze sind eine Fortschreibung und thematische Präzisierung von Ergebnissen dieser Arbeit. Der Text des ›Erwählten‹ wird zitiert nach Thomas Mann, GW 7, S. 7–261.

8 GW 7, S. 31.
9 Vgl. RUPRECHT WIMMER, Der sehr große Papst, S. 99–102.

Legendenmotive werden vom »Geist der Erzählung« kräftig und etwas angeberisch durchmischt mit hochmittelalterlichen Ritter- und Heldenmustern, die teilweise von Hartmann stammen, großenteils aber auch – und das wieder bedenkenlos anachronistisch – bis in wörtliche Zitat-Fragmente hinein Helden der großen Wagner-Opern aufscheinen lassen. Dieses juxhaft überfüllte, zeitlose Erzählen lässt jedoch den Leser nun doch gelegentlich innehalten: Werden hier nicht – noch teilweise im Sinne des Reformers Leverkühn – genau die großformatigen Themen der musikalischen Spät- und Nachromantik ins Leicht-Komödiantische gewendet? Und ist diese ironisch auftrumpfende Summierung von Kunstvergangenheit nicht zugleich eine verschmitzt andeutende Summierung von Thomas Manns eigenen Vorbild-Mustern, von Hintergrunds-Silhouetten, die sich in seinen früheren Werken abzeichneten: wie der Wagnersche ›Ring des Nibelungen‹ in ›Buddenbrooks‹, der Wagnersche ›Tristan‹ in der gleichnamigen Novelle, der ›Tannhäuser‹ im ›Zauberberg‹, der ›Siegfried‹ in der Josephstetralogie? Und charakterisierte nicht Thomas Mann immer wieder den ›Doktor Faustus‹ als seinen ›Parsifal‹?

Es ist nicht von der Hand zu weisen, dass Thomas Mann ebenso wie seine autobiographische Imagination Adrian Leverkühn in dieser so bezeichnenden ›Werkwegnahme‹ eigene künstlerische Zukunftsvisionen mit leichter Hand ironisch vorzeichnet, indem er die romantische und nachromantische Tradition und damit zugleich die eigene Vergangenheit in neuer, eingängiger Kombinatorik überholt.

5. Der ›Erwählte‹: Der Entwurf einer »Kunstreligion«?

Endgültig aber ist es mit dem vorbehaltlosen Lachen des Lesers zu Ende, als sich die Erhebung Gregors zum Papst abzeichnet. Plötzlich erklärt sich, warum bereits in den doch vorwiegend amüsant-komischen Partien gelegentlich das Christusmuster sich abzeichnete, dass die Mutter des Helden Züge einer *Mater dolorosa* trug. Der fahrende Ritter Gregor führte einen Fisch im Wappen. Er bekommt als Büßer die Hakenleiter mit der Aufforderung »Trage sie wie der Herr Krist sein Kreuz!« und als bereits »Erwählter« darf er sagen: »Mich hungert und dürstet.«[10] Als Papst dann und Stellvertreter Christi wird er kompromisslos ›entzeitlicht‹ – die Anachronismen, die bei Nebenfiguren noch teilweise komisch wirkten, verhelfen dem Autor hier dazu, den »sehr großen Papst« auf die Ebene eines grundsätzlichen Symbols zu heben. Hierher gehört

---

10 Vgl. hier passim die frühen quellenkritischen Arbeiten von HANS WYSLING, Thomas Manns Verhältnis zu den Quellen; außerdem: KLAUS MAKOSCHEY, Quellenkritische Untersuchungen; RUPRECHT WIMMER, Die altdeutschen Quellen im Spätwerk Thomas Manns.

auch, dass der Vatikan – wieder anachronistisch, ohne komische Streife – in seiner Innenstruktur rein neuzeitlich-zeitgenössisch geschildert ist.[11]

Gregor wird zum Papst schlechthin, zu einem päpstlichen Idol, das schon durch seine Legendenherkunft als vorreformatorisch ausgewiesen ist. Dieser Papst ist gerade deshalb, weil er als Gestalt eine Summe darstellt, von unhistorischer oder besser außerhistorischer Vollkommenheit. Man darf ihn nicht als Plädoyer Thomas Manns für das katholische Papsttum verstehen, sondern muss ihn weit eher in die Nähe der Visionen rücken, die sich in der spätmittelalterlichen Mystik, etwa eines Meister Eckhart, finden. Der Papst Gregorius ist streng gegen dogmatische Rigoristen, hat aber ein weites Herz für Abweichler und Sünder, er verdammt kaum je und vergibt oft – wie man ihm vorwirft, auch Ehebruch und Häresie, er trennt die Würde des priesterlichen, ja selbst des päpstlichen Amtes von den möglichen Unvollkommenheiten der jeweiligen Träger, er gestattet die Aufnahme von polygamen Heiden in die Kirche, er lockert die strengen Fastengebote für Kranke, und er steht – was vielleicht das Wichtigste ist – in direkter »undogmatischer‹ Dialognähe zu Gott. Hier treffen wir wieder auf eine Art Hinübergleiten des früher vorwiegend Komischen in das theologisch Zentrale. Um die Quellen für diese päpstliche Figurensumme zu nennen: Thomas Mann kombiniert Details aus den Biographien der Päpste Kallixtus und Cornelius, Stephanus, Leos des Großen und Innozenz III.

Ich demonstriere nun an zwei Beispielen, wie das anfangs legendenhaft Komische gegen Ende der Geschichte zu einem andeutend Grundsätzlichen wird. Beide Exempla betreffen das Motiv der unmittelbaren, unverstellten Gottesnähe. So heißt es von Gregors Mutter Sibylla, als sie für ihren Inzest Buße tat:

> »So lebte sie manches Jahr, büßte aber von der Buße ihre Schönheit nicht ein, wie sie's Gott wohl gegönnt hätte [...], was, glaube ich zu wissen, auch nach ihrem Willen war, daß Gott sich gräme, weil sie einen so schönen Leib keinem Gatten gönnte.«[12]

Hier wird eine Legendenfigur in die Lage versetzt, mit Gott wie mit einem Nebenmenschen umzugehen, ja ihm einen Streich zu spielen.

Mein zweites Beispiel handelt von der Gottesunmittelbarkeit des »sehr großen Papstes«. Dieser geht soweit, Gott in Dialog und Fürbitte direkt zu provozieren:

> »Er nämlich war es, und kein anderer, der den Kaiser Trajan, weil er einmal einer flehenden Witwe, der man den einzigen Sohn gemordet, stehenden Fußes hatte Gerechtigkeit widerfahren lassen, aus der Hölle losbetete. Dies schuf zum Teil sogar Ärgernis, und Fama wollte wahrhaben, Gott habe ihn wissen lassen, nun sei es einmal geschehen und

---

11 Thomas Manns Hauptquelle war hier JOSEPH BERNHART, Der Vatikan als Thron der Welt; vgl. auch RUPRECHT WIMMER, Der sehr große Papst, S. 103.

12 GW 7, S. 63.

der Heide unter die Seligen versetzt, er möge sich aber nicht beikommen lassen, dergleichen ein zweites Mal zu erbitten.«[13]

Die legendennahe Leichtigkeit, die den Papst Gregor an das Ende einer Werk- und Lebensreise stellt, die ›auch‹ dem Weg seines Autors gleicht, deutet auf ein Mehrfaches.

Es war schon angeklungen, dass Thomas Mann im Figuren- und Motivreigen seines späten ›Romänchens‹ den eigenen Künstlerweg retrospektiv in Erinnerung bringt. In einer erst vor kurzem im Druck erschienenen Magister-Arbeit hat nun HANNAH RIEGER überzeugend dargelegt, dass ›Der Erwählte‹ »eine späte und grundsätzliche Station einer lebenslangen künstlerischen Selbstinszenierung« darstellt.[14] Er reiht sich damit auch — mit Vorbehalten — ein in die Sequenz literarischer »Kunstreligionen«; und wir sehen uns konfrontiert mit einer Zukunftsvision, die zum einen eine politisch-soziale, zum andern eine inter- und überkonfessionell religiöse Dimension hat. Damit hat der Autor eine Welt »hervorgedacht« und propagiert, in der er und sein Werk ihren legitimen Platz finden sollen.

Die Konstruktion einer »Kunstreligion«[15] ist eingepasst in die weitere Dimension einer überkonfessionellen, ja ans Überchristliche grenzenden »Weltreligion« der Zukunft. Das lässt sich aus Thomas Manns eigenen Äußerungen belegen. Im Dezember 1950 — das fertige Manuskript des ›Erwählten‹ liegt bereits beim Verlag — richtet er eine Neujahrsbotschaft an eine japanische Zeitung und plädiert darin für einen »religiösen Humanismus«, der gleichbedeutend mit einer »Weltreligion« sei. Er berichtet von einem Aufenthalt des vorhergehenden Jahres in Eisenach. Am Fuß der Wartburg habe ihm der Eisenacher Bürgermeister erzählt,

> »einst habe er an dieser selben Stelle mit dem gegenwärtigen Papst, Pius XII., damals noch Cardinal Pacelli [...], gestanden, und der Prälat habe hinaufgeblickt und kopfnickend gesagt: ›Das ist eine gesegnete Burg‹ — Gesegnet? Sollte man es glauben? Ein katholischer Kirchenfürst nennt die Burg des Protestantismus gesegnet — warum? Weil dort ein religiöser Mensch ein religiöses Werk tat. Das Übrige war dem Römer in diesem Augenblick einerlei.«[16]

Als bestätigende Abrundung kann noch Thomas Manns Tagebucheintrag dienen, in dem er 1953 von seiner Audienz bei Papst Pius XII. berichtet — jener Audienz, die ihm der Papst persönlich, gegen das Votum seiner vatikanischen

---

13 GW 7, S. 239.
14 Vgl. HANNAH RIEGER, ›Die altersgraue Legende‹, vor allem S. 105–114 und das Fazit S. 141–143; außerdem: RUPRECHT WIMMER, Laudatio.
15 Vgl. hierzu HEINRICH DETERING, Das Werk und die Gnade, S. 149–165.
16 Thomas Mann, Tagebücher 1949–1950, S. 705–708; vgl. auch RUPRECHT WIMMER, Der sehr große Papst, S. 104.

Umgebung, gewährt hatte. Nochmals scheint die visionäre Dimension des ›Erwählten‹ auf:

»Rührendstes und stärkstes Erlebnis, das seltsam tief in mir fortwirkt [...] Die weiße Gestalt des Papstes vor mich tretend. Bewegte Kniebeugung und Dank für die Gnade [...] Über Deutschland, offenbar seine glücklichste Zeit, und die auf die Dauer zu erwartende Wiedervereinigung. Die Wartburg, sein Wort darüber und die Einheit der religiösen Welt. Kniete nicht vor einem Menschen [...], sondern vor einem weißen geistlichen Idol, das 2 abendländische Jahrtausende vergegenwärtigt.«[17]

---

17 Thomas Mann, Tagebücher 1953–1955, Eintrag vom 1. 5. 1953; vgl. auch: RUPRECHT WIMMER, Der sehr große Papst, S. 107.

Robert Luff

Gedanken Meister Eckharts in der Lyrik Rainer Maria Rilkes

Trotz des allgemeinen Rückgangs der Lesekultur gehört Rainer Maria Rilke heute zu den meistgelesenen Dichtern deutscher Sprache. Davon zeugen nicht nur zahlreiche Rilke-Biografien, Webseiten und auflagenstarke Editionen, sondern auch wissenschaftliche Symposien und jüngere, genreüberschreitende Versuche Rilkes Gedichte zu vertonen und auf die Bühne zu bringen. Diese Popularisierungstendenzen sind besonders stark seit 1996 zu beobachten, denn in diesem Jahr erlosch die Urheberrechtsbindung der Texte Rilkes an den Insel-Verlag und eröffnete Musikern und Komponisten wie Richard Schönherz und Angelica Fleer oder dem Performance-Künstler Ulrich Rausch die Möglichkeit, Rilkes Werk einem breiteren Publikum näher zu bringen. Dabei lässt sich die Tendenz beobachten, vor allem die Lyrik Rainer Maria Rilkes in den Mittelpunkt zu stellen. Nur zur Erinnerung: Rilke war ein Vielschreiber und verfasste neben deutschen und französischen Gedichten auch Prosa und dramatische Werke, daneben unzählige Briefe und Schriften zu Kunst und Literatur. Dass es aber ausgerechnet die Gedichte Rilkes sind, die heutige Leser und Wissenschaftler in ihren Bann ziehen, liegt vor allem an der Tatsache, dass diese Texte Seelentrost, Hoffnung und Faszination verströmen. Sie rühren an die Geheimnisse des Lebens, be-rühren uns, lassen vieles ungesagt und schaffen doch eine Atmosphäre des Trostes, in der sich gerade der moderne und der postmoderne Mensch wieder wohl fühlen und den Bruch mit der Welt vergessen kann — einen Bruch, den keiner deutlicher spürte und erlebte als der Symbolist Rainer Maria Rilke zu Beginn des 20. Jahrhunderts.

Welche Verbindung hatte nun dieser in Prag geborene, in Deutschland, Frankreich und der Schweiz lebende und halb Europa bereisende Kosmopolit zum mystischen Denker Meister Eckhart? Die Frage ist nicht einfach zu beantworten und bedarf einer Menge an Vorüberlegungen und Eingrenzungen, denn es ist kaum möglich, Rilkes gesamtes lyrisches Werk auf genuin eckhartische Motive hin zu mustern. Dass er Gott und Religion in seinen Texten immer wieder thematisiert und umkreist, ist seit langem bekannt und wird bis in die jüngste Gegenwart hinein intensiv in der Forschung diskutiert, wie der soeben erschienene Tagungsband »Gott‹ in der Dichtung Rainer Maria Rilkes‹ belegt.[1] Dass sich Rilke aber darüber hinaus selbst im direkten Einflussbereich von Meister Eckhart sah, entnehmen wir einem Brief an Gräfin Luise Schwerin vom 5. Juni 1905, auf den GEORG STEER unlängst aufmerksam machte.[2] Da-

---

1 ›Gott‹ in der Dichtung Rainer Maria Rilkes, hg. von NORBERT FISCHER.
2 Vgl. GEORG STEER, Rainer Maria Rilke als Leser Meister Eckharts, S. 362.

rin schreibt Rilke, dass ihm nun schlagartig bewusst geworden sei, wie sehr
er, »ohne von ihm zu wissen, schon seit Jahren dieses Meisters Schüler und
Verkünder war.«[3] Er, der Dichter Rainer Maria Rilke, sei indes kein bloßer
Prophet der Lehre Meister Eckharts, sondern bleibe in der großen Bewegung,
in der Eckharts Gedanken auf Gott hin fließen, einerseits hinter dem Meister
zurück, schreite aber andererseits auch über dessen Gedanken hinaus. In dieser Doppelrolle sieht sich Rainer Maria Rilke selbst: Er verkündet Eckharts
Gedanken, wird von ihm ein Stück weit mitgerissen, bleibt an anderen Stellen
aber stehen und formt Eigenes. Exakt dieses Spannungsfeld ist es daher, das bei
den folgenden Überlegungen im Mittelpunkt stehen soll. Welche Gedanken,
Motive und Bilder Meister Eckharts finden sich in Rilkes Gedichten wieder?
Wie geht er mit diesen Motiven um? Und schließlich: Entwickelt sich Rilke
in seinem lyrischen Werk, indem er eine über die Jahre veränderte Eckhart-
Rezeption zeigt?

Methodisch muss sich die Untersuchung auf zwei Schaffensperioden Rilkes beschränken: Ausgehend von den frühen Gedichten, die hier vor allem der
Sammlung ›Das Stundenbuch‹ entnommen sind, die Rilke zwischen 1899 und
1905 zusammenstellte, soll Rilkes religiöser Kosmos an einigen besonders markanten Texten skizziert werden, bevor dann der Blick auf sein französisches
Œuvre fällt, das der Dichter im schweizerischen Wallis in seinen letzten Lebensjahren vollendete.

1. Motive Eckharts in Rilkes frühen deutschen Gedichten

Im ersten Buch der Sammlung ›Das Stundenbuch‹[4] präsentiert sich in Rilkes
Gedichten ein lyrisches Ich, das die Rolle eines einsamen russischen Mönchs
angenommen hat, der sich in einem geregelten Tagesablauf und zugleich auf
der Suche nach einer Begegnung mit Gott befindet.[5] So gesehen spielt Rilkes
›Ich‹ eine Rolle, die Meister Eckhart in Wirklichkeit vorlebte, nämlich die eines
Bruders innerhalb einer klösterlichen Gemeinschaft. Darüber hinaus verbindet
dieser russische Mönch, der zugleich Dichter und Ikonenmaler ist, in sich Religion und Künstlertum.[6] Konsequenter Weise ersetzt Rilke den ursprünglich
beabsichtigten Titel dieses Buches, ›Gebete‹, durch die prägnantere Formulierung ›Buch vom mönchischen Leben‹. Aus den Texten selbst spricht ein Ich,

---

3 Rainer Maria Rilke, Briefe in zwei Bänden, Bd. 1, S. 72–74.
4 Das Stundenbuch (frz. *Livre d'heures*) war eine im Mittelalter weit verbreitete Gebets-
   sammlung zur Strukturierung des Tagesablaufs im monastischen Bereich und bei Laien.
5 Des Weiteren nimmt dieses Ich auch die Rolle von drei italienischen Mönchen an: Fra
   Angelico, Fra Bartolomäo, vor allem aber Franz von Assisi.
6 Vgl. hierzu den Kommentar in: Rainer Maria Rilke, Werke. Kommentierte Ausgabe in
   vier Bänden, Bd. 1, S. 741.

das sich dringend nach Gott sehnt und sich zugleich als Teil einer Menschheit inszeniert, die seit Jahrtausenden auf der Suche nach Gott ist:

> »Ich lebe mein Leben in wachsenden Ringen, / die sich über die Dinge ziehn. / Ich werde den letzten vielleicht nicht vollbringen, / aber versuchen will ich ihn.
> Ich kreise um Gott, um den uralten Turm, / und ich kreise jahrtausendelang; / und ich weiß noch nicht: bin ich ein Falke, ein Sturm / oder ein großer Gesang.«[7]

Das Gedicht entstand am 20. September 1899 in der Nähe von Berlin, »am Abend, als wieder Wind und Wolken kamen«, wie Rilkes Tagebucheintrag belegt.[8] Sein Sprecher zeigt sich als Teil einer kosmischen Gemeinschaft, die – ähnlich wie ein Baum, der seine Jahresringe vollendet – um Gott kreist, der die zeitlose und unendliche Mitte, den ruhenden Pol darstellt. Die Zielrichtung dieses Kreisens ist zentrifugal auf Gott gerichtet, den »uralten Turm«, um den sich das Ich wie die Dinge – also seine Schöpfung – bewegen. Was in diesem frühen Rilke-Gedicht allerdings noch vage erscheint, ist die Gestalt, in der sich der Sprecher Gott nähern wird: als Falke, der um seinen Turm kreist, als Sturm, der diesen umtost, oder schließlich als Stimme eines außerordentlichen Dichters, als entmaterialisierter »großer Gesang«, der sich seinem Schöpfer nähert. Rilkes Ich befindet sich in den Gedichten des ›Stundenbuchs‹ im Prozess der Selbstfindung, welche oft mehrere, zum Teil konträre Entwürfe zulässt und von einigen Forschern als »Dissoziation« bezeichnet wird.[9] Wie aber soll man diese rätselhaften Bilder und Selbstentwürfe entschlüsseln, die schon der junge Rilke in einer frühen lyrischen Sammlung entwirft?

Ich meine, die gedankliche Welt Meister Eckharts kann ein Schlüssel zur Dechiffrierung von Rilkes Bildern sein: In Eckharts deutschen Predigten taucht immer wieder als zentraler Punkt die Sehnsucht nach der *unio mystica* auf, nach der Verbindung der menschlichen Seele mit Gott, welche nur im »Seelenfünklein« möglich sei, in der »obersten Vernunft«, im unaussprechbaren Kern der Seele. Dieses Seelenfünklein aber wird – wie Gott selbst – bei Eckhart wiederholt als »alle Dinge bewegende Unbeweglichkeit« beschrieben, also ähnlich wie Gott in Rilkes Text, wo er als statischer Turm inmitten eines dynamischen kosmischen Geschehens steht. Um den seelischen Zustand der obersten Vernunft auf menschlicher Seite aber zu erreichen, muss der Mensch sich nach Eckhart in einem Prozess des mystischen »Entwerdens« von der Welt lösen. In Eckharts Worten klingt das wie folgt: »Wo die Kreatur endet, da beginnt Gott zu sein. Nun begehrt Gott nichts mehr von dir, als daß du aus dir selbst ausgehst deiner kreatürlichen Seinsweise nach und Gott Gott in dir sein läßt [...] Geh' völlig aus dir selbst heraus um Gottes willen, so geht Gott völlig aus sich selbst

---

7   Rainer Maria Rilke, Werke. Kommentierte Ausgabe in vier Bänden, Bd. 1, S. 157.
8   Vgl. Rainer Maria Rilke, Werke. Kommentierte Ausgabe in vier Bänden, Bd. 1, S. 745.
9   Vgl. etwa MEINHARD PRILL, Das Stundenbuch, S. 150.

heraus, um deinetwillen.«[10] Was Meister Eckhart hier in Predigt 5b vom Menschen fordert, fasst Rainer Maria Rilke in eigene, jedoch ganz ähnliche Worte: Sein Ich befindet sich im oben zitierten Gedicht ebenfalls im Prozess des »Entwerdens«, da es zunächst noch eine kreatürliche Seinsform andeutet — im Bild eines kreisenden Falken —, sich anschließend aber zunehmend entmaterialisiert, indem es sich danach als »Sturm« entwirft, zuletzt aber als »großen Gesang«, also als materiell kaum noch anwesende, rein verbal-musikalische Emanation eines singenden, betenden oder sprechenden Menschen, den man — und das ist neu gegenüber Eckharts Gedanken — nicht mehr unbedingt als Betenden sehen muss, sondern auch als Dichter deuten kann. Dazu aber später mehr.

Die Begegnung mit Gott wird in Rilkes Sammlung ›Vom mönchischen Leben‹ also ersehnt. Wie genau sie vonstatten gehen kann, dazu wird sich Rilke in anderen Gedichten äußern. Sie stößt aber nicht selten auf Widerstände, welche Rilke in manchen Texten an den Pranger stellt — Widerstände, die vor allem mit der eindeutigen menschlichen Sprache und dem gewissenlosen menschlichen Erkenntnisdrang zu tun haben. Einer der bekanntesten dieser sprachkritischen Texte verdient besondere Beachtung. Es handelt sich dabei um das 1898 entstandene Gedicht ›Ich fürchte mich so vor der Menschen Wort‹:

> »Ich fürchte mich so vor der Menschen Wort. / Sie sprechen alles so deutlich aus: / Und dieses heißt Hund und jenes heißt Haus, / und hier ist Beginn, und das Ende ist dort.
> Mich bangt auch ihr Sinn, ihr Spiel mit dem Spott, / sie wissen alles, was wird und war; / kein Berg ist ihnen mehr wunderbar; / ihr Garten und Gut grenzt grade an Gott.
> Ich will immer warnen und wehren: Bleibt fern. / Die Dinge singen hör ich so gern. / Ihr rührt sie an: sie sind starr und stumm. / Ihr bringt mir alle die Dinge um.«

Rilkes Sprachskepsis wird in diesem Text mehr als deutlich und trifft sich mit der seines Zeitgenossen Hugo von Hofmannsthal, der in seinem fingierten ›Brief des Lord Chandos an Francis Bacon‹ von 1902 die Eindeutigkeit und schonungslose Klarheit der menschlichen Sprache anprangert und zugleich vor dem Verlust jeder mystischen Dimension menschlicher Worte warnt.[11] Rilke geht noch einen Schritt weiter und bekundet seine Angst vor dem menschlichen Wort, das nicht nur für jeden Gegenstand und jedes Lebewesen — hier paradigmatisch als »Haus« und »Hund« bezeichnet — eine semantisch eindeutige Bezeichnung gefunden habe, sondern darüber hinaus auch räumliche und zeitliche Verhältnisse sprachlich exakt abstecken könne: »Und hier ist Beginn und das Ende ist dort [...] / sie wissen alles, was wird und war.« Der menschliche Verstand, der »Sinn«, hat nahezu alles erfasst und vieles wird durch den Menschen nicht mehr ernst genommen, verspottet, ins Lächerliche gezogen. Damit aber, so kritisiert Rilke hier, verhält sich der Mensch nicht mehr demü-

---

10 Predigt 5b, DW I, S. 451.
11 Zum poetologisch-sprachkritischen Essay Hugo von Hofmannsthals, der unter dem Titel ›Ein Brief‹ steht, vgl. MATHIAS MAYER, Hugo von Hofmannsthal. Ein Brief, S. 990 f.

tig angesichts der göttlichen Wunder, sondern führt sich selber wie ein Gott auf. Die »Dinge« indes, also Gottes kreatürliche Welt, bleiben angesichts eines derart heillosen, rationalen, nur noch dem Fortschrittsglauben verpflichteten menschlichen Handelns, »stumm«, sie »singen« nicht mehr, sie verlieren ihre tiefere Bedeutung, ihre mystische Bezeichnungsfunktion über die sichtbare Wirklichkeit hinaus. Ja sie drohen sogar zu sterben und der nur noch rational handelnde und sprechende Mensch des beginnenden 20. Jahrhunderts wird so zum Mörder der Schöpfung, die der Sprecher und Freund der Dinge bewahren möchte: »Ihr bringt mir alle die Dinge um«, lautet der letzte, bedeutungsvollste Vers des Gedichts. Rilke sagt nicht: »Ihr bringt alle Dinge um«, sondern fügt ein emphatisches »mir« ein. Damit aber zeigt er, dass er durch diesen Verlust persönlich betroffen ist, dass er gerne die Dinge in mehrdeutiger Bezeichnungsfunktion erhalten möchte oder, in der Sprache eines Symbolisten: dass er sie gerne »singen« hört. Dies aber ist mit der Alltagssprache, der er hier eine klare Absage erteilt, nicht mehr möglich.[12] Rilkes Dingbegriff wurde bereits wiederholt in der Forschung diskutiert. Ich weise hier nur darauf hin, dass für ihn die Dinge die Oberfläche der Welt darstellen, hinter der das tiefe Leben wirkt, das zu erkennen nicht jedem gegeben ist. Ihre tiefere Dimension teilen diese Dinge manchmal dem aufmerksamen Betrachter mit: Er hört sie dann, in seltenen und kostbaren Momenten, »singen«.[13]

Rilkes Sprachskepsis ist hier mit einer deutlichen Zivilisationskritik verbunden, die sich vor allem in der zweiten Strophe äußert: »Kein Berg ist ihnen mehr wunderbar; / ihr Garten und Gut grenzt grade an Gott«. (II, 3–4) Wieso erwähnt der Dichter gerade den Berg, vor dem der menschliche Fortschrittsdrang nicht mehr Halt macht? Wirft man einen Blick auf die historischen Erstbesteigungen an der Schwelle des 19. zum 20. Jahrhundert, so registriert man eine wahre Flut montaner Pioniertaten: Bereits 1865 wird das Matterhorn bezwungen, 1876 folgt der Montblanc im Winter, 1889 dann der Kilimandscharo und 1899 schließlich der Mount Kenia in Afrika. Die Erstbesteigung des Mount Everest scheitert übrigens zum ersten Mal 1924. Rilke muss von diesen Erstbesteigungen, die damals in aller Munde waren, Kenntnis erhalten haben. Vor dieser historischen Folie wird nun deutlicher, worauf Rilkes Kritik abzielt: »Kein Berg ist ihnen mehr wunderbar; / ihr Garten und Gut grenzt grade an Gott.« Wenn der Mensch unbezwingbar scheinende, höchste Gipfel erklimmt, dann schwingt er sich in Rilkes Augen selbst zum Schöpfer auf, dann berührt er Gottes heiligste Geheimnisse und dringt in dessen »Garten« ein, dann zeigt er Egoismus, Genusssucht und einen Herrscherdrang, der jede Vereinigung seiner Seele mit Gott unmöglich macht. Derartige Herrschergestalten sind für

---

12 Zur frühen Absage Rilkes an die Alltagssprache und an die Erlebnislyrik vgl. Rainer Maria Rilke, Werke. Kommentierte Ausgabe in vier Bänden, Bd. 1, S. 663.

13 Zum Dingbegriff und Dingkult Rilkes in seinem mittleren und früheren Werk vgl. Rainer Maria Rilke, Werke. Kommentierte Ausgabe in vier Bänden, Bd. 1, S. 795 f.

Rilke im wahrsten Sinne des Wortes fürchterlich; er hat Angst vor ihnen, vor ihren Worten wie vor ihren Taten.

Die in Rilkes frühen Texten häufig ersehnte Begegnung mit Gott findet manchmal »an sanften Abenden« statt. Hierzu ist allerdings eine absolute Einsamkeit und Konzentration des Menschen auf das Wesentliche notwendig. Er muss dazu alle seine Gedanken ganz auf Gott ausrichten und alles Lärmende, Störende aus seinem inneren »Palast« vertreiben. Dann erst, so Rilke, ist ein Monolog hin zu Gott möglich, dann erst entfaltet sich jene Stille und schafft Raum für die »ruhige Mitte«, für Gott, der in diesen Momenten für den Menschen spürbar anwesend ist. Dies alles erfahren wir aus einem unscheinbaren zweistrophigen Gedicht, welches am 22. September 1899 »nachts« entstand:

> »Wer seines Lebens viele Widersinne / versöhnt und dankbar in ein Sinnbild faßt, / der drängt / die Lärmenden aus dem Palast, / wird *anders* festlich, und du bist der Gast, / den er an sanften Abenden empfängt.
> Du bist der Zweite seiner Einsamkeit, / die ruhige Mitte seinen Monologen; / und jeder Kreis, um dich gezogen, / spannt ihm den Zirkel aus der Zeit.«

Was Rilke hier ausspricht, sind Gedanken, wie sie sich ähnlich in Predigt Nr. 1 von Meister Eckhart wiederfinden: Dort heißt es nämlich, in Anlehnung an das Matthäus-Evangelium, dass Jesus in den Tempel ging und diejenigen hinauswarf, die da kauften und verkauften: *Intravit Jesus in templum et coepit eicere vendentes et ementes.* (Mt 21,12) Dieser Tempel, so führt Eckhart weiter aus, ist die Seele des Menschen, in der Gott herrschen möchte. Er zieht dort aber nur ein, wenn dieser Tempel frei von aller Kaufmannschaft und allem Geschrei ist, denn »will jemand anders in dem Tempel, das ist in der Seele, reden als Jesus allein, so schweigt Jesus, als sei er nicht daheim, und er ist auch nicht daheim in der Seele, denn sie hat fremde Gäste, mit denen sie redet.«[14] Erst die reine Stille der menschlichen Seele, die Bezogenheit auf sich selbst macht ihn empfangsbereit für Gott und enthebt ihn der Zeit. Rilke übernimmt diesen zentralen Gedanken Meister Eckharts und ändert lediglich das Wort »Tempel« zu »Palast«. Wir dürfen daher die nahezu wörtlichen Übereinstimmungen im Wortlaut Rilkes und Eckharts als Beleg dafür sehen, dass Rilke die QUINT-Predigt Nr. 1 kannte. Vermutlich hat er diese deutsche Predigt über die BÜTTNERsche Übersetzung kennengelernt.[15]

Die ersehnte Begegnung der menschlichen Seele mit Gott ist für den normalen Sterblichen vorwiegend im Gebet möglich, sofern er ein gläubiger Mensch ist. Für den Künstler aber stellen die Religion und ihre Riten gerade keinen gangbaren Weg zu Gott mehr dar, wie Rilke in einem seiner Tagebucheinträge von 1897 bekennt: »Die Religion ist die Kunst der Nichtschaffenden. Im Gebete werden sie produktiv: sie formen ihre Liebe und ihren Dank und ihre

---

14 So Meister Eckhart in Predigt 1, DW I, S. 431.
15 Dies vermutet GEORG STEER, Rainer Maria Rilke als Leser Meister Eckharts, S. 370.

Sehnsucht und befreien sich so [...] Der Nichtkünstler muss eine Religion – im tiefinnern Sinne – besitzen, und sei es auch nur eine, die auf gemeinsamem und historischem Vereinbaren beruht.«[16] Dies bedeutet für den Künstler Rilke, dass ein Weg zu Gott auch immer ein Weg in die eigene Innerlichkeit ist, ein Weg freilich abseits der ausgetretenen Pfade des Glaubens. Vor allem sieht Rilke die Ära der katholischen Kirche als dem Ende entgegenstrebend, als langsam verblühenden Ast am Baume Gottes:

> »Der Ast Gottes, der über Italien reicht, / hat schon geblüht. / Er hätte vielleicht / sich schon gerne, mit Früchten gefüllt, verfrüht, / doch er wurde mitten im Blühen müd, / und er wird keine Früchte haben.«[17]

Rilkes Gottesbegriff selbst ist heterodox – und dies so sehr, dass dem gläubigen Christen zahlreiche Gedichte geradezu blasphemisch erscheinen müssen. Rilke denkt Gott nicht als transzendent, sondern als immanent, als Gott der Erde, der Tiefe und des Dunkels, nicht als Person, sondern als Prinzip, als Grund allen Lebens, als im Werden begriffene elementare Kraft, etwa als das Wachsen eines großen Baumes oder das Wehen eines starken Windes, alles und jedes Ding kann so für Gott einstehen, der seinerseits als in allen Dingen immanenter Gott gedacht wird.[18] In diesem pantheistischen Weltgebäude wird zuweilen ein kausaler Bezug zwischen Gott und seiner Schöpfung sichtbar, der sich ansatzweise auch bei Meister Eckhart findet:

> »Gott, wie begreif ich diese Stunde, / als du, daß sie im Raum sich runde, / die Stimme vor dich hingestellt; / dir war das Nichts wie eine Wunde, / da kühltest du sie mit der Welt. / Jetzt heilt es leise unter uns.«[19]

Die »Stimme«, die Gott vor sich hingestellt hat, bezeichnet hier die Schöpfung durch das Wort. Gott wird hier als reinste Emanation des »Nichts« gesehen, sein Schöpfungsakt als Füllung des Nichts mit der Welt, um eine Wunde zu stillen. Auch bei Meister Eckhart entfließt die göttliche Schöpfung dem Nichts, allerdings sieht er den Schöpfungsakt im Unterschied zu Rilke nicht als Kühlung einer Wunde, sondern als Ausdruck eines »edlen Willens«: »Alle Dinge sind geschaffen aus nichts; darum ist ihr wahrer Ursprung das Nichts, und soweit sich dieser edle Wille den Kreaturen zuneigt, verfließt er mit den Kreaturen in ihr Nichts.«[20] Eine wirkliche Vereinigung der menschlichen Seele mit Gott ist für Eckhart nur außerhalb der menschlichen Kreatürlichkeit möglich, das heißt nur dann, wenn der Mensch zu seiner ursprünglichen und seinshaf-

---

16 Rainer Maria Rilke, Werke. Kommentierte Ausgabe in vier Bänden, Bd. 1, S. 737
17 Rainer Maria Rilke, Werke. Kommentierte Ausgabe in vier Bänden, Bd. 1, S. 172.
18 Vgl. hierzu den Kommentar in: Rainer Maria Rilke, Werke. Kommentierte Ausgabe in vier Bänden, Bd. 1, S. 736.
19 Rainer Maria Rilke, Werke. Kommentierte Ausgabe in vier Bänden, Bd. 1, S. 179.
20 So Meister Eckhart in Predigt 5b, DW I, S. 451.

ten »Nichtheit« zurückkehrt: »Solange der Wille unberührt steht von allen Kreaturen und von aller Beschaffenheit, ist der Wille frei.«[21] Solange aber der Mensch der Welt und dem Irdischen verhaftet bleibt, solange ist auch keine tiefe Begegnung mit Gott möglich.

Rilke findet für diesen Zustand der Nichtbegegnung Gottes mit dem Menschen eigene Worte. In der dritten Strophe des oben bereits zitierten Gedichts heißt es:

»Wir liegen lindernd auf dem Nichts / und wir verhüllen alle Risse; / du aber wächst ins Ungewisse / im Schatten deines Angesichts.«

Die Kluft zwischen Mensch und Gott ist hier deutlich spürbar: Einerseits liegen Mensch und Schöpfung lindernd auf dem »Nichts«, andererseits wächst Gott über ihn ins Unermessliche empor. Ein klein wenig überwunden wird diese Kluft jedoch durch die Aufgabe des Menschen, das Nichts auszufüllen, seine Wunden zu heilen. Dass Rilke hier über Meister Eckhart hinausgeht und ein durchaus positives Menschenbild entwirft, erkennt man auch an der Tagebuchnotiz zu diesem Gedicht, das Rilke hier kommentiert: »Und der Mönch denkt hier an die Geschichte seines eigenen Landes und fühlt, daß sie über Fiebern lag. Aber er erkennt zugleich, daß unter ihr vieles heil wurde und ruhig.«[22] Die Distanz zwischen Gott und Mensch ist also überbrückbar, eine Begegnung scheint möglich.

Und Rilke erwünscht sich diese Begegnung im ›Stundenbuch‹, wie zahlreiche Texte dieser Sammlung zeigen. Einer von ihnen soll deshalb herausgegriffen und näher betrachtet werden, weil er als programmatisch für Rilkes heterodoxen Gottesbegriff gilt und zugleich die Sehnsucht des Sprechers nach Gott und seine tiefe Dankbarkeit für Begegnungen mit Gott ausdrückt. Es handelt sich um das 1899 in Berlin-Schmargendorf entstandene Gedicht ›Ich liebe dich, du sanftestes Gesetz‹:

»Ich liebe dich, du sanftestes Gesetz, / an dem wir reiften, da wir mit ihm rangen; / du großes Heimweh, das wir nicht bezwangen, / du Wald, aus dem wir nie hinausgegangen, / du Lied, das wir mit jedem Schweigen sangen, / du dunkles Netz,
darin sich flüchtend die Gefühle fangen. / Du hast dich so unendlich groß begonnen / an jenem Tage, da du uns begannst, – / und wir sind so gereift in deinen Sonnen, / so breit geworden und so tief gepflanzt, / dass du in Menschen, Engeln und Madonnen / dich ruhend jetzt vollenden kannst.
Lass deine Hand am Hang der Himmel ruhn / und dulde stumm, was wir dir dunkel tun.«

Der Sprecher dieses Liedes sagt hier kein einziges Mal ›Gott‹ – und zeichnet ihn doch in einer ganzen Reihe atemberaubender, schöner und paradoxer Bilder,

---

21 Predigt 5b, DW I, S. 451.
22 Diese Notiz fertigte Rilke am 29.9.1899 »abends« an (vgl. Rainer Maria Rilke, Werke. Kommentierte Ausgabe in vier Bänden, Bd. 1, S. 756).

die eine nähere Betrachtung wert sind. Gleich zu Beginn erfolgt bereits eine jener für Rilke typischen widersprüchlichen Charakterisierungen der Transzendenz als »sanftestes Gesetz«. Ein Gesetz ist normalerweise nicht sanft, sondern eindeutig und streng, hart und konsequent, doch ein derart strenger und strafender Gott wie der im Alten Testament liegt Rilkes Gottesbild nicht zugrunde. Vielmehr ist das sanfte Gesetz ein Gesetz der Liebe, mit der sich der Mensch auseinandersetzen muss und an der er reift, bis er schließlich »so tief gepflanzt« ist, dass sich Gott in ihm vollenden kann. Meister Eckhart bezeichnet eine derartige Haltung in seinem Traktat ›Vom edlen Menschen‹ als die vierte Stufe in der Entwicklung des inneren Menschen, den er als weitaus wertvoller erachtet als den äußeren: »Die vierte Stufe ist es, wenn er mehr und mehr zunimmt und verwurzelt wird in der Liebe und in Gott, so dass er bereit ist, auf sich zu nehmen alle Anfechtung, Versuchung, Widerwärtigkeit und Leid-Erduldung willig und gern, begierig und freudig.«[23] Ein derart veredelter Mensch kann auf der fünften Stufe »allenthalben in sich selbst befriedet leb[en]« und auf der sechsten und letzten Stufe sein »vergängliche[s] und zeitliche[s] Leben« vergessen, um in seiner Seele Gott unverhüllt zu schauen.[24] Auch Rilke äußert in einigen seiner Texte den Gedanken, dass der Mensch seine zeitliche Begrenztheit ablegen muss, um zu Gott, der zeitlos und ewig ist, vorzudringen. So lesen wir etwa bei ihm: »Die Zeit ist wie ein welker Rand / an einem Buchenblatt. / Sie ist das glänzende Gewand, / das Gott verworfen hat.«[25] In diesem Gedicht wird die Zeit sogar in direkte Verbindung mit Luzifer gebracht, während Gott selbst aller Zeit enthoben sei.[26]

Bei all den Ähnlichkeiten und Übereinstimmungen soll jedoch auch der Blick auf die Unterschiede im Gottesbild von Rilke und Meister Eckhart fallen. Während Gott bei Eckhart häufig als »Licht in sich selbst« und leuchtende Wahrheit bezeichnet wird,[27] entwirft ihn Rilke als Gott der Dunkelheit, und dies auch im eben thematisierten Gedicht ›Ich liebe dich, du sanftestes Gesetz‹, wo Gott als »dunkles Netz« auftaucht, in dem sich die flüchtenden Gefühle des Menschen fangen, oder als dunkler Wald, »aus dem wir nie hinausgegangen«. Wieso nun diese andere, diese gegensätzliche Inszenierung Gottes bei Rilke,

---

23 VeM, DW V, S. 500.
24 Vgl. VeM, DW V, S. 500.
25 Rainer Maria Rilke, Werke. Kommentierte Ausgabe in vier Bänden, Bd. 1, S. 186.
26 Vgl. Rainer Maria Rilke, Werke. Kommentierte Ausgabe in vier Bänden, Bd. 1, S. 185 f.: »Die Engel sind das letzte Wehn / an seines Wipfels Saum; / daß sie aus seinen Ästen gehen, / ist ihnen wie ein Traum. / Sie glauben dort dem Lichte mehr / als Gottes schwarzer Kraft, / es flüchtete sich Lucifer / in ihre Nachbarschaft. // Er ist der Fürst im Land des Lichts / und seine Stirne steht / so steil am großen Glanz des Nichts, / daß er, versengten Angesichts, / nach Finsternissen fleht. / Er ist der helle Gott der Zeit, / zu dem sie laut erwacht, / und weil er oft in Schmerzen schreit / und oft in Schmerzen lacht, / glaubt sie an seine Seligkeit / und hangt an seiner Macht.«
27 So etwa in Predigt 1, DW I, S. 430.

die mit Eckhart und der Tradition bricht? Sie ist nämlich kein Einzelphänomen, sondern findet sich wiederholt in den Gedichten des ›Stundenbuchs‹, etwa im Text ›So viele Engel suchen dich im Lichte‹, an dessen Ende der Sprecher zu Gott sagt: »Ganz dunkel ist dein Mund, von dem ich wehte, / und deine Hände sind von Ebenholz.«[28] Oder im Gedicht ›Ich komme aus meinen Schwingen heim‹, dessen lyrisches Ich am Anfang bekennt: »Weit war ich, wo die Engel sind, / hoch, wo das Licht in Nichts zerrinnt, / Gott aber dunkelt tief«[29] und anschließend von »Gottes schwarzer Kraft« spricht.

Ein Blick in Rainer Maria Rilkes Tagebücher und Briefe zeigt, wie seine Lieder entstanden sind und durch welche Gotteserfahrungen sich Rilke dabei leiten ließ. Am 14. Mai 1911 schreibt er rückblickend an Marlise Gerding: »Es ist lange her, ich wohnte damals in der Nähe Berlins, halb auf dem Lande, und war mit anderen Arbeiten beschäftigt. Da stellten sich mir, seit einer ganzen Zeit schon, morgens beim Erwachen oder abends, da man die Stille hörte, Worte ein, die aus mir austraten und im Recht zu sein schienen, Gebete, wenn man will [...] [Dies waren] innere Diktate [...] ich begann eines Tages, Zeilen davon aufzuschreiben [...] und so bildete sich in steten Fortschritten das heraus, was Sie als ›Das Buch vom mönchischen Leben‹ kennen.«[30] 1921 schreibt Rilke an den Pfarrer Joseph Zimmermann: »Das ›Stundenbuch‹ ist in noch viel leidenschaftlicherem Maße [als die ›Geschichten vom lieben Gott‹] ein Versuch, die unmittelbarste Gottesbeziehung herzustellen, ja sie, aller Überlieferung zum Trotz, dem Augenblick abzuringen.«[31] Und zwölf Jahre später wendet sich Rilke an seine Vertraute Ilse Jahr und bekennt ihr: »Ich fing mit den *Dingen* an, die die eigentlichen Vertrauten meiner Kindheit gewesen sind [...] Dann aber tat sich mir Rußland auf und schenkte mir die Brüderlichkeit und das Dunkel Gottes, in dem allein Gemeinschaft ist. So *nannte* ich ihn damals auch, den über mich hereingebrochenen Gott, und lebte lange im Vorraum seines Namens, auf den Knien.«[32] Offenbar speisten sich Rilkes Texte, die in der ersten Berliner Zeit entstanden, noch von den unmittelbaren Erfahrungen, die er zuvor auf seinen ausgedehnten Russland-Reisen in den Jahren 1899 und 1900 mit dem Ehepaar Salomé sammeln konnte. Auf beiden Reisen traf sich Rilke mit zahlreichen russischen Intellektuellen, mit Künstlern und Schriftstellern, besuchte Museen, Klöster und russisch-orthodoxe Gottesdienste. Die tiefe russische Volksfrömmigkeit erschien ihm als bewundernswert vormodern; in ihr erkannte er einen dunklen, unbewussten, ständig im Werden begriffenen und gnädigen Gott,

---

28 Rainer Maria Rilke, Werke. Kommentierte Ausgabe in vier Bänden, Bd. 1, S. 172.
29 Rainer Maria Rilke, Werke. Kommentierte Ausgabe in vier Bänden, Bd. 1, S. 185.
30 Vgl. die Selbstaussagen Rilkes zu seinem Werk ebd., S. 728.
31 Vgl. die Selbstaussagen Rilkes zu seinem Werk ebd., S. 729.
32 Vgl. die Selbstaussagen Rilkes zu seinem Werk ebd., S. 730.

der sich in der unendlichen Weite des Landes verwurzelt hatte.[33] Diesen Gott stellte Rilke einige Monate später in den Gedichten des ›Stundenbuchs‹ immer wieder dar. Dabei war er sich der ungewöhnlichen, irritierenden Bilder dieses Gottesentwurfs durchaus bewusst, denn er bekennt 1911 im bereits erwähnten Brief an Marlise Gerding: »Mein Verhältnis zu Gott setzt [...] Produktivität, ja irgend ein, ich möchte sagen wenigstens privates Genie der Erfindung voraus, [...] um den Namen Gott ganz neu, irgendwo an seinem Ursprung, an seiner Quelle aufzusuchen. Dies ist etwa die Beimischung Unglauben im ›Stundenbuch‹, Unglauben nicht aus Zweifel, sondern aus Nicht-wissen und Anfängerschaft.«[34] Wohl wissend, dass diese Entwürfe eines dunklen Gottes seine Leser zu irritieren vermochten, warb Rilke um Verständnis dafür. Aus ganz anderen Gründen als Eckhart sieht er sich hier dem Vorwurf der Häresie ausgesetzt, muss sich als Laie und zu Beginn des 20. Jahrhunderts aber vor keinem Inquisitionsgericht mehr verantworten, sondern nur vor sich selbst. Am Ende seines Gedichtes wendet er sich mit einer Bitte an diesen Gott, die erneut dunkel und rätselhaft klingt: »Lass deine Hand am Hang der Himmel ruhn / und dulde stumm, was wir dir dunkel tun.« Rilke meint hier nach Ansicht einiger Interpreten die ruhige und stumme Art der Gottesbegegnung, eine demütige Verehrung und stille Betrachtung Gottes, etwa in der Weise der russischen Ikonenverehrung.[35]

Dass Gott in der Begegnung mit dem Menschen stets stumm bleibt, ist ein Charakteristikum vieler Texte des ›Stundenbuchs‹. Eine Erklärung für das notwendige Schweigen Gottes finden wir in einem programmatischen Gedicht mit dem Titel ›Gott spricht zu jedem nur, eh er ihn macht‹, welches Rilke am 4. Oktober 1899 frühmorgens und »vor jeglichen Fleiße«[36] niederschrieb:

> »Gott spricht mit jedem nur, eh er ihn macht, / dann geht er schweigend mit ihm aus der Nacht. / Aber die Worte, eh jeder beginnt, / diese wolkigen Worte sind:
> ›Von deinen Sinnen hinausgesandt / geh bis an deiner Sehnsucht Rand; / gieb mir Gewandt,
> hinter den Dingen wachse als Brand, / daß ihre Schatten, ausgespannt, / immer mich ganz bedecken.
> Laß dir alles geschehn: Schönheit und Schrecken. / Man muß nur gehen. Kein Gefühl ist das fernste. / Laß dich von mir nicht trennen. / Nah ist das Land, / das sie das Leben nennen. / Du wirst es erkennen / an seinem Ernste. / Gieb mir die Hand.‹«

---

33 Zu Rilkes Russlanderfahrung vgl. am ausführlichsten RALPH FREEDMAN, Rainer Maria Rilke, S. 140–181.

34 Rainer Maria Rilke, Werke. Kommentierte Ausgabe in vier Bänden, Bd. 1, S. 729.

35 Zur Rolle von Gehör (Lieder, Gebete), Augen (Ikonen) und Geruchssinn (aromatisierter Weihrauch) in orthodoxen Gottesdiensten vgl. www.theology.de/religionen/christliche-konfessionenimueberblick.

36 Vgl. dazu den Tagebucheintrag in: Rainer Maria Rilke, Werke. Kommentierte Ausgabe in vier Bänden, Bd. 1, S. 792.

Die verbale Zuwendung Gottes findet nach diesen Worten nur einmal statt, und zwar vor der Geburt des Menschen. Dann spricht Gott jedem Menschen eine Art formelhafte Beschwörung zu, bevor er ihn in das Leben entlässt, das hier als ernst und schrecklich, aber auch als schön und sehnsuchtsvoll bezeichnet wird. Wie fern sich der Mensch auch immer in dieses Leben hineinbegibt, Gott bleibt stets bei ihm, ist ihm Gewand und führt ihn an der Hand – sofern der Mensch dies auch zulässt und sich nicht von ihm trennt. Es ist das Bild eines versöhnlichen und guten Gottes, das Rilke hier, in einem der letzten Lieder des ›Stundenbuches‹, zeichnet. Gott bleibt zwar zeitlebens sprachlos, ist aber für den Menschen da. Und der Mensch begegnet diesem Gott auch still und ohne Worte, in höchster Hingabe und unter Ausblendung aller störenden irdischen Elemente, wie zum Beispiel seiner Sprache. In solchen Momenten der Gottesbegegnung bleiben beide Gesprächspartner, Gott und der Mensch, stumm, und deshalb muss Rilke auch paradoxe Bilder für diese Begegnung mit Gott wählen. Am häufigsten gebraucht er dabei die Formulierung des schweigend gesungenen Liedes, wie auch im eben betrachteten Gedicht ›Ich liebe dich, du sanftestes Gesetz‹, denn dort heißt es: Gott ist »das Lied, das wir mit jedem Schweigen sangen«.

Eine ähnlich stille Begegnung der menschlichen Seele mit Gott stellt Meister Eckhart in den Mittelpunkt seiner Predigt 19 ›Sta in porta domus domini et loquere verbum‹. Dort heißt es: »Der himmlische Vater spricht ein Wort und spricht es ewiglich, und in diesem Worte verzehrt er alle seine Macht, und er spricht in diesem Worte seine ganze göttliche Natur und alle Kreaturen aus. Das Wort liegt in der Seele verborgen, so dass man es nicht weiß noch hört, dafern ihm nicht in der Tiefe Gehör verschafft wird; vorher wird es nicht gehört; vielmehr müssen alle Stimmen und alle Laute hinweg, und es muss eine lautere Stille da sein, ein Stillschweigen.«[37] Was Eckhart hier betont, ist ähnlich paradox wie der Vorgang in Rilkes Gedicht: Gott spricht in die menschliche Seele, aber er tut dies‹ schweigend, und dieses eine Wort ist so unglaublich groß, dass es die gesamte göttliche Natur und die kreatürliche Welt in sich birgt. Voraussetzung für diesen ungeheuren göttlichen Sprechakt ist allerdings eine vollkommene Stille in der menschlichen Seele, wie Eckhart kurz darauf erläutert: »Alles, was in der Seele ist, soll sprechen und loben, und die Stimme soll niemand hören. In der Stille und in der Ruhe [...] , dort spricht Gott in die Seele und spricht sich ganz in die Seele. Dort gebiert der Vater seinen Sohn und hat so große Lust an dem Worte, und er hat so große Liebe dazu, dass er niemals aufhört, das Wort zu sprechen alle Zeit.«[38] Die für Eckhart so zentrale Gottesgeburt in der menschlichen Seele findet sich bei Rilke allem Anschein nach nicht mehr. An ihre Stelle treten andere Formen der Vereinigung mit Gott,

---

37 Das Zitat stammt aus Predigt 19, DW I, S.502.
38 Pr.19, DW I, S.503.

wie ein abschließender Blick auf einige zentrale deutsche und französische Gedichte des Spätwerkes zeigen soll.

2. Gedanken Eckharts im späten deutschen und französischen Werk Rilkes

Rilke verbringt seine letzten Lebensjahre in der Schweiz, genauer: im französischsprachigen Wallis in einem mittelalterlichen Turm aus dem 13. Jahrhundert bei Muzot, in der ländlichen Abgeschiedenheit und Idylle des Rhônetals. Dieser Rückzug des seit 1923 leukämiekranken Dichters stellt eine bewusste Entscheidung dar. Die Jahrzehnte zuvor waren turbulent und führten ihn nach einer gescheiterten Ehe in einer Künstlerkolonie bei Bremen für ein Jahrzehnt nach Paris zu Auguste Rodin, dessen Privatsekretär und Künstlerfreund Rilke wurde, bevor er mit ihm brach und zahlreiche Reisen nach Schweden, Dänemark, Italien, Spanien und sogar nach Nordafrika unternahm. Der Erste Weltkrieg wird von Rilke, der auf eine große Veränderung hofft, zunächst euphorisch begrüßt, führt nach persönlichen Erlebnissen des sinnlosen Gemetzels aber zu einer mehrjährigen Schaffenskrise und zum literarischen Verstummen des Dichters. Erst nach einer Lesereise durch die Schweiz fasst Rilke den spontanen Entschluss, in diesem Land zu bleiben, das ihm den notwendigen Rückzug und die Distanz zum lärmenden Europa bietet, um sich wieder ganz dem Schreiben zu widmen. Dabei bricht Rilke nach anfänglichem Zögern mit seinem bisherigen Œuvre und nimmt einen radikalen Paradigmenwechsel vor, indem er sich für die französische Sprache entscheidet. Durch das Jahrzehnt in Paris von 1904 bis 1914 beherrschte er diese Sprache ausgezeichnet, hatte aber dennoch Skrupel, seine Gedichte auch zu veröffentlichen, weil es nicht seine Muttersprache war. Erst der Briefwechsel mit dem befreundeten französischen Dichter Paul Valéry und dessen positives Urteil überzeugten Rilke schließlich davon, dass seine *Poèmes français* ebenfalls publikationswürdig waren und Rilke sogar lyrische Ausdrucksweisen in neuen Dimensionen eröffnete.[39] Die ›Walliser Vierzeiler‹ (›Les Quatrains valaisans‹) zeichnen ein durchweg positives Bild dieser von Gott begünstigten Landschaft, welche Rilke täglich an die Schöpfungsgeschichte erinnert:

> »Pays silencieux, dont les prophètes se taisent, / pays qui prépare son vin; / où les collines sentent encore la Genèse / et ne craignent pas la fin.«[40]

> »Stilles Land, dessen Propheten schweigen, / Land, das seinen Wein bereitet; / wo die Hügel noch die Schöpfungsgeschichte schmecken / und das Ende nicht fürchten!«

---

39 Vgl. hierzu den Kommentar zu Rilkes französischen Gedichten in: Rainer Maria Rilke, Werke. Kommentierte Ausgabe in vier Bänden, Supplementband, S.444–456.
40 Rainer Maria Rilke, Werke. Kommentierte Ausgabe in vier Bänden, Supplementband, S.85.

In der Tat erschien Rilke das Rhônetal als Idylle, als Vereinigung von Spanien mit der Provence, wie er in mehreren Briefen äußerte.[41] Darüber hinaus ermöglicht es ihm die Stille dieser Landschaft in idealer Weise, innere Stimmungen auszudrücken, wie er in einem Brief an Xaver von Moos vom 2. März 1922 bekennt: »Jedenfalls — so wie ich es erlebe, scheint mir das Wallis nicht allein eine der herrlichsten Landschaften, die ich je gesehen habe, — sondern auch in großartiger Weise fähig, dem Ausdruck unserer inneren Welt vielfältige Äquivalente und Entsprechungen anzubieten.«[42] In einigen seiner Walliser Gedichte spricht Rilke auch von Christus, den er als Leidenden am Kreuz verehrt, weil ihn das an das menschliche Leid seiner Gegenwart erinnert,[43] doch fällt eines auf: Rilke thematisiert in den französischen Gedichten seiner späten Walliser Zeit Gott und seine Begegnung mit dem Menschen nur noch ganz selten. Offenbar hat sich in den Jahrzehnten zwischen 1900 und 1922 seine Gottesvorstellung fundamental gewandelt.

Als Beleg für diese Vermutung können wir eine Selbstaussage Rainer Maria Rilkes heranziehen. Am 22. Februar 1922 schreibt er an Ilse Jahr, eine begeisterte Leserin des ›Stundenbuchs‹, folgende Zeilen: »Jetzt würdest du mich ihn [Gott] kaum je nennen hören, es ist eine unbeschreibliche Diskretion zwischen uns, und wo einmal Nähe war und Durchdringung, da spannen sich neue Fernen […] Das Fassliche entgeht, verwandelt sich, statt des Besitzes erlernt man den Bezug, und es entsteht eine Namenlosigkeit, die wieder bei Gott beginnen muß, um vollkommen und ohne Ausrede zu sein.«[44] Eines der ganz wenigen Gedichte dieser Walliser Zeit, in denen Rilke dennoch zum Wort ›Gott‹ findet und diesen charakterisiert, ist der schlichte zweistrophige Text ›Si l'on chante un dieu‹:

> »Si l'on chante un dieu, / ce dieu vous rend son silence. / Nul de nous ne s'avance / Que vers un dieu silencieux.
>
> Cet imperceptible échange / qui nous fait frémir, / devient l'héritage d'un ange / sans nous appartenir.«

---

41 Die einschlägigen Textstellen dieser Briefe sind abgedruckt in Rainer Maria Rilke, Werke. Kommentierte Ausgabe in vier Bänden, Supplementband, S. 500–510.

42 Rainer Maria Rilke, Werke. Kommentierte Ausgabe in vier Bänden, Supplementband, S. 509.

43 Vgl. etwa das Gedicht ›J'admire immensément la force solitaire‹ (Rainer Maria Rilke, Werke. Kommentierte Ausgabe in vier Bänden, Supplementband, S. 154), in dem das Martyrium Christi als Ausdruck göttlichen Mitleids für das tägliche Leiden der Menschen gedeutet wird.

44 Der Brief wird hier zitiert nach: Rainer Maria Rilke, Werke. Kommentierte Ausgabe in vier Bänden, Supplementband, S. 465.

»Wenn man einen Gott singt, / gibt dieser Gott einem sein Schweigen zurück. / Keiner von uns nähert sich / einem nicht schweigenden Gott. // Dieser unmerkliche Austausch, / der uns erbeben lässt, / wird zum Erbe eines Engels, / ohne uns zu gehören.«[45]

Erneut beschwört Rilke hier einen schweigenden Gott herauf, der sich mit dem Menschen austauscht — wie schon im ›Stundenbuch‹, in seiner frühen Schaffensperiode. Dieser schweigende Gott empfängt den Gesang des lyrischen Ichs: »Si l'on chante un dieu.« Offenbar hat sich die eingangs gestellte Frage »und ich weiß noch nicht: bin ich ein Falke, ein Sturm / oder ein großer Gesang« jetzt von selbst beantwortet: Der Sprecher dieses Textes, hinter dem der Autor Rilke aufscheint, sieht sich selbst als Sänger, als Dichter, als Angehöriger einer Elite und wählt deshalb auch den Singular innerhalb des Kollektivs anderer Dichter: »Nul de nous« (»keiner von uns«). Dieser Dichter wird durch seinen Gesang, also durch seine Dichtung, dazu befähigt, in einen einzigartigen Austausch mit Gott einzutreten: Er besingt Gott und erntet dafür dessen Schweigen und genau dieser leise, fast unmerkliche Austausch (französisch: »cet imperceptible échange«) ist es, der den Dichter adelt, erhöht, in die Nähe der Engel rückt. Aus diesen Versen, die Rilke an seinem Lebensabend schrieb, spricht ein großes dichterisches Selbstbewusstsein, das so natürlich nicht bei Meister Eckhart vorzufinden ist.

Dieses Selbstbewusstsein kann so deutlich artikuliert werden, dass es den Dichter in die Nähe eines Halbgottes rückt, auch wenn Rilke ihn nur widerstrebend so nennt:

»Wagt nicht, sie zu nennen! Halbgötter kaum / sind unserem dunklen Mund erlaubt [...] / Und die Seele sogar, voller Inständigkeit, / kennt nur diesen unbestimmten Engel, / der sich allmählich aufrichtet auf dem Rand / unserer Leiden: klar, schicksalhaft und stark, / nie versagend und frei von Schwindel, / aber trotz allem, er selbst, Lehenswesen / eines unbekannten und höchsten Einklangs.«

»N'osez pas les nommer! De[s] Demi-Dieux à peine / à notre bouche obscure sont permis [...] / Et l'âme même d'insistance pleine / ne connaît que cet Ange indécis / qui peu à peu s'érige sur le bord / de nos souffrances: clair, fatal et fort, / ne défaillant jamais et sans vertige, / mais malgré tout, lui-même, être-lige / d'un inconnu et souverain accord.«[46]

Der Dichter steigt hier zu einem Kontaktmedium zwischen dem göttlichen und dem irdischen Bereich auf. Sein »dunkler Mund« verweist auf die vorher erwähnte Dunkelheit Gottes, seine Aufgabe ist es, sich aufzurichten »auf dem Rand unserer Leiden«, d. h. diese Leiden zu thematisieren und sie dadurch er-

---

45 Gedicht und Übersetzung zit. nach: Rainer Maria Rilke, Werke. Kommentierte Ausgabe in vier Bänden, Supplementband, S. 16–17.
46 Rainer Maria Rilke, Werke. Kommentierte Ausgabe in vier Bänden, Supplementband, S. 326 f.

träglicher zu machen, Trost zu spenden, klar und stark zu sein und trotz seiner
Nähe zu Gott frei von Schwindel. Ein solcher Dichter kann es sich sogar erlauben, Worte auszurufen, die blasphemisch klingen, weil sie den Dichter als
einziges Verbindungsglied der Menschen zu Gott sehen und nach seinem Tod
auch jeglichen Kontakt zwischen Gott und den Menschen abbrechen lassen
und ausrufen: »Was wirst du tun, Gott?«

> »Was wirst du tun, Gott, wenn ich sterbe? / Ich bin dein Krug (wenn ich zerscherbe?) /
> Ich bin dein Trank (wenn ich verderbe?) / Bin dein Gewand und dein Gewerbe, / mit
> mir verlierst du deinen Sinn.
> Nach mir hast du kein Haus, darin / dich Worte, nah und warm, begrüßen. / Es fällt von
> deinen müden Füßen / die Samtsandale, die ich bin.
> Dein großer Mantel lässt dich los. / Dein Blick, den ich mit meiner Wange / warm, wie
> mit einem Pfühl, empfange, / wird kommen, wird mich suchen, lange – / und legt beim
> Sonnenuntergange / sich fremden Steinen in den Schoß.
> Was wirst du tun, Gott? Ich bin bange.«[47]

---

47 Dieses Gedicht stammt überraschenderweise bereits aus dem ›Stundenbuch‹ (zit. nach:
   Rainer Maria Rilke, Werke. Kommentierte Ausgabe in vier Bänden, Bd. 1, S. 176).

Friedrich-Wilhelm von Herrmann

Gelassenheit im Denken Martin Heideggers

Meister Eckhart war von früh an ein stiller Begleiter im Denken Martin Heideggers, der immer wieder aus den deutschen Schriften und Predigten Eckharts zitierte. Schließlich übernahm er in seinem 1944/45 verfassten ›Feldweggespräch‹ Eckharts Denken der Gelassenheit aus dessen Schrift ›Die rede der underscheidunge‹ in sein Ereignis-Denken und bestimmte das Wesen dieses Denkens als Gelassenheit.

Von diesem bedeutsamen systematischen Anschluss Heideggers an das Gelassenheitsdenken Meister Eckharts soll in dem folgenden Beitrag gehandelt werden.

1. Gelassenheit im Gespräch Heideggers mit Meister Eckhart

›Ἀγχιβασίη‹ lautet der Titel eines größeren Textes, den Heidegger in den Jahren 1944/45 verfasst hat in Gestalt eines Gespräches zwischen einem Forscher, einem Gelehrten und einem Weisen. Dieser Text trägt den Untertitel ›Das erste Feldweggespräch‹.[1] Verkürzt und überarbeitet veröffentlichte er dieses Gespräch zwischen den Dreien 1959 unter dem Titel ›Zur Erörterung der Gelassenheit‹ mit dem abgewandelten Untertitel ›Aus einem Feldweggespräch über das Denken‹.[2] Diese gekürzte Fassung erschien zusammen mit der 1955 zum 175. Geburtstag des Komponisten Conradin Kreutzer gehaltenen Rede ›Gelassenheit‹.[3] Spricht man von der Gelassenheit im Schrifttum und Denken Heideggers, so denkt man zuerst und zumeist nur an die Conradin-Kreutzer-Rede, in der Heidegger von der »Gelassenheit zu den technischen Dingen und der Offenheit für das Geheimnis« handelt. Was er in dieser Rede von der Gelassenheit ausführt, war für den Hörer und ist für den Leser leichter zugänglich als das Feldweggespräch von der Gelassenheit. Wollen wir aber erfahren, wie Heidegger die ›Gelassenheit in ihren wesentlichen Grundzügen‹ denkt, müssen wir uns an das ›Feldweggespräch‹ halten. Denn in diesem erarbeitet er den ›Wesensaufriß‹ dessen, was er die »Gelassenheit zur Gegnet« nennt. Erst von diesem Wesensaufriß her, der in das Grundgefüge seines Denkens hineinzeigt, können wir ermessen, was er in der Conradin-Kreutzer-Rede als Gelassenheit zu den technischen Dingen denkt.

---

1 Heidegger, Ἀγχιβασίη.
2 Heidegger, Zur Erörterung der Gelassenheit.
3 Heidegger, Gelassenheit.

Das als Obertitel für das ›Feldweggespräch‹ gewählte griechische Wort Ἀγχιβασίη hat Heidegger dem Fragment 122 des Heraklit[4] entnommen. Geläufigerweise wird es übersetzt durch »Annäherung«. Das ›Feldweggespräch‹ schließt mit der Einsicht, dass die Gelassenheit ein »In-die-Nähe-hinein-sich-einlassen« ist. Auf dem Gang des Gespräches wird die ›Gelassenheit als das Wesen des Denkens‹ erfahren. Dieses Denken ist aber primär weder das alltägliche Denken noch das Denken in den Wissenschaften, sondern das ausgezeichnete Denken, das Denken der Denker. Gesucht wird jedoch nicht ein allgemeiner Wesensbegriff vom philosophierenden Denken, gesucht wird vielmehr das Wesen des ›künftigen‹ Denkens, das freilich nur erfahren werden kann im Ausgang von einem Bedenken seines ›bisherigen‹ Wesens. Das ›künftige Wesen des Denkens‹ wird sich den Miteinandersprechenden als die »Gelassenheit zur Gegnet« zeigen. Erst wenn das künftige Wesen des ausgezeichneten Denkens als die Gelassenheit zur Gegnet erblickt ist, kann es von diesem aus auch zu einem Wandel kommen sowohl des wissenschaftlichen Denkens wie auch des Denkens in unserem lebensweltlichen Tun und Lassen.

Wenn Heidegger in der Gelassenheit das gewandelte und künftige Wesen des Denkens erblickt, knüpft er für die ›Struktur‹ dessen, was er als Gelassenheit denkt, an das Gelassenheits-Denken der Deutschen Mystik, insbesondere des Meister Eckhart an. Um aber zu verstehen, wie Meister Eckhart die Gelassenheit denkt, dürfen wir nicht an jenen Bedeutungen hängen bleiben, in denen wir heute vom Gelassensein und von der Gelassenheit sprechen. Das gleiche gilt für Heidegger und die Weise, wie er im Anschluss an Eckhart von der Gelassenheit handelt. Um nachvollziehen zu können, wie Heidegger in einer formalen Anknüpfung an Eckhart die Gelassenheit als das künftige Wesen des Denkens fasst, müssen wir uns auch Meister Eckhart und seinem Verständnis von der Gelassenheit als dem wahren Gottesverhältnis des Menschen zuwenden. Dies kann freilich nicht in der Absicht geschehen, eine Abhängigkeit Heideggers von Meister Eckhart nachzuweisen. Vielmehr muss es uns darum gehen zu verstehen, wie Heidegger im denkenden Gespräch mit Meister Eckhart an einen Grundgedanken Eckharts anschließt, um mit dessen Hilfe sein Eigenes zu denken, das sich nicht aus Meister Eckhart herleiten lässt.

2. Das Fragen nach dem Wesen des Denkens und des Menschen

In der abendländisch-europäischen Philosophie wurde von jeher im ›Denken die Auszeichnung des Menschenwesens‹ gesehen. Daher lässt sich die Frage nach dem Wesen des Denkens nicht ohne die Frage nach dem Wesen des Menschen fragen. Die eine Frage schließt die andere ein. So beginnt auch das ›Feldweggespräch‹ mit der Frage nach dem Wesen des Menschen. Auch hier wird

---

4   Heraklit, frgm. DK 22 B 122.

nicht nach einem allgemeinen, unwandelbaren Wesen gefragt, sondern nach dem geschichtlich sich wandelnden, ›künftigen Wesen des Menschen‹. Das Eigentümliche dieses erfragten Wesens beruht darin, dass es nur im ›Wegblicken vom Menschen‹ erfahren werden kann. Diese vorläufige Kennzeichnung verliert sogleich ihren Anschein des Paradoxen, wenn sich zeigt, dass sich das künftige Wesen des Menschen ›aus dem Bezug zu dem bestimmt, was nicht der Mensch ist‹. Das sich wandelnde Wesen des Menschen ist nur aus diesem Bezug erfahr- und erfassbar, d. h. aus jenem Bezug, aus dem der Mensch sein künftiges Wesen empfängt. Dieser Vorgriff auf das künftige Menschenwesen schließt das Verlassen der bisherigen, vor allem neuzeitlichen, mit Descartes einsetzenden Wesensbestimmung des Menschen ein. Descartes war der erste Denker, der das Wesen des Menschen im Ich und dessen Ichheit suchte, die er als das Selbstbewusstsein in seiner Selbstgewissheit fasste. Mit Descartes beginnt die neuzeitliche Geschichte der Wesensbestimmung des Menschen, in der das Menschenwesen in wachsender Radikalität als die Subjektivität des Subjekts gesetzt wird, des maßgeblichen Subjekts, das fortan die Welt im ganzen als Objekt für das Subjekt setzt.

Dieser mit Descartes einsetzende neuzeitliche und unsere geschichtliche Gegenwart prägende ›Wesenswandel des Menschen‹ schließt einen ›Wandel in der Wesensbestimmung des Denkens‹ ein. Das Denken wird zu jener klaren und deutlichen Verstandeseinsicht, deren Eingesehenes, d. h. Gedachtes, ihre bzw. seine Wahrheit als Gewissheit aus der Selbstgewissheit des Selbstbewusstseins empfängt. Von jetzt ab bestimmt sich das Wesen des Denkens aus dem Denken und dessen Ich. Das künftige Wesen des Denkens kann aber nur erblickt werden im Wegsehen vom Denken in dieser neuzeitlichen Prägung und im Hinsehen auf den Bezug des künftig Zudenkenden zum Denken, aus dem sich das künftige Wesen des Denkens bestimmt. Aus demselben Bezug bestimmt sich auch das künftige Wesen des Menschen.

Das aus dem neuzeitlichen, in der Subjektivität gründenden Menschenwesen sich bestimmende Wesen des Denkens kennzeichnet Heidegger als ein ›Vorstellen‹, und zwar als jenes Vorstellen, das in sich ein ›Wollen‹ ist. Der erstmals durch Descartes mitgesetzte ›Willenscharakter‹ zeigt sich besonders deutlich in der Wesensbestimmung des Denkens durch Kant, auf den Heidegger im ›Feldweggespräch‹ eigens verweist. Kant fasst in der ›Kritik der reinen Vernunft‹ den Wesensgrund des Denkens als die ›Spontaneität‹ des Selbstbewusstseins. Die Spontaneität des Selbstbewusstseins (als Wesen des reinen Verstandes) ist Selbsttätigkeit, d. h. jenes Handeln des Denkens, das in seinen Funktionen der Einheit (Kategorien) die innerräumlich-innerzeitlich erscheinenden Dinge unter seine Einigungsformen bringt. Somit erhalten die erscheinenden Dinge ihre Objekt- oder Gegenstandsstruktur aus dem kategorialen Vorstellen. Was dieses Denken denkt, sein Gedachtes, ist die reine Objektivität oder Gegenständlichkeit, die aus der Subjektivität des reinen Selbstbewusstseins entspringt. Die kategoriale Objektivität ist die Weise, wie das Erscheinende durch das Subjekt und für das Subjekt gegenständlich wird. Die Objektivität ist die kategoriale Vorgestelltheit des vom Subjekt vorgestellten Seienden. Diese Vorgestelltheit ist die aus der Subjektivität entspringende Seiendheit des Seienden.

Wird das künftige Wesen des Denkens gesucht im Wegsehen vom Denken und seinem neuzeitlichen Gepräge, so heißt das: Das ›künftige Wesen des Denkens‹ ist ›kein‹ vom ›Wollen‹, von der subjektiven Selbsttätigkeit her geprägtes ›Vorstellen‹, ja überhaupt kein Vorstellen. Demzufolge ist das, was das künftige Denken denkt, nicht von der Art der Vorgestelltheit des vorgestellten Gegenstandes, sondern Jenes, das ›von ihm aus in einem Bezug zum künftigen Wesen des Menschen‹ steht.

Das so in Gang gesetzte Fragen der drei Gesprächspartner nach dem künftigen Wesen des Denkens und des Menschen kennzeichnet sich nun selbst als ›Absage‹ an das Wollen und als ein ›Sicheinlassen auf das gesuchte Wesen‹ des Denkens und des Menschen. Statt von Absage können wir auch vom ›Ablassen‹ sprechen. Damit stoßen wir aber bereits auf die ›zwei zentralen Wesensmomente‹ dessen, was dann als ›Gelassenheit‹ erfahren werden soll. Das ›Ablassen‹ und das dadurch freiwerdende ›Sicheinlassen‹ sind jene beiden Strukturmomente, in denen Meister Eckhart die Gelassenheit denkt. Dennoch ist es vorerst nur das Fragen nach dem künftigen Wesen des Denkens, das sich als ›Ablassen‹ vom Willensgepräge der neuzeitlichen Wesensverfasstheit des Denkens versteht, um sich auf das anders verfasste Wesen des künftigen Denkens ›einlassen‹ zu können. Weil aber dieses ›suchende Fragen‹ nach dem künftigen Wesen des Denkens ›selbst auch ein Denken‹ ist, das nicht mehr ein wollendes Vorstellen ist, trägt es selbst schon die Züge des gesuchten Wesens, das sich als die ›Gelassenheit‹ erweisen wird.

Das suchende Fragen, das geführt ist von einem Vorverständnis dessen, wonach es fragt, versteht sich selbst als ein ›Wachbleiben für die Gelassenheit‹. Das will sagen: Die ›Gelassenheit‹ als das künftige Wesen des Denkens kann nicht primär vom Fragenden erweckt werden. Sie muss sich für das suchende Fragen vielmehr ›von ihr selbst her zeigen‹. In diesem ›Sich-von-ihm-selbst-her-zeigen‹, für das das Fragen wach bleibt, muss die ›Gelassenheit‹ ›Phänomen‹ werden, um die ›Gelassenheit‹ in ihrem phänomenalen Gehalt denkend aufzuschließen und ›auszulegen‹. Damit haben wir jetzt auf den ›phänomenologischen‹ und ›hermeneutischen‹ Charakter des suchenden Fragens hingedeutet. Im Vorblick auf das zu erfragende Wesen des Denkens als ›Gelassenheit‹ kennzeichnet Heidegger das ›Sich-von-ihm-selbst-her-zeigen‹ der ›Gelassenheit‹ als ein ›Zulassen‹. Um vom neuzeitlichen Wesensgepräge des Denkens und des Menschen ›ablassen‹ und sich auf das künftige Wesensgepräge des Denkens und des Menschen ›einlassen‹ zu können, bedarf es schon eines ›Zulassens‹. Denn das suchende Fragen kann die gesuchte Gelassenheit nur insofern erfragen, als das Erfragte für das Erfragen ›zugelassen wird‹. Mit dem Strukturmoment des ›Zugelassenwerdens‹ meldet sich — in Absetzung gegen das Selbstverständnis des neuzeitlichen Denkens — jene Endlichkeit des hier anhebenden

Denkens, die besagt, dass dieses Denken sich sein Zudenkendes vorgeben und zeigen lässt, nicht aber über es verfügt. Das Sichvorgeben und Sichzeigenlassen ist sein hermeneutisch-phänomenologischer Charakter.

In den jetzt schon mit Blick auf die Gelassenheit eingeführten Leitworten: ›Zulassen‹, bzw. ›Zugelassenwerden‹, ›Ablassen‹ und ›Sicheinlassen‹ ist jeweils das ›lassen‹ das tragende Wort. In diesem ›Lassen‹ könnte man das Vorherrschende einer Passivität vermuten. Stattdessen zielt das ›Lassen‹ auf so etwas wie ein ›höheres Tun‹. Als solches ist es aber auch keine Aktivität im geläufigen Sinne. Das ›Lassen‹ im ›Ablassen‹ und Sichein›lassen‹ hält sich außerhalb der Unterscheidung von Passivität und Aktivität, welcher Unterschied in den Bereich unseres willentlichen Tuns und Lassens gehört. Was dagegen als ›Gelassenheit‹ erfahren werden soll, ist selbst nicht vom Willen und Wollen bestimmt, weil es als höheres Tun unser willentliches Tun und Lassen allererst möglich macht. Zugleich deuten wir damit an, dass die ›Wesensbestimmung des Denkens und des Menschen als Gelassenheit‹ nicht etwa darauf aus ist, dem menschlichen Willen überhaupt eine Absage zu erteilen. Vielmehr geht es ›einzig‹ darum, das Wesen des Menschen und seines Denkens nicht wie in der neuzeitlichen Überlieferung aus dem Wollen und der Subjektivität zu denken.

Nachdem wir Wesensstrukturen der ›Gelassenheit‹, das ›Ablassen‹ und das ›Sicheinlassen‹, aber auch das ›Zulassen‹ kennengelernt haben, diese Strukturmomente von Heidegger aber dem ›Gelassenheits-Denken‹ des Meister Eckhart entlehnt sind, ist es nunmehr geboten, bevor wir in der Entfaltung von Heideggers ›Gelassenheits-Denken‹ fortfahren, uns erst einmal dem ›Gelassenheits-Denken‹ Eckharts zuzuwenden.

3. »lassen« und »gelassen« im Denken des Meister Eckhart

Unter den lateinischen und deutschen Schriften Meister Eckharts ist es vor allem die vor 1298 verfasste deutsche ›Die rede der underscheidunge‹,[5] auf die Heidegger zurückgreift, wenn er sich dem ›Gelassenheits-Denken‹ Eckharts zuwendet. Von den 23 längeren oder kürzeren Reden sind es besonders jene, in denen Eckhart vom ›Lassen‹ und ›Gelassensein‹ handelt, die in den erhaltenen ›Handexemplaren Heideggers‹ mit deutlichen Lesespuren, wie farbigen Anstreichungen und Randbemerkungen, versehen sind. Im ›Feldweggespräch‹ fasst Heidegger den Sinn dessen, was für Meister Eckhart ›Gelassenheit‹ besagt, zusammen als »das Abwerfen der sündigen Eigensucht und das Fahrenlassen des Eigenwillens zugunsten des göttlichen Willens«. (Gelassenheit, S. 34) In

---

5 Handexemplar Martin Heideggers: Meister Eckharts Reden der Unterscheidung, hg. von ERNST DIEDERICHS (mhd. Text). Die Seitenzahlen hinter den Auszügen aus RdU sind folgender Ausgabe entnommen: BERNHART, Reden der Unterweisung. Handexemplar Martin Heideggers. Die Kursivierung einzelner Worte stammt in den meisten Fällen vom Verf.

der ›Gelassenheit‹ denkt Eckhart das ›wahre Verhältnis des Menschen zu Gott‹, das dann ein wahres ist, wenn es vom Gott-fernen, in sich selbst verstrickten Eigenwillen ›abläßt‹ und sich dem göttlichen Willen und dessen Gewolltem ganz ›überläßt‹.

So heißt es in der 3. Rede ›Von ungelassenen Leuten, die voll Eigenwillens sind‹:

> »Da sagen die Leute oft: ›Ach ja, Herr, ich wollte gerne, ich stünde mit unserem Herrgott *auch* so gut und hätte soviel Andacht und Friede mit Gott, wie *andere* Leute haben, und daß ich's *auch* so hätte und *so* arm sein könnte‹. Oder sie sagen: ›Mit mir wird's nimmer recht, ich sei denn da oder dort und tue so oder so, muß weg von daheim in Klause oder Kloster sein‹. Wahrhaftig, an all dem bist *du selber* schuld, und weiter nichts. Es ist nur dein *Eigenwille*. Und wenn du's auch nicht weißt oder einsiehst: nimmer steht ein Unfriede auf in dir, er komme denn vom *Eigenwillen*, ob man das nun merke oder nicht. Was *wir* da meinen: der Mensch solle das *eine* fliehen, das *andere* suchen [...] – *nicht* das ist schuld, daß die *Weise* oder die Dinge dich hindern. Vielmehr: *du selber* in den Dingen bist es, was dich hindert, denn *du* hältst dich zu den Dingen *nicht in der rechten Weise*. Darum fang zuallererst bei *dir* selber an und *lasse dich!* [...] Ja, was soll er aber tun? Vor allem, er soll *sich selber lassen*, so hat er alle Dinge *gelassen*. Wahrlich, ließe ein Mensch ein Königreich, ja die ganze Welt und behielte *doch sich* selber, so hätte er *nichts gelassen*. Gibt er aber sich selber auf – er mag dann *behalten was* er will, es sei Reichtum oder Ehre oder was es sei, er hat doch alles aufgegeben [...] Denn wer seinen Willen und sich selber *läßt*, der hat alles gelassen«.[6]

Das wahre Verhältnis zu Gott erfordert ›keine Weltflucht‹, sondern ist ein ›gewandeltes‹, vom göttlichen Willen durchstimmtes Weltverhältnis. Während im unwahren Gottesverhältnis der gottferne Eigenwille den menschlichen Weltbezug prägt, wandelt sich das unwahre in ein wahres Gottesverhältnis, wenn der Mensch seinen eigensinnigen Eigenwillen aufgibt, sich ganz dem göttlichen Willen überlässt und aus diesem allein sein Weltverhältnis bestimmen lässt.

Denselben Grundgedanken der ›Gelassenheit‹ finden wir auch in der 4. Rede ›Vom Segen der Gelassenheit, die man innerlich und äußerlich üben soll‹:

> »Merke wohl, daß noch *nie* ein Mensch im Leben sich so überwand, daß ihm nicht *noch* etwas zu überwinden *übrig* blieb. *Der* Leute sind wenig, die das recht wahrnehmen und darin bestehen. Es ist ein gerechter Tausch und Handel: soweit *du ausgehst* aus den Dingen und des Deinen dich begibst, soweit [...] geht *Gott ein in dich* mit all dem Seinen«.[7]

Aus der 10. Rede ›Wie der Wille alles vermag, und wie alle Tugend am guten Willen liegt‹ können wir entnehmen, dass auch für Meister Eckhart im ›Ablassen‹ vom Eigenwillen nicht etwa das Wollen und Wünschen überhaupt aufgegeben werden soll: »Nun wirst du fragen, wann der Wille denn ein rechter Wille sei? Da ist der Wille ganz und recht, wo er ohne alle Eigenheit ist, wo

---

6 BERNHART, Reden der Unterweisung, S. 78 f.
7 BERNHART, Reden der Unterweisung, S. 80.

er sich selber *verlassen* und in den Willen Gottes eingebildet sich in ihn umgeformt hat«.[8] Nicht das Wollen und Wünschen als solches soll ›fahrengelassen‹ werden, sondern der ›Eigensinn‹ im menschlichen Willen und Wünschen. Ähnliches lesen wir in der 21. Rede ›Von geistlicher Beflissenheit‹:

> »Solange lerne man, von sich selber zu *lassen,*bis daß man nichts Eigenes mehr behält. Alles Gestürms Unfriede kommt allein vom Eigenwillen, ob man's merke oder nicht. Man soll sich selber mit seinen Kräften allen, allem Wunsch und Begehr entwerden, in Gottes guten lieben Willen begraben, mit dem allein man wollen und wünschen darf hinfort«.[9]

Die 23. Rede ›Von den Werken innerlich und äußerlich‹ schließt mit den Worten:

> »Wer allein *seinen* (Gottes) Willen hat und *seinen* (Gottes) Wunsch, der hat Frieden. Und das hat niemand, als wessen Wille ganz und gar eins ist mit Gottes Willen. Die Einigung gebe uns Gott«.[10]

Das ›lassen‹ hat für Meister Eckhart – so können wir zusammenfassen – zwei zusammengehörige Momente: 1. das ›Lassen‹ als das Fahrenlassen der Eigensucht und des Eigenwillens und 2. das sich Gott ›Überlassen‹, umwillen dessen sich das ›Fahrenlassen‹ vollzieht. Das ebenfalls von ihm verwendete ›gelassen‹ meint als Partizip Perfekt von ›lassen‹ jene Haltung und Verhaltung des Menschen, in der dieser von seinem Eigenwillen ›abgelassen‹ und sich Gott ›überlassen‹ hat. Dieselbe Bedeutung hat das Substantiv ›Gelassenheit‹; ›Gelassenheit‹ meint bei Meister Eckhart die Wesensverfasstheit dessen, der ›sich selber gelassen‹ und ›sich Gott gelassen‹ hat.

Von diesen zwei ursprünglichen und zusammengehörenden Bedeutungen, in denen Meister Eckhart und seine Schüler Heinrich Seuse sowie Johannes Tauler von der ›Gelassenheit‹ als dem wahren Gottesverhältnis handeln, heben sich die späteren, insbesondere neuhochdeutschen Bedeutungen von ›gelassen‹ und ›Gelassenheit‹ ab. Sprechen w i r von einem ›gelassenen‹ Menschen, so meinen wir, er sei beherrscht, ruhig und gefasst, unerschütterlich, leidenschaftslos oder gleichmütig. Jemand zeichnet sich durch die Haltung der ›Gelassenheit‹ aus, wenn er in allen Lebenslagen ein ›gelassenes‹ Wesen, d. h. Gleichmut an den Tag legt. Zwar scheint auch hier noch die Bedeutung des ›Ablassens-von‹ durch, aber diese und die des ›Sicheinlassens-auf‹ bilden nicht mehr den tragenden Sinn. Wenn wir bei Meister Eckhart und bei Heidegger der ›Gelassenheit‹ begegnen, dürfen wir uns nicht von der heutigen Bedeutung leiten lassen. Sowohl Eckhart wie Heidegger denken, wenn sie von der ›Gelassenheit‹ handeln, nicht an die Bewahrung des Gleichmutes und der ruhigen Gefasstheit, sondern

---

8 BERNHART, Reden der Unterweisung, S. 91.
9 BERNHART, Reden der Unterweisung, S. 120.
10 BERNHART, Reden der Unterweisung, S. 131.

– und darin kommen beide in formaler Hinsicht überein – an ein ›Ablassen umwillen eines Sichüberlassens‹.

4. Das Bedenken von Transzendenz und Horizont für den Übergang in das künftige Wesen des Denkens und seines Zudenkenden

Das künftige Wesen des Denkens (und des Menschen) wird von Heidegger im ›Ablassen‹ von der bisherigen Wesensdeutung erfragt als die ›Gelassenheit‹. Doch das ›Ablassen‹ kann hier nicht von der Art sein, dass wir der überlieferten, insbesondere der neuzeitlichen Wesensbestimmung des Denkens und seines Gedachten schlechthin den Rücken zukehren. In der Vermutung, dass das ›bisherige Wesen‹ des Denkens und seines Gedachten ›in einem sachlichen Zusammenhang‹ steht mit dem ›erfragten künftigen Wesen‹, können wir auf dem Wege eines Bedenkens des Überlieferten in das Künftige gelangen.

Während Heidegger im ›Feldweggespräch‹ bislang das neuzeitliche Denken und sein Gedachtes vor Augen hatte, weitet sich nunmehr sein geschichtlicher Rückblick aus auf die mit Platon beginnende Überlieferung, die er jetzt als das ›transzendental-horizontale Vorstellen‹ kennzeichnet. Jetzt hat das Vorstellen nicht nur die engere Bedeutung des neuzeitlichen Vorstellens, das in sich ein Wollen ist, sondern die ›weite‹ Bedeutung, die auch das Denken der Antike und mittelalterlichen Denker einschließt. In diesem weiten Sinne ist das Denken ein Vorstellen, sofern sein Vorgestelltes und Gedachtes das ›Sein‹ als das ›Wassein‹ des Seienden und dieses die ›Seiendheit‹ des Seienden ist. Im neuzeitlichen Denken bestimmt sich das Wassein des Seienden aus der Subjektivität des Subjekts. Das ›Wassein‹ in der Weise der ›platonischen Ideen‹ hat dagegen den Charakter eines ›Gesichtskreises‹ oder ›Horizontes‹. Der Horizont des Wasseins eines Seienden ist die ›Aussicht‹, in die wir denkend immer schon hineinsehen, wenn wir die Erfahrungsdinge in ihrem aus der ›Aussicht‹ bestimmten ›Aussehen‹ wahrnehmen. Der Horizont des Wasseins ›übertrifft‹ das Seiende in seinem ›Aussehen‹, ist immer schon über das Seiende hinaus. Das denkende Hineinsehen in den Wesenshorizont (Ideenhorizont) hat aber das Wahrnehmen der Dinge je schon überholt; das Hineinsehen in den Wesenshorizont ist ›früher‹ als das Wahrnehmen der Dinge, insofern das Wahrnehmen schon vom Hineinsehen in den Wesenshorizont geführt wird. Das jegliches Wahrnehmen je schon überholende denkende Hineinsehen in den Wesenshorizont hat das wahrnehmbare Seiende im vorhinein ›überstiegen‹ auf den Wesenshorizont hin. Übersteigen heißt aber lat. *transcendere*, so dass das vorstellende Hineinsehen in den Wesenshorizont ein ›transzendentales‹ Vorstellen ist.

Wenn wir nun sagen, das bisherige Denken sei verfasst als ein vorstellendes Hineinsehen in den Wesenshorizont für das Seiende, dann ist dieser ›Horizont‹ für das Wassein ein ›Offenes‹, Unverschlossenes. Was aber ist dieses ›Offene‹ selbst in seiner Offenheit‹? Mit dieser Frage, die weder Platon noch Kant gestellt hat, fragt Heidegger über die Grenze des überlieferten transzendentalhorizontalen Denkens (Vorstellens) hinaus. Zunächst kann gesagt werden: Der für das Wesensdenken je schon offene Horizont ist »nur die uns zugekehrte Seite eines uns umgebenden Offenen«,[11] das in dieser Zukehrung hinsichtlich dessen, was es an ihm selbst ist, für das Denken noch abgekehrt ist. Was ist dieses ›Offene selbst‹, wenn wir es nicht nur als den offenen Horizont denken?

5. Das Gegnen der Gegnet und die Gelassenheit

Die Antwort auf die entscheidende Frage, ›was das Offene selbst‹ sei, lautet: Das Offene selbst ist die ›einzigartige Gegend‹, »durch deren Zauber alles, was ihr gehört, zu dem zurückkehrt, worin es ruht«.[12] Was Heidegger jetzt ›die Gegend‹ nennt, heißt sonst bei ihm die ›Unverborgenheit‹, die ›Wahrheit‹ oder die ›Lichtung des Seins‹. Das Offene selbst, die ›Gegend‹ als die Lichtung für das Sein selbst, zeigt sich nunmehr als das gesuchte ›Zudenkende des künftigen Denkens‹, das kein transzendental-horizontales Vorstellen mehr ist. Erfahren wir im Denken das ›Sein des Seienden‹ nicht mehr nur als den Wesenshorizont und nicht mehr aus der Subjektivität des Subjekts, sondern ›aus der Gegend als der Lichtung‹, dann denken wir auch das ›Seiende‹ nicht mehr als Objekt, das seine Objektstruktur aus der Subjektivität empfängt. Vielmehr erfahren wir das Seiende nunmehr als ein solches, das statt dem Subjekt der ›Gegend als der Lichtung des Seins gehört‹ und aus dieser Lichtung zu seinem ›in ihm selbst beruhenden‹, weil in ihm geborgenen Was- und Wie-sein ›zurückkehrt‹.

Der ›Zauber‹ der Gegend nennt die Weise ihres ›Waltens‹. Um dieses Walten in seinem Bezug zum Seienden wie zum Menschen und dessen Denken sprachlich fassen zu können, greift Heidegger auf die ›ältere Sprachform‹ für Gegend zurück: die ›Gegnet‹. ›Das Walten der Gegend‹ oder Gegnet geschieht als ihr ›Gegnen‹. Aus dem ›Gegnen‹ als dem ›Sichöffnen des Offenen‹ denkt Heidegger das ›Wesen der Wahrheit‹, des ›Seins‹, der ›Zeit‹, des ›Raumes‹ und der ›Welt‹. Aus diesem Gegnen empfängt das Seiende seine Entborgenheit oder Offenbarkeit, seine Seinsverfassung, seine Zeitlichkeit, seine Räumlichkeit und seine Weltzugehörigkeit.

›Dieses Gegnen‹ geschieht aber ›nicht ohne das Wesen des Menschen‹ und ›seines Denkens‹. Das suchende Fragen, das sich zu Beginn des Gespräches als ein Wachbleiben für das gesuchte Wesen des Denkens, für die ›Gelassenheit‹ verstand, – dieses suchende Fragen erfährt jetzt, da es in einem ersten Anlauf das Offene selbst als die gegnende Gegend erblickt, sich selbst, sich selbst als ›aus der Gegnet in die Gegnet eingelassen‹. Es erfährt sein ›Eingelassensein‹ in die Gegnet, um sich als so ›eingelassen‹ auf die Gegnet und deren Walten ›einlassen‹ zu können. Das ›eingelassene Sicheinlassen‹ ist aber die Verfasstheit der ›Gelassenheit‹.

---

11 Heidegger, Gelassenheit, S. 37.
12 Heidegger, Gelassenheit, S. 38.

Insofern der Einblick in die ›Gelassenheit‹ herkommt aus einem ›zugelas-
senen Ablassen‹ von der bisherigen Wesensdeutung des Denkens und seines
Gedachten, gehören zur ›Gelassenheit‹ auch die Momente des ›Zugelassenwerdens‹ und des ›Eingelassenwerdens‹. Das ›Zugelassenwerden‹ kommt wie
das ›Eingelassenwerden nicht aus dem Fragenden selbst‹, sondern aus dem
Gesuchten und nunmehr Gefundenen des Fragens. Darüber hinaus kommt es
darauf an, dass das aus der ›Gelassenheit‹ sich bestimmende Denken sich nicht
nur gelegentlich auf die Gegnet einläßt, sondern sich dem Gegnen der Gegnet
›überläßt‹ und ihm ›überlassen bleibt‹.

›Die volle Wesensstruktur der Gelassenheit‹ umfasst daher: das ›Zugelassenwerden‹, das ›Ablassen‹, das ›eingelassene Sicheinlassen‹ auf die Gegnet und
das ›Überlassenbleiben‹ der Gegnet.

Das sich aus der neuzeitlichen Wesensdeutung ›loslassende‹ und somit das
künftige Wesen des Denkens ist die ›Gelassenheit‹, deren Zudenkendes das
›Walten der Gegnet‹ ist. Wie ist nun der ›einlassende Bezug der Gegnet zum
Denken‹, das ›sich‹ auf die Gegnet ›einläßt‹, zu fassen? Das Denken kann ›sich‹
nur auf das Gegnen der Gegnet ›einlassen‹, sofern es dafür aus der Gegnet in
sie ›eingelassen‹ wird. Doch auch für jeden weiteren Schritt des Denkens in
der Gegend muss das Denken in das in diesem neuen Gedankenschritt Zudenkende ›eingelassen‹ werden. Jeder Wesenszug aus dem Walten der Gegend
muss dem Denken vorgegeben werden, damit das Denken ›sich‹ auf den Wesenszug ›einlassen‹ kann. Das Vorgegebenwerden, die Vorgabe, geschieht aus
der Gegend selbst in der Weise des Sichöffnens und Sichzeigens. Damit bli-
cken wir erneut in den ›hermeneutisch-phänomenologischen‹ Charakter des
Gelassenheits-Denkens.

›Phänomenologisch‹ ist das als ›Gelassenheit sich vollziehende Denken‹, sofern es sich nur an das Sichzeigende hält, und zwar so, wie dieses sich an ihm
selbst und von ihm selbst her zeigt und d. h. Phänomen wird. ›Hermeneutisch‹
ist das Denken als das ›eingelassene Sicheinlassen‹, weil es sich in den drei Voll-
zugsbedingungen der Hermeneutik vollzieht: Das aus der Gegnet sich je und je
Zeigende ist die ›hermeneutische Vorhabe‹ des Gelassenheits-Denkens. Dieser
Vorhabe entnimmt das Denken die ›hermeneutische Vor-sicht‹, d. h. jene Hinsicht, auf die hin das in der hermeneutischen Vorhabe Sichzeigende denkend
ausgelegt werden soll. Das so in der hermeneutischen Vorhabe und Vorsicht
sich vollziehende Denken bewegt sich zugleich in einem ›Vorgriff‹ auf jene
sprachliche Begrifflichkeit, die aus dem denkend Auszulegendem geschöpft
werden soll. Die ›Gelassenheit‹ als das jetzige und künftige Wesen des Denkens ist ›von ihr selbst her‹ hermeneutisch-phänomenologisch. Der ›Ursprung
des Weges‹, den das Gelassenheits-Denken geht, sowie der ›Ursprung der Bewegung des Weges‹ und des Gehens liegt nicht im Denkenden selbst, sondern
in dem von ihm Zudenkenden. Das Zudenkende, das Offene des Seins selbst,
›lässt‹ das Denken in es selbst ›ein‹, so dass das Denken ›sich‹ auf das jeweils
sich öffnende Offene ›einlassen‹ kann.

Der ›Wesensaufriß‹ der von Heidegger gedachten ›Gelassenheit‹ schließt in sich ›fünf Strukturen des Lassens‹ zu einer Einheit zusammen: Das aus der Gegnet geschehende ›Zulassen‹ des ›Ablassens vom‹ vorstellenden Denken umwillen des aus der Gegnet geschehenden ›Eingelassenwerdens‹ des Denkens in sein ›Sicheinlassen auf‹ das Gegnen der Gegend im ›Überlassenbleiben‹ des Denkens diesem Gegnen der Gegend.

Albert Raffelt

Karl Rahner, Meister Eckhart und die ›Deutsche Mystik‹

Untersuchungen im Stile von ›Rahner und ...‹ sind nicht immer reizvoll. Bei zu selbstverständlichen Bezügen wiederholen sie nur ohnehin Offenliegendes, bei zu entlegenen wirken sie künstlich. Diese Bedenken liegen auch dem vorliegenden Text zugrunde. Die textlich abgeschlossene Karl Rahner-Gesamtausgabe[1] ermöglichte es aber doch festzustellen, dass es mehr direkte Bezüge zu Eckhart und der mittelalterlichen deutschen Mystik gibt, als auch der einigermaßen mit KARL RAHNERS Werk Vertraute wissen dürfte. So wird im Folgenden entgegen den Vorbehalten es dennoch unternommen, der Titelfrage nachzugehen. Das eigentliche Interesse der Fragestellung dürfte aber darin liegen, einen kleinen Baustein zu RAHNERS Verständnis von Mystik zu liefern.

1. Ein lebensumspannender Bezug

Beginnen wir anekdotisch. Bei einem seiner letzten großen öffentlichen Auftritte, der 80. Geburtstagsfeier in der Freiburger Katholischen Akademie im Audimax der Universität, kleidete RAHNER einen Spendenaufruf mit einem Eckhart-Zitat ein: »Ich habe vor ein paar Tagen einen Brief eines afrikanischen Priesters aus dem Urwald Tansanias bekommen. Dem armen Kerl [...] ist das Motorrad völlig kaputt gegangen, und er braucht wirklich ein neues [...] Und deswegen bitte ich Sie, wenn Sie hinausgehen und irgendeine Mark oder so etwas haben, etwas in ein Körbchen zu tun [...] Wenn Sie das tun, denn ich hab' natürlich doch den Eindruck, daß alle theologischen, gescheiten, tiefsinnigen, großartigen, ergreifenden, zu Tränen rührenden Reden immer noch nicht so wichtig sind, als wenn man, wie, glaube ich, Meister Eckhart gesagt hat, einem Armen ein Süpplein gibt«.[2] Nicht übersehen sollte man, dass es in diesem Zitat um die Forderung des ›Mystikers‹ nach praktischer Nächstenliebe geht, die vor der mystischen Beschauung angesiedelt ist: *wære der mensche alsô in einem inzucke, als sant Paulus was, und west einen siechen menschen, der eines suppelîns von im bedörfte, ich ahtete verre bezzer, daz dû liezest von minne von dem und dientest dem dürftigen in mêrer minne.*

---

1 KARL RAHNER, Sämtliche Werke, 1995 ff. – Bis Herbst 2017 sind von 32 gezählten Bänden 39 Teilbände erschienen. Es fehlt noch der Registerband SW 32/2.

2 KARL RAHNER, Nachwort (1984) [zu: Erfahrungen eines katholischen Theologen], in: SW 25, S. 58. Es handelt sich um ein Zitat aus Meister Eckharts Traktat 2, in: DW V, S. 221 f. = EW I, S. 362.

Das war ein spätes Zitat RAHNERS. Ansonsten sind Bezüge zu Meister Eckhart und zur sogenannten Deutschen Mystik am häufigsten beim jüngeren KARL RAHNER zu finden. In dem Aufsatz zu den geistlichen Sinnen in der internen Festschrift der Brüder HUGO und KARL RAHNER für ihren Vater (1928) schreibt er: »Meister Eckhart spricht in tiefsinnigen Sätzen über die Wahrnehmung Gottes im Dunkel der mystischen Beschauung durch die fünf geistlichen Sinne. Es läßt sich wohl vermuten, daß dies nicht das einzige Mal war, daß deutsche Mystiker die Spekulation der Hochscholastik aufnahmen und zur Darstellung der mystischen Beschauung benutzten«.[3]

So umspannt ein Wissen um Meister Eckhart den ganzen Lebensbogen KARL RAHNERS seit dem Beginn seines Studiums – wozu auch einige noch frühere Texte gehören.

2. Rahners frühe Rezeption der deutschen Mystik

Ein kurzer Text des Zwanzigjährigen – 60 Jahre vor dem erstzitierten Text – ist das älteste Zeugnis für RAHNERS Beschäftigung mit der mittelalterlichen deutschen Mystik. Der kleine Aufsatz – der Anlass ist unbekannt – unter dem Titel ›Innenleben‹ sei hier ganz wiedergegeben:

> »Eine Seele voll Gott hat der geistliche Mensch‹, sagte einmal einer der Gottesfreunde. Wenn die Gnade Gottes die Menschenseele heimsucht, dann kann sie keine Lust mehr finden an allen irdischen Dingen. Sie sieht mehr und mehr die Armseligkeit dessen, was sie bisher gesucht. Jeder hat ja schon viel gesucht, für viel gekämpft, viel geliebt, um viel geweint. Wenn ers fand, dann merkte er, daß es nichts ist, fand ers nicht, dann war es Torheit, es zu begehren. Jetzt sucht sie den, der allein ihr Liebe erfüllen, ihr Hunger sättigen kann, ihr Trauer fortbannen kann. Er ist im tiefsten Seelengrund. Gott. Ihm redet die Seele von ihrer Sehnsucht nach ewigem Leben, ewiger Wahrheit, grenzenloser Güte, unendlicher Schönheit. Von ihrer Ewigkeitssehnsucht, von ihrem Heimweh. Um ihm zu zeigen, daß er allein es ist, den sie suchen will, opfert sie alles, was sonst die Menschen lieben. Sie will nur Ihn allein. Alles andere ist zu klein und arm, drum gibt sie es gern her. Wenn sie ganz arm ist und nackt und bloß, dann kann sie die Hände zu ihm emporheben und Ihn bitten: Komm. Dann harrt sie auf den Tag des Herrn, auf den Tag, wo Gott, der in der Seele verborgen ist, sich ihr offenbaren wird, und sich ganz ihr schenken wird, wo Gott nicht mehr bei der Seele im Land der Verbannung sein wird, sondern die Seele bei Ihm im ewigen Leben. Doch jetzt noch muß sie warten, und die Treue ihrer Gottesliebe und Gottesfreundschaft erweisen. Ihm ihre Liebe bewahren, alles kleinachten, was nicht Er ist.
>
> So herrscht in der Seele nur Gott. Aber wo Er herrscht, kann er der Seele die Gnade geben, daß sie, die bisher die Welt fliehen mußte, um Ihn zu finden, Ihn jetzt in allen Dingen finden kann. Dann sieht sie Ihn in seiner Schöpfung, sieht Ihn in den Seelen der Mitmenschen. Sie ist wie ein Engel, der immerfort ins Angesicht Gottes schaut, und doch arbeitet und kämpft, wirkt und schafft in der Welt. –

---

3 ›Zur Geschichte der Lehre von den fünf geistlichen Sinnen‹, in: SW 1, S. 320.

Wenn beides in der Seele lebte, Gottessehnsucht, die alles flieht um Gott zu finden, und doch Gotteswirken auch die Seele antreibt, in der Welt zu schaffen und streiten fürs Gottesreich, dann wäre es wohl wahres Innenleben. Wo aber Gott wahrhaft in der Seele wohnt, wirkt Er beides. Denn Er tut auch beides, sieht sich im göttlichen Innenleben und liebt sich, und offenbart sich auch nach außen in seiner Schöpfung. Wenn die Seele so ist, dann weist alles auf Gott, die Sehnsucht und das ungestillte Verlangen der tiefsten Seele. Aber auch Welt und Mitmensch, unser Arbeiten und Schaffen, alles auf Gott, der unser wahres Innenleben ist, hier im Glauben und der Hoffnung, drüben von Angesicht zu Angesicht.« (um 1924/25, SW 1, S. 351 f.)

Das Eingangszitat stammt von Johannes Tauler:

»Was also bleibt nun dem gottförmigen Menschen? Eine Seele Gottes voll und ein Leib voll Leiden [*im blibet eine sele vol Gotz und ein licham vol lidens*]. Dann aber blickt Gott so oft wie ein Blitzstrahl in den Grund (dieses Menschen), daß ihm alles Leid noch zu gering erscheint. Und in dem Licht des plötzlich in seinen Grund kommenden Gottes erkennt der Mensch, was er tun soll, wofür er bitten oder auch was er etwa predigen soll.«[4]

Selbstverständlich findet sich in dem Text vieles, was Gemeingut der christlichen spirituellen Tradition ist. Man kann ihn etwa mit der augustinisch inspirierten, gewöhnlich ›Über die Bekehrung des Sünders‹ genannten Schrift Blaise Pascals vergleichen, um solche Traditionselemente festzustellen.[5] Aber der Bezug zur ›Rheinischen‹ Mystik ist nicht nur durch das Tauler-Zitat deutlich. Es findet sich der Kernbegriff des Seelengrundes; das Ineinander von Gottes Wirken in der Seele und Wirken nach außen, die Sicht der Schöpfung u. a. knüpfen hier gut an.

Über RAHNERS persönliche – nicht studienbedingte – Lektüren wissen wir erst Genaueres von seinen Aufzeichnungen im Juniorat an, also wohl erst etwa fünf Jahre nach diesem Text.[6] Dort liest er zur deutschen Mystik HEINRICH S. DENIFLES Ausgabe ›Das geistliche Leben. Blumenlese aus den deutschen Mystikern und Gottesfreunden des 14. Jahrhunderts‹.[7] Leider lässt sich nicht ermitteln, welche Ausgabe dieses vielfach umgearbeiteten Buches RAHNER benutzt hat. Es ist eine nach den drei Wegen der Reinigung, Erleuchtung und Vereinigung aufgebaute Anthologie vor allem aus den Schriften der dominikanischen Mystiker, aber auch Ruysbroeks und anderer. Die Quellen sind nur in einigen der Ausgaben angegeben, meist aber ausgelassen, »da die Erfahrung gelehrt hat,

---

4   Johannes Tauler, Predigten, hg. und übertragen von GEORG HOFMANN. Bd. 2, S. 405, Predigt 52 vom 13. Sonntag nach Dreifaltigkeit II. Nach der Ausgabe von FERDINAND VETTER handelt es sich um die Predigt 54, vgl. VETTER, S. 253.

5   Vgl. Blaise Pascal, Kleine Schriften zur Religion und Philosophie, S. 331–336.

6   Vgl. die Liste ›Gelesene Bücher‹ in: SW 1, S. 413–436. Zur Mystik insgesamt hat die Liste ein breites Spektrum. Das Stichwort im Sachregister S. 442 verzeichnet elf Nummern.

7   Es kämen die Ausgaben bis zur 8. Auflage infrage. – Mystikerlektüre ist in der Lektüreliste intensiv dokumentiert, etwa zur spanischen Mystik, aber auch Sekundärliteratur nimmt KARL RAHNER wahr. Vgl. das Sachregister in SW 1, S. 442.

daß den Mehrtheil der Leser nur die Sache, nicht aber die Namen der Autoren interessiere«, wie DENIFLE bemerkt.[8] So hat auch RAHNERS Lektüre dieses Buches mit einiger Sicherheit zwar Sach-, aber keine Quellenkenntnis erbringen können.

Neben den von RAHNER penibel in seiner Lektüreliste aufgezeichneten Lektüren hat er aber auch andere Ausgaben in dieser Zeit wahrgenommen. So zitiert er die Ausgabe von FRANZ PFEIFFER ›Deutsche Mystiker des vierzehnten Jahrhunderts‹, die ja vor der damals noch nicht vorliegenden Gesamtausgabe eine wichtige Quellenedition darstellte.[9]

Soweit die dokumentarische Seite. Der zitierte Kurzaufsatz ›Innenleben‹ ist aber vor allem deshalb interessant, weil er die intensivste Ausformulierung RAHNERS von Gedanken der deutschen mittelalterlichen Mystik darstellt. Beim Hinweis auf und der Interpretation dieses frühen Textes könnte man es belassen, da es ›großflächige‹ Bezugnahmen dieser Art sonst nicht mehr bei ihm gibt. Weitere Berührungspunkt ergeben sich nur durch eine detaillierte Spurensuche. So finden sich rein terminologische Bezüge auch anderswo bei RAHNER über das ganze Werk verteilt, etwa das Seelenfünklein:[10] SW 1, S. 306; SW 7, S. 30; SW 18, S. 601 (SW 32/1, S. 392, 397 mit Einschränkung, da es sich um eine Bearbeitung von OTTO KARRER handelt, wobei wiederum interessant ist, dass dieser Mystik-Kenner RAHNERsche Gedanken umgekehrt mit dieser Terminologie parallelisiert), der Seelengrund (SW 1, 125, 127, 161, 306 – z. T. verwendet zur Interpretation lateinischer Texte! –; SW 7, S. 344; SW 18, S. 249; SW 18, S. 92, 123) u. a. In diesem Zusammenhang (SW 7, S. 30) wird man evtl. auch die innere Burg der Seele eher eckhartisch denn teresianisch deuten dürfen.[11] Die (Taulerschen) Gottesfreunde sind ein anderer Fall (SW 7, S. 33); sie finden sich auch als Interpretationsbegriff in anderem Zusammenhang (SW 11, S. 189). All das beweist nur, dass RAHNER in der Terminologie zu Hause war.

3. Die Studien über die geistlichen Sinne

Fragt man genereller nach RAHNERS Verhältnis zur mystischen Tradition, so sind die frühen Studien über den Topos der ›geistlichen Sinne‹ heranzuziehen. Die Stelle darin über Meister Eckhart wurde oben schon zitiert. Die Arbeit – in

---

8 Vgl. die 3. erweiterte Auflage, S. IV. – Die Ausgabe ⁶1908 enthält wenigstens ein ›Verzeichnis der benützten deutschen Mystiker und Quellenschriften‹, die Neuausgabe von 1936 kommt zeitlich nicht mehr infrage. Sie geht auf die Erstauflage von 1873 zurück und dokumentiert die Texte mit Randmarginalien.

9 Pf., Bd. 2.

10 Die Einzeltitel sollen hier nicht aufgeführt werden, aber das Vorkommen in frühen Texten wie ›Worte ins Schweigen‹ (1938), in: SW 7, S. 4–37, sei wenigstens genannt.

11 Die *scintilla animae* SW 7, S. 107 und 337 und SW 4, S. 362 ist wohl keine so spezifische Referenz.

der französischen Originalveröffentlichung auf zwei Aufsätze verteilt —[12] geht von dem Problem der Versprachlichung religiöser Erfahrung aus (SW 1, S. 306), für die schon in der Heiligen Schrift Bilder aus der Sinneserfahrung verwendet werden. In seiner Studie geht es RAHNER aber spezifischer um Lehren, die eine »Vereinigung solcher halbbildlichen, halbwirklichen Ausdrücke zu einer Lehre von fünf wirklichen geistigen Wahrnehmungswerkzeugen der übersinnlichen, religiösen Wirklichkeiten« (ebd.) ausbilden. Das scheinbare Randthema ist immerhin in den damaligen Diskussionen um das Wesen der Mystik wieder aktualisiert worden. RAHNER verweist auf AUGUSTE POULAIN und AUGUSTE SAUDREAU. Die Entstehung und Entwicklung der Lehre braucht hier nicht im einzelnen nachverfolgt zu werden. Es sind »analoge Ausdrücke, an denen auch die unsinnlichste Mystik nicht ganz vorbei kommen wird« (SW 1, S. 314), wie RAHNER gegen WILHELM BOUSSETs Bemerkung schreibt, dass die Mystik (hier des Evagrius Ponticus) damit eine »sinnliche Färbung« bekomme.

Die Geschichte dieser Lehre ist in der lateinischen Patristik eher kümmerlich. Bei Augustinus lässt sie sich finden, allerdings kaum mit großer inhaltlicher Bedeutung. Bei der schönen Stelle in den ›Confessiones‹ 10,27 (38) *Sero te amavi* werden die meisten Leser wohl — wie RAHNER sagt — nur »einen schönen, weit ausgeführten Vergleich« finden.

Die Hochscholastik revitalisiert diese Lehre wieder. Über den Lombarden ist ein Origenes-Zitat dafür ausschlaggebend. Albertus Magnus, Hugo von Straßburg und Thomas von Aquin kennen sie und vermitteln sie der Dominikanermystik. (SW 1, S. 320)

Für RAHNERs eigene Befassung mit der Mystik dürfte die Adaptation Bonaventuras zentraler sein, die er ausführlich darstellt,[13] die in der franziskanischen Mystik (Rudolf von Biberach) intensiver weiterwirkt und vor allem auch eine Brücke zu den Jesuiten des 16. Jahrhunderts bildet. (SW 1, S. 305, 333 f.) Im Blick auf die rheinische Mystik ist es der andere Strang.

In den publizierten Texten ist auf Eckhart genauer Bezug genommen. RAHNER sieht gerade darin, dass eine ausgebildete theologische Lehre von den fünf geistlichen Sinnen bei ihm fehlt, in seiner Verwendung des Topos ein »bemerkenswertes Beispiel« für die Verbreitung dieser Lehre. Der Text, auf den RAH-

---

12 ›Le début d'une doctrine des cinq sens spirituels chez Origène‹ (1932) und ›La doctrine des ›sens spirituels‹ au Moyen-Age. En particulier chez saint Bonaventure‹ (1933); die spätere gekürzte deutsche Veröffentlichung ›Die ›geistlichen Sinne‹ nach Origenes‹ und ›Die Lehre von den ›geistlichen Sinnen‹ im Mittelalter. Der Beitrag Bonaventuras‹ (1975). Alle Fassungen in SW 1, S. 67–65, 83–147. Wir zitieren hier die ›Urfassung‹: ›Zur Geschichte der Lehre von den fünf geistlichen Sinnen‹, SW 1, S. 305–335.

13 Sie ist ihm so wichtig, dass er den sachlich zentralen Teil des Bonaventura-Aufsatzes nochmals auf Deutsch veröffentlicht hat: ›Der Begriff der ecstasis bei Bonaventura‹ (1934), in: SW 1, S. 148–163.

NER nach der Ausgabe PFEIFFERS sich bezieht,[14] ist zwar philologisch problematisch, aber das ist zu diesem Zeitpunkt vor der kritischen Ausgabe kaum
verwunderlich: *Dâ hôrt ich sunder lût, dâ sach ich sunder lieht, dâ rouch ich sunder
bewegen, dâ smaht ich des dâ niht etwas, dâ enpfant ich des dâ niht enbleib. Har nâch
wart min herze grundlôs, min sele minnelos, mîn geist formelôs und mîn nâtûre we-
selôs.*

Das Fazit von RAHNERs Bemühungen um die Speziallehre der mystischen
Tradition ist, dass sie die Möglichkeit bot, mystische Erfahrung »mit Bildern
der unmittelbaren Sinneswahrnehmung« (SW 1, S. 335) beschreibbar zu machen. Aber darin lag in ihrer ausgebildeten Gestalt auch ihre Schwäche: »Die
mystische Erfahrung bot wenig Anhalt, gerade fünf klar unterscheidbare geistige Sinne anzunehmen. Darin war diese Lehre zu aprioristisch« (ebd.). In der
gedruckten Fassung der Studie geht RAHNER darüber hinaus und fragt nach
dem Verhältnis der Metaphern zu den zugrundeliegenden Erfahrungen und
meint, »daß ein Fortschritt in dieser Frage zunächst eine Untersuchung über
den gewöhnlichen Sprachgebrauch der Mystik verlangt noch vor einer Idee der
fünf Sinne, d. h. eine Untersuchung über den ganzen Gebrauch von Bildern, die
aus der sinnlichen Erfahrung stammen«. (SW 1, S. 147)

4. Studien über mystische Phänomene

Die Aufsätze über die geistlichen Sinne sind historischer Natur, auch wenn
ein theologisches Gegenwartsinteresse dahinter steht. Etwas anderes sind die
Studien, die RAHNER in einer der ›Quaestio disputata‹ unter dem Titel ›Visionen und Prophezeiungen‹ (1952) zusammengefasst hat.[15] Auch hier steht ein
Gegenwartsinteresse im Hintergrund. Es geht um den rechten Umgang mit
dem Komplex der sogenannten ›Privatoffenbarungen‹, die im 20. Jh. insbesondere unter dem Aspekt Marienerscheinungen große Verbreitung fanden. RAH-
NER bemüht sich, die Möglichkeit göttlicher Weisungen an einzelne offenzu-
halten und eine Relativierung der Begleitphänomene – Visionen, Auditionen,

---

14 Pf., Bd. 2, S. 507. Zur philologischen Seite vgl. die editorische Anmerkung »an« in SW 1,
   S. 496.
15 SW 32/1, S. 47–113; dort eine genauere Dokumentation der Vorstufen. Die durch THEO-
   DOR BAUMANN SJ erweiterte Neuauflage von 1958 ist in SW 7, S. 208–276 ediert. Deren
   Erweiterungen berücksichtigen wir hier nicht. Eine kleine Beobachtung bei der Edition
   dieser Schrift zeigt, wie konsequent und langfristig RAHNER über Mystik gearbeitet hat.
   Das ›Direttorio mistico‹ von Giovanni Battista Scaramelli zitiert RAHNER nach einer
   französischen Ausgabe, die heutzutage in Deutschland nur in der Jesuitenbibliothek in
   Frankfurt St. Georgen nachgewiesen ist. Beim Versuch, die Stelle zu verifizieren, zeigte sich, dass dieses Exemplar aus der Jesuitenbibliothek Valkenburg stammt. Es liegt
   nahe, dass RAHNER seine Aufzeichnungen daraus in seiner Studienzeit in Valkenburg
   (1929–1933) gemacht hat und Ende der vierziger Jahre für seine oben genannten Arbeiten verwendet hat.

Telepathie u. a. m. – vorzunehmen, auch dort, wo an der Glaubwürdigkeit der Empfänger solcher Weisungen nicht gezweifelt werden muss. Gewährsleute aus der Geschichte der Mystik sind hier vor allem die großen spanischen Mystiker Teresa von Ávila und Johannes vom Kreuz, die selbst solche Relativierungen vielfach ausgesprochen haben. RAHNERS Kirchenväterkenntnis führt aber Zeugnisse bis in die früheste Zeit christlicher ›Mystik‹ an.

Die Texte aus der Geschichte der deutschen Mystik sind hier eher Belege für ausschmückende Tendenzen in der Darstellung der mystischen Erfahrung, die durchaus theologisch ›schiefe‹ Äußerungen enthalten und dies auch bei Autor(inn)en, deren persönliche Lauterkeit keinerlei Argwohn ausgesetzt ist. Dabei ist in unserem Zusammenhang besonders die mittelalterliche Frauenmystik herangezogen. RAHNER führt dort Belege aus den Schriften der Mechthild von Hackeborn, Gertrud von Helfta, Margarete Ebner u. a. an. (SW 32/1, S. 90 f.)

Die kritischen Analysen der sonstigen Begleitphänomene der Mystik – gerade hinsichtlich der damals grassierenden Marienerscheinungen (vgl. die Liste SW 32/1, S. 100 f.) – sind hier nicht mehr zu behandeln. Die Tendenz der Schrift geht in Richtung der ›prophetischen Mystik‹, der Charismen, der Funktion solcher privater Weisungen als Imperativ für den Einzelnen oder für die Kirche. Sie ist insgesamt wiederum ein Beleg für RAHNERS intensive Kenntnis der mystischen Tradition.

5. Schultheologische Absetzung

Der Vollständigkeit halber sei noch auf RAHNERS Zitation der Verurteilungen Eckharts hingewiesen. Das Werk RAHNERS ist weitgehend geprägt durch seine Aufgaben als ›Schulmeister‹, wie er es mehrfach genannt hat. Als solcher hatte er die ›Schultheologie‹ des Jesuitenordens zu vertreten. Entsprechend finden sich in den Referaten lehramtlicher Texte auch Erwähnungen der ›Errores Ekardi‹.[16] Sie werden in den Traktaten RAHNERS gewissermaßen zum Nennwert der Verurteilungen genommen und nicht historisch erläutert. Bemerkenswert ist nur, dass RAHNER generell diese Art von Verurteilungen problematisiert, so im Aufsatz ›Freiheit der Theologie und kirchliche Orthodoxie‹ (1971), einer Verteidigung des Theologen FRANZ SCHUPP:[17] »Es ist auch unmöglich und wäre letztlich ein Unsinn, so im Stil z. B. einer Verurteilung des Meister Eckehart oder des Bajus oder des Rosmini, aus diesem Werk einzelne Sätze he-

---

16 HEINRICH DENZINGER, Kompendium der Glaubensbekenntnisse und kirchlichen Lehrentscheidungen, Nr. 950–980 in der von HÜNERMANN herausgegebenen 37. Auflage von 1991 (im Folgenden zitiert als DH). In der von RAHNER herausgegebenen 31. Auflage HEINRICH DENZINGER, Enchiridion symbolorum, definitionum et declarationum de rebus fidei et morum, Nr. 501–529 (im Folgenden zitiert als D).

17 SW 22/2, S. 465–475, hier S. 470 f.

rauszuziehen, sie u. U. noch zu kommentieren und theologisch zu qualifizieren. So etwas ist, wenn überhaupt, nur möglich und gerecht, wenn von vornherein zwischen Zensurierendem, Zensuriertem und darüber hinaus auch dem Leser einer solchen Zensur eine gemeinsame Terminologie, allen als selbstverständlich bekannte und angenommene Voraussetzungen und Verständnishorizonte gemeinsam gegeben sind, so daß der Zensurierende und sein Leser die Sätze nur lesen müssen, um sie auch schon verstanden zu haben.« Der Text ist relativ spät. Sachlich findet sich eine solche Relativierung der Zensuren schon im Schöpfungscodex (1953) RAHNERS, wenn er die von Johannes XXII. verurteilten Sätze Eckharts D 501–503 / DH 951–953 als der schultheologischen These *saltem sensu obvio contrariam* anführt.[18] Nur der Vollständigkeit halber sei angefügt, dass neben diesen Thesen zur Schöpfungstheologie die »radikal neuplatonische Lehre von der Einfachheit Gottes«[19] und »jede Art einer Prädestination, in der Gott [...] zur bösen Tat bewegen würde«[20] noch kritisch angeführt werden.

6. ›Private‹ Empfehlung

Wer sich intensiver mit RAHNERS Arbeiten – nicht nur mit einzelnen Aufsätzen – beschäftigt hat, dürfte beeindruckt sein von der Materialfülle, die er rezipiert hat. Erst durch die Gesamtausgabe gerät endlich auch der große Anteil historischer Arbeiten – in der Frühzeit besonders die intensiven Kirchenväterstudien – in den Blick. Hier liegt der Grund, weshalb RAHNER auch als Vertreter der ›Schultheologie‹, die für HANS URS VON BALTHASAR eine »Wüste« war, seine geistige Breite bewahren konnte, da er hinter den abstrakten Thesen auf die große Tradition durchstieß, aus der diese letztlich hervorgegangen sind. Für eine solche Arbeit ist nötig, eine geistige Individualität zu entwickeln. Wir können das an RAHNERS Studienweg selbst exemplifizieren. Er hat dies auch empfehlend für andere dargestellt, etwa in dem Text ›SJ und Studium‹ (1. Hälfte der 40er Jahre). Dort steht: »unsere Teilnahme an der immer neuen Frage: was ist der Mensch, darf nicht *bloß* darin liegen, daß wir dogmatische Thesen darüber lernen.« Und weiter fordert er eine auf einer höheren geistigen Ebene – nicht nur Briefmarkensammeln etc. – angelegte Spezialisierung, »eine musische, echt althumanistische Liebe zu irgend einem besondern Geistigen [...] Was das ist, das ist nicht so wichtig. Die Hauptsache ist, daß es in uns die Fähigkeit geistiger und geistig selbständiger *ganzmenschlicher* lebendiger Arbeit

---

18 SW 8, S. 100: »wenigstens äußerlich gesehen anderslautende Auffassung«. Zu D 501 / DH 951 vgl. ebd. S. 87 und 97.
19 SW 17/1, S. 269 im Artikel ›Gott VI. Tradition‹ (1960) des LThK² zu D 523 f. / DH 973 f.
20 SW 17/1, S. 232 im Artikel ›Freiheit III. Kirchliches Lehramt‹ (1960) des LThK² zu D 514 / DH 964. Dazu auch im Bußcodex SW 6/2, S. 83.

wachhält.«[21] Und hier wird neben Plato, Pascal, Goethe und wenigen anderen auch Meister Eck[e]hart[22] als ein solcher Anreger genannt.

7. Der Christ der Zukunft als Mystiker?

Die Fragestellung ›Rahner und Mystik‹ wird gewöhnlich von dem Diktum RAHNERS aus angegangen, »der Fromme von morgen wird ein ›Mystiker‹ sein, einer, der etwas ›erfahren‹ hat, oder er wird nicht mehr sein«.[23] Geht man von den frühen Mystik-Studien RAHNERS aus, so ist diese Aussage keineswegs einfach. Diese sehen die Mystik nicht als den Normalfall christlichen Lebens an, so sehr sie auch eine quasi-esoterische Interpretation der Mystik oder gar eine solche, die auf außergewöhnliche Phänomene ausgeht, kritisch sehen. Nun ist der Mystiker des Zitats durch die Anführungszeichen schon relativiert, die Erläuterung durch die Erfahrung kommt hinzu. Die Tendenz des Textes geht damit zunächst einmal gegen ein Christentum ohne Erfahrung, vielleicht darf man gleich erläuternd hinzusetzen ohne Transzendenzerfahrung.

Hierzu kann man einen Text RAHNERS aus dem Jahre 1944 heranziehen: ›Über das Problem des Stufenweges zur christlichen Vollendung‹.[24] Dort wird eine Theorie des Stufenweges, die auf die mystische Erfahrung ausgerichtet ist, relativiert, »weil, empirisch gesehen, das geistliche Leben der allermeisten Christen nicht in der Mystik endet«. (SW 7, S. 310) Das Ziel des Stufenweges für den ›normalen‹ Christen ist mit den Fragen zu umschreiben »ob und wie der Mensch im Laufe seines natürlichen und sittlichen Lebens langsam die Möglichkeit gewänne, die existentielle Radikalität seines Tuns zu steigern, ob und wie er es fertig bringe, sich selbst mit der *ganzen* Wirklichkeit seines geistig-personalen Seins in *einem* Akt in Spiel zu bringen, sein Wesen wirklich bis ins letzte in einer freien Entscheidung einzuholen«. (SW 7, S. 309) Ein anderer Ausdruck dafür ist das »Wachsen in der Überwindung der Konkupiszenz«. (SW 7, S. 310)

RAHNER baut aber schon in diesem frühen Aufsatz eine Brücke zu dem bekannten späten Diktum:

> »Mit all dem soll aber nicht bestritten werden, daß auch in einem so mystisch orientieren Aufbau der Stufen des geistlichen Lebens ein richtiger Kern steckt. Wenn nämlich einerseits der Begriff der Mystik von Vorstellungen gereinigt würde, die mehr aus neu-

---

21 SW 13, S. 632–639, hier S. 638.

22 Der Hinweis ist wohl nicht nur dahergesagt: HUGO RAHNER hatte sich in den Jahren vorher recht intensiv mit Eckhart befasst, vgl. von ihm den Aufsatz ›Die Gottesgeburt. Die Lehre der Kirchenväter von der Geburt Christi aus dem Herzen der Kirche und der Gläubigen‹ (1935), S. 13–87, passim (Register S. 568).

23 ›Frömmigkeit früher und heute‹ (1966), in: SW 23, S. 31–46, hier S. 39. Vgl. dazu etwa HANSJÖRG SPLETT, Karl Rahner – ein Mystiker?, der unter dem Thema ›Mystik‹ praktisch eine Einführung in RAHNERS Theologie publiziert.

24 SW 7, S. 294–311.

platonischer Geistigkeit als aus dem Christentum stammen und auch heute noch stark im Begriff der Mystik mitschwingen, und wenn anderseits die ungeheure Steigerung der existentiellen Tiefe der Akte, die dem Menschen möglich sind, genügend gesehen würde, eine Steigerung, die auf etwas hinausläuft, was man tatsächlich mystische Erfahrung nennen könnte, und wenn in dieser Richtung dann alle Lehren eines psychischen Trainings, die in der üblichen mystischen Literatur enthalten sind, nutzbar gemacht würden, dann könnte wohl das meiste, was in der mystisch orientierten Stufentheorie enthalten ist, an der richtiger Stelle in die Lehre vom geistlichen Stufenweg hineingenommen werden, die uns hier vorschwebte.« (SW 7, S. 310 f.)

8. Spuren in den eigenen theologischen Arbeiten Rahners

Wir sind mit der Frage nach dem Christen der Zukunft als Mystiker von der Spurensuche nach Bezügen RAHNERS zur deutschen Mystik aus weitergegangen. Die Problematik zeigt aber, dass RAHNERS Mystik-Studien am Ende doch ein spezifisches geistliches und theologisches Interesse zugrunde liegt. Ersteres ist wohl der grundlegende und auch zeitlich primäre Impetus. Aber das Kundigmachen auf diesem Gebiet geschieht schon früh in theologischer Reflexion. Dafür erarbeitet sich RAHNER in seinen Studienjahren ein immenses theologiegeschichtliches Repertoire. Zu diesem gehören Autoren, die man als Mystiker bezeichnen kann, von den Wüstenvätern bis zur großen spanischen Mystik. Das Interesse erlahmt aber auch für die Gegenwart nicht. Nicht nur die zum Gutteil kritisch behandelten Beispiele in ›Visionen und Prophezeiungen‹ gehören dazu. Einen grundlegenden Text zu seinem Mystik-Verständnis hat RAHNER als Vorwort zu dem von HANS A. FISCHER-BARNICOL herausgegebenen Buch ›Das mystische Wort‹ von CARL ALBRECHT[25] beigesteuert.

Im vorigen Abschnitt haben wir die sachlich dahinterstehende Frage schon angesprochen. Es ist die Frage nach der Transzendenz-, Gottes- und Gnadenerfahrung. Sie in dieser Intensität von seiten der systematischen Theologie aus zu stellen war in der damaligen Zeit durchaus nicht selbstverständlich. Die katholische Theologie nach der Reformation hatte Schwierigkeiten mit dem Begriff der Erfahrung. Ein ›Zwei-Stockwerke-Denken‹ von Natur-Übernatur bot keinen Raum für einen erfahrungstheologischen Ansatzpunkt. Und so ist auch noch im Artikel ›Erfahrungstheologie‹ (1995) der dritten Auflage des ›Lexikons für Theologie und Kirche‹ nach den Wüstenvätern, der östlichen und westlichen Mystik — mit Hervorhebung Bernhards von Clairvaux und Bonaventuras — gleich von den Reformatoren und der evangelischen Theologie bis ins 20.

---

25 Jetzt als ›Mystische Erfahrung und mystische Theologie‹ in: SW 23, S. 261–268. – JOSEPH SUDBRACK hat in seiner Neuausgabe von KARL RAHNERS ›Visionen und Prophezeiungen‹ diesen Text und ›Transzendenzerfahrung aus katholisch-dogmatischer Sicht‹ (1978), in: SW 30, S. 207–225, als zusätzliche Arbeiten beigegeben, um das Spektrum von RAHNERS Sicht der Mystik abzubilden. Allerdings geht es dabei um die theoretische, nicht die spirituelle Seite von RAHNERS Mystik-Theologie.

Jahrhundert die Rede[26] von der theologiegeschichtlichen Entwicklung und üblichen Terminologie aus verständlich. RAHNER formuliert diese Streitfrage in der damaligen katholischen Theologie so: »ob es hinsichtlich der streng übernatürlichen, ›erhebenden‹ (aktuellen oder habituellen) Gnade ein Wissen gebe, das als Erfahrung bezeichnet werden kann [...] oder ob der Mensch von dieser Wirklichkeit, obwohl sie in ihm ist u. wirkt *nur* durch begriffliche, von außen kommende Mitteilung wissen könne«.[27] Seine im Rahmen der Schultheologie formulierte positive Deutung einer Gnadenerfahrung ist so formuliert:

> »Je seinsmäßig höher ein Akt ›ist‹, um so mehr ›ist‹ er ›bei sich‹, bewußt. Die dynamische, seinshaft erhebende Hinordnung des Geisteslebens auf das übernatürliche Ziel [...] bedeutet unter dieser Hinsicht naturnotwendig, daß das apriorische Formalobjekt, der Horizont, innerhalb dessen durch empirische Erfahrung oder durch die Glaubensbelehrung ein aposteriorisches Objekt erfaßt wird, der Gott der Gnade selbst ist, der Dynamismus des Geistes als übernatürlich erhobener intentional vom ontischen Wesen des Aktes her auf den Gott des ewigen Lebens gerichtet ist. Damit wird Gott nicht im Sinn des *Ontologismus* ›gesehen‹; er ist nur ›gegeben‹ *in* der u. *durch* die ungegenständliche Bewußtheit der übernatürlichen Finalisiertheit des Geistes auf ihn hin. Und insofern wird die Gnade ›erfahren‹ u. diese Erfahrung gehört in die Kategorie der [...] transzendentalen, d. h. apriorischen Erfahrung.« (SW 17/1, S. 257)

Was so mit schultheologischen Kategorien umschrieben ist, hat RAHNER in seinem kurzen Text ›Über die Erfahrung der Gnade‹ (1954)[28] alltagssprachlich in eindrücklicher Formulierung dargestellt. Er sucht nach der Erfahrung des Geistigen im Menschen und nennt einfache Beispiele der Selbstlosigkeit einsamer und unauffälliger Entscheidungen. Er sieht darin die Leidenschaft der geistigen Menschen und der Heiligen: »Sie wollen diese Erfahrung machen. Sie wollen sich immer wieder in einer geheimen Angst, in der Welt stecken-

---

26 ULRICH KÖPF, Erfahrungstheologie, in: LThK³ 3, Sp. 758 f. JÜRGEN WERBICK, Erfahrung II. Systematisch-theologisch, Sp. 754–756 geht der Frage in der neuzeitlichen katholischen Theologie nicht nach. Er nennt katholischerseits nur die Mystik, hier Johannes vom Kreuz. GUSTAV SIEWERTH, Erfahrung II. Religiöse Erfahrung 2–4, in: LThK² 3, Sp. 980 f. sucht – wie KARL RAHNER – die Verbindung und schreibt, über »die innerlich erfahrene Bezeugung der übernatl. Wirklichkeit. Diese ragt als Wirk- u. Zielgrund notwendig in die Vollzüge der übernatürl. Glaubens- u. Liebesakte (sowohl ›entitativ‹ als auch bewußtseinsmäßig im Hinblick auf das heute sog. ›übernatürliche Formalobjekt‹, weil die höchste Aktualität eines geistigen Aktes, seine gnadenhafte Erhebung, nicht einfach unbewußt sein kann) hinein u. schenkt entspr. E[rfahrung].« (Sp. 980) und verweist dann auf den Artikel von KARL RAHNER, Gnadenerfahrung, in: LThK² 4, Sp. 1001 f. (SW 17/1, S. 256 f.).

27 KARL RAHNER, Gnadenerfahrung (1960), in: SW 17/1, S. 256.

28 SW 5/1, S. 74–87. Wie zentral RAHNER diese Gedanken waren, zeigt neben mehrfachen Abdrucken die ›Weiterverarbeitung‹ dieses Textes in ›Alltägliche Dinge‹ (1965), in: SW 23, S. 484–487 oder auch die teilweise Übernahme in ›Erfahrung des Heiligen Geistes‹ (1977), in: SW 29, S. 38–57.

zubleiben, versichern, daß sie anfangen, im Geist zu leben. Sie haben den Geschmack des Geistes bekommen.« (SW 5/1, S. 85)

Zitieren wir noch den Schluss des Aufsatzes:

> »Suchen wir selbst in der Betrachtung unseres Lebens die Erfahrung der Gnade. Nicht um zu sagen: da ist sie; ich habe sie. Man kann sie nicht finden, um sie triumphierend als sein Eigentum und Besitztum zu reklamieren. Man kann sie nur suchen, indem man sich vergißt, man kann sie nur finden, indem man Gott sucht und sich in selbstvergessender Liebe ihm hingibt, ohne noch zu sich selbst zurückzukehren. Aber man soll sich ab und zu fragen, ob so etwas wie diese tötende und lebendigmachende Erfahrung in einem lebt, um zu ermessen, wie weit der Weg noch ist, und wie ferne wir noch von der Erfahrung des Heiligen Geistes in unserem sogenannten geistlichen Leben entfernt leben. Grandis nobis restat via. Venite et gustate, quam suavis sit Dominus! Ein weiter Weg liegt noch vor uns. Kommt und verkostet, wie lieblich der Herr ist!« (SW 5/1, S. 87)

Ich denke, dass in derartigen Texten – sie wären leicht zu vermehren – die Nähe des reifen Theologen zu dem, was der junge Novize am Anfang seiner Ausbildung geschrieben hat, zu spüren ist. Die Betrachtungen sind jetzt abgesichert durch den Panzer der Schultheologie und durch strenge Reflexion. Aber es lebt in ihnen der Impetus des Anfangs.

Derlei Texte können nun nicht direkt und ursächlich auf RAHNERs Beschäftigung mit Texten der deutschen Mystik bezogen werden. Das theologische Gerüst z. B. ist hier thomistisch (oder besser thomanisch: auf Thomas von Aquin selbst bezogen). Aber sie zeigen doch eine thematische Verbindung, die möglicherweise ohne solche Seitenimpulse nicht erfolgt wäre.

Wenn man weiter nach Nähe im Werk RAHNERs zu Texten der deutschen Mystik sucht, so könnte man z. B. an seine Ausführungen zur Einheit von Gottes- und Nächstenliebe denken. Aber man kann eben keine direkten Bezüge nachweisen. Vom Text ›Innenleben‹ aus wäre auch das Gottfinden in allen Dingen eine sachliche Nähe. Aber die ist primär ignatianisch besetzt. Und so wäre es auch bei anderen Themen, die aus vielen Quellen oder auch aus anderen Quellen stärker gespeist sind.

Schwierig ist es auch, eine strukturelle Nähe RAHNERs direkt zu Meister Eckhart zu suchen. Es gibt aber wohl eine gemeinsame Kritik an beiden: Beide sind ja dem gleichen Vorwurf ausgesetzt gewesen einer Enthistorisierung des Christentums. Die neuere Eckhartforschung hat in der Frage der ›Enthistorisierung‹ differenziert.[29] Was RAHNER anbelangt, so ist das transzendentale Denken ja eo ipso primär auf Möglichkeitsbedingungen und nicht auf konkrete geschichtliche Gestaltungen aus. RAHNERs eigene Darstellungen der gewissermaßen sekundären Anwendung der transzendentalen Methode in seiner Theologie (!) gegenüber der historischen Vorgegebenheit löst das Problem wohl nicht ganz. Man müsste (und könnte) aber inhaltlich von RAHNERs

---

29 Vgl. etwa BERNARD MCGINN, Die Mystik im Abendland, Bd. 4.

Christologie aus eine Apologetik versuchen. Denn RAHNERs Theologie geht nun einmal in ›transzendentaltheologischen‹ Überlegungen nicht auf. Besonders heranzuziehen wären etwa die einschlägigen Exerzitienmeditationen.[30] Aber das ist hier wohl unangebracht.[31]

9. Das weiselose Geheimnis

Kehren wir noch einmal zum Eingangszitat zurück. Es stammte aus einer Wortmeldung nach RAHNERs letztem Freiburger Vortrag ›Erfahrungen eines katholischen Theologen‹. Diesen Vortrag kann man selbst auf den ›mystischen‹ RAHNER hin lesen. Die Erfahrungen, die genannt sind, nennen nun nicht Eckhart oder andere Mystiker oder mystische Texte. In der dritten ist allerdings die eigene Interpretation des Ignatius von Loyola genannt, die man hier einordnen könnte. In der vierten, die sprachlich so eindrucksvoll von Tod und *visio beatifica* spricht, kommt allerdings das mystische Vokabular pointiert vor, wenn von der »ungeheure(n) schweigende(n) Leere« des Todes gesprochen wird, die doch vom »weiselosen Geheimnis« Gott erfüllt ist. Das mag etwa an Taulers Predigt 11 über die Gottsuche erinnern: »die verborgene Dunkelheit des weiselosen Gutes [*vinsternisse des wiselosen gûtes*]«.[32] Die Weiterführung: »und wenn uns dann auch noch aus diesem weiselosen Geheimnis doch das Antlitz Jesu, des Gebenedeiten erscheint und uns anblickt, und diese Konkretheit die *göttliche Überbietung* all unserer wahren Annahme der Unbegreiflichkeit des weiselosen Gottes ist«,[33] soll hier nun nicht mehr einbezogen werden. Sie würde eine kenntnisreiche Diskussion der eckhartschen Christologie verlangen, die hier nicht zu leisten ist und auch bei RAHNER nicht vorausgesetzt werden kann.[34] Mehr als ein sprachlicher Bezug, der aber auch ein starkes Erfahrungsmoment enthält, sollte damit nicht angezeigt werden.

---

30 ›Betrachtungen zum ignatianischen Exerzitienbuch‹ (1965), in: SW 13, S. 37–265 und ›Einübung priesterlicher Existenz‹ (1970), in: SW 13, S. 269–437. Die Daten geben die (späte) Publikation der Texte wieder.

31 Wie eine ›Enthistorisierung‹ des Christentums aussehen kann, die an Eckhart anknüpft, zeigt etwa MICHEL HENRY, ›Ich bin die Wahrheit‹. Allerdings müsste man auch hier die genauere philosophische Intention des Autors beachten, um Sinn und Grenze des Unternehmens richtig zu beurteilen.

32 Vgl. Johannes Tauler, Predigten, Bd. 1, S. 80, der mittelhochdeutsche Text bei VETTER, S. 54. Zur Weiselosigkeit bei Eckhart vgl. auch KARL HEINZ WITTE, Meister Eckhart, S. 72.

33 ›Erfahrungen eines katholischen Theologen‹ (1984), in: SW 25, S. 47–57, hier S. 57.

34 Vgl. dazu etwa BERNARD MCGINN, Die Mystik im Abendland, Bd. 4, S. 268–283.

Jakub Sirovátka

Bernhard Weltes Denken mit Meister Eckhart

*Ez sprichet meister Eckehart: wêger wêre ein lebemeister
denne tûsent lesemeister.* (PFEIFFER, S. 599,19 f.)[1]

BERNHARD WELTE hat in seinem Werk verschiedene Denker interpretiert wie
Thomas von Aquin, Karl Jaspers oder Martin Heidegger. Er hat sich ebenfalls
sehr intensiv mit dem Denken von Meister Eckhart auseinandergesetzt und
das auf eine überaus originelle Art und Weise. Vielleicht kommt in den Texten zu Meister Eckhart das Eigentümliche seines eigenen Denkens am Deutlichsten hervor. Dasjenige, was auch andere Leser WELTES in einem anderen
Zusammenhang festgestellt haben,[2] gilt auch hier: vieles davon, was WELTE
über Meister Eckharts Denken sagt, gilt auch für sein eigenes Denken. Be-
zeichnender Weise trägt die umfangreichste Schrift WELTES − auf die wir uns
hier vor allem stützen − zu Meister Eckhart den Titel *Meister Eckhart. Gedanken zu seinen Gedanken*.[3] Bereits dieser Titel zeigt an, dass ein selbstständiges
Mit-Denken anvisiert ist und keine gängige Interpretation dessen, was Meister
Eckhart gedacht und geschrieben hat. Denken »als Hinwendung zu der Sache,
die uns Meister Eckhart zu denken vorlegt [...] Wir wollen versuchen, in unseren Gedanken *selbst zu sehen*, was Meister Eckhart gesehen hat.«[4] In meinem
Beitrag möchte ich mich nicht so sehr auf die Frage konzentrieren, ob WELTE
Meister Eckhart richtig interpretiert. Vielmehr geht es mir darum zu zeigen,
in welcher Weise BERNHARD WELTE mit den Texten Eckharts umgeht und
welche denkerische Kraft er darin auf für sein eigenes Denken findet.[5] Das
Spezifische seines Zugangs ist in der Anwendung der p h ä n o m e n o l o g i s c h e n
Methode zu sehen, die WELTE einerseits auf die Texte Eckharts anwendet und
andererseits mit dem gegenwärtigen Denken verknüpft und darüber hinaus
noch in einen interreligiösen Dialog einbindet. In dieser Hinsicht zeigt sich
WELTE als ein kongenialer und geistesverwandter Ausleger Eckharts, da er die

---

1   »Meister Eckhart spricht: besser wäre ein Lebemeister als tausend Lesemeister« (eigene
     Übersetzung nach FREIMUT LÖSER, Meister Eckhart und seine Schüler, S. 255).
2   Vgl. z. B. KLAUS HEMMERLE, Eine Phänomenologie des Glaubens − Erbe und Auftrag
     von Bernhard Welte, S. 476.
3   Vgl. BERNHARD WELTE, Meister Eckhart. Gedanken zu seinen Gedanken (²1992).
4   Vgl. BERNHARD WELTE, Meister Eckhart. Gedanken zu seinen Gedanken (²1992), S. 33.
5   In dieser Hinsicht unterscheidet sich meine Vorgehensweise z. B. von der von MAR-
     KUS ENDERS, der in seiner neuerdings erschienenen Abhandlung danach fragt, ob denn
     WELTES Auslegung der Grundgedanken Eckharts zutreffen. Vgl. dazu MARKUS EN-
     DERS, Abgeschiedenheit − der Weg ins dunkle Licht der Gottheit.

Originalität und Radikalität des Eckhartschen Ansatzes bejaht und ihn selber auf originelle Art und Weise in seinem eigenen Denken fruchtbar macht. Es gilt, das von Eckhart Vorgedachte mit den »heutigen Gedanken« zu denken, wobei das Denken als Phänomenologie, als »Freilegen und Bergen des sich selbst Zeigenden« verstanden wird.[6]

1. Lebendige religiöse Erfahrung: Meister Eckhart als Lebemeister

Das sokratische Ideal stellt die Philosophie als eine Art von Lebenspraxis dar. Das ›theoretische Leben‹ geht aus dem praktischen hervor und soll zu ihm wieder zurückkehren. Diese Rückbindung an die konkrete Lebenswirklichkeit bejaht auch die Phänomenologie. WELTE zeigt sich als ein echter Schüler Edmund Husserls, indem er an die Einsicht anknüpft, dass die ›natürliche Welt‹, die »Lebenswelt« für den Menschen die primäre sei und als solche in der wissenschaftlichen Weltsicht immer schon vorausgesetzt werde.[7] So geht es WELTE in seinem Denken primär um eine lebendige religiöse Erfahrung und Meister Eckhart dient ihm in dieser Hinsicht als ein ausgezeichneter − als Vergil und Beatrice in einem − Wegführer. Selbstverständlich sieht WELTE, dass die Ebene der spekulativen Metaphysik von der Ebene des religiösen Vollzugs bei Eckhart nicht zu trennen ist. Die Betonung liegt jedoch eindeutig auf einer lebendig zu vollziehenden Gotteserfahrung, die mit einem bestimmten Lebensvollzug und einer bestimmten Welterfahrung verbunden ist. Um Gott in seinem tiefsten Grund erfahren zu können, bedarf es einer speziellen Einstellung des eigenen Lebens, die Meister Eckart mit dem Wort »Abgeschiedenheit« bezeichnet. Und aus diesem religiösen Vollzug heraus wächst eine neue Gottes- und Welterfahrung, die als eine »Erfahrung des Nichts« thematisiert wird. Damit sind zwei zentrale Begriffe benannt, die WELTE in der Auseinandersetzung mit dem Denken Eckharts wahrscheinlich am Stärksten herausarbeitet und hervorhebt. Deshalb stehen für WELTE im Zentrum der Aufmerksamkeit vor allem die ›Deutschen Predigten und Traktate‹, die er als »die Mitte des Ganzen« und »am dauerndsten Lebendige des Ganzen« des Eckhartschen Werks ansieht.[8] In den ›Deutschen Predigten und Traktaten‹ ist nämlich Eckhart allem voran als »Lebemeister« gegenwärtig, als ein »Meister, der Leben lehrt, Leben mit Gott im Umkreis der Welt«.[9]

---

6 Vgl. BERNHARD WELTE, Meister Eckhart, Gedanken zu seinen Gedanken (²1992), S. 33.
7 Den Begriff der Lebenswelt entwickelt Edmund Husserl z. B. in seiner Schrift ›Die Krisis der europäischen Wissenschaften und die transzendentale Phänomenologie‹ (vgl. dazu Edmund Husserl, Gesammelte Schriften, hg. von ELISABETH STRÖKER 1992, S. 105–193). Vgl. dazu auch den Satz 6.52 von Ludwig Wittgenstein: »Wir fühlen, daß selbst, wenn alle *möglichen* wissenschaftlichen Fragen beantwortet sind, unsere Lebensprobleme noch gar nicht berührt sind.« (Tractatus logico-philosophicus, S. 114).
8 Vgl. BERNHARD WELTE, Meister Eckhart, Gedanken zu seinen Gedanken (²1992), S. 31.
9 Vgl. BERNHARD WELTE, Meister Eckhart, Gedanken zu seinen Gedanken (²1992), S. 26.

Um zu sehen, was WELTE von Eckhart gelernt hat, muss man ebenfalls auf eine andere Schrift zurückgreifen, die in einer unmittelbaren zeitlichen Nähe zu seinem Eckhartbuch entstanden ist: ›Das Licht des Nichts‹.[10] Auch wenn Meister Eckhart nur auf einer Seite erwähnt wird, steht die Schrift in einem klaren sachlichen Zusammenhang mit den Eckharterörterungen. Im ›Licht des Nichts‹ wird nämlich die an Eckharts Texten erarbeitete Erfahrung des Nichts im Bezug zur radikalen, »abgeschiedenen« Unendlichkeit Gottes mit der nihilistischen Erfahrung des Nichts verknüpft. Das »göttliche« Nichts soll Licht in das nihilistische Nichts bringen. WELTE bringt so das Denken Eckharts mit der Erfahrung der Sinnlosigkeit, der Finsternis in der Moderne zusammen, um behutsam zu zeigen, dass der Ausfall der religiösen Erfahrung – die Erfahrung des Nichts – sich nicht weit entfernt von der religiösen Erfahrung des Nichts befinden muss.[11] Die Erfahrung wird als »unmittelbare Gegebenheit des zu Erfahrenden« bestimmt: »Das Erfahrene zeigt sich selber in der Erfahrung unmittelbar dem, der die Erfahrung macht.«[12] Das Unmittelbare der Erfahrung ist nach WELTE ihre »ganzheitliche Offenheit« auf die Welt hin.[13] In einer solchen Erfahrung wird die Schranke zwischen Objekt und Subjekt durchbrochen und der Mensch wird durch sie verwandelt, »sodaß er nach der Erfahrung auf eine andere Weise lebt und existiert als vorher«.[14]

2. Abgeschiedenheit und die Phänomenologie des Nichts

Die Charakterisierung der Erfahrung gilt selbstverständlich ebenfalls für die religiöse Erfahrung, um die es WELTE letzten Endes geht, und in diesem Sinne legt er auch das Denken von Meister Eckhart aus.[15] Die Wandlung, die sich nach Meister Eckhart in der rechten Beziehung zu Gott und der Welt vollziehen muss, geschieht vorzüglich durch die »Abgeschiedenheit«. Für WELTE spielt die Abgeschiedenheit eine zentrale Rolle in seiner Eckhart-Auslegung: »Die Abgeschiedenheit ist jene Verfassung des Menschen, die es diesem möglich macht, in die religiöse Grunderfahrungen einzutreten, auf die Meister Eckhart alles ankommt.«[16] Zugleich wird der Ansatz Eckharts, von der Abgeschiedenheit aus einen Zugang zu Gott freizulegen, von WELTE phänomenologisch gelesen und entfaltet.[17] Der Weg zu einer verwandelten, abgeschiedenen Einstellung zu Gott und der Welt geschieht bei Eckhart laut WELTE auf dem

---

10 Vgl. BERNHARD WELTE, Das Licht des Nichts.
11 Vgl. BERNHARD WELTE, Das Licht des Nichts, S. 20–24.
12 Vgl. BERNHARD WELTE, Das Licht des Nichts, S. 13.
13 Ebd.
14 Vgl. BERNHARD WELTE, Das Licht des Nichts, S. 17.
15 Vgl. dazu z. B. BERNHARD WELTE, Meister Eckhart, Gedanken zu seinen Gedanken (²1992), S. 56.
16 Vgl. BERNHARD WELTE, Meister Eckhart, Gedanken zu seinen Gedanken (²1992), S. 38.
17 Vgl. BERNHARD WELTE, Meister Eckhart, Gedanken zu seinen Gedanken (²1992), S. 44.

Hintergrund einer hochspekulativen Metaphysik, jedoch paradoxerweise als deren Überwindung. Überwunden werden muss eine Metaphysik, die sich als ein objektivierendes Denken, als eine »systematisierte Form des sondernden Etwas-Denkens« versteht.[18] Mit Bezug auf die Predigten 2 und 52 der ›Deutschen Werke‹[19] entfaltet WELTE sein Verständnis von der Abgeschiedenheit. Die Abgeschiedenheit in negativer Bedeutung kennzeichnet einen Menschen, der »nichts *will* und nichts *weiß* und nichts *hat*«. Dieser Satz bedarf selbstverständlich einer Erläuterung. Es geht darum, eine **bestimmte** Art des Wollens, des Wissens und des Habens abzulegen, diejenige nämlich, in der es alleine um das Kreisen des Menschen um sich selber geht: »Denn der Wille ist, sich selber Wollen in allem, was er will, das Wissen ist, sich selber Versichern in allem, was er will, und das Haben ist das sich alles zueignende Verfügen über alles.«[20] Das Ablegen dieser Formen der menschlichen Bezugnahmen zur Welt und zu sich selbst wird jedoch – in positiver Bedeutung – als eine Befreiung verstanden. Das Seinlassen stellt »reine Offenheit, reine Weite« dar. Die Worte Eckharts von der »Jungfräulichkeit und Ledigkeit« müssen nach WELTE als reine »Empfängnisbereitschaft« aufgefasst werden.[21] Der Vollzug der Abgeschiedenheit stellt den Königsweg zur der tiefsten Erfahrung des unendlichen Gottes dar. Diese Gotteserfahrung wird jedoch als eine »Erfahrung des Nichts« erfahren. Gott wird in seiner »Wüste« (*wüestunge*), in seiner »Einöde« (*einoede*), in seiner Finsternis erlebt.[22] Diese reine Negativität deutet WELTE als das Verlassen der »Objektmetaphysik«, in der immer ein bestimmtes »etwas« gedacht wird. Wer Gott jedoch in seinem Urgrund erfahren soll, muss sich in dieses »Nichts« begeben. Gott ist in dieser Hinsicht nach Eckhart »weder Güte noch Sein noch Wahrheit noch Eins [...] Er ist gar nichts, er ist weder dies noch das«.[23] Selbstverständlich ist auch für Eckhart Gott die höchste Wahrheit und das höchste Sein. Nur zielt sein Denken auf eine radikalere, überschwengliche Gotteserfahrung, in der alle Begriffe überschritten werden, da keine Begriffe mehr benötigt werden. Eckhart geht so weit zu sagen, wir sollen sogar »Gottes

---

18 Vgl. BERNHARD WELTE, Meister Eckhart, Gedanken zu seinen Gedanken (²1992), S. 73. Sowohl bei der Problematik der Überwindung der Metaphysik als auch der der Abgeschiedenheit und der Gelassenheit, ist WELTES denkerische Verbindung mit der Philosophie Martin Heideggers unübersehbar.

19 WELTE bezieht sich auf folgende Abschnitte bei Eckhart: DW I, S. 24,8–25,2; DW I, S. 25,6–26,3 und DW II, S. 486–505. Alle Übersetzungen und Originalzitate Eckharts sind entnommen aus: WELTE, Meister Eckhart: Meister Eckhart, Gedanken zu seinen Gedanken (²1992).

20 Vgl. BERNHARD WELTE, Meister Eckhart, Gedanken zu seinen Gedanken (²1992), S. 41.

21 Vgl. BERNHARD WELTE, Meister Eckhart, Gedanken zu seinen Gedanken (²1992), S. 42.

22 Vgl. dazu DW I, S. 171,12–15.

23 Vgl. DW I, S. 402,1 f.: *Und enist er noch güete noch wesen noch wârheit noch ein, waz ist er denne? Er ist nihtes niht, er enist weder diz noch daz.*

ledig werden«.[24] Auch diesem äußersten Wort Eckharts vermag WELTE einen plausiblen Sinn abzuringen: angesichts der reinen Gegenwart Gottes bedarf es auch nicht »Gottes als einen Gedankens, eines Begriffs«.[25] Der ganz abgeschiedene Mensch, der »nichts denkt, nichts will und nichts hat«, versinkt in die »reine Stille und Leere und Offenheit«, er versinkt in »die Weite und Stille des Nichts, die von keinem Etwas mehr getrübt wird«.[26]

Der Begriff der Abgeschiedenheit, den der spätere Heidegger in seinem Wort von der »Gelassenheit« wiederaufnimmt,[27] knüpft an die berühmte Aufforderung Plotins an die Seele, die sich zum Einen aufschwingen soll: ἄφελε πάντα, »lass ab von Allem« (›Enneade‹ V, 3, 17). Mit diesem Imperativ scheint der Verlust der eigenen Subjekthaftigkeit einherzugehen – ein Vorwurf, der auch Meister Eckharts Denken gemacht worden ist. Dem könnte das Bild vom »ewigen Sabbat« entgegengehalten werden, das Augustinus im 13. Buch der ›Confessiones‹ entwirft.[28] Das Bild eines eschatologischen Friedens am Ende der Zeiten besteht in einem gegenseitigen Ruhen von Menschen und Gott. Der Mensch, der von Augustinus als *cor inquietum* (conf. 1,1) charakterisiert wird, sehnt sich nach einer letzten Ruhe in Gott und zwar sowohl im individualeschatologischen als auch sozialeschatologischen Sinne.[29] Dieser »ewige Sabbat« wird jedoch nicht nur als das Ruhen des Menschen in Gott beschrieben, sondern auch als das Ruhen Gottes im Menschen: »dann nämlich sogar wirst du in der Weise in *uns ruhen*, in der du gegenwärtig auch in *uns wirkst*, genau in der Weise, wie ja auch diese deine *Werke* durch *uns* hindurch vermittel sind.« (conf. 13, 52)[30] WELTES Veständnis von Eckharts Abgeschiedenheit lässt sich sehr gut mit dem Bild Augustins in Verbindung bringen. WELTE betont nämlich, dass man Meister Eckhart missverstehen würde, wollte man seine Gedanken zur Abgeschiedenheit im Sinne des Auflösens der eigenen Individualität auffassen. Wenn in der Erfahrung des Nichts als des Abgrundes der Gottheit von der Überwindung der Subjektivität gesprochen wird, dann ausschließlich im Sinne »des Bestehens des Menschen auf sich selbst«.[31] Dasjenige, was über-

---

24 Vgl. DW II, S. 493,8: *daz wir gotes quit werden.*
25 Vgl. BERNHARD WELTE, Meister Eckhart, Gedanken zu seinen Gedanken (²1992), S. 80.
26 Vgl. BERNHARD WELTE, Meister Eckhart, Gedanken zu seinen Gedanken (²1992), S. 79.
27 Vgl. dazu z. B. FRIEDRICH-WILHELM VON HERRMANN, ›Gelassenheit‹ bei Heidegger und Meister Eckhart.
28 Zum Bild des »ewigen Sabbat« vgl. CHRISTOF MÜLLER, Confessiones 13: ›Der ewige Sabbat‹ – die eschatologische Ruhe als Ziel der Schöpfung.
29 Vgl. CHRISTOF MÜLLER, Confessiones 13: ›Der ewige Sabbat‹ – die eschatologische Ruhe als Ziel der Schöpfung, S. 165.
30 Vgl. ebd.: *etiam tunc enim sic requiesces in nobis, quemadmodum nunc operaris in nobis, et ita erit illa requies tua per nos, quemadmodum sunt ista opera tua per nos.* Die Übersetzung wurde von CHRISTOF MÜLLER übernommen, der sich an die Übersetzung von JOSEPH BERNHART anlehnt (vgl. Augustinus, Confessiones. Bekenntnisse, Lat.-dt., eingel., übers. und erl. von JOSEPH BERNHART).
31 Vgl. BERNHARD WELTE, Meister Eckhart, Gedanken zu seinen Gedanken (²1992), S. 81.

wunden werden soll, ist das Selbst-sichernde Bemühen des Ichs, das sich stets in der Objekt-Subjekt-Spannung hält. Der Mensch darf alles Bestehen auf sich selbst aufgeben, weil ihm alles von Gottes Seite geschenkt wird. Der Mensch stellt sogar nachträglich fest, dass er von Anfang an von Gott als seinem Grund getragen worden ist. WELTE kommt in seiner Eckhart-Auslegung von der Abgeschiedenheit dem Bild Augustins vom gegenseitigen Ruhen nahe, wenn er schreibt, dass der abgeschiedene und in Gott versunkene Mensch »gewiß zuerst von Gott her bestimmt« wird als »das, was er ist. Aber zuletzt erwacht das Leben aus ihm selbst und von selbst und ohne Willentlichkeit und Willkür, und er gebiert aus sich in dankbarem Lob Gott zurück in das Herz Gottes«.[32] Mit der Frage nach der Stellung der Subjektivität wird auch die Problematik der Identität virulent, und auch hier bezieht Meister Eckhart eine ungewöhnliche Position, die Anstoß erregte. In der Predigt 6 wird nämlich behauptet, dass der abgeschiedene Mensch mit Gott eins wird, ja sogar dasselbe wie Gott wird: »Was in das andere verwandelt wird, das wird eins mit ihm. So werde ich gewandelt in ihn, daß er mich wirkt als sein Wesen, als eines, nicht als gleiches.«[33] Mit Bezug auf aristotelisch-thomasische Tradition[34] betont WELTE unaufhörlich, dass die Identität im Sinne Eckharts als eine »Identität des Geschehens« und nicht als eine »Identität des Bestandes« verstanden werden muss.[35] Wenn der abgeschiedene Mensch reine Gegenwart Gottes wird, dann handelt sich um eine einzige Bewegung, die jedoch von zwei nichtidentischen Polen vollzogen wird. Denn nur so ergibt Eckharts paradoxer Satz von der Wandlung des Menschen in Gott einen verständlichen Sinn. Der Unterschied zwischen Gott und Mensch bleibt nach WELTE erhalten, sodass hier kein Pantheismus vorliegt, sondern »In-eins-Schlag ins Selbe des einen Geschehens«: »Es ist jene Art der Identität, die gerade die Identität des Nichtidentischen ist. Sie löscht diese Nichtidentität nicht aus, im Gegenteil, sie macht diese erst möglich.«[36]

Die Haltung der Abgeschiedenheit und durch sie ermöglichte Berührung Gottes in seinem letzten Grund offenbart die letztendliche religiöse Wahrheit über den Menschen selbst: in dem Urgrund Gottes entdeckt er sich als in seinem eigenen Grund von Gott getragen und ermöglicht. Die Abgeschiedenheit bedeutet jedoch nicht nur den Rückgang in den eigenen Ursprung, sondern sogar den Rückgang in den »unvordenklichen« Ursprung der Welt: in die »Einheit der Fülle«, die den »Ursprung der Schöpfung aus dem unvordenk-

---

32 Vgl. BERNHARD WELTE, Meister Eckhart, Gedanken zu seinen Gedanken (²1992), S. 121.

33 DW I, S. 111,5—7: *Waz in daz ander verwandelt wirt, daz wirt ein mit im. Alsô wirde ich gewandelt in in, daz er würket mich sîn wesen ein unglich.*

34 Vgl. dazu BERNHARD WELTE, Meister Eckhart, Gedanken zu seinen Gedanken (²1992), S. 100—103.

35 Vgl. BERNHARD WELTE, Meister Eckhart, Gedanken zu seinen Gedanken (²1992), S. 99.

36 BERNHARD WELTE, Meister Eckhart, Gedanken zu seinen Gedanken (²1992), S. 99. Die Identität des Geschehens wird an unterschiedlichen Phänomenen (Bild des Spiegels, der Sohnschaft etc.) durchgespielt. Vgl. dazu ebd., S. 107—121.

lichen Grunde« darstellt.[37] WELTE hebt weiter hervor, dass die Abgeschiedenheit nicht im Sinne der Weltlosigkeit (miss)verstanden werden darf. Die Welt
gehört wesentlich zum Menschen auch in die Beziehung zu Gott, da die Welt
von Gott geschaffen ist und auf Gott hin ausgerichtet ist. Die religiöse Weltbe-
jahung von Meister Eckhart wird von WELTE anhand der Predigt 86 aufgezeigt,
in der – entgegen der gängigen Auslegung – Martha der Maria vorgezogen
wird.[38] Im Zentrum steht dabei das Wort Eckharts, in dem dem abgeschiedenen Menschen gegenüber gesagt wird: du »stehst bei den Dingen, nicht stehen
die Dinge in dir«.[39] Dieser Umgang mit den Dingen der Welt wird Martha als
der Verkörperung des abgeschiedenen Menschen bescheinigt. Und gerade auf
die richtige Haltung den Dingen gegenüber kommt es Eckhart an, wie WELTE
unterstreicht. Der Mensch soll den Dingen gegenüber frei sein, er soll in den
Dingen Gott nahe sein, sodass sie eben nicht als Hindernis in der Beziehung
zu Gott erlebt werden. Der abgeschiedene Umgang mit den Dingen führt den
Menschen auf Gott hin, da die Dinge als geschaffene auf ihren Schöpfer transparent sind. So wird laut WELTE verständlich, »das Martha, das heißt die in
den Dingen der Welt sich bewegende und diese besorgende, Gott ebenso nahe
sein kann wie der, der gleich Maria sich unmittelbar in Gott versenkt. Ja die so
verstandene Martha ist nicht nur gleich der Maria in der Nähe zu Gott, sie ist
sogar noch näher, dann nämlich, wenn dabei Wert gelegt wird auf die subjek-
tive Lust und die Süße, die ein Mensch dabei empfinden mag. Die Lust und
die Süße sind offenbar Empfindungen des Subjekts; dies empfindet sich selbst
darin lustvoll, und gerade darauf soll es nach Meister Eckhart nicht ankommen,
wie angenehm solches auch sein mag.«[40] Der »Abschied von der Subjektivität«
muss jedoch in dem bereits oben beschriebenen Sinne begriffen werden als der
Abschied von einer zu starken Selbstzentrierung des Subjekts auf sich selbst.

WELTES dialektisches und offenes Denken zeigt sich sehr schön auch an
einem anderen Punkt: Er verwendet die Erfahrung des Nichts nicht nur für
den Dialog mit dem zeitgenössischen, ›nihilistischen‹ Denken der Moderne,
sondern auch für den Dialog mit dem östlichen Denken, vor allem mit dem
Buddhismus. Und auch hier scheint Meister Eckhart eine Schlüsselposition
zu haben, wie man schon rein äußerlich an den Absätzen zu den »buddhistischen Analogien« nach den eigenen Überlegungen zu Eckharts Denken sieht.[41]
Meister Eckhart mutiert so zu einem Lehrer des interreligiösen Dialogs. Nur
weil WELTE an Eckhart und der Tradition der negativen Theologie geschult ist,

---

37 Vgl. BERNHARD WELTE, Meister Eckhart, Gedanken zu seinen Gedanken (²1992),
   S. 166–169.
38 Vgl. DW III, S. 481–492.
39 Vgl. DW III, S. 485,2: [D]û stâst bî den dingen, und diu dinc enstânt niht in dir.
40 Vgl. BERNHARD WELTE, Meister Eckhart, Gedanken zu seinen Gedanken (²1992), S. 157.
41 Vgl. BERNHARD WELTE, Meister Eckhart, Gedanken zu seinen Gedanken (²1992),
   S. 142–144 oder S. 158–160.

kann er schreiben: »Wo immer nämlich Gott in bestimmten Bildern und in bestimmten Begriffen gefaßt wurde und wird und je mehr sich solche Bilder und Begriffe für die geschichtliche Gemeinschaft verfestigen, um so mehr bilden sie auch Schranken, die Menschen von Menschen trennen, die in verschiedenen Glaubenstraditionen leben. Wo aber Bilder und Begriffe sich auflösen in die reine Stille des Nichts, da zeigt sich, daß diese Stille, dieses Nichts ganz durchsichtig ist und keine Schranken mehr aufrechterhält zwischen Menschen und ihren unterschiedlichen Traditionen.«[42]

3. Weltes Denken als Inspiration

Das Nachdenken BERNHARD WELTES über die Schriften Meister Eckharts verrät vieles über den Interpreten selbst. WELTE zeigt sich nämlich in den Grundzügen seines Denkens Meister Eckhart tief verwandt, vor allem in seinem Versuch in einer radikalen Offenheit bis zur äußersten Grenze des Denkbaren zu gehen. Dieser Wesenszug eines Grenzgängers, der in einer schöpferischen Art und Weise die Tradition der negativen Theologie mit der zeitgenössischen Phänomenologie denkerisch zu verknüpfen weiß, stellt jedoch kein Draufgängertum im Sinne einer intellektuellen Selbstbespiegelung dar. Das offene und höchst dialektische Denken ist nämlich dem Versuch geschuldet, der eigenen menschlichen Erfahrung gerecht zu werden, die ja per se immer eine offene und dialektische ist, weil das Leben selbst sich als höchst plastisch und wandelbar zeigt. So ist auch das tiefe Verständnis WELTES für Eckharts paradoxale Wortwahl, für die sich Eckhart letztendlich einem Kirchenprozess unterziehen musste, der Einsicht geschuldet, dass das Leben selbst in höchstem Maße paradoxe Züge aufweist. Ein Paradox bedeutet nämlich keine Ausweglosigkeit, sondern eine Verbindung von Entgegengesetztem in einer lebendigen Grundspannung zwischen zwei Polen, die ihre Gültigkeit behaupten, auch wenn sich ihre Gegensätzlichkeit nicht theoretisch vollständig auflösen lässt.[43] In Bezug

---

42 Vgl. BERNHARD WELTE, Das Licht des Nichts, S. 60.

43 Von der Stärke des Paradoxes wussten viele Denker, da das Paradox in der lebendigen Wirklichkeit allgegenwärtig ist. Deshalb ist sowohl Kierkegaard (der das Paradox für die »Leidenschaft des Gedankens« hielt), als auch HENRI DU LUBAC zu zustimmen, dessen Wort ebenfalls auf das Denken von Meister Eckhart umgemünzt werden kann: »Je mehr das Leben sich steigert, anreichert, verinnerlicht, desto mehr Boden gewinnt das Paradox. Wenn es schon das gewöhnliche Menschenleben beherrscht, so ist sein auserwähltes Reich das Leben des Geistes. Im Mystischen triumphiert es.« Selbst das Paradox ist für DU LUBAC paradox: »es schert sich wenig um den allgemeinen Ausschluß des ›Gegen‹ durch das ›Für‹ [...] Es sündigt nicht gegen die Logik, deren Gesetze unverletzlich bleiben; aber es entrinnt ihrer Herrschaft. Es ist das ›Für‹, vom ›Gegen‹ genährt, das ›Gegen‹, das bis zu seiner Gleichsetzung mit dem ›Für‹ reicht, wobei jedes ins andere übergeht, ohne sich von ihm vernichten zu lassen oder seinen Einspruch dagegen aufzugeben, vielmehr um es von innen zu stärken.« Vgl. HENRI DU LUBAC, Glaubensparadoxe, S. 7 f. und S. 8 f.

auf die Sprachspieltheorie des späten Wittgenstein[44] stellt WELTE im Hinblick auf den Prozess Meister Eckharts fest, dass sich bei ihm ein anderes ›Sprachspiel‹ Bahn brach, das im Gegensatz zu dem Sprachspiel seiner Zeitgenossen stand und deshalb missverstanden worden ist. Das Sprachspiel Eckharts charakterisiert WELTE als das Spiel der »dialektisch gefaßten Erfahrung und ihrer leidenschaftlichen Aussprache«, das seiner Zeitgenossen als Sprachspiel der »gegenständlichen Vereinfachung«, in dem im Hinblick auf Gott und Mensch »jeder Gegenstand fest und klar in sich geschlossen ist und als solcher mit sich identisch«.[45] WELTES Charakteristik der Denk- und Sprachweise Eckharts gilt in abgewandelter Form auch für ihn selbst. Laut WELTE stellt Eckhart in seinem Denken kaum Gegenstände vor, sondern »beschreibt Erfahrungen und führt zu ihnen hin. Und die Sprechweise dieser Erfahrungen und dieses Weges artikuliert sich wie von selbst in den hochentwickelten Formen dialektischen Denkens, die die Überlieferung zur Verfügung stellte. Und sie sprach sich, eben weil es wirkliche Erfahrung war, mit Leidenschaft aus, und diese Leidenschaft findet ja regelmäßig gerade im Dialektischen und im Paradox seinen angemessenen Ausdruck, ja sie steigert diese Momente womöglich noch. Aber gerade so, in dem scheinbaren Unsinn des Paradoxes, entspricht diese Redeweise genau dem, was da erfahren war und was und wie es zu sagen war.«[46]

WELTES Denken mit Meister Eckhart ist ein Mit-Denken im besten Sinne des Wortes: es geht ihm nicht so sehr darum, zu erkunden, was Eckhart gesagt und geschrieben hat und ob seine Interpretation in jedem Detail zutrifft. WELTE geht es vielmehr darum, selbst zu denken mit Meister Eckhart und zwar über die Sachen selbst im hier und jetzt, aus der jeweiligen konkreten Lebenswirklichkeit heraus. WELTE vermag in seinem offenen Denken die Fruchtbarkeit des Denkens von Meister Eckhart auch deshalb aufzuzeigen, weil sein Vorgehen phänomenologisch ist. Und diese Zugangsweise, die Phänomene selbst sich zeigen zu lassen, ermöglichen ihm darüber hinaus, einen Dialog mit dem östlichen (vor allem buddhistischen) Denken zu führen. Darin besteht die innovative und inspirierende Kraft von BERNHARD WELTES Denken, von dem wir uns auch heute etwas sagen lassen sollen.

---

44 Vgl. dazu Ludwig Wittgenstein, Philosophische Untersuchungen, Nr. 23 und Nr. 27.
45 Vgl. BERNHARD WELTE, Meister Eckhart, Gedanken zu seinen Gedanken (²1992), S. 203.
46 BERNHARD WELTE, Meister Eckhart, Gedanken zu seinen Gedanken (²1992), S. 205 f.

Lutz Baumann

Ruowe, abegescheidenheit und *armuot*. Die Eckhart-Deutung Joachim Koppers

> *Wan vrâgest dû mich: waz suochet got in allen dingen?, so*
> *antwürte ich dir ûz dem buoche der wîsheit; dâ sprichet er:*
> *›in allen dingen suoche ich ruowe!‹ Sô enist niendert ganziu*
> *ruowe dan aleine in dem abegescheidenen herzen. Dâ von*
> *ist got lieber dâ dan in andern tugenden oder in deheinen*
> *dingen. (VAb, DW V, S.429)*[1]

1. Zu Person und Werk Joachim Koppers

JOACHIM KOPPER (1925–2013) hat sich sechs Jahrzehnte mit dem metaphysischen Denken Meister Eckharts in zahlreichen Publikationen, Vorträgen und universitären Lehrveranstaltungen auseinandergesetzt. Im Laufe dieser langen Zeit ist seine Eckhart-Deutung komplexer und auch schwieriger geworden; in ihrer Grundhaltung und -einsicht hat sie sich dabei nicht geändert, wobei JOACHIM KOPPER selbst, in Bezug auf das philosophische Denken insgesamt, stets der Auffassung war, dass dieses Denken in der Darstellung und Durchführung seines Anliegens einer positiven zeitlichen Entwicklung unterliege. In der näheren Darstellung und Auseinandersetzung möchte ich daher eher auf die späteren Arbeiten zu Eckhart eingehen, wobei einer seiner letzten Buchpublikationen[2] und einem späten Vortrag,[3] beides aus dem Jahr 2009, das hauptsächliche Augenmerk gelten soll.

In der Zeit der engen Zusammenarbeit mit RUDOLF MALTER (1937–1994) ist KOPPER, sowohl durch Editionen als auch durch systematische Untersuchungen, im akademischen Umfeld als Experte der Philosophie Kants, vor allem der ›Kritik der reinen Vernunft‹, und des Deutschen Idealismus bekannt

---

1 Übersetzung von JOSEF QUINT (VAb, DW V, S.545 f.): »Fragst du mich: ›Was sucht Gott in allen Dingen?‹, so antworte ich dir aus dem Buche der Weisheit; dort spricht er (= Gott): ›In allen Dingen suche ich Ruhe!‹ (Eccli. 24,11). Nirgends aber ist vollständige Ruhe als einzig im abgeschiedenen Herzen. Deshalb ist Gott dort lieber als in anderen Tugenden oder in irgendwelchen (sonstigen) Dingen.«

2 JOACHIM KOPPER, Das Unbezügliche als Offenbarsein. Besinnung auf das philosophische Denken (zitiert wird nach der 2. Auflage 2009).

3 Die Edition sechs religionsphilosophischer Akademievorträge KOPPERS befindet sich in Vorbereitung. Der gegenwärtig herangezogene Vortrag wurde Anfang 2009 unter dem Titel: ›Meister Eckhart: *Alle crêatûren sint ein lûter niht*‹ gehalten. Zitate aus dem Vortrag wurden auf Grundlage der Tonaufnahme transkribiert. Die dabei zitierten nhd. Übersetzungen Eckharts hat JOACHIM KOPPER auf der Grundlage des mhd. Textes extemporiert.

geworden. Er hat sich jedoch auch intensiv darum bemüht, das philosophische Denken als solches einer breiteren Öffentlichkeit zugänglich zu machen. So hat er bis kurz vor seinem Tod, neben mehreren öffentlichen religionsphilosophischen Vorträgen im Erbacher Hof zu Mainz, akademische Vorlesungen und Seminare zu Metaphysik, Transzendentalphilosophie sowie zu Kant und Spinoza, die er letztlich als die bedeutendsten abendländischen Denker überhaupt ansah, gehalten.

2. Das Sichverstehen des Denkens aus Gott und das Nichtverstehenkönnen: Eckharts Armutspredigt (Pr. 52)

JOACHIM KOPPER gilt, sicher nicht zu Unrecht, als ausgesprochen tiefsinniger und insbesondere in seinen Büchern schwer zu verstehender Philosoph. Die Verstehensproblematik durchzieht dabei nicht nur implizit, sondern auch thematisch sein gesamtes schriftliches Werk, denn letztlich geht alle Philosophie auf das Sichverstehen des Denkens als Denken, als eines Sichverstehens aus dem Unbedingten als solchen. So wird bereits die Eckhart gewidmete Habilitationsschrift aus dem Jahre 1955 von einem grundlegenden Essay über das Verstehen und das Verstehenkönnen eingeleitet;[4] die sich anschließenden Untersuchungen erweisen Eckharts Denken als frühe Ausprägung transzendentalen Denkens, in welchem es allein um das rechte, das Sichverstehen des Denkens als Denken als eines Sichverstehens in und aus dem Wort Gottes geht. Im Spätwerk betont KOPPER dann insbesondere den Grundzug des menschlichen Denkens insofern es sich als Nichtwissen und Nichtverstehen realisiert; hierfür hat der den Terminus ›Meinungslosigkeit‹ geprägt.

Im Sinne einer Hinführung möchte ich zunächst auf den im Februar 2009 gehaltenen Vortrag: ›Meister Eckhart: *Alle crêatûren sint ein lûter niht*‹, eingehen, in welchem die Armutspredigt (Pr. 52, *Beati pauperes spiritu*) im Mittelpunkt steht. Einerseits bemüht sich JOACHIM KOPPER hier, dem Erwartungs- und Verständnishorizont der gemischten Zuhörergruppe entsprechend, besonders um Fasslichkeit und Verständlichkeit, zum anderen thematisiert Eckhart selbst in dieser späten Predigt ausdrücklich und wiederholt, das Problem des Verstehens bzw. Nichtverstehens seiner Worte. Was Eckhart betrifft, so liegt aufgrund der relativ hohen Quint-Nummer 52 (die darauf verweist, dass sich in den im Rahmen des Inquisitionsverfahrens erstellten Dokumenten kein direkter Echtheitsbeleg findet) die Annahme nahe, dass die Armutspredigt in zeitlicher Nähe zum Inquisitionsverfahren, relativ kurz vor Eckharts Tod gehalten wurde. Aufgrund der gerade genannten Verstehensproblematik ergibt sich auch ein innerlicher Zusammenhang mit der Anklage. Eckhart betont, mit einer fast wörtlichen Wiederholung, dass auch er bei seinen Zuhörern davon

---

4 JOACHIM KOPPER, Die Metaphysik Meister Eckharts.

ausgehe, dass man ihn in der Regel nicht versteht, so wie er sich von seinen Anklägern und Verfolgern unverstanden gesehen hat.

Meister Eckharts Anliegen bestand sicherlich nicht in der Widerlegung oder Kritik etablierter philosophisch-theologischer Lehren. Im Bewusstsein der Verantwortung gegenüber Kirche, Orden und den ihm zur Seelsorge Anvertrauten sah er sich vielmehr in der ständigen Bemühung, aus der Sicherheit der unmittelbaren Gegenwart Gottes, dieser Gottesgewissheit nicht nur in seinen hohen Ämtern und in seinen Schriften, sondern insbesondere auch in seiner seelsorgerischen Aufgabe Ausdruck und Mitteilung zu verleihen. In diesem Sinne versteht sich wohl auch der im Zuge des Prozesses vorgenommene bedingte Widerruf Eckharts, von eigenen Lehren Abstand zu nehmen, sollten sie den Glauben gefährden oder ihm widersprechen. So findet sich in Eckharts deutschen Predigten und Traktaten das intensive und redliche Bemühen, das Wort Gottes dem Verstehen möglichst aller zugänglich zu machen. Das menschliche Leben, Wissen und Verstehen vollzieht sich allein im Wort und aus dem Wort; doch ist hierin zugleich das Nichtverstehen seiner selbst angelegt. Im Wissen um das Ungewohnte seiner Ausführungen, und vermutlich auch unter dem Eindruck des gegen ihn laufenden Verfahrens, spricht Eckhart bereits zu Beginn der Predigt von der Schwierigkeit, die seinem Denken unausweichlich anhaftet, was also mit mystischem Erleben und Entrückung weniger Erleuchteter nichts zu tun hat. In seiner unvermeidlichen Kompliziertheit richtet sich das mystische Denken, mit der Bitte um größtmögliche Bemühung im Verstehenwollen, an das Denken und Verstehen aller Menschen, die gemeinsam dazu aufgerufen sind, das Wort Gottes zu hören und zu verstehen. Sollte ein Verständnis nicht möglich sein, so bittet Eckhart darum, dass die Hörer sich dadurch nicht verunsichern lassen. Auch von den Besten verstehen es ja ebenfalls nur wenige (man ist geneigt, hierbei an die Anklageseite im Inquisitionsprozess zu denken):

> »[Ich] bitte euch um der Liebe Gottes willen, dass ihr diese Wahrheit verstehen möget, wenn ihr es könnt. Versteht ihr sie nicht, so bekümmert euch nicht damit, denn ich will von solch einer Wahrheit sprechen, die auch von den Besten nur wenige verstehen.«[5]

---

5 Es handelt sich bei dieser sowie bei allen nachfolgenden Übersetzungen um die im erwähnten Vortrag vorgenommenen ad-hoc-Übersetzungen JOACHIM KOPPERS, der seinen Ausführungen in aller Regel den mhd. Text Quints zugrunde gelegt hat. Vgl. hierzu Pr. 52, DW II, S. 487: *Nû bite ich iuch, daz ir alsô sît, daz ir verstât dise rede; wan ich sage iu in der êwigen wârheit: ir ensît denne glîch dirre wârheit, von der wir nû sprechen wellen, sô enmuget ir mich niht verstân.* Da sich JOACHIM KOPPERS Eckhart-Deutung insbesondere in den von ihm selbst übersetzten Zitaten darstellt, werden die von ihm vorgenommenen Übersetzungen im Fließtext und die mhd. Originale auf der Basis von Predigt 52 (DW II) in Fußnoten wiedergegeben.

3. Die Nichtigkeit der Kreatur und das transzendentale Denken in
   ›*Von abegescheidenheit*‹

In der jetzigen Besprechung eines kleinen Ausschnitts der philosophischen
Eckhart-Rezeption können die philologischen Probleme von Edition und Zuordnung der hierbei zugrundeliegenden Texte Eckharts weiter keine Rolle
spielen. In der Fachwelt bestehen gerade hinsichtlich des von KOPPER besonders herausgehobenen Traktats ›*Von abegescheidenheit*‹, der in einem seiner
letzten Bücher, auf das ich mich ebenfalls noch beziehen werde, die zentrale
Rolle spielt, kritische Auffassungen zur Echtheit. JOACHIM KOPPER kannte
JOSEF QUINT aus der gemeinsamen Zeit in Saarbrücken persönlich und hatte
auch Einblick in die von ihm besorgte Editionstätigkeit der Deutschen Werke.
Aufgrund dieser immensen Arbeitsleistung schätzte er QUINT sehr und hat in
seinen diesbezüglichen Urteilen stets QUINT, der ›*Von abegescheidenheit*‹ für
echt hielt, ernst genommen. Zudem kann der Traktat aufgrund des inneren
Zusammenhangs und der Intensität der Reflexion schwerlich einem anderen
Verfasser als Eckhart selbst zugeordnet werden.

Der Grundzug der Deutung JOACHIM KOPPERs besteht, wie bereits erwähnt,
darin, dass er das Denken Eckharts als eine frühe Gestalt transzendentaler Reflexion ansieht: Die philosophische Besinnung vollzieht sich nicht von der faktisch vorgefundenen Welt her, im Ausgang von der Voraussetzung faktischer
Gegebenheiten. Es geht vielmehr um das Selbstverständnis des Denkens als
Denkens, das um sich selbst weiß, und dieses Sichwissen ist, als solches, ohne
dass irgendwelche sonstigen Inhalte hinzukämen, ein Wissen und Verstehen
aus der Ewigkeit Gottes. Dieses Sichwissen in der Gegenwart Gottes ist als
solches ein Wissen um die Nichtigkeit alles Weltlichen, das über das Sichverstehen aus dem ewigen Wort nichts vermag. Bekannte Bilder für dieses in sich
beschlossene Ruhen des Wissens in sich sind bei Eckhart etwa *templum* und
bürgelín. In seinem Buche ›Transzendentales und dialektisches Denken‹ aus
dem Jahre 1961 sagt KOPPER, ganz im Sinne des *Alle crêatûren sint ein lûter niht*
hierzu:

> »Es ist die Größe des transzendentalen Denkens Meister Eckharts, dass es dies unwe-
> sentliche Moment [der Nichtigkeit des weltlich Gegebenen] ganz in seiner Unwesent-
> lichkeit belassen hat. Ihm geht es um das Sicherfahren des weltlichen Selbstbewusstseins
> aus Gott. Das über alles gegenständliche Begreifen erhobene Sichwissen des Geistes
> aus sich selbst erfüllt sich als weltliches Selbstbewusstsein, d. h. die Welt erschließt sich
> in transzendentalem Sichverstehen des Selbstbewusstseins als der Ort des Zusichkom-
> mens des Sichwissens aus Gott. Dem ›abgeschiedenen‹ Menschen [...] der das Sichver-
> stehen von der Welt her überwunden hat, werden aus Gott alle Dinge in neuer Weise
> zurückgegeben.«[6]

---

6   KOPPER, Transzendentales und dialektisches Denken, S. 37.

Im ein Jahr später erschienenen Buch ›Reflexion und Raisonnement im ontologischen Gottesbeweis‹ heißt es in einer Weise, die bereits die Einsichten festhält, die auch in den späteren Eckhart-Deutungen KOPPERS maßgeblich sind:

> »Auf die Weise der Offenbarkeit des Nichts geschieht gerade die unverhüllte Offenbar-
> keit dessen, dass die [göttliche] Realität nicht nicht sein kann; es ist offenbar, dass das
> Nichts, das sich da bezeugt, nicht sein kann, dass vielmehr das einfache Wesen der Reali-
> tät, das in sich selbst das ist, was nicht nicht sein kann, allein und unbezüglich ist. Auf die
> Weise der Erfahrung des Nichts zeigt es sich, dass dieses Nichts nicht ist, sondern dass
> Gott wahrhaftig ist. Und dies zeigt sich, indem nun gar nichts anderes geschieht, als dass
> das menschliche Selbstbewusstsein unmittelbar, unverstellt, in das in sich analytische
> Wesen der einfachen Wahrheit, die die Realität ist, hineingestellt ist.«[7]

Dergestalt vollzieht sich das eckhartsche Denken als Kritik des sog. gesunden
Menschenverstandes, der, in Selbstverständlichkeit, am faktischen Bestehen
und Gegebensein der Welt ansetzt: Es gibt die Dinge, die kreatürliche Welt,
in der der Mensch auch als gegebenes Etwas vorkommt. Das transzendentale
Denken Eckharts durchschaut deren Nichtigkeit und Scheinhaftigkeit und befreit sich dadurch von der Verstellung und dem Befangensein. Erst das menschliche Denken und Sichverstehen, dem die Nichtigkeit alles Kreatürlichen
aufgegangen ist, vermag es, sein Befangensein zu überwinden und sich selbst
wahrhaft in und aus Gott zu wissen und zu verstehen:

> »Wem das Nichts aufgegangen ist, der steht in der unmittelbaren Gegenwart der Ein-
> fachheit Gottes; und allein dieses Wesen, dem das Nichts aufgegangen ist, kann un-
> ter allen Geschöpfen in der unmittelbaren Gegenwart Gottes stehen. Deswegen ist die
> notwendige Erfüllung der Metaphysik des Nichts die Lehre vom unvermittelten In-
> nestehen des Selbstbewusstseins in der Einfachheit Gottes, von dem Erhobensein des
> Menschen vor allen Geschöpfen in das eindeutige Einssein mit Gott.«[8]

4. Die Unbezüglichkeit des ewigen Wortes

JOACHIM KOPPER hat sich in sehr jungen Jahren (1954/55) mit einer Schrift zur
›Metaphysik Meister Eckharts‹ an der Universität des Saarlandes habilitiert.
Hier findet sich bereits eine direkte Verbindung des Denkens Eckharts mit
dem Immanuel Kants, insbesondere in der Einleitung, die dem Verstehenkönnen und der Interpretation insgesamt gewidmet ist. Hinsichtlich des späteren

---

7   Dieses lange Zeit vergriffene Werk wurde 2012, in einem Band mit der Neuerscheinung
    des Titels ›Einbildungskraft und Glaube. Die Einheit des jüdischen und des christlichen
    Denkens‹, neu gedruckt. Beide Werke sind 2012 unter gemeinsamem Titel erschienen:
    Einbildungskraft, Glaube und ontologischer Gottesbeweis. Die Gottesfrage in philoso-
    phischer Besinnung. (Enthält die beiden Werke: ›Einbildungskraft und Glaube – Die
    Einheit des jüdischen und des christlichen Denkens‹ [Erstveröffentlichung] sowie ›Re-
    flexion und Raisonnement im ontologischen Gottesbeweis‹ [überarbeiteter Neudruck
    der Ausgabe von 1962]). Das Zitat ist dieser Ausgabe entnommen (S. 151 f.).
8   Ebd.

transzendentalen Denkens Kants und seiner Nachfolger, auch hinsichtlich seines eigenen Denkens, geht KOPPER in ›Das Unbezügliche als Offenbarsein. Besinnung auf das philosophische Denken‹ auch ausführlich auf die wesentlichen Unterschiede des eckhartschen Innestehens in der einfachen Gegenwart Gottes, zum transzendentalphilosophischen Denken ein, das das weltlich Gegebene in das geistige Wissen um sich selbst, in das unbezügliche Innestehen in Gott, zu integrieren sucht. Eckhart weist das Befangensein in der Weltlichkeit ab; das geistige Innestehen weiß sich als das schlechthin Reale, für das alle Kreatürlichkeit bestands- und bedeutungslos ist, das insofern als bloßes Nichts abgewiesen wird. Dem neuzeitlichen Denken hingegen geht es um ein neues Verständnis der Welt, der Kreatürlichkeit in allen ihren Aspekten. Mag auch, für Eckhart, das *lûter nîht* der Welt offenbar geworden und damit in seiner Nichtigkeit durchschaut und durchbrochen worden sein, so belässt er es doch in seinem faktischen Vorhandensein, das eben nichts ist und nichts besagt.

Das neuzeitliche Denken, seit Descartes, stellt das Wissen um das weltliche Bestehen in den radikalen Skeptizismus, wobei es der Besinnung darum geht, das weltliche Mannigfaltige dem einfachen und unbezüglichen Wissen und Sichverstehen als Modus seines Esselbstseins zu integrieren. Diese Art des Skeptizismus, die im scholastisch-mittelalterlichen Denken, in dessen Tradition Eckhart durchaus steht, so noch nicht vorkommen kann, ergibt sich aus der Bemühung, das weltlich gegebene Mannigfaltige als innerliches Moment dieses transzendentalen Sichverstehens zu fassen und festzuhalten. Daher spricht KOPPER davon, dass für Kants transzendentalen Idealismus die Welt selbst, insofern sie aus reinem Anschauen und reinen Denken begriffen ist, als transzendentale Lehre (man kann auch sagen: als Belehrung Gottes) hervorgeht: Sie hat den Charakter, das darzustellen und anzugeben, was das Wissen als Wissen ist und meint. Häufig hat JOACHIM KOPPER in diesem Zusammenhang darauf verwiesen, dass sich, bereits am Ende der zweiten cartesischen Meditation, der anfängliche Zweifel an der Existenz der Dinge und Strukturen in den geistigen Einblick, die *inspectio mentis* des cartesischen Idealismus wandelt.

5. ›Ruhe‹ und ›Besinnung‹

Die weitere Bearbeitung dieses neueren skeptischen Bewusstseins vollzieht sich, auch hiervon handelt KOPPER häufig,[9] in Kants ›Kritik der reinen Vernunft‹. Hiervon legen die Kapitel zur ›transzendentalen Deduktion der reinen Verstandesbegriffe‹ und zur ›Widerlegung des Idealismus‹ ein besonders deutliches Zeugnis ab. Der historische Fortschritt des philosophischen Denkens hin zu Kant und den Deutschen Idealisten hindert aber nicht, dass das Denken Eckharts und das Denken Kants einander nahe stehen, dass beide wesentlichen

---

9   Vgl. insbesondere: JOACHIM KOPPER, Reflexion und Determination.

Denker, mit Heidegger zu sprechen, das Selbe (nicht das Gleiche) sagen. Der kantische ›Stillestand der Vernunft im Skeptizismus‹[10] und die eckhartsche *ruowe*,[11] als Ruhen des Geistes in sich, meinen dasselbe. So ist die Philosophie nach KOPPER nicht in erster Linie Doktrin, System und Behauptung, sondern geistige Einkehr, Ruhe, Besinnung. Die *ruowe* oder das Stillestehen des Denkens in sich, des in Gewissheit in sich ruhenden, transzendentalen Wissens, eint beide Denker, Kant und Eckhart:

> »Durch das Geschehen der Welt als die transzendentale Lehre [bei Kant] ist das ursprüngliche Anliegen der Metaphysik [insbes. bei Eckhart] wieder aufgenommen [...], in dem das philosophische Denken — aus dem gemeinen Menschenverstand und seinem faktischen Gelten heraus — die Bedeutung der Welt mit allem, was der gemeine Menschenverstand als aussagender Verstand in ihr aus ihr macht, als das Geschehen der unendlichen und in sich beschlossenen — durch kein Etwas berührbaren — Ruhe verstanden hat, die sich auf die Weise der Welt als in sich beschlossen vollzieht [...] Wir können sagen, dass in dem Offenbarsein der Ruhe das philosophische Denken als solches sein Geschehen als Besinnung ist.«[12]

Die Welt geschieht, in der spirituellen Tradition des Christentums (hier verweist KOPPER häufig auf den Beginn des Evangeliums, insbesondere nach Markus und auch nach Johannes), immer schon als Wissen oder als Hören des Wortes Gottes. ›Hören‹ bedeutet hier auch, dass sich durch das spirituelle Verständnis der Welt in, aus und als Gottes Wort inhaltlich gar nichts ändert, durch das Verstehen in und aus dem Geiste Gottes, zu ihrem empirischen Geschehen weiter gar nichts hinzukommt. Versteht man die Welt im Sinne der Bibelworte »Die Zeit ist erfüllet und das Reich Gottes ist herbeigekommen« (Mc 1,15) sowie »Im Anfang war das Wort« (Io 1,1), so versteht man sie als Geschehen des geistigen Reiches, des Reiches Gottes, was sich deutlich auch bei Lukas (17,22) ausdrückt: »Das Reich Gottes ist mitten unter euch.« Das Reich Gottes vollzieht sich nicht in weltlichen Gegebenheiten und Strukturen; Jesu Wort meint vielmehr das Sichverstehen des Denkens als Denken — als Sichverstehen in und aus Gott.

Dieses Verständnis ›des Reiches der Natur als des Reiches der Gnaden‹ (um hier auch des großen Leibniz in seinem 300. Todesjahr zu gedenken) ändert an den weltlichen Inhalten nichts. Man sollte meinen, dass Kant das mystische Denken durchweg als bedeutungslose Schwärmerei abtut. So ist es aber nicht, er spricht im ›Kanon der reinen Vernunft‹, indem er ausdrücklich auf Leibniz verweist, in dessen Sinne er auf das Verständnis der physischen Welt als einer moralischen Welt abzielt, vom *corpus mysticum* der vernünftigen Wesen in der

---

10 Hiervon handelt Kant in den 1804 postum von Rink herausgegebenen Manuskripten zu den ›Fortschritten der Metaphysik‹. Dort spricht er z. B. davon, dass »ein sceptischer Zustand eintritt, der einen Stillstand der Vernunft hervorbringt« (AA XX, 328).

11 Vgl. Pr. 60, *In omnibus requiem quaesivi*.

12 KOPPER, Das Unbezügliche, S. 153.

Welt (B 836).[13] Dies ist keine neue Struktur oder Eigenschaft der Welt, zum
üblichen Weltverständnis kommt durch den transzendentalen Skeptizismus,
der erst den Zugang zum moralischen Verständnis eröffnet, gar nichts hinzu.
Es stellt vielmehr eine neue Perspektive dar, indem es die Welt als geistiges
Geschehen, als das Geschehen des göttlichen Reiches[14] zu erschließen sucht, so
wie sich das bereits zu Beginn des 18. Jhs. im Idealismus bzw. Immaterialismus
Berkeleys, der von KOPPER ebenfalls sehr häufig thematisiert wurde, Ausdruck
verliehen hatte.

Für JOACHIM KOPPER versteht das transzendentale Denken die Welt auf
unbezügliche Weise als Geschehen von Hören (nicht als Hören von etwas Be-
stimmtem), man kann auch sagen: als Wissen, in Analogie zum faktischen, bestimmten Hören in der Welt, das ebenfalls einen vertieften Zugang zur Realität verschafft, hierbei aber das inhaltlichen Vorliegen der Welt und ihrer Strukturen überhaupt nicht tangiert oder ändert. Das metaphysische Denken, wie es
sich bei Eckhart in besonders eindringlicher Weise Ausdruck verleiht, kommt
mit dem Anliegen der späteren, im engeren Sinne so genannten Transzendentalphilosophie, des transzendentalen Idealismus Kants, in seiner Grundhaltung
überein: Es geht dem denkenden Wesen jeweils darum, sich in seinem Denken und Wissen selbst recht zu verstehen. In der Durchführung unterscheiden
sich diese beiden Ansätze darin, dass Eckhart den gesunden Menschenverstand
in seiner üblichen Bedeutung belässt: Dieser befasst sich mit Zuständen und
Strukturen der faktisch vorkommenden Welt. Die Nichtigkeit kann keine positive Bedeutung für das Insichruhen des Geistes haben, und so wird von ihm
noch nicht verlangt, auf seine Weise das unbedingte Wissensgeschehen anzugeben:

> »Das Geschehen des Gegenwärtigseins der Welt als das Hören oder als das Wissen kann
> sich so im metaphysischen Denken in der Bindung an den gemeinen Menschenverstand
> doch als solches bezeugen. Der gemeine Menschenverstand bekommt nicht die Bedeu-
> tung, durch sich als philosophische Lehre zu gelten [das ist erst später, bei Kant und
> seinen Nachfolgern, der Fall], sondern er gilt in seinem Befangensein in sich nur in der
> Offenbarkeit seiner Unselbstständigkeit.«[15]

6. Das Schweigen und das Hören des göttlichen Sprechens

Das transzendentale Denken Eckharts bezeugt sich in besonderer Intensität
im Traktat ›Von abegescheidenheit‹. Eckhart entwickelt darin das ausdrückliche

---

13 Vgl. hierzu besonders auch die eindringliche Untersuchung von GIOVANNI B. SALA, Das
    Reich Gottes auf Erden. Kants Lehre von der Kirche als ›ethischem gemeinen Wesen‹,
    S. 233.
14 Vgl. hierzu auch: JOACHIM KOPPER, Die Philosophie des Selbstbewußtseins und der
    Gedanke des Reiches Gottes auf Erden.
15 KOPPER, Das Unbezügliche, S. 153.

Verständnis der Welt und des Menschseins aus dem Hören, aus dem Hören des Wortes, so wie es sich schon im Psalm 84 ausdrückt. Das Verstehen der Welt als Hören, im Hören des Sprechens Gottes, meint ihr Verständnis im Wort Gottes — in diesem Sinne verwendet KOPPER häufig allein den Ausdruck ›das Sprechen‹ —, dessen unbedingtes Geschehen im Anfang, und damit vor allem bestimmten Anfang (mag man ihn auch als Anfang der Welt im Schöpfungsakt verstehen), immer schon w a r. Damit ist es auch das Sprechen Gottes, durch welches sich der innere Zusammenhang von Altem und Neuem Testament, die Einheit von jüdischem und christlichem Denken (exemplarisch stehen hierfür der Psalm 84 und die erste Seligpreisung der Bergpredigt) zeigt, dessen Erhellung JOACHIM KOPPER in seinen letzten Jahren ein besonderes Anliegen war. KOPPER zieht hier insbesondere Eckharts Deutung von Psalm 84,9 heran:

> Da von sprach der wissage: ›audiam, quid loquatur in me dominus deus‹, daz ist gesprochen: ›ich wil swîgen und wil hœren, waz mîn got und mîn herre in mich rede‹, als ob er spræche: wil got ze mir reden, sô kome er her in mich, ich enwil niht hin ûz. (VAb, DW V, S. 440)[16]

In diesem Sinne kommen *ruowe, abegescheidenheit* und *armuot* im Ruhen des transzendentalen Wissens in sich, das nichts ist als der unbestimmte, leere Vollzug bezugslosen Hörens, überein. Die wahre geistige Armut ist, in *abegescheidenheit*, das Hören auf das, was Gott in mir spricht:

> »Eckhart hat oft von der Armut des Geistes gesprochen: dass der Mensch es sich nämlich nicht anmaßen dürfe, durch sein Denken, durch sein Wissen oder seine Gelehrtheit zu wahrer Einsicht zu gelangen, sondern dass Einsicht ihm immer nur durch den Verzicht darauf, selbst gelten zu wollen, und durch die Bescheidung zuteil werden könne. Diese Armut des Geistes bestimmt er an der hier angeführten Stelle des Traktats *Von abegescheidenheit*, die sich auf Psalm 84,9 bezieht, als das Hören auf das, was der Herr in ihm spricht. Dieses Hören auf das, was der Herr in mir spricht, in dem das Gegenwärtigsein der Welt als das Wissen geschieht, ist das, was Eckhart als die *abegescheidenheit* bezeichnet.«[17]

Dieser *abegescheidenheit*, die JOACHIM KOPPER im Gespräch gerne auch als »Losgelassenhaben« — wodurch ja erst das Insichruhen des Wissens in sich möglich wird — bezeichnet hat, steht somit auch in unmittelbarer Beziehung auf die Armut, von der Eckhart in Predigt 52, *Beati pauperes spiritu*, spricht. Auch hier, in der Predigt über das der Predigt Jesu (Mt 5) entnommene Predigtwort, ist Gott wesentlich der Sprechende. G o t t s p r i c h t: Die Armen im Geiste sind selig.

---

16 Vgl. VAb, DW V, S. 541: »Daher sprach der Prophet: ›Audiam quid loquatur in me dominus deus‹ (Ps. 84,9), das heißt: ›Ich will schweigen und will hören, was mein Gott und mein Herr in mich rede‹, als ob er habe sagen wollen: ›Will Gott zu mir reden, so komme er herein in mich, ich will nicht hinaus‹«.

17 KOPPER, Das Unbezügliche, S. 140.

»Die Seligkeit – Gott[18] – tat auf den Mund der Weisheit, und sprach: ›Selig sind die Armen des Geistes, denn das Himmelreich ist ihrer.‹ Alle Engel und alle Heiligen, und alles, was je geboren ward, das muss schweigen, wenn die Weisheit des Vaters spricht. Alle Weisheit der Engel und aller Geschöpfe ist nur eine bloße Torheit (*lûter tôrheit*) vor der grundlosen Weisheit Gottes. Diese hat gesprochen, dass die Armen im Geiste selig seien.«[19]

Entscheidend ist hier die Betonung des Schweigens der Kreatur und des Sprechens Gottes. Das Kreatürliche hat angesichts des Sprechens Gottes keine eigenständige Realität, es verstummt im Sprechen Gottes, und auf diese Weise findet ein umfassendes Verstehen nur in und aus dem Sprechen selbst statt. Dies führt auf das unbezügliche Geschehen von Hören, wie die Welterfahrung des in sich ruhenden Wissens (in der *ruowe* der *abegescheidenheit*) auch genannt werden kann.

7. Äußere und innere Armut

Im weiteren Verständnis der Armutspredigt legt Kopper besonders großen Wert auf Eckharts Unterscheidung von zweierlei Arten der Armut. Es ist für das denkerische Verständnis der eckhartschen Mystik entscheidend, dass die Nichtigkeit der Kreatur nicht einfach übergangen wird, dass sich der Mystiker nicht einfach hierüber erhebt, so wie Eckhart, als in der Welt lebender Mensch, seine weltlichen Pflichten besonders ernst genommen und ihnen in vorbildlicher Weise entsprochen hat. Eckhart betont, dass die auswendige Armut, die er der inwendigen gegenüberstellt, im weltlichen Leben, mag es noch so nichtig und hinfällig sein, durchaus vorkommt, und zwar mit voller Berechtigung. Das alltägliche Leben in der alltäglichen, gegebenen Welt ist als solches zu akzeptieren und zu bejahen, und in dieser Welt kann, als besondere Weise dieser Akzeptanz und dieser Bejahung (die beide also essentielle Aspekte der Nichtigkeit der Kreatur sind), eine Entscheidung für ein Leben in weltlicher Armut getroffen werden.

Eckhart unterscheidet (wiederum in der ad-hoc-Übersetzung Koppers):

»Eine *ûzwendigiu armuot* – eine auswendige Armut, eine äußerliche, weltliche Armut – und die ist gut, und sehr zu preisen in dem Menschen, der sie mit Willen tut, um der Liebe unseres Herrn Jesu Christi willen. Denn er hat sie ja selbst auf Erden gehabt.

---

18 Erläuterungen innerhalb von Zitaten werden jeweils in Gedankenstrichen wiedergegeben. Auch hier handelt es sich wieder um eine ad-hoc-Übersetzung des mhd. Textes von Predigt 52. Hervorhebungen in gesperrter Schrift sollen die Betonungen im mündlichen Vortrag wiedergeben.

19 *Diu sælicheit tete ûf den munt der wisheit und sprach: ›sælic sint die armen des geistes, wan daz himelrîche ist ir‹. Alle engel und alle heiligen und allez, daz ie geborn wart, daz muoz swîgen, sô diu wisheit des vaters sprichet; wan alliu wisheit der engel und aller crêatûren, daz ist ein lûter tôrheit vor der gruntlôsen wisheit gotes. Disiu hât gesprochen, daz die armen sælic sin* (Pr. 52, DW II, S. 486).

Von dieser Armut will ich aber nun nicht sprechen. Sondern es gibt noch eine andere Armut, eine inwendige Armut. Von der ist das Wort unseres Herrn zu verstehen, wenn er spricht: Selig sind die Armen im Geist.«[20]

Es mag zunächst nicht sonderlich bedeutsam klingen, es ist jedoch für das Verständnis des Wortes Jesu, wie Eckhart es aufgreift, entscheidend, dass es diese beiden Arten der Armut und insbesondere zunächst die weltliche, die auswendige Armut gibt. Die weltliche, materielle Armut ist sehr zu preisen – was man keinesfalls als Randbemerkung oder gar als Ironie werten darf. Vielmehr ist das Leben in dieser Welt als solches, unter Verzicht auf das in sich nichtige Anhäufen weltlicher Güter, besonders hoch einzuschätzen, das Leben in weltlicher Armut ist ›hoch zu preisen‹. Das Leben in dieser Welt ist, bei aller Nichtigkeit der Kreatur, als solches etwas Erfreuliches, es bedarf der zusätzlichen Anhäufung äußerlicher Güter nicht; aber diese Art der Armut mit ihrer positiven Gültigkeit im weltlichen Leben hat nichts mit der Seligkeit, der *beatitudo* im Sinne der Bergpredigt, zu tun. Es geht also im mystischen Denken gar nicht darum, das nichtige Leben in der äußerlichen Welt mitsamt der dabei zu preisenden äußeren Armut zu verlassen, ins ewige Dunkel einzutauchen oder sich etwa über die gewöhnlichen Menschen, die das nicht vermögen, zu erheben. Sondern es ist schlicht so, dass die auswendige Armut, die bleibt, die schätzenswert ist und die auch das rechte Selbstverständnis im Sinne der innerlichen Armut begünstigt, nichts mit der Seligkeit zu tun hat. JOACHIM KOPPER sagt in seinem Vortrag zur Armutspredigt wörtlich und deutlich: »dass die Mystiker eingezogen sind in das ewige Dunkel, in das Dunkel des Göttlichen eintauchen, das stimmt n i c h t.«

Zur weiteren Bestimmung dessen, was die wahre Armut sei und worin die innerliche Armut und die Seligkeit nun eigentlich bestehe, differenziert Eckhart seinen Armutsbegriff weiter: Ein armer Mensch ist der, der nichts will, nichts weiß und nichts hat. Wenn hinsichtlich der Armut des Willens der Wille darin besteht, nur noch dem Willen Gottes zu folgen, dann ist das nach Meister Eckhart immer noch eine äußerliche Armut, die am Willen festhält. Der Wunsch und das Bestreben, sich in den Willen Gottes zu fügen, hält doch noch am Eigenen fest, er vollzieht sich, mit dem von Eckhart sonst so häufig verwendeten Wort, noch mit *eigenschaft*, es hat die rechte Einstellung zur Nichtigkeit des Kreatürlichen noch nicht erlangt. Doch alles Eigenständige muss hinweg, soll die innere Armut und damit die Seligkeit erreicht werden. Die *beatitudo*, die ein in sich beschlossenes, in sich bezugslos ruhendes Geschehen ist, die das

---

20 *Nû ist zweier hande armuot: ein ûzwendigiu armuot, und diu ist guot und ist sêre ze prîsenne an dem menschen, der ez mit willen tuot durch die minne unsers herren Jêsû Kristi, wan er sie selbe hât gehabet ûf ertrîche. Von dirre amuot enwil ich nû niht mê sprechen. Mêr: es ist noch ein ander amuot, ein inwendigiu armuot, von der ist daz wort unsers herren ze verstânne, sô er sprichet:* ›sælic sint die armen des geistes‹ (Pr. 52, DW II, S. 486 f.).

In-sich-Ruhen selber ist, verlangt das vollständige Ablassen von aller Bestimmung, von aller Relation auf etwas. Eckhart sagt hierzu deutlich: »Das ist ein armer Mensch, der nichts will und nichts begehrt.«[21] In Erläuterung dessen, was er zuvor hinsichtlich des ›War‹, der bezugslosen Selbigkeit und Ewigkeit ausgeführt hatte, sagt Eckhart:

> »Als ich in meinem ersten Lebensgeschehen (*in mîner ersten sache*) stand, [...] da war ich die Sache meiner selbst, da wollte ich nichts und begehrte nichts. Denn ich war ein bloßes Sein.«[22]

8. *eigenschaft* und *beatitudo*

Kommt die Rede auf die inwendige Armut, so wird, nach JOACHIM KOPPERS Verständnis der Armutspredigt, von einem Zustand der bezugslosen Selbigkeit gesprochen. Alle Relation, alles bestimmte Wollen hält noch am Nichtigen fest, wobei es, wie gesagt, nicht darum geht, das *lûter niht* zu transzendieren, sondern darum, es in seiner Nichtigkeit zu durchschauen und insofern von ihm abzulassen, sich selbst in dieser Hinsicht zu lassen, wovon pflichtbewusstes Wirken in der Welt durchaus Ausdruck und Folge sein kann bzw. sein muss. Das göttliche ›War‹ ist es, was in dieser unbezüglichen, aller zeitlichen Bestimmung enthobenen Selbigkeit den innerlichen Menschen und die innerliche Armut eigentlich ausmacht; in der Ewigkeit des Vergangenseins, des War, kommt die Differenz von Gott und Geschöpf, von der im scheinbar selbstverständlichen Realismus des gesunden Menschenverstandes normalerweise geredet wird, so gar nicht mehr vor. Ein — wie auch immer gearteter — Bezug der Kreatur auf oder ihre Hinwendung zu Gott entspricht dieser ›ersten Sache‹ gerade nicht. Die Gottheit ruht, ohne dass sie von etwas angegangen werden kann, in sich selbst:

> »Da ich stand in meiner ersten Sache, – in meinem ersten Dasein – da hatte ich keinen Gott [...] Als ich nun mein geschaffenes Wesen empfing, da hatte ich einen Gott.«[23]

Die Seligkeit kann nicht erlangt werden, wenn die Grenzen der Geschaffenheit verbleiben, wenn das *alle crêatûren sint ein lûter niht* noch nicht vollzogen ist und innerhalb dieser Grenzen der Geschaffenheit und somit der völligen Nichtigkeit noch ein Gottesbezug, der selbst Züge der Nichtigkeit und Sinnlosigkeit an sich hat, stattfindet. Das, was nichts ist, kann auch keine Beziehung zu dem haben, was nicht nicht sein kann.

---

21 *Daz ist ein arm mensche, der niht enwil und niht enbegert* (Pr. 52, DW II, S. 492).
22 *Dô ich stuont in mîner êrsten sache, dô enhâte ich keinen got, und dô was ich sache min selbes; dô enwolte ich niht, noch enbegerte ich niht, wan ich was ein ledic sîn* (ebd.).
23 *Aber dô ich ûzgienc von mînem vrien willen und ich enpfienc mîn geschaffen wesen, dô hâte ich einen got* (ebd.).

Auch hierin liegt wieder die unmittelbare Entsprechung zur *abegescheidenheit*. Das Hören oder die *abegescheidenheit* wird ganz in die *unbewegelîche abegescheidenheit* Gottes selbst zurückgenommen. Ein Bezug auf Etwas, ein ›Angehen‹, kann daher nicht mehr stattfinden; was stattfindet, ist die absolute Bezugslosigkeit, die offenbar ist, die sich als solche bezeugt. Die Nichtigkeit, das vorgängige Verworfensein alles Kreatürlichen ist dabei der notwendige Modus alles unseres Wissens und Erfahrens. In diesem Sinne deutet JOACHIM KOPPER die Worte Eckharts,[24] dass die Gottheit in der Ewigkeit des ›War‹ weder von der Schöpfung der Welt noch von ihrer eigenen Menschwerdung im Sohne, und dessen Martyrium und Tod betroffen sei:

> »Und indem diese Situation der Welt sich in ihrem Befangensein als nichts anderes angibt, denn als das, was nicht gilt, da findet darin gleichwohl die *unbewegelîche abegescheidenheit* statt, die die Bezuglosigkeit ist und sich also auch gar nicht auf die Welt bzw. auf den Menschen als das behauptete Ich und das Bewusstsein bezieht.«[25]

Die Art des Verständnisses, welche die Kreatur doch noch irgendwie als Bezugspunkt belässt, das Verständnis, das mit seinem Beharren auf den gemeinen Menschenverstand doch dem zu entsprechen scheint, was auch noch heute gemeinhin in Gültigkeit ist, verbleibt, mit Heidegger zu sprechen, in den Grenzen des bloß vorstellenden Denkens, das in Gegebenheiten und ihren Beziehungen verfährt. Dies ist also auch noch der Fall, wenn ich meinen Willen völlig zurücknehme und mich in Demut rückhaltlos in den Willen Gottes ergebe. Dies alles führt nicht zur wahren geistigen Armut und nicht zur Glückseligkeit von der bzw. von denen Jesus gesprochen hat. Eckhart, allem Anschein nach bereits unter dem Eindruck des bereits eröffneten Inquisitionsverfahrens, sieht, dass er die Grenzen des Verstehens des gemeinen Menschenverstandes erreicht und auch überschritten hat und sagt deswegen erneut gegen Ende (in fast wörtlichen Wiederholung des am Predigtanfang stehenden Appells an seine Zuhörer):

> »Wer dies nicht versteht, der bekümmere sein Herz nicht damit. Denn solange der Mensch nicht gleich ist dieser Wahrheit, solange kann er diese Rede nicht verstehen. Denn es ist eine Wahrheit, die offenbarlich aus dem Herzen Gottes gekommen ist, ohne alles Mittel.«[26]

---

24 *Nû solt dû wizzen, daz got in dirre unbewegelîchen abegescheidenheit ist êwelten gestanden und noch stât, und solt wizzen: dô got himelrîche und ertrîche beschouf und alle crêatûre, daz gienc sîne unbewegelîche abegescheidenheit als wênic âne, als ob nie crêatûre geschaffen wære. Ich spriche ouch mêr: dô der sun in der gotheit mensche werden wollte und wart und die marter leit, daz gienc die unbewegelîche abegescheidenheit gotes alsô wênic ane, als ob er nie mensche worden wære* (VAb, DW V, S. 442).

25 KOPPER, Das Unbezügliche, S. 161 f.

26 *Wer dise rede niht enverstât, der enbekümber sîn herze niht dâ mite. Wan als lange der mensche niht glîch enist dirre wârheit, als lange ensol er diese rede niht verstân; wan diz ist ein unbedahtiu wârheit, diu dâ komen ist ûz dem herzen gotes âne mittel* (Pr. 52, DW II, S. 506).

9. Die unbedingte Unbezüglichkeit des ›War‹

Eckhart sieht, dass er etwas verlangt, was weder für den einfachen Laien noch auch für die traditionelle Lehre in Frage kommt, wird doch das Verständnis des Menschen, der in der Tradition als das Wesen, das will und das weiß bzw. denkt, spricht und erkennt, als Person, bestimmt wird, wird von Eckhart aufgehoben bzw. abgewiesen. Er hebt also alles bestimmte Wollen und Wissen auf, das uns alle normalerweise umfängt, das aber, in Bindung an den gemeinen Menschenverstand, nur im Rahmen des Geschaffenseins gelten kann. Aus dieser Vernichtigung des gesunden Menschenverstandes geht Eckhart über zu einer näheren Besprechung dessen, was über die genannte Unbezüglichkeit oder Selbigkeit, die vor allem Kreatürlichen liegt, vor aller Relationalität und auch vor aller Nichtigkeit der Kreatur, überhaupt gesagt werden kann. Man kann gut nachvollziehen, dass derartige Äußerungen Eckharts in den Ohren seiner kirchlichen Kritiker häretisch klangen, weisen sie doch weite Züge des tradtionellen Gottesverständnisses und jedes Verhältnis zu Gott ab. Doch auch in dieser Hinsicht sieht sich Eckhart ganz als Prediger in und aus dem Wort Gottes selbst, nach Io 1,1 und seiner unbedingten, unbezügliche Indentität als Vergangensein, als das ›War‹:

> »Als ich mein geschaffenes Wesen [also das nichtige, kreatürliche Dasein] empfing, da hatte ich einen Gott [einen Gott der Kreatürlichkeit, der Nichtigkeit]. Denn bevor die Kreaturen waren, da war Gott nicht Gott. Er war, was er war.«[27]

Das ›War‹ ist über die Nichtigkeit des Kreatürlichen und so auch über seinen Anfang, über den Anfang aller Dinge, also auch über den Schöpfungsakt, erhaben. Wenn er, im Sinne des Anfangs ist, da ›war‹ es, das aussagelose Wort, immer schon. Die Nichtigkeit der weltlichen Dinge und Bezüge erreicht dieses ›War‹ nicht. Somit weist Eckhart alle bestimmte Gottesvorstellung ab, denn sie stellt Gott als bestehend, existierend, seiend usw. vor, als ein Etwas, auf das ich mich, auch unter Aufgebung eigenen Wollens und dann auch Wissens und Habens, beziehe. Beziehe mich auf etwas, so entgleitet mir das ›War‹. Hinsichtlich des ›War‹ verlangt Eckhart das radikale Nichtwollen und Nichtwissen, in modernen Worten, die absolute Abstraktion. Und so ist es für JOACHIM KOPPER auch in dieser Hinsicht völlig verfehlt, die Mystik Eckharts als besondere Weise der Erhebung oder Versenkung zu verstehen. Gerade als Seelsorger, der

---

27 Dô ich stuont in mîner êrsten sache, dô enhâte ich keinen got, und dô was ich sache mîn selbes; dô enwolte ich niht, noch enbegerte ich niht, wan ich was ein ledic sîn und ein bekenner mîn selbes nâch gebrûchlîcher wârheit. Dô wolte ich mich selben und enwolte kein ander dinc; daz ich wolte, daz was ich, und daz ich was, daz wolte ich, und hie stuont ich ledic gotes und aller dinge. Mêr: dô ich ûzgienc von mînem vrîen willen und ich enpfienc mîn geschaffen wesen, dô hâte ich einen got; wan ê die crêatûren wâren, do enwas got niht got, mêr: er was, daz er was (Pr. 52, DW II, S. 492).

seine Gemeinde um das rechte Verstehen bittet, sieht Eckhart, dass die Situation für alle Menschen, Laien wie Kleriker, dieselbe ist: Wir verbleiben in der Kreatürlichkeit, in der man das ›War‹ durch bestimmte Operationen wie Versenkung, Erhebung oder andere bestimmte Handlungen gerade nicht fassen kann. Der Mensch verbleibt stets, ohne jede Ausnahme in der Kreatürlichkeit, hat aber dennoch die Tendenz auf das ›War‹, in der Aufhebung des Geltens des Kreatürlichen, der *eigenschaft*, dem Festhaltenwollen am Nichtigen, am bloßen Schein und dessen bloß scheinbarer Eigenständigkeit, wie Eckhart sonst gerne sagt. In diesem Sinne ist Eckharts *eigenschaft* ein Synonym für die in christlichem Sinne verstandene Versuchung.

10. *Lûter niht* und *unbewegelîche abegescheidenheit*

Die Nichtigkeit der Welt, das Kreatürliche, das schlechthin nichts ist, ein *lûter niht*, gewinnt sein Verständnis erst aus der radikalen Armut und der absoluten, der *unbewegelîchen abegescheidenheit*. Man kann vielleicht, mit Spinoza sagen, die kreatürliche Welt sei, obwohl ganz aus ihr zu verstehen, nicht Substanz, sondern ihr bloßer, hinfälliger Modus. Hierzu JOACHIM KOPPER in seinem Buch von 2009:

>»Aus der *unbewegelîchen abegescheidenheit* heraus, die also die bloße Bezuglosigkeit ist – die gar keinen Bezug zur Welt hat – ereignet sich die Welt dann, wenn wir so sagen dürfen, als das, was schlechthin nichts ist: ›alle crêatûren sint ein lûter niht.‹ Der gemeine Menschenverstand mit seinem Befangensein, auf dessen Weise und als dessen Vollzug die Welt statthat, ist […] dieses reine Nichts. In sich hat das Gegebene sehr wohl Beziehungen, aber was in all diesen Beziehungen statthat, das ist nichts. Dass die Welt aber nichts ist, das ist gerade das Geschehen der absoluten *abegescheidenheit* als Sichbezeugen [oder auch als Offenbarung, Offenbarsein].«[28]

Der Versuch nun, das ›War‹ mit anderen bestimmten, der Nichtigkeit entnommenen, Bezeichnungen zu fassen, wie z. B. durch ›Unbegreiflichkeit‹ oder ›radikale Andersheit‹, muss völlig fehl gehen, denn auch diese Bezeichnungen orientieren sich immer noch an der Nichtigkeit des Kreatürlichen, in welchem der gemeine Menschenverstand befangen ist und an welchem er festhält. JOACHIM KOPPER sagt in seinem Vortrag über die Armutspredigt:

>»Im Grunde ist das War eben das, was wir n i c h t haben, sondern wir haben nur die Erinnerung daran, an das, was sich nicht verändert, an das Ursprüngliche, das vor allem Anfang liegt.«

So ist also die Bitte oder das Gebet Eckharts, das er in die Predigt einfügt, zu verstehen, das lautet:

---

28 KOPPER, Das Unbezügliche, S. 162.

»Darum bitten wir Gott, dass wir Gottes quitt werden und dass wir die Wahrheit ergreifen und die Ewigkeit brauchen.«[29]

Und aus dieser Haltung der Gott-losigkeit, die der Mensch, mangels eigenen Leistenkönnens, in der Bitte an Gott, im Gebet erlangen möchte, folgt die Anweisung zum rechten Leben aus der Gott-losigkeit, die für Eckhart die eigentliche Gottesgewissheit ist:

»Wir sagen, dass der Mensch, der diese Armut, – dass er nichts weiß und nichts erkennt – haben soll, der soll so leben, dass er nichts weiß, dass er in keiner Weise weder sich selbst noch der Wahrheit noch Gott lebt. Er soll alles Wissens so los sein, dass er nichts weiß und erkennt und fühlt davon, dass Gott in ihm lebe. Ja er soll quitt sein alles Erkennens, das überhaupt in ihm lebt.«[30]

Abegescheidenheit und *armuot* verlangen also auch, dass wir der Erkenntnis und des Wissens, das in Gegebenheiten und Relationen verfährt, dass wir dieses Erkennens Gottes und dieses Wissens um Gott los sein müssen. Wenn es uns um die Seligkeit, um das Ruhen des Geistes in sich, geht, kann es kein Wissen, kein Erkennen, kein Wollen mehr geben. Die Seligkeit verlangt die völlige Aufhebung nicht nur allen Wollens, von allem bestimmten Etwas, und sei es auch der Wille, Gott gehorsam und ergeben zu sein, sie verlangt auch den radikalen Verzicht auf alles Wissen und Erkennen. Die Seligkeit verlangt, dass man erkenntnis-los sein müsse und sich eingestehe, dass man hinsichtlich Gottes ›nichts‹ weiß. Jeder Anspruch auf Wissen und Erkennen muss aufgegeben werden. Hiermit wendet sich Eckhart mehr oder weniger ausdrücklich gegen die aristotelisch-thomistische Tradition, laut derer sehr wohl ein Wissen um Gott möglich sei, ausgehend von der Welt, auch wenn es, für sich alleine, nicht zureichen mag, die Glaubenseinsicht zu tragen und insofern noch der Ergänzung durch Offenbarung bedarf.

11. Die Bitte um Gott-losigkeit

Eckhart muss nun aber versuchen, hinsichtlich des Wortes Jesu anzugeben, woran die Seligkeit denn eigentlich liege. Er kommt darauf, dass der Mensch doch, abseits von allem Bestimmten, von Lieben, Wollen, Wissen und Erkennen, doch eine Affinität zur Ewigkeit und Seligkeit habe. Er spricht von dem ›Einen‹ der Seele, das selbst nicht durch Bestimmung angegeben werden kann, das selbst völlig leer und bestimmungslos ist, das nichts hat und nichts weiß. Eckhart sagt, in der Übersetzung KOPPERS, zu diesem Einen:

---

29 *Her umbe sô biten wir got, daz wir gotes ledic werden und daz wir nemen die wârheit und gebrûchen der êwiclîche* (Pr. 52, DW II, S. 493).
30 Transkribiertes Vortragszitat.

»Es vermag weder etwas zu gewinnen noch zu verlieren. Es ist b e r a u b t, so dass es auch nicht weiß, dass Gott in ihm wirke. Also sprechen wir denn, dass der Mensch so bloß und ledig dastehen soll, dass er nicht wisse und nicht erkenne, dass Gott in ihm wirkt.«[31]

Nun also bemüht sich Eckhart um die rechte Einstellung hinsichtlich des ›War‹, das von allen Verhältnissen, von allem bestimmten Wissen um Gott, frei ist, das davon überhaupt nicht betroffen sein kann. Eckhart bemüht sich um das ›War‹ und demzufolge um das Beraubtsein schlechthin, um die Armut als solche. Diese radikale Armut hat von allem Eigenen gelassen, und insbesondere muss sie von allem eigenen Wissen auf absolute Weise abstrahieren. In dieser Armut, die die Seligkeit meint, ist der Mensch in das radikale Nichtwissen gestellt:

»Wer nun arm sein soll des Geistes, der muss an allem eigenen Wissen arm sein, dass er kein Ding wisse, auch kein Geschöpf und auch sich selber nicht, und darum ist es Not, dass der Mensch sich dazu bereite, dass er die Werke Gottes nicht wissen und erkennen kann.«[32]

»Wir sprechen: solange das in dem Menschen ist, dass Gott eine Stätte in ihm haben soll, so ist der Mensch nicht in dieser höchsten Armut arm, denn Gott meint in seinen Werken nicht das, dass der Mensch eine Stätte in ihm habe, worin er wirken kann. Denn das ist die Armut des Geistes, dass er so Gottes ledig sei − gott-los sei − in allen seinen Werken, dass, wenn Gott wirken will, er selbst die Stätte ist, in der er wirken will.«[33]

Nach Eckhart ist es also durchaus so, dass Gott wirkt, er wirkt auch in der Welt, hinsichtlich des Menschseins. Er mag die einen verderben, die anderen schützen und behüten. Doch von alledem wissen wir nicht das Geringste. Gott wirkt in sich selbst, nicht in uns. Die Geschöpfe sind das Äußerliche, das Nichtige, in dessen Bereich es die − sehr zu preisende − tatsächliche, weltliche Armut gibt, aber das Innerliche, die Seligkeit, die Gottheit, das ›War‹, steht hierzu in keinerlei positivem Verhältnis:

»So sprechen wir denn, dass der Mensch so arm sein soll, dass er eine Stätte weder sei noch habe, darin Gott wirken kann. Solange der Mensch eine Stätte behält, da behält er auch das Unterschiedensein. Darum bitte ich Gott, dass er mich Gottes quitt mache.«[34]

---

31 *Und wellen mê sprechen, daz der mensche, der diz armüete haben sol, der sol leben alsô, daz er niht enweiz, daz er niht enlebe in keiner wîse weder im selben noch der wârheit noch gote; mêr: er sol alsô ledic sîn alles wizzennes, daz er niht enwizze noch enbekenne noch enbevinde, daz got in im lebe* (Pr. 52, DW II, S. 494 f.).

32 Transkribiertes Vortragszitat.

33 *Sô sprechen wir: als lange daz ist in dem menschen, sô enist der mensche niht arm in der næhsten armuot. Wan go enist daz niht meinende in sînen werken, daz der mensche habe eine stat in im, dâ got inne müge gewürken; wan daz ist diu armuot des geistes, daz er alsô ledic stâ gotes und aller sîner werke, welle got würken in der sêle, daz er selbe sî diu stat, dar inne er würken will* (Pr. 52, DW II, S. 500 f.).

34 *Alsô sagen wir, daz der mensche alsô arm sül sîn, daz er niht ensî noch enhabe deheine stat, dâ got inne müge würken. Dâ der mensche stat beheltet, dâ beheltet er underscheit. Her umbe sô bite ich got, daz er mich ledic mache gotes* (Pr. 52, DW II, S. 502).

12. Intelligible Selbigkeit und zeitliches Gegenwärtigsein

Eckhart kommt also auf das bereits schon einmal vorgebrachte Gebet zurück:
Wir müssen gott-los sein, wollen wir zur Seligkeit, Ewigkeit und Gottheit eine
gewisse Angemessenheit erlangen. Dies ist keine eigene Leistung des menschlichen Wissen und Erkennens. Es geht um das Wort Gottes, das auch wahrhaft
als Gottes Wort, abseits aller menschlichen Prätention, steht und wirkt (worin
sich die innere Verbundenheit Eckharts mit Luther zeigen mag), das im Anfang
›war‹. Dieses ›War‹ rückt nun in den Fokus der transzendentalen Besinnung
Eckharts, so wie JOACHIM KOPPER sie versteht:

> »Denn mein wesentliches Wesen ist oberhalb von Gott [...] Denn in dem Wesen Gottes,
> was oberhalb alles Wesens und alles Unterschieds ist, da war ich selbst.«[35]

Eckhart gibt, im Sinne einer irgend möglichen Entsprechung zum ›War‹, alle
Seinskategorien auf. Oberhalb alles Unterschiedenseins ›bin‹ ich nicht, sondern
da ›war‹ ich und habe an diesem ›War‹ Gottes, das vor allem Anfang ist, immer
schon war, teil. Dieses Teilhabe am ›War‹ geschieht in absoluter und bezugslo-
ser Identität:

> »Mein wesentliches Wesen ist oberhalb von Gott, sofern ich ihn als den Anfang der Ge-
> schöpfe nehme. Aber in dem Wesen Gottes, in dem Gott über Wesen ist, und über Un-
> terschied, da war ich selbst, und da wollte ich mich selbst, und erkannte mich selbst.«[36]

Dieses eigentliche Wollen, der unbedingte, absolute und überzeitliche intelligible Wille (durchaus auch im Sinne Kants, Schopenhauers und der Deutschen
Idealisten), ist ein Wollen von Selbigkeit, in Selbigkeit abseits aller Differenz:
›Ich wollte mich in Selbigkeit‹, das einzelne Ich und aller Unterschied ist weg-
zunehmen. Diese ursprüngliche Selbigkeit weiß um sich selbst, als unbedingter
Wille ist sie das ursprüngliche Wollen ihrer selbst. Und nun kommt Eckhart
auf die empirische Situation zurück – die konkrete zeitlich-differenzierte Situation des Geborenwerdens, des Daseins und des Sterbens von Menschen wird
in dieses ›War‹ zurückgenommen.

> »Da war ich ich selbst, und da wollte ich mich in Selbigkeit und erkannte mich in Selbig-
> keit, diesen Menschen zu machen, auszumachen.«[37]

Hinsichtlich des konkreten Menschen findet sich im ›War‹ ein absolutes Sollen.
Aber dieses Sollen, welches sich im ›War‹ vollzieht, ist nicht selbst das ›War‹.

---

35 *Wan mîn wesentlich wesen ist obe gote [...] dâ got ist obe wesene und ob underscheide, dâ was ich*
    selbe (Pr. 52, DW II, S. 502).
36 *Wan mîn wesentlich wesen ist obe gote, alsô als wir got nemen begin der crêatûren; wan in dem*
    selben wesene gotes, dâ got ist obe wesene und ob underscheide, dâ was ich selbe, dâ wolte ich mich
    selben und bekante mich selben ze machenne disen menschen (Pr. 52, DW II, S. 502 f.).
37 Transkribiertes Vortragszitat.

Vielmehr ist im ›War‹, in seiner absoluten Bezugslosigkeit, eine gewisse Offenbarkeit, ein Bezeugen seiner selbst, angelegt, in ihm ist das Geschöpfliche, das *hic et nunc,* auf unbedingte, unbestimmte Weise mit gemeint. Das ›War‹ meint auf die Weise des unbedingten Sollens sein eigenes Gegenwärtigsein, aber dieses Gegenwärtigsein ist auch das vollständige Verlassensein, die Hinfälligkeit und Nichtigkeit des Kreatürlichen. Dieses ist das ›War‹ – n i c h t :

> »Darum bin ich die Sache meiner selbst nach meinem Wesen, das ewig ist, und nicht nach meinem Werden, das zeitlich ist.«[38]

Indem sich an der ewigen Ruhe des Wortes, am Insichsein und Insichstehen des Wortes in der Ewigkeit überhaupt nichts ändert und indem zum ›War‹ auch überhaupt nichts dazukommt, ist doch im ›War‹, in dessen Selbigkeit das Gegenwärtigsein, das kreatürliche Werden, die Zeitlichkeit, das Geborenwerden und das Sterbenmüssen angelegt. Auf diese Weise

> »bin ich das Werden, das zeitlich ist. Deswegen bin ich geboren, und nach meiner gebornen Weise bin ich sterblich.«[39]

Eckhart spricht also erneut von nichts anderem als vom unbezüglichen, unbedingten Geschehen des Sichverstehens in Gott. Das Eine, das Beraubte und auf absolute Weise Arme äußert sich in einem unbedingten Sollen: Es ›soll‹ dasjenige sein, das wird und zeitlich ist und stirbt. Dies ist ein Geschehen, das aus dem Innerlichen, in keiner Weise Angebbaren, in der Gottheit, im göttlichen Wesen, das oberhalb alles bestimmten Wesens ist, folgt. So ist denn auch der Tod nichts als das Geschehen, als der Vollzug der Ewigkeit. Mit diesem innerlichen Geschehen des ›War‹ weiß sich das Ich geeint, in der *abegescheidenheit* und *gelâzenheit* der Gottheit, des Wesen Gottes, oberhalb alles Wesens, *in unwesene.* Insofern steht das Menschsein, das sich in der Liebe Gottes erfährt, auch im Fluch Gottes. Daraus geht hervor, das ist auch das, was in dieser Einheit mit Gott gewollt wird, im ›War‹ gewollt wird: Werden, Zeit und Sterblichkeit gehen als unbedingtes Sollen und Maßgabe des Absoluten hervor.

> »In meiner ungeborenen Weise, so wie ich ewig gewesen bin nun und soll ewig bleiben. Aber dass ich nach der Geborenheit bin, das soll sterben, und zunichte werden, denn es ist zeitlich, darum muss es mit der Zeit verderben.«[40]

---

38 *Her umbe sô bin ich mîn selbes sache nâch mînem wesene, daz êwic ist, und niht nâch mînem gewerdenne, daz zîtlich ist* (Pr. 52, DW II, S. 503).

39 Transkribiertes Vortragszitat.

40 *Nâch mîner ungebornen wîse sô bin ich êwiclîche gewesen und bin nû und sol êwiclîche blîben. Daz ich bin nâch gebornheit, daz sol sterben und ze nihte werden, wan ez ist tœtlich; her umbe sô muoz ez mit der zît verderben* (Pr. 52, DW II, S. 503).

13. Das Verworfensein der Kreatur

In dieser Hinsicht hat JOACHIM KOPPER besonderen Wert auf Markus 11 gelegt, wo das Nichtsein im Sinne der Hinfälligkeit, des Verworfenseins, der Verkehrung, des Fluchs Gottes im Tun und Sprechen Jesu manifest werden. Jesus verflucht den Feigenbaum, an dem eigentlich gar nichts Fluchenswertes ist, denn er trägt schöne grüne Blätter, die Zeit der Früchte ist noch nicht gekommen:

> »Was auf die Weise der Welt stattfindet, ist das Sichvollziehen des Hörens und des Wortes als Verworfensein, es ist das Geschehen der unbedingten und unbezüglichen Bedeutung so, dass sie an sich selbst und als solche die Verkehrung, d. h. das Statthaben des unbedingten Geschehens als solchen als die unbedingte Bedeutung von Verworfensein ist. In diesem Sinne beziehen wir uns hier auf das Evangelium: ›und er sah einen Feigenbaum von ferne, der Blätter hatte; da trat er hinzu, ob er etwas darauf fände und da er hinzukam, fand er nichts als nur Blätter; denn es war noch nicht Zeit, dass Feigen sein sollten. Und Jesus antwortete und sprach zu ihm: nun esse von dir niemand eine Frucht ewiglich. Und seine Jünger hörten das.‹ (Mc 11,12–14)«[41]

Man darf diese Worte nicht so verstehen, dass die Welt da ist, dann aber auch, etwa im Zusammenhang mit der Schlechtigkeit des Menschen, z. B. aus Anlass des Sündenfalls oder des Brudermordes Kains, dem Fluch unterzogen wird. Vielmehr ist das Dasein der Welt selbst das Geschehen von Verworfensein und Verfluchtsein. Das Dasein der Welt und des Sohnes in ihr geht die Gottheit nichts an, es kann nichts geben, was sie angehen könnte. In diesem Sinne kann es kein Offenbarsein und kein Bezeugen geben; und dennoch findet ein Bezeugen statt. In diesem Sinne ist die in und aus Gott erfahrene und gewusste Welt Verworfensein, Nichtigsein und Verfluchtsein, das der Mensch in Entsetzen und Schmerz vollziehen muss:

> »Dass die Welt da ist, das ist das Geschehen des Wortes als der Fluch, und der gemeine Menschenverstand vollzieht sich so selbst als der Fluch. Indem die Jünger, die den Fluch gehört haben, dieses Statthaben der Welt als den Fluch erfahren, verstehen sie das Lebendigsein als das Geschehen des Verdorrens: als Verdorren ist das Lebende sein Leben. ›Und am Morgen gingen sie vorüber und sahen den Feigenbaum, dass er verdorrt war bis auf die Wurzel. Und Petrus gedachte daran und sprach zu ihm: Rabbi, siehe, der Feigenbaum, den du verflucht hast, ist verdorrt. Jesus antwortete und sprach zu ihnen: Habt Glauben an Gott.‹ (Mc 11,20–23)«[42]

All dies kann in die Erläuterung des Wortes Gottes selbst: ›Selig sind die Armen im Geiste‹ hineingenommen werden. Die Gegenwärtigkeit, d. h. Werden, Zeitlichkeit und Sterblichkeit sind nicht das ›War‹, gehören aber zu seiner Offenbarkeit, zu seinem Sichbezeugen, ereignen sich in ihm. In Fortführung dieser Situation gibt sich, in der *abegescheidenheit*, die Welt ganz in das Vergan-

---

41 KOPPER, Das Unbezügliche, S. 158.
42 KOPPER, Das Unbezügliche, S. 159.

gensein, in das ›War‹, in die *unbewegliche abegescheidenheit*, auf. Dies ist das Verstehen der Welt und der Menschen aus der Grabesruhe des Sohnes oder aus dem Geiste:

> »Die Welt ist so − für den gemeinen Menschenverstand selbst − das bloße und in sich beschlossene Geschehen der *unbeweglichen abegescheidenheit* als Bezeugen. In dem − weltlichen − Verstehen des Gegenwärtigseins der Welt durch die Grabesruhe des Sohnes, in der die *abegescheidenheit* sich selbst − für den gemeinen Menschenverstand − in der *unbeweglichen abegescheidenheit* aufgibt, ist die Welt als das Geschehen des Sprechens offenbar, das nichts ist als das Sicherfüllen der *unbeweglichen abegescheidenheit* als Bezeugen. Und auf diese Weise versteht sich der Mensch, so wie er durch den gemeinen Menschenverstand bestimmt ist, durch die Grabesruhe als solcher im Geschehen des Geistes.«[43]

Die Bezugslosigkeit der *unbeweglichen abegescheidenheit* kann eine statische, sich bloß in positiven Setzungen auffassende Selbst- und Welterfahrung nicht verstatten. Das Nichtigsein des Kreatürlichen, im Sinne des Fortgangs der Evangelien und der Apostelgeschichte verstanden, bezeugt sich, im Wollen Gottes, aus Jesu Tod, aus der Grabesruhe des Herrn und ist so, in der Erinnerung an ihn, gerade das Geschehen des Geistes.

14. Das Sichdurchbrechen des individuellen Ichs und die Gotteserfahrung in der Empfindung

Kommen wir aber auf die Predigt zurück, die Ihren Kulminationspunkt am Ende findet:

> »Ein großer Meister spricht: Durch sich selbst durchzubrechen, sich selbst als Ich, als Individuum, als Person aufzugeben, das ist vorzüglicher als das Hervorgehen aus Gott, das *ûzvliesen*, die emanatio.«[44]

Im Sinne der *gelâzenheit*, der *abegescheidenheit* als des Lassens der *eigenschaft* verlangt Eckhart alles vermeintliche Eigenständigsein (das es in der Gottheit nicht geben kann), das Eigensein zu durchbrechen. Die Nichtigkeit des Kreatürlichen drückt sich gerade in der Versuchung, in der Tendenz zur *eigenschaft* aus. Dies kann man, nach Joachim Kopper, in den Worten Kants auch als ›Hang‹ bezeichnen (der wesentlich der ›Hang zum Bösen‹, des boshaften, egoistischen Individuums ist), als Versuchung zum Sich-selber-Wollen in *eigenschaft*, verbunden mit dem Willen in *eigenschaft*, in einer Welt von lauter Eigenem, von Dingen, von Gegebenem zu leben. Das muss durchbrochen werden, sollen die wahre Armut und damit die Seligkeit erreicht werden. Das Geschaffensein, in dem wir befangen sind, hat, weil es eben nichtig, bloßes zeitliches und sterb-

---

43 Kopper, Das Unbezügliche, S. 152.
44 *Ein grôz meister sprichet, daz sîn durchbrechen edeler sî dan sîn ûzvliezen, und daz ist wâr* (Pr. 52, DW II, S. 504).

liches Gegenwärtigsein ist, die Tendenz, eigenständig gelten zu wollen und so
die Seligkeit zu verfehlen:

> »Es gibt eine Rückkehr in die Seligkeit, wenn ich die *eigenschaft* durchbrechen kann. [...]
> Dieses Sichselbstdurchbrechen, das soll der Mensch leisten, und dazu will diese Predigt
> die Anweisung geben. Dass er sich durch sich selbst durchbricht, dass er wieder zurück-
> geht in das War, das vor aller Zeit ist und vor allem Werden.«[45]

Oder in Eckharts Worten, die hier wieder aus der mündlichen Übersetzung
KOPPERS übernommen sind:

> »Als ich aus Gott floss, da sprachen alle Dinge: Gott ist. Das macht mich nicht selig,
> denn hier bejahe ich mich als Geschöpf. Aber in dem Durchbrechen, da [...] ich meinen
> Willen aufgebe und den Willen Gottes aufgebe und alle seine Werke, und Gott selbst,
> da bin ich oberhalb von allen Geschöpfen und bin weder Gott, noch Geschöpf. Ich bin,
> was ich war, und das ich bleiben soll nun und immerdar.«[46]

Alle crêatûren sint ein lûter niht: Dies ist keine Behauptung Eckharts, sondern die
Grunderfahrung im Menschsein, dass das Kreatürliche als solches das Nich-
tigsein ist; alles Meinen von etwas in Eigenheit, in *eigenschaft*, in Sich-selbst-
zu-eigen-sein ist in sich verfehlt, und es verfehlt die Seligkeit. Die kreatürliche
Welt muss bleiben, so bleiben, wie sie ist, in der Weise, wie sie vom gemeinen
Verstand seit jeher aufgefasst wird; die Seligkeit aber verlangt, dass die Welt
des Scheins in ihrer Nichtigkeit und Hinfälligkeit durchschaut werden muss.
Wichtig ist also auch hier wieder der Grundzug des Denkens Eckharts, dass
Mystik keinesfalls ein Hinsinken zu einem ›ganz Anderen‹ meint, denn die
kreatürliche Welt bleibt genauso, wie sie war und ist. Nur, wenn ich die Welt
habe, und in ihr den gemeinen Verstand, mein Leben in ihr bejahe und mich im
Rahmen dessen auch für die äußerliche Armut entscheiden kann, kann ich die
Versuchung – die dergestalt notwendiges Moment des weltlichen Bezeugens
des Unbedingten ist – zum Verfallen an das Eigenständigsein und den Gel-
tungsanspruch alles Kreatürlichen durchschauen und davon lassen. Dies ist die
geistige Einstellung der wahrhaften Reflexion und Besinnung auf die Weise
der *abegescheidenheit*.

Ein anmaßendes Verachten alles Weltlichen, so wie ja schon Kant sagte, dass
der Purismus des Zynikers und die Fleischesverachtung des Anachoreten Zerr-
bilder der Tugend seien,[47] würde die Bemühung um Verständnis, die Eckhart

---

45 Transkribiertes Vortragszitat.
46 *Dô ich ûz gote vlôz, dô sprâchen alliu dinc: got der ist; und diz enmac mich niht sælic machen,*
    wan alhie bekenne ich mich crêatûre. Mêr: in dem durchbrechen, dâ ich ledic stân mîn selbes wil-
    len und des willen gotes und aller sîner werke und gotes selben, sô bin ich ob allen crêatûren und
    enbin weder got noch crêatûre, mêr: ich bin, daz ich was und daz ich blîben sol nû und iemermê
    (Pr. 52, DW II, S. 504 f.).
47 Kant, Anthropologie, AA VII, 282.

von uns verlangt, nicht auf sich nehmen. So hat sich der Erzbischof von Köln, der Eckhart verfolgen ließ, sollte dies in der eventuellen Annahme, Eckhart würde sich über alles Weltliche und über die Kirche in dieser Welt abschätzig erheben, getäuscht, er hat Eckhart nicht verstanden. Es ist so, wie Eckhart es zweimal in der Predigt sagt: Seine Worte widersprechen dem faktischen Auffassen des gesunden Menschenverstandes, sie sind ungewöhnlich und schwierig, so dass auch die Besten sie häufig nicht verstehen. Die Worte Eckharts entziehen sich der üblichen menschlichen Auffassungsweise, die kreatürlichen Gegebenheiten in positiver Geltung zu belassen.

JOACHIM KOPPER sagt somit über Eckhart: »Er ist vor 750 Jahren zum Vorläufer eines Denkens geworden, das sich heute noch nicht durchgesetzt hat.«

Eckhart verlangt, nicht etwa im Sinne des üblichen Atheismus, mit dem sich ja gar kein eigentliches Nachdenken verbindet, dass wir gottlos sein müssen, gott-los, – dass wir Gottes quitt sein müssen.

> »Das ist die eigentliche Lehre, wir müssen all diese Eigenständigkeit aufgeben, alles eigenständige Wollen, Wissen und Erkennen und all die Gegenstände, die da drin sind. Und wenn wir das alles (das ja hierzu stattfinden und da sein muss!) als nichts erfahren, dann ist das Durchbrechen zu vollziehen.«[48]

> »Da empfange ich einen Eindruck, der mich über alle Engel bringt. Von diesem Eindruck empfange ich solche Reichheit, das mir nicht genügen mag nach alldem, was Gott ist und an allen seinen göttlichen Werken. Denn in diesem Durchbrechen, durch diesen Eindruck erfahre, da empfange ich, dass Gott und ich eins sind.«[49]

> »Dann trete ich in ein Empfinden ein, von einer Stärke, die mich über alles das, was an eigener Geltung in dieser Welt ist, erhebt. Aber diese Empfindung, diese *impressio*, ist weder Wissen, noch Wollen, noch Sein. Das ist das Fazit, das ich aus dieser Predigt ziehe: Das geschieht als Empfindung und von dieser Empfindung muss ich sagen, sie ist kein Wissen, sie ist kein Wollen, und sie ist auch kein Sein.«[50]

Und in dieser Empfindung, im *indruk*, der *impressio*, ist es möglich, eine rechte Einstellung zum ›War‹, zur Ewigkeit, zu gewinnen, was sich später auch in ähnlicher Weise bei Spinoza findet: das in die *duratio* gebundene Denken wird in der Empfindung überwunden, die, mit Spinoza zu sprechen, die unmittelbare Erfahrung der Ewigkeit auf die Weise des Fühlens ist: *sentimus experimurque nos aeternos esse.*[51]

---

48 Transkribiertes Vortragszitat.

49 *Dâ enpfâhe ich einen indruk, der mich bringen sol über alle engel. In disem indrucke enpfâhe ich sôgetâne rîcheit, daz mir niht genuoc enmac gesîn got nâch allem dem, daz er ,got' ist, und nâch allen sînen götlîchen werken; wan ich enpfâhe in disem durchbrechen, daz ich und got einz sîn* (Pr. 52, DW II, S. 505).

50 Transkribiertes Vortragszitat.

51 Spinoza, Ethica, L. V, prop. XXIII, scholium (= Spinoza, Die Ethik, S. 664).

Zum Abschluss möchte ich mich nun nochmals auf ›*Von abegescheidenheit*‹ beziehen, auf den Traktat, der im bereits zitierten Buch KOPPERS, das der ›Besinnung auf das philosophische Denken‹ gewidmet ist, eine wesentliche Rolle spielt. Durch die Beziehung von *armuot* und *abegescheidenheit* kann das Bisherige dadurch vielleicht nochmals erhellt werden. KOPPER bezieht sich auf eine Stelle im Traktat, in der Eckhart sagt, analog zum Durchbrechen in der Armutspredigt:

> *Und sô diu abegescheidenheit kumet ûf daz hœchste, sô wirt sie von bekennenne kennelôs und von minne minnelôs und von liehte vinster.*[52]

JOACHIM KOPPERS kommentierendes Fazit hierzu lautet:

> »Dieses Geschehen der Welt und des Menschseins ist ein *bekennen*, das *kennelos* ist. Und darin gelten auch die Tugenden oder die Liebe nicht mehr in Vorhandensein und Fürsichgelten, sondern auch die Liebe gilt *minnelos* [...] Das bloße und leere Geschehen von [...] Schweigen ist selbst das Hören dessen, was mein Gott und mein Herr in mich hinein spricht. Diese Situation ist aber eben die *abegescheidenheit* und die − radikale − Armut des Geistes, in der der Mensch, weil sie der Mangel alles eigenen Könnens und Wollens ist, nicht etwa durch eigene Leistung zu Gott hingeht, sondern eben [...] nichts als das bloße Hören ist, auf die Weise von dessen Wortlosigkeit es geschieht, dass er in Gott ist.«[53]

---

52 VAb, DW V, S. 428.
53 KOPPER, Das Unbezügliche, S. 140.

Zusammenfassungen der Beiträge

Maximilian Brandt
Hinweise zur Kommentierung zu Otto Karrer: Das Gotteserlebnis bei Augustinus und
Meister Eckhart

Otto Karrer stellt in ›Das Gotteserlebnis bei Augustinus und Meister Eckhart‹ (1934) die
beiden Persönlichkeiten Augustinus und Meister Eckhart zwar nacheinander, jedoch nicht
unverbunden, vor. Er macht deutlich, dass sie sich in ihren Gedankengängen nicht nur
nicht widersprechen, sondern Meister Eckhart quasi dort weiterschreibt, wo Augustinus
aufhörte: »Jener baut die Kathedrale gewissermaßen bis zum Turmansatz, dieser braucht
nur mehr den Turm zu vollenden.« Hilfreich für das Verständnis des Textes ist ein Blick
in Karrers eigene Lebensgeschichte. Auch er war aufgrund seiner modernen theologischen
Denkansätze, die sich teilweise erst im Zweiten Vatikanischen Konzil bestätigt fanden, oft
missverstanden worden. Möglicherweise mag dazu auch der Umstand beigetragen haben,
dass er aus dem Jesuitenorden ausgetreten war und kurzzeitig ein evangelisches Predigerseminar besuchte, bevor er wieder in seinen Priesterberuf zurückkehrte. Insofern verbindet
sich sein eigenes Schicksal mit dem Eckharts, der – wie Karrer nachweist – nicht nur zu
Unrecht als Irrlehrer bezeichnet wurde, sondern dessen mystisch-religiöses Erleben sich
als genuin christlich erweist und dem Denkansatz Augustins in tiefer Weise entspricht, ja
gleichsam eine Fortschreibung dessen darstellt. Karrer zeigt dies gerade dadurch, dass er
Aussagen Eckharts niemals isoliert sieht, sondern sie im Ganzen des Eckhartschen Denkens
einordnet – so begeht er gerade nicht den Fehler, den die Verurteiler Eckharts begingen bzw.
zur Zeit Karrers die nationalsozialistische Ideologie eines ›Mythus des XX. Jahrhunderts‹,
die in Eckhart den Begründer einer neuen germanischen Religion der Rasse sehen wollten.

Otto Langer
Seelengrund. Meister Eckharts mystische Interpretation der aristotelisch-thomasischen
Lehre von der Seele

An Meister Eckharts Uminterpretation zentraler Theoreme der aristotelischen Seelenlehre
werden zwei unterschiedliche Konzepte des Welt- und Selbstverständnisses erkennbar. Gegenstand des ersten Teils sind Aristoteles' Auffassung von der *psyche* als autopoietischem
Prinzip und damit zusammenhängende Theoreme – hylemorphistische Einheit von Körper
und Seele, *energeia*-Identität von Wahrnehmungsvermögen und Wahrnehmungsgegenstand,
herrschaftliche Funktion des *nous*, Dichotomie *poiein-paschein*, Identität von Wesen und
Leistungsvermögen der Seele. Im zweiten Teil wird Eckharts Transformation der aristotelischen Lehre dargestellt, und zwar unter der doppelten Perspektive seiner Radikalisierung
der Unterscheidung von Wesen und Kräften der Seele, wie sie Thomas von Aquin annimmt,
und seiner Umbesetzung der aristotelischen Wahrnehmungs- und *nous*-Theorie, mit denen
er seine Lehre von der Einheit mit Gott im Seelengrund begrifflich entfaltet. Durch diese
kontrastierende Untersuchung werden Umrisse der christlichen Anthropologie Eckharts
sichtbar, der die aristotelische These vom Lebensvollzug als letztem Zweck des Menschen
umdeutet, die menschliche Selbsttätigkeit und das Streben nach Selbststeigerung aufhebt
und dem Ideal der autopoietischen Vernunft das Ideal der leidenden Vernunft entgegensetzt,
die mit der Wirkungsmacht der Dinge bricht. Erfüllung, Glück findet der Mensch nicht im
poiein, sondern im *passive se habere*, im *gotliden*, das mit Werken der Nächstenliebe einhergeht und den Menschen von innen her aufwertet.

Norbert Fischer
Von einem Berühren Gottes im Geiste: *attingere aliquantum mente deum* (s. 117,5).
Augustins christliche Deutung der neuplatonischen ›Mystik‹ Plotins als Vorspiel zu
Eckhart. Mit einem Blick auf Origenes und Dionysius

Der Beitrag skizziert Augustins zwiespältiges Verhältnis zur ›Mystik‹, deren Protagonist
Plotin war, der die Weltoffenheit der Sokratisch-Platonischen Philosophie henologisch reduziert hat. Augustinus stimmt Plotins Missachtung der endlichen Wirklichkeit nicht zu,
vor allem nicht im Blick auf das Sein der Menschen. Dabei wird der theologische Entwurf
des Origenes in ›Περὶ ἀρχῶν‹ (›De principiis‹) als erster Versuch einer systematischen Darstellung des christlichen Glaubens betrachtet. Sodann kommt die mystische Theologie des
Dionysius (Pseudo-Areopagita) in Blick, die Eckhart durch Albertus Magnus gekannt haben
mag, ohne sein Denken deshalb unter den Titel der ›Mystik‹ zu stellen. Dionysius rang um
Vermittlung zwischen den Neuplatonikern und den Christen und erlangte auf diesem Weg
größte Bedeutung im Mittelalter. Der Beitrag schließt mit Augustins Kritik der neuplatonischen Mystik und deren christlich inspirierter Umformung. Abschließend wird die kritisch bleibende Nähe zu Plotins Henologie an Beispielen (z. B. an der Gartenszene und dem
›mystischen Gespräch‹ mit der Mutter in ›Confessiones‹ 8,28–30 und 9,23–25) reflektiert.
Letztlich geht es Augustinus nicht um die Einung einer Person mit dem Einen, sondern um
die von Liebe getragene, heilige Verbindung vieler Menschen im Königreich Gottes. (›Confessiones‹ 11,3: *regnum tecum sanctae civitatis tuae*)

Ruedi Imbach
Hinweise auf Eckharts Auslegung des Johannesevangeliums (Prolog und 1,38) im Vergleich
mit Augustin und Thomas von Aquin

In diesem Beitrag wird der wahrscheinlich anlässlich seines zweiten Pariser Aufenthaltes
enstandene Kommentar Meister Eckharts zum Johannesevanglium im Vergleich mit der
Auslegung des Augustinus und des Thomas von Aquin vorgestellt und beurteilt. Alle drei
Autoren betrachten vor allem den Prolog des vierten Evangeliums als einen im Vergleich
zur Philosophie besonderen und einzigartigen Text, der die Frage nach der Beziehung von
Philosophie und Theologie aufwirft. Eckharts Versuch einer philosophischen Bibelexegese,
deren Bedeutung und Weg er zu Beginn seiner Kommentierung erörtert, wird im zweiten
Teil anhand von Eckharts Auslegung von Johannes 1,38 dargestellt, wo der Dominikaner
eine gleichsam metaphysische Interpretation der von den Jüngern gestellten Frage »Wo
wohnst du?« vorlegt.

Georg Steer
Meister Eckhart, ›Buch von geistiger Armut‹, ›Liber positionum‹ und ›Compendium
theologicae veritatis‹ des Hugo Ripelin von Straßburg

Die geistlichen Traktate, 18 an der Zahl, die FRANZ PFEIFFER 1857 in seiner Eckhart-Aus-
gabe publiziert hat, sind in jüngster Zeit in das Fadenkreuz eifrigster Forschung geraten. Sie
verraten alle nächste Nähe zu Gedanken Meister Eckharts. Weitere Schriften mit Eckhart-
Reminiszenzen sind mittlerweile hinzugekommen: ›Der Spiegel der Seele‹, das ›Buch von
geistiger Armut‹ und das ›Geistbuch‹. Besondere Aufmerksamkeit gilt auch zwei ausgespro-
chenen Eckhart-Handschriften, der Nürnberger Sammlung aus dem Katharinenkloster (N1)
und der umfänglichsten Eckhart-Handschrift des deutschen Mittelalters (S1), geschrieben

1441 von Jǒrg Gartner aus dem Elsass. Die Frage ist drängend, welche Autoren und Werke hinter der sogenannten deutschen Mystik (Eckhart, Tauler, Seuse) stecken. FREIMUT LÖSER hat diese Frage bei der Neuinterpretation der ›Salzburger Armutspredigt‹ angestachelt, die er vor den ›Reden der Unterweisung‹ entstanden denkt. Weil immer häufiger, so besonders im ›Spiegel der Seele‹, Meister Eckhart im Zusammenhang mit dem ›Compendium theologicae veritatis‹ Hugos von Straßburg genannt wird, soll hier untersucht werden, ob nicht vielleicht das ›Compendium theologicae veritatis‹ ein theologisches Werk ist, das Meister Eckhart gekannt, benutzt und Gedanken Hugos übernommen und weitergedacht hat. Denn die deutschen Dominikaner haben das ›Compendium‹ als Standardwerk für die theologische Ausbildung der Predigerbrüder geschaffen. Die Verbreitung des ›Compendium‹ ist enorm: ca. 1000 Handschriften sind heute noch erhalten, 20 verschiedene Übersetzungen ins Deutsche sind bisher registriert. Eine der herausragendsten ist die des Frankfurter Dominikaners Johannes von Wilnau. Er arbeitete nach dem Straßburger Druck von 1489 und er kannte die Mystik Meister Eckharts.

Norbert Fischer
›Die rede der underscheidunge‹ als Eckharts ›Orientierung im Denken‹

Obwohl ›Die rede der underscheidunge‹ (die ›Erfurter Collationen‹) ein Frühwerk Eckharts sind (1294–1298), das auf Vorträge vor Novizen zurückgehen mag, bieten sie einen ersten Zugang zu seinem eigenen Denken, für das er hier erste Orientierung sucht. Die konkrete Aufgabenstellung dieses Frühwerks wird im Anschluß an KURT RUH gesucht (zu den Fragen von *vita passiva* und *vita activa*, zur menschlichen Neigung zur Sünde und zum ›Frieden Gottes‹ als höchstem Ziel menschlichen Strebens). Am Ende stehen Überlegungen zur literarischen Gattung dieser Schrift.

Norbert Fischer
Got und ich wir sîn ein / »Gott und ich wir sind eins« (Predigt 6). Zur philosophischen Deutung eines schwierigen Wortes Meister Eckharts

Eckharts Wort *Got und ich wir sîn ein*, kann die Neigung befördern, es im Sinne spekulativer Schaumystik zu verstehen, in der die Anforderungen der endlichen Welt vernachlässigt werden. Nach der Auseinandersetzung mit solchen Auslegungen wird der philosophische Hauptgedanke dieser Predigt in Eckharts Versuch einer Überwindung der Spannung zwischen der denkerischen und der geglaubten historischen Lösung der Probleme des menschlichen Lebens gesucht. Eckharts Predigt untersucht nicht nur eine Aufgabe des Denkens, die sich allen Menschen durch die Vernunft als ›metaphysische Naturanlage‹ stellt, sondern zugleich die Aufgabe ihres Lebens. Augustins moralisch-praktische Auslegung des Geschaffenseins auf Gott hin greift Platonische Motive auf, kann erneut bei Eckharts gefunden werden und sie spiegelt sich auch noch bei Kant. Eckhart betont die Geschaffenheit der endlichen Geschöpfe, aber auch deren Individualität und Schuldfähigkeit, die über die Christologie zum göttlichen Sinn des menschlichen Seins führt.

Karl Heinz Witte
Meister Eckhart: Denken, Sein und Leben

Ausgangspunkt der Untersuchung ist die klassische Frage der Eckhartforschung, ob Gott (gemäß der ›Quaestio Parisiensis‹ I) vorrangig Erkennen oder Sein (gemäß dem ›Opus tripartitum‹) ist. Es wird die These aufgestellt und begründet, dass im Hauptwerk Eckharts das Sein dynamischen und Erkenntnischarakter hat und dass im Spätwerk ein absolut reines, verborgenes und unerkanntes Sein unterschieden wird von einem transzendentalen Sein als dem Grund der Trinität und der Geburt des Sohnes sowie der *perfectiones generales* und *spirituales*.

Wolfgang Erb
Meister Eckharts Schwierigkeiten mit dem *magisterium cathedrae pastoralis* in Köln und Avignon

Ausgehend von den recht alten Spannungen zwischen Theologie und Lehramt in der Frage nach der Wahrheit wird an Hand des Kölner Prozesses und des Verfahrens in Avignon, entlang der damaligen Ereignisse, wie sie sich nach dem heutigen Forschungsstand darstellen, zunächst die Haltung Meister Eckharts skizziert, die er gegenüber dem Vorwurf einnimmt, vieles, was er gesagt und geschrieben habe, sei nicht wahr. Im Zusammenhang mit diesem Vorwurf wird dann einer der konkreten Streitpunkte Meister Eckharts mit dem Lehramt, nämlich die Gottwerdung des Menschen (θέωσις) herausgegriffen, knapp umrissen und dem ›Votum theologorum Avenionensium‹ gegenübergestellt. Abschließend wird dann versucht, die Sicht des Lehramts als eine Sorge um die Wahrheit an Hand der Bulle ›In agro dominico‹ aufzuzeigen.

Hans-Jürgen Müller
Der Standpunktwechsel von der »Abenderkenntnis« des *wilden* zur »Morgenerkenntnis« des *edlen Menschen* in Seuses ›Buch der Wahrheit‹

Meister Eckhart und Heinrich Seuse, Seelsorger und Gelehrte zu Beginn des 14. Jahrhunderts, verfechten für die dominikanischen Ordensprovinzen in Deutschland ein Bildungsprogramm auf einer philosophisch reflektierten religiösen Grundlage. Die Stichworte *gelâzenheit* und *vernünftikeit* stehen daher auch im Mittelpunkt von Seuses ›Buch der Wahrheit‹. Diese Schrift setzt dem neu aufgekommenen, aristotelisch geprägten Denken die Lehre von der wahren *gelâzenheit* des göttlichen Menschen entgegen. Seine Argumente zielen darauf ab, von einem falschen, aristotelisch-heidnisch geprägten zu einem wahren, d.h. einem christlichen Vernunftverständnis zu finden. Die argumentativ-rationale Methode ist Teil einer umfassenden Seelsorge-Strategie in der Auseinandersetzung mit den als ketzerisch angesehen Laienbewegungen, für die stellvertretend die Gestalt des Wilden steht. Sein Dialogpartner, der Jünger, ein junger Mönch, der (dies ist das Thema der ersten Kapiteln des ›Buches der Wahrheit‹) bereits zu einem im Sinne Seuses wissenschaftlich ausgewiesenen theologischen Standpunkt gefunden hat, soll das Wilde von seiner rein auf naturale Verhältnisse bezogenen Sicht zu einem Standpunkt führen, in dem sich die christlichen Lehre, welche ganz von der vernünftig erarbeiteten Grundhaltung des ›edlen Menschen‹ geprägt ist, in ihrer inneren Vernünftigkeit erschließt. Der begrifflich-argumentative Charakter der Debatte zwischen dem Jünger und dem Wilden zeigt sich in dem Gegensatzpaar *niht* und *unterscheit*. Das Wilde versteht sich als freies, auf keine begriffliche Unterscheidung und damit auf keine Ordnung der Welt bezogenes Individuum. Seuse führt daher den Jünger zu einem anderen Begriffs des Nichts, dem in der neuplatonischen Tradition des ›liber de causis‹ zu deutenden göttlichen Nichts in seinem Urgrund, dem *ewiges niht*. Dessen Demonstration, dass Denkalternativen zum Standpunkt des natürlichen Menschen möglich sind, führt das Wilde schließlich zur Einsicht, dass sein Denken fehlerhaft ist. Ein Exkurs rekonstruiert die Logik der Argumentation Seuses. Der Grenzbegriff des *ewiges niht* wird durch doppelte intensionale Negation gebildet und pragmatisch-performativ symbolisiert. Dieser pragmatisch-performative Aspekt des Perspektivwechsels von ›der Abenderkenntnis‹ des Wilden ›zur Morgenerkenntnis‹ des edlen Menschen konstituiert sich im Einnehmen der neuen Perspektive durch den bzw. als Vollzug des finitisierten Symbolbegriffs Gottes als *lebendú wesendú istigú vemúnftikeit*.

Hermann Schnarr
Über eine Beziehung des Nikolaus von Kues zu Meister Eckhart

Nikolaus von Kues geriet bald nach Veröffentlichung seiner Erstlingsschrift ›De docta ignorantia‹ (›Über das Belehrte Nichtwissen‹) in die Kritik. Der Heidelberger Professor der Theologie, Johannes Wenck von Herrenberg, sah darin einen Angriff auf den Wissenschaftscharakter der Theologie. In seiner Schrift ›De ignota litteratura‹ (›Über die nichtgewusste Literatur‹) geht seine Kritik von einem quasi dogmatisch verstandenen Aristotelismus aus. Dabei macht er eine wichtige Feststellung. Er erkennt, dass Nikolaus irgendwie von der Gedankenwelt Meister Eckharts beeinflusst ist. Allerdings beschränkt sich seine Eckhart-Kenntnis offenbar auf die Kölner Anklageschrift. Vielleicht hat er in sie Einsicht genommen, als von der Heidelberger Universität 1430 eine Ketzeruntersuchung erfolgte. Wenck war seit 1426 dort Professor. Dabei wird er auch das bei solchen Ketzerprozessen übliche Verfahren kennengelernt haben. Einzelne Sätze werden aus ihrem Zusammenhang genommen und dann in einer Weise gedeutet, die der Absicht des Verfassers nicht gemäß ist. Dieses Verfahren übernimmt er auch für seine Kritik an der Theorie des ›Belehrten Nichtwissens‹. Die Hinweise auf Meister Eckhart dienen Wenck offenbar dazu, um auch Nikolaus der Ketzerei zu bezichtigen. Wann Nikolaus von dieser Schrift Wencks erfahren hat, lässt sich nicht genau bestimmen. Seine Antwort auf diesen Angriff erfolgt aber relativ spät, und zwar nach seiner Aufnahme in das Kardinalskollegium, wie es in der Antwort-Schrift ›Apologia doctae ignorantiae‹ (›Verteidigung des Belehrten Nichtwissens‹) steht. Nikolaus wendet dabei einen literarischen Trick an. Er lässt einen Schüler einem Mitschüler ein Gespräch über Wencks Schrift erzählen, das dieser auf seine Bitte hin mit Nikolaus geführt hat. Ob dies nur eine literarische Fiktion ist oder ob es doch ein solches Gespräch gegeben hat, lässt sich nicht ausmachen. Cusanus zeigt darin, dass der Gegner ihn überhaupt nicht verstanden hat oder sogar, was viel schlimmer ist, nicht verstehen wollte. Das Gleiche gilt für dessen Kritik an Meister Eckhart, den er nur in einzelnen Sätzen kannte. Nikolaus weist darauf hin, dass er wesentlich mehr Kenntnisse von Meister Eckharts Schriften hat als Wenck. Er warnt davor, Meister Eckharts Schriften solchen Leuten wie Wenck in die Hand zu geben, die diese entweder nicht verstehen oder nicht verstehen wollen. Nikolaus stellt sich somit auf die Seite von Meister Eckhart. Daher wird seine Apologie, seine Verteidigung gleichzeitig zur Anklage. Wie ihm durch das Verfahren Wencks Unrecht geschehen ist, so ist es auch Meister Eckhart in seinem Prozess ergangen.

Georg Steer
Meister Eckhart und Martin Luther

Unter dem Titel ›Die fremde Reformation‹ unternimmt der Tübinger Religionshistoriker VOLKER LEPPIN den Versuch, Martin Luthers ›mystische Wurzeln‹ aufzudecken. Sein »wunderbar klar geschriebenes Buch ist eine Einladung, Luthers mystische Wurzeln und damit eine bis heute verdrängte Dimension der Reformation neu zu entdecken«. LEPPIN gibt dabei »Martin Luther den spätmittelalterlichen Kontext zurück, der ihm von Protestanten wie Katholiken seit Jahrhunderten vorenthalten wird« (Klappentext). Bei diesem Bemühen kann die text- und wirkungsgeschichtliche Forschung helfen. Es ist dabei als erstes zu hinterfragen, ob die Fokussierung allein auf den Mystiker Johannes Tauler quellengeschichtlich gesehen nicht doch zu eng gefasst ist. LEPPIN konzediert zwar, dass die Zykluspredigten 101–104 ›Von der ewigen Geburt‹ »nach unserem heutigen Kenntnisstand gar nicht von Tauler stammen, sondern von Meister Eckhart«, sie also ›unter fremdem Namen‹ in Luthers Hände gerieten. Gelesen hat sie Luther im Augsburger Taulerdruck Hans Otmars von 1508. Er fand in der ersten Weihnachtspredigt (VETTER 1) über die Gottesgeburt »das Verhältnis zwischen dem Glaubenden und dem in ihm geborenen Gott beschrieben: ›wann wenn zwey solln ains warden / so müß sich dz ain haltnn leidend / daz ander wirckend‹« (AT, 2r). Als Luther »den Kern seiner reformatorischen Erkenntnis beschrieb«, rückte er die *iustitia passiva* in den Mittelpunkt. »Passive Gerechtigkeit bedeute«, so LEPPIN, »dass Gott uns gerecht macht, ohne Leistung von unserer Seite. So war alles ganz auf Gott als den Akteur ausgerichtet, der Mensch könnte nur passiv Empfangender sein« (S. 24). Nichts anderes sagt Meister Eckhart. Die reformatorische Idee Luthers also ein Gedanke Eckharts? Der Gedanke der Gottesgeburt im Menschen? Dass Luther die Taulerpredigten nach AT 1508 gelesen hat, wissen wir deshalb so genau, weil dieses persönliche Lutherexemplar noch heute erhalten ist, und zwar in der Zwickauer Ratsschulbibliothek mit der Signatur 20.6.12. Luther verrät sich als Leser dieses Exemplars, weil er die Predigt 104 mit lateinischen Randglossen kommentiert hat. Dass Eckhart der Autor der Predigt 104 war, wusste er nicht. Er wusste auch nicht, dass er die Fassung 104 B mit stark depraviertem Text vor Augen hatte und nicht die originale Fassung 104 A. Bemerkenswert ist sodann: Die Lehre der *iustitia passiva* durchzieht das ganze lateinische und deutsche Werk Eckharts. Sie ist an vielen Stellen nachzuweisen. Der vorliegende Beitrag dokumentiert diese Stellen in aller Breite. Ein letztes bleibt zu hinterfragen: Die Einbeziehung Meister Eckharts in die mystische Wurzelsuche müsse, meint LEPPIN, außen vor bleiben, weil Eckhart »durch die Bulle *In agro dominico* 1329 wegen Häresie verurteilt worden war«. Ist die Tauler-Reduktion wirklich gerechtfertigt? LEPPIN entscheidet: »Tauler bot gewissermaßen die kirchenkonformere Variante von dessen Mystik« (S. 22). Doch man sollte nicht vergessen: Schon vor über 20 Jahren (im Jahre 1992) haben HEINRICH STIRNIMANN und RUEDI IMBACH nachgewiesen, dass Eckhart als Person von der Kirche nicht als Häretiker verurteilt wurde.

Norbert Fischer
Kants Idee »*est Deus in nobis*« und ihr Verhältnis zu Meister Eckhart. Zur Beziehung von Gott und Mensch in Kants kritischer Philosophie und bei Eckhart

Kants Verhältnis zu dem Gedankenkreis, den er weithin als ›mystisch‹ oder ›mystizistisch‹ bekämpft hat, war dennoch von vornherein zwiespältig, auch in der ›Kritik der reinen Vernunft‹, wo er vom »Verhalten dieses göttlichen Menschen in uns« spricht, »womit wir uns vergleichen, beurtheilen und dadurch uns bessern, obgleich es niemals erreichen können«. (KrV B 597) Durch Briefe und Arbeiten von Christoph Friedrich Ammon und Karl Arnold Wilmans angeregt hat Kant sich in seinen letzten Jahren mit diesen Fragen befasst, vorwiegend im ›Opus postumum‹. Er gibt dabei nicht die Grundgedanken der kritischen Philosophie preis, die von vornherein als ›kritische Metaphysik‹ im Geiste des Sokrates (den er »einen guten Christen in potentia« nennt), Platons und der christlichen Tradition des Abendlandes konzipiert war und ihn – in Offenheit gegenüber der (christlichen) Offenbarungsreligion – zur ›Religionsphilosophie‹ führte. Trotz bleibender Abwehr des ›Mystizismus‹ in der Philosophie ergaben sich (vermittelt durch Ammon und Wilmans) doch Anknüpfungspunkte an Gedanken, die für Meister Eckhart zentral waren. Abschließend wird die Nähe von Eckharts und Kants Denken in beider Absicht gesehen, die (auf Gottes Liebe weisende) ›Ehre der menschlichen Vernunft zu verteidigen‹, die beide zum Bedenken von Reflexionen und Aussagen führt, die christologischen Charakter haben.

Martina Roesner
Abgeschiedenheit und Reduktion. Der Weg zum reinen Ich bei Meister Eckhart und Edmund Husserl

Der vorliegende Beitrag verfolgt die Absicht, die philosophischen Ansätze Meister Eckharts und Edmund Husserls am Beispiel ihrer anthropologischen Grundentwürfe miteinander zu vergleichen. Beide Denker leben in Epochen, in denen das Wesen des Menschen auf je andere Weise durch entfremdende Selbstauslegungen in Frage gestellt wird – im Falle Meister Eckharts ist dies der Averroismus, im Falle Husserls der Psychologismus und Biologismus. Für beide Philosophen besteht die Lösung darin, den Menschen nicht auf seine individuelle, empirische Personalität zu reduzieren, sondern ihn von seinem reinen Ich her zu verstehen, das als Manifestation ursprunghafter Spontaneität den Kausalzusammenhang der dinglichen Natur durchbricht. Dieses reine Ich ist jedoch zumeist verborgen und muss erst mittels einer geeigneten Methode freigelegt werden. Bei Eckhart geschieht dies durch die ›Abgeschiedenheit‹, d. h. das Absehen von allem bedingten, kreatürlichen ›Dies und das‹, so dass der Mensch der ungeschaffenen, göttlichen Dimension, die in ihm liegt, konform wird. Bei Husserl erfolgt der Zugang zum reinen Ich durch die sogenannte Epoché, durch die der bewusstseinsimmanente Erlebniszusammenhang von allen kausalen Verweisen auf eine ›äußere‹, dingliche Wirklichkeit gereinigt und auf das in ihm liegende phänomenologische Absolute, die Konstitutionsleistung des reinen Ego, zurückgeführt wird. Auch wenn bei Eckhart die theologischen Motive stärker hervortreten als bei Husserl, kommen beide doch darin überein, dass die denkerische Selbstbesinnung des Menschen keine rein theoretische Angelegenheit darstellt, sondern auch in einem eminent existenziellen Sinne wahres Menschsein überhaupt erst möglich macht.

Ruprecht Wimmer
Thomas Manns ökumenisches Gottesbild im späten Roman ›Der Erwählte‹ (1951)

Die Nationalsozialisten hatten Thomas Mann 1933 aus Deutschland vertrieben. Der Emigrant verfasste mit dem ›Doktor Faustus‹ (1947) einen Roman, der sich mit der deutschen Katastrophe im Einzelnen auseinandersetzte. Auf den ersten Blick erscheint das Buch als ein Dokument der Hoffnungslosigkeit; bis heute sehen manche Leser darin ein Werk, das die deutsche Kollektivschuld verkündet. Doch enthält die Geschichte des Teufelsbündners, des ›Tonsetzers‹ Adrian Leverkühn, der sich als moderner Faust mit der Syphilis infiziert und in den Wahnsinn der Paralyse stürzt, auch deutliche Signale der Hoffnung auf eine bessere Welt, auf eine Welt in die ein deutscher Neuanfang integriert sein könnte. Besonders deutlich wird dies durch Leverkühns Vertonung der Gregorius-Legende aus den ›Gesta Romanorum‹, einer Legendensammlung aus den Jahren um 1300, also aus dem beginnenden Spätmittelalter, aus der Zeit Meister Eckharts. Leverkühn führt mit Bezug auf dieses Opus aus, dass er auf eine zukünftige Welt hofft, in der sich die Kunst »ins Heiter-Bescheidenere« wandeln und mit »der Menschheit auf Du-und-du« kommen werde. Thomas Mann nimmt nun seinem zweideutigen Helden dieses Werk gewissermaßen weg und macht selbst einen Roman daraus. Die Geschichte des ›sehr großen Papstes‹ Gregorius erscheint 1951 unter dem Titel ›Der Erwählte‹. Der Autor bezeichnet sie kokett-untertreibend als »Romänchen«, präsentiert aber in historisierender Heiterkeit – und mit den Gesta-Elementen einige Motive aus Hartmanns von Aue Gregorius verflechtend – die Gestalt des legendären Papstes als einen aus tiefster Schuld und beispielloser Sühne Erhobenen, als einen Erwählten, der die Sünden aller Welt vergeben und diese Welt als Ganzes befrieden kann. Gerade allerneueste Forschungen konnten zeigen, dass der Roman keinen Schritt hin zum Konfessionell-Katholischen darstellt. Vielmehr wagt es der Autor, der als gebürtiger Lutheraner in seiner amerikanischen Zeit auch mit überseeischen Varianten des Protestantismus sympathisierte, einen ökumenischen ›Gründungsmythos‹ einer künftigen Weltreligion zu entwerfen und zugleich die Vision einer sozialen Welt zu entwickeln, in die seine eigene Kunst hineingehört und in der sie dauern wird. Er nimmt mit seiner ökumenischen, gewissermaßen gottesunmittelbaren Perspektive eine Position der spätmittelalterlichen Mystik, konkret diejenige Meister Eckharts, wieder auf – wohl ohne ihn im einzelnen zu kennen, denn ein direkter Bezug lässt sich nicht belegen. Hinzukommen aber auch die modernen Erkenntnisse der Psychoanalyse, etwa Sigmund Freuds und C. G. Jungs. Gewissermaßen als Ergänzung und Bestätigung erlebt Thomas Mann 1953 in einer Papstaudienz, die ihm von Pius XII. persönlich bewilligt wurde, den Pontifex als überkonfessionelle, als zeitlos mythische Erscheinung – und er darf den Papst an sein eigenes ökumenisches Wort als deutscher Nuntius erinnern. Der Nuntius Pacelli hatte einst die Wartburg eine »gottgesegnete Burg« genannt.

Robert Luff
Gedanken Meister Eckharts in der Lyrik Rainer Maria Rilkes

Der Beitrag untersucht Verbindungen Rainer Maria Rilkes zu Meister Eckhart, wie sie in einigen seiner Gedichte greifbar scheinen. Dabei lässt sich erkennen, dass Rilke exakt im Spannungsfeld zwischen der Adaptation genuin eckhartischer Gedanken und einer neuen, modernen Akzentuierung dieser Ideen changiert. Während Rilke in den frühen deutschen Gedichten des ›Stundenbuchs‹ häufig eine Gottesbegegnung inszeniert, die mit Eckharts Begriffen des ›Entwerdens‹, des inneren Verstummens und des ›seinshaften Nichts‹ beschreib- und deutbar wird, dabei aber das über Eckhart hinausweisende Bild eines dunklen Gottes entwirft, thematisiert Rilke in den späten französischen Gedichten, die im Wallis entstanden, die Begegnung des Menschen mit Gott viel seltener, akzentuiert dabei aber die elitäre Rolle des selbstbewussten Dichters, der Gott besingt und dafür sein Schweigen erntet. Als Mittler zwischen der göttlichen Sphäre und der irdischen Welt kommt damit dem Dichter eine Schlüsselposition auch in der Moderne zu.

Friedrich-Wilhelm von Herrmann
Gelassenheit im Denken Martin Heideggers

Meister Eckhart war von früh an ein stiller Begleiter im Denken Martin Heideggers, der immer wieder aus den deutschen Schriften und Predigten Eckharts zitierte. Schließlich übernahm er in seinem 1944/45 verfassten ›Feldweggespräch‹ Eckharts Denken der Gelassenheit aus dessen Schrift ›Die rede der underscheidunge‹ in sein Ereignis-Denken und bestimmte das Wesen des Denkens als Gelassenheit. Von diesem bedeutsamen systematischen Anschluß Heideggers an das Gelassenheitsdenken Meister Eckharts wird in dem folgenden Beitrag gehandelt, der fünf Abschnitte umfasst: 1. Gelassenheit im Gespräch Heideggers mit Meister Eckhart; 2. das Fragen nach dem Wesen des Denkens und des Menschen; 3. ›lassen‹und ›gelassen‹ im Denken Meister Eckharts; 4. das Bedenken von Transzendenz und Horizont für den Übergang in das künftige Wesen des Denkens und seines Zudenkenden; 5. das Gegnen der Gegnet und die Gelassenheit. Die volle Wesensstruktur der Gelassenheit umfasst: das Zugelassenwerden, das Ablassen, das eingelassene Sicheinlassen auf die Gegnet und das Überlassenbleiben der Gegnet. Der Wesensaufriß der von Heidegger gedachten Gelassenheit schließt in sich fünf Strukturen des Lassens zu einer Einheit zusammen: Das aus der Gegnet geschehende Zulassen des Ablassens vom vorstellenden Denken umwillen des aus der Gegnet geschehenden Eingelassenwerdens des Denkens in sein Sicheinlassen auf das Gegnen der Gegnet im Überlassenbleiben des Denkens diesem Gegnen der Gegnet.

Albert Raffelt
Karl Rahner, Meister Eckhart und die ›Deutsche Mystik‹

Karl Rahner hat sich zeitlebens mit der Theologie der Mystik befasst. Einer der frühesten Texte des Novizen ist eine Kurzzusammenfassung mystischer Theologie mit deutlichen Anklängen an die ›Rheinische Mystik‹. Veröffentlichungen zur Geschichte und Gegenwart der Mystik (geistliche Sinne, Privatoffenbarungen usw.) zeigen Rahner als profunden Kenner. Meister Eckhart ist in Rahners Verwendung der Terminologie der Mystik wie in gelegentlichen Hinweisen im Werk an verschiedenen Stellen gegenwärtig. Als Schultheologe zitiert Rahner auch die Verurteilungen, allerdings ohne genauere Interpretation. Spätere Texte verwenden einen weiteren Begriff von Mystik, der um das Phänomen der Gnadenerfahrung kreist, die Rahner gegen starke Strömungen nachtridentinischer katholischer Theologie für zentral hält. Das rückt die Mystik in diesem weiten Sinne in den Bereich existentiell vollzogenen christlichen (Alltags-)Lebens.

Jakub Sirovátka
Bernhard Weltes Denken mit Meister Eckhart

Die Interpretation der Schriften Meister Eckharts von Bernhard Welte verrät vieles über den Interpreten selbst. Welte zeigt sich nämlich in den Grundzügen seines Denkens Meister Eckhart tief verwandt. Mein Beitrag möchte diese Grundzüge herausstellen. Meister Eckhart wird vor allem als Lebemeister (ohne den Denkmeister zu vergessen) von Welte verstanden, der den Menschen zu einer authentischen religiösen Erfahrung zu führen vermag. In der Suche nach dem Absoluten muss sich jedoch das Denken und die Erfahrung bis an die äußerste Grenze hinwagen. So ist es nur konsequent, wenn in der Mitte dieses äußersten denkerischen Mutes bei Welte die Erfahrung des Nichts steht. Mit Eckhart wird jedoch das ›Nichts‹ nicht im Sinne des Nihilismus verstanden, sondern im Geiste der Tradition der negativen Theologie als ein — wenn auch nicht einfacher — echter und vielleicht ursprünglicherer Weg zu Gott. Weltes Denken mit Meister Eckhart ist ein Mit-Denken im besten Sinne des Wortes: Es geht ihm nicht so sehr darum, zu erkunden, was Eckhart gesagt und geschrieben hat, sondern vielmehr darum, selbst zu denken mit Meister Eckhart und zwar über die Sachen selbst im hier und jetzt. Welte vermag in seinem offenen Denken die

Fruchtbarkeit des Denkens von Meister Eckhart auch deshalb aufzuzeigen, weil sein Vorgehen phänomenologisch ist. Und diese Zugangsweise, die Phänomene selbst sich zeigen zu lassen, ermöglichen ihn darüber hinaus einen Dialog mit dem östlichen (vor allem buddhistischen) Denken zu führen. Darin besteht die innovative und inspirierende Kraft von Bernhard Weltes Denken, von dem wir uns auch heute etwas sagen lassen sollen.

Lutz Baumann
Ruowe, abegescheidenheit und *armuot*. Die Eckhart-Deutung Joachim Koppers

Das Denken Meister Eckharts ist eine frühe Ausprägung transzendentalen Denkens; das Wissen und Sichverstehen des Menschen ruht unbedingt und unbezüglich in sich selbst (*ruowe*). Dieses transzendentale Wissen des Denkens um sich selbst nennt Kopper, mit Eckhart, *Hören*: Es ist Schweigen, das Hören des Sprechens Gottes ist. Um zur Seligkeit zu gelangen, müssen die Menschen das Gebundensein in das Fürsichgelten ihres Lebens (das Meinen ihrer selbst in *eigenschaft*) aufgeben, so wie sie vom Meinen einer eigenständig geltenden, gegebenen Welt ablassen müssen. Das menschliche Denken versteht sich so, frei und ungebunden, *âne eigenschaft, in abegescheidenheit*, als Ereignis der *unbewegelichen abegescheidenheit* Gottes. Als denkendes Weltwesen, nicht etwa in elitärer Entrückung, erfährt sich der Mensch auf diese Weise im Geschehen vollkommener Leere (*armuot*). In diesem Sicherfahren, das Leere ist, gelangen die Menschen zum Durchbrechen ihrer selbst, sie verstehen sich nicht mehr als gegebene Person oder gegebenes Individuum und gelangen so zum wahrhaften Sichverstehen in Gott und d. h. zur Seligkeit. Auf diese Weise bestätigt sich die Verkündigung Jesu: »Die Zeit ist erfüllet und das Reich Gottes ist herbeigekommen«.

Frederick Van Fleteren & Christian Göbel

Contributors' Summaries

Maximilian Brandt
A Commentary to Otto Karrer's ›The Experience of God in Augustine and Meister Eckhart‹

In ›The Experience of God in Augustine and Meister Eckhart‹ (1934) Otto Karrer presents the personalities of Augustine and Meister Eckhart distinctly, though not separately. Meister Eckhart completed, as it were, where Augustine left off. »The latter built the cathedral to the foundation of its tower; the former needed only to finish the tower.« A glance at Karrer's own biography may be helpful for understanding his text. Karrer was often misunderstood because of his modern theological approaches which were only confirmed later, in the Second Vatican Council. That he left the Jesuits and for a short period of time visited a Lutheran seminary before returning to his priestly vocation may have contributed to this misunderstanding. Thus, his own destiny is connected with Eckhart's who, as Karrer shows, was erroneously and without cause called a heretic. His mystical-religious experience was later shown to be authentically Christian and corresponded profoundly to the very foundations of Augustine's thought. In fact, Eckhart's thought represents a continuation of Augustine's. Karrer does not take Eckhart's statement out of context; rather he places them into the whole of his thought and thus does not commit the error of Eckhart's condemners or, during Karrer's own time, of the National Socialist ideologists (›Myth of the Twentieth Century‹), who wanted to see in Eckhart the founder of a new German religion of race.

Otto Langer
Seelengrund: Meister Eckhart's Mystical Interpretation of the Aristotelian-Thomistic Doctrine on the Soul

In Meister Eckhart's re-interpretation of the central theorems of the Aristotelian doctrine of the soul, two differing understandings of the world and the self appear. The first part of this paper will look at Aristotle's conception of the *psyche* as autopoietic principle and the related theorems of the hylomorphic unity of body and soul, the *energeia*-identity of sensation and the object of sensation, the governing function of the *nous*, the dichotomy of *poiein* and *paschein*, and the identity of essence and powers of the soul. In the second part, Eckhart's transformation of Aristotelian doctrine is represented under the twofold perspective of his radicalization of the differentiation between the essence and the powers of the soul (according to Thomas Aquinas's account) and of his repositioning of the Aristotelian theory of sensation and *nous*, with which Eckhart conceptually explicates his doctrine of unity with God in the ground of the soul. Through this contrasting procedure, the outline of Eckhart's Christian anthropology becomes clear. He transforms the Aristotelian thesis of the perfection of life as the human being's final goal and replaces human self-activity, the striving for self-enhancement and the ideal of autopoietic reason with the ideal of passive reason which breaks with the power of things. The human being finds fulfilment and happiness not in doing, but in a ›passive se habere‹, in the ›godliden‹ which passes into the love of neighbor and revalues human beings from within.

Norbert Fischer
Touching God in the Mind (*attingere mente deum*): Concerning Augustine's Christian
Transformation of Plotinus' Neoplatonic ›Mysticism‹

The paper outlines Augustine's ambivalent relationship to ›mysticism‹, with reference to
Origen and Dionysius. Its protagonist was Plotinus who reduced the Socratic-Platonic open-
ness to the world to union with the One. Augustine does not agree with Plotinus' disregard
for finite reality, especially in relation to the human being. We will first consider Origen's
theological outline in ›De principiis‹, which we see as the first attempt at a systematic pre-
sentation of the Christian faith. Next we treat cursorily the mystical theology of Dionysius,
the Pseudo-Areopagite, which Eckhart may have known through Albertus Magnus, without
calling his thought ›mysticism‹. Dionysius serves as an intermediary between Neoplatonists
and Christians and in this manner attains great significance in the Middle Ages. The paper
ends with Augustine's critique of Neoplatonic mysticism and its Christian-inspired transformation. In addition we shall reflect upon the proximity to Plotinus's henology (for exam-
ple the garden scene in ›Confessiones‹ VIII 28–30 and and the ›mystical colloquy‹ with his
mother in ›Confessiones‹ IX 23–25). In the final analysis, however, Augustine remains critical. He is not concerned with an individual's union with the One, but with the holy union of
many human beings, drawn by love, in God's kingdom. (›Confessiones‹ XI 3: *regnum tecum
sanctae ciuitatis tuae*)

Ruedi Imbach
Eckhart's Exegesis of John's Gospel (Prologue and 1:38) as Compared to Augustine and
Thomas Aquinas

The paper presents and analyzes Meister Eckhart's ›Commentary on John's Gospel‹, prob-
ably written on the occasion of his second stay in Paris, in comparison to the exegesis of
Augustine and Thomas Aquinas. All three authors treat the prologue of the fourth gospel as
a special and unique text when compared to philosophy. It raises the question of the relationship between philosophy and theology. Eckhart's attempt at a philosophical exegesis of the
Bible, whose significance and method he discusses at the beginning of his commentary, will
be presented in the second part of the paper with a view to his interpretation of John 1:38,
where the Dominican presents a quasi-metaphysical interpretation of the question put by
the disciples: »Where do you live?«

Georg Steer
Meister Eckhart, ›Buch von geistiger Armut‹, ›Liber positionum‹, and Hugo Ripelin of
Strasburg's ›Compendium theologicae veritatis‹

The spiritual treatises, numbering eighteen in FRANZ PFEIFFER's 1857 edition of Eckhart's
works, have in recent times come into the crosshairs of industrious research. All of them
show a close proximity to Meister Eckhart's thoughts. Further works with Eckhart-rem-
iniscences have in the meantime come to light: ›Spiegel der Seele‹, ›Buch von geistiger Armut‹, and ›Geist Buch‹. Special attention is paid to the Eckhart manuscripts of the Nürnberg
collection from Katharinenkloster (N1) and to the most extensive Eckhart manuscript in
the German Middle Ages (S1), transcribed in 1441 by Jǫrg Gartner of Alsace. The urgent
question is which authors and works are behind the so-called German mystics (Eckhart,
Tauler, Seuse). FREIMUT LÖSER had occasioned this question with his re-interpretation of

the ›Salzburger Armutspredigt‹ which he dated prior to the ›Talks of Instruction‹. Ever more often and especially in ›Spiegel der Seele‹, Meister Eckhart is mentioned in connection with ›Compendium theologicae veritatis‹ of Hugo Ripelin of Strasburg. The present study will therefore look into the question whether the ›Compendium theologicae veritatis‹ is a work which Meister Eckhart knew and used and whether he adopted and further developed Hugo's thought. At that time, the German Dominicans had created the ›Compendium‹ as the standard work for education of the Dominican Order. Its use is enormous and widespread. Circa one thousand manuscripts are extant and twenty different German translations have been registered up to the present. An exceptional translation is that of the Frankfurt Dominican Johannes of Wilnau. He used the 1489 Strasburg print and he knew the mysticism of Meister Eckhart well.

Norbert Fischer
The ›Talks of Instruction‹ as Eckhart's ›Orientation in Thinking‹

The ›Talks of Instruction‹ (the Erfurt Collationes) is one of Eckhart's early works (1294–1298), which may go back to lectures to novices. It nevertheless offers a first introduction to his thought, for which he is seeking orientation. The paper examines the concrete purpose of this early work following KURT RUH (on the questions of *vita passiva* and *vita activa*, the human tendency to sin, and the ›peace of God‹ as the supreme goal of human striving). At the end stand considerations of the literary genre of this work.

Norbert Fischer
»God and I, we are one«. Concerning the Philosophical Interpretation of a Difficult Phrase of Meister Eckhart

Eckhart's phrase »God and I, we are one« could give rise to attempts at interpreting it in the sense of a speculative vision-mysticism in which the challenges of a finite world system are disregarded. The paper first discusses such interpretations and then examines the central philosophical point of this sermon which lies in Eckhart's search for a resolution of the tension between a rational answer and a faith-based historical answer to the problem of human life. Eckhart's sermon considers not only a conceptual task which is placed in all human beings through the ›metaphysical predisposition‹ of human reason, but also at the same time a life-task. Augustine's moral understanding of created being's dependence on God takes up Platonic motives and can be found again in Eckhart and is also mirrored in Kant. Eckhart emphasizes both the createdness of finite beings and their individuality and ability to fail which, through Christology, leads to a divine meaning of human existence.

Karl Heinz Witte
Meister Eckhart: Thinking, Being, and Life

This study begins with the classical question in Eckhart research, whether God is primarily knowledge (according to ›Quaestio Parisiensis I‹) or being (according to the ›Opus tripartitum‹). The paper argues that in Eckhart's main work being has a dynamic and noetic character and that in his late work an absolutely pure, hidden, and unknown being is differentiated from a transcendental being as the ground of the Trinity and of the birth of the Son and the *perfectiones generales et spirituales*.

Wolfgang Erb
Meister Eckhart's Difficulties with the *magisterium cathedrae pastoralis* in Cologne and Avignon

Against the backdrop of the age-old tensions between theology and the magisterium in the quest for truth, the paper presents, based on current research and on a reconstruction of the events at the time, the position which Meister Eckhart took in the Cologne and Avignon trials with regard to the charge that much of what he had said and written was untrue. The paper will then focus on one of the specific issues the magisterium had with Meister Eckhart, namely the question of the deification of man (*theosis*), contrasting it with the ›Votum theologorum Avenionensium‹. The paper concludes with a reference to the papal bull ›In agro dominico‹ thus attempting to present the view of the magisterium as concern for truth.

Hans-Jürgen Müller
The Change of View from the ›Evening Knowledge‹ of the Wild Man to the ›Morning Knowledge‹ of the Noble Man in Seuse's ›Little Book of Truth‹

At the beginning of the fourteenth century Meister Eckhart and Heinrich Seuse, both pastors and scholars, planned an educational program for the German Dominicans, which had a religious basis supported by philosophical reflections. For this reason, keywords such as *gelazenheit* and *vernünftikeit* are central in Seuse's ›Little Book of Truth‹. This work sets the doctrine of true *gelazenheit* of the godly man against an Aristotelian framework which had recently appeared. His arguments aim at moving from a false Aristotelian-pagan way of thinking to a true, that is Christian, understanding of reason. The method of rational argumentation is part of a comprehensive pastoral strategy in the dispute with lay movements which Seuse regards as heretical and for which the figure of the ›wild man‹ stands as their representative. This is the theme of the first chapters of the ›Little Book of Truth‹: A young monk, his dialogue partner, who already has found a definite scientific theological standpoint in Seuse's sense, shall lead the ›wild man‹ from his view, which is limited to purely natural conditions, to a standpoint in which the Christian teaching, shaped entirely by the rational stance of the ›noble man‹, is unfolded in its inner rationality. The conceptual-argumentative character of the debate between the young monk and the ›wild man‹ is shown in the opposed pairing of *niht* and *unterscheit*. The ›wild man‹ is understood as a free individual with no conceptual differentiation and therefore held by no world-order. Seuse therefore leads the young monk to another conception of nothingness which stands in the Neoplatonic tradition of the ›liber de causis‹, i.e. the divine ›nothing‹ at its ground, the eternal nothing (*ewiges niht*). Finally the young monk's demonstration that there are possible conceptual alternatives to the wild man's view makes the wild man understand that his thinking is erroneous. An excursus reconstructs the logic of Seuse's argument. The limit-concept of the eternal nothing (*ewiges niht*) is formed through intensional double negation and symbolized in a pragmatic-performativ way. The pragmatic-performative aspect of the change of perspective from the ›evening knowledge‹ of the ›wild man‹ to the ›morning knowledge‹ of the noble man is constituted in taking on the new perspective by acutalizing the finitized symbolic concept of God as a *lebendú wesendú istigú vemúnftikeit*.

Hermann Schnarr
A Relationship between Nicholas of Cusa and Meister Eckhart

Nicholas of Cusa was criticized soon after the publication of his first work ›De docta ignorantia‹ (›On Learned Ignorance‹). Johannes Wenck von Herrenberg, professor of theology
at Heidelberg, saw in it an attack on the scientific character of theology. In his writing ›De
ignota litteratura‹ (›On Unknown Learning‹), his critique proceeds from a quasi-dogmatic
Aristotelianism, and he makes an important observation: Wenck recognizes that Nicholas
is influenced to a certain extent by the thought world of Meister Eckhart. His knowledge of
Eckhart, however, is evidently limited to the Cologne indictment. Perhaps Wenck had seen
it during an investigation of alleged heresy at Heidelberg University in 1430. He had been a
professor there from 1426 and thus would have come to know the procedures of such trials.
Particular sentences were taken out of context and then explained in a manner which did
not accord with the view of the author. He adopts this procedure for his own critique of the
theory of learned ignorance. Wenck evidently uses references to Meister Eckhart in order to
accuse Nicholas of Cusa of heresy as well. It is difficult to determine when excatly Nicholas
had come to know of Wenck's work. His answer to the attack came relatively late, after his
reception into the College of Cardinals, as we find in his rejoinder, ›Apologia doctae ignorantiae‹ (›Defense of Learned Ignorance‹). Nicholas turns to a literary artifice. He lets a student
share with a fellow student a conversation about Wenck's writing which he had had with
Nicholas at his request. Whether this is a literary fiction or such a conversation had actually
taken place can not be easily decided. But Cusa shows that his opponent had misunderstood
him or, much worse, had not wanted to understand him. The same is true for his criticism
of Meister Eckhart whom he had known only through isolated sentences. Nicholas points
out that he really knows more of Meister Eckhart's writings than does Johannes. He warns
that Meister Eckhart's works should not be given into the hands of such people who either
do not understand them or do not want to understand them. Thus Nicholas takes Meister
Eckhart's side, and his apology and defense becomes simultaneously an indictment. As had
happened during Wenck's unjust treatment of him, so had it happened to Meister Eckhart
in his own process. •

Georg Steer
Meister Eckhart and Martin Luther

Under the title ›The Foreign Reformation‹ VOLKER LEPPIN, the historian of religion in
Tübingen, undertakes to discover Martin Luther's ›mystical roots‹. His »marvelously clearly
written book is an invitation to rediscover Luther's mystical roots and, thus, a dimension
of the Reformation that has been ignored until today«. LEPPIN thereby restores »Martin
Luther's late medieval context which had been withheld by Protestants as well as Catholics
for centuries« (inside cover text). These efforts can be supported by research into the textual
history and Luther's influences. We will first have to question whether a sole focus on the
mystic Johannes Tauler as Luther's source may not be too narrow after all. LEPPIN concedes
that the sermons from the cycle ›Concerning the Eternal Birth‹ (101–104) »according to our
present-day knowledge do not come from Tauler, but from Meister Eckhart«; thus they fell
into Luther's hands under someone else's name. Luther read them in the edition of Tauler by
Hans Otmar (Augsburg 1508). He found described in the first Christmas Sermon (VETTER
1), on the divine birth, the relation between the believer and the God born within him: »If
when two shall become one / one must hold itself passive / and the other active« (*wann wenn
zwey solln ains warden / so müß sich dz ain haltnn leidend / daz ander wirckend*: AT, 2r). When

Luther described »the center of his reformatory insight«, he focused on *iustitia passiva*. According to LEPPIN, »passive justification means that God has justified us without any activity on our side. Thus all is entirely directed by divine activity. A human being can only be a passive recipient« (p. 24). Meister Eckhart says nothing different. Is therefore, Martin Luther's reformatory idea a thought derived from Eckhart? Is it a reminiscence of the birth of God in man? We know precisely that Luther read the 1508 edition of Tauler's sermons because Luther's personal copy is still extant today in the library of the Zwickauer Ratsschule (signature 20.6.12), and Sermon 104 has Latin marginalia in Luther's handwriting. He did not know that Eckhart was the author of Sermon 104. He also did not know that he read version 104 B in a badly corrupted text and not the original version 104 A. It is further remarkable that the doctrine of *iustitia passiva* is present throughout Eckhart's entire Latin and German work. This can be seen in many passages. The present paper offers an extensive overview of these passages. One last question remains: According to LEPPIN, Meister Eckhart should not be included in the search for Luther's mystical roots because Eckhart »had been condemned of heresy by the 1329 bull, *In agro dominico*«. Is this sole focus on Tauler really justified? LEPPIN holds: »Tauler offered to a certain degree a variant of mysticism more conforming to church teaching« (p. 22). However, it should not be forgotten that, over twenty years ago (1992), HEINRICH STIRNIMANN and RUEDI IMBACH were able to show that Eckhart had not been personally condemned as a heretic by the church.

Norbert Fischer
Kant's Idea »*est Deus in nobis*« and Its Relation to Meister Eckhart: On the Relation of God and Man in Kant's Critical Philosophy and in Meister Eckhart

Kant's relation to the kind of thinking which he had generally fought as ›mystical‹ or ›mysticistical‹ was actually ambivalent, even in the ›Critique of Pure Reason‹ where he speaks of »the conduct of this divine human being, with which we can compare ourselves, judging ourselves and thereby improving ourselves, even though we can never reach the standard«. (KrV B 597) Kant, encouraged by the letters and works of Christoph Friedrich Ammon and Karl Arnold Wilmans, was concerned in his latter years with these questions, especially in his ›Opus postumum‹. He does not abandon the fundamental concepts of his critical philosophy, which from the beginning was conceived as a ›critical metaphysic‹ in the spirit of Socrates (whom he calls »a good Christian in potentia«), Plato, and the western Christian tradition. His critical philosophy led him to the ›philosophy of religion‹ but remained open to the (Christian) religion of revelation. Despite his remaining opposition to any ›mysticism‹ within philosophy, there are nevertheless points of connection between Kant and thoughts which were central to Meister Eckhart (with Ammon and Wilmans as intermediaries). Ultimately, Eckhart and Kant share a common aim, i. e. to ›defend the honor of human reason‹ (which points towards God). This leads both of them to consider thoughts, and make claims, of christological character.

Martina Roesner
Detachment and Reduction: The Way to the ›Pure I‹ in Meister Eckhart and Edmund Husserl

The present paper has as its purpose a comparison of the philosophies of Meister Eckhart and Edmund Husserl focussing on their conceptions of anthropology. Both thinkers live in eras in which the essence of the human being is called into question, in different ways, through forms of alienating self-interpretation; in the case of Meister Eckhart, this arises from Averroism, in the case of Husserl, from psychologism and biologism. Both philosophers see the solution, not in reducing human beings to their individual empirical personality, but in understanding them in their ›pure I‹ which, as a manifestation of an original spontaneity, transcends the causal relationships of the material world. This pure ›I‹, however, is mostly hidden and must first be laid free by suitable methods. In Eckhart, this occurs through ›detachment‹, i.e., the abstraction from all conditioned and creaturely being (›this and that‹) so that the human being achieves conformity with the uncreated, divine dimension within itself. In Husserl, access to the ›pure I‹ is attained through the so-called ›epoché‹ through which the context of experiences of the immanent consciousness is purified of all causal references to an ›outer‹, thing-like reality and led back to the phenomenological absolute within itself, i.e. the constitutive power of the pure ego. There are more obvious theological motives in Eckhart than in Husserl but both agree that the intellectual self-reflection of the human being is not a purely theoretical matter, but the necessary condition for true humanity to realize itself on an eminently existential level.

Ruprecht Wimmer
Thomas Mann's Ecumenical Picture of God in His Late Novel ›Der Erwählte‹, 1951
(The Chosen One, published in English as ›The Holy Sinner‹)

The National Socialists drove Thomas Mann out of Germany in 1933. With ›Doctor Faustus‹ (1947), the emigrant wrote a novel which deals in detail with the German catastrophe. At first glance the novel appears to be a document of despair. Even to today many readers see that work as a proclamation of collective German guilt. However, the story of the composer Adrian Leverkühn's pact with the devil, who as a modern Faustus contracts syphilis and falls into the insanity of paralysis, also contains clear signals of hope for a better world – a world in which a new beginning for the Germans might be possible. This becomes especially clear through Leverkühn's musical rendering of the Gregory legend from ›Gesta Romanorum‹, a collection of legends from the fourteenth century, which is to say from the beginning of the late Middle Ages or the time of Meister Eckhart. Leverkühn explains, referring to this work, that he hopes for a future world in which art is changed into something humble and serene and will come to »mankind in a personal relationship«. Thomas Mann takes, as it were, this work away from his ambivalent hero and turns it into a novel of its own. The story of the ›great pope Gregory‹ appears in 1951 under the title ›The Chosen One‹ (published in English as ›The Holy Sinner‹). The author calls it, in a flirtatiously understating manner, a ›little novel (Romänchen)‹, yet he presents – in a playfully historicising perspective, intertwining several motives from Hartmann von Aue's ›Gregorius‹ with the ›Gesta‹ elements – the figure of the legendary pope as a chosen one, raised from deepest guilt and unprecedented sin, who can forgive the sins of the entire world and who can pacify the world as a whole. Most recently, research has shown that this novel does not represent a step toward confessional Catholicism. Rather, the author, who was born a Lutheran and sympathized with American forms of Protestantism during his time in the USA, ventures to outline a ›foundation myth‹ of a future world religion. At the same time he tries to develop the vision of a social world in which his art will have an enduring place. With his ecumenical perspective that is, to a certain extent, ›immediate to God‹, Mann takes up a position of late medieval mysticism, concretely the mysticism of Meister Eckhart – without, it seems (since a direct reference cannot be proved), knowing him in particular. In addition to that, Mann is also influenced by the findings of modern psychoanalysis, for instance by Sigmund Freud and C.G. Jung. It may have felt like an additional confirmation of these ideas when Thomas Mann, in 1953, met Pius XII in a private audience which the pope himself had granted; on this occasion he experiences the pope as someone transcending the boundaries between confessions and as a timelessly mythical figure; and Mann is able to remind the pope of a word of ecumenical signficance he had used during his time as nuncio in Germany: Nuncio Pacelli had once called the Wartburg a »castle blessed by God«.

Robert Luff
Eckhartian Ideas in the Lyrical Poetry of Rainer Maria Rilke

This contribution examines the connections of Rainer Maria Rilke to Meister Eckhart which appear tangible in several of his poems. It becomes obvious that Rilke operates between the poles of adapting genguinely Eckhartian ideas and of giving them a new, modern emphasis. Rilke's early German poems of ›The Book of Hours‹ often picture an encounter with God which can be described and understood with Eckhartian terms such as ›unbecoming‹, inner silence and ›existential nothingness‹, although Rilke also conceives – going beyond Eckhart – the image of a dark God. In his later French poems, which were written in Valais, Rilke thematizes the encounter with God much less frequently but he now emphasises the elite role of the self-confident poet who sings the praise of God and receives His silence. The poet thus has, even in the modern era, a key position as an intermediary between the divine sphere and the earthly world.

Friedrich-Wilhelm von Herrmann
›Gelassenheit‹ in Martin Heidegger's Thought

Meister Eckhart silently accompanied the thinking of Martin Heidegger from his earliest writings. He frequently cites Eckhart's German writings and sermons. Finally, in his ›Feldweggespräch‹ [Country Path Conversation, 1944/45], he adopted Eckhart's thinking on ›Gelassenheit‹ (abandonment, letting go) from the ›Talks of Instruction‹ into his ›event-thinking‹ and determined the essence of thinking as ›Gelassenheit‹ (abandonment, releasement). Heidegger's important systematic reference to Meister Eckhart's notion of ›Gelassenheit‹ is the subject of the following paper, which has five parts: 1. ›Gelassenheit‹ in Heidegger's conversation with Meister Eckhart; 2. The question concerning the essence of thinking and of the human being; 3. ›Lassen‹ and ›gelassen‹ in Meister Eckhart's thought; 4. The conception of transcendence and horizon and its relevance for the transition to the future essence of thinking and of that which is given to thought [das Zudenkende]; 5. The ›regioning‹ of ›that-which-regions‹ [Gegnet] and ›Gelassenheit‹. The complete structure of the essence of ›Gelassenheit‹ includes the following: being admitted and letting happen; let go; the engaged letting oneself into that-which-regions; and the remaining released over to that-which-regions. The essence of Heidegger's notion of ›Gelassenheit‹ unites in itself five configurations of ›lassen‹ (to let, letting): letting happen from that-which-regions that one lets go of representational thinking for the sake of the thinking's being admitted to its engaged letting itself into the regioning of that-which-regions, which occurs in the thinking's remaining released over to this regioning of that-which-regions.

Albert Raffelt
Karl Rahner, Meister Eckhart, and ›German Mysticism‹

For his entire life Karl Rahner was concerned with the theology of mysticism. One of the earliest texts from his time as a Jesuit novice is a short precis of mystical theology with clear references to ›Rhenish mysticism‹. His publications on mysticism past and present (on the spiritual senses, on private revelations, etc.) show a profound knowledge of mysticism. Meister Eckhart is present in Rahner's use of the terminology of mysticicim and Rahner refers to him at several places in his works. As a theology professor, Rahner refers to the condemnations as well, but without a detailed interpretation. His later texts use a wider concept of mysticism which centers on the phenomenon of the experience of grace, which plays a central role for Rahner, as opposed to strong post-Tridentine currents in the Catholic theology of his time. Mysticism in this wider sense is thus moved into the area of the existential fulfillment of Christian (everyday) life.

Jakub Sirovátka
Bernhard Welte: Thinking with Meister Eckhart

The interpretation of Meister Eckhart's writings by Bernhard Welte says a lot about the interpreter himself. The basic features of Welte's thought show a deep relationship with Meister Eckhart. My contribution highlights these basic features. Meister Eckhart is understood by Welte above all else as a master of life (without forgetting him as a master of thought) who can lead humans to an authentic religious experience. In their search for the absolute, however, human thought and experience have to venture to their outer limits. It is therefore consistent that Welte places the experience of nothingness at the center of this supreme form of intellectual courage. Following Eckhart, however, ›nothingness‹ is not understood in a nihilistic sense, but in the spirit of negative theology as a genuine, if not simple, and perhaps more original way to God. Welte's thinking with Meister Eckhart is a ›thinking-with‹ in the best sense of the term. He is not so much concerned to explore what Eckhart said and wrote, but much more to use Eckhart in order to think on his own, in the here and now, and focus on the issues themselves. Welte is able to show, through his open thinking, the fruitfulness of Meister Eckhart's thought because he proceeds phenomenologically. This approach, which allows the phenomena to present themselves, further enables him to dialogue with eastern (especially Buddhist) thinking. In this lies the innovative and inspirational power of Welte's thought, to which one should listen even today.

Lutz Baumann
Ruowe, abegescheidenheit, and armuot: Joachim Kopper's Interpretation of Meister Eckhart

Meister Eckhart's thought is an early form of transcendental thought; the knowledge and self-understanding of man rests in itself in an unconditional and nonreferential way (*ruowe*). Kopper, together with Eckhart, calls this transcendental knowledge that thought has of itself ›hearing‹: it is a form of silence that consists in hearing God speaking. To achieve beatitude, human beings must relinquish their ties to the idea that their life has a value in itself (the *meinen* of themselves in *eigenschaft*) just as they have to leave behind the idea of a given world that has value in itself. Human thought thus understands itself, free and unbound, as *âne eigenschaft, in abegescheidenheit*, which is an event of the *unbeweglichen abegescheidenheit* of

God. Human beings experience themselves in the occurrence of perfect emptiness (*armuot*), as thinking beings in the world, not in an elite state of retreat. In this self-experience, which is emptiness, human beings reach a point where they overcome themselves and understand themselves no longer as given persons or given individuals in a world, and they thus succeed in understanding themselves in God, which means they achieve beatitude. In this manner the proclamation of Jesus is fulfilled: »The time has been fulfilled and the kingdom of God is at hand.«

Markus Werz

Résumés des contributions

Maximilian Brandt
Remarques sur le commentaire de l'ouvrage d'Otto Karrer ›Das Gotteserlebnis bei
Augustinus und Meister Eckhart‹

Dans son ouvrage intitulé ›Das Gotteserlebnis bei Augustinus und Meister Eckhart‹ (1934)
Otto Karrer présente les personnalités de saint Augustin et de Maître Eckhart dans une
succession chronologique, ce qui ne l'empêche pas de tisser des liens entre eux. Il souligne
que non seulement il n'y a pas de contradiction dans leurs pensées, mais qu'en outre Maître
Eckhart poursuit l'écriture là où saint Augustin s'était arrêté. »Ce dernier construit pour
ainsi dire la cathédrale jusqu'au niveau de la tour, le premier n'a plus qu'à achever la tour«.
Un regard sur la biographie d'Otto Karrer est d'une grande aide pour la compréhension de
l'ouvrage. Comme Maître Eckhart, lui aussi se sentait mécompris en raison de ses réflexions
théologiques modernes qui n'ont été pour certaines confirmées qu'au moment du Concile
Vatican II. Sans doute le fait qu'il ait quitté la Société de Jésus et fréquenté pour quelque
temps un séminaire réformé avant de retourner à la prêtrise a contribué à entretenir les sus-
picions. Dans ce sens le cours de sa propre vie est en lien avec celle de Maître Eckhart. Selon
Karrer, celui-ci n'a pas seulement été traité à tort d'hérétique, mais son expérience mystique
et religieuse se révèle être originairement chrétienne et se trouve en adéquation avec les réflexions de saint Augustin, voire même en constitue une prolongation. Karrer démontre
cette thèse à travers une vision globale des propositions de Maître Eckhart en ne les considé-
rant jamais isolément les unes des autres, mais en les inscrivant dans l'ensemble de la pensée
eckhartienne. Ainsi, il évite de commettre la même erreur que les contempteurs médiévaux
de Maître Eckhart ou les tenants de l'idéologie nazie du type du ›Mythe du Vingtième Siècle‹
qui le prenaient pour le fondateur d'une nouvelle religion germanique de la race.

Otto Langer
Le fond de l'âme. L'interprétation mystique de la doctrine aristotélico-thomiste de l'âme par
Maître Eckhart

La réinterprétation des théorèmes centraux de la doctrine aristotélicienne de l'âme par
Maître Eckhart montre deux concepts différents de la compréhension du monde et du soi.
Dans la première partie il sera question de la proposition d'Aristote selon laquelle la psyché
est le principe autopoiétique et des théorèmes qui y sont rattachés telles que l'unité hylé-
morphique du corps et de l'âme, l'identité dans l'*energeia* de la puissance perceptive et de
l'objet perçu, la fonction dirigeante du *nous*, la dichotomie *poiein-paschein*, l'identité de l'essence et de la puissance de l'âme. Dans la deuxième partie *nous* exposerons la transformation
eckhartienne de la doctrine aristotélicienne sous la double perspective de la radicalisation
de la distinction de l'essence et des puissances de l'âme, comme la défend saint Thomas
d'Aquin, et de la réévaluation de la théorie de la perception et du *nous* chez Aristote. Ces
deux démarches permettent à Maître Eckhart de développer conceptuellement sa doctrine
de l'unité avec Dieu dans le fond de l'âme (Seelengrund). Cette enquête par les contrastes
fait ressortir les contours de l'anthropologie chrétienne de Maître Eckhart qui réinterprète
la thèse aristotélicienne de la vie vécue comme la fin ultime de l'homme, qui abroge l'auto-

nomie de l'action humaine et l'aspiration à l'augmentation de soi et qui oppose à l'idéal de
de la raison autopoiétique l'idéal de la raison passive rompant avec la puissance opérative des
choses. L'homme ne trouve pas son bonheur dans le *poiein*, mais dans le *passive se habere*, dans
le *gotlîden* qui implique les œuvres de charité et revalorise l'homme de l'intérieur.

Norbert Fischer
De l'expérience de Dieu dans l'esprit: *attingere mente deum*. Remarques au sujet de la
transformation chrétienne de la mystique plotinienne par Augustin. Un regard sur Origène
et Denys

La contribution esquisse le rapport ambigu qu'entretenait Augustin avec cette ›mystique‹
dont Plotin était le protagoniste et qui a réduit dans un sens hénologique l'ouverture au
monde de la philosophie socratico-platonicienne. Augustin n'approuve pas la dévalorisation
plotinienne du réel fini, encore moins en ce qui concerne l'être de l'homme. Dans un premier
temps nous considérerons le projet théologique d'Origène dans le ›Περὶ ἀρχῶν‹ (›De principiis‹) comme la première tentative d'une présentation systématique de la foi chrétienne.
Ensuite, nous nous tournerons vers la théologie mystique de Denys l'Aréopagite que Maître
Eckhart connaissait par l'entremise d'Albert le Grand sans pour autant ranger sa pensée sous
le signe de la ›mystique‹. Denys luttait pour la médiation entre les néoplatoniciens et les
chrétiens et est devenu de la sorte un penseur de première importance au Moyen Age. Nous
conclurons nos propos avec une esquisse de la critique augustinienne de la mystique néoplatonicienne et de ses reformulations d'inspiration chrétienne. Pour finir, nous reviendrons sur
la proximité critique avec l'hénologie de Plotin en examinant des exemples tirés des ›Confessions‹ (cf. la scène dans le jardin et ›l'entretien mystique‹ avec la mère in ›Confessions‹ 8,28–
30 et 9,23–25). En résumé, Augustin n'aspire pas à l'union d'une personne avec l'Un, mais à
l'union sainte d'une multitude de personnes portée par la charité dans le royaume de Dieu.
(›Confessions‹ 11,3 *regnum tecum sanctae civitatis tuae*)

Ruedi Imbach
Remarques sur l'exégèse de l'évangile selon saint Jean (prologue et verset 1,38) en
comparaison avec Augustin et Thomas d'Aquin

Dans cette contribution nous présenterons le commentaire de l'évangile selon saint Jean
probablement rédigé par Maître Eckhart lors de son deuxième séjour à Paris en le com-
parant avec l'exégèse d'Augustin et de Thomas d'Aquin en vue d'un examen critique. Tous
les trois auteurs considèrent le prologue du quatrième Evangile comme un texte unique et
original par rapport à la philosophie, soulevant la question du rapport entre la philosophie
et la théologie. Nous exposerons la tentative eckhartienne d'une exégèse philosophique de
la Bible dont il évoque l'importance et le cheminement au début de son commentaire à l'aide
de l'exégèse de Jean 1,38 par Maître Eckhart où le dominicain formule une interprétation
métaphysique de la question posée par les disciples »Où habites-tu?«.

Georg Steer

Maître Eckhart, Le ›Livre de la pauvreté spirituelle‹, le ›Liber positionum‹ et le
›Compendium theologicae veritatis‹ de Hugues Ripelin de Strasbourg

Les 18 traités spirituels que FRANZ PFEIFFER a publiés dans son édition des œuvres eckhartiennes se sont retrouvés assez récemment au centre des recherches les plus appliquées. Ils
révèlent tous une proximité étroite avec les pensées de Maître Eckhart. D'autres écrits conte-
nant des réminiscences eckhartiennes y ont été ajoutés: ›Le miroir de l'âme‹, le ›Livre de la
pauvreté spirituelle‹ et ›Le livre de l'Esprit‹. Nous consacrons une attention toute particu-
lière à deux manuscrits d'œuvres de Maître Eckhart, le premier provenant de la collection
du couvent Ste Catherine de Nuremberg (N1) et le second n'étant autre que le manuscrit
eckhartien le plus volumineux du Moyen Age (S 1), rédigé par l'Alsacien Jörg Gartner en
1441. La question est urgente de savoir quels auteurs et quels ouvrages se cachent derrière
la Mystique allemande ou rhénane (Maître Eckhart, Tauler, Suso). FREIMUT LÖSER a lancé
ce débat avec sa nouvelle interprétation de la ›Salzburger Armutspredigt‹ dans laquelle il
propose une datation qui la situerait avant le ›Discours du discernement‹. Comme Maître
Eckhart est de plus en plus fréquemment cité dans le contexte du ›Compendium theologicae veritatis‹ de Hugues Ripelin de Strasbourg, nous essayerons de clarifier dans notre
contribution l'hypothèse selon laquelle le ›Compendium theologicae veritatis‹ pourrait être
une œuvre que Maître Eckhart aurait connue, consultée et dont il aurait intégré et prolongé
les pensées. En effet, les dominicains avaient conçu le ›Compendium‹ comme un manuel
destiné à la formation théologique des Frères Prêcheurs. La diffusion du ›Compendium‹ est
considérable: plus de 1000 manuscrits sont toujours conservés de nos jours; l'on dénombre
actuellement 20 traductions en allemand. Une traduction de première importance est celle
établie par le dominicain Johannes von Wilnau de Francfort. Il s'appuyait sur l'édition impri-
mée en 1489 à Strasbourg et il connaissait la mystique de Maître Eckhart.

Norbert Fischer

›Die rede der underscheidunge‹ (Le Discours du discernement) en tant qu'orientation de la
pensée de Maître Eckhart

Même si le ›Discours du discernement‹ (les ›Erfurter Collationen‹) qui est probablement
issu d'une série de conférences devant les novices figure parmi l'œuvre précoce (1294–1298)
de Maître Eckhart, il offre un accès à sa pensée qui se trouve encore en recherche d'une première orientation. Nous nous mettrons à la quête de la problématique de cette œuvre précoce
dans la suite de KURT RUH (en ce qui concerne les questions de la *vita passiva* et de la *vita
activa*, la tendancialité humaine au péché et la paix en Dieu comme la fin ultime de l'aspiration humaine). A la fin nous formulerons quelques considérations sur le genre littéraire de
cet écrit.

Norbert Fischer

Got und ich wir sîn ein. Autour de l'explication philosophique d'un mot difficile de Maître
Eckhart

Le mot *Got und ich wir sîn ein* de Maître Eckhart peut encourager une certaine tendance dans
l'explication qui le comprendrait dans le sens d'une mystique contemplative dans laquelle les
exigences du monde fini seraient négligées. Après une discussion de ces interprétations nous
chercherons l'idée philosophique principale de ce sermon dans la tentative eckhartienne de

résoudre la tension entre la solution historique des problèmes de la vie humaine par la pensée et par la foi. Le sermon de Maître Eckhart n'est pas uniquement un examen de la tâche de la pensée qui s'impose à tous les hommes par la raison comme la ›disposition métaphysique naturelle‹, mais il prête également attention à la tâche de leur vie. L'interprétation pratico-morale augustinienne de l'être créé en vue de Dieu reprend des idées platoniciennes et peut être retrouvée chez Maître Eckhart. Il y a également une résurgence chez Kant. Maître Eckhart souligne l'être créé (Geschaffenheit) des êtres finis, mais aussi leur individualité et leur responsabilité morale qui le mène en passant par la christologie au sens divin de l'existence humaine.

Karl Heinz Witte
Maître Eckhart: Pensée, être et vie

Le point de départ de cette contribution est la question classique des études eckhartiennes de savoir si Dieu est d'abord connaissance (selon la ›Quaestio Parisiensis‹ I) ou être (selon ›L' Opus tripartitum‹). Nous formulerons la thèse selon laquelle dans l'ouvrage principal de Maître Eckhart l'être a un caractère dynamique et un caractère de connaissance et nous la démontrerons. Dans l'œuvre tardive nous distinguerons entre l'être absolument pur et inconnaissable et l'être transcendantal qui se trouve au fond de la Trinité et à l'origine de la naissance du Fils ainsi que des *perfectiones generales* et *spirituales*.

Wolfgang Erb
Les difficultés de Maître Eckhart avec le magisterium cathedrae pastoralis à Cologne et en Avignon

A partir des tensions assez anciennes entre la théologie et le magistère au sujet de la question de la vérité nous présenterons d'abord la position de Maître Eckhart face à l'accusation selon laquelle bon nombre de ses dits et écrits seraient contraires à la vérité en nous servant du procès à Cologne et de l'instruction en Avignon tels que les événements d'alors se présentent selon l'état actuel des recherches. Dans le contexte de cette accusation nous nous pencherons sur un point de désaccord précis avec le magistère, à savoir la divinisation de l'homme (θέωσις), afin de l'esquisser brièvement et de le confronter au ›Votum theologorum Avenionensium‹. Pour finir, nous essayerons de présenter la perspective du magistère comme l'expression du souci pour la vérité à l'aide de la bulle ›In agro dominico‹.

Hans-Jürgen Müller
Le changement de perspective de la connaissance vespérale du Sauvage à la connaissance matutinale de l'Homme noble dans le ›Petit Livre de la Vérité‹ de Suso

Maître Eckhart et Henri Suso, religieux et savants du début du XIVe siècle, défendent un programme de formation basé sur un fondement religieux repensé par la philosophie. C'est pourquoi les mots-clés de la *gelâzenheit* et de la *vernúnftikeit* se trouvent au cœur du ›Petit Livre de la Vérité‹ de Suso. Cet écrit oppose la doctrine de la véritable *gelâzenheit* de l'homme divinisé à la pensée nouvelle inspirée d'Aristote. Par son argumentation il entend mener le lecteur d'une conception fausse de la raison marquée par Aristote et par le paganisme à une conception vraie de la raison dans le christianisme. La méthode rationnelle et argumentative fait partie d'une stratégie pastorale intégrale dans la confrontation avec les mouvements des laïcs considérés comme hérétiques qui sont présentés sous la figure du Sauvage. Son interlo-cuteur, le Disciple, un jeune moine qui a déjà trouvé un point de vue théologique selon les cri-tères de scientificité de Suso doit amener le Sauvage à quitter sa vue tournée sur des rapports purement naturalistes et à adopter un point de vue qui montre la doctrine chrétienne entière-ment formée par l'habitus fondamental de l'homme noble dans sa rationalité intrinsèque. L'opposition binaire entre *niht* et *unterscheit* montre le caractère notionnel et argumentatif du débat entre le Disciple et le Sauvage. Le Sauvage se comprend comme un individu libre privé de rapport avec la distinction notionnelle et, de ce fait, avec tout ordre du monde. Suso fait découvrir au Disciple une nouvelle notion du néant, à savoir le Néant divin dans son Urgrund, le *niht* éternel, qui est à interpréter dans la tradition néoplatonicienne du ›Liber de causis‹. La démonstration de la possibilité d'alternatives de la pensée par rapport au point de vue de l'homme naturel oblige le Sauvage à admettre que sa pensée est défectueuse. Un excursus reconstruit la logique de l'argumentation de Suso. Le concept de limite de l'éternel *niht* est formé dans une double négation intentionnelle et est symbolisé de manière pragma-tico-performative. Cet aspect pragmatico-performatif du changement de perspective de la connaissance vespérale du Sauvage à la connaissance matutinale de l'Homme noble se traduit par l'adoption de la nouvelle perspective à travers le ou dans la mise en œuvre du concept symbolique du Dieu fini dans la *lebendú wesendú istigú vemúnftikeit*.

Hermann Schnarr
Au sujet d'un lien entre Nicolas de Cues et Maître Eckhart

Très vite après la publication de son premier ouvrage ›De docta ignorantia‹ (›De la docte ignorance‹) Nicolas de Cues essuie des critiques. Le professeur de théologie de l'université de Heidelberg, Johannes Wenck von Herrenberg, le considérait comme une attaque à la scientificité de la théologie. Dans son écrit ›De ignota litteratura‹ il part d'un aristotélisme presque dogmatique. Il y formule une idée importante, car il perçoit une influence du monde de la pensée de Maître Eckhart sur Nicolas de Cues. En revanche, sa connaissance de Maître Eckhart se borne à l'acte d'accusation du procès de Cologne. Peut-être en a-t-il eu connais-sance lors de l'enquête d'hérésie diligentée par l'université de Heidelberg en 1430. Wenck y était professeur depuis 1426. C'est à ce moment-là qu'il a dû apprendre le procédé habi-tuel dans cette sorte d'enquête. Des phrases entières sont coupées de leur contexte et sont interprétées dans un sens qui ne convient pas à l'intention de l'auteur. Il utilise cette même méthode dans sa critique de l'ouvrage sur la docte ignorance. Wenck se sert probablement de la référence à Maître Eckhart pour accuser d'hérésie Nicolas de Cues. Nous ignorons à quel moment précisément Nicolas de Cues a appris l'existence de l'écrit de Wenck. Cependant il ne formule sa réponse que tardivement, après son élection au collège des cardinaux, comme on peut le constater en consultant l'›Apologia doctae ignorantiae‹ (la ›Défense de la docte ignorance‹). Nicolas de Cues se sert alors d'une figure littéraire. Un élève rapporte à un de ses condisciples la discussion avec Nicolas de Cues au sujet de l'ouvrage de Wenck, la discussion ayant été sollicitée par ce dernier. Nous ne saurons jamais s'il s'agit là d'une fiction littéraire ou si un tel débat a effectivement eu lieu. Nicolas de Cues démontre que son adversaire ne l'a pas compris, voire pire, qu'il n'a jamais voulu le comprendre. Il en est de même en ce qui concerne la critique de Maître Eckhart. Nicolas de Cues souligne qu'il maîtrise mieux que Wenck la pensée eckhartienne. Il déconseille aussi de mettre les écrits de Maître Eckhart à la disposition de lecteurs comme Wenck qui ne peuvent pas ou ne veulent pas les comprendre. Nicolas de Cues prend alors la défense de Maître Eckhart. C'est pourquoi son apologie, son ouvrage de défense, se transforme en un acte d'accusation. L'accusation mensongère de Wenck lui a causé le même tort que celui subi jadis par Maître Eckhart dans son procès.

Georg Steer
Maître Eckhart et Martin Luther

Avec son ouvrage intitulé ›Die fremde Reformation‹ (La Réforme inconnue) l'historien des religions de l'université de Tübingen VOLKER LEPPIN essaie de retracer les ›racines mystiques‹ de Martin Luther. Son »livre, rédigé de manière parfaitement claire, est une invitation à redécouvrir les racines mystiques de Luther et avec elles un aspect jusqu'à aujourd'hui méconnu de la Réforme«. LEPPIN remet »Luther dans le contexte du Moyen Age tardif dont Protestant comme Catholiques l'abstraient depuis des siècles« (Quatrième de couverture). Les recherches de la critique textuelle et de l'efficience historique peuvent être d'une grande aide dans cette démarche. Premièrement, il faut critiquer à l'aide de l'histoire des sources le focus étroit sur le mystique Jean Tauler. Certes, LEPPIN concède que les sermons 101–104 ›Von der ewigen Geburt‹ (De la naissance éternelle) »ne proviennent pas de Tauler, selon l'état de nos connaissances actuelles, mais de Maître Eckhart«, en les lisant Luther ignore leur véritable auteur. Il les a consultés dans le volume des écrits de Tauler imprimé par Hans Otmar à Augsbourg en 1508. Dans le premier sermon de Noël (VETTER 1) sur la naissance éternelle il aurait trouvé »une description du rapport entre le croyant et le Dieu qui naîtra en lui: ›wann wenn zwey solln ains warden / so müß sich daz ain haltnn leidend / daz ander wirckend‹« (AT, 2r): quand deux choses doivent s'unir pour devenir une chose, il faut que l'une soit passive, l'autre active. En décrivant le »centre de sa découverte réformatrice«, Luther met la *iustitia passiva* au centre de ses réflexions. Selon LEPPIN, »la justice passive signifie que Dieu nous rend juste sans aucun mérite de notre part. Ainsi, tout est centré sur Dieu comme l'acteur, le principe actif tandis que l'homme recevra uniquement passivement la justification« (p. 24). Maître Eckhart ne dit rien d'autre. L'idée réformatrice de Luther serait-elle en fait une pensée de Maître Eckhart, à savoir la naissance de Dieu dans l'homme? Nous savons très précisément que Luther connaissait les sermons de Jean Tauler selon AT 1508 parce que l'exemplaire personnel de Luther est conservé à la Ratsschulbibliothek de Zwickau (Cote: 20.6.12). L'on y trouve des annotations latines manuscrites autour du Sermon 104. Luther ignorait que Maître Eckhart était le véritable auteur du Sermon 104. Il ne savait pas non plus qu'il avait sous ses yeux la version 104 B avec un texte très altéré, différent du texte original 104 A. En outre, il faut noter que la doctrine de la justice passive parcourt l'œuvre allemande et latine de Maître Eckhart. Notre contribution signale qu'il y a une multitude d'occurrences. Une dernière chose reste à clarifier: Maître Eckhart est exclu de l'examen des racines mystiques parce que, selon LEPPIN, il aurait été condamné »pour hérésie par la bulle *In agro dominico*«. La réduction à Tauler est-elle vraiment légitime? LEPPIN tranche: »Tauler offrait la forme orthodoxe de la mystique eckhartienne« (p. 22). Mais il ne faudrait pas oublier qu'il y a plus de 20 ans déjà (en 1992) HEINRICH STIRNIMANN et RUEDI IMBACH ont réussi à prouver que Maître Eckhart n'avait pas été condamné nommément par l'Eglise.

Norbert Fischer
L'idée kantienne du *est Deus in nobis* et son lien avec Maître Eckhart. Remarques au sujet de la relation entre Dieu et l'homme dans la philosophie critique de Kant et chez Maître Eckhart

Même s'il l'a combattu comme ›mystique‹ ou ›mysticiste‹, le rapport de Kant à ce domaine de la pensée était ambigu, y compris dans la ›Critique de la raison pure‹ où il évoque le »comportement de l'homme divin en nous, avec qui nous nous comparons, à l'aide duquel nous nous jugeons et ainsi nous nous améliorons sans toutefois l'atteindre«. (KrV B 597) Inspiré par les lettres et les travaux de Christoph Friedrich Ammon et de Karl Arnold Wilman, Kant a abordé ces questions à la fin de sa vie, avant tout dans l'›Opus postumum‹. Il n'y abandonne pas l'idée fondamentale de la philosophie critique qui a été conçue d'emblée comme une ›métaphysique critique‹ dans l'esprit de Socrate (qu'il appelle »un bon chrétien en puissance«), de Platon et de la tradition chrétienne de l'Occident et qui l'a amené à la ›philosophie de la religion‹ grâce son ouverture d'esprit en ce qui concerne la religion chrétienne révélée. Malgré le rejet constant du ›mysticisme‹ dans la philosophie kantienne, il y a des points de rencontre avec des réflexions centrales de Maître Eckhart (grâce à la médiation d'Ammon et de Wildmans). Pour finir, nous mesurerons la proximité de la pensée de Maître Eckhart et de Kant dans l'intention partagée de ›défendre l'honneur de la raison humaine‹ (dirigée vers l'amour de Dieu) qui les amène à considérer des réflexions et des propositions possédant un caractère christologique.

Martina Roesner
Détachement et réduction. La voie vers le moi pur chez Maître Eckhart et Edmund Husserl

Dans notre contribution nous avons l'intention de comparer les projets philosophiques de Maître Eckhart et d'Edmund Husserl à l'aune de leurs formulations anthropologiques fondamentales. Les deux penseurs ont vécu à des époques dans lesquelles la nature humaine a été mise en question à travers des auto-interprétations aliénantes – dans le cas de Maître Eckhart, il s'agissait de l'averroïsme, dans le cas de Husserl, c'était le psychologisme et le biologisme. La solution réside pour les deux philosophes, d'abord, dans le refus de réduire l'homme à sa personnalité individuelle, empirique et, ensuite, dans la compréhension de l'homme à partir du moi pur qui dépasse le rapport causal de la nature en étant la manifestation d'une spontanéité originelle. Cependant, le moi pur est la plupart du temps enfoui et doit être dégagé à l'aide d'une méthode appropriée. Chez Maître Eckhart, cela se passe à travers le détachement (›Abgeschiedenheit‹), à savoir la renonciation à tout ›ceci ou cela‹ conditionné, créé de manière à ce que l'homme devienne conforme à la dimension divine incréée qui lui est intrinsèque. Chez Husserl, l'accès au moi pur passe par l'Epoché dans laquelle l'ensemble de l'expérience vécue immanent à la conscience est purifié de tout lien causal avec le monde extérieur des choses et réduit à l'absolu phénoménologique contenu dans l'ensemble de l'expérience vécue, à savoir au pouvoir constitutif de l'Ego pur. Même si les motifs théologiques ressortent plus explicitement chez Eckhart que chez Husserl, les deux philosophes sont d'accord sur l'idée selon laquelle l'autodétermination de l'homme par la pensée n'est pas un exercice purement théoretique, mais qu'elle rend possible dans un sens éminemment existentiel que l'homme soit vraiment homme.

Ruprecht Wimmer
Le concept de Dieu œcuménique de Thomas Mann dans son roman tardif ›Der Erwählte‹ (L'Elu, 1951)

En 1933 les Nazis ont contraint Thomas Mann à quitter l'Allemagne. Avec ›Docteur Faustus‹ (1947) l'émigrant a rédigé un roman qui traite en détail de la catastrophe allemande. A première vue le roman apparaît comme un document du désespoir; d'aucuns y voient toujours un ouvrage qui défend la thèse de la culpabilité collective des Allemands. Cependant, l'histoire du pacte avec le Diable conclu par Adrian Leverkühn, le compositeur qui tel un Faust moderne attrape la syphilis et tombe dans la démence de la paralysie, envoie également des signaux évidents de l'espoir d'un monde meilleur, l'espoir d'un monde dans lequel un renouveau allemand aura sa place. Cela est visible dans le passage relatant que Leverkühn compose une musique pour ›La Légende de Grégoire le bon pécheur‹ tirée des ›Gesta Romanorum‹, une collection de légendes datant de l'époque du Moyen Age tardif commençant autour de 1300, de l'époque de Maître Eckhart. En évoquant cette œuvre, Leverkühn explique qu'il attend un monde futur dans lequel l'art se tournera vers le »lumineux, plus modeste« et traitera avec »l'humanité de tu à tu«. Thomas Mann dépossède finalement le protagoniste ambigu de cette œuvre et la transforme lui-même en un roman. L'histoire de ce ›très grand pape‹ apparaît en 1951 sous le titre ›Der Erwählte‹ (L'Elu). Avec modestie, et un peu de coquetterie, l'auteur l'appelle un »Romänchen«, un petit roman mêlant des éléments de la ›Gesta romanorum‹ avec quelques motifs de Hartmann von Aue dans une sérénité historique, ce qui ne l'empêche pas de présenter la figure du pape légendaire comme un Justifié tiré d'une culpabilité profonde et d'une expiation sans pareil, comme un Elu qui peut pardonner tous les péchés du monde et donner la paix au monde. Les recherches les plus récentes ont montré que ce roman n'indique pas un rapprochement de l'auteur avec le catholicisme confessionnel. Bien plutôt, l'auteur, qui au moment de son exil américain sympathisait en tant que Luthérien de naissance avec les dénominations protestantes d'outre-Atlantique, ose développer le ›mythe fondateur‹ œcuménique d'une religion mondiale future et la vision d'un monde social auquel son art appartient et où celui-ci peut perdurer. Avec sa perspective œcuménique, s'ouvrant sans intermédiaire à Dieu, il reprend la position de la mystique médiévale, plus particulièrement celle de Maître Eckhart, probablement sans le connaître puisqu'il est impossible de prouver une influence directe dans les textes. S'y ajoutent les connaissances modernes de la psychanalyse de Sigmund Freud et de C. G. Jung. C'est comme un complément et une confirmation de ses intuitions que Thomas Mann fait l'expérience du Souverain Pontife comme un phénomène mystique supra-confessionnel et supra-temporel à l'occasion d'une audience accordée par le pape Pie XII en 1953. Il rappelle au Pape un mot qu'il a prononcé en tant que nonce apostolique en Allemagne. Pour le Nonce Pacelli la Wartburg avait été un »château béni de Dieu«.

Robert Luff
Des pensées de Maître Eckhart dans la poésie de Rainer Maria Rilke

Nous examinerons les liens entre Rainer Maria Rilke et Maître Eckhart tels qu'ils sont tangibles dans certains de ses poèmes. Ainsi, nous verrons que la poésie de Rilke oscille entre l'adaptation des pensées originales de Maître Eckhart et une accentuation nouvelle de ces idées. Tandis que dans les poèmes précoces du ›Livre d'heures‹ Rilke met en scène une expérience de Dieu descriptible et interprétable par la notion eckhartienne du ›entwerden‹, du silence intérieur et du ›néant essentiel‹ tout en développant l'image d'un Dieu sombre qui dépasse Maître Eckhart, dans ses poèmes tardifs en français, rédigés dans le Valais, il problématise plus rarement la rencontre entre Dieu et l'homme, mais ce faisant, il accentue le rôle élitiste du poète conscient de lui-même qui chante Dieu en récoltant son silence. Même dans la modernité le poète acquiert une position-clé en tant qu'il est l'intermédiaire entre la sphère divine et le monde d'ici-bas.

Friedrich-Wilhelm von Herrmann
Le ›laisser-être‹ dans la pensée de Martin Heidegger

Depuis toujours Maître Eckhart accompagnait la pensée de Martin Heidegger qui citait de temps en temps ses écrits allemands ou ses sermons. Enfin, Heidegger a repris dans la discussion du ›Chemin de Campagne‹ rédigée en 1944/45 l'idée eckhartienne du ›laisser-être‹

telle qu'elle ressort du ›Discours sur le discernement‹ en vue de sa pensée de l'événement (Ereignis). Pour lui l'essence de la pensée était le ›laisser-être‹. Dans notre contribution nous aborderons cette prolongation systématique de la pensée eckhartienne du ›laisser-être‹ par Heidegger en cinq temps: 1. Le ›laisser-être‹ dans le débat entre Heidegger et Maître Eckhart; 2. la quête de l'essence de la pensée et de l'homme; 3. ›laisser‹ et ›serein‹ (gelassen) dans la pensée de Maître Eckhart; 4. la pensée de la transcendance et de l'horizon pour le passage vers l'essence future de la pensée; 5. à l'encontre de la Contrée (Gegnet) et le ›laisser-être‹. La structure de l'être complet du ›laisser-être‹ comprend l'admission (Zugelassenwerden), le délaissement (Ablassen), l'engagement engagé de la ›Gegnet‹ et le fait d'être livré à la ›Gegnet‹. L'esquisse de l'essence du ›laisser-être‹ pensé par Heidegger intègre les cinq structures du laisser dans une unité qui enveloppe l'admission (Zulassen) suscitée par la Contrée (Gegnet) du délaissement de la pensée représentative en vue de l'entrée de la pensée dans l'encontre (das Gegnen) de la Contrée (Gegnet) dans l'être-livré de la pensée à l'encontre de la Contrée (Gegnet).

Albert Raffelt
Karl Rahner, Maître Eckhart et la ›Mystique allemande‹

Au cours de sa vie Karl Rahner s'est intéressé à la théologie de la mystique. La brève synthèse de la théologie mystique avec des allusions claires à la ›mystique rhénane‹ est un des textes les plus précoces du novice. Dans des publications sur l'histoire et la présence de la mystique (les sens spirituels, les révélations privées) Rahner fait preuve d'une connaissance profonde du sujet. Maître Eckhart est présent par le biais de l'usage de sa terminologie mystique par Rahner ainsi que dans des références explicites à divers endroits de l'œuvre. En tant qu'enseignant de théologie Rahner cite également les condamnations de Maître Eckhart sans en donner pourtant une interprétation précise. Dans les textes tardifs nous constatons une notion élargie de la mystique qui tourne autour du phénomène de l'expérience de la grâce dont Rahner défend la centralité contre les forts courants de la théologie catholique post-tridentine. La mystique dans ce sens élargi trouve ainsi sa place au sein de la mise en œuvre existentielle de la vie chrétienne (au quotidien).

Jakub Sirovátka
La pensée de Bernhard Welte dans la compagnie de Maître Eckhart

L'interprétation des écrits de Maître Eckahrt par Bernhard Welte trahit beaucoup de l'interprète lui-même. Dans les traits fondamentaux de sa pensée Welte fait preuve d'une grande proximité avec Maître Eckhart. Nous nous contenterons ici de souligner ces aspects fondamentaux. Welte comprend Maître Eckhart avant tout comme un maître de vie (sans pour autant oublier le maître de pensée) qui mène l'homme à une expérience religieuse authentique. Dans la quête de l'absolu la pensée et l'expérience doivent avancer jusqu'à l'extrême limite. Ainsi, il n'est que logique que l'on trouve chez Welte l'expérience du néant au centre de cette extrême hardiesse de la pensée. Avec Maître Eckhart il faut comprendre le ›néant‹ non pas dans le sens du nihilisme, mais bien plutôt dans l'esprit de la tradition de la théologie négative comme une voie, certes difficile, mais véritable et probablement assez originale vers Dieu. La pensée de Welte au sujet de Maître Eckhart est véritablement une pensée dans la compagnie de Maître Eckhart. Il s'agit moins de savoir ce que Maître Eckhart a pu penser et écrire jadis, mais bien plus il s'agit d'exercer sa propre pensée dans la compagnie de Maître Eckhart à partir de l'état des choses ici et maintenant. Sans doute Welte réussit-il à montrer la fécondité de

Maître Eckhart parce que sa méthodologie est phénoménologique. Cette méthodologique visant à laisser apparaître les phénomènes mêmes lui permet également de mener un dialogue avec la pensée asiatique (surtout bouddhiste). C'est à cela que l'on reconnaît la force innovatrice de la pensée de Welte dont nous ferons bien de nous inspirer encore aujourd'hui.

Lutz Baumann
Ruowe, abegescheidenheit et *armuot*. L'interprétation de Maître Eckhart par Joachim Koppers

La pensée de Maître Eckahrt est une forme précoce de la pensée transcendantale. La connaissance et l'auto-compréhension de l'homme reposent inconditionnées et sans relations en soi-même (*ruowe*). Avec Maître Eckhart Kopper appelle cette connaissance transcendantale de la pensée par elle-même ›écouter‹. C'est le silence dans lequel on écoute la parole de Dieu. Afin d'atteindre la béatitude les hommes doivent se défaire du lien à l'autonomie de la vie (selon la mesure de l'opinion d'eux-mêmes sur eux-mêmes) tout comme de l'idée de l'existence d'un monde donné en autonomie. La pensée humaine se comprend ainsi comme libre et inconditionnée, *âne eigenschaft*, dans l'*abegescheidenheit* qui est un événement de l'immobile aséité (*unbewegelîchen abegescheidenheit*) de Dieu. De cette manière, l'homme a l'expérience de lui-même dans l'événement du vide pur (*armuot*) comme d'un être dans le monde, et non pas d'un être dans un splendide isolement. Dans cette expérience de soi qu'est le vide les hommes font voler en éclats leur soi. Ils ne se comprennent plus comme une personne donnée ou un individu donné dans un monde et atteignent de cette manière leur auto-compréhension en Dieu, la béatitude. Ainsi se réalise l'annonce de Jésus: »Les temps sont accomplis et le règne de Dieu est arrivé«.

Pedro Jesús Teruel

Resúmenes de las contribuciones

Maximilian Brandt
Notas en comentario a Otto Karrer: *La experiencia de Dios en Agustín y el Maestro Eckhart*

En *La experiencia de Dios en Agustín y el Maestro Eckhart* (1934), Otto Karrer coteja ambas personalidades —la del Maestro Eckhart y la de Agustín de Hipona— sin renunciar a conectarlas entre sí. Muestra a las claras que en sus respectivos modos de pensar no sólo no se contradicen entre sí, sino que allí donde se había detenido Agustín es casi donde el Maestro Eckhart continúa escribiendo: «Aquél construye la catedral, en cierto sentido, hasta los cimientos de la torre; éste tan sólo ha de llevar la torre a término.» En orden a entender el texto resulta útil lanzar una mirada a la propia peripecia vital de Karrer. A causa de sus modernos planteamientos teológicos, que en parte vinieron a ser confirmados por el Concilio Vaticano II, también él fue malentendido a menudo; a ello puede haber contribuido la circunstancia de que hubiera abandonado la orden jesuita y frecuentado durante un breve período un seminario evangélico antes de volver a su vocación sacerdotal. En esa medida se conecta su propio destino con el de Eckhart; a éste no sólo se le han atribuido equivocadamente —tal y como muestra Karrer— diversos errores doctrinales, sino que su vivencia místico-religiosa se demuestra genuinamente cristiana y se corresponde en profundidad con el planteamiento de Agustín, hasta el punto de representar prácticamente una prosecución de éste. Karrer muestra esto precisamente no tratando nunca de manera aislada las declaraciones de Eckhart sino ubicándolas en la globalidad del pensamiento eckhartiano. De este modo conjura el error que cometieron los que juzgaron a Eckhart —así como la ideología nacionalsocialista de un "mito del siglo XX"—, que pretendieron ver en él al fundador de una nueva religión germánica de la raza.

Otto Langer
El fondo del alma. La interpretación mística del Maestro Eckhart de la doctrina aristotélico-tomista del alma

En la reinterpretación eckhartiana de tesis centrales de la doctrina aristotélica del alma se reconoce dos conceptos diferenciados en la comprensión del mundo y del propio ser. Objeto de la primera parte son la concepción aristotélica de la psique como principio autopoiético, así como las tesis conectadas con ella (unidad hilemórfica de cuerpo y alma, *energeia*-identidad entre potencias perceptivas y objeto de la percepción, preeminencia funcional del *nous*, dicotomía entre *poiein* y *paschein*, identidad entre esencia y prestaciones potenciales del alma). En la segunda parte se presenta la transformación eckhartiana de la doctrina aristotélica, cosa que se lleva a cabo bajo la doble perspectiva de su radicalización de la diferencia entre esencia y fuerzas del alma —tal y como la asume Tomás de Aquino— y de su apropiación de la teoría aristotélica relativa a la percepción y al *nous*, con la cual despliega conceptualmente su doctrina de la unidad con Dios en el fondo del alma. Por medio de este examen a dos bandas se pone de relieve aspectos de la antropología cristiana de Eckhart, quien reinterpreta la tesis aristotélica de la plenificación vital como fin último del ser humano, va más allá de la actividad propia del ser humano y de la aspiración a la elevación de sí y opone al ideal de la razón autopoiética el ideal de la razón sufriente, que rompe con el poder efectivo de las cosas. El ser humano no encuentra su plenitud y felicidad en el *poiein* sino en el *passive se habere*, en el *gotlíden*, que va de la mano con las obras del amor al prójimo y que enaltece al ser humano desde dentro.

Norbert Fischer
Tocar a Dios en el espíritu: *attingere mente deum*. Sobre la reinterpretación cristiana en Agustín de la "mística" neoplatónica de Plotino. Con una mirada a Orígenes y Dionisio

La contribución esboza la doble relación agustiniana con una "mística", encabezada por Plotino, que redujo henológicamente la apertura de la filosofía socrático-platónica. Agustín no se adhiere al desprecio plotiniano de la realidad finita — sobre todo, en lo que respecta al ser del hombre. En este marco se considera el ensayo teológico de Orígenes en Περὶ ἀρχῶν (*De principiis*) como primer intento de una presentación sistemática de la fe cristiana. Seguidamente se examina la teología mística de Dioniso (Pseudo-Areopagita), que Eckhart pudo haber conocido a través de Alberto Magno, sin por ello etiquetar su pensamiento con el título de "mística". Dionisio pugnó por mediar entre neoplatónicos y cristianos y alcanzó por ese camino gran relevancia en la Edad Media. La contribución se cierra con la crítica agustiniana de la mística neoplatónica y de su replanteamiento de inspiración cristiana. Para concluir, se refleja la subsistente cercanía crítica respecto de la henología plotiniana en distintos ejemplos (como la escena del jardín y la "mística conversación con la madre", cf. *Confessiones* 8, 28–30 y 9, 23–25). A fin de cuentas, para Agustín el tema no es la fusión de una persona con el Uno sino la unión santa, sostenida por el amor, de muchos seres humanos en el Reino de Dios. (cf. *Confessiones* 11, 3: *regnum tecum sanctae civitatis tuae*)

Ruedi Imbach
Notas sobre la explicación eckhartiana del Evangelio según san Juan (prólogo y 1, 38) en cotejo con Agustín y Tomás de Aquino

En esta contribución se presenta y evalúa el comentario del Maestro Eckhart al Evangelio según san Juan —redactado probablemente durante su segunda estancia parisina— y se lo coteja con la explicación de Agustín de Hipona y Tomás de Aquino. En particular, todos ellos toman en consideración el prólogo del cuarto Evangelio como un texto especial y único en relación con la filosofía, que suscita la pregunta sobre la relación entre filosofía y teología. A partir de la explicación de un pasaje (Jn 1, 38) en la que el dominicano expone una interpretación prácticamente metafísica de la pregunta formulada por los discípulos («¿Dónde vives?»), en la segunda parte se presenta el intento eckhartiano de llevar a cabo una exégesis bíblico-filosófica, cuyo significado y procedimiento plantea al principio de su comentario.

Georg Steer
El Maestro Eckhart, el *Libro de la pobreza espiritual*, el *Liber positionum* y el *Compendium theologicae veritatis* de Hugo Ripelin de Estrasburgo

Los tratados espirituales —en un total de dieciocho— que Franz Pfeiffer publicó en 1857 en su edición eckhartiana han sido blanco reciente de una intensa investigación. Acusan la mayor cercanía al pensamiento del Maestro Eckhart. Entre tanto, se han venido a añadir otros escritos con reminiscencias eckhartianas: *El espejo del alma*, el *Libro de la pobreza espiritual* y el *Libro del espíritu*. Particular atención merecen también dos manuscritos explícitamente eckhartianos, de la colección sita en el convento de santa Catalina de Núremberg (N1), y el más amplio manuscrito eckhartiano del Medievo alemán (S1), cuyo copista fue Jörg Gartner de Elsass en 1441. La pregunta apremia: ¿qué autores y trabajos se hallan tras la llamada mística alemana (Eckhart, Taulero, Seuse)? FREIMUT LÖSER ha espoleado este interrogante a raíz de la nueva interpretación del *Sermón de Salzburgo sobre la pobreza*, que considera surgido de los *Discursos edificantes* (*Reden der Unterweisung*). Tal y como sucede cada vez más a menudo —especialmente con el *Espejo del alma*— cuando se nombra al Maestro Eckhart trayendo a colación el *Compendium theologicae veritatis* de Hugo de Estrasburgo, se habrá de indagar aquí en la posibilidad de que dicho *Compendium* sea una obra teológica que Eckhart habría conocido y empleado, de modo que habría tomado y reelaborado ideas de Hugo de Estrasburgo. Y es que los dominicos alemanes crearon el *Compendium* como manual para la formación de los hermanos predicadores. Su difusión fue enorme: hasta hoy se conservan alrededor de mil manuscritos y se hallan registradas veinte traducciones distintas al alemán. Una de las sobresalientes es la del dominicano francfortés Juan de Wilnau, quien trabajó con posterioridad a la impresión estrasburguesa de 1489 y conoció la mística del Maestro Eckhart.

Norbert Fischer
El discurso del discernimiento como la *Orientación en el pensamiento* de Eckhart

A pesar de que *El discurso del discernimiento* (*Die rede der underscheidunge*, perteneciente a las *Erfurter Collationen*) es un trabajo de juventud (1294–1298) que probablemente se remite a exposiciones previas al noviciado, ofrece un primer acceso al pensamiento original de Eckhart, para el que está buscando aquí una orientación primera. De la mano de KURT RUH se indaga sobre la hoja de ruta de este trabajo temprano (en torno a la cuestión de la *vita passiva* y la *vita activa*, sobre la tendencia humana al pecado y sobre la "paz de Dios" como suprema meta de la aspiración humana). Se concluye con distintas consideraciones sobre el género literario del escrito.

Norbert Fischer
«Dios y yo somos uno». Sobre la lectura filosófica de un difícil pasaje eckhartiano

La frase de Eckhart «Dios y yo somos uno» (*Got und ich wir sîn ein*) puede respaldar cierta tendencia a entenderla en el sentido de una mística especulativa y contemplativa en la que se deja al margen las exigencias del mundo finito. A partir de la confrontación con dichas interpretaciones se busca la tesis principal de este sermón en el intento eckhartiano de resolver la tensión entre el modo especulativo y el modo histórico-fideísta de solucionar los problemas de la vida humana. El sermón de Eckhart no indaga sólo en una tarea del pensamiento, propuesta por medio de la razón a todos los seres humanos como «disposición natural-metafísica», sino que a la vez lo hace en la tarea de la vida. La explicación práctico-moral agustiniana del ser creado para Dios retoma motivos platónicos, puede ser encontrada de nuevo en Eckhart y se refleja aún en Kant. Eckhart enfatiza la condición de las criaturas finitas —pero también su individualidad y potencial culpabilidad—, que a través de la cristología conduce al sentido divino de la existencia humana.

Karl Heinz Witte
El Maestro Eckhart: pensamiento, ser y vida

Punto de partida de la indagación es aquí la pregunta clásica de los estudios eckhartianos, a saber, si Dios (según la *Quaestio Parisiensis* I) es primordialmente conocimiento o ser (según el *Opus tripartitum*). Se plantea y fundamenta la tesis de que en la obra capital de Eckhart el ser posee carácter dinámico y gnoseológico y de que en la obra tardía se distingue un ser absolutamente puro, oculto y desconocido de un ser trascendental, fundamento tanto de la Trinidad y del nacimiento del Hijo como de las *perfectiones generales* y *spirituales*.

Wolfgang Erb
Las dificultades de Meister Eckhart con el *magisterium cathedrae pastoralis* de Colonia y Aviñón

Partiendo de las ya añejas tensiones entre teología y magisterio respecto de la pregunta sobre la verdad se presenta, en primer lugar, la postura que el Maestro Eckhart adopta frente a la acusación de que mucho de lo que había dicho y escrito no era verdad; se hace a partir del proceso de Colonia y del procedimiento de Aviñón, indagando en los acontecimientos que tuvieron lugar entonces tal y como se muestran a la luz del actual estado de la cuestión. Remitiéndose a dicha acusación se extrae entonces y se esboza brevemente uno de los puntos concretos del litigio entre el Maestro Eckhart y el magisterio, a saber, la deificación del ser humano (θέωσις), para confrontarlo con el *Votum Theologorum Avenionensium*. Para concluir se intenta presentar el punto de vista magisterial, de la mano de la bula *In agro dominico*, en cuanto cura por la verdad.

Hans-Jürgen Müller
El cambio de paradigma del conocimiento vespertino del hombre salvaje al conocimiento matutino del hombre noble en *El libro de la verdad* de Seuse

El Maestro Eckhart y Heinrich Seuse, padre espiritual y erudito de principios del siglo XIV, pergeñan un programa formativo para las provincias de la Orden dominicana en Alemania sobre una base religiosa filosóficamente reelaborada. Por ello, las palabras clave *gelâzenheit* y *vernúnftikeit* se hallan también en el centro del *Libro de la verdad* de Seuse. Este escrito opone al nuevo pensamiento, de cuño aristotélico, la doctrina de la auténtica *gelâzenheit* del hombre divinizado. Sus argumentos buscan superar una comprensión falsa de la razón, impregnada de paganismo aristotélico, por medio de un entendimiento verdadero, es decir, cristiano. El método argumentativo y racional es parte de una más abarcadora estrategia de cura pastoral en pugna con los movimientos laicales, vistos como heréticos, representados por la figura del salvaje. Su interlocutor, el discípulo, un joven monje que —éste es el tema del primer capítulo del *Libro de la verdad*— se ha hecho con un punto de vista teológico ya caracterizado científicamente en el sentido de Seuse, habrá de guiar al salvaje desde la perspectiva de éste, orientada a relaciones puramente naturales, hasta un punto de vista en el que la doctrina cristiana —impregnada de la disposición fundamental, elaborada racionalmente, del "hombre noble"— se manifieste en su racionalidad interna. El carácter conceptual y argumentativo del debate entre el joven y el salvaje se muestra en la contraposición de la pareja de términos 'nada' (*niht*) y 'distinción' (*unterscheit*). El salvaje se entiende como individuo libre, no ligado a distinción conceptual alguna y, por lo tanto, a ningún orden del mundo. Seuse conduce por ello al joven a otro concepto de la nada, a la nada divina en su fundamento originario ('la nada eterna'), inteligible a la luz de la tradición neoplatónica del *Liber de causis*. La demostración de que las alternativas conceptuales al punto de vista del hombre natural son posibles lleva finalmente al salvaje a darse cuenta de que su pensamiento es erróneo. Un *excursus* reconstruye la lógica de la argumentación de Seuse. El concepto-límite de la nada eterna se forma por doble negación intencional y queda simbolizado de forma pragmático-performativa. Este aspecto pragmático-performativo del cambio de perspectiva del "conocimiento vespertino" del salvaje al "conocimiento matutino" del hombre noble se constituye en la asunción de la nueva perspectiva por medio de la realización del concepto simbólico de Dios, devenido finito, en cuanto *lebendú wesendú istigú vemúnftikeit*.

Hermann Schnarr
Sobre una conexión de Nicolás de Cusa con el Maestro Eckhart

Poco después de publicarse su escrito primerizo *De docta ignorantia*, Nicolás de Cusa se convirtió en blanco de las críticas. Johannes Wenck von Herrenberg, profesor de teología en Heidelberg, vio en la obra un ataque al carácter científico de la teología. En su escrito *De ignota litteratura*, su crítica arranca de un aristotelismo asumido de manera casi dogmática. Al mismo tiempo, aporta un dato relevante: reconoce que De Cusa ha sido influido de algún modo por el universo conceptual del Maestro Eckhart. Eso sí, su conocimiento de Eckhart se restringe a todas luces al *Anklageschrift* de Colonia. Quizá lo hubo conocido cuando en 1430 llevó a cabo una indagación por herejía desde la Universidad de Heidelberg, donde desde 1426 era profesor. En ese marco habría conocido también el procedimiento usual en tales procesos por herejía: se extrae frases aisladas de su contexto y se las interpreta entonces de un modo que no se corresponde con el propósito del autor. Wenck retoma este procedimiento para su crítica a la doctrina de la docta ignorancia; las alusiones al Maestro Eckhart le sirven igualmente para tachar también a Nicolás de Cusa de herético. No resulta posible determinar con precisión cuándo vino a conocer De Cusa este escrito de Wenck. Sea como fuere, su reacción al ataque se sigue relativamente tarde, tras su asunción en el Colegio cardenalicio, tal y como se recoge en su réplica *Apologia doctae ignorantiae*. De Cusa emplea ahí un truco literario: hace que un estudiante relate a un compañero un diálogo sobre el escrito de Wenck que éste habría mantenido, a petición propia, con De Cusa. Que se trate sólo de ficción literaria o que un tal diálogo haya tenido lugar es algo que no podemos apurar. El Cusano muestra ahí que el oponente no le ha entendido en absoluto o incluso —lo cual es mucho peor— que no ha querido entenderle. Lo mismo vale para su crítica al Maestro Eckhart, a quien sólo conocía por algunos pasajes. De Cusa demuestra que conoce mejor que Wenck la esencia de los escritos eckhartianos. Previene del peligro que supone poner los escritos del Maestro Eckhart en manos de gente como Wenck, que no los entiende o bien no quiere entenderlos. De Cusa se pone así de parte del Maestro Eckhart. De ahí que su apología se convierta a la vez en una acusación: así como se le ha hecho injusticia con el procedimiento de Wenck, de igual modo le sucedió al Maestro Eckhart en su propio proceso.

Georg Steer
El Maestro Eckhart y Martín Lutero

Bajo el título *La extraña Reforma*, el historiador de las religiones en la Universidad de Tubinga VOLKER LEPPIN ha emprendido la tarea de desvelar las "raíces místicas" de Martín Lutero. Su libro, «escrito de manera meridianamente clara, es una invitación a redescubrir las raíces místicas de Lutero y, con ello, una dimensión de la Reforma hasta hoy relegada.»

Para ello, Leppin «restituye a Martín Lutero el contexto del Medievo tardío, que le había sido sustraído durante siglos tanto por protestantes como por católicos» (texto de cubierta). En esta empresa, la investigación historiográfica sobre los textos y sobre su recepción puede resultar útil. Lo primero que se puede inquirir es si enfocar sólo la mística de Juan Taulero no resulta, desde el punto de vista de la historiografía de las fuentes, demasiado restrictivo. Eso sí, Leppin concede que el ciclo de sermones 101-104 *Sobre el nacimiento eterno* «según el estado actual de nuestros conocimientos, no procede en absoluto de Taulero sino del Maestro Eckhart» y que fue, pues, "bajo otro nombre" que cayó en manos de Lutero; éste lo leyó en la impresión llevada a cabo por Hans Otmars en 1508 en Augsburgo. En el primer sermón de Navidad (Vetter 1) sobre el nacimiento de Dios encontró descrita «la relación entre el creyente y el Dios nacido en él: "Si, pues, dos han de ser uno / uno ha de tenerse recibiendo / y el otro obrando"» (AT, 2r). Cuando Lutero definió «el meollo de su saber reformador», ubicó la *iustitia passiva* en el centro. «Justicia pasiva significa», dice Leppin, «que Dios nos justifica sin merecimientos por nuestra parte. Así pues, todo estaba orientado a Dios como actor; el ser humano podría ser sólo receptor pasivo» (p. 24). El Maestro Eckhart no dice otra cosa. ¿El proyecto reformador de Lutero como una idea de Eckhart? ¿La noción del nacimiento de Dios en el ser humano? Que Lutero leyó los sermones de Taulero en la edición augsburguesa de 1508 lo sabemos con precisión porque su ejemplar personal se conserva aún hoy; concretamente, en la biblioteca pública (Ratsschulbibliothek) de Zwickau con la signatura 20.6.12. Lutero se delata como lector de dicho ejemplar porque comentó el Sermón 104 con anotaciones en latín al margen. Que Eckhart fuera el autor de ese sermón, no lo sabía; tampoco era consciente de tener a la vista la redacción 104 B, con un texto fuertemente corrompido, y no la original 104 A. Se ha de notar, pues, que la doctrina de la *iustitia passiva* atraviesa toda la obra latina y alemana de Eckhart. Se la puede mostrar en numerosos pasajes; la presente contribución los documenta con toda amplitud. Queda por indagar en un último asunto: la implicación del Maestro Eckhart en la búsqueda de raíces místicas ha de quedar –opina Leppin– fuera de campo, ya que Eckhart «fue juzgado por herejía con la bula *In agro dominico* de 1329». ¿Está realmente legitimada la restricción a Taulero? Leppin concluye: «En un cierto sentido, Taulero proporcionó la variante de dicha mística más conforme a la doctrina eclesial» (p. 22). Sin embargo, no se habría de olvidar que ya hace más de veinte años (en 1992) Heinrich Stirnimann y Ruedi Imbach mostraron que Eckhart, como persona, no fue declarado herético por la Iglesia.

Norbert Fischer
El kantiano «est Deus in nobis» y su conexión con el Maestro Eckhart. Sobre la relación entre Dios y hombre en la filosofía crítica de Kant y en la obra de Eckhart

La relación de Kant con el ámbito de cuestiones que en gran parte combatió como "místicas" o "mistificadoras" fue, con todo, contradictoria desde un principio; incluso en la *Crítica de la razón pura*, donde alude al «trato con este hombre divino en nosotros, con el que nos medimos y juzgamos, por medio del cual nos mejoramos, aun cuando nunca podamos alcanzarlo» (B 597). Estimulado por cartas y trabajos de Christoph Friedrich Ammon y Karl Arnold Wilmans, Kant se ocupó durante sus últimos años –sobre todo en el *Opus postumum*– de estas cuestiones. Con ello no renuncia a los fundamentos de la filosofía crítica, que de entrada había concebido como "metafísica crítica" en el espíritu de Sócrates (a quien califica de «buen cristiano *in potentia*»), de Platón y de la tradición cristiana de Occidente y que le había conducido –a todas luces, contra la religión revelada (cristiana)– a la "filosofía de la religión". Con todo, y a pesar del rechazo permanente del "misticismo" en la filosofía, por mediación de Ammon y Wilmans vinieron a evidenciarse elementos de conexión con pensamientos que habían sido centrales para el Maestro Eckhart. Para concluir, se muestra la cercanía del pensamiento eckhartiano y kantiano en la perspectiva compartida del "honor de defender la razón humana", que remite al amor de Dios y conduce a consideraciones finales al hilo de reflexiones y declaraciones revestidas de carácter cristológico.

Martina Roesner
Retiro y reducción. El camino al yo puro en el Maestro Eckhart y en Edmund Husserl

La presente contribución persigue el propósito de comparar entre sí las tesis del Maestro Eckhart y de Edmund Husserl tomando como hilo conductor sus planteamientos antropológicos de fondo. Ambos pensadores vivieron en épocas en las que la esencia del ser humano fue puesta en tela de juicio por concepciones alienantes, distintas en cada caso: en el del Maestro Eckhart, por el averroísmo; en el de Husserl, por el psicologismo y el biologicismo. Para ambos filósofos la solución consiste en no reducir al ser humano a su personalidad individual y empírica sino en entenderlo a partir de su yo puro, que como manifestación de espontaneidad originaria rompe la trabazón causal de la naturaleza cósica. No obstante, este yo puro se halla la mayor parte de las veces oculto y sólo puede ser puesto al descubierto por medio de un método apropiado. En Eckhart esto adviene a través del "retiro", es decir, de la renuncia a todo "esto y aquello" determinado y creatural, de manera que el ser humano se haga conforme a la dimensión increada y divina que reside en él. En Husserl, el acceso al yo puro tiene lugar a través de la denominada *epojé*, por medio de la cual el entramado de vivencias inmanente a la conciencia viene purificado de todo remitirse causal a una realidad "externa" y cósica para retrotraerse al absoluto fenomenológico que reside en él, al resultado del trabajo constitutivo del ego puro. Aun cuando en Eckhart emerjan con mayor fuerza los motivos teológicos que en Husserl, ambos vienen a confluir en que la autorreflexión especulativa del ser humano no plantea una tarea puramente teórica, sino que hace posible la auténtica realización de lo humano también en un sentido eminentemente existencial.

Ruprecht Wimmer
Thomas Mann y la imagen ecuménica de Dios en la novela de madurez *El elegido* (1951)

En 1933, los nazis expulsaron a Thomas Mann de Alemania. Con su *Doctor Fausto* (1947), el emigrante redactó una novela que se confrontaba en detalle con la catástrofe alemana. A primera vista, el libro aparece como un testimonio de la ausencia de esperanza; hasta hoy, algunos lectores ven en él una obra que proclama la culpa colectiva alemana. Y sin embargo, la historia del aliado del diablo, del «componedor de tonos» (*Tonsetzer*) Adrian Leverkühn —que, como Fausto moderno, se contagia de sífilis y se precipita en el delirio de la parálisis— contiene también signos evidentes de la esperanza en un mundo mejor, un mundo en el que se podría integrar un nuevo inicio alemán. Esto se muestra especialmente en la versión musical que Leverkühn realiza de la leyenda en torno a Gregorio procedente de las *Gesta Romanorum*, una colección de leyendas datada en torno a 1300 (del inicio del tardío Medievo y, por lo tanto, en tiempos del Maestro Eckhart). A colación de esta obra, Leverkühn evidencia que espera en un mundo futuro en que el arte se mude en lo «gozoso y humilde» y venga a relacionarse con la Humanidad «de tú a tú». En cierto sentido, Thomas Mann extrae a su ambiguo héroe de esta obra y construye con él una novela en sí misma. La historia del ‹muy grande Papa› Gregorio aparece en 1951 bajo el título *El elegido*. Coqueta y modestamente, el autor la caracteriza como «novelita»; sin embargo, en ella presenta la figura del legendario Papa —con comicidad historicizante y elementos épicos que se entrelazan con algunos motivos del Gregorius de Hartmann von Aue— como alguien elevado desde la más profunda culpa y desde una expiación sin parangón, como un elegido que puede perdonar los pecados del mundo entero y que puede apaciguarlo en su conjunto. Investigaciones muy recientes han podido mostrar cómo la novela no supone en absoluto un paso hacia el catolicismo confesional. El autor —que se había educado en el luteranismo y que durante su período estadounidense había simpatizado también con variantes del protestantismo desarrolladas al otro lado del océano— se atreve más bien a bosquejar el "mito fundacional" ecuménico de una futura religión mundial y, a la vez, a desplegar la visión de un mundo social al que su propio arte pertenecería y en el que éste perduraría. Con su perspectiva ecuménica y de cierta inmediatez en la relación con Dios, Mann retoma una posición propia de la mística del Medievo tardío; concretamente, la del Maestro Eckhart — eso sí, sin conocerlo en detalle, puesto que no resulta posible probar referencia directa alguna. Se vienen a añadir también las aportaciones modernas del psicoanálisis, sea de Sigmund Freud o de C. G. Jung. A modo de complemento y confirmación, Thomas Mann vivencia la figura del Pontífice romano —en una audiencia papal concedida personalmente en 1953 por Pío XII— como una aparición mística supraconfesional y atemporal. Le puede recordar entonces al Papa su propia declaración ecuménica, cuando éste era nuncio en Alemania: el nuncio Pacelli había aludido una vez a Wartburg como «una fortaleza bendecida por Dios».

Robert Luff
Pensamientos del Maestro Eckhart en la lírica de Rainer Maria Rilke

La contribución indaga en las conexiones de Rainer Maria Rilke con el Maestro Eckhart tal y como se hacen patentes en algunos de sus poemas. Se muestra en ello que Rilke se mueve exactamente en el ámbito de tensión que media entre la adaptación de pensamientos genuinamente eckhartianos y una nueva y moderna acentuación de dichas ideas. Mientras que en los tempranos poemas alemanes del _Libro de las horas_ Rilke pone en escena una relación con. Dios que puede ser descrita e interpretada con los conceptos eckhartianos del 'des-devenir' (_Entwerden_), del enmudecer interior y de la 'nada propia del ser' (_seinshaftes Nichts_), pergeñando a la vez la imagen de un Dios oscuro que apunta más allá de Eckhart, en los posteriores poemas franceses (escritos en el cantón suizo del Valais) tematiza más raramente la relación del ser humano con Dios, acentuando en cambio el rol elitista del poeta autoconsciente que canta a Dios y cosecha de ello su silencio. Como mediador entre la esfera divina y el mundo terreno, al poeta le corresponde así, también en la Modernidad, un lugar clave.

Friedrich-Wilhelm von Herrmann
El desasimiento en la obra de Martin Heidegger

Desde muy pronto, el Maestro Eckhart fue un silencioso acompañante en el camino de Martin Heidegger, que a menudo recurría a citas de sus escritos y sermones alemanes. Finalmente, en su _Conversación del sendero campestre_ (_Feldweggespräch_), redactada entre 1944 y 1945, incorporó a su filosofía del evento la noción eckhartiana de 'desasimiento' (_Gelassenheit_) procedente del escrito _Discurso sobre el discernimiento_, determinando en el desasimiento la esencia del pensar. Dicha significativa conexión temática de Heidegger con la noción eckhartiana de desasimiento constituye el objeto de la presente contribución, que abarca cinco secciones: 1. El desasimiento en el diálogo de Heidegger con el Maestro Eckhart; 2. La pregunta sobre la esencia del pensamiento y del ser humano; 3. 'Desasir' y 'desasido' en el pensamiento del Maestro Eckhart; 4. La reflexión sobre la transcendencia y el horizonte para la transición al ser futuro del pensamiento y su objeto; 5. El encuentro con lo cercano (*Gegnet*) y el des-asimiento. La estructura esencial íntegra del desasimiento abarca el dejarse, la renuncia, el desasido abandonarse a la apertura y el quedar a disposición de la apertura. El esbozo esencial del desasimiento concebido por Heidegger encierra y aúna en sí cinco estructuras del 'dejar' (*des Lassens*): el permitir la renuncia (que tiene lugar en virtud de la apertura) al pensamiento representativo, por mor del dejarse llevar del pensamiento (que tiene lugar en virtud de la apertura) en su abandonarse a la apertura que viene al encuentro en el quedar a disposición del pensamiento a este venir al encuentro de la apertura.

Albert Raffelt
Karl Rahner, el Maestro Eckhart y la "mística alemana"

Durante toda su vida, Karl Rahner se ha ocupado de la teología de la mística. Uno de los escritos más tempranos de su época como novicio fue una breve síntesis de teología mística con fuertes resonancias de la "mística renana". Las publicaciones sobre la historia y actualidad de la mística (sentidos espirituales, revelaciones privadas etc.) le muestran como profundo conocedor. El Maestro Eckhart se hace presente, tanto en el uso rahneriano de la terminología mística como en referencias ocasionales, en distintos pasajes de su obra. En cuanto teólogo académico cita incluso las condenas, si bien sin interpretación más precisa. En escritos maduros emplea un concepto ulterior de mística que gira en torno al fenómeno de la experiencia de la gracia, experiencia que Rahner —frente a poderosas corrientes de la teología católica post-tridentina— considera central. Todo ello remite la mística, en este sentido amplio, al ámbito de la vida cotidiana del cristiano existencialmente lograda.

Jakub Sirovátka
El pensar de Bernhard Welte con el Maestro Eckhart

La interpretación de los escritos del Maestro Eckhart llevada a cabo por Bernhard Welte revela mucho sobre el intérprete mismo. En efecto, en las líneas de fuerza de su pensamiento Welte se muestra profundamente conectado con Eckhart. Mi contribución pretende poner de relieve esas líneas de fuerza. Welte entiende al Maestro Eckhart sobre todo —y sin olvidar al maestro de pensamiento— como un maestro de vida, capaz de guiar a los demás a una experiencia religiosa auténtica. Ahora bien, en la búsqueda del Absoluto el pensamiento y la experiencia han de aventurarse hasta los confines últimos. Así pues, resulta coherente que en medio de ese extremo coraje intelectual de Welte se halle la experiencia de la nada. Eso sí, en Eckhart la 'nada' no viene entendida en el sentido del nihilismo sino en el espíritu de la tradición de la teología negativa, como un camino hacia Dios auténtico y —aun cuando no sencillo— quizá más originario. El pensamiento que Welte desarrolla junto con el Maestro Eckhart es un co-pensar en el mejor sentido de la expresión: para él no se trata tanto de divulgar lo que Eckhart ha dicho y escrito sino más bien de pensar él mismo con el Maestro Eckhart, y de hacerlo en torno a las cosas mismas en el aquí y ahora. En su reflexión abierta Welte es capaz de mostrar lo fructífero del pensamiento del Maestro Eckhart precisamente porque su modo de proceder es fenomenológico. Más allá de ello, este modo de acceso —dejar que los fenómenos se muestren— le permite llevar adelante un diálogo con el pensamiento oriental (en particular, budista). En ello consiste la innovadora e inspiradora fuerza del pensamiento de Bernhard Welte, por el cual también hoy hemos de dejarnos interpelar.

Lutz Baumann
Ruowe, abegescheidenheit y *armuot.* La lectura eckhartiana de Joachim Kopper

El pensamiento del Maestro Eckhart es una acuñación temprana del pensamiento trascendental: el saber y la autocomprensión del ser humano descansan de forma incondicionada y desligada en sí mismo (*ruowe*). A este saber trascendental del pensamiento sobre sí mismo lo denomina Kopper, con Eckhart, "escucha": es un silencio que equivale a la escucha del lenguaje divino. Para alcanzar la beatitud, el ser humano habrá de abandonar su estar atado a la validez de la vida por sí misma (al opinar de sí mismo "en propiedad"), tal y como habrá de renunciar a opinar sobre un mundo dado, válido de forma autónoma. El pensamiento humano se entiende así, libre y desligado, sin propiedades (*âne eigenschaft*), en un apartamiento (*abegescheidenheit*) que es el acontecer del inmutable apartamiento (*unbewegeliche abegescheidenheit*) de Dios. En cuanto ser pensante en el mundo —y no ya en un replegarse elitista—, el ser humano se experimenta así en el acontecer del perfecto vacío (*armuot*). En este seguro transitar que es el vacío asiste el ser humano al abrirse camino del sí mismo; no se entiende ya como persona dada o como individuo dado en un mundo, sino que llega a entenderse a sí mismo en Dios — es decir, alcanza la beatitud. De esta manera se cumple el anuncio de Jesús: «el tiempo se ha cumplido, el Reino de Dios ha llegado».

Alexei Krouglov & Ludmila Kryshtop

Краткое резюме статей

Максимилаин Брандт
Заметки к комментариям Отто Каррера: Переживание Бога у Августина и
Майстера Экхарта

Хотя Отто Каррер и представляет в своей работе «Переживание Бога у Августина
и у Майстера Экхарта» (1934) личности Августина и Майстера Эрхарта следом друг
за другом, однако не без связи друг с другом. Он проясняет, что в своих мыслитель-
ных путях они не только не противоречат друг другу, но, напротив, Майстер Экхарт
словно продолжает писать, где закончил Августин: «Первый в определенной мере
строит храм до башни, а второй же нуждается лишь в том, чтобы закончить башню».
Для понимания текста полезен взгляд и на собственную историю жизни Каррера.
Из-за современных для того времени теологических подходов, которые частично
были подтверждены лишь Вторым Ватиканским Собором, он также часто сталки-
вался с непониманием. Возможно, этому способствовало также и то обстоятельство,
что он вышел из ордена иезуитов и кратковременно посещал семинарию евангели-
ческой церкви, прежде чем вновь вернулся к своему священническому призванию.
Поэтому его собственная судьба связывается с судьбой Экхарта, который – как это
доказывает Каррер – не только несправедливо считался лжеучителем, но и, напротив, мистико-религиозные переживания которого оказываются подлинно христиан-
скими, в глубокой степени соответствуют мыслительному подходу Августина и даже
представляют собой как будто их продолжение. Каррер демонстрирует это благодаря
именно тому, что никогда не рассматривает высказывания Экхарта изолированно,
но, напротив, упорядочивает их в рамках целого мышления Экхарта. Тем самым, он
как раз избегает той ошибки, в которую впадали обвинители Экхарта или же, как это
было во времена Каррера, национал-социалистская идеология «Мифа XX века», жела-
ющая видеть в Экхарте основателя новой немецкой религии расы.

Отто Лангер
Основание души. Мистическая интерпретация Майстером Экхартом
аристотелевско-томистского учения о душе

В переинтерпретации Майстером Экхартом центральных теорем аристотелевского
учения о душе проявляются два различных концепта понимания мира и самости.
Предметом первой части оказывается представление Аристотеля о душе и об ауто-
поэтическом принципе, а также связанные с этим теоремы гилеморфического един-
ства тела и души, энергийного тождества способности восприятия и предмета восприятия, господствующей функции нуса, дихотомии деятельности и претерпевания
(poiein/paschein), тождества сущности и производительной способности души. Во
второй части излагается экхартовская трансформация аристотелевского учения, причем с точки зрения двоякой перспективы: его радикализации различения сущности
и сил души, как это принимает Фома Аквинский, и его перестановки внутри аристо-
телевской теории восприятия и нуса, благодаря которым он понятийно развивает и
раскрывает свое учение о единстве с Богом в основании души. При помощи этого

контрастного исследования становятся видимыми очертания христианской антропологии Экхарта, который перетолковывает аристотелевский тезис о реализации жизни как о последней цели человека, устраняет человеческую самодеятельность и стремление к самовозвышению, а также противопоставляет идеалу аутопоэтического разума идеал претерпевающего разума, порывающего с действенной силой вещей. Исполнение, счастье человек находит не в «poiein», а в «passive se habere», в «gotliden», что проникает с делами любви к ближнему и изнутри наполняет человека ценностью.

Норберт Фишер
О соприкосновении с Богом в духе: «attingere mente deum». О христианском перетолковании Августином неоплатоновской «мистики» Плотина, со взглядом на Оригена и на Дионосия

Статья очерчивает двойственное отношение Августина к «мистике», протагонистом которой был Плотин, хенологически редуцировавший открытость мира сократовско-платоновской философии. Августин не соглашается с невниманием Плотина к конечной действительности, прежде всего бросая при этом взгляд на бытие человека. Теологический набросок Оригена в «Περὶ ἀρχῶν» («De principiis») рассматривается здесь в качестве первой попытки систематического изображения христианской веры. Затем взгляд обращается на мистическую теологию Псевдо-Дионисия Ареопагита, о которой Экхарт мог знать благодаря Альберту Великому, хотя это и не означает, что по этой причине его мышление можно отнести в разряд «мистики». Дионисий боролся за посредничество между неоплатониками и христианами и обрел на этом пути наибольшее значение в средние века. Статья продолжается критикой Августина в адрес неоплатонической мистики и ее христиански инспирированной трансформации. В конце содержатся размышления на тему сохранившейся критической близости к хенологии Плотина с рядом примеров (сцена в саду и мистический разговор с матерью [Confessiones 8,28—30 и 9,23—25]). В конце концов, у Августина речь идет не о единении одного человека с другим, а о поддерживаемой любовью священной связи многих людей в Царстве Божием. (Confessiones 11,3: «regnum tecum sanctae civitatis tuae»)

Рюди Имбах
Ремарки по поводу истолкования Экхартом Евангелия от Иоанна (Пролог и 1,38) в сравнении с Августином и Фомой Аквинским

В статье представлен и оценен возникший, вероятно, в связи со вторым пребыванием в Париже комментарий Майстера Экхарта к Евангелию от Иоанна, причем в сравнении с соответствующим истолкованием Августина и Фомы Аквинского. Все три автора рассматривают, прежде всего, Пролог четвертого Евангелия в качестве некоего особого в сравнении с философией и единственного в своем роде текста, который порождает вопрос об отношении философии и теологии. Попытка со стороны Экхарта философской экзегезы Библии, значение и путь которой он разъясняет в начале своего комментария, излагается во второй части на основе истолкования Экхартом стиха Евангелия от Иоанна 1,38, в котором доминиканец предлагает почти метафизическую интерпретацию заданного апостолами вопроса: «Где живешь?»

Георг Штеер
Майстер Экхарт, «Книга о духовной нищете», «Книга положений» и «Компендиум теологической истины» Гуго Рипелина из Страсбурга

Духовные трактаты, числом восемнадцать, опубликованные Францем Пфайффером в 1857 году в его издании Экхарта, в новейшее время оказались под прицелом усерднейшего исследования. Все они обнаруживают теснейшую близость к мыслям Майстера Экхарта. Тем временем к ним добавились и иные сочинения с реминисценциями Экхарта: «Зеркало души», «Книга о духовной нищете» и «Книга о духе». Особое внимание уделяется также двум явно выраженным экхартианским рукописям: Нюрнбергскому собранию из монастыря Катарины (N1) и обширной экхартианской рукописи немецкого средневековья, S1, написанной в 1441 году Йоргом Гартнером из Эльзаса. Встает насущный вопрос, какие авторы и произведения скрываются за так называемой немецкой мистикой (Экхарт, Таулер, Сузо). Фраймут Лёзер своей новой интерпретацией «Зальцбургской проповеди о нищете» обострил этот вопрос, считая, что она проистекает от «Речей наставлений». Поскольку все чаще Майстер Экхарт, особенно в «Зеркале души», называется в связи с «Компендиумом теологической истины» Гуго из Страсбурга, здесь следует исследовать, не является ли, быть может, «Компендиум теологической истины» таким теологическим произведением, которое знал и использовал Майстер Экхарт, заимствуя и развивая дальше мысли Гуго. Ведь немецкие доминиканцы сделали из «Компендиума» образец для теологического образования братьев-проповедников. Распространение «Компендиума» чрезвычайно широко: до сегодняшнего дня все еще сохранилось ок. 1000 рукописей, 20 различных переводов на немецкий известны к этому времени. Одним из наиболее выдающихся является перевод франкфуртского доминиканца Иоганна фон Вилнау. Он работал над страсбургским изданием 1489 года и знал мистику Майстера Экхарта.

Норберт Фишер
«Die rede der underscheidunge» как «ориентирование в мышлении» Экхарта

Хотя «Речи наставления» («Erfurter Collationen») являются ранним произведением Экхарта (1294–1298), возникшим, вероятно, на основе докладов перед послушниками, они предоставляют некий первичный доступ к его собственному мышлению, для которого он ищет здесь первого ориентирования. Конкретная постановка задачи этого раннего произведения разъясняется в традиции Курта Ру (в вопросах о «vita passiva» и «vita activa», о человеческой склонности ко греху и к «миру Божиему» как высшей цели человеческих устремлений). В завершение приводятся размышления о литературном жанре данного произведения.

Норберт Фишер
«Бог и я мы одно». О философском толковании одного сложного высказывания Майстера Экхарта

Слова Экхарта «Бог и я мы одно» могут порождать склонность понимать их в смысле спекулятивной созерцательной мистики, в которой пренебрегают потребностями конечного мира. После оспаривания подобных истолкований главная философская мысль этой проповеди ищется в попытке устранения Экхартом напряжения между решениями проблемы человеческой жизни со стороны мышления и со стороны исторически данной веры. Проповедь Экхарта исследует не только задачу мышления, которая ставится перед всеми людьми разумом как «естественной метафизической склонностью», но и одновременно задачу их жизни. Морально-практическое истолкование Августином сотворенного бытия в отношении Бога подхватывает платоновские мотивы, и оно заново может быть обнаружено у Экхарта, более того, оно все еще отражается даже у Канта. Экхарт подчеркивает тварность конечных творений, но также и их индивидуальность и греховность, которые через христологию ведут к божественному смыслу человеческого бытия.

Карл Хайнц Витте
Майстер Экхарт: мышление, бытие и жизнь

Исходный пункт исследования образует классический вопрос экхартоведения о том, является ли Бог (в соответствии с «Quaestio Parisiensis» I) в первую очередь познаванием или бытием (в соответствии с «Opus tripartitum»). Формулируется и обосновывается тезис о том, что в главном произведении Экхарта бытие носит динамический и познаваемый характер, в то время как в позднем произведении абсолютно чистое, скрытое и непознаваемое бытие отличается от трансцендентального бытия как основания триединства, рождения Сына, всеобщих и духовных совершенств.

Вольфганг Эрб
Трудности Майстера Экхарта с «magisterium cathedrae pastoralis» в Кёльне и Авиньоне

Исходя из по-настоящему давнего напряжения между теологией и церковным учительством в вопросе об истине на примере кёльнского процесса и процесса в Авиньоне на фоне тогдашних событий, каковыми они предстают в соответствии с современным состоянием исследований, первоначально излагается позиция Майстера Экхарта, которую он занимает в отношении обвинения, согласно которому многое из того, что он сказал и написал, не является истинным. В связи с этим обвинением затем выделяется и кратко обрисовывается один конкретный спорный момент Майстера Экхарта с церковным учительством, а именно обожествление человека (θέωσις), противопоставляемый также «Votum theologorum Avenionensium». В завершение совершается попытка изобразить точку зрения церковного учительства как «заботу об истине» на основе буллы «In agro dominico».

Ханс-Юрген Мюллер
Смена точки зрения с вечернего познания стихии к утреннему познанию человека высокого рода в «Книге истины» Сузо

Майстер Экхарт и Генрих Сузо, пастырь и ученый начала XIV века, выступают в провинциях доминиканского ордена в Германии за программу образования с философски отрефлексированными религиозными основаниями. Поэтому ключевые слова «gelâzenheit» и «vernúnftikeit» находятся в центре «Книги истины» Сузо. Это сочинение противопоставляет учение об истинном бесстрастии божественного человека вновь появившемуся аристотелевски окрашенному мышлению. Его аргументы нацелены на то, чтобы перейти от ложного, аристотелевски-язычески окрашенного понимания разума к истинному, т.е. христианскому пониманию. Рационально-аргументативный метод является частью более обширной стратегии пастырства в споре с рассматриваемыми в качестве еретических движениями мирян, олицетворением которых выступает образ стихии. Ее партнер по диалогу, юноша, молодой монах, который (и это является темой первой главы «Книги премудрости») уже обрел научно обоснованную теологическую точку зрения в смысле Сузо, должен привести стихию от ее направленного к чисто естественным отношениям взгляда к такой точке зрения, в которой христианское учение, целиком носящее на себе отпечаток разумно выработанной «человеком высокого рода» основополагающей позиции, заключено в ее внутренней разумности. Понятийно-аргументативный характер дебатов между юношей и стихией сказывается в паре противоположностей «niht» и «unterscheit». Стихия понимает себя в качестве свободного, не нацеленного ни на какие понятийные различения и, тем самым, ни на какой порядок мира индивида. Поэтому Сузо ведет юношу к другому понятию ничто, к истолковываемому в неоплатонической традиции «Liber de causis» божественному ничто в его первооснове, к вечному «niht». Доказательство того, что возможны мыслимые альтернативы по отношению к точке зрения естественного человека, ведет стихию, в конце концов, к прозрению о том, что ее мышление является ошибочным. Экскурс реконструирует логику аргументации Сузо. Пограничное понятие вечного «niht» образуется при помощи двойной интенсиональной негации и символизируется прагматико-перформативным способом. Этот прагматико-перформативный аспект смены перспективы от «вечернего познания» стихии к «утреннему познанию» человека высокого рода конституируется в принятии новой перспективы посредством осуществления ограниченного символического понятия Бога как «lebendú wesendú istigú vemúnftikeit».

Герман Шнарр
Об отношении Николая Кузанского к Майстеру Экхарту

Вскоре после выхода в свет своей первой работы *De docta ignorantia* («Об ученом незнании») Николай Кузанский подвергся критике. Профессор теологии в Гейдельберге, Иоганн Венк фон Херренберг, усматривал в ней нападки на научный характер теологии. В работе *De ignota literatura* («О незнающей литературе») он исходит в своей критике из квазидогматически понятого аристотелизма. При этом он делает одно важное заключение: он признает, что Николай Кузанский некоторым образом находился под влиянием мира идей Майстера Экхарта. Однако его знания Экхарта явно ограничивались Кельнским обвинительным актом. Возможно, он ознакомился с ним, когда проводил в 1430 г. в университете Гейдельберга инквизиционный процесс. Венк был там с 1426 г. профессором. При этом он должен был познакомиться с обычными для таких процессов над еретиками методами. Отдельные положения выдергивались из контекста и интерпретировались не соответствующим намерениям автора образом. Этот метод он перенимает и для своей критики теории ученого незнания. Отсылки к Майстеру Экхарту очевидно служат Венку для того, чтобы обвинить в ереси также и Кузанца. Невозможно точно установить, когда Кузанец узнал об этой работе Венка. Но его ответ на эту работу последовал относительно поздно, а именно после вступления в коллегию кардиналов, как это указано в ответном сочинении *Apologia doctae ignorantiae* («Апология ученого незнания»). Кузанец использует при этом литературную уловку. Один ученик по просьбе Кузанца рассказывает своему соученику о работе Венка. Невозможно установить, была ли это всего лишь литературная выдумка или же такой разговор действительно имел место. При этом Кузанец показывает, что оппонент его вообще не понял или, что еще хуже, и не хотел понять. То же самое относится и к его критике Майстера Экхарта, лишь некоторые положения которого тот знал. Кузанец указывает на то, что он сам обладает существенно большим знанием работ Майстера Экхарта, нежели Венк. Он предостерегает от того, чтобы давать сочинения Майстера Экхарта в руки таких людей, как Венк, которые их либо не понимают, либо не хотят понять. Таким образом, Николай Кузанский становится на сторону Майстера Экхарта, а поэтому его «Апология» является одновременно и обвинением. Майстер Экхарт на своем процессе столкнулся с такой же несправедливостью, которая имела место по отношению к Кузанцу.

Георг Штеер
Майстер Экхарт и Мартин Лютер

Под названием «неизвестная Реформация» тюбингенский историк религии Фолькер Леппин предпринимает попытку выявить «мистические корни» Мартина Лютера. Его «потрясающе ясно написанная книга является приглашением открыть заново мистические корни Лютера и вместе с тем до сих пор вытесняемое измерение Реформации». При этом Леппин «возвращает Мартина Лютера в контекст позднего Средневековья, из которого тот в течение столетий вырывался как протестантами, так и католиками» (текст на суперобложке книги). В этом намерении может помочь исследование истории создания текста и его влияния. При этом в первую очередь следует задаться вопросом, не является ли, однако, с источниковедческой точки зрения слишком узкой фокусировка только лишь на одном мистике — Иоганне Таулере. Правда, Леппин признает, что цикл проповедей 101—104 «О вечном рождении» «в соответствии с уровнем наших сегодняшних знаний был создан вовсе не Таулером, а Майстером Экхартом» и, следовательно, попал в руки Лютера «под чужим именем». Лютер прочел его в аугсбургском издании Таулера Ганса Отмарса в 1508 г. В первой рождественской проповеди он нашел описание о божественном рождении как «отношение между верующим и рожденным в нем Богом: «если оба должны стать одним, то один должен оставаться страдающим, а другой — действующим» (AT, 2r). Когда Лютер «описывает суть своего реформаторского познания», он возвращает в центр пассивную справедливость (*iustitia passiva*). По мнению Леппина, «пассивная справедливость должна означать, что Бог делает нас справедливыми без какого-либо усилия с нашей стороны. Так, все было ориентировано на Бога как на действующее лицо, человек же мог быть только пассивно воспринимающим» (S. 24). То же самое говорит и Майстер Экхарт. Значит, реформаторская идея Лютера — это мысль Экхарта? Мысль о божественном рождении в человеке? То, что Лютер прочел проповеди Таулера по изданию 1508 г., нам достоверно известно, так как этот личный экземпляр Лютера дошел до нас и хранится сегодня в библиотеке школы при ратуше в Цвикау под шифром 20.6.12. Лютер выдал свое чтение данного экземпляра, так как он делал комментарии на латыни на полях проповеди 104. То, что автором этой проповеди был Экхарт, Лютер не знал. Не знал он также и того, что у него перед глазами было второе издание 104 B с сильно исправленным текстом, а не оригинальное издание 104 A. Также примечательно и то, что учение о пассивной справедливости пронизывает все латинские и немецкие сочинения Экхарта. Оно может быть усмотрено во многих местах. Настоящий доклад показывает эти места со всей полнотой. Последнее, о чем необходимо спросить: должен ли Майстер Экхарт, как и думает Леппин, по-прежнему исключаться из поисков мистических корней, так как Экхарт «буллой *In agro dominico* 1329 г. был обвинен в ереси»? Была ли редукция к Таулеру действительно оправдана?

Леппин делает вывод, что «Таулер предложил в определенной степени согласный с церковным учением вариант этого мистика» (S. 22). Но не следует забывать, что уже более двадцати лет назад (в 1992 г.) Генрих Штирнеманн и Рюди Имбах доказали, что Экхарт не был осужден Церковью как еретик.

Норберт Фишер
Идея Канта «*est Deus in nobis*» («Бог в нас») и ее отношение к Майстеру Экхарту. К вопросу об отношении Бога и человека в критической философии Канта и у Экхарта

Отношение Канта к кругу идей, с которыми он в будущем будет бороться как с «мистическими», было противоречивым с самого начала. Противоречиво оно также и в «Критике чистого разума», в которой он говорит о «поведении этого божественного человека в нас», «с которым мы сравниваем себя, оцениваем себя и благодаря этому исправляемся, никогда, однако, не будучи в состоянии сравняться с ним». (В 597) Сподвигнутый письмами и работами Кристофа Фридриха Аммона и Карла Арнольда Вильманса, Кант занимался этим вопросом в поздние годы, преимущественно в «Opus postumum». При этом он не оставляет основных идей критической философии, которая с самого начала в духе Сократа (которого он называет добрым христианином *in potentia*), Платона и христианской западноевропейской традиции понималась как «критическая метафизика» и привела его — в явном противлении религии Откровения — к «философии религии». Несмотря на по-прежнему присутствующую борьбу с мистицизмом в философии все же проявляется (через посредство Аммона и Вильманса) связь с мыслями, которые имели центральное значение для Майстера Экхарта. В заключении близость мыслей Экхарта и Канта усматривается в намерении обоих спасти указующую на любовь Бога «честь человеческого разума», которое ведет обоих к обдумыванию размышлений и высказываний, имеющих христологический характер.

Мартина Рёзнер
Отрешенность и редукция. Путь к чистому Я у Майстера Экхарта и Эдмунда Гуссерля

Настоящая статья преследует цель сравнить философские взгляды Майстера Экхарта и Эдмунда Гуссерля на примере их основных антропологических набросков. Оба мыслителя жили в эпоху, когда сущность человека посредством отчуждающей саморефлексии хоть и разным образом, но ставилась под вопрос — в случае Майстера Экхарта это был аверроизм, в случае Гуссерля — психологизм и биологизм. Для обоих философов решение заключалось в том, чтобы не сводить человека к его индивидуальной, эмпирической личности, но понимать его из его чистого Я, нарушающего, как манифестация изначальной спонтанности, причинную связь вещной природы. Это чистое Я, однако, по большей части сокрыто и должно быть выявлено только посредством соответствующего метода. У Экхарта это происходит через «отрешенность», т.е. отказ от всего обусловленного, сотворенного «того и этого», так что человек становится однородным с присутствующим в нем нетварным, божественным измерением. У Гуссерля доступ к чистому Я осуществляется через так называемое *epoche*, посредством чего имманентная сознанию связь переживаний очищается от всех каузальных отсылок к «внешнему», к вещной действительности, и восходит к заложенному в ней феноменологическому абсолюту, результату конституирования чистого Эго. Хотя у

Экхарта теологические мотивы проступают сильнее, чем у Гуссерля, все же оба согласны с тем, что мыслительное самоопределение человека не представляет собой чисто теоретическое занятие, но само лишь только и делает вообще возможным подлинную человечность в ярко выраженном экзистенциальном смысле.

Рупрехт Виммер
Экуменический образ Бога у Томаса Манна в его позднем романе «Избранник» (1951)

Национал-социалисты изгнали Томаса Манна из Германии в 1933 году. Эмигрант написал в «Докторе Фаустусе» (1947) роман, в котором немецкая катастрофа рассматривается в судьбе отдельного человека. На первый взгляд книга оказывается документом безнадежности; до сегодняшнего дня некоторые читатели видят в ней такое произведение, которое провозглашает немецкую коллективную вину. Однако история заключившего сделку с дьяволом «композитора» Адриана Леверкюна, который, будучи современным Фаустом, инфицирован сифилисом и ввергается в безумие паралича, содержит все же отчетливые сигналы надежды на лучший мир — на мир, в который могло бы быть интегрировано новое немецкое начало. Особенно отчетливо это становится в написании Леверкюном музыки к легенде о Папе Григории из «Римских деяний», собрания легенд, созданного около 1300 года, следовательно, из начинающегося позднего Средневековья, из времени Майстера Экхарта. Обращением к этому опусу Леверкюн высказывает, что он надеется на будущий мир, в котором искусство превратится в «более радостное и скромное» и придет «побратавшимся с человечеством». Томас Манн в определенной степени изымает от своего двусмысленного героя данное произведение и сам делает из этого роман. История «великого Папы» Григория появляется в 1951 году под названием «Избранник». Автор кокетливо-преуменьшительно обозначает ее «романчиком», однако исторически непринужденно представляет нам, переплетая с элементами «Деяний» некоторые мотивы из «Григория» Гартмана фон Ауэ, образ легендарного папы как возвысившегося из тягчайшей вины и беспримерного греха, как некоего избранника, который может простить грехи всего мира и даровать ему мир. Как раз новейшие исследования смогли показать, что роман не представляет собой никакого шага в сторону конфессионального католицизма. Скорее, автор, который, будучи лютеранином по рождению, а в свой американский период симпатизировавший также и заокеанским вариантам протестантизма, решился начертать экуменический «миф об основании» будущей мировой религии и одновременно развить такое видение социального мира, к которому бы принадлежало и в котором бы прочно бытовало его собственное искусство. В своей экуменической, в определенном смысле непосредственно-божественной перспективе он занимает позицию позднесредневековой мистики, конкретнее позицию Майстера Экхарта — правда, вероятно, не зная о нем в деталях, ибо прямое влияние подтвердить здесь не удается. Но на это накладываются еще и современные для того времени знания психоанализа, например, З. Фрейда или К. Г. Юнга. В определенной степени в качестве дополнения и подтверждения Томас Манн во время аудиенции в 1953 году у Папы, которая была ему лично разрешена Пием XII, воспринимает понтифика как надконфессиональное вневременное мифическое явление — и позволяет себе напомнить Папе о его собственном экуменическом слове в качестве немецкого нунция. Нунций Пачелли как-то назвал Вартбург «богословенным замком».

Роберт Люфф
Мысли Майстера Экхарта в лирике Райнера Марии Рильке

В статье анализируется отношение Райнера Марии Рильке к Майстеру Экхарту, как оно улавливается в некоторых его стихотворениях. При этом следует признать, что Рильке находился в напряженном противостоянии между принятием оригинальных экхартовских мыслей и новой, современной расстановкой акцентов. В то время как в ранних немецких стихотворениях «Часослова» Рильке часто инсценирует встречу с Богом, которая может быть описана и понята в экхартовских понятиях «прекращения бытия» (*Entwerden*), внутреннего молчания и «бытийственного Ничто» (*seinhaftes Nichts*), отбрасывая при этом указывающую на Экхарта картину темного Бога, в поздних французских стихотворениях, написанных в Вале, Рильке тематизирует встречу человека и Бога намного реже, акцентируя при этом привилегированную роль самосознающего поэта, воспевающего Бога и для этого прерывающего свое молчание. Как посреднику между божественной сферой и земным миром поэту приписывается ключевая роль также и в эпоху модерна.

Фридрих-Вильгельм фон Херманн
Отрешенность в мышлении Мартина Хайдеггера

Майстер Экхарт с самого начала был тихим спутником в мышлении Мартина Хайдеггера, который снова и снова цитировал немецкие сочинения и проповеди Экхарта. В конце концов, в написанном им в 1944–45 гг. «Разговоре на проселочной дороге» он переносит мысль Экхарта об отрешенности, взятую из его сочинения «Речи наставления», в свое событийное мышление и определяет сущность мышления как отрешенность. Об этом значимом систематическом примыкании Хайдеггера к отрешенному мышлению Майстера Экхарта будет идти речь в нижеследующей статье, состоящей из пяти разделов: 1. Отрешенность в разговоре Хайдеггера с Майстером Экхартом; 2. Вопрос о сущности мышления и человека; 3. «Допустить» и «отречься» у Майстера Экхарта; 4. Размышление о трансценденции и о горизонте для перехода к будущей сущности мышления и его предназначаемому; 5. Край простора и отрешенность. Полная сущностная структура отрешенности охватывает: осуществление допущенности, отпущенность, дозволенное впущение себя в край и предоставление оставания в крае. Сущностный набросок мыслимой Хайдеггером отрешенности объединяет в единство пять структур допущения: случающееся из края позволение быть отпущенным представляющим мышлением ради случающегося из края осуществления дозволения мышления на его впущение себя в край простора в предоставлении оставания мышления в этом крае простора.

Альберт Раффелт
Карл Ранер, Майстер Экхарт и «немецкая мистика»

Карл Ранер на протяжении всей своей жизни занимался мистической теологией. Один из ранних текстов, написанный во времена новициата, является кратким изложением мистической теологии с явным одобрением «рейнской» мистики. Издания по истории и современному положению мистики (духовные чувства, частные откровения...) выдают в Ранере глубокого знатока. Майстер Экхарт присутствует в использовании Ранером терминологии мистики, а также во встречающихся в его труде от случая к случаю ссылках на различные фрагменты. Как представитель школьной теологии, Ранер воспроизводит также и осуждение, однако без более подробного истолкования. Поздние тексты используют понятие мистики, которое вращается вокруг феномена опыта благодати, который Ранер вопреки сильным течениям католической посттридентской теологии считал центральным. Это возвращает мистику в таком широком смысле в область экзистенциально свершившейся христианской (повседневной) жизни.

Якуб Сироватка
Сомышление Бернхарда Вельте с Майстером Экхартом

Интерпретация Бернхардом Вельте сочинений Майстера Экхарта говорит нам многое о самом интерпретаторе. В основных чертах своего мышления Вельте обнаруживает близкое родство с Майстером Экхартом. В моей статье я хотел бы выявить эти основные черты. Майстер Экхарт понимался Вельте прежде всего как учитель жизни (хотя он не забывал и об учителе мысли), который может привести человека к аутентичному религиозному опыту. В поисках абсолюта мышление и опыт должны отважиться идти до самой последней границы. Поэтому не более чем логично, что в сердцевине этого предельного мыслительного мужества находится опыт ничто. Вместе с Экхартом «ничто» все же не понимается в смысле нигилизма, а понимается в духе традиции отрицательной теологии как некий, хоть и не простой, но подлинный и, возможно, исконный путь к Богу. Сомышление Вельте с Майстером Экхартом – это со-мышление в лучшем смысле этого слова: ему важно не столько узнать, что Экхарт сказал и написал, сколько самостоятельно мылить с Майстером Экхартом и именно о самих вещах здесь и сейчас. Вельте способен показать в своем открытом мышлении плодотворность мышления Майстера Экхарта потому, что его поведение феноменологично. И этот подход, заключающийся в том, чтобы дать феноменам самим себя явить, дает ему возможность вести диалог с восточной (прежде всего, буддийской) мыслью. В этом заключается инновационная и инспирирующая сила мысли Бернхарда Вельте, о которой мы и сегодня должны нечто сказать.

Лутц Бауманн
«Ruowe», «abegescheidenheit» и «armuot»: интерпретация Экхарта Иоахимом Коппером

Мышление Майстера Экхарта является ранним проявлением трансцендентального мышления; сущность и самопонимание человека покоится безусловно и безотносительно в себе самом (*ruowe*). Это трансцендентальное знание мышления о себе самом Коппер, вместе с Экхартом, называет слушанием: это молчание, которое является слушанием Бога. Чтобы достичь блаженства, люди должны отказаться от привязанности к самоценности их жизни (представление самих себя в свойствах), так же как должны они оставить и представление о самоценном данном мире. Так человеческое мышление понимается, свободно и независимо, лишенным свойств, в отрешенности, которая является событием неподвижного отрешенного Бога. Как мыслящая мировая сущность, человек узнает себя (не без упоения) таким образом в событии абсолютной пустоты (*armuot*). В этом самопознании, которое является пустотой, люди приходят к преодолению себя, они больше не понимают себя как данную личность или данного индивида в мире и так достигают своего самопонимания в Боге, т.е. блаженства. Таким образом исполняется пророчество Иисуса: исполнилась полнота времен, приблизилось Царствие Божие.

Anhang

erstellt von *Kristiina Hartmann* nach Vorarbeit von *Jasmin Penninger*

A. Siglen- und Abkürzungsverzeichnis

1. Siglen der Werke von Meister Eckhart

a. Werkausgabe

DW I	Meister Eckhart, Die deutschen und lateinischen Werke, hg. i. A. der Deutschen Forschungsgemeinschaft. Die deutschen Werke, 1. Band: Meister Eckharts Predigten (Pr. 1–24), hg. und übers. von JOSEF QUINT, Stuttgart 1957.
DW II	Meister Eckhart, Die deutschen und lateinischen Werke, hg. i. A. der Deutschen Forschungsgemeinschaft. Die deutschen Werke, 2. Band: Meister Eckharts Predigten (Pr. 25–59), hg. und übers. von JOSEF QUINT, Stuttgart 1971.
DW III	Meister Eckhart, Die deutschen und lateinischen Werke, hg. i. A. der Deutschen Forschungsgemeinschaft. Die deutschen Werke, 3. Band: Meister Eckharts Predigten (Pr. 60–86), hg. und übers. von JOSEF QUINT, Stuttgart 1976.
DW IV,1	Meister Eckhart, Die deutschen und lateinischen Werke, hg. i. A. der Deutschen Forschungsgemeinschaft. Die deutschen Werke, 4. Band, Teilband IV,1: Meister Eckharts Predigten (Pr. 87–105), hg. und übers. von GEORG STEER, Stuttgart 2003.
DW IV,2	Meister Eckhart, Die deutschen und lateinischen Werke, hg. i. A. der Deutschen Forschungsgemeinschaft. Die deutschen Werke, 4. Band, Teilband IV,2: Meister Eckharts Predigten (Pr. 106–117), hg. und übers. von GEORG STEER, Stuttgart 2003 ff.
DW V	Meister Eckhart, Die deutschen und lateinischen Werke, hg. i. A. der Deutschen Forschungsgemeinschaft. Die deutschen Werke, 5. Band: Meister Eckharts Traktate, hg. und übers. von JOSEF QUINT, Stuttgart 1963.
LW I	Meister Eckhart. Die deutschen und lateinischen Werke, hg. i. A. der Deutschen Forschungsgemeinschaft. Die lateinischen Werke. 1. Band, erster Hauptteil: I. Magistri Echardi Prologi in Opus tripartitum. Expositio libri Genesis. Expositio libri Exodi secundum recensionem codicis Amploniani Fol. 181 [E]. II. Magistri Eckhardi Prologi in Opus tripartitum et Expositio libri Genesis cum Tabulis secundum recensionem Codicis Cusani 21 (C) et Codicis Treverensis 72/1056 (T). III. Liber parabolarum Genesis cum Prologo et Tabula, hg. von KONRAD WEIß, Stuttgart 1964.
LW I,2	Meister Eckhart, Die deutschen und lateinischen Werke, hg. i. A. der Deutschen Forschungsgemeinschaft. Die lateinischen Werke, 1. Band, zweiter Hauptteil: II. Magistri Echardi Prologi in Opus tripartitum et

Expositio Libri Genesis secundum recensionem cod. Oxoniensis Bodleiani Laud misc. 222 (L). Adiectae sunt recensiones Cod. Amploniani Fol. 181 (E) ac codd. Cusani 21 et Treverensis 72 / 1056 (CT) denuo recognitae, hg. von LORIS STURLESE, Stuttgart 2015.

LW II   Meister Eckhart, Die deutschen und lateinischen Werke, hg. i. A. der Deutschen Forschungsgemeinschaft. Die lateinischen Werke, 2. Band: I. Expositio libri Exodi, hg. und übers. von KONRAD WEISS. II. Sermones et Lectiones super Ecclesiastici c. 24,23–31. III. Expositio Libri Sapientiae. IV. Expositionis Cantici Canticorum quae supersunt, hg. und übers. von JOSEF KOCH und HERIBERT FISCHER, Stuttgart 1964.

LW III   Meister Eckhart, Die deutschen und lateinischen Werke, hg. i. A. der Deutschen Forschungsgemeinschaft. Die lateinischen Werke, 3. Band: Magistri Echardi Expositio sancti Evangelii secundum Iohannem, hg. und übers. von KARL CHRIST, BRUNO DECKER, JOSEF KOCH, HERIBERT FISCHER, LORIS STURLESE und ALBERT ZIMMERMANN, Stuttgart 1994.

LW IV   Meister Eckhart, Die deutschen und lateinischen Werke, hg. i. A. der Deutschen Forschungsgemeinschaft. Die lateinischen Werke, 4. Band: Magistri Echardi Sermones, hg. und übers. von ERNST BENZ, BRUNO DECKER und JOSEF KOCH, Stuttgart 1956, unveränderter Nachdruck 1987.

LW V   Meister Eckhart, Die deutschen und lateinischen Werke, hg. i. A. der Deutschen Forschungsgemeinschaft. Die lateinischen Werke, 5. Band: Fratris Echardi Principium. I. Collatio in Libros Sententiarum, hg. und übers. von JOSEF KOCH. II. Magistri Echardi Quaestiones Parisienses una cum quaestione Magistri Consalvi, hg. und übers. von BERNHARD GEYER. III. Sermo die b. Augustini Parisius habitus, hg. und übers. von BERNHARD GEYER. IV. Tractatus super Oratione Dominica, hg. von ERICH SEEBERG. V. Magistri Echardi Sermo Paschalis a. 1294 Parisius habitus, hg. und übers. von LORIS STURLESE, VI. Acta Echardiana, hg. von LORIS STURLESE, Stuttgart 2006.

b. Weitere Textausgaben

EW I   Meister Eckhart, Werke. Texte und Übersetzungen, 1. Band: Predigten, hg. und komment. von NIKLAUS LARGIER, Frankfurt a. Main 1993 (Bibliothek des Mittelalters 20), unveränderter Nachdruck 2008 (Deutscher Klassiker Verlag TB 24).

EW II   Meister Eckhart, Werke. Texte und Übersetzungen, 2. Band: Predigten, Traktate, lateinische Werke, hg. und komment. von NIKLAUS LARGIER, Frankfurt a. Main 1993 (Bibliothek des Mittelalters 21), unveränderter Nachdruck 2008 (Deutscher Klassiker Verlag TB 25).

LE I   Lectura Eckhardi. Predigten Meister Eckharts von Fachgelehrten gelesen und gedeutet, Bd. 1, hg. von GEORG STEER und LORIS STURLESE, koordiniert von DAGMAR GOTTSCHALL, Stuttgart usw. 1998.

LE II   Lectura Eckhardi. Predigten Meister Eckharts von Fachgelehrten gelesen und gedeutet, Bd. 2, hg. von GEORG STEER und LORIS STURLESE, koordiniert von DAGMAR GOTTSCHALL, Stuttgart 2003.

LE III   Lectura Eckhardi. Predigten Meister Eckharts von Fachgelehrten gelesen und gedeutet, Bd. 3, hg. von GEORG STEER und LORIS STURLESE, koordiniert von DAGMAR GOTTSCHALL, Stuttgart 2009.

LE IV   Lectura Eckhardi. Predigten Meister Eckharts von Fachgelehrten gelesen und gedeutet, Bd. 4, hg. von GEORG STEER und LORIS STURLESE, koordiniert von DAGMAR GOTTSCHALL, Stuttgart 2017.

LWSE 1   Meister Eckhart: Studienausgabe der Lateinischen Werke. Bd. 1: Prologi in Opus tripartitum, Expositio Libri Genesis, Liber Parabolarum Genesis, hg. von LORIS STURLESE und ELISA RUBINO, Stuttgart 2016 (Magistri Echardi Opera Latina. Vol. 1. Editio minor [= ed. STURLESE / RUBINO]).

PFEIFFER (Pf.)   Meister Eckhart, hg. von FRANZ PFEIFFER, Erste Abtheilung: Predigten und Traktate, Leipzig 1857, unveränderter Nachdruck Göttingen 1906, 1914, Aalen 1962, 1991 (Deutsche Mystiker des 14. Jahrhunderts 2).

c. Abgekürzt zitierte Schriften Meister Eckharts

Acta Echardiana   Acta Echardiana (= 1: Acta et regesta vitam magistri Echardi illustrantia; 2: Processus contra magistrum Echardum), hg. von LORIS STURLESE, in: LW V, S. 149–617.

BgT   Meister Eckhart, Daz buoch der götlichen trœstunge, hg. von JOSEF QUINT, in: DW V, S. 1–105.

Bulle   Meister Eckhart, Constitutio ›In agro dominico‹, hg. von LORIS STURLESE, in: LW V, 596–600.

In Eccli.   Meister Eckhart, Sermones et Lectiones super Ecclesiastici, hg. von JOSEF KOCH und HERIBERT FISCHER, in: LW II, S. 229–300.

In Exod.   Meister Eckhart, Expositio Libri Exodi, hg. u. übers. von HERBERT ZIMMERMANN, in: LW II, 1–227.

In Gen. I   Meister Eckhart, Expositio Libri Genesis, hg. von KONRAD WEIß, in: LW I, S. 185–444 (Rec. CT); Meister Eckhart, Expositio Libri Genesis, hg. von KONRAD WEIß, in: LW I, S. 48–101 (Rec. E); Meister Eckhart, Expositio Libri Genesis, editio altera, hg. von LORIS STURLESE, in: LW I,2, S. 61–229. (Rec. L); LW I,2, S. 61–329 (Rec. L); Meister Eckhart, Expositio Libri Genesis, hg. von LORIS STURLESE und ELISA RUBINO, in: LWSE 1, S. 28–199.

In Gen. II   Meister Eckhart, Liber parabolarum Genesis, hg. von KONRAD WEIß, in: LW I, S. 445–702. Meister Eckhart, Liber parabolarum Genesis, recensio altera, hg. von LORIS STURLESE, in: LW I,2, S. 331–451 (Rec. L); LW I,2, S. 333–446 (Rec. L); Meister Eckhart, Liber parabolarum Genesis, hg. von LORIS STURLESE und ELISA RUBINO, in: LWSE 1, S. 202–393.

In Ioh.   Meister Eckhart, Expositio sancti Evangelii secundum Iohannem, hg. von KARL CHRIST, BRUNO DECKER, HERIBERT FISCHER, JOSEF KOCH, ALBERT ZIMMERMANN und LORIS STURLESE (= LW III).

In Sap.   Meister Eckhart, Expositio Libri Sapientiae, hg. von JOSEF KOCH und HERIBERT FISCHER, in: LW II, S. 301–634.

Prol. gen.   Meister Eckhart, Prologus generalis in Opus tripartitum, hg. von KONRAD WEIß, in: LW I, S. 148–165 (Rec. CT); Meister Eckhart, Prologus generalis in Opus tripartitum, hg. von KONRAD WEIß, in: LW I, S. 35–41 (Rec. E); Meister Eckhart, Prologus generalis in Opus tripartitum, editio altera, hg. von LORIS STURLESE, in: LW I,2, S. 21–39 (Rec. L); Meister Eckhart, Prologus generalis in Opus tripartitum, hg. von LORIS STURLESE und ELISA RUBINO, in: LWSE 1, S. 2–15.

Prol. op. prop.   Meister Eckhart, Prologus in Opus propositionum, hg. von KONRAD WEIß, in: LW I, S. 166–182 (Rec. CT); Meister Eckhart, Prologus in Opus propositionum, hg. von KONRAD WEIß, in: LW I, S. 41–48 (Rec.

E); Meister Eckhart, Prologus in Opus propositionum, editio altera, hg. von Loris Sturlese, in: LW I,2, S. 40–57 (Rec. L); Meister Eckhart, Prologus in Opus propositionum, hg. von LORIS STURLESE und ELISA RUBINO, in: LWSE 1, S. 16–27.

Quaest. Paris.	Meister Eckhart, Quaestiones Parisienses cum Quaestione Magistri Gonsalvi, hg. von BERNARD GEYER, in: LW V, S. 27–83.
RdU	Meister Eckhart, Die rede der underscheidunge, hg. von JOSEF QUINT, in: DW V, S. 137–376.
Responsio	Meister Eckhart, Responsio ad articulos primi rotuli (Processus Coloniensis I, n. 75–151), hg. von LORIS STURLESE, in: LW V, 275–317; Meister Eckhart, Responsio ad articulos secundi rotuli (Processus Coloniensis II, n. 1–154), hg. von LORIS STURLESE, in: LW V, 318–354.
VAb	Meister Eckhart, Von abegescheidenheit, hg. von JOSEF QUINT, in: DW V, S. 377–468.
VeM	Meister Eckhart, Von dem edeln Menschen, hg. von JOSEF QUINT, in: DW V, S. 106–136.
Votum	Meister Eckhart, Votum Theologorum Avenionensium, hg. von LORIS STURLESE, in: LW V, 568–590.

2. Siglen der Werke anderer Autoren

AA	›Akademie-Ausgabe‹. Immanuel Kant, Gesammelte Schriften, hg. von der Königlich Preußischen Akademie der Wissenschaften (Band 1–22), von der Deutschen Akademie der Wissenschaften zu Berlin (Band 23), von der Akademie der Wissenschaften zu Göttingen (ab Band 24), Berlin 1902 ff.
Acad.	Augustinus, De Academicis libri tres (vel Contra Academicos).
ADI	Nikolaus Von Kues, Opera omnia. Iussu et auctoritate Academiae Litterarum Heidelbergensis ad codicum fidem edita, Bd. 2: Apologia doctae ignorantiae, hg. von RAYMOND KLIBANSKY, Leipzig 1932; editio stereotypa, praefatione editoris altera et addendis corrigendisque aucta, Hamburg 2007.
an. et or.	Augustinus, De anima et eius origine.
an. quant.	Augustinus, De animae quantitate liber unus.
AT	Tauler, Johannes, Sermones des hochgeleerten in gnaden erleüchten doctoris Johannis Thaulerii, Druck durch HANS OTMAR, Augsburg 1508.
A&T	ADAM, CHARLES / TANNERY, PAUL (Hg.), Oeuvres de Descartes, I–XI, Paris 1996.
Bibel	Altes und Neues Testament. Einheitsübersetzung, Freiburg i. Br. u. a. 2013.
BvgA	Das Buch von geistlicher Armuth, bisher bekannt als Johann Taulers Nachfolgung des armen Lebens Christi. Unter Zugrundelegung der ältesten der bis jetzt bekannten Handschriften zum ersten Male vollständig hg. von P. Fr. HEINRICH SEUSE DENIFLE, München 1877.
CD	Corpus Dionysiacum, hg. von BEATE REGINA SUCHLA, Berlin u. a. 1990 ff. (Patristische Texte und Studien).
civ.	Augustinus, De civitate dei libri viginti duo.
c. Iul.	Augustinus, Contra Iulianum libri sex.
conf.	Augustinus, Confessionum libri tredecim.

CTV	Hugo Ripelin von Straßburg, Compendium theologicae veritatis.
D	DENZINGER, HEINRICH, Enchiridion symbolorum, definitionum et declarationum de rebus fidei et morum, ed. CAROLUS RAHNER, Barcinone u. a. ³¹1960.
De spir. creat.	Thomas von Aquin, Quaestio disputata de spiritualibus creaturis.
DH	DENZINGER, HEINRICH, Enchiridion symbolorum, definitionum et declarationum de rebus fidei et morum / Kompendium der Glaubensbekenntnisse und kirchlichen Lehrentscheidungen, hg. von PETER HÜNERMANN, lat.-dt., Freiburg i. Br. u. a. ⁴⁴2014.
DK	DIELS, HERMANN / KRANZ, WALTHER (Hg.), Die Fragmente der Vorsokratiker, gr.-dt., Nachdr. der 6. Aufl. 1951 f., Berlin u. a. 2004 f.
DS	DENZINGER, HEINRICH, Enchiridion symbolorum, definitionum et declarationum de rebus fidei et morum, ed. ADOLFUS SCHÖNMETZER, Barcinone u. a. ³⁶1976.
en. Ps.	Augustinus, Enarrationes in Psalmos.
ep. Io. tr.	Augustinus, In epistulam Iohannis ad Parthos tractatus decem.
Fr1	Frankfurt a. Main, Stadt- und Universitätsbibl. Cod. Praed. 10. Handschrift zu Hugo Ripelin von Straßburg, Compendium theologicae veritatis.
GA	Heidegger, Martin, Gesamtausgabe, hg. von FRIEDRICH-WILHELM VON HERRMANN, Frankfurt a. Main 1975 ff.
GKFA	Mann, Thomas, Große kommentierte Frankfurter Ausgabe. Werke – Briefe – Tagebücher, hg. von HEINRICH DETERING u. a., Frankfurt a. Main 2001 ff.
GMS	Kant, Immanuel, Grundlegung zur Metaphysik der Sitten.
Gn. litt.	Augustinus, De Genesi ad litteram libri duodecim.
GW	Mann, Thomas, Gesammelte Werke in dreizehn Bänden, Frankfurt a. Main 1960 ff.
GwS	Kant, Immanuel, Gedanken von der wahren Schätzung der lebendigen Kräfte.
HA	Goethe, Johann Wolfgang von, Goethes Werke. Hamburger Ausgabe in 14 Bänden, textkrit. durchges. und mit Anm. versehen von ERICH TRUNZ, Hamburg u. a. 1948 ff.
Hua	Husserl, Edmund, Husserliana. Gesammelte Werke, auf Grund d. Nachlasses veröff. von HERMAN LEO MARIA VAN BREDA, Dordrecht u. a. 1952 ff.
Hua Dok	Husserl, Edmund, Husserliana-Dokumente. Dordrecht u. a. 1994.
IL	Wenck von Herrenberg, Johannes, De Ignota Litteratura, in: HOPKINS, JASPER, Nicholas of Cusa's Debate with John Wenck. A Translation and an Appraisal of De Ignota Litteratura and Apologia Doctae Ignorantiae, Minneapolis ²1984, p. 97–118.
Io. ev. tr.	Augustinus, In Iohannis evangelium tractatus CXXIV.
JOSTES	JOSTES, FRANZ (Hg.), Meister Eckhart und seine Jünger. Ungedruckte Texte zur deutschen Mystik, Freiburg (Schweiz) 1895 (Collectanea Friburgensia 4).
KA	Rilke, Rainer Maria, Werke. Kommentierte Ausgabe in vier Bänden, hg. von MANFRED ENGEL, ULRICH FÜLLEBORN, HORST NALEWSKI und AUGUST STAHL, Frankfurt a. Main / Leipzig 1996.
KpV	Kant, Immanuel, Kritik der praktischen Vernunft.
KrV	Kant, Immanuel, Kritik der reinen Vernunft.

KSA	Nietzsche, Friedrich, Kritische Studienausgabe, hg. von GIORGIO COLLI und MAZZINO MONTINARI, München / Berlin / New York 1980.
KU	Kant, Immanuel, Kritik der Urteilskraft.
lib. arb.	Augustinus, De libero arbitrio libri tres.
Liber de causis	Liber de causis, hg. von ADRIAAN PATTIN, in: Tijdschrift voor Filosofie 28 (1966), S. 90–202.
LU	Husserl, Edmund, Logische Untersuchungen, Tübingen 1913 ff.
MST	Kant, Immanuel, Metaphysik der Sitten. Anfangsgründe der Tugendlehre.
NE	Aristotelis Ethica Nicomachea, recognovit brevique adnotatione critica instruxit INGRAM BYWATER, Oxford 1894 (zahlreiche unveränderte Nachdrucke dieser Auflage).
NESTLE-ALAND	NESTLE, EBERHARD und ERWIN / ALAND, BARBARA und KURT, Novum Testamentum Graece, gr.-dt., Stuttgart ²⁸2013.
OP	Kant, Immanuel, Opus postumum.
PC	IVÁNKA, ENDRE VON, Plato Christianus. Übernahme und Umgestaltung des Platonismus durch die Väter, Einsiedeln ²1990.
PM	Immanuel Kant's Vorlesungen über die Metaphysik. Nebst einer Einleitung, welche eine kurze Übersicht der wichtigsten Veränderungen der Metaphysik seit Kant enthält, zum Drucke befördert von dem Hg. der Kantischen Vorlesungen über die philosophische Religionslehre [i. e. KARL HEINRICH LUDWIG PÖLITZ], Erfurt 1821.
Pp	Origenes, Vier Bücher von den Prinzipien, hg., übers., mit krit. und erl. Anm. versehen von HERWIG GÖRGEMANNS und HEINRICH KARPP, Darmstadt ³1992 (Texte zur Forschung 24).
Prol	Kant, Immanuel, Prolegomena zu einer jeden künftigen Metaphysik.
retr.	Augustinus, Retractationum libri duo.
RGV	Kant, Immanuel, Die Religion innerhalb der Grenzen der bloßen Vernunft.
ScG	Thomas von Aquin, Summa contra gentiles.
s. Denis	Augustinus, Sermones a. M. Denis.
SF	Kant, Immanuel, Streit der Fakultäten.
s. Lambot	Augustinus, Sermones a. C. Lambot.
SO	Rilke, Rainer Maria, Sonette an Orpheus, Leipzig 1923.
sol.	Augustinus, Soliloquiorum libri duo.
SuZ	Heidegger, Martin, Sein und Zeit, hg. von FRIEDRICH-WILHELM VON HERRMANN, Frankfurt a. Main 1977 (GA 2).
SW	RAHNER, KARL, Sämtliche Werke, bislang 32 Bde. in 38 Teilbänden, Freiburg i. Br. 1995 ff.
TD	HINTEN, WOLFGANG VON, ›Der Franckforter‹ (›Theologia Deutsch‹). Kritische Textausgabe, München / Zürich 1982 (Münchener Texte und Untersuchungen zur deutschen Literatur des Mittelalters 78).
TG	Kant, Immanuel, Träume eines Geistersehers, erläutert durch die Träume der Metaphysik.
trin.	Augustinus, De trinitate libri quindecim.
vera rel.	Augustinus, De vera religione liber unus.
VETTER	VETTER, FERDINAND (Hg.), Die Predigten Taulers, aus der Engelberger und der Freiburger Handschrift sowie aus Schmidts Abschriften der ehemaligen Straßburger Handschriften, Berlin 1910 (Deutsche Texte des Mittelalters 11).

VTP	Kant, Immanuel, Von einem neuerdings erhobenen vornehmen Ton in der Philosophie.
Vulgata	Biblia Sacra. Iuxta Vulgatam Versionem, Stuttgart ⁴1994.
VuO	NORBERT FISCHER / JAKUB SIROVÁTKA (Hg.), Vernunftreligion und Offenbarungsglaube. Zur Erörterung einer seit Kant verschärften Problematik, Freiburg i. Br. / Basel / Wien 2015 (Forschungen zur europäischen Geistesgeschichte 16).
WA	D. Martin Luthers Werke. Kritische Gesamtausgabe. Weimarer Ausgabe, Weimar 1883–2009.

3. Abkürzungsverzeichnis von Zeitschriften, Serien, Lexika

AAS	Acta Apostolicae Sedis. Commentarium officiale, Rom 1909 ff.
AL	CORNELIUS MAYER / ERICH FELDMANN u. a. (Hg.), Augustinus-Lexikon, Basel / Stuttgart 1986–2010.
CCL	Corpus christianorum. Series latina.
CCM	Corpus christianorum. Continuatio mediaevalis.
GEORGES	GEORGES, KARL ERNST, Ausführliches lateinisch-deutsches Handwörterbuch, 2 Bde., Hannover ⁸1913–1918 (zahlreiche unveränderte Nachdrucke dieser Auflage).
HWP	JOACHIM RITTER (Hg.), Historisches Wörterbuch der Philosophie, Darmstadt 1971–2007.
LThK	Lexikon für Theologie und Kirche.
MEJb	Meister Eckhart Jahrbuch.
MEJb.B	Meister Eckhart Jahrbuch. Beihefte.
MFCG	Mitteilungen und Forschungsbeiträge der Cusanus-Gesellschaft, Mainz / Trier 1961 ff.
MM	Miscellanea Mediaevalia. Veröffentlichungen des Thomas-Instituts der Universität zu Köln, Berlin u. a. 1962 ff.
OGHRA	POLLMANN, KARLA / OTTEN, WILLEMIEN (Hg.), The Oxford Guide to the Historical Reception of Augustine, Oxford u. a. 2013.
PBB	Beiträge zur Geschichte der deutschen Sprache und Literatur, Berlin / New York 1955 ff.
PG	MIGNE, JACQUES-PAUL (Hg.), Patrologiae cursus completus. Series graeca, 161 Bde., Paris 1857–1866.
PhB	Philosophische Bibliothek.
PhilJb	Philosophisches Jahrbuch der Görres-Gesellschaft.
PL	MIGNE, JACQUES-PAUL (Hg.), Patrologia cursus completus. Series latina, 221 Bde., Paris 1844–1865.
ThGl	Theologie und Glaube, hg. von den Professoren der Theologischen Fakultät Paderborn, Münster 1909 ff.
ThQ	Theologische Quartalschrift, hg. von Professoren der Katholischen Theologie an der Universität Tübingen, Ostfildern 1819 ff.
ThRv	Theologische Revue, hg. von der Katholisch-Theologischen Fakultät der Universität Münster, Münster 1902 ff.
ThSK	Theologische Studien und Kritiken. Beiträge zur Theologie und Religionswissenschaft, Leipzig 1828–1941.
THWNT	KITTEL, GERHARD / FRIEDRICH, GERHARD (Hg.), Theologisches Wörterbuch zum Neuen Testament, Stuttgart u. a. 1933–1979.

TTG	Texte und Textgeschichte. Würzburger Forschungen, hg. von d. Forschergruppe Prosa d. Dt. Mittelalters, Tübingen 1980 ff.
²VL	Deutsche Literatur des Mittelalters. Verfasserlexikon, begr. von WOLFGANG STAMMLER, fortgef. von KARL LANGOSCH, hg. von KURT RUH zusammen mit GUNDOLF KEIL, BURGHARD WACHINGER und CHRISTINE STÖLLINGER-LÖSER, 2., völlig neu bearb. Aufl., Berlin u. a. 1978–2008 (Veröffentlichungen der Kommission für Deutsche Literatur des Mittelalters der Bayerischen Akademie der Wissenschaften).
ZfdA	Zeitschrift für deutsches Altertum und deutsche Literatur, Stuttgart 1841 ff.

B. Literaturverzeichnis

1. Quellen / Primärliteratur

ABAELARD, PETER, Gespräch eines Philosophen, eines Juden und eines Christen, lat.-dt., hg. und übers. von HANS-WOLFGANG KRAUTZ, Frankfurt a. Main / Leipzig ²1996.

ALBERTUS MAGNUS, De anima, in: Opera omnia, Tom. 7,1, ed. CLEMENS STROICK u. a., Münster 1968.

---: De intellectu et intelligibili, in: Opera omnia, Tom. 9: Parvorum naturalium. Pars prima, ed. AUGUSTE BORGNET, Paris 1890, S. 477–521.

---: Super Dionysii Mysticam Theologiam / Über die Mystische Theologie des Dionysius, eingel. und übers. von MARIA BURGER, Freiburg i. Br. / Wien 2014 (Fontes Christiani 59).

ALEXANDER APHRODISIENSIS, Liber de intellectu et intellecto, hg. von GABRIEL THERY, Paris 1926.

ALFARABI, De intellectu et intellecto, hg. von ETIENNE GILSON, in: Archives d' histoire doctrinale et littéraire du moyen âge 4 (1929), S. 115–126.

ANSELM VON CANTERBURY, Proslogion. Anrede, lat.-dt., übers., Anm. und Nachwort von ROBERT THEIS, Stuttgart 2013 (Reclams Universal-Bibliothek 18336).

ARENDT, HANNAH und HEIDEGGER, MARTIN, Briefe 1925 bis 1975 und andere Zeugnisse, aus den Nachlässen, hg. von URSULA LUDZ, Frankfurt a. Main ³2002.

ARISTOTELES, Aristotelis Opera, ex recensione IMMANUEL BEKKER, Nachdr. der Ed. Academia Regia Borussica 1831 ff., Darmstadt 1960.

---: Aristoteles latinus. Bd. II, 1–2: De interpretatione vel Periermenias. Translatio Boethii, ed. LAURENTIUS MINIO-PALUELLO; translatio Guillelmi de Moerbeka ed. GERARDUS VERBEKE, rev. LAURENTIUS MINIO-PALUELLO, Bruges / Paris 1965.

---: De anima, hg. von WILLIAM DAVID ROSS. Oxford 1956.

---: Metaphysik, in der Übers. von HERMANN BONITZ, neu bearb., mit Einl. und Kommentar hg. von HORST SEIDL, griech. Text in der Ed. von WILHELM CHRIST, Bd. 1: Bücher I (A) – VI (E), Hamburg ³1989 (PhB 307), Bd. 2: Bücher VII (Z) – XIV (N), Hamburg ³1991 (PhB 308).

---: Über die Seele, übers. von WILLY THEILER, Darmstadt 1966 (Aristoteles' Werke in deutscher Übersetzung 13).

---: Über die Seele, gr.-dt., mit Einl., übers. (nach WILLY THEILER), komm. und hg. von HORST SEIDL, Hamburg 1995 (PhB 476).

AUGUSTINUS, AURELIUS, Corpus Augustinianum Gissense, CD-ROM, hg. von CORNELIUS MAYER, Würzburg ²2003.

---: Ausgewählte Schriften des hl. Augustinus, Kirchenlehrers, nach dem Urtexte übers., Kempten 1871–79 (Bibliothek der Kirchenväter).

---: Theologische Frühschriften. Vom freien Willen. Von der wahren Religion, übers. und erl. von WILHELM THIMME, Zürich / Stuttgart 1962 (Werke 5) (Die Bibliothek der Alten Welt: Reihe Antike und Christentum).

---: Philosophische Spätdialoge, lat.-dt., eingel., übers. und erl. von KARL-HEINRICH LÜTCKE und GÜNTHER WEIGEL, Zürich / München 1973 (Die Bibliothek der Alten Welt: Reihe Antike und Christentum).

---: Bekenntnisse, mit einer Einl. von KURT FLASCH, übers., mit Anm. vers. und hg. von KURT FLASCH und BURKHARD MOJSISCH, Stuttgart 2009 (Reclams Universal-Bibliothek 2792).

---: Confessiones. Bekenntnisse, lat.-dt., eingel., übers. und erl. von JOSEPH BERNHART, München ⁴1980.

---: Les Confessions. Livres I–VII, texte de l'édition de MARTIN SKUTELLA, introduction et notes par AIMÉ SOLIGNAC, traduction de EUGÈNE TRÉHOREL et GUILLEM BOUISSOU, Paris 1962.

---: Suche nach dem wahren Leben. Confessiones X / Bekenntnisse 10, lat.-dt., eingel., übers. und mit Anm. versehen von NORBERT FISCHER, Hamburg 2006 (PhB 584).

---: Was ist Zeit? Confessiones XI / Bekenntnisse 11, lat.-dt., eingel., übers. und mit Anm. versehen von NORBERT FISCHER, Hamburg ²2009 (PhB 534).

---: Der Gottesstaat. De civitate Dei, Buch I-XIV, übertragen von CARL JOHANN PERL, Paderborn 1979 (Die deutsche Augustinus-Ausgabe).

---: La Cité de Dieu, livres VI-X, texte de la 4. édition de BERNHARD DOMBART et ALFONS KALB, introduction générale et notes par GUSTAVE BARDY, traduction de GUSTAVE COMBÉS, Paris 1959 (Bibliothèque Augustinienne).

---: Des heiligen Kirchenvaters Aurelius Augustinus ausgewählte Schriften, Bd. 4: Des heiligen Kirchenvaters Aurelius Augustinus Vorträge über das Evangelium des hl. Johannes, übers. und mit einer Einl. vers. von THOMAS SPECHT, München 1913 (Bibliothek der Kirchenväter 8).

---: In Iohannis evangelium tractatus, textum ed. cur. D. RADBODUS WILLEMS, Turnhout 1954 (CCL 36; Augustinus, Aurelius: Opera 8).

---: Homélies sur l'Évangile de saint Jean I-XVI, traduction, introduction et notes par MARIE-FRANÇOIS BERROUARD, Paris 1969.

---: Natur und Ursprung der Seele, übertragen von ANTON MAXSEIN und DIONYSIUS MORICK, in: KUNZELMANN, ADALBERO / ZUMKELLER, ADOLAR (Hg.), Augustinus. Schriften gegen die Pelagianer, Würzburg 1977, S. 167–282.

---: Über Schau und Gegenwart des unsichtbaren Gottes. Texte, mit Einf. und Übers. von ERICH NAAB, Stuttgart-Bad Cannstatt 1998 (Mystik in Geschichte und Gegenwart 1,14).

AVERROES, Großer Kommentar zum Buch der Seele, in: Averroes. Über den Intellekt. Auszüge aus seinen drei Kommentaren zu Aristoteles' ›De anima‹, arab.-lat.-dt., hg., übers., eingel. und mit Anm. vers. von DAVID WIRMER, Freiburg i. Br. / Basel / Wien 2008 (Herders Bibliothek der Philosophie des Mittelalters 15).

BERGSON, HENRI, Les deux sources de la morale et de la religion, Paris ⁴1932.

---: Die beiden Quellen der Moral und der Religion, aus d. Franz. übers. von EUGEN LERCH, Nachdr. d. Ausg. Jena 1933, Freiburg i. Br. 1980.

---: Mélanges. L'idée de lieu chez Aristote, durée et simultanéité, correspondance, pièces diverses, documents, éd. par ANDRÉ ROBINET, Paris 1972.

BOETHIUS, De interpretatione vel Periermenias, ed. LORENZO MINIO-PALUELLO et GÉRARD VERBEKE, Turnhout 1965 (Corpus philosophorum medii aevi).

---: Die Theologischen Traktate, lat.-dt., übers., eingel. und mit Anm. vers. von MICHAEL ELSÄSSER, Hamburg 1988 (PhB 397).

---: Trost der Philosophie, Consolatio philosophiae, lat.-dt., hg. u. übers. von ERNST GEGENSCHATZ und OLOF GIGON, Berlin ⁶2011 (Sammlung Tusculum).

BONAVENTURA, S. R. E. Cardinalis Bonaventurae ex ordine minorum episcopi albanensis, doctoris ecclesiae seraphici, Opera omnia, vol. 6: Commentarius in Evangelium sancti Iohannis, Quaracchi 1893.

---: Opera omnia, vol. 8, editio accurate recognati cura et studio ADOLPHE CHARLES PELTIER, Paris 1866.

---: Breviloquium, übertr., eingel. u. mit einem Glossar vers. von MARIANNE SCHLOSSER, Freiburg i. Br. ²2006 (Christliche Meister 52).

Buch (Das) von geistlicher Armuth, bisher bekannt als Johann Taulers Nachfolgung des armen Lebens Christi. Unter Zugrundelegung der ältesten der bis jetzt bekannten Handschriften zum ersten Male vollständig hg. von P. Fr. HEINRICH SEUSE DENIFLE, München 1877.

DARWIN, CHARLES, Die Abstammung des Menschen, übers. von HEINRICH SCHMIDT, durchges. u. eingel. von GERHARD HEBERER, Stuttgart 1966 (Kröners Taschenausgabe 28).

DESCARTES, RENÉ, Meditationes de prima philosophia, in: Oeuvres de Descartes, Bd. VII, hg. von CHARLES ADAM und PAUL TANNERY, Paris 1996.

---: Principia Philosophiae, in: Oeuvres de Descartes, Bd. VIII/1, hg. von CHARLES ADAM und PAUL TANNERY, Paris 1996.

---: Die Prinzipien der Philosophie, lat.-dt., übers. und hg. von CHRISTIAN WOHLERS, Hamburg 2005.

DIETRICH VON FREIBERG, Schriften zur Intellekttheorie, mit einer Einleitung von KURT FLASCH, hg. von BURKHARD MOJSISCH, Hamburg 1977 (Opera omnia 1).

DIONYSIUS AREOPAGITA, Corpus Dionysiacum, Bd. 2: Pseudo-Dionysius Areopagita. De coelesti hierarchia. De ecclesiastica hierarchia. De mystica theologia. Epistulae, hg. von GÜNTHER HEIL und ADOLF MARTIN RITTER, Berlin / New York 1991 (Patristische Studien und Texte 36), S. 139–149.

---: Des heiligen Dionysius angebliche Schriften über die beiden Hierarchien, aus dem Griech. übers. von JOSEF STIGLMAYR, München 1933 (Bibliothek der Kirchenväter 2).

---: Über die Mystische Theologie und Briefe, eingel., übers. und mit Anm. versehen von ADOLF MARTIN RITTER, Stuttgart 1994.

FEUERBACH, LUDWIG, Gedanken über Tod und Unsterblichkeit, in: Frühe Schriften, Kritiken und Reflexionen (1828–1834), hg. von WERNER SCHUFFENHAUER, Berlin 1980 (Gesammelte Werke 1), S. 175–515.

---: Das Wesen des Christentums, hg. von WERNER SCHUFFENHAUER, Berlin [2]1984 (Gesammelte Werke 5).

FICHTE, JOHANN GOTTLIEB, Die Anweisung zum seligen Leben, hg. von FRITZ MEDICUS, Hamburg 1954, unveränd. Nachdruck 1970 (PhB 234).

FREUD, SIGMUND, Gesammelte Werke. Bd. XVII, hg. von ANNA FREUD u. a., Frankfurt a. Main 1941.

Geistbuch (Das). Ein Traktat zur Vollkommenheit aus dem Umkreis Meister Eckharts, kritisch ed. von DAGMAR GOTTSCHALL, mit einem Vorw. von MAARTEN J. F. M. HOENEN und LORIS STURLESE, Leiden / Boston 2012 (Studies in the history of Christian traditions 160).

GOETHE, JOHANN WOLFANG, Goethes Werke, Hamburger Ausgabe in 14 Bänden, textkrit. durchges. und mit Anm. versehen von ERICH TRUNZ, Hamburg u. a. 1948 ff.

GRIMM, JACOB und WILHELM, Deutsches Wörterbuch (CD-ROM), Frankfurt a. Main 2004.

HEGEL, GEORG WILHELM FRIEDRICH, Phänomenologie des Geistes, auf der Grundlage der Werke von 1832–1845 neu edierte Ausgabe von EVA MOLDENHAUER und KARL MARKUS MICHEL, Bd. 3, Frankfurt a. Main 1986 (Suhrkamp-Taschenbuch Wissenschaft 603).

HEIDEGGER, MARTIN, Gesamtausgabe, Frankfurt a. Main 1975 ff.

---: Ἀγχιβασίη. Ein Gespräch selbstdritt auf einem Feldweg zwischen einem Forscher, einem Gelehrten und einem Weisen, in: Feldweg-Gespräche (1944/45), hg. von INGRID SCHÜßLER, Frankfurt a. Main 1995 (GA 77), S. 1–159.

---: Augustinus und der Neuplatonismus, in: Phänomenologie des religiösen Lebens, hg. von FRIEDRICH-WILHELM VON HERRMANN, Frankfurt a. Main 1995 (GA 60), §§ 157–246.

---: Einführung in die phänomenologische Forschung, hg. von FRIEDRICH-WILHELM VON HERRMANN, Frankfurt a. Main 1994 (GA 17).

---: Gelassenheit, in: Gelassenheit, Stuttgart [14]2008, S. 7–26.

---: Kant und das Problem der Metaphysik, hg. von FRIEDRICH-WILHELM VON HERR-
MANN, Frankfurt a. Main 1991 (GA 3).

---: Parmenides. Freiburger Vorlesung Wintersemester 1942/1943, hg. von MANFRED S.
FRINGS, Frankfurt a. Main 1982 (GA 54).

---: Platons Lehre von der Wahrheit, in: Wegmarken, hg. von FRIEDRICH-WILHELM VON
HERRMANN, Frankfurt a. Main 1976 (GA 9). S. 203–238.

---: Protokoll zu einem Seminar über den Vortrag ›Zeit und Sein‹, in: Zur Sache des Denkens, hg. von FRIEDRICH-WILHELM VON HERRMANN, Frankfurt a. Main 2007 (GA 14),
S. 31–66.

---: Sein und Zeit, hg. von FRIEDRICH-WILHELM VON HERRMANN, Frankfurt a. Main 1977
(GA 2).

---: Was heißt Denken?, hg. von FRIEDRICH-WILHELM VON HERRMANN, Frankfurt
a. Main 2002 (GA 8).

---: Zeit und Sein, in: Zur Sache des Denkens, hg. von FRIEDRICH-WILHELM VON HERR-
MANN Frankfurt a. Main 2007 (GA 14), S. 3–30.

---: Zur Erörterung der Gelassenheit. Aus einem Feldweggespräch über das Denken, in: Gelassenheit, Stuttgart ¹⁴2008, S. 27–71.

---: Zur Sache des Denkens, hg. von FRIEDRICH-WILHELM VON HERRMANN, Frankfurt a.
Main 2007 (GA 14).

HEIDEGGER, MARTIN und JASPERS, KARL, Briefwechsel. 1920–1963, hg. von WALTER BIE-
MEL, Frankfurt a. Main u. a. 1990.

HUSSERL, EDMUND, Briefwechsel, Bd. 7: Wissenschaftskorrespondenz, Den Haag 1994
(Hua Dok III,7).

---: Cartesianische Meditationen und Pariser Vorträge, Den Haag 1950 (Hua I).

---: Die Idee der Phänomenologie, Den Haag 1973 (Hua II).

---: Die Krisis der europäischen Wissenschaften und die transzendentale Phänomenologie.
Eine Einführung in die phänomenologische Philosophie, Den Haag 1954 (Hua VI).

---: Die Krisis der europäischen Wissenschaften und die transzendentale Phänomenologie,
in: Gesammelte Schriften, Bd. 8, hg. von ELISABETH STRÖKER, Hamburg 1992, 165–276.

---: Die Lebenswelt. Auslegungen der vorgegebenen Welt und ihrer Konstitution. Texte aus
dem Nachlass (1916–1937), Dordrecht 2008 (Hua XXXIX).

---: Erste Philosophie. Erster Teil: Kritische Ideengeschichte, Den Haag 1956 (Hua VII).

---: Ideen zu einer reinen Phänomenologie und phänomenologischen Philosophie. Erstes
Buch: Allgemeine Einführung in die Phänomenologie, Den Haag 1950 (Hua III).

---: Logische Untersuchungen, Bd. 1: Prolegomena zur reinen Logik, Den Haag 1975 (Hua
XVIII).

---: Logische Untersuchungen, Bd. 2,1: Untersuchungen zur Phänomenologie und Theorie
der Erkenntnis, Den Haag / Boston / Lancaster 1984 (Hua XIX,1).

---: Transzendentaler Idealismus. Texte aus dem Nachlass (1908–1921), Dordrecht / Boston / London 2003 (Hua XXXVI).

---: Zur Phänomenologie des inneren Zeitbewußtseins, Den Haag 1966 (Hua X).

ISIDOR HISPALENSIS, Isidori Hispalensis episcopi etymologiarum sive originum libri XX, 2
Bde., hg. von WALLACE MARTIN LINDSAY, Oxford 1911.

JOHANNES CHRYSOSTOMUS, Homiliae XC in Matthaeum, in: PG 57–58 (1862).

JOHANNES DAMASCENUS, De Fide Orthodoxa, in: PG 94 (1864), 789A-1228A.

JOHANNES SCOTUS ERIUGENA, Periphyseon, Bd. 1: Liber primus, ed. ÉDOUARD JEAUNEAU,
Turnhout 1996 (CCM 161).

---: Periphyseon, Bd. 3: Liber tertius, ed. ÉDOUARD JEAUNEAU, Turnhout 1999 (CCM 163).

KANT, IMMANUEL, Gesammelte Schriften, hg. von der Königlich Preußischen Akademie der
Wissenschaften (Bd. 1–22), von der Deutschen Akademie der Wissenschaften zu Berlin
(Bd. 23), von der Akademie der Wissenschaften zu Göttingen (ab Bd. 24). Berlin 1902 ff.

---: Kant im Kontext III. Werke, Briefwechsel, Nachlaß und Vorlesungen auf CD-ROM, hg. von Karsten Worm, 2. erw. Auflage, Berlin 2009.

---: Werke in sechs Bänden, hg. von Wilhelm Weischedel, Darmstadt ⁵1983.

---: Von der Offenbarung (›Vierter Abschnitt‹ der ›Vorlesungen über die philosophische Religionslehre‹), mit Hinweisen zur Kommentierung, in: Norbert Fischer / Jakub Sirovátka (Hg.), Vernunftreligion und Offenbarungsglaube. Zur Erörterung einer seit Kant verschärften Problematik, Freiburg i. Br. / Basel / Wien 2015 (Forschungen zur europäischen Geistesgeschichte 16), S. 35–51.

Lessing, Gotthold Ephraim, Neue Hypothese über die Evangelisten als bloß menschliche Geschichtsschreiber betrachtet, in: Werke, Bd. 7: Theologiekritische Schriften 1 und 2, hg. von Helmut Göbel, München u. a. 1976, S. 614–634.

Levinas, Emmanuel, Le primat de la raison pure pratique. Das Primat der reinen praktischen Vernunft, in: Norbert Fischer (Hg.), Kants Metaphysik und Religionsphilosophie, Hamburg 2004 (Kant-Forschungen 15), S. 179–205.

Liber de causis, hg. von Adriaan Pattin, in: Tijdschrift voor Filosofie 28 (1966), S. 90–202.

Luther, Martin, Tischrede Nr. 5285, in: WA 2,5 (1967), S. 45.

---: Randbemerkungen zu Taulers Predigten, in: WA 9 (1893), S. 95–104.

---: Von den Juden und ihren Lügen, in: WA 53 (1920), S. 412–552.

Mann, Thomas, Der Erwählte. Roman, Frankfurt a. Main 1974 (GW 7).

---: Doktor Faustus. Das Leben des deutschen Tonsetzers Adrian Leverkühn, erzählt von einem Freunde, hg. von Ruprecht Wimmer unter Mitarbeit von Stephan Stachorski, Frankfurt a. Main 2007 (GKFA 10,1).

---: Doktor Faustus. Das Leben des deutschen Tonsetzers Adrian Leverkühn, erzählt von einem Freunde. Kommentar, hg. von Ruprecht Wimmer unter Mitarbeit von Stephan Stachorski, Frankfurt a. Main 2007 (GFKA 10,2).

---: Tagebücher 1949–1950, hg. von Inge Jens, Frankfurt a. Main 1991.

---: Tagebücher 1951–1952, hg. von Inge Jens, Frankfurt a. Main 1993.

---: Tagebücher 1953–1955, hg. von Inge Jens, Frankfurt a. Main 1995.

Meister Eckhart, Meister Eckeharts Schriften und Predigten., hg. von Herman Büttner, Jena 1903 (Bd. 1), 1909 (Bd. 2).

---: Schriften und Predigten, aus dem Mittelhochdt. übers. und hg. von Herman Büttner, Leipzig / Jena 1919.

---: Meister Eckharts deutsche Predigten und Traktate, ausgew., übertr. und eingeleitet von Friedrich Schulze-Maizier, Leipzig ²1927.

---: Deutsche Predigten und Traktate, hg. und übers. von Josef Quint, Hamburg ⁷2007.

---: Deutsche Predigten. Vierzig der schönsten Predigten ausgew., übertr. und mit einem Nachw. vers. von Louise Gnädinger, Zürich 1999 (Manesse Bibliothek der Weltliteratur).

---: Das Buch der göttlichen Tröstung. Vom edlen Menschen, mhd.-nhd., übers. und mit einem Nachw. von Kurt Flasch, München 2007.

---: Vom edlen Menschen, in: Ders., Buch der göttlichen Tröstung, ins Neuhochdt. übertr. von Josef Quint, Frankfurt a. Main 1987 (Insel-Taschenbuch 1005), S. 65–79.

---: Eine lateinische Rechtfertigungsschrift des Meister Eckhart, mit einem Geleitw. von Clemens Baeumker, hg. von Augustinus Daniels, Münster 1923 (Beiträge zur Geschichte der Philosophie des Mittelalters 23,5).

---: Liber positionum, in: Franz Pfeiffer (Hg.), Meister Eckhart. Erste Abtheilung: Predigten und Traktate, Leipzig 1857, Nachdruck Göttingen 1906, 1914, Aalen 1962, 1991 (Deutsche Mystiker des 14. Jahrhunderts 2), S. 631–684.

---: Meister Eckharts Reden der Unterscheidung, hg. von Ernst Diederichs, anastatischer Neudr. der 1. Aufl. von 1913, Bonn 1925 (Kleine Texte für Vorlesungen und Übungen 117).

MENDELSSOHN, MOSES, Morgenstunden oder Vorlesungen über das Dasein Gottes, Berlin 1785, jetzt in: Gesammelte Schriften, Bd. 3,2: Schriften zur Philosophie und Ästhetik, bearb. von LEO STRAUSS, Stuttgart 1974, S. 1–175.

NIETZSCHE, FRIEDRICH, Also sprach Zarathustra, hg. von GIORGIO COLLI und MAZZINO MONTINARI, München/Berlin/New York 1980 (KSA 4).

---: Die fröhliche Wissenschaft, hg. von GIORGIO COLLI und MAZZINO MONTINARI, München/Berlin/New York 1980 (KSA 3).

---: Die Philosophie im tragischen Zeitalter der Griechen, in: Die Geburt der Tragödie. Unzeitgemäße Betrachtungen I–IV. Nachgelassene Schriften 1870 – 1873, hg. von GIORGIO COLLI und MAZZINO MONTINARI, München/Berlin/New York ²1988 (KSA 1), S. 799–872.

---: Unzeitgemäße Betrachtungen, hg. von GIORGIO COLLI und MAZZINO MONTINARI, München/Berlin/New York 1980 (KSA 1).

NIKOLAUS VON KUES, Philosophisch-Theologische Schriften, lat.-dt., hg. und eingef. von LEO GABRIEL, übers. und komm. von DIETLIND DUPRÉ und WILHELM DUPRÉ, 3 Bde., Wien 1964–1967.

---: Apologia doctae ignorantiae, in: Nicolai de Cusa Opera omnia. Iussu et auctoritate Academiae Litterarum Heidelbergensis ad codicum fidem edita, Bd. 2, hg. von RAYMOND KLIBANSKY, Leipzig 1932; editio stereotypa, praefatione editoris altera et addendis corrigendisque aucta, Hamburg 2007.

---: De docta ignorantia, in: Nicolai de Cusa Opera omnia. Iussu et auctoritate Academiae Litterarum Heidelbergensis ad codicum fidem edita, Bd. 1, hg. von ERNEST HOFFMANN und RAYMOND KLIBANSKY, Leipzig 1932.

---: De visione Dei, in: Philosophisch-Theologische Schriften, lat.-dt., hg. und eingef. von LEO GABRIEL, übers. und komm. von DIETLIND DUPRÉ und WILHELM DUPRÉ, Bd. 3, Wien 1967, 93–219.

---: Sermones CCIV–CCXCIII (= Sermones IV, 1435–1463), in: Nicolai de Cusa Opera omnia. Iussu et auctoritate Academiae Litterarum Heidelbergensis ad codicum fidem edita, Bd. 19, hg. von KLAUS REINHARDT u. a., Hamburg 1996–2008.

---: Cusanus-Texte, 1. Predigten, 2/5. Vier Predigten im Geiste Eckharts, lat.-dt., mit Erl. hg. von JOSEF KOCH, ERNST HOFFMANN und RAYMOND KLIBANSKY, in: Sitzungsberichte der Heidelberger Akademie der Wissenschaften, Philosophisch-Historische Klasse 1936/37,2, Heidelberg 1937.

NIKOLAUS VON STRAßBURG, Summa, Hamburg 1990 ff. (Corpus philosophorum Teutonicorum medii aevi 5).

ORIGENES, Vier Bücher von den Prinzipien, hg., übers., mit krit. und erl. Anm. versehen von HERWIG GÖRGEMANNS und HEINRICH KARPP, Darmstadt ³1992 (Texte zur Forschung 24).

PAMPHILUS VON CAESAREA, Apologia pro Origine. Apologie für Origenes, übers. und eingel. von GEORG RÖWEKAMP, Turnhout 2006 (Fontes Christiani 80).

PASCAL, BLAISE, Über die Bekehrung des Sünders, in: DERS., Kleine Schriften zur Religion und Philosophie. Hamburg 2005 (PhB 575), S. 331–336.

PLATON, Werke in acht Bänden, gr.-dt., hg. von GUNTHER EIGLER, Darmstadt 1971–1981.

---: Apologie des Sokrates. Übersetzung und Kommentar von ERNST HEITSCH, Göttingen 2002 (Platon, Werke 1,2).

---: Des Sokrates Verteidigung, in: Werke in acht Bänden, gr.-dt., hg. von GUNTHER EIGLER, Bd. 2, dt. Übers. von FRIEDRICH SCHLEIERMACHER, Darmstadt ³1990, S. 1–69.

PLOTIN, Plotins Schriften, griech.-dte. Parallelausgabe in 5 Textbänden, 5 Anmerkungsbänden, einem Anhangband: Porphyrios, Über Plotins Leben, und einem Indicesband, übers. von RICHARD HARDER, Bd. 1 in Neubearb. von RICHARD HARDER, ab Bd. 2 fortgef. von RUDOLF BEUTLER und WILLY THEILER, Hamburg ²1956–1971 (PhB).

PLUTARQUE, Oeuvres morales, vol. 12,2 : Opinions des philosophes, grec.-fr., trad. par GUY LACHENAUD, Paris ²2003.

RILKE, RAINER MARIA, Werke. Kommentierte Ausgabe in vier Bänden, Bd. 1: Gedichte 1895 bis 1910, hg. von MANFRED ENGEL und ULRICH FÜLLEBORN, Frankfurt a. Main 1996.

---: Kommentierte Ausgabe in vier Bänden, Supplementband: Gedichte in französischer Sprache mit deutschen Prosafassungen, hg. von MANFRED ENGEL und DOROTHEA LAUTERBACH, Übertragungen von RÄTUS LUCK, Frankfurt a. Main / Leipzig 2003.

---: Briefe. In zwei Bänden, Bd. 1: 1896 bis 1919, hg. von HORST NALEWSKI, Frankfurt a. Main 1991.

---: Aus dem Nachlaß des Grafen C. W. Ein Gedichtkreis, Wiesbaden 1950 (Aus Rainer Maria Rilkes Nachlass, Folge 1).

SCHELER, MAX, Der Formalismus in der Ethik und die materiale Wertethik. Neuer Versuch der Grundlegung eines ethischen Personalismus. Bern / München ⁶1980 (Gesammelte Werke 2).

---: Philosophische Weltanschauung, in: Späte Schriften. Mit einem Anhang, hg. von MANFRED S. FRINGS, Bern / München 1976 (Gesammelte Werke 9), S. 75–84.

SCHELLING, FRIEDRICH WILHELM JOSEPH, Philosophische Untersuchungen über das Wesen der menschlichen Freiheit und der damit zusammenhängenden Gegenstände, in: Sämmtliche Werke I, 7, Stuttgart / Augsburg 1860, 331–416.

SCHLEGEL, FRIEDRICH, Ideen, in: Kritische Friedrich-Schlegel-Ausgabe, Bd. 2,1: Charakteristiken und Kritiken. I. 1796–1801, hg. von ERNST BEHLER, München u. a. 1967, S. 256–273.

SCHOPENHAUER, ARTHUR, Werke. In fünf Bänden, nach den Ausg. letzter Hand hg. von LUDGER LÜTKEHAUS, Zürich 1988.

---: Gesammelte Briefe, hg. von ARTHUR HÜBSCHER, Bonn ²1987.

---: Senilia. Gedanken im Alter, hg. von FRANCO VOLPI und ERNST ZIEGLER, München ²2011.

SENECA, De ira, in: Philosophische Schriften. Lat.-dt., Bd. 1: Dialoge I-VI: De providentia, De constantia sapientis, De ira, Ad Marciam de consolationa, hg. von MANFRED ROSCHENBACH, Darmstadt 1969.

SEUSE, HEINRICH, Deutsche Schriften, im Auftrag der Württembergischen Kommission für Landesgeschichte hg. von KARL BIHLMEYER, Nachdr. d. Ausg. Stuttgart 1907, Frankfurt a. Main 1961.

---: Das Buch der Wahrheit. Daz buechli der warheit, kritisch hg. von LORIS STURLESE und RÜDIGER BLUMRICH, übers. von RÜDIGER BLUMRICH, Mittelhochdeutsch-deutsch, Hamburg 1993 (PhB 458).

SIGER VON BRABANT, Quaestiones disputatae und Opuscula, zit. nach: S. Thomae Aquinatis opera omnia curante ROBERTO BUSA, Vol. III, Stuttgart / Bad Cannstatt 1980.

---: Quaestiones in tertium De anima. Nebst zwei averroistischen Antworten an Thomas von Aquin. Lat.-dt. Über die Lehre vom Intellekt nach Aristoteles, hg. von MATTHIAS PERKAMS, Freiburg i. Br. 2007 (Herders Bibliothek der Philosophie des Mittelalters 12).

SPINOZA, BENEDICTUS DE, Die Ethik, lat-dt., übers. von JAKOB STERN, mit einem Nachwort von BERNHARD LAKEBRINK, Stuttgart 1986.

TAULER, JOHANNES, Die Predigten Taulers, hg. von FERDINAND VETTER aus der Engelberger und der Freiburger Handschrift sowie aus Schmidts Abschriften der ehemaligen Straßburger Handschriften, Berlin 1910 (Deutsche Texte des Mittelalters 11).

---: Predigten, hg. und übertragen von GEORG HOFMANN, 2 Bde., Freiburg i. Br. ⁵2011 (Christliche Meister 3).

---: Sermones des hochgeleerten in gnaden erleüchten doctoris Johannis Thaulerii, Druck durch HANS OTMAR, Augsburg 1508.

TERTULLIAN, Apologeticum. Verteidigung des Christentums, lat.-dt., hg., übers. und erläutert von CARL BECKER, München ²1961.

THOMAS VON AQUIN, Catena aurea, in: Corpus Thomisticum, Pamplona 2011, online aufrufbar unter http://www.corpusthomisticum.org/cmt13.html (zuletzt geprüft am 11.08.2016).

---: Liber de Veritate Catholicae Fidei contra errores Infidelium seu Summa contra gentiles, vol. 2, cura et studio CESLAI PERA coadiuv. PETRO MARC, Taurini / Roma 1961.

---: In XII libros Metaphysicorum Aristotelis expositio, editio iam M.-RAYMUNDUS CATHALA retractatur cura et studio RAYMUNDI M. SPIAZZI, Taurini / Roma 1964.

---: Prologe zu den Aristoteles-Kommentaren, hg., übers. und eingel. von FRANCIS CHENEVAL und RUEDI IMBACH, Frankfurt a. Main ²2014.

---: Quodlibet III, in: Corpus Thomisticum, Pamplona 2011, online aufrufbar unter http://www.corpusthomisticum.org/q03.html (zuletzt geprüft am 11.08.2016).

---: Summa theologiae, Rom 1988 (Editio paulina).

---: S. Thomae Aquinatis Super Evangelium S. Ioannis Lectura, cura RAFFAELE CAI, Taurini / Roma ⁶1972.

---: Scriptum super Sententiis, in: Corpus Thomisticum, Pamplona 2011, online aufrubar unter http://www.corpusthomisticum.org/snp4018.html (zuletzt geprüft am 11.08.2016).

---: S. Thomae Aquinatis opera omnia. Ut sunt in indice thomistico additis 61 scriptis ex aliis medii aevi auctoribus, curante ROBERTO BUSA, Stuttgart-Bad Cannstatt 1980 (Indicis thomistici supplementum).

WENCK VON HERRENBERG, JOHANNES, Das Büchlein von der Seele, hg. von GEORG STEER, München 1967 (Kleine deutsche Prosadenkmäler des Mittelalters 3).

---: De Ignota Litteratura, in: HOPKINS, JASPER, Nicholas of Cusa's Debate with John-Wenck. A Translation and an Appraisal of De Ignota Litteratura and Apologia Doctae Ignorantiae, Minneapolis ²1984, p. 97–118.

WIELAND, CHRISTOPH MARTIN, Erinnerungen an eine Freundin. Zyrich 1754.

WILHELM VON OCKHAM, Opera plurima. Lyon, 1494–1496, Bd. 1: Dialogus de imperio et pontificia potestate, Nachdr. d. Ausg. Lyon 1494, Farnborough 1962.

---: Tractatus contra Benedictum, in: Guillelmi de Ockham opera politica, vol. 3, ed. by CHRISTOPHER R. CHENEY and HILARY S. OFFLER, Manchester 1956 (Auctores Britannici medii aevi), p. 157–322.

WITTGENSTEIN, LUDWIG, Philosophische Untersuchungen, Frankfurt a. Main 1967.

---: Tractatus logico-philosophicus. Logisch-philosophische Abhandlung, Frankfurt a. Main 1963 (Edition Suhrkamp 12).

XENOPHON, Erinnerungen an Sokrates, gr.-dt., hg. von PETER JAERISCH, München / Zürich ⁴1987 (Sammlung Tusculum).

2. Studien / Sekundärliteratur

ABEGG, JOHANN FRIEDRICH, Reisetagebuch von 1798, hg. von WALTER und JOLANDA ABEGG in Zusammenarbeit mit ZWI BATSCHA, Frankfurt a. Main 1976.

ACHTNER, WOLFGANG (Hg.), Mystik als Kern der Weltreligionen? Eine protestantische Perspektive, Freiburg (Schweiz) / Stuttgart 2017 (Studien zur christlichen Religions- und Kulturgeschichte 23).

AERTSEN, JAN A., Die Bedeutung der Transzendentalbegriffe für das Denken Meister Eckharts, in: ROLF SCHÖNBERGER / STEPHAN GROTZ (Hg.), Wie denkt der Meister?, Stuttgart 2012 (MEJb 5), S. 27–39.

---: Der ›Systematiker‹ Eckhart, in: ANDREAS SPEER/LYDIA WEGENER (Hg.), Meister Eckhart in Erfurt, Berlin/New York 2005 (MM 32), S. 189–230.

---: Meister Eckhart: Eine außerordentliche Metaphysik, in: Recherches de Théologie et Philosophie médiévales 66 (1999), S. 1–20.

ALBERT, KARL, Meister Eckharts These vom Sein. Untersuchungen zur Metaphysik des Opus tripartitum, Saarbrücken u. a. 1976.

ALBRECHT, CARL, Das mystische Wort. Erleben und Sprechen in Versunkenheit, dargest. und hg. von HANS A. FISCHER-BARNICOL, Mainz 1974.

AMERINI, FABRIZIO (Hg.), ›In principio erat verbum‹. Philosophy and theology in the commentaries on the Gospel of John (II-XIV centuries), Münster 2014 (Archa verbi, Subsidia 11).

AMMON, CHRISTOPH FRIEDRICH VON, Über die Ähnlichkeit des inneren Wortes einiger neueren Mystiker mit dem moralischen Worte der Kantischen Schriftauslegung als Ankündigung der ersten Vertheilung des neuen homiletischen Preißes für das Jahr 1796, Nachdr. d. Ausg. Göttingen 1796, Brüssel 1970 (Aetas Kantiana 9).

ASMUTH, CHRISTOPH, Meister Eckharts Buch der göttlichen Tröstung, in: MAARTEN J. F. M. HOENEN/ALAIN DE LIBERA (Hg.), Albertus Magnus und der Albertismus. Deutsche philosophische Kultur des Mittelalters, Leiden/New York/Köln 1995, S. 189–205.

BACH, JOSEPH, Meister Eckhart. Der Vater der deutschen Speculation. Als Beitrag zu einer Geschichte der deutschen Theologie und Philosophie der mittleren Zeit, Wien 1864.

BALTHASAR, HANS URS VON, Herrlichkeit. Eine theologische Ästhetik, Bd. 2: Fächer der Stile. Einsiedeln 1962.

BARZEL, BERNARD, Mystique de l'ineffabile dans l'hindouisme et le christianisme. Çankara et Eckhart, Paris 1982.

BECCARISI, ALESSANDRA, Eckhart's Latin Works, in: JEREMIAH HACKETT (Hg.), A companion to Meister Eckhart, Leiden u. a. 2012 (Brill's companions to the Christian tradition 36), S. 85–123.

---: Index: Aristoteles, De anima, in: DIES. (Hg.), Studi sulle fonti di Meister Eckhart, Bd. 1, Freiburg (Schweiz) 2008 (Dokimion 34), S. 27–37.

BECKER, KATJA/BECHER, FRANK-TILO/ACHTNER, WOLFGANG (Hg.), Magister, Mystiker, Manager. Meister Eckharts integrale Spiritualität, Gießen 2012 (Gießener Hochschulgespräche und Hochschulpredigten der ESG 21).

BEIERWALTES, WERNER, Das wahre Selbst. Studien zu Plotins Begriff des Geistes und des Einen, Frankfurt a. Main 2001.

---: Denken des Einen. Studien zur Neuplatonischen Philosophie und ihrer Wirkungsgeschichte. Frankfurt a. Main 1985.

---: Deus est esse – Esse est deus. Die ontotheologische Grundfrage als aristotelisch-neuplatonische Denkstruktur, in: DERS. (Hg.), Platonismus und Idealismus, Frankfurt a. Main 1972 (Philosophische Abhandlungen 40), S. 5–82.

---: Einleitung, in: Plotin. Über Ewigkeit und Zeit (Enneade III 7), Frankfurt a. Main ³1981 (Klostermann-Texte: Philosophie).

---: Platonismus im Christentum. Frankfurt a. Main 1998 (Philosophische Abhandlungen 73).

---: Plotins Metaphysik des Lichtes, in: CLEMENS ZINTZEN (Hg.), Die Philosophie des Neuplatonismus, Darmstadt 1977 (Wege der Forschung 436), S. 75–117.

BERNARD, WOLFGANG, Rezeptivität und Spontaneität der Wahrnehmung bei Aristoteles. Versuch einer Bestimmung der spontanen Erkenntnisleistung der Wahrnehmung bei Aristoteles in Abgrenzung gegen die rezeptive Auslegung der Sinnlichkeit bei Descartes und Kant, Baden-Baden 1988.

BERNASCONI, ANTONIUS MARIA (Hg.), Acta Gregorii Papae XVI., vol. 2, Nachdr. d. Ausg. Rom 1901, Graz 1971.

BERNHART, JOSEPH, Der Vatikan als Thron der Welt, Leipzig 1930.

---: Leben und Werk in Selbstzeugnissen, hg. von LORENZ WACHINGER, Weißenhorn 1981.

---: Meister Eckhart und Nietzsche. Ein Vergleich für die Gegenwart, Berlin 1934 (Greif-Bücherei 13).

---: Reden der Unterweisung, in: DERS., Meister Eckhart, Kempten / München 1914 (Deutsche Mystiker 3) (Sammlung Kösel 77), S. 76–131.

BERROUARD, MARIE-FRANÇOIS, Einleitung, in: Homélies dur l'Évangile de saint Jean I–XVI, traduction, introduction et notes par MARIE-FRANÇOIS BERROUARD, Paris 1969, S. 9–121.

BÉRUBÉ, CAMILLE, Le Dialogue de Duns Scot et d'Eckart a Paris en 1302, in: Collectanea Franciscana 55 (1985), S. 323–350.

BLUMENBERG, HANS, Wirklichkeitsbegriff und Möglichkeit des Romans, in: HANS ROBERT JAUß (Hg.), Nachahmung und Illusion, München ²1969 (Poetik und Hermeneutik 1).

BOCHET, ISABELLE, Le firmament de l'Écriture. L'herméneutique augustinienne, Paris 2004 (Collection des études augustiniennes, Série Antiquité 172).

BOLLNOW, OTTO FRIEDRICH, Was heißt, einen Schriftsteller besser verstehen, als er sich selber verstanden hat? [1940], in: DERS.: Studien zur Hermeneutik, Bd. 1: Zur Philosophie der Geisteswissenschaften, Freiburg i. Br. / München 1982, S. 48–72.

BONGIOVANNI, SECONDO, Phénoménologie et mystique spéculative. Edmond Husserl et Maître Eckhart. De la réduction *au* ›je‹ à la réduction *du* ›je‹, in: SECONDO BONGIOVANNI (Hg.), L'anneau immobile. Regards croisés sur Maître Eckhart, Paris 2005, S. 15–58.

BOROWSKI, LUDWIG ERNST, Darstellung des Lebens und Charakters Immanuel Kants, Königsberg 1804, in: FELIX GROß (Hg.), Immanuel Kant. Sein Leben in Darstellungen von Zeitgenossen. Die Biographien von Ludwig Ernst Borowski, Reinhold Bernhard Jachmann und Ehregott Andreas Christoph Wasianski, Nachdr. d. Ausg. Berlin 1912, Darmstadt 1993 (Deutsche Bibliothek 4), S. 1–102.

BRAAKHUIS, HENRICUS A. G. / KNEEPKENS, CORNEILLE H. (Hg.), Aristotle's Peri hermeneias in the Latin Middle Ages. Essays on the Commentary Tradition, Groningen / Turnhout 2003 (Artistarium: Supplementa 10).

BRACHTENDORF, JOHANNES, Meister Eckhart (1260–1328) und die neuplatonische Transformation Augustins, in: NORBERT FISCHER (Hg.), Augustinus. Spuren und Spiegelungen seines Denkens, Bd. 1: Von den Anfängen bis zur Reformation, Hamburg 2009, S. 157–175.

BRANDT, REINHARD, Der Gott in uns und für uns bei Kant, in: BICKMANN, CLAUDIA (Hg.), Religion und Philosophie im Widerstreit? Internationaler Kongress an der Universität zu Köln, 13.-16. Juli 2006, Bd. 1, Nordhausen 2008 (Studien zur interkulturellen Philosophie 18,1), S. 285–311.

---: Universität zwischen Selbst- und Fremdbestimmung. Kants ›Streit der Fakultäten‹. Mit einem Anhang zu Heideggers ›Rektoratsrede‹, Berlin 2003 (Deutsche Zeitschrift für Philosophie / Sonderband 5).

BREIDERT, WOLFGANG (Hg.), Die Erschütterung der vollkommenen Welt. Die Wirkung des Erdbebens von Lissabon im Spiegel europäischer Zeitgenossen, Darmstadt 1994.

BRINNICH, MAX, Zeit und Leben – Leben in der Zeit. Über Sinn und Bedeutung des Lebens in der Zeit bei Kant und Levinas (Drucklegung in Vorbereitung).

BRÖCKER, WALTER, Aristoteles, Frankfurt a. Main ²1957.

BROSE, THOMAS, Metaphysikkritik und Offenbarungsglaube bei Johann Georg Hamann, in: NORBERT FISCHER / JAKUB SIROVÁTKA (Hg.), Vernunftreligion und Offenbarungsglaube. Zur Erörterung einer seit Kant verschärften Problematik, Freiburg i. Br. / Basel / Wien 2015 (Forschungen zur europäischen Geistesgeschichte 16), S. 203–218.

BÜCHNER, CHRISTINE, Meister Eckhart und Shankara. Selbstkorrektur als Voraussetzung für den interreligiösen Dialog, in: BERND JOCHEN HILBERATH / CLEMENS MENDONCA (Hg.), Begegnen statt importieren. Zum Verhältnis von Religion und Kultur. Festschrift zum 75. Geburtstag von Francis X. D'Sa, Ostfildern 2011, S. 202–213.

BULTMANN, RUDOLF, ginosko, gnosis, in: THWNT 1, S. 688–719.

BUND, HUGO, Kant als Philosoph des Katholizismus, Berlin 1913.

BUSCHE, HUBERTUS, psyche / Seele, in: OTTFRIED HÖFFE (Hg.), Aristoteles-Lexikon, Stuttgart 2005, S. 511.

CAPITANI, FRANCO DE, La figura di Giovanni nel pensiero dell'Agostino laico, in: FABRIZIO AMERINI (Hg.), ›In principio erat verbum‹. Philosophy and theology in the commentaries on the Gospel of John (II–XIV centuries), Münster 2014 (Archa verbi, Subsidia 11), S. 47–70.

CARIOU, MARIE, Bergson et le fait mystique, Paris 1976.

CASTEIGT, JULIE, Connaissance et vérité chez Maître Eckhart. Seul le juste connaît la justice, Paris 2006 (Études de philosophie médiévale 91).

---: D'Albert le Grand à Maître Eckhart. Transformation du genre du commentaire exégétique à propos des versets Jn 1, 6–8, in: DANIÈLE JAMES-RAOUL (Hg.), Les genres littéraires en question au Moyen Âge, Bordeaux 2011 (Eidôlon 97), p. 77–101.

---: Le commentaire du prologue de l'Évangile de Jean: la relecture par Albert le Grand d'un récit de genèse, in: C. MAZELLIER-LAJARRIGE / J.-L. BRETEAU / M.-J. FOURTANIER / F. KNOPPER, Récits de genèse: avatars des commencements, Bordeaux 2012 (Imaginaires et écritures), S. 105–130.

---: Quelques proposition synthétiques pour une lecture des interprétations albertinienne et eckhartienne de Jn. 1, 6–8, in: FABRIZIO AMERINI (Hg.), ›In principio erat verbum‹. Philosophy and theology in the commentaries on the Gospel of John (II–XIV centuries), Münster 2014 (Archa verbi, Subsidia 11), S. 159–176.

CATÀ, CESARE, *Unum infinitum*. Cusano e una tradizione neoplatonica *abscondita*, in: DERS. (Hg.), A caccia dell'infinito. L'umano e la ricerca del divino nell'opera di Nicola Cusano, Rom 2010, 211–250.

COLLINS, PAUL M., Partaking in Divine Nature. Deification and Communion, London / New York 2010.

CEMING, KATHARINA, Mystik und Ethik bei Meister Eckhart und Johann Gottlieb Fichte, Frankfurt a. Main u. a. 1999 (Europäische Hochschulschriften 20, 588).

COMEAU, MARIE, Saint Augustin. Exégète du quatrième évangile, Paris 1930 (Études de théologie historique).

CONGH QUY, JOSEPH LAM, Iesus, in: AL 3, Sp. 481–483.

COURCELLE, PIERRE, Les lettres grecques en Occident. De Macrobe a Cassiodore, Paris 1943.

---: Recherches sur les Confessions de saint Augustin, Paris 1950.

DAIBER, THOMAS, Ars Grammatica: Meister Eckhart und Gregorios Palamas, in: CORA DIETL / DIETMAR MIETH (Hg.), Sprachbilder und Bildersprache bei Meister Eckhart und in seiner Zeit, Stuttgart 2015 (MEJb 9), S. 211–236.

DAUPHINAIS, MICHAEL / LEVERING, MATTHEW (Hg.), Reading John with Thomas Aquinas. Theological and Speculative Theology, Washington 2005.

DEGENHARDT, INGEBORG, Studien zum Wandel des Eckhartbildes, Leiden 1967 (Studien zur Problemgeschichte der antiken und mittelalterlichen Philosophie 3).

DEMPF, ALOIS, Meister Eckhart. Eine Einführung in sein Werk, Leipzig 1934.

---: Meister Eckhart, Freiburg i. Br. / Basel / Wien 1960.

---: Metaphysik des Mittelalters, München u. a. 1930 (Handbuch der Philosophie 1,5).

DENIFLE, HEINRICH, Das geistliche Leben. Blumenlese aus den deutschen Mystikern und Gottesfreunden des 14. Jahrhunderts, 3. erw. Auflage, Graz 1880, ebd. ⁶1908 bis ⁸1928, bearb. von REGINALD M. SCHULTES, Neuausgabe Salzburg 1936.

---: Taulers Bekehrung kritisch untersucht, Straßburg/London 1879 (Quellen und Forschungen zur Sprach- und Kulturgeschichte der germanischen Völker 36).

DENZINGER, HEINRICH, Enchiridion symbolorum, definitionum et declarationum de rebus fidei et morum, ed. CAROLUS RAHNER, Barcinone u. a. ³¹1960.

---: Enchiridion symbolorum, definitionum et declarationum de rebus fidei et morum, ed. ADOLFUS SCHÖNMETZER, Barcinone u. a. ³⁶1976.

---: Enchiridion symbolorum, definitionum et declarationum de rebus fidei et morum / Kompendium der Glaubensbekenntnisse und kirchlichen Lehrentscheidungen, lat.-dt., hg. von PETER HÜNERMANN, Freiburg i. Br. u. a. ⁴⁴2014.

DETERING, HEINRICH, Das Werk und die Gnade. Zu Religion und Kunstreligion in der Poetik Thomas Manns, in: NIKLAUS PETER/THOMAS SPRECHER (Hg.), Der ungläubige Thomas. Zur Religion in Thomas Manns Romanen, Frankfurt a. Main 2012 (Thomas Mann-Studien 45), S. 149–165.

DINZELBACHER, PETER, Mystikerinnen und Mystiker im Mittelalter. Gott erfahren – mit Leib und Seele, in: HELGA KAISER/BARBARA LEICHT (Red.), Mystik. Gott erfahren. Im Christentum, Judentum und Islam, Stuttgart 2016 (Welt und Umwelt der Bibel 3/2016), S. 50–57.

DÖRRIE, HEINRICH, Die andere Theologie. Wie stellten die frühchristlichen Theologen des 2.-4. Jahrhunderts ihren Lesern die ›griechische Weisheit‹ (= den Platonismus) dar?, in: Theologie und Philosophie 56 (1981), S. 1–46.

---: Neuplatoniker, in: Der kleine Pauly. Lexikon der Antike, Bd. 4, München 1979, Sp. 84 f.

DUCLOW, DONALD F., Meister Eckhart's Latin Biblical Exegesis, in: JEREMIAH HACKETT (Hg.), A Companion to Meister Eckhart, Leiden u. a. 2012 (Brill's companions to the Christian tradition 36), S. 321–336.

EBERT, THEODOR, Praxis und Poiesis. Zu einer handlungstheoretischen Unterscheidung des Aristoteles, in: Zeitschrift für philosophische Forschung 30 (1976), S. 12–30.

ELM, RALF, entelecheia/Entelechie, vollendete Wirklichkeit, in: OTTFRIED HÖFFE (Hg.), Aristoteles-Lexikon, Stuttgart 2005, S. 190.

ENDERS, MARKUS, Das göttliche Wort und seine Fleischwerdung. Inhaltliche Grundzüge des Kommentars des Thomas' von Aquin zum Prolog des Johannesevangeliums, in: DERS. und ROLF KÜHN, ›Im Anfang war der Logos ...‹. Studien zur Rezeptionsgeschichte des Johannesprologs von der Antike bis zur Gegenwart, Freiburg i. Br. u. a. 2011 (Forschungen zur europäischen Geistesgeschichte 11), S. 117–148.

---: Gelassenheit und Abgeschiedenheit. Studien zur Deutschen Mystik. Hamburg 2008 (Schriftenreihe Boethiana 82).

---: (Hg.), Meister Eckhart und Bernhard Welte. Meister Eckhart als Inspirationsquelle für Bernhard Welte und für die Gegenwart, Berlin 2015 (Heinrich-Seuse-Forum 4).

ENDERS, MARKUS und KÜHN, ROLF, ›Im Anfang war der Logos ...‹. Studien zur Rezeptionsgeschichte des Johannesprologs von der Antike bis zur Gegenwart, Freiburg i. Br. u. a. 2011 (Forschungen zur europäischen Geistesgeschichte 11).

ENDREß, GERHARD, Der arabische Aristoteles und sein Leser. Physik und Theologie im Weltbild Alberts des Großen, Münster 2004 (Lectio Albertina 6).

EULER, WALTER ANDREAS, Schlaglichter auf die Einstellung des Nikolaus von Kues zu Meister Eckhart, in: HARALD SCHWAETZER/WALTER ANDREAS EULER (Hg.), Meister Eckhart und Nikolaus von Kues, Stuttgart 2001 (MEJb 4), S. 19–34.

FANGER, IRIS, Meister Eckhart Flies in Boston (Davidson ›Airborne: Meister Eckhart‹), in: Dance Magazine 64/4 (1990), p. 21 f.

FENEUIL, ANTHONY, Bergson. Mystique et philosophie, Paris 2011 (Philosophies 210).

FISCHER, NORBERT, Amore amoris tui facio istuc. Zur Bedeutung der Liebe im Leben und Denken Augustins, in: EDITH DÜSING / HANS DIETER KLEIN (Hg.), Geist, Eros und Agape. Untersuchungen zu Liebesdarstellungen in Philosophie, Religion und Kunst, Würzburg 2009, S. 169–189.

---: Augustins Philosophie der Endlichkeit. Zur systematischen Entfaltung seines Denkens aus der Geschichte der Chorismos-Problematik, Bonn 1987.

---: Augustins Weg der Gottessuche (›foris‹, ›intus‹, ›intimum‹), in: Trierer Theologische Zeitschrift 100 (1991), S. 91–113.

---: Bonum, in: AL 1, Sp. 671–681.

---: Confessiones 4. Der Tod als Phänomen des Lebens und als Aufgabe des Denkens, in: DERS. / DIETER HATTRUP, Irrwege des Lebens. Confessiones 1–6, Paderborn 2004, S. 105–126.

---: Confessiones 11. ›Distentio animi‹. Ein Symbol der Entflüchtigung des Zeitlichen, in: DERS. / CORNELIUS MAYER (Hg.), Die ›Confessiones‹ des Augustinus von Hippo. Einführung und Interpretationen zu den dreizehn Büchern, durchgesehene Sonderausgabe, Veröffentlichung als E-Book im Verlag Herder 2011 Freiburg i. Br. / Basel / Wien 2004 (Forschungen zur europäischen Geistesgeschichte 1), S. 489–552.

---: Das ›radicale Böse‹ in der menschlichen Natur. Kants letzter Schritt im Denken der Freiheit, in: CHRISTIAN DANZ / RUDOLF LANGTHALER (Hg.), Kritische und absolute Transzendenz. Philosophische Theologie und Religionsphilosophie bei Kant und Schelling, Freiburg i. Br. / München 2006, S. 67–86.

---: Der formale Grund der bösen Tat. Das Problem der moralischen Zurechnung in der praktischen Philosophie Kants, in: Zeitschrift für philosophische Forschung 42 (1988), S. 18–44.

---: ›Deum et animam scire cupio‹. Zum bipolaren Grundzug von Augustins metaphysischem Fragen, in: CONSTANTINO ESPOSITO / PASQUALE PORRO (Hg.), Agostino e la tradizione agostiniana / Augustinus und die Augustinische Tradition, Turnhout / Bari 2007 (Quaestio / Annuario di storia della metafisica 6), S. 81–101.

---: (Hg.), Die Gnadenlehre als ›salto mortale‹ der Vernunft? Natur, Freiheit und Gnade im Spannungsfeld von Augustinus und Kant, Freiburg i. Br. / München 2012.

---: Die philosophische Frage nach Gott. Ein Gang durch ihre Stationen, Paderborn 1995 (AMATECA 2).

---: Die Zeit als Thema der ›Kritik der reinen Vernunft‹ und der kritischen Metaphysik. Ihre Bedeutung als Anschauungsform des inneren Sinnes und als metaphysisches Problem, in: DERS. (Hg.), Kants Grundlegung einer kritischen Metaphysik. Einführung in die ›Kritik der reinen Vernunft‹, Hamburg 2010, S. 79–100.

---: Einen Autor besser verstehen, als er sich selbst verstand. Kant, Schleiermacher und Heidegger zur Wahrheitssuche in überlieferten Texten, in: CHRISTIAN F. HOFFSTADT / REMO BERNASCONI (Hg.), An den Grenzen der Sucht. Festschrift für Remo Bernasconi, Bochum / Freiburg i. Br. 2009 (Aspekte der Medizinphilosophie 8), S. 253–263.

---: Einführung, in: Aurelius Augustinus. Confessiones / Bekenntnisse. Lat.-dt., übers. von WILHELM THIMME, Düsseldorf 2004 (Sammlung Tusculum), S. 776–848. Neuausgabe ohne lateinischen Text: Aurelius Augustinus. Bekenntnisse, Düsseldorf 2007 (Bibliothek der Alten Welt), S. 413–485.

---: Einleitung, in: DERS. (Hg.), Augustinus. Spuren und Spiegelungen seines Denkens, Bd. 2: Von Descartes bis in die Gegenwart, Hamburg 2009, S. 1–23.

---: Einleitung, in: DERS. (Hg.), Aurelius Augustinus. Suche nach dem wahren Leben. Confessiones X / Bekenntnisse 10, eingel., übers. und mit Anm. versehen, lat.-dt., Hamburg 2006 (PhB 584), S. XIII–XCI.

---: Einleitung, in: Ders., Aurelius Augustinus. Was ist Zeit? Confessiones XI / Bekenntnisse 11, eingel., übers. und mit Anm. vers., lat.-dt., Hamburg ²2009 (PhB 534), S. XI–LXIV.

---: Endlichkeit, in: Armin G. Wildfeuer / Petra Kolmer (Hg.), Neues Handbuch Philosophischer Grundbegriffe, Bd. 1, Freiburg i. Br. / München 2011, S. 608–624.

---: Epigenesis des Sinnes. Nicolai Hartmanns Destruktion einer allgemeinen Weltteleologie und das Problem einer philosophischen Theologie, in: Kant-Studien 78 (1987), S. 64–86.

---: Foris – intus, in AL 3, Sp. 37–45.

---: Freiheit der Entscheidung. Gnade und göttliche Liebe bei Augustinus, in: Anselm Blumberg / Oleksandr Petrynko (Hg.), Historia magistra vitae. Leben und Theologie der Kirche aus ihrer Geschichte verstehen. Festschrift für Johannes Hofmann, Regensburg 2015, S. 193–217.

---: ›Giebt es wirklich die Zeit, die zerstörende?‹ Nachklänge der Zeitauslegung Augustins in der Dichtung Rilkes, in: Erich Unglaub / Jörg Paulus (Hg.), Rilkes Paris 1920–1925. Neue Gedichte, Göttingen 2010 (Blätter der Rilke-Gesellschaft 30), S. 283–304.

---: Glaube und Vernunft. Zu ihrem Verhältnis bei Augustinus, Meister Eckhart und Immanuel Kant, in: Ders. / Jakub Sirovátka (Hg.), Vernunftreligion und Offenbarungsglaube. Zur Erörterung einer seit Kant verschärften Problematik, Freiburg i. Br. / Basel / Wien 2015 (Forschungen zur europäischen Geistesgeschichte 16), S. 52–83.

---: ›Glaubenslehren sind Gnadenbezeigungen‹. Ansätze zur Gnadenlehre in der Philosophie Immanuel Kants, in: Ders. (Hg.), Die Gnadenlehre als ›salto mortale‹ der Vernunft? Natur, Freiheit und Gnade im Spannungsfeld von Augustinus und Kant, Freiburg i. Br. / München 2012, 285–310.

---: (Hg.), ›Gott‹ in der Dichtung Rainer Maria Rilkes, Hamburg 2014.

---: Gott und Zeit in Augustins Confessiones. Zum ontologischen Zentrum seines Denkens, in: Cornelius Mayer / Christof Müller / Guntram Förster (Hg.), Augustinus. Schöpfung und Zeit. Zwei Würzburger Augustinus-Studientage: ›Natur und Kreatur‹ (5. Juni 2009) und ›Was ist Zeit? – Die Antwort Augustins‹ (18. Juni 2010), Würzburg 2012 (Cassiciacum 39,9), S. 193–216.

---: Hinführung zum Thema ›Vernunftreligion und Offenbarungsglaube‹, in: Ders. / Jakub Sirovátka (Hg.), Vernunftreligion und Offenbarungsglaube. Zur Erörterung einer seit Kant verschärften Problematik, Freiburg i. Br. / Basel / Wien 2015 (Forschungen zur europäischen Geistesgeschichte 16), S. 5–34.

---: Kant, Immanuel, in: OGHRA 2, S. 1255–1257.

---: (Hg.): Kant und der Katholizismus, Stationen einer wechselhaften Geschichte. Freiburg i. Br. 2005.

---: (Hg.), Kants Grundlegung einer kritischen Metaphysik. Einführung in die ›Kritik der reinen Vernunft‹, Hamburg 2010.

---: Kants kritische Metaphysik und ihre Beziehung zum Anderen, in: Ders. / Dieter Hattrup (Hg.), Metaphysik aus dem Anspruch des Anderen. Kant und Levinas, Paderborn / München u. a. 1999, S. 47–230.

---: (Hg.), Kants Metaphysik und Religionsphilosophie, Hamburg 2004 (Kant-Forschungen 15).

---: Kants Philosophie und der Gottesglaube der biblischen Offenbarung. Vorüberlegungen zu einem gründlichen Bedenken des Themas, in: Ders. / Maximilian Forschner, Die Gottesfrage in der Philosophie Immanuel Kants, Freiburg i. Br. u. a. 2010 (Forschungen zur europäischen Geistesgeschichte 10), S. 131–154.

---: Kants These vom Primat der praktischen Vernunft. Zu ihrer Interpretation im Anschluß an Gedanken von Emmanuel Levinas, in: Klaus Dethloff / Ludwig Nagl / Fried-

RICH WOLFRAM (Hg.), Religion, Moderne, Postmoderne. Philosophisch-theologische Erkundungen, Berlin 2002, S. 229–262.

---: ›Kostbar ist mir jeder Tropfen Zeit…‹. Einführung zum elften Buch von Augustins ›Confessiones‹, in: ThGl 88 (1998), S. 304–323.

---: Meister Eckhart und Augustins ›Confessiones‹, in: RUDOLF KILIAN WEIGAND / REGINA D. SCHIEWER (Hg.), Meister Eckhart und Augustinus, Stuttgart 2011 (MEJb 3), S. 195–219.

---: Menschsein als Möglichsein. Platons Menschenbild angesichts der Paradigmendiskussion in der Platonforschung, in: ThQ 170 (1990), S. 23–41.

---: Narrativa – Reflexão – Meditação. O Problema do Tempo na Estrutura das Confissões. Erzählung – Reflexion – Meditation. Das Zeitproblem im Gesamtaufbau der Confessiones. Portugiesische Übersetzung und deutscher Originaltext, in: Akten zum Internationalen Kongress: As Confissôes de S. Agostinho. 1600 anos depois. Presença e Actualidade. Lisboa 13–16 Novembro 2000, Lissabon 2001, S. 253–279.

---: Phänomenologie der ›mystischen Erfahrung‹ bei Augustinus und ihre Deutung, in: WOLFGANG ACHTNER (Hg.), Mystik als Kern der Weltreligionen? Eine protestantische Perspektive, Freiburg (Schweiz) / Stuttgart 2017 (Studien zur christlichen Religions- und Kulturgeschichte 23).

---: Rezension zu ALBRECHT BEUTEL / MARTHA NOOKE (Hg.,) Religion und Aufklärung. Akten des Ersten Internationalen Kongresses zur Erforschung der Aufklärungstheologie (Münster, 30. März bis 2. April 2014), Tübingen 2016 (Colloquia historica et theologica 2), in: ThRv 113 (2017) (im Druck).

---: Rezension zu JAN-HEINER TÜCK (Hg.), Monotheismus unter Gewaltverdacht. Zum Gespräch mit Jan Assmann, Freiburg i. Br. 2015, in: ThRv 112 (2016), Sp. 410–412.

---: Rezension zu WERNER BEIERWALTES, Das wahre Selbst. Studien zu Plotins Begriff des Geistes und des Einen, Frankfurt a. Main 2001, in: ThRv 99 (2003), Sp. 79–82.

---: Rezension zu WOLFGANG BREIDERT (Hg.), Die Erschütterung der vollkommenen Welt. Die Wirkung des Erdbebens zu Lissabon im Spiegel europäischer Zeitgenossen, Darmstadt 1994, in: ThGl 85 (1995), S. 549–551.

---: Sein und Sinn der Zeitlichkeit im philosophischen Denken Augustins, in: Revue des Études Augustiniennes 33 (1987), S. 205–234.

---: Tugend und Glückseligkeit. Zu ihrem Verhältnis bei Aristoteles und Kant, in: Kant-Studien 74 (1983), S. 1–21.

---: Unsicherheit und Zweideutigkeit der Selbsterkenntnis. Augustins Antwort auf die Frage ›quid ipse intus sim‹ im zehnten Buch der ›Confessiones‹, in: ROLAND HAGENBÜCHLE / RETO LUZIUS FETZ / PETER SCHULZ (Hg.), Geschichte und Vorgeschichte der modernen Subjektivität, Bd. 1, Berlin u. a. 1998 (European cultures 11,1), S. 340–367.

---: Vom Berühren der ewigen Wahrheit. Zu Augustins christlicher Umdeutung der neuplatonischen Mystik, in: Acta Universitatis Carolinae. Theologica, Prag 2013, S. 37–64.

---: Was aus dem Übermenschen geworden ist. Drei Bücher zum Denken Nietzsches, in: ThGl 87 (1997), S. 279–288.

---: Was ist Ewigkeit? Ein Denkanstoß Heideggers und eine Annäherung an die Antwort Augustins, in: FREDERICK VAN FLETEREN (Hg.), Martin Heidegger's Interpretations of Saint Augustine. Sein und Zeit und Ewigkeit, Lewiston / New York u. a. 2005 (Text and studies in religion 114), S. 155–184.

---: Womit muß der Anfang im Denken gemacht werden? Der Zugang zur Gottesfrage bei Levinas als kritische Anknüpfung an Heidegger und Kant, in: DERS. / JAKUB SIROVÁTKA (Hg.), Die Gottesfrage in der Philosophie von Emmanuel Levinas, Hamburg 2013, S. 49–85.

---: Zu Heideggers Auseinandersetzung mit Kant im Blick auf die Zukunft der Metaphysik, in: Coriando Paola-Ludovika / Tina Rock (Hg.), Perspektiven der Metaphysik im ›postmetaphysischen‹ Zeitalter, Berlin 2014 (Metaphysik und Ontologie 1), S. 109–129.

---: Zum Sinn von Kants Grundfrage: ›Was ist der Mensch?‹ Das Verhältnis der kritischen Philosophie Kants zur antiken Metaphysik und Ethik (im Blick auf Platon, Aristoteles und Augustinus und mit einem Nachtrag zu Heidegger), in: Zeitschrift für philosophische Forschung 70 (2016), S. 493–526.

Fischer, Norbert / Forschner, Maximilian (Hg.), Die Gottesfrage in der Philosophie Immanuel Kants, Freiburg i. Br. u. a. 2010 (Forschungen zur europäischen Geistesgeschichte 10).

Fischer, Norbert / Hattrup, Dieter (Hg.), Irrwege des Lebens. Confessiones 1–6, Paderborn 2004.

---: Metaphysik aus dem Anspruch des Anderen. Kant und Levinas, Paderborn / München u. a. 1999.

Fischer, Norbert / Sirovátka, Jakub (Hg.), Die Gottesfrage in der Philosophie von Emmanuel Levinas, Hamburg 2013.

---: Vernunftreligion und Offenbarungsglaube. Zur Erörterung einer seit Kant verschärften Problematik, Freiburg i. Br. / Basel / Wien 2015 (Forschungen zur europäischen Geistesgeschichte 16).

Flasch, Kurt, Augustin. Einführung in sein Denken, Stuttgart 1980 (Reclams Universal-Bibliothek 9962).

---: Das philosophische Denken im Mittelalter. Von Augustin zu Machiavelli, Stuttgart 1986 (Reclams Universal-Bibliothek 8342).

---: Die Intention Meister Eckharts, in: Heinz Röttges / Brigitte Scheer / Josef Simon (Hg.), Sprache und Begriff. Festschrift für Bruno Liebrucks, Meisenheim a. Glan 1974, S. 292–318.

---: Eckharts Absicht. Eckhart – ein Wirrkopf?, in: Ders. / Ruedi Imbach, Meister Eckhart – in seiner Zeit, Düsseldorf 2003 (Schriftenreihe der Identity Foundation 7), S. 20–48.

---: Einführung in die Philosophie des Mittelalters, Darmstadt 1987.

---: Kampfplätze der Philosophie. Große Kontroversen von Augustin bis Voltaire, Frankfurt a. Main 2008.

---: Meister Eckhart. Die Geburt der ›Deutschen Mystik‹ aus dem Geist der arabischen Philosophie, München 2006.

---: Meister Eckhart. Philosoph des Christentums, München 2010.

---: Nicolaus Cusanus, München 2001.

---: Nikolaus von Kues. Geschichte einer Entwicklung, Frankfurt a. Main 1998.

---: Predigt 6. ›Iusti vivent in aeternum‹, in: LE II, S. 29–51.

---: (Hg.), Was ist Gott? Das Buch der 24 Philosophen, lateinisch-deutsch, erstmals übers. und komm., München 2011 (Beck'sche Reihe 1906).

Flasch, Kurt / Imbach, Ruedi, Meister Eckhart – in seiner Zeit, Düsseldorf 2003 (Schriftenreihe der Identity Foundation 7), online aufrufbar unter http://www.meister-eckhart-gesellschaft.de/download/Eckhart-Id-Found.pdf (zuletzt geprüft am 22.08.2016).

Fleischer, Margot, Der ›Sinn der Erde‹ und die Entzauberung des Übermenschen. Eine Auseinandersetzung mit Nietzsche, Darmstadt 1993.

Flogaus, Reinhard, Theosis bei Palamas und Luther. Ein Beitrag zum ökumenischen Gespräch, Göttingen 1997 (Forschungen zur systematischen und ökumenischen Theologie 78).

Földényi, László F., Starke Augenblicke. Eine Physiognomie der Mystik, aus dem Ungar. übers. von Akos Doma, Berlin 2013.

Fox, Christopher, Cage – Eckhart – Zimmermann, in: Tempo 159 (1986), pp. 9–15, online aufrufbar unter http://home.snafu.de/walterz/cez.html (zuletzt geprüft am 11.08.2016).

Freedman, Ralph, Rainer Maria Rilke, Bd. 1: Der junge Dichter 1875 bis 1906, aus dem Amerikan. übers. von Curdin Ebneter, Frankfurt a. Main / Leipzig 2001.

Friedell, Egon, Kulturgeschichte der Neuzeit, München ³1996.

Friedländer, Paul, Platon, Bd. 2: Die platonische Schriften. Erste Periode, Berlin u. a. ³1964.

Frost, Stefanie, Nikolaus von Kues und Meister Eckhart. Rezeption im Spiegel der Marginalien zum Opus tripartitum Meister Eckharts, Münster 2006 (Beiträge zur Geschichte der Philosophie und Theologie des Mittelalters N. F. 69).

Fuetscher, Lorenz, Die natürliche Gotteserkenntnis bei Tertullian, in: Zeitschrift für katholische Theologie 51 (1927), S. 1–34.217–251.

Funke, Gerhard, Die Wendung zur Metaphysik im Neukantianismus des 20. Jahrhunderts, in: Ders. (Hg.), Von der Aktualität Kants, Bonn 1976, S. 181–216.

Fürst, Alfons, Von Origenes und Hieronymus zu Augustinus. Studien zur antiken Theologiegeschichte, Berlin u. a. 2011 (Arbeiten zur Kirchengeschichte 115).

---: Von Origenes bis Kant. Das Freiheitsdenken des Origenes in der Neuzeit, in: Albrecht Beutel / Martha Nooke (Hg.,) Religion und Aufklärung. Akten des Ersten Internationalen Kongresses zur Erforschung der Aufklärungstheologie (Münster, 30. März bis 2. April 2014), Tübingen 2016 (Colloquia historica et theologica 2), S. 61–79.

Gaiser, Konrad, Platons ungeschriebene Lehre. Studien zur systematischen und geschichtlichen Begründung der Wissenschaften in der Platonischen Schule, Stuttgart ³1998.

Garber, Klaus, Luthers Erbe. Äußerste Unduldsamkeit, nicht Toleranz war die unmittelbare Wirkung des deutschen Reformators. Aus den bitteren Disputen gingen am Ende aber die Humanisten gestärkt hervor, in: Frankfurter Allgemeine Zeitung Nr. 209, 7. September 2016, S. N 3.

Gasparri, Petrus (Hg.), Codicis iuris canonici fontes, Bd. 2: Romani pontifices 1746–1865. Nr. 365–544, Rom 1928.

Gawronsky, Dimitry, Friedrich Nietzsche und das Dritte Reich, Bern 1935.

George, Martin, Vergöttlichung des Menschen. Von der platonischen Philosophie zur Soteriologie der griechischen Kirchenväter, in: Dietmar Wyrwa (Hg.), Die Weltlichkeit des Glaubens in der Alten Kirche. Festschrift für Ulrich Wickert zum siebzigsten Geburtstag, Berlin / New York 1997 (Zeitschrift für die neutestamentliche Wissenschaft, Beihefte 85), S. 115–155.

Gilson Etienne, Der heilige Augustin. Eine Einführung in seine Lehre, Hellerau 1930.

---: Der Geist der mittelalterlichen Philosophie, Wien 1950.

Görgemanns, Herwig / Karpp, Heinrich, Einführung, in: Origenes. Vier Bücher von den Prinzipien, hg., übers., mit krit. und erl. Anm. der Hgg., Darmstadt ³1992 (Texte zur Forschung 24), S. 1–50.

Gottschall, Dagmar, Nikolaus von Straßburg, Meister Eckhart und die *cura monialium*, in: Andrés Quero-Sánchez / Georg Steer (Hg.), Meister Eckharts Straßburger Jahrzehnt, Stuttgart 2008 (MEJb 2), S. 95–118.

Grabmann, Martin, Neue Eckhartforschungen im Lichte neuer Eckhartfunde. Bemerkungen zu O. Karrers und G. Thérys O. P. Eckhartarbeiten, in: Divus Thomas 5 (1927), S. 74–96.

---: Erwiderung, in: Divus Thomas 5 (1927), S. 218–222.

Greshake, Gisbert, Klein, Wilhelm, in: LThK³ 6 (1997), Sp. 122.

Grisebach, Eduard, Schopenhauer. Geschichte seines Lebens, Berlin 1897.

Grotz, Stephan, Negationen des Absoluten. Meister Eckhart, Cusanus, Hegel, Hamburg 2009.

GRUNDMANN, HERBERT, Religiöse Bewegungen im Mittelalter. Untersuchungen über die geschichtlichen Zusammenhänge zwischen der Ketzerei, den Bettelorden und der religiösen Frauenbewegung im 12. und 13. Jahrhundert und über die geschichtlichen Grundlagen der deutschen Mystik, Darmstadt ⁴1970.

GUERIZOLI, RODRIGO, Die Verinnerlichung des Göttlichen, Leiden u. a. 2006 (Studien und Texte zur Geistesgeschichte des Mittelalters 88).

GUMPRECHT, HANS ULRICH, Production of presence. What meaning cannot convey, Stanford 2004, dt.: Diesseits der Hermeneutik. Die Produktion von Präsenz, Frankfurt a. Main 2004.

HAAS, ALOIS M., Die ›Theologia Deutsch‹, Konstitution eines mystologischen Texts, in: ALOIS M. HAAS / HEINRICH STIRNIMANN (Hg.), Das ›einig Ein‹. Studien zu Theorie und Sprache der deutschen Mystik, Freiburg i. d. Schweiz 1980 (Dokimion 6), S. 369–415.

---: Gottleiden – Gottlieben. Zur volkssprachlichen Mystik im Mittelalter, Frankfurt a. Main 1989.

---: Granum sinapis – An den Grenzen der Sprache, in: DERS., Sermo Mysticus. Studien zu Theologie und Sprache der Deutschen Mystik, Freiburg (Schweiz) 1979, S. 301–329.

---: Meister Eckhart und die Sprache. Sprachgeschichtliche und sprachtheologische Aspekte seines Werkes, in: DERS., Geistliches Mittelalter, Freiburg (Schweiz) 1984 (Dokimion 8), S. 193–214.

---: Meister Eckhart und die deutsche Sprache, in: DERS., Geistliches Mittelalter, Freiburg (Schweiz) 1984 (Dokimion 8), S. 215–237.

---: Seelenfunken (scintilla animae), in: CORA DIETL / WOLFGANG ACHTNER (Hg.), Sprachbilder und Bildersprache bei Meister Eckhart und in seiner Zeit, Stuttgart 2015 (MEJb 9), S. 293–326.

---: Was ist Mystik?, in: DERS., Gottleiden – Gottlieben. Zur volkssprachlichen Mystik im Mittelalter, Frankfurt a. Main 1989, S. 23–44.

HABERMAS, JÜRGEN, Technik und Wissenschaft als ›Ideologie‹, Frankfurt a. Main 1971.

HADOT, PIERRE, Exercices spirituels et philosophie antique, Paris 1981.

HALFWASSEN, JENS, Plotin und der Neuplatonismus, München 2004 (Beck'sche Reihe – Denker 570).

HAMMERICH, LOUIS LEONOR, Das Trostbuch Meister Eckharts, in: Zeitschrift für deutsche Philologie 1931(56), S. 69–98.

HARDER, RICHARD, Zu Plotins Leben, Wirkung und Lehre (1958), in: Plotin. Ausgewählte Schriften, übers. von RICHARD HARDER, teilw. überarb. von WILLY THEILER und RUDOLF BEUTLER, hg. von WALTER MARG, Stuttgart 1973 (Reclams Universal-Bibliothek 9479) , S. 245–268.

HASEBRINK, BURKHARD, Dialog der Varianten. Untersuchungen zur Textdifferenz der Eckhartpredigten aus dem ›Paradisus anime intelligentis‹, in: DERS. / NIGEL F. PALMER / HANS-JOCHEN SCHIEWER (Hg.), ›Paradisus anime intelligentis‹. Studien zu einer dominikanischen Predigtsammlung aus dem Umkreis Meister Eckharts, Tübingen 2009, S. 133–182.

HASSE, DAG NIKOLAUS, Das Lehrstück von den vier Intellekten in der Scholastik. Von den arabischen Quellen bis zu Albertus Magnus, in: Recherches de Théologie et Philosophie médiévales 66,1 (1999), S. 21–78.

HATTRUP, DIETER, Confessiones 9. Die Mystik von Cassiciacum und Ostia, in: NORBERT FISCHER / CORNELIUS MAYER (Hg.), Die ›Confessiones‹ des Augustinus von Hippo. Einführung und Interpretationen zu den dreizehn Büchern, durchgesehene Sonderausgabe, Freiburg i. Br. / Basel / Wien 2004, Veröffentlichung als E-Book im Verlag Herder 2011 (Forschungen zur europäischen Geistesgeschichte 1), S. 389–443.

HAUBST, RUDOLF, Nikolaus von Kues als Interpret und Verteidiger Meister Eckharts, in: HEINO FALCKE / FRITZ HOFFMANN / UDO KERN (Hg.), Freiheit und Gelassenheit. Meister Eckhart heute, München / Mainz 1980, S. 75–96.

---: Studien zu Nikolaus von Kues und Johannes Wenck. Aus Handschriften der Vatikanischen Bibliothek, Münster 1955 (Beiträge zur Geschichte der Philosophie und Theologie des Mittelalters 38,1).

---: Wenck, Johannes: ›Das buchlin von der selen‹, in: ²VL 10, Sp. 841–847.

HEER, FRIEDRICH, Aufgang Europas. Eine Studie zu den Zusammenhängen zwischen politischer Religiosität, Frömmigkeitsstil und dem Werden Europas im 12. Jahrhundert, Wien / Zürich 1949.

---: Mittelalter. Von 1100 bis 1350, Zürich 1961.

HEIDRICH, PETER / LESSING, HANS-ULRICH, Mystik, mystisch, in: HWP 6 (1984), Sp. 268–279.

HEINZMANN, RICHARD, Anima unica forma corporis, in: PhilJb 93 (1986), S. 236–259.

HELL, LEONHARD, Wort vom Wort. Augustinus, Thomas von Aquin und Calvin als Leser des Johannesprologs, in: GÜNTHER KRUCK (Hg.), Der Johannesprolog, Darmstadt 2009, S. 131–153.

HEMMERLE, KLAUS, Eine Phänomenologie des Glaubens – Erbe und Auftrag von Bernhard Welte, in: DERS., Beiträge zur Religionsphilosophie und Fundamentaltheologie, Bd. 1: Auf den göttlichen Gott zudenken, Freiburg i. Br. / Basel / Wien 1996 (Ausgewählte Schriften 1), S. 472–497.

---: Zur Phänomenologie Bernhard Weltes, in: DERS., Beiträge zur Religionsphilosophie und Fundamentaltheologie, Bd. 1: Auf den göttlichen Gott zudenken, Freiburg i. Br. / Basel / Wien 1996 (Ausgewählte Schriften 1), S. 239–259.

HENDRICKX, EPHRAEM, Augustins Verhältnis zur Mystik. Eine patristische Untersuchung, Würzburg 1936, hier in: CARL ANDRESEN (Hg.), Zum Augustin-Gespräch der Gegenwart. Mit Bibliographie, Bd. 1, Darmstadt ²1975, S. 271–346.

HENRY, MICHEL, ›Ich bin die Wahrheit‹. Für eine Philosophie des Christentums, aus dem Franz. übers. von ROLF KÜHN, mit einem Vorw. von RUDOLF BERNET, Freiburg i. Br. / München ²2012.

---: Inkarnation. Eine Philosophie des Fleisches, Freiburg i. Br. / München 2002.

HENRY, PAUL, Die Vision zu Ostia, in: CARL ANDRESEN (Hg.), Zum Augustin-Gespräch der Gegenwart. Mit Bibliographie, Bd. 1, Darmstadt ²1975, S. 201–270.

---: Plotin et l'Occident. Firmicus Maternus, Marius Victorinus, Saint Augustin et Macrobe, Louvain 1934 (Spicilegium sacrum Lovaniense 15).

HERRMANN, FRIEDRICH-WILHELM VON, Ansatz und Wandlungen der Gottesfrage im Denken Martin Heideggers, in: JAKUB SIROVÁTKA (Hg.), Endlichkeit und Transzendenz. Perspektiven einer Grundbeziehung, Hamburg 2012, S. 153–184.

---: Faktische Lebenserfahrung und urchristliche Religiosität. Heideggers phänomenologische Auslegung Paulinischer Briefe, in: DERS. / NORBERT FISCHER (Hg.), Heidegger und die christliche Tradition. Annäherungen an ein schwieriges Thema, Hamburg 2007, S. 21–31.

---: ›Gelassenheit‹ bei Heidegger und Meister Eckhart, in: BABETTE E. BABICH (Hg.), From Phenomenology to Thought, Errancy, and Desire, Dordrecht 1995 (Phaenomenologica 133), S. 115–127.

HEUBACH, JOACHIM (Hg.), Luther und Theosis, Erlangen 1990 (Lutherakademie: Veröffentlichungen der Luther-Akademie e.V. Ratzeburg 16).

HILGERS, JOSEPH, Der Index der verbotenen Bücher in seiner neuen Fassung dargelegt und rechtlich-historisch gewürdigt, Freiburg i. Br. 1904.

HILLEBRAND, EUGEN / RUH, KURT, Nikolaus von Straßburg, in: ²VL 6, Sp. 1153–1162.

Hinten, Wolfgang von, ›Der Franckforter‹ (›Theologia Deutsch‹). Kritische Textausgabe, München/Zürich 1982 (Münchener Texte und Untersuchungen zur deutschen Literatur des Mittelalters 78).

---: ›Der Frankfurter‹ (›Theologia Deutsch‹), in: ²VL, 2, Sp. 802–808.

Hirschberger, Johannes, Geschichte der Philosophie, Bd. 1: Altertum und Mittelalter, Bd. 2: Neuzeit und Gegenwart, Nachdr. d. Ausg. Freiburg i. Br. u. a. ¹⁵1991, Frechen 1999.

---: Paronymie und Analogie bei Aristoteles, in: PhilJb 68 (1959), S. 191–203.

Hoenen, Maarten J. F. M., ›Vir meus servus tuus mortuus est‹, in: LE II, S. 89–110.

Höfer, Lieselotte, Otto Karrer. 1888–1976. Kämpfen und Leiden für eine weltoffene Kirche, unter Mitarb. u. mit einem Vorw. von Victor Conzemius, Freiburg i. Br. 1985.

Hold, Hermann, Unglaublich glaubhaft. Die Arengen-Rhetorik des Avignonenser Papsttums, 2 Bde., Frankfurt a. Main u. a. 2004.

Hopkins, Jasper, A Miscellany on Nicholas of Cusa, Minneapolis 1994.

---: Nicholas of Cusa's debate with John Wenck. A translation and an appraisal of De ignota litteratura and Apologia doctae ignorantiae, Minneapolis 1981.

Hübner, Johannes, Die Aristotelische Konzeption der Seele als Aktivität in de Anima II.1, in: Archiv für Geschichte der Philosophie 81 (1999), S. 1–32.

Imbach, Ruedi, Deus est intelligere. Das Verhältnis von Sein und Denken in seiner Bedeutung für das Gottesverständnis bei Thomas von Aquin und in den Pariser Quaestionen Meister Eckharts. Freiburg (Schweiz) 1976 (Studia Friburgensia 53).

Ivánka, Endre von, Plato Christianus. Übernahme und Umgestaltung des Platonismus durch die Väter, Einsiedeln ²1990.

Jachmann, Reinhold Bernhard, Immanuel Kant geschildert in Briefen an einen Freund, in: Felix Groß (Hg.), Immanuel Kant. Sein Leben in Darstellungen von Zeitgenossen. Die Biographien von Ludwig Ernst Borowski, Reinhold Bernhard Jachmann und Ehregott Andreas Christoph Wasianski, Nachdr. d. Ausg. Berlin 1912, Darmstadt 1993 (Deutsche Bibliothek 4), S. 103–187.

---: Prüfung der Kantischen Religionsphilosophie. In Hinsicht auf die ihr beygelegte Ähnlichkeit mit dem reinen Mystizism, mit einer Einleitung von Immanuel Kant, Königsberg 1800.

Jacobi, Klaus, Die Methode der Cusanischen Philosophie, Freiburg i. Br. u. a. 1969.

---: (Hg.), Meister Eckhart. Lebensstationen, Redesituationen, Berlin 1997 (Quellen und Forschungen zur Geschichte des Dominikanerordens N. F. 7).

Jansen, Ludger, Was hat der inkarnierte Logos mit Aristoteles zu tun? Thomas von Aquins Gebrauch der Philosophie in der Auslegung des Johannesprologs und eine holistische Interpretation seiner Schrifthermeneutik, in: Theologie und Philosophie 75 (2000), S. 89–99.

Jauß, Hans Robert (Hg.), Nachahmung und Illusion. Kolloquium Gießen Juni 1963, München ²1969 (Poetik und Hermeneutik 1).

Joël, Karl, Nietzsche und die Romantik, Jena/Leipzig 1905.

Johannes XXII., Bulle ›In agro dominico‹, in: LW V, S. 597–600.

Johannes Paul II., Fides et Ratio, in: AAS 91 (1999), S. 5–88, dt.: Enzyklika FIDES ET RATIO an die Bischöfe der katholischen Kirche über das Verhältnis von Glaube und Vernunft, 14. September 1998, hg. vom Sekretariat der Deutschen Bischofskonferenz, Bonn 1998 (Verlautbarungen des Apostolischen Stuhls 135).

Jonas, Anton, Der transcendentale Idealismus Arthur Schopenhauers und der Mysticismus des Meister Eckart, in: Philosophische Monatshefte 2 (1868/69), S. 43–74.161–196.

Jostes, Franz (Hg.), Meister Eckhart und seine Jünger. Ungedruckte Texte zur deutschen Mystik, Freiburg (Schweiz) 1895 (Collectanea Friburgensia 4).

JUNDT, AUGUSTE, Histoire du panthéisme populaire au moyen âge et au seizième siècle, Nachdr. d. Ausg. Paris 1875, Frankfurt a. Main 1964.

JUNG, CHRISTIAN, Die doppelte Natur des menschlichen Intellekts bei Aristoteles, Würzburg 2011.

KÄPPELI, THOMAS, Scriptores Ordinis Praedicatorum Medii Aevi, vol. 1: A–F, Rom 1970.

KARFÍKOVÁ, LENKA, Natur, Freiheit und Gnade im Disput zwischen Augustinus und Julian von Aeclanum, in: NORBERT FISCHER (Hg.), Die Gnadenlehre als ›salto mortale‹ der Vernunft? Natur, Freiheit und Gnade im Spannungsfeld von Augustinus und Kant, Freiburg i. Br. / München 2012 (Alber-Philosophie), S. 90–107.

KARRER, OTTO, Autobiographisches, in: MAXIMILIAN ROESLE / OSCAR CULLMANN (Hg.), Begegnung der Christen. Studien evangelischer und katholischer Theologen. Otto Karrer gewidmet zum siebzigsten Geburtstag, Stuttgart 1959, S. 13–24.

---: Autobiographisches, in: JEAN-LOUIS LEUBA / HEINRICH STIRNIMANN (Hg.), Freiheit in der Begegnung. Zwischenbilanz des ökumenischen Dialogs. Otto Karrer in Verehrung und Dankbarkeit zum 80. Geburtstag gewidmet, Frankfurt a. Main 1969, S. 481–494.

---: Das Gotteserlebnis bei Augustinus und Meister Eckhart, in: LUDWIG KÖHLER / OTTO KARRER, Gotteserfahrung und Gotteserlebnis. Bei Jeremia, Augustin und Eckhart, Zürich 1934, S. 20–55.

---: Das Göttliche in der Seele bei Meister Eckhart, Würzburg 1928 (Abhandlungen zur Philosophie und Psychologie der Religion 19).

---: Der heilige Franz von Borja, General der Gesellschaft Jesu (1510–1572), Freiburg i. Br. / München u. a. 1921.

---: Der mystische Strom. Von Paulus bis Thomas von Aquin, München 1926.

---: Die große Glut. Textgeschichte der Mystik im Mittelalter, München 1926.

---: Die Weltreligionen im Licht des Christentums, in: ThQ 135 (1955), S. 295–319.

---: Eckhart, in: HANS JÜRGEN SCHULTZ (Hg.), Die Wahrheit der Ketzer, Stuttgart / Berlin 1968, S. 72–79.261–264.

---: Gebet, Vorsehung, Wunder. Ein Gespräch, Luzern 1941.

---: Gott in uns. Die Mystik der Neuzeit, München 1926.

---: Meister Eckehart. Das System seiner religiösen Lehre und Lebensweisheit. Textbuch aus den gedruckten und ungedruckten Quellen, München 1926.

---: (Hg.), Meister Eckehart spricht, ges. Texte mit Einl., München 1926 (Via sacra 6).

---: Religionsbegründung, in: FRANZ KÖNIG (Hg.), Religionswissenschaftliches Wörterbuch. Die Grundbegriffe, Wien 1956, Sp. 709–718.

---: Warum greift Gott nicht ein?, Luzern 1940.

---: Zu Prälat M. Grabmanns Eckehartkritik, in: Divus Thomas 5 (1927), S. 201–218.

KARRER, OTTO / PIESCH, HERMA, Meister Eckeharts Rechtfertigungsschrift vom Jahre 1326, Erfurt 1927 (Deutscher Geist 1).

KASPER, WALTER KARDINAL, Martin Luther. Eine ökumenische Perspektive, Ostfildern 2016.

KATHER, REGINE, Was ist Leben? Philosophische Positionen und Perspektiven, Darmstadt 2003.

KEEL, HEE-SUNG, Meister Eckhart's Asian Christianity. Mysticism as a Bridge between Christianity and Zen Buddhism, in: Studies in Interreligious Dialogue 14,1 (2004), p. 75–94.

---: Meister Eckhart. An Asian perspective, Leuven u. a. 2007 (Louvain theological & pastoral monographs 36).

KELLEY, JOHN JOSEPH, Bergson's mysticism. A philosophical exposition and evaluation of Bergson's concept of mysticism, Freiburg (Schweiz) 1954.

KERN, UDO, Der Gang der Vernunft bei Meister Eckhart. ›Die Vernunft bricht in den Grund‹, Berlin u. a. 2012 (Rostocker Theologische Studien 25).

---: ›Der Mensch sollte werden ein Gott Suchender.‹ Zum Verständnis des Menschen in Eckharts ›Rede der underscheidunge‹, in: ANDREAS SPEER / LYDIA WEGENER (Hg.), Meister Eckhart in Erfurt, Berlin / New York 2008 (MM 32), S. 146–177.

---: ›Gottes Sein ist mein Leben‹. Philosophische Brocken bei Meister Eckhart, Berlin u. a. 2003 (Theologische Bibliothek Töpelmann 121).

KIKUCHI, SATOSHI, From Eckhart to Ruusbroec. A Critical Inheritance of Mystical Themes in the Fourteenth Century, Leuven 2014 (Mediaevalia Lovaniensia 1,44).

KING, ANDREW, Philosophy and Salvation. The Apophatic in the Thought of Arthur Schopenhauer, in: Modern Theology 21,2 (2005), p. 253–274.

KOBUSCH, THEO (Hg.), Mystik als Metaphysik des Inneren, in: RUDOLF KILIAN WEIGAND / REGINA D. SCHIEWER (Hg.), Meister Eckhart und Augustinus, Stuttgart 2011, S. 17–36.

---: Mystik als Metaphysik des moralischen Seins. Bemerkungen zur spekulativen Ethik Meister Eckharts, in: KURT RUH (Hg.), Abendländische Mystik im Mittelalter. Symposion Kloster Engelberg 1984, Stuttgart 1986 (Germanistische Symposien-Berichtsbände 7), S. 49–62.94–115.

---: Philosophen des Mittelalters. Eine Einführung, Darmstadt 2000.

---: Transzendenz und Transzendentalien, in: ROLF SCHÖNBERGER / GEORG STEER (Hg.), Wie denkt der Meister? Philosophische Zugänge zu Meister Eckhart, Stuttgart 2012 (MEJb 5), S. 41–52.

KOCH, JOSEF, Kritische Studien zum Leben Meister Eckharts, in: DERS., Kleine Schriften Bd. 1, Rom 1973 (Storia e letteratura. Raccolta di studi e testi 127), S. 247–347.

---: Meister Eckharts Weiterwirken im Deutsch-Niederländischen Raum im 14. und 15. Jahrhundert, in: DERS., Kleine Schriften Bd. 1, Rom 1973 (Storia e letteratura. Raccolta di studi e testi 127), S. 429–455.

KÖPF, ULRICH, Erfahrungstheologie, in: LThK³ 3 (1995), Sp. 758 f.

KOPPER, JOACHIM, Das Unbezügliche als Offenbarsein. Besinnung auf das philosophische Denken, Frankfurt a. Main u. a. 2004, 2., unter Mitarbeit von LUTZ BAUMANN überarb. und erg. Auflage 2009 (Miroir et Image 7).

---: Die Metaphysik Meister Eckharts. Eingeleitet durch eine Erörterung der Interpretation, Saarbrücken 1955 (Schriften der Universität des Saarlandes).

---: Die Philosophie des Selbstbewußtseins und der Gedanke des Reiches Gottes auf Erden, in: PhilJb 69 (1962), S. 345–370.

---: Einbildungskraft, Glaube und ontologischer Gottesbeweis. Die Gottesfrage in philosophischer Besinnung, Freiburg i. Br. 2012.

---: Reflexion und Determination, Berlin 1976 (Kant-Studien / Ergänzungshefte 108).

---: Transzendentales und dialektisches Denken, Köln 1961 (Kant-Studien / Ergänzungshefte 80).

KRÄMER, HANS, Arete bei Platon und Aristoteles. Zum Wesen und zur Geschichte der platonischen Ontologie, unveränd. Aufl. der Ausg. von 1959, Amsterdam 1967.

---: Fichte, Schlegel und der Infinitismus in der Platondeutung, in: Deutsche Vierteljahresschrift für Literaturwissenschaft und Geistesgeschichte 62 (1988), S. 583–621.

KREMER, KLAUS, Emanation, in: HWP 2 (1972), Sp. 445–448.

KRUSENBAUM-VERHEUGEN, CHRISTIANE, Figuren der Referenz. Untersuchungen zu Überlieferung und Komposition der ›Gottesfreundliteratur‹ in der Straßburger Johanniterkomturei zum ›Grünen Wörth‹, Tübingen / Basel 2013 (Bibliotheca Germanica 58).

KÜHN, MANFRED, Kant. Eine Biographie, München 2003.

KÜHN, ROLF, Die Bestimmung der spekulativen Vernunft. Hegel und der Logos als ›Licht‹, in: MARKUS ENDERS und DERS., ›Im Anfang war der Logos ...‹. Studien zur Rezeptionsgeschichte des Johannesprologs von der Antike bis zur Gegenwart, Freiburg i. Br. u. a. 2011 (Forschungen zur europäischen Geistesgeschichte 11), S. 206–226.

---: Potenz und Offenbarung. Schelling und die Metamorphosen des Logos, in: MARKUS ENDERS und DERS., ›Im Anfang war der Logos ...‹. Studien zur Rezeptionsgeschichte des Johannesprologs von der Antike bis zur Gegenwart, Freiburg i. Br. u. a. 2011 (Forschungen zur europäischen Geistesgeschichte 11), S. 227–255.

KUHNEKATH, KLAUS DIETER, Die Philosophie des Johannes Wenck von Herrenberg im Vergleich zu den Lehren des Nikolaus von Kues, Köln 1975.

KUNZELMANN, ADALBERO, Die Chronologie der Sermones des Hl. Augustinus, in: Studi Agostiniani. Preceduti dall'enciclica del Sommo Pontefice pio Papa XI per IL XV Centenario dalla morte di S. Agostino, Roma 1931 (Miscellanea agostiniana 2).

KÜNZLE, PIUS, Das Verhältnis der Seele zu ihren Potenzen. Problemgeschichtliche Untersuchungen von Augustin bis und mit Thomas von Aquin, Freiburg (Schweiz) 1956 (Studia Friburgensia 12).

LANGER, GERHARD, Midrasch, Tübingen 2016 (Jüdische Studien 1) (UTB 4675).

LANDAUER, GUSTAV, Meister Eckharts mystische Schriften, Berlin 1903 (Verschollene Meister der Literatur 1).

LANGER, OTTO, Christliche Mystik im Mittelalter. Mystik und Rationalisierung – Stationen eines Konflikts, Darmstadt 2004.

---: Meister Eckhart und sein Publikum am Oberrhein. Zur Anwendung rezeptionstheoretischer Ansätze in der Meister-Eckhart-Forschung, in: KLAUS JACOBI (Hg.), Meister Eckhart. Lebensstationen, Redesituationen, Berlin 1997 (Quellen und Forschungen zur Geschichte des Dominikanerordens N. F. 7), S. 175–192.

LARGIER, NIKLAUS, Das Buch von der geistigen Armut. Eine mittelalterliche Unterweisung zum vollkommenen Leben, aus dem Mittelhochdt. übertr. und mit einem Nachw. und Anm. von NIKLAUS LARGIER, Zürich / München 1989 (Unbekanntes Christentum).

---: Figurata locutio. Hermeneutik und Philosophie bei Eckhart von Hochheim und Heinrich Seuse, in: KLAUS JACOBI (Hg.), Meister Eckhart. Lebensstationen, Redesituationen, Berlin 1997 (Quellen und Forschungen zur Geschichte des Dominikanerordens N. F. 7), S. 303–332.

---: Zeit, Zeitlichkeit, Ewigkeit. Ein Aufriss des Zeitproblems bei Dietrich von Freiberg und Meister Eckhart (Deutsche Literatur von den Anfängen bis 1700, Band 8), Bern 1989.

LAURENT, MARIE-HYACINTHE, Autour du procès de Maitre Eckhart. Les documents des Archives Vaticanes, in: Divus Thomas 39 (1936), S. 331–348.430–447.

LAUSTER, JÖRG / SCHÜZ, PETER / BARTH, RODERICH / DANZ, CHRISTIAN (Hg.), Rudolf Otto. Theologie – Religionsphilosophie – Religionsgeschichte, Berlin u. a. 2014.

LEHMANN, WALTER, Meister Eckehart, Göttingen 1919 (Die Klassiker der Religion 14/15).

LEPPIN, VOLKER, Die fremde Reformation. Luthers mystische Wurzeln, München 2016.

LIBERA, ALAIN DE, Eckhart, Suso, Tauler et la divinisation de l'homme, Paris 1996.

---: Introduction à la Mystique rhénane. D'Albert le Grand à Maître Eckhart, Paris 1984 (Sagesse chrétienne, 3), Nouvelle édition: La Mystique rhénane. D'Albert le Grand à Maître Eckhart, Paris 1994 (Point Sagesses 68).

---: La philosophie médiévale, Paris 1993.

---: Le problème de l´être chez Maître Eckhart. Logique et métaphysique de l´analogie, Genève / Lausanne / Neuchâtel 1980 (Cahiers de la revue de théologie et de philosophie 4).

---: L'Unité de l'intellect de Thomas d'Aquin, Paris 2004.

---: Maître Eckhart et la mystique rhénane, Paris 1999.

LIES, LOTHAR, Origenes' ›Peri Archon‹. Eine undogmatische Dogmatik, Darmstadt 1992.

LÖSER, FREIMUT, »Der niht enwil und niht enweiz und niht enhât«. Drei übersehene Texte Meister Eckharts zur Armutslehre, in: CLAUDIA BRINKER / URS HERZOG / NIKLAUS

LARGIER / PAUL MICHEL (Hg.), Contemplata aliis tradere. Studien zum Verhältnis von Literatur und Spiritualität, Bern / Berlin / Frankfurt a. Main / New York / Paris / Wien 1995, S. 390–439.

---: Meister Eckhart in Bewegung. Das mittelalterliche Erfurt als Wirkungszentrum der Dominikaner im Licht neuerer Funde, in: ANDREAS SPEER / LYDIA WEGENER (Hg.), Meister Eckhart in Erfurt, Berlin 2005 (MM 32), S. 56–74.

---: Meister Eckhart und seine Schüler. Lebemeister oder Lesemeister, in: ANDREAS SPEER / THOMAS JESCHKE (Hg.), Schüler und Meister, Berlin / Boston 2016 (MM 39), S. 255–276.

---: Meister Eckhhart, die ›Reden‹ und die Predigt in Erfurt. Neues zum sogenannten ›Salzburger Armutstext‹, in: DAGMAR GOTTSCHALL / ALESSANDRA BECCARISI (Hg.), Meister Eckharts ›Reden‹ in ihrem Kontext, Stuttgart 2013 (MEJb 6), S. 65–96.

---: Was sind Meister Eckharts deutsche Straßburger Predigten?, in: ANDRÉS QUERO-SÁNCHEZ / GEORG STEER (Hg.), Meister Eckharts Straßburger Jahrzehnt, Stuttgart 2008 (MEJb 2), S. 37–63.

LUBAC, HENRI DE, Glaubensparadoxe, Einsiedeln 1972 (Kriterien 28).

MACOR, LAURA ANNA, Die Bestimmung des Menschen (1748–1800). Eine Begriffsgeschichte, Stuttgart-Bad Cannstatt 2013 (Forschungen und Materialien zur deutschen Aufklärung 2,25).

MAKOSCHEY, KLAUS, Quellenkritische Untersuchungen zum Spätwerk Thomas Manns. ›Joseph der Ernährer‹, ›Das Gesetz‹, ›Der Erwählte‹, Frankfurt a. Main 1998 (Thomas Mann-Studien 17).

MANSFELD, JAAP / RUNIA, DAVID T. (Hg.), Aëtiana. The method and intellectual context of a doxographer, 3 vol., Leiden 1997–2010.

MANSTETTEN, RAINER, Christologie bei Meister Eckhart, in: VOLKER LEPPIN / CHRISTINE BÜCHNER (Hg.), Meister Eckhart aus theologischer Sicht, Stuttgart 2007 (MEJb 1), S. 25–144.

---: Die Gleichnisse bewahren die Wahrheit, die Wahrheit zerbricht die Gleichnisse: Meister Eckharts Programm der Bibelauslegung, in: HERMANN-JOSEF RÖLLICKE (Hg.), Auslegung als Entdeckung der Schrift des Herzens, München 2002, S. 133–163.

---: Esse est deus. Meister Eckharts christologische Versöhnung von Philosophie und Religion und ihre Ursprünge in der Tradition des Abendlandes, Freiburg i. Br. / München 1993.

---: Meister Eckharts Stellungnahme zu ›Predigt 2: Intravit Iesus in quoddam castellum‹ im Kölner Häresieprozeß. Ein Essay über Wahrheit und Nachvollzug, in: KLAUS JACOBI (Hg.), Meister Eckhart. Lebensstationen, Redesituationen, Berlin 1997 (Quellen und Forschungen zur Geschichte des Dominikanerordens N. F. 7), S. 279–302.

MARGREITER, REINHARD, Mystik zwischen Literalität und Oralität. Meister Eckhart und die Theorie medialer Noetik, in: KLAUS JACOBI (Hg.), Meister Eckhart. Lebensstationen, Redesituationen, Berlin 1997 (Quellen und Forschungen zur Geschichte des Dominikanerordens N. F. 7), S. 15–42.

MARX, JAKOB, Verzeichnis der Handschriften-Sammlung des Hospitals zu Cues bei Bernkastel a. Mosel, Trier 1905.

MATURANA, HUMBERTO / VARELA, FRANCISCO, Der Baum der Erkenntnis. Die biologischen Wurzeln des menschlichen Erkennens, übers. aus d. Span. von KURT LUDEWIG, Bern / Wien ²1987.

MAYER, CORNELIUS / FELDMANN, ERICH u. a. (Hg.), Augustinus-Lexikon, Basel / Stuttgart 1986–2010.

MAYER, MATHIAS, Hugo von Hofmannsthal. Ein Brief, in: Kindlers Neues Literaturlexikon 7 (1990), Sp. 990 f.

McGinn, Bernard, The presence of God. A history of western christian mysticism, vol. 1: The foundations of mysticism, New York 1991, dt.: Die Mystik im Abendland, Bd. 1: Ursprünge, Freiburg i. Br. 1994.

---: Die Mystik im Abendland. Bd. 4: Fülle. Die Mystik im mittelalterlichen Deutschland (1300–1500), aus dem Engl. übers. von Bernardin Schellenberger, Freiburg i. Br. / Basel / Wien 2008.

---: Sermo XXIX: ›Deus unus est‹, in: LE II, S. 205–232.

Meessen, Yves, Percée de l'Ego. Maître Eckhart en phénoménologie, Paris 2016.

Mertens, Volker, Hartwig (Hartung) von Erfurt, in: ²VL 3, Sp. 532–535.

Mieth, Dietmar, Das Freiheitsmotiv bei Meister Eckhart, in: Freimut Löser / Ders. (Hg.), Meister Eckhart im Original, Stuttgart 2014 (MEJb 7), S. 155–180.

---: Meister Eckhart, München 2014.

---: Meister Eckhart, Das Buch der göttlichen Tröstung (vor 1326), in: Christian Danz (Hg.), Kanon der Theologie. 45 Schlüsseltexte im Portrait, Darmstadt ³2012, S. 103–112.

Miethke, Jürgen, Ockhams Weg zur Sozialphilosophie, Berlin 1969.

Mojsisch, Burkhard, Meister Eckhart. Analogie, Univozität und Einheit, Hamburg 1983.

---: Meister Eckhart, in: Stanford Encyclopedia of Philosophy, first published Wed Jan 4, 2006, substantive revision Mon Apr 25, 2011, online aufrufbar unter http://plato. stanford.edu/entries/meister-eckhart/ (zuletzt geprüft am 22.08.2016).

Moraux, Paul, Der Aristotelismus bei den Griechen. Von Andronikos bis Alexander von Aphrodisias, Bd. 3: Alexander von Aphrodisias, Berlin / New York 2001.

Morgan, Ben, Rhetorical transformations. The meaning of scribal errors in Munich Bayerische Staatsbibliothek Cgm 133, in: Cora Dietl / Dietmar Mieth (Hg.), Sprachbilder und Bildersprache bei Meister Eckhart und in seiner Zeit, Stuttgart 2015 (MEJb 9), S. 179–194.

Mösch, Caroline F., »Daz disiu geburt geschehe«. Meister Eckharts Predigtzyklus ›Von der êwigen geburt‹ und Johannes Taulers Predigten zum Weihnachtsfestkreis (Neue Schriftenreihe zur Freiburger Zeitschrift für Philosophie und Theologie. Hg. von Ruedi Imbach und Tiziana Suárez-Nani. Dokimion 31), Freiburg / Schweiz 2006.

Müller, Christof, Confessiones 13: ›Der ewige Sabbat‹ – die eschatologische Ruhe als Ziel der Schöpfung, in: Norbert Fischer / Dieter Hattrup (Hg.), Schöpfung, Zeit und Ewigkeit. Augustinus. Confessiones 11–13, Paderborn u. a. 2006, S. 155–167.

Müller, Hans-Jürgen, Logik neu denken. Eine pragmatisch-philosophische Systematik des Vernetzens von Begriffen. Einführung in die Begriffslogik, Frankfurt a. Main 2016 (wissen & praxis 179).

Müller, Jörn, Der Einfluß der arabischen Intellektspekulation auf die Ethik des Albertus Magnus, in: Andreas Speer / Lydia Wegener (Hg.), Wissen über Grenzen. Arabisches Wissen und lateinisches Mittelalter, Berlin / New York 2006 (MM 33), S. 545–568.

Nagel, Tilman, ›Natur‹ im vom Allah gelenkten Diesseits, in: Christoph Böttigheimer (Hg.), Sein und Sollen des Menschen. Zum göttlich-freien Konzept vom Menschen, Münster 2009, S. 241–252.

Neuner, Josef / Roos, Heinrich (Hg.), Der Glaube der Kirche in den Urkunden der Lehrverkündigung, vierte verbesserte Aufl. hg. von Karl Rahner, Regensburg 1954.

Nicholson, Hugh, Comparative theology and the problem of religious rivalry, New York 2011.

Nientied, Mariele, Meister Eckhart und die unendliche Kugel. Zu Funktion und Einsatz einer Sprengmetapher, in: Cora Dietl / Wolfgang Achtner (Hg.), Sprachbilder und Bildersprache bei Meister Eckhart und in seiner Zeit, Stuttgart 2015 (MEJb 9), S. 119–136.

NUBEL, JONATHAN, Un sermon mystique en musique. La ›Kantate nach Worten von Meister Eckhart‹, in: Unité – Pluralité. La musique de Hans Zender. Actes du colloque de Strasbourg 2012, dir. de PIERRE MICHEL, Paris 2015, p. 167–186.

O'CONNELL, ROBERT J., Images of conversion in St. Augustine's Confessions, New York 1996.

OEHLER, KLAUS, Die Lehre vom Noetischen und Dianoetischen Denken bei Platon und Aristoteles. Ein Beitrag zur Erforschung der Geschichte des Bewußtseinsproblems in der Antike, Hamburg ²1985.

OLTMANNS, KÄTE, Meister Eckhart, Frankfurt a. Main ²1957 (Philosophische Abhandlungen 2).

O'MEARA, JOHN JOSEPH, La jeunesse de saint Augustin. Introduction aux Confessions de saint Augustin, réimpr., augm. d'une présentation et d'une bibliogr. nouvelle, Fribourg (Suisse) 1988 (Vestigia 3).

---: The young Augustine. The growth of St. Augustine's mind up to his conversion, London u. a. 1954.

OTTO, RUDOLF, Der östliche Buddhist, in: Die christliche Welt 39 (1925), Sp. 978–982.

---: West-östliche Mystik. Vergleich und Unterscheidung zur Wesensdeutung, überarb. von GUSTAV MENSCHING, München ³1971.

PATSCHOVSKY, ALEXANDER, Freiheit der Ketzer, in: JOHANNES FRIED (Hg.), Die abendländische Freiheit vom 10. bis zum 14. Jahrhundert, Sigmaringen 1991 (Vorträge und Forschungen 39), S. 265–286.

PERILLO, GRAZIANO, La nozione di Verbum nell'esegesi a In principio erat Verbum nella Lectura super Johannem di Tommaso d'Aquino. Aspetti teoretici e interpretativi, in: FABRIZIO AMERINI (Hg.), ›In principio erat verbum‹. Philosophy and theology in the commentaries on the Gospel of John (II-XIV centuries), Münster 2014 (Archa verbi, Subsidia 11), S. 177–197.

---: Teologia del Verbum. La lectura supra Ioannis Evangelium di Tommaso d'Aquino, Napoli 2003.

PERLER, DOMINIK, Theorien der Intentionalität im Mittelalter, Frankfurt a. Main ²2004.

PIESCH, HERMA, Meister Eckharts Ethik, mit einem Vorwort von OTTO KARRER, Luzern 1935.

POLLMANN, KARLA / OTTEN, WILLEMIEN (Hg.), The Oxford Guide to the Historical Reception of Augustine, Oxford u. a. 2013.

PORRO, PASQUALE, Tommaso d'Aquino. Un profilo storico-filosofico, Rom 2012 (Frecce 136).

POTTER, KARL H. (Ed.), Encyclopedia of Indian Philosophies, vol. 3: Advaita Vedānta up to Śaṃkara and His Pupils, Delhi / Varanasi / Patna 1981.

PREGER, WILHELM, Der altdeutsche Tractat von der wirkenden und möglichen Vernunft, in: Sitzungsberichte der philosophisch-philologischen und historischen Classe der königlich bayerischen Akademie der Wissenschaften zu München 1871,2 (1), München 1871, S. 159–189.

PREISER-KAPELLER, JOHANNES, Der Kreuzzug als Hoffnung, die Union als Instrument. Unionsverhandlungen zwischen Byzanz, Kleinarmenien und Westeuropa in den 1320er und 1330er Jahren, online aufrufbar unter https://www.researchgate.net/publication/256118144 (zuletzt geprüft am 11.08.2016).

PRILL, MEINHARD, Rainer Maria Rilke. Das Stundenbuch, in: Kindlers Neues Literaturlexikon 14 (1991), Sp. 150 f.

QUERO-SÁNCHEZ, ANDRÉS, Sein als Freiheit. Die idealistische Metaphysik Meister Eckharts und Johann Gottlieb Fichtes, Freiburg i. Br. / München 2004 (Symposion 121).

QUINT, JOSEF, Die Überlieferung der deutschen Predigten Meister Eckeharts, textkritisch untersucht, Bonn 1932.

---: Neue Handschriftenfunde zur Überlieferung der deutschen Werke Meister Eckharts und seiner Schule. Ein Reisebericht (Die deutschen und lateinischen Werke, Untersuchungen 1), Stuttgart / Berlin 1940.

RAFFELT, ALBERT, Fragmente zu einem Fragment: Die Wette Pascals, in: DERS. (Hg.), Weg und Weite. Festschrift für Karl Lehmann, Freiburg i. Br. u. a. ²2001, S. 207–220.

---: Kant als Philosoph des Protestantismus – oder des Katholizismus?, in: NORBERT FISCHER (Hg.), Kant und der Katholizismus. Stationen einer wechselhaften Geschichte, Freiburg i. Br. 2005, S. 139–159.

RAHNER, HUGO, Die Gottesgeburt. Die Lehre der Kirchenväter von der Geburt Christi aus dem Herzen der Kirche und der Gläubigen, in: DERS., Symbole der Kirche. Die Ekklesiologie der Väter, Salzburg 1964, S. 13–87.

RAHNER, KARL, Sämtliche Werke, bislang 32 Bde. in 38 Teilbänden, Freiburg i. Br. 1995 ff.

---: Alltägliche Dinge, in: SW 23, S. 484–487.

---: Betrachtungen zum ignatianischen Exerzitienbuch, in: SW 13, S. 37–265.

---: De paenitentia. Dogmatische Vorlesungen zum Bußsakrament, in: SW 6/1, S. 1–302, und SW 6/2, S. 1–682.

---: Der Begriff der ecstasis bei Bonaventura, in: SW 1, S. 148–163.

---: Die ›geistlichen Sinne‹ nach Origenes, in: SW 1, S. 17–65 (ungerade Seitenzahlen).

---: Die Lehre von den ›geistlichen Sinnen‹ im Mittelalter. Der Beitrag Bonaventuras, in: SW 1, S. 83–147 (ungerade Seitenzahlen).

---: Einheit in Vielfalt. Schriften zur ökumenischen Theologie, Solothurn u. a. 2002 (SW 27).

---: Einübung priesterlicher Existenz, in: SW 13, S. 269–437.

---: Erfahrung des Heiligen Geistes, in: SW 29, S. 38–57.

---: Erfahrungen eines katholischen Theologen, in: SW 25, S. 47–57.

---: Freiheit der Theologie und kirchliche Orthodoxie, in: SW 22/2, S. 465–475.

---: Freiheit III. Kirchliches Lehramt, in: SW 17/1, S. 232 f.

---: Frömmigkeit früher und heute, in: SW 23, S. 31–46.

---: Geist in Welt. Philosophische Schriften, Solothurn u. a. 1996 (SW 2).

---: Gelesene Bücher, in: SW 1, S. 413–436.

---: Gnadenerfahrung, in: SW 17/1, S. 256 f.

---: Gott VI. Tradition, in: SW 17/1, S. 267–271.

---: Hörer des Wortes. Schriften zur Religionsphilosophie und zur Grundlegung der Theologie, Solothurn u. a. 1997 (SW 4).

---: Innenleben, in: SW 1, S. 351 f.

---: La doctrine des ›sens spirituels‹ au Moyen-Age. En particulier chez saint Bonaventure, in: SW 1, S. 82–146 (gerade Seitenzahlen).

---: Le début d'une doctrine des cinq sens spirituels chez Origène, in: SW 1, S. 16–64 (gerade Seitenzahlen).

---: Mystische Erfahrung und mystische Theologie, in: SW 23, S. 261–268.

---: Nachwort [zu: Erfahrungen eines katholischen Theologen], in: SW 25, S. 58.

---: SJ und Studium, in: SW 13, S. 632–639.

---: Transzendenzerfahrung aus katholisch-dogmatischer Sicht, in: SW 30, S. 207–225.

---: Über das Problem des Stufenweges zur christlichen Vollendung, in: SW 7, S. 294–311.

---: Über die Erfahrung der Gnade, in: SW 5/1, S. 74–87.

---: Visionen und Prophezeiungen, Innsbruck, 1952, in: SW 32/1, S. 47–113.

---: Visionen und Prophezeiungen, Zur Mystik und Transzendenzerfahrung, hg. von Joseph SUDBRACK, Freiburg i. Br. u. a. 1989.

---: Worte ins Schweigen, in: SW 7, S. 4–37.

---: Zur Geschichte der Lehre von den fünf geistlichen Sinnen, in: SW 1, S. 305–335.

RANFF, VIKI, Mit Dionysius gegen Wenck, in: TOM MÜLLER / MATTHIAS VOLLET (Hg.), Die Modernitäten des Nikolaus von Kues. Debatten und Rezeptionen, Bielefeld 2013 (Mainzer historische Kulturwissenschaften), 43–56.

RATZINGER, JOSEPH KARDINAL: Salz der Erde. Christentum und katholische Kirche an der Jahrtausendwende. Ein Gespräch mit Peter Seewald, Stuttgart 1996.

REICHERT, BENEDICTUS MARIA (Hg.), Acta capitulorum generalium Ordinis Praedicatorum, Bd. 2: Ab anno 1220 usque ad annum 1303, Rom 1899 (Monumenta Ordinis Fratrum Praedicatorum historica 4).

RESCH, FELIX, Triunitas. Die Trinitätsspekulation des Nikolaus von Kues, Münster 2014 (Buchreihe der Cusanus-Gesellschaft 20).

RIEGER, HANNAH, ›Die altersgraue Legende‹. Thomas Manns ›Der Erwählte‹ zwischen Christentum und Kunstreligion, Würzburg 2015 (Epistemata/ Reihe Literaturwissenschaft 838).

RIJK, LAMBERT-MARIE DE, Middeleeuwse wijsbegeerte. Traditie en vernieuwing, Assen/ Amsterdam 1977, franz. Übers.: La Philosophie Au Moyen Âge, Leiden 1985.

RINGLEBEN, JOACHIM, Das philosophische Evangelium. Theologische Auslegung des Johannesevangeliums im Horizont des Sprachdenkens, Tübingen 2014 (Hermeneutische Untersuchungen zur Theologie 64).

RITTER, GERHARD, Via antiqua und via moderna auf den deutschen Universitäten des XV. Jahrhunderts, in: Sitzungsberichte der Heidelberger Akademie der Wissenschaften, Philosophisch-historische Klasse 1922,7 (13), Heidelberg 1922, unveränd. Nachdruck Heidelberg 1963.

RITTER, JOACHIM, Mundus intelligibilis. Eine Untersuchung zur Aufnahme und Umwandlung der neuplatonischen Ontologie bei Augustin, Frankfurt a. Main 1937 (Philosophische Abhandlungen 6).

ROESNER, MARTINA, Bilder der Eigenschaftslosigkeit. Die Verwendung relationaler Metaphorik in Meister Eckharts lateinischen Schriften, in: CORA DIETL / WOLFGANG ACHTNER (Hg.), Sprachbilder und Bildersprache bei Meister Eckhart und in seiner Zeit, Stuttgart 2015 (MEJb 9), S. 27–45.

---: Das Motiv der transzendentalen Topologie in den ›Reden der Unterweisung‹ vor dem Hintergrund von Meister Eckharts lateinischen Schriften, in: DAGMAR GOTTSCHALL / ALESSANDRA BECCARISI, Meister Eckharts Erfurter ›Reden‹ in ihrem Kontext, Stuttgart 2013 (MEJb 6), S. 243–256.

---: Eine Wahrheit in vielerlei Weisen. Zum Verhältnis von Offenbarungstheologie, Metaphysik und Naturphilosophie bei Meister Eckhart, in: NORBERT FISCHER / JAKUB SIROVÁTKA (Hg.), Vernunftreligion und Offenbarungsglaube. Zur Erörterung einer seit Kant verschärften Problematik, Freiburg i. Br. / Basel / Wien 2015 (Forschungen zur europäischen Geistesgeschichte 16), S. 136–152.

---: Reason, Rhythm, and Rituality. Reinterpreting Religious Cult from a Postmodern, Phenomenological Perspective, in: Religions 6 (2015), S. 819–838.

---: Verwandelnder Blick. Meister Eckharts spekulative Deutung der eucharistischen Realpräsenz, in: Theologie und Philosophie 89 (2014), S. 86–112.

ROHDE, MARTIN / SCHMIDT, HANS-JOACHIM (Hg.), Papst Johannes XXII. Konzepte und Verfahren seines Pontifikats. Freiburger Colloquium 2012, Berlin u. a. 2014 (Scrinium Friburgense 32).

ROOS, HEINRICH, Zur Datierung von Meister Eckharts Trostbuch, in: Zeitschrift für deutsche Philologie 57 (1932), S. 224–233.

ROSENBERG, ALFRED: Der Mythus des 20. Jahrhunderts. Eine Wertung der seelisch-geistigen Gestaltenkämpfe unserer Zeit, München [207–211]1943.

Rotsinn. Das ideengeschichtliche Blog eines Laiendominikaners, online aufrufbar unter https://rotsinn.wordpress.com/ (zuletzt geprüft am 20.08.2016).

RUBEL, ALEXANDER, Stadt in Angst. Religion und Politik in Athen während des Peloponnesischen Krieges, Darmstadt 2000 (Edition Universität).

RUH, KURT, Geschichte der abendländischen Mystik, Bd. 3: Die Mystik des deutschen Predigerordens und ihre Grundlegung durch die Hochscholastik, München 1996.

---: Meister Eckhart. Theologe, Prediger, Mystiker, München ²1989.

---: Meister Eckharts Pariser Quaestiones 1–3 und eine deutsche Predigtsammlung, in: Perspektiven der Philosophie. Neues Jahrbuch 10 (1984), S. 307–324.

---: Nikolaus von Landau, in: ²VL, 6, Sp. 1113–1116.

---: ›Paradisus anime intelligentis‹ (›Paradis der fornuftigen sele‹), in: ²VL, 7, Sp. 298–303.

---: Seuse, Vita c. 52 und das Gedicht und die Glosse ›Vom Überschall‹, in: Heinrich Seuse. Studien zum 600. Todestag, 1366–1966. Ges. u. hg. von EPHREM M. FILTHAUT, Köln 1966, S. 191–212, wieder in: VOLKER MERTENS (Hg.), Kurt Ruh. Kleine Schriften. Bd. 2: Scholastik und Mystik im Spätmittelalter, Berlin / New York 1984, S. 145–168.

SALA, GIOVANNI B., Das Reich Gottes auf Erden. Kants Lehre von der Kirche als ›ethischem gemeinen Wesen‹, in: NORBERT FISCHER (Hg.), Kants Metaphysik und Religionsphilosophie, Hamburg 2004 (Kant-Forschungen 15), S. 225–264.

SCHÄFER, RAINER, Gründe des Zweifels und antiskeptische Strategien bei Augustinus und René Descartes (1596–1650), in: NORBERT FISCHER (Hg.), Augustinus. Spuren und Spiegelungen seines Denkens, Bd. 2: Von Descartes bis in die Gegenwart, Hamburg 2009, S. 25–44.

SCHÄFFLER, PHILIPP, Die Meister Eckhart-Rezeption bei John Cage, in: DETLEF ALTENBURG / RAINER BAYREUTHER (Hg.), Musik und kulturelle Identität. Bericht über den XIII. Internationalen Kongress der Gesellschaft für Musikforschung, Weimar 2004, Bd. 3: Freie Referate und Forschungsberichte, Kassel u. a. 2012, S. 493–499.

SCHARK, MARIANNE, Lebewesen versus Dinge. Eine metaphysische Studie, Berlin / New York 2005.

SCHARPFF, FRANZ ANTON, Der Cardinal und Bischof Nicolaus von Cusa als Reformator in Kirche, Reich und Philosophie des fünfzehnten Jahrhunderts, Nachdr. d. Ausg. Tübingen 1871, Frankfurt a. Main 1966.

SCHMIDT, CARL, Johannes Tauler von Straßburg. Beitrag zur Geschichte der Mystik und des religiösen Lebens im vierzehnten Jahrhundert, Hamburg 1841.

---: Meister Eckart. Ein Beitrag zur Geschichte der Theologie und Philosophie des Mittelalters, in: ThSK 12 (1839), S. 663–749.

SCHNEIDER, THEODOR, Die Einheit des Menschen. Die anthropologische Formel ›anima forma corporis‹ im sogenannten Korrektorienstreit und bei Petrus Johannis Olivi. Ein Beitrag zur Vorgeschichte des Konzils von Vienne, Münster 1973.

SCHOCH, MAX (Hg.), Otto Karrer. Ein Lesebuch, Freiburg (Schweiz) 1992.

SCHOCKENHOFF, EBERHARD, In Leib und Seele Einer. Zum Verständnis der leib-seelischen Einheit des Menschen, in: MARTIN HÄHNEL / MARCUS KNAUP (Hg.), Leib und Leben. Perspektiven für eine neue Kultur der Körperlichkeit, Darmstadt 2013, S. 211–226.

SCHOELLER, DONATA, Gottesgeburt und Selbstbewußtsein. Denken der Einheit bei Meister Eckhart und G. W. F. Hegel, Hildesheim / Berlin 1992 (Philosophie und Religion 4).

SCHOELLER-REISCH, DONATA, Die Demut Zarathustras. Ein Versuch zu Nietzsche mit Meister Eckhart, in: Nietzsche-Studien 27 (1998), S. 420–439.

SCHÖNBERGER, ROLF, Meister Eckhart, in: THEO KOBUSCH (Hg.), Philosophen des Mittelalters. Eine Einführung, Darmstadt 2000, S. 202–218.

---: Wer sind ›grobe liute‹? Eckharts Reflexion des Verstehens, in: KLAUS JACOBI (Hg.), Meister Eckhart. Lebensstationen, Redestationen, Berlin 1997 (Quellen und Forschungen zur Geschichte des Dominikanerordens N. F. 7), S. 239–259.

SCHÖNBORN, CHRISTOPH, Über die richtige Fassung des dogmatischen Begriffs der Vergöttlichung des Menschen, in: Freiburger Zeitschrift für Philosophie und Theologie 34
(1987), S. 3–47.

SCHRIMPF, GANGOLF, Anselm von Canterbury. Proslogion II-IV. Gottesbeweis oder Widerlegung des Toren? Unter Beifügung der Texte mit neuer Übersetzung, Frankfurt
a. Main 1994 (Fuldaer Hochschulschriften 20).

SCHWARZ, GERHARD, Est deus in nobis. Die Identität von Gott und reiner praktischer Vernunft in Kants zweiter Kritik, Berlin 2004.

SCHWARZ, KLAUS (Hg.), Rechtfertigung und Verherrlichung (Theosis) des Menschen
durch Jesus Christus. Die Taufe als Aufnahme in den Neuen Bund und als Berufung
zum geistlichen Kampf in der Nachfolge Jesu Christi (synergeia), Hermannsburg 1995
(Evangelische Kirche in Deutschland/ Kirchenamt, Studienheft 23).

SCHWEITZER, FRANZ-JOSEF, Der Freiheitsbegriff der deutschen Mystik. Seine Beziehung
zur Ketzerei der ›Brüder und Schwestern vom Freien Geist‹, mit besonderer Rücksicht auf den pseudoeckartischen Traktat ›Schwester Katrei‹ (Edition), Frankfurt
a. Main / Bern 1981 (Arbeiten zur mittleren deutschen Literatur und Sprache 10).

SCHWIENHORST-SCHÖNBERGER, LUDGER, Schrifthermeneutik und Rationalität des christlichen Glaubens bei Origenes – mit einem Ausblick auf Kant, in: NORBERT FISCHER/
JAKUB SIROVÁTKA (Hg.), Vernunftreligion und Offenbarungsglaube. Zur Erörterung einer seit Kant verschärften Problematik, Freiburg i. Br. / Basel / Wien 2015 (Forschungen
zur europäischen Geistesgeschichte 16), S. 103–116.

SEIDL, HORST, Der Begriff des Intellekts (nus) bei Aristoteles. Im philosophischen Zusammenhang seiner Hauptschriften, Meisenheim a. Glan 1971 (Monographien zur philosophischen Forschung 80).

SENG, ULRICH, Heinrich II. von Virneburg als Erzbischof von Köln, Siegburg 1977 (Studien
zur Kölner Kirchengeschichte 13).

SENNER, WALTER, Meister Eckhart in Köln, in: KLAUS JACOBI (Hg.), Meister Eckhart. Lebensstationen, Redesituationen, Berlin 1997 (Quellen und Forschungen zur Geschichte
des Dominikanerordens N. F. 7), S. 207–237.

---: Meister Eckharts Prozesse, in: DIETMAR MIETH/ BRITTA MÜLLER-SCHAUENBURG
(Hg.), Mystik, Recht und Freiheit. Religiöse Erfahrung und kirchliche Institutionen
im Spätmittelalter, Stuttgart 2012, S. 69–95, übers. und erw.: Meister Eckhart's Life,
Training, Career, and Trial, in: JEREMIAH M. HACKET (Ed.), A Companion to Meister
Eckhart, Leiden / Bosten 2013, p. 44–84.

SEPPÄNEN, LAURI, Hane der Karmelit, in: ²VL, 3, Sp. 429–431.

---: Helwic von Germar, in: ²VL, 3, Sp. 980 f.

SEXAUER, WOLFRAM D., Frühneuhochdeutsche Schriften in Kartäuserbibliotheken. Untersuchungen zur Pflege der volkssprachlichen Literatur in Kartäuserklöstern des ober-
deutschen Raumes bis zum Einsetzen der Reformation, Frankfurt a. Main 1987 (Europäische Hochschulschriften 1,247).

SIEWERTH, GUSTAV, Erfahrung II. Religiöse Erfahrung 2–4, in: LThK² 3 (1959), Sp. 980 f.

SINGER, JOHANNES, Otto Karrer. Zum 100. Geburtstag, in: Theologisch-praktische Quar-
talschrift 136,4 (1988), S. 356–361.

SIROVÁTKA, JAKUB, Das Sollen und das Böse als Themen der Philosophie Kants, in: NOR-
BERT FISCHER (Hg.), Die Gnadenlehre als ›salto mortale‹ der Vernunft? Natur, Freiheit und Gnade im Spannungsfeld von Augustinus und Kant, Freiburg i. Br. / München
2012, S. 248–267.

---: Das Sollen und das Böse in der Philosophie Immanuel Kants. Zum Zusammenhang
zwischen kategorischem Imperativ und dem Hang zum Bösen, Hamburg 2015 (Kant-
Forschungen 21).

SPAMER, ADOLF, Zur Überlieferung der Pfeiffer'schen Eckeharttexte, in: PBB 34 (1909), S. 307–420.

SPENGLER, OSWALD, Der Untergang des Abendlandes. Umrisse einer Morphologie der Weltgeschichte, Bd. 2: Welthistorische Perspektiven, München ²1924.

SPLETT, HANSJÖRG, Karl Rahner – ein Mystiker? Zur Situation des Christen von morgen, Freiburg i. Br. 2016, online aufrubar unter https://freidok.uni-freiburg.de/data/11037 (zuletzt geprüft am 20.05.2017).

STACHEL, GÜNTER, Stammt Predigt 86 ›Intravit Jesus in quoddam castellum‹ von Meister Eckhart?, in: ZfdA 125,4 (1996), S. 392–403.

STALLMACH, JOSEF, Dynamis und Energeia. Untersuchungen am Werk des Aristoteles zur Problemgeschichte von Möglichkeit und Wirklichkeit, Meisenheim a. Glan 1959.

STECK, KARL GERHARD (Hg.), Luther für Katholiken, München 1969.

STEENBERGHEN, FERDINAND VAN, Die Philosophie im 13. Jahrhundert, München / Paderborn / Wien 1977.

---: Le problème de l'existence de Dieu dans les écrits de s. Thomas d'Aquin, Louvain-la-Neuve 1980 (Les philosophes médiévaux 23).

STEER, GEORG, Anmerkungen und Verweise in seiner kritischen Ausgabe DW IV,1.

---: Der Aufbruch Meister Eckharts ins 21. Jahrhundert, in: ThRv 106 (2010), Sp. 90–100; erw. in: MARCO A. SORACE / PETER ZIMMERLING (Hg.), Wo du dich findest, da lass dich. Annäherung an Meister Eckhart als Mystiker. Beiträge von der Jahrestagung des Gesellschaft der Freunde christlicher Mystik e.V., Nordhausen 2016, 120–161.

---: Der Prozess Meister Eckharts und die Folgen, in: Literaturwissenschaftliches Jahrbuch 27 (1986), S. 47–64.

---: Die ›Adolescens‹-Predigt Pfeiffer 37 (Adolescens, tibi dico: surge). Eine Predigtkompilation aus dem Umkreis des Dialogtraktats Schwester Katrei, in: Heinrich-Seuse-Jahrbuch 3 (2010), Berlin 2010, S. 103–124.

---: Die dominikanische Predigtsammlung ›Paradisus anime intelligentis‹. Überlieferung, Werkform und Textgestalt, in: BURKHARD HASEBRINK / NIGEL F. PALMER / HANS-JOCHEN SCHIEWER (Hg.), ›Paradisus anime intelligentis‹. Studien zu einer dominikanischen Predigtsammlung aus dem Umkreis Meister Eckharts, Tübingen 2009, S. 17–67.

---: Die Predigten des Cusanus im Vergleich mit dem Predigtwerk von Meister Eckhart, in: KLAUS KREMER (Hg.), Die Sermones des Nikolaus von Kues, Bd. 1: Merkmale und ihre Stellung innerhalb der mittelalterlichen Predigtkultur. Akten des Symposions in Trier vom 21. bis 23. Oktober 2004, Trier 2005 (MFCG 30), S. 145–169.

---: Eckhart der Meister, in: MATTHIAS MEYER / HANS-JOCHEN SCHIEWER (Hg.), Literarische Leben. Rollenentwürfe in der Literatur des Hoch- und Spätmittelalters. Festschrift für Volker Mertens zum 65. Geburtstag, Tübingen 2002, S. 713–753.

---: Hugo Ripelin von Straßburg, in: ²VL, 4, Sp. 252–266.

---: Hugo Ripelin von Straßburg. Zur Rezeptions- und Wirkungsgeschichte des ›Compendium theologicae veritatis‹ im deutschen Spätmittelalter, Tübingen 1981 (TTG 2).

---: Merswin, Rulman, in: ²VL 6, Sp. 420–442.

---: Predigt 101: ›Dum medium silentium tenerent omnia‹, in: LE I, S. 247–288.

---: Rainer Maria Rilke als Leser Meister Eckharts, in: NORBERT FISCHER (Hg.), ›Gott‹ in der Dichtung Rainer Maria Rilkes, Hamburg 2014, S. 361–380.

STEINHAUER, ERIC W., Das kanonische Bücherrecht in Vergangenheit und Gegenwart. Ein Überblick, in: Jahrbuch Kirchliches Buch- und Bibliothekswesen 5 (2004), S. 149–164.

STIGLMAYR, JOSEPH, Der Neuplatoniker Proclus als Vorlage des sogen. Dionysius Areopagita in der Lehre vom Uebel, in: Historisches Jahrbuch der Görres-Gesellschaft 16 (1895), S. 253–273.721–748.

STIRNIMANN, HEINRICH, Epilog, in: DERS. / RUEDI IMBACH (Hg.), Eckardus Theutonicus, homo doctus et sanctus. Nachweise und Berichte zum Prozess gegen Meister Eckhart, Freiburg (Schweiz) 1992 (Dokimion 11), S. 269–303.

STIRNIMANN, HEINRICH / IMBACH, RUEDI (Hg.), Eckardus Theutonicus, homo doctus et sanctus. Nachweise und Berichte zum Prozess gegen Meister Eckhart, Freiburg (Schweiz) 1992 (Dokimion 11).

STRAUCH, PHILIPP (Hg.), Paradisus anime intelligentis. Aus der Oxforder Handschrift Cod. Laud. Misc. 479 nach E. Sievers Abschrift, Hildesheim 1998 (Deutsche Texte des Mittelalters 30).

STURLESE, LORIS, Die deutsche Philosophie im Mittelalter. Von Bonifatius bis zu Albert dem Großen (748–1280), in Zusammenarb. mit dem Autor aus dem Ital. übers. von JOHANNA BAUMANN, München 1993.

---: Die Kölner Eckhartisten. Das Studium generale der deutschen Dominikaner und die Verurteilung der Thesen Meister Eckharts, in: DERS., Homo divinus. Philosophische Projekte in Deutschland zwischen Meister Eckhart und Heinrich Seuse, Stuttgart 2007, S. 119–136.

---: Die Philosophie im Mittelalter. Von Boethius bis Cusanus, München 2013 (Beck'sche Reihe 2821).

---: Einleitung, in: HEINRICH SEUSE, Das Buch der Wahrheit. Daz buechli der warheit, kritisch hg. von DEMS. und RÜDIGER BLUMRICH, übers. von RÜDIGER BLUMRICH, Mittelhochdeutsch-Deutsch, Hamburg 1993 (PhB 458), S. IX–LXIII.

---: Homo divinus. Philosophische Projekte in Deutschland zwischen Meister Eckhart und Heinrich Seuse, Stuttgart 2007.

---: Meister Eckhart in der Bibliotheca Amploniana. Neues zur Datierung des ›Opus tripartitum‹, in: DERS., Homo divinus. Philosophische Projekte in Deutschland zwischen Meister Eckhart und Heinrich Seuse, Stuttgart 2007, S. 95–106.

---: Meister Eckharts Weiterwirken. Versuch einer Bilanz, in: HEINRICH STIRNIMANN / RUEDI IMBACH (Hg.), Eckardus Theutonicus, homo doctus et sanctus. Nachweise und Berichte zum Prozess gegen Meister Eckhart, Freiburg (Schweiz) 1992 (Dokimion 11), 169–183.

---: Predigt 103 ›Cum factus esset Iesus annorum duodecim‹, in: LE IV, S. 171–199.

---: Traktat von der Seligkeit, in: ²VL 9, Sp. 998–1002.

---: Über die Entstehung und die Entwicklung von Eckharts Opus tripartitum, in: LW I,2, S. IX–LVII.

SUÁREZ-NANI, TIZIANA, Philosophie- und theologiehistorische Interpretation der in der Bulle von Avignon zensurierten Sätze, in: HEINRICH STIRNIMANN / RUEDI IMBACH (Hg.), Eckardus Theutonicus, homo doctus et sanctus. Nachweise und Berichte zum Prozess gegen Meister Eckhart, Freiburg (Schweiz) 1992 (Dokimion 11), S. 31–96.

SUCHLA, BEATE REGINA, Dionysius Areopagita. Leben – Werk – Wirkung, Freiburg i. Br. u. a. 2008.

TADDAY, ULRICH (Hg.), Wolfgang Rihm, München 2004 (Musik-Konzepte, Sonderband N. F. 2004).

THEILER, WILLY, Porphyrios und Augustin, Halle a. d. Saale 1933 (Schriften der Königsberger Gelehrten Gesellschaft, Geisteswissenschaftliche Klasse 10,1).

THEISEN, JOACHIM, Predigt und Gottesdienst. Liturgische Strukturen in den Predigten Meister Eckharts, Frankfurt a. Main u. a. 1990 (Europäische Hochschulschriften 1,169).

THEODOROU, ANDREAS, Die Lehre von der Vergottung des Menschen bei den griechischen Kirchenvätern. Ein Überblick, in: Kerygma und Dogma 7 (1961), S. 283–310.

THÉRY, GABRIEL, Le Bènedictus Deus de Maître Eckhart, in: Mélanges Joseph de Ghellinck, vol. 2: Moyen âge, époques moderne et contemporaine, Gembloux 1951 (Museum Lessianum / Section historique 14), p. 905–935.

Theunissen, Michael, Der Andere. Studien zur Sozialontologie der Gegenwart, Berlin / New York ²1977 (De-Gruyter-Studienbuch).

Tömmel, Tatjana Noemi, ›Wie bereit ich's, daß Du wohnst im Wesen?‹ Heidegger über Liebe und die Eigentlichkeit des anderen in den Marburger Jahren (im Druck).

Triebel, Eckhart, Liber ›Benedictus‹ I. Das Buch der göttlichen Tröstung, online aufrufbar unter http://www.eckhart.de/?tbuch.htm (zuletzt geprüft am 11.08.2016).

Trusen, Winfried, Der Prozeß gegen Meister Eckhart. Vorgeschichte, Verlauf und Folgen, Paderborn 1988 (Rechts- und Staatswissenschaftliche Veröffentlichungen der Görres-Gesellschaft N. F. 54).

---: Meister Eckhart vor seinen Richtern und Zensoren. Eine Kritik falsch gedeuteter Redesituationen, in: Klaus Jacobi (Hg.), Meister Eckhart. Lebensstationen, Redestationen, Berlin 1997 (Quellen und Forschungen zur Geschichte des Dominikanerordens N. F. 7), S. 335–352.

---: Zum Prozess gegen Meister Eckhart, in: Heinrich Stirnimann / Ruedi Imbach (Hg.), Eckardus Theutonicus, homo doctus et sanctus. Nachweise und Berichte zum Prozess gegen Meister Eckhart, Freiburg (Schweiz) 1992 (Dokimion 11), S. 7–30.

Tück, Jan-Heiner, Monotheismus unter Gewaltverdacht. Zum Gespräch mit Jan Assmann, Freiburg i. Br. u. a. 2015.

Tugendhat, Ernst, ΤΙ ΚΑΤΑ ΤΙΝΟΣ. Eine Untersuchung zu Struktur und Ursprung aristotelischer Grundbegriffe, Freiburg i. Br. / München 1958 (Symposion 2).

Vannier, Marie-Anne, Augustin et l'Évangile de Saint Jean , in : Gérard Nauroy / Dies. (Hg.), Saint Augustin et la Bible. Actes du colloque de l'Université Paul Verlaine, Metz (7–8 avril 2005), Bern u. a. 2008 (Recherches en littérature et spiritualité 15), S. 215–222.

---: ›Creatio‹, ›conversio‹, ›formatio‹ chez s. Augustin, Freiburg (Schweiz) 1991 (Paradosis 31).

---: Creation, in: OGHRA 2, S. 840–844.

---: Déconstruction de l'individualité ou assomption de la personne chez Maître Eckhart?, in: Jan A. Aertsen / Andreas Speer (Hg.), Individuum und Individualität im Mittelalter, Berlin / New York 1996 (MM 24), S. 622–641.

Vansteenberghe, Edmond, Le ›De ignota litteratura‹ de Jean Wenck de Herrenberg contre Nicolas de Cuse, Münster 1910 (Beiträge zur Geschichte der Philosophie des Mittelalters 8,6).

Verbraken, Pierre-Patrick, Études critiques sur les sermons authentiques de Saint Augustin, Steenbrugis 1976 (Instrumenta patristica 12).

Vicaire, Marie-Humbert, Geschichte des heiligen Dominikus, Bd. 2: Inmitten der Kirche, Freiburg i. Br. u. a. 1963.

Vinco, Roberto, Zum parmenideischen Charakter des Denkens Meister Eckharts, in: Theologie und Philosophie 88 (2013), S. 161–174.

Vogl, Heidemarie, Der ›Spiegel der Seele‹. Eine spätmittelalterliche mystisch-theologische Kompilation, Stuttgart 2007 (MEJb.B 2).

Vogt, Hermann-Josef, Origenes als Exeget, hg. von Wilhelm Geerlings, Paderborn / München u. a. 1999.

Voigt, Uwe, Aristoteles und die Informationsbegriffe. Eine antike Lösung für ein aktuelles Problem?, Würzburg 2008.

---: Von Seelen, Figuren und Seeleuten. Zur Einheit und Vielfalt des Begriffs des Lebens (ζωή) bei Aristoteles, in: Sabine Föllinger (Hg.), Was ist ›Leben‹? Aristoteles' Anschauungen zur Entstehung und Funktionsweise von Leben, Stuttgart 2010, S. 17–33.

Volkmann-Schluck, Karl-Heinz, Plotin als Interpret der Ontologie Platos, Frankfurt a. Main ²1957 (Philosophische Abhandlungen 10).

Wackernagel, Wolfgang, Imagine denudari. Ethique de l'image et métaphysique de l'abstraction chez Maître Eckhart, Paris 1991.

WACKERZAPP, HERBERT, Der Einfluß Meister Eckharts auf die ersten philosophischen Schriften des Nikolaus von Kues. 1440–1450, hg. von JOSEF KOCH, Münster 1962 (Beiträge zur Geschichte der Philosophie und Theologie des Mittelalters 39,3).

WALTER, MEINRAD, Musikalische Mystik? Hans Zenders Kantate nach Meister Eckhart, in: Neue Zeitschrift für Musik 172,6 (2011), S. 38–41.

WALZ, ANGELUS, Des Aage von Dänemark ›Rotulus pugillaris‹ im Lichte der alten dominikanischen Konventstheologie, in: Classica et Mediaevalia 15 (1954), S. 198–252, Classica et Mediaevalia 16 (1955), S. 136–194.

WASIANSKI, EHREGOTT ANDREAS CHRISTOPH, Immanuel Kant in seinen letzten Lebensjahren, in: FELIX GROß (Hg.), Immanuel Kant. Sein Leben in Darstellungen von Zeitgenossen. Die Biographien von Ludwig Ernst Borowski, Reinhold Bernhard Jachmann und Ehregott Andreas Christoph Wasianski, Nachdr. d. Ausg. Berlin 1912, Darmstadt 1993 (Deutsche Bibliothek 4), S. 189–271.

WEIDNER, DANIEL, Geist, Wort, Liebe. Das Johannesevangelium um 1800, in: Das Buch der Bücher – gelesen. Lesarten der Bibel in den Wissenschaften und Künsten, hg. von STEFFEN MARTUS und ANDREA POLASCHEGG, Berlin 2006 (Publikationen zur Zeitschrift für Germanistik N. F. 13), S. 435–470.

WELSCH, WOLFGANG, Der Philosoph. Die Gedankenwelt des Aristoteles, München 2012.

WELTE, BERNHARD, Gesammelte Schriften, Bd. 2,1: Denken in Begegnung mit den Denkern, 1. Meister Eckhart, Thomas von Aquin, Bonaventura, Freiburg i. Br. / Basel / Wien 2007.

---: Das Licht des Nichts. Von der Möglichkeit neuer religiöser Erfahrung, Düsseldorf 1980 (Schriften der Katholischen Akademie in Bayern 93).

---: Meister Eckhart. Gedanken zu seinen Gedanken, Freiburg i. Br. u. a. 1979.

WENZLER, LUDWIG (Hg.), Mut zum Glauben, Mut zum Denken. Bernhard Welte und seine Bedeutung für eine künftige Theologie, Freiburg i. Br. 1994 (Tagungsberichte der Katholischen Akademie der Erzdiözese Freiburg).

---: Zeit als Nähe des Abwesenden. Diachronie der Ethik und Diachronie der Sinnlichkeit nach Emmanuel Levinas, in: LEVINAS, EMMANUEL, Die Zeit und der Andere, übers. und mit einem Nachw. vers. von LUDWIG WENZLER, Hamburg 1984, S. 67–92.

WERBICK, JÜRGEN, Erfahrung II. Systematisch-theologisch, in: LThK³ 3 (1995), Sp. 754–756.

WICKI, JOSEF, Dokumente zur Glaubens- und Berufskrise von Otto Karrer, 1922–1924, in: Archivum historicum Societatis Jesu 51 (1982), S. 285–289.

WIELAND, GEORG, Albert der Große, in: THEO KOBUSCH (Hg.), Philosophen des Mittelalters. Eine Einführung, Darmstadt 2000, S. 125–139.

WIELAND, WOLFGANG, Die aristotelische Physik. Untersuchungen über die Grundlegung der Naturwissenschaft und die sprachlichen Bedingungen der Prinzipienforschung bei Aristoteles, Göttingen ²1970.

WILDE, MAURITIUS, Das neue Bild vom Gottesbild. Bild und Theologie bei Meister Eckhart, Freiburg (Schweiz) 2000 (Dokimion 24).

WILKE, ANNETTE, Ein Sein – ein Erkennen. Meister Eckharts Christologie und Śaṃkaras Lehre vom Ātman. Zur (Un-)Vergleichbarkeit zweier Einheitslehren, Bern u. a. 1995 (Studia religiosa Helvetica / Series altera 2).

WILMANS, CAROLUS ARNOLDUS, Dissertatio philosophica de similitudine inter mysticismum purum et Kantianam religionis doctrinam, 1743.

WIMMER, RUPRECHT, Der sehr große Papst. Mythos und Religion im ›Erwählten‹, in: Thomas-Mann-Jahrbuch 11 (1998), S. 91–107.

---: Die altdeutschen Quellen im Spätwerk Thomas Manns, in: ECKHARD HEFTRICH / HELMUT KOOPMANN (Hg.), Thomas Mann und seine Quellen. Festschrift für Hans Wysling, Frankfurt a. Main 1991, S. 272–299.

---: Laudatio. Verleihung des Thomas Mann-Förderpreises an Hannah Rieger für die Masterarbeit: ›Die altersgraue Legende‹. Thomas Manns ›Der Erwählte‹ zwischen Christentum und Kunstreligion, in: Thomas Mann-Jahrbuch 29 (2016), S. 197–201.

WINKELMANN-LIEBERT, HOLGER, Die Intellektlehre des Averroes, in: Islam – Zeitschrift für Geschichte und Kultur des Islamischen Orients 82 (2005), S. 273–290.

WINKLER, NORBERT (Hg.), Die Lehre von der Seligkeit, in: DERS. (Hg.), Von der wirkenden und möglichen Vernunft. Philosophie in der volkssprachigen Predigt nach Meister Eckhart, Berlin 2013, S. 15–328.

---: Meister Eckhart zur Einführung, Hamburg ²2015.

---: Von der wirkenden und möglichen Vernunft. Philosophie in der volkssprachigen Predigt nach Meister Eckhart, Berlin 2013.

WITTE, KARL HEINZ, Meister Eckhart. Leben aus dem Grunde des Lebens. Eine Einführung, Freiburg i. Br. / München ³2013.

---: Von Straßburg nach Köln. Die Entwicklung der Gottesgeburtslehre Eckharts in den Kölner Predigten, in: ANDRÉS QUERO-SÁNCHEZ / GEORG STEER (Hg.), Meister Eckharts Straßburger Jahrzehnt, Stuttgart 2008 (MEJb 2), S. 65–94.

WOLF, HUBERT, Die Nonnen von Sant'Ambrogio. Eine wahre Geschichte, München 2013.

---: ›Wechsel in der Kampftaktik‹? 75 Jahre nach der Enzyklika ›Mit brennender Sorge‹, in: Stimmen der Zeit 137 (2012), S. 241–252.

WUNDT, MAX, Kant als Metaphysiker. Ein Beitrag zur Geschichte der deutschen Philosophie im 18. Jahrhundert, Stuttgart 1924.

WYSLING, HANS, Thomas Manns Verhältnis zu den Quellen. Beobachtungen am ›Erwählten‹, in: PAUL SCHERRER / DERS., Quellenkritische Studien zum Werk Thomas Manns, Frankfurt a. Main 1967 (Thomas Mann-Studien 1), S. 258–324.

ZEDANIA, GIGA, Nikolaus von Kues als Interpret der Schriften des Dionysius Pseudo-Areopagita, Bochum 2005 (Diss.).

ZENDER, HANS, Die Sinne denken. Texte zur Musik. 1975–2003, hg. von JÖRN PETER HIEKEL, Wiesbaden u. a. 2004.

ZIEBART, K. MEREDITH, Nicolaus Cusanus on Faith and the Intellect. A Case Study in 15th-Century Fides-Ratio Controversy, Leiden / Boston 2014 (Brill's studies in intellectual history 225).

ZIMMERLING, PETER, Evangelische Mystik, Göttingen 2015.

ZIMMERMANN, WALTER, Vom Nutzen des Lassens. 1981–1984. Werk Nr. 8, online aufrufbar unter http://home.snafu.de/walterz/08.html (zuletzt geprüft am 11.08.2016).

ZUCHHOLD, HANS, Des Nikolaus von Landau Sermone als Quelle für die Predigt Meister Eckharts und seines Kreises, Halle 1905, unveränd. Nachdruck: Walluf bei Wiesbaden 1972.

ZUMKELLER, ADOLAR, Anima et eius origine (De-), in: AL 1, Sp. 340–350.

Zur Rolle von Gehör (Lieder, Gebete), Augen (Ikonen) und Geruchssinn (aromatisierter Weihrauch) in orthodoxen Gottesdiensten vgl. theology.de, Kirche & Theologie im Web, online aufrufbar unter www.theology.de/religionen/christlichekonfessionenimueberblick (zuletzt geprüft am 31.01.2017).

C. Personenregister

D. Sachregister